蓬安新貌
PENG AN XIN MAO

桑梓文化广场

城区街景

凤凰新城

紫苑小区

迎宾大道

城东新区

城区全貌

蓬安产业 工业
PENG AN CHAN YE

工业园区

机械冶金园

食品轻纺园

电力能源

马回水电站

220千伏变电站

金溪水电站

机械电子

嘉宝汽车配件

嘉宝摩托车配件

兆庆机械

金石电子

食品轻纺

雨润食品

佳美食品

剿丝车间

纺织车间

织绸车间

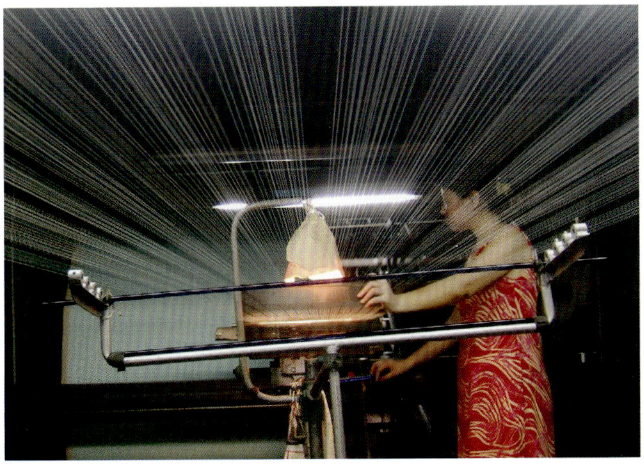

织布车间

丝绸产品

蓬安产业 农业
PENG AN CHAN YE

新农村建设

农村新貌

农业产业基地

农业产业园

无公害蔬菜生产基地

草莓基地

锦橙100号基地

蚕桑基地

生猪养殖基地

蓬安产业 商贸
PENG AN CHAN YE

宾馆饭店

相如饭店

新嘉华国际大酒店

交易市场

房地产交易

橙果节

农贸市场

名优特产

河舒豆腐

姚麻花

吴馓子

福德酥肉

利溪粉丝

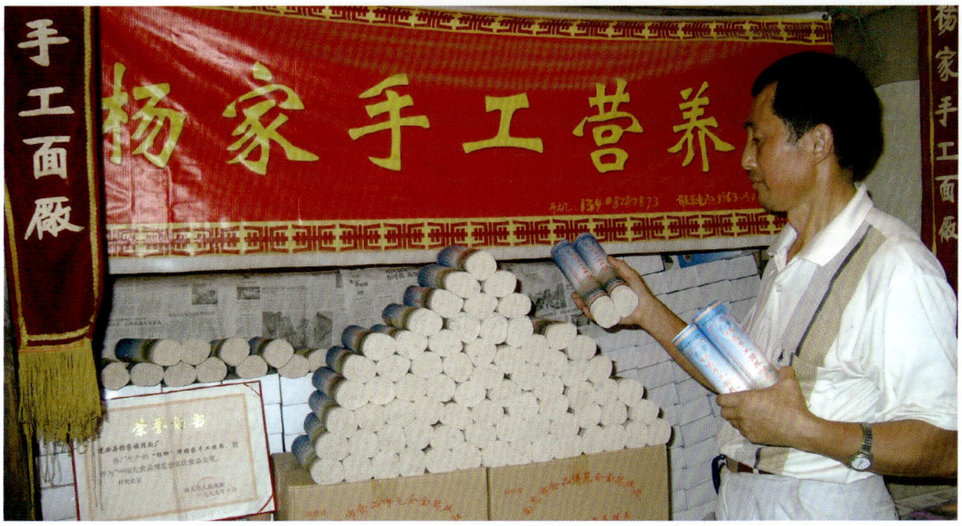

杨家手工挂面

石孔贡米

曹氏豆干

相如香兔

蓬安交通

PENG AN JIAO TONG

达成铁路蓬安段

南大梁高速蓬安段

G318蓬安段

乡村公路

嘉陵江一桥

凤凰大桥

汽车客运站

火车站

蓬安生态
PENG AN SHENG TAI

大深南海

白云山

龙角山

桃花村

漫滩湿地

太阳岛、月亮岛

嘉陵江夜景

百牛渡江

① 出栏
② 下水
③ 渡江
④ 上岸
⑤ 牛鹭谐居

①

②

③

④

⑤

蓬安人文
PENG AN REN WEN

周子古镇

古镇一角

万寿宫

下河街

农耕文化雕塑（耕、桑、渔）

古码头

财神楼

廉溪池

相如故城

相如故城石碑

玉环书院

相如故宅

陈抱一故宅

文庙

武庙

运山故城

运山故城宝佑记功碑

运山故城遗址

运山故城远景

民俗文化

草龙舞

水龙舞

蚌壳舞

打铁

嘉陵江船工号子

歌舞剧《相如长歌》

歌舞剧《蜀红》

司馬相如故里

《蓬安县志》编纂委员会

（2014年8月）

《蓬安县志》总编室

（2014年8月）

总　　　　　编： 赵小轻　县委副书记、县政府县长

副　　总　　编： 张　斌　县委常委、县政府常务副县长

魏赤中　县政府副调研员

姚春明　县政府办公室主任

刘　青　县政府办公室副主任、县志办主任

特邀执行副总编： 魏赤中

执 行 副 总 编： 刘　青

编　　　　　辑： 彭桂林　伍茂林　郑其兆

《蓬安县志》编辑部

主　任： 魏赤中

副主任： 伍茂林　郑其兆

编　辑： 费尚全　蒋　蓉　周　刚　陈龙光　陈忠源　唐国权

杜旭东　魏兴民

南充市县（市、区）志审查验收小组
《蓬安县志》审查验收人员

李晓松　陈　斌　夏建平　吴兴中　斯顺平　熊乐成

何　进　于　明　邓郁章　罗永师　李　翠

序

志者，一域之重典；修志，一方之盛事。蓬安素有修志传统，自唐开始，历代不辍，唐、宋、明、清均有志书出版，现尚存明、清和民国志书数部。此等重要文献，叙历史沿革之要略，描地理环境之特征，载经济社会之发展，记文化艺术之繁荣，传科技文明之进步，一志在手，通古今、知得失、开未来。今《蓬安县志（1986-2006）》鸿篇铸就，付梓问世，为政蓬安，甚为欣慰！

蓬安地处四川省东北部、嘉陵江中游，是汉代大辞赋家司马相如故里。蓬安历史悠久、人杰地灵，南朝梁天监六年置县至今，已有1500余载历史，颜真卿、吴道子、周敦颐、姚莹等历代名人，先后在蓬安或从政为官、或游历讲学，留下珍贵的历史遗迹。蓬安山川秀美、物产丰富，千里嘉陵江绕城而过、蜿蜒前行，滋养两岸青山如黛、瓜果飘香，“百牛渡江”成为奇观，“第一桑梓”享誉全国。蓬安民风淳善、社会和谐，中坝新村全国闻名，周子古镇独具风韵，学子崇文为善，商贾守信为本，举县风清气正，人民安居乐业。

盛世修志，志载盛世。此次续志，年限为1986年至2006年。廿载光阴，弹指一挥间。然此期间，神州大地，万众齐心，沐改革开放之春风，兴民族振兴之伟业，社会主义现代化建设如火如荼，成就斐然，举世瞩目。与此同时，在蓬安这方热土，改革开放深入推进，经济社会快速发展，城乡面貌日新月异，百业俱兴，政通人和，变化万千，蓬安人民摆脱贫穷落后，迈步奔向富裕、和谐、文明的新时代。历史机遇、发展巨变、时代风貌，当永载方志，流传后世。诚感有识之士，广征博采，求实存真，历尽寒暑，数易其稿，终成新志，此乃蓬安文化建设领域又一重大成果。其工程之浩繁，工作之艰辛，实属不易。在此，谨向所有关心、支持、从事新志编修工作的同志，表示亲切慰问和衷心感谢！

新编《蓬安县志》，实事求是，秉笔直书，全书36卷、170余万字，包罗万象、主次有序、图文精美、明白晓畅，融区域性、科学性、广泛性、连续性于一体，其社会、历史、文学价值，将随时移世迁而愈显珍贵。新志出版，必将有助于全县人民进一步了解县情，激扬开拓进取精神，增添跨越发展信心；必将有助于各界朋友进一步认识蓬安，深化对外开放合作，加快跨越发展步伐。

鉴古方知今，继往为开来。在改革发展的伟大实践中，勤劳智慧的蓬安人民创造了骄人业绩。我们坚信，有全县人民的团结奋进、拼搏进取，必将创造更多新的辉煌。衷心希望全县广大干部群众，承先辈之壮志，扬拼搏之精神，聚各方之合力，为建设嘉陵江畔“最生态的宜居城市、最阳光的创业城市、最浪漫的旅游城市”作出新的贡献！

谨以此文为序。

中共蓬安县委副书记
蓬安县人民政府县长

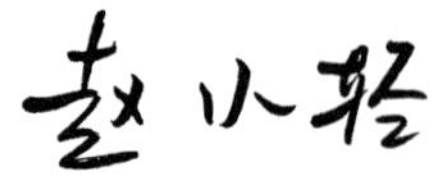

2014年8月

凡　例

1.本志以马克思列宁主义、毛泽东思想、邓小平理论、“三个代表”重要思想和科学发展观为指导，坚持辩证唯物主义、历史唯物主义的观点和方法，正确把握蓬安县改革开放的历史发展脉络，力求突出志书的思想性、资料性、科学性。

2.本志上限1986年1月1日，下限2006年12月31日。为确保事物发展的连续性和完整性，少量内容适当上溯下延。

3.全志除总述、大事记、附录外，设36类，采用条目体，设类目、分目、条目、子目4个层次。按总述、大事记、政区、自然环境、人口、政治、经济、文化、社会、人物、附录的顺序编排。大事记以编年体为主，辅以纪事本末体。门类设置和记述，坚持横排纵写以及横不缺项、纵不断线的编纂原则。

4.人物类以蓬安县籍人物为主，生不立传，立传人物以卒年为序；简介人物以生年为序。由于编纂时间仓促，符合入志条件的人物亦尚未收齐，留待以后续补。

5.一些专用词和机构称谓先录全称，后写简称。“解放前（后）”是以1949年12月12日蓬安县解放之日为准。

6.计量、数据、表格、图片、引文、注释等内容，以《四川省第二轮市县级志书编纂规范》为标准；数据以县统计局历年公布的数据为准。

7.本志资料来自多方面。历史资料以文献及出土文物为依据；现实资料以县级各部门、县域各乡镇提供的资料为主，部分内容来自编纂县志搜集的资料补充。

目 录
Contents

政 区
Administrative Region

自然环境
Natural Environment

人 口
Population

中国共产党蓬安县委员会
The CPC Peng' an County Committee

蓬安县人民代表大会
People's Congress of Peng'an County

蓬安县人民政府
People's Government of Peng'an County

政协蓬安县委员会
Peng'an County Committee of the CPPCC

纪检 监察
Discipline Inspection Supervision

民主党派　工商联
Democratic Parties　Industry and Commerce Association

军　事
Military

审判　检察
Judgment　Procuratorate

人民团体
People's Organization

发展计划　统计
Development Plan　Statistics

民　政
Civil Administration

人事 劳动
Personnel Labor

公安 司法行政
Public Security Judicial Administration

财政　税务
Finance Taxation

经济体制改革
Economic System Reform

市场监督与管理
Market Supervision and Management

经济概貌
Economic Situation

农　业
Agriculture

工 业
Industry

电　力
Electric Power

商 贸
Commerce and Trade

城乡建设
Urban and Rural Construction

交 通
Transportation

邮政　通信
Post　Communications

金 融
Finance

旅　游
Tourism

司马相如故里
Sima Xiangru's Hometown

教　育
Education

科　技
Science and Technology

文化　体育　广电
Culture　Sports　Radio and Television

卫　生
Health and Hygiene

计划生育
Family Planning

民 俗
Folk Custom

人　物
Figures

附　录
Appendix

总 述

蓬安，古为相如县，是中国“辞宗”“赋圣”司马相如的故里。南朝梁天监六年（507年），析安汉县置相如县，以司马相如故宅所在地（今锦屏镇）为治所，隶属与县同治的梓潼郡。后梓潼郡废，相如县先后属隆州、果州、蓬州。蓬安县域东北部分先后属大寅县、蓬池县。北周天和四年（569年），置蓬州于县域东北方。宋淳祐三年（1243年），蓬州迁至运山（今河舒镇燕山寨），筑城抗蒙。元至元十五年（1278年），蓬州迁至相如县治所，州县同治。明洪武间（1375左右），先后省相如、营山、仪陇三县直入蓬州，后营山、仪陇复置，仍属蓬州，相如县为蓬州直辖。清康熙七年（1668年），蓬州为不领县散州。民国2年（1913年），改蓬州为蓬安。

蓬安南与南充市高坪区、南充市顺庆区、广安市岳池县连界，东与广安市广安区、南充市营山县为邻，西与南部县接壤，北靠仪陇。地处北纬30°44′至31°17′、东经106°10′至106°41′之间。全境自西北至东南地域修长，东西宽22.11千米，南北长61千米，总面积为1334平方千米。全县地势东南、东北部高，中部略低，属川中丘陵区，海拔多在550米至830米之间。地形有低山、丘陵和平坝之分。嘉陵江流经县境89千米，支流众多。气候属中亚地带季风湿润区，冬暖、春旱、夏热、秋雨、霜期短，年平均温度17.2℃—18.2℃，全年无霜期295天，年平均降水量980.5毫米，是四季分明、山水俱佳的宜居之地。

蓬安历史悠久。新石器时代的石船、石斧尚在。汉司马相如长卿祠、琴台遗址，唐代大书法家颜鲁公作蓬州长史时遗下的鲁公石犹存。锦屏山（又称慕蔺山）唐代古佛洞摩崖佛像、中坝至正源嘉陵江边佛尔崖群佛造像栩栩如生。唐代大画家吴道子画江楼、北宋理学家周敦颐蓬安讲学的濂溪祠已恢复重建。苏轼寄居蓬州朱凤山遗迹，宋末元初蓬州治所——运山故城旧址，明清时期的小乐山群佛造像，元、明嘉陵江改道时的题刻碑记，还有青云塔、广慈晓钟、金竹玉笋、五马排空、嘉陵晚渡、马鞍樵唱等风景名胜遗迹清晰可见。蓬安属川陕革命老区之一，1933年，中国工农红军第四方面军在县境嘉陵江以东大部分地区建立苏维埃政权，留下许多革命遗迹。蓬安相如故城框架完整、周子古镇古风依旧，古建筑保存众多，已获省历史文化名城称号，正积极申报国家级历史文化名城。嘉陵第一桑梓已被评为国家AAAA级风景区。

蓬安人张怡荪、祝维翰主编《藏汉大词典》，沟通藏汉文化，填补了中国历史空白。被中外人士称为墨学泰斗的伍非白著有《中国古名家言》。著名农学家兰梦九，出版的农业、土壤多部专著，其中不少著作被高等农业院校作为教科书。还有第一个向中国介绍爱因斯坦相对论，毕业于德国哥根廷大学的数学、物理双学博士魏时珍。

一

1986年，蓬安县经济结构以农业为主导，工业和三产业所占比重很小，经济发展在南充地区12县（市）处于中上水平。以烟厂、丝厂、酒厂、电厂为代表的蓬安工业生产、销售兴旺，新建果品厂、麻纺厂、改建织布厂，马回大电站批准立项上马建设，全社会固定资产投资总额是4534万元。农业改革和联产承包责任制显现出生机和活力，农村剩余劳力开始进入城市务工经商，商业流通行业逐步放开经营，县域经济日趋活跃。全县经济以农业为主体，一、二、三产业的比例为78.8∶9.3∶11.9。社会消费品零售总额1.07亿元。金融机构存款余额4600万元，金融机构贷款余额是15424万元。地方生产总值2.24亿元，比上年增长6.9%，地方财政一般预算收入1646万元。1990年，全县农村经济仍占主导分额。1992年，县委、县政府提出发展旅游产业。1996年，县委、县政府决定全面实施企业产权制度改革，私营企业快速发展。1997年，蓬安把旅游作为产业建设，把发展旅游经济作为新的经济增长点，多渠道筹积资金，县财政增加对旅游产业投入，全方位开发白云山和大深南海景区。2000年，全县加快民营经济发展，加大招商引资力度，二三产业发展速度加快。2001年，建立蓬安工业园区。2005年，大力建设司马相如故里、嘉陵第一桑梓旅游景区。随着旅游产业发展、工业招商引资加快，全县一二三产业分别比2004年增长4%、24.7%和14.8%，首次实现二产超一产的格局。2006年，蓬安形成电力、机械冶金、农产品加工三大支柱产业，社会固定资产投资总额达16.88亿元，比2000年增长332.82%，是1986年的37.23倍。农业除粮食生产外，全县形成生猪、葛薯、水果、蚕桑四大特色产业。全县一二三产业比例为31.3∶39.9∶28.8，社会消费品零售总额达11.14亿元，比2000年增长129.22%。金融机构存款余额379704万元，比2000年增长182.5%，金融机构贷款余额217463万元，比2000年增长74.4%。地方生产总值34.67亿元，是1986年的15.48倍。地方财政一般预算收入9055万元，比2000年增长65.12%。蓬安经济发展日趋平衡，结构更加合理，人民生活明显改善。

二

1986年至2006年，蓬安县在改革开放和社会主义建设中，加快能源、城市基础设施和交通、邮政通信建设。

在能源建设上。1986年，县委在发展县域经济中提出电力先行，立足于嘉陵江在蓬安丰富水利资源的实际，上马修建装机4.6万千瓦的马回大电站，是开发嘉陵江水电第一县，打响嘉陵江梯级渠化开发第一炮，建成“千里嘉陵第一坝”，促进了全县经济发展。1987年，县委明确制定了“能源先行”战略。1992年，建成马回大电站。1994年，完成小电站技改增容。2001年，建成调峰电站，马回电站总装机达8.61万千瓦。2003年，装机容量15万千瓦的金溪电站正式开工。2006年，首台机组发电。全县水电总装机达23.61万千瓦，年发电量达10亿千瓦时以上，蓬安成为南充电力大县。是年，市、县启动三坝核电站争取工作。核电专家组经过筛选，四川核电站选址确定首选蓬安，核电站建设将开启蓬安经济和社会发展新的篇章。

在城镇化建设上。1993年、1999年、2005年，蓬安先后对县城和乡镇总体规划修编，其远景规划期限为2011年至2050年。规划县城拥江发展，通过嘉陵江大桥连通，形成周口、锦屏、河舒1城3镇联结的格局，形成三片多中心开敞式星状城镇结构态势。县城规模日益扩大，乡镇小集镇快速发展。1986年至2006年，全县城镇建设总投资78.65亿元，城镇规模扩大25.6平方千米，其中县城扩至14.7平方千米；增加城镇人口19.67万人，其中县城增至10万余人。全县城镇化水平较1985年提高近20个百分点，农房改造达85%以上，人居环境发生显著变化。

在交通建设上，1986年，全县有省县乡道泥结碎石公路354千米，通达省、地和县内各个主要乡镇。县航运公司水上客运站获交通部文明优质运输先进集体表彰。交通运输市场逐步开放经营。1990年，新建蓬安汽车客运站和客货运码头。1993年，开始加大公路建设力度，修建油路、水泥路，打通县城通往外界主要出口通道。1997年，达成铁路蓬安段通车。2000年，建成蓬安嘉陵江大桥，大桥通过的县道升格为省道南渠路，区域交通融入国家大交通网络；县城出租车开始营运，并开通了两条公交车线路；新建一批乡镇码头和汽车站，实现乡乡晴雨通车。2006年，国省县乡道总里程增加到555.6千米，其中油路水泥路面180多千米；村道达1380千米；建有乡镇汽车站12个；正积极争取南大梁高速公路建设过境蓬安和筹建嘉陵江二桥；公路运输班车通达省内外，实现半个多小时到达南充、3个小时左右到达成都、重庆的目标，促进了县域经济发展。

在邮政、通信网络发展上。1986年，全县仅有329部手摇电话。1990年，1000门自动交换机开通，蓬安电话告别“摇把子”时代。1993年，县城长途电话进入国内国际长途自动网。1996年，全县电话并入南充电信本地网，号码升为7位，实现自动拨号通话。1998年，实现“村通”程控电话。2006年，蓬安电信分公司交换机总容量86802门，实装71003门；无线接入容量31666

线，实占26695线，无线固话用户23835户；全年网络接通率达98.1%以上，设备运行合格达100%。蓬安移动分公司建成GSM基站70个，全县乡镇覆盖率达100%，城镇居民小区覆盖率达98%，重点旅游风景区覆盖率达100%，县内干线公路、铁路实现全程覆盖，行政村覆盖率达到95%；建成县乡村移动服务网点82个，上网客户总数达到60041户。全县邮政营业网点达58个，报刊零售亭9个；农村投递邮路116条，全程1212千米，代投点663处，直到点685处，邮件转折点369处；快递业务兴起，代办信息、物流、农资服务，投递服务迅速；邮政储蓄存储汇兑方便，全县百姓生产、生活更为便捷。

三

1986年至2006年，蓬安县域经济从以农业为主的经济结构逐步转变到一、二、三产业均衡发展、二、三产业加快发展的经济格局。

农业经济稳步发展。1986至1989年，蓬安县继续推行家庭联产承包责任制，延长土地承包合同期，稳定家庭承包经营。县委、县政府组织涉农部门在利溪、河舒、白玉三个乡镇进行综合服务、开发农业等完善农村双层经营责任制试点，组织开展达标致富竞赛活动，在利溪镇建立农村经济技术综合服务站，并在全县推广。稳定家庭联产承包责任制，推行土地流转，开展蚕桑、柑橘、林业、生猪、渔业、小家禽专重户各一万户的“六个一万户”及以区为单位每乡达一千户、一千亩、每亩实现一千公斤粮或一千元钱的“四个一千”的致富竞赛活动。“八五”“九五”期间，县委、县政府着力完善土地流转机制，推进科技兴农。县委、政府出台《关于积极推行“公司+农户”经营模式的意见》，在改革农村生产和农业经营管理中，推广“公司加农户”的生产经营模式，建立农村合作经济组织，出现新经济联合体和专业大户，开始农业产业化和多种经营的进程。全县新建一批优质水果、蔬菜和蚕桑基地，农村经济步上新台阶。“十五”计划期间，蓬安贯彻中央“西部大开发”精神，抢抓机遇，加快农业产业化进程。新建中华、杨家、柳滩等8个乡镇锦橙100号示范片333.3公顷；新建一批稻藕鱼基地及河舒至白玉“十里荷花带”、溪河养鸭养鹅、饲养头优20质肉猪产业带、饲养以黄羊为主的10万头草食牲畜产业带等种养殖基地。2000年至2004年，全县加快土地流转，进一步规范农村土地承包管理和土地使用权流转，其流转形式、流转对象、流转期限都有很大发展变化。启动并加快以中坝村为代表的小康示范村建设进程，抓好农村劳动力转移，助农增收。2005年，引进葛根种植和加工生产，形成全县葛薯产业链。全县农业产业化格局基本形成规模，有新经济专业合作组织24个。2006年，加大农业投入，调整产业结构，进一步实施各种惠农政策。引进雨润、佳美等农产品加工龙头企业，形成生产、加工一条龙，促进农业市场化发展。全县建成蚕桑、水果、生猪、葛薯等农业产业化基地，农业总产值达19.54亿元，粮食总产量30.2万吨，生猪出肥72万头，农民人均纯收入2959元，比1986年分别增长5.1倍和41.2%、121.6%、8.73倍，农业经济在经营方式、经济结构、产业格局上也发生了根本性改变。

工业经济快速发展。1986年，烟厂、丝厂、织布厂、麻纺厂、果品厂等工业企业相继技改或新建投产。“七五”计划期间，全县启动城市经济体制和深化企业体制改革，落实经营承包责任制、厂长经理负责制，推动工业发展。县丝厂的“白厂丝”、县建筑公司生产的砂砖获得省优产品称号。县丝绸厂、天府机器厂、农机公司、邮电局、肉联厂获得省级先进企业称号。农村剩余劳力进城，建筑业放开经营，加快发展。“八五”期间，蓬安县制定并组织实施科技兴工战略。全县开发新产品52个，丝绸城、万卷楼嘴烟，仿摩尔微型天府雪茄烟，晴雨帽、11207电力纺、花格尼、浪漫尼，9FQ32—20和9FQ40—20型饲料粉碎机，魔芋精粉、香辣酱等新产品投放市场受到欢迎。川北牌NQG1020型厢式货车、NQG5020型税务稽查车进入国家目录，获得销售权。中国桑椹营养口服液获得第三届新产品、新技术展销会金奖。桑红素在全国第一届食品添加剂展示会上获飞天奖。“九五”期间，蓬安转换企业经营机制、实施企业产权制度改革，推动招商引资，形成水电、冶金、机械、汽配、丝纺服装、食品、建材六大支柱产业。建设以电冶为主的集中工业园区。“十五”计划期间，继续实施“工业兴县”战略，全面推进企业改制、招商引资、民营经济发展，形成电力能源、机械冶金、农产品加工三大支柱产业。2006年，能源产业进一步壮大；嘉宝汽车、天府机器改制创新，航星钢铁、金坛电化顺利重组，机械冶金产业不断扩张；金华、海峡、赛克斯、泰兴轻纺企业落户蓬安，齐祥食品、绿源实业、可口爽饮料产销两旺，农副产品加工业渐成规模。发展环境进一步优化，省级工业园区中机械冶金工业园初步建成，食品轻纺工业园正式启动，“一区两园”格局基本形成。建筑业快速发展，成建制的建筑企业由1986年的3家发展到20多家，重庆等外地建筑企业入驻蓬安，建筑业产值和税收有大幅上升。全县工业总产值30.76亿元，增加值10.76亿元，是1986年的30.1倍和60倍；第二产业增加值占地方生产总值的40%，分别超过一、三产业。

商贸经济全面放开。1986年，蓬安商贸经济开始面向市场放开经营，国营和集体商贸企业开始实行政企分开、所有权与经营权分离、承包经营责任制等改革。个体商业处于初级阶段。1992年后，国有和集体商业企业实行“经营、价格、用工、分配”四放开，个体私营商业平均每年以20.7%的速度发展，个体私营商业社会商品零售总额超过国营商业。县集体商业联合公司以“改、转、租、卖、包”的形式，关闭合并一些亏损严重、效益极差的门店。1997年以后，商贸企业开始以出售、破产、解体为主要形式的产权制度改革。2000年后，县城有了各类高档优质的品牌专卖店、连锁店。2006年，蓬安县国营商业企业的物资供应公司、对外经济贸易公司、五交化公司、食品公司、蔬菜水产饮食服务公司、县酒厂、食品厂、百货公司、糖酒公司和燃建公司等实施产权制度改革。个体商业成为县域商贸经济发展主体。

旅游业形成规模。1992年至1996年，蓬安县完成白云山、大深南海、龙角山、笔架山公园、嘉陵江水上游览区等风景区的景点建设总体规划。1997年，县委、县政府提出把旅游作为产业建设，把发展旅游经济作为新的经济增长点。1998年至2001年，完成白云山、大深南海、龙角山等景区建设，接待游客32万人次，旅游收入2600万元。2003年启动“相如古县生态文化旅游”总体规划编制，强力打造“相如古县”旅游品牌。建设龙角山、下河街、新华街、红军街旅游文化区。2004年，司马相如与巴蜀文化国际研讨会在蓬安成功召开，全县开始以相如文化为主体的旅游产业建设，当年实现接待游客17万人次，旅游收入5600万元。2005年启动“嘉陵第一桑梓”旅游开发。2006年完成周子古镇、中坝新村等景点建设，启动相如故城、嘉陵江漫滩规划建设，嘉陵第一桑梓开始创建国家AAAA级旅游景区，实现接待游客30万人次，旅游收入14000万元。

四

蓬安人文荟萃，文化繁荣。1986年以来，相如文化逐渐发掘，人文环境和文化科教在继承和发扬传统的基础上，有更进一步的发展。

1989年，蓬安明确提出加强古相如县、司马相如故里及相如文化的研究、传承和发扬。2003年，成立司马相如研究会，先后两次在蓬安召开国际学术研讨会，在南充、成都举行专家学者座谈，在全国推动了司马相如研究。为庆祝相如古县建县1500周年，县委、县政府开展了一系列以相如文化为主题的纪念活动。为县庆编创的歌舞剧《相如长歌》得到中外来宾和专家认可，被省政府、省文化厅选为“新中国成立60周年献礼演出”唯一的一个县级演出剧目，先后获南充首届嘉陵江文艺最高奖，四川省“五个一工程”奖和巴蜀文化奖。

蓬安县先后成立有县作家协会、舞蹈协会、摄影协会、音乐协会、书法协会、美术协会等10多个文艺协会，成立了县社科联和文联，指导和推动全县文化科教事业发展。省文联和省文化厅确立蓬安为全省戏剧、电视、电影、书法、美术、摄影等六个创作摄制基地。

蓬安大中型群众文化活动蓬勃开展。1986年以来，县城连续21年举行春节街头大型文艺游行表演。2000年，举行首届《蓬州之秋》演出。2001年，首届河舒桃花艺术节后，河舒豆腐节、金溪镇沈家坝村橙花艺术节、徐家镇梨花节等活动相继举行。蓬安成立有各种文体协会，常年开展文化活动和歌舞、健美、拳剑、球类、棋类和冬泳等比赛。蓬安还保留有水龙、火龙、车车灯、连宵、采莲船、狮舞、蚌舞、嘉陵江船工号子等一系列非物质文化遗产，社会文化生活内容丰富多彩。

蓬安广播电视发展很快。1986年，全县49个乡镇都建有广播站。1988年，修建地面卫星接收站。1996年，城区21套节目进入百姓家庭。1998年，实现村村通广播。2002年，启动全县乡镇有线光纤线路工程，有线电视传输频道增加到37套。2006年，全县39个乡镇都采用光纤传输，乡到村光纤已达355个，通社1227个，有线电视用户达6.8万户。电视台自办节目时间每周达9小时。

蓬安加大科技兴县力度。1987年，提出科技振兴，1990年，提出科技兴县。到2004年，经登记、管理、鉴定的科技成果273项，其中，组织申报省（部）级科技进步奖23项、市级科技进步奖81项。“九五”“十五”计划期间，先后实施“星火计划”、“丰收计划”项目，实施“锦橙100号高产示范”、“科技兴农”等项目95项，新增农业产值8464万元。实施“科技兴工”项目58项，累计新增产值26968万元，累计新增利润1338万元，新增税金1475万元。引进推广新技术、新工艺76项，开发新产品178个，其中有156个新产品投入批量生产，新产品年产值达4269万元，新产品产值占企业产值的95%以上。到2006年，蓬安科技“星火计划”共举办各类培训班7647期，培训233.8万人。全县农村党员干部、专重大户受训面达到85%，农户达65%。

蓬安教育事业蓬勃发展。千方百计筹集资金投入中小学校舍改造建设，不断优化教育教学环境。1986年，全县3岁至6岁幼儿入园率17%左右；小学学龄儿童入学率97.0%；初中入学率仅为39.61%；有单设高中4所，附设高中3所，普高57班，在校学生3318人。1997年，蓬安“基本普及九年制义务教育、基本扫除青壮年文盲”获省市验收合格。全县义务教育阶段适龄儿童入学率达到99.67%，“三残”儿童入学率达到79.67%，初中入学率达到95.56%，小学毕业率99.42%，初中毕业率97.76%，全县15周岁人口初等教育完成率99.49%，15周岁人中文盲率0.51%。2002年，全县幼儿入园率达76.3%。2006年，达86.2%；周口幼儿园二园被省教育厅命名为“四川省幼儿园幼师继续教育示范基地”，被中华爱国工程联合会命名为“中华爱国启蒙教育全国示范幼儿园”。是年，全县学龄儿童入学率为98.79%，流失率控制在5%以下，初中在校学生达31080人。高中入学率达47.27%，在校学生10924人。21年来，全县累计培养小学毕业生25.3万人，初中毕业生13.5万人，普高毕业生2.37万人，职高3872人，输送、培养大中专生2万多人。

五

1986年至2006年，蓬安县委、县政府始终坚持加强党的建设和社会建设，坚持服务人民、人民满意为价值取向，抓发展、促民生，构建和谐社会，人民生活不断提高。

在党的建设中，1986年，县委明确提出党建工作坚持以经济建设为中心，同时，加强党的组织建设，建立和完善片区组织机构，采取“教、帮、调、促”相结合对全县后进村党支部进行整顿，对事业单位和县直机关党建工作明确和细化。1990年，县委作出加强党同群众联系的决定。

1992年，对各级领导班子和基层党支部建设提出“八一工程”的具体要求。1994年，提出必须坚持和健全民主集中制、必须加强和改进党的基层组织建设、必须培养和选拔德才兼备的干部。2000年，全县开展“万名党员三结合帮扶链”活动，推动党建与民生紧密结合。2002年，徐家方广村党支部书记范琼花被誉为“四川基层党建的一面旗帜”，选为党的十六大代表。2003年，县委开展“科技兴村、民主管村、依法治村”三村建设；开展培养100名优秀乡镇（街道）党委书记、乡镇长，100名优秀村（社区）党支部书记、主任和100名优秀党员致富带头人“三百工程”；开展创“基层组织建设先进县”、创“五个好”乡镇党委、创“五个好”村党支部的“三级联创”活动。在县级机关开展每个党员联系下河街一户贫困户的帮扶活动。在中坝村开展小康村建设试点，群众为县委立无字碑，获中央、省委、市委肯定。2005年，县委在“保持共产党员先进性教育”活动中，倡导“从我做起，向我看齐、对我监督”，深入开展“部门帮村、党员帮户”活动。省委组织部肯定蓬安党建工作，11月，全省农村基层党建工作现场会在蓬安召开。2006年1月，长梁乡中坝村党支部作为全国唯一村级组织代表，在全国农村党建“三级联创”活动视频会上作经验介绍，中央电视台评选中坝村为“中国十大魅力乡村”。

在政务建设中，在人民群众关心的热点问题上实行“办事制度公开、办事结果公开、接受群众监督”的制度。1992年，机构改革提出政府机构“精简、统一、效能”，“小机构、大服务”目标。1998年，进一步明确县级领导和机关单位定点联系服务乡镇、基层要求。2003年，全面推行政务公开，县行政服务中心成立，各项工作在“阳光下”操作，全年行政中心共受理事项3539件，在承诺日办结3521件，按时办结率为99%。2004年，县城建立社区就业服务一条街，集中解决群众就业难问题。2006年12月，县政府解决城区中低收入家庭的住房，建“惠民小区”经济适用房7600平方米，把为老百姓办的实事办好、办实，让群众满意。

在社会建设中，城乡居民保障机制有很大发展。1986年至2002年，开展扶贫助困、送温暖慰问困难群众和党员帮扶活动。2003年至2006年，企业改制后全县累计培训各类下岗失业人员和农民工6.4万人次，实现再就业2.8万人次，286户零就业家庭实现至少1人就业。巩固并扩大城镇职工基本养老保险和失业保险，启动实施医疗、工伤、生育保险，全县参保人员达6.3万人次。县上将8887户城乡特困家庭和630户失地农民全部纳入低保，将3000户城乡特困家庭纳入医保。全面落实“两免一补”政策，全县初中、小学生免交书费、学杂费2375.3万元，财政补助贫困家庭寄宿制学生生活费274万元，资助农村五保户及特困户新建和改造住房2183户。2006年，全县农村居民享受最低生活保障达到5057人，年发放低保资金192万元，城镇居民享受最低生活保障的12573人，年发放低保金808.51万元。全县优抚对象6613人，享受优抚定期定量补助1225.59万元。全县乡镇敬老院建设获四川省“五保供养工作先进县”称号。国家老龄委授予天成乡敬老院院长姚敏“全国敬老好儿女”金榜奖荣誉称号。兴旺敬老院院院长奉崇权获全国道德模范提名奖，受到胡锦涛主席接见。全县深入开展群众性精神文明创建活动，涌现出一批省级、市级、县级文明单位和一大批文明居民户。

蓬安人民生活水平整体得到提高。2006年，全县农民年人均纯收入2959元，城镇职工年平均工资10712元，城乡居民年储蓄余额316463万元，分别比1986年增长8.73倍、9.75倍、88.14倍；城镇居民年人均食品支出占个人消费支出总额的47.33%，降低了18个百分点；农民人均住宅32平方米，城镇居民人均住宅26平方米，分别增加9.5平方米和12.2平方米，生活质量得到提高。

六

蓬安在改革发展中重视人居环境、山川绿化、县域生态文明建设，可持续发展成绩斐然。

1989年，蓬安开展第一个“爱国卫生运动月”活动。1998年4月，开展声势浩大的第十个“爱国卫生运动月”活动，县区乡各级领导490人次、群众3926人次参加环境卫生义务劳动。在大规模灭鼠活动中，以全国著名灭鼠英雄、专家沈前明为榜样，全县涌现出灭鼠骨干600多人。1997年，蓬安在创建卫生县城活动中，获全市第一名。2001年，通过市级卫生县城达标验收合格。2004年，蓬安创建省级卫生县城达标。2006年，县委县政府提出创建国家级卫生县城目标。城区先后建成蓬安广场、相如广场、龙角山公园、笔架山公园，积极创建以相如文化为核心的嘉陵第一桑梓AAAA级景区、筹建相如文化公园、漫滩湿地公园，恢复相如故城等文化生态设施。

在环境保护上。1986年，蓬安县建立健全环保机构，落实环保工作制度。1991年，蓬安县制定小城镇环境保护方案，加强水资源、空气、噪声和环境的监测和治理。农业、林业、水电等部门认真保护和合理利用资源，促进生态环境良性循环。城区自来水厂设立水源卫生防疫区。2006年，蓬安加速建设污水处理厂和筹建垃圾处理厂，饮用水资源符合国家规定标准。

在生态建设上。1987年，县党代会作出植树造林决议，在全县推广黄桷树种植，推动全县绿化达标。1990年，全县实施长江中上游保护工程。1995年，蓬安白云山林场建成白云避暑山庄，被省政府命名为省级风景名胜区。1996年，又被省林业厅命名为省级森林公园。1997年，建成大深南海省级风景名胜区。1999年8月，全县按期完成省、市全面绿化达标三个阶段的目标任务。蓬安先后实施了天然林保护工程和退耕还林工程。2003年，作出建设“绿色生态靓县”的决定，全县一次性完成8667公顷宜林荒山、荒坡和25°以上陡坡耕地的绿化栽植任务。2006年，全县林业用地总面积37533公顷，占总面积的28.15%，活立木蓄积总量103.7万立方米，森林覆盖率32.54%，生态环境良好，初步实现人与自然和谐相处。

七

1986年至2006年，是蓬安历史上发展最快最好的时期。但是，蓬安的发展与沿海及省内外发达地区比较，还有不少差距：蓬安的经济发展总量增加较快，效益还不很理想；旅游业和农业产业化发展才初具规模，还需要进一步做大做强；城市发展规划还有很多不足的地方；部分居民还没有根本消除贫困；相如文化研究和蓬安本土文化建设还需要不断创新和推广；党建和民生工程还需要继续着力增强。

源远流长的嘉陵江，孕育了蓬安这一方沃土，历史悠久的相如县，绘就了蓬安崭新的文明。蓬安人民在县委、县政府领导下，正乘势而上，再创新业。坚持一手抓改革开放招商引资、产业培育促进经济发展，一手抓思想文化建设、社会和生态文明建设促进和谐，齐心协力、开拓进取，努力建设“丘区经济强县、文化旅游名城”，蓬安的未来一定会更加灿烂辉煌。

蓬 安 县 志
PENG AN XIAN ZHI

大事记

1986年

2月

1日至4日 蓬安县举办迎春物资交流会。

3月

1日 蓬安县成立职称改革领导小组，在全县企事业单位开展技术职称评定工作。

4月

14日 河舒、锦屏、巨龙、金溪、徐家、兴旺、罗家、利溪、正源9个乡撤乡建镇。

26日晨 中华、新河、凤石、碧溪、石孔等15个乡受暴雨、冰雹和7至8级大风袭击，溪河水上涨，冲毁民桥25座，房屋倒塌345间，死亡村民3人，经济损失600多万元。

5月

20日 全县普降暴雨，雨量50.1毫米；大风，风速17米/秒，持续时间较长，部分禾苗、树苗、水利设施受损，48间房屋垮塌，2人死亡，1人重伤。

6月

9日 蓬安县人民武装部改归地方建制。1996年3月29日，蓬安县人民武装部收归南充军分区建制。

16日 蓬安县召开首次环保会议，审议蓬安县“七五”环保计划。

30日 蒲显福工作变动辞去县长职务，常务副县长陈永高任代理县长。

7月

7日 县委决定发展优质水果、加强柑橘基地建设。

9月

18日 县电影院广场召开万人公开审判大会，南充地区中级人民法院宣判对故意杀人犯赵某某执行枪决。

10月

14日 县委、县政府印发《关于多渠道筹措教育经费的意见》，全县开始征收教育費附加。

11月

15日至19日 蓬安县举办“首届老年人运动会”。

12月

15日 蓬安丝绸厂生产的19/22D梅花牌白厂丝获中国丝绸公司优质产品称号。

是年 全县粮油工业、粮油运输业、饲料工业和粮油议购议销企业实行利改税，企业利润由原各级分成改为企业向国家缴纳所得税。

1987年

1月

是月 在苏州“全国冬泳比赛”中，蓬安运动员权闽英（女）获200米蛙泳金牌、100米蛙泳银牌。

2月

12日 县委宣传部、县精神文明办、县总工会、团县委等在全县深入开展五好家庭活动。

3月

15日至20日　县第十届人大会议召开，十届一次会议选举陈永高为县人大常委会主任、陈香泉为县人民政府县长、谢天永为县人民法院院长、马岳松为县人民检察院检察长。

15日至21日　县政协第三届会议召开，三届一次会议选举鲁荣祥为县政协主席。

是月　全县开始整顿民办教师队伍，79位民办教师首批转为公办。至1999年1月，全县1286位民办教师陆续转为公办教师。

4月

20日和25日　大风暴雨，部分乡镇出现冰雹。南燕、石孔、杨家、兴旺、济渡、凤石等乡损失较重，小麦受灾300公顷，损失粮食22.5万公斤，经济损失7.5万余元；垮塌房屋和打死耕牛、家禽等经济损失1.4万余元；河舒和兴旺区四座茧庄垮塌，经济损失3万余元；石油公司打烂油罐4个，燃油泄漏30多吨，损失2万余元。

6月

1日　蓬安县长陈香泉与省人民政府签订1990年全县基本实现绿化责任书。

9日　县委书记李凤鸣工作变动，谢正顺任中共蓬安县委书记。

7月

17日至19日　连续三天普降暴雨，降水量达300毫米左右，山洪暴发，洪水猛涨，房屋垮塌，嘉陵江水位上涨9.6米，清溪河、河舒河上涨20多米，粮食作物受灾面积9333公顷，3820户农民住房被淹，34所学校被洪水淹没，130多个单位受灾，直接经济损失达3800多万元。

8月

18日　蓬安县工商业联合会恢复。

9月

1日　蓬安县全面推行厂长经理负责制。

16日　蓬安县马回水电站破土动工。

25至28日　中共蓬安县第六次代表大会召开。六届一次全会上，谢正顺当选为书记。

是月　县委常委会决定每月逢“十”这天作为常委接待群众来访的“接待日”，县委常委轮流值班，为全省首例。

12月

是月　全县农村节柴改灶完成12.9万户，占农户总数的90%，圆满完成省下达的试点县任务。

1988年

1月

13日　全县工商企业推行“五制一拍卖”，即任期目标责任制、招标承包制、工资奖金总额与效益挂钩分配制、招标租赁制、多种经济股份制，微利或亏损的小企业进行拍卖。

2月

25日　蓬安县综合改革领导小组成立。

3月

21日　县委、县政府进一步推进经济体制改革，在招标竞争选择经营者、劳动人事制度、工资制度改革、横向经济联合等五个方面有新的突破；在行政事业、物资、金融、外贸、财政、税务等配套改革方面有突破。

是月　蓬安在龙角山修建地面卫星接收站。9月12日，地面卫星接收站投入使用，可转播中央一套、四川一套、南充一套三个频道节目。

4月

1日　蓬安开始对全县国营企业和自收自支事业单位实行职工退休费用社会统筹。

20日　蓬安县在省政协会议室举行首次在蓉乡友“智力支乡座谈会”。

5月

20日　县政府颁发《蓬安县城镇烟尘污染防治管理暂行办法》。9月，在周口镇划定1平方千米的烟尘控制区。

6月

21日　全省农村经营管理服务体系经验交流会在蓬安召开，全省各地市州县150名领导参会，会议期间与会领导参观考察了全县18个乡镇农经站。

7月

14日　县政府召开蓬安烟厂扩建座谈会，会议决定烟厂扩建选址金龟坡。

24日　全县暴雨，锦屏、金溪、巨龙、河舒等22个乡的221个村受灾；农田受灾面积3285公顷；死亡2人，伤7人；房屋倒塌2741间；死亡大牲畜23头；损失粮食65.395万公斤；直接经济损失共计466.5万元。

28日　暴雨，巨龙镇13村7社、9村1社山体滑坡，8户农户房屋垮塌，死亡3人，伤2人，损坏农田3公顷，广柑、柏树等100多根被压断，损失粮食900余公斤。

是日　福德乡民兵段建阳在河水中救起2名落水女学生。10月15日，县委县政府、县人武部在福德乡召开表彰会，给段建阳记三等功1次并颁发了奖金。

是月　县政府投资70万元将仪（陇）北（碚）路县城花园以北段700米拓宽改造为水泥路街面。

8月

24日　县政府公布的第四批县级文物保护单位有：蓬州书院、蓬州考棚、崇庆寺、字库塔、千佛崖摩崖造像、苏轼笔法碑、禹王宫戏台。

是月　蓬安县农村合作基金会联合会成立。

9月

10日　蓬安县妇女培训中心破土动工。1990年8月20日竣工。

12日至18日　蓬安县组团参加省食品展销会，与11个省42个单位成交金额达2000万元。

11月

18日　蓬安县试行校长负责制。

12月

10日至11日　副省长刘昌杰考察蓬安县粮食和生猪情况。

24日　南充地区行署印发通知，划分白水滩滩涂界线，滩涂的所有权属国有，傍徐家坝方向52公顷归南部县使用，傍祝家坝方向54公顷归蓬安县使用。

1989年

1月

10日　蓬安县春节期间开展拥军优属，帮户助耕“五个一”活动：即为优抚对象做一件事、为现役军人写一封信、为优待对象和义务兵发一份优待通知书、为参战军人送一件慰问品和照一张“全家福”照片。

2月

20日　县农资公司与南充县氮肥厂实行联办，投入技改资金670万元。

4月

4日　中共中央政治局委员、四川省委书记杨汝岱在地委书记康咸熙陪同下考察蓬安马回电站时指出，蓬安要把电站、烟厂、肥料厂三大建设抓上去。

11日　省总工会副主席佟伯芬一行到蓬安，为县总工会解决资金10万元，建“职工康乐苑”。

15日至17日　四川省篮协、蓬安县体委、总工会举办蓬州杯邀请赛。北京、广东、湖北、四川4支国内篮球劲旅参赛。

5月

8日　全国著名医学专家、卫生部政研室副主任、上海医科大学教授顾杏元到蓬安考察柳滩等地实行的医疗保健保偿合同制。

9日至11日　省农牧厅在蓬安召开“稻萍鱼”套作现场会。

7月

8日至14日　全县三次暴雨，降水量分别是60.7毫米、61.8毫米、65.3毫米。山岩崩塌、滑坡2500多处，53户农房倒塌，11座水库出现严重险情，38处石河堰被冲毁，200多处山坪塘断裂滑坡，7条公路、136座民桥被冲断；21条溪河和嘉陵江沿岸近2万公顷粮食、经济作物受损；冲走耕牛7头，生猪347头；死亡5人，伤20余人，直接经济损失4200万元。

21日　县检察院在县委大礼堂举行蓬安首次“查处经济犯罪案件情况报告会”。

8月

2日　蓬安县改革党政群机关补充人员办法，凡党政群机关补充人员，均采取考试、考核择优办法录取。

19日，大风暴雨，造成粮食作物2440公顷受灾，损失粮食265.4万公斤，毁坏果树和杂树2600株；倒塌房屋243间，倒塌电线杆3根；冲毁渠道200米；雷击伤2人；直接经济损失227.3万元。

9月

22日　县长陈香泉工作变动，副县长陈尚君代理县长。

23日　蓬安首次开放劳务市场，求职登记2000余人，当场签约300余人。

28日　蓬安县各界人士在县电影院隆重集会庆祝中华人民共和国成立40周年。

10月

18日　蓬安县清理整顿县内不符合规定的10家公司，23名党政干部辞去公司职务。

11月

14日至17日　川东北第六次方志学术讨论会暨《蓬安县志》稿评会召开。省志编委会副主任曹希之参加会议。会议收到《蓬安县志》评议文章63篇，县志稿修改意见1000余条。

15日至19日　全国农村基层农经站自身建设经验交流会在蓬安召开，30个省市代表参观红旗、金马、巨龙、杨家等乡镇农经站。

12月

29日　县电影院广场召开集中宣判大会，蓬安县人民法院对分别犯拐卖人口罪、盗窃罪、投机倒把罪的3案3人进行了宣判。南充地区中级人民法院宣判故意伤害致人死亡主犯唐某某死刑。

是年　蓬安锦橙100号被农业部评为优质农产品，1993年在泰国曼谷国际农业博览会上获银奖，1995年获第二届中国农业博览会金奖，1997年、1999年、2001年三次在中国博览会上评为“名牌产品”，2003年被上海中国果品交流协会评为“中华名果”，2004年5月获农业部“无公害农产品”证书，2005年获第二届四川·中国西部国际农业博览会银奖。

1990年

1月

2日　县委、县政府制定机关廉政新规，要求严守纪律，同党中央保持一致。首次提出领导干部就任和离任时必须向监察机关申报财产。

28日　蓬安县汽车客运站新车站开工建设，次年建成。

2月

上中旬　全县开展民主评议党员和干部考评工作。

25日至3月5日　县政协第四届会议召开，四届一次会议选举鲁荣祥为县政协主席。

27日至3月4日　蓬安县第十一届人代会召开，十一届一次会议选举肖盛林为县人大常委会主任、陈尚君为县人民政府县长、谢天永为县人民法院院长、曹学群为县人民检察院检察长。

3月

1日　经省政府批准，追认原中共渠（县）蓬（安）广（安）特别支部福德乡地下党联络站负责人熊秉乾为革命烈士。

28日　蓬安县社会治安综合治理委员会成立。

4月

10日　县委成立军警民联防指挥部，负责本地区生产、工作和社会生活秩序。

是月　县政府投资70万元，修建周口客运码头至冯家垭口货运码头的滨江路406米，配套马电工程蓄水后嘉陵江周口至马电游览区建设和城市防洪工程。

5月

17日　利溪、新河、柳滩、杨家、南燕、福德、凤石、济度、正源等地大风、冰雹，最大风速为24米/秒，冰雹大的如胡豆，小的如绿豆，持续20分钟；全县共25个乡镇，43090户，171760人受灾；倒塌房屋210间、损毁487间，福德乡12村8社张吉成家房屋垮塌当场死1人，重伤1人；农作物9800公顷、经济作物1100公顷受灾，竹木、柑橘损失15%—20%。

6月

5日　县委、县政府清理制止“乱收费、乱摊派、乱罚款”，到10月底，取消不合理收费项目97个、降低标准25个、暂缓执行25个，计减少负担295万元，其中农村提留减少118万元。

7月

3日　蓬安县卫星教育电视收转台成立。

16日　日本客商到蓬安考察龙蚕镇蚕桑生产和县浓缩果汁厂。

7月18日至20日　中共蓬安县第七次代表大会召开，七届一次全会选举谢正顺为书记。

31日至8月13日　高温干旱，有10条溪河断流，人畜饮水困难；重灾183个村，2.8万人饮水困难，死亡3人，受伤3人；1.23万公顷农作物受灾，树木、竹林严重损失。

是月　县自来水厂改扩建工程竣工，供水能力由4000立方米/日增加到1万立方米/日，水质达国家标准。

8月

7日　县政府划定周口镇饮用水源保护区：自来水厂嘉陵江取水点至上游1千米（牛毛漩）、下游100米（轮渡码头）。

8月18日至9月11日　伏旱，历时28天，降水量12.5毫米，降雨量比历年同期少130.0毫米，全县有49个乡镇，528个村，3416个社，28203人受灾，2273户人家吃水需到1.5千米路外去挑；死亡大牲畜1699头；6667公顷农作物受灾；直接经济损失计256.71万元。

28日　蓬安县长江中上游防护林体系建设指挥部成立。

下旬至9月上旬　蓬安48个企业组团参加首届中国·四川·南充丝绸节，展出商品16个大类、300多个花色品种，价值8000多万元；成交额9171万元，其中购进805万元，超计划1倍；签订经济技术合同102项，获技术转让费12万余元，获大会经济技术协作一等奖。

是月　县城规划区由原4平方千米扩大到9平方千米。

9月

29日至10月9日　蓬安举办“庆国庆、中秋商品展销会”，参展企业44家。

10月

是月　县委书记谢正顺工作变动，肖盛林任县委书记。

11月

18日至23日　县委举办农村党支部书记培训班，750人参训。

12月

2日　县委、县政府决定依靠科学技术振兴工业，发展烟、酒、车三大骨干产业，逐步形成丝绸服装、机械五金、酒类食品、印刷包装装潢、建工建材五个集团。

15日　县委、县政府号召向舍己救人的少年英雄李天国学习。

是月　四川川北汽车厂（蓬安嘉宝汽车工业有限责任公司）试制出“川北牌”NQC1020轻型厢式货车并通过省级技术鉴定。

是年　蓬安县天府机器厂生产的9FQ—40型粉碎机远销莫桑比克。

是年　蓬安县天府机器厂生产的9FQ—40型粉碎机被联合国粮农组织选定为援助产品之一。

1991年

1月

15日　县委决定分两期在农村开展社会主义思想教育活动。第一期9月20日至1992年1月20日在河舒、罗家、兴旺三个区20个乡镇进行；第二期1992年2月20日至6月20日在锦屏、巨龙、金溪、徐家四个区及周口等30个乡镇进行。

是月　县妇联组织区、乡镇妇女干部慰问修建马电的舟桥部队，赠送鞋垫300双，广柑150公斤。

2月

20日至4月16日　春旱，总降水量28.2毫米，全县48152户，179077人受灾，人畜饮水困难。

28日　县政府决定深化企业劳动用工、分配制度改革，继续完善承包经营责任制，坚定不移地推行厂长、经理负责制，发展横向联合，抓好创税利大户企业的改革与发展。

3月

1日　县委提出蓬安“八五”期间农业发展目标：农业总产值达5.5亿元，人均产粮400公斤，纯收入700元。

2日　县委决定抓好以党支部为核心的村级组织建设“八一工程”（即：选好一位支书，配好一套班子，带好一支队伍，建好一个阵地，立好一套制度，定好一个规划，办好一个实体，开展好一系列活动）。

15日至28日　蓬安县第十一届人民代表大会第二次会议决定接受肖盛林辞去县人大常委会主任职务的请求，补选陈福为县第十一届人大常委会主任。

19日　县委、县政府成立达成铁路蓬安段建设领导小组。下旬，召开建设动员大会。1992年11月25日达成铁路蓬安段动工兴建。1995年8月31日铺轨到蓬安。10月10日达成铁路蓬安段全线铺轨贯通。1996年7月1日达成铁路蓬安站试营运庆祝仪式在火车站举行。

22日　国务院批准蓬安县为全国第二批农村初级电气化试点县。

4月

12日　成立民盟蓬安县总支，选举产生第一届总支委员。

6月

14日　中共中央政治局委员、四川省委书记杨汝岱，地委书记李正培，地委视察室主任康咸熙到蓬安烟厂考察。

24日17时53分　大风冰雹，伴随有飓风，最大瞬时风速23米/秒；全县受灾，个别地方有大雨，罗家、兴旺、徐家、金溪、巨龙、河舒6个区，18个乡镇，187个村，1120个社最为严重；41人在灾害中受伤；倒塌房屋1508间；农作物受灾面积1233公顷，吹断林木87万株；吹倒电线杆120余处；直接经济损失共计6000万元。

26日　蓬安进行农村教育综合改革，建立普教、职教、成教相结合，农、科、教一体协调发展的教育体系。

7月

6日　蓬安县第十一届人大常委会第9次会议通过《蓬安县国民经济和社会发展十年规划》和《“八五”计划纲要》。

21日　县委授予蔡宝成、陈宗君、林绍良、蒋明斌、陆炳全、全长福为“蓬安县中青年拔尖人才”称号。

8月

13日　蓬安县和营山县签订《土地境界线认可书》。

是月　蓬安制定县城8平方千米总体规划及1.5平方千米的火车站小区控制性详规。

9月

12日　蓬安县政府成立行政复议委员会。

10月

10日　蓬安县成立语言文字工作委员会。

11月

30日　县委、县政府首次对全县次年小麦、油菜、水稻、玉米、红苕高产示范片，改造下湿田、低产土、建设吨粮村，蚕茧、养猪、水果等34个项目实行招标承包。

12月

26日至27日　普降大雪，罗家等地积雪深度普遍达3.5厘米，28日最低气温–4.3℃，破历史纪录。

1992年

1月

19日至24日　蓬安县举办“营蓬戏剧小品联谊赛”。

2月

是月　蓬安县制定《蓬安县住房制度改革总体方案》。

3月

16日　县委、县政府作出《关于组织全县各级各部门打好农村奔小康总体战的决定》。

4月

11日 蓬安决定在工业企业推行“生产经营、价格、干部人事、劳动用工、分配”五自主。

23日 县委、县政府开展两区、十乡、百村、千社发展乡镇企业竞赛活动。

5月

2日、5日 冰雹、大风、暴雨天气，大的冰雹直径有5—6厘米，巨龙、锦屏2个区，8个乡，43个村，356个社受损；房屋倒塌86间、损坏760间，致使3人受伤；受灾粮食作物4736公顷、经济作物1056公顷，损失粮食640万公斤、菜籽51.5万公斤；冰雹打死生猪8头，打伤28头；吹断电杆105根，断线63处；直接经济损失1145.6万元。

6月

11日 省劳动厅命名蓬安县就业训练中心为四川省重点就业训练中心

30日 “千里嘉陵第一坝”——蓬安县马回水电站发电通航庆祝大会在马回发电厂举行。

是月 县政府批准火车站经济综合开发小区控制性详细规划2平方千米，纳入县城总体规划。

是月 县政府印发建设蓬安县游乐中心笔架山公园议事纪要：保持山体完整，与滨江公园、龙角山、周口至马回水陆游览区连接。

7月

11日 蓬安县县级机构改革第一步改革方案出台，撤销各类非常设机构127个，撤销、合并部分非必设机构27个。12月19日，第二步改革方案出台，按照政企、政事分开和精简、统一、效能的原则，将原来82个工作部门减少到27个，编制由原来的1010人减少到638人。

9月

2日 经省政府批准，蓬安县乡镇建制调整，撤销7个区、31个乡建制，新建5个镇、扩大10个镇6个乡、保留3个乡的建制，全县调整为24个乡镇（15个镇9个乡）建制，由县直接管理。

10月

10日 《蓬安县公有住房出售实施办法》正式实施。

11月

8日 省道仪（陇）北（碚）路周口至茶亭段，全长38.2千米三级沥青表处路面改扩建工程开工，为县内第一条油路，总投资2578万元。

是月 县人武部被四川省表彰为国防教育先进单位，在省国防教育经验交流暨表彰会上介绍经验。

12月

4日 蓬安县经济技术开发区管理委员会成立。次日，《西南经济日报》刊登《四川省蓬安县人民政府关于火车站经济综合开发区若干政策的暂时规定》。

1993年

1月

4日至11日 县政协第五届会议召开，五届一次会议选举王坤题为政协主席，

5日至10日 县第十二届人大召开，十二届一次会议选举蔡守宪为县人大常委会主任、陈尚君为县人民政府县长、陈昌国为县人民法院院长、曹学群为县人民检察院检察长。会议审议通过县政府《关于动员全县人民奋斗四年实现普及九年制义务教育的议案》。

是月 蓬安成立第一家中外合资企业——中新房地产开发有限公司。

是月 县政府召集有关单位负责人研究建设蓬安白云避暑山庄，发展蓬安旅游业工作。1994

年8月，南充市政府批准白云避暑山庄为市级风景名胜区。1995年1月，省政府将其列为第四批省级风景名胜区；7月1日，县委、县政府在白云避暑山庄举行新闻发布会，40余名记者参会。1996年月1日，蓬安县白云山在四川电视台风景区天气预报中首次播报。

是月 省计委批复新建蓬安县嘉陵江大桥项目建议书，大桥设计荷载汽—20级，挂100设计，满足四级通航。投资暂定3700万元。1995年2月11日，成立蓬安嘉陵江大桥建设筹备领导小组。1998年4月22日大桥开工建设，主桥626米，引道长5.2千米，总投资4700万元。2000年9月28日大桥竣工。

2月

15日至17日 中共蓬安县第八次代表大会召开，八届一次全会选举肖盛林为书记；选举肖盛林、蔡宝成为出席省第六届党代会代表。

3月

仪（陇）北（碚）路周口至河舒段10千米一级路改造工程开工。

5月

18日 省委书记谢世杰到蓬安烟厂调研。

25日 县委、县政府决定奋斗四年普及九年制义务教育。

6月

27日 大暴雨，雨量达118.3毫米，过程降雨155.2毫米；雨量最大的兴旺镇达226.9毫米，全县平均降雨量155.0毫米；暴雨造成房屋倒塌350间，农作物受灾面积总计38700公顷，成灾6133公顷，直接经济损失计1290万元。

7月

16日 大暴雨，雨量135.6毫米；19日，再降暴雨，雨量54.7毫米，全县24个乡镇、598个村、69.5万人受灾，其中重灾9.2万人，因灾死亡1人，受伤5人；倒塌房屋1027间；农作物受灾面积3600公顷，成灾1800公顷，损失粮食3.2万吨；垮田埂3.12万处、山坪塘163口，山岩滑坡1.02万处；直接经济损失3100万元。县政府积极组织救灾。

8月

20日 县委、县政府为完成“普九”，决定征收人民教育基金，征收对象为蓬安的企事业单位，农民、机关职工以及城镇个体劳动者。

10月

县政府决定修建全长4千米的县城环城公路，北从茅店子起，穿杨家沟，经汽车改装厂后山垭与营蓬路相交（现为锦龙路），右穿李家湾过赵家坝南至县酒厂接仪北路（现为文君路）。

11月

20日 中共蓬安县委书记肖盛林离任，陈尚君任中共蓬安县委书记。

27日 县委决定授予蓬安县利溪镇大湾丘村党支部书记吴炳奇“功勋党支部书记”荣誉称号。

是月 省建委批复同意蓬安县城总体规划方案，2010年城市人口规模为10万人。

12月

是年 蓬安丝绸厂技改后占地8万平方米，建筑面积4.9万平方米，固定资产2316万元，职工2300人，形成具有制丝、织绸、服装综合生产能力。2003年1月1日，蓬安丝绸厂依法破产。

1994年

1月

17日至19日 大雪，积雪厚度达11厘米，寒潮过程降温6.2℃，损坏房屋6间、树木32.1万根；

冻死耕牛2头、生猪47头；压断广播线4处、高压线3处，压倒电线4根，共计4.5千米。

27日 市长向阳视察河舒、金溪、鲜店、茶亭、等乡镇和蓬安烟厂、麻纺厂等企业。

是月 蓬安县投资114.73万元，建成建设中路小南街出口至清溪桥头街道全长370米、宽39米。

是月 县委、县政府决定建设蓬安县龙角山长寿公园。

2月

2日 蓬安第十二届人大常委会第八次会议审议通过县长陈尚君、副县长赵正铭的辞职报告，决定任命副县长徐兴发代理县长职务。

23日至27日 县第十二届人大第三次会议选举徐兴发为蓬安县人民政府县长。

4月

20日 蓬安县制定国有企业产权制度改革《试行办法》。5月6日，开始在天府机器厂、百货公司等12个企业进行试点。

5月

3日至6月3日 夏旱，降水量仅为30.9毫米，乡镇降水量仅为9.0—37.3毫米，为历年同期平均值的1—2成；全县250个社发生人畜饮水困难，85%的山坪塘干涸，大部分溪河断流；农作物受灾严重，直接经济损失4800万元。

21日至22日 县委、县政府邀请曾在蓬安工作过的部分老领导50余人在马回水电厂举行“振兴蓬安经济座谈会”。

6月

5日 县委、县政府决定奖励发展乡镇企业成绩突出的会龙丝厂、第二建筑公司法人代表罗承盛、姚建军人民币各1.5万元。

8日 国务院批准蓬安为国家扶持的商品粮大县。

7月

9日至9月2日 伏旱，历时56天，总降水量83.2毫米（历史同期平均228.5毫米）。温度突破有气象记录以来最高值40.4℃，达40.5℃。日平均气温达到30℃或以上，日极端最高气温达35℃以上37天；全县38个乡（镇），11万人受灾，饮水困难，因灾死亡15人；农、经作物受灾面积4.5万公顷，广柑幼果脱落，桑叶枯黄，直接经济损失4800万元。县政府两次拨款30万元救灾。

17日 夜间，县内出现19米/秒的大风，停泊在嘉陵江边的客轮被大风吹翻，6人死亡。

8月

15日至17日 经省政府批准，蓬安将原24个乡镇调整为38个乡镇。

25日 农业部批准蓬安为第一批全国乡镇企业东西合作示范县。

28日 市委书记李正培到蓬安新园乡、河舒镇、利溪镇调研。

10月

21日 县政府制定《蓬安县城镇集体企业产权制度改革试行办法》。

11月

1日至2日 蓬安师范学校经国家教委、省教委验收，达到国家级师范学校标准。

8日 马回小电站技改竣工暨电化厂建成投产剪彩，市委书记李正培等参加。

17日 省丝绸公司确定蓬安县为四川省优质桑蚕茧基地县。

20日、25日 县委、县政府先后决定组建蓬安县畜牧食品集团公司、茧丝绸集团公司。12月20日两大公司成立。

28日 县委、县政府决定实施“龙虎工程”，即以发展农村经济十个产业化基地为十条“龙”、城市经济十个大企业为十只“虎”的经济发展基本框架工程。

12月

是月 全县乡级以上国有、股份制、城镇和乡镇集体、外商投资、联营、联合、私营、个体经济组织等所有企业的固定工、劳动合同制职工、混岗大集体职工，全部实行劳动合同工制度。

是月 县政府批准撤销蓬安县最大最早的集体企业——航运工贸总公司（县航运公司），其下属的县轮船公司、轮船客运公司、宏达水运公司、通达建筑公司、机制砂砖厂、船舶公司转为独立法人单位。2001年9月，除船舶公司外，其余5个企业经市中级法院批准破产，由县主管局和县法院组成5个清算组分别进驻各企业清算资产；12月6日集中兑现安置在职职工400多人、退休职工500多人。

是月 《蓬安县志》由四川辞书出版社出版发行。

1995年

1月

16日 县法院与南充市中级法院在县电影院广场联合召开公判大会，对犯故意杀人罪、诈骗罪、投毒罪的7名犯罪分子宣判；对故意杀人犯张某某执行枪决。

是月 县政府狠抓菜篮子工程建设，决定对县内征地每亩按1000元至1万元征收菜田建设费。

是月 县委批转县公安局在省市小城镇建设试点镇改革户籍管理制度实施意见。凡自愿交纳城镇建设增容费3500元，即可在周口镇落户，自愿交纳城建增容费2500元，可在河舒、徐家镇落户。

2月

19日 市委书记李正培到蓬安周口镇农技站、城南村调研，为城南村党支部题词“发挥战斗堡垒作用，带领群众致富奔小康”。

24日至5月12日 春旱连夏旱，历时78天，总降水量47.1毫米，4.3万人饮水困难；74.3%的水田无法插秧，77.9%的玉米萎缩，52.5%的花生发生炕芽，桑、果、林苗80%受到严重影响；大部分溪河断流；直接经济损失3339万元。

3月

25日 省交通厅、财政厅、物价局批准仪（陇）北（碚）路仪陇至蓬安段为收费公路。

4月

13日至18日，县委集中培训全县598个村、6个街道居委会党支部书记，县委书记陈尚君、县长徐兴发分别作报告，蚕桑、水果、林业、畜牧等有关部门进行14项专题培训。

18日，《蓬安报》创刊，举行首发仪式。

5月

7日至8日 亚洲农业技术服务中心主任王友钊带领农业考察团一行6人，在农业部、省农业厅和市县领导陪同下，考察蓬安以锦橙100号为龙头的柑橘产业。

10日 升钟水库西（充）蓬（安）分干渠通水，省委常委、副省长张中伟，省水电厅厅长敬正书，副厅长谢成荣，市委书记李正培，市长向阳和蓬安县委书记陈尚君剪彩。

6月

21日，县政府批准成立蓬安县车辆通行收费所，管理全县收费公路。

28日 全县乡镇无线传真网工程竣工。

8月

13日至9月7日，伏旱，历时26天，总降水量33.1毫米，全县各乡镇均出现人畜饮水困难，大面积的秋菜死苗，桑苗等枯叶死亡，直接经济损失1900万元。

9月

20日　县委成立小康建设领导小组。

10月

15日　蓬安县人民广播电台、蓬安县有线电视台成立。

11月

8日　蓬安县农村基本绿化经省、市验收达标。

10日至11日　省委副书记杨崇汇到蓬安调研龙蚕、平头、徐家等乡镇蚕桑、柑橘和农田水利基本建设。

28日至29日　省委、省政府县属企业改革检查组检查蓬安企业改革工作。

12月

6日　蓬安县开始拍卖山平塘和小型电灌站使用权。

8日　仪（陇）北（碚）路河舒至龙蚕段全长17千米二级油路改扩建工程开工建设，改造后为14千米，总投资1875万元，省上批准为收费公路。

21日至24日　县人民医院通过省、市考评，成为国家二级乙等综合医院，1998年创建为国家二级甲等医院。

是年　蓬安信访工作在全市目标考评中以99.1分位列全市第一，同时获省委、省政府的信访工作先进集体表彰。

是年　县委、县政府新办公大楼落成。

1996年

1月

26日　蓬安首次发行中国社会福利彩票，共560多万元。

2月

2日　国道318线蓬安段经省上批准为收费公路。

6日　北京城建集团四公司领导专程到蓬安感谢蓬安在京建筑队，向县人民政府赠送“精诚合作，友谊长存”锦旗一面。

3月

11日　蓬安县航运公司“小山城号”客轮在重庆市大佛寺水域与丰都县“群生号”货轮、涪陵“种东507号”驳船相撞倾覆，所载旅客58人生还，死亡、失踪96人，直接经济损失150多万元。

20日　蓬安县横跨嘉陵江的金溪至巨龙光缆架设完成，全县光缆总长达100千米，县邮电局至7个支局电信传输全部实现光缆化。

25日至27日　云南省军区副司令员、昆明警备区司令员沈前余受县委、县政府邀请回蓬安家乡考察，对蓬安烟厂与云南烟厂合作、品牌升级提效、家乡工业、交通建设等提出建议。

4月

5日　蓬安县7个邮电支局电话改制任务全面完成，县到支局全部实现电话程控交换、中继光缆传输，进入南充C3本地网。

5月

13日至14日　市委书记李正培、南充军分区司令员牟明柱到蓬安考察乡镇农业、城郊经济新模式及部分企业。

14日 蓬安县人民政府与新疆维吾尔自治区疏勒县人民政府签订缔结友好县协议书。

23日 在北京人民大会堂举行的全国农村电气化县建设验收总结表彰会上，蓬安县参会领导受到李鹏总理等中央领导接见并合影留念。

28日 县委、县政府决定，分别在38个乡镇和38个骨干企业中开展“十强乡镇”和“十强企业”流动红旗竞赛活动。

是月 县委办公室报送的《蓬安县决定今年完成精神文明建设“12345”工程》信息被中共中央办公厅采用。

6月

1日 蓬安清溪河一级公路大桥建成通车。

30日 各乡镇党政正副职领导，县级机关、事业单位副科级以上领导及实行厂长经理年薪制的企业正副职领导近500人，集中在周口中学参加庆“七一”领导干部理论考试。

7月

25日至29日 南充市县（市、区）人大常委会主任会议在蓬安召开。

31日至9月16日 秋旱，历时48天，降水量50.8毫米，全县38个乡镇普遍受灾。最严重的是金溪、鲜点、徐家、骑龙、金甲、巨龙、高庙、正源等乡镇，农作物受灾面积0.6万公顷，其中包括0.4万公顷二季玉米普遍卷叶、枯黄，0.1万公顷蔬菜受灾，0.1万公顷红苕落叶、干枯，桑叶减产；直接经济损失1800万元。

8月

6日 全县38个乡镇遭受大风袭击，最大风速20米/秒，一建司设计科3名女工被大风吹落的砖头砸伤；实验小学围墙吹倒10多米，城市供电线吹断两处；全县倒塌房屋114间；吹断竹树10.9万根、果树21万棵，损失二季玉米2000公斤、蔬菜5.4万棵；直接经济损失270万元。

12日 县委宣传部、县文体广播电视局、县图书馆联合举行纪念红军长征胜利60周年演讲会。城区20余名参赛选手、当年参加过长征的老红军及离退休老干部参加比赛。

18日 县政府驻昆明办事处在昆明市长城宾馆8号会议室召开成立座谈会，市长向阳、云南省军区副司令员沈前余等前往祝贺。

9月

9日至10日 县委、县政府组织“百人慰问团”分赴各乡、镇、村学校开展教师节慰问活动。

12日 县城卫星加密电视频道开通试播。

28日至29日，蓬安中学举行70周年校庆，全国各地两千余名嘉宾和校友参加庆典。

10月

2日 县委批转县法制建设领导小组“关于抓好第三个五年普法教育工作的十项措施”的报告，此举受到省表彰。

3日 县委、县政府表彰“八五”期间25个计划生育先进集体、8个先进协会、107个计生先进工作者和40个计划生育协会先进分子。

11月

1日 县委、县政府作出“关于实施优质柑橘产业化示范工程，促进水果基地建设的决定”。

2日 南充市市级民主党派负责人学习座谈会在蓬安举行。

11日至20日 青海省海东地区考察团到蓬安学习考察。

24日 市委副书记、代市长李川到蓬安调研。

12月

4日至5日 市人大常委会主任李慎宽率驻南充市部分全国、省人大代表视察蓬安城市经济工作。

8日 县政府印发《关于农村小康建设考核验收的通知》，明确了验收层次、标准、程序、办法和组织保障措施。

1997年

1月

1日 蓬安县颁发《农村小康建设规划》《社会主义精神文明建设“九五”规划》纲要。

2月

13日 县政府制定规范学校收费“五不准”规定，禁止学校乱收费。

19日 县委书记陈尚君离任，徐兴发任中共蓬安县委书记。

26日至3月2日 县第十二届人大第六次会议通过徐兴发辞去县长请求，补选谢华国为县长。

3月

17日 县政府全体成员会议提出政府工作首先必须抓基础，做到五个突出，即突出交通通讯建设、突出水利建设、突出县城和小城镇建设、突出教育科技、突出能源建设。

4月

16日 省初保办副主任安燕波一行8人检查蓬安初保工作，评95.4分，通过验收。

21日 蓬安再次完善乡镇建制，恢复8个乡，将38个乡镇调整为46个乡镇。

5月

是月 全县城乡以报告会、座谈会、文艺晚会、诗歌朗诵会、歌咏赛、演讲赛、知识竞赛、有奖问答赛、体育竞赛、棋牌比赛等活动迎接香港回归。

是月 四川蓬安国家粮食储备库建成。

6月

3日 省、市人大代表一行14人考察蓬安县“普九”工作。

21日 市工商企业改革发展经验交流会在蓬安召开。市委书记敬中春、市长李川在会上讲话。

是月 省政府命名蓬安大深南海为“省级风景名胜区”。

7月

3日 县委、县政府作出关于加快全县优质蚕茧基地建设和加快优质水果基地建设的决定。

18日 县政府对列入第一批旱山村人饮工程建设的24个乡镇、44个村、18260人进行逐村逐社实地勘测规划。

19日 四川石油管理局批准蓬安县周口镇发展民用天然气。次年3月11日，县天然气公司成立。4月29日，蓬安民用天然气通气点火仪式在清溪桥举行。

27日 县委、县政府作出关于进一步减轻农民负担规定。

9月

25日 县政府授予1996年8户县级“重合同，守信用”企业荣誉称号，取消6户原县级“重合同，守信用”企业荣誉称号；代省、市政府宣布授予全县1996年12户省级、13户市级“重合同，守信用”企业和撤销1996年度3户省级、5户市级企业“重合同，守信用”荣誉称号。

10月

27日至31日 市政府“普及九年制义务教育”考评组验收蓬安“普九”工作。是年，经省、市检查验收，蓬安县普及九年义务教育基本合格，获得全国第四批“基本普及九年义务教育县”称号；扫盲复查验收亦合格。

29日 县委、县政府提出县级党政机构改革完善方案实施意见，县委工作机构6个，县政府29

个，县委、县政府部委局办管理机构7个，县委、县政府议事协调实体机构5个，县政府直属事业单位6个，根据法律和章程设置的机构12个。

11月

24日　县委书记徐兴发离任，谢华国任中共蓬安县委书记。

30日　县委、县政府作出关于拍卖小微水利设施使用权决定。

12月

1日　县十二届人大常委会第35次会议，接受谢华国辞去县长职务请求，决定孙明钧为蓬安县人民政府副县长、代理县长。

27至30日　中共蓬安县第九次代表大会召开，九届一次全会选举谢华国为县委书记。

1998年

1月

3日至9日　县政协第六届会议召开，六届一次会议选举王坤题为县政协主席。

4日至10日　蓬安县第十三届人大召开，三届一次会议选举赵正铭为县人大常委会主任、孙明钧为县人民政府县长、陈昌国为县人民法院院长、韩志春为县人民检察院检察长。

14日　县委、县政府作出放手发展民营经济决定。

3月

14日至16日　县委组团赴射洪考察学习稳农业、强工业、活商贸、兴旅游、壮财税、扩县城等成功经验；17日、19日召开"学射洪经验、促蓬安发展"专题讨论会。

20日　省人大常委会副主任李永寿到蓬安调研，为县级机关和企事业单位干部作经济形势报告。

23日　县委提出公开选拔县级机关部分副科级领导干部的意见。

29日　县委作出向中共党员、蓬安县天成乡敬老院院长姚敏学习的决定。

4月

5日　市委书记敬中春到蓬安检查指导工作。

8日　县委决定从县级机关选派优秀青年干部到村挂职锻炼。

6月

1日　县委召开县级机关整风动员会。

是日　姚敏事迹首场大型报告会举行。

16日　省委宣传部组织《四川日报》社、四川电视台等6家新闻单位前往天成乡采访敬老院院长姚敏。7月14日，《人民日报》第三版以《燃烧自己，温暖老人》为题报道姚敏先进事迹。

7月

30日　蓬安调峰电站开工剪彩仪式在马回发电厂举行。2001年1月31日，工程竣工。10月19日，工程验收合格。

8月

21日至23日　嘉陵江涨水，水位超过10.6米，县委、县政府领导在江边指挥抢险。

9月

8日　县委、县政府作出加快建设"中国锦橙第一县"决定。提出用3年时间，年产果达1.5亿公斤、人均果业收入3000元奋斗目标。9日，召开誓师动员大会，抽调400多名机关干部进驻各基地乡重点村指导、督促锦橙高换和栽植工作。

是日 县委、县政府作出加快龙角山公园建设决定。11月30日举行龙角山公园奠基开工典礼。

29日 南充市发展农村特色经济现场会在蓬安召开，与会人员参观河舒发展池园经济和三坝锦橙100号现场。

10月

14日至11月30日 秋旱，历时48天，总降水量4.7毫米。

12月

7日 川R16706客车翻于沈家梁陡岩之下，当场死亡8人，轻重伤15人，县政府及有关部门领导及时到场处置。

是年 省人民政府信访办公室《信访简报》第12号，刊发蓬安县信访工作经验。

1999年

1月

26日 蓬安县提出发展民营经济具体目标要求：个体工商户达1.3万户、从业人员1.8万人、产值和销售收入6亿元、纳税总额达2000万元。

2月

5日 蓬安县发布县城周口镇首份空气质量公告，空气质量良好。

3月

7日 市委书记敬中春到蓬安龙蚕、新园、碧溪、河舒、周口等乡镇，考察农业生产、锦橙100号产业化高换下桩及管理、蚕桑春季管理。

11日 省政协副主席阿称到蓬安作扩大内需、增加农民收入、启动农村市场专题调研。

15日 按照省委、省政府指示，蓬安县当晚关闭全县49个农村合作基金会，并抽派机关干部300余人分赴全县清理整顿农村合作基金会。至2001年如数兑付股金3.5亿元。

4月

1日 县委组织部对尚未还清农村合作基金会个人借款或担保借款的500多名干部停职停薪，促其还款。

6日 省委常委、省委秘书长冯崇泰到蓬安检查农村合作基金会清理整顿工作。

22日 县政府向行政、事业人员每人借4月至7月半个月工资；向部门借款500万元；向全县在职科级干部每人借1000元，县级干部每人借2000元，筹集资金归还农村合作基金会借款。

5月

4日 县委授予杨强、伍虎、段恒、陈显胜、吕庆春、龚晓辉、沈前甫、漆玉平、刘汉武、唐丽蓉10位同志为蓬安县十大杰出青年。

6月

19日至10月31日 蓬安县整顿、规范县供销社社员股金。

25日至27日 县人大常委会举行法律知识培训，培训市人大代表40名以及县人大选举、县人大常委会任命的国家机关工作人员100余名。

7月

13日 蓬安县召开县属企业改制动员大会，改制方式有产权出售或转让、股份制或股份合作制、企业兼并、解体、依法破产等。

14日至15日 县人大常委会组织驻县省、市人大代表视察县城规划、蓬安中学创省重点中学等实施情况。

8月

5日 县委、县政府召开商贸企业产权制度改革会议，推进商贸企业改革。

9月

3日 蓬安邀请中国柑橘研究所原所长、研究员何天富作《21世纪果品经济形势报告》、市委党校副校长宋先钧作《经济形势与改革发展》报告。

16日 蓬安县首次企业产权公开竞价拍卖交易会在蓬安宾馆举行。

27日 蓬安庆祝国庆50周年千人大合唱在师范礼堂隆重举行。

10月

1日 县委、县政府在蓬安广场隆重举行庆祝中华人民共和国成立五十周年升旗仪式。

是日 县委表彰首届“十佳少先队组织”“十佳少先队辅导员”“十佳少先队员”及“优秀少先队组织”。

22日 县委、县政府恢复河舒、罗家、兴旺、徐家、金溪、巨龙6个区党委、区工委。

11月

4日 驻县市人大代表考察蓬安柑橘产业化建设基地。

26日 县委、县政府首次召开小城镇建设会议，规划四至五年小城镇面积、人口、经济及每年发展速度等指标。

12月

13日 蓬安县Y2K应急指挥中心成立，负责组织调度全县Y2K应急指挥机构和突发事件处理机构，对县城生命线的要害部门实行监控。

20日 蓬安县运输公司川R06361大客车从正源镇出发到广州，行至国道318线梁平县邱家寨K1559+100处下坡弯道时，因刹车故障翻于67米高岩下，当场死亡8人、重伤16人、轻伤43人，车辆报废，经济损失达100多万元，县政府、交通局、运输公司领导及时赶到梁平处理事故。

31日 蓬安烟厂被列为四川省烟草行业首批调整范围正式停产，2003年，烟厂依法宣告破产。

是年 全县发生大小春水稻稻瘟病、水稻螟虫、飞虱和小麦锈病病、虫、草害，发生面积32.4万公顷，防治面积21.04万公顷。

2000年

2月

15日 县委组织县级机关领导干部就西部大开发和中国加入世贸组织，开展3天讨论。

25日 蓬安县召开迎接西部大开发、实现经济超常规发展项目确定会，会议确定了100个项目和产品。4月4日，县委常委扩大会专门听取100个项目（产品）实施情况汇报。

3月

1日 县委、县政府下达2000年至2002年招商引资目标任务分别为：3.1亿元、3亿元、2.9亿元。

6日 蓬安抚琴小区建设开工，小区建成后蓬安县城总面积扩大至2.3平方千米。

4月

3日 县委、县政府印发供销合作社企业产权制度改革实施意见。

是月 蓬安县拍卖30辆城区出租车客运经营权，县城区首次开行出租车客运。

5月

5日 县委决定恢复河舒、罗家、兴旺、徐家、金溪和巨龙六个区纪律检查委员会。

8日至31日　夏旱，降水量仅17.3毫米，全县152条溪河146条断流，3231口山坪塘有2917口干枯，21600口蓄水池有20793口无水可蓄，大春作物严重受灾，直接经济损失2780万元。

16日　蓬安县县级领导班子和领导干部“三讲”教育动员大会在县委大礼堂召开。

27日　蓬安“三讲”教育巡视组长杨焕萍、副组长马昌群和县各级领导80多人为灾区捐款7500元。

6月

19日至20日　市政协主席蒲显福视察蓬安嘉陵江大桥、马电扩能工程、抚琴小区、锦橙199号千亩示范片、恒兴铁合金厂、十里荷花带等。

是月　南充市公安局批准成立蓬安县公安局水上派出所，由县公安局和交通局双重领导。

7月

14日　全县普降暴雨，徐家镇雨量达107.5毫米，全县有38个乡镇的3285个村民组，13.5万人受灾，房屋倒塌117间、损坏370间；农作物受灾0.52万公顷。全县直接经济损失1400万元。

9月

8日　蓬安金溪电站筹建工作正式启动。

25日　县委公开选拔罗家、金溪、兴旺、碧溪、巨龙、鲜店6乡镇各1名副职领导干部。

28日　蓬安在抚琴小区举行嘉陵江大桥通车、马电扩能工程竣工发电、蓬安宾馆授二星级挂牌，“三大工程”庆典暨《蓬安之秋》文艺演出，影视明星黄婉秋、景雯等到场参演。

是月　蓬安运动员唐雨诗参加全国少儿乒乓球比赛，获男子单打冠军。

10月

8日　蓬安确定未来三年建设中国锦橙第一县、中国南方制种大县、中国最大铬铁生产基地、金溪电站前期工程等新的“四大工程”。13日，召开“四大工程”誓师动员大会。

11日　暴雨，降水量达71.2毫米，新河乡5村水库滑坡，损坏渠长300米，下沉达1.5米，裂缝宽30厘米，直接受威胁的农户有9户，房屋严重受损的有3户，14间；新园乡6村5社鱼塘蓄水超负荷垮塌，6名学生落入水中，其中有2人失踪。

16日至23日　蓬安6种参展产品在南充旅游文化活动周旅游商品博览会获金奖，县委、县政府被市委、市政府评为组织工作一等奖。

11月

23日　省长张中伟一行到蓬安考察元坤稀土冶炼厂、恒兴公司、环宇金属制品厂、嘉宝有限责任公司等企业。

27日　驻南充的全国和省人大代表一行8人视察蓬安恒兴公司、航星公司等企业和嘉陵江大桥。

是月　蓬安县进行粮食流通体制改革，全县粮食单位职工1232人分流890人，返聘上岗342人。

12月

10日至14日　县委组织全县科级干部400多人深入农村农户调研，了解农村焦点、热点问题，为“三个代表”重要思想学习教育活动调查摸底。

22日至28日　县“三个代表”重要思想学习教育活动领导小组培训全县乡镇党委书记、区督导组长、乡镇工作组组长及成员。

26日　四川省军区副司令员王炳文少将到蓬安县人武部检查指导工作。

2001年

1月

1日　县委、县政府在蓬安广场隆重举行新世纪首次升国旗仪式。

26日至4月19日　干旱，84天总降水量13.6毫米，溪河断流，全县4.5万人出现饮水困难。

2月

13日　县委决定在全县开展“万名党员三结合帮扶链”活动，以党员为主体，由党员、富裕户和贫困户三结合结成帮扶链，共同帮助贫困户脱贫解困。

15日　相如文化广场和蓬安会展中心奠基，9月29日竣工。

3月

10日　县委在师范礼堂隆重召开“蓬安新跨越，人人比贡献”大竞赛活动动员大会。

16日　蓬安县举办首届蓬安河舒桃花节。

是日　县十三届人大常委会第22次会议，同意孙明钧辞去县人民政府县长职务，任命马道蓉为县人民政府副县长、代理县长。

19日　蓬安县召开司马相如研究会筹备工作会议。

25日至30日　蓬安县第十三届人民代表大会第四次会议补选马道蓉为县人民政府县长。

27日　县委要求副县级以上领导干部每人定点联系1户经营面积3公顷以上的农业业主。

31日至4月25日　全县乡镇机构改革，撤销区级机构和乡镇机构150个，重新设置46个，精简机构比例为24%。

4月

23日　市委书记敬中春调研蓬安罗家、河舒、白玉等地土地流转情况。

29日　全市土地流转现场会议在蓬安宾馆召开。

6月

9日　县委选派100名科级领导干部参加省委组织部举办的科级领导干部理论提高班培训学习。

29日，县委庆祝中国共产党成立80周年，表彰一批红旗乡镇党委、党支部、先进基层党组织、优秀共产党员和优秀党务工作者。

7月

10日　市政协主席蒲显福到蓬安调研农业产业化和城市建设等工作。

17日　县委派出10名科级领导干部到浙江省温州市10个基层乡镇担任乡镇长助理，挂职锻炼3个月。

25日　按省上指示，蓬安明确提出“国有资产从竞争领域100%退出、企业改制面达到100%、资产重组达到100%”的企业改制工作目标。

8月

1日　利溪镇催收农民上缴款，万桑园村农民熊发碧服毒身亡。9日，县委常委会听取事件调查汇报，决定对全县农民负担进行大检查；12日，对事件主要责任人村支书、主任、文书给予撤职处分，对镇党委书记、镇长分别给予免职及党内严重警告、行政警告处分，副镇长给予撤职处分。

7日　12时40分至13时50分，福德镇遭受大风、冰雹袭击，冰雹持续约15分钟，直径20毫米；局部损失比较严重，造成死1人，伤15人，重伤3人，垮塌房屋27间，受损户2134户，吹断吹倒树、竹47750根，电杆9根，直径30厘米的大树被连根拔起，稻谷被冰雹击落，损失折合人民币200多万元。

10日 县委、县政府表彰“九五”期间计划生育工作先进集体42个，先进个人134人。

10月

29日 县委作出《向优秀党支部书记范琼花同志学习的决定》。2002年1月17日县委召开范琼花先进事迹报告会；5月14日范琼花在省委第八次党代会上，当选为中共十六大代表。

11月

4日 四川省委常委、省军区政委周光荣少将到蓬安县人武部检查正规化建设达标工作。

7日 蓬安县出台《关于城市居民最低生活保障暂行办法》。

18日 蓬安县决定乡镇中小学教师工资纳入县级财政管理发放。

12月

7日 蓬安县党政群机关机构改革实施意见出台，设置县委工作部门7个、县政府工作部门20个、议事协调机构的办事机构3个、县政府直属事业单位14个、部门管理机构1个。

30日 《相如故里在蓬安》一书由四川人民出版社出版发行。

2002年

1月

23日 市委书记黄顺福到蓬安调研，强调把蓬安建设成为“中国锦橙第一县”和电力大县。

2月

4日至7日 蓬安政协六届五次全委会议召开，选举苏树学为县政协主席。

3月

14日 县委、县政府决定每年在全县开展“十大行业（系统）十佳”评选活动，每次评100名，即“十佳创业之星”“十佳种养能手”“十佳财税工作者”“十佳服务明星”“十佳卫士”“十佳园丁”“十佳公务员”“十佳医护人员”“十佳科技工作者”“十佳党务工作者”。

4月

19日 县政府追认与歹徒搏斗英勇牺牲的原重庆光彩职业技术学院机电班学生、两路乡新庙子村1组吕凤鸣为“蓬安县见义勇为公民”。

5月

23日 县政协举办中国加入世贸组织讲座，四川师范学院王代敬教授讲评“入世”有关知识。

6月

11日至30日 县政协组织相关单位，在县城首次开展“百家千店无假货”评议活动。

26日 市政协主席蒲显福到蓬安调研农业产业化、城市建设、农村税费改革等工作。

7月

17日 县政协民主评议县城副食品和药品经销行业。

8月

3日 蓬安成立“中国（四川·蓬安）锦橙节筹备工作委员会”。5日，首届“中国·蓬安锦橙节”前期工作正式启动。

5日 市委书记黄顺福到蓬安罗家镇柏林山庄、马电公司发电厂、金溪航电工程、平头乡白水滩蚕桑业主开发现场调研。

20日 县政协组织城区部分委员、各界人士40余人，视察木桥河上游城区清淤加盖情况。

9月

16日 市人大常委会主任李慎宽一行到蓬安检查换届选举工作准备情况。

是月　利溪、三坝、河舒等乡镇建成万亩锦橙100号无公害基地，获“四川省无公害果品基地”证书。

10月

24日　县委书记谢华国离任，刘中伯任中共蓬安县委书记。

是月　县城饮食娱乐行业全面实施“煤改气”。

11月

5日　县第十三届人大常委会第34次会议接受马道蓉辞去县长辞呈，任命邹平为县政府副县长、代理县长。

13日　四川省军区副司令王炳文少将到县人武部检查指导民兵预备役工作。

12月

24日至26日　中共蓬安县第十次代表大会召开，十届一次全会选举刘中伯为蓬安县委书记。

是年　四川省农业厅授予蓬安“四川省优质锦橙基地县”；“柑橘高接换种技术”获农业部“农牧渔业丰收奖”一等奖；蓬安县种子公司被农业部列为全国种子百强县企业，排名第56位。

2003年

1月

3日至9日　蓬安县政协第七届大会召开，七届一次会议选举苏树学为县政协主席。

4日至9日　蓬安县第十四届人代会召开，十四届一次会议选举刘中伯为县人大常委会主任、邹平为县人民政府县长、袁彪为县人民法院院长、李敏为县人民检察院检察长。

20日　县委决定成立四川省蓬安县水电开发公司，与省港航公司合资建设金溪电航枢纽工程。6月15日，金电工程开工建设，概算投资11.6亿元。2006年4月7日首台机组正式发电。

2月

18日至19日　市委书记黄顺福到蓬安调研。

22日　县委、县政府决定撤销驻各片区督导办公室，恢复设立区委、区督导办公室，为县委、县政府派出机构。相如街道办事处直属县委、县政府管理。

3月

1日　县委、县政府决定在全县机关、区、乡镇副科级以下公务员和非领导职务公务员中开展评优秀公务员和不称职公务员的活动。

4日　县人大常委会、县政府组织全县副科级以上干部、“两院”副院长计173人进行法律知识笔试。

20日　县委决定面向全市选拔一批科级领导干部。

4月

3日　四川省军区副司令胡昌政少将一行到县人武部检查民兵预备役工作。

10日　市委副书记、市长杜光辉到蓬安调研工业经济。

12日　县委提出建设“工业经济强县、特色农业大县、商贸旅游旺县、民营经济兴县、绿色生态靓县、财税收入富县”的奋斗目标。

30日　蓬安周口货运码头由冯家垭口迁建至彭家沟嘉陵江大桥上游工程开工建设。

5月

10日晚8时　县“非典”防治指挥部紧急会议，决定在蓬安火车站修建“非典”留验站及救治中心，晚12时，现场勘察规划。11日上午6时动工兴建，12日下午6时，主体工程完工投入使用。

28日至29日　市政协主席蒲显福一行到蓬安考察企业改制及徐家方广村发展情况。

6月

9日　县委对新提拔的50名副科级以上领导干部进行集中培训。

12日　蓬安首条采取BOT模式建设的省道南渠路蓬安段开工建设。

15日　省侨办对口帮扶蓬安徐家镇方广村，主任王宋达到方广村考察，初期投资6万元发展20户山羊养殖户。

16日　仪（陇）华（蓥）路周口至河舒段一级路改扩建，共投资3500万元。

24日　蓬安县千亩工业园区干道工程正式开工。

24日至25日　市政协主席蒲显福等到蓬安考察下岗人员再就业工作。

29日　蓬安县在全市率先实行领导干部提拔任免常委票决制。

7月

6日　蓬安县行政服务中心成立。

24日　蓬安县委工作会议专题听取省志编委市县志处副处长马国栋，省志副主编、副编审黄友良，省博物馆副馆长魏学峰等关于开发司马相如故里资源的报告。

8月

5日　蓬安县"评满办"组织100余名干部群众代表，对106个单位进行满意度测评，没有出现"不满意单位"。

9月

20日　司马相如研究会成立。

10月

17日　蓬安县举办"锦绣蓬安"大型文艺晚会，庆祝金溪航电工程开工。中央电视台著名节目主持人管彤、亚宁主持节目，著名歌唱家宋祖英等参加演出。

19日　县委、县政府聘请广东省四川商会会长、蓬安籍乡友张绪跃教授为经济顾问。21日，邀请其作《市场经济与实用》报告。

11月

10日　县委作出向长梁乡中坝村学习活动的决定。

11月　蓬安县核电站选址协调工作领导小组及办公室成立。

19日　四川省蓬安师范学校改办为普通中学，命名为"四川省蓬安第二中学校"。

2004年

1月

5日　省侨办副主任曾庭忠一行，将澳门同胞汤福荣先生捐赠的价值1.3万元的大米和食用油送至蓬安下河街社区和徐家镇。

2月

6日　县委组织中心学习组全体成员参加微机培训班学习。

16日　市委书记黄顺福、市长杜光辉和蓬安县领导到西南电力设计院看望核电建设专家，详尽介绍蓬安建核电站的地理条件、选址工作、优惠政策。

20日　南充市企业退休人员社会化管理服务工作经验交流现场会在蓬安召开。

26日　县委、县政府召开民营经济工作暨民营企业家协会成立大会，表彰了全县"十佳民营企业""优秀民营企业""服务民营企业先进个人"。

3月

6日 县委、县政府决定副县级以上党政领导全面实施安全生产责任制，党政一把手对安全生产负总责。

24日 全市农村基层党建工作现场会在蓬安召开。

是月 中华、凤石、长梁等乡镇建成800公顷无公害脐橙基地、获“四川省无公害基地”证书。

4月

1日 蓬安县城市污水处理厂在周口镇陈家坝开工兴建。

16日 蓬安县农田改造工程顺利通过省检验收。

20日 省委原副书记沈国俊，副市长、市重点建设领导小组副组长陈尚君，中国广东核电集团公司、苏州热工所3位专家与西南电力设计院、核动力院专家20余人到三坝乡、睦坝乡现场踏勘核电站厂址。

是日 蓬安第五期长江中上游水土流失防治工程通过省检验收。

26日 全省救灾救济暨城市低保工作会议在蓬安召开。

27日 县委、县政府在重庆召开蓬安县投资环境说明会。

30日 司马相如故里标志性建筑——“司马相如故里门阙”竣工剪彩。

5月

21日 县委严肃处理金马乡违背粮食直补政策行为，决定对全县粮食直补工作进行整改。对金马乡党委书记、乡长分别给予撤职和依法罢免乡长职务的处分。

23日 市长杜光辉暗访蓬安“粮食直补”工作。

6月

21日 南充市民主党派、工商联负责人到蓬安考察。

7月

6日 市长杜光辉，省航务局党组书记、省港航开发有限公司董事长刘龙铸等对嘉陵江蓬安段综合开发情况进行调研。

8日至9日 县人大常委会组织全县48个乡镇人大主席团主席或副主席进行新宪法培训学习。

20日 县委、县政府召开万头生猪良繁养殖场建设现场办公会。

8月

11日 中国水电五局中标金溪航电枢纽工程C14标。

8月13日下午4点50分 蓬安县周口中学校拆除危房施工不当房屋倒塌，发生7人死亡、2人重伤、5人轻伤的重大伤亡事故。26日，县委对“8·13”周中事件相关责任人作出处分决定，追究刑事责任3人，党纪、政纪处分9人。

是月 县委、县政府落实专项经费1000余万元，用于整治省政府督办的罗家镇天然气输气管道重大安全隐患。2005年11月上旬，天然气改管工程竣工，隐患消除。

9月

4日 全县普降暴雨、大暴雨，日降水量110.5毫米，损坏房屋1350间，城区内三处山体滑坡；仪北路13处塌方，周河路（67队旁）被冲断，南渠路11处塌方，桥梁2座被冲毁，150米堡坎垮塌；农作物受灾1.8万公顷，林木受灾；6户工业企业进水，设备及原材料严重受损；直接经济损失共计296.6万元。晚8时，县委、县政府召开防洪紧急会议部署防洪。

是日 蓬安庆祝第二十个教师节，表彰15个尊师重教先进单位、14名先进个人、14个教育工作先进单位、200名优秀教师、50名优秀班主任、60名优秀教育工作者、十佳校长、十佳师德标兵、十佳青年教师。

8日 市长杜光辉到蓬安调研工业经济、农村经济和党建工作。

13日 蓬安隆重集会纪念人民代表大会成立50周年暨地方人大常委会设立25周年。

20日 县委决定将69名村级“三百工程”培养对象送入省委党校函授学校南充分院、蓬安党校学习深造。

27日7点20分左右 川蓬客29号双机客船驾驶员3人，载客132人从万和史家坝出发，开往金溪镇码头，途中因金溪电站头晚修堤坝抢进度，航道突然变窄，水流湍急而翻沉江中，落水135人，死亡68人，获救生还67人。蓬安副县级以上领导及机关部门负责人迅速赶到现场分工施救及处置。事故定名为“四川·南充‘9·27’特大沉船事故”。上午，市委书记黄顺福、市长杜光辉，下午，省长张中伟、副省长杨志文等先后赶赴事故现场。2005年2月28日，“9·27”事故6名直接责任人受到法律追究，32名有关责任人分别受到党纪政纪处分。万和乡党委副书记、乡长撤销党内外职务，交通局党委副书记、副局长撤销党内外职务，蓬安县航务管理处党支部书记、处长撤销党内外职务，交通局党委书记、局长降级处分，其他有关人员按权限由县纪委处理。

29日 国务院安全生产委员会副主任、国家安全生产监管局局长王显政，交通部副部长徐祖远，国家安监局副局长孙华山，安监局司法司司长兼新闻发言人黄毅，中纪委、监察部驻国家安监局纪检组副组长、监察局局长王武琦，全国总工会书记处书记张鸣起，全总劳动保障部长王俊治等领导组成“9·27”沉船事故调查组进入事故现场调查，并看望慰问事故住院病人和死者家属。

30日 全县干部及社会各界为“9·27”沉船事故捐款。

10月

1日 蓬安正式实施公文网上交换。

2日 市长杜光辉参加蓬安县委常委会议，讨论“9·27事故”赔付标准。

是日 达州市、营山、仪陇、顺庆、南部等兄弟县市为“9·27”事故捐款。县政协组织医卫界政协委员到万和乡史家坝村，为“9·27”沉船事故中遇难者家属及生还者义诊。

13日 县委举行中国少年先锋队五十周年纪念日活动。

21日 司马相如与巴蜀文化研讨会在蓬安隆重举行，会议由四川师范大学巴蜀文化研究中心和司马相如研究会联合主办，100余名国内外专家学者参会。

11月

22日 省军区司令员曾国富，南充军分区司令员傅新民、政委吴仲康调研蓬安人武部工作。

30日 八一电影制片厂和深圳长安影视传媒公司联合制作的故事片《爱亦无声》在蓬安县城下河街开机拍摄。

是日 相如饭店正式命名为蓬安第一家三星级酒店。

12月

16日至17日 蓬安创建省级卫生县城工作经省爱卫会考核鉴定组验收达标。

21日 蓬安农村中小学现代远程教育网络全面建成。

2005年

1月

24日 县委成立保持共产党员先进性教育活动领导小组，启动蓬安“先教”活动。2月1日，县委发出“从我做起、向我看起、对我监督”，践行“三首先”“十带头”为主要内容的公开信。

是月 县嘉宝公司国有股份60.2万元公开拍卖，该厂梅质军牵头出资200万元中标，嘉宝公司转制为民营工业企业。

2月

19日 市委书记王宁、市长杜光辉到河舒镇桂花村、金溪码头、嘉宝公司等处调研。

28日 县委常委扩大会议提出建设“开放蓬安、平安蓬安、和谐蓬安、正气蓬安”工作思路。

3月

5日 蓬安女子体育代表团参加南充市第一届妇女健身运动展示大赛，在全市21个代表队综合排位中，名列团体第7名。

23日 南燕乡龙滩村出土宋代银盘；睦坝乡山村崖墓出土1900年前东汉陶母子鸡。

4月

11日 蓬安成立生猪产业发展领导小组及办公室，大力推进DLY优质生猪产业发展。

19日 蓬安县女篮获南充市运动会女篮冠军。

20日 县政府加强环保督办项目：市上挂牌企业排污治理；金坛电化、航星钢铁、赛克斯公司、巨龙良繁场的污染治理；木桥河治理；“煤改气”工程。

22日 成都军区联勤部部长曾建国少将、南充军分区司令员傅新民等到蓬安人武部检查工作。

5月

8日 县委决定大力推广中坝村“五民示范工程”、下河街社区“六帮六建”工作基本做法，进一步深化基层党建工作。

6月

1日 省委常委、省委组织部部长魏宏到蓬安调研保持共产党员先进性教育活动。

20日 县委、县政府启动城乡特困家庭实施医疗保险。

同日 县委提出开展“万名党员真情为民‘三个一’活动，构建群众满意工程”。

30日 蓬安县成为水电气化县。

7月

31日 县委、县政府召开安全生产警示会，总结“8·13”“9·27”事故教训，对安全事故责任人交警大队大队长、交管所所长、罗家镇镇长、兴旺镇镇长作出诫勉“三个月”的处分。

8月

1日 县委召开庆祝抗日战争胜利60周年、红军长征胜利70周年和中国人民解放军建军79周年大会。25日上午，蓬安离退休老干部表演文艺节目纪念抗战胜利60周年。

2日 蓬安全面落实“五包”责任制，确保全县预防人感染猪链球菌病实现“零”目标。

5日 国家电规总院推荐蓬安三坝为四川核电站首选厂址。15日，县委、县政府召开四川核电站首选厂址落户蓬安工作总结表彰大会。2006年9月19日，在成都，专家投票，四川核电新建项目首选址落户蓬安县三坝乡。晚，县委、县政府在相如广场举行焰火晚会庆祝。

16日 县委加强金溪电站县内淹没区补偿落实工作，从县级部门抽调工作人员组成工作指导组，分别进驻淹没补偿村，逐一落实补偿。

24日至26日 全市政协主席学习会议在蓬安举行。

26日 蓬安少年刘振宽获四川省青少年乒乓球新苗赛男子甲组冠军。

是月 蓬安女孩郑凡获央视《梦想中国》银蝶奖。

9月

2日 县委决定对退役兵安置实行一次性经济补偿。

是日 对7月29日金溪码头一货船超载、一客船施救险遭推翻的安全事故进行处理。对货船船长、客船船长分别处以罚款1000元、500元，暂扣驾驶证12个月和6个月；对海事处处长及海事处相关人员分别给予行政记大过、行政记过、行政警告处分并通报全县。

29日　副市长杜一力（女）到蓬安考察旅游资源。11月20日　市委批准四川旅游设计院《嘉陵第一桑梓旅游区项目策划方案》。12月27日　县委常委扩大会听取蓬安旅游及南充“第一江山、第一桑梓、第一曲流”三大重点景区构想汇报，决定蓬安着力打造“嘉陵第一桑梓”旅游景区。

是月　国家体育总局授予蓬安相如镇磨子东街居委会“全国群众体育先进单位”荣誉称号。

10月

23日至26日　蓬安承办南充市第一届乡镇老年人太极拳比赛，蓬安代表团获团体第一名。

11月

18日至19日　全省基层党建工作蓬安现场会召开，省委常委、省委组织部部长魏宏到会并讲话。

23日至24日　省政协副主席阿称到蓬安县调研畜禽疫病防控体系建设和推进农业产业化情况。

30日　全县完成最后一期农村合作基金会股金3900万元的兑付。

12月

7日至8日　驻市省政协委员到蓬安考察中坝村和畜禽产业化建设，听取核电选址工作汇报。

12日　省委书记、省人大常委会主任张学忠，省委副书记陶武先到蓬安调研基层党建和社会主义新农村建设。

是年　按国务院要求，全县统一取消农业税、特产税和劳动积累工、义务工，从此农民没有税费负担。

2006年

1月

17日　县委、县政府首次提出全县引进葛根生产，加快葛薯产业发展。

2月

23日　四川核电建设业主单位——广核集团发展计划部和新计划筹备部负责人到四川核电站首选厂址蓬安三坝乡三坝村实地考察。

3月

7日　省委常委、组织部部长魏宏一行到蓬安考察长梁乡中坝村、周口镇下河街基层党建工作。

28日　蓬安召开“安全生产重点监控县”摘帽誓师动员大会。次年7月3日，省安监局批准成功摘掉因“9·27”特大沉船事故被列为全省安全生产重点监控县的帽子。

4月

11日至13日　强寒潮天气，过程降温15.7℃，农作物受灾面积总计1.2万公顷，直接经济损失共计400万元。

20日　四川省高级人民法院副院长夏成福率省高院审监庭法官，在蓬安县法院第一审判庭，亲自审理由省检察院提起抗诉的一非法拘禁案，200余人旁听。

29日　《蓬安县古城保护暂行办法》经县14届人大常委会第22次会议通过，并公布施行。

6月

7日　蓬安撤销锦屏等7个区委、区督导组。

26日至27日　市政协主席任德俭到蓬安调研工业经济工作。

7月

5日至9月4日　伏旱，历时62天，总降水量33.2毫米，全县96条小溪断流，1687口山坪塘干枯，

6283口蓄水池干枯，14022口水井干枯，蓄水不到正常年景的1/4；全县39个乡镇598个村普遍受灾，25.46万人饮水困难，37.8万头牲畜饮水困难。

9日　中纪委、监察部、高检院、最高人民法院、国家安监总局、司法部等部门组成的国家重特大安全事故责任追究落实情况检查组一行9人到蓬安，检查“9·27”特大沉船事故责任人责任追究情况，并到蓬安监狱调研。

21日　由南充籍女导演执导的电影《水雨童话》在蓬安下河街正式开机拍摄。

31日　省政协副主席冯崇泰、吴正德、荀建丽，市政协主席任德俭等考察蓬安农民工职业技能培训和“嘉陵第一桑梓”建设情况。

8月

7日　县政协机关人员捐款6000元用于河舒镇小乐山村抗旱救灾。

9月

21日　县委、县政府表彰“四五”普法59个先进集体、119名先进个人。

25日　市委书记、市人大常委会主任王宁参加蓬安县委常委（扩大）会议。

10月

12至14日　中共蓬安县第十一次代表大会召开，十一届一次全会选举刘中伯为县委书记。

25日至29日　蓬安县十五届人大一次会议选举刘中伯为县人大常委会主任、邹平为县长、张云为法院院长、王瑜为检察院检察长。

25日至29日　蓬安县政协第八届一次会议选举罗建新为县政协主席。

30日　县委书记刘中伯离任，县委副书记、县长邹平主持中共蓬安县委工作。

11月

3日　蓬安乡镇机构改革调整，全县设置39个乡镇，周口镇、相如街道办、白玉乡合并设相如镇。

9日　蓬安县首例连体婴儿在县妇幼保健院成功剖腹娩出。

28日　县法院被全国老龄办、公安部、司法部命名为“全国老年维权示范岗”。

12月

6日　四川三坝核电站现场可研启动仪式在相如饭店三楼二号会议厅举行。

8日　蓬安县中坝村荣获央视中国魅力乡村“和谐共进奖”。

18日至24日，全县开展“送温暖，献爱心”活动，共募集捐款330175.90元，棉被、棉衣5000余床/件。

29日　县委、县政府作出实施蚕桑“百万工程”项目决定。

30日　邹平任中共蓬安县委书记。

是月　县委老干部局荣获省委组织部、老干部局“四川省老干部工作先进集体”奖。

是年　完成县城总规第三次修编；完成县工业园区3.2平方千米和城东片区1.97平方千米修建性详细规划；编制完成锦屏片区6.8平方千米控制性详细规划和下河街、盐店街及龙角山公园景观特色规划设计，编制完成蓬安广场改造规划等。

是年　蓬安县环境监测站作饮用水源水质监测，均达到国家饮用水源标准，河水水质优于塘库。

是年　省级蓬安工业园区“一区两园”基本建成：机械冶金工业园，位于相如镇藤茨沟村；轻纺食品工业园，位于河舒镇桂花村。

蓬　安　县　志
PENG AN XIAN ZHI

政　区

蓬安县位于南充市中部，东邻营山县城21千米，边界线长72.45千米；南距岳池县城80千米，边界线长14.95千米；东南与渠县、广安市交界，至渠县县城78.5千米，边界线长10.9千米；至广安城区99.81千米，边界线长24.8千米；西与高坪区、顺庆区相连，到南充公路里程为60千米、铁路里程41千米，嘉陵江水路里程为101千米；与高坪区边界线长44.8千米，与顺庆区边界线长29.77千米；北与仪陇县为邻，公路至仪陇老县城79千米、新县城54.7千米，边界线长37.8千米。蓬安最东点福德镇团堡山村，距县城32.5千米；最南点凤石乡金钩村，距县城45千米；最西点群乐乡石河井村，距县城30千米；最北点诸家乡青云村，距县城36千米。辖13个镇、26个乡，总面积1334平方千米。2006年，总人口69.36万人，常住人口54.21万人。常住人口中，城镇人口15.61万人，农村人口38.6万人。县政府驻相如镇，距南充市中心城区60千米，距成都270千米。

建置沿革

蓬安县境，约从公元前7世纪起属巴国地。周显王四十年（前329），秦灭巴国后属巴郡；惠文王更元后九年（前316），属巴郡阆中县。西汉时期，南境属安汉县，北部小部分仍属阆中县。南朝宋、齐时期，隶属仍旧。南朝天监元年（502），蓬安东北部设大寅县，后改为蓬池县；天监六年（507年），析安汉县东南部设相如县，蓬安县域大部分属之。

北周武帝天和四年（569）置蓬州，以州内大小蓬山为名。州治安固（今营山安固场），领安固、宣汉、仪陇、大寅4县。南宋理宗淳祐三年（1243），蓬州徙治云山（又名运山，今河舒镇燕山寨），以抗御蒙军。南宋理宗宝祐六年（1258），相如县由顺庆府改属蓬州，元世祖至元十五年（1278），蓬州徙相如县治地（今锦屏镇陵江场）。至元二十年（1283），省良山入营山、伏虞入仪陇、省蓬池分别入仪陇、营山、相如，蓬州领营山、仪陇、相如3县。明洪武初，省相如县直属蓬州；洪武十年（1377），省营山、仪陇直入蓬州，洪武十三年（1380），两县复置。清康熙七年（1668），营山、仪陇直属顺庆府，蓬州为不领县的县级散州。民国2年（1913），蓬州更名蓬安县。

【大寅县　蓬池县】 南朝梁天监元年（502），分阆中县地置大寅县，以邑西大寅山为名。治地在今茶亭乡蓬池坝，属隆城郡。广德元年（763），大寅县以治地蓬水绕流，更名为蓬池，后省(撤县时间不详)；开成元年（836）复置。至元二十年（1283），蓬池县废。

【相如县】 南梁天监六年（507），因汉代大辞赋家司马相如故宅在今蓬安县锦屏镇，朝廷析安汉县东南置新县，以相如之名为县名，以相如故宅为县治所，县府设在今锦屏镇，兼置梓潼郡，与县同治，辖相如县。相如县东临宕渠，西接安汉，西北临南部，北靠大寅。南朝梁天正二年至太平二年（552至557），西魏攻占蜀地期间，梓潼郡废，相如县改属南宕渠郡。隋开皇三年(583)，罢诸郡以州统县，相如县属隆州。隋大业三年（607），改州为郡，相如县属巴西郡。唐武德元年（618），复改郡为州，相如县仍属隆州。武德四年（621），南充置果州，相如县改属果州，同时析东境置朗池县，析西北境置新政县。武神功元年（697），析相如东南境置岳池县。乾元元年（758），相如县仍属果州，南宋宝庆三年（1227），果州以理宗“初潜”之地升顺庆府，相如县仍为其所属。南宋理宗宝祐六年（1258），相如县由顺庆府改属蓬州。明太祖洪武年间(1368至1398)，相如县省入蓬州直辖。

【蓬州】 北周武帝天和四年（569），分西魏时隆州隆城郡、罗州伏虞郡、义安郡置蓬州，以州内大小蓬山为名。周治安固（今营山县安固场），领安固、宣汉、仪陇、大寅4县。隋文帝开皇三年（583），渠州景阳郡改属蓬州，州领安固、伏虞、仪陇、大寅、宕渠、绥安（后改咸安）6县。唐开元二十九年（741），蓬州徙治大寅，次年，蓬州改名咸安郡，唐肃宗至德二年（757），曾改名蓬山郡，唐肃宗乾元元年（758），复改为蓬州，仍领仪陇、大寅、伏虞、良山（由安固改名）、蓬山（咸安改名）、宕渠6县，唐代宗宝应元年（762），朗池县由果州改属蓬州，州领7县。北宋太祖乾德三年（965），省宕渠入良山，州领6县。北宋真宗大中祥符五年（1012）朗池改名营山，北宋神宗熙宁三年至熙宁五年（1070至1072），省蓬山入营山，省良山入伏虞，州领蓬池、仪陇、营山、伏虞4县。南宋淳祐三年（1243），蓬州徙治运山（今河舒镇燕山寨）筑城抗蒙。南宋理宗宝祐六年（1258），始辖相如县。元至元十五年（1278），蓬州徙相如县治，即今锦屏镇，州县同治，后相如县省入，州领营山、仪陇二县，原相如县地称本州，洪武十年（1377），营山、仪陇省入蓬州，两年后复置。清康熙七年（1668），营山、仪陇直属顺庆府，蓬州不再辖县。民国2年（1913），废州改蓬安县。

【蓬安县】 民国2年（1913）3月，废州改县，以蓬州、安汉县首字为名，改蓬州为蓬安县。县城仍在陵江镇（今锦屏镇）。民国时期到解放初期，锦屏镇先后叫城厢镇、城中镇、城中乡、陵江镇、锦屏乡，管辖城内和城外北至岳家沟白岩寨下，西至两路、锦屏山周围，南至中坝射洪铺等，时城内常住人口近万人。

1949年12月12日，蓬安解放。1950年，城中镇改为城中乡，仍保持原建制区域，城内4个保改为4个段，城外的保改为村。其时，县城城墙完整，4道城门完好，东、南、西、北4个城楼上分别塑有张飞、观世音、关羽、文昌帝君雕像。城内有“五宫八庙”，五宫即天上宫、禹王宫、真武宫、南华宫、文昌宫；八庙即文庙、武庙、城隍庙、衙神庙、马王庙、药王庙，加上城西的观音阁和大王庙、十二花神庙、买闲亭等遗址，史载有长卿祠、琴台、卓剑水、洗墨池多个相如遗迹。还有玉环书院、天主堂、节孝祠、佛学社等。全城有12条街，从北至南有：北极街、北街、新东街、桑树街、老东街、南街、正南街、大巷子、小巷子、郭家井、西街、外西街等，南街又称文明街，西街又称涌金街。城中乡背依玉环山，南有凤凰山，右傍五马山，左临龙角山，嘉陵江三面环绕，玉环溪穿城而过。五马山又名锦屏山，山上有隋唐开凿的古佛洞摩崖群佛像若干，山下有沿河至正源河边佛尔崖摩崖群佛造像。

1952年，城中乡改为城中镇和城中乡，城中镇仍辖城内4个段，城外由城中乡管辖。1953年，城中镇和城中乡分别改为陵江镇和锦屏乡。

1957年，蓬安县城迁至城关镇。陵江镇城门城墙及庙宇逐步损毁。1981年，城关镇改名周口镇。1993年，蓬安县城规划修编，将老县城锦屏纳入县城总体规划，县委、县政府仍驻周口镇。2006年，县城改名相如镇，新老县城周口和锦屏以“周子古镇”和“相如故城”历史文化资源申报省级历史文化名城，后获准。同时，按“修旧如旧”原则修葺下河街、顺河街、红军街、新华街及两旁民房，成为“周子古镇”景区，亦为“嘉陵第一桑梓”AAAA级旅游区的重要景点。积极筹备恢复相如故城，申报国家级历史文化名城。

行政区划

1986年8月前，全县为7区49乡1镇，598个村、5个居民委员会。1986年，开始作建镇调整，1992年，全县撤区并乡建镇。之后，历经1994年、1997年、1999年、2001年、2002年、2003年、2006年乡镇建制调整。2006年底，蓬安县全县设15个镇、24个乡。乡镇下设598个村民委员会、24个街道社区居民委员会。村和社区下设4861个村民小组、140个居民小组。

【区调整】 1986年，蓬安县行政区划设徐家、金溪、巨龙、锦屏、河舒、罗家、兴旺7个区，辖50个乡镇，包括5个居民委员会、598个村和1个国有河舒农场。

周口镇：辖5个居民委员会，面积3平方千米。

锦屏区：辖锦屏乡，15个村，面积30平方千米，驻地陵江场；三坝乡，10个村，面积25平方千米，驻地玉皇庙；马回乡，8个村，面积19平方千米，驻地石狮子；清溪乡，14个村，面积35平方千米，驻地周口镇；红旗乡，14个村，面积26平方千米，驻地周口镇；白玉乡，13个村，面积34平方千米，驻地柏玉场。

巨龙区：辖巨龙乡，18个村，面积27平方千米，驻地巨龙场；高庙乡，10个村，面积17平方千米，驻地高庙场；群乐乡，10个村，面积22平方千米，驻地安乐院；正源乡，13个村，面积29平方千米，驻地正源场；长梁乡，8个村，面积20平方千米，驻地沙包；两路乡，12个村，面积21平方千米，驻地官堰塘；龙云乡，10个村，面积23平方千米，驻地邓家庙；睦坝乡，20个村，面积30平方千米。

金溪区：辖金溪乡，11个村，面积25平方千米，驻地金溪场；大泥乡，9个村，面积18平方千米，驻地大泥；万和乡，12个村，面积24平方千米，驻地梅家店；石梁乡，12个村，面积22平方千米，驻地沙坝嶺；平头乡，10个村，面积27平方千米，驻地平头场；鲜店乡，14个村，面积30平方千米，驻地鲜店场；向东乡，10个村，面积21平方千米，驻地牛王庙。

徐家区：辖徐家乡，14个村，面积30平方千米，驻地徐家场；方广乡，8个村，面积17平方千米，驻地半节土；茶亭乡，13个村，面积25平方千米，驻地茶亭场；诸家乡，12个村，面积28平方千米，驻地诸家场；黄坪乡，8个村，面积19平方千米，驻地黄林垭；骑龙乡，9个村，面积17平方千米，驻地骑龙场；金马乡，6个村，面积13平方千米，驻地马头坎；金甲乡，9个村，面积24平方千米，驻地金甲场。

河舒区：辖河舒乡，17个村，面积35平方千米，驻地河舒场；利溪乡，16个村，面积49平方千米，驻地利溪场；龙蚕乡，16个村，面积31平方千米，驻地龙蚕场；新园乡，11个村，面积28平方千米，驻地新园场；碧溪乡，14个村，面积32平方千米，驻地碧溪场；柳滩乡，15个村，面积38平方千米，驻地柳滩场；杨家乡，14个村，面积39平方千米，驻地杨家场；石孔乡，11个村，面积30平方千米，驻地石孔场；开元乡，8个村，面积22平方千米，驻地林家坝。

罗家区：辖罗家乡，15个村，面积33平方千米，驻地罗家场；中华乡，9个村，面积21平方千米，驻地三合馆；新河乡，13个村，面积35平方千米，驻地双河口；福德乡，12个村，面积33平方千米，驻地福德场；银汉乡，12个村，面积35平方千米，驻地银汉场；南燕乡，14个村，面积29平方千米，驻地南燕场。

兴旺区：辖兴旺乡，16个村，面积31平方千米，驻地兴旺场；海田乡，14个村，面积32平方千米，驻地海田场；天成乡，16个村，面积26平方千米，驻地母家院；济渡乡，10个村，面积14平方千米，驻地济渡场；凤石乡，13个村，面积32平方千米，驻地凤石场。

1992年9月，撤销7个区建制，将全县50个乡镇合并调整为24个乡镇，均直属县管。1997年4月21日，全县恢复设置徐家、锦屏、巨龙、河舒、金溪、罗家、兴旺等7个区委和区督导组，协助县管理各乡镇的工作。是年，全县设46个乡镇。徐家区辖徐家镇、金甲乡、黄坪乡、骑龙乡、诸家乡、茶亭乡、金马乡，锦屏区辖锦屏镇、马回乡、长梁乡、正源镇、白玉乡、石孔乡，巨龙区辖巨龙镇、两路乡、龙云镇、群乐乡、睦坝乡、高庙乡、万和乡，河舒区辖河舒镇、利溪镇、新园乡、龙蚕镇、碧溪乡、柳滩乡、开元乡、三坝乡，金溪区辖金溪镇、平头乡、向东乡、万和乡、石梁乡、鲜店乡，罗家区辖罗家镇、中华乡、新河乡、福德镇、南燕乡、银汉镇，兴旺区辖兴旺镇、凤石乡、海田乡、天成乡、济渡乡。周口镇为县直辖。

1999年10月，县委、县政府撤销徐家、锦屏、巨龙、河舒、金溪、罗家、兴旺等7个区督导组，设置中共蓬安县河舒、罗家、兴旺、徐家、金溪、巨龙6个区委、区工作委员会（简称区工委）。原锦屏区督导组督导管辖的马回、长梁、正源划归巨龙区督导，白玉、石孔划归河舒区督导。周口镇、锦屏镇由县委、县政府直接管理。

2001年3月，县委、县政府撤销河舒、罗家、兴旺、徐家、金溪、巨龙6个区委、区工委，新设县委、县政府驻河舒、罗家、兴旺、徐家、金溪、巨龙6个区督查指导办公室，作为县委、县政府的派出机构，分别负责对原河舒区、罗家区、兴旺区、巨龙区、金溪区、徐家区所辖各乡镇工作进行督查指导。

2002年10月11日，组建相如街道办事处，为县委、县政府派出机构，周口镇单设。

2003年2月，县委、县政府撤销原县委、县政府驻各片区督导办公室，重新设立区委、区督导办公室，分别为县委、县政府派出机构，实行两块牌子、一套人员。相如街道办事处直属县委、县政府管理。各区委、区督导办公室的管辖范围是：锦屏区委、区督导办公室辖锦屏镇、周口镇、正源镇、马回乡、长梁乡、白玉乡、石孔乡；河舒区委、区督导办公室辖河舒镇、利溪镇、三坝乡、龙蚕镇、新园乡、碧溪乡、开元乡、柳滩乡；罗家区委、区督导办公室辖罗家镇、杨家镇、中华乡、福德镇、银汉镇、新河乡、南燕乡；兴旺区委、区督导办公室辖兴旺镇、海田乡、济渡乡、凤石乡、天成乡；巨龙区委、区督导办公室辖巨龙镇、两路乡、睦坝乡、龙云镇、高庙乡、群乐乡、万和乡；金溪区委、区督导办公室辖金溪镇、石梁乡、鲜店乡、平头乡、向东乡；徐家区委、区督导办公室辖徐家镇、诸家乡、茶亭乡、黄坪乡、骑龙乡、金马乡、金甲乡。

2006年6月18日，撤销7个区委、区督导办，将原46个乡镇、1个街道办事处，调整为39个乡镇。

【乡镇调整】 1986年9月，撤销锦屏、金溪、徐家、巨龙、河舒、兴旺、罗家、利溪、正源9个乡的建制，开始建立镇的建制，成立镇人民政府。“乡党委”改称“镇党委”。

1992年9月2日，全县撤销原区、乡、镇建制，将原10镇、40乡人民政府扩建调整为15镇、9乡。调整后的24个乡镇由县直接领导。撤销方广乡、黄坪乡、金马乡、骑龙乡、向东乡、石梁乡、万和乡、大泥乡、群乐乡、龙云乡、两路乡、长梁乡、红旗乡、清溪乡、马回乡、三坝乡、白玉乡、杨家乡、柳滩乡、开元乡、碧溪乡、新园乡、龙蚕乡、南燕乡、银汉乡、新河乡、福德乡、中华乡、海田乡、凤石乡共31个乡的建制。

新建龙云、龙蚕、杨家、福德、银汉5个镇的建制。

龙云镇，将原龙云乡所辖10个村、98个村民小组、11381人，面积23平方千米，原万和乡所辖12个村、109个村民小组、12516人，面积24平方千米，原两路乡所辖的永庆观、高山沟、石板店、新庙子、两路口、黄连垭、潘家店、木梳垭、灶房湾、金鸡口共10个村、82个村民小组、9013人，面积16平方千米，划归龙云镇管辖。龙云镇共辖32个村、289个村民小组、1个居民委员会，面积63平方千米，总人口32910人。镇人民政府驻地邓家庙。

龙蚕镇，将原龙蚕乡所辖16个村、141个村民小组、16866人、面积31平方千米，原新园乡所辖的11个村、86个村民小组、10983人、面积28平方千米，划归龙蚕镇管辖。龙蚕镇共辖27个村、227个村民小组、1个居民委员会、27849人，面积59平方千米。镇人民政府驻地胡家坝。

杨家镇，将原杨家乡所辖14个村、113个村民小组、14718人、面积59平方千米，原柳滩乡所辖三角滩、响水滩、轿顶山、安乐、石桥、银窝、花鱼滩、葡萄山、桅子杆、鱼形、界缘桥、国乐、中嘴共13个村、107个村民小组、13479人，面积32平方千米，划归杨家镇管辖。杨家镇共辖27个村，220个村民小组，1个居民委员会，面积71平方千米，总人口28215人。镇人民政府驻地杨家场。

福德镇，将原福德乡所辖12个村、143个村民小组、17446人、面积33平方千米，原新河乡所辖13个村、101个村民小组、12716人、面积35平方千米，划归福德镇管辖。福德镇共辖25个村、244个村民小组、1个居民委员会、30162人，面积68平方千米。镇人民政府驻地福德场。

银汉镇，将原银汉乡所辖12个村、139个村民小组、14718人、面积35平方千米，原南燕乡所辖的双石桥、麻园坝共2个村、17个村民小组、2061人，面积4平方千米，原凤石乡所辖的金钩、芋溪、金竹、三拱桥、黑沟、石马塞、凤凰山、龙门、马脑共9个村、63个村民小组、7398人、面积23平方千米，划归银汉镇管辖。银汉镇共辖23个村、219个村民小组、1个居民委员会、24177人，面积62平方千米。镇人民政府驻地银汉场。

扩建徐家、金溪、巨龙、正源、利溪、河舒、罗家、兴旺、锦屏、周口10个镇的建制。

徐家镇，将原方广乡的金龙、檬垭、方广、染坊共4个村、39个村民小组、4171人、面积7.3平方千米，原黄坪乡所辖的周家沟、陈家沟、胡家沟、石油坝、太平村、小河口、陈家拱桥共7个村、61个村民小组、6025人、面积15.6平方千米，原骑龙乡所辖的五童梁、白鹤嘴、白石包、何半街、母家坝共5个村、46个村民小组、5188人、面积8.8平方千米，划归徐家镇管辖。扩大后的徐家镇共辖30个村、281个村民小组、1个居民委员会、总人口32526人，面积61.7平方千米。镇人民政府驻地徐家场。

金溪镇，将原金马乡所辖的焰山村、11个村民小组、1453人、面积3平方千米，原骑龙乡所辖的补巴桥、黄金桥共2个村、18个村民小组、2479人、面积4.6平方千米，原石梁乡所辖的沙坝、刚石嘴、庙儿坝、袁家包、三元贯、中元贯共6个村、38个村民小组、6855人、面积11平方千米，原大泥乡所辖的沈家坝、鲤鱼石、马家桥、魏家坝、大泥共5个村、25个村民小组、4489人、面积8平方千米，原向东乡所辖的10个村、90个村民小组、8386人、面积21平方千米，划归金溪镇管辖。扩大后的金溪镇共辖35个村、215个村民小组、1个居民委员会、总人口35211人，面积72.6平方千米。镇人民政府驻地金溪场。

巨龙镇，将原群乐乡所辖的三合沟、凤来安、石碓窝、玉宝山、书房垭、新店子共6个村、68个村民小组、7990人，面积13.4平方千米，划归巨龙镇管辖。扩大后的巨龙镇共辖24个村、193个村民小组、1个居民委员会、总人口24723人，面积40.4平方千米。镇人民政府驻地巨龙场。

正源镇，将原长梁乡所辖的鹅顶颈、石佛寺共2个村、15个村民小组、1617人，面积6.6平方千米，划归正源镇管辖。扩大后的正源镇共辖15个村、123个村民小组、1个居民委员会、总人口17237人，面积35.6平方千米。镇人民政府驻地正源场。

利溪镇，将原三坝乡所辖的10个村、80个村民小组、12704人、面积25平方千米划归利溪镇管辖。利溪镇共辖26个村、241个村民小组、1个居民委员会、总人口35323人，面积74平方千米。镇人民政府驻地利溪场。

河舒镇，将原碧溪乡所辖的14个村、97个村民小组、13190人、面积33平方千米，原开元乡所辖的8个村、57个村民小组、6535人，面积22平方千米，原柳滩乡所辖的小板桥、文星共2个村、20个村民小组、2475人，面积6平方千米，划归河舒镇管辖。河舒镇共辖41个村、298个村民小组、1个居民委员会，总人口39559人，面积96平方千米。镇人民政府驻地河舒场。

罗家镇，将原中华乡所辖9个村、67个村民小组、7767人，面积21平方千米，原南燕乡所辖陡梯子、朝门、百家沟、大一湾、泥巴寺、官地场坝、刘家祠、水口、毛家沟、红字沟、龙滩子、王家店共12个村、112个村民小组、12177人，面积25平方千米，划归罗家镇管辖。罗家镇共辖36个村、277个村民小组、1个居民委员会、总人口29882人，面积57平方千米。镇人民政府驻地罗家场。

兴旺镇，将原天成乡所辖16个村、110个村民小组、14031人，面积26平方千米划归兴旺镇管辖。兴旺镇共辖32个村、223个村民小组、1个居委会、总人口29882人，面积57平方千米。镇人民政府驻地兴旺场。

锦屏镇，将原马回乡所辖的8个村、47个村民小组、9596人，面积19平方千米，原长梁乡所辖的射虹铺、沙埂子、葫芦包、狮儿梁、谢家沟、中坝共6个村、54个村民小组、8047人，面积13.4平方千米，原两路乡所辖的胡家浩、卢家坪共2个村、24个村民小组、2517人，面积4.8平方千米，划归锦屏镇管辖。锦屏镇共辖31个村、233个村民小组、1个居民委员会、总人口37161人，面积67.2平方千米。镇人民政府驻地陵江场。

周口镇，将原红旗乡所辖的14个村、94个村民小组、14394人，面积26平方千米，原清溪乡所辖的14个村、94个村民小组、15855人，面积35平方千米，原大泥乡所辖的毛坝子、中堂、牛毛漩、小泥溪共4个村、26个村民小组、3595人，面积10平方千米，原白玉乡所辖的13个村、95个村民小组、12199人，面积34平方千米， 划归周口镇管辖。周口镇共辖45个村、309个村民小组、7个居民委员会、总人口73815人，面积106平方千米。镇人民政府驻地周口。

扩建金甲、茶亭、诸家、平头、高庙、济渡、6个乡的建制。

金甲乡，将原骑龙乡所辖的骑龙、关鹿山共2个村、21个村民小组、1904人，面积3.6平方千米，原金马乡所辖的葫芦、仙鹤、星火、长河、果山共5个村、36个村民小组、4658人，面积10平方千米划归金甲乡管辖。金甲乡共辖16个村、143个村民小组，面积37.6平方千米，总人口17095人。乡人民政府驻地金甲场。

茶亭乡，将原方广乡所辖的飞龙、凤凰共2个村、17个村民小组、1920人，面积7.56平方千米，划归茶亭管辖。茶亭乡共辖15个村、104个村民小组，总人口12391人，面积32.6平方千米。乡人民政府驻地茶亭场。

诸家乡，将原方广乡所辖红花、文武2个村、19个村民小组、2151人，面积4.3平方千米，原黄坪乡所辖柳溪桥村、15个村民小组、1417人， 面积3.4平方千米划归诸家乡管辖。扩大后的诸家乡共辖15个村、134个村民小组、15457人，面积35.7平方千米。乡人民政府驻地诸家场。

平头乡，将原石梁乡所辖的祝家嘴、猴家山、元子山、卢家沟、大垭口、沿江共6个村、53个村民小组、6228人，面积11.2平方千米划归平头乡管辖。扩大后的平头乡共辖16个村、143个村民小组，总人口18812人，面积38.2平方千米。乡人民政府驻地平头场。

高庙乡，将原群乐乡所辖的土桥子、果园坝、店子山、双井共4个村、40个村民小组、4155人、面积13.4平方千米划归高庙乡管辖。扩大后的高庙乡共辖14个村、145个村民小组、总人口17413人，面积30.4平方千米。乡人民政府驻地高庙场。

济渡乡，将原海田乡所辖的14个村、94个村民小组、11259人，面积32平方千米及原凤石乡所辖的尖山、小垭、天平、芭茅共4个村、26个村民小组、3136人，面积9平方千米划归济渡乡管辖。扩大后的济渡乡共辖28个村、194个村民小组、总人口24421人，面积55平方千米。乡人民政府驻地济渡场。

保留睦坝、石孔、鲜店3个乡的建制：

睦坝乡，乡人民政府驻地及行政区域不变。辖20个村、147个村民小组、总人口20579人，面积30平方千米。

鲜店乡，乡人民政府驻地及行政区域不变。辖14个村、104个村民小组、总人口12660人，面积30平方千米。

石孔乡，乡人民政府驻地及行政区域不变。辖11个村、86个村民小组、总人口10636人，面积30平方千米。

1994年7月31日，全县由1992年的24个乡镇调整为38个乡镇，划分成15个镇、23个乡，有村民委员会598个、村民小组4832个，居民委员会21个、居民小组66个。

保留建制不变的有8个乡镇：正源镇、杨家镇、茶亭乡、诸家乡、鲜店乡、睦坝乡、平头乡、石孔乡。

行政区域做适当调整的有16个乡镇。

徐家镇，将其所辖的五童梁、白鹤嘴、白石包、何半街、母家坝5个村、46个村民小组、5222人，面积8.8平方千米划出。调整后的徐家镇辖25个村、235个 村民小组、1个居民委员会、3个居民小组。总人口28569人，面积52.9平方千米。镇人民政府驻地徐家场聚居人口3022人，其中非农业人口1426人。

金溪镇，将补巴桥村和黄金桥村2个村、18个村民小组、2471人、面积4.6平方千米划出。调整后的金溪镇辖32个村、233个村民小组，1个居民委员会、4个居民小组。总人口32705人，其中非农业人口1830人。面积68平方千米。

巨龙镇，将其所辖的三合沟、凤来安、石碓窝、玉宝山、书房垭、新店子6个村、68个村民小组、7990人，面积13.4平方千米划出。调整后的巨龙镇辖18个村、125个村民小组、1个居民委员会、5个居民小组。总人口16800人，面积27平方千米。镇人民政府驻地巨龙场聚居3124人，其中非农业人口1208人。

龙云镇，将其所辖的万和片区12个村、109个村民小组、11170人、面积24平方千米和永庆观、灶房湾、金鸡口3个村、25个村民小组、4440人，面积5平方千米划出。调整后的龙云镇辖17个村、155个村民小组、1个居民委员会、4个居民小组。总人口17575人，面积34.8平方千米。镇人民政府驻地邓家庙聚居人口3016人，其中非农业人口685人。

锦屏镇，将其所辖的马回片区8个村、47个村民小组、9370人，面积19平方千米划出，将由龙云镇划出的永庆观、灶房湾、金鸡口3个村、25个村民小组、4440人，面积5平方千米划入。调整后的锦屏镇辖26个村、211个村民小组、1个居民委员会、3个居民小组。总人口33272人，面积52.2平方千米。镇人民政府驻地陵江场聚居人口5462人，其中非农业人口4538人。

周口镇，将其所辖的白玉片区13个村、95个村民小组、12216人，34平方千米划出。调整后的周口镇辖32个村、214个村民小组、7个居民委员会、15个居民小组。总人口64168人，面积72平方千米。镇人民政府驻地周口聚居人口40218人，其中非农业人口30400人。

河舒镇，将其所辖的碧溪片区14个村、97个村民小组、12991人、面积33平方千米和开元片区8个村、57个村民小组、6475人，面积22平方千米划出。调整后的河舒镇辖19个村、144个村民小组、1个居民委员会、4个居民小组。总人口20146人，其中非农业人口1104人，面积41平方千米。

龙蚕镇，将其所辖的新园片区11个村、68个村民小组、11027人、面积28平方千米划出。调整后的龙蚕镇辖16个村、141个村民小组、1个居民委员会、4个居民小组。总人口16979人，面积31平方千米。镇人民政府驻地龙蚕场聚居人口1544人，其中非农业人口401人。

利溪镇，将其所辖的三坝片区10个村、80个村民小组、11171人、面积25平方千米划出。调整后的利溪镇辖16个村、161个村民小组、1个局面委员会、4个居民小组。总人口22875人，面积49平方千米。镇人民政府驻地利溪场聚居人口2981人，其中非农业人口729人。

罗家镇，将其所辖的陡梯子、朝门、百家沟、大一湾、泥巴寺、官地坝、刘家祠、水口、毛家沟、红安沟、龙滩子、王家店12个村、112个村民小组、11598人，面积25平方千米划出。调整后的罗家镇辖24个村、165个村民小组、1个居民委员会、3个居民小组。总人口20292人，面积54平方千米。镇人民政府驻地罗家场聚居人口3265人，其中非农业人口1239人。

福德镇，将其所辖的新河片区13个村、101个村民小组、12767人，面积35平方千米划出。调整后的福德镇辖12个村、143个村民小组、1个居民委员会、4个居民小组。总人口17877人，面积33平方千米。镇人民政府驻地福德场聚居人口1446人，其中非农业人口67人。

银汉镇，将其所辖的双石桥、麻园坝2个村、17个村民小组、2028人，面积4平方千米和金钩、芋溪、金竹、三拱桥、黑沟、石马寨、凤凰山、龙门、马脑9个村、63个村民小组、7272人，面积23平方千米划出。调整后的银汉镇辖12个村、139个村民小组、1个居民委员会、3个居民小组。总人口14119人，面积35平方千米。镇人民政府驻地银汉场聚居人口2987人，其中非农业人口354人。

兴旺镇，将其所辖区的天成片区16个村、110个村民小组、12991人，面积26平方千米划出。

调整后的兴旺镇辖16个村、113个村民小组、1个居民委员会、3个居民小组。总人口16275人，面积31平方千米。镇人民政府驻地兴旺场聚居人口27785人，其中非农业人口1248人。

金甲乡，将其所辖的骑龙、关鹿山、星火、长河4个村、38个村民小组、3606人，面积7.6平方千米划出。调整后的金甲乡辖12个村、105个村民小组。总人口13884人，面积37平方千米。乡人民政府驻地金甲场聚居人口2654人，其中非农业人口570人。

高庙乡，将其所辖的土桥子、果园坝、店子山、双井4个村、40个村民小组、4204人，面积13.4平方千米划出。调整后的高庙乡辖10个村、105个村民小组。总人口13040人，面积17平方千米。乡人民政府驻地聚居人口1531人，其中非农业人口229人，

济渡乡，将其所辖的海田片区14个村、94个村民小组、11304人，面积32平方千米和尖山、小垭、天平、芭茅4个村、26个村民小组、3196人，面积9平方千米划出。调整后的济渡乡辖10个村、74个村民小组，总人口10066人，面积14平方千米。乡人民政府驻地济渡场，聚居人口1946人，其中非农业人口534人。

恢复性新建的有14个乡：

骑龙乡，辖由金溪镇划出的补巴桥、黄金桥，原徐家镇的五童梁、饱和嘴、何半街、母家坝、白石包，由金甲乡划出的骑龙、关鹿山、星火、长河共11个村 、102个村民小组、11281人，面积21.2平方千米。乡人民政府驻地骑龙场聚居人口830人，其中非农业人口185人。

万和乡，辖由龙云镇划出的万和片区12个村、109个村民小组，11170人，面积24平方千米。乡人民政府驻地梅家店聚居人口1203人，其中非农业人口248人。

群乐乡，辖由巨龙镇划出的三合、凤来安、石碓窝、玉宝山、书房垭、新店子和由高庙乡划出的土桥子、果园坝、店子山、双井共10个村、108个村民小组、12194人，面积26.8平方千米。乡人民政府驻地群乐场聚居人口860人，其中非农业人口145人。

马回乡，辖由锦屏镇划出的马回片区8个村、47个村民小组、9553人 ，面积19平方千米。乡人民政府驻地石狮子聚居人口980人，其中非农业人口145人。

白玉乡，辖由周口镇划出的白玉片区13个村、95个村民小组、12216人，面积34平方千米。乡人民政府驻地白玉场聚居人口750人，其中非农业人口191人。

三坝乡，辖由利溪镇划出的三坝片区10个村、80个村民小组、11171人，面积25平方千米。乡人民政府驻地玉皇庙聚居人口870人，其中非农业人口145人。

新园乡，辖由龙蚕镇划出的新园片区11个村、86个村民小组、11027人，面积28平方千米。乡人民政府驻地胡家坝聚居人口952人，其中非农业人口189人。

开元乡，辖由河舒镇划出的开元片区8个村、57个村民小组、6475人，面积22平方千米。乡人民政府驻地林家坝聚居人口730人，其中非农业人口86人。

碧溪乡，辖由河舒镇划出的碧溪片区14个村、97个村民小组、12991人，面积33平方千米。乡人民政府驻地碧溪场聚居人口897人，其中非农业人口211人。

凤石乡，辖由济渡乡划出的尖山、小垭、天平、芭茅4个村和由银汉镇划出的金钩、芋溪、金竹、三拱桥、黑沟、石马寨、凤凰山、龙门、马脑9个村，共13个村、89个村民小组、10468人，面积32平方千米。乡人民政府驻地凤石场聚居人口653人，其中非农业人口144人。

南燕乡，辖由罗家镇划出的陡梯子、朝门、白家沟、大一湾、泥巴寺、官地坝、刘家祠、水口、毛家沟、红字沟、龙滩子、王家店和由银汉镇划出的双石桥、麻园坝共14个村、129个村民小组、13626人，面积29平方千米。乡人民政府驻地南燕场聚居人口975人，其中非农业人口180人。

天成乡，辖由兴旺镇划出的天成片区6个村、110个村民小组、12991人，面积26平方千米。乡人民政府驻地母家院聚居人口897人，其中非农业人口211人。

新河乡，辖由福德镇划出的新河片区13个村、101个村民小组、12767人，面积35平方千米。乡人民政府驻地新河场聚居人口1251人，其中非农业人口285人。

海田乡，辖由济渡乡划出的海田片区14个村、94个村民小组、11304人，面积32平方千米。乡人民政府驻地海田场聚居人口1026人，其中非农业人口354人。

进一步完善乡镇建制　1997年4月21日，全县由38个乡镇再次恢复性调整为31个乡、15个镇共46个乡镇，598个村、4828个村民小组，21个居民委员会。

保留原建制不变的有27个乡镇：

巨龙镇、周口镇、河舒镇、龙蚕镇、利溪镇、福德镇、银汉镇、兴旺镇、睦坝乡、高庙乡、群乐乡、万和乡、马回乡、三坝乡、白玉乡、新园乡、碧溪乡、开元乡、石孔乡、凤市乡、南燕乡、天成乡、新河乡、海田乡、济渡乡、茶亭乡、鲜店乡。

行政区域适当调整的有11个乡镇：

金溪镇，将其所辖的花厂沟、向东、油坊、柏垭口、亮垭子、永清、云华、清泉、狮子口、谢家店、沙坝、庙儿坝、刚石嘴、袁家包、三元贯、中元贯、焰山17个村划出。调整后的金溪镇辖16个村、121个村民小组，1个居民委员会，18007人，面积33平方千米。

徐家镇，将其所辖的周家沟、陈家沟、胡家沟、石油坝、太平、小河口、陈家拱桥7个村划出。调整后的徐家镇辖18个村、150个村民小组，1个居民委员会，20539人，面积37.3平方千米。

正源镇，将其所辖区的鹅项颈、石佛寺2个村划出。调整后的正源镇辖13个村、108个村民小组，1个居民委员会，15603人，面积29平方千米。

罗家镇，将所辖野猪寨、字库、五马、白马、中峰、百大丘、崇庆、罗家沟、双井9个村划出。调整后的罗家镇辖15个村、94个村民小组、1个居民委员会，12903人，面积33平方千米。

杨家镇，将其所辖的三角滩、响水滩、轿顶山、安乐、石桥、银窝、花鱼滩、葡萄山、桅子杆、鱼形、界缘桥、国了、中嘴13个村划出。调整后的杨家镇辖14个村、114个村民小组，1个居民委员会，13164人，面积39平方千米。

锦屏镇，将其所辖的永庆观、灶房垭、射虹铺、沙埂子、葫芦包、狮儿梁、谢家沟、中坝8个村划出。调整后的锦屏镇辖18个村、138个村民小组，1个居民委员会，24101人，面积37.1平方千米。

龙云镇，将其所辖的高山沟、石板店、新庙子、潘家店、两路口、黄莲垭、木梳垭7个村划出。调整后的龙云镇辖10个村、103个村民小组，1个居民委员会，11642人，面积23平方千米。

诸家乡，将其所辖的柳溪村划出。调整后的诸家乡辖14个村、119个村民小组，14205人，面积32.3平方千米。

金甲乡，将其所辖的葫芦、仙鹤、果山3个村划出。调整后的金甲乡辖9个村、86个村民小组，10830人，面积24平方千米。

骑龙乡，将其所辖的星火、长河2个村划出。调整后的骑龙乡辖9个村、85个村民小组，10055人，面积17平方千米。

平头乡，将其所辖的祝家嘴、狮子山、元子山、卢家沟、大垭口、沿江6个村划出。调整后的平头乡辖10个村、85个村民小组，13250人，面积27平方千米。

恢复8个乡：

黄坪乡，辖由徐家镇划出的周家沟、陈家沟、胡家沟、石油坝、太平、小河口、陈家拱桥和由诸家乡划出的柳溪桥8个村、85个村民小组，8536人，面积19平方千米。乡人民政府驻地黄林垭。

金马乡，辖由金甲乡划出的葫芦、仙鹤、果山和由骑龙乡划出的星火、长河，由金溪镇划出的焰山共6个村、47个村民小组，6148人，面积13平方千米。乡人民政府驻地马头坝。

石梁乡，辖由金溪镇划出的沙坝、庙儿坝、刚石嘴、袁家包、三元贯、中元贯，原平头乡的祝家嘴、猴家山、元子山、卢家沟、大垭口、沿江共12个村、89个村民小组，12881人，面积22平方千米。乡人民政府驻地沙坝场。

两路乡，辖由锦屏镇划出的永庆观、灶房垭和由龙云镇划出的高山沟、石板店、新庙子、潘家店、两路口、黄莲垭、木梳垭9个村、72个村民小组，7506人，面积13.9平方千米。乡人民政府驻地官堰塘。

长梁乡，辖由锦屏镇划出的射虹铺、沙埂子、葫芦包、狮儿梁、谢家沟、中坝和由正源镇划出的鹅项颈、石佛寺共8个村、69个村民小组，9665人，面积20平方千米。乡人民政府驻地沙包场。

柳滩乡，辖由杨家镇划出的三角滩、响水滩、轿顶山、安乐、石桥、银窝、花鱼滩、葡萄山、桅子杆、鱼形、界缘桥、国乐、中嘴共13个村、126个村民小组，15551人，面积34平方千米。乡人民政府驻地柳滩场。

向东乡，辖由金溪镇划出的花厂沟、向东、油坊、柏垭口、亮垭子、永清、云华、狮子口、谢家店10个村、87个村民小组，8179人，面积21平方千米，乡人民政府驻地牛王庙。

中华乡，辖由罗家镇划出的野猪寨、字库、五马、白马、中峰、百大丘、崇庆、罗家沟、双井9个村、68个村民小组，7618人，面积21平方千米，乡人民政府驻地中华场。

设立相如街道办事处和调整周口镇建制　2002年10月11日，将周口镇所辖的9个居委会全部划出，32个村划出7个，组建蓬安县相如街道办事处，为县委、县政府派出机构；周口镇单设。

调整后的周口镇辖铧厂、敖家沟、团包岭、熊家梁、堂房、七里半、青高、双河口、彭家沟、马儿梁、毛坝子、中堂、牛毛漩、小泥溪、团结、帽盒沟、凤仙寨、罐子坝、杨家桥、固州寨、雁平坝、龙王山、椽子垭、塔子山、油坊沟25个村，面积60平方千米。

新建制的相如街道办事处辖由周口镇划出的下河街、新华街、磨子古街、磨子东街、建设路、马回电站、建设中路、东风大道、火车站9个社区居民委员会和龙角、木桥沟、青龙嘴、黎家店、城南、回龙沟、藤茨沟7个村民委员会，面积12平方千米。

再次调整乡镇行政区划　2006年6月18日，全县由46个乡镇、1个街道办事处调整为39个乡镇。下设24个街道社区居委会、140个居民小组，598个村委会、4861个村民小组。

这次调整撤销马回、白玉、中华、向东、万和、黄坪、金马7个乡，撤销相如街道办事处。

新建、扩建6个乡镇的行政区域：

新建相如镇，将原周口镇、白玉乡和相如街道办事处所辖区域合并组建；为尊崇、怀念历史名人司马相如、传承相如文化、利用人文资源，新合并组建的镇定名相如镇。相如镇面积103.9平方千米，总人口103793人。辖45个村、311个村们小组，11个居民委员会，87个居民小组。镇人民政府驻地周口。2006年10月10日，撤销新华街社区居民委员会，将原新化街道社区居民委员会管辖的新华街、红军街、峥嵘路划归下河街社区居民委员会管理，木桥巷、金叶路、磨子东街中路川剧团至文化馆段、锦龙西路划归磨子东街社区居民委员会管辖。

扩建金溪镇，将原向东、万和2个乡所辖区域并入金溪镇，镇人民政府驻地金溪场。面积76.9平方千米，总人口34753人。辖38个村、303个村民小组，1个居民委员会、6个居民小组。

扩建罗家镇，将原中华乡所辖区域并入罗家镇，镇人民政府驻地罗家场。面积57.3平方千米，总人口20305人。辖24个村、165个村民小组，1个居民委员会、6个居民小组。

扩建徐家镇，将原黄坪乡所辖区域并入徐家镇，镇人民政府驻地徐家场。面积55.6平方千米，总人口30876人。辖26个村、250个村民小组，1个居民委员会、3个居民小组。

扩建长梁乡，将原马回乡所辖区域并入长梁乡，乡人民政府驻地沙包场。面积36.9平方千米，总人口19833人。辖16个村、116个村民小组。

扩建金甲乡，将原金马乡所属行政区域并入金甲乡，乡人民政府驻地金甲场。面积39.1平方千米，总人口16511人。辖15个村、133个村民小组。

保留锦屏镇、正源镇、河舒镇、利溪镇、龙蚕镇、杨家镇、福德镇、银汉镇、兴旺镇、巨龙镇、龙云镇等11个镇；

保留石孔乡、新园乡、三坝乡、碧溪乡、柳滩乡、开元乡、新河乡、南燕乡、海田乡、济渡乡、凤石乡、天成乡、石梁乡、鲜店乡、平头乡、两路乡、睦坝乡、高庙乡、群乐乡、诸家乡、茶亭乡、骑龙乡等22个乡。

2006年乡镇、村（居）委会名录

乡镇	村民委员会	社区居民委员会	村民小组、居民小组
相如镇	毛坝子、中堂、小泥溪、牛毛漩、彭家沟、龙角、双河口、七里半、青高、熊家梁、堂房、敖家沟、马儿梁、铧厂、团包岭、海林、玉龙村、回龙沟、固州寨、黎家店、帽盒沟、三星桥、杨家桥、塔子山、油坊沟、雁坪坝、檬子垭、龙王山、罐子坝、团结、藤茨沟、凤仙寨、木耳坝、板桥院、黄金沟、龙滩桥、天灯垭、古楼、清水铺、陡滩桥、龙岗寨、大星寨、青龙嘴、城南、木桥沟	下河街、磨子西街、磨子东街、政府街、马回电站、建设南路、东风路、火车站、青龙街、城南桥、新华街（2006年10月撤销）	311个村民小组、87个居民小组
罗家镇	字库、五马、白马、野猪寨、双井、百大丘、中峰、崇庆、罗家沟、罗汉扁、天桥、金堂坝、大深沟、雷公坡、杨家沟、幸福、银子岩、原木沟、大木桥、麻柳湾、高脚仓、狮子梁、雷家湾、花厂	罗家场街道	303个村民小组、6个居民小组
金溪镇	永清、狮子口、亳垭子、云华、清泉、柏垭口、游方、谢家店、灰包梁、金山、葫芦穴、花厂沟、碧山、台子梁、万缘、唐家坝、史家坝、白虎嘴、顺江、洪谷、硝岩洞、山关梁、俞家坝、魏家坝、马家桥、大泥、鲤鱼石、沈家坝、白岩寨、大石板、新红、园包、紫石坝、响滩、青松、木溪、南垭、凤阳山	金溪场街道	165个村民小组、6个居民小组
徐家镇	陈家沟、胡家沟、柳溪桥、梅子湾、染坊、圈儿井、白果湾、周家沟、石油坝、太平、陈家拱桥、小河口、猫儿岩、唐家祠、右井、九龙垭、邓家祠、大柏树、水对沟、梓潼、华光、月光坪、檬垭、太阳、方广、金龙	徐家场街道	250个村民小组、3个居民小组
长梁乡	葫芦包、狮儿梁、谢家沟、鹅项颈、石佛寺、中坝、沙埂子、射虹铺、石板沟、燕子窝、石狮子、蔡家渡、文昌、邓家渡、金坡梁、桐角寨		116个村民小组
金甲乡	星火、长河、焰山、果山、葫芦、仙鹅、定顺、麻秀沟、下塘、观音、上塘、杉树沟、芋河桥、大屋基、迎龙桥		133个村民小组
锦屏镇	金鸡口、天星、金凤、河垭口、鹅公山、龙潭、岳家沟、盐井坝、北门、石子岭、玉房、嘉陵、西拱桥、莲花、双桥子、胡家浩、卢家坪、张家沟	陵江场街道	139个村民小组、3个居民小组
正源镇	安坪、黄梁、三礅、深沟、古锋、前进、石牛、金线、红豆、望江、铜鼓、平梁、金刚	正源场街道	108个村民小组、3个居民小组
河舒镇	燕子、桃花、黄花、金鹅、金斗、竹林、桂花、小桥、黄岭、尖锋、九岭、锣山、茨生、龙院、文星、小板桥、花园、唐康、燕山	河舒场街道	144个村民小组、4个居民小组
利溪镇	冯家梁、青龙江、高峰山、牛眼沟、量金斗、新场坝、大湾丘、挖龙坳、花房子、三角湾、八角、花灶沟、万桑园、桥亭子、东德发、肖家沟	利溪场街道	156个村民小组、3个居民小组
龙蚕镇	万坤坝、卿家坝、大树沟、苏家坡、建设、龙洞沟、千丘磅、尖坡、金家沟、普光、鹭鸶田、冯家坡、石庙沟、一碗水	龙蚕场街道	141个村民小组、4个居民小组

续表

乡镇	村民委员会	社区居民委员会	村民小组、居民小组
杨家镇	伏岭、马坟、双流、吕家、七里、茨藤、书房、圣合、拱桥、杨场、乡乐、八角、清华、玉堂	杨家场街道	113个村民小组、4个居民小组
福德镇	段家沟、杨家山、团堡山、石板坪、骡子坡、转转田、石泉、北斗坪、长干岭、石柱坝、黄梨垭、鼓楼山	福德场街道	143个村民小组、4个居民小组
银汉镇	川主、石马、吕广、向阳、新龙、长远、栽秧、大红、指碑、缩三、钟离、新安	银汉场街道	139个村民小组、3个居民小组
兴旺镇	猫儿沟、袁家巷、桂花桥、黄刘垭、韩家梁、挖断山、水泉、双龙桥、和平、龟山、文锋、瓦店子、高石坎、粟运、鹅弯颈、大鱼塘	兴旺场街道	113个村民小组、3个居民小组
巨龙镇	丰收、分水岭、羊角嘴、光明、合作、马家嘴、双龙、双马、巨龙、东来、关家坪、东岳村、金龟、观音、大山岭、七一、龙眼、石鸭	巨龙场街道	146个村民小组、5个居民小组
龙云镇	梅子垭、龙云寺、李家坪、板桥子、梅家寨、迎凤山、雷家坝、乌云梁、大石坪、柳树垭	龙云场街道	108个村民小组、4个居民小组
石孔乡	十三嘴、社坛、姚家沟、唐孔、小玉、黄家沟、大玉、枫木院、山青、社附、石孔		86个村民小组
三坝乡	郑家坝、双龙盘、大石塘、冉家碑、阙家坝、三坝、万寿、姚家坝、汪家坡、金竹庵		80个村民小组
新园乡	百坊垭、油坊坝、渔房、踏坡梁、冉家沟、麻杨河、玉牛坡、宽敞沟、半坡龙、三脚岩、盘古		86个村民小组
碧溪乡	新桥、皂角树、响滩子、石坝子、园顶、渔塘湾、西瓜坪、碧溪桥、龙家、大锣山、青龙、白银坝、吕家山、桐麻扁		97个村民小组
柳滩乡	花鱼滩、葡萄山、桅子坪、鱼形、三角滩、界缘桥、银窝、中嘴、石桥、响水滩、安乐、轿顶山、国乐		107个村民小组
开元乡	卢朝门、狮坪、黄连桥、白塔、白果、翔凤、白马洞、狮岩		57个村民小组
新河乡	宝藏、半街、驼山、玉顶、张湾、凉风、龙塘、拖木、高桥、双河、奔波、七口、野鸭		101个村民小组
南燕乡	麻园坝、百家沟、双石桥、朝门、大一湾、泥巴寺、陡梯子、刘家祠、官地坝、毛家沟、王家店、龙滩子、红字沟、水口		127个村民小组
海田乡	金桥、宝定、观音堂、葫芦嘴、长沟、高峰、竹山观、五通、三青沟、黎坪、飞马桥、陡滩、黑白寺、金鸡沟		94个村民小组
济渡乡	石山包、土桥、羊驴滩、马鞍山、红土地、乌鸦嘴、帽盒山、土地坝、戴家寨、润漕沟		74个村民小组
凤石乡	芭茅、小垭、天平、尖山、马脑、龙门、凤凰山、黑沟、石马寨、三拱桥、芋溪、金钩、金竹		89个村民小组
天成乡	木角坑、水鸭塘、牛角龙、七蔸树、龙门山、酒醉岩、学堂沟、杨家坡、深子沟、川果园、大龙山、刘家坡、郑家寨、店子湾、高笋塘、普陀山		110个村民小组
石梁乡	卢家沟、沿江、大垭口、祝家嘴、庙儿坝、刚石嘴、袁家包、三元贯、中元贯、沙坝、猴家山、元子山		98个村民小组

续表

乡镇	村民委员会	社区居民委员会	村民小组、居民小组
鲜店乡	春陈、黄金、龙滩、双堰塘、盐井坝、双柏树、箭杆梁、千丘田、百草坪、铜鼓寨、武童、白房子、鲁班石、风水亭	—	104个村民小组
平头乡	十里、罗紫、柏丫子、静阳、双沟、太平桥、新平、印盒、四合院、双柏	—	85个村民小组
两路乡	黄连垭、两路口、潘家口、新庙子、石板店、高山沟、永庆观、灶房垭、木梳垭	—	71个村民小组
睦坝乡	广德、老君、洞山、三垭、瓦店、西河、永安、虹管、福安、浩山、羊山、线坝、武胜、草庵、太安、五岭、胜水、来凤、蹄垭、柏树	—	147个村民小组
高庙乡	马家沟、松柏、山合、文铜、大桥坝、高庙、白虎、柏林、贾家桥、兔伏	—	105个村民小组
群乐乡	店子山、双河井、土桥子、果园坝、新店子、书房垭、三合沟、石碓窝、凤来安、玉宝山	—	106个村民小组
诸家乡	下河、磨盘、板桥、三交、金牛、垒山、土地牙垭、青山、太极、清平、五星、龙胜、红花、文武	—	119个村民小组
茶亭乡	斑竹林、龙头桥、黑塘沟、飞龙、凤凰、小天井、望月、蓬池坝、磨子沟、将军、偏岩子、书房梁、双鹅石、尹家沟、天宝寨	—	104个村民小组
骑龙乡	何半街、白石包、白鹤嘴、五童梁、母家坝、补巴桥、关鹿山、骑龙、黄金桥	—	86个村民小组

乡镇沿革

【相如镇】 相如镇原名周口镇，为蓬安县城，位于蓬安县南北走向的中部，北依龙角山，西临嘉陵江及江对岸相如故城，东靠营山绿井乡，南与古蓬州遗址——燕山寨毗连，距南充市区60千米。周口系古码头，上至广元555.5千米，下至重庆453千米，是嘉陵江上下船只往来、停泊必经之处，连接陆路蓬（安）、营（山）、仪（陇）、通（江）、南（江）、巴(中）各县市通道。水运港口舟楫繁忙，人们习惯称之为舟口。港口上自彭家沟小河口、下至洪家垭口，长一千余米。元至元十五年（1278），蓬州迁相如县治所（今锦屏镇）州县同治。舟口与蓬州隔水相望，为蓬州之门户、口岸，故又称州口。宋朝，合州（今合川市）通判周濂溪（尊称周子）去南部探亲访友，途经舟口，士绅文人留住讲学，后人敬重其道德文章，遂建濂溪祠，并将舟口雅名周子镇(今红军街进口有周子镇牌坊)，习称周口。清道光三年（1823），设周口场。光绪二十年(1894)，仍为东乡九团之首，名为州口。民国2年（1913），建周口乡。民国22年（1933），中国工农红军在周口建立苏维埃政府，同时成立周口乡苏维埃政府。民国24年（1935），设立周子上乡、周子下乡。民国31年（1942），改为周口乡和清溪乡。1949年12月12日，中国人民解放军进驻周口，设立周口乡解放委员会。1950年5月，正式建立周口乡人民政府。1952年，县政府决定搬迁周口，将周口分设为城关镇和周口乡。1957年12月，县政府和县级机关、企事业单位迁城关镇。1958年，将周口乡与清溪乡合并成立红旗公社，城关镇单列。1959年，周口区驻地迁河舒。1981年地名普查改城关镇为周口镇。1992年，将清溪、红旗、白玉和大泥部分村合并组建周口镇，辖45个村、309个村民小组、7个居委会，总人口73815人，面积106平方千米。1994年，原白玉从周口镇划出。2002年10月，周口镇所辖9个居委会和7个村划出，组建相如街道办事处，为县委、县政府派出机构，驻周口镇。周口镇单设。2006年，周口镇和相如办、白玉乡合并组建相如镇。

【锦屏镇】 锦屏镇位于蓬安中部，嘉陵江西岸，嘉陵江从镇北入境至东转南，环绕半个镇，其境域背山面水，镇内又有玉环溪穿城。镇治所陵江场西边，有山五峰并列，势若奔马，名五马山，堪称古相如县和古蓬州屏障。清时改五马山为锦屏山，镇以山得名。锦屏镇驻地为相如县治所。明太祖洪武年间（1371左右）省相如县入蓬州，民国2年（1913）改蓬州为蓬安县，至1957年，一直是相如县、梓橦郡、蓬州、蓬安县治所。历史上蓬州曾与阆州（今阆中市）和果州（今南充市）并称。她既是西汉著名辞赋家司马相如故居地，又是唐代大书法家颜真卿、清代著名爱国思想家姚莹旧治。民国2年（1913），州改县后，州城治所建政城厢镇，民国29年（1940），城厢镇改为城中镇。1950年，建城中乡人民政府，1952年，分设为城中镇和城中乡，1953年，分别改为陵江镇、锦屏乡。1958年，陵江镇、锦屏乡与两路乡合并成立灯塔人民公社。1959年，改为锦屏公社。1967年，锦屏改为东方红公社。1969年，成立锦屏公社革命委员会，1980年，恢复锦屏公社。1983年，撤社建乡，复名锦屏乡，辖15个村。1986年，撤销锦屏乡，建立锦屏镇。1992年，撤区建镇，将原马回乡所辖8个村、原长梁乡所辖6个村、原两路乡所辖2个村划归锦屏镇管辖。扩大后的锦屏镇辖31个村、233个村民小组，1个居委会。1994年7月，划出原马回乡所辖8个村，划入原龙云乡所辖3个村，调整后锦屏镇辖26个村、1个居委会。1997年4月，将原长梁6个村、龙云2个村划出。

【长梁乡】 长梁原名中坝，原乡政府驻地为一大坝，前有嘉陵江，后有一个大壕，江水上涨，四面被水围住，坝在水中，故名中坝。后来，乡政府迁驻江岸边，距县城16千米。1953年初，设立中坝乡人民政府。1955年，划归正源乡。1958年，与正源合并成立冲锋人民公社。1961年，成立中坝人民公社，共有8个大队。1967年，改为常胜公社，1969年，成立中坝公社革命委员会，1981年，改为长梁公社，1983年，改长梁乡。1992年8月，长梁乡合并到锦屏镇，1997年，恢复长梁乡，辖8个村69个社。2006年6月，马回乡并入长梁。

【正源镇】 正源又名望水垭，位于蓬安县西南部，嘉陵江西岸，距县城20千米。清咸丰十年（1860）前叫清和场，后因此场主街正对江水，更名正源场。是嘉陵江上至广元下至重庆有名的古码头之一，水运繁盛，商贸兴旺。清光绪二十年（1894），设正源场。民国时期，望水垭场镇一部分属蓬安正源乡，一部分属南充正源乡管辖。民国2年（1913），蓬安设正源乡。1950年，设正源乡人民政府，1953年，正源乡之外，新建望江镇。1958年，正源属冲锋公社。1961年，改为正源公社。1967年，改为冲锋公社。1969年，成立正源公社革命委员会。1983年，恢复为正源乡，1986年，改为正源镇，辖13个村、108个村民小组，1个居民委员会。1992年9月，长梁乡两个村并入正源，1997年4月，正源恢复原建制。

【三坝乡】 三坝乡位于蓬安县城西南，嘉陵江东岸，三面环山，一面临水，东与利溪镇相接，西与正源镇、顺庆渔溪乡隔河相望，南与顺庆江陵镇接壤，北与中坝隔江，离县城20千米。因境内有姚家坝、郑家坝、阙家坝3个坝得名。三坝解放前属正源乡。1950年，始设三坝乡人民政府。1958年，三坝与马回、利溪合并组建卫星人民公社。1961年，成立三坝公社。1967年，改红星公社。1969年，成立三坝公社革命委员会。1983年，撤社建三坝乡。1992年9月，并入利溪镇。1994年8月，恢复三坝乡建制。

【石孔乡】 石孔位于县城东南，东临营山县联升乡、凉风乡，西接相如镇，南与开元乡接壤，北连营山县的茶盘乡，乡政府驻地距县城23千米。场后岩上有个大石洞，故名石孔场。民国2年（1913），建石孔乡。1933年10月，中国工农红军在石孔建立乡苏维埃政权。民国24年（1935），撤销石孔乡，民国29年（1940），设石孔乡。1950年，设石孔乡人民政府，属二区（河舒）管辖。1958年，石孔与三元合并成立乘风人民公社。1961年，撤销乘风公社，1967年，改曙光公社，1969年，成立石孔公社革命委员会，1983年，撤社建石孔乡。

【河舒镇】 河舒镇位于县城东南，原先因枣儿垭阻隔且道路险阻，距县城公路里程10千米，新修一级公路打通枣儿垭后仅7千米。早年场镇在现址北一里许，名龙凤场，现址是其河边的一个猪市，名河（边）猪市。清康熙中期，在此建立佛寺，名河猪寺。寺前小溪清澈见底，垂柳依依；后山古柏参天，浓荫蔽日，风景秀丽，幽静舒适，遂将河猪寺雅名河舒寺。乾隆四十二年（1777）迁场于现址，名河舒场。河舒境内燕山寨，又名运山城，高山峭壁，山顶有天生池。南宋淳祐初，四川节度使吴玠将蓬州州治从蓬池坝（现茶亭乡蓬池村）迁燕山寨，筑城抵御蒙军。清道光三年（1823），设河舒场。光绪二十年（1894），河舒场为东乡九团之一。民国2年（1913），建政河舒乡。民国22年（1933），红军在河舒建乡苏维埃政府。民国29年（1940），河舒设乡。1950年，建立河舒乡人民政府。1958年，河舒改名成立红光公社。1959年，恢复河舒公社。1967年，河舒改名红樱公社。1969年，成立河舒公社革命委员会。1983年，改河舒乡人民政府。1986年9月，撤乡建河舒镇。1992年，将碧溪、开元和柳滩一部分划入河舒，辖41个村。1994年和1997年，重新划出增加的村，恢复河舒镇原建制。

【利溪镇】 利溪镇位于蓬安县城西南方向，嘉陵江东岸，距县城公路12千米。利溪原为两场，一名利溪场，一名永济场，两场间有三条溪河相汇流入嘉陵江。清同治年间（1862—1874），于三溪之上建石拱桥三座，两场合一称为利溪场。利溪平时商贾不断，风帆连线，也是嘉陵江上繁荣的水码头之一。清道光三年（1823），设利溪场。民国2年（1913），建利溪乡。1950年，设利溪乡人民政府。1958年，利溪与马回、三坝合并建立卫星人民公社，辖32个管理区。1961年，建立利溪人民公社。1967年，再次将利溪改为卫星公社。1969年，成立利溪公社革命委员会。1983年，撤社建利溪乡。1986年，撤利溪乡，建利溪镇。1992年9月，三坝乡整体并入利溪镇管辖。1994年4月，三坝乡析出，利溪镇恢复原建制。

【龙蚕镇】 龙蚕原名会龙，位于蓬安县南面，与新园乡、天成乡、利溪镇、高坪区会龙镇、御史乡、搽耳镇接壤，省道203线穿境而过，镇政府驻地距县城21千米。清光绪二十年（1894），设会龙场。民国2年（1913），建会龙乡，辖20个保（含南充会龙乡）。1952年，将原会龙乡的第3、4保和第10至20保组建会龙乡人民政府，驻地迁现址，仍名会龙乡，辖10个村。1958年，会龙与新民乡合并成立先锋人民公社，辖24个管理区。1961年，成立会龙人民公社，编为16个生产大队。1967年，改名先锋公社。1969年，成立会龙公社革命委员会。1981年，地名普查，蓬安为区别南充会龙，因全乡蚕桑出名，取蚕大如龙之意，改名龙蚕公社。1983年，更名为龙蚕乡。1992年9月，龙蚕与新园乡合并建龙蚕镇，迁至新园地址。1994年7月，恢复新园乡，龙蚕镇保留，恢复原乡管辖建制并迁回原址。

【新园乡】 新园原名新民，位于县城南面，仪华公路穿过新园场。乡政府驻地新园场，距县城17千米。1952年，民主建政时由原利溪乡第12、15保，原会龙乡第6、7、13、14保，原杜家乡第10保组建新民乡人民政府。1958年，新民与会龙合并组建先锋人民公社。1961年，调整为新民公社，属河舒区管辖。1969年，成立新民公社革命委员会。1981年，地名普查改为新园公社。1983年6月，改为新园乡。1992年，新园乡整体并入龙蚕镇，政府所在地设在原新园乡胡家坝（今踏坡梁村四社）。1994年9月，恢复新园乡。2002年6月，政府驻地搬迁至杨家坝（今麻阳河村一社）。

【碧溪乡】 碧溪原名杜家，位于蓬安县城南面，因境有溪水名碧溪得名，与海田、河舒、柳滩接壤，治所碧溪场，距县城17千米。清道光三年（1823），杜家场为蓬州南乡14团之一。民国2年（1913），建杜家乡。1950年，设杜家乡人民政府。1958年，杜家成立团结人民公社。1961年，恢复杜家公社。1967年，又改为团结公社。1969年，成立团结公社革命委员会。1981年，更名为碧溪公社。1983年，撤社建碧溪乡。

【柳滩乡】 柳滩原名柳树，位于县城南面，北与河舒镇相连，南与杨家镇相连，西与碧溪乡接壤，东与开元乡接壤，距县城16千米。此场原名接龙场，清中期，有株十围大柳树扑倒于河上，形成滩口，又称柳树滩，人们当从柳树上面过河，俗称“柳树桥”。后房屋增多成集市，名柳树场。清道光三年（1823），柳树滩是东乡12团之一。光绪二十年（1894），柳树名接龙场，仍为东乡9团之一。民国2年（1913），建政柳树乡。1950年，设柳树乡人民政府，为二区（驻地先在河舒后在柳树）管辖。1958年，与杨家、中华合并建立奔腾人民公社，改属罗家区管辖。1959年，增设柳树公社。1961年，柳树人民公社划归河舒区管辖。1967年，改名赤卫公社。1969年，成立柳树公社革命委员会。1981年，更名柳滩人民公社。1983年，撤社建柳滩乡。1992年，撤销柳滩乡，13个村并入杨家、2个村并入河舒。1997年，析出并入杨家的13个村重建柳滩乡。

【开元乡】 开元原名三元，位于县城东南面，东临石孔乡，西接河舒镇，南与柳滩乡接壤，北连相如镇，乡政府驻地白塔村，距县城17千米。三元因清朝时由袍哥“仁”“义”“礼”三个堂口筹资修建的石平桥“三元桥”而得名。解放前开元乡分属石孔、柏杨2乡。1950年，设三元乡人民政府，属二区（先驻河舒后改驻柳树）管辖。1955年，撤销三元乡，其地域仍分属石孔乡和原柏杨乡管辖。1958年，与石孔乡合并成立乘风人民公社属周口区管辖。1961年，成立三元人民公社，辖8个生产大队，属河舒区管辖。1967年，改名解放公社。1969年，成立三元公社革命委员会。1981年，更名为开元公社。1983年，撤社建开元乡，属河舒区管辖。1992年，开元乡并入河舒镇。1994年，恢复开元乡原建制。

【罗家镇】 罗家镇位于县城东南，东北与新河乡、福德镇、南燕乡相望，西与济渡乡相连，北靠杨家镇，国道318线穿境而过，是县南重镇，距县城29千米。传说，罗家二字系由清初罗、龚二大姓开店起家兴场名罗家场；又说，清初罗家现址有罗汉寺，寺中和尚横行霸道、欺压乡民，岳池县洪安桥来此做工的木匠罗某设计将其治服，并驱逐出境，为一方除害，百姓们感激他的恩情，将他全家迁来此处落业，遂称罗家。此处是蓬安、渠县、广安、南充等地商旅往来的交通要道，罗家乡以场得名。清道光三年（1823），设罗家场为东乡12团之一。光绪二十年（1894），罗家场仍为东乡九团之一。民国2年（1913），建政罗家乡。1950年，设罗家乡人民政府，属六区（驻地罗家）管辖。1953年，罗家乡属六区（驻南燕）管辖。1958年，成立飞跃人民公社，属罗家区管辖。1959年，建罗家人民公社。1967年，改洪湖公社，属洪湖（罗家）区管辖。1969年，成立红卫公社革命委员会。1983年，撤社建罗家乡。1986年，撤乡建罗家镇。1992年，中华、南燕乡并入罗家镇。1994年至1997年，南燕、中华相继划出恢复原建制。

【杨家镇】 杨家镇位于蓬安县城东南面，东与营山县交界，南邻中华，西连柳滩乡，北接石孔乡，距县城20千米。杨家场清初为杨氏富豪所占，当地有三座古庙，远近进香求神者甚多，食宿商机使开铺设店者日多，遂成集市，名杨家场。清道光三年（1823），设杨家场为东乡12团之一。光绪二十年（1894），设杨家场仍为东乡9团之一。民国2年（1913），建政杨家乡。1950年，设杨家乡人民政府，隶属第二区（河舒）管辖。1955年，属南燕区。1958年，杨家与柳滩（柳树）合并为奔腾人民公社，隶属罗家区。1959年，成立杨家公社，隶属河舒区。1967年，又更名为奔腾公社。1969年，成立向阳公社革命委员会。1980年，改为杨家公社管委会。1983年，撤社建杨家乡。1992年，柳滩13个村并入，始置杨家镇。1997年4月，柳滩乡划出。

【福德镇】 福德镇位于蓬安县城东南部，东与达州市渠县新市乡、宋家乡相望，西与南燕乡、新河乡相连，南靠广安市花桥镇、大有乡，北连营山县星火镇，距县城42千米。清初，小溪河畔坝上有三座古庙，朝拜进香的人很多，逐渐成场，名庙坝新场。清道光年间，有一文士游此，在武圣宫门上题“福德祠”，民众逐渐以福德二字名场。清道光三年（1823），设福德场，为东乡下属的12团之一。清光绪二十年（1894），福德场仍属东乡9团之一。民国2年（1913），设福德乡。1950年，建福德乡人民政府，属第6区（罗家）管辖。1955年，属南燕区。1958年，福德乡改东风公社。1959年，恢复福德公社属罗家区。1969年，成立福德公社革命委员会。1983年，改福德乡。1992年，新河乡并入，组建福德镇。1994年，新河乡划出，福德镇辖原乡境域。

【新河乡】 新河乡位于蓬安县城东南部，东邻福德镇、南连罗家镇和南燕乡、西靠原中华乡，北与营山县交界，驻地双河口，有蓬（安）渠（县）公路通过，距县城36千米。1949年前，新河乡是福德乡的一部分。1952年，始成立新河乡人民政府，属第六区（罗家）管辖。1955年，属南燕区管辖。1958年，与福德乡合并成立东风人民公社，辖18个管理区，属罗家区管辖。1961年，成立新河人民公社。1967年，改为新生公社。1969年，成立新河公社革命委员会。1983年，撤社建新河乡，属罗家区。1992年，新河乡并入福德镇。1994年，恢复新河乡。

【银汉镇】 银汉位于县东南端，与广安区郑山乡、岳池县天平镇接壤，距县城42千米。早年，此地有梁姓豪强横行乡里、欺压百姓，希其权势永镇此地，故定名永镇场。场口一寺院内的和尚气愤难平，发奋读书，后应试考中，得官而回，制服了梁姓豪强，在寺内塑银罗汉一尊，名银汉寺，在场口立一桅杆，记载将永镇场更名银汉场的前因后果。古迹有来苏寺，据顺庆府志记载："眉山苏轼游郡南朱凤山半载，又寓蓬州山寺，固名来苏寺。"山上现存有"洗砚池"、碑刻，碑文已风化无存。清光绪二十年（1894），为蓬州东乡之银汉场团。民国2年（1913），建政银汉乡，后与南燕乡合并为汉南乡。1950年，建立银汉乡人民政府，属第六区（罗家）管辖。1955年，属南燕区。1958年，成立劳动人民公社，辖10个管理区，属罗家区管辖。1961年，更名银汉人民公社，辖12个生产大队。1967年，改新华公社，属洪湖区（罗家）管辖。1969年，成立银汉公社革命委员会。1983年，撤社建银汉乡。1992年，建银汉镇，原南燕乡所辖2个村、原凤石乡所辖的9个村并入。1994年，将1992年划入的11个村划出。

【南燕乡】 南燕乡位于蓬安东南部，与广安市蒲莲乡接壤，距蓬安县城36千米，省级名胜风景区——白云山位于该乡西北部。两百多年前现址仅有几间破烂茅屋，供过往客商食宿，但常遭抢劫，人们习称"烂院子"。20世纪初，传说修建街道挖地基挖出一对石蛋，瞬间不翼而飞，人们看到天上有一对燕子朝南飞去，方悟是"石蛋变为南飞燕"，因以"烂院"的谐音"南燕"为场名。民国29年（1940），始设南燕乡。1950年，建立南燕乡人民政府，属第六区（罗家）管辖。1953年，第六区驻南燕乡，设立南燕区公所。1955年，南燕区公所移驻罗家。1958年，南燕成立红专公社。1959年，恢复更名南燕公社。1969年，改新生公社革命委员会。1980年，改南燕公社管委会。1983年，撤社建南燕乡。1992年，南燕乡撤销分别并入罗家镇和银汉镇。1994年8月，恢复南燕乡建制。

【兴旺镇】 兴旺原名兴隆，位于蓬安南面，金城山西侧山下，地处岳池、高坪、蓬安三县、区交界处，国道318线贯穿兴旺场，经天成公路到县城35千米。由于三县交界，客商云集，生意兴隆，渐成集市，清乾隆年间启名兴隆场。清道光三年（1823），设兴隆场，为南乡14团之一。光绪二十年（1894），设兴隆场为南乡4个团之一。民国2年（1913），建政兴隆乡。1950年，建立兴隆乡人民政府，属第五区（驻兴隆场）。1955年，划归南燕区。1958年，兴隆和大成合并成立英雄公社，由罗家区管辖。1959年，英雄公社恢复为兴隆公社。1967年，改为英雄公社，属英雄（兴隆）区。1969年，改名成立东方红公社革命委员会属东方红（兴隆）区。1980年，改为兴隆公社管委会。1981年，为与南充兴隆区别，更名为兴旺公社。1983年，撤社建兴旺乡。1986年，撤乡建兴旺镇。1992年，将天成乡并入兴旺镇。1994年，天成划出。

【海田乡】 海田原名永兴，位于蓬安县南部，东与罗家镇、杨家镇相望、南接兴旺镇、济渡乡，西邻天成乡、北接碧溪乡，海田乡政府驻永兴场，距县城23千米。清道光三年（1823），设永兴场，属南乡14团之一。光绪二十年（1894），设永兴场仍为南乡4团之一。民国2年（1913），建政永兴乡。1950年，建立永兴乡人民政府，属第五区（驻兴隆）管辖。1955年，属南燕区管辖。1958年，永兴与济渡合并组建胜利人民公社，属兴隆区。1959年，改名永兴公社。1967年，改为新胜公社。1969年，成立永兴公社革命委员会。1981年，改名海田公社。1983年，撤社建海田乡。1992年，并入济渡乡。1994年，海田乡恢复重建。

【济渡乡】 济渡乡位于蓬安县城南部，东依罗家镇、南靠凤石乡、西邻兴旺镇、北连海田乡，国道318线穿乡而过，经罗家到县城37千米。民国2年（1913），建政济渡乡。1950年，建立济渡乡人民政府，属第五区（兴隆）管辖。1955年，撤销济渡乡。1958年，济渡与永兴合并成立胜利人民公社，属罗家区管辖。1961年，成立济渡公社，属兴隆区管辖。1967年，改永红公社。1969年，成立红光公社革命委员会，辖9个村。1978年10月，三合的涧槽沟村并入济渡。1983年，撤社建济渡乡。1992年8月，将海田乡的14个村、凤石的10、11、12、13村并入济渡乡，共辖28个村，32平方千米。1994年8月，凤石乡、海田乡所属村回归原建制，济渡乡恢复原辖区。

【凤石乡】 凤石原名三合，位于蓬安最南端，东接银汉镇，南邻广安太平镇，西连兴旺镇、岳池渔峰乡，北依罗家镇、济渡乡，距县城43千米。清初，现址有杨、韩、盘三姓合伙修建场镇而名三合场。后因东临石马寨山，西靠凤凰山而改名凤石。清道光三年（1823），设三合场为东乡12团之一。光绪二十年（1894），三合场仍为东乡九团之一。1950年，建立三合乡人民政府，属第六区（罗家）管辖。1955年，属南燕区管辖。1958年，成立建设人民公社，属罗家区。1961年，恢复三合公社，归兴隆区管辖。1967年，更名为长胜公社。1969年，成立红星公社革命委员会。1980年，改为三合公社管委会。1981年，改为凤石公社。1983年，撤社建凤石乡，属兴旺区管辖。1992年，凤石乡分别并入银汉镇、济渡乡。1994年，恢复凤石乡原建制。

【天成乡】 天成原名大成，位于蓬安县城正南方，东与海田乡接壤，西与高坪区长乐镇相连，南靠兴旺镇，北连新园乡，距县城30千米。以境内于民国22年（1933）所建大成小学而得名，学校以“大成至圣、先师孔子”而名“大成”小学。1952年，建立大成乡人民政府，属第五区（兴隆）管辖。1958年，大成与兴隆合并成立英雄公社，归属罗家区管辖。1961年，成立大成公社，属兴隆区。1967年，改永胜公社。1969年，成立卫东公社革命委员会。1981年，改名天成公社管委会。1983年，撤社建天成乡。1992年，天成并入兴旺镇。1994年，从兴旺析出恢复天成乡。

【巨龙镇】 巨龙原名盘龙，位于蓬安西部，距县城24千米。清乾隆年间蓬州知州周天柱观其山势若巨龙盘踞，故定名盘龙。清道光三年（1823），设盘龙场，属西乡14团之首。光绪二十年（1894），盘龙场仍为西乡四团之一。民国2年（1913），建盘龙乡。1950年，设盘龙乡属第四区，区驻盘龙场。1956年，盘龙区撤销，盘龙乡划归金溪区管辖。1958年，与中兴、群乐三乡合并成立红日人民公社，属金溪区管辖。1961年，建立盘龙人民公社，属盘龙区管辖，1967年，改名前卫公社，属前卫（盘龙）区管辖。1969年，成立盘龙公社革命委员会。1981年，改为巨龙人民公社。1983年，撤社建巨龙乡。1986年，撤乡建巨龙镇。1992年，将群乐乡部分村划入巨龙镇。1994年，划出原群乐乡的村，恢复巨龙镇原建制。

【群乐乡】 群乐乡位于蓬安县城西北隅，东连正源镇，南与顺庆区桂花乡（龙凤）接壤，西邻南部县龙庙乡及高庙乡，北抵巨龙镇，乡人民政府驻地安乐院，离县城30千米。清朝初年，现址有寺庙凤来庵。一文人到此游玩，题诗壁上，其中两句为“层峦耸峙凤来庵，安乐名院自昔传”，后遂更名安乐院。1950年，建立安乐乡人民政府，属第4区（盘龙）管辖。1952年，将安乐改为群乐，设群乐乡，仍属盘龙区管辖。1955年，撤销群乐乡并入中兴、盘龙。1958年，属红日公社，归金溪区管辖。1961年，成立群乐公社，归盘龙区管辖。1969年，成立群乐公社革命委员会。1983年，撤社建群乐乡。1992年，撤乡分别并入巨龙和高庙。1994年，恢复群乐乡。

【两路乡】 两路乡位于蓬安县城西部，东与锦屏镇相邻，西与巨龙镇相连，南与长梁接壤，北连龙云镇，距县城13千米，乡政府所在地石板店，境内有场镇两路口，故而得名。解放前两路乡属城中镇、城中乡管辖。1950年，建立两路乡人民政府，属第4区（盘龙）管辖。1955年，属周口区管辖。1958年10月，两路与锦屏合并成立灯塔人民公社。1961年1月，析出设两路人民公社，属盘龙区管辖。1967年，两路改名烽火公社。1969年，成立两路公社革命委员会。1983年，撤社建两路乡，全乡辖12个村，103个村民小组。1992年9月，两路分别划入锦屏镇、龙云镇。

1997年4月，并入龙云镇的9个村划出，恢复两路乡。

【龙云镇】 龙云镇位于县域西北部，东邻金溪镇、南接两路乡、西连巨龙镇、北与睦坝乡连界，镇人民政府驻地邓家庙，距县城17千米。相传三国时有一个大臣外游至此，观看龙云山峭壁千仞，顶峰穿云，形如巨龙，乃潜龙伏虎之地，于是在此建寺庙，名龙游寺。庙成后，云雾缭绕，俯视如龙腾云海，故更名龙云寺。乡因寺得名龙云乡。清道光三年（1823），龙云为西乡的一个团。民国时现域分属盘龙、金和2乡。1950年1月，建立龙云乡人民政府，属第四区盘龙管辖，11月，撤乡并入盘龙。1952年，重建龙云乡。1955年，龙云乡改属金溪区。1958年，龙云与万和乡合并成立幸福人民公社。1959年，分别恢复万和、龙云公社。1961年，龙云公社复归属盘龙区管辖。1967年，龙云改幸福公社。1969年，成立龙云公社革命委员会。1983年，撤社建龙云乡。1992年，与万和乡、两路部分村合并建立龙云镇。1997年，析出两路、万和划入的村，龙云镇管辖原乡建制区域。

【高庙乡】 高庙乡原名中兴乡，位于蓬安县西北端，与群乐、睦坝、巨龙及南部县王家、顺庆区李家毗邻，治所高庙场又称中心场，距县城30千米，此场与盘龙场、王家场、李家场、河坝场各距10千米，居中而兴旺，清道光年间启名中兴场。清道光三年（1823），设中兴场，属西乡管辖。民国2年（1913），设中兴乡。民国34年(1945)，与广兴乡合并成立广中乡。民国35年(1946)，又将广中乡分为广兴、中兴2乡。1950年，建立中兴乡人民政府，属第四区盘龙管辖。1958年，中兴乡与盘龙乡、群乐乡合并成立红日人民公社属金溪区管辖。1961年，成立中兴人民公社，属盘龙区管辖。1967年，改名为自力公社。1969年，成立中兴公社革命委员会。1981年，更名为高庙公社管委会。1983年，撤社建高庙乡。

【睦坝乡】 睦坝原名广兴，位于蓬安县西北部，东北隔嘉陵江与平头、石梁乡相望，南靠巨龙镇和高庙乡，西北以西河为界与南部王家场接壤，省道204线跨境，距县城28千米。睦坝乡西边、西河东岸，有广兴场而得名广兴乡。清嘉庆年间广兴场毁于战火，后迁建集市于大坟包（现址睦坝场），乡以场得名。明初编户睦坝里。清道光三年（1823），设西乡广兴场团。清光绪二十年（1894），广兴场仍为西乡4团之一。民国2年（1913），设广兴乡。1950年，建立广兴乡人民政府，属四区盘龙管辖。1952年，分为广兴乡和大观乡。1955年，合并为广兴乡，属金溪区管辖。1958年，成立火箭人民公社，为原南充地区最早成立的公社。1959年，恢复广兴公社。1961年，复为盘龙区管辖。1967年，改为火炬公社。1969年，成立广兴公社革命委员会。1981年，更名为睦坝公社。1983年，撤社建睦坝乡。

【徐家镇】 徐家镇位于蓬安县北部，距蓬安、营山、仪陇县城（新政）均约为25千米，属川陕革命老区范围。徐家镇治所徐家场，因宋末有一徐姓人在此开店，名徐家店。清咸丰年间，离徐家店二里远的吴家场失火，住户陆续迁往徐家店四周居住，逐渐成为场镇，场以店名叫徐家场。徐家场的东、西、南、北街始建于13世纪，明正德十三年（1518），设立徐家乡场。清道光三年（1823），徐家场属北乡15团之一。民国2年（1913），建政徐家乡。民国14年(1925)，徐家乡更名平安乡。民国22年（1933），中国工农红军在徐家成立徐家区及乡苏维埃政权，辖徐家等8个乡。民国24年（1935），仍为平安乡。民国35年（1946），复名徐家乡。1950年，建立徐家乡人民政府，属三区金溪管辖。1952年，设第七区驻徐家，辖徐家等8个乡。1958年，徐家与方广、黄坪2乡的部分村合并成立上游人民公社。1961年，建立徐家公社。1967年，徐家改为红胜区、红胜公社。1969年，成立忠东公社革命委员会。1980年，改为徐家公社管委会。1983年，撤社建徐家乡。1986年，建立徐家镇。1992年9月，与方广乡4个村、黄坪乡7个村、骑龙乡5个村合并建徐家镇。1994年7月、1997年4月，相继析出原骑龙5个村、黄坪7个村。2006年，再次并入黄坪8个村。

【茶亭乡】 茶亭乡位于蓬安县最北端，距县城37千米。古驿道过此山垭处，有茶棚和凉亭子，后住户增多形成集市，合称茶亭场。梁、隋、宋朝置大寅县，五代、宋朝置蓬池县，历时777年，县治均设在今茶亭乡蓬池坝村。民国2年（1913年），设蓬安县茶亭乡。民国14年（1925），更名为蓬池乡。1950年，设茶亭乡人民政府，属第七区，区驻二道。1952年，仍属七区，治所迁至徐家场。1958年，与方广合并，成立光明人民公社。1967年，改为光辉公社。1969年，成立红军公社革命委员会。1980年，改为茶亭公社管委会。1983年，撤社建茶亭乡。1992年，原方广乡所辖2个村划归茶亭管辖。其后，建制未变动。

【诸家乡】 诸家乡位于蓬安县北部，距县城34千米。因清初诸姓人家在此开店，名诸家店，后聚居成场，名诸家场。民国22年（1933），中国工农红军在诸家建立乡苏维埃政权。民国29年（1940），设诸（家）鲜（店）乡，治所设于今鲜店。1950年，建立诸家乡人民政府，治所诸家场。1958年，成立革新人民公社。1961年，改名诸家人民公社。1967年，改名革新公社。1969年，成立革新公社革命委员会。1980年，改为诸家公社管委会。1983年，撤社建诸家乡。1992年，将原方广乡2个村和黄坪的柳溪桥村划归诸家乡。1997年，柳溪桥村划出，诸家辖14个村。

【骑龙乡】 骑龙乡位于蓬安县城北部，省道仪（陇）华（蓥）公路穿境而过，东与营山县增产乡毗邻，西与金溪镇接壤，北与徐家镇相连，南与金甲乡交界，治所骑龙场，距县城22千米。清道光三年（1823），设骑龙场。民国2年（1913），设骑龙乡。民国37年(1948)，与金甲乡合并成金龙乡。1950年，撤金龙乡，建立骑龙乡人民政府。1958年，骑龙乡与金城乡合并成立和平人民公社。1961年，成立骑龙人民公社。1967年，改名金龙公社。1969年，成立永红公社革命委员会。1980年，改为骑龙公社管委会。1983年，撤社建骑龙乡。1992年，骑龙乡被撤销，分别并入徐家、金溪。1994年，恢复骑龙乡。

【金甲乡】 金甲乡位于蓬安县城北，北接徐家，西南靠相如镇，东邻营山，乡政府驻地金甲场，距县城12千米。金甲场清初有二龙庙，朝拜者甚多。为方便往来人员食宿，逐渐设店开铺而成集镇。当时丁家人多势大，取名丁家坪。后魏姓发达，传说梦金甲神人降临，遂名金甲坪，后习惯叫做金甲场。清光绪三十四年（1908）即有金甲场。民国2年（1913），成立金甲乡。民国22年（1933），中国工农红军在金甲乡建立苏维埃政权。民国37年(1948)，金甲与骑龙乡合并建金龙乡，乡政府驻地骑龙场。1950年，撤销金龙乡，建立金甲乡人民政府。1958年，成立战斗人民公社，驻地迁至金甲场黄桷垭。1961年，更名金甲公社。1967年，改名战斗公社。1969年，改名前进公社革命委员会。1980年，改为金甲公社管委会。1983年，撤社建金甲乡，辖9个村。1992年，原金马乡5个村、骑龙乡2个村划入金甲乡。1994年，从骑龙划入的村划出。1997年，将从金马划入的村划出，全乡仍辖9个村。2006年，再次将原金马乡6个村并入金甲。

【金溪镇】 金溪镇位于蓬安县城西北部，东与骑龙乡相望，西与石梁乡相接，南靠相如镇，北连鲜店乡，治所金溪场（又名斜溪场），距县城12千米。金溪场原址在现址嘉陵江下游1千米处的俞家坝，毁于洪水，清乾隆初迁于现址。场址因有一条由东北向西南斜汇入嘉陵江的小溪，原名斜溪场，取其水生金之意，雅名金溪场。清道光三年（1823），金溪属北乡15团之首场。清光绪二十年（1894），金溪场仍为北乡10团之首场。民国2年（1913），设金溪乡。1933年，中国工农红军在金溪成立苏维埃政权。1950年，建立金溪乡人民政府，也是县第三区驻地，管辖金溪、徐家方向的乡镇。1958年，金溪与原西阳乡（后改向东）合并成立五星人民公社。1961年，成立金溪人民公社，1967年，改名向阳公社。1969年，成立金溪公社革命委员会。1983年，撤社建金溪乡。1986年，改建为金溪镇。1992年，原金马的1个村、原骑龙乡的2个村、原石梁的6个村、原大泥乡的5个村，原向东乡的10个村并入。1994年，将由骑龙乡划入的两个村划出。1997年，又将原石梁、向东等划入的17个村划出，辖16个村。

【石梁乡】 石梁乡原名石门，位于蓬安县西北部，东南与金溪接壤，西与睦坝隔江相望，北与平头乡交界，水陆交通方便，乡治所石门坝，距蓬安县城19千米。解放前石门境域属平头乡管辖。1950年3月，建立石门乡人民政府，11月调整、合并为平头乡。1952年10月，复为石门乡。1958年，石门乡、平头乡合并成立超英公社。1961年，组建石门人民公社。1967年，改名为燎原公社。1969年，成立石门公社革命委员会。1981年，地名普查因境内嘉陵江上石梁沱小有名气，更名石梁公社。1983年，撤社建石梁乡。1992年9月，石梁乡分别划归金溪镇、平头乡管辖。1997年，恢复石梁乡。

【平头乡】 平头乡位于蓬安县西北部，东与鲜店乡接壤，西与南部县王家镇相连，南与石梁交界，北连仪陇县环山乡，乡政府驻地骡紫观（平头场），距县城25千米。平头场得名相传于清末蒋家坝、王家坝交界处（现平头场）有一大黄桷树和几间茅屋店铺，商旅往来、歇息食住、生意兴旺，逐渐成为集市。因两坝相距人头之高，故名平头坝，又名平头场。民国2年（1913），建立平头乡。民国22年（1933），中国工农红军在平头设立第十五区苏维埃政权。民国24年(1935)，平头与广兴、金溪合并为广金上乡。1950年，建立平头乡人民政府。1958年，平头、石门合并成立超英公社，仍驻平头场。1967年，更名为先进公社。1969年，成立平头乡革命委员会。1983年，撤社建平头乡。1992年，石梁乡划出6个村并入平头乡。1997年，石梁乡划入的6个村划出，平头乡恢复原建制。

【鲜店乡】 鲜店乡位于蓬安北部，东临诸家，西接平头，南与金溪镇接壤，北连仪陇环山乡，治所鲜店场，距县城29千米。现在的乡政府住址是原红九军指挥铜鼓寨战役的临时指挥部。清末，一姓鲜的人在此开店卖饭，名鲜店子，后过往行人增多，食宿店铺增多，形成集市，名鲜店场。清光绪二十年（1894），设鲜店子场。民国2年（1913），建立诸鲜乡。1933年10月，中国工农红军在鲜店建立了区、乡苏维埃政府。民国25年(1936)，建立鲜店乡，次年又与诸家乡合为诸鲜乡。1950年，建立鲜店乡人民政府。1958年，更名为前进人民公社。1961年，成立鲜店公社。1967年，改为前进公社。1969年，成立鲜店公社革命委员会。1983年，撤社建鲜店乡。

自然环境

蓬安位于四川盆地川中丘陵区，地处北纬30°44′至31°17′、东经106°10′至106°41′之间。东西宽22.11千米，南北长61千米，总面积1334平方千米。全县地势东南、东北部高，中部略低，嘉陵江流经10个乡镇，总里程89千米。

地 质

蓬安县地质构造简单，形态单一，地层平缓，岩层倾角一般在1°至2°之间，无明显褶曲和断裂，局部地方受燕山期印支运动的影响，厚层砂岩中有一组互相交叉的X节理。

【构造】 境内地质构造形态以褶曲为主，主要有月山向斜、天成背斜、澥度背斜、团堡山向斜、红花铺向斜，营山背斜。

月山向斜　西从南充市高坪区兴隆乡入蓬安县境，经凤石乡、银汉镇过广安县月山乡，东止于渠县肖家溪，轴向段为北55°西，东段为北63°西，呈向北弯突之弧形，长47千米，两翼对称，倾角1°至2°。轴部与翼部地层相同。中华寺以东为沙溪庙组，以西为遂宁组、蓬莱镇组下段，具有东西构造带部分褶皱特征。

大成背斜　东起蓬安县罗家镇骑龙庙，西止南充市高坪区长乐镇任家药铺。轴向正东，西段经天成乡后渐转为北65°西，长18千米，翼展为10千米，呈现不规则椭圆形。轴部地层为沙溪庙组，两翼地层为遂宁组。两翼对称，倾角1°左右，高点位于海田乡和平桥北面。闭合差14米，闭合面积22平方千米，属于南充市高坪区背斜东端一个隆起。

澥度背斜　东起于渠县澥渡乡，西止于蓬安县南燕乡南，县境东端倾没在福德镇张家庵，西端倾设在南燕乡泥巴寺附近。轴向东段为北70°，西段转为北80°，长30千米，卷入地层为上沙溪庙组，两翼对称，倾角1°至2°。背斜轴部有逆断层，呈现区域性东西构造带特征。

团堡山向斜　位于福德镇东北团堡山一带。轴向近东西，长13千米，北翼倾角1°，南翼倾角1°30′，卷入地层为遂宁组及蓬莱镇组下段。

红花铺向斜　东起于渠县范家寨，西经蓬安县石孔乡，再经金溪镇红花铺，止于石梁乡三元观村。轴向弯曲变化较大，向斜宽缓，不甚对称。北翼倾角1°至3°，南翼倾角1°30′。轴部和翼部地层相同，金溪镇以东为遂宁组及蓬莱镇组下段，以西为蓬莱镇组上段。

营山背斜　位于蓬安县徐家镇、诸家乡一带，东西长63千米，有3个逆断层，呈西北向平衡排列。北支西起龙神庙，东南过徐家镇，止于营山县境，中支西起黄坪乡石油坝，东南入营山县境。南支西起于韩家庙，东止于金甲乡赵家店，徐家镇以东，轴向北75°，以西渐转为北25°，北、东翼倾角8°至9°，南、西翼倾角4°至5°，轴部地层为上沙溪庙组，翼部外围为遂宁组。

【地层】 境内地层由侏罗纪中统沙溪庙组、侏罗纪上统遂宁组、侏罗纪上统蓬莱镇组、新生代第四纪更新统、新生代第四纪全新统构成。

侏罗纪中统沙溪庙组（J_2S）　主要分布在兴旺镇、徐家镇、河舒镇部分地区，广泛出现在新河乡、中华乡、天成乡一线以南，为一套河湖相红色砂岩、泥岩的沉积，由多个砂岩和泥岩不等厚正向沉积韵律层组成。砂岩一般出现巨大扁豆体，凸透镜，夹层2至5米，层面多波状；泥岩一般含砂质及黄绿色钙质结核或条带，一般夹层厚20米以上，最厚达60余米，单层厚数十厘米至1米，常见大型斜层理和交错层理构造，层面不平。该组地层出现面积约占全县总面积的15.4%。在与遂宁组交界处，多形成中丘中谷和浅丘宽谷地状。

侏罗纪上统遂宁组（J_3SM）　主要分布在罗家镇、河舒镇、锦屏镇及徐家镇大部分地带。该组岩石多为棕红色砂质泥岩夹石英粉砂岩，底部为砖红色石英砂岩，一般厚2米至5米，最厚的约9米。泥岩，较厚，并普遍含钙质，风化后出现鳞片状，层理不清；砂岩，为紫色、浅灰色，多出现在该组岩层上部，横向上常见变薄，分叉尖夹，较稳定的仅2层至3层；粉砂岩，多系泥岩的局部砂质富集而成，横向稳定性极差，一般10厘米至30厘米，最厚者1米余。该组地层出露面积约占全县总面积的41.6%，多形成中丘中谷间带坝地状，靠岳池金城山一带为浅切割低山。

侏罗纪上统蓬莱镇组（J_3P） 主要分布在金溪镇、巨龙镇两地区，及全县海拔500米以上丘顶。该组岩层多由灰紫色砂岩与棕紫色泥岩略呈等厚互层排列，覆盖遂宁组岩层之上。砂岩，出现块层状构造，夹层厚数米，最厚的达30多米。单层厚数十厘米至1米。层面较平坦，普遍可见树干印膜、植物岩屑，偶尔见有较大的生物骨骸；泥岩，现紫红色透镜状，不显示层理构造，与下状砂岩呈逐渐过渡。泥岩层，薄的20多米，最厚的近百米，与砂岩交替出现，并比砂岩层厚。该组出现地层面积，约占全县总面积的34.7%，在与遂宁组交界处，多形成高丘窄谷和部分中丘中谷地状。

新生代第四纪更新统（QP） 为冰水沉积物，分布在嘉陵江沿岸3级至6级阶地上。形成沙砾层，砂、黏土、重黏土地带，不整合覆盖于不同时代的地层之上，下藏有紫色岩层，总厚度可达130米，该更新统出露地层面积约占全县总面积的5.2%，多形成浅丘宽谷带坝地状。

新生代第四纪全新统（QH） 为近代河流冲积物，在嘉陵江沿岸及河谷一带有不同程度分布，所形成的河漫滩、江心洲坝及阶地堆积层，一般顺河水流向出现长条状，展布在离现代河水面10米至20米处，多为未胶结的泥沙、砾石岩块，厚度一般为12米，最厚达25米，除局部可分出一、二级阶地外，大部分地段不易划分，呈明显的流水地貌。该全新统地层出露面积占全县总面积的2.1%。

地 貌

蓬安为典型丘陵地貌，东南、东北部高，中部低；地形有低山、丘陵、平坝。低山多分布在东南、东北部，海拔多在550米至830米之间，中部以丘陵为主，海拔多在300米至500米之间，平坝多分布在丘陵之间的山谷地带和河岸。地貌特点山浅坡缓，岭梁伸延，切割破碎，溪沟纵横。

【低山】 县境无完整山系，海拔在600米以上的低山有50余座，集中分部于县南的凤石乡、罗家镇、南燕乡、新河乡及县北的诸家乡、鲜店乡等地。

北部诸山 系大巴山余脉，集中分部在诸家乡、徐家镇北、鲜店乡、金溪镇北等，主要山峰（寨）有：

啄啄山位于县境北端诸家乡与仪陇县交界处，海拔高度691.7米，山顶有兀石突出如鹰啄食，故名。往东南延伸有青云山和园成寺山，前者海拔为669.1米，后者海拔为573.1米。往西南延伸有云雾山，海拔为665米。

凤凰寨位于徐家镇北（原方广乡东境）即园成寺山的南部，海拔608.8米，山上原有寨及古寺，其山势挺拔雄峻。其东北茶亭乡南境有天保寨，海拔567.5米。

九龙山位于凤凰寨南徐家镇境内与原方广乡交界处，海拔580.6米，其山脉9支，形如九龙，故名。

铜鼓寨山又称大铜鼓寨，位于云雾山西南鲜店乡东南境，海拔595.5米，铜鼓寨东诸家、原黄坪乡（现划入徐家镇）交界处有小铜鼓寨，海拔616米。大小铜鼓寨岭梁相连，雄峙相向，均有寨，形势险要，素为县北军事要地。大铜鼓寨之南，鲜店与徐家两乡镇交界处有圆包寨，海拔640.2米，再向南，金溪镇东北境有永清寨，海拔635.2米。

西阳山位于永清寨南金溪镇与骑龙乡两乡镇交界处，海拔557.0米。西阳山之西原向东乡（现划入金溪）西南有云华山，海拔543.2米，其西南金溪镇东北境有黄金山，海拔514.5米。

东南部诸山　集中分布于凤石乡、罗家镇、新河乡等乡镇。主要山寨有：

黄泥巴寨位于南燕乡、福德镇、新河乡、罗家镇四乡镇交界处，为县国营白云寨林场林区之一部，场部设于此。寨上有海拔820米以上的山峰4座。林场场部附近东北二面有二峰，其东山峰海拔827.3米，为县境最高点，上有水准点标志塔一处；场部东面双包梁，二峰相望，其北峰海拔826.8米。黄泥巴寨，其山势向西北、北、东南、南四方延伸，向西北延伸为千佛寨，北面延伸为帽盒寨，东南延伸为鼓楼山，南面延伸为轿顶山，其山峰多在海拔700米以上。

千佛寨位于罗家镇、新河乡交界处，海拔792.5米。登其上，远眺东北方向，视野开阔，营山西南境之山峦田畴尽收眼底。山崖有摩崖佛像千余。山西南罗家与原中华乡交界处有玉皇观（山），海拔747.7米。千佛寨北有白马寨，其上南北双峰并立，北峰高742.5米，南峰高739.9米。白马寨向东北方向伸延，经新河、罗家二乡镇，依次有白岩、宝藏寺（山）、狮子岩、鸡足寨、盘龙寨诸峰。盘龙寨向东再折向东南，则有团堡山、帽顶山、向安寨、骑龙寨诸峰，其高度均在海拔700米以上。盘龙寨向西北延伸，经开元、石孔等乡境，进入营山县境。

轿顶山位于南燕乡北境，海拔714.4米。其山势向南延伸有钟离寺（山）、来苏寺（山）诸峰，海拔均在700米以上。

三角寨又名三脚寨，位于金城山东北、南充高坪区、岳池县、蓬安县三县、区交界处，主峰海拔752.1米。

龙门寨又名排山，位于三角寨东南蓬安县、岳池县交界处，海拔786.6米；其上，蓬安县兴旺镇建有林场和油橄榄场。

凤凰寨位于龙门寨南凤石乡西境与岳池县交界处，海拔813.7米；山腰建有蓬安皮肤病医院。

石马寨位于凤凰寨东，凤石乡、银汉镇交界处，海拔733.4米；与凤凰寨隔沟相望。

白云寨位于凤凰寨东罗家镇北银汉镇西境，主峰海拔744.2米。寨内方圆数平方千米，为县白云寨林区之一。自然林与20世纪60年代所植数十万株松树已郁然成林。山上有寨名安宁寨，尚存1000余米盘龙古寨墙，四座寨门有两座尚存。

燕山寨古为云山、披衣山、又名燕山。位于县城东南10余千米、河舒镇西北7千米处，一山凸起，百里望之如崇台，近观如鸟将翔，从空腑视其山如巨人挥臂跨步东行状，晨披万缕云，故又谓之披衣山。原有古寨，是宋淳祐间蓬州与相如县、蓬池县、营山县迁此筑城抗蒙之要寨。山有四峰，其北峰海拔582.3米，其西南峰海拔577.2米，其东峰海拔565.8米，其东南峰海拔578.6米，沿此峰东南直向500米有鹅王颈海拔532米，在北峰上向四周极目远眺，可见海拔350米以上的大小峰峦数百处，层峦叠翠，蔚为壮观，向西眺嘉陵江，如天边一线。

西部嘉陵江两岸诸山　系剑门山余脉，经南部县入境，主要山峰（寨）多在400米至560米之间。

锦屏山古谓翠屏山，又名五马山、慕蔺山，位于嘉陵江西岸，现锦屏镇境内，镇政府西南，约3千米，山势呈东西走向，东西两端宛若两棱形镖，其山共有5峰，位于东端的南峰海拔463.1米，位于西端的北峰海拔453米，二峰同名锦屏山，位于西端的南峰海拔434.1米，位于东端东峰海拔460.7米，位于此山中部山峰海拔438米。

观音寨位于正源石佛寺之西正源镇北境，东临嘉陵江，其主峰四方梁，海拔559.6米，为县境嘉陵江西岸诸山最高峰。

华山观位于两路乡南境，海拔513.2米。

【丘陵】　县境丘陵集中分布于兴旺、河舒、巨龙三个片区，21个乡镇，面积556.91平方千米，约占全县总面积的41.81%，海拔高度在300米至500米之间，相对高差20米至200米，按高度可分为浅丘、深丘和台地。

浅丘（低丘）　海拔一般在300米至400米，相对高度在20米至100米，圆顶丘陵多由遂宁组母质的软质泥岩组成，经过风化多发育成深圆形的坟状或馒头状丘陵；平顶丘陵多由沙溪庙组母质的硬质砂泥岩互层组成，经风化发育成对称的台状或方山状丘陵。一般起伏较小，坡度平缓，沟谷宽平，光照充足，水热条件较好。主要分布在县境中南部的相如镇、开元乡、海田乡、兴旺镇、天成乡、济渡乡、高庙乡、群乐乡等14个乡镇，面积占丘陵面积的36.61%。

深丘（高丘） 海拔在400米至500米，相对高度在100米至200米之间。大多发育在蓬莱镇组等厚互层的砂泥岩层上，丘体高大，分布紧密，丘间切割较深，多被冲沟所隔，成为深丘狭谷，常以水平岩层形成对称丘陵。当丘体以砂岩盖顶时，多形成平顶丘陵；以泥岩盖顶时，则形成圆顶或尖顶丘陵，主要分布在相如镇、金溪镇、徐家镇、龙云镇、两路乡等21个乡镇，面积占丘陵面积的58.86%。坡度大于25°的陡坡深丘以种草植树为主，坡度小于25°的缓坡大部已辟为耕地，2001年后，县内很多坡地已退耕还林。

台地 为县境内丘陵区之特殊类型。一般台坎高度在20米至200米，台坎坡度大于10°、台面坡度小于7°之间，面积占丘陵面积4.53%。按其位置可分为：基岩台地，主要发育在丘陵腰部或顶部有砂岩出现的地方，多由坡积或残积的砂土和黏土物质组成，在丘腰表现为阶梯状，在丘顶表现为平顶丘陵，其地势平坦，土层深厚，一般在50厘米至100厘米之间，热量充足，光照条件好，零星分布于县内各丘陵地区，面积约占全县台地面积的31.27%。阶地台地，主要发育在嘉陵江和溪河沿岸的二、三级阶地上，由灰棕或紫色砂、黏土冲积物质堆积而成，一般高出河床20米以上，土层厚度多在100厘米以上，光照热度和水源条件优越，土质肥沃。集中分布于县内嘉陵江沿岸的平头乡、睦坝乡、锦屏镇等乡镇，面积约占全县台地面积63.73%。

【平坝】 县境内平坝面积约412.25平方千米，占全县总面积的30.95%，一般海拔高度为200米至400米，相对高度小于20米。按成因和组成物质，可分为沟谷平坝和阶地平坝。

沟谷平坝即浅丘带坝，分布全县，主要发育在丘陵间和低山间的冲沟、坳谷中，面积约占全县平坝面积的91.63%。是地壳稳定，长期遭受剥蚀的结果，平坝与丘坡间和缓相接，没有明显的转折线。地表面积物质主要由坡积、残积的砂黏土物质组成，也有冲积和洪积物质。

阶地平坝即冲积平坝，主要分布在三坝乡、锦屏镇、睦坝乡及溪河沿岸，面积约占平坝面积的8.37%。发育在嘉陵江和溪河沿岸，由河相物质组成，以冲积作用为主形成河漫滩和河流阶地。河漫滩一般高出河水面1~5米，阶地大都高出河水面10米以上。两种平坝地势开阔平坦，土层深厚肥沃，易耕易种，产量较高。

气　候

蓬安属中亚地带季风湿润气候区。冬暖、春旱、夏长、霜期短，四季分明。年平均温度17.2℃至18.2℃，1月最冷，平均温度6.5℃；8月最热，平均温度为27℃；全年无霜期为295天。雨量充沛，年平均降水量为980.5毫米，年平均雨日（≥0.1毫米）为135天，降水主要集中在5月至9月，为715.2毫米，占全年降水量的73%。此时段内，因降水时空分布不均，常有夏旱发生，而秋多绵雨。

【气温】 1986年平均气温16.7℃，1991年平均气温17.2℃，1996年平均气温16.5℃，2001年平均气温17.9℃，2006年平均气温18.8℃，较历年平均高1.6℃，是有气象资料记录以来的最高值。极端最高气温为41.6℃，出现在2006年8月12日。较原记录40.4℃（1972年8月）高1.2℃。蓬安县1986年至2006年的极端最低气温为-4.3℃，出现在1991年12月28日。1986年至2006年蓬安平均气温为17.3℃。

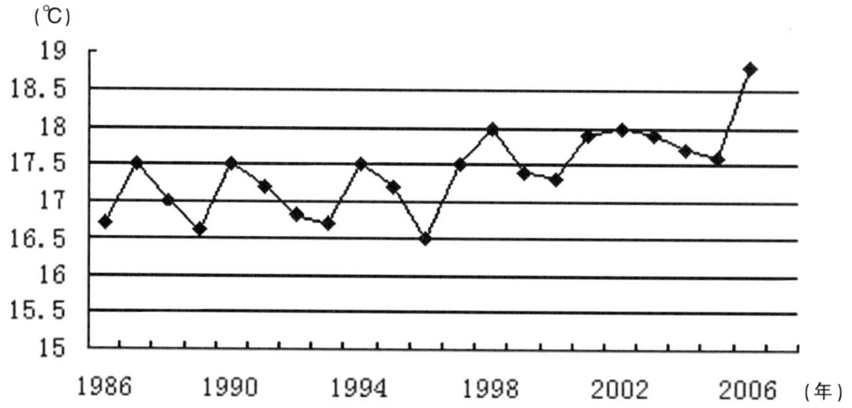

蓬安县平均气温年际变化曲线

(1986~2006)

【降水】 蓬安县降水量较充沛，全县多年平均降水量980.5毫米。降水量在时空分布上有较大差异，全年降水有三个高峰期，第一个高峰期是5月下旬至6月上旬，旬降水量在50毫米以上；第二个高峰期是6月下旬到7月中上旬，旬降水量在65毫米以上，第三个高峰期是8月下旬至9月下旬，旬降水量在50毫米以上。另外，受季风影响，全县降水量季节分配不均，春季（3月至5月）为220.2毫米，约占全年降水量的22.5%；夏季（6月至8月）为478.6毫米，约占全年降水量的48.8%；秋季（9月至11月）为232.9毫米，约占全年降水量的23.7%；冬季（12月至2月）为48.9毫米，约占全年降水量的5%。全县各月降水量以7月最多，平均为181.3毫米；1月最少，平均为13.2毫米。

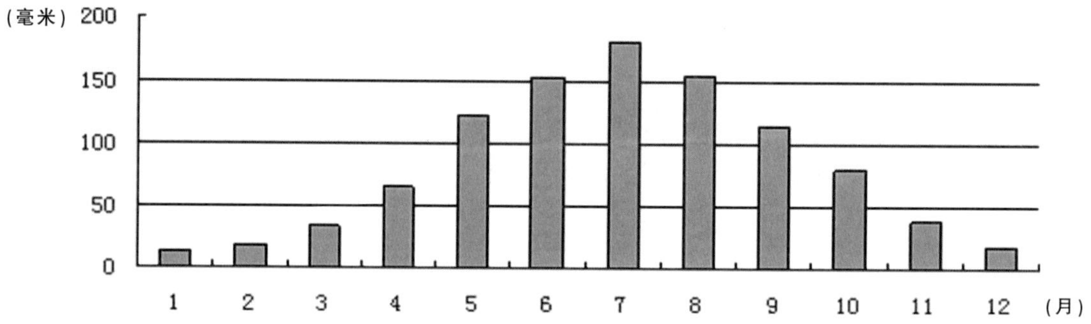

蓬安县各月平均降水量

1997年的降水量为680.8毫米，但8月降水量仅18.7毫米，出现严重旱情；2006年的降水量717.2毫米。5月25日至6月29日出现严重夏旱，历时36天，降水量仅28.8毫米，对农业生产造成较大危害。1986年至2006年，蓬安平均年降水量为980.5毫米。

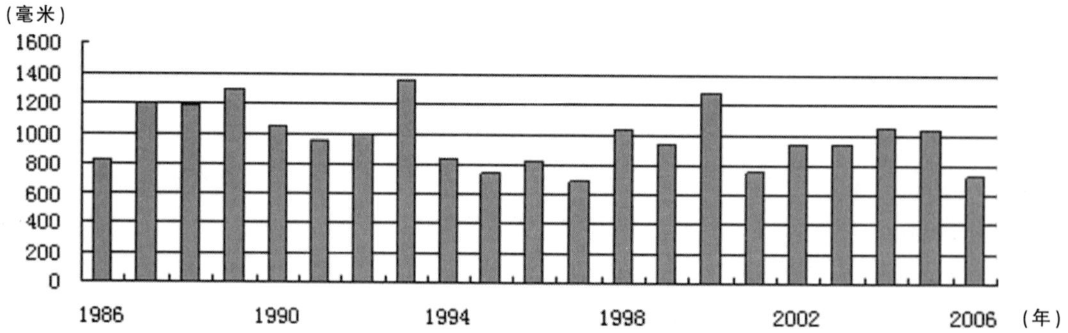

蓬安县平均降水量年际变化直方图

(1986~2006)

【日照】 蓬安县日照的时空分布与太阳辐射基本上一致。全县多年平均日照时数1314.3小时，与同纬度长江中下游地区相比，日照时数百分率偏少16%至20%左右。蓬安县日照分布的特点是：冬季少，日照百分率不足20%，3月开始日照时数逐渐增多，到8月到达最高值，实照时数占可照时数的54%，9月开始下降。

蓬安县月平均日照时数及日照百分率

(1986~2006)

月份	1	2	3	4	5	6	7	8	9	10	11	12	全年合计
日照时数（小时）	45.5	51.1	98.7	132.6	155.1	136.7	192.7	196.0	123.0	81.8	64.9	36.0	1314.3
日照百率（%）	14	16	28	34	36	32	45	48	33	23	21	12	30

【风】 蓬安县全年以静风为主，盛行偏北风。夏季全县受偏南气流影响，风向转为偏南风。年平均风速1.1米/秒。全年中以春季3月至5月风速最大，月平均1.3米/秒；冬季12月至2月风速较小，月平均风速在0.8米/秒；夏季6月至8月月平均风速1.2米/秒；秋季9月至11月月平均风速1.0米/秒。当有强冷空气影响或夏季雷雨天气时，常伴有阵性大风，最大风速可达20米/秒以上。山口河谷地带出现大风次数较平坝地带多，并且风速较大。

各方向的平均风速及出现频率

风向 项目	N	NNE	NE	ENE	E	ESE	SE	SSE	S	SSW	SW	WSW	W	WNW	NW	NNW	C 静风
频率（%）	9	7	7	5	5	3	4	2	3	2	3	1	3	2	6	6	32
风速（米/秒）	1.9	2	1.7	1.6	1.5	1.5	1.5	1.4	1.4	1.5	1.6	1.4	1.4	1.4	1.5	1.5	0

【气压】 蓬安县大部分为丘陵地带，地势起伏较大，其气压年变化属大陆型。一年中月平均气压有一个最高值和一个最低值，最高值出现在冬季12月，最低值出现在夏季7月，年较差为28百帕左右。气压曲线的月际变化是：1月至7月气压稳定下降，8月至12月气压稳定上升。

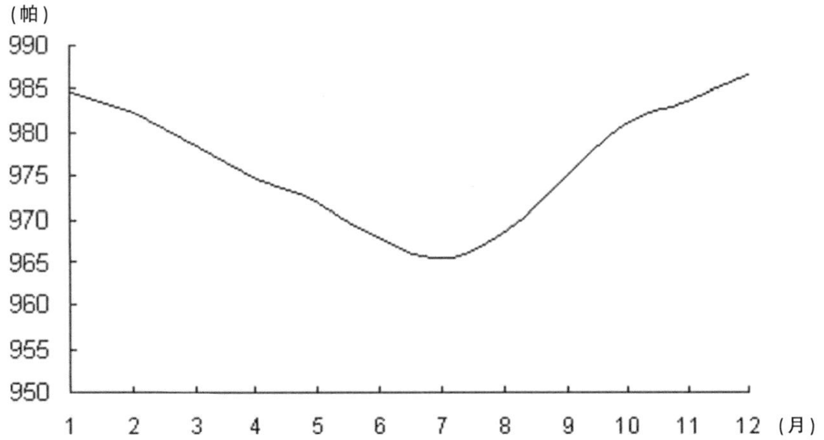

蓬安月平均气压年变化曲线图

【湿度】 蓬安空气湿度大，秋冬大于春夏，伏旱区以8月最小，常年平均值为79%，最大年平均值为82%，最小年平均值为75%。

【雾日】 蓬安年平均雾日为20天，多集中在农历九月底至次年二月初。沟谷、平坝地带发生频率较大。下雾时间下午4点至次日11点。最浓时间是晚11点至次日早晨8点至9点。

【天气现象】 蓬安天气现象有雾、霜、雷暴、雪。

雾 县域阴霾天气出现在冬季，能见度较低。早上7：30以后初见亮光，下午5：00夜幕降临。阴霾天常伴有蒙蒙细雨。

霜　蓬安年平均霜日20天至30天。霜初日为立冬以后至次年的清明时段较为常见。平坝、山沟常见。平坝最厚，山沟较次。城镇无霜期较长，年336天。

雷暴　蓬安听见雷声常在正月以后，最旺时段4月至8月，也有10月雷声现象。夏秋雷暴夹杂大风大雨，危害极大。

雪　蓬安降雪时间较少，常年降雪时间11月末至次年2月。1992年降雪最大，平地雪厚8厘米至10厘米，东南方的排山、北部的啄啄山化雪时间为7天。其他年份降雪，平坝以雨夹雪为多，海拔较高地有1厘米至2厘米积雪。

【物候】 物候包括植物物候和动物物候现象。1986年前后，蓬安物候现象变化不很大。1990年后，县城和部分乡镇冬季可见燕子。2006年秋末冬初，气温偏高，桃、李、梨、核桃、桑等植物开花结果，未成熟。

植物物候　有桃、李、梨、枣、核桃、油桐、泡桐、桑、菊等花期、果子成熟期现象。

樱桃　1月下旬发芽，2月中旬开花，3月上旬花期结束，4月中旬结果，11月上旬落叶。

桃　2月中旬发芽，3月上旬开花，4月中旬花期结束，7月中旬结果，11月下旬落叶。

李　2月中旬发芽，3月上旬开花，下旬花期结束，6月下旬结果，11月下旬落叶。

梨　3月上旬发芽，中旬开花，4月上旬花期结束，7月下旬结果，9月中旬落叶。

枣　3月下旬发芽，5月上旬开花，中旬花期结束，11月上旬落叶。

核桃　3月上旬发芽，下旬开花，4月上旬花期结束，9月下旬结果，11月下旬落叶。

油桐　3月上旬发芽，下旬开花，4月上旬花期结束，11月下旬落叶。

泡桐　3月上旬发芽，下旬开花，4月上旬花期结束，9月下旬结果，11月下旬落叶。

桑　3月上旬发芽，中旬开花，下旬花期结束，4月上旬结果，12月上旬落叶。

葡萄　3月中旬发芽，4月下旬开花，5月中旬花期结束，11月中旬落叶。

野菊花　10月上旬萌动，下旬开花，12月上旬花期结束。

车前草　3月下旬开花，5月下旬结子，6月中旬成熟。

蒲公英　2月下旬萌动，3月上旬开花，中旬结子，4月下旬成熟。

动物物候　20世纪90年代至21世纪初，蓬安县城和部分乡镇，秋、冬初可见燕子。

蛙　10月中旬进入冬眠，次年2月上旬冬眠结束，出没觅食。

蛇　10月上旬入洞冬眠，次年2月下旬出洞觅食。

龟　10月下旬入洞冬眠，次年3月上旬开始活动。

蝉　9月下旬绝见，次年6月上旬始鸣。

蝙蝠　10月上旬冬眠，次年3月下旬初见。

燕子　3月上旬从南方飞来，8月离去，1990年后，蓬安县城和部分乡镇冬季可见燕子。

阳雀　5月上旬从南方迁来，县内初见，9月上旬复迁往南方而绝见。

大雁　5月中旬从南方迁来，县内初见，10月上旬徙往南方而绝见。

野鸭　3月下旬自南方徙来，县境初见，10月中旬迁回南方而绝见。

陆地水

蓬安有水资源总量约2.47亿立方米，过境水流量202.4亿立方米。多年平均径流深度375.7毫米，地下水主要有松散岩层孔隙水、裂隙水、溶融孔隙水。嘉陵江的主要支流有西河、金马河、金溪河、清溪河、利溪河、正源河、河舒河等。工程蓄水1.06亿立方米。

【地表径流】 蓬安多年平均降水量为1000毫米左右，比沿江、沿海地区偏少112.8毫米至192.1毫米，较秦岭以北地区多400毫米左右。除蒸发水量外，实有水资源总量2.47亿立方米。多年平均径流深度375.7毫米。南部（罗家、兴旺一带）和北部（鲜店、诸家、徐家一带）低山区坡度较陡，径流不易渗透，降水形成小溪河较多，地表径流深度更大，平坝、河谷地段地表径流在250毫米至320毫米之间。蓬安以浅丘地貌，多为红石骨岩层，植被生长缓慢，影响降雨吸收，地表径流侵蚀过程大，风化泥沙随降水流失严重，流水含沙量大。7月、8月、9月是降水量集中时间，雨量大，山洪下泄，泥沙混流，引发洪水。20世纪90年代后，野生植被增加，地表径流对水土流失的影响逐年减小。

【水系】 县境内分嘉陵江水系和渠江水系。嘉陵江是县内主要河流，流经蓬安10个乡镇。长89千米，流域面积1115.4平方千米。渠江水系主要分布在罗家、南燕、新河、福德、银汉、诸家、茶亭、徐家部分溪河流域。进入渠江流域的有二道河、长梁河、新河、银汉河。流域面积216.6平方千米，占全县面积的16.2%。

县境内主要河流有：嘉陵江、河舒河、清溪河、西河等8条河流。

嘉陵江从县西北平头乡白水滩（海拔296.5米）入境，由西北向东南，再折向西南，流经平头、睦坝、石梁、金溪、相如镇、锦屏、利溪、长梁、正源、三坝等10个乡镇，至县西三坝乡猫儿溪（海拔273米）出境，长89千米，流域面积1115.4平方千米，平均比降3‰，水域面积1.95万亩。河谷最宽5千米，最窄1千米，河面宽150米至250米，一般水深8米至15米，深槽水深15米至20米，浅滩水深1.5米至2米；最浅0.6米（1947年3月），丰枯水位变幅22米，多年平均年径流深300毫米，多年平均流量891立方米/秒，多年平均流速2.20米/秒，最大洪峰流量3.5万立方米/秒（1903年），最枯流量125立方米/秒（1978年12月），多年平均含沙量2.80公斤/立方米，多年平均年输沙量107.5万吨，侵蚀模数为964吨/平方千米·年。

河舒河古称清溪。发源于银汉乡石马寨东、白云寨西麓，始段流经后溪沟流经罗家、凤石乡纳文子光、胡家沟等水入大深沟水库。经济渡乡至张家坝，纳玉泉与小深沟相汇之水，北流至海田乡羊鹿滩，此段称永兴河，经杨家沟、金鸡沟、龙家沟、猫儿沟、梁家沟、肖家沟至太平桥相汇之水，此段称杜家河。以下再向西北经碗水沟、王家沟、段家沟、姚家沟、邓家沟、殷家沟、碧溪河、蔡家沟、烂泥沟水，北流入河舒镇，称河舒河。再折向东北经姚家沟、马家沟、舒家河等，至利溪镇两河塘汇入清溪河。主河道全长30.2千米，总长度59千米，流域面积483平方千米，水域面积208公顷，多年平均流量2.1立方米/秒，天然落差183米，平均比降3.0‰，水能蕴藏量391千瓦。

清溪河又名柏杨河，古称兰溪，因河水“浅素深碧”得名，为县境嘉陵江东岸一级支流。其干流源于新河、罗家两乡镇交界的白马寨西麓，此段称安乐寺河，至柳滩乡三角滩经圣河沟和茨藤沟相汇之水，称三角滩河。北流至开元乡黄林桥经楼梯沟，至陡滩桥经吊岩沟、茶盘沟、称柏杨河。柏杨桥纳营山东来之南溪河、新民河相汇之水，再西流经相如镇（周口镇）、纳敖家沟、木桥河、滕茨沟水，称清溪河。至利溪乡两河塘汇入河舒河后3.0千米入嘉陵江。清溪河主河道全长33.5千米，总长度52千米，流域面积311平方千米（不包括营山段），水域面积485公顷，多年平均流量5.5立方米/秒，天然落差46米，平均比降1.69‰，水能蕴藏量2644千瓦，可开发年发电量328万千瓦小时。

利溪河又名长塘河，为境内嘉陵江东岸一级支流。源出金城山北麓高坪区兴隆乡龚家沟，从兴旺镇入境，至母家坝与源起于兴旺镇高石坎西的始起沟之水相会，至双龙桥西南纳猫儿沟之水后，称双龙河。西北流至天成乡经高坪境来之红岸沟水，北流入龙蚕镇一碗水，经石庙沟、白岩沟后再入天成。经回龙寺入新园乡后，称长塘河。其下，至寡妇桥经敖家沟、母家沟、金家沟之水，过新园场，至大桥坝纳张家沟、龙家沟水，入利溪镇经蒲家沟、牛眠沟，始称利溪河（辛家河）。至利溪场纳三角沟、青衣寺、伍家沟水汇入嘉陵江。长塘河主河道长25千米，总长度39千米，流域面积137平方千米，水域面积240公顷，多年平均流量1.8立方米/秒，天然落差72米，可利用落差34米，平均比降2.08‰，水能蕴藏量600千瓦。

高桥河又称正源河、鱼溪河，为县境内嘉陵江西岸一级支流。源出高庙乡鱼宝山东麓，南流过高庙场大桥坝经苏家沟水，至贾家桥经王家沟、高庙沟水至吐佛寺涂家沟水，入群乐乡经何家沟、张家沟水入“七一”水库之后，于双河口汇桥沟、观音沟水，此段通称高桥河，以下称鱼溪河。经巨龙镇入正源镇，至唐家祠堂洞子河，折向西南至小梁子出县境，经高坪区鱼溪乡南流入嘉陵江。全长33千米，流域面积108平方千米，多年平均流量0.95立方米/秒，天然落差76米，可利用落差51米，平均比降2.77‰，水能蕴藏量475千瓦，可开发的年发电量58万千瓦小时。

大泥河亦称园园河，为县境内嘉陵江东岸一级支流。大泥河在金马场以上有三源：西为源于徐家镇西南猫儿村之黄坪沟水；中为万寿河，又名增产河，源于徐家乡东南尹家湾左右各一小水，南流至水对沟村入营山境，经增产乡又入骑龙乡至金甲乡（原金城乡域）；东为石牛河（由源于营山回龙乡的回龙河与源于营山丰豆乡之阴阳河汇合而成）。万寿河与石牛河于金甲乡三元桥西南的三河相汇，称金马河。金马河于金马场南与黄坪沟相汇，以下始称大泥河（溪）。大泥河南流至谢家高桥入大泥，于大泥场东侧入嘉陵江。大泥河主河道全长16千米，总长27千米，流域面积111平方千米，水域面积251公顷。多年平均流量1.3立方米/秒，天然落差70米，可利用落差45米，平均比降1.86‰。

金溪河古称斜溪，为县城北嘉陵江东岸一级支流。金溪双河口以上有东西两水：西水源于鲜店乡铜鼓寨之西，南流入金溪镇赵家堰，称赵家河，再流入金溪镇何家沟（长13.3千米）；东水源出铜鼓寨南黄坪乡之陈家沟、胡家沟，经周家沟至陈家拱桥，纳徐家镇圈儿井东来之水，入骑龙乡称骑龙河（长15.24千米），入金溪镇称金溪河，至双河口与西水（赵家河）相汇，又称双河口河，河绕金溪镇西北入嘉陵江。金溪河主河道全长12.5千米，河流总长度30千米，流域面积151.4平方千米，水域面积91公顷，平均比降1.92‰。

西河源于江油县七井乡，经剑阁、南部，于县境西睦坝乡西河村入境过白水滩、永安寨，北入嘉陵江。在县境长3.1千米。

【地下水】 蓬安县地下水分松散岩层孔隙水、裂隙水、溶融孔隙水三大类。总储量5583万立方米，可开采量为2846万立方米。

松散岩层孔隙水分布在嘉陵江一带的金溪、锦屏、马回、三坝等乡镇的河漫滩一、二级阶地沙砾石层中。总藏蓄量约1133.53万立方米，单井口涌水量在1000立方米以上的埋藏深度为4米至7米，个别地方达10米一般为潜水。但蓄水层上部多有透水性弱的黏土层，不利于水源补给。

裂隙水分布在兴旺、巨龙、金溪及河舒、徐家片区部分地区的蓬莱镇组砂岩层中，总藏蓄量约1540.1万立方米。单井每日涌水量可达400立方米，最小为20立方米，一般为150立方米。

溶融孔隙水分布在罗家、河舒、锦屏、徐家片区部分地区的各层泥质岩层中，主要含于互离一层及钙层结构中。总藏蓄量约2909.51万立方米，单井每日最大涌水量在300立方米以上，最小56立方米，一般为100立方米。

土　壤

蓬安地形狭长，经纬度差异微小，县域土壤成土母质6种，土壤有水稻土等4类。

【土壤母质】 新生代第四纪全新统（QⅡ）近代河流冲积层，灰棕冲积母质。多形成灰棕潮土，分布于嘉陵江沿岸一、二级阶地，面积683公顷，占全县农耕地1.79%。

新生代第四纪全新统（QⅡ），近代河流冲积层，紫色冲积母质。多形成紫色潮土，分布于溪河沿岸，面积622公顷，占全县农耕地的1.63%。

新生代第四纪更新统（QP），冰水沉积物。多形成黄壤夹卵石土，分布于嘉陵江沿岸二、三级阶地，面积1875公顷，占全县农耕地的4.91%。

侏罗纪上统蓬莱镇组（J3P），棕紫色岩层风化物。多形成棕紫泥土，分布于茶亭、石孔、相如镇等乡，以及海拔500米以上的山丘之顶，面积1.2万公顷，占全县农耕地的32.36%。

侏罗纪上统遂宁组（J3SN），红棕紫色岩层风化物。多形成红棕紫泥土，分布于罗家、河舒、锦屏、徐家等片区部分乡，面积1.7万公顷，占全县农耕地的44.84%。

侏罗纪中统沙溪庙组（J2S），灰棕紫色岩层风化物。多形成灰棕紫泥土，主要分布于兴旺片区大部分乡村，其次是徐家片区部分乡与福德镇部分村，面积5522公顷，占全县农耕地的14.47%。

【土壤分类】 全县土壤分为4个土类、7个亚类、13个土属、47个土种。按各种土壤的生产水平及抗御自然灾害能力等因素将各类土壤分为五级（见下表）。其中，一级土壤计11个土种，1.1万公顷，占总耕地的27.98%；二级土壤计17个土种，1万公顷，占总耕地的25.19%；三级土壤计13个土种，1.2万公顷，占总耕地的31.31%；四级土壤计5个土种，5772公顷，占总耕地的15.13%；五级土壤计1个土种，150公顷，占总耕地的0.39%。

蓬安县土壤分类系统表

土类	亚类	分布	土属面积（亩）占全县耕地（%）	土种				土壤等级
				名称	面积（亩）	占耕地（%）	占田（或土）（%）	
水稻土	潮土性水稻土	嘉陵江沿岸一级阶地及溪河两岸	灰潮水稻土 3327 0.58	潮沙田	949	0.17	0.31	2
				潮泥田	2378	0.41	0.77	L
			紫潮水稻土 7737 1.35	紫潮沙田	3789	0.66	1.23	2
				紫潮泥田	2540	0.44	0.83	1
				紫潮黄泥田	1408	0.25	0.46	2
	紫色土性水稻土	各地的正沟、支沟及丘脚	灰棕紫色水稻土 53976 9.43	半沙半泥田	16766	2.93	5.45	2
				大眼泥田	31147	5.44	10.13	L
				黄夹泥田	886	0.16	0.29	2
				灰棕冷烂田	5177	0.90	1.68	3
			红棕紫色水稻土 140713 24.59	红石骨沙田	58074	10.15	18.89	3
				红沙大泥田	69808	12.20	22.71	1
				紫黄泥田	3076	0.54	1.00	2
				红棕冷烂田	9755	1.70	3.17	3
			棕紫色水稻土 80748 14.11	粗沙田	8238	1.44	2.68	3
				黄沙田	5934	1.04	1.93	3
				黄泥田	2826	0.49	0.92	2
				夹沙田	26553	4.64	8.64	2
				粗沙大泥田	31078	5.43	10.11	L
				棕紫冷烂田	6119	1.07	1.99	3
	黄壤性水稻土	嘉陵江沿岸二三级阶地	老冲积黄泥水稻土 20935 3.67	卵石黄泥田	8396	1.47	2.73	2
				黄沙泥田	2234	0.39	0.73	2
				小土黄泥田	7196	1.26	2.34	L
				死黄泥田	2844	0.50	0.92	3
				白鳝泥田	265	0.05	0.09	3
潮土	潮土	同灰潮紫潮水稻土属	灰潮土 6920 1.21	灰潮白沙土	2245	0.39	0.85	5
				灰潮沙土	3753	0.66	1.42	2
				灰潮沙泥土	922	0.16	0.35	L
			紫潮土 1589 0.28	紫潮沙土	1589	0.28	0.60	3

续表

土类	亚类	分布	土属面积（亩）占全县耕地（%）	土种				土壤等级
				名称	面积（亩）	占耕地（%）	占田（或土）（%）	
紫色土	中性紫色土	各地丘顶、丘腰，部分丘脚	灰棕紫泥土 28860 5.05	石骨土	7014	1.23	2.65	4
				半沙半泥土	15864	2.77	5.99	2
				油沙土	2967	0.52	1.12	3
				黄夹泥土	456	0.08	0.17	2
				大眼泥土	2559	0.45	0.97	1
	石灰性紫色土	同上	红棕紫泥土 115842 20.24	红石骨土	45699	7.99	17.25	4
				红石骨沙土	59125	10.32	22.31	3
				紫黄泥土	3089	0.54	1.17	2
				红沙大土	7929	1.39	2.99	1
			棕紫泥 98651 17.24	粗石骨土	28486	4.98	10.75	4
				沙土	15592	2.72	5.89	3
				夹沙土	50691	8.86	19.14	2
				粗沙大土	3882	0.68	1.47	1
黄壤	黄壤	蓬莱镇组母质的石孔、两路等乡部分丘顶、台地	沙黄泥土 5814 1.01	黄沙土	3498	0.61	1.32	3
				黄泥土	2316	0.40	0.87	2
			老冲积黄泥土 7185 1.26	卵石黄泥土	4569	0.80	1.72	4
				黄沙泥土	1130	0.20	0.43	2
				土黄泥土	678	0.12	0.26	L
				死黄泥土	808	0.14	0.30	4

注：1亩=666.7平方米

【土壤分区】 根据地貌特点、成土母质、耕作方式、土壤生产问题及改良利用途径等的相似分区原则，全县划分为7个土壤改良利用分区（简称土区）。

石梁、马回沿江平坝灰棕冲积土区 分布于沿嘉陵江两岸的睦坝、三坝等10个乡镇、34个村。土区面积占全县总面积的4.48%。耕地777公顷，占全县农耕地2.04%，其中田322公顷，土455公顷，田土比为1∶1.41，冬水田与干田比为1∶2.31。该土区位于嘉陵江沿岸一级阶地，属平坝地貌，海拔273米至320米，成土母质为第四纪全新统近代河流冲积物，形成大小不等的冲积坝（较大冲积坝10个）及沙卵石滩，发育的土壤为灰潮土属和灰潮水稻土属。区内地势平坦，耕地集中成片，深厚肥沃，宜种作物广，主产水稻、小麦、玉米及油菜、花生、叶烟等，为县内粮食和经济作物高产区。该土区复种指数高，地力消耗大，宜用养结合，培肥地力。沿嘉陵江有滩涂沙丘0.2万公顷（包括位于常年洪水线之下的0.13万公顷），宜植草种树逐步开发利用，并适当修筑引洪淤土的龙埂，固土防冲、防洪。

睦坝、三坝老冲积黄土区 主要分布于沿嘉陵江二三级阶地，计11个乡镇、47个村。土区面积约占全县总面积的3.94%。耕地1891公顷，占全县农耕地4.96%。其中田1412公顷，土479公顷，田土比为1∶0.34，冬水田与干田比为1∶2.02。该土区主要为浅丘带坝地貌，海拔315米至370米，成土母质为第四纪冰水沉积物，发育的土壤为老冲积黄泥土属和老冲积黄泥水稻土属，间有沙黄泥土属，土壤粘、酸、瘦、板，厚度数米，但耕作层浅薄，间有卵石，宜种作物窄，田多土少，主产水稻、小麦、玉米、红苕及生姜、花生等。该土区地势平缓，土壤质地粘重，排水困难，稻田串灌现象普遍，小春湿害严重。宜整治排灌水系，深耕炕土，增施磷肥与有机肥料，熟化培肥土壤，扩大复种指数，提高单产，发展经济作物。对植被稀少不宜农耕的卵石荒坡，宜种草植树，保持水土，发展果树。

两路、金溪高丘窄谷棕紫泥土区 成带状南起正源北至鲜店，分布于长梁、两路、锦屏、金溪、石梁、平头、鲜店及石孔、开元、茶亭等14乡镇，98个村。土区面积约占全县总面积的17.66%。耕地6335公顷，占全县农耕地16.61%，田3232公顷，土3103公顷，田土比1∶0.96，冬干比为1∶0.54。该土区属高丘窄谷地貌，海拔400米至600米，一般丘高100米至150米，谷宽5米至10米，多为坪状高丘。成土母质为侏罗纪上统蓬莱镇组灰紫色砂岩，间有侏罗纪中统遂宁组棕紫色泥岩，农耕土壤主要为棕紫泥土属、棕紫色水稻土属，以及红棕紫泥土属。区内水源缺乏，冬水田面积大，沟底冷浸田多，且光照不足，土壤瘠薄，产量低，粮食作物以水稻、小麦、玉米、红苕、杂粮为主，经济作物较少，林业生产有一定比例。宜注重水利建设和水土保持，培肥土壤，改造冷浸田，提高粮食单产。

高庙、龙云中丘中谷棕紫泥土区　主要分布于高庙、群乐、巨龙、龙云、金溪、睦坝、石梁、平头等11个乡镇，86个村。土区面积约占全县总面积的13.10%。耕地5838公顷，占全县农耕地15.30%，田2293公顷，土3545公顷，田土比1∶1.55，冬干比1∶1.04。该土区属中丘中谷地貌，海拔350米至500米，一般丘高50米至100米，谷宽50米至80米。农耕土壤由侏罗纪上统蓬莱镇组母质发育而成，多为棕紫泥土属和棕紫色水稻土属。土壤胶体品质较好，丘腰土块大而平，利用率较高。粮食作物水稻、玉米及油菜等单产较高，为全县之冠，但小麦、红苕单产较低。区内稻田串排串灌严重，沟部冷浸烂泥田比重大，旱地小麦、玉米、红苕套作面积宽，养分耗用大，溪河少，常受旱灾威胁。宜整治排灌水系，兴修水利，改造冷、烂、串低产田，增施有机肥，用养结合，培肥土壤，充分开发土地套作及田埂、土坡土坎增产潜力，发展用材林和木本绿肥。

河舒、中华中丘中谷带坝红棕紫泥土区　位于全县中部，主要分布在河舒片区（除石孔）、锦屏片区（除三坝）及金甲、骑龙、诸家等21乡镇，计174村。土区面积约占全县总面积的33.25%。耕地13166公顷，占全县农耕地34.51%，其中，田6345公顷，土6821公顷，田土比1∶1.08，冬干比1∶0.38。该土区属中丘中谷带坝地貌，海拔350米至550米，一般丘高50米至100米，谷宽50米至80米。丘体多为长岗状馒头山，溪河沿岸多有小平坝。成土母质属侏罗纪中统遂宁组红棕紫色厚泥岩坡积物。农耕土壤多为红棕紫泥土属和红棕紫色水稻土属。作物以水稻、小麦、红苕、豌豆、玉米为主，柑橘、桑树发展较快。该土区土壤瘦薄，林木稀少，红山秃岭，水土流失严重，宜水、田、土、林综合治理，整治水系，排灌配套，改坡

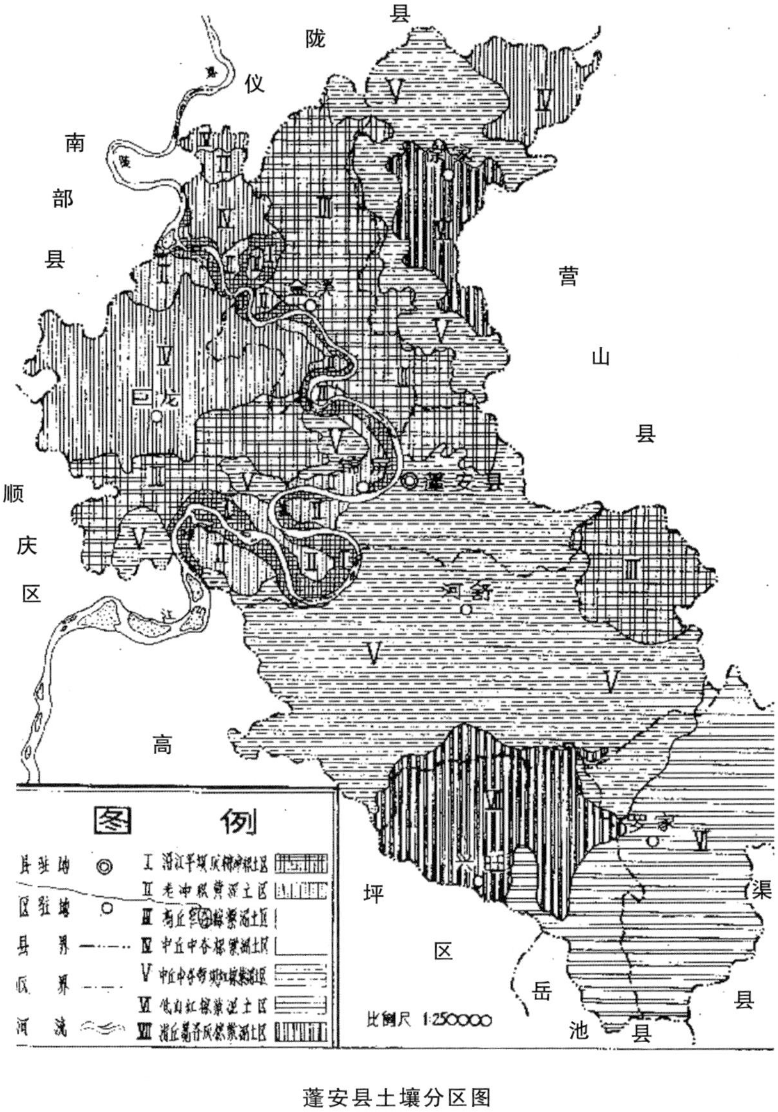

蓬安县土壤分区图

为梯，增加植被覆盖，保持水土，增施有机肥，培肥土壤。

新河、凤石深丘低山红棕紫泥土区　位于县境东南凤石、银汉、罗家、南燕、新河、福德等8个乡镇，13个村。土区面积约占全县总面积的14.91%。耕地4867公顷，占全县农耕地12.76%，其中田3141公顷，土1726公顷，田土比1：0.55，冬干比1：0.44。该土区属深丘低山地貌，海拔500米至827.3米，相对高度150米至300米，谷宽50米至100米，最高处南燕黄泥巴寨827.3米。成土母质为侏罗纪中统遂宁组厚泥岩，山顶间有少量蓬莱镇组砂岩。农耕土壤主要为红棕紫泥土属，作物以水稻、小麦、红苕、玉米、杂粮为主，其播种、收获期较浅丘平坝区迟10天至15天，经济作物较少。宜林面积4503公顷，占该土区面积的22.35%，占全县宜林面积的31.43%。森林面积2488公顷，占全县森林面积的89.01%。区内梯田梯土多而小块，土质瘦薄，荒坡宜林面积大，需注重退耕还林，广植林木，兴修水利，培肥土壤，提高单产，增加囤水田和水旱轮作面积，发展广柑、桑树、油桐等经济作物。

天成—济渡浅丘宽谷灰棕紫泥土区　分布于兴旺、天成、海田、济渡、福德、徐家及龙蚕、新园、碧溪、骑龙等13个乡镇，计88个村，690个社。土区面积约占全县总面积的12.68%。耕地5279公顷，占全县农耕地13.84%，其中田3749公顷，土1530公顷，田土比1：0.41，冬干比1：0.53。该土区为低丘宽谷中丘中谷地貌，海拔320米至400米，丘高30米至50米，谷宽30米至100米。成土母质为侏罗纪沙溪庙上亚组灰棕紫色沙泥岩发育而成。农耕土多为灰棕紫色水稻土属和灰棕紫泥土属，土层较厚，肥力较高，光热水资源充足，是全县主要粮油生产基地，但沟部深脚冷浸烂泥田多，冬水田占稻田3/4，近年桑树发展较多。宜彻底整治水系，提蓄结合，发展绿肥，用养结合，扩大水旱轮作面积，挖掘稻田增产潜力。

植　被

蓬安丘陵起伏，气候温和，雨量充沛，适宜多种植物生长。2006年，森林覆盖率32.54%。

【植被分布】　蓬安在四川的植被分区中属盆中丘陵植被小区。丘陵起伏，气候温和，河流众多，土壤为紫色土，适宜多种植物生长。植被分布以亚热带常绿针叶林为主，如柏树、杉树、松树。落叶阔叶植物有虎斗科的麻栎、栓皮栎、板栗、刺槐等。引进的树种有塔柏、法国梧桐、大叶桉、小叶桉、油橄榄等多种树种。山区多为自然植被和二十多年来植树造林种植的乔木和马桑，山腰以下及平坝多为人工种植的经济林、庄稼、竹木、果蔬、自然生长的灌木草丛及本地树种杨槐、榆树、柏树、构树等。

【植物群落区】　蓬安植物群落区域，特点明显。山区和丘陵山顶、山脊以柏树林、马尾松、高山植物、原始植被灌木丛及草丛为主。浅丘地区山顶柏木和山腰多为刺槐、马桑、黄荆、八角枫等灌木丛。山坡地则以经济林木核桃、梨、桑树、柑橘为主，灌木则以黄荆、紫穗槐、木竹为主。平坝多为草类植物、灌木，间或有人工种植乔木和经济作物如柑橘、桃、李、梨和核桃等。溪沟河流漫滩多以芦苇、斑茅、刮根子草等草本植物为主，间有水青杠、柳树等落叶乔木。嘉陵江两岸常见白栎、麻栎、栓皮栎等组成的灌木丛。平坝如石梁、平头等小山丘以黄壤酸性土为主，多种有松树、马桑、大棘蔷薇等。农村房前屋后则以慈竹、白夹竹、斑竹、楠竹为主。

自然资源

蓬安自然资源主要有土地、水、植物、动物和矿产资源等。

【土地资源】 蓬安境内面积1334平方千米。南北部低山、丘陵，中部平坝、河谷地，形成多种土质类型，成规律分布，适合农业、林业和多种经济开发。县城周边土地利用结构以农业为主，林业次之。南部、北部低山区山地居多，田少，宜林业开发。平坝、河谷地带田多土少，宜农业开发。相如镇、河舒镇、锦屏镇、靠县城周边形成城市商位圈，工业经济开发区和旅游区利用土地资源较多。蓬安土地资源有限，而人口密度在增大，土地资源出现“一减三增”现象。耕地面积逐渐减少，1986年全县有耕地面积3.7万公顷，其中土（旱）地1.8万公顷，田1.9万公顷。人均耕地面积6.6公亩。2000年全县耕地面积3.6万公顷，人均耕地面积5.9公亩。2006年全县有耕地面积3万公顷，人均耕地面积5.1公亩。低于联合国粮农组织规定的人均耕地面积0.8亩警戒线。居民建设工矿用地逐年增加，1992年、1996年、2002年、2006年分别为1.1万公顷、1.2万公顷、1.2万公顷、1.2万公顷。交通建设用地逐年增加，全县增加达成铁路建设和仪华路、南渠路、河罗路、国道318线蓬安段、县乡村公路网络建设等改扩建用地，1992年为4078公顷，1996年为4607公顷，2006年为9.5万公顷。县城城镇化建设和工业、交通建设用地增大，相如镇耕地减少最快最多。

【水资源】 蓬安年平均降水量在1000毫米左右，年降水总量13.69亿立方米。过境流量202.4亿立方米。实有水资源总量为2.47亿立方米，其中水库蓄水1.06亿立方米，地下水总藏量0.56亿立方米。嘉陵江蓬安主要支流8条，小溪104条。渠江水系县内流域面积16.2%。蓬安有中小型水库63座，山坪塘3009口。2000年起，投资修复加固病险水库，山坪塘，保证正常蓄水。嘉陵江过境89千米，相对落差数大，先后建有马回小电站、马回大电站、金溪电站。溪河、水库建有羊鹿滩、红光堰、七一水库等小型水电站。蓬安水资源分布不平衡，中部水资源丰富，北面部分乡镇如鲜店、徐家等常在少雨季节发生人畜饮水困难。

【矿产资源】 县境内已查明矿产资源主要有：石油、天然气、砂金、锆石、钛铁、氯化钾及井盐、芒硝、石膏、砖用页岩、建筑用砂砾石、砂岩、矿泉水等。

石油 天然气 据中气西南油气分公司勘测，蓬安境内平头乡十里村、鲜店乡丁家沟村，金甲乡、新园乡、海田乡、天成乡、兴旺镇、徐家镇等乡镇有石油、天然气分布。其中平头乡十里村、鲜店乡丁家沟村现在取油，徐家镇石油坝村天然气井20世纪70年代老百姓用于烧砖瓦，后井封至今。

砂金 据四川地质局、冶金勘测公司对嘉陵江沿岸普查。嘉陵江蓬安段两岸各级阶地上均有砂金。分布在嘉陵江二至四级地沙砾层中的睦坝乡佛瑞庵，二级阶地有矿黄土层厚10米至15米沙砾层厚5米，面积5.3平方千米，含金量0.01克/立方米，三级阶地有矿黄土层厚5米至8米，沙砾层厚3米至5米，面积1.8平方千米，含金量0.2克/立方米至1.5克/立方米，四级阶地有矿黄土层厚1米至2米，沙砾层厚3米至4米，面积0.8平方千米，含金量0.2克/立方米至1.5克/立方米；睦坝乡鲜坝，一级阶地有矿黄土层厚5米至8米，沙砾层厚6米至7米，面积0.5平方千米，含金量0.36克/立方米至0.8克/立方米；金溪镇紫石坝，二级阶地有矿黄土层厚8米至10米，沙砾层厚3米至5米，面积0.7平方千米；三级阶地沙砾层厚3米至4米，面积0.45平方千米，含金量0.3克/立方米；锦屏镇马回坝，二级阶地藏金量面积0.3平方千米；三级阶地黄土层厚2米至5米，沙砾层厚3米，面积1.7平方千米，含金量0.3克/立方米。

锆石 钛铁 马回坝嘉陵江燕子窝岸侧出现长为150米至200米、宽0米至15米、厚10米的富矿体，平均含量，每立方米矿石含锆石50公斤、钛铁150公斤。

氯化钾 新园乡附近踏坡梁有出露。

井盐 分布于高庙、睦坝、群乐、锦屏等乡镇

芒硝 分布县境西锦屏镇田家沟及擦耳岩等地。

砂砾石 嘉陵江河段河心滩及一级阶地上，广泛分布砂砾石，以砂料、中细砂、卵石为主。

县境嘉陵江河段有18个矿段，资源量16534万立方米，砂砾石是县内优势矿产，开采有7处。

砖用页岩　全县广泛分布，页岩有资源量211万多吨。现开办有矿山企业36处。通过地质调查评价，可进一步扩大规模，是蓬安县优势矿产之一。

建筑用砂岩　砂岩（长石、石英砂岩、粉砂岩）广泛分布在全县，采作建筑用。资源量尚有较大潜力，可扩大规模开采。

矿泉水　南燕乡白云矿泉水日产6.18立方米，蕴藏量6.5立方米/日。杨家镇、罗家镇、南燕乡一带发现新的矿泉水蕴藏，储量有待勘验。

【植物资源】　蓬安丘陵起伏，雨量充沛，溪河纵横，四季分明，适宜多种植物生长。

农作物　蓬安主要粮食作物有：水稻、小麦、大麦、玉米、高粱、红苕（又称甘薯、红薯）、葛根、土豆、大豆、豌豆、蚕豆、豇豆、扁豆、绿豆。主要油料作物有：油菜、花生、芝麻。主要蔬菜有：青菜、白菜、牛皮菜、冬瓜、南瓜、丝瓜、萝卜、茄子、辣椒、西红柿、黄瓜、芹菜、莴笋、菠菜、大蒜、韭菜、生姜、小葱。主要经济作物有：棉花、红麻、黄麻、苎麻，还有黑木耳、白木耳、香菇、蘑菇、平菇等菌类植物。

林木　蓬安乡土材类有柏树、马尾松、桤木、喜树、苦楝、香椿、麻栎、板栗、刺槐、银杏、刺楸、香樟、楠木、合欢、八角枫、枫杨、麻柳、水冬瓜、皂角、马铃光、泡桐、垂柳等。引进种类有：湿地松、火炬松、桉树、兰考泡桐、水杉、法国梧桐、木麻黄、黑荆树、意杨等。风景树类有：黄桷树、桂花树、紫薇、黄角兰、栀子、塔柏等。经济林木有：花椒、油桐、核桃、大枣、棕榈、桑树、广柑树、柚子、橙子、柿子、桃树、李树、杏树、枇杷、拐枣、葡萄、油橄榄、苹果、晋枣、梨枣、猕猴桃等品种。灌木有：马桑、黄荆、紫穗槐、刺梨、救军粮、牛奶子、胡秃子、红肤杨、盐肤木等品种。竹类有慈竹、斑竹、水竹、毛竹、荆竹等。

药用植物　其中家种有川芎、丹参、白术、白芍、白芷、川牛膝、山药、泽泻、桔梗、玄胡、郁金、防风、天冬、花粉、甜黄精、北板蓝根、黄栀子、大力子、黑故脂、草决明、白芥子、莱菔子、蔓京子、小茴香、三稷、山楂、苡仁、吴萸、川藿香、佛手、瓜蒌、枳壳、白扁豆、木瓜、山茱萸、薄荷、荆芥、紫苏、苏子、穿心莲、金银花、菊花、红花、厚朴、杜仲、黄柏、牡丹、白果、红枣、芡实、莲米、姜黄、使君子、川砂仁。野生品种有（含拣拾类）：麦冬、白芨、半夏、香附子、胆草、川续断、何首乌、粉葛、南星、毕懈、狗脊、骨碎补、石菖蒲、威灵仙、百合、芦竹根、杜仲、仙茅、薤白、商陆、虎杖、茺蔚子、川炼子、木别子、女贞子、苍耳、青莉子、金樱子、地夫子、八月瓜、川枸杞、川椒、苦杏仁、桃仁、李仁、前仁、陈皮、枳实、杂枳实、呈茄子、槐角、刺蒺藜、牙皂、青皮、蒲公英、益母草、败酱草、旱莲草、仙鹤草、老鹳草、金钱草、扁蓄、车前草、鹿含草、伸筋草、川香薷、紫花地丁、青蒿、淡竹叶、鱼腥草、淫羊藿、舒筋草、夏枯草、夏枯花、野菊花、莞花、蜡梅花、巡骨风、枇杷叶、艾叶、白藓皮、杂寄生、皂角刺、钩藤、五桔子、白蔹、白头翁、茅根、藕节、葶苈子、丑牛子、千金子、急性子、枳具子、蓖麻子、丝瓜络、冬瓜仁、冬瓜皮、桔核、桔络、广柑皮、鹤虱、桑椹子、石榴皮、柿蒂、大蓟、小蓟、茵陈、金佛草、灯芯草、谷精草、狮爪草、兔耳风、白花蛇舌草、鸡冠花、冬桑叶、荷叶、桑白皮、竹茹、三颗针、前胡、菟丝子、苦楝皮、黄荆子、土九黄、无花果。

花卉　蓬安主要花卉有：荷花、菊花、梅花、栀子花、月季花、杜鹃花、山茶花、茉莉花、牡丹、芍药、木槿花、白兰花（亦称黄桷兰）、夜来香、桂花。

珍稀植物　蓬安珍稀植物较多，近年来保存下来极少。锦屏镇原县衙内外和蓬安中学有百年以上的老黄桷树10多棵，龙云镇龙云寺内一棵黄桷树与黄连树和身共存，称“和睦共生”树，形似夫妻，又称为“夫妻树”，树龄两百年以上。三坝乡政府大门前的黄桷树，杆粗叶茂。徐家镇方广村方荒庙黄桷树，树干粗2米以上，高50余米。1958年“大跃进”时期砍掉一半，现存剩下的一半，长势旺盛。蓬安中学银杏树，胸径约1米，高20米，树龄70年，枝繁叶茂。嘉陵第一桑梓景区的夫妻树，黄桷树和皂荚树长在一起。龙角山顶的黄桷树也有近百年树龄。

【动物资源】 境内有400余种野生动物和家畜家禽。分脊椎动物和非脊椎动物两大类。脊椎动物有鱼类、两栖类、爬行类、鸟类和家畜家禽。无脊椎动物主要是虫类。

脊椎动物

鱼类：鲤鱼、青波、白甲、江团、乌鱼、鲢鱼、燕鱼、黄腊丁、黄鳝、鳅鱼、白鲢、花鲢、草鱼、白鳝、鲫鱼、马甲嘴、石板条、川条子。

两栖类：青蛙、红蛙、沼蛙、蟾蜍、蚌拐等。

爬行类：乌龟、团鱼、壁虎、蜥蜴、乌梢蛇、碎蛇、红花蛇、菜花蛇、苟皮班蛇、翠青蛇、蝮蛇等。

鸟类：布谷、乌鸦、麻雀、杜鹃、鹭、丘鹬、竹鸡、秧鸡、董鸡、岩鸽、黄鹂、啄木鸟、雀鹰、白头翁、猫头鹰、雏鸡、家燕、沙燕、金腰燕、白劳、山雀、小云雀、翠鸟、三道画眉、赤麻鸭、绿翅鸭、秋砂鸭、野鸭、黄鸭、鸳鸯、迷水鸭、野鸡、喜鹊等近200种。

哺乳类：狐狸、果子狸、黄鼠狼、野猫、野兔、蝙蝠、松鼠、鼠等50余种。

家禽类：鸡（火鸡、乌鸡）、鸭（北京鸭、火鸭）、鹅、鸽子等。

家畜类：猪（长白猪、荣昌猪）、牛、羊（黄羊）、狗、藏獒、松狗、猫等。

无脊椎动物

益虫：主要有蜜蜂、七星瓢虫、螳螂、蜻蜓.蚯蚓等。

害虫：蜘蛛、苍蝇、蚊虫、蜈蚣、水稻螟虫、稻蝗、稻飞虱、小麦蜘蛛、麦蚜、地老虎、金花虫、豌豆象、蚜虫、蛴螬、菜青虫、柏毛虫（蜀柏毒蛾）、松材线虫（疑似松材线虫）、红黄蜘蛛、锈壁虱、矢尖蚧、吹绵蚧、花蕾蛆、星天牛、褐天牛、枝天牛、潜叶蛾、吸果夜蛾、袋蛾、吉厂虫等，梨黄蜂、椿象、梨瘿蚊、梨木虱、梨大食心虫、梨虎、梨二叉蚜、梨黄粉蚜、红蜘蛛、梨星毛虫、天幕毛虫、枝天牛、舟形毛虫、梨网蝽、糠片蚧等，桃蚜、桃小食心虫、潜叶蛾、桑天盾蚧、经颈天牛、柱螟、二班叶、象虫、桑毛虫、卷叶蛾、灯蛾、桑天牛、金花虫等。

珍稀动物 蓬安县境内属国家二级保护的野生动物有水獭、水灵猫、雀鹰、猫头鹰、四川鹧鸪、红腹角雉、灰鹤。属于四川省重点保护的有益动物主要有：白鹭、董鸡、家燕、杜鹃、乌梢蛇、锦蛇、赤狐、雉鸡、猪獾、穿山甲、青蛙、火斑鸠、白鹤、画眉、秧鸡、八哥、乌龟、鳖（甲鱼）等。

自然灾害

蓬安是自然灾害多发地区。1986年至2006年，年年都有灾害。出现最多的是气象灾害，也有间断崩裂、滑坡、泥石流等地质灾害出现，还有病虫灾害发生。

【气象灾害】 蓬安气象灾害主要有干旱、高温、暴雨、洪涝、连阴雨、低温冷冻、冰雹大风、雷击等。

干旱 1990年出现夏旱，持续时间26天。1992年出现冬干，持续时间82天。1995年出现春夏连旱，持续时间78天。1996年出现伏旱连秋干，持续时间48天。1999年出现冬干连春旱，持续时间79天，当年还出现持续21天的夏旱以及持续34天的伏旱。2001年出现春旱，持续时间84天。2003年出现夏旱，历时31天。2006年干旱两次，5月25日至6月29日夏旱，历时36天，总降水量29.9毫米；7月5日至9月4日伏旱，历时62天，总降水量33.2毫米，全县96条小溪全部断流，1687口山平塘干裂，6283口蓄水池干枯，14022口水井干涸，25.43万人饮水困难，37.8万头牲畜缺水喝。

高温 蓬安一般年份盛夏最高温度在38℃至40℃，高温天气主要出现在7月或8月上旬。1990

年蓬安县出现伏旱，过程持续28天，全县49个乡镇受灾，粮食、经济作物大量减产，近1万人出现饮水困难，大量牲畜死亡。1992年出现伏旱，历时27天，并伴随出现两次高温天气，大量经济作物和粮食作物受灾。1994年出现伏旱，历时56天，由于当年前期出现历时32天的夏旱，造成全县人畜饮水困难，大部分溪河断流，15人中暑死亡。2001年出现伏旱高温两次，分别持续35天和27天。2002年出现伏旱，持续35天，其中伴随8天高温天气，长时间天旱高温，旱山村群众饮水及秋种困难。2006年8月12日，最高气温达41.6℃，是有气象记录以来的最高值。

暴雨洪涝　根据蓬安气象局资料记录统计，全县暴雨年平均次数为3次，大暴雨0.4次。出现最多次数是1989年，计6次，是有气象记录以来的极值。特别是7月8日至7月14日，连续出现暴雨天气，降水量分别是60.7毫米、61.8毫米、65.3毫米。全县山体滑坡2500多处。最为严重的罗家镇山体滑坡长300米，宽100米，下滑度0.8米。中小学出现270处危房，53户农房倒塌，11座水库（塘）出现严重险情，38处石河堰被冲毁，7条公路、136座民桥冲断；2812公顷农田被淹；死亡5人，伤20余人。1993年6月27日大暴雨，雨量118.3毫米；7月16日大暴雨，雨量135.6毫米，全县60万人受灾，因灾死亡1人，伤5人，倒塌房屋1027间，农作物受灾面积36000公顷。1995年7月24日出现局地暴雨，银汉、南燕、凤石等三个乡镇大面积积水；因灾死亡1人，伤5人，倒塌房屋45间，冲毁民桥15座；农作物受损。2000年7月14日全县普降暴雨，其中徐家镇雨量达107.5毫米，全县有38个乡镇，413个村，3285个村民组，13.5万人受灾。2004年9月4日全县普降暴雨到大暴雨，日降水量110.5毫米，暴雨损坏房屋1350间，城区内三处山体滑坡，仪（陇）华（蓥）路13处塌方，南渠路11处塌方，桥梁2座被冲毁，150米堡坎垮塌；农作物受灾18300公顷；6户工业企业进水，设备及原材料严重受损。

大风冰雹　蓬安县大风的发生主要集中在3月至8月，持续时间较短，通常在一个小时以内。主要有两种：一为寒潮大风，主要出现在春秋季节；一为雷雨大风，主要为局地强对流引起的阵性大风，常伴有闪电、雷雨、冰雹等天气现象，多出现在盛夏和春末、秋初，这类大风是蓬安县大风的主要类型。蓬安地形复杂，山区和丘陵地带容易产生强对流天气，具有明显的局地性。1987年7月31日19时30分前后，罗家乡出现冰雹，持续时间3分钟，冰雹最大直径约1厘米，密度较大；8月11日17时左右，徐家、黄坪、诸家、骑龙四乡出现大风和冰雹。1988年4月20日夜间，南燕、石孔、杨家、兴旺、凤石、济渡等六地出现冰雹、大风，冰雹大的约豌豆大，小的约绿豆大；25日出现大风、暴雨天气，瞬间最大风速达23米/秒，降水量57.0毫米；5月4日出现冰雹，冰雹大的直径约4厘米，持续时间10分钟。1990年3月5日14时41分至14时56分出现冰雹，最大冰雹直径5毫米；5月17日出现大风，个别地区出现冰雹，最大风速为24米/秒，冰雹大的有胡豆大小，小的有绿豆大小，冰雹持续20分钟。1991年6月24日17时53分出现大风冰雹，并伴随有飑线，最大瞬时风速23米/秒。1993年4月25晚3至5点钟出现大风、冰雹天气，风速达20米/秒，冰雹持续3分钟至5分钟，直径约3.0毫米。1994年7月17日夜间县内出现19米/秒的大风，停泊在嘉陵江边的客轮被大风吹翻，致使6人死亡。1996年7月11日凤石、罗家、南燕、银汉等乡镇遭受短时强降水和冰雹袭击，并伴随有阵性大风，冰雹直径约2厘米，风速约24米/秒，持续时间40分钟；1997年5月4日蓬安出现大风，部分乡镇出现冰雹，瞬间最大风速达到22米/秒，白玉乡出现冰雹，直径约5毫米。2001年8月7日12时40分至13时50分，福德镇遭受冰雹袭击，并伴随有阵性大风，冰雹持续约15分钟，直径2厘米。2002年4月4日出现冰雹，持续时间3分钟左右。2005年5月1日出现冰雹，冰雹大如豌豆、胡豆；6月出现雷雨大风天气，风速达20米/秒。

连阴雨　全县十年有六年出现秋绵雨，频率在70%左右。最早出现在8月下旬，最晚出现在12月初，比较集中的时段在9月下旬至10月上旬，持续时间一般7天至13天，最长可达20余天。1996年5月12日至18日出现连阴雨，对全县林业、小春农作物造成损失，小麦减产40%，油菜减产60%。2001年8月27日至9月3日、9月9日至9月14日蓬安县出现秋绵雨，使成熟的水稻未及时收割而发芽，秋种无法进行。2004年9月1日至7日出现秋绵雨，影响成熟水稻的收割。

低温冷害　蓬安县初霜期最早出现是在1986年10月29日。终霜期最晚出现是在1987年3月9日。1991年12月26日至27日普降大雪，罗家等地积雪深度高达3.5厘米，28日最低气温达-4.3℃，破历史纪录。全县受灾户为186497户，603943人受灾，共21200.1公顷农作物受灾。1994年1月17日至19日出现大雪天气，积雪深度达11厘米，寒潮过程降温6.2℃，积雪损坏房屋6间，大部分竹子被压断，冻死耕牛2头，生猪47头，毁坏树木321700根，压断广播线4处，压倒电线4根，压断高压线3处，共计4.5千米。1996年3月8日至9日出现强寒潮，48小时气温下降13.6℃，9日至14日平均气温低于10.0℃，水稻烂种1万多公斤，红苕烂种2万多公斤，蔬菜烂种烂苗致使水稻减产30–40%，红苕减产20%，小麦减产20%，油菜减产10%至15%。2001年4月9日到10日寒潮过程降温10.4℃，造成30%的秧苗死亡。2005年4月8日至10日出现强寒潮，过程降温13.1℃，8日白天白玉乡1村、2村、12村出现冰雹，时间约1分钟至2分钟，雹大如豌胡豆。历年寒潮过程在72小时内的最大降温强度为15.7℃，出现在2006年4月11日至13日。

【地质灾害】 2005年10月4日晚金甲乡麻秀沟村4组老屋湾唐道体的责任田（莲花田）外观音岩突发扇形状滑坡，长约300米，宽400米，平均厚30米；裂缝宽10厘米，下滑最高处5米。14户农户受灾，损毁房屋81间，1630平方米。2006年11月6日凌晨4点，两路乡永庆观村5社碾子湾山体突然滑坡。滑坡体长130米，宽约50米，厚度20米，滑坡量13万立方米，滑坡后缘裂缝宽0.1米，高低错落0.2米。山体滑坡造成12户、39人受灾，房屋受损48间，1440平方米。

【病虫灾害】 蓬安病虫灾害主要有鼠害、病害、虫害、草害等。农作物草害常年发生。

鼠害　鼠害有黑线姬鼠、小家鼠、黄胸鼠、山鼠等种类。鼠类主要吞噬种子，啃咬农作物茎秆、吃成熟粮食。每年因鼠害损失的粮食500万公斤。

农作物病害　水稻稻瘟病，有叶瘟、颈瘟、节瘟、枝梗瘟等，叶瘟在苗期就开始发生，危害面积大，常年发生面积3000公顷至7000公顷；颈稻瘟在抽穗期开始发生，发展快，为害重，可造成绝收，常年发生面积1万亩左右；赤枯病苗期发生，主要危害深丘下湿田稻苗，造成坐蔸、僵苗、死苗。小麦锈病，分条锈、叶锈、杆锈，蓬安以条锈发生为主。常年在嘉陵江沿岸和溪河两岸平坝河谷地带发病，发生早，危害大，重病田难以抽穗、甚至绝收，常年12月初开始发病，发病面积3000公顷至7000公顷。小麦白粉病，以感病品种发病最重，发病田为害较重，一般损失一至二成，常年发生面积在700公顷至1300公顷。小麦赤霉病，时有发生，常年发生面积在700公顷，发病零星，损失较小。红苕黑斑病，主要发生在窖藏期，造成烂苕，近年大面积推行“贮期药剂处理”，该病已基本控制。玉米纹枯病，主要发生在喇叭口期到抽雄吐穗期，高湿多雨时发病面积大、危害重。大豆根腐病，主要在大豆苗期发生危害。豌豆菌核病，豌豆生长中期有危害。胡豆褐斑病，胡豆生长中后期危害较重。油菜霜霉病、白粉病、菌核病，分别在油菜苗期和结荚的中后期发生。蔬菜根腐病、白粉病、霜霉病等，在蔬菜中发生。

水果病害　柑橘有炭疽病、脚腐病、流胶病、煤烟病、疮痂病等；梨有花腐病、褐斑病、锈病、白粉病、炭疽病、轮纹病、黑星病等；桃有流胶病、缩叶病、细菌性穿孔病，炭疽病、疮痂病、褐腐病、白锈病、畸果病等。

农作物主要虫害　水稻螟虫，分大螟、二化螟、三化螟。蓬安以二化螟发生为害为主，有大螟为害；二化螟主发生2代，第一代在5月至6月为害水稻苗期，造成枯鞘、枯心；第二代在7月至8月为害水稻的抽穗期，主要造成虫伤株和白穗，常年发生2.7万公顷次。稻蝗和稻纵卷叶螟，发生在水稻中期，主要为害叶片，多造成空、秕粒。稻飞虱，发生在水稻中后期，吸食养分使大量稻叶枯黄，多造成空、秕粒。小麦麦蜘蛛、麦蚜，发生在中后期，吸食养分使叶片枯黄，不能正常灌浆，形成秕粒。玉米地老虎，发生在幼苗期，咬断苗株，造成缺苗；玉米螟发生在中后期，一代造成枯心，二代危害玉米苞，造成烂籽缺籽；黏虫在喇叭口期开始为害，大量啃食新生叶片；蚜虫主要为害雄穗。红苕金花虫，危害苗期叶片，影响幼苗生长；天蛾在中后期大量啃食叶片。豌豆象，发生在花期，使豌豆收后贮藏期发生虫害。豆类中后期有豆夹螟、潜叶蝇等危害。油菜有蚜虫发生在苗期，使苗枯萎死苗，并大量传播病毒病。花生有蛴螬发生在苗期和中期，主要危害种子和新根，造成缺穴死苗和无籽。蔬菜有蚜虫、菜青虫等危害。

2005年，农作物病虫害发生面积27.1万公顷，防治面积24.5万公顷次，其中统防统治面积6.9万公顷，挽回粮食损失55208吨。

水果虫害　柑橘有红黄蜘蛛、锈壁虱、矢尖蚧、吹绵蚧、红蜡蚧、花蕾蛆、星天牛、褐天牛、枝天牛，潜叶蛾、吸果夜蛾、袋蛾、吉厂虫等；梨有梨黄蜂、椿象、梨瘿蚊、梨木虱、梨大食心虫、梨小食心虫、梨虎、梨二叉蚜、梨黄粉蚜、红蜘蛛、梨星毛虫、天幕毛虫、枝天牛、舟形毛虫、梨网蝽、糠片蚧等；桃有桃蚜、梨小食心虫、桃小食心虫、桃潜叶蛾、桑盾蚧、红颈天牛、桃柱螟、二斑叶螨等。

森林病虫害　森林病虫种类多，据调查统计，蓬安有180余种。危害最大的蜀柏毒蛾。常年发生1万公顷至1.3万公顷，老树、新生幼林、水果林等不同程度受到病虫侵害。1990年、2001年，金甲乡、骑龙乡、徐家镇、白云寨林场等地发生蜀柏毒蛾，大面积的柏树、松树、叶子被吞食干净，树干枯萎死亡。林业部门和乡镇政府组织林农架电线，利用荧光灯捕杀毒蛾，一处荧光灯一天能捕杀100公斤至200公斤毒蛾。2003年7月，在三坝、利溪、河舒、碧溪、杨家等乡镇发现柑橘溃疡病，通过中国农业科学院确诊后销毁重病园柑橘苗136.7公顷、67.3万株，假植苗34.3万株，销毁成年果园柑橘树8.17万株。

人 口

1986年，蓬安县总人口615784人。1990年，第四次全国人口普查，全县总人口633419人(不同于统计局年末人口数，下同)，其中男331072人、女302347人，总户数169074户，农业户口人数592077人，非农业户口人数39992人。1997年年底，全县基本扫除青壮年文盲，基本实现普及九年义务教育目标。全县平均每万人大学生数由1982年的9.45人增加到2006年底的32.8人。2000年，全县总人口681176人，其中男358296人、女322880人，总户数184411户，农业户口人数601576人，非农业户口人数79600人。2006年，全县总人口693585人，常住人口542100人，其中，农业人口386000人，非农业人口156100人。人口出生率和自然增长率分别由1986年的28.04‰和21.45‰下降到6.01‰和1.57‰，平均家庭规模从1991年的4.84人减少到2006年的3.48人。

人口规模

【人口数量】 1986年，全县总人口615784人。1990年，645906人，五年净增30122人，年平均净增率为9.8‰。1991年，总人口为651059人。1995年增加到667597人，净增16538人，年平均净增率为5‰，较上五年减少净增人口13584人，净增下降率达到2.4‰。1996年，总人口669817人。2000年增加到681176人，五年人口净增11359人，年平均净增率为3.4‰。2001年，总人口684987人。2005年增加到687679人，五年净增2692人，年平均净增率仅为0.8‰。2006年，全县总人口693585人，较1986年人口净增77801人，净增率为5.6‰。1986年至2006年，年平均净增3705人，年均净增率为0.6%。

蓬安人口统计表

(1986~2006)

年份	户数	年末人口数		
		合计	男	女
1986	159188	615784	321345	294439
1987	171092	626201	327242	298959
1988	184603	633138	331251	301887
1989	194574	639795	334740	305055
1990	201700	645906	338559	307347
1991	190595	651059	342073	308986
1992	188898	656086	344535	311551
1993	188496	659212	346620	312592
1994	190419	663393	347363	316030
1995	188437	667597	350675	316922
1996	183151	669817	352441	317376
1997	185130	671760	353698	318062
1998	186849	672771	355441	317330
1999	185699	675280	356179	319101
2000	184411	681176	358296	322880
2001	190313	684987	360869	324118
2002	208519	676342	355946	320396
2003	216523	682194	359943	322251
2004	198084	681469	360010	321459
2005	208373	687679	360972	326707
2006	217600	693585	365678	327907

【人口分布　密度】 蓬安县根据既定海拔高度划分为平坝、山区、丘陵三大自然区域。1986年，全县人口密度为463人/平方千米，平坝、山区、丘陵人口密度分别为532人/平方千米、336人/平方千米、434人/平方千米。到2006年，全县人口密度为520人/平方千米，平坝、山区、丘陵人口密度分别为966人/平方千米、329人/平方千米、502人/平方千米。蓬安县自然区域人口及其密度随山区→丘陵→平坝→城镇变化。

1986年以来，蓬安行政区划经历了9次调整，1986年有50个乡镇，1992年，撤区并乡成24个乡镇，2006年，调整为39个乡镇，人口集约城镇及其周边的趋势日渐明显。

1986年，蓬安县城镇人口与农村人口比例为1∶16.25，城镇化率为5.8%。2006年比例为1∶2.47，城镇化率为28.8%，农业人口转为非农业人口逐渐增多。

行政区划人口　1992年，撤区以前各区人口及户数统计表如下：

各区总人口及户数统计表

（1986~1990）

年份 片区	1986		1987		1988		1989		1990	
	总人口数	总户数	总人口数	总户数	总人口数	总户数	总人口数	总户数	总人口数	总户数
周口镇	21013	4740	22261	5074	22991	5859	24160	6270	25023	6938
锦屏区	76654	20140	77711	22084	78623	23625	79464	24778	80932	25760
河舒区	123418	31780	125283	34233	126418	37449	127481	39061	128453	40088
兴旺区	59810	15390	60551	16494	61142	17454	61642	18321	61792	19169
罗家区	76769	19454	77656	20463	78263	21911	78846	22984	79206	23955
巨龙区	104110	26330	106126	28228	107613	30160	108798	32126	109906	33639
金溪区	76671	20675	77762	22436	78297	24681	78757	25883	79198	26554
徐家区	77339	20679	78851	22080	79791	23464	80647	25151	81396	25597
合计	615784	159188	626201	171092	633138	184603	639795	194574	645906	201700

2000年，第五次全国人口普查全县人口情况（数据不同于统计局年末人口数，下同）及2006年乡镇区划趋于稳定后的人口情况列表于后：

蓬安县行政区划人口统计表

（2000年、2006年）

乡镇	2000				2006				备注
	户数	人口	其中		户数	人口	其中		
			男	女			男	女	
全县总计	182006	639314	335715	303599	217600	693585	365678	327907	—
周口镇	24667	78119	39774	38345	43592	107518	55185	52333	2006年为相如镇
锦屏镇	6967	25914	14928	10986	7379	22632	11742	10890	—
正源镇	4111	14671	7755	6916	4969	16311	8582	7729	—
长梁乡	2647	8493	4526	3967	5960	20397	10437	9960	—
石孔乡	2561	9510	5038	4472	2878	10407	5559	4848	—
河舒镇	6213	21542	11206	10336	7364	22578	11746	10872	—
龙蚕镇	4217	16405	8801	7604	4820	17166	9306	7860	—
利溪镇	6498	22054	11632	10422	6979	23072	12201	10871	—
新园乡	2816	10430	5418	5012	3231	10996	5790	5206	—

续表

行政区别名称	2000				2006				备注
	户数	人口	其中		户数	人口	其中		
			男	女			男	女	
全县总计	182006	639314	335715	303599	217600	693585	365678	327907	—
三坝乡	3249	12072	6317	5755	3894	13872	7174	6698	—
碧溪乡	3510	12392	6476	5916	3794	13354	7015	6339	—
柳滩乡	3627	12788	6725	6063	3781	13141	7094	6047	—
开元乡	1631	5901	3119	2782	1869	6167	3553	2614	—
罗家镇	3269	11236	5886	5350	6274	20757	11194	9563	—
银汉镇	3925	13999	7436	6563	4000	14966	8000	6960	—
福德镇	4267	16198	8382	7816	4937	17890	9576	8314	—
杨家镇	4137	14738	7730	7008	4710	16225	8452	7773	—
新河乡	3100	11033	5836	5197	3278	12271	6610	5661	—
南燕乡	3565	13335	7204	6131	4139	14102	7694	6408	—
兴旺镇	4359	15781	8245	7536	5108	16738	8955	7983	—
海田乡	3030	10220	5350	4870	3294	11259	5899	5360	—
济渡乡	2865	10048	5137	4911	3299	10919	5668	5251	—
凤石乡	2842	9434	4914	4520	2790	10385	5471	4914	—
天成乡	3721	12945	6845	6100	4035	14160	7527	6633	—
巨龙镇	4737	17017	8843	8174	5713	18152	9787	8365	—
龙云镇	2893	9623	5058	4565	3408	10607	5775	4832	—
两路乡	2164	7351	3913	3438	2414	8343	4312	4031	—
睦坝乡	5241	19602	10275	9327	5635	19906	10331	9575	—
高庙乡	3480	11846	6102	5744	3882	12806	6734	6192	—
群乐乡	3057	10957	5801	5156	3389	11977	6357	5620	—
金溪镇	4863	15696	8219	7477	11407	35482	18927	16555	—
石梁乡	3378	12304	6424	5880	3610	12888	6788	6100	—
鲜店乡	3108	10990	5870	5120	3532	11059	6057	5002	—
平头乡	3035	11285	5970	5315	3494	11916	6463	5453	—
徐家镇	5919	21814	11363	10451	8705	30905	16042	14863	2006 年黄坪并入
诸家乡	3697	13707	7173	6534	4110	14117	7519	6598	—
茶亭乡	3055	12021	6300	5721	3955	12560	6663	5897	—
黄坪乡	1835	6455	3394	3061	—	—	—	—	2006 年并入徐家
骑龙乡	2457	9276	4827	4449	2792	10061	5361	4700	—
金甲乡	2818	9733	5082	4651	4409	15428	8332	—	—
马回乡	2391	8917	4598	4319	—	—	—	—	2006 年并入锦屏
万和乡	3293	10843	5707	5136	—	—	—	—	2006 年并入金溪
向东乡	2085	6914	3664	3250	—	—	—	—	2006 年并入金溪
白玉乡	3076	11466	5979	5487	—	—	—	—	2006 年并入相如
中华乡	1920	7077	3785	3292	—	—	—	—	2006 年并入罗家

人口密度 1986年，蓬安县总人口615784人，2006年，增加到693585人；全县人口密度由1986年的463人/平方千米增至2006年的520人/平方千米；其中平坝区人口数1986年为61686人，占总人口的10.02%，人口密度为532人/平方千米，2006年增加到111667人，占总人口的16.5%，人口密度增至966人/平方千米；山区人口数1986年为57041人，占总人口的9.3%，人口密度为336人/平方千米，2006年增至55934人，占总人口的8.05%，人口密度为329人/平方千米；丘陵人口数1986年为497057人，占总人口的80.5%，人口密度为434人/平方千米，2006年为526084人，占总人数的75.45%，人口密度为502人/平方千米。各个自然区域人口密度随山区→丘陵→平坝→城镇逐步转移，即山区、丘陵地区人口密度逐渐减小，平坝（包括城镇）人口密度逐渐增大。

平坝地区的人口数占全县总人口数的百分比和人口密度呈逐年上升趋势；山区人口数占全县总人口数的百分比呈直线下降趋势；丘陵地区人口占总人口比有所下降，其下降幅度在80.5%至75.45%之间，人口密度呈微幅上升趋势。主要原因是，外出打工经商举家迁入城市或他乡，及婚姻的变迁，山区人口逐步向条件好的平坝地区和城镇流动转移；山区女孩趋向平坝、城镇或男方到平坝女方落户，举家迁往城镇；或因升学和毕业后就业于城镇等。人口集约城镇及周边趋势日渐明显，以县城周口镇（今相如镇）为例，1990年为30259人，占全县总人数的4.78%；2000年增至78119人，占全县总人数的12.22%，是1990年的2.58倍；2006年为107518人，占全县总人数的15.5%，是1990年的3.55倍。

城镇人口与农村人口 1986年，全县总人口61.58万人，常住人口60.88万人，城镇人口3.53万人，占全县常住人口的5.8%；农村人口57.35万人，占全县常住人口的94.2%，城镇人口与农村人口的比例为1∶16.25，城镇化率为5.8%。1996年，全县总人口66.98万人，常住人口58.27万人，城镇人口5.56万人，占全县常住人口的9.54%；农村人口为52.62万，占全县常住人口的90.46%，城镇人口与农村人口比例为1∶9.46，城镇化率9.7%。城镇人口逐年上升，城镇化率逐年升高，2001年后升高更为明显。2006年，蓬安总人口69.36万人，常住人口54.21万人，城镇人口15.61万人，是1986年的4.42倍，城镇人口占全县常住人口的28.8%；农村人口38.6万人，占全县常住人口的71.2%，城镇人口与农村人口的比例为1∶2.47，城镇化率为28.8%。县城人口是1986年的10倍。

城镇人口与农村人口数量统计表

（1986~2006）

单位：万人

项目 \ 年段	1986	1991	1996	2001	2006
总人口	61.58	65.11	66.98	68.5	69.36
常住人口	60.88	63.42	58.27	53.04	54.21
城镇人口	3.53	4.88	5.56	8.75	15.61
农村人口	57.35	58.54	52.62	44.29	38.6
城镇化率	5.8	7.7	9.7	16.5	28.8

1986年至2006年，全县农业人口转为非农业人口逐年增多，2006年，全县非农业户达48257户，占全县总户数的22.2%，非农业人口达到133721人，占全县总人口的19.3%。

人口构成

1986年，全县少数民族仅有24人，2006年，增加到1787人；男女性别比1986年为110.6，2006

年为111.52；年龄构成由成年型向老年型转化；文化构成呈上升趋势，学历逐年升高；家庭婚姻处于相对稳定状态；职业构成从事第二、三产业人数比例逐年增加，从事第一产业人数比例相对稳定。因老龄化而老年抚养比上升，未成年抚养比下降。

【民族构成】 1986年，全县汉族人口615760人，占总人口的99.99%，少数民族5个，人口24人，其中回族8人（周口镇3人、锦屏镇3人、徐家镇2人），藏族5人（骑龙乡4人、新河乡1人），白族4人(杨家乡)，苗族4人（周口镇3人、罗家镇1人），满族3人（红旗乡）。

1990年，全县有少数民族22个，207人。2006年，全县有少数民族15个，1787人，包括壮族、回族、苗族、羌族、藏族、蒙古族、土家族、维吾尔族等，大多是婚姻、工作徒涉而来。

【性别构成】 1986年，蓬安县男女性别比为109.14。1990年，全县总人口645906人，其中：男338559人，女307347人，比例为109.14。1996年，男女性别比例为111.05。2000年末，全县总人口681176人，其中男性358296人，女性322880人，比例为110.97。2006年，男女性别比为111.52，1998年和2004年比例最高，为112.1和111.99。总体看，蓬安县男女性别比一直稳定在109.14—112.01之间，低于全市水平，没有突发升高趋势。

蓬安县男女性别比情况表

(1986~2006)

年度	总人口	其中			备注
		男	女	性别比	
1986	615784	321345	294439	109.14	性别比（女=100）
1987	626201	327242	298959	109.46	—
1988	633138	331251	301887	109.73	—
1989	639795	334740	305055	109.73	—
1990	645906	338559	307347	110.16	—
1991	651059	342073	308986	110.71	—
1992	656086	344535	311551	110.59	—
1993	659212	344620	312592	110.25	—
1994	663393	347363	316030	109.91	—
1995	667597	350675	316992	110.63	—
1996	669817	352441	317376	111.05	—
1997	671760	353698	318062	111.20	—
1998	672771	355441	317330	112.01	—
1999	675280	356179	319101	111.62	—
2000	681176	358296	322880	110.97	—
2001	684987	360869	324118	111.34	—
2002	676342	355946	320396	111.10	—
2003	682194	359943	322251	111.70	—
2004	681469	360010	321459	111.99	—
2005	687679	360972	326707	110.49	—
2006	693585	365678	327907	111.52	—

【年龄构成】 1990年，蓬安县第四次全国人口普查总人数633419人，其中零至14岁151276人，占总人口的23.88%；15岁至49岁375290人，占总人数的59.25%；50岁以上人口106853人，占

总人口的16.87%。2000年，第五次全国人口普查总人口639314人，其中零至14岁157446人，占总人口的24.63%；15岁至49岁336643万人，占总人口的52.66%；50岁以上人口145225人，占总人口的22.71%，人口年龄构成由成年型向老年型转化，平均寿命由1982年的68.2岁增至2006年的71岁。

1990年、2000年全国人口普查年龄段分布表

年别 年龄段	1990		2000	
	人数	占总人口比例	人数	占总人口比例
总人数	633419	—	639314	—
0—4 岁	65711	10.37%	37483	5.92%
5—9 岁	39933	6.30%	53168	8.39%
10—14 岁	45632	7.20%	66795	10.55%
15—19 岁	83473	13.18%	36517	5.77%
20—24 岁	77015	12.16%	34129	5.39%
25—29 岁	49545	7.82%	65257	10.30%
30—34 岁	38711	6.11%	67259	10.62%
35—39 岁	53082	8.38%	49423	7.80%
40—44 岁	40358	6.37%	33193	5.24%
45—49 岁	33106	5.23%	50865	8.03%
50—54 岁	27014	4.26%	39497	6.24%
55—59 岁	24518	3.87%	31391	4.96%
60—64 岁	20635	3.26%	25001	3.95%
65—69 岁	15077	2.38%	19418	3.07%
70—74 岁	10275	1.62%	15046	2.38%
75—79 岁	5892	0.93%	8599	1.36%
80—84 岁	2516	0.40%	4334	0.68%
85 岁及以上	926	0.15%	1939	0.31%

【文化构成】 1990年，第四次全国人口普查结果显示，全县总人口633419人，受教育559337人，占总人口的88.3%。其中：大学本科397人，大学专科1235人，中专5446人，高中18293人，初中139229人，小学282439人，扫除文盲112298人。

2000年，第五次全国人口普查结果显示，全县总人口639314人，受教育590302人，占总人口的92.3%。其中：研究生29人，大学本科876人，大学专科5843人，中专8824人，高中23890人，初中190472人，小学286766人，文盲67170人。

2003年，全县68万人中，小学文化4万人，较1982年下降60%，初中文化8万人，较1982年提高60%，高中（中专）文化12万人，提高45%，大学专科文化6万人，提高了85%，大学本科及以上文化3万人，提高300%。

【家庭构成】 第四次、第五次全国人口普查数据显示，1990年，蓬安县有家庭总户数167978户，2000年180852户，家庭户规模有一人户到十人及以上户不等，以三人户、四人户为主，其次是五人户；家庭户类别有一代户到五代户不等，以二代户为主，三代户次之。

第四次、第五次全国人口普查家庭户规模

单位：户

规模＼年段	1990	占总户数的百分比	2000	占总户数的百分比
家庭总户数	167978	100%	180852	100%
一人户	11143	6.63%	15696	8.68%
二人户	19907	11.85%	29461	16.29%
三人户	43499	25.90%	49383	27.31%
四人户	55245	32.89%	46386	25.65%
五人户	25504	15.18%	25969	14.36%
六人户	8625	5.13%	9491	5.25%
七人户	2905	1.73%	2762	1.53%
八人户	854	0.51%	1070	0.59%
九人户	217	0.13%	434	0.24%
十人及以上户	79	0.05%	200	0.11%

第四次、第五次全国人口普查家庭户类别

单位：户

规模＼年段	1990	占总户数的百分比	2000	占总户数的百分比
家庭总户数	167978	—	180852	—
一代户	18718	11.14%	34583	19.12%
二代户	116188	69.17%	95899	53.03%
三代户	25257	15.04%	47974	26.53%
四代户	708	0.42%	2395	1.32%
五代户	1	0.0006%	1	0.00055%
其他	7106	4.23%	—	—

【婚姻构成】 1990年，第四次人口普查，全县15岁及15岁以上人口共482143人，其中未婚人口127064人，占26.35%；有配偶人口319901人，占66.35%；离婚人口2107人，占0.44%；丧偶人口33071人，占6.86%。

2000年，第五次全国人口普查中，抽取全县10%的人口进行普查长表登记，其中15岁及15岁以上人口中，未婚人口占11.71%；初婚有配偶人口占76.00%；再婚有配偶人口占3.17%；离婚人口占0.68%；丧偶人口占8.44%。

1990年、2000年全县15岁及15岁以上人口婚姻状况表

年段＼状况	15岁及15岁以上人口			未婚			有配偶			离婚			丧偶		
	合计	男	女	合计	男	女	合计	男	女	合计	男	女	合计	男	女
1990年	482143	250312	231831	127064	77686	49378	319901	157987	161914	2107	1809	298	33071	12830	20241
2000年	481868	249758	232110	56436	39668	16768	381485	182023	199462	3264	2553	711	40683	15992	26690

【职业构成】 1986年末，全县从业人员37.15万人，占年末总人口数的60.33%。从事第一产业的有26.68万人，占从业人员的71.82%；第二产业1.81万人，占从业人员的4.87%；第三产业人员8.66万人，占从业人员的23.31%。2006年末，从业人员为46.83万人，占总人口的67.52%。从事第一产业的有25.26万人，占从业人员的53.94%；第二产业5.63万人，占从业人员的12.02%；第三产业15.94万人，占从业人员的34.04%。城镇登记的失业人数为0.15万人，失业率4.3%。1986年至2006年，从业人员总数不断上升，从事第二、三产业人口比例亦呈上升趋势。

蓬安县从业人数表

（1986~2006）

单位：万人

年段 项目	1986	1990	1996	2001	2006
年末从业人员	37.15	39.31	45.23	46.61	46.83
第一产业	26.68	26.78	30.26	25.93	25.26
第二产业	1.81	2.41	3.16	5.14	5.63
第三产业	8.66	10.12	12.81	15.54	15.94
年末职工人数	2.3	2.69	3.08	2.28	1.96
国有经济人数	1.63	1.84	2.31	1.59	1.51
城镇集体经济人数	0.67	0.84	0.61	0.33	0.28
城镇登记失业人数	0.03	0.08	0.08	0.13	0.15
城镇登记失业率	—	4.34	4.9	6.5	4.3

1990年，第四次全国人口普查数据显示，全县在业人口414281人，占总人口的65.40%，不在业人口67912人，占总人口的34.60%。不在业人口，主要是料理家务人员25139人，占不在业人口的37.02%；在校学生15100人，占不在业人口的22.23%，及待升学、市镇待业、离休退休退职及丧失工作能力的人员。

第四次全国人口普查蓬安县15岁及15岁以上在业人口职业构成情况表

职业类别	从业人口数（人）			占总人口（%）	占从业人口（%）
	合计	男	女		
总　计	414231	218387	195844	65.40	100
各类专业技术人员	9874	7083	2791	1.56	2.38
国家机关、党群组织企事业单位负责人	2153	2018	135	0.34	0.52
办事人员和有关人员	3238	2751	487	0.51	0.78
商业工作人员	3729	1875	1854	0.59	0.90
服务性工作人员	2735	1577	1158	0.43	0.66
农林牧渔劳动者	377487	192863	184624	59.60	91.13
生产工人、运输工人和有关人员	14950	10168	4782	2.36	3.61
不便分类的其他劳动者	65	52	13	0.01	0.02

2000年，第五次全国人口普查，抽取10%的人口进行普查长表登记，全县15岁及15岁以上在业人口中，各类专业技术人员占从业人口总数的3.71%；国家机关、党群组织企事业单位负责人

占0.55%；办事人员和有关人员占1.08%；商业、服务性工作人员占4.35%；农林牧渔水利业生产人员占87.22%；生产、运输设备操作人员及有关人员占3.09%；不便分类的其他劳动者占0%。

【抚养比】 1986年，负担系数（即抚养比）为74.42%，其中老年为15.8%，未成年人为58.62%。1991年起呈下降趋势，到1999年，一直在72.06%至71.35%左右徘徊；2000年至2003年，又有所上升，在72.10%至 72.51%左右；2004年至2006年，下降至70.61%以下；2006年，为69.61%，其中，老年为18.8%，未成年人为50.81%，明显地因老龄化而老年抚养比上升，较1986年上升3个百分点，生育率控制较好，未成年抚养比下降了7.87个百分点。

蓬安县抚养比情况统计表

(1986~2006)

年度	总人口（人）	其中负担老小（人）					总负担（%）
		劳动年龄人口	老年人	占比（%）	未成年	占比（%）	
1986	615784	157517	97294	15.80	360973	58.62	74.42
1987	626201	160495	99316	15.86	366390	58.51	74.37
1988	633138	165186	100732	15.91	367220	58.0	73.91
1989	639795	171849	102559	16.03	365387	57.11	73.14
1990	645906	175686	103991	16.1	366229	56.7	72.80
1991	651059	181906	107425	16.5	361728	55.56	72.06
1992	656086	187641	108254	16.5	360191	54.90	71.40
1993	659212	187810	110088	16.7	361314	54.81	71.51
1994	663393	189339	112113	16.9	361881	54.55	71.45
1995	667579	194265	112821	16.9	360493	54.0	70.90
1996	669817	197395	115744	17.28	356678	53.25	70.53
1997	671760	195483	116550	17.35	359727	53.55	70.90
1998	672771	195104	117129	17.41	360538	53.59	71.00
1999	675280	193468	118174	17.5	363638	53.85	71.35
2000	681176	193400	119873	17.5	367903	54.01	72.51
2001	684987	190974	121928	17.8	372085	54.32	72.12
2002	676342	188699	121742	18	365901	54.1	72.10
2003	682194	193675	122795	18	365724	53.61	71.61
2004	681469	200011	126072	18.5	355386	52.15	70.65
2005	687679	208848	127908	18.6	350923	51.03	69.63
2006	693585	210780	130394	18.6	352411	50.81	69.61

人口变动

1986年，蓬安人口出生率为28.04‰，死亡率6.99‰，自然增长率为21.45‰，至2006年，人口出生率、死亡率、自然增长率分别降低到6.01‰、4.49‰和1.57‰，人口呈明显下降趋势。农村剩余劳动力外出务工经商向城市流动转移成为人口变动主要倾向。

【出生】 1986年，蓬安出生人数为17081人，出生率为28.04‰。1991年，出生8665人，出生率为13.36‰。1996年，出生8080人，出生率为12.03‰。2001年，出生4134人，出生率为6.13‰。2006年，全县出生人口减少到4138人，出生率下降为6.01‰。出生率呈逐步下降趋势。

【死亡】 1986年，蓬安死亡4012人，死亡率6.99‰。1991年，死亡4035人，死亡率6.38‰。1996年，死亡4500人，死亡率6.70‰。2001年，死亡3670人，死亡率5.44‰。2006年，死亡3066人，死亡率下降为4.49‰。

全县人口出生、死亡和自然增长状况表

（1986~2006）

单位：人

年度	出生		死亡		自然增长	
	人数	出生率（‰）	人数	死亡率（‰）	人数	自然增长率（‰）
1986	17081	28.04	4012	6.99	13065	21.45
1987	13165	21.20	4127	6.65	9038	14.55
1988	9656	15.34	4114	6.53	5542	8.80
1989	9405	14.78	4409	6.92	4996	7.86
1990	9446	14.69	4420	6.88	5026	7.81
1991	8665	13.36	4035	6.38	4530	6.98
1992	8531	13.05	4357	6.67	4174	6.38
1993	8020	12.17	4605	6.98	3415	5.19
1994	8250	12.43	4310	6.49	3940	5.93
1995	8839	13.22	4724	7.07	4115	6.15
1996	8080	12.03	4500	6.70	3580	5.33
1997	7253	10.75	4309	6.39	2944	4.36
1998	7158	10.55	3952	5.83	3206	4.72
1999	5722	8.42	4003	5.89	1719	2.53
2000	5165	7.56	4087	5.98	1078	1.58
2001	4134	6.13	3670	5.44	464	0.69
2002	3607	5.30	3747	5.51	–140	–0.21
2003	3276	4.81	3573	5.24	–297	–0.44
2004	3381	4.97	37.49	5.51	–368	–0.54
2005	3994	5.86	3455	5.07	539	0.79
2006	4138	6.01	3066	4.49	1072	1.57

注：各年出生人口含应上户而未上户的出生人口。

【迁移】 1990年，第四次全国人口普查数据显示，由本省其他县市迁入蓬安人口为7038人，由外省迁入2499人；2000年，第五次全国人口普查，由本省其他县市迁入蓬安人口969人，由外省迁入人口471人。迁入原因有工作调动、分配录用、务工经商、学习培训、投亲靠友、退休退职、随迁家属、婚姻迁入等。

1986年，蓬安农业人口57.35万人，占全县总人口的93.13%，农村劳动力资源丰富。据第四次全国人口普查数据显示：1990年，全县有劳动能力（即男20岁至60岁，女20岁至55岁）的农村劳动力资源为336573人，占农村总人口的55.73%。改革开放后，农村剩余劳动力开始向沿海及全国各地转移。1986年，全县转移剩余劳力89895人，此后逐年增多，2006年，达138620人，为1986年的1.54倍。

全县农村剩余劳动力转移情况统计表

（1986~2006）

年度 \ 人数 \ 地区	周口	河舒（区）	罗家（区）	兴旺区（区）	巨龙（区）	锦屏（区）	金溪（区）	徐家（区）	合计
1986	7014	16170	13710	7513	9589	10384	14193	10986	89895
1987	7383	17021	14432	7908	10094	10931	14940	11564	94626
1988	7458	17193	14578	7988	10196	11041	15091	11681	95582
1989	7610	17544	14875	8151	10404	11266	15399	11919	97533
1990	7726	17811	15102	8275	10562	11438	15634	12101	99018
1991	7884	18174	15410	8444	10778	11671	15953	12348	101039
1992	7923	18265	15487	8486	10832	11730	16033	12410	101547
1993	8003	18449	15643	8571	10941	11848	16195	12535	102573
1994	8166	18825	15962	8746	11164	12090	16525	12791	104666
1995	8248	19015	16123	8834	11277	12212	16692	12920	105723
1996	8248	19107	16204	8878	11334	12273	16776	12985	106254
1997	8331	19203	16285	8923	11391	12335	16860	13050	106788
1998	8373	19299	16367	8968	11448	12397	16944	13116	107325
1999	8415	19396	16449	9013	11506	12459	17029	13182	107864
2000	8457	19493	16532	9058	11564	12522	17115	13254	108406
2001	8499	19591	16615	9104	11622	12585	17201	13321	108591
2002	8585	19789	16783	9195	11780	12712	17375	13456	109392
2003	8672	19989	16953	9288	11897	12840	17550	13592	110800
2004	8849	20397	17299	9478	12140	13102	17908	13869	113061
2005	9218	21247	18020	9873	12646	13648	18654	14466	117772
2006	9703	22365	18968	10393	13311	14366	19635	15227	138620

中国共产党蓬安县委员会

1986年，中共蓬安县委员会（以下简称县委）推进农业和工业改革，加大水电能源建设力度，加快蓬安经济建设发展。1987年底，县委提出“农业奠基、能源先行、工业致富、交通开路、科技振兴、联合腾飞”的蓬安经济发展思路；马回大电站正式开工建设，县城建设进度加快。1988年，在工商企业中推行“五制一拍卖”。

1990年，县属企业全面转入转换经营机制为核心的综合配套改革。1991年，县委提出加强党建工作，积极推进农业蚕桑、水果产业化。1992年，县委推行政治体制改革，撤区并乡建镇和县级机构改革，工商企业推行“五自主”“四放开”。1993年，县委大抓仪（陇）北（碚）路油路和周河一级公路等重点项目建设及农业产业化。1994年，县委实施“龙虎工程”战略：农业建成10个规模生产基地，形成农业经济10条龙；工业建成10个大型骨干企业，形成城市经济10只虎；提出招商引资、优化结构、加快县域经济发展，强县富民目标及综合配套改革意见。1995年，县委提出在20世纪末让全县经济达到全省平均水平，实现蓬安经济社会共同繁荣目标。1996年，县委作出企业产权制度改革决定。1997年，县委提出把蓬安建成川东北区域经济强县、中国锦橙第一县，实施马电扩建，修建嘉陵江大桥、东风大道、相如大道等重点工程建设。

2000年，县委确定蓬安实施西部大开发100个重点项目建设，包括金溪电站筹建和相如会展中心暨相如广场、污水处理厂等作出县属企业全面推行产权制度改革、扩大招商引资、放手发展民营经济等若干重要问题决定。2003年，县委将金溪电站工程、南（部）渠（县）路改造、滨江路建设、周河路改造、旅游景点建设等重点建设项目纳入目标管理，提出把蓬安建成“工业经济强县、特色农业大县、商贸旅游旺县、民营经济新县、绿色生态靓县和财政收入富县”目标。2004年，县委决定进一步加大企业产权制度改革和招商引资力度、加快工业园区建设、启动城东小区和引进建设紫苑新型楼盘。2005年，县委开展党的先进性教育活动，中坝村和下河街社区党建经验被省市领导重视肯定，11月，被省委誉为“具有里程碑意义”的全省基层党建工作现场会在蓬安召开。年底，县委决定启动嘉陵第一桑梓旅游景区建设，发展蓬安旅游产业。

2006年，县委加强党建和民生工程建设、招商引资、建设“一区两园”的省级工业园区，提出把蓬安建设成“丘区经济强县、文化旅游名城”奋斗目标。

党员代表大会

1986年，中共蓬安县第五届代表大会届满。1987年至2006年，先后召开了第六次至第十一次代表大会。

【中共蓬安县第六次代表大会】 1987年9月25日至28日，中国共产党蓬安县第六次代表大会召开。出席会议代表212人，列席代表14人。并邀请老红军代表、离退休干部代表参加会议。会议听取并审议通过了谢正顺代表第五届县委向大会所作的工作报告，蔡守宪代表县纪委所作的工作报告。大会选举产生县委委员25人、候补委员2人。

【中共蓬安县第七次代表大会】 1990年7月18日至20日，中国共产党蓬安县第七次代表大会召开。出席大会的代表221名，列席代表71名，特邀代表17名。会议听取并审议通过了谢正顺代表第六届县委向大会所作的工作报告，唐富贵代表县纪委所作的工作报告。大会选举产生县委委员27人，候补委员2人。

【中共蓬安县第八次代表大会】 1993年2月15日至17日，中国共产党蓬安县第八次代表大会召开。到会代表191人，特邀代表2人，列席代表74人。会议听取并审议通过了肖盛林代表第七届县委向大会所作题为《加大改革开放力度，加快经济建设步伐，为蓬安的发展与繁荣而努力奋斗》的工作报告，唐富贵代表县纪委所作关于《切实搞好党风廉政建设，为振兴蓬安经济作出新贡献》的工作报告。通过《关于在全县各级领导班子中开展“学习、团结、勤政、廉洁、务实、奉献”六好活动的决定》。大会选举产生县委委员29人，候补委员4人。

【中共蓬安县第九次代表大会】 1997年12月28日至30日，中国共产党蓬安县第九次代表大会召开。应参会代表232人，因事因病请假3人，实到会代表229人。列席会议73人。会议听取并审议通过了谢华国代表第八届县委向大会所作题为《同心立志，艰苦创业，为实现跨世纪的宏伟蓝图而努力奋斗》的工作报告，吕功孝代表中共蓬安县纪委作的工作报告。大会选举产生县委委员28人，候补委员4人。

【中共蓬安县第十次代表大会】 2002年12月24日至26日，中国共产党蓬安县第十次代表大会召开。应出席会议代表269人，因事因病请假3人，实到会代表266人。列席会议67人。会议听取并审议通过了刘中伯代表第九届县委向大会所作题为《实践“三个代表”，推进新的跨越，为把蓬安全面建成小康社会而努力奋斗》的工作报告，唐季蓉代表中共蓬安县纪委所作《与时俱进，开拓创新，把党风廉政建设和反腐败斗争不断引向深入》的工作报告。大会选举产生县委委员31人，候补委员4人。

【中共蓬安县第十一次代表大会】 2006年10月12日至14日，中国共产党蓬安县第十一次代表大会召开。出席会议代表278人，列席代表55人。会议听取并审议通过了刘中伯代表第十届县委向大会所作题为《全面贯彻落实科学发展观，为推进蓬安经济社会又快又好发展而努力奋斗》的工作报告，冯泽林代表中共蓬安县纪律检查委员会所作《围绕中心，强化职能，努力开创党风廉政建设和反腐败工作新局面》的工作报告。大会选举产生县委委员33名，候补委员6名。

党委会议

1986年至2006年，中国共产党蓬安县全体委员会（以下简称全委会）一般每年至少召开2次，特殊情况临时决定召开。全委会议选举常委、书记、副书记；研究传达上级重要部署和讨论决定全县重要工作。县委常务委员会（以下简称常委会）在县委全体会议闭会期间，行使县委职权，根据工作需要决定召开，研究落实全委会作出的重大决策。县委会议还包括其他工作会议。

【中共蓬安县委全委会会议】 全委会由县委常委会召集和主持，县委委员和候补委员出席，县人大、县政府、县政协党员领导干部列席。有的县委全委（扩大）会议，县纪委委员，乡镇和县级部门、单位党委、总支、支部负责人列席。

1986年11月16日，第五届县委召开最后一次全委（扩大）会议，传达党的十二届六中全会主要精神，学习《中共中央关于社会主义精神文明建设指导方针的决议》。县委副书记陈香泉就村级整党和选举工作讲了意见。县委决定把学习贯彻《决议》摆在一切工作首位，深刻领会文件精神，加强建设精神文明，做好各方面工作。

1987年9月27日，中共蓬安县第六届委员会召开第一次全委会议，谢正顺当选为中共蓬安县委书记，陈香泉、肖盛林、蔡守宪当选为县委副书记。1988年1月13日，县委召开全委（扩大）会议，研究经济体制改革工作。县委书记谢正顺提出蓬安县经济体制改革总设想，要求工商企业广泛推行“五制一拍卖”（即任期目标责任制，招标承包制，工资奖金总额和效益挂钩的分配制，招标租赁制，多种经营股份制，微利和亏损小的企业进行拍卖），引进竞争机制，大力推行经济联合、搞活流通。11月15日至20日，县委召开六届四次全委（扩大）会议，传达贯彻党的十三届三中全会精神、省委五届三次全委会议和地委扩大会议精神。1989年1月7日至17日，县委召开全委(扩大）会议，学习和贯彻党的十三大文件精神，深化城乡经济体制改革，讨论发展蓬安经济、加快改革步伐、加强党的建设等。7月11日至13日，县委召开六届六次全委（扩大）会议，传达贯彻党的十三届四中全会精神和邓小平重要讲话，讨论了如何奋力夺取农业丰收、发展农村经济、开发农业等工作。12月13日至15日，县委召开六届七次全委（扩大）会议，传达贯彻党的十三届五中全会和地委扩大会议精神，结合蓬安实际研究进一步搞好治理经济环境、整顿经济秩序和深化改革工作。1990年4月19日至20日，县委召开六届八次全委（扩大）会议，传达学习党的十三届六中全会《关于加强党同人民群众联系的决定》和地委扩大会议精神，讨论贯彻落实《决定》的措施。

1990年7月18日，中共蓬安县委召开七届一次全委会议。选举谢正顺为中共蓬安县委书记，陈尚君、肖盛林、蔡守宪、徐兴发为副书记。1991年12月27日至28日，县委召开七届三次全委（扩大）会议，传达学习《中共中央关于进一步加强农业和农村工作的决定》、省委五届九次全委会议和地委扩大会议精神。县委书记肖盛林就如何学习宣传贯彻好中央《决定》精神提出意见和要求。

1993年2月25日，中共蓬安县委召开八届一次全委会议，选举肖盛林为县委书记，陈尚君、徐兴发、伏文超为县委副书记。5月25日至26日，县委召开全委会议传达贯彻中共四川省委第六次代表大会精神，会议决定动员全县党员、干部和全县人民不断解放思想，把握机遇，真抓实干，加快改革开放和现代化建设步伐，促进蓬安经济社会发展跃上新台阶。1994年10月20日，县委召开八届五次全委（扩大）会议，学习贯彻党的十四届四中全会《决定》和江泽民重要讲话，县委书记陈尚君在会议上强调四个必须：必须坚持和健全民主集中制、必须加强和改进党的基层组织建设、必须培养和选拔德才兼备的干部、必须加快基础设施建设和经济发展。1995年10月18日，县委召开八届六次全委（扩大）会议，学习贯彻党的十四届五中全会精神和学习沿海五省市先进经验。县委书记陈尚君就制定蓬安“九五”计划和2010年远景目标，扎实推进强县富民工作意见，要求坚持城乡一体，实施“龙虎工程”；突出交通建设，扩大招商引资；利用电力优势，发展高新产业；依托达成铁路，大办工业小区；开发沿江岸滩，建设绿色长廊；注重科教法制，优化社会环境；上下齐心实干，实现强县富民。力争在20世纪末，使全县经济社会发展达到全国全省平均水平；到21世纪初，把周口、锦屏、河舒三镇连成一片，建成10万以上人口，30余平方千米面积的县级市。1996年12月14日至15日，县委召开八届八次全委（扩大）会议，审议通过《蓬安县社会主义精神文明建设“九五”计划纲要》《蓬安县农村小康建设规划纲要》《中共蓬安县委工作规划》《中共蓬安县委一九九六年工作总结》《中共蓬安县委一九九七年工作要点》，传达市委组织部关于认真做好推选十五大代表和省党代会代表工作的会议精神。1997年9月4日，县委召开八届九次全委（扩大）会议，传达贯彻全市抗旱抓三秋生产现场会和省川北片抗旱座谈会的主要精神，研究全县抗旱生产及1998年小春生产等问题。县委书记徐兴发要求全县人民坚定信心，鼓足干劲，增添措施，齐心协力，抗灾自救，千方百计确保“三增”，切实抓好1998年小春生产主动权。

1997年12月30日，中共蓬安县委召开九届一次全委会，选举谢华国为县委书记，孙明钧、卢祥林、杨明君为县委副书记。1999年10月7日，县委召开九届三次全委（扩大）会议。传达中共中央十五届四中全会决定，学习江泽民在十五届四中全会上的讲话及国庆五十周年大会上的讲话、《中共中央关于加强思想政治工作的若干意见》，研究大胆开拓，深化国有企业改革。2000年6月10日至11日，县委召开九届五次全委（扩大）会议，县委书记谢华国作《实践“三个代表”，抢抓发展机遇，为实现蓬安经济超常规发展而努力奋斗》报告，副书记、县长孙明钧传达中共南充市二届三次全委会议精神。会议通过《关于认真学习江泽民同志“三个代表”重要思想，抓住西部大开发机遇，加快蓬安经济发展》的决议。12月26日，县委召开九届六次全委会议，县委副书记、县长就制定蓬安国民经济和社会发展第十个五年计划和“九五”计划执行情况作说明。会议审议通过了“十五”计划草案，内容包括指导思想、发展思路和主要目标；突出经济结构战略性调整；加快基础设施建设步伐；扩大开放，大力招商引资；全面实施科教兴县战略；发展社会事业，改善人民生活；全面落实三大基本国策；发展环境建设以及计划的实施等十个方面。2001年10月25日至26日，县委召开九届七次全委（扩大）会议，县委书记谢华国作《贯彻落实党的十五届六中全会精神，加强和改进党的作风建设，推进县域经济超常规发展》讲话，讨论通过了《中共蓬安县委关于加强和改进党的作风建设的决定》。2002年5月21日，县委召开九届八次全委扩大会议，贯彻省第八次党代会精神，县委副书记、县长马道蓉讲话要求各级领导和广大党员观念创新、体制创新、机制创新，把全县人民思想统一到实施跨越式发展上来，以过硬的措施保障蓬安经济跨越式发展。11月6日，县委召开九届九次全委会议讨论并通过关于召开中共蓬安县第十次代表大会的决议。

2002年12月26日，中共蓬安县委召开十届一次全委会议，刘中伯当选为中共蓬安县委书记，邹平、唐季蓉、吴志国、罗建新当选为中共蓬安县委副书记。县委书记刘中伯要求新一届县委领导一定要履职尽责、不辱使命、与时俱进、共谋发展、牢记宗旨、执政为民。2003年，4月7日，县委召开十届二次全委会议。会议讨论了2003年县委工作要点，县工作月报制、县级分工动态制、评选优秀公务员活动通知、科级领导干部任职动态制实施意见、县委县政府关于干部人事和财政资金管理办法等文稿。5月6日，县委召开十届三次全委（扩大）会议。会议听取了县重点工程、经营城市、民营经济等工作情况汇报并进行专题研究和安排部署。11月4日，县委召开十四届四次全委会议。会议投票选举出席中共南充市第三次党代会代表38名。2004年11月30日，县委召开十届五次全委（扩大）会议，专题研究了元旦、春节期间安全稳定工作和节日“送温暖”活动，安排部署2005年的六项重点经济工作。2005年2月28日，县委召开十届六次全委会议，传达市委三届三次全委会议精神及市委书记王宁、市长杜光辉到蓬安调研讲话精神，要求各级党组织及时传达贯彻，找出差距，增添措施，狠抓落实。2006年2月9日，县委召开十届八次全委（扩大）会议，会议讨论通过了县委书记刘中伯所作县委工作报告，副书记、县长邹平关于“十一五”规划纲要编制说明和2006年县委工作要点。刘中伯要求进一步增强发展信心、转变工作作风、营造心齐风正的发展环境，促进蓬安经济社会发展的大跨越。9月29日，县委召开十届九次全委（扩大）会议，传达学习9月28日召开的市委常委（扩大）会议精神；审议《蓬安县第十一次党代会工作报告》（征求意见稿），表决通过《中共蓬安县第十一次代表大会议程》。

2006年10月12日，中共蓬安县委召开十一届一次全委会议。刘中伯当选为县委书记，邹平、袁菱当选为县委副书记。11月，县委召开工作会议，中共南充市委任命邹平为蓬安县委书记。

【中共蓬安县委常委会会议】 1987年5月10日，县委常委会议听取马回电站负责人传达省上对修建马回电站评估会议精神和建站中存在的问题及解决措施等情况汇报，决定加强对建站工作的领导，筹集建站资金，做好电站建设的后勤物资保障工作。10月，县委召开常委会议。听取县政府办公室、人事局、审计局联合调查组关于县文教局修建商品住房的调查情况汇报，研究处理意见；就开展抗洪救灾和认真解决受灾农户、机关企事业单位的实际困难、果品厂技改等方面作出决定。会议传达地区政协工作、计划生育工作、农村普法工作会议和全省计划工作会等会议精神，研究了贯彻意见。1988年 3月2日，县委召开常委会议，学习讨论中共中央《关于经济形势和今年的经济工作的会议纪要》；听取各区民主评议区委、区公所领导班子情况汇报；传达地委扩大会议精神；研究蓬安县经济发展战略、区委区公所班子建设和干部变动、召开党员代表会、部门联系区乡、乡镇企业工作等。1989年8月5日，县委召开常委（扩大）会议，学习《中共中央、国务院关于近期做几件群众关心的事的决定》和省、地委有关廉政建设指示精神，研究贯彻落实具体措施，决定抓好群众普遍关心的事情，做好十件事：坚决惩治腐败，带头廉洁奉公；清理整顿公司，党政干部尽快脱钩；查处贪污受贿、投机倒把和其他违纪案件；严禁用公款请客送礼；城区工作人员参加会议一律不在会议就餐；清理查处国家职工违法违纪建私房；严禁以各种名义发送纪念品；严禁用公款外出考察、参观和旅游；加强市场物价管理；加大对损害消费者利益的不法行为的清查处理。

1990年1月15日，县委召开常委（扩大）会议，总结1989年度工作，讨论1990年工作意见。县委要求各级党组织和政府各部门继续贯彻落实十三届四中全会、五中全会精神，搞好治理整顿，深化改革，以崭新姿态，继续发扬党的优良传统、艰苦创业，把各项工作搞得更好。3月29日，常委（扩大）会议，传达省、地召开的清房工作、科技兴农工作、政法工作、计划生育工作、劳动就业工作等会议精神，结合蓬安县实际研究部署。6月12日，常委（扩大）会议。传达地区城市经济工作会议精神，提出蓬安县下半年城市经济工作思路；研究马回电站年底投产发电有关建设工作。9月15日，县委召开常委（扩大）会议，传达马回水电站工程“四枯”施工方案初审会议意见，围绕马电工程“四枯”施工初步方案分析研究。10月23日，县委召开常委（扩大）会议，研究解决马回水电站上游淹没区具体实施办法1991年11月9日，县委召开常委会议，听取完善农村服务体系试点工作和面上情况汇报，研究部署进一步完善农村服务体系工作。1992年1月18日，县委召开常委（扩大）会议，传达贯彻地委群团工作会议和科技工作会议精神；研究蓬安县第一期农村社教工作总结及表彰会议有关事宜。4月29日，县委召开常委（扩大）会议，研究升钟水库巨龙分支渠施工建设有关问题，对参加修建巨龙分支渠工程部工作人员有关待遇作出七项规定。

1994年6月1日，县委召开常委（扩大）会议，研究全县经济社会发展、基础设施建设、社会事业、维稳、宣传、城市和农村经济、乡镇企业、乡镇建制及党的建设等方面工作。

1998年10月24日，县委召开常委会学习中央关于农业和农村工作若干重大问题的决定，对锦橙100号发展、房地产市场、车辆税费清理做了研究。1999年7月7日，县委常委会传达省市中小企业改制会议精神，介绍营山经验，研究蓬安中小企业改制基本思路与对策。12日，常委会议继续研究讨论《蓬安县企业改制若干问题暂行规定》。7月20日至31日，先后三次召开县委常委会，分别研究副书记分工、蓬安基础设施建设有关事宜及贯彻市委南部阆中扶贫会议精神。11月15日、22日和12月27日，分别召开县委常委会，研究交通整治、嘉陵江大桥建设、锦橙100号、合作基金会和供销社股金兑付、烟厂生产销售及财税工作。2000年4月4日，县委召开常委会研究西部大开发蓬安100个项目（产品）实施及解放思想、招商引资事宜。5月7日、8日，县委召开常委会分别研究各区班子运行、产业结构调整、招商引资和“三讲”教育部署。10月8日，县委召开常委会议通过尽快启动金溪电站的决定。2001年4月8日、17日，分别召开县委常委会研究乡镇机构改革、人员分流和全国严打政法会议精神。5月8日，县委召开常委会研究2001年工作要点及职责。6月8日、25日，分别召开县委常委会研究人事任免、班子考核和讨论蓬安加快工业改革与发展若干问题的决定。7月4日、31日，分别召开县委常委会研究工商局工作、全县半年总结、农民增收、企业增效及相如广场会展中心落成事宜。8月12日、20日、28日，分别召开县委常委会讨论利溪恶性涉农事件处理、减轻农民负担拉网式检查情况汇报及蓬安烟厂发展问题。9月16日，县委召开常委会研究会展中心及相如广场落成事宜。10月22日、24日、29日，分别召开县委常委会研究加强和改进党的作风建设的决定、合作基金会三期兑付、乡镇换届选举及讨论向范琼花学习决定。2002年1月6日、11日、13日、27日，分别召开县委常委会讨论2002年工作要点、机构改革党政群机关定编、“三个代表”重要思想学习活动安排及人大政协会议有关问题。2月2日、20日、23日，分别召开县委常委会研究金溪电站自筹资金措施、2001年工作目标考核、2002年工作要点。3月19日、26日，分别召开县委常委会研究机构改革后人事安排、农民负担管理、金电筹资、严打及抽调干部下派帮村等。4月5日、9日，分别召开县委常委会研究乡镇消赤减债税费改革、工业兴县大讨论等事宜。5月31日，县委召开常委会研究南（部）渠（县）公路改造、选招

40名公务员、表彰21个县级“六好”班子108名优秀公务员及人事任免。7月29日，县委召开常委会研究贯彻中央党政干部选拔任用条例。8月6日、14日、27日，分别召开县委常委会研究市委书记黄顺福到县检查指示贯彻意见，讨论县委届期总结，评选“三百工程”优秀乡镇党委书记，学习范琼花争当爱民、知民、富民、安民、率民“五民”干部。10月8日，县委召开常委会听取市委考察组换届人事安排。11月4日、5日、6日、14日、20日，分别召开县委常委会研究与16大党代表范琼花座谈，筹备第十次党代会及常委分工，县四大班子、县纪委、县法院、县检察院换届人事安排方案，审议第十届代表大会报告等。12月6日，县委召开常委会听取烟厂改制工作组汇报，决定加大力度宣传指导。

2003年1月3日，县委召开常委会研究2003年经济工作、讨论2002年政府工作报告。3月11日，县委召开常委会审议经济工作会议文件及领导干部分工、管理办法。5月7日、17日分别召开县委常委会研究领导联系片区、金溪电站由省港航公司投资蓬安控股10%及迎接市半年工作考评等。6月9日、17日、19日、29日，分别召开县委常委会研究2003年财政收支预算、干部作风整顿、政法队伍整顿、计生工作整顿及复退军人安置事宜。7月11日、23日、29日，分别召开县委常委会研究迎接市上上半年考评及对区乡和部门半年考评方案、金电淹没补偿安置有关事宜。8月1日、13日、29日，分别召开县委常委会分别研究金溪电站开工庆典和招商引资；决定县乡部门机关集中整风一个月时间，同时开展发展环境治理，集中解决作风不硬、班子不力、形象不佳问题；研究市人才及劳动就业、旅游、乡村道路建设会贯彻意见。10月3日、13日、21日，分别召开县委常委会研究招商引资和周（口）河（舒）路改造质量问题处理意见、市第三次党代会候选人、金溪电站开工庆典及周河路施工整改等。2004年4月30日，县委召开常委会议，研究部署金溪电站资本金筹集、淹没补偿等相关工作。6月25日，县委召开常委（扩大）会议研究蚕桑招聘干部、2000年被清退的1971年11月30日前的广播站临聘人员及原工贸公司录、聘用干部有关遗留问题。10月12日，县委召开常委会讨论“9·27”事故有关问题。11月16日，县委召开常委（扩大）会议传达中央、省、市维稳工作会议精神，专题听取分管领导就财税、工业、农业、商贸、招商、计划、安全、稳定等工作专题汇报，并研究全县稳定、安全和当前经济工作。2005年4月6日，县委召开常委（扩大）会议通报“保先”教育活动县级领导干部征求意见汇总情况：提意见人109人，征求意见118条，其中县委45条、县人大18条、县政府42条、县政协13条。会议决定，县委常委及县人大、县政府、县政协主要领导个人意见反馈及交心谈心由县委书记负责，县人大、政府、政协三套班子班子成员个人意见反馈及交心谈心由其主要领导负责。会议要求，县四套班子领导干部要正确对待反馈的意见，从意见中看自己工作差距，做好针对反馈意见改正问题的典范。会议对“保先”教育第二阶段工作作进一步安排。12月27日，县委召开常委（扩大）会议听取全县旅游、安全、稳定及结对帮扶工作情况汇报，安排部署元旦、春节期间各项工作。

2006年4月11日，县委召开常委（扩大）会议通报市委书记、市人大常委会主任王宁在蓬安调研时有关情况，安排部署城市建设、招商引资、工业经济、农业产业化、编制调整、督查督办等方面的工作。8月24日，县委召开常委（扩大）会议传达全市信访维稳工作紧急会议精神，安排部署信访维稳和安全生产工作。11月15日，县委召开常委（扩大）会议听取信访稳定和安全生产工作情况汇报；通报广安事件基本情况；安排部署全县维护社会稳定和安全生产工作。25日，县委召开常委（扩大）会议研究安排部署全县公务员登记、深化结对帮扶和深化“三级联创”活动等工作。29日，县委召开常委（扩大）会议传达省委八届八次全委会议精神，安排部署安全稳定工作。

【县委其他工作会议】 县委其他工作会议主要有县委书记办公会议和县委工作会议。

1986年12月24日，县委召开工作会议会，提出1987年奋斗目标。

1988年4月10日，县委、县政府召开乡镇企业工作会，表彰先进，总结部署乡镇企业工作；12月2日，县委召开书记办公会，决定在县、区场镇开展创文明场镇竞赛活动并奖励前三名优胜者。1989年1月，县委召开书记办公会，研究制定《关于开展民主评议、处置不合格党员工作中若干具体问题的处理意见》中的几个具体问题，提交常委会讨论。

1991年12月7日，县委、县政府召开工作会提出冬春水利建设规划建设要求。1992年3月，县委召开书记办公会，研究制定在全县各级领导班子中开展“学习、团结、勤政、廉洁”四好活动的奖惩办法初步意见。1993年2月9日，县委、县政府召开县级党政群机关负责人工作会，对县级机构改革后人员分流、岗位责任制及县级机关联系乡镇工作作出部署。1994年7月，县委召开书记办公会议，研究制定鼓励机关干部到企业、商品基地、小康示范村工作的意见。1995年1月10日，县委、县政府召开农村经济工作会，总结上年农村工作，提出全年农村经济工作意见；7月21日，县委召开企业产权制度改革工作会，14户企业与县委、县政府签订改制目标责任书；9月，召开书记办公会，研究确定建设小康示范村的措施办法，并提出成立小康建设领导小组的初步名单。1997年3月10日，县委召开书记办公会，各位副书记通报分管工作的情况，会议对前段工作进行评价、总结，对后段工作安排部署；4月3日，县委、县政府召开全县个体私营经济工作会议，安排部署个体私营经济发展工作，表彰私营经济先进集体和个人；5月15日，县委、县政府召开全县城市经济分析暨企业产权制度改革动员会，颁发县委、县政府关于深化企业产权制度改革的决定。

1998年6月19日，县委、县政府召开全县国有企业下岗职工基本生活保障和再就业暨城市经济双过半工作会议；9月14日，召开依法治县暨综合治理大会。1999年6月，县委召开书记办公会，研究提出开展党风廉政建设和反腐败工作的重大举措，提交县委常委会讨论决定；8月5日，县委、县政府召开商贸企业产权制度改革会议；10月27日，召开县委工作会议，听取各区委、区工委就成立以来工作运行情况的汇报，研究有关工作；12月10日，县委、县政府召开蓬安县经济工作会议，落实中央、省、市经济工作会议精神。2000年2月15日，召开县级机关副科级以上领导干部工作会，就西部大开发和中国加入世界贸易组织讨论，解放思想，更新观念，抓住机遇，发展蓬安；10月18日，县委召开传达贯彻中共中央十五届五中全会精神工作会议。2001年2月14日，召开全县组织宣传工作会议，安排新时期组织宣传工作、开展“万名党员三结合帮扶链”活动；4月12日，县委、县政府召开全县乡镇机构改革动员大会；6月4日，召开全县乡镇干部首期培训动员会，29日，县委举行庆祝中国共产党成立80周年大会。7月20日，县委召开县级机关“三个代表”重要思想学习教育活动动员大会；11月8日，县委召开乡（镇）村换届选举工作会议。2002年8月12日至13日，县委、县政府相继召开业主工作会议、农业畜牧工作会议、安全生产工作会议。

2003年3月12日，县委召开一季度工业经济工作碰头会；12月22日，县委、县政府召开全县2003年度工作总结大会；10月，县委召开书记办公会，研究决定在全县开展“争做人民满意干部活动”初步方案。2004年10月15日，县委召开工作会议，通报“9·27”事故处置工作情况，安排部署全县开展干部作风集中教育整顿活动及后两个月经济工作、稳定安全工作。2005年12月16日，县委召开贯彻落实省委书记张学忠、副书记陶武先考察蓬安工作重要讲话精神暨第三批保持共产党员先进性教育活动工作会议。2006年9月29日，县委召开工作会议，专题研究新农村建设工作；11月22日，县委召开工作会议，专题研究“嘉陵第一桑梓”旅游区开发建设工作，安排部署一期二阶段及各项重点工作；12月1日，县委召开工作会议，传达贯彻中央、省、市深化“三级联创”活动视频会议精神，研究部署全县落实“三级联创”的具体问题。

组织机构

1986年，中共蓬安县第五次代表大会选举产生的县委领导机构任期届满，1987年至2006年，中共蓬安县代表大会选出6届领导机构并设立相应的工作机构。

【领导机构】 1986年至2006年，中共蓬安县委历经7届。第五、六、七届每届任期3年。第八、九、十、十一届每届任期5年。县委委员和候补委员由党员代表大会以无记名投票方式选举产生；县委常务委员（以下简称县委常委）由县委委员在每届第一次全委会上以无记名投票方式选举产生；书记、副书记由县委常委以无记名投票方式选举产生。书记、副书记、常委的选举结果报中共南充市委批准。

中共蓬安县委历届书记、副书记名录

（1986~2006）

届别	职务	姓名	性别	任职时间	备注
五届	书记	李凤鸣	男	1986.1—1987.6	—
		谢正顺	男	1987.6—1987.9	—
	副书记	蒲显福	男	1986.1—1986.6	—
		蔡守宪	男	1986.1—1987.9	—
		陈香泉	男	1986.1—1987.9	—
		谢正顺	男	1986.9—1987.6	—
		肖盛林	男	1987.3—1987.9	—
六届	书记	谢正顺	男	1987.9—1990.7	—
	副书记	陈香泉	男	1987.9—1989.9	—
		肖盛林	男	1987.9—1990.7	—
		蔡守宪	男	1987.9—1990.7	—
		潘琪文	男	1988.5—1990.7	—
		陈尚君	男	1990.4—1990.7	—
七届	书记	谢正顺	男	1990.7—1993.2	—
	副书记	陈尚君	男	1990.7—1993.2	—
		肖盛林	男	1990.7—1993.2	—
		蔡守宪	男	1990.7—1993.2	—
		徐兴发	男	1990.7—1993.2	—
		陈　福	男	1990.11—1992.11	—
		伏文超	男	1992.11—1993.2	—
八届	书记	肖盛林	男	1993.2—1993.11	—
		陈尚君	男	1993.11—1997.2	—
		徐兴发	男	1997.2—1997.11	—
		谢华国	男	1997.11—1997.12	—

续表

届别	职务	姓名	性别	任职时间	备注
八届	副书记	陈尚君	男	1993.2—1993.11	—
		徐兴发	男	1993.2—1997.2	—
		谢华国	男	1997.2—1997.11	—
		伏文超	男	1993.2—1995.6	—
		孙明钧	男	1994.1—1997.12	—
		赵正铭	男	1994.2—1997.12	—
		黄　佳	女	1996.4—1997.12	下派
		吴元尧	男	1996.10—1997.12	—
		卢祥林	男	1997.1—1997.12	—
九届	书记	谢华国	男	1997.12—2002.10	—
		刘中伯	男	2002.10—2002.12	—
	副书记	孙明钧	男	1997.12—2001.3	—
		马道蓉	女	2001.3—2002.10	—
		邹　平	男	2002.10—2002.12	—
		杨明君	男	1998.1—2002.10	—
		卢祥林	男	1998.1—1999.4	—
		赵从容	男	1999.4—2001.1	—
		张行忠	男	1999.4—2001.9	—
		侯　健	男	2001.3—2002.10	—
		吕功孝	男	2001.9—2002.12	—
		王晓钧	男	2001.12—2002.10	—
		吴志国	男	2002.10—2002.12	—
		唐季蓉	女	2002.10—2002.12	—
		罗建新	男	2002.10—2002.12	—
十届	书记	刘中伯	男	2002.12—2006.10	—
	副书记	邹　平	男	2002.12—2006.10	—
		唐季蓉	女	2002.12—2005.10	—
		吴志国	男	2002.12—2006.9	—
		罗建新	男	2002.12—2006.10	—
		刘　彬	男	2005.12—2006.8	下派
		袁　菱	女	2006.9—2006.10	—
十一届	书记	刘中伯	男	2006.10—2006.11	—
		邹　平	男	2006.11—2006.12	—
	副书记	邹　平	男	2006.10—2006.11	—
		袁　菱	女	2006.10—2006.12	—

历届中共蓬安县委常委名录

（1986~2006）

届别	姓名	性别	任职时间	备注
五届	李凤鸣	男	1986.1—1987.6	—
	蒲显福	男	1986.1—1986.6	—
	蔡守宪	男	1986.1—1987.9	—
	陈香泉	男	1986.1—1989.9	—
	鲁荣祥	男	1986.1—1987.9	—
	陈永高	男	1986.1—1987.9	—
	张能德	男	1986.1—1987.9	—
	李正全	男	1986.1—1986.9	—
	徐兴发	男	1986.1—1987.9	—
	谢正顺	男	1986.9—1987.9	—
	苏树学	男	1986.9—1987.9	—
六届	蔡守宪	男	1987.9—1990.7	—
	陈香泉	男	1987.9—1989.9	—
	张能德	男	1987.9—1990.7	—
	潘琪文	男	1987.9—1990.7	—
	谢正顺	男	1987.9—1990.7	—
	苏树学	男	1987.9—1990.7	—
	唐科忠	男	1987.9—1990.3	—
	刘安顺	男	1987.9—1990.7	—
	肖盛林	男	1987.9—1990.7	—
	陈尚君	男	1987.9—1990.7	—
	陈　福	男	1987.9—1990.7	—
	徐兴发	男	1987.9—1990.7	—
	伏文超	男	1987.9—1990.7	—
七届	苏树学	男	1990.7—1993.2	—
	刘安顺	男	1990.7—1993.2	—
	肖盛林	男	1990.7—1993.2	—
	陈尚君	男	1990.7—1993.2	—
	陈　福	男	1990.7—1992.11	—
	徐兴发	男	1990.7—1993.2	—
	卢祥林	男	1992.11—1993.2	—
	唐富贵	男	1990.7—1993.2	—
	伏文超	男	1990.6—1993.2	—
八届	苏树学	男	1993.2—1997.12	—
	肖盛林	男	1993.2—1993.11	—
	陈尚君	男	1993.2—1997.2	—
	徐兴发	男	1993.2—1997.11	—
	谢华国	男	1997.2—1997.12	—
	孙明钧	男	1993.2—1997.12	—
	吴元尧	男	1996.10—1997.12	—
	赵正铭	男	1994.2—1997.12	—

续表

届别	姓名	性别	任职时间	备注
八届	卢祥林	男	1993.2—1997.12	—
	唐富贵	男	1993.2—1995.11	—
	刘光福	男	1996.12—1997.11	—
	杨明君	男	1993.2—1997.12	—
	陈自立	男	1995.6—1996.11	—
	吴宗祥	男	1993.2—1997.12	—
	吴德琼	女	1993.2—1997.12	—
	黄　佳	女	1996.4—1997.12	—
九届	苏树学	男	1997.12—2002.12	—
	谢华国	男	1997.12—2002.10	—
	孙明钧	男	1997.12—2001.3	—
	刘中伯	男	2002.10—2002.12	—
	马道蓉	女	2001.3—2002.10	—
	邹　平	男	2002.10—2002.12	—
	卢祥林	男	1997.12—1999.4	—
	吕功孝	男	1998.1—2002.12	—
	吴宗祥	男	1997.12—1998.1	—
	吴德琼	女	1997.12—2001.1	—
	魏　磊	男	1997.12—2000.11	—
	王晓钧	男	1997.12—2002.10	—
	罗建新	男	1997.12—2002.12	—
	赵从容	男	1999.4—2001.1	—
	张行忠	男	1999.4—2001.9	—
	侯　健	男	2001.3—2002.10	—
	黄成立	男	1998.11—2002.12	—
	宋　俊	男	2001.3—2002.10	—
	唐建明	男	2001.9—2002.12	—
	陈鹏泉	男	2002.5—2002.12	—
	梁怀泽	男	2002.10—2002.12	—
	朱仕友	男	2002.10—2002.12	—
	陈泽斌	男	2002.10—2002.12	—
十届	刘中伯	男	2002.12—2006.10	—
	邹　平	男	2002.12—2006.10	—
	罗建新	男	2002.12—2006.10	—
	吴志国	男	2002.12—2006.9	—
	唐季蓉	女	2002.12—2005.11	—
	黄成立	男	2002.12—2006.10	—
	唐建明	男	2002.12—2005.6	—
	陈鹏泉	男	2002.12—2006.10	—
	梁怀泽	男	2002.12—2004.6	—
	朱仕友	男	2002.12—2006.1	—
	赵小轻	男	2002.12—2006.10	—
	刘　彬	男	2002.12—2006.8	—

续表

届别	姓名	性别	任职时间	备注
十届	任润生	男	2002.12—2006.10	—
	陈泽斌	男	2002.12—2006.9	—
十一届	刘中伯	男	2006.10—2006.10	—
	邹　平	男	2006.10—2006.12	—
	陈鹏泉	男	2006.10—2006.12	—
	赵小轻	男	2006.10—2006.12	—
	袁　菱	女	2006.10—2006.12	—
	任润生	男	2006.10—2006.12	—
	侯卿平	男	2006.10—2006.12	—
	冯泽林	男	2006.10—2006.12	—
	汪俊波	男	2006.10—2006.12	—
	王　超	男	2006.10—2006.12	—
	青泽政	男	2006.10—2006.12	—

中共蓬安县委调研员、副调研员、组织员、纪检员、理论宣传员名录

（1990~2004）

姓名	性别	民族	籍贯	文化程度	职务	任职时间
张伦德	男	汉	蓬安	初中	调研员	1990.7—1996.8
陈永高	男	汉	南部	初中	调研员	1990.4—1995.12
唐富贵	男	汉	蓬安	中专	调研员	1995.11—1996.12
蔡守宪	男	汉	蓬安	大学	调研员	1998.4—2000.9
孙明钧	男	汉	米易	大学	调研员	2001.3—2006.12
赵正铭	男	汉	蓬安	研究生	调研员	2003.1—2006.12
刘锦伦	男	汉	蓬安	初中	副调研员	1987.11—1989.3
刘金城	男	汉	重庆	初中	副调研员	1990.4—1991.4
刘长文	男	汉	蓬安	高中	副县组织员	1992.12—2003.1
陈宗元	男	汉	蓬安	初中	副调研员	1998.4—1999.6
刘才安	男	汉	仪陇	中专	副调研员	1998.4—2002.1
唐洪光	男	汉	蓬安	大专	副县纪检员	2001.8—2003.4
伏泯全	男	汉	仪陇	中师	副调研员	2003.1—2004.10
周金泉	男	汉	蓬安	大专	副县纪检员	2003.4—2006.12
汪代荣	男	汉	蓬安	大专	副县宣传员	2003.4—2006.12
肖亚群	女	汉	营山	大专	副县组织员	2004.10—2006.12
冯　抗	男	汉	蓬安	大学	副县组织员	2004.11—2006.12

【工作机构】 1986年，县委工作机构有：县委办、组织部、宣传部、统战部、政法委员会、农村经济贸易办公室、县纪委、县委组织部老干局。1990年，撤销农村经济贸易办公室组建商贸委。1991年，县委组织部老干部局更名为县委老干部局。1992年，撤销县委老干部局，在组织部设老干部股。1994年，改为组织部老干部局。1996年，更名为县委老干部局。1997年，撤销商贸委设农工委。2001年，改为农工办。2006年，县委工作机构有：县纪委、县委办、组织部、宣传部、统战部、政法委员会、县委农工办、老干部局。

【派出机构】 1986年，中共蓬安县委派出机构有：中共蓬安县徐家区委员会、中共蓬安县金溪区委员会、中共蓬安县巨龙区委员会、中共蓬安县锦屏区委员会、中共蓬安县河舒区委员会、中共蓬安县罗家区委员会、中共蓬安县兴旺区委员会（以下简称区委）。1992年9月，撤销上述7个区委。1999年10月，中共蓬安县委重新设立派出机构中共徐家、金溪、巨龙、河舒、罗家、兴旺6个区委。2001年3月，6个区委被撤销。2002年9月，县委设立派出机构中共相如街道办事处委员会。2003年2月，县委重新设立派出机构中共徐家、金溪、锦屏、巨龙、河舒、罗家、兴旺7个区委。2005年7月，7个区委被撤销。2006年，撤销中共相如街道办事处委员会。

重大决策

1986年，中共蓬安县委决定加快能源建设，上马修建马回大电站。1987年，在完善农村土地承包的同时，决定推行农业产业化。1988年，在工业经经济中提出五制一拍卖发展思路，为企业产权制度改革奠定基础。1990年，县委、县政府联合作出《关于依靠科学技术振兴工业的决定》。1992年，县委、县政府相继联合作出《关于组织全县各级各部门打好农村奔小康总体战的决定》，作出《关于全县开展“两区、十乡、百村、千社发展乡镇企业竞赛活动”的决定》。1994年，县委相继作出《关于鼓励机关干部到企业、商品基地、小康示范村工作的决定》《关于大力发展个体私营经济的决定》《关于推行国有企业产权制度改革的决定》《关于实施“龙虎工程”，加快发展县域经济的决定》《关于加快发展乡镇企业的决定》。1998年，县委、县政府相继作出《关于突破性发展生猪生产的决定》《关于林业生态建设的决定》《关于加快水利基础设施建设的决定》《关于加快建设“中国锦橙第一县”的决定》《关于放手发展民营经济的决定》。1999年，县委、县政府作出《关于突破性发展个体私营经济的决定》。2001年，作出党员帮扶贫困户的决定。2003年，县委、县政府作出《关于进一步加强招商引资工作的决定》。2004年，县委作出《关于进一步加强党建工作的决定》。2005年，县委决定在全县推广中坝村、下河街社区党建工作经验，为构建和谐蓬安做贡献。2006年底，县委提出把蓬安建成“丘区经济强县，文化旅游名城”的奋斗目标，决定加快嘉陵第一桑梓AAAA级旅游景区建设，大力发展蓬安旅游文化产业。

【农业产业化】 1986年至1990年，县委决定在全县发展蚕桑、柑橘、林业、生猪、渔业、小家禽专重户各一万户的“六个一万户”活动，开始提出农村产业化基地建设理念，建设畜禽基地，蚕桑基地。1994年11月，县委提出发展农村经济战略构想，在实施“龙虎工程”建成川北经济强县的构想中，农村经济十条龙是：建设优质稻米基地、蚕桑基地、优质水果基地、林业及干果基地、生猪基地、草食牲畜基地、小家禽基地、蔬菜基地、水产基地和麻类生产基地。1996年，县委、县政府制定“公司+农户”经营模式的意见，成立蓬安县农业产业化领导小组办公室，挂靠县农工委，负责总结推广农村产业化经验，研究制定政策措施，组织新办“龙头企业”考察立项和项目评估，做好农业产业化有关资金安排和监督使用工作，农业产业化建设正式成为蓬安农业及农村经济发展的重要方向。开始建设蔬菜基地和水果基地。11月，县委又作出《关于实施优质柑橘产业化示范工程，促进水果基地建设的决定》。1998年，县委、县政府提出重点发展以水果、生猪、蚕桑为主的产业基地建设。9月，县委、县政府作出加快建设“中国锦橙第一县”的决定，在县委大礼堂召开誓师动员大会，从县级各部门抽调400多名机关干部进驻基地乡重点村指导、督促锦橙高接换种和栽植工作。 2001年，县委提出强力做好“中国锦橙第一县”“南方制种大县”两大目标，重点突出水果、种子、畜禽、蚕桑、水产、蔬菜六大支柱产业建设。2003年，县委、政府制定《关于加快农业产业化发展若干政策的意见》，提出建设“特色农业大县”“绿色生态靓县”奋斗目标，重点发展生猪、水果、制种三大支柱产业。2005年，引进发展建设葛薯基地。2006年，县委提出建设生猪、葛薯、蚕桑、水果四大特色产业发展思路：努力把蓬安建成中国锦橙100号基地大县；具有影响力的优质肉猪良繁、养殖、加工和出口大县；优质葛薯基地县和优质蚕茧生产县。县委先后组建生猪办、葛薯办等产业指导办公室，推动全县产业发展。

【工业强县】 1986年，县委决定加快工业发展，实施工业强县战略，兴办果品厂、麻纺厂，技改烟厂、丝厂等，出台《关于加快乡镇企业发展的若干规定》。1987年底，明确提出“工业致富”的发展思路，决定加大能源工业建设，建设马回电站；加大工业改革力度。1988年，在工商企业中广泛推行“五制一拍卖”，即：领导任期目标责任制、招标承包制、工资资金总额和效益挂钩分配制、多种经营股份制，微利和亏损小企业拍卖。引入竞争机制，开展横向经济联合，增强企业活力，搞活经济。1993年，县委决定建立蓬安县工业开发区（后改为工业园区）。1994年，县委决定实施“龙虎工程”，加快县域经济发展，培育城市经济十只虎：蓬安雪茄烟厂、四川马回股份有限公司、四川嘉宝汽车公司、蓬安钢厂、蓬安茧丝绸集团公司、蓬安县粮油总公司、蓬安县畜牧集团公司、蓬安县建筑建材集团公司、蓬安电化厂及电解铝厂。1996年，县委决定全面推行企业产权制度改革，推进工业经济发展市场化。1999年，县委决定突破性发展个体私营经济，同时制定《蓬安县企业改制若干问题暂行规定》，加大企业改革力度，对工业建设、发展提出新的思路与决策。2001年7月，县委进一步推进县属企业改革，要求国有资产从竞争领域中100%退出，企业改制面达100%，资产重组达100%。2003年，县委要求各级各部门全力招商引资，发展经济。2004年，县委提出进一步深化企业改革的刚性目标达四个100%（即100%触动产权、100%转换机制、100%转换职工身份、100%盘活存量资产）。加快工业园区建设，投入1000万元进行基础设施建设，通过省级验收复审。2005年，再投入2000万元加强工业园区内部建设，加大招商引资力度，引入企业18户，工业总产值8.5亿元，实现销售收入8亿元，实现利税2400万元。2006年，县委、县政府将工业园区定位为“一区两园”，即：机械冶金园、食品轻纺园，总面积4.5平方千米。园区创新管理机制，投资8000万元分别组建工业园区投资开发管理公司和蓬安县工业发展融资担保公司，为招商引资入驻园区企业服务。全县工业基本形成电力能源、机械冶金、农产品加工三大支柱产业。

【科技兴县】 1986年，蓬安县委决定实施科技兴县战略，全县开始实施“星火计划”项目，召开第三届科学技术进步奖励大会，奖励16个科技成果项目。1988年，制定鼓励科技人员、管理人员向集体和乡镇企业流动若干规定，印发《蓬安县科学技术进步奖励细则》。1989年，县委出台《关于组织农业科技干部到农村开展技术承包服务的通知》。1990年，开始实施科技兴工项目。1992年，正式确立并实施“科教兴县”战略，县委、县政府作出《关于推动科技进步，振兴蓬安经济的决定》。1993年，县委、县政府出台《关于进一步发挥科技人员在经济建设中的作用的若干规定》（36条）。1996年，县委、县政府作出《关于加速科学技术进步的决定》。1995年至2000年，共实施科技成果转化项目173项。1996年，县委决定印发《蓬安县科技发展纲要（1996年至2010年）》和《蓬安县“九五”科技发展规划》。1998年，省政府表彰蓬安科技兴县成绩，授予蓬安县“四川省科技工作先进县”称号。1999年，省科委批准蓬安县建立省级多种经营科技示范基地—蓬安锦橙100号基地，连续两年给予5万元资金支持。2001年，县委、县政府出台《蓬安县有突出贡献的中青年拔尖人才选拔管理办法》。2002年，县委出台《蓬安县乡镇和县级部门、企业党政一把手抓第一生产力目标责任制考核暂行办法》，4月，出台《关于鼓励科技人员为县域经济发展建功立业的若干规定》。2004年，县委决定编制蓬安科技“十一五”规划。1986年至2006年，县委七次颁发全县科技进步奖，推动科技成果在工农业生产中的运用与实践。

【能源建设】 1986年，县委决定加快能源建设，上马修建装机4.6万千瓦的马回大电站，促进全县经济发展。1987年年底，县委明确制定“能源先行”战略，决定县委一名副书记、一名副县长牵头组建马回电站工程建设指挥部，专职负责修建马回大电站。1991年，又决定对原马回小水电站进行增容技改，增加装机6000千瓦。1998年，县委决定修建马回调峰电站，增加装机3万千瓦。2000年9月，决定成立四川蓬安金溪电站筹建领导小组，启动装机15万kw的金溪电站筹建工作。2003年，成立专门班子，在省、市政府指导帮助下和市政府分管领导带领下，启动三坝核电站争取工作。核电专家组预选厂址开始只有睦坝没有三坝，市政府分管领导提出可将必备条件和经济条件得天独厚的三坝纳入预选厂址，获专家组同意。经过市、县努力，专家组筛选，四川核电站厂址确定落户蓬安三坝。2006年，金溪电站第一台机组发电。蓬安水电总装机23.61万千瓦，居南充市前列。

【基础设施建设】 1986年，县委决定加快县城基础设施建设，先后续建政府街及东西南北几个出口街道，提升蓬安城市形象。1990年，启动农村初级电气化县建设。1992年，组建班子修建大型水利设施升钟水库配套支渠。1991年11月，县委、县政府决定交通建设“三年变样、五年变畅”。1993年，县委全面启动全县油路水泥路建设。全县筹资，加速启动邮电通讯现代化建设。组织对城市建设修编，提出修编远景规划期限为2011年至2050年，规划城镇沿江而建，通过嘉陵江大桥的连通，突出一城三镇，即周口、锦屏、河舒镇三大组团的格局，形成三片多中心的开敞式星状城镇结构态势。1997年，启动县城民用天然气工程，解决群众基本生活设施。1998年1月，县委决定正式上马修建嘉陵江大桥，发动全县人民捐资补充资金的不足，解决全县人民盼望已久的东西交通通畅问题。2000年，县委决定加快全县小集镇建设，每个乡修一条农民街，解决农民进集镇务工经商居住。2003年，县委决定再次改造提升建设路、周河路路况。2004年，启动城东片区建设，完善县城和相如广场公共设施。2005年，再次对县城规划修编，加速把周口、锦屏、河舒连成一片。2006年，对全县县乡道油路建设加快进度，实行原定五年建设提前三年完成，全县变通变畅的目标，启动嘉陵江二桥建设可研，扩大全县天然气和自来水供水用户，解决区乡供气供水设施。

【发展民营经济】 1986年，县委决定全民动手大办乡镇企业，放手发动群众，国营、集体、个体一起上，壮大县域经济。1996年，决定组建个体私营经济管理办公室，为私营经济服务。1998年1月，县委、县政府作出《关于放手发展民营经济的决定》，表彰1997年发展民营经济的先进集体、先进个人和先进个体工商户。2000年3月，县委、县政府召开全县民营经济工作会，县委书记谢华国要求抢抓机遇，努力实现蓬安民营经济超常规发展。2002年3月，县委、县政府发出《关于进一步扩大招商引资加速民营经济发展的通知》，下达全县民营经济发展目标任务，要求个体工商户达1.6万户，私营企业达150户，从业人员3万人，实现税金3500万元；决定加强民营企业领导，成立蓬安县乡镇企业暨民营经济领导小组。2004年1月，县委、县政府提出《关于进一步加快民营发展的若干实施意见》，提出拓宽民营经济发展等22条要求。2005年4月，县委、县政府召开全县招商引资暨民营经济会议，要求进一步深化对民营经济工作重要性认识，根除民营经济发展存在的“五种”不利影响，优化环境，落实责任，加大工作力度，确保民营经济再上新台阶。2006年，县委决定加大民营经济招商引资、入驻工业园区力度。

【小康示范村建设】 1996年，县委制定《蓬安县农村小康建设规划纲要》，明确小康建设指导思想、目标任务、构建和实现小康关键指标的途径及小康建设保障措施，加快农村小康建设进度。1997年2月，县委、县政府下达小康建设目标任务，要求做到六个抓好，即：抓好三级规划、三大宣传、三个关键、三类指导、三大行动、三项验收。1999年，县委、县政府要求全县10个乡镇50个村达小康标准。2001年，县委在河舒桃花村、桂花村开展小康村建设试点。2003年，县委在中坝村建设小康村试点。2004年6月，县委、县政府提出《关于加快小康示范村（社）建设的意见》，对小康示范村建设指导思想、基本原则、目标任务、工作措施、考核办法再次提出明确要求；全县启动12个小康示范村、46个小康示范社建设，按照“高标准、高规划、高水平、高效益”的指导思想开展工作。2006年，小康示范村初步取得成效，硬件和软件建设基本达标，中坝村获“全国十大魅力乡村”荣誉。

【党员干部扶贫助困工程】 1987年，县委常委会专门研究解决抗洪救灾和认真解决受灾农户、机关企事业单位的实际困难。1996年，县委在制定小康村建设目标时，决定加快扶贫助困工作。2001年，县委决定在全县实施“万名党员‘三结合’帮扶链”活动，全面启动全县扶贫助困工程。2003年，县委在中坝村和下河街社区开展基层扶贫助困工作试点，选派组织部一名副部长到中坝村任书记带领群众扶贫助困，决定县级机关单位联系帮扶下河街贫困户。2004年，对下河街社区和全县各乡镇贫困户分别列出名单，安排党员干部定点帮扶。

2005年5月8日，县委提出《关于大力推广中坝村“五民示范工程”基本做法，全面加强农村党建工作的意见》。“五民示范工程”即：下深水听民声、强班子化民怨、办实事解民难、重引导聚民心、兴产业助民富。县委还提出《关于推广下河街社区“六帮六建”工作基本做法，进一步深化社区党建工作的意见》，要求高度关注下河街社区的贫穷，始终牢记执政为民的神圣职责，认真学习借鉴下河街“六帮六建”社区党建试点工作的基本做法，切实增强发展亲民的信心和动力，紧紧围绕构建和谐社会的总体要求，扎实搞好全县社区党建工作。6月，县委发出《关于全面开展“百村十居”示范行动，构建群众满意工程的通知》，在全县选取发展较落后的100个村和10个社区，实行县级领导定点联系，100名机关党员干部定点帮扶，打造100个小康和谐村和10个小康和谐社区，构建群众满意工程。7月，县委召开蓬安县深化结对帮扶工作暨结对帮扶活动表彰大会，表彰扶贫助困先进。11月，全省农村基层党建工作现场会在蓬安召开，肯定蓬安扶贫助困工作。县委还安排资金625万元，将城镇特困居民全部纳入低保；安排资金74.5万元，对城乡首批3000户特困家庭实施医保；补助63万元，将乡镇卫生院经费纳入县财政全额预算；投入资金350万元启动7600平方米的经济适用房建设；对农村特困户给予每户1000元资金补助；认真落实“两免一补”政策，为1.4万名贫困中小学生减免学杂费；安排资金453万元资助贫困学生，切实解决特困群众子女入学难。2006年，县委提出《关于进一步深化结对帮扶工作的意见》；同时，建立党员干部帮扶公示栏，公开接受社会监督。蓬安县在党员先进性教育活动中扶贫助困工作得到中央、省、市领导15次批示和群众广泛认可，中央六大媒体先后3次聚焦蓬安给予肯定。

【发展旅游产业】 1992年，随着马回电站建成，县委决定将周口至马回建成水陆游览区。1994年至1996年，县委决定开发白云山、大深南海、小乐山、燕山寨风景区。1996年12月，县委决定加快旅游风景区建设。要求抓住机遇，搞好规划，强化服务意识，提高风景区经营效益。以龙角山公园、白云避暑山庄、大深南海、周口至马回水陆游览区景区建设为主，加强协调，打好旅游风景区建设总体战。1998年2月，县委、县政府在大深南海召开“白云山风景区和大深南海”旅游风景区现场会，研究部署发展景区的思路、任务、目标、措施等。1999年8月，县委、县政府组织专家评审《龙角山公园总体规划方案》，决定分步实施。2005年，县委在听取了国家旅游局杜一力对南充旅游的建议和关于嘉陵江旅游总体规划设想后，决定打造嘉陵第一桑梓旅游建设总体规划，旅游与相如文化宣传结合，加快发展、做大做强全县旅游业，开启旅游建设新篇章。2006年，县委批准实施《2006年蓬安县旅游工作意见》，全力打造嘉陵第一桑梓旅游景区。11月，决定重点打造周子古镇、加快龙角山公园建设，保护性修复相如故城、搞好沿江绿化。按照“政府主导、企业主体、市场运作、社会参与”的思路大力推进全县旅游产业快速发展，决定迎接建县1500周年，打造以《相如长歌》为主的旅游文化宣传。

自身建设

1986年，县委决定进一步加强中心学习组制度，严格考核，加强自身学习与廉政建设，提高领导者自身素质，为蓬安发展做贡献。1989年7月，县委在周口镇党委、金溪区委、区政府机关等8个单位，进行廉政建设教育试点。1993年，县委在全县举办党风党纪知识竞赛，加强党风党纪教育。1997年，县委发出认真抓好领导干部廉洁自律的通知，对领导干部廉洁自律提出具体要求。2000年5月，县委成立“三讲”教育领导小组，开展以“三讲”为主要内容的党风党纪教育。2005年1月，县委成立保持共产党员先进性教育活动领导小组，向全县党员干部郑重提出“从我做起、向我看齐、对我监督”的承诺，请全县党员干部对县委常委监督。2006年，县委实施“党群连心工程”，制发《关于进一步深化结对帮扶工作的意见》文件，在联系群众，帮扶弱势群体中加强自身建设。12月11日，县委组织有关领导和单位集中收看《警醒》教育片，要求干部队伍坚持自身的纯洁和公正。

【县委中心学习组】 1986年，县委制发《关于进一步健全县委中心学习组的通知》，县委书记任中心学习组组长，建立考勤考核制度，设置学习考勤簿、记录簿和成绩册，坚持每月一次集中学习。1992年11月20日至21日，县委中心学习组学习党的十四大报告，专题讨论如何坚持以经济建设为中心，高速发展蓬安经济。1994年10月21日，县委中心学习组学习党的十四届四中全会作出的《关于加强党的建设几个重大问题的决定》，讨论发挥党的基层组织堡垒作用和共产党员先锋模范作用，全力抓好强县富民工作。2002年11月8日，收看党的十六大实况转播。19日至20日，县委中心学习组成员和各部门负责人集中学习党的十六大报告，讨论推进蓬安经济社会跨越式发展，全面建设小康社会。2004年3月11日，县委制发《关于2004年度县委中心学习组学习安排意见》，首次提出建设学习型领导班子要求。2005年3月25日，县委制定《关于2005年度县委中心学习组学习安排意见》，明确规定学习的指导思想、组织机构、内容、方法、要求等。2006年7月7日，县委中心学习组学习胡锦涛在庆祝中国共产党建党80周年大会上的重要讲话和《党章》，要求始终牢记党员身份，增强党员意识；牢记党员宗旨，服务人民群众；牢记党的纪律，保持政治本色；牢记先锋使命，开创一流业绩；始终坚持学习，提高执政能力和执政水平。县委每年对中心学习组成员的学习笔记和心得体会进行检查考核。

【民主生活会】 1986年，县委常委会和各级领导班子通过民主生活会议，开展批评与自我批评，加强自身建设。1987年8月15日，县委常委民主生活会围绕半年工作，肯定成绩，找出差距，结合自己的思想、工作作风，作自我批评，讨论拟定《关于克服官僚主义，改进机关作风的规定》，健全党风廉政建设制度。1988年3月6日，县委常委民主生活会，总结1987年工作，就群众最关心、反映最强烈的招工、招干问题进行讨论，开展批评和自我批评。一致表示县委工作一定要经得起群众监督和上级查处。1995年8月3日，县委常委民主生活会围绕廉洁自律自查自纠的重点，对照中纪委新老两个五条和四条补充规定进行检查，总结半年工作，查找思想作风不完全适应形势发展需要的地方。要求“做一名素质高，廉洁勤政，群众信赖，真正合格的共产党员；育一支上下齐心，遵纪守法，创业造福，效率较高的干部队伍”。1996年7月30日，县委常委民主生活会对照县委工作目标和县委工作细则，自查自纠，提出整改措施。要求“深化学习，全面提高素质；深化廉政建设，当好人民公仆；强化民主集中，增强建设合力；强化调查研究，做到科学决策；加大反腐力度，树立良好形象。”2000年，在“三讲”教育中，县委常委和四大机构班子领导分别在民主生活会中针对自己的不足进行自查自纠。2005年，在保持共产党员先进性教育活动中，县委常委带头过好民主生活会并要求各级开好民主生活会，认真总结经验教训，查找自身建设和工作中的不足，坚持用群众满意这个根本标准严格要求自己。2006年，常委民主生活会，对照征求到的群众意见认真检查改进。

【廉洁自律】 1986年，县委班子对自身建设和全县党员提出廉洁自律要求并建立一系列制度。1989年，县委在周口镇、金溪区等单位进行廉政建设教育试点。1990年，清理干部、职工违法违纪违章建私房和多占公房的问题。对查出的7人给予党纪政纪处分。1996年7月，县委发出《关于认真抓好1996年党政机关、县级领导干部、县级各部门、科级领导干部、乡镇领导干部及基层站所负责人廉洁自律工作的通知》，明确廉洁自律的目的、重点内容。1997年6月，县委发出《关于认真抓好1997年领导干部廉洁自律工作的通知》，对廉洁自律的内容、方法提出要求。规定县级领导分别参加乡镇、县级局以上单位领导班子民主生活会检查指导廉政工作。2003年8月，县委决定用一个月时间在县级党政群机关、政府直属事业单位、议事协调机构、区乡镇中开展一次“培育机关优良作风，提升班子工作能力，优化廉洁勤政素质，树立干部良好形象”为总目标的干部作风集中教育整顿活动，加强对违纪案件的查处。2004年，清理出党政领导干部借欠公款18人，借款156375元，收回资金142761元。2005年，查处金甲、龙蚕两乡镇领导干部违规迎来送往和打麻将问题，两乡镇主要领导被免职，11名领导干部受到纪律处分。2006年，清理党政领导干部和机关事业单位职工在金融机构贷款和替人担保后长期不还问题，清缴各类欠款350多万元。

【“三讲”教育】 2000年初，县委分别召开常委会和常委扩大会议，认真学习中央、省、市“三讲”教育精神，明确县委“三讲”教育目的、意义、原则、指导思想、范围和步骤。5月，县委成立“三讲”教育领导小组，出台县级领导班子和领导干部深入开展以“讲学习、讲政治、讲正气”为主要内容的党风党纪教育实施意见。5月16日，召开“三讲”教育动员大会。县委要求每个常委联系一名下岗或特困职工、一户城镇特困居民、一名老干部、一名知识分子、一家改制企业和一户民营企业。5月27日，集中在蓬安宾馆参加“三讲”教育的80余名对象，为灾区人民捐款7500元。6月，县委在“三讲”教育第一阶段小结暨第二阶段动员大会上，省委教育巡视组对蓬安县委“三讲”教育工作总的评价是：认识到位，学风较好；内容充实，安排较好；形式多样，方式较好；学改结合，实效较好；工学结合，兼顾较好。7月，在“三讲”教育第三阶段总结暨第四阶段动员大会上，省委教育巡视组对前阶段所取得的成绩给予肯定。14日，县委印发《县委常务委员会“三讲”教育整改意见》；15日，县委在大礼堂召开“三讲”教育总结大会，会议认为，历时两个月的“三讲”教育活动，在省委驻蓬安“三讲”教育巡视组和县委“三讲”教育领导小组的领导下，取得显著成效：“三讲”坚定了理想信念，增强了在世界观、人生观、价值观上改造主观世界的自觉性；“三讲”发扬了优良传统，增强了贯彻执行民主集中制的自觉性；“三讲”讲出了良好作风，增强了全心全意为人民服务的自觉性；“三讲”加快了发展步伐，增强了蓬安工业创奇迹、农业超常规、党建出经验的责任感。

【“三个代表”重要思想学教活动】 2000年12月8日，县委召开常委扩大会议通过在蓬安县农村深入开展“三个代表”重要思想学习教育活动的有关事项，决定用6个月左右时间，分乡镇、县级机关及社区、村3个层面，采用集中时间、集中精力、集中人员的方式有计划、有步骤地开展一次“三个代表”重要思想教育活动。12月10日至14日，县委组织全县县级机关副科级以上干部400多人深入农村，进村入户调查研究，了解当前农村的焦点、热点问题，为“三个代表”重要思想学习教育活动调查摸底。2001年7月20日，县委召开县级机关“三个代表”重要思想学习教育活动动员大会，明确在县级机关单位开展“三个代表”重要思想学习教育活动的指导思想和基本原则、解决的主要问题和达到的基本效果。要求通过为期一个半月的学习，解决好五个问题：在精神状态上精神空虚、麻木不仁的问题，在工作作风上服务弱化、办事飘浮的问题，在执行纪律上各自为政、政令不畅的问题，在发展措施上只讲“本本”、不谋创新的问题，在为政形象上内耗拆台、自律不严的问题；达到五个效果：增强学习意识，增强全局意识，增强服务意识，增强群众意识，增强改革意识。9月15日，县委召开乡镇开展“三个代表”重要思想学习教育总结暨万名党员“三结合”帮扶链活动工作会议。对乡镇开展“三个代表”重要思想学习教育工作进行总结，要求深入开展万名党员“三结合”帮扶链活动，努力开创农村工作新局面。2002年1月16日，县委召开全县村级“三个代表”重要思想学习教育活动动员培训大会。要求牢牢抓住村级学习教育活动的工作重点，以学教活动为动力，推动农村工作。2003年9月16日，县委发出《关于在全县兴起学习贯彻“三个代表”重要思想新高潮的通知》，要求要进一步认识学习贯彻“三个代表”重要思想的重大意义，深刻领会其精神实质，着力解决群众的实际问题，掀起学习新高潮。

【保持共产党员先进性教育】 2005年1月，县委成立保持共产党员先进性教育活动（以下简称“保先”教育）领导小组。县委派出“保先”教育活动6个督导组分别对全县各单位进行督导、把关。2月1日，县委发出关于印发《县委常务委员会致全县党员干部群众的公开信》，要求县域各级党组织认真组织学习，深刻领会县委常委会向全县党员干部群众发出的“从我做起、向我看起、对我监督”为内容的公开信，请广大党员干部群众加强对县委常委的监督。4月6日，县委召开常委（扩大）会议，通报“保先”教育活动县级四大班子领导干部征求意见汇总情况，要求领导干部正确对待反馈意见，从中找差距，做改正问题的典范；对“保先”教育第二阶段工作作出安排。5月26日，县委办、县政府办印发《蓬安县深化“保先”教育活动，切实解决农村五保户特困对象、住房困难问题的实施方案》的通知。12月4日，县委组织县级部门一把手、乡镇党委书记、村（社区）支部书记等769人对县委政府领导班子关于党建工作、工业经济、招商引资及项目争取、城建城管、农业产业化、关心群众疾苦等6个方面的工作，对县委、县政府领导班子成员的政治素质、工作能力、勤政敬业、协调能力、廉洁自律、工作实绩、群众感情、公众形象等8个方面进行社会评价，满意度均为90%以上。县委“保先”教育活动中创造的中坝村和下河街基层党建工作经验，受到省市委领导的肯定和群众的赞扬。

综合协调

县委综合协调工作主要由县委办公室负责。1986年，县委办工作重点放在对乡镇贯彻落实县委会议精神的督查指导上，深入区乡检查并通报情况。1990年，县委办注重制定文书处理和公文程序运作规定，从制度上加强协调管理工作。1997年，开始加强党政网建设和信息调研工作。2006年，办公室综合协调工作包括信息调研、机要保密、督促指导、目标管理等方面。

【中共蓬安县委办公室】 1986年，县委办公室设秘书科、调研科、机要科和行政科。1992年12月，县级机构改革，县委办重新设置中层机构秘书股、调研信息股、督办股、保卫股、行政管理股。1997年，增设机要保密股，增挂县委机要局、县委政策研究室、县信访办公室的牌子。2001年12月，县委办下设秘书股、经济工作股、社会事业股、调研股、信息股、党务人事股、安全保卫股和机关服务中心。县委办还管理县委机要局、县委保密委员会办公室、县委县政府目标管理督查办公室、县委县政府信访办公室、县委台湾工作办公室、县委党史研究室、县委县政府接待办公室。

1986年至2006年，唐科忠、杨明君、罗建新、陈鹏泉、蒋文格、林克贵先后任办公室主任。

【信息调研】 1986年，县委办信息调研做到“三个跟得上”：跟得上时代的要求、跟得上形势的变化、跟得上领导的思维。做到“三抓”：抓质量提高、抓报送规范、抓渠道拓展。1998年，县委办编发《调查与研究》24期，全年报南充市信息调研文章225篇，报省信息调研文章73篇。2000年，主要开展的信息调研有《影响乡镇工作开展的主要因素及对策》《农民负担征收难及对策》《乡镇财政负债及消化对策》《城乡居民收支现状及引导方向》《马电公司改制转机增效初探》等课题，上报省市调研文章229篇，采用69篇，编印《信息内刊》12期，撰写专题调研文章14篇，转发8篇。2002年，县委办完成信息调研文章181篇，其中国家级刊物发表7篇，省级刊物发表10篇，市级刊物发表13篇，省、市采用信息45篇。2004年，对《农民增收途径初探》《关于农业产业化现状的调查》《农村义务教育的现状及对策》《新形势下反腐倡廉的思考》等27个项目展开调查研究，将调研课题分解到人头。全年共印发《调查研究》8期，被省级刊物采用3篇，市级刊物采用3篇，印发《情况简报》50期，上报省委办信息185条，上报市委办信息432条，编发《信息内刊》8期。2005年，共撰写调研文章10篇，其中在国家级刊物上发表1篇，在市级刊物上发表5篇；上报信息700多条，其中被省委办公厅采用2条，被市委办公室采用50条。信息、调研工作分别被市委办、市委政研室评为先进集体。2006年，围绕农业结构调整、农业产业化、招商引资、企业改制、基础设施建设等全面调查研究，其中《农业产业化建设初探》《五个一做好移民后扶工作》《建设嘉陵第一桑梓，打造浪漫爱情家园》等专题调研文章在省、市发表。全年共印发《调查与研究》6期，市级刊物采用4篇，印发《情况简报》55期，上报省委办信息85条，采用5条，上报市委办信息300多条。

【督查指导】 1986年10月，县委办到机关单位、乡镇，督查指导贯彻落实县委全委扩大会议、人大工作会、政协工作会、农村工作会议精神，对河舒、南燕、海田等乡镇“贯彻会议精神重落实，做好各项工作重当前”的情况督查通报。1992年，县委办设目标督查股，负责督查工作。1995年1月10日，县委、县政府召开经济工作会后，组织人员深入各乡镇有关部门和企业，对会议贯彻情况督查指导，对发现的问题督查通报。1995年7月，县委、县政府组织10个督查指导组，深入全县38个乡镇对农田水利建设检查督促。2001年，县委、县政府设目标督查办，与县委办合署办公，对各乡镇、单位实施年度或不定期的目标督查工作。1996年至2005年，根据县委中心工作开展督查指导，编发《督查通报》208期。督查通报马回电站、嘉陵江大桥、周河路等13项重点工作建设情况，全县乡道公路整治、创卫工作开展、农田水利基本建设，全县9件大事完成情况等。2006年，全年编发《督查工作》40期、《督查专报》8期，上报督查信息10条，其中被采用2条。督办领导批示件82件，承办群众来信来访210件，办结率100%。

【目标管理】 1986年，目标管理工作纳入常规指导管理，年度重点考核农村工作。1987年，开始考核城市经济工作。1993年，开始对全县各部门各乡镇全面考核。2001年，成立蓬安县目标管理督查办公室，负责全县目标管理初核、送审、上报，全县经济、社会事业相关目标的编制拟定、组织实施、跟踪督查、考核兑现及县委、县政府重要工作部署、领导批示件的督查督办。2003年，县目标办下达农业产业化建设、“五业”经济发展、实施污染源自动监控目标任务，对2002年度全县商贸经济、招商引资、民营经济及劳务开发工作目标考核通报，表彰目标考评先进集体18个。2004年8月，县委颁发《关于加强目标管理督查工作的决定》，要求健全组织体系，建立健全县目标管理督查工作制度。2005年9月，县委制定《2005年全县目标管理实施细则》。2006年，组织实施2005年度目标考核工作，协助市委、市政府对蓬安2005年度经济工作进行考评。在全市考核中，蓬安县工业经济、地方生产总值、财政收入、综合排位分获第1、2、3、2名。

2001年至2006年，傅天贵、刘峻崎、王晓明、刘斌（代）先后任目标办主任。

【机要工作】 1986年，县委机要工作由县委办管理。1997年，县级机构改革，县委办增挂县委机要局牌子，内设机要保密股，负责四川党政网蓬安管理中心和蓬安党政网的建设及网络管理、数据库开发等，承担密码工作领导小组办公室、信息化工作领导小组办公室、国家密码管理办公室的日常工作，督促、监督、检查各级保密工作。2003年，在全市率先开通县级各部门，各区、乡镇党政网工作站；全面进行主页改版及网络功能软件开发、数据库建立，自行成功开发出“蓬安网上传真资料收发中心”“内部电话号码查询中心”；8月正式开通并实现县、区、乡镇传真网上运行，取代已运行8年之久的县乡无线传真通信系统。2005年，制定《县委机要局关于紧急重要电报办理规定》，落实各项应急措施，完善电报办理程序和办法，规范密码电报译传办工作。2006年，县机要局制定《2006年岗位目标考核办法》《密码管理人员岗位责任》《密码管理制度》《密码设备管理制度》等，坚持双岗双人，24小时值班制度，开展“保密、安全、高速、无事故”争先创优活动，完成“蓬安综合资料库”“公文查询系统”建设。

1992年至2006年，李林、聂彦光、刘永泉先后任县机要局局长。

【保密工作】 县委保密委员会办公室与县国家保密局实行一套机构、两块牌子。1986年，保密工作由县委办管理。1997年，设机要保密股负责保密工作。2001年，设县委保密委员会办公室。2003年，县委保密办按照“同步建设、严格审批”要求，对政务内网的保密方式、制度建设、安全措施等严格检查，督促指导。2004年，县委保密办对全县各部门、区、乡镇进行保密培训，各区、乡镇落实分管领导，配备1名至2名专职人员负责电子政务日常管理工作。坚持在信息安全，保密管理上做到“三审、两隔离”，即审批涉密网络建设方案、审批涉密网络建设单位的集成资质、审定涉密网使用的技术产品；在网络线路上实行物理隔离，在终端安装物理隔离卡。2005年，县保密办（局）依托党校对党政领导干部，重点涉密人员和公务员进行保密知识培训，健全《涉密文件传阅登记制度》《涉密文件借阅审批制度》《涉密文件归档管理制度》《涉密信息上网审查制度》，对重点涉密部门定时检查和重点抽查，对党政信息网、新闻从业单位及个人、各类统考等行业的保密工作进行监督检查。2006年，县保密办（局）开展保密工作“四个一”活动，即组织干部职工学习一次保密法规知识、观看一场保密教育录像、出一期保密教育板报、进行一次保密检查。县级机关单位成立信息安全领导小组，配备一名信息员，按保密要求健全机构，落实人员，做好网络保密工作。

1988年至2006年，杨明君、聂彦光、谢勇、王晓明、刘瑛先后任保密局（办）主任、局长。

【党史编研】 1986年，中共蓬安县委党史办公室（以下简称党史办）收集整理蓬安县党史大事记21条，征集红军在蓬安的历史资料140多条。1990年8月，原县委党史工作委员会及其办公室更名为县委党史研究室，属县委领导下具有科研性质的工作部门。1994年，党史研究室收集整理蓬安县党史大事记59条，为编写《中国共产党蓬安县党史大事记》奠定了基础。1995年，县委决定编写《中国共产党蓬安县党史大事记》（1949.12至1995.12)，1996年，完成初稿，1998年6月，经定稿评审委员会评审后正式定稿发行。该书18.1万字，记述了中国共产党蓬安县委员会成立以来至1995年12月共47年间历经的大事。2003年，党史研究室收集资料20多万字，编辑党史大事记4期8万多字。建党82周年时，党史研究室与广播局合编《辉煌的历程》一书，反映蓬安县委在经济建设中的重大决策。2005年，党史研究室通过走访了解、查询资料，编辑整理《蓬安英雄人物小辑》，反映了蓬安9位英雄人物典型事迹。2006年，党史研究室收集整理资料30多万字，出党史大事记4期8万字，收集整理抗日战争时期蓬安县抗战人员死亡和财产损失情况，收集整理日机轰炸蓬安骑龙乡补巴桥村的情况并整理成资料。

1988年至2006年，龚光富、唐明、兰鹏飞、罗建新、胡剑、赖真华、刘建忠先后任党史研究室主任。

【公文处理】 1986年，县委办制定《县委机关公文处理实施细则》，要求公文处理严格按细则办事，严格遵守党的纪律，加强文件保密工作。公文处理主要由秘书科和调研科（后均改为股）负责。1990年，县委办制定《关于改善文书处理和加强文件管理工作意见》，对文件审发、办文程序作严格规定，完善材料起草、审校、审批、签发、付印及存档等程序。1997年，县委办进一步建立健全公文处理失误追究制度，规范公文处理程序。2006年，县委办制定公文运转细则，对收文、发文办理，公文传阅、归档四个方面作出详细规定，逐步实现各类文件、电报收发、运转高效、快速。

【接待工作】 1986年，县委、县政府接待工作主要是接待县乡人民代表和群团组织选举及工人、农民、各界先进代表会议，会议一般按标准缴纳伙食费和粮票。上级来人来客一般没有特别接待，都是按会议伙食在县委招待所食宿，如遇县上招待，则按规定缴纳钱粮，一般为每天3角至5角钱左右，500克粮票。各单位对上级和外地来客一般也不专门接待，客人食宿多是自行解决。招待所为县委县政府统一接待食宿地点，县上各种大型会议均在县委招待所食宿、在大礼堂召开会议。1990年，县上和各单位开始按一定标准接待上级和外来客人，接待地点一般在县委招待所，有的也在城里一些食店。客人只交住宿费，一般不交伙食费。县城工作人员参会从这期间起一般不在会议上吃饭。1995年，县上接待工作日趋完善，招待所设有装修好的标准间，住宿仍以招待所条件最好，饮食除招待所外，县城的火锅和其他中餐食店也有多家，设各种宴席标准，各单位分别接待客源。县上各种会议接待仍以招待所为主。2000年，招待所经改造新修大楼一幢，改名蓬安宾馆，评为二星级酒店，原小楼逐步淘汰。县委、县政府各种大型会议、上级和外地客人及各单位多数接待都在蓬安宾馆。2001年，县委开始设立机关服务中心，后改称接待办，统一接待来县的市以上客人。2003年，县委将新修的会展中心改为相如饭店，县委、县政府大型会议和接待客人改在相如饭店，开会多在相如饭店会堂，由设在县委办公室的县接待办统一接待。各单位客人自行接待，接待地点除相如饭店外，也有城内其他宾馆酒店。2006年，蓬安接待地点仍然以相如饭店接待为主。原县委招待所即蓬安宾馆因马回电站参股后按企业进行改制，陆续安置原招待所职工，其接待客人相对减少。

组织工作

1986年至2006年，县委组织部负责县委组织工作，包括党的基层组织建设、党的建设、党员教育管理、干部与人才培养教育管理、老干部管理等工作。在乡镇、机关不断完善党的组织，党性党纪党风教育与纪检等会同实施，干部逐步实行公开招聘。党建工作不断创新、规范、健全。

【中共蓬安县委组织部】 1986年，县委组织部内设秘书科、组织科、干部科。1992年12月，内部结构改科为股，县委老干部局和县委党建办工作职能并入县委组织部，增设老干部管理股。1994年9月，老干部管理股升格为中共蓬安县委组织部老干部局。2000年8月，撤销干部股，分设为干部一股、干部二股。2003年4月，设立信息调研股。2006年，设有秘书股、干部一股、干部二股、组织股、调研信息股，挂县直属机关工委、县委党建办、县委党员电化教育中心牌子。1986年至2006年，张能德、伏文超、卢祥林、王晓钧、朱仕友、任润生先后任县委组织部长。

【基层组织建设】 1986年，县委决定加强各单位党组织建设，先后建立县工业局、交通局、农机厂等14个党支部，4月1日，撤销工业局和交通局党支部，建立工业局、交通局党组。10月25日，县委在蓬安丝绸厂、畜牧局、公安局、农业局等19个单位建立中共纪律检查组。1987年，在诸家小学、实验小学、国土局等13个单位成立党支部；5月27日，成立“马回水电站工程指挥部党委”；6月9日，成立县公安局党委。1990年，在县计划生育委员会、文教局、人事局、劳动局、商贸委等6个单位建立党组，建立中共蓬安县委党校总支。1991年9月，在县党群系统、政府口、宣传口、政法系统、计委口、政法系统、经委系统、商贸系统、农委系统等机关建立党的总支委员会。

1992年9月，建制大调整，撤销原中共蓬安县各区、乡镇委员会和纪律检查组，重新分别建立机改后的24个乡镇党委和纪律检查委员会。1994年，县委决定建立和完善乡镇片区组织机构，成立了中共徐家镇黄坪片区、方广片区、徐家片区、骑龙片区、三坝片区、金马片区、凤石片区、锦屏镇西门片区、长梁片区、马回片区、金溪镇向东片区、石梁片区、大泥片区总支部委员会，采取教、帮、调、促相结合的方法对全县后进村党支部进行整顿。1997年1月，县委组织部制发《关于切实加强和改进事业单位党建工作的通知》和《加强和改进县直机关党的建设和若干规定》，对事业单位和县直机关党建工作进行明确和细化。在完善乡镇建制时对重新恢复和调整的乡建立了党委。

1999年10月20日，县委决定周口镇、锦屏镇党委由县直管，在全县设立中共蓬安县河舒、罗家、兴旺、徐家、金溪、巨龙6个区委员会管理各所属乡镇党委。2001年，撤销各区委员会。2003年2月，重设区委。12月1日，建立中共南充金华纺织有限公司、海峡茧丝绸有限责任公司、南充赛克斯纺织有限公司，齐祥食品有限公司等15个私营企业党支部；因国企改革，企业撤销或破产，撤销中共蓬安烟厂委员会和下属5个党支部及亨达公司、中药材公司、糖果厂、酿造厂、土产公司、轮船公司、运输公司等31个党支部。2004年5月2日，县委决定将河舒、罗家、兴旺、锦屏、巨龙、徐家、金溪几个派出所党支部由属地管理关系划归县公安局党委统一管理。2005年，县委在统战部设立蓬安县非公有制企业党委，管理非公有制企业党组织。7月，再次撤销中共各区委员会。2006年年底，进一步调整乡镇建制后，全县建有党委62个，总支18个，支部1090个，党员23234人。

【基层党建工作】 1986年，中共蓬安县委继续深化整党工作，解决党内“三个严重不纯”问题。在农村，侧重健全和完善党内民主生活制度和三会一课制度，广泛开展创先争优活动。1988年开始，县委分加强了对农村支部书记和支委培训，普遍开展民主评议党员工作，注重在农民中培养入党积极分子，坚持农村支部目标管理责任制，全面进行农村后进党支部整顿工作。1991年3月，县委印发《关于进一步加强以党支部为核心的村级组织建设的意见》。1992年2月，全县第二期农村社会主义思想教育首次对加强农村党建提出可操作性具体意见，要求在村级组织建设中开展选好一位支书、配好一套班子、带好一支队伍、建好一个阵地、立好一个制度、定好一个规划、办好一个实体、开展好一系列活动的“八一工程”建设，突出五个重点，处理好五个关系。1993年，县委下发《关于进一步加强农村党支部建设工作的意见》，提出全县农村含社区党支部建设工作目标和措施。1994年，对调整后的乡镇建立和完善片区组织机构，对后进村党支部采取“教、帮、调、促”相结合进行整顿。1998年4月，县委作出调动和保护村、社干部积极性的决定，包括提高村、社干部综合素质，推进村社干部竞争上岗，实行公开招聘，调整完善村社干部误工报酬结构，推进村干部养老保险制度，表彰、奖励优秀村、社干部，依法严惩打击报复村、社干部的行为，从政治上全面关心爱护村、社干部等八个方面。2000年12月，在全县乡镇领导班子和乡镇干部中开展“三个代表”重要思想学习教育活动，按照学习培训、对照检查、整改提高、总结验收四个阶段进行。2001年2月，县委在全县开展“万名党员三结合帮扶链”活动，帮助贫困户脱贫解困。2002年3月，贯彻实施南充市委开展培养100名优秀乡镇（街道）党委书记、乡镇长，培养100名优秀村（社区）党支部书记、主任和100名优秀党员致富带头人的“三百工程”活动。6月，县委发出“三百工程”进社区活动的通知，10月，在全县开展“深化‘三百工程’，争做人民满意干部”活动。

2003年，县委开展“科技兴村、民主管村、依法治村”建设；开展创“基层组织建设先进县”、乡（镇）党委创“五个好”乡（镇）党委、村党支部创“五个好”村党支部的“三级联创”活动。县财政拨166万元，补助解决241个村建立标准党员活动室，通过招标为344个无电教设备的村统一配备29英寸彩电、DVD等设备。将在职村支部书记误工报酬提高，由县财政按月打卡直发。

2004年，中坝村和下河街社区的基层党建工作经验开始得到省市领导充分肯定。中共四川省委常委、组织部部长魏宏亲自给社区党支部写信，希望他们继续努力，不断巩固社区建设成果，努力实现社区和谐，人民富裕的目标。2005年11月，县委下发《关于印发〈蓬安县党务公开实施办法〉的通知》，要求以解决群众疾苦为核心，要建立“三深入、三落实”工作日记制，全面推进基层党的建设。11月18日至19日，省委组织部主持的全省农村基层党建工作现场会在蓬安召开，省委专题解读“中坝现象”，为全省农村党建发展指明方向。30日，县委常委（扩大）会议传达全省农村基层党建工作蓬安现场会议精神，要求每位县级领导每月最后两天书面汇报当月工作情况、下月工作要点，目标督查办汇总公布。12月，县委下发《关于加强和改进基层党建工作的意见》，坚持把群众满意作为基层党建工作的根本价值取向和检验标准、把解难助困作为基层党建工作的切入点、把发展增收作为基层党建工作的首要任务、把选好书记作为基层党建工作的重中之重、把提高帮带能力作为基层党建工作的重点内容、把落实责任作为做好基层党建工作的关键；实行县级党员领导干部、县级部门定点帮扶联系乡村社工作的公示制。采取下评上、民评官、基层评机关的方式，把乡镇、村（社区）两级领导班子及其成员的工作和个人形象纳入“民心考核”范畴。

2006年3月3日，县委提出贯彻落实全省农村基层党建工作蓬安现场会议精神的报告，坚持民心得失是标准，始终把群众满意作为基层党建工作的根本价值取向；坚持群众利益无小事，用心为群众办实事；坚持发展增收是根本，让群众共享发展成果；坚持支部书记是关键，更加注重加强班子带好队伍凝聚人心；坚持工作方法是全局，注重增强做好新时期农村工作的能力；坚持县委责任更重要，注重在真抓实干中体现先进性等六个方面。12月，县委提出《关于深化农村党的建设“三级联创”活动，推进社会主义新农村建设的意见》，进一步提出三级联创活动指导思想和目标要求，实施战斗堡垒工程、加强基层党组织建设；实施党员先锋工程，加强党员队伍建设；实施增收富民工程，推动农村经济发展；实施党群连心工程，密切党群干群关系；实施阳光工程，构建民主和谐的发展环境。县委决定每年开展一次十佳村（社区）支部书记评选活动，被评为“十佳”者每人奖励2000元，连续三年评为“十佳”者，符合干部任职条件提拔到乡镇任职，其余一次性奖励1万元。11月，长梁乡中坝村党支部，作为全国唯一村级组织代表在全国农村党建“三级联创”活动视频会上作经验介绍。该村被中央电视台评选为“全国十大魅力乡村”并获“和谐共进奖”。

【作风建设】 1986年，中共蓬安县委制定《关于建立健全抓党风责任制的决定》，从组织上、制度上加强党员干部作风建设。1988年1月至1992年12月，县委本着“坚持标准、立足教育、区别对待、综合治理”方针，清理出不合格党员687人，分类进行了处理。1989年8月，县委、县政府对干部职工违法违章建私房和多处占公房者进行了清查处理。1993年，县委在全县各级领导班子中开展以学习、团结、勤政、廉洁、求实、奉献为主要内容的“六好”活动。1998年，县委出台《关于进一步加强乡镇党委建设的意见》，继续开展创六好班子活动，弘扬“蓬安精神”，培养各级领导干部求真务实的工作作风，争做新时期合格的人民公仆；出台《关于加强和改进党的作风建设的决定》。2000年5月，全县开展以讲学习、讲政治、讲正气为主要内容的“三讲”教育；在乡镇领导班子和乡镇干部中开展“三个代表”重要思想学习教育活动，组建6个区督查指导组，46个乡镇宣传教育工作组指导学习。2003年7月，在全县组织人事系统开展为期两个月的作风整顿教育活动。2005年1月，在全县党员中启动“保持共产党员先进性”教育活动，分三批进行，每批半年时间，吸收入党积极分子参加。活动分学习动员、分析评议、整改提高三个阶段。在活动中，县委果断调整33个后进村班子，公推直选598名村级党组织负责人，下派110名优秀机关干部到村（社区）担任党支部书记，回引48名“打工能手”任村干部，逐步实现村（社区）支部书记职业化、知识化、脱产化，解决基层党组织带头人难找的问题。2006年，通过下派干部帮村和作风整顿，全县共有281个行政村党支部全面实现“五好”目标；村务公开面达到100%；村“两委”关系不协调的28个村全面改观，30个后进村跨入全县先进村行列；下派村支书称职的100%，其中优秀占50%以上，有45名下派村党支部支书受到县、乡（镇）党委、政府的表彰奖励，赢得群众支持和称赞。

【党员管理】 1986年全县共有党员17123人，其中，大专以上文化程度286人，文盲916人。2006年，共有党员23234人，比1986年增加6111人，增长率为35.68%。其中，大专以上文化程度4131人，比1986年增加3845人，增长13.44倍，文盲由1986年的916人下降到187人，高中文化程度以上的党员占党员总数的38.02%，比1986年的12.40%提高25.62%。

党员发展　1986年，中共蓬安县委按照“坚持标准，保证质量，改善结构，慎重发展”的方针，在生产第一线的工人、农民、知识分子、专业技术人才和新的社会阶层中发展新党员。1988年至1992年，发展新党员961人，其中农民444人，占发展新党员总数的46.2%；45岁以下的852人，占新党员总数的88.7%；大专以上文化程度的119人，占发展新党员总数12.4%，高中、中专文化程度的375人，占39%。1993年至1997年，共发展新党员2078名，其中：农民893名，占发展新党员总数的42.8%，工人169名，占8.1%，知识分子603名，占29.5%；专业技术人员308名，占发展新党员总数的14.84%；妇女211人，占发展新党员总数的10.1%。1997年至2002年，发展新党员3066名，其中：农民1490名，占发展新党员的48.81%，工人182名，占5.93%，知识分子448名，占16.45%；女党员513名，占发展新党员的16.73。2003年至2006年，全县发展新党员1796名，这一时期全县发展新党员除考虑改善年龄和文化结构外，特别注重在新的社会阶层中扩大党员覆盖面。

蓬安县党员统计表

（1986~2006）

单位：人

年度＼项目	党员总数	性别		民族		文化程度						年龄					行业					
		男	女	汉	少数民族	大专	中专	高中	初中	小学	文盲	25岁以下	26至35岁	36至45岁	46至60岁	61岁以上	工业	交通邮电	农业	金融商业服务	机关文卫	其他
1986	17123	15669	1454	17121	2	286	676	1161	4764	9320	916	522	3799	5040	6571	1191	641	315	11424	907	2667	1169
1987	17634	16148	1486	17631	3	350	750	1302	4988	9345	899	644	3629	5268	6700	1393	700	318	11622	915	2854	1200
1988	17828	16337	1491	17825	3	469	793	1420	5033	9245	868	585	3375	5396	6929	1543	639	318	11559	1102	3018	1192
1989	17735	16309	1426	17732	3	484	848	1453	5119	8972	859	515	2862	5536	6924	1898	642	322	11332	1159	2988	1292
1990	18015	16564	1451	18012	3	584	898	1564	5296	9036	637	576	2591	5581	7083	2184	676	326	11358	1118	3182	1355
1991	18196	16721	1475	18193	3	652	959	1649	5387	8992	557	458	2327	5935	6941	2535	736	328	11335	1191	3343	1263
1992	18571	17100	1471	18568	3	783	1001	1737	5573	8806	671	439	2260	5906	7029	2937	773	324	11786	1145	3454	1089
1993	18898	17431	1467	18895	3	902	1060	1823	5809	8853	451	597	2147	5736	7118	3318	856	337	11804	1156	3769	976
1994	19277	17740	1537	19274	3	1010	1110	2003	6098	8596	460	501	2238	5680	7092	3766	937	337	11886	1200	2896	1021
1995	19680	18106	1574	19677	3	1123	1791	2154	5896	8296	420	556	2546	5280	7286	4012	943	339	12263	1243	3687	1205
1996	20171	19558	1613	20168	3	1255	1971	2432	5836	8297	380	567	2786	4812	7453	4553	956	341	12343	1256	4121	1154
1997	20498	18823	1675	20495	3	1497	1306	2401	6715	8229	350	578	3009	4644	7777	4490	965	345	12414	1280	4273	1221
1998	20832	19077	1755	20829	3	1656	1339	2553	6759	8182	313	655	3146	4398	7951	4652	1325	—	12587	1029	4576	877
1999	21297	19459	1838	21294	3	1981	1417	2670	7551	7362	316	697	3081	4379	8187	4949	1349	—	13006	732	5011	741
2000	21914	19941	1973	21913	3	2234	1546	2716	7285	7813	315	324	3233	4259	8499	5199	1520	—	12986	688	5225	998
2001	22346	20453	1893	22343	3	2489	1858	2819	7437	7450	248	865	3169	4305	8607	5400	1335	5	12986	688	5360	1480
2002	22854	20775	2079	22851	3	3067	1648	2826	7546	7589	187	722	3503	4596	8457	5576	—	—	—	—	—	—
2003	23106	20985	2121	23103	3	3584	1614	2785	15123	3939	4467	5686	3045	5969	6184	13072		1	2415	1434	—	—
2004	23214	20908	2306	23210	4	3797	1569	3000	14848	3940	4701	5565	3061	5947	6272	13249	—	—	2206	1487	—	—
2005	22998	20709	2289	22995	4	3936	1542	3167	14353	3680	4601	5401	3291	6025	6160	13311	—	—	2255	1272	—	—
2006	23234	20869	2365	23230	4	4131	1563	3140	14400	3949	4833	5331	3206	5915	5792	13584	—	—	2305	1553	—	—

党员教育　1986年，在整党中对全县党员进行党性党风党纪教育，处置不合格党员。全县表彰100名优秀党员。1988年至1990年，对全县12895名农村党员首次进行民主评议。对“三不”党员，不起党员作用、本人要求退党和犯有拖欠农业税、合同定购粮、违反计划生育、乱占耕地建房、违法乱纪、参与赌博等不同程度错误的不合格党员进行必要的处置。1990年，县委在党员干部中开展以马克思列宁主义毛泽东思想基本理论、党的基本路线、党的基本知识为主要内容的“三基”教育。组织部发文规定半月一次组织生活会，一季度一次支部党员大会，半年一次民主生活会，三个月一次党课，间周一日政治理论学习制度，一年一次民主评议党员制度以及检查总结表彰制度，党内生活学习逐步正常化。1990年至2000年，全县各级党组织开展“创先争优”活动，评选表彰优秀党员1000余人。2000年至2002年，在“三讲”教育和“三个代表”重要思想学习教育活动中涌现出徐家镇方广村党支部书记范琼花等一批优秀共产党员，范琼花当选为党的十六大代表。县委在全县开展党员“万人结对帮扶”活动，组织有帮带能力的党员与贫困户、贫困党员结成帮扶对子脱贫致富，对贫困党员、老党员进行走访慰问。2003年，全县建成“五好”村党支部180个，举办党员培训班8期，培训976人，培训新党员458人，预备期满转正党员635人；表彰94个先进党组织，146名优秀共产党员，69名优秀党务工作者。2005年，县委在“保先”教育活动中实施党员先锋工程、农村党员素质教育工程；加强流动党员、新经济组织党员、企业下岗失业职工党员、关停破产企业党员、城镇社区党员管理工作；对不按时缴纳党费的党员进行清理，保持党的先进性。县委书记刘中伯被评为全国优秀党务工作者、四川省优秀县委书记。县委评选表彰80个先进党组织，80名优秀党务工作者，150名优秀党员。

2006年，县委探索对党员实行分类管理，在农村，大力推行“以支部为核心，优秀党员挂牌示范、无职党员设岗定责、流动党员持证外出”的“1+3”党员教育管理模式；在城市，对流动党员重点实施“安家”工程，对机关在职党员实行单位和社区双重管理，对离退休干部职工中的党员、下岗职工中的党员及“两新”组织中的党员定期组织学习教育，主动联系、宣传、上门教育管理。开展万名党员真情为民送温暖活动、公推公评先进活动。“七一”评选表彰43个先进基层党组织，100名优秀共产党员，60名优秀党务工作者。查处违犯法纪党员，开除党籍1人，限期改正错误3人。

电化教育　1991年4月，县委组织部开始组建党员电化教育工作站。2001年12月，县委决定在组织部设立党员电化教育中心，负责全县党员电化教育工作，着力抓县、乡镇、村三级电教网络建设。2003年4月，电教中心着手抓电化教育教材供给、加强片库建设，引进、制作和发行一批优质党员电教资料，其中《36个孩子一个妈——记党的十六大代表、徐家镇党委副书记、方广村党支部书记范琼花》《中坝村的变迁》《下河街社区党建六帮六建》等专题教育片，受到党员、干部和群众欢迎。2006年，全县39个乡镇均普及播放收看网点，60%左右的行政村实现党员电教网络场地、设备、人员、制度“四落实”。

蓬安县党员培训及评处情况统计表

(1989~2006)

年度	项目	总数	县（市、区）一级机关	镇（乡）机关	公有经济企业（2001年统计为企业）	县以上行政机关所属企事业单位（2001年后统计为事业单位）	其他
一九八九	培训党员（人次）	1952	100	150	—	—	1702
	开展评议的支部	1090	95	757	—	158	80
	结束评议支部	853	—	757	—	17	79
	参加评议的党员	17735	1081	13447	—	2290	917

续表

年度	项目		总数	县（市、区）一级机关	镇（乡）机关	公有经济企业（2001年统计为企业）	县以上行政机关所属企事业单位(2001年后统计为事业单位)	其他
	结束评议的党员		14483	—	13326	—	256	901
	组织处理	合计	616	—	600	—	1	15
		开除党籍	17	—	17	—	—	—
		劝退和劝退不退除名的	84	—	83	—	—	1
		其他取消资格除名的	160	—	160	—	—	—
		受其他党纪处分的	72	—	70	—	1	1
		限期改正错误的	283	—	270	—	—	13
一九九〇	培训党员（人次）		2035	85	175	—	25	1755
	开展评议的支部		1095	87	774	—	149	85
	结束评议支部		254	87	13	—	149	5
	参加评议的党员		18015	1465	13588	—	2046	916
	结束评议的党员		3471	1465	147	—	2036	54
	组织处理	合计	29	5	—	—	24	—
		开除党籍	6	1	—	—	5	—
		劝退和劝退不退除名的	3	—	—	—	3	—
		其他取消资格除名的	2	1	—	—	1	—
		受其他党纪处分的	8	1	—	—	7	—
		限期改正错误的	10	2	—	—	8	—
一九九一	培训党员（人次）		1985	95	150	—	15	1725
	开展评议的支部		1098	81	774	—	132	111
	结束评议支部		1098	81	774	—	132	111
	参加评议的党员		18196	1288	12458	—	2032	1418
	结束评议的党员		18196	1288	12458	—	2032	1418
	组织处理	合计	59	—	50	—	8	1
		开除党籍	12	—	8	—	4	—
		劝退和劝退不退除名的	5	—	4	—	—	1
		其他取消资格除名的	12	—	11	—	1	—
		受其他党纪处分的	9	—	8	—	1	—
		限期改正错误的	21	—	19	—	2	—
一九九二	培训党员（人次）		2137	90	163	—	20	1864
	开展评议的支部		1059	88	815	—	134	22
	结束评议支部		1059	88	815	—	134	22
	参加评议的党员		18571	1372	14870	—	2097	232
	结束评议的党员		18551	1372	14870	—	2077	232
	组织处理	合计	57	5	46	—	6	—
		开除党籍	10	1	6	—	3	—
		劝退和劝退不退除名的	5	—	5	—	—	—
		受其他党纪处分的	34	3	30	—	1	—
		限期改正错误的	8	1	5	—	2	—

续表

年度	项目		总数	县（市、区）一级机关	镇（乡）机关	公有经济企业（2001年统计为企业）	县以上行政机关所属企事业单位（2001年后统计为事业单位）	其他
一九九三	培训党员（人次）		2049	25	157	—	13	1859
	开展评议的支部		1077	69	813	—	173	22
	结束评议支部		1077	69	813	—	173	22
	参加评议的党员		18876	1208	14984	—	2426	258
	结束评议的党员		18662	1208	14865	—	2331	258
	组织处理	合计	13	—	13	—	—	—
		其他取消资格除名的	2	—	2	—	—	—
		受其他党纪处分的	1	—	1	—	—	—
		限期改正错误的	10	—	10	—	—	—
一九九四	培训党员（人次）		2386	20	167	—	11	2188
	开展评议的支部		1104	69	833	—	178	24
	结束评议支部		1104	69	833	—	178	24
	参加评议的党员		1927	1252	15165	—	2596	264
	结束评议的党员		1927	1252	15165	—	2596	264
	组织处理	合计	3	—	—	—	1	2
		受其他党纪处分的	2	—	—	—	—	2
		限期改正错误的	1	—	—	—	1	—
一九九九	培训党员（人次）		1846	25	183	—	14	1624
	开展评议的支部		1121	89	843	—	183	6
	结束评议支部		1121	89	843	—	183	6
	参加评议的党员		21297	1692	16700	—	2845	60
	结束评议的党员		21297	1692	16700	—	2845	60
	组织处理	合计	18	2	11	—	5	—
		其他取消资格除名的	1	—	1	—	—	—
		受其他党纪处分的	17	2	10	—	5	—
二〇〇〇	培训党员（人次）		2055	15	156	—	10	1874
	开展评议的支部		1140	146	861	—	133	—
	结束评议支部		1140	146	861	—	133	—
	参加评议的党员		21914	2150	17163	—	2601	—
	结束评议的党员		21914	2150	17163	—	2601	—
	组织处理	合计	4	—	3	—	1	—
		开除党籍	1	—	—	—	1	—
		限期改正错误	3	—	3	—	—	—
二〇〇一	培训党员（人次）		2089	20	167	21	18	1863
	开展评议的支部		1148	95	58	42	283	670
	结束评议支部		1148	95	58	42	283	670
	参加评议的党员		22346	1751	922	893	4465	14315
	结束评议的党员		22346	1751	922	893	4465	14315
	组织处理情况（无）		—	—	—	—	—	—

续表

年度	项目		总数	县（市、区）一级机关	镇（乡）机关	公有经济企业（2001年统计为企业）	县以上行政机关所属企事业单位（2001年后统计为事业单位）	其他
二〇〇二	培训党员（人次）		2259	15	153	18	14	2059
	开展评议的支部		1140	120	79	127	164	650
	参加评议的党员		22854	1553	1100	2184	2548	15469
	被评为“不合格党员”		—	—	—	—	—	—
	组织处理	合计	5	—	—	—	—	5
		开除党籍	1	—	—	—	—	1
		除名取消预备党员资格	4	—	—	—	—	4
		受其他党的纪律处分	—	—	—	—	—	—
二〇〇三	培训党员（人次）		2437	25	146	23	16	2227
	开展评议的支部		1132	122	45	64	169	732
	参加评议的党员		22751	1679	1875	1243	2259	15659
	被评为“不合格党员”		2	—	—	2	—	—
	组织处理	合计	17	—	3	5	2	7
		开除党籍	7	—	—	3	2	2
		除名取消预备党员资格	5	—	—	1	—	4
		受其他党的纪律处分	5	—	3	1	—	1
二〇〇四	培训党员（人次）		2309	20	173	15	17	2083
	开展评议的支部		1142	118	46	58	205	715
	参加评议的党员		22252	1691	1524	912	3220	14905
	被评为“不合格党员”		2	—	—	—	—	2
	组织处理	合计	2	—	—	—	—	2
		开除党籍	—	—	—	—	—	—
		除名取消预备党员资格	2	—	—	—	—	2
		受其他党的纪律处分	—	—	—	—	—	—
二〇〇五	培训党员（人次）		2584	25	168	22	8	2361
	开展评议的支部		1066	68	46	43	197	712
	参加评议的党员		22519	1359	1423	959	2762	16016
	被评为“不合格党员”		17	2	8	—	1	6
	组织处理	合计	17	2	8	—	1	6
		开除党籍	2	—	1	—	—	1
		除名取消预备党员资格	3	1	—	—	—	2
		受其他党的纪律处分	12	1	7	—	1	3
二〇〇六	培训党员（人次）		2982	20	172	18	12	2760
	开展评议的支部		1090	68	39	43	197	743
	参加评议的党员		22123	1323	1292	950	2711	15847
	被评为“不合格党员”		13	9	4	—	—	—
	组织处理	合计	13	9	4	—	—	—
		开除党籍	8	5	3	—	—	—
		受其他党的纪律处分	5	4	1	—	—	—

党费管理 1986年，县委在整党中完善和改进党费收缴管理工作。1995年后，党费管理面对新形势出现薄弱环节。县委组织部先后印发《关于进一步加强党费收缴、管理和使用的通知》《关于清理2003年至2004年度党费收缴情况的通知》。2005年4月，印发《关于党费收缴工作几个具体问题的通知》，对党费计算基数、比例，农民党员、下岗待业党员、依靠抚恤和救济为生的党员、领取当地最低生活保障金的党员、预备党员、停薪留职期间党员、病假期间党员、离退休后返聘到单位等其他情况党员交纳党费作了更为合理的规定，对不按规定交纳党费的党员提出处理意见；为每个党员制发交纳党费明白卡，规范党费收缴工作。2006年，党费主要用于补助订阅党刊、印刷和购买学习资料、购置配发党员电化教育设备、下拨基层党组织、党内表彰、慰问贫困党员、党员优秀人才及老干部代表等，管理正常化。

【干部教育培训】 1986年，蓬安县委对干部实行民主评议教育。1991年，加强对后备干部的培养培训。1996年，县委强化各级干部任职轮训、建立新进领导班子成员培训、培训和使用相结合制度以及指名调训制度，培养和锻炼干部。1998年，县委在各级领导班子中开展党性党风教育，引导各级领导干部树立求真务实工作作风，争做新时期合格的人民公仆。2000年，县委在县级领导班子和领导干部中开展“三讲”教育，在全县乡镇干部中开展“三个代表”重要思想学习教育活动。2001年，县委对新上任的100多名副科级以上领导干部和300多名入党积极分子，集中在县委党校培训，选送130多名副科级以上干部到省、市机关和外地交流培训。乡镇党校、农广校还对近600名村党支部书记集中培训。2002年3月，县委下发《关于开展机关下派干部帮村工作的意见》，全县安排58名干部下派帮村锻炼培养。2004年，县委组织部按照中央干部培训年系列活动要求，抽调583名科级领导干部参加计算机知识培训，102名党务工作者参加党务知识培训，50名新参加工作的大学生参加综合素质提高培训，669名干部参加树立和落实科学发展观专题辅导，28名领导干部到中央、省、市委党校和清华大学进修。聘请西南政法大学教授到蓬安对科级干部进行《行政许可法》专题培训。县委组织部被市委组织部评为“干训工作先进集体”并获省委组织部颁发的培养选拔女干部“伯乐金奖”。2005年，在党员先进性教育中，重点对全县副科级以上干部的学习笔记，民情日记，党性分析材料认真检查，严格要求做好表率。2006年，全县共举办各类干部培训班26期，培训各级干部802人次。其中参加省市培训11期，共培训46人次，县委党校培训班15期，培训干部756人次。

【干部管理】 1986年，县委开始实行民主评议、民主推荐和考任行政领导干部，初步实现多渠道、多层次、多角度、多方位地选拔人才。1988年，进一步加强对后备干部的管理工作。1989年，县级党政群机关补充工作人员时，首次实行考试、考核、择优录取的办法，当年参考70人，录用16人。1991年10月，根据党管干部的原则和政治、经济体制改革的需要，县委开始实行对干部分类管理。明确对后备干部条件和选拔原则、考察要求、培养、管理、任用以及后备干部队伍建设的细化要求。1992年9月，区、乡建制调整，干部交流同班子配备、人员安排结合一步到位，24个乡镇48名党政正职中，异地任职43人，占89.6%，101名副职中，异地任职94人，占93.1%。同时，制发《关于乡镇中层干部管理及任免程序的通知》，理顺乡镇干部管理关系和完善党管干部方法。12月，按照县委县级党政群机关机构改革方案，组织部出台进一步深化干部人事制度改革和加强干部管理工作的意见，对管理权限、班子配备、任免程序等作出明确规定。1995年，县委开始对乡镇和县级机关领导干部实施政绩考核，按照定量与定性、群众评议和上级评价相结合的原则，对各乡镇、各部门主要领导干部全面考核，考核结果存入干部档案，作为组织部门对干部奖惩、升降、调整的重要依据。2000年，按照“公开、公平、竞争、择优”原则，面向全社会公选罗家、兴旺、金溪、巨龙、碧溪、鲜店等乡镇和县科委的10个副科级干部。2001年，县委在对乡镇和县级机关机构改革中，精简行政机构25.92%，精简行政人员26.36%。2003年，县委决定在全县机关、区、乡镇副科级以下公务员和非领导职务公务员中开展评选优秀公务员和不称职公务员活动。县委决定在换届时，由县委组织部组织6个考察组，对县级机关和区、乡镇班子调整广泛征求党员、群众代表、离退休老同志、个体工商户、民主党派、无党派人士、村支书、村主任等12个层次人士的意见，对全体干部民主测评，推荐、考察，实行到龄不提名、考核不称职不提名、违纪违规干部就地免职等制度。换届后，全县干部队伍年龄、文化结构得到优化，乡镇党政主要领导平均年龄降低2.6岁，大专及以上学历比重提高2%。2004年，县委先后在龙蚕镇、蓬安二中、蓬安县人民医院试点党政领导干部公推直选。2006年11月，换届和机构改革后，县委建立保持共产党员先进性长效机制办公室，加强对党员干部管理。

【人才队伍建设】 1986年，县委组织部围绕人才工作，抓好培训、普查、规划和督查工作，组织开展人才宣传周、评选尊重知识、尊重人才先进单位和重才爱才先进个人等活动。1993年8月，县委从县级机关中选派44名政治思想素质好、具备一定专业技术知识的中青年干部担任科技副乡镇长定点帮助乡镇，进行人才锻炼培养。2000年，县委实施人才培养“五个一”工程：提高干部队伍素质，采用外派、上挂、下派、轮岗等方式，每年选拔培养100名复合型党政人才充实基层干部队伍；提高企业经营管理水平，推进企业经营管理市场化、职业化，每年培养100名获得省企业经营管理者初级以上任职资格的中青年企业经营管理人才；提高科技创新能力和科技成果转化水平，围绕中高级人才、专业技术人才队伍建设，每年培养100名中青年科技创新骨干；加强高技能型人才培养，提高实际运用能力和操作技术水平，每年新增1000名技能型人才；提高致富能力和实用技术水平，开展绿色证书、职业资格证书培训和技能培训，每年完成农村劳动力职业技能培训10000人次。

2003年，县委把选调生作为优秀年轻干部重要来源，完善培养选拔机制，让他们增长才干，丰富阅历，磨炼意志，逐步走上不同的领导岗位，至2006年，共接纳省管选调生37名，市管选调生6名。县委组织部下派副部长冯抗、蔡良斌先后到长梁乡中坝村兼任村党支部书记。冯抗、蔡良斌立足村情谋发展，因地制宜找出路，把昔日“烂村”“乱村”治理成全国闻名的先进典型示范村，他们回县后均走上更加重要的领导岗位。全县1984届省管选调生王晓钧已任阆中市委副书记，1995届选调生陈廷全任甘孜州九龙县副县长，1996届选调生祝奎龙任营山县副县长。选调生庞亮、何益伟、张洪波走上乡镇正科级领导干部岗位，敬雪章、孟坤军、倪显斌、甘雨鑫、谢佳秀充实到乡镇和县局党政领导班子。市管选调生冯抗、傅天贵走上副县级领导干部岗位，其余4人均走上县局级和乡镇正科级领导干部岗位。10月，全市第四批有突出贡献的拔尖人才和第一批产业人才开发示范乡镇（村）、第一批产业人才开发示范单位、第一批优秀产业人才示范岗推荐评选活动全面展开，蓬安县马电公司副董事长、总经理、党委副书记刘庆平，嘉宝公司书记、董事长梅质军被评为市级拔尖人才；县天然气公司经理罗晓峰、徐家镇猫尔岩村兔业业主胡玉成、蓬安中学教导处主任李赟被评为市级示范岗。县委组织部、县人才办在全县广泛开展选拔尖人才活动，设立优秀人才信息库，实行重点管理。按照知识要新、水平要高、能力要强、成果要多的要求培养、促进人才队伍结构不断优化。

【老干部工作】 1986年，中共蓬安县委组织部老干部局设有办公室和老干部活动室。县委老干部待遇按退休后基本政治待遇不变、生活待遇略为从优的原则落实。老干部局组织老干部参加门球、桌球、健身操、太极拳、舞蹈、棋牌等多种文体活动。组织老干部学习党的文献，学习时事政策。1990年春节期间，县委领导深入老干部家中慰问并组织老干部参加春节团拜会，请老干部对县委工作提出批评和建议。1991年，老干局更名为中国共产党蓬安县委员会老干部局。1992年，县委老干部局在县城建门球场4个，先后组织老干部在市内顺庆、高坪、嘉陵、阆中、仪陇、南部、西充、营山等8市区，巴中、绵阳、成都、云南等地参加比赛。是年机构改革，老干局并入组织部设老干部股。1994年，恢复老干局。是年有离休干部131人，其中男128人、女3人；退休干部28人，其中男27人、女1人。1996年，老干局恢复中国共产党蓬安县委员会老干部局名称。

1997年10月，县委老干部局组织老干部到井冈山考察学习。2000年，蓬安老干局获南充门球比赛先进奖。2003年9月，获县委、县政府九九重阳体育道德风尚奖。

2006年，县老干局管理的离休干部有132人，其中男129人、女3人；退休干部125人，其中男120人、女5人，副厅级干部3人，正县级干部14人，副县级干部108人。县委决定适当增加老干部各项经费，每年重阳节和春节慰问金由200元增加到300元，原来每五年一次外出考察改为三年，经费由1500元增加到2000元。活动费、管理费等列入财政预算，由财政足额拨付。是年，老干部门球获川东北协作区“相如杯”老年门球赛第三名。

1986年至2006年，邓光裕、蒋晓莹、刘开文、朱绍强、唐洁屏先后任县老干局局长。

宣传工作

1986年，中共蓬安县委围绕党的中心工作和人民群众关心的“热点”“难点”问题，采取多种形式的宣传教育，印发宣传资料5300余份。1988年，举办党的十三大理论培训班。1990年，组织全县学习《哲学纲要》和《社会主义若干问题纲要》。1993年，在全县开展宣传党的十四大精神和邓小平理论专题辅导。1997年10月，县委组成十五大宣讲团，深入全县乡镇宣讲党的十五大精神。2003年，县委宣传部组成宣讲团深入全县乡镇、学校和单位宣讲党的十六大精神。2005年、2006年，在全县深入进行保持共产党员先进性教育和“科学发展观”宣传活动。

【中共蓬安县委宣传部】 1986年，县委宣传部内设办公室、新闻科、教育科。1997年机构改革时，“科”改为“股”。2006年，县委宣传部内设机构为：人秘股、理论教育股、宣传教育股、党员教育股。挂靠单位为：县精神文明办公室、县委报道组、县委对外宣传办公室（县政府新闻办公室）。1986年至2006年，徐兴发、吴德琼、陈鹏泉、陈泽斌、傅天贵、王超先后任宣传部部长。

【党的基本路线和理论宣传】 1986年，学习宣传马克思列宁主义、毛泽东思想，汇集全县改革开放中涌现出的先进典型，编写《美好的心灵》一书，印发1500册。宣传社会主义商品经济理论，组织全县党员干部征订学习书籍，印发辅导资料3500份。1988年，举办党的十三大理论培训班6期，培训理论骨干1100人，宣讲十三大精神30场，听课干部职工达13000人，2000多名干部参加学习十三大文件理论考试。1989年，开展社会主义初级阶段理论、四项基本原则、社会主义本质特征等马克思主义基本理论、基本知识教育。征订发行《党的十三大文件汇编》5600册、《马克思主义哲学纲要》8000册、《社会主义若干问题学习纲要》5600册。举办两期理论研讨会，收到理论调研文章38篇，其中4篇在省、地报刊发表。举办学习党的十三届四中全会骨干培训，培训325人。1990年，组织全县在职干部理论学习考试，参考人数8250人，及格率为99.6%。在党员干部中开展坚持四项基本原则，反对资产阶级自由化的教育；形势政策教育；党的纲领、路线、方针、政策的教育；革命传统和中华民族优良品格的教育；社会主义道德教育；组织纪律性教育等6个方面教育。1993年，宣传党的十四大精神，学习邓小平“发展才是硬道理”“三个有利于标准”“两手抓，两手硬”，开展专题辅导。1994年，编印《理论学习百题问答》7000册，下发机关部门、区乡镇、学校、街道。培训理论骨干400名，举办专题讲座50余场，接受宣传教育20000余人。1997年10月，县委抽派机关干部300人组成党的十五大精神宣讲团，下设4个分团，历时40天，深入全县4个片区、25个乡镇，宣传党在农村的经济政策，清理整顿农村财务，稳定完善农村双层经营承包责任制，减轻农民负担，实现农村经济发展方式转变。1998年，学习宣传党的十五大精神，培训理论骨干650人，编印下发《十五大精神和精神文明建设问答》10000余册，开展理论讲座36次，听课学员4260人；组织参加省委宣传部主办的“学习十五大，迈向新世纪”知识竞赛，发试卷12000份，回收率99%，及格率98.5%；县电视台开设《电视理论讲座》18

期，播出理论宣传稿件315篇；编印《简报》、《宣传信息》12期。2003年，县委组织学习宣传党的十六大精神，举办知识竞赛和“三个代表”重要思想报告会及演讲比赛。开展“三百工程”进社区活动，县委书记三次夜访下河街社区居民，县级机关32名副县级以上领导干部和168名科级干部与贫困居民结对帮扶城区10个社区、300余户，宣传部会同南充电视台摄制了电视专题片《社区建设暖人心》《县委书记和他的穷亲戚》。2004年，县委中心学习组学习党的十六届三中全会通过的《中共中央关于完善社会主义经济体制若干问题的决议》十六届四中全会通过的《中共中央关于加强党的执政能力建设的决定》，聘请西南政法大学、市委党校教授等作专题辅导。组织撰写专题调研文章40余篇，其中20多篇在中央、省、市报刊发表。2006年，开展科学发展观和《江泽民文选》学习宣传，印发辅导资料10000余份、书籍5000册。

【时政宣传】 1986年，县委宣传部贯彻中央1号文件精神，采取报告会、专题广播、播放幻灯片、办图片展览等多种方式开展农村经济形势和农村经济政策宣传。1989年春，县委要求全县党员、干部、群众认真学习讨论，认清形势，明辨是非，在政治上同中央保持一致，旗帜鲜明地反对资产阶级自由化思潮，印发简报5期。1990年，面对东欧局势重大变化和国内改革开放经济建设任务艰巨繁重的新形势，县委在全县范围内开展五个专题形势教育宣讲活动，即：《东欧形势的报告》《加强共产党的领导》《坚定社会主义信念》《社会主义是唯一符合中国国情和人民利益的正确道路》《怎样认识社会主义制度的优越性》等，印发宣讲提纲120份。作形势报告20场，3000多名干部群众参加报告会。1992年，学习贯彻邓小平视察南方谈话精神，解放思想，转变观念，抢抓机遇，促进蓬安经济跨越式发展。宣传部编写《怎样理解当前这个“关键时刻”》《为什么必须坚持“三个有利于”》《怎样理解社会主义市场经济》三个专题辅导材料，发到乡镇、机关、企业和部门。1993年，加大国际国内经济形势宣传力度，作形势报告20多场，听众达20000余人次。1997年7月1日，香港回归祖国，全县组织专题文艺晚会、歌咏比赛、演讲比赛、知识竞赛进行庆祝。1998年，总结和推出“团结自强、拼搏进取、开拓创业、强县富民”的蓬安精神，通过报刊、电视等新闻媒体广泛宣传，报道一批在蓬安改革开放中勇于奉献的先进典型。2003年，防治非典宣传，建宣传站56个，印发宣传资料20多万份、宣传简报12期，邀请省电视拍摄防非典专题片《应急行动》播放。2004年，全县开展“解放思想、抢抓机遇、加快发展”大讨论。蓬安电视台开辟《抓机遇，谋发展》和《解放思想大家谈》两个栏目，播放电视连续剧《突出重围》。2005年，四川核电站首选厂址落户蓬安，宣传部组织了追踪报道。2006年，县电视台开辟社会专题栏目《今日关注》，对全县重点工程建设及群众最关心、最直接、最现实的社会保障问题进行政策法规宣传，印发《宣传手册》3万份。中坝村被评为“全国十大魅力乡村”之一，新华社记者采写的通讯《中坝村的无字碑》，被全国多家媒体转载。

【经济宣传】 1986年，宣传中央1号文件和经济形势，写宣传稿60余篇。1987年，宣传部课题组撰写的《关于蓬安县几个小型企业实行租赁经营几个问题及其解决办法》一文，在南充地委宣传部举办的“两权分离、深化改革”研究会上受到好评。1989年，开展治理经济环境，整顿经济秩序宣传，先后印发宣传简报10余期，深入企业写出调研文章10篇。1990年，由宣传部承办，县计委、县教委、广播局等编写录制反映蓬安经济快速发展的电视片《走进蓬安》，编辑出版《蓬安经济》画册。1992年，重点宣传党的十四大关于建设社会主义市场经济的重大决策。宣传部召集企业厂长经理60余人，举办学习社会主义市场经济体制理论座谈会。在中国·四川·南充第三届丝绸节期间，编写宣传资料20余篇，拍摄反映蓬安机械冶金、水电能源、烟草、轻纺、农产品加工等优势产业和优质产品的宣传录像节目6个，编印《蓬安商情》5000份。1993年，开展《全民所有制企业转换企业经营机制条例》和《企业法》的宣传，举办3期骨干培训班，参训学员150名。对马回水电厂和达成铁路蓬安段建设等重点工程宣传，印发宣传资料3000份。组织拍摄反映蓬安水电能源优势产业专题片《嘉陵明珠》。1994年，县委作出《关于实施“龙虎工程”，加快发展县域经济的决定》，宣传部和县电视台的新闻工作者深入马电公司、烟厂、汽车改装厂等骨干企业和农村产业化基地乡镇采访，作连续报道宣传。参与《蓬安走出县域经济路子》的电视专题片摄制工作，摄制蓬安锦橙100号特色产业的电视专题片《硕果笑春风》。1998年，在电视台开辟《经济纵横》栏目和《改革开放20年回顾——岁月沧桑看蓬州》专栏，介绍蓬安经济建设的发展变化。2003年，宣传工作针对国有、集体企业产权制度改革和招商引资中企业职工关注的热点，难点问题，印发宣传资料20000份，编印简报12期。宣传部邀请市电视台拍摄了专题电视片《建设一个新蓬安》《蓬安招商引资成绩斐然》，还制作了光碟《相如故里——蓬安》和《锦绣蓬安》专题片。2004年，大力宣传金溪航电、工业园区建设、周河公路、南渠公路建设等重点工程，宣传金坛电化、航星钢铁、金华纺织、齐祥食品等民营企业，采访编写新闻报道80篇，市以上报刊采用70余篇，制作宣传标语800余幅，板报100余期，印发宣传简报300期，发放宣传资料30000余份。

2006年6月，县委、县政府作出进一步实施工业强县战略，突破性发展工业的决定。县电视台开辟《工业兴县》专栏节目，县委报道组采编新闻稿件120余篇，在南充日报开辟的县、市、区专版栏目中专题报道，全年采用经济宣传稿件100余篇，其中《三坝核电站可研启动》《蓬安县工业引来“五朵金花”》《中坝村获中国魅力乡村和谐共进奖》《工业强县助推蓬安经济提速》《三家冶金企业技改扩能投资达5000万》《投资1500万元整改农田水利设施》等重点报道在《南充日报》登载。

【文化宣传】 1986年，县委宣传部组织开展编纂民间故事、民间歌谣、民间谚语等三套民间文学集成工作。年底组织春节街头文艺表演。1994年，编印《开放的蓬安欢迎您》画册3000余册，发往国内外。1995年至2000年，举办元旦舞蹈比赛，街头大型游行表演，元宵大型焰火晚会以及各种球类、棋类比赛、歌咏比赛和文艺演出等一系列宣传活动；采取报告会、座谈会、学术研讨会、卡拉OK赛、书画比赛、知识竞赛等多种形式，宣传蓬安的文化事业和经济发展。组织县文化馆、川剧团、电影公司、新华书店及群众文化协会，深入农村送戏66场次，送电影100场次，送书下乡30次，售书5000册，向农民赠书5370册。2001年，开始举办桃花艺术节文艺宣传。2003年9月，司马相如研究会在蓬安成立，组织了系列宣传活动；11月，承办“锦绣蓬安——嘉陵江电航枢纽工程开工暨招商引资洽谈会大型文艺晚会”，邀请宋祖英、刘斌、郁钧剑、张柏芝、林依轮、陈小涛、汪正正、赵薇等十几位明星演出，观众达2万多人。2004年至2006年，宣传司马相如文化和周口下河街古街区历史文化，邀请省市著名作家、诗人、文学评论家等来县采风。司马相如研究会召开“相如名家笔会”“司马相如与巴蜀文化研讨会”。协助央视《走遍中国栏目》拍摄专题片和八一电影制片厂拍摄《爱亦无声》等影片。举办街头文艺表演、露天电影晚会、音乐晚会、“民营之声”文艺晚会，承办南充市第七届“相如杯”业余歌手大赛。共举办大型文艺演出活动26次，农村电影巡回放映437场次，歌舞戏剧下乡活动50余场次。

【对外宣传】 1986年，蓬安县对外宣传工作由宣传部负责，对外宣传工作坚持“团结、稳定、鼓劲、正面宣传”的方针。1988年，县委召开新闻宣传表彰会，表彰对外宣传先进集体和个人。1992年，县委在宣传部正式设立县政府新闻办，与县委对外宣传办公室合署办公，负责对外宣传和重大新闻对外发布。1997年，建立和实施新闻联系会议制度，并要求全县新闻工作者严格遵守《中国新闻工作者职业道德准则》，制定十条纪律和十项要求。2003年6月，县委印发《关于加强和改进新闻舆论工作的意见》，要求全县新闻工作者要增强政治意识，大局意识和责任意识，严格遵守宣传纪律，制定《健全信息网络和调研制度》《新闻阅评制度》《新闻通气会制度》《新闻发布会管理制度》《新闻干部谈话制度》《新闻评奖制度》《新闻请示报告制度》《新闻工作月报制度》《重要稿件报审制度》等九个制度。2004年，宣传部对全县新闻记者和通讯员进行培训，开展中国特色社会主义理论体系、马克思主义新闻观、职业精神职业道德教育三项学习教育活动。2005年，县委宣传部提出《关于进一步加强对外宣传工作的意见》，对新闻宣传实行目标管理。县委宣传部、对外宣传办公室、县政府新闻办公室发出《关于进一步加强对外宣传稿件送审及责任追究制度的通知》以及《对外宣传政府奖评选办法》，规范和完善对外宣传的新闻采访、稿件审查的运行机制，全年被各级新闻媒体用稿2037件。2006年，围绕工业兴县、农业产业化、新农村建设、旅游文化建设、招商引资、经营城市等重点领域对外宣传，在市以上主流媒体推出外宣稿件1372件，其中省级媒体用稿62篇。

1998年至2006年，吴德琼、唐洪彬、谢小平、唐晓零先后担任外宣办主任。

【理论学习调研】 1986年，全县区乡镇、县级机关各部门相继建立理论学习小组，健全完善学习制度，分专题学习社会主义商品经济理论，印发辅导材料400份，转发资料3800份，编写学习问卷500份，下发《政治经济学》教材3300册。1988年，组织县级机关干部和区、乡镇领导干部进行两次理论考试，参考人员1670人，及格率为100%。1987年至1991年，开展社会主义初级阶段理论、四项基本原则、社会主义本质特征等马克思主义基本理论、基本知识学习。县委宣传部在县级机关和区乡镇聘请125名专兼职理论辅导员，辅导全县干部学习，举办理论培训班16期，培训理论骨干1376人次。期间开展“生产力标准”和“沿海两头在外，蓬安怎么办”的专题讨论，深化改革开放认识。1992年，学习邓小平视察南方重要讲话，全县8500名机关、学校、事业单位和干部职工、县属企业管理人员参加理论学习考试。1993年至1996年，集中学习邓小平建设中国特色的社会主义理论，加强全县干部职工对“三个有利于”标准的认识。1997年，完成市社科联“九五”计划重点研究立项项目4项。参加全市精神文明建设理论研讨会、青少年思想道德建设研讨会，3篇论文获奖。参加“玉米工程杯”有奖征文活动，2篇获奖。1998年，宣传部组织理论工作者，围绕《东南亚经济危机与中国经济发展战略》《抗洪精神的启示》和《实施依法治县战略，促进蓬安经济发展》等专题，列出一批重点研究课题研究；开展学习邓小平理论征文活动，收到论文13篇。2000年至2001年，在电视台设立《理论学习》栏目，先后分期播出各级领导关于学习“三个代表”重要思想讲话和十五届四中、五中全会专题讲座18期，播出讲稿30篇次。2002年至2003年，学习十六大报告、江泽民讲话、WTO等有关理论知识。围绕“工业兴县”主题，召集国有企业、私营企业、机关事业单位负责人及相关人员开展理论研讨，收集文章20余篇，整理后发到各单位参考。2004年至2005年，县委组织县级领导干部到成都，重庆等地考察农业产业化建设，并对重点课题进行理论论证，撰写调研文章40篇，在市以上报刊发表10篇。组织全县理论工作者，撰写专题调研文章40篇，其中20多篇在中央、省、市报刊上发表。2006年，组织党员干部开展“理论下乡”活动，向群众印发涉及理论、政策、法律等相关资料2万余份。

【思想政治工作】 1986年，宣传部举办“树立社会主义信念”专题报告20余场，印发爱国主义教育宣传资料5300余份。1987年3月，县委要求各个部门和单位开展职业责任、职业道德、职业纪律、职业技能“四职”教育和抓职业道德教育，创优质服务；抓社会公德教育，创优良秩序；抓镇容卫生建设，创优美环境；抓学雷锋，开展送温暖暖活动，创建文明单位和文明城镇三优一学活动。1990年，对青年职工进行政治轮训；对干部、职工进行形势政策教育，宣传部门组织作“关于东欧形势的报告”“加强共产党领导、坚定社会主义信念”“怎样认识社会主义制度的优越性”等专题报告20余场。1991年，县委决定在农村进行爱国爱党热爱社会主义，拥护党的领导，坚持社会主义道路教育；在全县开展法制教育；开展向李天国学习活动。1994年，县委宣传部、共青团蓬安县委联合主办《爱国主义教育实施纲要》座谈会，县委领导及各大口负责人、政工干部、师生代表80多人参加座谈。1997年，县委决定以香港回归为契机，加强爱国主义教育，开展“颂祖国、迎回归、唱好歌、唱红歌”爱国主义歌咏大赛。1999年，为庆祝中华人民共和国建国50周年，宣传部组织党群、政府、宣传、政法、经贸、农委、经融等七大系统和周口中学、实验中学等五所学校及老干部等13个代表队，共1200余人在蓬安师范礼堂开展“祖国颂”千人大合唱；10月1日，在蓬安广场举行升旗仪式，加强爱国主义教育。2001年至2002年，开展向姚敏、范琼花学习活动。2003年3月12日，蓬安县委作出《关于开展向模范警官唐荣学习活动的决定》，学习唐荣执法为民、心系群众的情怀，爱岗敬业、忠于职守的奉献精神，自强不息、不畏艰辛的顽强意志，廉洁执法、两袖清风的职业风范。2005年，县委、县政府制发《关于进一步加强和改进未成年人思想道德建设的实施意见》，召开思想道德工作座谈会，与各乡镇职能部门签订未成年人思想道德目标责任书；7月，以爱国主义教育为核心，举办抗战胜利60周年演讲比赛。2006年，落实《爱国主义教育实施纲要》，在全县中小学生中举办“牢记历史、强我中华”演讲比赛，组织学生观看《雷锋》《在太行山上》等爱国主义教育优秀影片；在全县开展社会主义荣辱观教育；开展向中坝村和下河街社区学习，做好扶贫助困，建设和谐蓬安。

【新闻工作】 1986年，县委新闻工作由县委宣传部2名专职干部负责。1988年3月，成立中共蓬安县委报道组，同时组建《南充日报》蓬安记者站。是年，撰稿600余篇，被《南充日报》《四川日报》《四川农民报》采用400余篇。1989年，全县专职记者和业余通讯员有80余人，撰写稿件3000余篇，《南充日报》采用400余篇，南充人民广播电台采用480篇，《四川日报》采用11篇，其他报刊采用100余篇。1995年，《蓬安农民讲信誉》被《四川日报》采用后获南充地区优秀新闻作品三等奖，1996年9月，《创立江河养鱼科学人》被《四川经济日报》采用后，获南充地区优秀新闻作品二等奖。2000年，《南充日报》记者到蓬安采访，撰写《相如故里知何处》刊登在4月13日《南充日报》第四版；之后，有关司马相如的系列报道达100余篇，先后在《四川日报》《南充日报》登载。是年，蓬安在新华社、《人民日报》、中央人民广播电台刊稿3篇，《四川日报》《南充日报》用稿705件，省市电视台用稿278条，名列南充市前茅。2001年至2002年，先后报道徐家镇方广村党支部书记范琼花关爱留守儿童，成为36个孩子“母亲”的典型事例，推出系列报道20余篇；为孤寡老人献爱心的姚敏、见义勇为优秀青年吕凤鸣等重大题材，反响很大。2003年，“三百工程”进社区专题报道先后在《南充日报》《四川日报》采用。全年在市以上报刊用稿486条，其中《南充日报》头版头条23条，居全市各县、市、区第一。四川电视台采用稿件1件，南充电视台、南充教育电视台用稿365件。2004年，被国家级报刊用稿2篇，《四川日报》刊用13篇，《南充日报》用稿199篇，《南充晚报》用稿65篇，市以上电视媒体用稿429篇。是年“9·27”事故发生后，县委报道组在第一时间赶赴现场，现场报道《激浪丹心》，10月1日，在《南充日报》头版头条刊登，后续报道《激流中，火红党旗暖人心》，10月11日，在《四川日报》第一版显著位置刊登。10月23日，新华社记者唐小可、田刚采访长梁乡中坝村由乱到治赢得民心的基层党建典型经验，新华社播发电讯稿《中坝村的无字碑》被全国120多家报刊、网站转载。《长安街时报》还发表《“中坝现象”作示范，下派干部解民难》后续报道。2005年，开展重点专题报道14次，在中央、省、市报刊及地方广播电台、电视台上稿2037件，央视上稿3件，省级报刊上稿442件，《南充日报》上稿633件，南充电视台上稿224件，南充人民广播电台上稿294件，《南充晚报》上稿117件。《南充日报》记者钟岚、李伟、陈勇撰写的反映中坝村和下河街社区抓党建、促和谐、解民忧，助民富的两篇报道《丢什么也不丢掉民心》和《这就是民心的力量》在《南充日报》刊登后，推动了基层党组织建设，引起中央有关部门和省、市领导高度重视。县委报道组采写的《2000名干部送温暖，蓬安启动结对帮扶活动》《投资400亿元四川核电站选址蓬安》分别在《南充日报》刊登。

2006年年初，司马相如研究会配合嘉陵第一桑梓旅游区规划建设，宣传部推出了系列报道。报道蓬安籍外出务工乡友王云致富思源为社会奉献爱心，为家乡建设和救助贫困学生捐款470万元的善举，分别在《四川日报》《南充日报》刊登。全年在市以上主流媒体推出稿件1372件。其中省级媒体用稿62篇，市级媒体采用582篇，省、市广播电视媒体采用728条。县委报道《部长村官谈中坝村》在《四川日报》头版刊登。《投入800万元换来清澈河水》《龙头企业引领蓬安产业》《蓬安为困难群众捐款35万元》等稿件先后在《南充日报》刊登。10月，蓬安县新闻工作协会成立。

1988年至2006年，沈光勋、李久明、雍星才、李永谦、杨晓洪（代）先后任县委报道组组长。

【精神文明建设】 1986年，蓬安县五讲四美三热爱活动委员会下设精神文明办公室。1989年，五讲四美三热爱活动委员会更名为精神文明建设委员会，下设办公室。1992年，精神文明委员会和办公室并入宣传部，1997年，县精神文明办恢复，与宣传部合署办公。2003年、2006年，县精神文明办公室被评为南充市先进文明办公室。

1990年至2006年，杨应虎、吴德琼、陈鹏泉、罗敬、徐鹏翔先后任县精神文明办主任。

群众性精神文明建设 1986年，全县组织开展五讲四美三热爱活动。1987年，县委提出农村精神文明建设要“六抓六治”，在全县推广巨龙镇合作村文明村建设和县邮电局“树行业新风，创文明单位”经验。1989年，开展“学雷锋，树新风”和“三优一学”宣传教育活动。1990年，邀请雷锋班第一任班长张兴吉给全县机关干部做雷锋先进事迹报告。1997年，贯彻《中共中央关于社会主义精神文明建设若干重要问题的决议》，在《蓬安报》“开展精神文明建设巡礼”专栏宣传。1998年至2002年，围绕党中央印发的《公民道德建设实施纲要》，每年组织宣传月活动。2003年，县委、县政府对精神文明建设实行目标管理，发出《关于制定2004年精神文明建设目标责任制的通知》。开展“万村书库”建设，开展公民道德建设街头宣传活动及送文艺下乡等活动。2004年，开展“讲文明、讲卫生、讲科学、树新风”活动和文明户、卫生户、文化户、科技户评比命名活动。2005年，制作“十星级农户”“十星级文明户”宣传栏，评出12户。2006年，县精神文明办公室制定《蓬安县精神文明建设管理办法》和《蓬安县精神文明建设实施意见》，精神文明建设工作进一步规范化、制度化。

文明单位创建 1986年，创建县级文明单位21个。1990年，评选遵纪守法户72066户，双文明户3931户，五好家庭户22274户。1994年，创县级文明单位21个，市级文明单位3个，省级文明单位1个。1995年，评选双文明户6180户，五好家庭户26000户，遵纪守法户95800户。2000年，创省级文明单位1个，市级文明单位6个，县级文明单位15个，评选优质服务明星10个，优质服务示范单位10个。2003年11月至12月，县精神文明办公室对各乡镇、各机关单位精神文明建设目标任务完成情况进行全面考核，评出一等奖15名、二等奖20名、三等奖20名，并给予表彰奖励。2004年，创建省级文明单位1个，市级文明单位和最佳单位4个，县级文明单位和最佳单位6个。2005年，徐家镇被省精神文明建设委员会命名为“四川省第三批文明小城镇示范点”。2006年，长梁乡中坝村成为全国文明新村。

统战工作

1986年，县委表彰统战工作先进集体和先进个人。1989年，统战部组织单位干部学习党的十三届四中全会精神，要求统战工作做出成效。1997年10月，县委增设“蓬安县民族宗教事务局”，与县委统战部合署办公。2004年，县委统战部被市委统战部评为“统战工作先进单位”。2005年，5名党外干部推荐进市委“党外中青年干部培训班”学习。2006年，县委统战部组织为企业技改筹资、引资，加强非公有制企业经济统战工作。

【中共蓬安县委统战部】 1986年，县委统战部内设秘书科、业务科。1997年10月，增设蓬安县民族宗教事务局，挂靠县委统战部。2004年，县委统战部被市委评为“全市统战工作先进单位”。2006年，统战部内设秘书股、业务股，挂靠单位有县民族宗教事务局。

1986年至2006年，唐时勤、康本丰、但启书、伏泯权、汪代荣、李光辉先后任统战部长。1998年至2006年，张茂东、罗敬、刘光伟先后任宗教局长。

【统战理论学习宣传】 1986年，县委统战部制定《蓬安县委统战部一九八六年工作意见报告》，召开专题学习会4次、各种座谈会6次，组织各界人士学习党的统战政策和理论。1989年，县委统战部组织人员分别到有关单位宣讲党的十三届四中全会精神和党的统战工作理论。2000年12月，统战部组织学习江泽民总书记在第19次全国统战会议上指出的“县级统战部门是整个统一战线的重要基础”的重要讲话。2001年，统战部组织有关理论工作者研讨并写出统战理论文章13篇。2003年，县委召开统战工作会议，对全县党员干部进行统一战线方针、政策、理论知识的宣传普及教育。统战部组织撰写统战宣传稿件9篇在广播电视台宣传。写出调研报告3篇，向省市报送统战信息18条。办《统战工作简报》11期，其中有7期被市委统战部转发全市各县区统战部。2006年，县委统战部组织发表统战理论学术论文40余篇，发表诗作50多首。

【民主党派工作】 1991年4月，民盟蓬安县总支成立。2003年，县委统战部帮助民盟总支完善各项规章制度，推进民盟工作规范化建设。组织盟员赴南部、阆中参观学习，择优推荐5名党外知识分子入盟。支持民盟总支及全体盟员围绕全县工作大局，发挥优势，建言献策，履职尽责，积极为蓬安的物质文明、精神文明、政治文明建设服务。2004年，统战部与民盟总支委员个别谈心15人次；举办盟员培训班1期，召开盟员大会2次。组织盟员赴邓小平故居参观，接受爱国主义教育，学习广安盟员履行职能的经验。推荐3名优秀党外知识分子入盟，帮助发展骨干，壮大民盟队伍，增强民盟组织的生机与活力。2005年，县委统战部协助民盟总支加强班子建设，组织全体盟员学习中共中央文件和新盟章，回顾民盟与中共长期合作的光荣历史。“五一”节前组织全体盟员赴仪陇参观朱德故居，缅怀朱总丰功伟绩，学习借鉴仪陇民主党派工作经验。推荐3名优秀的党外知识分子入民盟，帮助培养骨干力量。2006年，统战部组织担任市、县人大代表，政协委员的盟员提出提案和议案78件，先后有3人在市、县政协全委会上参政发言，5名盟员被评为优秀提案工作者。民盟盟员们积极参加统战部创群众满意单位活动，为朱德总司令故乡打井、圆梦助学和社区扶贫捐资1万元。

【党外干部（知识分子）工作】 1986年，县委对党外干部和知识分子全面调查统计，建立个人业绩档案，为调整充实党外后备干部队伍，建设一支符合“四化”要求，充满朝气活力的党外干部队伍打下基础。1987年，第三届政协主席、副主席5人中，党外人士3人。1990年，第四届政协主席、副主席6人中，党外人士3人。1993年，推荐安排一批优秀党外人士担任县检察院、监察局、教育局、审计局、国税局作特约人员，参政议政、参与民主监督，发挥积极作用。2003年，县委统战部分别召开党外知识分子座谈会和经验交流会一次，配合有关部门解决了2名知识分子学非所用、2人夫妻分居，3人职称评定、5人子女入学难问题。在县委党校联合举办40名党外干部培训班，向县委推荐6名党外干部，其中1人担任县农工办副主任，3人分别担任周口中学、蓬安二中副校长，18名党外干部担任特别监察员。2005年，县委统战部将5名政治素质好、业务能力强的党外人士纳入后备干部管理，并择优推荐5名党外干部进市委党校举办的党外中青年干部培训班学习。2006年，蓬安县人大、政府、政协换届选举时，安排非中共党员担任县人大代表92名，占县人大代表总数的36.36%，安排非中共党员担任县人大常委会委员8名，占常委会人数的29.6%，非中共党员担任县人大常委会副主任1名，占县人大班子总人数的12.5%；安排非中共党员1人担任县政府副县长，占县政府领导班子总人数的14.29%；安排非中共党员担任县政协委员134名，占委员总数的60.99%，担任县政协常委27名，占常委总人数的65.85%。非中共党员担任县政协副主席2人，占县政协主席班子总人数的33.33%；安排担任县政府部门的局长、副局长2人，安排担任城区中学副校长3人。

【经济统战工作】 1986年，县委统战部组织各界人士积极为蓬安经济建设和社会发展当好参谋，统战部副部长兼任县工商联党组书记，指导工商联工作。1998年，县工商联“光彩助学基金会”募捐1.18万元，定点帮助6名贫困学生完成义务教育阶段学业。2002年，引进成都客商先后投资400万元购买县肉联厂组建齐祥食品公司。2004年，鼓励工商联会员在贫困山区办企业3个，安置农村剩余劳动力183人，为资助贫困学生和发展公益事业等捐款24.7万元，组织同济、济民、博爱三家私立医院为贫困村、居民开展义诊，赠送药物价值2万余元。2005年，县委在统战部建立非公有制企业党委，指导非公有制企业党建工作。建立统战部部长、工商联会长定点联系制度，指导、支持工商联会员积极参与国有企业改革、转变企业体制和机制，加快不同类型企业改革进程。统战部和科学协会合作，规划项目25个，其中重点项目5个，实现产值3000余万元。2006年，统战部出面为企业技改、扩能等协调资金1800万元，帮助多家私营企业主和个体工商户调解供销纠纷，依法维权，为非公企业挽回经济损失130多万元。

政法工作

1986年，中共蓬安县政法委员会领导协调全县政法工作。1992年，县政法委制定《1992年社会治安综合治理工作目标》，与全县各级各部门签订责任书。1996年，社会治安综合治理工作连续3年被南充市委、市政府授予“优秀单位”称号。2000年，县委明确公、检、法各部门中层干部任免由县政法委负责。2006年，县政法委组织深入开展“打黑除恶”专项斗争，组织全县乡镇党委副书记、村（社区）支部书记、中小学校长800余人进行维稳、综治和国家安全知识培训。

【中共蓬安县政法委员会】 1986年，中共蓬安县政法委员会内设办公室。1988年11月4日，县委决定撤销中共蓬安县政法委员会，建立中共蓬安县政法领导小组。1990年5月，恢复中共蓬安县政法委员会。1991年3月，成立蓬安县社会治安综合治理委员会（简称综治委），设办公室与政法委合署办公。1999年1月，建立蓬安县维护社会稳定领导小组，办公室设在政法委。2006年，县政法委内设机构有：办公室、执法督查督办室（含政治处）。挂靠有：蓬安县综合治理委员会办公室（简称综治办）、蓬安县维护稳定领导小组办公室（简称维稳办）。

1986年至2006年，唐逢泳、严家俊、潘琪文、刘安顺、徐兴发、赵正铭、卢祥林、苏树学、黄成立、侯卿平先后任政法委书记。

【协调工作】 1986年，县政法委组织协调政法部门开展反盗窃、打抢劫、追逃犯、挖团伙等打击违法犯罪活动。1989年，组织开展打击拐卖妇女儿童、赌博、嫖娼卖淫、吸毒、黑社会团伙等专项斗争。2000年，县委把政法部门领导班子协助管理权和中层干部选拔任用权划归县政法委。政法委会同组织人事部门根据工作绩效和任职年限，为107名基层政法干警解决正、副科级待遇。2001年至2003年，县政法委组织政法部门对有争议的疑难案件和重特大案件专题讨论，对374件案件进行清理，没有发现错拘、错捕问题。对县公安局2000年以来违规收费进行清理，共清出违规收费700余万元。2003年至2004年，全县政法系统56名领导干部在下河街社区联系贫困居民户15户，在农村联系85户，开展结对帮扶，送去资金、物资2万余元，落实就业岗位18个，落实经营项目11个。组织协调政法各部门实施“党员先锋工程”，围绕“一个党委一面旗帜，一个支部一座堡垒，一个党员一个模范”的目标，加强党的组织建设、思想建设、作风建设和执政能力建设。2003年，226名党员干警受到表彰奖励，10人荣立二、三等功，县公安局刘荣等获“全国优秀人民警察”称号。2005年，评选表彰政法系统“十佳卫士”，县政法委、县法院、检察院、公安局被县委评为“六好班子”。2002年至2006年，共考察任免111名中层干部，协助县委及组织部门选拔26名科级、副科级领导干部。

【监督工作】 1986年以来，政法监督开展“办案质量”评查，“党员办案质量竞赛”和“规范执法行为，促进执法公正”专项整改活动，加强信访案件督查督办力度，集中调处涉法涉诉信访老户，严格按照法定程序，进行“两审一复查”，确保涉法涉诉问题得到有效治理。1993年，县政法委会同县委组织部清退不适合在政法部门工作人员。是年7月，县委召开全县政法工作会议，会议就保持社会稳定，加强政法队伍建设，自觉接受人大对公、检、法的评议和监督提出要求。1997年8月，县政法委对全县政法系统进行为期4个月的集中教育整顿，对违纪违法人员进行查处。1999年5月，按照《中共中央关于进一步加强政法干部队伍建设的决定》，在政法系统开展为期三年的“形象工程”教育活动。2003年6月，按照省委、市委要求，针对个别地区、个别干警执法犯法，为犯罪分子充当保护伞的突出问题，开展为期半年的纪律作风教育。共有12名干警受到党纪政纪处分，清理政法干警经营娱乐场所11人，清理违规收费700余万元，清理非正规渠道进入政法系统7人。2004年，开始开展为期两年的政法队伍党员先锋工程建设。2005年，在保持共产党员先进性教育活动中，重点整顿领导班子形象、工作能力、业务水平、办事效率、乱罚款、乱收费等群众反映强烈的热点问题。2006年，政法委开展涉法涉诉上访问题调处，全年接待群众来信来访230人次，当面签诉161人次，受理69件，督办落实53件，协调处理16件，向市政法委回复14件，向县委领导回复2件。其中，牵头组织调处11件，息诉息访6件，复查终结3件，研究协调督办重大疑难案件8件。

【综合治理】 1986年，蓬安县社会治安综合治理工作由各级党政领导和政法部门负责，各单位设治保委员会和保卫科负责具体工作。1991年，蓬安县组织开展“严打”整治、打击“两抢一盗”专项活动和“打黑除恶”专项斗争。在农村建立以派出所为主，治保组织、民兵应急分队为辅的治安防范队伍，在城区开展“四车多员”活动，落实人防、物防、技防措施，初步建立多层次、全方位的区域联动治安防范网络。1992年，全县社会治安综合治理坚持依靠群众，“打防并举，标本兼治，重在治本”的方针，积极开展创安创模活动，推进社会治安整体联动防范工程建设。1994年，县委与56个部门签订社会治安综合治理目标责任书，抽调100余名干部下到各乡镇，进行农村社会治安综合整治。县政法委编印《整治农村社会治安的资料汇编》《农村社会治安综合治理目标管理》《农村社会治安秩序管理》《乡镇治安管理职责》《村治综合职责》等7个制度12个职责下发到各乡镇。1995年8月，县综治委、保险公司开办见义勇为团体人身意外伤害保险。1999年6月，县委发出《关于加强预防和减少青少年违法犯罪工作的意见》。2002年，全县各乡镇成立集治保、调解、巡逻、普法、帮教“五位一体”的综合治理办公室，全面启动综治工作中心和社区警务室建设，逐步落实专兼职干部和群防队伍。在城区全面建立社区综治巡逻队伍和县保安服务公司。先后组织对全县乡镇党委副书记、基层综治干部、各中小学校长和村支部书记进行综治、维稳、防邪工作业务培训，增强基层工作的执行力。举行“远离毒品、珍爱生命”“拒绝网吧”等万人签名活动。协调开展校园周边环境整治。启动建设以“110”报警平台为依托的整体联动防范系统机制。在城区设立治安岗亭、报警点和视频监控联网系统，整合警力资源，实行24小时车辆、徒步巡逻，建立“大街有巡逻、小巷有协防、单位有保安、楼群有守护”的立体治安防范体系。在农村建立专群联防相结合的治安防范队伍，推行院坝联防、山湾联防、户户联防、自防自治的社会治安防范体系，全面推进社会治安整体联动防范工程建设。7月，全市社会治安综合治理流动现场会在蓬安县召开。蓬安县建立“见义勇为奖励经费”，筹集见义勇为资金8万元，表彰见义勇为3人，见义勇为积极分子10人。2003年3月，县委、县政府在相如广场召开全县“社会治安整体联动防范工程”再动员大会，举行隆重的阅警式。12月，蓬安被南充市委、市政府评为“社会治安综合治理模范县”“市级安全文明铁路线”。2004年6月，全市在蓬安召开铁路护路联防工作现场会，推广蓬安县工作经验。2005年，四川省委提出建设社会治安综合治理联动防范工程，县委决定由县政法委组织开展全县整体联动工作，成立蓬安县铁路护路联防工作领导小组及其办公室，由县综治办主任兼任办公室主任，与铁路沿线乡镇一把手签订铁路护路联防目标管理责任书，招聘11名专职铁路护路队员，对境内20千米铁路实行全天候守护，并对公路中心线1千米、铁路中心线2.5千米范围内的农户、商业网点全部签订护路联防责任书。开展创建“安全文明铁路线”活动。县委发出《关于开展平安蓬安创建活动的实施意见》，召开动员大会，成立创建工作领导小组，制发《实施方案》，在罗家区和马回电力股份有限责任公司开展“平安蓬安”创建试点工作。2006年年底，全县有60%的乡镇、80%的机关单位达到平安乡镇（单位）标准。全县累计被县委、县政府授予综治模范单位称号的240个，乡镇128个，表彰综治先进集体863个、先进个人1211人，见义勇为积极分子27人；被市委、市政府授予市级综治模范单位32个，乡镇24个，综治先进个人80人，表彰见义勇为群体1个。

【专项整治】 1991年，县政法委开展两次“严打”工作和三次专项斗争，先后召开有数万人参加的20多次公开处理大会。1994年，县政法委下发《关于实施全县“严打”集中行动的意见》。在全县开展为期两个月的“破大案、打团伙、追逃犯”专项整治。1998年，开展“禁赌禁娼”专项整治行动。2001年4月至2002年12月，开展为期两年的严打整治斗争，开展“狂飚”系列行动，打了“七个战役”，开展“六个专项整治”，促进了社会治安秩序明显好转。2003年，开展以“打黑除恶”为龙头的专项整治斗争，加大对杀人、抢劫等严重暴力犯罪、毒品犯罪和以盗窃为主的多发性犯罪的打击力度，全县社会秩序明显好转，刑事案件发案率下降21.5%。2006年，县政法委以创建“平安蓬安”为契机，强化政法系统组织建设，继续严厉打击各类刑事犯罪活动。

【维稳工作】 1986年，蓬安维稳工作主要由各单位党组织负责。1988年，通过专项斗争打击违法犯罪，保持社会稳定。1991年至1992年，全县开展社会主义教育活动，维护社会稳定。1999年1月，县政法委召开城区维护稳定工作会议，进一步健全矛盾纠纷排查调处制、干部下访制、不稳定隐患档案制和敏感时期“零报告”等维稳工作制度。坚持每月组织开展一次定期排查，建立处置突发事件工作预案，制定《维稳工作领导责任查究实施细则》，组织开展矛盾纠纷集中调处化解月活动。2002年，果断处置67队客运站人车分流、出租车擅自停运和县丝厂改制期间职工群体性上访等群体性事件，做好中央、省市主要领导到蓬安县视察等重大活动期间安全保卫工作，实现“大事没有出，小事在减少，出事有人管”的既定目标。2006年2月，县政法委制定了《2006年度维稳工作目标任务》，表彰2005年度20个平安乡镇，35个平安单位。

【政法干部队伍建设】 1986年以来，县政法委制定领导班子成员履职考核办法，完善政法各部门党委（党组）议事规则，强化党的监督和社会监督，提高领导集体民主决策和科学决策能力。组织开展政法部门中层干部交流和调整工作，把一批年富力强、德才兼备人才提到中层领导岗位。1990年，县政法委会同县委组织部解决政法部门派出机构党建工作和党员队伍管理松散问题。坚持将支部建立在庭、所上，对基层政法机构党员人数少的，跨地组建联合支部，由当地党委管理。1997年8月，按中央政法委“四条禁令”和省政法委“约法三章”对全县政法队伍进行为期4个月集中教育整顿，对违法违纪人员进行查处。1999年，县政法委坚持“抓班子、带队伍、促公正”的思路，先后组织政法队伍开展“形象工程”教育、纪律作风整顿、党员先锋工程建设和社会主义法治理念教育，全面修订单位内部禁止性规定、管理制度、党支部工作制度、业务工作制度等22项制度。2000年，提出进一步加强政法队伍建设的意见，并制订出“形象工程”6条要求。2003年，县政法委组织全县政法系统党员参加为期3年的“党员先锋工程”活动。组织全体党员干部与贫困户“一对一”结对帮扶。在磨子东街社区大力推广下河街社区“六帮六建”社区党建工作的先进经验，协调解决社区部分路段无路灯、残疾人出行难等问题。在兴旺镇韩家梁村、水泉村大力推广中坝村“五民示范工程”基本做法，组织单位全体党员持续开展真情为民“三个一”活动，密切党群干群关系，提升政法队伍新形象。2005年，开展保持共产党员先进性教育和社会主义法治理念教育，重点整顿解决领导班子形象、工作能力、业务水平、办事效率，干警执法水平、法纪观念、乱罚款、乱收费、参与娱乐服务以及群众反映强烈等热点问题。2006年，开展加强执法规范化建设、促进执法公正专项整改活动。

信访与群众工作

1986年，中共蓬安县委信访办公室、县政府信访办公室合署办公，挂靠中共蓬安县委办公室。1987年，县委决定每月逢“十”作为常委“接待群众日”，创全省先例。1989年，继续该制度，政府正副县长也参与接待。1995年，信访工作在全市目标考评中位列全市第一名，信访办被省委、省政府表彰为“信访工作先进集体”。2002年，县委、县政府强调进一步明确责任，切实加强信访工作领导，各单位一把手、乡镇党委书记为第一责任人，信访工作实行“一票否决”制，县目标办实行督办。2006年，县委集中研究处理挂牌大事信访案件，受到群众好评。

【中共蓬安县委信访办】 1986年至2006年，中共蓬安县委、蓬安县政府信访办公室合署办公，挂靠县委办公室。王天高、汪文全、彭映彬先后任信访办主任。

【信访接待】 1986年，县委信访办公室和县政府信访办公室合署办公接待来信来访群众。1987年9月，县委决定常委轮流值班，把每月逢“十”作为常委接待群众来访“接待日”。1988年，川东北信访工作协作区第二次会议上，县委以“坚持信访接待日制度，开辟协商对话新渠道”为题作经验交流。是年，县委、县政府领导批阅人民群众来信554件，办结519件，办结率达97%。1989年，县委办公室下发《关于改进和完善信访“接待日”制度的通知》，通知规定：每月10日、20日、30日仍为县上领导信访接待日；在每月10日、20日两天，除县委值班常委参加信访接待外，县政府当月值班县长亦参加接待工作，如有特殊情况不能参加，则由县政府办公室一名主任参加接待上访群众；每月30日为领导集体接待日，由县委当月值班常委和县人大、政府、政协、纪委领导集体参加接待，能当场答复解决的当场答复，需要部门处理立即交部门处理。1998年3月，县委办公室、县政府办公室联合发出《关于实行信访工作领导责任制的通知》，要求各级领导明确职责，建立严格的责任制；实行定期研究信访、公开挂牌接待来访、阅批群众来信、包案和回访、目标管理五项制度，使信访工作领导责任制具体化；建立定期检查、全方位督查、责任追究的激励和监督约束机制，保证信访工作领导责任制落实。2003年，县委、县政府发出《关于进一步做好信访工作的通知》要求：坚持领导接待群众信访日制度，县级领导每月一天，县级部门和区、乡（镇）、重点企业的领导每月确定3天为领导接待日；将接待时间、地点、领导职务、姓名向社会公布；县目标管理监督办公室和县信访办公室，对各级各部门执行领导接待群众来访日制度不定期抽查，并予通报。2004年，县委、县政府出台《信访工作问责制暂行方法》，提出问责范围、问责内容、问责依据、问责追究和问责实施，同时，制定全县矛盾纠纷排查调处工作制。2005年，县委、县政府为加强信息报送、应急处理、快速接访工作，制定县委、县政府机关接访联动工作机制（试行），就快速接访的组织指挥、等级划分、信息报告、现场接访、到达时限、应急处理、应急保障、事后督办、基层防范和责任追究等作明确规定。2006年，县委、县政府坚持把领导挂牌调处作为大事来抓，调处一大批信访老案。全年共受理群众来信来访4625件(人次)，其中受理群众来信482件，占信访总量的48.6%，群众来访913批2329人次，联名信243件1643人，领导接待日接待来访150批/465人次，来信来访反馈率100%，办结率99.6%，群众满意率97.6%。

【干部下访】 1986年，县委、县政府选派干部下基层了解群众疾苦、倾听群众呼声、解决群众关心的难点热点问题。1990年，县委决定，县委办、政府办联合行文要求主管信访工作的领导明确职责，深入群众，认真做好群众来信来访工作。1997年，县委提出共产党员要在群众来信来访工作中发挥骨干作用，坚持领导接待制度和干部下访制度，及时调处纠纷、化解矛盾。2002年，县信访办抽派人员到改制企业设立信访接待站，现场解答问题，协助全县改制工作平稳过渡。2004年，县委办、县政府办下发《关于建立干部下访制度的通知》，要求各级各部门领导要进村入户搞调查，做好民情日记，分类研究定方案，专人督办抓落实，并组织纪检、组织、目标、人事、信访等部门对干部下访工作明察暗访，做到下访工作有记载，事事有着落。2006年6月，县信访办对锦屏等几个沿河乡镇安全值班情况抽查，深入各村社听取群众意见，将结果公之于众。

【信访调处】 1986年，县委、县政府信访办制定当年信访工作安排意见，要求抓好信访处理落实工作。12月，组织人员对全县信访调处工作进行检查评比，对10个先进单位20个先进个人颁奖。1998年，县委、县政府重视信访调处抓关键、截流堵源，抓基础、注重实效，省政府信访办公室九八信访简报第12号在全省推广。2000年，县委办、县政府办要求认真落实信访工作责任追究制度。当年，受理群众来信来访5487件次，其中来访4071人次，除当面接待答复外，电话督促部门和乡镇办理22件，出具专函18件，当面交办126件。来信1416件，除自办联办39件外，其余按照“分级负责、归口办理”原则，转给乡镇受理68件、县级单位受理1348件，转交的信件通过催办和跟踪，结案率达100%。2001年，县委办公室、县政府办公室发出《关于认真做好信访工作遏制集体上访的紧急通知》，要求切实把群众反映的问题解决在基层。2005年，县委、县政府要求各级各部门在当年7—8月要集中调处一批信访老户和不稳定因素，并对集中调处活动实行“首问责任制”。县目标管理督查办公室和县信访办等部门集中调处组织检查验收。2006年，县委、县政府先后制定《县委、县政府领导挂牌调处重大信访问题的通知》《关于加强和改进信访工作的意见》，调处一大批信访老案。

党校工作

1986年，中共蓬安县委在党校进行干部思想政治理论教育培训的同时继续开展学历教育。1989年，县委党校开办两年制政治专业在职干部脱产学习中专班。1990年至1991年，扩建党校校园。1994年，省委二党校设立函授学院，蓬安党校设立函授站，招收经济管理、行政管理大学本专科学员241人。2004年，组建微机室，开通远程教育教学网。2006年，加强社会科学研究，撰写科研论文5篇。

【中共蓬安县委党校】 1986年，中共蓬安县委党校内设人秘科、教育科、总务科。1995年12月，蓬安县行政学校成立，与蓬安县委党校“两块牌子，一套人马”。2006年，中共蓬安县委党校内设人秘股、教育股、总务股。

1986年至2006年，党校校长多由县委领导兼任，陈香泉、肖盛林、陈会琪、陈福、伏文超、孙明君、卢祥林、赵从容、侯建、罗建新先后任党校校长。在校主持日常工作的常务副校长先后有康本丰、陈会琪、雍星才、李玖民、雷廷锡、邓华北。

【师资队伍建设】 1986年，县委党校共有在职教职工22人。1988年，县委党校按照“政治素质强，业务能力精，工作作风正”的要求培养教师队伍，选派5人到省委党校进修。1993年，县委党校提出“教学出题目，科研做文章，成果上讲台”的总体思路，鼓励教师积极参加科研，并下达科研目标任务。2002年，组织教师到外地参观学习，完成“工业兴县”专题论文写作任务。2006年，党校教职工23人中专兼职教师14人，研究生1人，本科11人，专科2人。师资队伍实行分类管理，从事行政管理工作和党务工作的干部参照国家公务员制度，专业教研人员实行专业技术职务聘任制。

【干部培训】 1986年，县委党校采用专题辅导讲授式教学培训干部，开设马列主义、毛泽东思想等基本理论课、现代科学文化知识专题讲座课、各类干部业务知识专题讲座课。1995年，县委党校举办干部培训班7期，获省委组织部“干部教育先进集体”奖。2002年，学校对参加培训的学员开展学习需求调查，按照学员“缺什么补什么”“干什么学什么”“需什么教什么”的原则开设课程。培训方式从封闭式培训转变为开放式培训，聘请省、市党校教授为客座教授。2003年7月，学校开通中央党校远程教育教学网，培训学员可直接收看中央党校远程卫星节目。2004年年初，购买清华同方电脑26台，开通互联网和校园办公局域网。2005年，开通省、市委党校教育教学网，共享四川党校系统的教学资源。中央党校的“天网”、省、市委党校的“地网”和互联网 “三网合一”，为县委党校变传统讲授式为多媒体手段教学奠定基础。2006年，开始使用视频教学，实施教学改革，探索县级党校干部培训规律。1990年至2006年，蓬安县委党校共举办干部短期轮（培）训班131期，共培训干部9696人。

【学历教育】 1986年，县委党校继续开办学历教育，是年，中央党校四川函授学院蓬安班辅导站招收第二届学员。县委党校开设的两年制全脱产电大党政管理干部基础专修班学员，分别于1986年、1987年毕业，国家承认学历。1989年，党校招收两年制政治专业在职干部脱产学习中专班学员51人，毕业学员享受中专毕业生待遇。1992年7月，四川省干部函授学院蓬安辅导站并入蓬安县委党校，共招生5届，招收专科学员80人，本科学员3人，毕业专科学员56人，毕业本科学员3人。1994年3月，中共四川省委二党校设立函授学院，蓬安党校设立函授工作站。1985年至2006年，蓬安县委党校函授站共招收专科函授学员2396人，毕业学员1883人。本科招收学员818人，毕业704人。其中，中央党校附设函授学院招生3届，招收学员155人，毕业学员128人。

【教学科研】 1986年，县委党校科研工作的总体思路是“教学出题目、科研做文章、成果上讲台”，鼓励教职工积极参加教学科研活动。1993年，学校规定教职工必须完成每年年度科研任务，对公开发表的科研成果、理论文章、编辑出书、调查报告、文学作品、报道等，按稿费金额给予奖励。2000年，在完成上级党校规定的科研任务外，完成县委下达的整风专题评论、政工调研论文、“西部大开发和蓬安大发展”干训讲义编写等工作。2001年，完成县委宣传部下达的建党八十周年纪念的论文写作撰写任务。2002年，完成县委下达的“工业兴县”大讨论专题论文写作任务。2003年4月，党校出台《关于加强科研工作的实施意见》，凡讲师以上职称的教师每年必须完成科研论文或调查报告一篇；凡学校组织开展的科研课题，每个课题给奖金1000元。2004年，配合全县党风廉政建设工作，完成县纪委安排的《对遏制权力腐败的思考》《从严治党，加强党内制度监督》理论论文两篇，被南充市委党校评为“2003至2004年度科研工作组织奖”。2005年，配合“保持共产党员先进性教育活动”，完成市委组织部下达的课题，即《建立和完善先进性教育长效机制，加强党的执政能力建设研究》和《发展党内民主与加强组织部门自身建设问题研究》；完成了市委党校下达的课题，即《对乡镇党员干部党性修养的调查与思考》和《对蓬安县村级组织建设的调查与思考》。2006年，《加强先进性建设、巩固党的执政基础——蓬安县中坝村、下河街创建群众满意工程的实践与启示》的调研文章，获“南充市先进性教育与先进性建设”理论研讨会二等奖。

【基础设施建设】 1986年初，县委党校校园面积仅3580余平方米，建筑设施有一楼一底砖混结构学员宿舍一幢36间；食堂一幢，厨房一幢，公用厕所一幢、两楼一底教学楼一幢6个大教室，职工宿舍砖木结构平房一幢八间，砖混结构楼房二幢12套。基本能满足当时干部培训的需要，但缺少教职工办公用房。1988年修建两楼一底砖混结构办公楼一幢投入使用。1990年，蓬安县委决定扩建党校校园。1991年年初，征地2900平方米，修建党校体育活动场及360平方米的大容量教室。1993年，修建职工宿舍14套，基本解决教职工住房问题。1994年5月，县委发动全县党组织和党员个人捐资建党校，共收到捐款人民币124151.5元。1995年7月，县委党校征地2600平方米。1997年4月，党校活动场地篮球场建设开工，同时新建与县委招待所分隔的围墙、环建筑物绿化带等，9月交付使用。2004年，县委党校筹集资金20余万元，装修标准教室3个，新购微机26台、投影仪1台，组建微机室，开通中央党校远程教育教学网，连通互联网。2005年，在省委党校支持下，开通省委党校远程教育网、校园内域网、互联网三网合一。2006年，培训环境、培训手段进一步完善。

蓬安县人民代表大会

1986年，蓬安县第九届人民代表大会任期届满。1987年至1990年，县第十届人民代表大会期间，共召开县人民代表大会4次，先后依法任命一府两院和人大常委会工作人员86人、免11人。围绕全县的重大事项和人民群众关心的问题开展视察活动114次，收到代表提出的议案93件，质询案1件，批评和意见524件，受理代表和群众来信来访919件（次）。听取一府两院工作汇报65项，先后作出《关于银汉乡第十届人民代表大会第二次会议违法问题的决定》《关于宣传、贯彻〈中华人民共和国标准化法〉和〈四川省工业产品质量监督条例〉的决议》等决定、决议24项。

1990年3月至1993年3月，县十一届人民代表大会期间，共召开代表大会3次。先后依法任免一府两院和人大常委会工作人员185人次。听取和审议一府两院工作汇报40项，作出重大决定、决议32个。收到代表提出的议案99件，质询案1件，批评和意见496件，受理代表的人民群众来信来访1115件（次），进行"义务教育法"等29个法律、法规贯彻实施的监督检查。

1993年3月至1998年2月，县十二届人民代表大会期间，共召开代表大会6次。先后依法任免一府两院和人大常委会工作人员159人次。听取和审议一府两院工作报告92次、执法的工作汇报23项，决定30项，提出专题书面审理意见28个。召开县人大代表工作交流暨表彰会1次。督促和协助一府两院办理代表提案629件，办理代表和群众来信来访1440件次，对《中华人民共和国森林法》《中华人民共和国水土保持法》等35个法律法规的贯彻进行了执法检查。

1998年2月至2003年1月，县十三届人民代表大会期间，共召开代表大会5次。先后依法任免一府两院和人大常委会工作人员246人次。听取和审议"一府两院"有关工作汇报942项，作出决议，决定39个，书面提出专题审理意见22个。对40部法律法规的贯彻实施情况组织了检查。组织县人大代表对重大问题进行视察9次，办理人大代表提出的建议，批评和意见481件，受理群众来信来访1987件（次）。领导和主持了两届乡人大代表和一届县人大代表换届选举工作。

2003年1月至2006年12月，县十四届和十五届人民代表大会期间，共召开代表大会5次。先后依法任免一府两院和人大常委会工作人员312人次。共收到代表和有关方面提出的议案470件，批评和建议267件，受理代表和群众来信来访2226件（次）。对90余部法律法规的贯彻实施情况组织检查，会同有关部门组织全县5710人参加四川省百万公民宪法修正案知识竞赛。

人民代表大会代表

1986年至2006年，蓬安县共召开6届县人民代表大会，6届共选举产生县人大代表1579名，补选县人大代表6名。县人代会还先后3次选举产生市人大代表145名，两次选举产生省人大代表11名，补选省人大代表1名。

【县人大代表产生】 1986年到2006年，各届县人民代表大会换届选举前，均成立县选举委员会负责代表选举工作。选举委员会组成人员由本级党委、人大常委会及人大工作机构、组织、宣传、统战、工会、共青团、妇联等部门的负责人组成，下设办公室，承办选举日常工作。各政党和人民团体可以联合或单独推荐代表候选人；以选民小组为单位，选民或代表10人以上联名，也可推荐代表候选人；选举委员会把意见集中起来，再交选民讨论，反复酝酿成熟后，由选举委员会确定正式代表候选人名单，在选举日的5日前公布；各选区由县选举委员会委派的主持人持委派书到选区主持选举工作，选民采用无记名投票方式直接选举。选区全体选民的过半数参加投票，选举有效。代表候选人获得参加投票的选民过半数的选票时当选，获得过半数选票的代表候选人的人数超过应选代表名额时，以得票最多的当选。

【各届次县人大代表选举】 1986年到2006年，蓬安县共进行6届县人大代表选举。

县第十届人大代表名额确定为223名，选举工作从1986年10月上旬开始，代表名额落实到全县划分的91个选区。各选区选民以选民小组提名推荐代表候选人1913人，确定正式候选人319名。1987年1月15日，各选区以无记名投票方式选出县十届人大代表223名。在代表中：工人、农民代表70人，文教卫生44人，干部104人，财经5人。中共党员代表141人，占代表总数的63.23%；党外人士82人，占代表总数的36.77%。妇女代表44名，占代表总数的19.73%。

县第十一届人大代表名额确定为228名，选举工作从1989年10月下旬开始，代表名额落实到全县划分的98个选区。各选区以选民小组提名推荐代表候选人1339人，确定正式候选人317名。1990年1月16日，各选区选民以无记名投票方式选出第十一届人大代表228名。在代表中：工人、农民代表84人，占代表总数的36.84%；干部93人，占代表总数的40.8%；知识分子42人，占代表总数的18.42%；侨眷和其他方面共9人，占代表总数的3.95%。中共党员代表143人，占代表总数的62.72%；民主党派、无党派人士和非党群众85人，占代表总数的37.28%。妇女代表53人，占代表总数的23.25%。

县第十二届人大代表名额确定230名，选举工作从1992年10月开始，代表名额落实到全县划分的85个选区。各选民小组提名推荐代表候选人1743人，确定正式候选人315名。12月10日，各选区选民以无记名投票方式选出县第十二届人大代表230名。在代表中：工人、农民、知识分子101人占代表总数的44%；干部129人，占代表总数的56%。中共党员代表141人，占代表总数的61.3%；民主党派、无党派人士和非党群众89人，占代表总数的38.7%。妇女代表52人，占代表总数的22.6%。

县第十三届人大代表名额确定为253名，选举工作从1997年11月上旬开始，代表名额分配到全县划分的106个选区。各选区以选民小组推荐代表候选人539人，确定正式候选人359人。12月20日，各选区选民以无记名投票方式选出县第十三届人大代表253名。在代表中：工人、农民、知识分子、个体劳动者86人，占代表总数的34%；干部167人，占代表总数的66%。中共党员代表139人，占代表总数的54.9%；民主党派、无党派人士和非党群众114人，占代表总数的45.1%。妇女代表58人，占代表总数的22.9%。

县第十四届人大代表代表名额确定为253名，选举工作从2002年11月上旬开始，代表名额落实到全县共划分的104个选区。各选区以选民小组提名推荐代表候选人561人，确定正式候选人355名。12月10日，各选区选民以无记名投票方式选出十四届人大代表252名（第102选区应选代表3名，实际选出2名，尚差1名，县选举委员会研究决定，该选区不再另选）。在代表中：工人、农民、知识分子、个体劳动者代表100人，占代表总数的39.7%；领导干部代表152人，占代表总数的60.3%。中共党员代表138人，占代表总数的54.8%；民主党派、无党派人士和非党群众114人，占代表总数的45.2%。妇女代表59人，占代表总数的23.4%。

县第十五届人大代表名额确定为253名，选举工作从2006年9月上旬开始，名额落实到全县划分的104个选区。各选民小组提名推荐代表候选人630人，确定正式候选人357名。10月16日，各选区选民以无记名投票方式选出第十五届人大代表253名。在代表中：工人、农民、知识分子、个体劳动者代表116人，占代表总数的45.85%；干部137人，占代表总数的54.15%。中共党员代表157人，占代表总数的62.06%；民主党派、无党派人士和非党群众96人，占代表总数的37.94%。妇女代表61人，占代表总数24.11%。

【省人大代表产生】 1987年12月，蓬安县第十届人民代表大会第二次会议选举蓬安出席四川省第七届人民代表大会代表5名（以姓氏笔画为序）：何伟发　宋荣熙　陈永高　唐秋碧（女）　樊明辉

1991年1月7日，蓬安县第十一届人大常委会第6次会议补选省七届人大代表（1名）　冯希尧

1993年1月，蓬安县第十二届人民代表大会第一次会议选举蓬安出席四川省第八届人民代表大会代表5名（以姓氏笔画为序）：王桂珍（女）　张　焱　陈尚君　袁季广　蒋明斌

1993年后，省人大代表由南充市人民代表大会代表投票选举。

【市人大代表产生】 蓬安县出席南充市人民代表大会的代表按市人大常委会分配名额，经县人民代表大会以无记名投票方式选举产生。县人代会闭会期间，补选市人大代表由县人大常委会组成人员投票选举。

1993年11月，蓬安县第十二届人民代表大会二次会议选举蓬安县出席南充市第一届人民代表大会代表44名（以姓氏笔画为序）：

兰培根　朱兴忠　任　强　刘万荣　刘玉琼（女）　刘伦莉（女）
刘绍国　孙永清　苏碧清（女）　杜先根　李隆万　杨元生
杨俊芳（女）　杨顺高　杨碧贞（女）　肖盛林　吴柄奇　何　军
张开志　张友国　张玉芬（女）　张家光　陈宗元　陈尚君
陈忠源　陈香泉　林顺瑜　易延清（女）　胡琼英（女）　贺功义
徐荣廷　唐　荣　唐建碧（女）　曹兴伟　曹华敏　盘文泗
蒋文清　韩　鲲　谢正顺　蒲元益　蒲玉清（女）　赖帧辉（女）
蔡守宪　黎德富
徐兴发（1997年1月17日县十二届人大常委会第二十八次会议补选）

1999年1月，蓬安县第十三届人民代奉大会第二次会议选举蓬安出席南充市第二届人民代表大会代表名单（49名，以姓氏笔画为序）：

朱兴忠　伍晓林　刘　媛　刘心仁　刘玉华（女）　刘玉琼（女）
刘伦莉（女）　刘延生　刘绍国　孙明钧　杨元生　杨正乾
杨顺高　杨碧珍（女）　苏碧清（女）　李龙万　李兴国　吴　超
吴元尧　邹艳清（女）　沈秀文（女）　张大华　张文毅　张志成
陈自立　陈尚君　陈忠源　陈香泉　陈晋川　范琼花（女）
周绍君（女）　郑伯成　郑象凡　胡光明　赵正铭　侯瑜俊
祝定国　姚　敏　姚元珍（女）　晏明全　唐国远　唐建秋
唐春燕（女）　梁　斌　谢正顺　谢华国　黎必博　黎德富
魏　磊　刘伯忠（2001年3月16日县十三届人大常委会第22次会议补选）
吕功孝（2003年2月14日县十四届人大常委会第1次会议补选）

2004年2月，蓬安县第十四届人民代表大会第二次会议选举蓬安县出席南充市第三届人民代表大会代表（48名，按姓氏笔画为序）：

王润生　伏文超　刘　琪（女）　刘　楠　刘忠平　刘中伯
刘少康　刘玉华（女）　刘华明　刘延生　刘伯忠　吕功孝
汤琪华（女）　佘正松　吴元尧　吴志国　张大华　张兰英（女）
李　敏（女）　李龙万　李克伦　李秀芳（女）　李忠明　李明节
李梦华（女）　邹　平　陈　静（女）　陈自立　罗　琳　罗晓峰
范琼花（女）　郑兴国　侯瑜俊　段素霞（女）　胡　云　唐国远
唐建秋　唐恒金　唐春燕（女）　唐洁屏（女）　梁　斌　黄万才
黄万灿　覃一民　蔡建忠　谭显维　魏兴峨　魏定平
刘　强　杜延茂（2005年1月21日县十四届人大常委会第13次会议补选）
黄成立　杨　勇（2006年12月21日县十五届人大常委会第1次会议补选）

县人民代表大会会议

1986年至2006年，蓬安县人民代表大会历经7届，举行会议24次。人民代表大会召开会议前，均设立大会筹备组，负责大会文件材料的起草、会务安排及大会组织、宣传、保卫等准备工作。并召开预备会议、选举大会主席团，主席团安排每天会议执行主席，首席执行主席主持大会，各代表团团长主持代表团会议。会议邀请不是县人民代表的县级领导，省、市人大代表，县法院院长、副院长，县检察院检察长、副检察长，县政府所属各工作部门的负责人、县人大常委会办事机构负责人、驻县的中央、省属、市（地）属科级以上单位负责人、乡镇长、出席同年度会议的全体政协委员列席会议。列席会议人员由人大常委会决定。

【县九届人民代表大会】 1986年3月3日召开九届三次会议，出席会议代表287人。大会收到代表提出的议案1件、质询案1件、批评意见和建议298件。蒲显福等代表提出的《关于加速推广省柴节煤卫生灶》的议案，由大会主席团提交大会列入议程作出决议；《要求县种子公司答复今年水稻种子发芽率低造成重大经济损失》的质询案，主席团研究后责成县政府调查处理答复；其余298件转作建议，由县人大常委会办事机构交一府两院及相关部门办理，半年内办理完毕将结果书面答复代表本人。

【县十届人民代表大会】 1987年至1989年任期三年。届期内人民代表大会召开了4次会议。大会共收到代表和有关方面提出的议案93件，质询案1件，批评和意见524件。1987年12月（第2次会议）选举出席四川省七届人民代表大会代表。

第一次会议　1987年3月15日至20日在县城大礼堂召开。出席会议代表213人。会议等额选举陈永高为县第十届人大常委会主任，选举副主任4人，常务委员12人；等额选举陈香泉为县人民政府县长，选举产生副县长4人，等额选举谢天永为县人民法院院长、马岳松为县人民检察院检察长。

大会收到代表和有关方面提出的议案49件。经议案审查委员会审查，《关于紧急动员全县人民为三年半建成马回水电站而努力奋斗》《关于振兴蓬安蚕桑》《关于加强法制教育维护安定团结的决定》，由主席团决定交大会审议、表决，分别作出决议。对46件议案改作建议、批评和意见处理，加上代表提出的建议、批评和意见263件，共计309件，由人大常委会办事机构交一府两院及有关部门研究办理，半年内办理完毕将结果书面答复代表本人。

第二次会议　1987年12月21日在县城大礼堂召开，出席会议代表205人，大会主要议题是选举蓬安县出席省七届人民代表大会代表。

第三次会议　1988年3月26日至29日在县城大礼堂召开，出席会议代表203人，会议听取副县长、马回水电站工程建设指挥部指挥长孙明钧《关于马回水电站工程建设情况的汇报》，并组织代表视察工程施工进展情况，县人大常委会主任陈永高传达省七届人大一次会议精神。大会收到代表和有关方面提出的议案25件，代表建议、批评和意见114件，共计139件，经议案审查委员审查，《关于加强土地管理，切实保护耕地》《关于进一步认真贯彻执行中华人民共和国公路管理条例》《关于认真贯彻四川省计划生育条例》三件议案，由主席团决定交大会审议、表决，分别作出决议。其余均属建议、批评和意见范围，由人大常委会汇总分类后，交一府两院及有关部门办理，半年内办理完毕将结果书面答复代表本人。

第四次会议　1989年4月5日至8日在县城大礼堂召开，出席会议代表205人。大会补选李枝梁为县第十届人大常委会委员。大会收到代表和有关方面提出的议案19件，代表建议、批评和意见147件，共计166件，经议案审查委员会审查，代表所提出的19件议案，改作建议、批评和意见处理，由人大常委会办事机构将全部建议、批评和意见汇总分类后，送交县政府、县法院、县检察院及有关部门研究办理，半年内办理完毕将结果书面答复代表本人。

【县十一届人民代表大会】 1990年至1992年任期三年。届期内人民代表大会共召开了3次会议。大会共收到代表和有关方面提出的议案99件，质询案1件，批评和意见496件。

第一次会议　1990年2月27日至3月4日在县城大礼堂召开，出席会议代表228名，会议等额选举肖盛林为第十一届人大常委会主任，选举出副主任4人，差额选举出常务委员12人，选举陈尚君为县人民政府县长，差额选举出副县长7人，等额选举谢天永为县人民法院院长、曹学群为县人民检察院检察长。大会收到代表议案56件，代表建议、批评和意见242件，合计298件，经议案审查委员审查，代表所提出的56件议案改作建议、批评和意见处理。由人大常委会办事机构将全部建议、批评和意见汇总分类，送交一府两院及相关部门办理，半年内办理完毕将结果书面答复代表本人。

第二次会议　1991年3月25日到8日在县城大礼堂召开，出席本次会议代表233人，会议听取副县长、马回水电站工程建设指挥部指挥长孙明钧《关于马回水电站工程建设情况的汇报》。会议决定接受肖盛林辞去县十一届人大常委会主任职务的请求，补选陈福为县第十一届人大常委会主任，鲍克文为副主任。大会收到代表议案22件，经议案审查委员会审查，《动员全县人民，为在“八五”期间建成蓬安县农村初级电气化县而努力奋斗》《关于加强蚕茧基地建设》《关于加强社会治安综合治理》三件议案，由主席团决定交大会审议、表决，分别作出决议。其余19件议案，改作建议、批评和意见处理。加上代表对各方面工作提出的建议、批评和意见144件，合计163件。大会闭幕后，由人大常委会办事机构将全部建议、批评和意见汇总分类，送交一府两院及有关部门办理，半年内办理完毕将结果书面答复代表本人。

第三次会议　1992年3月4日至7日在县城大礼堂召开，出席会议代表207人。会议补选陈宗元为县第十一届人大常委会副主任。大会收到代表议案21件，代表建议、批评和意见110件，质询案1件，共计132件。经议案审查委员会审查，代表所提的21件议案、改作建议、批评和意见处理。会后，由县人大常委会办事机构将全部建议、批评和意见汇总分类，送交县政府、县法院、县检察及有关部门研究办理，半年内办理完毕将结果书面答复代表本人。

【县第十二届人民代表大会】 县人民代表大会任期从这一届起每届任期改为5年。1993年至1997年，届期内人民代表大会共召开了6次会议。大会共收到代表和有关方面提出的议案126件，质询案1件，建议、批评和意见457件。1993年1月选举产生出席四川省第八届人民代表大会代表。1993年11月（二次会议）选举出席南充市第一届人民代表大会代表。1994年2月（三次会议）补选徐兴发为县人民政府县长。

第一次会议　1993年1月5日至10日在县城大礼堂召开，出席会议代表229人。会议选举产生出席四川省第八届人民代表大会代表。等额选举出蔡守宪为县第十二届人大常委会主任，选举出副主任 4人，差额选举出常务委员12人。等额选举陈尚君为县人民政府县长，差额选举出副县长8人。等额选举陈昌国为县人民法院院长、曹学群为县人民检察院检察长。大会听取了副县长赵正铭作的《关于动员全县人民奋斗四年实现普及九年制义务教育的议案的说明》，大会收到有关方面议案37件，质询案1件，建议、批评和意见128件。经议案审查委员会审查，《关于动员全县人民加快我县重点工程建设步伐》《关于动员全县人民奋斗四年实现普及九年制义务教育》两件议案，大会主席团交由各代表团讨论，在大会上作出了相应的决议，其余35件议案转作建议、批评和意见处理。连同各方面提出的建议、批评和意见128件，共163件，大会闭幕后，由人大常委会办事机构汇总，送交一府两院及有关部门办理，半年内办理完毕将结果直接签复代表本人。代表联名提出的质询案1件，经议案审查委员会审查后提交大会主席团讨论决定：由县政府委托职能部门向提出质询案的代表团予以答复。

第二次会议　1993年11月17日在县城大礼堂召开，出席本次会议代表229名。选举出蓬安县出席南充市第一届人民代表大会代表44名。

第三次会议　1994年2月23日至27日在县城大礼堂召开，出席到会代表206人。会议等额补选徐兴发为县人民政府县长、刘万荣为县第十二届人大常委会委员。大会收到议案16件，经议案审查委员会审查，《关于动员全县人民加快公路交通建设的议案》《关于加强县城市容市貌管理的议案》列入此次大会议程，经主席团提交各代表团审议后作出决议。其余转作建议、批评和意见处理。本次会议还收到代表提出的建议、批评和意见105件，连同转作建议、批评和意见的议案，共119件。大会闭会后，由人大常委会办事机构及时整理、归类、汇总，转交一府两院及有关部门研究办理，在半年内办理完毕并将办理结果书面答复代表本人。

第四次会议　1995年1月11日至14日在县城大礼堂召开，出席会议代表205人。大会收到议案20件，经议案审查委员会审查，《关于规模建设优质蚕茧基地的议案》列入本次大会议程，经主席团提交各代表团审议后做出了决议，其余转作建议、批评和意见，本次大会还收到代表们建议、批评和意见62件，连同转作建议、批评和意见的议案，共81件。大会闭会后，由人大常委会办事机构将全部建议、批评和意见汇总，转交一府两院及有关部门研究办理。在半年内办理完毕并将办理结果书面答复代表本人。

第五次会议　1996年2月8日至12日在县城大礼堂召开，出席会议代表223人。会议审查和通过《蓬安县国民经济和社会发展“九五”计划及2010年远景目标纲要》，会议作出《关于蓬安县国民经济和社会发展“九五”计划及2010年远景目标纲要的决议》，大会收到议案26件，经议案审查委员会审查，《关于下大力气在全县城乡开展一场禁赌活动》《关于加强税收征管、整顿税收秩序》的议案，经主席团审查同意，决定交县政府直接办理。其余24件议案转作建议、批评和意见处理。会议还收到提出的建议、批评和意见108件，连同转作建议和意见的议案共132件。大会闭会后，由人大常委会办事机构将全部建议、批评和意见汇总分类，转交县政府及有关部门研究办理，半年内办理完毕将结果书面答复代表本人。

第六次会议　1997年2月26日至3月2日在县城大礼堂召开，出席会议代表219名。会议补选谢华国为县人民政府县长。大会收到议案27件。经议案审查委员会审查，《关于在蓬安县乡镇、村两级开展财务清理整顿》《创建文明卫生县城》的议案，经主席团审查同意，决定交县政府办理。其余25件议案转作建议、批评和意见处理。本次会议还收到代表提出的建议、批评和意见54件，连同转作建议、批评和意见的议案共79件，大会闭会后，由人大常委会办事机构整理、归类、汇总，转交县政府及有关部门研究办理，半年内办理完毕将结果书面答复代表本人。

【县十三届人民代表大会】　1998年至2002年任期五年，届期代表大会共召开5次会议。大会共收到代表和有关方面提出的议案135件，建议、批评和意见364件。

第一次会议　1998年1月4日至10日在县城大礼堂召开，出席会议代表253名。会议等额选举赵正铭为县第十三届人大常委会主任，选举出副主任 4人，差额选举出常务委员15人。等额选举孙明钧为县人民政府县长，差额选举出副县长6人；等额选举陈昌国为县人民法院院长、韩志春为县人民检察院检察长。大会议案45件，经议案审查委员会审查，《关于加强整顿社会治安综合治理的议案》，经主席团审查同意，决定交县政府办理。粮食局随意降低专储粮价格的议案，经主席团审查同意，决定作询案处理。其余43件议案，转建议、批评和意见处理。本次会议还收到代表提出的建议、批评和意见141件，连同转作建议、批评和意见的议案，共183件。大会闭会后，由人大常委会办事机构整理汇总，转交一府两院及有关部门研究办理，半年内办理完毕将结果书面答复代表本人。

第二次会议　1999年1月3日至8日在县城大礼堂召开，出席会议代表251名。会议选举出蓬安县出席南充市第二届人民代表大会代表。大会收到议案21件，经议案审查委员审查，转作建议、批评和意见处理。本次会议还收到代表提出的建议、批评和意见65件，连同转作建议、批评和意见的议案，共84件。大会闭会后，由人大常委会办事机构送交一府两院及有关部门研究办理，半年内办理完毕将结果书面答复代表本人。

第三次会议　2000年1月10日至13日在县城大礼堂召开，出席会议代表249名。大会收到议案20件。质询案工2件，经审查委员会审查，议案全部转作建议、批评和意见处理。金溪代表团宋昌安等代表联名提出的县法院对鲜店乡农机站陈祥林经营假种子一案判决不公的质询案和河舒区代表团姚昌明等代表联名提出柳滩乡公路收费站房屋被砸、收费人员被打伤，县公安局至今对肇事者未进行处理的质询案。经主席团审查，决定将这两件质询案交受质询的县法院、县公安局，由其负责人于1月13日上午到金溪、河舒代表团进行答复。对县法院的答复，代表表示基本满意，对县公安局的答复，代表表示满意。本次会议还收到代表提出的建议、批评和意见49件，连作建议、批评和意见的议案，共69件。大会闭会后，由人大常委会办事机构送交一府两院及有关部门研究办理，半年内办理完毕并将结果书面答复代表本人。

第四次会议　2001年3月25日至30日在县城大礼堂召开，出席会议代表252名。会议审查批准《蓬安县国民经济和社会发展第十个五年计划》，作出了《关于蓬安县国民经济和社会发展“十五”计划的决议》。会议以等额方式补选马道蓉为蓬安县人民政府县长。大会收到议案28件。经议案审查委员审查，《关于在全县、乡镇、村、社开展财务清理整顿，实行财务公开的议案》，经主席团同意，交县人民政府直接办理，其余27件均转作建议、批评和意见处理。本次会议还收到代表提出的建议、批评和意见60件，连同改作建议、批评和意见的议案，共87件，大会闭会后，由人大常委会办事机构送交县政府及有关部门研究办理，半年内办理完毕将结果书面答复代表本人。

第五次会议　2002年2月4日至8日在县城大礼堂召开，出席会议代表251名。会议除常规议程外，听取了副县长吴宗祥作的《关于筹集金溪电站建设股本金的议案的说明》，并通过了这一议案。会议通过：接受唐国权辞去县十三届人大常委会副主任职务，杨怀宇、奉永福辞去县十三届人大常委会委员职务。会议选举陈乃能为县第十三届人大常委会副主任、廖定杰为县人民法院院长。大会收到议案21件，经议案审查委员会审查，均转作建议、批评和意见处理。本次会议还收到代表提出的建议、批评和意见49件，连同改作建议、批评和意见的议案，共70件。大会闭会后，由人大常委会办事机构送交县政府及有关部门研究办理，半年内办理完毕并将结果书面答复代表本人。

【县十四届人民代表大会】　2003年至2006年任期四年，届期是按照上级要求与党委同期换届，代表大会共召开4次会议。大会共收到代表和有关方面提出的议案437件，建议、批评和意见203件。

第一次会议　2003年1月3日至9日在县城大礼堂召开，出席会议代表252名。根据上级指示，县人大常委会主任由县委书记兼任，会议以无记名投票方式等额选举刘中伯为县第十四届人大常委会主任，等额选举出副主任7人、常务委员13人。等额选举邹平为县人民政府县长，差额选举出副县长8人；等额选举袁彪为县人民法院院长、李敏为县人民检察院检察长。

第二次会议　2004年2月24日至26日在县城会展中心召开，出席会议代表252名。会议选举产生出席南充市第三届人民代表大会代表。补选罗风暴为县十四届人大常委会委员。大会收到议案12件。经议案审查委员审查，本次会议还收到代表提出的建议、批评和意见54件，连同转作建议、批评和意见的议案，共66件，大会闭会后，由人大常委会办事机构整理汇总后送交一府两院及有关部门研究办理，半年内办理完毕并将结果书面答复代表本人。

第三次会议　2005年2月28日至3月4日在县城会展中心召开，出席会议代表251名。大会收到议案17件。经议案审查委员会审查，同意全部转作建议。本次会议还收到代表提出的建议、批评和意见85件，连同转作建议、批评和意见的议案，共102件，大会闭会后，由人大常委会办事机构整理汇总送交一府两院及有关部门研究办理，半年内办理完毕并将结果书面答复代表本人。

第四次会议　2006年2月20日至25日在县城会展中心召开，出席会议代表243名。会议审查批准并作出《关于蓬安县国民经济和社会发展第十一个五年规划纲要的决议》。大会收到议案14件。经议案审查委员审查，《关于加强嘉陵江沿岸绿化建设的议案》作为议案处理，其余议案全部转作建议、批评和意见办理，本次会议还收到代表提出的建议、批评和意见64件，连同转作建议、批评和意见的议案，共77件，大会闭会后，由人大常委会办事机构整理汇总后送交一府两院及有关部门研究办理，半年内办理完毕并将结果书面答复代表本人。

【县十五届人民代表大会】　2006年10月25日至30日，第一次会议在县城会展中心召开，出席会议代表253名。会议以无记名投票方式等额选举刘中伯继任县人大常委会主任，差额选举人大常委会副主任8人、常务委员18人。选举邹平为县人民政府县长，差额选举出副县长6人；等额选举张云为县人民法院院长、王瑜为县人民检察院检察长。

大会共收到10人以上代表联名提出的议案33件。代表提出的建议、批评和意见64件，连同转作建议、批评和意见的议案，共97件，大会闭会后，由人大常委会办事机构整理汇总后送交一府两院及相关部门研究办理，特别是姚剑波等12位代表提出的《关于建立农村公路建设五年实施详规及机制的议案》、冯凯荣等14位代表提出的《关于积极化解乡镇、村债务，确保基层政权正常运转的议案》，要求县政府要提出具体办理意见认真落实；半年内应将所有议案办理完毕并将结果书面答复代表本人。

县人大常务委员会会议　主任会议

1986年至2006年，县人大常务委员会会议由主任主持，每两月至少召开一次。主任会议由人大常委会主任和副主任组成，每月至少举行一次会议。

【常务委员会会议】　1986年至2006年，县人大常委会依法举行会议148次。其中第九届〔1986年〕7次、第十届22次、第十一届19次、第十二届36次，第十三届36次，第十四届26次，第十五届1次。会议主要议题涉及：听取和审议县人民政府、法院、检察院履行职责、开展工作的情况报告和贯彻执行上级及本级人大及其常委会决议、决定的情况报告；听取和审议县人民政府、法院、检察院办理人民代表议案和县人大代表所提建议、批评、意见的情况报告；听取和审议县人民政府关于上年国民经济和社会发展计划、财政预算执行情况及当年计划、财政预算草案的报告；审查批准开展财政决算，听取和审议县人大常委会工作机构组织代表视察、开展执法检查的情况报告，决定关系全县经济社会发展的重大事项；决定人事任免，对县人大常委会任命的干部开展述职评议；决定县、乡镇换届选举等事项。其中主要有：

1986年4月，县九届人大常委会14次常委会议学习中共南充地委《关于进一步贯彻执行中央〔1984〕8、9号文件，加强人大常委会的工作和建设的意见》。作出《关于召开蓬安县第九届人民代表大会第三次会议的决定》。审议蓬安县人民政府提请将河舒、锦屏等9个乡撤乡建镇的议案，通过《关于河舒、锦屏等9个乡撤乡建镇有关问题的决定》。18次会议上依法任命全县10镇、40个乡的选举委员会主任、副主任和委员499人。

1987年6月，县十届人大常委会第2次常务委员会议讨论通过县人大常委会《关于县人大代表工作暂行办法》《关于在七个区和周口镇设立人大工作联络组的决定》《关于县人大代表持证视察的决定》，听取和审议了县人民政府及计划生育委员会、蚕业局、公安局和县人民法院、人民检察院以及马回水电站工程建设指挥部的工作汇报。

1989年10月，县十届人大常委会第18次常务委员会议听取县委常委、县委组织部长张能德关于地区选举工作会议精神的传达，作出《关于蓬安县第十一届县、乡镇人民代表大会代表名额分配的决定》《关于县、乡镇两级人民代表大会代表选举时间的决定》《关于设立蓬安县选举委员会的决定》。

1991年5月，县十一届人大常委会第8次会议听取和审议县人民政府《关于在全县范围内开展第二个五年普法教育规划的报告》《关于城镇建设与管理和1991年城市建设维护资金安排意见的汇报》，会议讨论通过《蓬安县人大常委会关于深入开展法制宣传教育的决议》《关于批准蓬安县1991年城市建设维护资金安排意见的决定》《关于成立蓬安县人民检察院粮食检察室的决定》。

1993年5月，县十二届人大常委会第3次常务委员会议学习《全民所有制工业企业转换经营机制条例》和《四川省农民负担管理条例》，听取县人民政府《关于蓬安县贯彻实施〈全民所有制工业企业转换经营机制条例〉情况的汇报》。审议《蓬安县城总体规划》，并作出批准蓬安县城总体规划的决议。

1995年11月，县十二届人大常委会第20次常务委员会议讨论县人民政府关于《蓬安县国民经济和社会发展“九五”计划及2010年远景目标纲要》，并就“九五”计划和2010年远景目标纲要提出一些修改建议。会议还听取了县政府《关于今后两年蓬安县交通、通讯建设计划的汇报》。

1996年9月，县十二届人大常委会第26次常务委员会议听取和审议了《关于蓬安县法律服务工作情况的汇报》《关于贯彻〈中华人民共和国产品质量法〉和〈四川省产品质量管理条例〉的情况汇报》《关于蓬安县小康建设工作情况的汇报》。会议审议县人民政府提出的《关于实施农村初级卫生保健工作的议案》和《关于在全县公民中开展第三个五年普法教育的议案》，听取县人民政府《关于蓬安县初级卫生保健工作的议案的说明》和《关于〈在全县公民中开展第三个五年（1996—2000）普法教育的规划〉的说明》，会议分别就上述两项议案作了决议。

1999年10月，县十三届人大常委会第11次常务委员会议听取和审议县政府关于贯彻实施《四川省科技进步条例》的情况汇报、关于1999年度农田水利基本建设工作情况和2000年水利建设打算的汇报、关于贯彻《四川省农民负担管理条例》情况的汇报；《关于“三五”普法、依法治县的情况汇报》。

2001年1月，县十三届人大常委会第21次常务委员会议听取和审议县人民政府《关于计划生育工作的情况汇报》《关于个体私营经济发展的情况汇报》《关于办理人大代表建议批评和意见的情况汇报》《关于编制全县“十五”计划草案的说明》《关于编制全县“十五”计划的情况汇报》。

2002年5月，县十三届人大常委会第31次常务委员会议听取和审议县政府《关于开展依法治教工作情况的汇报》《关于全县农业产业化建设情况的汇报》《关于嘉陵江大桥建设资金筹集使用情况的汇报》《关于实施城市住宅物业管理的情况汇报》，会议审议通过《蓬安县人大常委会关于对“普九”债务进行清理的决议》。

2003年7月，县十四届人大常委会第4次常务委员会议听取和审议县人民政府《关于教育工作情况的汇报》《关于贯彻执行〈传染病防治水域〉〈突发公共卫生事件应急条例〉工作的汇报》《关于蓬安县2002年财政决算草案和2003年1月至6月财政预算执行情况的报告》《关于蓬安县2003年1月至6月财政预算执行情况的报告》、《关于蓬安县2003年上半年国民经济和社会发展计划执行情况的汇报》《关于<土地管理法>贯彻执行情况的汇报》《关于经济犯罪案件侦查工作情况的汇报》。

2005年9月，县十四届人大常委会第18次常务委员会议听取和审议县人民政府《关于劳动保障工作的情况汇报》《关于县人大代表建议、批评和意见办理工作的情况汇报》。

2006年4月县十四届人大常务会第22次常务委员会审议通过了《蓬安县古城保护暂行办法》，随着暂行办法的实施，县古城文化遗产依法得到保护。12月，县十五届人大常委会第一次会议听取县人大常委会《关于全省学习贯彻〈监督法〉报告会和全省人大系统学习贯彻〈监督法〉培训班情况的报告》（书面）；审议批准了《蓬安县旅游发展规划、嘉陵第一桑梓旅游区商业运作策划、控制性详细规划及一期工程建筑与景观方案设计》，审议批准《调整木桥河城区下游综合整治规划方案》，审议批准《蓬安县2006年财政预算调整方案》，审议并通过《关于设立蓬安县第十五届人民代表大会常务委员会代表资格审查委员会的决定》。补选黄成立、杨勇为南充市第三届人大代表。认命政府各组成部门的主任、局长19名。

【常务委员会主任会议】 县人大常委会从第八届开始，设立主任会议制度，主任会议每月至少举行一次，由主任召集。主任会议主要研究决定县人民代表大会、常委会会议议程、日程建议方案，围绕人代会、常委会议题安排必要的调查、视察、执法检查，为开好人代会、常委会作准备；听取"一府两院"有关专题报告；研究决定县人大机关人事安排和机关自身建设方面的问题；讨论办理上级人大常委会和县委交办的事项等。

1986年县人大召开常委会主任会议11次。1987年至1990年2月召开常委会主任会议32次，1990年4月至1992年12月召开人大常委会主任会议33次。1993年1月至1998年2月召开人大常委会主任会议54次，1998年3月至2003年1月召开人大常委会主任会议62次，2003年2月至2006年10月召开人大常委会主任会议48次。2006年12月召开人大主任会议，进行人大常委会主任、副主任工作分工。

组织机构

1987年至2006年，蓬安县人民代表大会共选举产生了6届县人大常务委员会。县人大常委会组织机构组成包括县人大常务委员会，常务委员会办事机构、工作机构和派出机构。

【人大常委会】 1986年是县九届人大常务委员会任期最后一年。1987年3月、1990年2月、1993年1月、1998年1月、2003年1月、2006年10月分别选举产生第十至第十五届县人大常务委员会。

县人大常务委员会每届任期与人民代表大会相同。第九届至十一届任期均为3年，自十二届起，每届任期5年，第十四届任期4年。其间共有常务委员会委员139人次，其中：中共党员98名占70.5%，主任8人，副主任39人。

历届常务委员会组成人员构成一览表

届别 界别	九	十	十一	十二	十三	十四	十五
中共	13	12	12	12	15	15	19
民主党派、无党派	6	5	5	5	6	6	8
工会	—	1	1	1	1	1	—
共青团	—	1	1	1	1	1	—
妇联	1	1	1	1	1	1	1
教科文卫	5	3	3	3	2	2	1
农民	1	1	1	1	—	—	—
工人	1	1	1	1	—	—	—
其他	11	9	9	9	16	16	24
合计	19	17	17	17	21	21	27

人大常委会历届主任、副主任一览表

（1986~2006）

届别	职务	姓名	性别	出生年月	籍贯	文化程度	任职时间	政治面貌	入党时间	备注
第九届 1984.4 至 1987.3	主　任	蔡守宪	男	1939.4	四川蓬安	大学	1984.4—1987.3	中共党员	1965.2	—
	副主任	韩黎明	男	1930.11	河北任丘	初中	1984.4—1987.3	中共党员	1948.3	—
	副主任	宋金伯	男	1932.9	四川蓬安	初中	1984.4—1987.3	中共党员	1949.9	—
	副主任	何泽民	男	1928.12	四川西充	大学	1984.4—1987.3	中共党员	1949.11	—
	副主任	蒋洁清	男	1921.11	四川蓬安	大学	1984.4—1987.3	无党派	—	—
第十届 1987.3 至 1990.3	主　任	陈永高	男	1931.8	四川南部	初中	1987.3—1990.3	中共党员	1954.3	—
	副主任	韩黎明	男	1930.11	河北任丘	初中	1987.3—1990.3	中共党员	1948.3	—
	副主任	宋金伯	男	1932.9	四川蓬安	初中	1987.3—1990.3	中共党员	1949.3	—
	副主任	蒋洁清	男	1921.11	四川蓬安	大学	1987.3—1990.3	无党派	—	已故
	副主任	孙德麟	男	1933.3	山东荣成	中专	1987.3—1990.3	中共党员	1949.3	—
第十一届 1990.3 至 1993.1	主　任	肖盛林	男	1938.4	四川仪陇	高中	1990.3—1991.3	中共党员	1959.5	—
	主　任	陈　福	男	1950.6	四川营山	大专	1991.3—1993.1	中共党员	1978.1	已故
	副主任	唐科忠	男	1936.4	四川蓬安	中师	1990.3—1991.3	中共党员	1958.7	已故
	副主任	孙德麟	男	1933.3	山东荣成	中专	1990.3—1993.1	中共党员	1949.3	—
	副主任	刘永梅	女	1937.1	重庆万州	大学	1990.3—1993.1	民盟	—	—
	副主任	唐孝意	男	1932.8	四川营山	高中	1990.3—1993.1	中共党员	1952.7	已故
	副主任	鲍克文	男	1942.3	四川蓬安	高中	1990.3—1991.6	中共党员	1960.7	已故
	副主任	陈宗元	男	1939.6	四川蓬安	初中	1992 补选	中共党员	1956.4	—
第十二届 1993.1 至 1998.2	主　任	蔡守宪	男	1939.5	四川蓬安	大学	1993.1—1998.2	中共党员	1965.2	—
	副主任	陈宗元	男	1939.6	四川蓬安	初中	1993.1—1998.2	中共党员	1956.4	—
	副主任	唐国权	男	1942.1	四川蓬安	高中	1993.1—1998.2	中共党员	1960.1	—
	副主任	翟向东	男	1941.2	四川蓬安	大学	1993.1—1998.2	无党派	—	已故
	副主任	杨应虎	男	1940.9	四川蓬安	大学	1993.1—1998.2	中共党员	1976.10	—
第十三届 1998.2 至 2003.1	主　任	赵正铭	男	1947.1	四川蓬安	研究生	1998.2—2003.1	中共党员	1967.3	—
	副主任	吴元尧	男	1956.12	四川蓬安	大专	1998.2—2003.1	中共党员	1978.1	—
	副主任	沈前光	男	1943.5	四川蓬安	初中	1998.2—2003.1	中共党员	1965.5	—
	副主任	刘伦莉	女	1948.7	重庆	中专	1998.2—2003.1	无党派	—	—
	副主任	唐国权	男	1942.1	四川蓬安	高中	1998.2—2002.1	中共党员	1960.1	—
	副主任	陈乃能	男	1948.10	四川蓬安	大学	2002.2—2003.3	中共党员	1985.6	—
第十四届 2003.1 至 2006.11	主　任	刘中伯	男	1962.8	四川仪陇	研究生	2003.1—2006.11	中共党员	1982.7	—
	副主任	吕功孝	男	1951.12	四川蓬安	大专	2003.1—2006.11	中共党员	1972.11	—
	副主任	吴元尧	男	1956.12	四川蓬安	大专	2003.1—2006.11	中共党员	1978.1	—
	副主任	刘伦莉	女	1948.7	重庆	中专	2003.1—2006.11	无党派	—	—
	副主任	廖定杰	男	1952.5	四川开江	大专	2003.1—2006.11	中共党员	1975.12	—
	副主任	吴　刚	男	1955.8	四川蓬安	大专	2003.1—2005.9	中共党员	1978.11	—
	副主任	王培荣	男	1956.9	四川西充	大专	2003.1—2006.11	中共党员	1983.7	—
	副主任	李茂华	女	1955.4	四川蓬安	大专	2003.1—2006.11	民盟	—	—

续表

届别	职务	姓名	性别	出生年月	籍贯	文化程度	任职时间	政治面貌	入党时间	备注
第十五届 2006.11 至 2006.12	副主任	黄成立	男	1956.4	四川丹陵	大专	2006.11—2006.12	中共党员	1978.10	—
	副主任	吕功孝	男	1951.12	四川蓬安	大专	2006.11—2006.12	中共党员	1972.11	—
	副主任	吴元尧	男	1956.12	四川蓬安	大专	2006.11—2006.12	中共党员	1978.1	—
	副主任	吴宗祥	男	1954.5	四川蓬安	研究生	2006.11—2006.12	中共党员	1982.9	—
	副主任	刘伦莉	女	1948.7	重庆	中专	2006.11—2006.12	无党派	—	—
	副主任	廖定杰	男	1952.5	四川开江	大专	2006.11—2006.12	中共党员	1975.12	—
	副主任	吴　刚	男	1955.8	四川蓬安	大专	2006.11—2006.12	中共党员	1978.11	—
	副主任	王培荣	男	1956.9	四川西充	大专	2006.11—2006.12	中共党员	1983.7	—

【工作机构　办事机构】 县人大常委会办公室是人大常委会的办事机构，各工作委员会(科)是人大常委会的工作机构。1986年，县人大常委会设“一室四科”即办公室、法制科、经济科、教科文卫科、代表联络科。1987年4月，经县十届人大常委会第1次会议决定，撤销“四科”，设“一室、三委”。即：办公室、法制工作委员会、财经工作委员会、教科文卫工作委员会。1988年10月，增设代表联络工作委员会。1990年11月，增设农业工作委员会。1994年，人大机关改革恢复设立综合办公室，办公室下设秘书、代表联络、法制、后勤管理四个股。1995年3月，设立“一室五委”，即：办公室、财经工作委员会、农业工作委员会、教科文卫工作委员会、选任联络工作委员会、法制工作委员会。2001年至2006年，财经工作委员会与农业工作委员会合并为经济工作委员会，设“一室四委”，即：办公室、经济工作委员会、法制工作委员会、社会事业工作委员会、人事代表工作委员会。

1986年至2006年，杨世参、谢仕远、吴刚、胡剑、罗风暴、罗洪国相继任办公室主任。黄昌久、王瑞琪、刘光雄、唐孝意、杨忠诚、薛惠吉、罗方全、杨怀宇、吴刚（代）、白文秀、沈前理、陈贡伟、鲁大纯、吕茂国、胡建忠、伍晓兰先后任各有关专门委员会主任。

【派出机构】 1986年，县人大常务委员会未设派出机构。1987年，县人大常委会在锦屏、巨龙、金溪、徐家、河舒、罗家、兴旺区和周口镇设人大工作联络组共8个，组长分别是：马敬国、胡仁孝、姚发海、伏明全、龙兴明、何子俊、朱运达、敬瑞卿。1990年9月，经十一届人大常委会4次会议决定，将原各区和周口镇人大工作联络组更名为县人大常委会各区（镇）工作委员会，各区（镇）主任分别是：张行忠、何跃军、伏明全、龙兴明、唐光慧、栗永泽、奉永福、谢栋才。1992年4月11日，十一届人大常委会14次会议通过，调整部分区工作委员会负责人，各区人大工委主任分别是：锦屏区，姜永泰、徐家区，刘光福；金溪区，徐尚远；罗家区，杜先根；兴旺区，杨怀宇。1992年9月，行政区划调整，各区和周口镇人大工委一并撤销，各乡镇设立人大主席团，由县人大常委会直接联系。2000年5月，十三届人大常委会17次会议决定设立县人大常委会各区工作委员会，设巨龙、金溪、徐家、河舒、罗家、兴旺6个区人大工委，主任分别是：何青平、罗松柏、曹兴明、李运明、李光辉、杨万堂。2001年5月，区人大工委被撤销。

县人大常委会工作

1986年至2006年，县人大常委会依法对重大问题作出决议、决定；任免国家机关工作人员；监督、审议“一府两院”工作；组织人大代表对关系国计民生以及社会热点问题展开调研视察；

对法律、法规实施情况组织检查；指导乡镇人大及信访工作；推动蓬安民主法制建设和经济社会事业协调发展。

【决议决定】 1986年4月，九届14次常委会议通过《关于河舒、锦屏等9个乡撤乡建镇有关问题的决定》。1987年3月，十届人大一次会议作出《关于紧急动员全县人民为三年中建成马回水电站而努力奋斗》《关于振兴蓬安蚕桑》议案的决定。8月，十届3次常委会议作出《关于1990年基本实现绿化的决议》；1988年8月，十届10次常委会作出《关于宣传学习和贯彻全国人大常委会〈关于惩治贪污罪贿赂罪的补充规定〉的决议》，要求县政府和县检察院充分运用法律武器，发动群众开展打击经济犯罪的活动和惩治腐败的斗争。12月，十届12次常委会议通过《关于进一步搞好治理整顿保障改革和建设顺利进行的决议》；1989年4月，十届14次常委会议通过《关于宣传、贯彻〈中华人民共和国标准化法〉和〈四川省工业产品质量监督条例〉的决议》《关于宣传、贯彻〈老年人合法权益保护条例〉的决议》；1990年5月，十一届2次常委会议通过《关于认真做好〈中华人民共和国行政诉讼法〉实施前准备工作的决议》；1991年9月，十一届10次常委会议作出《关于贯彻实施〈破产资源法〉的决议》；1992年4月11日，第十一届人大常委会第14次会议通过《关于加强法制建设，实施依法治县的决议》；1992年4月14日，第十一届人大常委会第15次会议作出《关于加强城镇规划建设和管理的决议》；1993年5月29日，十二届3次常委会通过《关于批准蓬安县城总体规划的决议》；1994年8月，十二届12次常委会通过《关于实行部门执法责任制的决议》《关于加强生猪定点屠宰和上市猪肉卫生质量管理的决议》；1998年9月，十三届4次常委会议通过《蓬安县人大常委会关于进一步加强农业产业化建设的决议》《关于批准蓬安县国民经济和社会发展"九五"计划和2010年远景目标纲要调整的决定》；2000年5月，十三届17次常委会议通过《关于设立蓬安县人大常委会各区工作委员会的决定》《关于依法加强文物保护工作的决定》；2002年5月，十三届31次常委会议作出《蓬安县人大常委会关于对"普九"债务进行清理的决议》；2003年5月，十四届3次常委会议作出《关于批准蓬安县2003年城建项目资金安排意见的决定》；2004年3月，十四届8次常委会议通过《关于批准〈蓬安县木桥河综合整治规划〉的决定》，2006年2月，作出了《关于蓬安县国民经济和社会发展第十一个五年规划纲要的决议》，6月，十四届23次常委会议通过《关于同意〈蓬安县乡镇机构改革方案〉的决定》。8月，十四届24次会议通过《蓬安县人大常委会关于大力推进法制宣传教育和依法治县工作的决议》。1986年至2006年，县人大及其常务委员会共作出决议决定158项。

【人事任免】 1986年，依照法律程序任免"一府两院"工作人员，任免前，提请机关先报送任免人员审批表和被提请任命的干部的基本情况、简历、政治表现、任命理由等写成书面材料，于会议前报送人大常委会，经主任会议审议，列入人大常委会会议议程。从是年6月九届人大常委会第15次会议开始，对被任命的干部实行法律常识考试。1989年开始，提请任免单位在报送任免案时，除报送任免人员简历和任免理由外，还需附考察材料。常委会时改举手表决为无记名投票表决。是年6月，县十届人大常委会第15次会议，首次听取和审议县工商局局长述职报告。这一经验，得到省人大常委会的肯定。1997年开始实行被任命干部向人大常委会述职的监督形式。2000年10月27日，县十二届人大常委会第20次会议通过县人大代表常务委员会工作规则，对国家机关工作人员的任免进行规范，对任免范围、任免程序、监督考核等方面作出详细规定。严格按照任前了解（提请县人大常委会议审议的任免议案，提请机关必须在县人大常委会举行会议十日前，向人大常委会提交任免报告，并附《提请任免国家机关工作人员情况表》考察材料说明的书面材料）、主任会议初审、法律知识考试、任职发言、任免审议、任免表决、颁发任命书、任职谈话的程序办理。1986年至2006年，县人大及其常务委员会先后任免国家机关工作人员1021人次，依法撤销职务3人，接受辞职12人。其中九届人大常委会第12次、15次、18次、19次会议共依法任免国家机关工作人员17人次，其中依法免去7人，辞职1人。第十届人大常委会共依法任免工作人员97人次，其中依法免去11人。十一届人大常务委员会共依法任免工作人员185人次，其中依法免去26人，依法撤销2人职务；十二届人大常委会共依法任免国家工作人员159人次，其中依法免去34人，依法撤销1人，接受辞职11人；十三届人大常务委员会共依法任免246人次；十四届人大常委会共依法任免205人次，其中依法任命136人次；第十五届县人大常务委员会依法任免107人次，其中依法任命68人次。

【监督工作】 1986年2月，人大常委会成员和城区部分县人民代表25人，视察县人民医院、衡器厂、红旗机械厂的工作。对县人民医院偏重经济效益，忽视社会效益，对待病员缺乏和蔼态度的问题提出意见，要求县医院要坚持社会主义方向，把提高社会效益放在首位，要改进服务态度，提高医疗质量，争取在短期内有新的改观。3月，对县级机关干部、企事业单位职工在县城附近的红旗乡1村2社、2村3、4、5社，清溪乡10村1社等地占用土地建私房情况调查，发现占用农村土地建房115户，占用公地建房70户，分析找出土地失控原因，写出专题调查报告，有效地制止了乱占土地违法行为。

1990年，县人大常委会组织部分县人大代表对县公安局、工商局等单位收费情况进行检查，在常委会第4次会议上，听取和审议县政府《关于清理制止“三乱”工作的情况汇报》，要求县政府采取切实可行的措施继续抓好清理制止“三乱”工作。

1991年年初，不少农民和基层干部向常委会反映使用农业局920分厂配置的“红苕保鲜剂”造成红苕大量腐烂，农民经济损失严重。常委会组织调查组赴巨龙、河舒、锦屏三区调查，发现群众反映的问题基本属实，立即向县政府通报情况，责成县政府认真处理，并两次听取县政府查处情况汇报。

1993年7月至11月，县人大常委会首次组织人大代表先后对县法院、检察院、公安局、司法局、县经委、财政局、工商物价局、交通局、建设土地管理局的工作进行评议。评议中，既充分肯定成绩，又抓住工作存在的问题督促整改，解决一批群众反映强烈和关心的问题。对公安、法院、检察院的工作评议，对执法机关依法办案、公正司法起到积极地促进作用。1995年8月，县人大常委会组织5个检查组，对政府的17个执法部门和县法院、县检察院实行部门执法责任制的情况进行检查。在常委会第18次会议上听取县政府《关于推行部门执法责任制情况的汇报》，提出审议意见，加强跟踪监督。1996年至2001年，对一些反映突出，明显违法的司法个案进行监督。采取调阅已结案卷、听取汇报了解情况、提出批评建议和作出决定等方式，对公、检、法机关明显失误的案件建议复查或自我纠正，既支持司法部门独立行使职权，又对反映强烈的案件进行有效监督。期间对县法院3起判决案件采取个案监督的形式，一起维持原判，一起达成调解，一起改判。常委会总结司法监督的经验和问题，制定了《司法案件监督办法》，对人大如何监督、司法部门如何接受人大监督作了明确的、可操作性强的规定。

2002年至2003年，继续坚持法律监督，先后对税收征管法、传染病防治法、工会法、食品卫生法等22部法律法规和规章的贯彻实施情况进行检查。针对执法检查发现的问题，分别采取写监督检查情况反映或召开联系会议的办法，及时通报、整改，督促纠正。在检查《人口与计划生育法》，贯彻实施情况时，提出创新计生工作思路、健全工作机制、注重人性化管理、切实加强队伍建设、不断提高工作效率等5个方面建议，推动县计生工作规范、健康发展。

2003年，听取和审议县人民政府《关于2003年全县招商引资成效及优化投资环境的情况汇报》，2004年，听取和审议县人民政府《关于蓬安县2003—2004年度企业改制工作的情况汇报》。是年，围绕“三农”工作，对粮食直补、退耕还林、农业税减免、五保金发放等情况进行监督检查。2005年，针对群众反映县部分医保定点医院住院“门槛费”过高问题，督促县政府与市级相关部门多方协调，降低住院“门槛费”。2006年，稳步推进10个县级部门的部门预算工作。为加强对税收和非税收入征管工作的监督，组织执法检查组对全县非税收入征管情况进行检查，对发现的问题，提出整改意见。当年听取和审议县人民政府《关于商贸企业改制工作的情况汇报》，县人大就调整结构、企业改制、科技创新、发展环境等问题提出许多建设性意见和建议，促进全县“工业经济强县”目标实施。

【选举工作】 1986年，县九届人民代表大会及其常委会届满，是年10月，开始领导县十届人民代表大会代表及乡、镇人民代表的选举工作。全县选举出第十届人民代表大会代表223名；选出乡、镇人大代表1922人。

1989年10月，县十届人大常委会领导县十一届人民代表大会代表及乡（镇）人大代表的选举工作，共选出县十一届人大代表228名，乡（镇）人大代表1915名。

1992年10月，县十一届人大常委会领导县十二届人民代表大会代表及乡（镇）人大代表的选举工作，共选出县十二届人大代表230名，乡（镇）人大代表1365名。

1997年11月，县十二届人大常委会领导县十三届人民代表大会代表的选举工作，领导和组织1994年、1995年、1997年三次乡（镇）换届选举工作。

2001年，领导全县46个乡镇新一届人民代表大会的换届选举工作。

2002年11月，县第十三届人大常委会领导县十四届人民代表大会代表的选举工作，共选出十四届人大代表252人。

2006年9月，县十四届人大常委会领导县十五届人民代表大会代表及乡（镇）人大代表的选举工作，选举出县人大代表253名，乡（镇）人大代表2019人。

【代表工作】 1987年，县人大常委会在农村以乡（镇）、县城以系统为单位组建54个代表小组，7个区和周口镇设立人大代表联络组。6月，县十届人大常委会二次会议制定《关于县人大代表工作暂行办法》，讨论通过年度代表工作意见和《关于县人大代表持证视察的决定》。各代表联络组和代表小组采取分散和集中相结合的办法开展视察活动37次。

1990年，在全县50个乡镇及城区机关，组建代表小组50个。县人大常委会实行主任、副主任、委员分片联系代表小组的制度，指导帮助各代表小组建立健全相关制度。各代表小组根据常委会的安排，结合本地实际开展视察活动，及时向当地政府和县人大常委会反映情况，协助解决问题。1991年，实行县人大常委会组成人员与办事机构分片联系代表制度，县人大常委会直接联系36个代表小组，占代表小组总数的68%，走访70多名人大代表，占代表总数的31%。1992年，实行人大常委会领导每月到一个小组指导一次活动的做法。5月，县人大常委会领导及工作人员相继到南燕等乡镇代表小组召开学习会。9月，召开代表工作经验交流会。

1993年，县人大常委会组建28个代表小组，制定代表小组活动制度；先后4次组织代表开展规模较大的视察、调查活动。1994年，为纪念代表法颁布实施两周年，县人大常委会组织代表学习代表法，开展宣传贯彻代表法的活动；为每一位县人大代表订阅《人民权利报》，印发《人大工作通讯》介绍代表工作情况和常委会的重大活动；组织代表视察环城路、开发区、徐家乡镇企业、环保项目等工程建设情况；1995年，县人大常委会开展代表法颁布实施三周年纪念活动；常委会组织专门力量采写8位人大代表的事迹，并在《人大工作通讯》上连续报道；组织代表先后对小城镇建设、县城市容市貌、医药市场、食品市场、市场秩序以及马电、嘉宝、钢厂、蓬安中学进行视察。1996年年初，县人大常委会专门召开代表工作经验交流会；继续坚持实行常委会领导及办事机构分片联系代表等制度。

1998年，组建46个县人大代表小组，各代表小组完善代表学习、活动制度、定期组织活动；为每位县人大代表订阅一份《人民权利报》；落实常委会组成人员联系走访代表制度。1999年开始，县人大常委会坚持邀请部分代表、乡镇人大主席列席常委会会议制度。2000年县人大常委会制定《蓬安县人大常委会组成人员联系县人大代表和选民群众的试行办法》，规定组成人员分驻会或不驻会分别联系10至15名人大代表，5至10名工人、农民、知识分子和个体私营企业从业人员选民，设置联系情况登记表。从8月开始，全体县人大常委会组成人员采取电话、信函以及走访等方式认真开展联系工作，帮助解决一些焦点、热点和难点问题。

2003年，常委会制发了常委会组成人员分工联系县人大代表的文件；分片区对全县252名县人大代表进行法律法规的培训学习；常委会坚持常委会领导和驻会委员接待和走访代表，常委会领导分片联系代表小组、邀请代表列席人大常委会会议等各项制度，加强对代表的学习培训，适时组织代表对“一府两院”工作开展监督和调研活动，及时了解代表生产生活情况，力所能及地帮助代表解决工作和生活中的具体困难，充分发挥代表的积极作用。

2006年，常委会有针对性地制定代表培训计划，分期对代表进行集中培训；继续坚持常委会组成人员联系代表以及代表列席常委会会议、重大情况向代表通报、代表小组活动等制度；在全县39个乡镇和3个县级机关系统设立代表联络小组，常委会一名领导分管代表联络工作。

【信访工作】 县九届人大常委会期间共受理人民来信来访1284件（次），除去重复信访506件（次），办理落实778件（次）、人大常委会主任、副主任接待、阅处重要信访321件（次），深入区、乡调查处理20多次，召开各种形式的联席会、座谈会研究处理信访30多次，解决房屋纠纷等老大难问题18起。县十届人大常委会期间共受理来信来访919件（次），重要的来信来访，县人大常委会领导接待处理。对一些涉及面宽，职责不明的信访案件，采取与有关单位负责人召开联席会议的办法研究解决。县十一届人大常委会期间共办理代表建议、批评和意见619件，办结率100%。1991年，县人大常委会和政府组成联合检查组，对办理工作进行检查评比，总结表彰6个先进单位和9名先进个人，对办得差的进行了通报批评。县十二届人大常委会期间共受理群众来信来访1440件（次）。1994年，县人大常委会设立信访接待室，配备1名干部从事信访工作。县十三届人大常委会期间先后受理群众来信来访1987件（次），对重要的信访，常委会领导接待阅处，人大办事机构跟踪督办。2000年，常委会制定《关于处理人民群众来信来访暂行办法》，设立信访办公室，实行主任、副主任轮流值班制度。县十四届人大常委会期间共受理来信来访1826件（次）。常委会坚持领导阅批信访件和信访督办制度，切实维护代表和群众的合法权益，促进社会和谐稳定。2006年，常委会共办理和督办代表和群众来信来访400余件（次）。常委会坚持主任信访值班制度和批办、督办信访制度，督促“一府两院”依法妥善处理群众反映的问题。

【调查研究】 1986年，县人大常委会对农民经济负担过重进行专题调查，发现少数乡镇从局部利益出发，乱提留乱摊派较为严重，调查后向县委写出专题报告。县委立即制发文件规定具体提留的范围和指标，并规定各项提留必须由人民代表大会审议决定。1987年，县人大常委会组织调查组对九届人大三次会议关于加速推广省柴节煤卫生灶的决议和十届人大一次会议关于振兴蚕桑的决议的贯彻执行情况进行专题调查，并将调查结果及时通报政府有关部门，促进了这些决议、决定贯彻落实。1988年5月，发生多年未遇的旱灾，常委会组织人大代表前往旱灾最为严重的银汉、天成两乡镇视察调查9个村28个组旱情，向县政府书面提出抗灾自救的四点建议，推动全县抗旱抢栽工作。9月至10月，常委会和周口镇人大代表联络组组织部分县人大代表对周口镇的市场和物价进行调查和检查，督促政府采取切实可行的措施搞好市场管理和物价监督，抑制物价上涨。

1989年，县人大常委会对《关于三年半建成马回水电站的决议》《关于振兴蓬安县蚕桑生产的决议》《关于1990年基本实现全县绿化的决议》贯彻执行情况作专题视察，对城镇道路建设、乡村民桥民路建设、水库移民工作、周口镇市场秩序等进行监督检查。各代表小组全年开展视察活动114次。

1990年，县人大常委会组成人员和部分人大代表对《关于加强蚕茧基地建设的决议》《关于进一步推动蓬安县依靠科技兴农的决议》的贯彻落实情况进行跟踪监督检查，深入到金溪、河舒等5个乡镇，6个村社对栽桑、养桑、蚕种、收茧等方面进行视察，对存在的问题及时通报政府有关部门。1992年，组织常委会成员及部分代表专题视察《四川省农民负担管理条例》贯彻情况，支持县政府对农村提留和公益事业统筹费的收、管、用进行清理整顿。是年农村中各种提留和统筹费由5.03%下降到5%。1993年9月下旬，县人大常委会组织委员和部分代表视察达成铁路蓬安段建设、周口至河舒一级公路以及开发区建设情况，听取县政府《关于蓬安县重点工程建设情况的汇报》，促进县重点工程建设发展。

1995年，县人大常委会组织调查组，先后深入到个体协会、工商局、周口镇工商所、人民市场等单位，对个体私营经济出现滑坡趋势情况进行调查；对医药经营、化妆品经营、农资经销、汽配和电器经营、饲料经销、服装经营等进行视察和检查，督促有关职能部门对违法经营进行处理，维护市场秩序和消费者的利益。1996年，人大常委会就企业改革情况对嘉宝公司、烟厂、丝绸厂、面粉公司、麻纺厂等企业进行调查，在十二届27次常委会议上听取和审议县政府《关于企业产权制度改革情况的汇报》。1998年4月，组织人大常委会成员和部分代表对县城文化市场进行视察；10月，对国税局、地税局和4个乡镇税收征管工作进行视察。全年开展视察、检查活动6次。

1999年，组织常委会成员和代表开展调研视察及检查活动9次。省、市、县人大代表对蓬安中学创省级重点中学工作进行视察，督促县政府和法院解决“创重”工作实际问题。2000年，组织县人大常委会成员和代表开展视察、检查活动8次，先后对国民经济完成情况、农业产业结构调整情况、个体私营经济发展情况、“三大重点工程”进展情况、城市管理情况、县城基础设施建设情况、招商引资情况、十里荷花带建设情况等重点问题进行视察和检查，对存在的问题督促县政府组织力量整改。2001年11月下旬，县人大常委会组织视察组，分赴7个乡镇和重点企业及有关单位对荒山、耕地业主承包制、农业产业化基地建设、减轻农民负担落实情况，马回、长梁两地的岸滩土地开发，马回发电厂生产情况、蓬中教育教学管理、平头乡蚕桑业主开发、县城建设及管理、工商个体收费情况进行重点视察。对调研、视察情况及时通报反馈，针对问题提出意见和建议。

2003年，采取分级视察、分组视察和集中视察相结合的方式，集中时间、力量对全县小城镇建设、南渠路蓬安段建设、中改工程、病害水库整治、企业生产经营、城市管理和建设等工作进行视察。2004年，先后组织市、县人大代表对蓬安中学创建国家示范学校和蓬安县重点工程建设、社区建设、城市建设进行视察。2005年，针对南渠路蓬安段改扩建工程进度缓慢、影响西片人民群众生产生活等问题，常委会组织代表开展视察活动，督促政府及施工单位加快工程进度、保证工程质量。2006年，常委会紧紧围绕县委“四大建设”“十大惠民行动”，有针对性地组织开展调研、视察活动，提出建议和意见。

【法制宣传工作】 1986年9月，县人大组织城区部分县人民代表和人大常委会办事机构、普法办公室、政法部门的干部51人，分别对党群、政府、经委、科委、计委、宣传、农贸等7个系统18个单位普法工作进行重点检查。城区221个单位，12727个公民参加了普法学习，占应参加人数的98.7%

1987年至1988年，县人大常委会同县普法领导小组在全县城乡开展普法教育活动，先后三次听取县政府关于城乡普法工作的情况汇报；会同有关部门和单位举办两期区、乡镇普法骨干培训班；监督、协助普法办公室和司法局对全县区、乡镇非农业人员实施普法教育。十届县人大常委会第九次会议听取和审议县司法局《关于农村普法工作准备情况的汇报》，会同普法领导小组开展全县农村普法工作，指导县司法局在县城工商企业开展学习、宣传《中华人民共和国企业法》活动。

1990年5月，第十一届人大常委2次会议听取县政府、县法院《关于认真做好〈行政诉讼法〉实施前准备工作的报告》，作出《关于宣传贯彻〈行政诉讼法〉的决议》。十一届县人大常委会第8次会议听取和审议县政府《关于制定在全县范围内开展第二个五年普法教育规划情况的汇报》，作出《关于深入开展法制宣传教育的决议》。1992年4月《中华人民共和国代表法》颁布后，县人大常委会及时在全县人大代表中开展学习、宣传、贯彻《代表法》活动。12月，为纪念《中华人民共和国宪法》颁布实施10周年，县人大常委会还在城区组织机关、企事业单位职工320余人参加省人大常委会举办的宪法知识竞赛活动。

1994年4月，县人大常委会专题听取县政府开展“二五普法”工作情况的汇报。要求县政府开展部门执法责任制，建立执法具体制度，使蓬安县在全市率先全面推行执法责任制。督促政府在交通局、计生委进行部门执法责任制试点。县人大常委会主任会议根据试点工作的经验，在全县人大常委会第11次会议上提出《关于在凡有执法主体资格承担有执法任务的部门和单位实行执法责任制》的议案，作出相应的决议。1995年“二五普法”结束后，县人大常委会作出《关于在全县进一步开展普法教育》的决议，督促政府尽快制定“三五”普法规则。1997年10月，县人大常委会根据省、市人大要求，结合“三五普法”工作的开展，把依法治县，建设社会主义法制县工作列入“三五普法”重要内容，作出《关于进一步深化依法治县的决议》。

1998年4月，常委会在金甲乡、审计局、天府机械有限责任公司、实验中学、周口镇二居委会、金甲乡四村等6个单位开展依法治乡镇、治局、治企、治校、治村、治街道的试点工作，并编撰资料，指导各级政府及其职能部门分期分批规范化地抓好全县六条线的依法治理工作。1999年，人大常委会领导与法建办研究出台农村普法活动月的整套方案，报县委批准后在全县实施。2000年10月底，组织对全县46个乡镇普法和依法治理工作进行“三五普法”大检查，发现问题提出限期补课整改，年底，“三五”普法工作通过了验收并在市上召开的依法治理工作会议上作经验交流发言。常委会还根据全国人大关于开展“四五”普法的决定，督促县政府尽快制定出蓬安县开展“四五”普法的规划。2001年6月，十三届县人大常委会第25次会议作出《关于进一步开展法制宣传教育的决议》。2002年11月，人大常委会按照“四五”普法年度目标要求，组织对12个乡镇、1个办事处、6个行政、企事业单位普法情况进行检查，并在十三届县人大常委会第36次会议上听取县政府专题汇报。

2004年，县人大常委会督促政府及职能部门制定年度普法计划；有针对性地对69部法律法规开展学习教育，督促政府开展全县科级领导干部年度普法考试；会同有关部门组织全县5710人参加四川省百万公民宪法修正案知识竞赛；组织部分常委会组成人员对县部分乡镇、学校、机关、普法及依法治理工作的情况进行了两次检查。

2006年，县人大常委会积极推进“五五”普法和依法治理工作，督促县政府认真组织实施。

【指导乡镇人大工作】 1990年，乡镇换届选举，全县各乡镇人民代表大会选举产生常设主席团。县人大常委会对各乡镇人大主席团常务主席进行培训，组织其部分成员赴南部县建兴镇、金星乡等实地考察学习，又在县红旗乡进行全面考察后，向县委提出健全乡镇人大主席团的建议，得到县委及时研究解决。县人大常委会依据地方组织法和《四川省乡镇人大主席团工作条例》，指导各乡镇主席团制定会议、学习、联系代表、视察、调查等制度；11月中旬，对乡镇人大主席团常务主席进行为期七天培训。1992年年底，县人大常委会领导及工作人员在徐家镇进行开好新一届乡镇人代会第一次会议试点，随后深入全县23个乡镇指导召开新一届乡镇人代会，依法选举出乡镇人大主席团和乡镇人民政府。

1993年年初，县人大常委会在周口镇开展乡镇人大工作制度化建设试点工作，召开经验交流会推广试点经验；4月，对乡镇人大主席团常务主席进行系统培训，8月，选派3名乡镇人大主席参加全国人大在北京举办的学习班。1994年6月，常委会组织乡镇人大主席、副主席参加全国人大的工作培训。1995年，有计划的安排23名专职人大主席、副主席分别到县委党校、市委党校和全国人大培训学习；结合换届选举，及时向县委提出加强乡镇人大组织建设的建议。1996年，县人大常委会指导各乡镇开好新一届乡镇人代会；分批安排专职乡镇人大主席或副主席列席县人大常委会例会；指导乡镇人大主席团建立健全各项工作制度；常委会领导直接参加乡镇人大组织的视察、调查、评议活动，指导乡镇人大工作。

1998年，县人大常委会以会代训，对乡镇人大主席、副主席集中培训；建议县委配齐乡镇人大主席，对由党委书记兼任人大主席的乡镇，配备一名专职副主席，部分乡镇还配备一名专、兼职人大工作人员。帮助、指导各乡镇完善工作制度，按规定落实代表活动经费和办公经费。1999年2月，常委会分片对乡镇人大主席团制定活动计划、健全例会制、工作规则、学习制度、活动经费、办公用房、办事人员等落实情况进行了检查。7月，召开乡镇人大主席会，学习有关人大工作知识，提高业务水平。2000年，县人大常委会分组在五区一镇召开乡镇人大主席座谈会，指导乡镇人大工作；县人大常委会组成人员坚持分工联系乡镇人大主席团制度，轮流邀请乡镇人大主席或副主席列席县人大常委会议学习。

2004年5月，县人大常委会对全县46个乡镇人大主席团工作情况全面检查，逐项量化打分考核。针对各乡镇人大主席团普遍存在的五个方面的差距，组织各乡镇人大主席进行培训，召开乡镇人大主席工作会议进行指导。2005年，县人大坚持完善分片联系制度，定期召开会议指导。2006年，县人大常委会通过邀请乡镇人大主席列席常委会会议，参加执法检查和代表视察，对乡镇人大主席进行培训，指导乡镇人大主席团开好年度例会、开展好代表小组活动。

蓬安县志
PENG AN XIAN ZHI

蓬安县人民政府

1986年，蓬安县人民政府（以下简称县政府）在县委领导下，带领全县人民全面推进改革开放，农业完善家庭联产承包责任制和推行土地流转机制；工业推行厂长经理负责制和企业承包经营责任制；马回大电站正式启动建设；烟厂、丝厂技改和果品厂、麻纺厂建设加快，全县地方生产总值完成22445万元，地方财政一般预算总收入1779万元，职工年平均工资978元，农民人均纯收入304元。1987年，县政府大力推行经济体制改革。1990年，县政府提出全县工农业总产值年均增长6%至7%，农民年平均增加纯收入20元至30元，财政收入年均增长12%，社会商品零售额年均增长15%的目标，加强了民主法制和自身建设，积极推进经济体制改革和民营经济发展。1993年，县政府提出“以经济建设为中心，深化改革开放，抓住机遇，真抓实干，大力发展社会主义市场经济，努力建设一个经济发达、社会祥和、文明富裕的新蓬安”的构想，实施行政体制、住房制度和工商企业改革，狠抓交通、能源等重点建设。1997年，全面推进企业产权制度改革和农业产业化，加强公共服务建设和管理，引入居民天然气使用，改善生活环境。1998年，县政府提出强县富民，撤县建市目标，全面实施农业产业化、工业集团化、商贸网络化、旅游特色化、乡村城市化战略，鼓励民营经济发展和招商引资。2000年，加强扶贫开发和人居饮水工程建设，加快全县基础设施和城镇化建设，开通了县城公交和出租车。2003年，县政府围绕县委提出的“工业立支柱、农业兴产业、三产上台阶、城市升形象、党建出成果”的奋斗目标，着力实施产业升级、开放带动、城镇化、科教兴县“四大战略”，加大扶贫开发、招商引资、投资环境建设等力度。2006年，县政府继续围绕县委提出的建设“工业经济强县、特色农业大县、商贸旅游旺县、民营经济新县、绿色生态靓县、财政收入富县”的目标，努力朝着把蓬安建成“产业支撑有力、城乡统筹发展、基础设施完善、生态环境良好、社会稳定和谐”的丘区强县奋斗，全县完成地方生产总值34.67亿元，地方财政一般预算总收入10239万元，职工年工资收入10712元，农民人均纯收入2959元。

县政府组成

1986年，县政府设机构41个。1997年县级机构改革，县政府工作机构设置29个，常设议事协调机构3个，县政府直属事业单位6个。2001年县级机构再次改革，县政府设工作部门20个，议事协调机构3个，县政府直属事业单位14个。

【县政府领导人员】 1986年至2006年，经蓬安县人民代表大会共选举产生6届县政府领导。

第九届县人民政府领导人员　蓬安县第九届人民代表大会第1次全体会议选举产生第九届县政府领导，县长蒲显福，副县长陈永高、陈尚君、岳定松（女）、赵正铭。6月，蒲显福离任。7月，由常务副县长陈永高代理县长主持县政府工作。

第十届县人民政府领导人员　1987年3月15日至20日，蓬安县第十届人民代表大会第一次会议，选举产生第十届县政府领导，县长陈香泉，副县长陈尚君、孙明钧、岳定松（女）、赵正铭。1987年6月29日至7月4日，蓬安县第十届人大常委会第2次会议任命邓才元为县政府副县长。1988年，地委提名川北医学院倪仲文任蓬安县科技副县长职务。6月18日至29日，蓬安县第十届人大常委会第9次会议任命倪仲文为县政府副县长。1989年9月22日，县长陈香泉离任，蓬安县第十届人大常委会第17次会议决定接受陈香泉辞去县政府县长职务的请求，任命陈尚君为县政府代理县长。1989年11月27日，蓬安县第十届人大常委会第19次会议任命戴云卿为县政府副县长。1990年1月20日，蓬安县第十届人大常委会第21次会议任命陈福为县政府副县长。

第十一届县人民政府领导人员　1990年2月27日至3月4日，蓬安县第十一届人民代表大会第一次全体会议，选举产生第十一届县政府领导，县长陈尚君，副县长陈福、孙明钧、戴云卿、岳定松（女）、赵正铭、邓才元、倪仲文。1990年4月5日至7日，蓬安县第十一届人大常委会第1次会议任命杨波为县政府副县长。1991年1月7日至8日，蓬安县第十一届人大常委会第6次会议任命陈自立为县政府副县长。1991年3月1日至2日，蓬安县第十一届人大常委会第7次会议决定同意陈福辞去县政府副县长职务，免去杨波的县政府副县长职务，任命石兆军为县政府副县长。1992年4月9日至11日，蓬安县第十一届人大常委会第14次会议决定接受石兆军辞去县政府副县长职务，任命范秋美（女）为县政府副县长。1992年12月21日，蓬安县第十一届人大常委会第19次会议决定接受范秋美辞去县政府副县长职务。

第十二届县人民政府领导人员　1993年1月5日至10日，蓬安县第十二届人民代表大会第一次全体会议，选举产生第十二届县政府领导，县长陈尚君，副县长孙明钧、陈自立、戴云卿、赵正铭、刘光福、邓才元、陈宗君、倪仲文。1994年2月，陈尚君、赵正铭调县委任职。2日，蓬安县第十二届人大常委会第8次会议审议通过县长陈尚君、副县长赵正铭的辞职报告，决定任命徐兴发、刘兆东为县政府副县长，决定徐兴发代理县长职务。1994年2月，蓬安县第十二届代表大会第三次会议补选徐兴发为县政府县长。1994年4月11日至12日，蓬安县第十二届人大常委会第9次会议决定任命樊向平为县政府副县长。1994年12月26日至27日，蓬安县第十二届人大常委会第14次会议决定任命刘锋为县政府副县长。1995年3月28日，蓬安县第十二届人大常委会第16次会议决定任命朱铁梅（女）为县政府副县长。1995年11月24日，蓬安县第十二届人大常委会第20次会议决定任命张行忠为县政府副县长。1996年4月29日至30日，蓬安县第十二届人大常委会第23次会议决定任命艾利俊为县政府副县长。1996年9月17日至18日，蓬安县第十二届人大常委会第26次会议接受县政府副县长刘锋的辞职请求。1996年11月25日至26日，蓬安县第十二届人大常委会第27次会议决定县政府副县长陈自立的辞职请求，任命戴大庆为县政府副县长。1997年1月6日至7日，蓬安县第十二届人大常委会第28次会议决定任命魏磊为县政府副县长。1997年2月，第十二届人民代表大会第六次全体会议补选谢华国为县政府县长。1997年12月1日，蓬安县第十二届人大常委会第35次会议作出谢华国辞去县政府县长职务、刘光福辞去县政府副县长职务的决定，决定任命孙明钧为县政府代理县长。

第十三届人民政府领导人员　1998年1月4日至10日，蓬安县第十三届人民代表大会第一次全体会议，选举产生第十三届县政府领导，县长孙明钧，副县长刘兆东、吴宗祥、张行忠、陈宗君、蒋秀琼（女）、魏磊。1999年5月28日，张行忠调县委任职，蓬安县第十三届人大常委会第8次会议决定接受张行忠辞去县政府副县长职务的请求，任命宋俊为县政府副县长。1999年8月29日，蓬安县第十三届人大常委会第10次会议决定任命梁怀泽为县政府副县长。1999年10月18日至19日，蓬安县第十三届人大常委会第11次会议决定任命魏星为县政府副县长。2000年3月31日，蓬安县第十三届人大常委会第15次会议决定接受刘兆东辞去县政府副县长职务的请求。2001年3月16日，蓬安县第十三届人大常委会第22次会议决定任命马道蓉(女）为县政府副县长、王应龙为县政府副县长；会议接受孙明钧辞去县政府县长职务（改任县调研员）的请求；决定任命马道蓉（女）为县政府代理县长。2001年3月，第十三届人民代表大会第四次会议补选马道蓉（女）为县政府县长。2001年7月10日至11日，蓬安县第十三届人大常委会第24次会议决定任命陈泽斌为县政府副县长。2001年12月14日，蓬安县第十三届人大常委会第27次会议决定免去蒋秀琼县政府副县长职务。2001年12月30日，第十三届人大常委会第28次会议决定任命彭德全为县政府副县长。2002年7月30日至31日，蓬安县第十三届人大常委会第32次会议作出接受陈宗君辞去县政府副县长职务的决定。2002年9月23日至24日，蓬安县第十三届人大常委会第33次会议决定任命宋弘为县政府副县长。2002年11月5日，蓬安县第十三届人大常委会第34次会议决定接受马道蓉（女）辞去县政府县长职务的请求，任命邹平为县政府代理县长。2002年11月22日，蓬安县第十三届人大常委会第35次会议决定接受宋俊、陈泽斌辞去县政府副县长职务的申请，任命杜朝君、邓秀珍（女）为县政府副县长。2002年12月3日，蓬安县第十三届人大常委会第36次会议决定任命黄春为县政府副县长。

第十四届县人民政府领导人员　2003年1月3日至9日，蓬安县第十四届人民代表大会第一次会议，选举产生第十四届县政府领导，县长邹平，副县长梁怀泽、吴宗祥、王应龙、彭德全、宋弘、杜朝君、邓秀珍（女）、黄春。2004年6月30日，蓬安县第十四届人大常委会第10次会议决定接受梁怀泽辞去县政府副县长职务。2004年8月26日至27日，蓬安县第十四届人大常委会第11次会议决定任命赵小轻为县政府副县长。2004年10月28日至29日，蓬安县第十四届人大常委会第12次会议决定免去宋弘县政府副县长职务。2005年7月6日，蓬安县第十四届人大常委会第13次会议决定撤销王应龙的县政府副县长职务。

第十五届县人民政府领导人员　2006年10月25日至30日蓬安县第十五届人民代表大会第一次会议，选举产生第十五届县政府领导，县长邹平，副县长赵小轻、陈鹏泉、杜朝君、曾颖、黎萍（女）、张邦刚。

第九届县政府县长、副县长名录

(1986.1~1987.3)

姓名	性别	民族	籍贯	文化程度	职务	任职时间	备注
蒲显福	男	汉族	四川巴中	大学	县长	1986.1—1986.6	—
陈永高	男	汉族	四川南部	初中	副县长	1986.1—1987.2	—
陈尚君	男	汉族	四川蓬安	大专	副县长	1986.1—1987.3	—
岳定松	女	汉族	四川巴中	大学	副县长	1986.1—1987.3	—
赵正铭	男	汉族	四川蓬安	大学	副县长	1986.1—1987.3	—

第十届县政府县长、副县长名录

(1987.3~1990.2)

姓名	性别	民族	籍贯	文化程度	职务	任职时间	备注
陈香泉	男	汉族	四川蓬安	大学	县长	1987.3—1989.9	—
陈尚君	男	汉族	四川蓬安	大专	代理县长	1989.9—1990.2	—
陈尚君	男	汉族	四川蓬安	大专	副县长	1987.3—1989.9	—
陈　福	男	汉族	四川广安	大专	副县长	1990.1—1990.2	—
孙明钧	男	汉族	四川米易	大学	副县长	1987.3—1990.2	—
岳定松	女	汉族	四川巴中	大学	副县长	1987.3—1990.2	—
赵正铭	男	汉族	四川蓬安	大学	副县长	1987.3—1990.2	—
邓才元	男	汉族	四川蓬安	大学	副县长	1989.11—1990.2	—
倪仲文	男	汉族	四川彭县	大学	副县长	1988.6—1990.2	—
戴荣卿	男	汉族	四川蓬安	高中	副县长	1989.11—1990.2	—

第十一届县政府县长、副县长名录

（1990.2~1993.1）

姓名	性别	民族	籍贯	文化程度	职务	任职时间	备注
陈尚君	男	汉族	四川蓬安	大专	县长	1990.2—1993.1	—
陈　福	男	汉族	四川广安	大专	副县长	1990.2—1991.3	—
孙明钧	男	汉族	四川米易	大学	副县长	1990.2—1993.1	—
戴荣卿	男	汉族	四川蓬安	高中	副县长	1990.2—1993.1	—
岳定松	女	汉族	四川巴中	大学	副县长	1990.2—1993.1	—
赵正铭	男	汉族	四川蓬安	大学	副县长	1990.2—1993.1	—
邓才元	男	汉族	四川蓬安	大学	副县长	1990.2—1993.1	—
倪仲文	男	汉族	四川彭县	大学	副县长	1990.2—1993.1	—
杨　波	男	汉族	—	大学	副县长	1990.3—1991.3	省下派干部
陈自立	男	汉族	四川蓬安	大专	副县长	1991.1—1993.1	—
石兆军	男	汉族	山东肥城	大专	副县长	1991.3—1992.4	省下派干部
范秋美	女	汉族	四川洪雅	大专	副县长	1992.4—1992.12	省下派干部

第十二届县政府县长、副县长名录

（1993.1~1998.1）

姓名	性别	民族	籍贯	文化程度	职务	任职时间	备注
陈尚君	男	汉族	四川蓬安	大专	县长	1993.1—1994.2	—
徐兴发	男	汉族	四川南部	大学	县长	1994.2—1997.2	—
谢华国	男	汉族	四川高坪	大学	县长	1997.2—1997.12	—
孙明钧	男	汉族	四川米易	大学	副县长	1993.1—1998.1	—
陈自立	男	汉族	四川蓬安	大专	副县长	1993.1—1996.11	—
戴荣卿	男	汉族	四川蓬安	高中	副县长	1993.1—1995.11	—
赵正铭	男	汉族	四川蓬安	大学	副县长	1993.1—1994.2	—
刘光福	男	汉族	四川蓬安	大学	副县长	1993.1—1997.11	—
邓才元	男	汉族	四川蓬安	大学	副县长	1993.1—1997.12	—
陈宗君	男	汉族	四川蓬安	大学	副县长	1993.1—1998.1	—
倪仲文	男	汉族	四川彭县	大学	副县长	1993.1—1997.12	—
董桂田	男	汉族	四川上海	大学	副县长	1993.3—1994.4	省下派干部
刘兆东	男	汉族	四川蓬安	大学	副县长	1994.2—1998.1	—
樊向平	女	汉族	山西定襄	大学	副县长	1994.4—1995.3	省下派干部
刘　锋	男	汉族	—	大学	副县长	1994.12—1996.9	省下派干部
朱铁梅	女	汉族	黑龙江哈尔滨	大学	副县长	1995.3—1996.3	省下派干部
张行忠	男	汉族	四川蓬安	大学	副县长	1995.11—1998.1	—
艾利俊	男	汉族	—	大学	副县长	1996.4—1997.4	省下派干部
戴大庆	男	汉族	—	大学	副县长	1996.11—1997.1	省下派干部
魏　磊	男	汉族	四川营山	大学	副县长	1997.1—1998.1	—

第十三届县政府县长、副县长名录

（1998.1~2003.1）

姓名	性别	民族	籍贯	文化程度	职务	任职时间	备注
孙明钧	男	汉族	四川米易	大学	县长	1998.1—2001.3	—
马道蓉	女	回族	四川成都	大学	县长	2001.2—2002.11	—
邹　平	男	汉族	重庆江津	大学	代县长	2002.11—2003.1	—
刘兆东	男	汉族	四川蓬安	大学	副县长	1998.1—2000.3	—
吴宗祥	男	汉族	四川蓬安	研究生	副县长	1998.1—2003.1	—
张行忠	男	汉族	四川蓬安	大学	副县长	1998.1—1999.5	—
陈宗君	男	汉族	四川蓬安	大学	副县长	1998.1—2002.7	—
蒋秀琼	女	汉族	四川蓬安	大学	副县长	1998.1—2001.12	—
魏　磊	男	汉族	四川营山	大学	副县长	1998.1—2000.11	—
宋　俊	男	汉族	四川南部	大学	副县长	1999.5—2002.11	—
梁怀泽	男	汉族	四川蓬安	大专	副县长	1999.8—2003.1	—
魏　星	男	汉族	四川自贡	大学	副县长	1999.10—2000.10	省下派
王应龙	男	汉族	四川蓬安	研究生	副县长	2001.3—2003.1	—
陈泽斌	男	汉族	四川渠县	研究生	副县长	2001.7—2002.11	—
彭德全	男	汉族	四川蓬安	大学	副县长	2001.12—2003.1	—
宋　弘	男	汉族	四川自贡	大学	副县长	2002.9—2003.1	—
邓秀珍	女	汉族	四川营山	大学	副县长	2002.11—2003.1	—
杜朝君	男	汉族	四川嘉陵	大学	副县长	2002.11—2003.1	—
黄　春	男	汉族	四川广安	大学	副县长	2002.12—2003.1	—

第十四届县政府县长、副县长名录

（2003.1~2006.10）

姓名	性别	民族	籍贯	文化程度	职务	任职时间	备注
邹　平	男	汉族	重庆江津	大学	县长	2003.1–2006.10	—
梁怀泽	男	汉族	四川蓬安	大专	副县长	2003.1–2004.6	—
宋　俊	男	汉族	四川南部	大学	副县长	2003.1–2004.10	—
吴宗祥	男	汉族	四川蓬安	研究生	副县长	2003.1–2006.10	—
王应龙	男	汉族	四川蓬安	研究生	副县长	2003.1–2005.7	—
彭德全	男	汉族	四川蓬安	大学	副县长	2003.1–2006.6	—
宋　弘	男	汉族	四川眉山	大学	副县长	2003.1–2004.10	—
杜朝君	男	汉族	四川嘉陵	大学	副县长	2003.1–2006.10	—
邓秀珍	女	汉族	四川营山	大学	副县长	2003.1–2006.8	—
黄　春	男	汉族	四川广安	大学	副县长	2003.1–2006.8	—
赵小轻	男	汉族	四川嘉陵	大学	副县长	2004.8–2006.10	—

第十五届县政府县长、副县长名录

(2006.10~2006.12)

姓名	性别	民族	籍贯	文化程度	职务	任职时间	备注
邹　平	男	汉族	重庆江津	大学	县长	2006.10—2006.12	—
赵小轻	男	汉族	四川嘉陵	大学	副县长	2006.10—2006.12	—
陈鹏泉	男	汉族	四川蓬安	大学	副县长	2006.10—2006.12	—
杜朝君	男	汉族	四川嘉陵	研究生	副县长	2006.10—2006.12	—
曾　颖	男	汉族	四川嘉陵	大学	副县长	2006.10—2006.12	—
黎　萍	女	汉族	四川广安	大学	副县长	2006.10—2006.12	—
张邦刚	男	汉族	四川仪陇	大学	副县长	2006.10—2006.12	—

县政府调研员、副调研员名录

(1986.1~2006.12)

姓名	性别	民族	籍贯	文化程度	职务	任职时间
戴云卿	男	汉族	四川蓬安	高中	调研员	1995.11—2000.10
邓才元	男	汉族	四川蓬安	大学	调研员	1998.4—2003.8
曹学群	男	汉族	四川蓬安	初中	调研员	1998.4—2001.3
李建明	男	汉族	四川蓬安	中专	调研员	2000.8—2006.12
陈昌国	男	汉族	重庆巴县	大学	调研员	2003.4—2006.12
李富芳	男	汉族	四川阆中	高中	副调研员	1987.11—1989.03
张占银	男	汉族	山西省	小学	副调研员	1987.11—1990.12
唐时勤	男	汉族	四川蓬安	初中	副调研员	1988.02—1990.2
岳定松	男	汉族	四川巴中	大学	副调研员	1993.1—2001.11
何宗泽	男	汉族	重庆忠县	初中	副调研员	1993.1—1996.5
陈绍轩	男	汉族	四川乐至	大专	副调研员	1996.5—2002.11
何子俊	男	汉族	重庆潼南	大专	副调研员	1996.5—2003.4
姚华海	男	汉族	四川蓬安	初中	副调研员	1996.5—2002.11
杨应虎	男	汉族	四川蓬安	大学	副调研员	1998.4—2000.9
兰坤发	男	汉族	四川蓬安	初中	副调研员	1998.4—2000.7
胡纯信	男	汉族	四川蓬安	高中	副调研员	1998.8—2002.6
谢仕远	男	汉族	四川蓬安	初中	副调研员	1998.8—2002.11
田光明	男	汉族	四川蓬安	中师	副调研员	2000.2—2001.9
陈乃能	男	汉族	四川蓬安	大专	副调研员	2003.1—2006.12
韩志春	男	汉族	四川苍溪	大学	副调研员	2003.1—2006.12
唐洪光	男	汉族	四川蓬安	大专	副调研员	2003.4—2006.12
范炳林	男	汉族	四川蓬安	初中	副调研员	2003.4—2006.12
魏赤中	男	汉族	四川蓬安	大学	副调研员	2003.4—2006.12
龙兴明	男	汉族	四川蓬安	大专	副调研员	2003.4—2006.12
龙顺宝	男	汉族	四川蓬安	高中	副调研员	2003.4—2006.12
肖　平	男	汉族	四川蓬安	大专	副调研员	2003.12—2006.12

县政府督学名录

(1986.1~2006.12)

姓名	性别	民族	籍贯	文化程度	职务	任职时间
张映书	男	汉族	四川营山	大学	副县督学	1994.8—1996.11
杜洪辉	男	汉族	四川广安	大学	副县督学	1995.11—2000.3
肖　鹏	男	汉族	四川蓬安	大专	副县督学	2003.5—2006.12

【县政府组成部门】 1986年，县政府行政事业单位共39个：政府办公室、经济委员会、计划委员会、科学技术委员会、计划生育委员会、体育运动委员会、人事局、劳动局、审计局、物价局、档案局、交通局、工业局、二轻局、标准计量局、农机局、林业局、水电局、畜牧局、蚕桑局、农业局、财政局、税务局、工商局、商业局、外贸局、粮食局、城乡建设环境保护局、统计局、乡镇企业局、物质局、医药局、文教局、卫生局、广播事业管理局、民政局、公安局、司法局、供销社。1992年，县级机构改革，县政府工作部门减少到22个。1997年，县政府机构改革，工作机构设置29个，议事协调机构3个，直属事业单位6个。2001年、2005年，县级机构再次进行改革。2006年，县政府机构20个：政府办公室、发展和改革局、环境保护局、民政局、财政局、人事局、劳动和社会保障局、规划和建设局、教育局、经济局、交通局、农业局、水利局、人口和计划生育局、卫生局、审计局、统计局、国土资源局、司法局、公安局。

【议事协调机构】 1986年，蓬安县常设议事协调机构有：蓬安县机构编制委员会，蓬安县安全生产委员会。2001年，增设蓬安县扶贫开发委员会。2006年，常设议事协调机构3个：县机构编制委员会、县安全生产委员会、县扶贫开发委员会。议事协调机构均有常设办公室承办具体工作。

【直属事业单位】 1997年，县政府设直属事业单位6个：县档案局（与县档案馆合一）、县农机局、县蚕桑局、县畜牧局、县林业局、县工业开发区工委。2001年，县政府机构改革，部分行政局改为事业局，直属事业单位13个：除原6个外，增加了粮食局、文化体育局、乡镇企业局、对外经济贸易合作局、旅游局、供销合作社、环境保护局共7个，工业开发区工委更名为开发区管理委员会。2006年，县级机构改革，县政府直属事业单位调整为13个：档案局、农机局、畜牧局、蚕业局、林业局、工业开发区管理委员会、粮食局、供销社共8个不变，文化体育与旅游合并为文体旅游局，行政局经贸委中的商贸部分和对外经济合作局及乡镇企业局合并为商务局，广播电视局、科技局改为事业单位、新成立招商引资局。

【派出机构】 1986年至1992年8月，县政府派出机构有：金溪区公所、徐家区公所、罗家区公所、兴旺区公所、锦屏区公所、河舒区公所、巨龙区公所。县政府还先后在北京、海口、珠海、昆明，乌鲁木齐、青海海东、重庆、成都、南充等地设立联络处或办事处。1992年9月，撤销7个区公所。1997年4月，撤销海口、珠海、昆明、乌鲁木齐、青海海东办事处。1999年10月，恢复区的建制。2001年，撤销区级机构，成立县委、县政府派驻河舒等6个督查指导办公室。2002年10月11日，从周口镇划出7个村和9个社区居民委员会，组建相如街道办事处，作为蓬安县人民政府的派出机构。2003年12月，撤销北京联络处。2005年，撤销县政府派出的督导办公室。2006年6月，撤销重庆、成都、南充办事处；撤销相如街道办事处，与周口镇、白玉乡合并组建相如镇。

县政府会议

1986年至2006年，县政府法定会议有县政府全体会议和县政府常务会议，之外，临时召开的工作会议有县长办公会和专题工作会议。县政府会议由县长或常务副县长主持。第九届至第十五届7届县政府期间召开的县政府全体会议、县政府常务会议以及工作会议等，本次入志记载46次。

【县政府全体会议】 县政府全体会议由政府县长、副县长和县政府调研员、助理调研员、各委（办）、局主任、局长等政府组成人员参加，邀请县委主要领导到会指导，特邀县人大常委会、县政协、县纪委、县法院、县检察院、县人武部、各民主党派、工商联、各人民团体负责人和无党派人士代表列席，必要时各乡镇长亦列席会议。县政府全体会议主要讨论贯彻上级重大方针政策和涉及全县经济工作、社会发展全局的大事。一般每半年召开一次。从1986年至2006年，本志记载全体会议11次。

1986年8月，副县长陈永高主持召开县政府全体会议，总结上半年工作，安排下半年工作任务，切实抓好全县经济建设。

1988年2月，县长陈香泉主持召开县政府全体会议，讨论研究1988年政府工作，提出奋斗目标，研究落实完成目标任务的措施办法。

1990年4月，县长陈尚君主持召开十一届县政府第1次全体会议，要求各部门班子建设要本着“基本稳定，个别调整，优化结构，充实提高”的原则，加强班子建设，提高战斗力；县政府主要工作，要落实“五定”即定心、定向、定位、定责、定制，坚持“五靠”即靠稳定、靠鼓励、靠实干、靠廉政、靠团结，发扬“五种精神”即奋发向上的精神、艰苦奋斗的精神、求实创新的精神、无私奉献的精神、紧密配合的精神，要以经济建设为中心，抓好城市、农村经济工作，同时抓好重点建设工作。

1995年6月，县长徐兴发主持召开县政府全体会议，会议通报1995年1—5月全县经济工作和社会事业发展情况，总结政府工作，部署下半年工作任务。

1997年3月，县长谢华国主持召开县政府全体会议，全面部署县政府1997年工作，提出着重抓好基础设施建设，做到五个突出：突出交通通讯建设、突出水利建设、突出县城和小城镇建设，突出教育科技、突出能源建设。

1999年3月，县长孙明钧主持召开县政府全体会议，研究筹集资金归还农村合作基金会借款。会议决定：向全县行政事业单位人员从4月起7月止，每月借半个月工资，向部门借款500万元，向全县行政事业单位副科级以上领导干部借1000元，副县级以上领导干部借2000元，用以归还农村合作基金会欠款。

2002年7月，县长马道蓉主持召开县政府全体会议，对抚琴小区二期开发、县内文物保护、年度财政预算方案等有关事项进行讨论，会议要坚持原则，各司其职，通力合作，全面完成各项目标任务。

2003年4月7日，县长邹平主持召开县政府全体会议，总结一季度、安排下步工作。县委书记刘中伯讲话要求：政府阁员和政府工作要做到与时俱进，开拓创新；加强学习，提高素质；求真务实，狠抓落实；精诚团结，形成合力；勤政廉洁，无私奉献；令行禁止，政令畅通。

2004年7月，县长邹平主持召开县政府全体会议，总结上半年经济运行情况，研究安排下半年工作。

2006年5月，县长邹平主持召开县政府全体会议，研究制定《蓬安县乡镇机构改革方案》及乡镇机构改革期间财经纪律。

【县政府常务会议】 县政府常务会议由县长、副县长和调研员、助理调研员、县政府办公室主任组成。根据需要邀请县人大常委会、县政协、县法院、县检察院、县人武部、县委有关部门的负责人列席会议。县政府常务会研究全县重大事项的处理和需要政府任命的人事任免工作。县政府常务会议根据工作需要安排召开，一般一月一次。第九届县政府到第十五届县政府常务会议，本次入志记载18次。

1986年4月，县长蒲显福主持召开政府常务会议，总结1985年安全工作取得的成绩和存在的不足，提出1986年安全工作的意见和要求。

1987年1月，常务副县长陈永高主持县政府常务会，讨论提出第十届县政府奋斗目标：深化改革，开发农业，搞活企业，靠农业奠基，工业开路，联合振兴，科技起飞；建立一个具有蓬安特点的，以种植业为基础，以畜牧业、林果业、乡镇企业为重点，以工业企业为骨干，继续抓好生产、加工“六条龙”工商建运服综合经营，农林牧副渔全面发展，一、二、三产业比例协调的开放型、多功能、高效益的经济格局；实行国营、集体、个体协调上，乡、村、社、户、联户五个轮子一起转，金融、市场、信息、人才四条渠道配合通，新老企业、技改项目、发展新项目三个层次积极抓。各行各业努力干，达到城乡结合，深化改革，全面发展，共同致富的目的。

1989年4月，县长陈香泉主持召开县政府常务会议，研究解决人大代表、政协委员提出的议案和提案的有关事项。

1990年3月，县长陈尚君主持召开县政府常务会议，讨论政府换届后实现目标任务的措施办法及工作职责。

1992年12月，县长陈尚君主持县政府常务会，讨论第十二届县政府换届工作目标，指出本届政府直接关系到“八五”计划和十年规划的完成，是实现蓬安经济腾飞和社会全面进步的关键时期。县政府工作总的要求是贯彻党的十四大精神，按照蓬安经济社会发展总体构想，坚持以经济建设为中心，深化改革，扩大开放，抓住机遇，真抓实干，大力发展社会主义市场经济，努力建设一个经济发达、社会祥和、文明富裕的社会主义新蓬安。

1995年2月，县长徐兴发主持召常务会议，会议重点研究落实1995年政府工作的奋斗目标和工作重点，并对县政府副职领导分工进行调整。

1997年12月，代理县长孙明钧主持县政府常务会，讨论第十三届县政府换届工作目标，提出坚定不移地弘扬发展主旋律，坚定不移地以经济建设为中心，坚定不移地按市场经济规律办事，优化经济结构，发展第一产业，主攻第二产业，活跃第三产业，放手、放胆发展个体私营经济，深化开革，扩大开放，抓住机遇，依靠科教，全面实施农业产业化、工业集团化、商贸网络化、旅游特色化、乡村城市化战略，力争21世纪初实现撤县建市目标。会上，还提出建设嘉陵江大桥、动工马电扩建工程、完成县城东风大道三通一平、修建龙角山公园、完成城区使用天然气工程建设等十件实事。

1999年8月，县长孙明钧主持召开常务会议，讨论通过《蓬安县城市容和环境卫生管理暂行办法》。

2001年2月，县长马道蓉主持县政府常务会，讨论十三届四次人代会县政府工作报告，提出牢牢抓住西部大开发和国家即将加入世贸组织的机遇，以跨越式发展为主题，以经济结构性调整为主线，以改革开放和科技进步为动力，以提高人民生活水平为根本出发点，突出工业中心地位，优化结构，创新机制，着力民营经济、招商引资和城镇建设三大突破，加快工业化、农业产业化、农村城市化、经济成分多元化四大进程，繁荣社会事业，确保社会稳定，实现蓬安新的跨越。会上还提出办好金溪电站可研、建成会展中心、建成相如广场等十件实事。7月，县长马道蓉主持召县政府常务会议，研究人事安排有关事项。

2002年1月，县长马道蓉主持政府常务会，讨论十三届人大第五次会议政府工作报告，提出政府工作二十字方针，即“同心同德、求真务实、创业创新、争先争强、富县富民”；坚持一个主题，即“经济跨越式发展”；抢抓两大机遇，即“西部开发、中国加入世贸组织”；实施三大战略，即“工业兴县、招商引资、改革创新”；突出四大重点，即“工业增效、农民增收、财税增加、建设增速”；着力五大举措，即“全面创新机制、干部转变作风、政府转变职能、优化发展环境、确保社会稳定”，提高人民物质文化生活水平，切实维护社会稳定，实现经济总量、速度和效益同步增长，促进经济跨越发展和社会全面进步。会上提出办好金溪电站动工、启动南渠路改造、建立中国锦橙第一县、完成抚琴大道、治理木桥河、中医院迁址、龙角山公园大门及绿化、创建省级卫生城、县城垃圾场迁建等10件实事。

2002年11月，代理县长邹平主持召开县政府常务会议，对县政府班子、运行机制、公务员队伍、政府工作运行规划提出要求。12月，代理县长邹平主持召开县政府常务会，讨论第十四届人代会政府工作报告，提出后五年政府工作的指导思想和基本思路：紧紧围绕全面建设小康社会的宏伟目标，按照县党代会提出的“工业立支柱，农业兴产业，三产上台阶，城市升形象，党建出成果”的总体要求，坚持把加快发展作为第一要务。改革创新作为第一动力。强县富民作为第一目的，着力实施产业升级、开放带动、城镇化、科教兴县“四大战略”，强化民主法治建设、社会保障体系建设、人才洼地建设、发展环境建设、安全稳定工作“五项保障”，奋力推进蓬安新跨越。

2003年2月，县长邹平主持召开县政府常务会议，会议讨论修改《蓬安县人民政府运行规则》，要求全体领导干部要加强学习，提高素质，摆正位置，服从领导，精诚团结，分工协作，坚持原则，严守纪律，廉洁勤政，树好形象。

2004年2月，县长邹平主持召开县政府常务会议，会议讨论《2004年政府工作报告》，研究部署当前工作。县长邹平强调要履职尽责，勤抓严管，确保以工农经济为主的经济工作开门红。11月26日，县长邹平主持召开县政府常务会议，会议对清理整顿“五小”企业，“十一”工业发展规划，工业园区征地补偿方案，事业单位人事制度改革等方面进行了专题研究。

2006年1月，县长邹平主持县政府常务会议，研究制定《蓬安县国民经济和社会发展第十一个五年规划纲要（草案)》。7月，县长邹平主持召开县政府常务会议，讨论制定县政府《关于2006年上半年国民经济和社会发展执行情况的报告》《关于蓬安县2005年财政决算和2006年上半年财政预算执行情况的报告》及有关人事任免情况。9月，县长邹平主持县政府常务会议，讨论第十五届人大第一次会议县政府府工作报告，提出未来五年县政府施政纲要，决定以邓小平理论和“三个代表”重要思想为指导，以构建和谐社会为主题，牢固树立和落实科学发展观，继续围绕“工业立支柱，农业兴产业，三产上台阶，城市升形象，党建出成果”的发展思路和建设“工业经济强县、特色农业大县、商贸旅游旺县、民营经济新县、绿色生态靓县、财税收入富县”的奋斗目标，整合资源兴产业，科学发展构和谐，把蓬安建成产业支撑有力、城乡统筹发展、基础设施完善、生态环境良好、社会稳定和谐的丘区强县。

【县政府其他工作会议】 县政府其他工作会议主要有县长办公会和县政府专题工作会议，一般按工作需要临时决定召开。县长办公会由县长、副县长和县政府办公室主任、副主任及与议题相关部门负责人参加会议，研究副县长分工或临时紧急事情的处理。专题工作会议一般由县长或分管副县长主持，乡镇领导和县级有关部门负责人参加，讨论、研究部署某一方面或几方面的工作。专题工作会有时邀请县委、人大、政协领导参加。涉及全县思想文化、经济和社会建设重大事项的会议多由县委、县政府联合召开工作会议。1986年至2006年，县政府其他工作会议入志记载17次。

1986年4月，县政府召开蓬安县安全工作会议。大会总结1985年安全工作，提出1986年安全工作的意见和要求。

1987年2月，县政府召开果树生产工作会议，分析全县果树生产大好形势，提出会后水果生产的要求，副县长岳定松就柑橘技术问题讲话。

1988年3月，县长办公会议就实现年产茧254.5万公斤的目标专项研究。会议强调实行“以工扶桑”政策，给蚕农更多实惠；抓好蚕桑基地建设；对蚕业局实行目标管理，考核奖惩，严格逗硬。9月，蓬安县人民政府召开乡镇长会议，专题研究1989年农村工作指导思想，奋斗目标，实施措施。会议要求1989年人平增粮20—25公斤，人均增收40—50元。

1989年11月，县政府在马回水电站工程指挥部召开马电工程建设专题会议，要求动员全县人民振奋精神，坚定信心，齐心协力，艰苦奋战，确保1990年底大马电投产发电。

1991年1月，县长办公会议讨论修改县政府1990年工作总结和1991年工作要点，及县政府正副县长分工。会议强调要精诚团结，开拓创新，扎实工作，多办实事，为蓬安两个文明建设做贡献。

1994年2月，县政府农村经济工作会总结上年农村经济工作取得的成绩，分析农村经济工作的形势，部署当年农村经济工作。

1995年7月，县长办公会议总结上半年政府工作，安排部署下半年工作任务，同时调整正副县长分工。

1996年3月，县政府农村工作会上授予1995年全县十强乡镇河舒、巨龙、周口、徐家、锦屏、正源、石孔、兴旺、茶亭、济渡锦旗。

1997年4月，全县农村工作会议参观了河舒畜禽基地建设、栽秧、桑树育苗、追肥枪应用、地膜玉米盖膜示范，就全县前一段农村工作情况进行了通报，安排了当前农村工作主要任务。

1998年8月，县长办公会讨论制定有关规章制度，会议强调要依制办事，依法治县。

1999年5月，县政府召开农村合作基金会整顿情况兑付动员大会，全县乡镇党委书记、乡镇长、指导组长及全县村支书、居民段负责人参加会议，县委书记谢华国作《全县动员共渡难关，奋力打好合金会整体关闭分期兑付大决战》的主题报告。

2002年3月，县长办公会就如何落实《2002年政府工作报告》中承诺的“为民办十件实事”等重点工作进行研究。会议强调各级各部门必须坚定《政府工作报告》确定的目标不动摇，抓紧实施不拖沓，务必实现开门红。4月，县政府召开“工业兴县”大讨论活动动员大会，要求充分认识大讨论活动的重大意义，大力营造大讨论活动的舆论范围，在全县范围掀起一场声势浩大的大讨论活动，以“工业兴县”大讨论为契机，解放思想，更新观念，与时俱进，促进县域经济新跨越。5月，县长办公会研究制定蓬安县农村税费改革试点方案，其主要内容是“三取消”“两调整”“一改革”。即：取消乡镇统筹费和农村教育集资，取消屠宰税，逐步取消积累工和义务工；调整农业税、农业特户税政策；改革村提留使用办法。

2003年12月，县政府召开2003年工作总结大会。会议客观总结2003年取得的成绩和存在的主要问题。

2006年10月，县政府组织召开小麦播种示范暨农田水利基本建设现场会，安排部署全县小春生产和冬春农田水利基本建设工作。

县政府工作制度

1986年，县政府按照法律法规赋予的职责和权力，规范政府行为，制定了《县政府常务会议制度》《县政府全体会议制度》。1994年，制定《政府工作规则》。1998年，制定《目标责任制》《县长负责制》。2003年，进一步完善《信访接待制度》，坚持县长、副县长接待日制度。2006年，提出诚信兴政、依法行政、科学执政、高效施政、廉洁从政等规范要求。

【县长负责制】 1986年，县政府实行县长负责制，县长主持县政府全面工作，代表县人民政府向县人大及其常委会报告工作，常务副县长协助县长负责县政府的常务工作，副县长按照县委、县政府总体工作安排，对分管的工作实施领导并对县长负责，县政府调研员、助理调研员按分工协助县长、副县长工作。政府各部门对分管县长负责。是年，有正副县长5人各司其职。1987年，第十届县政府换届后任期内县长中途易人，届中增补副县长3人，先后有正副县长10人，仍实行县长负责制。1990年，第十一届县政府先后有正副县长12人，其中，换届选举7人，届中任免2人，上级下派挂职先后3人，实行县长负责制。1993年，第十二届政府起换届年限延长，加上上级下派锻炼、帮县的副县长，正副县长先后有20人，其中，换届选举产生副县长9人，届中两次换选县长，另补任副县长3人，省上下排挂职先后6人，县长负责制不变。第十三届先后有19人，选举产生正副县长7人，届中两次换选县长，相继选副县长8人，省上下派挂职2人；第十四届先后有正副县长11人；第十五届选举产生正副县长7人，均按县长负责制开展日常工作和突击性的中心工作。

【行政审批制】 1986年，县政府规定行政审批和公文处理要做到科学化、制度化、规范化。凡是综合性事项及向市政府报送涉及人、财、物、税、费等重大事项的，一律由县长或常务副县长审批。需要集体讨论的，由县长或常务副县长组织讨论决定审批，涉及全县全局特别重大的问题还需提交县委常委会讨论。其他行政事务、审批文件，由相关领导和部门会议商讨和会签审批。1994年，县政府修改制定工作规则，对行政审批、行政行为、行文要求、审批制度作详细规定：县政府的重大问题抉择由县长或县长委托常务副县长主持召开县长办公会议、县政府常务会议、县政府全体会议讨论决定。对紧急和突发性重大事件来不及召开会议而又必须及时处理的，由县长或常务副县长决定，县长或常务副县长外出，由分管副县长与在家的其他副县长协商及时处理，事后向县长报告。2003年，县政府再次讨论修改政府运行规程和审批制度，强调加强科学民主决策，属分管县长职权范围的由分管县长大胆决策审批，属县政府重大问题和重要决策由县长或县长委托常务副县长召开县政府常务会、县政府全体会议讨论决定。是年，行政服务中心建立，各行政主管部门一般性行政审批进入服务中心操作。2006年，县政府对涉及人事问题、财政资金、土地出让、重大公益性工程招标等重大问题行政审批制度作出规定，凡涉及上述范围重大事项必须交由县政府常务会议讨论决定。

【目标责任制】 1986年，县政府实行目标责任制，对全县各乡镇、县级各主要部门各项经济和计划生育指标实行目标考核。1987年，第十届县政府提出三年奋斗目标，包括工业、农业、商业、财政收入、能源重点建设、计划生育、两个文明建设等指标接受人民代表监督完成。1992年，对县政府工作部门实行“五定”（定编制、人员、岗位、职责、任务）目标管理，对企业实行目标经营责任制。1998年1月，制定《目标管理实施方案》。1999年1月，制定《工作目标试行意见》。2003年1月，《蓬安县人民政府运行规则》提出各项工作目标责任制。在原有工作目标基础之上，统筹安排，下达近期或长期目标任务；设定考核办法，标准分好、中、差，具体指标完成情况设分值，对不能具体考核的内容，采用领导打分和职工民主测评相结合的办法考核，综合评分，严格考核，年终考核结果纳入干部考评、晋级选先依据；完成目标奖励，单位和个人分别给予一、二、三等奖，奖金由财政或单位自筹资金解决，罚款在单位领导和职工工资中扣除。2006年，县政府再次明确提出加强目标管理，推进机关效能建设，推行绩效考评并完善相关制度。

政风建设

1986年，县政府在推进经济体制改革中转变政府职能、依法行政、开展廉洁勤政教育、加强政风建设。1987年，新一届政府组成后强调务实的工作作风。1989年，县政府制定《蓬安县人民政府关于机关及其工作人员廉洁从政的若干规定》，要求全体工作人员严格遵纪守法，当好人民公仆。1992年，县政府转变职能开展“小政府大服务”改革。1993年至1997年，县政府按照“民主化、法制化、规范化”和“精简、统一、效能”的原则，建立高效、有序、规范的政府行政指挥系统。1998年至2002年，重点打造投资环境，推进改革措施，努力招商引资，建设服务型政府。2003年7月，蓬安县行政服务中心成立，各项政务工作在阳光下操作。2006年，县政府按照“勤政务实、公正廉明、高速高效”的总体要求依法行政，加强公务员队伍管理，自觉接受人大、政协、社会群众监督。

【转变职能】 1986年至2006年，县政府在推进改革开放中转变职能，变直接干预和管理经济的计划经济模式为以服务为主的政府功能，改善经济调节手段、加强市场监督管理、强化社会管理制度，做到“小政府、大服务”。

改善经济调节手段 1986年，县政府在农业上完善土地家庭联产承包责任制，在工业上推行厂长经理负责制和承包经营责任制，开始减少政府对经济工作的行政干预。1987年12月，县政府领导先后召集经济主管部门和部分企业厂长（经理）协商，确定从1988年至1990年签订三年经济承包合同扩大企业自主经营权。对农机修造厂、农业机械化服务公司、丝绸厂、米面加工厂、自来水厂、织布厂、糖果厂、酿造厂、百货公司、糖酒公司批发部、五金公司批发部、食品公司、煤建公司、粮食议购议销、物质供应公司（物质局）、县供销社等16家企业，每年上缴财政利润目标包干，超过目标部分留给企业，未达目标者，所欠部分用企业自有资金扣减干部、职工工资补足。1988年1月，县政府制定全县全年综合体制改革要点，指出：“经济要进一步稳定，改革要进一步深入”，加快和深化城乡经济体制改革。企业体制改革推行“五制”，即任期目标责任制、招标承包制、招标租赁制、多种经济成分股份制、工资奖金总额与效益挂钩分配制，“一拍卖”即对微利和亏损小企业实行拍卖。生猪产销体制改革，购销价格全部放开；蚕茧上调实行“核定基数，一定三年”，与厂方签订合同，实行价格浮动，外汇分成；落实金融系统“紧中求活”的措施；对税大利小的企业，实行定税收基数，超基数减税返还的办法，以增强企业的动力和活力。1989年11月，县政府制定《蓬安县人民政府关于进一步完善企业承包经营责任制的意见》完善承包指标体系，完善企业经营者奖惩办法，积极支持承包企业的工作，依据有关法律法规、条例、政策对企业加强管理。1990年5月，县政府制定《蓬安县1990年集体经济改革要点》推进集体经济改革。1991年，县政府与各经济主管局、乡镇局、县供销社、蓬安酒厂、蓬安汽车改装厂、蓬安烟厂等单位签订《1991年工作责任目标和奖惩办法》。在百货公司、锦屏区供销社实行“经营、价格、分配、用工”四放开改革试点。1992年，县政府实施“小政府、大服务”改革，工作部门精减为22个，实行“五定”目标管理，分流部分工作人员到基层或企业工作。10个经济技术部门全部转成服务实体和经济实体。还权于企业，增添企业活力。乡镇建制调整为24个，精减部分原区、乡镇临时工作人员。1993年3月，县政府进一步推进市场经济管理，解决县航运公司1000多人找政府要饭吃这个老大难问题，批准县交通局报告，将县航运公司改革更名为“蓬安县航运工贸总公司”，负责宏观协调，逐步弱化管理，实行“自主经营、自负盈亏、独立核算”，激活运行机制，适应市场经济发展。1996年3月，县政府开展税费体制改革，对各乡镇实行“划分税种，一定五年，逗硬包干”的办法，用经济手段促使乡

镇财政上台阶；同时，决定对全县企业实行产权制度改革。1998年，县政府工作重点抓改善投资环境、招商引资、建立市场经济体系、发展民营经济，对全县民营经济悬奖6万元，对发展工作抓得好的单位和个人给予重奖。2003年，进一步加大招商引资和企业改革力度，推进蓬安经济市场化运作，政府工作重点放在服务和环境建设上面。加强农村税费改革，坚持农村农业税税率不变、计税面积不变、常产不变、计税价格不变的“四不变”，落实减轻农民负担三项制度，停止收取农业特产税和未承包土地的务工经商户村内公益事业金。2006年，县政府把转换职能重点放在关注民生，建设和谐蓬安上面，规范市场经济秩序，加强城乡救助体系建设，加强政府服务意识。

健全市场监督机制　1986年，县政府在改革开放中建立健全市场监督机制，加强市场监管。1987年6月，政府在全县开展生产资料价格监督检查，规定生产资料由供销农资部门经营，必须执行国家规定价格，对提价坑农、价外收费，追究主要负责人责任。1996年5月，县政府组建“蓬安县粮油批发市场”和“蓬安县粮油批发市场管理委员会”，加强粮油市场管理。对违反《粮食收购条例》的单位和个人，依法查处。2000年12月，县政府成立“蓬安县打击制售假冒伪劣药品、药械行动协调小组”。对全县医药市场依法检查整顿。2002年1月，县政府为巩固创建市级文明卫生县城成果，发出《关于进一步规范县城市场交易秩序的通知》，合理布局产业化市场，规范商业门面经营行业。2月，县政府成立“蓬安县工商行政管理部门与所办市场脱钩工作领导小组”，下设办公室，专门负责市场脱钩，保证市场管理公平。2003年8月，县政府要求建立健全国有土地市场监督机制，对土地市场进一步进行清理整顿，坚持“尊重历史，符合法规，完善手续，补偿到位，确保市场规范和社会稳定”的原则，对违规用地严肃查处。2006年，县政府加强行政执法监督机制建设，对全县执法人员严格资格审查、执证上岗、亮证执法，对执法人员违法予以严肃查处。

强化社会事业管理　1986年，县政府组织对社会管理工作调查研究，切实加强社会管理制度建设。1991年3月，县政府主持制定《蓬安县中小学教育教学管理暂行办法》，对学校德育工作、教学计划、教学时间、常规管理、教职工队伍管理、体育卫生工作、第二课堂教育、基点小学和村民小的管理、学籍管理、教育教学档案、领导深入教学第一线、教育教学评估及学校其他一系列工作出明确规定。1992年3月，县政府主持制定《蓬安县社会力量办学暂行规定》，对社会力量办学条件和审批程序、办学经费、教学与管理等方面作严格规定。社会力量办学必须持有《社会力量办学许可证》。1993年2月，县政府制定《蓬安县中小学教职工管理暂行办法》，对教职工教书育人的职业道德、责任、纪律、技能、遵守国家法纪和关心爱护学生做到教学“六认真”，对专业技术职务评聘，工作调配、奖励等作出明确规定。1995年3月，县政府制定《蓬安县殡葬管理实施细则》，对火葬、土葬、丧事管理，管理职责、法律责任等作出规定，10月25日，县政府发出《蓬安县殡葬管理实施细则》补充规定，要求必须坚持推行火葬。1995年4月，县政府主持制定《蓬安县医疗卫生单位职工管理暂行办法》，对医疗卫生系统单位职工的职责、专业技术职务评聘办法、工作调动、纪律等方面都作出详细规定。2000年8月，县政府制定《关于保护旅游业发展的若干规定》，要求各级各部门要大力支持旅游业发展，带动相关产业快速发展。2006年9月，县政府制定《蓬安县城镇医疗救助试行办法》，对医疗救助对象、标准、申请、审批程序、医疗救助服务、基金的筹集与发放、管理与监督、法律责任等作出规定，对滥用职权、徇私舞弊的给予党纪、政纪处分，构成犯罪的，由司法机关依法追究其刑事责任。

【政务公开】　1986年，县政府要求各级领导干部、各职能部门廉洁勤政，执政为民，树立人民政府的光辉形象。在评职、晋级、干部考调、照顾生育等人民群众关心的热点问题上实行“两公开一监督”，即办事制度公开、办事结果公开、接受群众监督制度。1993年1月，县政府对干部职工进行廉洁勤政教育，增强“公仆”意识，认真纠正行业不正之风，在干部考调、大中专毕业生分配、招工、招干等社会敏感问题上继续实行“两公开一监督”制度。1999年11月，县政府发出《关于实行收费公示制度的通知》指出：公示范围包括中央、省、市外地驻蓬安及县属有行政性收费的国家机关；县有公益性、公用性收费的事业单位均要实行收费公示制度。2003年3月，县政府制定《蓬安县政务公开实施方案》，成立“蓬安县政务公开领导小组”。7月，县行政服务中心成立，行政审批事项及收费依据和标准在中心服务器和屏幕上公示，实行“阳光下”操作。2006年，县政府要求各级政府和各单位继续推行政务公开、厂务公开、校务公开制度。县政府设立政务公开栏，县政府重大决策、县政府成员及领导班子成员职责、县政府工作制度等予以公示。各乡镇人民政府、机关单位、社会团体也都设立了政务公开专栏增强透明度。

【依法行政】 1986年，县政府坚持依法行政、依法治县，在全县实施普法教育。1987年，加强行政执法体制和程序建设、行政执法监督机制建设、行政复议赔偿补偿制度建设。1990年、1995年，蓬安县被省政府授予“一五”普法、“二五”普法先进县。2006年，经过4个五年普法宣传教育工作，全县机关干部职工举行法律法规知识考试，合格率达99%以上。

行政执法体制和程序建设　1986年，县政府成立蓬安县普法领导小组，具体由县司法局负责法制宣传和管理工作。1987年2月，县普法领导小组制定《蓬安县1987年普法工作规划》，要求“一手抓建设，一手抓法制”，把对广大干部职工法制教育与共同理想、职业道德、职业责任、职业纪律、职业技能教育结合起来。各区、乡、镇建立普法领导小组，区上成立法制宣传教育办公室；党政机关干部学法考试及格率必须达80%以上。1989年1月，县委、县政府成立“蓬安县法制建设领导小组”，由县委副书记、副县长分别任正副组长，县级各部门，各区、乡镇分别建立普法领导小组和办公室开展普法工作。1991年3月，县政府办成立法制股，负责协调全县法制工作。9月，县政府制定法制宣传第二个五年计划，要求乡级以上领导干部，尤其是县团级以上领导干部，除学习宪法和基本法律常识以及与自己主管的工作密切相关的法律知识外，还要学好宪法，学习法制理论，树立依法治国和依法行政观念，提高依法决策和依法管理的自觉性和能力。1994年9月，县政府办公室法制股被撤销，成立县政府法制办公室，履行县政府法制工作职能。1995年，法制办健全执法监督制度，检查各行政执法部门执法情况，对行政执法人员全面清理登记，组织培训，颁发行政执法证件890个。1996年6月，县政府成立“蓬安县建设工程项目执法监察领导小组”，负责建设工程项目执法监察工作。是年，成立法制局。1998年，对粮食系统和建委系统进行法制培训，颁发行政执法证件100余个。2000年，撤销法制局，改设县法制办，代表县政府在本区域内开展行政执法监督工作，对52个具有行政执法主体资格单位完善执法责任制，建立健全错案责任追究制，认真履行行政复议职责。2003年4月，组织全县723名行政执法人员资格考试培训。2006年，县政府法制办先后召开法制座谈会、工作汇报会、经验交流会，推进法制型政府的创建工作。

行政执法监督机制建设　1986年，县政府在普法中加强执法监督机制建设。1987年6月，成立“蓬安县收费清理整顿领导小组”，下设办公室负责县级单位和指导区、乡（镇）收费清理整顿工作。1992年9月，县政府执法监督，清理全县农民负担，严格按县农业局审批的项目和标准收取。1994年10月，县政府制发《蓬安县人民政府关于制定规范性文件备案的暂行办法》，规定各乡镇人民政府、县政府各部门在行政执法和执法监督检查中作出的行政处罚、处罚决定、复议决定，应报送县政府法制办公室备案；法制办对报送备案的规范性文件登记，实行审查人员负责制。1996年5月，对各行政执法部门负责人、各有关部门从事行政执法监督检查工作人员颁发“四川省行政执法监督证”，行政执法监督工作步入规范化轨道。1999年3月，县政府开展基本建设项目审计监督工作，要求审计机关工作人员认真履行职责，规范基建管理，维护国家利益和财经纪律。2001年7月，县政府制定《蓬安县财政监督管理办法》，规定财政监督的范围。2002年7月，县政府要求各乡镇和各部门认真组织学习《四川省行政执法监督条例》，明确县法制办有权对各乡镇和各单位具体行政行为、规范性文件进行法制监督，有权撤销行政执法单位作出的错误处罚决定，有权追究执法部门及执法人员的责任。县法制办加大执法监督，组织专门力量，对乡镇政府、县政府各部门的具体行政执法行为有重点、有针对性地进行检查。2005年，法制办加大对重点部门包括省管部门的监督力度，及时纠正执法存在的问题，规范行政机关执法行为，年度共受理行政执法投诉案件5件，群众投诉件件有回音。2006年12月，县政府对全县各乡镇政府和县政府各部门依法行政工作进行年度检查和考核。

行政复议、赔偿、补偿制度建设　1986年，县政府依法行政，开始研究行政复议、赔偿、补偿制度建设。1991年9月，县政府成立“蓬安县人民政府行政复议委员会”，下设办事机构与政府办法制股合署办公，受理和承办县政府直接管辖的行政复议案件。1991年，县政府举办全县性的行政复议应诉培训班1次，代理行政诉讼案件两件，组织研究和解决处理重大、疑难行政纠纷16起。1992年，县政府法制股代理行政诉讼案件3件，组织研究和解决处理重大、疑难行政纠纷11起。

1993年9月27日，县政府对金溪玻璃纤维厂罗福元申请复议作出行政复议决定。蓬安县金溪玻璃纤维厂罗某某申称：根据《中华人民共和国宪法》规定和《中华人民共和国集会、游行、示威法》第十三条规定申请集会、游行、示威，县公安局于7月24日作出不许可的决定。要求县人民政府保护公民财产权利，进行复议。经县人民政府复议查明：游行是以蓬安县金溪玻璃纤维厂的组织名义申请的，申请时没有出示本单位负责人批准的任何手续，不符合《中华人民共和国集会、游行、示威法》第17条的规定；申请书上的游行负责人罗某某，没有详细具体地址，不符合上述法规第八条的规定。因此，县公安局作出不许可的决定运用法律依据正确，维持原决定，依法维护双方权益。

2001年3月，县政府制定《蓬安县行政复议应诉工作和行政执法监督检查暂行办法》，规定行政复议和行政诉讼的范围，凡是对行政机关作出的限制人身自由、没收非法所得、吊销执照、侵犯合法经营权、废止承包合同、违法集资等不服的；申请行政机关履行保护人身权利、财产权利、受教育权利、依法发放抚恤金、社会保险金或者最低生活保障费而行政机关没有依法发放的都可以申请行政复议。

2003年，县政府全年受理行政复议案件12件。2006年，审核政府及办公室规范性文件53个，举办行政执法人员培训3期，规范全县行政许可项目540项。

【调查研究】　1986年，县政府领导及职能部门坚持做好调查研究、实事求是、科学决策。1990年7月，县政府发出《关于加强信息调研工作的通知》，要求坚持“灵敏、迅速、准确、有效”的信息调研工作原则，建立一支政治素质好，写作能力强的调研队伍。1991年，县政府办公室制定《调研科及其工作人员的岗位职责》，要求围绕政府中心工作以及重大决策执行情况，认真开展调查研究，积极收集、传递和上报信息，办好《政府工作简报》和《政府工作研究》。1992年，县政府先后组织50多人次围绕农村“调整农业产业结构”“减轻农民负担”“农业科技承包”“农业科学技术推广”“大小春准备工作”“计划生育”“粮油收购价款兑现”“农村教育综合改革”等方面开展专题调查；组织240人次对全县90多家企业就商业改革试点工作，商业、供销、粮食的改革配套等进行调研，所写文章被省、地报刊、广播电台采用14篇。

1993年，针对一些乡镇不严格执行农民负担管理制度，农民负担仍然较重的情况，4月14日至20日，由县委办、人大办、政府办、政协办、县纪委、农工委等单位抽派21名干部分成3个调查小组，深入巨龙、龙云、金溪三个镇就农民负担管理工作开展调查研究。调查范围：镇农经站，镇级单位，每镇查2个村，每村查2个社，每社查10户。调查方式：听取乡镇汇报、查账，与农民交谈，掌握广大农民群众的愿望和呼声。调查结果：1992年，全县农民负担总额9237397元，人均负担16.87元，占农民纯收入的4.99%。其中公积金1899838元、公益金737878元、管理费

1995033元、乡统筹1810209元、教育费附加2794439元。而在具体执行过程中，基层出现扩大项目、层层加码现象。全县农民负担实际情况是：按规定提取9237397元，人均16.87元，占上年农民人均收入的4.99%，乡村统摊生产费1292万元，人均23.60元，兴办公益事业集资摊派1243万元，人均22.70元，国家税金628.3万元，人均11.48元。全县农民负担总额4087万元，人均74.65元，占上年农民纯收入的23.33%（含农特产税）。个别村社更为严重，如群乐乡10村6社，增加项目13项，增加金额84.44元，人均负担总额116.82元，占上年人均纯收入的37.4%；原向东乡8村6社，乡上加码7项，村上加码7项，社加码2项，共加码16项，农民实际负担59.19元，占上年纯收入的13.8%。县政府根据检查结果要求各乡镇、县级主管部门采取果断措施，坚决把农民负担(除农特产税外）控制在上年人均纯收入的5%以内。1995年6月，县政府责成县计委牵头，组织县建设环保局、审计局、统计局、建行县支行、地方税务局等单位，对蓬安县1994年1月1日以来，投资在10万元以上在建项目详细调查，其调查结果是：投资在10万元以上在建项目共81个，其中非生产性项目69个、生产性项目12个。总投资34000万元，其中非生产性投资8400万元，生产性投资25600万元。全民自筹基建投资27700万元，集体所有制基建投资6300万元。存在的主要问题有：建设资金严重紧缺，自筹资金难以到位；部分项目建设工期太长，影响工程质量；施工队伍技术力量薄弱，工程质量下降；建设工程现场管理较差，浪费现象严重。县政府根据调查存在的问题责成各有关部门认真履行职责及时作出处理。

1997年，县政府组织有关部门对40多户工商企业专题调查，针对企业在资金、产品、市场、管理、技改、效益等方面存在的不同问题提出对策。对高坪、南部等10个周边县、市、区的经济发展和政府目标管理工作进行调研。调研后形成政府性文件40个、工作简报12期、政府工作研究20期，草拟领导讲话稿58个。还针对加快土地流转机制和业主经营开展了大规模的调查研究，写出很多有影响的调查文章。

1999年，县政府专题调研全县个体私营经济发展情况，针对普遍存在的规模较小、管理水平不高、产品结构不合理、资金投入无保障、发展环境不宽松等问题寻求解决办法，促使中小型企业走出困境。2003年，县政府办通过调查撰写《加强城市管理，提升蓬安形象》《突破农产品流通瓶颈》等调研文章61篇，其中《转变民间资金，发展民营经济》《攻坚破难抓改革、转换机制增活力》等10余篇在《四川体改》《南充日报》《决策与务实》等省、市级报刊上发表。2004年，县政府办深入基层调查研究，共撰写调研文章28篇，在省市报刊发表10篇。

2005年，县政府办就蓬安产业化发展、产业机制创新、特色产业培育、民营经济发展、环境治理等热点、难点问题进行专题深层次调研，全年撰写调研文章24篇，在省、市刊物发表7篇。2006年2月，县政府发出《关于开展第二次全国农业普查的通知》，成立经济普查小组。常务副县长赵小轻为组长，下设办公室，全面负责全县第二次农业普查工作。是年共撰写调研文章17篇，在省市报刊发表5篇。

【建立反腐倡廉机制】 1986年，县政府遵照中央“为政要清廉”的指示，以领导机关、领导干部、执法部门为重点，集中力量和时间，依法查处受贿的要案大案。建立健全人民举报制度，成立监察举报中心；在评职选优评先、干部考调等方面实行制度公开、办事结果公开，接受群众监督。1988年12月，县政府作出《关于禁止党政机关乱发钱物送礼受礼和禁止用公款大吃大喝铺张浪费的规定》，要求不准党政干部经商办企业，不准送礼受礼，不准用公款大吃大喝，否则给予党纪政纪处分。1989年8月，县政府制定《蓬安县人民政府关于机关及其工作人员廉洁从政的若干规定》，强化廉政建设。1990年2月，县政府成立“清理干部职工建私房领导小组”，清理1983年1月以来国家干部，特别是副局级以上干部建私房。共查处建私房的国家干部208户，占地面积19041.51平方米，其中区、科级干部80户，面积7119.58平方米，一般干部93户，面积7822.81平方米。截至1990年7月15日，对全县党政机关和全民所有制企事业单位干部“三违”建私房144

户，违法占地面积2445.9平方米的经济处理全部结束。其中属不批自建的8户，面积768平方米，骗取批地2户，面积155.3平方米，批少占多133户，面积1522.44平方米，违反城建规划64户、面积3019平方米。在以上“三违”建房中，由纪委、监察立案检查7人，作出了党纪政纪处理。1993年3月，县政府作出《关于贯彻落实中央近期反腐斗争工作部署的安排意见》，提出三项目标任务：党政机关干部特别是县级以上领导干部在廉洁自律方面有明显进步；基本刹住党政机关和行政管理职能部门的不正之风；司法机关和纪检监察机关要查出一批大案要案，依法惩处一批腐败分子。2000年7月，提出《关于加强领导班子自身建设的整改意见》指出：加强廉政建设，改进机关作风，在政府部门全面推行领导干部值班制度，方便群众办事；全面实行政务公开及收费公示制度，广泛接受社会监督；在城区一律不准接受宴请，在乡镇工作一律实行工作餐；不收受礼金、礼品，不在部门、企事业单位报销个人费用；不参与公款消费的娱乐活动，严禁赌博。2003年1月，县长邹平在政府会议上要求要始终坚持“勤政务实、公正严明、高速高效”的政府工作方针，在职能转变上下功夫，建设一个灵活高效的服务型政府；在勤奋学习上下功夫，建设一个与时俱进的学习型政府；在观念更新上下功夫，建设一个开拓奋进的创新型政府；在精诚团结上下功夫，建设一个密切协作的团结型政府；在改变作风上下功夫，建设一个扑下身子抓落实的务实型政府；在廉洁自律上下功夫，建设一个公正廉明的廉洁型政府。要求严格按照党风廉洁责任制的规定，管好自己，管好家庭，管好部门和身边工作人员，树立好政府形象，为蓬安68万人民谋利益。2005年，县政府在保持共产党员先进性教育活动中努力构建人民满意工程，加强廉政建设，强化纠风工作，完善工程招投标制度和政府采购制度，硬化预算外资金管理，加大领导干部经济责任和政府性投资项目的审计监督。2006年，县政府要求进一步加强公务员队伍的教育与管理，自觉接受人大的法律监督、工作监督和政协的民主监督，虚心接受社会的舆论监督。

【群众来信来访】 1986年，县政府把群众来信来访，信访接待工作纳入制度管理，制定《信访接待制度》。1990年5月，制定《关于明确主管分管信访工作的领导和专职信访干部职责的通知》。1993年10月20日，发出《关于进一步精简文件会议，提高办文办会质量做好接待服务工作的通知》。1998年，实行信访工作领导责任制。2003年3月4日，县人民政府制定《蓬安县人民政府运行规则》，对信访接待工作作出详细规定：县长、副县长要亲自处理群众来信来访，及时阅批群众来信。区督导办、相如办事处、乡镇人民政府和县政府各部门领导要对本地、本系统、本单位的信访工作负责，领导干部要确定并公示专门的信访接待日，对群众反映的问题要就地消化，就地处理，不能处理的要向县委、县政府信访办公室报告情况、说明原因。县长、副县长和政府负责人要针对涉及全县发展稳定大局的重点、难点问题和人民群众关心的热点问题，深入基层调查研究，主动及时发现问题和解决问题，并形成调研材料向县政府报告。2004年，制定《信访工作问责制暂行方法》。2006年，开展挂牌调处重大信访问题和集中调处活动，制定信访工作《首问责任制》。

【县长接待日】 1987年9月，县政府领导研究决定每月“逢十”为县长接待日。1988年1月30日，县长信访接待日接待群众19人。1989年，县政府《关于改进和完善信访“接待日”制度的通知》规定：每月10日、20日县政府当月值班的副县长参加接待工作，每月30日为领导集体接待日，集中解决重大问题。2003年，县政府《关于进一步做好信访工作的通知》要求必须坚持领导接待群众信访制度，县长接待日每月一天。2006年，继续坚持县长接待日制度。

综合协调

1986年至2006年，县政府综合协调工作包括文秘，会务，对各部门、单位和乡镇的督查督办，行政服务中心建设管理，人大、政协提案议案办理和机关事务管理等内容，由县政府办公室负责统筹。

【县政府办公室】 1986年至1998年8月，县政府办公室设有：秘书科、调研科、行政科、法制科、宗教事务科、督办科。挂靠的单位有：信访办公室、经济技术协作办公室、无线电管理办公室。1998年8月至2002年8月，县政府办公室设5个股：秘书股、信息调研股、目标管理股、后勤管理股、政保股。挂靠的单位有：县政府外事办公室、侨务办公室、台湾事务办公室、无线电管理办公室。2002年至2006年12月，县政府办公室设置7股一中心：秘书股、督办股、财贸股、农经股、工交股、社会事业股、综合股、后勤服务中心。归口管理的部门有：法制办公室、县志办公室、体制改革办公室、无线电管理办公室、行政服务中心。

1986年至2006年，何宗泽、余九龄、梁中凡、陈鹏泉、傅天贵、张晓录先后任县政府办公室主任。

【文秘工作】 1986年，县政府办公室坚持“压缩数量、提高质量”原则，办理、规范各项公文工作。1990年后，进一步明确发文规范，县政府综合性、全面性文件以及上报市政府的文件由县长签发，涉及人、财、物、税、费等重大事项的文件由县长或常务副县长签发。涉及两位以上副县长分管工作的一般性文件，经分管副县长审查后由县长或常务副县长签发。某一方面工作的一般性文件，由分管副县长签发。以县政府办公室名义制发的重要和涉及面广的文件，由分管副县长签发。属政府办公室职权范围内的文件，由办公室主任签发。党政联合行文，属县政府起草的由县政府办公室核稿，经分管副县长（重要的经常务副县长）、县长审核后交县政府办公室按程序办理。县政府各工作部门冠以“经县政府领导同意”的文件，必须交分管副县长审签后方可发文。县政府《会议纪要》由主持会议的领导签具意见，由县长签发。公文收发统一由县政府办公室登记和按程序办理，不得直接送达县政府领导个人。办理时限一般不超过5个工作日，重要、复杂、涉及面广的一般不超过10个工作日。注意避免公文在领导之间横向直接传递。县政府文件的制发程序，由主管部门起草，送县政府办公室秘书一股统一登记，经有关股室和办公室副主任核稿（重要的经办公室主任核稿）后，送县长或副县长签发。县长、副县长不得收受文件，不得违反程序直接签批，杜绝跳行文和逆行文。属部门职权范围内的，由部门行文；上级向县（团）级单位发文或已在报刊刊登的文件，县政府如无新的规定和要求，则不再发文；能当面解决或用电报、电话、便函解决问题的，不再行文。凡工作涉及多个部门，由主办单位牵头，组织协商、讨论，由部门联合行文。1992年，编发文件355号，其中县政府文件277号、办公室文件78号。1997年，编发文件372号，其中县政府文件290号、办公室文件82号。2002年，编发文件291号，其中县政府167号、办公室124号。2004年，县政府办改进和规范办文工作，要求把好行文、会签、政策、文字、体式、程序、核稿、印刷关，全年办文340号，办文来电120件。2006年，编发文件267号，其中县政府101号、办公室166号。编写的《政务简报》《政务信息》《政务调研》《政务通报》，撰写的领导讲话等文稿质量都有提高。

【会务工作】 1986年2月，县政府办公室制定《蓬安县人民政府办公室会议议事规则》。1988年，县政府制定会议制度，从会议的审批、审定、纪律、经费等方面作出明确规定。县政府召开的会议，经分管副县长审核，报常务副县长、县长审定，经费在县政府会议费中列支。县委、县政府联合召开的会议，经审定后，经费在县委、县政府会议经费中共同支付。部门每年一般召开一次工作总结安排会，以县政府名义召开或自行召开，其经费一律由主办部门负责。严禁借开会之机拉赞助、搞摊派或向基层转嫁负担，严格执行会议费开支标准。2003年，包括县政府会议、全市国企改革现场会等由政府办公室承办的大小会议共20余次。2004年，承接市、县大型会议11个，国际型会议1个。2005年，承办全省农村基层党建蓬安现场会，全市政府应急管理工作暨办公室主任会议等省、市、县大型会议18次，重点工作专题会21次，2006年，承办省、市、县大型会议共27次。

【督查督办】 1986年9月，县政府发出《关于加强督查督办工作的通知》，要求各级领导高度重视，配备专兼职干部具体负责，建立健全各项制度，加强督查督办工作。1991年6月，县政府对各乡镇教育工作进行督导评估，对成绩显著的进行表彰奖励，对没有达标的乡镇给予通报批评。1992年6月，县政府对蓬安县3个乡、9个村、27个社、135户进行森林限额采伐监督检查。监督检查结果，全县100多个集体林场，全部由县林业局直接管理，没有发现超限砍伐现象。1992年11月，县政府办、体改委、人事局、财政局、劳动局等督查《省委、省政府关于国营大中型企业转换经营机制增强活力试点的意见》的贯彻落实情况，督查《省政府关于搞活商品流通培育市场体系的决定》的贯彻落实情况。1994年11月，县政府办公室对县政府1994年办好十件实事的有关责任单位督查督办。督查结果，全县598个村，1994年，计划建25%的合格村卫生室，实际只建立22个，仅占3.7%，没有完成；农机服务队全县已建340个，完成任务数的113.3%；农电管理查出安全隐患354处，处理238处，砍伐竹树4786棵；照明电价基本稳定在0.50元以下；农村饮水、改善城乡通信条件、笔架山公园建设、修建公厕、整顿县城市容市貌、菜篮子建设等6件实事都在规定时间内完成任务。1999年9月，为确保2000年实现创建市级卫生县城目标，县政府办公室牵头到各单位督查督办，量化考核。2003年，县政府办设置督办股。2004年7月，县政府办公室制定《蓬安县安全生产督查督办工作办法》，对安全生产实行定期督查督办和动态督查督办。定期督查督办每两月举行一次，由县目标督查办牵头，动态督查督办由县安监局牵头，深入基层，深入群众，了解和掌握实际情况进行督查。2004年，督查事项近50项，编发《政务通报》13期。2005年，县政府办围绕县委、县政府为民办实事，产业化建设，重点工程建设，政务公开等各阶段工作重点督查督办，全年督查31次，编发《政务通报》6期。2006年，共办理督查事项近60项，编发《政务通报》《政务简报》共43期。

【防灾减灾】 蓬安每年均有不同程度自然灾害发生，以洪涝、干旱、作物病虫灾害为主，兼有大风、冰雹、寒潮灾害。嘉陵江流经境内10个乡镇89千米，常有洪水灾害。1986年，蓬安设有防洪抗旱指挥部，后改为防汛指挥部，由县长任指挥长。1992年，成立蓬安县救灾办公室，挂靠县农工委，农工办主任兼救灾办主任。1986年至2006年，共发生洪涝灾害22次，较严重的6次，旱灾31次，较严重的9次，大风冰雹灾害28次，较严重的2次，低温冷灾11次，较严重的3次，作物病虫灾害52次，较严重的7次，造成直接经济损失12.43亿元，其中一次性损失上亿元的3次，上千万元的11次，上百万元的33次。县委、县政府组织抗灾救灾，累计投入救灾资金（含物资折款）2.5亿元。

防灾　1986年以来，蓬安县防洪抗旱指挥部于每年5月份汛期前，召开各机关单位及乡镇主要领导参加的会议，具体部署防洪抗旱工作，各乡镇成立防洪抗旱领导小组，各村成立防洪抢险队。县上有防洪抢险预案，并备有抢险船只和物资等。暴雨、干旱、大风、冰雹、寒潮、作物病虫灾害等灾害预防，主要通过气象预报，由农业、林业、水利、国土等部门具体部署预防方案并制定措施。1992年，成立县政府救灾办公室，统一部署防灾减灾工作。协调各部门做好重要天气消息的发布、农作物病虫害测报、森林火险预警、水文监测、地质灾害监测等，确保将各种自然灾害带来的损失率降低到最低限度。1996年，在利溪、周口、金甲、徐家、骑龙等11个乡镇开展农业综合防灾减灾示范片建设，涉及48个村、208个社，主要项目是中低产田土改造、水利设施建设等，共投资3525万元。1999年，启动三坝防灾减灾示范片建设，新建提灌站2处、蓄水池30口、打井45眼、囤水田3.3公顷、水渠1.1千米，惠及10个村75个社。2006年，在河舒桃花村建成21.3公顷的农业综合防灾减灾示范片，整治水渠1.28千米，新建提灌设施灌面8公顷，喷灌设施2套，集中供水站5座，整治山平塘1口，新增蓄水量2.1万立方米。

减灾　县政府救灾办公室，具体负责救灾减灾工作。

1986年7月29日到8月22日，出现伏旱，历时25天，水稻5815.5公顷、红苕9379.6公顷、花生2592.5公顷、黄麻2982.5公顷、生姜189.3公顷受灾，全县减产粮食合计1.7万吨，经济作物减少收入1250万元，造成直接经济损失3200万元，县政府下拨救灾资金15万元。

1987年7月19日，大暴雨，日降水量128.8毫米，全县49个乡、373个村、2694个社、2.4万农户和区域厂矿、机关企事业单位受灾。3268公顷水稻、2195公顷红苕、1687公顷玉米、663公顷杂粮、1223公顷花生、311公顷土烟、1071公顷黄麻、424公顷蔬菜及5个电灌站被水淹；损坏房屋5400间，倒塌房屋1735间，倒塌房屋中包括一些中小学校舍、教室；全县滑坡161处；小型水库2座、山平塘50口、石河堰53处垮堤，350.5千米渠道被毁；4.26千米公路被冲毁；县蜡厂被淹没，厂房内水深接近屋脊；金溪沙砖厂因大面积滑坡，全厂报废；柏杨鱼种场大半鱼种池被洪水淹没，全县直接经济损失3266万元。县委、县政府号召生产自救，立即下拨救灾资金80万元。

1989年7月8日至7月14日，出现3次暴雨天气，雨量186毫米。直接经济损失4200万元。县政府组织抢险救灾，下拨救灾资金30万元。

1991年6月24日，全县遭受大风冰雹灾害，最大瞬时风速23米/秒，个别地方有大雨，致使全县7个区，49个乡镇遭受了不同程度的灾害，倒塌房屋1508间；农作物受灾面积1.2万公顷，损失粮食3500万公斤，吹断树木87万株；吹倒电线杆120余处；直接经济损失6000万元。县政府拨救灾款30万元。

1994年7月9日至9月2日，出现伏旱，历时56天，最高温度达到40.5度。全县38个乡（镇），2900个社，11万人受灾，直接经济损失4800万元。县政府分两次拨付救灾款30万元，全县抢修提灌机具316台，组织248吨柴油用于抽水，农资、三电办等部门安排抗旱资金和物资支持抗旱。

1997年7月26日至9月30日，伏旱连秋旱，历时67天，总降水量仅67.5毫米，全县农作物大面积减产，人、畜饮水困难；受灾总面积2.7万公顷，0.9万公顷成灾，0.9万公顷绝收，1.2万公顷红苕减产50%，0.4万公顷秋玉米绝收，0.3万公顷花生损失60%，0.2万公顷红麻损失67%，0.07万公顷蔬菜苗枯芽，0.5万公顷菜地无收，水果减产2000万公斤，秋蚕损失23.5万公斤，干死竹子13000篷；稻田养鱼损失25万公斤，集约化养鱼损失成鱼50万公斤，直接经济损失2亿多元。县政府组织车辆送水耗资100万元。

1998年3月1日至4月5日，春旱，总降水量10.6毫米，全县102条溪河断流，水利工程95%无水可蓄，36个场镇近0.6万居民和学生饮水困难；农村中有496个村，348万人民和5.4万头牲畜，10.8万羽家禽饮水告急；生产用水奇缺，全县0.33万公顷秧母有0.18万公顷断水开裂，已播栽的1.2万公顷玉米全部干萎、干死0.18万公顷，秧苗干死0.02万公顷，小春作物减产20%；直接经济损失2000万元。7月6日至20日，全县降3次大到暴雨，累计雨量230.3毫米，嘉陵江沿岸冲毁桑苗32.5公顷，山体滑坡2600处，损坏房屋138座；发生了自1981年特大洪水以来最为严重的洪涝灾害，洪水最高水位(周口）12.6米，洪峰流量19700立方米/秒；全县27个工商企业、14个乡镇、106个村、4.05万户、17.2万人受灾，直接经济损失5000万元。县委、县政府组织紧急抢险，组织县级机关干部、武警共300余人，先后出动车辆46台次，转移被困群众3000余人，防汛、救灾、民政、农业、交通、卫生等部门深入灾区查灾救灾、防病治病，县政府安排救灾资金130万元，用于灾民重建家园、恢复生产。

2001年，蓬安发生冬春干旱和夏伏旱。1月26日至5月16日，历时110多天，6月17日至7月22日，历时42天，又遭受夏伏旱，尤其是7月1日至7月19日，历时19天再遭伏旱。连续的干旱、高温、导致全县104条溪河断流，工程蓄水量仅为正常年量的30%，498个村3850个社的11.5万户、40万人、60万头牲畜出现饮水困难。金甲乡场镇1500多民居民和学生饮水要用交通工具到5千米外的地方去运水，鲜店5村4社人畜饮水要到3千米外的沟里去挑。这次冬春干旱造成全县小麦减产17.4%，油料减产14.8%，5月底还有248个村564个社6768户社员未开秧门。高温伏旱干死水稻520公顷，移栽的0.69万公顷玉米苗萎蔫0.53万公顷、干死0.3万公顷，干死红苕0.33万公顷、花生0.2万公顷、柑橘树40万株。灾情发生后，全县共投入资金478万元，抢修提灌设施1369台套，调配抗旱提灌机具2352台，抽提江河水3800万立方米，打井939口，扎竹节堰820处，打水坑8574个。

2006年5月25日至8月21日，历时88天，蓬安遭受历史罕见的特大旱灾和持续高温天气，8月12日气温达到41.6摄氏度，大旱持续时间之长，气温之高，强度之大，是自1959年以来最严重的一年。干旱和高温造成直接经济损失5.21亿元，其中农业直接经济损失3.5亿元。全县104条溪河有96条全面断流，3050口山坪塘干枯1687口，10470口蓄水池干枯6283口，27000口水井干枯14022口。全县39个乡镇598个村4736个社156291户521063人不同程度受灾，其中有25.46万人、37.8万头牲畜出现饮水困难，有1257个社、13932户共49817人需要到2千米外的地方取水；有29户51人因无法送水或取水饮用而投靠亲友；水稻抽穗扬花困难，红苕块根不能膨大，花生无法下针结夹；死亡生猪2100头、牛22头、羊250只、禽34160只、兔1241只；1827.8万株柑橘和伏季水果缺水落果897.2万株、干死54万株；新栽的340公顷葛根死亡80公顷、新育的33.3公顷桑苗全部死亡、0.27万公顷各种林木死亡、退耕还林已成林的233.3公顷桤木全部干死；0.19万公顷稻田养鱼和工程养鱼鱼苗大量死亡。全县有11座中、小（一）型水库，52座小（二）型水库出现不同程度库坝开裂、内坡下滑等病险。全县出现147个地质灾害隐患点，紧急迁289户、1045人。县委政府组织全县投入抗旱资金407万元，组织打井队147个、送水服务队598个、机具维修队7个，共打深井1427口、机井619口、挖土井4632口；组织抗旱机具6100多套、抢修机具3114台套、下发背水袋4.3万条，有效解决缺水严重村社的人畜饮水问题。县财政统筹安排150万元专项资金，帮助村民抗灾减灾，大力开发晚秋生产；县级部门和社会各界捐款捐物81.76万元；县农村信用社为1.97万户困难农户提供小额信贷1876万元，积极支持农户发展晚秋生产；农业、供销等部门组织调运秋洋芋种310吨，全县秋植秋粮秋菜1.07万公顷，养晚秋蚕3000张，畜禽秋养570万头（只），劳务输出增加1万人，争取重灾之年减产不减收。

【招商引资】 1986年，蓬安招商引资处于自发状况。1990年，县委、县政府开始接触、引进外地客商及沿海地区改革开放发展经济理念。1993年至1998年，招引部分外地企业入驻。2000年3月，蓬安县设立招商局，加强招商引资工作。2006年，成立蓬安县项目投资服务中心，归口招商局管理，为外来投资者提供情况介绍、政策咨询、代办手续等服务和后续服务工作。

2000年至2006年，龙兴明、陶伟、胡必泽先后任招商引资局局长。

投资环境建设 1986年，开始注重投资环境建设，县上修建了用于接待客商的有标准间的小招待所。1992年，县委、县政府出台一系列改善投资环境的文件，陆续引进外资。1998年，县委、县政府坚持扩大对外开放，降低门槛，着眼长远利益，先后出台招商引资优惠政策的若干规定等政策。2003年，县委、县政府对鼓励投资领域、土地、税收、规费、工商注册、户籍、服务保障和其他优惠政策作出详尽规定。10月，印发《蓬安县招商引资政策》，决定招商局更名为招商引资局，建设了招商信息网和招商项目数据库。2006年，建设污水处理厂，完善工业园区入驻环境等设施。

引资项目 1986年，运用贷款方式引进外资购买奥地利发电机组修建马回电站，引进100万美元购买瑞典阿发拉发公司果汁机建县果品厂。1992年至1993年，先后与新加坡及中国香港地区等地客商谈判，引进20万美元，建成与新加坡城富有限公司合资的中新房地产公司。1998年，先后引进电解铝厂、铬铁生产等一批企业。2003年，成功引进航星钢铁、织绸、纺织、齐祥食品等

项目95个，引进到位资金5.5亿元。其中工业项目28个，到位资金3.8亿元，其他主要项目59个，到位资金0.8亿元。2004年，成功引进生猪良繁养殖龙头企业，达州客商汤其华与易熠投资2200万元整体收购环宇金属公司，遂宁兴贵公司投资3000万元兴建汽车变速生产线，四川省港航开发有限公司投资13.6亿元兴建金溪电航枢纽工程等项目109个。其中工业项目35个，到位资金3亿元。2005年，引进四川七环肉食品综合加工、四川普华农业科技发展有限公司投资3000万元在工业园区占地2公顷，兴建年产饲料12万吨以上生产线、葛根种植及深加工等项目67个，引进到位资金7.3亿元，其中工业项目30个，到位资金5.2亿元。2006年，引进项目68个，主要有：广州市农业机械研究所投资2000万购买原天府机器有限责任公司，建天府牌系列农用机具生产线、四川特驱投资（集团）有限公司投资6000万元在锦屏租地250亩，兴建年饲养3000头以上的PLC种母猪和年出栏3万头以上的PLC肉猪养殖场、台湾和信泰集团强丰制鞋有限公司投资3500万元，在工业园区占地8公顷兴建年加工600万双鞋生产线。共引进到位资金9.9亿元。其中工业项目24个，到位资金5.9亿元，农业项目17个，到位资金2.2亿元，其他项目27个，到位资金1.8亿元。2003年至2006年，全县共引进各类项目339个，引进资金28.98亿元。

【外事　侨务　对台工作】 1986年，县委台湾工作办公室、县政府外事办公室、县政府侨务办公室、县政府台湾事务办公室一个机构、四块牌子。县外侨台办做好外事侨务工作和对台工作，宣传党的“一国两制”方针，反“台独”、反分裂，促进两岸交流和平统一。接待、走访台胞台属及为台资企业服务，帮助寻找亲人，解决生产生活中的问题；召开台胞台属座谈会，传统节日发函慰问台胞，维护台胞台属合法权益。1998年，县侨办争取到捐赠建校资金171万元，建卫生院资金40万元。2002年9月，外事侨务办公室与县台办合并，成立蓬安县外事侨台办，实行三块牌子、一套班子，负责全县外事侨务台湾事务工作。2003年，争取省侨办帮扶徐家镇方广村25户养殖黄羊项目、捐助12万元的衣物项目、兴旺镇种植大头麻竹笋项目。2004年，争取到澳大利亚“光明之行”，为蓬安县11名白内障患者做手术，争取扶贫慰问资金1.8万元，争取到法国华侨教育基金会项目20万元修建教学楼一栋。2005年，争取到香港福慧基金会助残轮椅30部，台湾企业家王永庆无偿捐赠蓬安建校资金40万元人民币，台湾中国统一联盟捐赠蓬安建校资金3万美金。2006年，争取到澳门汤福荣和张志豪捐赠棉被、粮油扶贫款6万余元。

1986年至2006年，赵仕学、谭定超、胡剑、唐树平先后任外事、侨务、台办主任。

【民族宗教事务管理】 1986年，县政府加强民族宗教事务管理，对少数民族人员在全县的分布及生产、生活状况进行调查了解，将20户特困户列入重点帮扶对象，尽力解决他们生产、生活困难，维护合法权益。从省民委争取无偿资金20余万元，帮助解决锦屏镇、新园乡、鲜店乡少数民族人口较多村道公路建设。县政协单独设立一个民族宗教界别，安排4名少数民族代表、5名宗教界人士担任政协委员。1990年，县、乡各级党委、政府以教职人员、信教群众为参学主体，组织学习党的宗教政策、国家有关法律法规，保护公民宗教信仰自由和信教群众正常的宗教活动，依法制止、打击利用宗教进行非法和违法活动。学习贯彻国务院颁布的《宗教事务管理条例》，开展创建“文明宗教场所”、争做“文明信徒”的文明建设活动，建立健全教职人员、信教群众、活动场所管理制度。对人口普查查明的少数民族按政策认真给予帮扶。1993年至2003年，先后建成龙云寺、龙角寺、基督教堂、南海寺、天主教堂。2004年，县民族宗教局被评为市级“民族宗教工作先进单位”、蓬安基督教堂评为市级“文明宗教活动场所”。县上开展创建“平安蓬安”活动，对自封传道、非法传教和滥建小庙进行清理整治，遏制利用宗教进行非法或违法活动。统战、宗教部门经常开展爱国爱教、建设家乡的教育活动，贯彻执行党的宗教政策。蓬安县佛教、天主教、基督教三大宗教、五个活动场所的教职人员和信教群众面对洪水、旱灾、非典、“9·27”沉船事件等大灾难举办宗教仪式，祈福消灾，表达爱心。据统计，宗教界人士及信众捐款捐物折合人民币5万余元。2006年，全县佛教、道教、天主教、基督教共有教职人员14人，信徒3762人，信教群众近10万人。

1998年至2006年，但启书、伏泯全、张茂东、唐久明、罗敬先后任县民族宗教事务局局长。

【档案工作】 1986年，县档案馆制定《1986年至1990年档案事业发展规划》。1990年，扩建馆库楼房。1999年，被省档案局评为档案系统先进集体。2000年，经省档案局考评验收，蓬安县档案馆晋升为省二级综合档案馆。2002年，晋升为省一级综合档案馆。2006年，蓬安县档案馆共有馆藏档案197个全宗。

1986年至2006年，杨淑华、周明生、陈香琼、罗敬先后任县档案局（馆）长。

馆库建设　1986年，蓬安县档案馆重视馆库基础设施建设，4月，购复印机1台，10月，上报档案馆库室改建计划。1990年，将原一楼一底楼房改扩建成两楼一底1080平方米楼房，将二、三层楼面积590平方米改建为全封闭库房。1992年4月，县档案馆达省三级标准。2000年11月，县档案馆达到省二级标准。2002年11月，成为全省县市区档案系统最高级别的省一级综合档案馆，全省获此殊荣仅6家，南充市仅1家。2006年，县档案馆有办公用房6间106平方米，接待室、查阅室、阅览室、陈列展览室、微机室、复印室、杀虫室各1间16平方米，档案用品库房两间35平方米，检索工具室1间17平方米，小会议室1间35平方米，培训室1间65平方米，其他用房113平方米。室内设备齐全。是年12月，蓬安县建档单位达218个，达到省级标准的176个。

馆藏　1986年6月，蓬安县档案馆接收全县56个区、乡、镇1980年以前8810卷永久、长期档案进馆。1989年，接受各机关、学校、企事业单位会计档案840卷。2006年年底，馆藏档案197个全宗，88479卷（册），录音带10盘，录像带1盒，印章139枚，实物档案6件，上架排列长度为769米。档案门类有文书档案、科技档案、会计档案、声像档案、房地产档案、人口普查档案、实物档案、纪检档案、印章档案、第三产业普查档案、土地档案、离退休人员档案等13大门类。馆藏资料9426册。

馆藏民国档案7个全宗9964卷，从民国17年（1928）到民国38年（1949）止，这批档案主要有民国时期政府、军事、司法、工业、交通、邮电、金融、税捐、田粮、水利、卫生、教育、社团等组织机构形成的档案，有独立的全宗，也有若干个单位设立的联合全宗，按照有关规定已向社会开放。

馆藏中华人民共和国成立后档案190个全宗78487卷，照片档案5250张，录音带10盘，录像带1盒，印章139枚，实物档案6件，含蓬安县各级党政机关、团体、企业、事业单位及已撤销单位档案。

蓬安县档案馆馆藏资料共9426册，参照中国图书分类法分类管理，编制了较为实用的检索工具，整个馆藏资料的内容涉及政治、经济、军事、文化等各个领域，比较有代表性的珍贵资料有《大藏经》《第二次世界大战画史》《蓬州志》《中国邮政地图册》和族谱等。

档案管理　1986年，蓬安县委、县政府召开档案工作会议，强调县档案馆馆藏档案属于国家所有，受法律保护，一切国家机关、武装力量、政党、社会团体、企业、事业单位和公民都有保护档案的义务和责任。对于国家所有的档案禁止损毁、丢失；禁止擅自提供、抄录、公布和销毁；禁止涂改、伪造；禁止出卖或转让；禁止倒卖档案牟利或者将档案赠送和卖给外国人；禁止携运出境。

1991年，县委、县政府召开档案工作表彰大会，对31个先进单位、23名先进个人颁奖。县档案馆保管的档案，自形成时间满30年（除未解密或需要控制使用的部分外）后，分期分批地向社会开放。馆藏的民国档案和解放后1975年底以前的大部分档案经过局鉴定小组鉴定报县政府审批后已向社会开放。凡中国公民和组织持有合法证明，经档案馆同意，可以利用已经开放的档案。台湾、香港、澳门同胞和华侨凭回乡证或身份证等有效证件可以利用和取得本人或亲属的历史证明；凭邀请、合作、接待单位的介绍信，经档案馆同意可以利用已开放的档案。外国人（含外籍华人）或境外组织，利用档案馆已开放的档案，应凭有关机关的介绍信，经省以上档案行政管理部门同意，方能接待。查阅未开放的档案，须持单位的正式介绍信并注明利用者的身份和利用档案的目的与范围。

2000年，蓬安县档案馆编制有案卷目录、文件目录、全引目录、开放档案目录、资料目录、档案馆指南、全宗指南等配套的检索工具和参考资料，部分档案文件已著录微机，实行微机检索。提供利用的主要方式有：向利用者提供查阅的原件、复印件和档案资料汇编。2001年，将一库高低不一的陈旧档案装具全部更换成标准统一的新柜架，将档案、资料重新鉴定、编号、贴脊背，排列上架。2003年，又将全馆的软卷皮文书档案，重新整理装入硬盒，贴上统一的脊背标签。

2006年，对进馆档案的保管保护制定专门的技术措施，防火、防盗、防虫、防潮。防火防盗方面，安装自动报警器，配备灭火器和消防栓；防虫方面，做到防治结合，凡接收进馆的档案，无论有虫无虫的进馆档案，首先放进杀虫室，消毒杀虫处理后再进库房，库房内的档案定期在柜架内放置樟脑块和杀虫药；防潮方面，安装温、湿度自动记录仪、去湿机、空调等现代化防潮设备。每年都有档案馆库房温湿度报告、定性定量综合分析报告等资料。

档案达标升级　1986年，县政府召开档案工作会议，统一部署安排档案达标升级工作。1990年，四川省档案局批准蓬安县5个档案管理先进单位，26个省三级档案标准单位。1991年，蓬安县成立“档案升级工作考评小组”，具体指导、考核全县档案达标升级工作。2000年，经省档案局考评验收，批准蓬安档案馆晋升为省二级综合档案馆。2002年，县档案馆对全县中小学档案人员进行业务培训，组织全县各单位学习档案整理技术，并签订档案责任书。11月，经省、市档案局考核验收，蓬安档案馆晋升为省一级综合档案馆。2005年，县政府召开档案工作表彰大会，表彰38个先进集体和61名先进个人。9月，县目标办发出《关于档案工作纳入目标管理的通知》，具体落实档案目标管理的办法。2006年，县档案馆举行两次《档案法》知识竞赛。举办从事档案人员学习班3期，受训人员150多人。通过省考评小组复查合格，保持标准、重新认定达省一级标准的单位19个、达省二级标准的单位7个、达省三级标准的单位160个，其中马电公司、电信公司、县人民医院、县中医院为省级先进单位。

档案资料利用　1986年，县档案馆制定《档案查阅制度》《档案保密制度》《档案利用完毕检查、登记制度》等。设立阅览室，为利用者提供原件就地查阅，按档案利用者的要求，查实资料后为其提供复制件，经审查属实加盖公章生效。建馆以来，为党政领导指导工作、发展经济、学术研究、编史修志、纠正冤假错案、解决土地、林权、房屋、财产纠纷等方面提供大量的实据。1997年，县委办、政府办批准档案馆向社会开放档案126个全宗、7430卷。2005年，县政府同意档案馆向社会开放库藏档案1973卷。1997年至2006年，共接待利用者5692人，提供资料19398卷（册）。

蓬安县档案利用情况统计表

(1997~2006)

年度	查阅人数	总卷册数	其中									
			编史修志		工作查考		经济建设		学术研究		其他	
			人次	卷册	人次	卷册	人次	卷册	人次	卷册	人次	卷册
1997	713	1926	153	617	246	433	87	195	68	142	159	439
1998	668	1731	141	513	243	518	86	166	61	146	164	618
1999	697	1885	144	536	257	538	89	185	56	123	151	503
2000	885	4705	420	2817	224	970	62	176	36	163	143	579
2001	528	1501	23	436	216	382	28	81	48	75	213	527
2002	478	1323	21	126	267	564	46	103	2	6	147	524

续表

年度	查阅人数	总卷册数	其中									
			编史修志		工作查考		经济建设		学术研究		其他	
			人次	卷册	人次	卷册	人次	卷册	人次	卷册	人次	卷册
2003	642	1736	36	126	323	827	113	312	5	11	179	460
2004	358	1518	21	123	185	894	32	158	12	60	108	346
2005	341	1450	78	248	102	467	64	189	11	46	104	500
2006	382	1623	99	286	201	805	74	201	56	170	61	161
合计	5692	19398	1136	5828	2264	6398	681	1766	355	942	1429	4657

档案资料蜕化抢救　1988年，蓬安县档案馆针对重点档案由于原保管条件差，虫蛀、鼠咬、霉变、破损现象严重的情况，组织10多人进行抢救性处理。对纸张脱酸、加固、除霉、杀菌、灭虫、裱糊和恢复字迹，以及缩微、复印、打字、抄写和翻译整理等。1990年，将部分重点档案草拟卷内录，换卷皮书写封面，对需抢救的档案出入库严格登记，清楚记明档案的价值和保管现状，记明重点档案抢救措施，对已抢救的重点档案及时进行数字化处理，确保出库重点档案资料完整和安全，保证库藏档案不被虫蛀、霉烂，坚持用去湿机抽湿和每天温湿度测记，保持库房内适宜的温度和相对湿度。至2006年年底，已抢救档案3737卷。

档案资料收集整理　1986年，蓬安县档案馆制定《档案征集制度》，征集反映时代和建国后政府、组织、团体、个人参与各种社会活动形成的有一定保存价值的档案、资料。7月，县档案馆召开清理档案工作会议，统一部署全县档案收集整理工作。1999年，县政府发出《关于全面开展建档工作的通知》，全县行政村和乡镇农技站全部建立档案。2003年，征集接受档案1259卷，并全部进行整理编目，入库上架。收集中共十六大代表蓬安县徐家镇方广村党支部书记范琼花出席党的十六大代表大会期间与中共中央总书记江泽民、四川省委书记周永康等亲切交谈照片十余幅，及范琼花事迹报告会的部分演讲稿。2004年，完成整理民国档案著录1035条。2005年，完成整理民国档案著录1039条，编制《档案馆指南》电子版并向市局报电子版光盘1张。2006年，县档案馆重新修订档案馆指南，续编2004年、2005年蓬安县大事记和重要会议简介，撰写《蓬安县畜牧业发展概要》《金溪航电工程概要》《中坝村的发展》《嘉陵第一桑梓》《蓬安水产业发展概要》等档案资料。对部分不合乎规范的档案资料进行审查、整理、分类编号归档上架。

【地方志工作】　1986年至2006年，蓬安县第一部县志编纂出版，续修第二部县志，开始编辑《蓬安年鉴》。

县志编纂与发行　1986年3月，县志编纂委员会第一次全体委员会确定1986年修志工作计划、总体设计方案、编委分工责任，抽调专门人员、落实经费等。1987年5月，县志编纂委员会第二次会议通过《蓬安县志纲目》和《蓬安县志编写规定》，研究落实《蓬安县志》各部分编写责任等。7月，规划编写部门志的56个局级以上单位有43个写出初稿。8月，《蓬安县志》开始编写各部分（分志），除概述、自然地理、人口、社会、方言、人物、附录等部分（分志）外，其他分志的初稿由有关单位按《蓬安县志纲目》编写，最后由县志办公室修改。半年内完成《蓬安县志》15个部分（分志）工作。1988年12月，第三次编纂委员会会议逐个研究解决编纂工作具体问题。1989年3月，县政府和县志编纂委员会召开各单位负责人会议，总结了县志编纂工作，表扬先进单位和个人，批评未完成任务的单位和个人，并就落实责任，实行奖惩、审查志稿等方面提出具体要求。10月，基本完成初稿。12月，《蓬安县志》开始总纂。1991年11月，部分编写人员完成7个分志的初稿和《概述》《人物》的编写。12月，县志办公室研究决定，把任务落实到人。1992年6月，完成《蓬安县志》编写工作，打印送县委、县政府有关领导审查。11月，报请南充地区行署和省志编委会审批。行署和省志编委会审查后，先后作出“同意出版”和“同意向外发行”的批复，并提出修改意见。1993年1月，县志办公室再次进行修改。年底，经过近十年努力，一部包括5大部分，30个分志，120万字，内容全面，富有特色的解放后第一部《蓬安县志》由四川辞书出版社出版发行。

2003年9月，蓬安县决定续修县志。《中共蓬安县委、县政府关于组织编纂〈蓬安县志〉的决定》，印发《蓬安县志编纂方案》，明确《蓬安县志》的编纂原则及总体框架，编纂工作实施时间及步骤，组织领导及保障措施，纲目及编写任务分工等。2004年，成立续修《蓬安县志》编纂委员会。2006年，组织修编各乡镇志。2008年10月，县委、县政府《关于加快推进〈蓬安县志〉续修工作的意见》要求各单位必须在规定时间内完成入志材料，并调整充实《蓬安县志》编纂委员会。2009年4月，县政府主持召开第二部《蓬安县志》修志工作动员会，县政府与各单位签订《目标责任书》。2009年6月，举办《蓬安县志》各部门志修志人员业务培训会，要求各单位在10月份前完成入志初稿，送县志办审查签收。2009年12月21日，蓬安县志编纂委员会调整《蓬安县志》总编室组成人员，组织实施《蓬安县志（1986—2006)》编纂工作。同时成立《蓬安县志》编辑部，具体负责县志编纂业务工作。2010年12月，总纂审读本完成，按照市志办和县政府要求分送县四大机构历届主要领导和各单位初审后作进一步修改。2011年6月完成会审，年底完成了终审。

1986年至2006年，余九龄、梁中凡、唐明、唐桥林、刘宁先后任县志办主任。

年鉴编辑与发行　2003年，蓬安县志办开始编纂首部《蓬安年鉴》。《蓬安年鉴》逐年出版，记载全县上年政治、经济、文化、社会各方面新发展、新特点、新变化，更好地向外宣传蓬安，促进改革开放，为各级领导提供科学可靠的决策依据。2004年，县志办编纂出版了蓬安历史上第一部年鉴，全书共48万字，除特载外，设蓬安地理、大事记等24个部类。2005年，编辑出版2004年《蓬安年鉴》。2006年，《蓬安年鉴》在保持往年基本框架的同时，在条目设计及入鉴内容上进行适当调整、充实与完善，编写出版了2005年《蓬安年鉴》，同时配合上级完成了《四川年鉴》《南充市志》需县上承担的内容。

部门志与乡镇志编纂　2003年，县政府要求各乡镇、各单位依法加强部门志编纂工作。蓬安县志办组织全县修志人员学习《四川省地方志工作条例》，进行培训。2005年，蓬安县各乡镇、各部门按要求为《蓬安年鉴》提供稿件，并为编修乡镇志、部门志作准备。2006年，蓬安县志办举办修志工作培训会，邀请省市专家到会指导。布置修志任务，明确交稿时间。县志办组织编写乡镇志蓝本，供各乡镇参考编写。各乡镇、部门组建编委会，成立修志队伍，开始收集资料，着力编纂。全县近80个部门开始工作，其中《国土资源管理志》《环保志》等部门完成篇目设计，《政协志》《军事志》《国税志》《地税志》等成稿付印。

【无线电管理】 1986年，蓬安县无线电管理办公室（以下简称无管办）挂靠县政府办公室。1991年3月，县无管办制发《关于进一步加强无线电管理的意见》，明确无线电管理现行规定。1992年5月，县政府成立无线电管理领导小组，对全县56个电台、对讲机及10个电视差转台实行年检，参检率达100%，居南充地区第一名。1995年11月，县政府成立蓬安县无线电管理委员会。2000年，县无管办开展无线电管理有关法律法规宣传、执法，对大功率无绳电话市场进行清理整顿。2003年，成立蓬安县保护民用航空无线电专用频率专项整顿领导小组，配备无线管理工作人员，加强与广电、电信、移动、联通等技术部门联系合作。无管工作纳入相关部门年度目标考核。9月12日，在全县开展《中华人民共和国无线电管理条例》宣传纪念活动。9月18日，县政府在花园广场开展纪念《条例》颁布实施十周年宣传活动，发放宣传品600余份，接受800余人次咨询，参观的群众达1500余人次。9月15日至11月15日，对全县大功率无绳电话进行清理整顿，共查处违规销售大功率无绳电话商家1户，收缴大功率无绳电话3部，对不按规定使用手机信号阻隔器的8个单位分别发出禁用、限用、限改的通知。2006年，无管办检查督促相关部门完善无线部门办证程序，依法取缔无绳大功率电话13部。全年受理无线电投诉咨询12宗，查处无线电干扰8宗。坚持对常用频段及广播卫星信号每周进行定期、定时常规性监测、监听，对100多个易受干扰频率重点监测分析，为合理指配频率、科学设置台站提供电磁兼容监测技术依据。为解决移动通信基站布局不合理、重复建设、资源浪费等问题，与运营单位进行调研论证，提出科学合理的解决方案，制定移动基站整体建设目标和具体实施标准。

1998年至2006年，金虎、徐晓莉、刘宁、陶红霖先后任县无管办主任。

【行政服务中心】 2003年7月6日，蓬安县行政服务中心成立。服务中心进驻部门36个，纳入行政审批项目203项。设置业务窗口12个，收费窗口1个，监督窗口1个。2003年，共受理事项3539件，在承诺日内办结3521件。提前办结率为62.5%，按时办结率为99%。2004年，累计受理各类行政审批4127件，按时办结4091件，行政事业性收费284.99万元。2005年，共受理行政审批事项2863件，结案率95%以上，征收规费280万元。2006年，强化集中行政审批，简化办事程序，提高办事效率，共接待客商2994余人次，办理有关证件2994个。服务中心实行“六公开”“六件受理”“六件办理”制度（“六公开”，即办事受理审批内容公开、办事程序公开、申报材料公开、承诺时限公开、收费标准公开、收费依据公开。“六件受理”：办件受理、返回件受理、承诺件受理、联办件受理、补办件受理、上报件受理。“六件办理”即：一般事项马上办理制、特殊事项特殊办理制、重大事项会议研究制、上报事项代理办理制、超越权限办理事项政策说明制、银行统一收费制）。2003年至2006年，刘彤、刘正先后任行政服务中心主任。

【提案建议办理】 1986年，县政府对人大提交的批评建议和意见298件，涉及农贸方面117件，工业、交通安全生产方面57件，文教、卫生、计划生育方面51件，财政、物价、人事方面26件，公安、政法12件，其他方面34件，召开专题会议分别落实有关单位办理并按规定作了回复。1989年12月，县政府办公室主任何宗泽对县十届人大四次会议代表提出的建议、批评、意见办理情况作专题汇报；县政府对收到的批评建议和意见166件，专人承办，常务副县长分管，召开专门会议分送27个局办理，其中97件基本解决占57.4%，争取在短期内解决57件，占30.2%，不具备条件解决作解释的18件占12.4%，代表们表示满意。对县政协委员提案110件处理逐一落到实处。1991年，全县收到人大代表批评、建议和意见163件，政协委员提案119件。县政府直接和指导办理落实人大代表建议、政协委员提案276件，占总数的97.87%，其余6件也协调处理落实。1992年4月，政府办公室发出《关于认真办理人大代表建议和政协委员提案的通知》，明确要求各单位、各级政府尊重人民代表、政协委员民主权利，接受人民代表和政协委员的民主监督，认真办理好人大代表建议、政协委员提案；对人大代表建议、政协委员提案272件，按时落实267件，占总数的98.16%，其余5件逐步落实，仅占总数的1.84%。1995年，县人民政府全年办理县人大代表建议98件、议案2件，县政协委员提案91件，评选表彰办理工作先进集体7个，先进个人16名。1997年4月、1998年2月、1999年3月、2000年3月，县政府办公室都发出《关于认真办理人大代表建议和政协委员提案的通知》，要求努力解决广大人民群众关心的重大问题和实际困难。县政府决定把办理回复人大批评、建议和意见及政协提案工作纳入年度目标责任制管理，4年间共收到人大代表建议、批评、意见435件，政协委员提案477件。共办理代表议案、委员提案905件，占总数的99.23%。对没有落实的7件，向代表委员们说明了原因。2002年4月，县政府要求各单位对人大代表建议、政协委员提案办理情况必须书面答复到每一位代表或委员；加强对代表和委员联系走访，听取代表和委员的意见，对代表和委员提出一些重点、热点问题，可以面对面答复，认真解答，件件有着落，讲求实效，杜绝应付现象。2002年，收到代表建议70件，委员提案80件，均在规定时间答复，代表、委员们满意率为100%。2004年2月，收到人大代表建议、批评和意见的议案66件，其中农业和水利方面11件，交通方面20件，财政税收、工商方面21件，城建方面8件，文教、卫生、广播方面6件；共收到政协委员提案170件，经提案审查委员会审查立案164件，占提案总数96%，其中经济建设方面43件，教育科学文化卫生方面41件，城镇建设与管理方面56件，政法统战、行政管理等方面24件。县政府要求各单位3个月内按规定的办复文书格式答复代表或委员，重大、疑难问题最迟不超过6个月办复。各办理单位在规定时间内实现了件件有回复。2005年，收到人大议案102件，办理完结，代表满意率达95%以上；政协提案147件，办理后委员满意率达97%以上。2006年2月，收到代表们建议、批评和议案77件，收到政协委员提案117件，均在在规定时间内办理完结。对代表、委员们迫切要求解决的热点、难点问题，实行了督办制度。

【机关事务管理】 1986年，县四大机构和一部分部、委、局均设在县委、县政府机关大院，各单位分工合作管理机关事务，政府办公室设行政股牵头管理。1989年，县政府办公室制定《加强机关大院内部管理的若干规定》，成立县级机关大院管理领导小组，负责机关事务管理。1990年，县委、县政府办公室制定《机关大院消防、安全保卫管理制度》。1993年，县政府办公室完善机关大院安全保卫制度，重新制定《县级机关大院安全保卫制度》，同时制定《县级机关大院卫生管理规定》，对办公区、生活区、公共区卫生管理作出规定。2002年，县政府办公室提出机关事务管理工作实现四个突破：强化后勤管理、狠抓作风建设、完善制度建设、坚持督查督办。制定《关于财务管理的有关规定》《关于小车管理的规定》《关于物业管理的规定》《关于阅览室管理的规定》。2003年，县政府办推行行车管理出差补助与燃油包干挂钩制。办公大楼安装了电梯、空调，办公室添置文印设备、办公桌椅。2005年，县政府办购买微机，改善办公条件，实现网上办公；强化机关安全保卫、卫生管理和绿化工作。2006年，机关大院仍驻有四大机构和一部分局级单位，机关管理分片各自负责。县政府办在机关事务管理上实行个人分工负责制，目标责任制。

政协蓬安县委员会

1986年，政协第二届蓬安县委员会届满。1987年3月，县政协换届后，政协第三届蓬安县委员会届期内，先后写出20余份有价值的调查报告，收集整理文史资料58篇20余万字。1990年至1992年，政协第四届蓬安县委员会起草《关于贯彻省政协〈政治协商、民主监督暂时规定实施细则〉的意见》，修改通过《县政协常委会工作规则》和《专门委员会工作通则》。召开专题协商会议7次，对口协商会议21次，委员提案414件。围绕经济建设开展调研、考察22次，提出建议意见162条，写出专题调查报告27个，其中省政协采用4个，县委转发3个，县政府及有关部门重视和采纳12个。征集文史资料175件，整理出有价值的76篇，编辑出版《蓬安文史资料选辑》一、二辑。1993年至1997年12月，政协第五届蓬安县委员会贯彻落实全国政协《关于政治协商、民主监督、参政议政的规定》，推进政协工作规范化、制度化建设，认真履行人民政协的主要职能，针对全县政治、经济和群众生活中的重大问题协商16次，对10个方面的问题展开民主监督，对5个政府职能部门的工作进行民主评议，提出建议、意见200余条、提案561件，开展专题调查35项，写出调查报告35个，组织政协委员和各界人士开展学习活动52次。政协领导承担和参与了嘉陵江大桥筹建、对外经济联络、升钟水库蓬安配套工程、蓬安中学70周年校庆、联系西片11个乡镇的工作。为有关单位融通各种资金2200多万元，引进各种资金700多万元。征集文史稿件183篇，编辑出版《蓬安文史资料选辑》五辑。县政协被省政协评为全省政协工作先进单位，在全省地方政协工作会上发言。1998年至2002年12月，县政协分别就全县改善经济发展软环境、机构改革、县城建设与管理、农村合作基金会清理整顿、发展民营经济、公安队伍正规化建设、减轻农民负担、企业产权制度改革、招商引资、重点工程建设等群众关注的问题专题视察30余次，提出提案547件。编发内部刊物《实话实说》48期，征集、整理文史稿件100余篇30余万字，编印文史资料征求意见稿20期，出版《蓬安文史资料选辑》2辑共1000册。2003年至2006年，县政协组织委员就发展工业经济、加快基础设施建设、推进农业产业化、关心困难群众生活等方面提出提案807件，立案776件，办结率99%。专题视察20余次，向县委、县政府提交报告16个，专题调研报告45件，提出建设性意见200余条。审议并向县委提出《关于因地制宜推进蓬安县新农村建设的建议》等6个建议案。成功引进台湾客商在工业园区落户，引进资金1500万元。征集文史稿件107篇53万余字，市政协采用50余篇。

政协会议

1986年至2006年，县政协共召开全体委员会议22次，常委会92次，主席会议288次。

【政协全体委员会议】 政协全体委员会议每年召开一次，特殊情况增加召开次数。1986年是县政协第二届最后一年，召开一次全体委员会议。第三届、四届分别召开3次全体委员会议。1993年至2003年，先后召开第五、六、七届，分别召开6次、5次、3次全体会议。2006年，召开第八届一次会议。每届第一次全体委员会议由预备会议选举主席团主持，其他各次会议均由常务委员会召集并主持。全体委员会议固定议程有听取和审议政协常委会工作报告和提案工作报告，通过小组讨论、大会发言、专题座谈等形式，就蓬安的大政方针和地方重要事务以及群众生活中的重大事项进行政治协商，讨论并通过相关决议；列席县人代会。

二届三次会议　1986年5月2日至5月6日召开，参会委员99人。会议听取了关于增补县政协委员的情况说明；通过政协蓬安县第二届委员会第三次会议的各项决议。全体与会委员列席了县第九届人大三次会议。

三届一次会议　1987年3月15日至3月21日召开，参会委员133人。会议选举鲁荣祥为第三届政协主席，选举产生 4位副主席、一位秘书长（兼）和21位常委。全体与会委员列席了县第十届人大一次会议。

三届二次会议 1988年3月25日至3月30日召开，参会委员133人。会议学习杨汝岱在省政协六届一次会议上的讲话，通过大会的各项决议。全体与会委员列席了县十届人大三次会议。

三届三次会议 1989年4月3日至4月8日召开，参会委员149人。会议听取县政协主席鲁荣祥关于省政协六届委员会二次会议的传达报告；会议讨论和通过了政协蓬安县第三届委员会第3次会议决议。全体与会委员列席县十届人大四次会议。

四届一次会议 1990年2月25日至3月5日召开，参会委员142人。会议选举鲁荣祥为政协第四届主席，选举产生6位副主席、1位秘书长和20位常务委员。全体与会委员列席了县第十一届人大一次会议。

四届二次会议 1991年3月24日至3月29日召开，参会委员151人。会议学习中共十三届七中全会精神；传达学习省政协六届四次会议精神；通过本次会议的各项决议。全体与会委员列席了县十一届人大二次会议。

四届三次会议 1992年3月2日至3月8日召开，参会委员137人。鲁荣祥致开幕词和闭幕词；通过本次会议的各项决议。全体与会委员列席了县十一届人大三次会议

五届一次会议 1993年1月4日至1月11日召开，参会委员147人。四届政协主席鲁荣祥作筹备工作报告；通过政协第五届一次会议提案审查情况的报告，通过本次会议的各项决议，选举王坤题为县第五届政协主席，选举产生8位政协副主席、1位秘书长， 18位常委。全体与会委员列席了县十二届人大一次会议。

五届二次会议 1994年2月23日至2月27日召开，参会委员154人。主席王坤题致开幕词，通过了大会决议及其他决议。全体与会委员列席了县十二届人大二次会议。

五届三次会议 1995年1月11日至1月14日召开，参会委员152人。主席王坤题致开幕词，通过大会决议及其他决议、决定和建议案。全体与会委员列席了县十二届人大三次会议。

五届四次会议 1996年2月8日至2月11日召开，参会委员157人。主席王坤题致开幕词，听取关于增选政协第五届常务委员会委员的情况说明并进行大会选举；讨论通过本次会议决议。全体与会委员列席了县第十二届人大五次会议。

五届五次会议 1997年2月26日至3月2日召开，参会委员161人。主席王坤题致开幕词，讨论通过本次会议决议。全体与会委员列席了县十二届人大六次会议，

五届六次会议 1997年7月21日召开，参会委员171人。会议选举王明忠为第五届县政协副主席。

六届一次会议 1998年1月3日至1月9日召开，参会委员182人。听取和讨论县委书记谢华国的讲话，讨论通过本次会议决议。选举王坤题为第六届政协主席， 选举产生5位副主席、1位秘书长，29位常委。全体与会委员列席了县第十三届人大一次会议。

六届二次会议 1999年1月3日至1月7日召开，参会委员179人。主席王坤题致开幕词，听取并讨论县委书记谢华国的讲话，通过本次会议决议。全体与会委员列席了县十三届人大二次会议。

六届三次会议 2000年1月9日至1月13日召开，参会委员194人。主席王坤题致开幕词，讨论通过本次会议决议。全体与会委员列席了县十三届人大三次会议，

六届四次会议 2001年3月25日至3月29日召开，参会委员191人。主席王坤题致开幕词，听取并讨论了县委书记谢华国的讲话，通过大会建议案和本次会议决议。全体与会委员列席了县第十三届人大四次会议。

六届五次会议 2002年2月4日至2月7日召开，参会委员183人。主席王坤题致开幕词。选举

苏树学为县政协主席，增选县政协常委3人，通过了本次会议决议，苏树学主席致闭幕词。全体与会委员列席了县第十三届人大五次会议。

七届一次会议　2003年1月3日至1月9日召开，参加委员210人。主席苏树学致开幕词和闭幕词，选举苏树学为县政协主席，选举产生6位副主席、1位秘书长、33位常委，通过本次会议决定。全体与会委员列席了县第十四届人大一次会议。

七届二次会议　2004年2月23日至2月26日召开，参会委员213人。苏树学主席致开幕词和闭幕词，通过本次会议决议。全体与会委员列席了县第十四届人大二次会议。

七届三次会议　2005年3月1日至3月4日召开，参会委员225人，主席苏树学致开幕词和闭幕词。表彰优秀提案、优秀政协委员和提案工作先进个人，通过本次会议决议。全体与会委员列席了县第十四届人大三次会议。

八届一次会议　2006年10月25日至10月29日召开，参会委员223人，会议选举罗建新为第八届县政协主席，选举产生5位副主席、1位秘书长、34位常委。全体与会委员列席了县第十五届人大一次会议。

政协蓬安县委员会历届主席、副主席、调研员、助理调研员、秘书长一览表

届别	职务	姓名	性别	出生年月	籍贯	文化程度	任职时间	界别	备注
第二届末年1986至1987.3	主席	鲁荣祥	男	1933.2	四川蓬安	初中	1986—1987.3	中共	—
	副主席	刘金城	男	1931.1	重庆合川	初中	1986—1987.3	中共	—
	副主席	程夏雷	男	1911.11	重庆	高中	1986—1987.3	无党派人士	—
	副主席（兼）	张世荃	男	1920.6	山东博山	大学	1986—1987.3	无党派人士	—
	副主席（兼）	杨昌泗	男	1943.1	四川南充	大学	1986—1987.3	无党派人士	—
	秘书长（兼）	唐时勤	男	1930.2	四川蓬安	初中	1986—1987.3	中共	—
第三届1987.3至1990.2	主席	鲁荣祥	男	1933.2	四川蓬安	初中	1987.3—1990.2	中共	—
	副主席	刘金城	男	1931.1	重庆合川	初中	1987.3—1990.2	中共	—
	副主席	程夏雷	男	1911.11	重庆	高中	1987.3—1990.2	无党派人士	—
	副主席（兼）	张世荃	男	1920.6	山东博山	大学	1987.3—1990.2	无党派人士	—
	副主席（兼）	杨昌泗	男	1943.1	四川南充	大学	1987.3—1990.2	无党派人士	—
	秘书长（兼）	唐时勤	男	1930.2	四川蓬安	初中	1987.3—1990.2	中共	—
第四届1990.2至1993.2	主席	鲁荣祥	男	1933.2	四川蓬安	初中	1990.2—1993.2	中共	—
	副主席	何宗泽	男	1935.12	重庆万州	初中	1990.2—1993.2	中共	—
	副主席	杨昌泗	男	1943.1	四川南充	大学	1990.2—1993.2	无党派人士	—
	副主席	康本丰	男	1932.8	四川蓬安	初中	1990.2—1993.2	中共	—
	副主席（兼）	康生义	男	1936.10	四川盐亭	初中	1990.2—1993.2	民盟	—
	副主席（兼）	蒲祖樊	男	1937.7	四川广安	大学	1990.2—1993.2	无党派人士	—
	副主席	兰坤发	男	1940.8	四川蓬安	初中	1990.2—1993.2	中共	—
	调研员	王坤题	男	1944.9	四川营山	大学	1992.3—1993.2	中共	—
	助理调研员	刘金城	男	1931.1	重庆合川	初中	1992.6—1993.2	中共	—
	秘书长	邓胜尧	男	1938.10	四川蓬安	初中	1990.2—1993.2	中共	—

续表

届别	职务	姓名	性别	出生年月	籍贯	文化程度	任职时间	界别	备注
第五届 1993.2 至 1998.1	主席	王坤题	男	1944.9	四川营山	大学	1993.2—1998.1	中共	—
	副主席	兰坤发	男	1940.8	四川蓬安	初中	1993.2—1998.1	中共	—
	副主席	杨昌泗	男	1943.1	四川南充	大学	1993.2—1998.1	无党派人士	—
	副主席（兼）	康生义	男	1936.10	四川盐亭	初中	1993.2—1998.1	民盟	—
	副主席（兼）	刘永梅	女	1937.1	重庆万州	大学	1993.2—1998.1	民盟	—
	副主席（兼）	但启书	男	1944.11	四川蓬溪	大学	1993.2—1998.1	中共	—
	副主席	刘才安	男	1942.2	四川仪陇	中专	1993.2—1998.1	中共	—
	副主席（兼）	蒲祖樊	男	1937.7	四川广安	大学	1993.2—1998.1	无党派人士	—
	副主席（兼）	王明忠	男	1953.5	四川蓬安	大专	1997.7—1998.1	中共	—
	秘书长	邓胜尧	男	1938.10	四川蓬安	初中	1993.2—1998.1	中共	—
第六届 1998.1 至 2003.1	主席	王坤题	男	1944.9	四川营山	大学	1998.1—2002.2	中共	—
		苏树学	男	1948.10	四川乐至	大专	2002.2—2003.1	中共	—
	副主席	梁中凡	男	1955.5	四川蓬安	大专	1998.1—2003.1	中共	—
	副主席	但启书	男	1944.11	四川蓬溪	大学	1998.1—2003.1	中共	—
	副主席（兼）	王明忠	男	1953.5	四川蓬安	大专	1998.1—2003.1	中共	—
	副主席（兼）	张守域	男	1952.9	四川蓬安	大专	1998.1—2003.1	工商联	—
	副主席（兼）	伏泯全	男	1944.10	四川仪陇	中专	1998.1—2003.1	中共	—
	调研员	杨昌泗	男	1943.1	四川南充	大学	1998.1—2003.1	无党派人士	—
	秘书长	宋金平	男	1948.6	四川蓬安	大专	1998.1—2002.2	中共	—
		罗洪国	男	1964.11	四川蓬安	大专	2002.2—2003.1	中共	—
第七届 2003.1 至 2006.10	主席	苏树学	男	1948.10	四川乐至	大专	2003.1—2006.10	中共	—
	副主席	梁中凡	男	1955.5	四川蓬安	大专	2003.1—2006.10	中共	—
	副主席（兼）	王明忠	男	1953.5	四川蓬安	大专	2003.1—2006.10	中共	—
	副主席（兼）	张守域	男	1952.9	四川蓬安	大专	2003.1—2006.10	工商联	—
	副主席（兼）	李光辉	男	1962.12	四川蓬安	大学	2003.1—2006.10	中共	—
	副主席	苟茂碧	女	1955.4	四川蓬安	大专	2003.1—2006.10	中共	—
	副主席（兼）	吴来生	男	1954.8	四川蓬安	大学	2003.1—2006.10	民盟	—
	助理调研员	伏泯全	男	1944.10	四川仪陇	中专	2003.1—2006.10	中共	—
	秘书长	罗洪国	男	1964.11	四川蓬安	大专	2003.1—2006.10	中共	—
第八届 2006.10 至	主席	罗建新	男	1954.12	四川岳池	大学	2006.10—2006.12	中共	—
	副主席	梁中凡	男	1955.5	四川蓬安	大专	2006.10—2006.12	中共	—
	副主席（兼）	张守域	男	1952.9	四川蓬安	大专	2006.10—2006.12	工商联	—
	副主席（兼）	李光辉	男	1962.12	四川蓬安	大学	2006.10—2006.12	中共	—
	副主席	苟茂碧	女	1955.4	四川蓬安	大专	2006.10—2006.12	中共	—
	副主席	吴来生	男	1954.8	四川蓬安	大学	2006.10—2006.12	民盟	—
	秘书长	谢小平	男	1959.12	四川蓬安	本科	2006.10—2006.12	中共	—

【常务委员会议】 政协蓬安县常务委员会议由主席、副主席、秘书长和常务委员组成，一般每季度举行一次，必要时临时举行。会议主要任务审议通过全体委员会议的有关事宜；讨论决定政协常务委员会工作中的重要问题和政协工作机构的设置和变动，并按程序任免其领导成员；审查重要建议案、提案、调查报告和人民关心的问题；协商讨论县委、县政府的重大决策、措施、重要人事安排，提出建议意见。1986年1月到2006年12月，县政协共召开92次常务委员会议，本志记载29次。

1986年1月20日至21日，二届政协召开第7次常委会会议，学习中央有关领导在中央机关大会上的讲话；各委、组交流为“四化”建设服务的经验，总结上年工作，研究当年工作。4月17日至20日，召开第8次常委会，研究决定召开二届三次全委会的时间、议程、日程等有关事项，讨论二届常委会工作报告及增补委员名额人选问题；考察精神文明建设情况。11月5日至9日，召开第10次常委会，学习中共中央关于社会主义精神文明建设的决议，传达省政协工作会议精神，讨论协商监督主要职能的报告，听取考察城关小学和一村小的教改工作情况。

1987年3月22日，三届政协召开第1次常委会，讨论确定各委组负责人和全年工作要点。4月13日召开2次常委会协商县委提出的县政府各职能部门人事任免名单。6月28日至30日，协商县委提名县政府副县长人事问题，研究考察银汉乡、新园乡、龙角山罐头厂和下半年工作。9月9日，召开第5次常委会，讨论县委第六届党代会工作报告并提出意见。1988年4月15日，召开第8次常委会，协商县委提名的有关部委局干部建议名单。1989年3月9日，召开第11次常委会，传达省政协会精神，讨论召开三届三次全委会有关事宜。11月28日至29日，召开第14次常委会，学习中共十三届五中全会精神，研究为马回大电站建设献计献策及考察一个乡的农业生产状况。

1990年3月22日，四届政协蓬安县委员会召开第1次常务委员会议，研究常委分工，当年工作要点，研究成立政协老委员联谊会、专门委员会，协商县政府各工作部门负责人。1991年5月15日至18日，召开第7次常委会，讨论全县十年规划和“八五”计划纲要，视察向东、方广、群乐、龙蚕蚕业现状及调整政协工作机构的决定。1992年8月21日，召开第12次会议，协商县级机构改革事宜。

1993年4月28日，政协第五届蓬安县委员会召开第2次常务委员会议，听取县政府领导通报全县普及九年制义务教育的情况和政协经济委员会汇报，研究视察河舒乡镇企业。1994年10月18日，召开第8次常委会，协商县政府提出关于借用职工补发工资修建河舒至龙蚕二级油路问题，提出具体建议。1995年9月25日，召开第12次常委会，协商讨论《蓬安县国民经济和社会发展“九五”计划及2010年远景目标纲要》草案，提出建议意见。1996年4月5日，召开第15次常委会议，听取县政府领导通报全县行政事业收费管理情况，经济科技委汇报专题调查实行厂长（经理）年薪制情况。7月18日，召开第16次常委会，听取县个体私营经济、金融机构和非金融机构调查情况汇报和文卫法制委员会关于计划生育调查情况汇报。1997年10月16日，召开第21次常委会，传达学习党的十五大精神。

1998年6月9日，政协第六届蓬安县委员会召开第2次常委会议，协商讨论全县柑橘产业化建设、实施全县再就业工程和计划生育工作。1999年6月24日，召开第6次常委会议，讨论工业企业产权制度改革、种子产业化建设的调查报告，协商当年财政预算方案。2000年6月28日，召开第10次常委会，讨论民营经济情况调查报告和科技兴工调查报告。2001年10月17至18日，召开第15次常委会议，安排布置对国税、地税、工商的民主评议工作。2002年11月14日，召开第9次常委会议，协商讨论关于预防青少年犯罪的调查报告及县政协换届的有关问题。

2003年3月28日，县政协第七届委员会召开第2次会议，审议通过《政协第七届蓬安县委员会常务委员会工作规则》，通过办公室、专委会人事任免。2004年6月30日，召开第8次常委会议，听取县政府领导通报上半年经济工作，学习《宪法修正案》《政协章程修正案》，听取水、电、气特殊行业价格管理汇报；传达市委政协工作会议精神。2005年2月25日，召开第8次常委会议，听取县政府提案办理情况通报，协商讨论《政府工作报告》征求意见稿，审议通过召开七届三次全委会的决定及有关事项。2005年7月29日，召开第11次常委会议，听取县政府领导通报上半年财税工作、机构改革和生猪为主的五业经济发展情况，各专委会汇报上半年工作，通过人事任免等。

2006年12月8日，政协第八届蓬安县委员会召开第1次常务会议。学习《中共中央关于加强人民政协工作的意见》，讨论县政协2007年工作重点，听取县财政局所作的2006年财政预算调整情况通报。

【主席会议】 县政协主席会议由县政协主席、副主席、秘书长组成。主席会议研究副主席分工、常委会召开的时间和内容以及其他需要提交常委会议研究的工作，研究处理政协日常重要事务和县委县政府中心工作需要政协临时处理协商或提交常委会研究的事项。主席会议一般每月一次，必要时可临时召集。会议由主席主持，或由主席委托的副主席主持。从县政协第二届至第八届后2006年12月，共召开主席会议273次。

1986年至1987年3月，政协第二届蓬安县委员会共召开主席会议8次。1987年3月至1990年2月，政协第三届蓬安县委员会共召开主席会议38次。1990年2月至1993年1月，政协第四届蓬安县委员会共召开主席会议22次。1993年1月至1998年1月，政协第五届蓬安县委员会共召开主席会议72次。1998年1月至2003年1月，政协第六届蓬安县委员会共召开主席会议69次。2003年1月至2006年10月，政协第七届蓬安县委员会共召开主席会议62次。2006年10月，政协第八届蓬安县委员会共召开主席会议2次。

政协机构

政协蓬安县委员会机构设置，分为领导机构和工作机构。1986年至2006年，县政协领导机构是中国人民政治协商会议蓬安县常务委员会。工作机构，1986年设1室4科，1988年设1室7委，1993年设1室3委，1996年至2006年设1室4委。

【领导机构】 县政协蓬安县领导机构由主席、副主席、秘书长和常务委员组成。1986年，县政协常务委员会是由第二届政协选出的主席1人，副主席4人，秘书长1人，常务委员23人组成，分别来自中共、无党派、共青团、工会、妇联、侨联、工商、农民、合作社、科教文卫等10个界别。

1987年3月，县政协三届一次全委会议选举产生县政协第三届常务委员会，由主席1人，副主席4人，秘书长1人，常务委员21人组成，分别来自中共、无党派、共青团、工会、妇联、侨联、工商、农民、港澳台胞亲属、合作社、工商、科技、教育、文卫等14个界别。

1990年2月，县政协四届一次全委会议选举产生县政协第四届常务委员会，会由主席1人，副主席6人，秘书长1人，常务委员20人组成，分别来自中共、共青团、工会、妇联、工商、农民、科技、教育、文艺、医卫、港澳台胞亲属等11个界别。

1993年1月，县政协五届一次全委会议选举产生县政协第五届常务委员会，由主席1人，副主席8人，秘书长1人，常务委员18人组成，分别来自中共、无党派、共青团、工会、妇联、台联、侨联、工商联、教育、医卫、文艺、经济、科技等13个界别。

1998年1月，县政协六届一次全委会议选举产生县政协第六届常务委员会，由主席1人，副主席5人，秘书长1人，常务委员29人组成，分别来自中共、无党派、共青团、工会、妇联、台联、侨联、工商联、教育、医卫、文艺、经济、科技等13个界别。

2003年1月，县政协七届一次全委会议选举产生县政协第七届常务委员会，由主席1人，副主席6人，秘书长1人，常务委员33人组成，分别来自中共、共青团、工会、妇联、民盟、工商联、科协、科技、社科、教育、文艺、医卫、经济、农民、政法等15个界别。

2006年10月，县政协八届一次全委会议选举产生县政协第八届常务委员会，由主席1人，副主席5人，秘书长1人，常务委员34人组成，分别来自中共、共青团、工会、妇联、民盟、工商联、科协、科技、社科、教育、医卫、农民、政法、经济、文艺等15个界别。

【工作机构　办事机构】 1986年，政协蓬安县委员会设“一室、四科”。即：办公室、宣传文史科、学习政宣科、协商监督科、委组服务科。

1988年，设“一室、七委”。即：办公室、学习委员会、经济科技咨询委员会、文卫体委员会、提案委员会、党群政法委员会、祖国统一委员会、文史委员会。

1989年3月，原七个委员会更名为学习工作委员会、农业工作委员会、经济工作委员会、提案工作委员会、社会联谊工作委员会、文卫法制工作委员会、宣传文史工作委员会。

1993年2月至1996年10月，设“一室、三委”。即：办公室、学习提案文史联谊委员会、文卫法制委员会、经济科技委员会。

1996年10月至2006年，政协设“一室、四委”。即：办公室、提案文史委员会、学习社会法制联谊委员会、经济委员会、教科文卫委员会。

1986年至2006年，蔡瑞涛、邓胜尧、罗洪国、谢小平先后任办公室主任。何学荣、雷政、罗明、康本丰（兼）、张世荃（兼）、杨昌泗（兼）、刘金城（兼）、程夏雷（兼）、陈茂全、陈宗君、苏仕炯、陈宗元、谭定超、梁治先、杨启明、许世学、唐建萍、杨成安、熊茂林、李鹏云、张茂东、杨华明、杨彦鹰、唐晓阳先后分别担任各专门委员会主任。

政协工作

1986年，县政协工作重点是深入各地、各单位调查研究，向县委建言献策。1990年，做好发展经济和文卫等社会事业调研，为县委、县政府决策参考，同时加强民主监督工作。1998年，创编《实话实说》简报反映社情民意，促进政府有关部门作风转变，得到省政协肯定。2000年，加大对部门民主评议力度，对县工商、国税、地税面对面评议，受到群众好评。2003年，县政协加强提案工作办理。2005年，县政协积极协助和参加县委、县政府经济工作，招商引资，多次被省政协评为先进。2006年，组织委员做好工业经济、文化旅游调研、招商引资、联络联谊工作。

【视察调研】 1986年，县政协组织委员在茶亭曲酒厂开展全面整顿情况考察调研，向县委、县政府专题报告，提出整改意见，县委批转全县执行。1987年6月，组织常委对县龙角山罐头食品厂现状及步入困境原因调研。12月，常委和经济界委员对巨龙区乡镇企业经营态势考察调研，向县委、县政府写出《关于巨龙区乡镇企业情况考察报告》。1988年12月，县政协部分委员到巨龙镇调研，剖析场镇脏、乱、差问题，提出健全班子、制定规划、抓好教育、完善制度、突出整治等五项建议报县委、县政府，县委批转各区乡镇参照执行。1989年4月，县政协就县川剧团生存难问题专题调研，向县委、县政府写出《关于蓬安县川剧团情况调查报告》。1990年10月，县政协部分经济界委员和机关干部，到罗家山区调研，历时23天，走访干部群众200余人，撰写《罗家区土壤特点与农业开发》《充分发挥山区优势，促进畜牧业大发展》《罗家区渔业发展的现状与对策》等12篇专题调研报告。12月12日，召开“深度开发山区农业研讨会”进行交流，为全县制定“八五”计划提供了科学依据。1994年3月，县政协先后组织委员80余人次、11个调研组，围绕商贸企业国有民营、产权制度改革、乡镇企业推行股份合作制、贯彻落实《森林法》和长防工程建设、旱地水稻育秧、流动人口计划生育、治安综合治理、整顿城乡文化市场6个专题开展调研，撰写调研文章，编印《政协调研》6期、简报5期，提出建议意见118条，其中4个调研报告被县委、县政府批转各级各部门参照执行。1998年6月，经济界委员深入三坝、河舒等20个优质水果基地乡镇调研，发现个别乡镇规划意识差、目标落实差、服务到位差、资金投入差等问题，提出“五个突出”的建议，即要突出解决认识问题、农业产业间的矛盾问题、领导谋略问题、优惠政策落实兑现问题、实施对策问题，撰写了《关于蓬安县优质水果基地建设跟踪调查的情况报告》，县委、县政府批转了报告。1999年8月，部分县政协委员对县城藤茨沟工业开发区、东风大道、母家坝小区、磨子街商贸住宅区旧城改造建设执行规划情况进行视察，撰写了题为《发挥监督职能作用，促进城建规划执法》的视察报告。9月，教科文卫界委员到徐家、金溪、河舒、利溪等乡镇中小学校调研，形成《关于蓬安县中小学素质教育工作的调查报告》，为推进素质教育提供了重要参考。2001年1月，经济界委员深入城区副食批发、零售商店和化妆品、建材、五金交电门市部广泛深入调研，写出《关于工商部门收取个体工商业主费用情况调查报告》，县委领导作出批示，展开电视评论，促进了整改。2003年2月，政协委员深入部分行政事业单位，对财务管理情况专题调查，写出关于《蓬安县行政事业单位财务管理存在的问题与建议报告》。2004年4月，经济委员会组织对黄坪聚集民间资本建设油路情况考察调研，写出《群策群力谱新篇》的调研报告，引起市交通部门和县委、县政府关注。2005年6月，对嘉陵江蓬安航道安全情况专题调研。针对淤滞阻航、暗礁碍航、采挖侵航、力难护航四大问题，提出要强化认识、科学布控、增加投入、清淤疏滩、严格执法等建议。县政府主要领导于6月21日批示县交通部门研究落实。2006年，县政协先后对社会主义新农村建设、马电公司经营创新、民办教育发展、人民调解工作等进行调查研究，写出调研报告7个，提出可行性和可操作性建议和意见，得到县委、县政府和有关部门领导的重视及采纳。

【提案工作】 1986年，针对城区市场秩序较混乱，县政协在二届三次全委会上提出《周口镇城区市场秩序混乱应加强管理》的提案，引起相关部门重视，采取划线包干，定人员、定目标、定时间、定奖惩“四定一包”责任制。实行农贸归市、摊点归位、坐商归店、广告归柜的“四归”。市场秩序整顿取得明显效果。

1987年，在县政协三届一次全委会上，县政协提出《县城自来水污染严重应急解决》提案，主管部门派专人实地踏勘，经县委、县政府同意，将自来水取水点往上游搬迁。1992年，县政协委员在四届三次全委会上提出《加强城区交通管理》的提案，县委，县政府十分重视，成立以县长为组长的整治领导小组，召开会议，整顿道路标牌，实行车辆归站、坐商归店、行商归市、机动车定点停放，交通状况明显好转。1995年，五届三次会议期间，部分政协委员就蓬安县医药市场秩序混乱，非法经营，严重威胁人民群众身体健康的状况，向县政府提出《关于整顿医药市场》提案。县政府十分重视，及时召开医药市场整顿大会，对全县医药市场专项整治，关闭17家非法经营药店，在电视台曝光一周，医药市场秩序得到好转。1997年，提出发展优质锦橙100号的建议，通过三年连续跟踪调查，形成全委会建议案，县委、县政府采纳政协建议，作出把蓬安建成中国锦橙第一县的决定，促进了全县农业产业化发展。1998年1月，县政协六届一次全委会上通过《关于尽快修建蓬安嘉陵江大桥的建议》，县政府采纳建议案，作出决策，大桥正式开工建设。2000年，县政协就民营经济发展现状提出的《关于建立民营经济发展协调会议制度》提案，县委、县政府高度重视，召开民营经济总结表彰大会，专门下发文件，调整发展民营经济领导小组，对重点民营企业实行县级领导定点联系和挂牌保护制度，有效地遏制“三乱”现象，保障民营经济人士的权益，促进民营经济健康发展。2001年，县政协就如何提升农业、做强工业、壮大三产，发展县域经济，提出《关于将以生猪为主的畜牧业培育成蓬安县农业重要支柱产业》的建议案，得到县委、县政府重视，列入政府重点工作之一，采取相应措施，促进畜牧业发展壮大。2003年七届一次会议期间，关于优化投资环境，加大招商引资力度的建议，得到县委、县政府重视，在全县开展“招商引资年”活动，推行全民参与招商举措，突出用存量资产、优势资源招商两大重点，取得实效。2004年，七届二次会议期间，提出《创建省级卫生县城》提案，县委、县政府纳入全县工作重点，加强县城基础和配套设施建设，狠抓环境、食品、饮用水卫生和除四害、疾病防治等工作。创卫顺利通过检查验收。2005年，县政协建立主席会议成员和专门委员会联系督办提案制度。2006年，集中交办提案，领导联系3—5件重点提案办理，专委会督办，办结105件，办结率100%。

【民主评议工作】 2001年，县政协开始对部门工作开展面对面评议，县委、县政府满意，群众满意，社会反响好。2001年7月20日至9月30日，县政协对县工商、国税、地税三个部门的税费征收、服务管理进行面对面评议。这是县政协成立以来规模大、触动大、范围广、效果好的一次评议。9月11日至20日，在县政协常委会上对三部门开展评议。9月21日至30日，县政协评议领导小组根据评议情况，与被评议部门交换整改意见，有针对性地督促落实。三个部门对评议中提出的问题认真整改，工商局在整改中决定对超标准收取个体工商户有关费用50余万元抵扣2002年应收的费用，受到个体工商户充分肯定。

2002年6月，县政协党组和主席会议提出要在民主评议形式上创新。县政协选择事关人民群众生活的县城副食和医疗行业，开展一次以“百家千店无假货”为主题，以表彰先进为主的民主评议。评议工作由县政协相关专门委员会牵头，邀请县工商、药监、技监、防疫等部门参加，对县城所有的副食品商店和药品商店，开展大规模检查评议。评议结束后，从300多家副食店和60多家药品商店中推选出群众满意的16家副食和医药商店，作为“商品质量信得过商店”，联合发文公布，授予“商品质量信得过”荣誉牌，在全社会引起良好反响。2003年10月，县政协对提案办理工作进行民主评议。县政协选择委员提案涉及问题较集中的建设局、教育局、农业局承办的9件重点提案，事前组织政协委员调查，写出评议意见，然后召开政协常委扩大会议，请提案承办单位主要负责人对提案办理情况逐件汇报，由参会常委和提出提案的委员针对情况提出意见和建议，对提案办理结果进行满意度测评。对满意率低于85%的提案进行通报，请承办单位限期予以重新办理，提高了办理质量。2004年11月，针对全县税务工作目标任务欠账大、群众对反映不好的问题，县政协在县委、县政府大力支持下，选择一个相对较差的部门和一个相对较好的部门，同时开展民主评议。评议从推动工作出发，既肯定成绩，总结经验，又提出问题，帮助整改，两个部门在评议中相互比较，取长补短，接受教育和启迪。

【经济协调】 1986年，县政协会同县多种经营办公室、畜牧局、兽防站与罗家区公所搞发展长毛兔和肉食兔试点，协助培训技术人员200多人。1987年至1988年，县政协为乡镇企业搞好引进资金、技术、人才、项目工作。县政协成立科技经济信息咨询委员会，向在外地工作的乡友发出书信、电报200封，聘请有名望的11人为咨询委员会顾问。定点联系茶亭曲酒厂，帮助建、扩厂，把一个不知名的小厂发展成为全县骨干乡办企业，形成年产600吨的生产能力，年产值超过全乡农副业总产值，每年向国家纳税76万元，获纯利38万元，安排农村剩余劳力160人。支持、帮助政协委员刘剑良到县水产站学习养鱼技术后，承包鱼塘，年纯收入3570元，成全县联户养鱼效益好的典型。1990年，支持县上“龙虎工程”，对烟厂、生猪、蚕桑、个体私营经济、农村小康村建设、公路建设，企业产权制度改革，实行经营集团成员年薪制、发展水果、水产蔬菜等基地建设专题调查，形成专题调查报告9个、建议案2个，为县委、县政府决策提供参考。1992年乡镇建制调整后，政协负责联系西片11个乡镇的“玉米丰收”工程、桑树管护、柑橘栽植高换、蚕桑生产、发展生猪、计划生育、“两税”入库，大小春生产等项工作。政协机关选派两名干部联系巨龙镇，协助解决资金7万元，自筹资金8万元，修建场镇水泥路1千米。1996年，向烟厂提出的“强班子、投票子、创牌子、更名字”被县委、县政府采纳。为烟厂解决烟叶生产、资金、技术、改名的难题，烟厂当年入库税收比上年增长20%，实现县财政首次过亿元大关。政协办公室被评为市级包村先进单位，经济委员会被评为全县经济工作、科技兴农先进集体。

2000年至2002年，县政协向蓬安籍在外乡友发出书函1200封，迎来北京、陕西、湖北、重庆、成都、眉山等地客商40余人到县实地考察。县政协领导先后到成都，什邡，绵阳等地推荐蓬安县招商项目、引资优惠政策，开展招商引资联系洽谈。力请省政协农委联系相关领导及专家视察兴华药业公司、齐祥食品公司、气调保鲜库、河舒锦橙100号基地，并请来眉山市7位客商进行投资考察。省政协农委把蓬安县作为全省唯一联系县。2003年，政协领导班子引进北京华帮食品有限公司投资1000万元于河舒桂花农业庄园建设锦橙100号有机果园，成功引进中国铁通南充分公司在蓬安开办经营部。2005年，县政协引进蓬安嘉宝中海汽车有限责任公司到县“生产、组装、销售‘嘉宝’牌轻型自卸汽车”项目，总投资550万元。是年8月1日项目正式启动，年产值可达2000万元。2006年，成功引进台湾客商在工业园区建设鞋业生产基地，到位资金1500万元。

【文史工作】 1986年，蓬安县政协设置宣传文史科，负责宣传和文史工作。1987年，收集整理文史稿件26篇，计5万余字。1989年3月，设立宣传文史工作委员会，收集整理文史稿件32篇，计8万余字。1990年2月，征集文史稿件43篇，计13万余字。1991年，《蓬安文史资料选辑》第一辑正式出版。征集文史稿件34篇，计7万余字。先后同营山、仪陇举办三县书画联展，参展作品180余幅，举办2次政协委员和各界人士在各条战线上取得成就图片展；举办改革开放蓬安成就展，举办3次政协委员、各界人士书画作品展；开展县政协成立十周年庆祝活动，展览政协工作图片；在《四川政协报》上开辟蓬安政协工作宣传专栏，共发表稿件17篇1.8万余字。1992年8月，《蓬安文史资料》第二辑出版。1993年，由学习提案文史联谊委员会负责文史工作。征集文史稿件40篇，计10万余字。1992年至2002年，共征集文史稿件408篇，计99万余字。1999年，举办人民政协成立五十周年图片展和建国五十周年以及人民政协成立五十周年书画展，同时举办蓬安政协成立十八年展，设置36个展板，展出书画作品150余幅。2003年，征集文史稿件20余篇，为市政协选送《南充名老中医》文史稿件10篇，省政协文史稿件1篇，整理县政协成立以来的史料10篇，共计20余万字。2004年，征集文史稿件31篇、照片10张，为市政协选送《襄渝铁路大会战》南充民兵师蓬安民兵团文史稿件15篇，共计17万余字。2005年，征集文史稿件12篇，为市政协选送《蹉跎岁月》知识青年上山下乡稿件10篇，共计2万余字。2006年，编纂出版《蓬安政协志》，填补政协无志的空白，向市政协选送蓬安古镇文史稿件4篇。

【教科文卫监督】 1986年，县政协有关教科文卫方面的民主监督协商和调研工作由文史宣传科负责。1989年，由文卫法制工作委员会负责。1990年8月，县政协文卫法工委部分委员对周口中学、实验小学、县人民医院和县防疫站4个单位进行为期20天的“三乱”清查试点，共清理项目745项，为全县治理“三乱”创造了经验。1992年，县政协组织部分委员对教育、教师待遇、师资流动、学校基建、职中前景等调研，共提出建议41条，其中14条意见得到县委、政府及其相关部门采纳。5月，对河舒镇农村合作医疗卫生保健工作情况进行视察，提出强化农村医疗卫生保健的建议。1993年6月，面对农村医疗卫生保障难问题，文卫法制委员会及医卫界委员12人，深入茶亭、罗家等8个乡镇专题摸底调查，向县委、县政府提出重视农民健康，发展农村医疗卫生事业的建议。1995年7月，县政协教科文卫界部分委员在蓬安中学考察调研，撰写《县政协委员就蓬中创省重点高中提出五条建议》专题调研报告。1996年6月，为把握全县计划生育工作现状，县政协部分常委深入龙云、高庙、锦屏、河舒等乡镇展开全面调查，撰写《关于蓬安县农村计划生育工作情况考察报告》，为党政部门决策提供了重要参考。10月，县级机构改革，县政协设置教科文卫委员会。1998年3月，县政协教科文卫委员会部分委员，对群乐、巨龙、金溪、兴旺、罗家等乡镇文化工作考察调研，形成调研报告。2000年2月，县政协教科文卫委员会部分委员围绕《抓住西部大开发机遇，开发蓬安人才资源》开展调研，提出实施人才开发战略，处理好人才资源开发中人才培养和人才使用的关系、人才投入与人才效益的关系、提高职工素质与建设高层次人才队伍之间的关系、人才资源配置与宏观调控之间的关系、吸引人才与稳定人才队伍的关系、人才的社会开发与自我发展的关系、职能部门与协调部门之间的关系等七项建议。2003年，敦促中小学改危保安，县政协教科文卫委员会部分委员深入全县各地视察调研。针对改危中存在的思想认识不足、危房鉴定统计不准、改危与调整布局结合差、发展失衡资金缺和部门配合不力等问题，以《中小学危房改造刻不容缓》为题写出调查报告，为县委、县政府及相关部门提供决策依据。2004年6月，探索新村建设途径，县政协科文卫委员会部分委员，对济渡、罗家、杨家、白玉、巨龙等乡镇科技兴村进行调查，在《关于蓬安县科技兴村的调查与建议》报告中提出要加强领导、规范管理、宽政育才、投入保障的意见和建议。2005年3月，县政协教科文卫委员会部分委员，对全县民办教育情况进行调研。在《注入民办教育生机与活力》的调研报告中，向县委、县政府及相关部门提出要高度重视民办教育发展、整合民间教育资源、营造民办教育师资队伍、增加民办教育的指导和投入、强力查处非法办学、实现民办教育规模化发展等建议。2006年，县政协组织教科文卫委员深入学校就留守儿童进行调研，在调研中就留守儿童情况作专题报道，呼吁全社会要关心留守儿童健康成长。

【联络联谊工作】 1986年，县政协开展与在外乡友联系交往，给外地乡友发慰问信贺年卡。1987年，蓬安县政协成立台属治穷致富服务站。在“三胞”户中扶持发展蚕桑、广柑、生猪专业户50户，组织送去化肥50余吨。1988年，成立经济科技咨询委员会办公室，聘请在各大中城市工作的27位蓬安籍老乡为咨询委员会顾问，选聘17人为信息顾问。1989年至1992年，在台属中开展勤劳致富竞赛活动，台属中涌现出各类专重户515户、个体企业14个，1620户达到或超过当地群众的中等生活水平。收集整理1300余位蓬安籍在外人士基本情况，编印《乡友》一书600册。政协还与1000多位蓬安籍在外人士建立经常性联系，通过他们为蓬安县提供有价值信息100余条，协助有关部门与外地签订意向性协议三项。1998年，澳门联兴制衣有限公司董事长林秀兰向蓬安县捐资45万元人民币，在蓬安县修一所镇卫生院和一所乡中心学校。正源镇乡友王云先后捐款400余万元，支援家乡建设学校、改造公路、发展公益事业；金马籍乡友、第七届县政协委员谢茂林捐款70余万元帮助家乡修建通乡油路。2000年以来，县政协建立南充、达州、广安三市统战政协联谊会。2004年，加入秦巴毗邻地区政协统战工作联谊会。2006年，参加在仪陇县、南部县召开的秦巴毗邻地区26县市统战政协工作联谊会。政协配合有关部门做好港澳同胞、台湾同胞和海外侨胞回大陆探亲、旅游接待工作。20余年来，配合接待台胞回乡探亲、访友1132人次，接待港、澳同胞及海外侨胞817人次，接待外国人及外籍华人198人次，组织侨眷台属出境会亲35人次。会同县委、县政府在成都、西安、泸州、重庆等地举行较大规模的乡友座谈会60多次，接待回县乡友800多人次，帮助乡友解决具体问题300余个，乡友为蓬安牵线搭桥、联系各种咨询项目136项，争取资金、捐款捐物近千万元。

纪检 监察

1986年，中共蓬安县纪律检查委员会（以下简称县纪委）加强党风廉政建设，建立健全各项制度，加强党员干部理想宗旨和党纪教育。1988年至1993年，加强案件查处和专项治理。1994年至2005年，加强廉政建设，查处大案要案和纠风治乱、专项资金清理。2006年，全县开展商业贿赂专项治理以及退耕还林补助资金、粮食直补金清理，确保招商引资和农民利益落实。

中共蓬安县纪委全委会

1986年，中共蓬安县第五次代表大会选举的县纪委领导班子届满。1987年至2006年，中共蓬安县委召开了六次代表大会，共选举出六届县纪委委员，六届县纪委共召开6次全体会议。

【中共蓬安县第五届纪委】 1986年的中共蓬安县纪律检查委员会，是1984年召开的中共蓬安县第五次代表大会选举产生的，大会选举纪委委员13人。在纪委全体委员会议上选举产生书记1人，副书记2人，常委7人。书记：蔡守宪，副书记：唐富贵、雷大兴，常委：蔡守宪、唐富贵、雷大兴、黄绍荣、田永贵、余祖金、孙德麟。

【中共蓬安县第六届纪委】 1987年9月25日至28日，中共蓬安县第六次代表大会召开，蔡守宪代表县纪委向大会作工作报告，会议选举县纪委委员13人。纪委全体委员会议选出纪委书记1人、副书记3人、常委8人。书记：戴云卿，副书记：唐富贵、雷大兴、潘琪文，常委：戴云卿、唐富贵、雷大兴、潘琪文、吕功孝、余祖金、但启书、罗琪林。

【中共蓬安县第七届纪委】 1990年7月18日至20日，中共蓬安县第七次代表大会召开，唐富贵代表县纪委向大会作工作报告，会议选举县纪委委员13人。纪委全体委员会议上选出纪委书记1人、副书记2人、常委6人。书记：唐富贵，副书记：吕功孝、余祖金，常委：唐富贵、吕功孝、余祖金、罗琪林、华丽娟、唐国权。

【中共蓬安县第八届纪委】 1993年2月14日至17日，中共蓬安县第八次代表大会召开，听取和审议唐富贵代表县纪委作的工作报告，会议选举县纪委委员13人。纪委全会上选出纪委书记1人、副书记3人、常委8人。书记：唐富贵，副书记：吕功孝、祝治安、唐洪光，常委：唐富贵、吕功孝、祝治安、唐洪光、伏明全、华丽娟、刘玉、李中华。

【中共蓬安县第九届纪委】 1997年12月27日至30日，中国共产党蓬安县第九次代表大会召开，听取和审议吕功孝代表县纪委作的工作报告，会议选举县纪委委员13人。纪委全会上选出纪委书记1人、副书记2人、常委7人。书记：吕功孝，副书记：唐洪光、周金泉，常委：吕功孝、唐洪光、周金泉、陈志刚、汪朝举、华丽娟、邓继红。

【中共蓬安县第十届纪委】 2002年12月24日至26日，中国共产党蓬安县第十次代表大会召开，听取和审议唐季蓉代表县纪委作的工作报告，会议选举县纪委委员17人。纪委全会上选出纪委书记1人、副书记2人、常委7人。书记：唐季蓉，副书记：唐洪光、周金泉，常委：唐季蓉、唐洪光、周金泉、陈志刚、邓继红、刘习全、朱军。

【中共蓬安县第十一届纪委】 2006年10月12日至14日，中国共产党蓬安县第十一次代表大会召开，听取和审议冯泽林代表县纪委作的工作报告，会议选举县纪委委员25人。纪委全会上选出纪委书记1人、副书记2人、常委7人。书记：冯泽林，副书记：徐腊泉、邓继红，常委：冯泽林、徐腊泉、邓继红、唐志荣、孔北川、祝飞泽、杨和平。

纪检 监察机构

1986年，全县各区及县级有关单位设立了19个纪检组。1988年3月，县监察局成立。1992年，全县机构改革，区纪检组随建制被撤销。1994年、1997年，乡镇建制再作调整，随着调整后的建制设立乡镇纪委、监察室。2006年，全县调整为39个乡镇，均设立纪委；县直部门和单位也进一步完善纪检监察机构。

【中共蓬安县纪律检查委员会 蓬安县监察局】 1986年，县纪委内设办公室、案审科、纪检科、信访科。1988年3月，成立蓬安县监察局，列入县政府工作机构序列。10月，设立监察股、案件审理股、控告申诉股和办公室等中层机构。1989年，县纪委保留办公室，撤销案审、纪检、信访三科，成立案件受理、纪律监察、来信来访三室。是年8月，来信来访室更名为控告申诉室。是年，县监察局成立蓬安县行政监察举报中心。1991年，县监察局办公室更名为人秘股。成立蓬安县纠正行业不正之风领导小组，并设置办公室与县纪委、监察局执法监察室合署办公。1992年12月，县纪委、县监察局合署办公，实行“一个领导班子，两个机关名称，一套工作机构，两种监督职能”的体制。合署后的县纪委、县监察局内设办公室、信访室（含监察举报中心）、案件审理室、纪委监察室、党风廉政教育室、执法监察室。2004年4月，成立蓬安县招投标监督委员会，与县纪委、监察局执法监察室、县纠正行业不正之风领导小组办公室合并办公。2006年，县纪委、监察局内设机构为：办公室、党风廉政教育室、信访室、纪检监察室、执法监察室、审理室。

1986年至2006年，蔡守宪、戴云卿、唐富贵、吕功孝、唐季蓉、陈泽斌、冯泽林先后任纪委书记，唐国权、唐富贵、祝治安、唐洪光、陈志刚、徐腊全先后任监察局局长。

【基层纪检监察机构】 1986年10月，蓬安县先后成立徐家区、兴旺区、罗家区、巨龙区、金溪区、锦屏区、河舒区纪律检查组和蓬安县丝绸厂、畜牧局、乡镇企业局、公安局、税务局、供销合作社联合社、水利电力局、农业局、第二轻工业局、卫生局、粮食局、文教局纪律检查组，配备专兼职纪检干部59人。1993年，有22个行政、事业和转体单位成立纪检监察组织。1994年4月，24个乡镇纪委和县交通局、粮食局、卫生局成立纪委挂牌办公。2000年，全县六个区成立纪委监察室，配备专职纪检监察干部。2006年7月，全县调整建制为39个乡镇，均成立纪委，由乡镇党委副书记兼任纪委书记；全县27个县直部门和单位成立纪检监察机构27个，其中派驻纪检组9个。

案件查处

1986年至2006年，全县共查处违反党纪案件979件1063人（双重处分58人），其中给予党内警告处分241人、党内严重警告处分393人、撤销党内职务处分37人、留党察看处分184人、开除党籍处分208人；共查处违反政纪案件190件231人，其中给予行政警告处分65人、行政记过处分39人、行政记大过处分36人、行政降级处分39人、行政撤职处分30人、留用察看处分7人、行政开除处分15人。

【违反党纪案件查处】 1986年至1992年，查处违反党纪案件523件554人，其中给予党内警告处分92人、党内严重警告处分238人、撤销党内职务处分12人、留党察看处分129人、开除党籍处分83人。

1993年至1997年，立案查处违反党纪案件223件247人，给予双重处分26件32人。其中给予党内警告处分57人、党内严重警告处分90人、撤销党内职务处分7人、留党察看处分33人、开除党籍处分60人。

1998年至2002年，查处违反党纪案件162件169人，给予双重处分14件14人。其中给予党内警告处分63人、党内严重警告处分38人、撤销党内职务处分10人、留党察看处分16人、开除党籍处分42人。

2003年至2006年，立案查处违反党纪的案件71件93人，给予双重处分4件12人。其中给予党内警告处分29人、党内严重警告处分27人、撤销党内职务处分8人、留党察看处分6人、开除党籍处分23人。

【违反政纪案件查处】 1988年至1992年，立案查处违反政纪的案件34件40人。其中给予行政警告处分4人、行政记过处分10人、行政记大过处分9人、行政降级处分8人、行政撤职处分1人、留用察看处分5人、行政开除处分3人。

1993年至1997年，查处违反政纪案件54件59人。其中给予行政警告处分7人、行政记过处分8人、行政记大过处分11人、行政降级处分20人、行政撤职处分8人、留用察看处分2人、行政开除处分3人。

1998年至2002年，立案查处违反政纪的案件54件55人。其中给予行政警告处分19人、行政记过处分5人、行政记大过处分6人、行政降级处分4人、行政撤职处分15人、行政开除处分6人。

2003年至2006年，立案查处违反政纪的案件48件77人。其中给予行政警告处分35人、行政记过处分16人、行政记大过处分10人、行政降级处分7人、行政撤职处分6人、行政开除处分3人。

【典型案件查处】 1987年，查处县经委副主任、党组副书记向某某嫖奸暗娼案和新河乡党委代理书记汪某某利用从属关系长期奸污女青年案。向某某受到留党察看两年、撤销县经委副主任职务的处分，并被公安机关处以罚款2000元，汪某某受到开除党籍、行政开除公职留用一年的处分。

1989年，查处新河水库、幸福沟水库病害整治工程有关领导和管理人员贪污受贿案件。在这两座水库病害整治工程期间，有关领导和管理人员通过私分工程款等手段四次贪污5133.78元，通过设置关卡明敲暗诈等手段多次索贿受贿，合计金额1.087万元、涉案人员10余人。其中，县水电局干部杨某某贪污471.9元、受贿4760元，新河水库管理站站长陈某某贪污461.92元、受贿3000元，新河副乡长陈某某贪污500元。杨某某、陈某某分别受到开除和留用察看处分，陈某某受到行政记大过处分。

1994年，查处原中国银行蓬安支行行长郑某某受贿案。郑某某收受修建中国银行综合楼工程承包人贿赂3.5万元。郑某某受到开除党籍处分，并受到刑事处罚。

1995年，查处县邮电局副局长刘某嫖娼案和县法院党组成员、副院长程某某嫖娼案。刘某、程某某均被开除党籍和行政撤职，并分别受到公安机关治安处罚。

1996年，连续查处龙蚕镇党委书记程某某、县百货公司经理兼党支部书记杨某某、福德镇党委书记张某某和县文体广播电视局副局长熊某某（享受副县级待遇）等领导干部受贿案件。程某某在龙蚕乡蚕种场发包住宿楼工程中，收受承包方贿赂6600元。杨某某在发包县百货公司建修工程中，收受承包单位和个人贿赂共2.6万元。张某某在福德镇发包镇上建修工程中，多次收受个体承包者贿赂款共2.7万元。熊某某在为县文体广播电视局和部分乡镇购买电视器材过程中，先后多次收受对方让有关人员转送的回扣2.05万元。程某某、杨某某、张某某、熊某某均被开除党籍，张某某被开除公职，张某某、熊某某均受到刑事处罚。

1997年，查处县教委计财股集体私分钱物窝案。县教委计财股勤工俭学服务中心加价销售防近视保健笔，获利7.2万元。县教委计财股股长龙某某和从事勤工俭学工作的沈某某在分配利润过程中进行私分活动，其中，龙某某和沈某某各分得1.372万元，县教委计财股职工唐某和张某某各分得5720元，分给县教委主任、党委书记王某某6400元，副主任吴某某4600元。龙某某和沈某某收受“新星”保健笔厂给的辛劳费6800元，二人各得3400元。龙某某和沈某某分别受到开除党籍处分，王某某、唐某分别受到党内严重警告处分，吴某某、张某某分别受到行政记过处分。

2001年，配合农村合作基金会（以下简称合金会）清理，查处一批在合金会管理中失职渎职、滥用职权的典型案件。开元乡农经站长兼合金会理事长林某某违规放款19笔，本金228682，利息229608元，无法收回。骑龙乡农经站长兼合金会主任祝某某违规发放借款180笔，借款本金957950元，利息712702.71元，无法收回。兴旺镇农经站长兼合金会理事长陈某某违规放款365900元，至今无法收回，并损失借款利息242249元。林某某、祝某某、陈某某均被开除党籍，并受到刑事处罚。

2002年，查处县物价局局长杨某某和凤石乡党委书记、人大主席汪某某受贿案。杨某某在县物价局修建房屋期间，收受开发商房屋一套，价值3.1167万元。汪某某在凤石小学教工住宅楼修建过程中，先后4次收受建筑商送给的好处费3.7万元；在凤石乡政府综合楼修建过程中向承建老板借款6000元未还。杨某某、汪某某均被开除党籍，受到刑事处罚。

2003年，查处黄坪乡向农民乱收费案。黄坪乡违反《四川省农民负担管理条例》，擅自向农民收取生猪保证金343927.88元，同时从所收取的生猪的保证金中违规开支219385元。除追回83700元外，仍有135685元无法追回。黄坪乡党委书记唐某受到撤销党内职务处分，乡长邓某受到党内严重警告、行政降级处分和免职处理，财政所所长郑某某受到党内严重警告、行政撤职处分，原任党委书记陈某某受到党内严重警告处分。

2004年至2005年，查处县交通局副局长唐某某、公安局副局长杨某、自来水公司经理沈某某、中医院原党支部书记、院长卢某某等人受贿案。唐某某担任周（口）河（舒）路改扩建工程质量总监和分管质量技术管理工作，分三次收建筑商和监理人员送给的现金1.7万元，造成周河路质量事故损失人民币20.6153万元。公安局副局长杨某任交警大队长时在修建办公楼和住宅楼中，收受承建该工程的向某某以送过年货名义给付的人民币3万元。沈某某利用职务之便，共计非法收受建筑商向某某人民币8万元。卢某某先后非法收受医疗药品、药械供应商钱、物价值人民币4.63万元。唐某某、杨某、沈某某、卢某某被开除党籍，受到刑事处罚，沈某某、卢某某被开除公职。

2006年，查处县市政管理所所长肖某某贪污、受贿和私分国有资产案。肖某某在县城路灯安装工程中违规收受他人回扣1.712万元，骗取国家财政资金，从中贪污11.5万元，并以单位名义集体私分给本单位个人20.32万元。肖某某被开除党籍、开除公职，受到刑事处罚。

【控告申诉受理】 1986年至1992年，受理党内外群众来信来访2267件（次），其中检举控告类785件（次），办结2122件（次），信访立案80件。

1993年至1997年，受理党内外群众来信来访3606件（次），办结3307件（次），信访立案94件。

1998年至2002年，受理群众来信来访1474件（次），其中检举控告类846件（次），办结1017件（次），纪检信访立案83件。

2003年至2006年，受理群众来信来访1325件（次），办结1068件（次），纪检信访立案48件。

执法监察

1986年，县纪委在执法监察中，狠刹招工、招干、参军弄虚作假等不正之风。1989年至1997年，县纪委、县监察局加大执法监察力度，对小金库、违规建房占房、预算外资金管理、超编人员和乡镇临聘人员等进行专项检查清理。2000年至2002年，加大对乱收费和农民负担清理检查。2006年，开展商业贿赂专项治理、食品安全整治检查工作，对全县退耕还林粮钱和粮食直补金的补助兑现情况进行专项检查。

【专项工作检查】 1986年，县纪委狠刹招工、招干、参军弄虚作假，乱占耕地建私房，借支、挪用公款、公款私存的不正之风；查处严重经济犯罪活动。1987年，主要对招工、招干、评定职称等方面进行监督检查。1988年，对全县基本建设在建项目和1986年下半年新成立的公司进行专项检查和清理，按规定处理。对全县136个在建项目，宣布停建6个、缓建3个。1989年，县纪委、监察局、审计局联合制发《关于清查“小金库”和禁止乱发钱物、送礼受礼、大吃大喝、铺张浪费的规定》。1990年，清理城镇干部职工违反规定建私房和多占住房，清理出建私房423户，批准占地面积10837平方米，实占21345平方米，其中违法违纪133户，总面积8466平方米，违法占地2445.9平方米，补缴各种税费58006.46元，清理出多处占公房178户，面积5286平方米。1991年，专项检查群众反映的“热点”问题。清理变自费为公费读书，查出不合公费读书条件的12人，其中县级干部1人、区级干部3人、乡级干部4人、一般干部2人、其他2人，共用公款2.37万元，已退款12人，退回公款21341.45元。1993年，清理、精简、分流人员，全县共清理分流行政超编人员203人，清理清退乡镇临聘人员300余人，为财政和农民减轻负担200余万元。参与工程招、投标执法监察，全年监督金额1895万元，节约资金25.8万元。

1994至1996年，开展住房、土地、工程项目承发包清理整顿。全县共检查投资30万元以上在建项目66个，建筑面积13万平方米，投资总额4481万元，其中未报建未办理批准手续项目10个，建筑面积2.5万平方米，总投资767万元，占检查总数的15%，责成立即补办了手续。对工程质量、安全有问题11个工程项目勒令停工整顿。参与工程项目招投标管理，对39个投资额超过30万元以上的新开工项目实施招投标，招投标率达100%。清出162户多占住房面积近1万平方米，其中91户退出多占住房面积5100平方米。1997年，先后组织对《四川省建筑管理条例》执行情况检查，查出不合理收费2601.45元，收缴税费120多万元。全县实行招投标的单位42个，建筑面积达52000平方米，投资总额2400余万元。全年共参与12项建设项目的招投标监督，监督金额达4263万元，为国家节约资金423万元。1998年，共参加工程招投标45项，建筑面积13.98万平方米，总投资5621万元，对县开发区建房和全县乱建房现象专项检查，对偷税漏税和违反建筑法规等违纪行为均进行了查处。1999年，开展粮食流通体制改革情况执法检查，检查全县6个区粮站43个粮管所和中直粮食大库，查处私商非法收粮37人次133.8吨，处罚金13.2万元，查处各粮站违纪金额达306万元。对全县在建工程项目进行质量和安全检查，共检查工程97处、建筑面积23.87万平方米、总投资9500万元，发整改通知书22份，消除安全隐患21处。2001年，对群乐、鲜店等乡镇违规组织工作队催收农民负担和强行赶猪牵羊、拿物作抵的违纪违法行为查处，给予群乐乡党委书记唐某某、鲜店乡副乡长唐某某等人党纪处分。2002年，检查全县低保工作，取消不合条件享受城市低保资格的77户154人。2003年，共开展执法监察项目7个，查处违纪金额145.29万元，挽回经济损失115.29万元，收缴财政30万元。2004年，开展2期农网改造工程执法检查，纠正违规提取管理费行为，为政府挽回经济损失10余万元。2005年，对全县7个乡镇封山育林工程和荒山育林工程进行专项检查。2006年，开展商业贿赂专项治理工作。全年共查处涉及医药购销、酒水专场销售、出版发行、印刷等行业商业贿赂案件9件。开展对政府采购工作督促检查，实施政府采购113次，采购预算资金达2463万元，实际采购金额1979.9万元，节约资金483.1万元。清理纠正在征用土地、城镇房屋拆迁、企业重组改制和关闭破产中损害群众利益以及拖欠农民工工资问题。对全县39个乡镇和县城建设征用土地情况进行检查。督促相关单位兑现拖欠农民工工资20余万元。开展食品安全整治检查工作，查处不合格食品11种，收缴不合格食品180公斤，行政处罚13户，罚款17920元。开展生猪定点屠宰整治16次，检查经营户53户，收缴不合格肉食品73公斤，检出病害畜禽产品2100公斤，查处违法案件4件。

【专项资金清理】 1986年，县纪委开展专项资金清理工作，重点清理干部职工挪、借公款现象。

1991年，共清理出318名干部职工挪、借公款金额345622.56元，年底有216人退回公款221466.30元。1996年，对全县行政事业单位预算外资金进行清理，查处违纪金额85万元，挽回经济损失22万元。对南燕、利溪等乡镇计划外生育费用进行清理，共查出村、组干部截留、坐支、挪用计划外生育费40万元，收缴财政16万元。1997年，对茶亭、白玉、金甲等乡镇的计划生育费进行清理，查处村组干部截留、坐支计划生育费9.9万元，立案17件20人，给予党纪处分15人、政纪处分5人。1998年，县纪委对预算外资金清理和检查，查出未纳入财政专储、专管和被坐支挪用、滥支乱发的预算外资金500余万元，追缴入财政200万元。完成达成铁路专项资金清理，查清专项资金收、支、管情况，共查出违纪金额111万元，收归国有资产80万元，收缴财政9.49万元，纠正违法违纪金额21.5万元。1999年，县纪委与财政、审计等部门对各乡镇、县级机关事业单位1996年以来财务收支情况全面清理检查，查出违纪金额5000多万元，追缴财政700多万元。2000年，先后对全县30多所学校的收费情况进行检查，共查处违纪金额435万元，其中纠正违纪金额383万元，收缴财政53万元。2001年，对国债资金执法检查，当年全县共新增国债资金420万元，其中财政局到位270万元，均已拨付各乡镇实施生态工程开发，县人饮办到位150万元及县自筹160万元，共计310万元，已用于河舒、利溪饮水解困工程建设。开展民政专项资金检查，发现县民政局以修建社区服务活动中心和军队离退休干部活动中心为名，先后骗取县政府领导批准动用福利彩票发行收入51.8万元，对此违纪行为进行了处理。清理非税收入，对42个单位“收支两条线”规定执行情况进行清理，查出违纪金额720万元，追缴入库292万元，处罚款77.8万元。开展农机规费收支情况执法检查，对县农机局违规将规费承包给各股室，截留财政收入159.1万元，集体私分公款6800元，使用过期发票收取规费81.9万元，弄虚作假套取现金3900元，收费不开据2700元等违纪事实作出处理，挽回经济损失24万元，追缴入财政1.2万元。2002年，加强对扶贫专项资金检查，查处原农工委在2000年至2001年期间，用专项资金自出政策给职工发放目标奖2.6万元，无任何依据报销打复印费8.2万元。开展对房管专项资金检查，对县房管局乱收费、给职工滥发奖金和各项补助59.6万元通报批评。2003年，开展对残疾人就业保障金专项检查，查处了县残联挪用挤占残疾人扶贫款、社会各界捐款46.72万元修建职工住宅楼，弄虚作假套取残保金、扶贫款等10.79万元，挪用残疾人就业保障金20万元为单位购红旗小车一辆及套取公款向有关部门送礼等违纪违法问题。2006年，对全县退耕还林粮钱兑现、粮食直补金补助兑现情况专项检查，查处了新园乡四村在粮食直补工作中违反政策，把粮食直补金和退耕还林补助在社内分摊，不按农户实际面积兑现的错误行为。

纠风治乱

1986年至1992年，县纪委确定全县10个行业为纠风治乱重点。1993年，重点治理乱收费、乱罚款、乱摊派现象。1996年至1997年，对全县所有乡镇农民负担和61所学校进行突击检查，查处乱收费。2006年，继续查处退耕还林、粮食直补资金落实和中小学乱收费。

【重点督查】 1986年至1992年，县纪委确定邮电、交通、金融、电力、公安、工商、卫生、教育、税务等10个行业为县级纠风重点联系部门，督促落实纠风目标和阶段工作任务。1993年，协助有关部门开展包括治理“三乱”（乱收费、乱罚款、乱摊派）、清理预算外资金等在内的纠风治乱工作，重点治理乱收费现象。查出5个单位违纪金额26.45万元，退还金额18.6万元，上缴财政罚款65.3万元。1994年，为减轻企业负担，对马电公司等10家企业实行重点保护和联系。县纪委抽调专人到汽车改装厂等5家企业监督检查《四川省企业负担条例》落实情况，纠正不合理收费7项，取消不合法收费4项，降低收费标准2项，退还企业资金19937.40元。1995年，加强预算外资金和计划外生育费管理和使用，加强招工招干、工转干、评选先进、评定文明单位、新兵入伍、职务职称考试等工作监督检查。1996年，县纪委协助县农委、县农业局等部门对38个乡镇农民负担方案认真审校和跟踪检查，落实农民负担监督卡。协助县工商、物价、教育等部门重新审定全县学校收费项目标准，实行“一证一册一据”制度，向社会公布。查出违法收受药品回扣行为258次，收受金额32.8万元。重点清理32个部门（单位）预算外资金和“小金库”，累计查出违纪金额115万元，上缴财政23.5万元。1998年，县委县政府责成县经贸委对全县企业负担情况进行调查摸底，对10户民营企业挂牌保护。继续开展对中小学收费监督管理。1999年，县委、县政府两次发文确保农民负担的集体提留、乡镇统筹绝对额继续稳定在1997年水平。县纪委与农业局两次派出检查组全面检查，督促各乡镇把负担卡发到农民手中，接受群众监督。2001年，继续整顿医药市场，全面推行药品集中采购制，县人民医院和中医院药品招标品种1538个，招标金额660.7万元，药品降价幅度达40%。2002年，加强对中小学收费项目管理，对群众举报学校乱收费问题专人查处。2003年，印发《预防和处置涉农负担案（事）件有关制度》，加强涉农收费管理，对乡镇收取农业税和两工折资情况全面检查。查处畜牧部门超标准收取个体屠工动物防疫合格证工本费、培训费、经营饲料个体户培训费等。强力整治经济发展软环境，解决外来投资者陈某长达5年未解决的问题，协助其收回购房欠款19万元。2004年，大力治理教育乱收费和医药购销、医疗服务中的不正之风，严格药品价格管理，整顿和规范药品、药材医疗市场，加大药品集中采购力度，严禁违规操作。是年，通过集中招标采购药品，让利患者20余万元。2006年，县纪委与财政、审计等部门对退耕还林、粮食综合直补资金落实和教育收费情况重点监督检查。全县落实取消农业税、实行粮食直补、良种直补、农机购机补贴，共减轻农民负担1168万元，兑现退耕还林补助资金1998万元。

【检查纠正】 1986年，县纪委对全县行政事业单位和中小学校收费项目进行清理，对不合理收费进行纠正。1990年，清理中小学校36所、教办6个，查出自立收费项目7个，涉及学校9所、金额8万余元；重复收费项目3个，涉及学校3所、金额65万元；超标准收费项目1个，涉及学校30所、金额10余万元；收费未做到一人一据的89136人，金额783456万元；乱订乱发资料32种，金额45万元。1991年，对全县所有行政事业单位进行检查，查出违纪金额1324万元，缴存财政专户890多万元，处罚款和收缴财政23万元。清理变自费读书为公费读书党员干部18人。1992年，审减农民负担789万余元，砍掉不合规收费和集资款675万元。1993年，取消县以上涉及农民负担项目35个，修改13个，取消本年度提留方案中不合理收费项目10个，金额达513.56万元，人均减负7.55元。对中小学收费进行专项清理，清理出自立项目收费、提高标准收费40多项，金额达60多万元，责令清退和上缴财政55.38万元，其中：清退返还学生22.16万元。对39个行政事业单位乱收费进行清理整顿，查出违纪金额达78.35万元，挽回经济损失43.50万元。1994年，砍掉农民不合理负担项目8个，金额25万余元，对加重农民负担的2起典型案件进行查处。清理检查预算外资金的管理使用情况，发现违纪违规单位5个，查出违纪违规金额130多万元，挽回经济损失80多万元。对药品实行公开招标采购，取缔非法生产、无证经营户11个，查处违规采供药品、器械案件3起，清理销毁假劣和过期药品、医疗药械10多种。1995年，县纪委、县收费局、三查办联合组织12个清理检查组，对全县各行政事业单位预算外资金全面清理。检查农技站两杂种子乱加价、基层民政所乱收费问题。对水稻、玉米杂交种子销售执行情况专项检查，查出23个乡镇农技站非法加价获利1万多元；对28个乡镇民政所办结婚手续搭车收费项目检查，追缴乱收费获利款4.1万元。1996年，取消建电视差转台、邮电集资、村社安装电话等不合理收费项目12个，人均减少13.35元。协助公安、交通等部门严肃处理河舒镇、利溪镇、三坝乡、金溪镇公路乱设卡乱收费问题。1997年，砍掉不合理收费项目10项，减轻农民负担1220万元，人均减负22.98 元。治理中小学乱收费现象，对61所中小学校进行突击检查，收缴违纪款150多万元，责令作调账处理130多万元，收缴财政9万元。1998年，查处新园乡原乡长曹某某贪污农民提留款12488元和石梁、凤石、群乐等乡镇反映农民负担过重问题。1999年，会同信访办、农工委、农业局等单位及时调处农民负担方面上访案件18件；对40个乡镇187个村和395个医疗机构进行现场监督，依法查处假劣药品37个品种，处理药品从业人员60人，依法取缔无证行医、售药4处。2000年，县纪委、计委、审计局、计生委、财政局、三查办等部门，对县超管办1998年1月至2000年6月期间和46个乡镇计生办2000年7月至2000年9月期间的计划外生育费征收管理、使用情况专项检查，查出违纪金额304.19万元；开展粮改执法检查，对个别粮站亏本销售、空库等违纪行为进行处理；对原粮食局长谢某某擅自决定到西宁种油菜，造成经济损失420余万元问题立案检查；加强对建筑工程项目质量和安全检查，共检查在建工程28处，发整改通知书13份；对嘉陵江大桥、马电扩容工程、蓬安宾馆升二星等重点建设工程项目进行检查。2001年，全县共取消加码收费、超标收费项目31个，金额2310.3万元，人均减负47元；对全县教育资金征管使用情况重点检查，共查处挤占、挪用教育经费38.81万元、学生代管费23.73万元、勤工俭学统筹基金36万元，查处徐家中学和新园小学私设"小金库"，违纪金额169.8万元；配合有关部门出动检查人员426人次，检查药品经营店及各类医疗机构、药房678个（次），查处涉嫌违规经营32个（次），取缔无证经营19家。2002年，重点检查全县13所中、小学校收费情况，查出部分学校自立项目乱收费、扩大项目收费和私设小金库等，收缴违纪款225.2万元。2003年，查处县航务所无依据收取船员培训费、办证差旅费以及出售救生衣加码收费6.67万元，未进单位账务、无依据发放奖金、津贴29万余元，追缴财政18万元。清理取消涉及农民负担文件1个，查处涉及农民负担案（事）件6件，给予5人党纪政纪处分。2004年，查处县工商局违规收取集贸市场管理费90余万元和县地税局个别职工对业主吃、拿、卡、要问题；查处周口中学违规收取学生建档费、资料费共计47520元，责令退还，对相关责任人进行处理。2005年，查处河舒、柳滩、利溪、龙蚕4个信用社主任违纪打麻将赌博问题，对4人分别给予党内警告处分；查处万和乡政府、万和乡史家坝村、万和乡大石板村2003年违规乱集资，加重农民负担问题，分别给予万和乡党委书记、分管副乡长及相关村主要负责人党内警告、党内严重警告处分。2006年，查处龙蚕镇鹭鸶田村虚报退耕还林面积52.3亩，冒领退耕还林资金26025.10元；查处正源小学、海田小学等个别学校违规收取学生信息技术课杂费等服务性收费行为，责令学校退还学生，向全县通报，并撤销严重违纪的兴旺初中校长职务。

党风廉政建设

1986年，县纪委贯彻中央整党的决定，对党员进行理想宗旨，党纪法纪教育。1987年，县委召开党风廉政建设民主生活会，制定《关于克服官僚主义，改进机关作风的规定》，在党员干部中开展廉洁自律教育。1993年至1997年，县纪委、县监察局制发党风廉政建设制度，加大违纪案件的查处力度，加强对党员干部的教育。1998年至2002年，县纪委在全县组织党员干部观看反腐倡廉教育录像电视223场，5.36万余人次。2003年至2006年，县委在先进性教育活动中要求县纪委和各级干部认真贯彻落实中央廉政建设规章制度，加强自我监督，加强对全县干部的教育和违纪案件的查处。

【党风廉政教育】 1986年，蓬安县贯彻中共中央关于整党的决定，分期分批组织党员进行形势和政策、理想和宗旨、党纪和法制等内容教育，举办党员培训班365期，95.3%的党员参加学习。1987年，组织2345名党员干部听四川省端正党风报告团的报告。1988年，组织党员干部共12350多人次观看电影《警钟》和录像片《党性党风党纪教育展览》。1989年6月至7月，县委在周口镇政府、金溪区机关等8个单位进行廉政建设教育试点。1990年，县纪委与组织、宣传、政法等部门分期分批对党员进行党的基本理论、基本路线、基本知识和党的优良传统教育，举办党员培训班567期，培训率93.2%。1991年，县委对全县党员干部开展党纪党规教育，学习《党章》《准则》和1988年以来中纪委颁发的条规，全县93.6%的党员参加学习和考试，合格率100%。运用102个正面典型和83个反面典型案例进行教育。8名党员清退违纪金额1.05万元；12名党员清退多占公款公物（折款）共1.37万元；党政干部拒收"红包"600多人次，合计金额4.28万元。对1989年至1990年受党纪处分的党员进行回访教育，共回访135人，占需回访的95%。通过回访教育，15人被重新起用，22人要求重新入党。1993年，县纪委在全县举办7场有200多人次参加的党风党纪知识竞赛。1994年，县委作出《关于县领导干部公务用车的暂行规定》《关于清理党政机关领导干部多占房的规定》等决定。利用电教、测试和辩论比赛等形式，对全县党员干部进行党风党纪教育。

1998年至2002年，学习《中共中央关于加强和改进党的作风建设的决定》《中国共产党纪律处分条例》和《廉政准则》等，对全县新提拔的189名副科以上领导干部和38名青年干部进行廉政培训。

2003年至2006年，全县贯彻党的十六大精神和中纪委、市纪委、县纪委会精神，举办各类学习辅导、交流座谈、党课等1350多场次，共有2.84万多人次参加；开展知识竞赛或测试70多场次，共有3800多人次参加；组织廉政知识演讲比赛83场，共有2870多人次参加；撰写学习心得7150多篇。开展艰苦奋斗，廉洁从政，牢记"两个务必"，保持共产党员先进性，重温党章和入党誓词，知荣辱、树新风、保先进，实践"八荣八耻"，廉政文化进机关等主题教育活动。组织"八荣八耻"等廉政歌曲传唱会50多场，共有8600多人次参加。1830多人参加反腐倡廉征文活动。组织播放反腐倡廉电教片1120多场，观看人数2.06万人次。

【党风廉政监督】 1986年，蓬安县制定完善党风廉政监督规章制度，各单位组织学习落实。1989年10月，县委制定《关于县委机关及其工作人员必须保持廉洁的规定》。1994年，县委、县政府制定《反腐工作意见》，要求全体领导干部发挥表率作用，带头廉洁自律，加大党风廉政监督力度。1995年，全县开展廉洁自律自查自纠工作，自查出摊派集资买车2辆，贷款买车1辆，拖欠公款10人、2.63万元等问题，分别处理。1998年，全面推行纪委负责人同下级党政主要负责人谈话、领导干部任前廉政谈话、诫勉谈话、领导干部述职述廉等制度。对拟提拔任用的党员干部进行廉政考察，作出廉政复函48次。

2003年至2006年，狠刹领导干部及其配偶子女违规经商办企业、收送现金有价证券和支付凭证、跑官要官、借婚丧喜庆事宜敛财、参与赌博等五股歪风，加大从源头上预防腐败的力度。组织全县920多名党员领导干部作廉政承诺，2200多名党员参加遵纪守法座谈表态。清理出科级以上党政领导干部18人借欠公款，借款15.6375万元，收回资金14.2761万元。清理党政领导干部和机关事业单位职工在金融机构贷款后长期不还和为他人提供担保，贷款人不还款等问题，清缴各类欠款350多万元。

蓬安县志

PENG AN XIAN ZHI

民主党派　工商联

1986年，蓬安县民主党派有中国民主同盟蓬安县支部委员会。1988年，蓬安县工商业联合会（简称工商联）恢复。1991年，民盟蓬安县支委会扩大为总支，先后建立6个支部。至2006年，民盟和县工商联积极参与政治协商、民主监督、参政议政，为蓬安经济建设、社会发展建言献策。

中国民主同盟蓬安县地方组织

1986年，中国民主同盟蓬安县支部委员会有盟员20人。1988年，中国民主同盟蓬安县支部换届，选举张文伯任主任委员。1991年4月，民盟蓬安县总支部委员会成立。7月18日，民盟总支机关编制1名，配备专职干部，成立民盟蓬安县总支办公室。1996年6月，民盟机关增加编制1名。2006年，民盟蓬安县总支有6个支部：蓬中支部、周中支部、蓬安二中（原师范）支部、科技支部、医卫支部、机关支部，共有盟员92人。

【盟员大会】 1991年4月12日，召开盟员大会，成立民盟蓬安县总支。全县50位盟员选举产生第一届总支部委员会。总支部委员7人，刘永梅任主任委员，陈应为、吴祯庆任副主任委员，喻元秀任组织委员，林秀华、陈联科任宣传委员，张文伯分管办学和社会服务工作。

1994年7月16日，民盟蓬安县总支有盟员62人，选举产生第二届总支部委员会，康生义任主任委员，吴祯庆、朱克勤任副主任委员，陈联科任组织委员，刘万荣、康伟任宣传委员，林秀华任妇女委员。

1997年11月21日至22日，民盟蓬安县召开盟员大会，选举产生第三届总支部委员会，李梦华任主任委员，吴来生任副主任委员，陈联科、杨长奎任组织委员，康伟任宣传委员，林秀华任妇女委员。

2000年12月28日，民盟蓬安县召开盟员大会，选举产生第四届总支部委员会，李梦华任主任委员，吴来生、吕凌云任副主任委员，陈联科、姜志荣任组织委员，唐国远任宣传委员，龚晓辉任经济科技委员。

2004年12月11日，民盟蓬安县总支有盟员78人，召开盟员大会，选举产生第五届总支部委员会，李梦华任主任委员，吴来生、王香梅任副主任委员，吕小松、陈联科任组织委员，姜志荣、康林松任宣传委员，唐国远、龚晓辉任科技经济委员。

2006年3月21日，民盟南充市委组织部决定：吴来生任民盟蓬安县第五届总支部主任委员。

【参政议政】 民盟蓬安县地方组织履行参政议政、政治协商职能。1986年，县民盟有1人当选为县人大代表、县人大常委会委员；4人为政协委员，其中1人当选为常委。2006年，县民盟有省人大代表1人，市人大代表2人，县人大代表3人，县人大常委会副主任、常委会委员各1人；县政协委员15人，其中副主席1人，常委10人。20年来，有60人次为市、县政协委员，其中常委22人次，有19人次当选为市县人大代表，省政协委员1人，省人大代表1人。盟员中先后安排有5人担任副县级领导职务，12人担任副科级实职领导干部。蓬安民盟总支中的人大代表、常委会委员、副主任及政协委员、常委、副主席，在每年市、县的“两会”上，认真履行职责积极撰写议案和提案，参政议政。2001年，民盟提交的《加快蓬安小城镇建设》《建议政府把白玉纳入周口镇管理》的建议，受到县委、政府领导重视，并得到采纳。2004年，“两会”期间，参加人大和政协的盟员围绕县域经济发展，积极建言献策，提出提案和议案40件，撰写各种调研文章20多篇。2005年，盟员调研写出《推进产业化是建设小康的必由之路》一文，分析全县农业产业化进程，针对存在的问题，从“农业产业化是现代农业的目标，农业产业化是农民增收的渠道，农业产业化是市场竞争的手段，农业产业化是农业体制的创新，农业产业化是现代农业的途径”等五个方面论证，对全县农业产业化建设具有指导作用。当年担任省、市、县人大代表和政协委员的盟员，两会期间提议案33件，民盟在市政协全委会提交的《取缔福寿螺养殖，保卫农业生态环境》被评为优秀提案，受到市政协表彰。2006年，有5位盟员被评为优秀提案工作者。

20年来，共提出代表议案100余件，盟员个人和集体共写出提案480多件，开展各种视察和调研活动70多次，撰写理论研讨文章150多篇，在国家级刊物上发表100余篇，提出各种批评建议500余条，参加县政协对国民经济计划、政府工作报告、地方重要事务、群众生活和统一战线中重大问题协商160余次，参加人大和政协组织各种视察、参观、调研活动80余次。在各种大会上发言160余次。

【民主监督】 1986年至1990年，民盟蓬安支部负责人不定期参加县委、政府的一些会议，就全县的有关重大方针、政策、举措和人事安排进行协商，表达组织的意见，行使民主监督职能。1991年4月民盟蓬安县总支成立后，担任县人大副主任、县政协副主席和常委的盟员，在县委、政府的一些会议上，代表民主党派充分发表意见和看法，切实履行民主监督职能。1997年，担任特约监督员、审计员、教育督导员的盟员，在各自联系的部门和有关重大问题上进行民主监督，向县委、政府提出意见和建议。2001年，担任党风廉政监督员和行风监督员的盟员，利用不同的场合，对全县工业、农业、文化卫生、教育、科技、交通、城市发展、新农村建设等方面进行监督。

2002年至2004年，县民盟在省人大会议上提交的提案《关于执行越西县信用社欠蓬安县信用社股金的请求》，省高院非常重视，三次派人赴越西县执行，为蓬安县讨回近百万元欠款，确保股民的利益。

2005年至2006年，有20多名盟员参加省、市、县人大、政协组织的视察调研活动30多次，就围绕如何实现“三产互动、城乡共融”目标，对全县做强工业、壮大三产、盘活产权、经营城市、强化教育、发展农业、卫生事业、完善法制体系等方面进行调研和监督，先后提出有价值的建议148条，写出可操作性调研文章12篇。

【联谊交友】 1986年至1997年，民盟蓬安总支（支部）先后与南充市顺庆、高坪、西充、阆中、仪陇、营山、南部及广安、岳池、遂宁等地民盟组织或地方党政组织进行社会联谊交友活动，走出去、请进来，互相学习，探讨党派如何开展活动的经验。1998年，民盟组织盟员到西充参观张澜故居，瞻仰中国民主同盟创始人、中华人民共和国中央人民政府副主席张澜先生波澜壮阔的一生。2001年4月，民盟总支组织盟员到营山考察学习城镇建设和发展旅游事业及营山民盟组织参政议政的经验。2004年，民盟总支组织盟员到广安学习考察，与广安盟员交流经验，参观邓小平故居，缅怀一代伟人的丰功伟绩，接受革命传统教育。2005年，民盟组织盟员赴遂宁考察学习。2006年，民盟组织盟员到仪陇瞻仰朱总司令故居，纪念朱总司令诞辰120周年，学习朱总司令革命精神和伟大人格。

民盟积极协助县政协社会学习联谊委员会，收集国内外蓬安乡友的通讯信息，争取他们对家乡建设发展的支持和关注。民盟负责创办的蓬州诗社，与兄弟县市区进行联谊，互赠诗词书画，举行采风、创作、讲座40多次。

【社会活动】 1987年4月30日，经南充地区行政公署同意批准蓬安民盟支部在县城兴办了第一所民办中学——蓬安县同济中学。1998年3月，民盟蓬安总支搞好科技兴农，在白玉乡搞两亩高产水稻实验田，派科技专业人员进行技术指导。2002年，民盟总支发动城区30位盟员向周口镇下河街社区9户特困户群众捐赠衣物165件，人民币1000元。2004年，“9·27”沉船事故发生后，民盟总支全体盟员奉献爱心，向受难者亲属捐款5000多元。2005年，总支领导和盟机关干部先后10余次深入社区，落实帮扶对象12户，将贫困家庭子女纳入“两免一补”对象，解决社区帮扶资金1000元，给磨子东街社区重点帮扶对象李月华家送去大米、菜油、腊肉和200元现金。为蓬安中学高2007级学生石晓莉每学期捐款500元，助她完成高中学业。2006年3月，为河舒镇桂花村760多名城乡居民和少年儿童提供义诊服务，并赠送床、桌椅和医疗器械。盟员参加县委、政府组织的科技宣传月活动，上街进行科技宣传、科技咨询活动50余次、发放科技宣传资料数千份，为群众进行义诊30多次，2500人次受益。

蓬安县工商业联合会

1988年6月，蓬安县恢复县工商业联合会并召开第七次会员代表大会，选举产生新一届领导班子。1993年10月，全国工商业联合会通过修改后的章程，规定工商联届期由3年改为5年；省、市、县工商联领导名称由原来的主任委员、副主任委员改名为会长、副会长；省、市、县工商联同时也是民间商会，工商联会长同时是民间商会会长。根据这一规定，经县政府批准，1994年12月，蓬安县商会成立，与县工商联一套人员、两块牌子。

2006年，工商联（商会）共有企业会员16个、团体会员2个、个体会员617名、基层分会1个(河舒分会)。

【会员代表大会】 1988年至2006年，县工商联共召开五届会员代表大会。会议议程有：听取和审议上届执委会工作报告，选举产生本届执委会，决定其他事项。

第七届会员代表大会　1988年6月10日至11日，蓬安县工商联召开第七届会员代表大会，出席会议代表68人，列席人员42人。学习中共十三大精神和党在新时期工商联工作的路线、方针、政策，听取并讨论张守域所作《蓬安县工商业联合会第七届会员代表大会筹备工作情况报告》、唐永植所作《蓬安县工商业联合会第七届会员代表大会上的工作报告》。会议作出了《蓬安县工商业联合会第七届会员代表大会决议》，选举产生县工商业联合会第七届执委25人、第一次执委会选举产生常委9人。张守域当选为主任委员，选举专职副主任委员1人，兼职副主任委员一人。

第八届会员代表大会　1992年10月8日至9日，县工商业联合会第八届会员代表大会在县政协会议室召开，出席会议会员代表81人，特邀代表10人。潘仕伟作了《蓬安县工商业联合会第八届会员代表大会筹备工作报告》和《努力发挥工商联的职能作用，为促进我县非公有制经济健康发展的工作报告》。选举产生第八届委员会执委25人。八届一次执行委员会议选举产生常委9人，委员1人。刘光雄当选为主任委员，选举专职副主任委员1人，兼职副主任委员3人。

第九届会员代表大会　1997年7月22日，县工商业联合会（商会）第九届会员代表大会在蓬安宾馆多功能会议厅召开，出席会议的会员代表70人。工商联（商会）会长刘光雄作了《抓住机遇，开拓进取，努力开创我县工商联（商会）工作新局面》的主题报告，县委统战部部长但启书作了《解放思想，抓住机遇，促进非公有制经济健康发展》报告。选举产生第九届工商联（商会）执行委员会委员37人，九届一次执委会选举产生常委21人。张守域当选为会长，选举专职副会长2人，兼职副会长5人。

第十届会员代表大会　2002年3月29日，蓬安县工商业联合会（商会）第十届会员代表大会在蓬安宾馆多功能会议厅召开，出席会议的会员代表82人。会长张守域作了《抢抓机遇、再创佳绩，努力开创我县工商联（商会）工作新局面》的报告，选举产生第十届工商联（商会）执行委员会委员39人。十届一次执委会选举产生常委25人，张守域当选为会长，选举专职副会长1人，兼职副会长7人。

第十一届会员代表大会　2006年9月28日至29日，蓬安县工商联（商会）第十一届会员代表大会在蓬安宾馆多功能会议厅召开，出席会议代表60人。会长张守域作了《树立科学发展观，促进蓬安经济社会和谐发展》的主题工作报告，选举县工商联（商会）第十一届执行委员会委员37人，十一届一次执委会议选举常委27人，选举张守域任会长，选举专职副会长1人，兼职副会长16人。

【参政议政】 1988年以来，工商联的人大代表、政协委员通过“两会”参政议政。在“两会”召开之前，组织本界别政协委员、人大代表深入企业、车间、门市等开展调研活动，广泛听取群众意见，选准会议发言方向和题目，确立参政议政要点，撰写发言材料。近十年上交“两会”提案议案300多件，提出中肯的意见和建议1000多条。

1997年至2000年，参与人大、政协组织的对国税、地税、工商、质监、食品药品监督管理局等部门民主评议活动。

1988至2006年，县工商联（商会）配合人大、政协开展专题调研，写出《关于我县个体私营经济发展情况的调查报告》、《关于推进四川蓬安工业园区建设的调研报告》等调研报告10篇，被县委、县政府采纳6篇。提交《营造宽松环境，促进民营经济再上台阶》《关注乡镇失地农民生活困难问题》《规范发展我县行业协会》《民营医院也应纳入新农合定点医院》等关注民生的集体提案。县工商联界别的人大代表、政协委员关注民生、关心经济社会发展，写出《我县个体、私营经济存在的问题及建议》《四轮驱动，公平竞争，推动民营经济发展》等调研文章。

工商联会员担任历届政协委员（副主席、常委）、人大代表（常委会委员）情况表

届次	人大	人数	政协	人数
第七届	县人大代表（常委会委员）	1（1）	县政协委员（常委）	6（2）
第八届	县人大代表（常委会委员） 市人大代表	3（1） 2	县政协委员（常委） 市政协委员	12（2） 2（1）
第九届	县人大代表（常委会委员） 市人大代表 省人大代表	6（1） 2	县政协副主席 县政协委员（常委） 市政协委员（常委） 省政协委员	1 22（4） 2（1） 1
第十届	县人大代表（常委会委员） 市人大代表	5（1） 3	县政协副主席 县政协委员（常委） 市政协委员（常委）	1 22（4） 2（1）
第十一届	县人大代表（常委会委员） 市人大代表	5（1） 6	县政协副主席 县政协委员（常委） 市政协委员（常委）	1 23（3） 2（1）

【商务活动】 1988年10月，县工商联根据省工商联《关于赴广州代表团外向型企业产品展销会的通知》，积极申报并与政府办联合组织县烟厂、织布厂、丝绸厂、果品厂和文化用品厂参加广州展销会。文化用品厂生产的“无泪”牌蜡烛受到日本商人的好评，签订了1亿日元订货合同。20世纪90年代初，县工商联在县百货公司、日杂公司开展有奖销售活动，这两个公司销售额成倍增长。县城及区、乡镇商业企业中普遍推广这一活动，促使疲软的商品销售市场出现生机。2000年，副会长王东联合两个朋友共同投资150万元在河舒兴建河舒豆腐山庄，扩大了“河舒豆腐”品牌影响。2002年至2003年，执委刘汉军引来成都客商黄万灿先后投资近400万元购买县肉联厂、食品公司全部资产，建成收购、运输、加工、贮藏、销售一体化企业——齐祥食品公司。执委刘亨清投资1120万元全部收购钢厂，组建航星钢铁公司。常委周先太大力发动并组织家庭成员引进一部分医务人员，投资300多万元，建成规模较大的德仁医院。副会长唐刚引进重庆客商并联合投资50万元建成全县第一家民办体育企业——长安乒乓球馆。2006年，县工商联会长张守域4月份到成都重庆等地多次招商引资，重庆市江北区经委主任肖通俊（蓬安老乡）为县兴旺初中、海田小学捐款10万元。是年，县工商联副会长、可口爽公司董事长滕明贵引进台湾佳美，计划投资800万美元，

在县食品轻纺工业园区兴建年生产3000吨果蔬汁生产线和年产3000吨果蔬罐头生产线项目。

【社会活动】 1993年以来，县工商联主动参与光彩事业，共捐款捐物150多万元，安置下岗职工1000余名，资助3个行政村修路修桥。1998年元月，县工商联建立光彩助学基金会，募捐资金1.18万元，定点帮助6位家庭贫困面临辍学的学生完成义务教育阶段学业。号召会员捐资助学，已资助50余名贫困学生完成义务教育阶段学业。2003年，开展结对帮扶活动。定点联系碧溪乡20多户贫困农户，送去价值4000多元的尿素和碳氨，安排10多人到会员企业中就业。动员非公有制经济代表人士为广安小平故居“思源村”建设捐款6400元。2004年，帮扶下河街社区、马电社区、青龙嘴社区、平头乡双柏村10户特困群众，分别送300元至500元启动资金，帮助制定脱贫方案。是年，“9·27”金溪特大沉船事故发生后，两名副会长承担两名死者家属安抚工作，并捐款5500元。副会长向东方、罗德义、郑兴国等，近几年为建桥修路、公园建设和党校、工商联光彩助学基金会、“五保”老人、贫困大学生等共捐款近50万元。2006年，在送温暖，献爱心和结对帮扶活动中，县工商联会员共捐款11.77万元。

【服务会员】 1992年以来，县工商联坚持领导成员联系会员制度，先后为卫生纸厂、德仁医院、四通地砖厂等企业解决经营具体困难和问题，化解县建筑行业商会与水泥制品协会的矛盾。1997年，开办会员互动储金会年融资近250万元，较好地解决部分个体私营企业发展中的临时困难。2003年起，先后为160名原工商业者证实身份，享受国家优待政策。2004年底止，帮助400名会员落实农转非户口，先后为60名会员推荐申报评定中级专业技术职称。每年组织学习中央、省、市、县关于鼓励发展非公有制经济政策及国家法律、法规，组织会员外出考察、学习，拓展发展思路，提高管理水平。每年元旦、春节前夕看望、慰问有困难的原工商业者及其遗孀，帮助解决生活具体困难。

2006年年底止，县工商联为会员排除各种干扰、调节矛盾纠纷、消除各类损害事件近百件。受到省市县表彰185人次。

军 事

1986年6月以前，中国人民解放军蓬安县人民武装部（以下简称县人武部）属军队系列，6月后，划归地方建制，实行上级军事部门与地方双重管理。12月，县人武部被四川省军区表彰为先进人武部。1987年，县人武部先后被省军区表彰为建设文明单位先进集体，被省政府、省军区表彰为开创人武部工作新局面先进人武部。1988年，县民兵武器仓库被省政府、省军区授予十年安全无事故先进单位。1991年3月，茶亭乡人武部被省军区表彰为学雷锋先进集体。4月，县人武部被省委组织部、省军区党委表彰为县级人武部先进党委。1992年，县人武部被四川省表彰为国防教育先进单位，并在省国防教育经验交流暨表彰大会上发言介绍经验。1995年，被四川省征兵办公室表彰为“1994年度征兵工作先进单位”。1996年3月，人武部收归军队建制。2001年，县人武部被四川省征兵办公室表彰为“征兵工作先进单位”。2003年12月，县人武部、县征兵办被成都军区表彰为“征兵工作先进单位”。1995年、1997年、2000年、2006年武警县中队均被武警四川总队评为“基层建设先进中队”。

军事机构

1986年，蓬安县军事机构有蓬安县人民武装部、武警蓬安县中队、蓬安县消防科。1997年，蓬安县消防科更名为蓬安县消防大队。2006年，蓬安县军事机构有县人武部、武警蓬安县中队、武警蓬安县消防大队。

【蓬安县人民武装部】 1986年6月前，中国人民解放军蓬安县人民武装部系军队系列，设军事、政工、后勤科。1986年6月后，县人民武装部划归地方建制，接受南充军分区、蓬安县委、县政府双重领导，干部改为地方干部，战士和职工改为地方职工，下设办公室、军事科、政工科。1988年10月，增设后勤科。1996年3月，县人民武装部收归军队建制，设军事科、政工科、后勤科。2003年12月，取消副部长编制。2004年12月，恢复副部长编制，由副部长兼军事科科长。至2006年，苏树学、杜新明、唐建明、向潇先后任部长；刘国柱、吴大和、黄成立、贺国庆、青泽政先后任政委。

【武警蓬安县中队】 武警蓬安县中队，1986年全称为武警南充地区支队蓬安县中队，1993年区划调整后为武警南充支队蓬安县中队。

【武警蓬安县消防大队】 武警蓬安县消防大队属现役武警部队系列，属武警南充市消防大队管理，县公安局代管。1986年，为蓬安县消防科，军事编制，公安局代管。1997年6月，蓬安县消防科更名为蓬安县公安消防大队。2006年，武警蓬安县消防大队负责蓬安消防工作、防火宣传和指导地方消防安全管理。

民兵工作

1986年，县人武部和各乡镇武装部对全县民兵进行组织整顿、军事训练。1987年，对民兵技术兵的编组进行改革。1991年，制定村级民兵组织建设三年规划。1994年，蓬安县民兵工作被省委、省政府、省军区评为“四个一”达标单位。1999年，加强应急分队训练。2001年，县人武部对全县专职武装部长和民兵连长共150人进行业务教育和军事训练。2006年，对民兵组织进行调整和整顿，以民兵“三队一网”为重点开展民兵信息网队伍素质建设。

【组织建设】 1986年，县人武部按照《民兵工作条例》对全县民兵组建范围、参加民兵的条件、组织原则、干部任免进行组织整顿。1987年，对民兵技术兵的编组进行改革。1989年，组建民兵应急执勤分队，编为7个应急执勤排，开展应急知识、技能训练。1990年，以乡镇为单位编基干民兵连，以行政村和厂或车间为单位编基干民兵排、基干民兵班。1991年，制定全县村级民兵组织建设三年规划，全县90%的村建立青年民兵之家。1995年，对民兵组织进行整顿，采取改建、抽编、跨编等办法进行编组。在基干民兵点名站队中，参加点验的民兵97.2%。2005年，民兵组织采取“四多一少”（在重点目标附近、沿江一线、场镇周围、公路一线多编，边远山区少编）的原则进行。全县建信息网站1个，点47个。2006年，县武装部扩大民兵编组范围，在乡镇企业较好的单位编组。在徐家、河舒、罗家等中心镇各编民兵应急独立排1个。

【军事训练】 1986年至2006年，县人武部重点训练民兵干部、基干民兵和专业技术兵。同时每年在部分中学和技校开展学生军训。组织民兵骨干在训练基地训练。

基干民兵和专业技术分队训练 1986年，全县民兵主要进行八二迫击炮理论、操作、实弹射击方面的训练。1988年，全县民兵主要进行军事、政治和民用技术训练。1989年，全县军事训练应训民兵分两批集中在民兵训练基地进行，每批训练23天。1990年，全县应训民兵军事训练的主要内容是八二迫击炮兵器常识、射击基础知识、基本操作和教练弹射击、五六式半自动步枪练习射击、队列和投弹训练。1992年，参训民兵接受四川省军区考核，获一等奖。1995年，分两批两点集中在县人武部民兵训练基地和县蚕种场进行训练，每批训练时间22天。1999年，对参训民兵主要进行八二迫击炮炮兵常识、射击基础知识、基本操作、队列、投弹、警棍盾牌术和追捕逃犯的综合训练以及三大条令、高科技知识的学习。2004年，第一期为民兵信息分队训练，第二、三期为民兵训练，第四、五期为专业技术兵训练，八二迫击炮的操作和战术科目的训练。2005年，先后组织实施每个排的集中教育训练，落实动员教育、队列训练、实弹射击等科目训练。2006年，以民兵“三队一网”为重点，狠抓民兵应急分队抢险救灾处置各种突发事件的训练，加强民兵信息网队伍素质建设。

学生军训 1986年，在周口中学开展学生军训。1987年，蓬安县成立国防教育暨军事训练试点工作领导小组。9月，在周口中学、蓬安中学的学生中开展军事训练试点工作。1990年，县人武部对蓬安县师范学校90级新生进行军事训练。1994年、1995年、1996年，县人武部组织人员对金溪中学、杨家中学、巨龙中学、济渡中学、蓬安技工学校共1018名学生进行军训。1998年、1999年，县人武部组织力量对蓬安中学、周口中学入学新生进行为期一周的军事训练。2001年9月，县人武部组织退伍老兵对蓬安中学、周口中学、杨家中学、徐家中学、蓬安技校等学校在校学生进行为期10天的军事训练。2002年，县人武部组织部分乡镇武装部长、退伍老兵和县武警中队骨干对蓬安中学、周口中学、杨家中学和徐家中学4000余名学生进行国防教育和军事训练。2004年9月，县人武部组织退伍老战士和县武警中队骨干，对蓬安中学、蓬安二中入学新生进行军事训练。2006年9月，县人武部组织刚从部队退伍的老兵，对锦屏初中、河舒初中新生进行为为期一周的军事训练。

【应急分队】 1989年，成立蓬安县民兵应急执勤分队。1990年8月，县人武部组织区乡民兵应急分队，以演习和小型军事比武的形式，推动应急分队业务建设，此做法被南充军分区肯定，在全区推广。1991年，县人武部集中部分民兵应急分队人员，进行为期10天的军事训练。1994年，组建民兵应急连队1个。1995年，县人武部对县民兵应急执勤分队进行组织调整。1999年3月，南充市在蓬安召开民兵应急分队训练现场会，蓬安县民兵军事训练软硬件建设和民兵应急分队的汇报表演受到南充军分区首长、县四大机构领导成员和兄弟县（市、区）领导的好评。2000年，县人武部落实民兵应急分队“军事三项”比武人员，为南充军分区选拔5名参赛人员。2003年，对县城内民兵应急分队人员进行为期15天的军事训练。2006年4月，县人武部组织人武干部对县应急民兵连进行专业训练，主要进行警棍盾牌术、队列和射击理论与半自动步枪练习实弹射击，组织防暴治乱实兵演练。

【政治工作】 1986年，县人武部在全县民兵中开展纪念红军长征胜利50周年活动，对民兵进行爱国主义和革命英雄主义教育。1987年，组织民兵参加“老山”英雄事迹报告会，进行革命英雄主义教育。1989年，在全县民兵中开展坚持四项基本原则，反对资产阶级自由化教育。1990年，县人武部着眼于培养“四有”新人和合格的预备兵员为核心的民兵教育。1991年，改革民兵政治工作，把国防教育和党的路线、方针、政策，理论与道德、民主与法制纳入全民教育计划；推广政治工作目标管理责任制，实行区、乡镇、村四级分工负责。1992年，大力宣传毛泽东人民战争思想，增强全民国防意识，利用民兵刊物开展民兵政治教育，省军区通报表彰县人武部为国防教育先进单位。1994年，组织民兵学习《邓小平文选》，提高民兵政治理论素质。1997年结合对香港恢复行使主权进行国耻、国防和爱国爱党的教育。1999年，印制《中国民兵光荣》宣传资料下发给民兵学习。2001年，深入开展“三个代表”重要思想学习教育。2004年，联系国防战略格局和军事斗争形势的发展变化，对民兵进行爱国主义思想、国防教育。2005年，在民兵中开展保持共产党员先进性教育、形势与任务教育。2006年，组织民兵学习十六届五中全会精神。

兵役工作

1986年，县人武部积极开展征兵宣传工作，全面完成征兵任务。1993年，恢复军官预备役登记，全县进行兵役登记、士兵预备役登记、军官预备役登记工作。1997年、2001年、2003年，县人武部被成都军区表彰为征兵工作先进单位。2006年，全县征兵和兵员预备役登记工作全面完成任务。

【兵役机构】 1986年，蓬安县人民政府征兵领导小组负责全县征兵工作，县长任组长，下设办公室在人武部军事科，由人武部领导或军事科长兼任办公室主任，具体实施宣传、体检、政审、定兵和优抚工作。1999年至2006年，县政府对征兵领导小组进行了三次调整。

【兵员征集】 1986年，全县报名参军的人数占适龄青年的91%。1987年，报名参军的人数占适龄青年的89.4%。抽出派出所干警、乡公安员和乡以上干部进行政审。1989年 ，改冬季征兵为春季征兵，由地方送兵到部队改为部队派干部到地方接兵。征兵工作历时44天，完成征集新兵任务。1991年，全县适龄青年报名参军的人数占适龄青年的92.3%。从外地务工返乡报名230余人。对普检合格的应征青年进行了肝功、尿检。1993年，全县报名应征适龄青年的人数占适龄青年总数86%。县征兵办公室被四川省征兵办公室表彰为1993年度征兵工作先进单位。1997年至2006年，全县报名参军的人数均占适龄青年90%以上，通过政审、体检，均完成了征兵任务。

【兵员预备役登记】 1986年，县人武部根据《中华人民共和国兵役法》规定，对兵员预备役工作进行登记。1992年，县人武部预备役登记业绩突出，被载入中共四川省人民武装委员会光荣册。2006年，兵员预备役登记全县确定了服预备役、退伍军人服预备役、预备役军官的人数。

兵役登记 1986年，全县按《兵役法》规定对未服过兵役人员进行登记，确定预征对象。1988年，经过兵役登记核对，全县按《兵役法》规定确定了服兵役、其中服一类预备役、服二类预备役、预征对象的人数。1991年，经过兵役登记核对，全县服预备役人员中服一类预备役、服二类预备役的人数比1988年有所增加。1996年，通过整组和兵役登记，全县服预备役人员确定了预征、预训对象。2001年7月，全县兵役重新登记。2006年，登记确定服预备役的人数占人口总数的8.40%，服一类预备役的人数占人口总数的0.74%，服二类预备役的人数占人口总数的7.66%。

士兵预备役登记 1986年，县人武部经过退伍军人服预备役登记，获悉与部队军事专业技术对口的地方专业技术人员基本情况。1988年，通过退伍军人服预备役登记，确定了退伍军人与部队军事专业对口的地方专业技术人员的人数，服一类预备役、服二类预备役的人数。1991年，预备役登记，确定了退伍军人服预备役的人数占总人口的0.56%，与部队军事专业技术对口的地方专业技术人员的人数占总人口的0.21%。1996年，经登记核对，确定了退伍军人服预备役的人数与部队军事专业技术对口的地方专业技术人员人数。2001年，经过退伍军人服预备役登记核对，确定了退伍军人服预备役人数，与部队军事专业对口的地方专业技术人员的人数比1988年有增加。2006年，民兵整组从2月10日开始，到3月10日结束，历时一个月，经过退伍军人服预备役登记核对，确定了退伍军人服预备役人数。

军官预备役登记　1993年，恢复军官预备役登（统）记。1996年7月，县委、县政府、县人武部成立评授预备役军官军衔工作领导小组，对预备役军官进行登记统计，圆满完成预备役军官军衔评授。2000年，预备役军官实行微机化管理。2006年，全县预备役军官进行了登记，确定了军事军官、政治军官、后勤军官、专业技术军官的人数。在军队转业干部服预备役登记中，确定了团职军官、营职军官、连排职军官、专业技术中级军官、专业技术初级军官的人数；分别授予预备役上校、中校、少校、上尉、中尉、少尉军衔。

武警内卫

1986年，武警蓬安县中队在重大节日开展武装巡逻，维护蓬安社会和谐发展。1987至1990年，中队积极开展军民共建活动，参与蓬安汽车渡口军警民共建文明渡口，值勤维护秩序，保证马电重点建设运输。1992年，武警县中队被武警四川省总队评为达标先进单位，1996年、1997年、1998年、2000年评为基层标兵中队。2003年，被县政府授予“拥政爱民”先进单位。2006年，武警县中队被总队评为基层建设先进中队。

【军事训练】　1986年，武警县中队军事训练包括战术、攀登、特种作战手语、体能等重点科目。1996年，参加市上军事训练比赛，评为南充市军训先进集体。2005年坚持“拉得出、打得赢”为目标，进行科技大练兵，新老兵分训、强弱搭配训练；发扬军事民主，难点、重点科目由干部、骨干担任，其他科目由素质较好的士兵担任，把素质较高的骨干、士兵选送出去参加教练员培训、骨干集训、尖子集训等，中队先后有10人次因军事技术过硬而保送提干学习。在日常管理中，严明纪律、正规秩序，严格落实八小时外的人员管理，保证官兵服从命令，听从指挥，来之能战，战之能胜。2006年，武警县中队被省总队评为“四川省武警建设先进中队”。

【武警执勤】　1986年，武警县中队坚持“执勤就是打仗”“执勤无小事，小事也是大事”的原则，加强执勤正规化建设和勤务专勤专训，确保看守所的绝对安全。1989年，县中队被武警南充市支队评为执勤先进单位。1992年元旦、春节期间出动警力60余人开展城市武装巡逻，确保节日安宁。1998年，蓬安普降暴雨，中队组织30余名官兵奔赴周口镇受灾一线，救出受困群众100余人，挽回经济损失10万余元。1999年，参与完成蓬安监狱千里大转移任务。是年，中队还严格按照总队正规化执勤等级评定标准，不断进行执勤设施改造，1999年，中队在哨位、作战勤务值班室和目标重要区域安装可视装置，实现三级网远程监控。2003年10月17日，中队圆满完成3万人参加的蓬安大型文艺演出现场警卫任务。2005年，共出动兵力186人次，完成“1·21”营山公捕公判路线警卫、“2·2”蓬安公捕公判现场警卫、“2·9”街头文艺表演安全保卫，全省“两抢一盗”专项整治活动。2006年，中队联合看守所对目标进行安全排查，按正规化执勤设施要求，整改外围围墙，加宽加高、安装防护网。

消　防

1986年，蓬安县宣传贯彻《四川省消防条例》，组建消防队121个。消防科负责全县消防工作。1996年，县政府从8个单位抽调人员组建蓬安县政府专职消防队。1997年，组建武警蓬安消防大队，营级编制。2006年，县政府投资20万元增添消防设备，消防大队负责全县消防工作。

【消防宣传】 1986年，蓬安县公安消防科宣传贯彻《四川省消防条例》，整顿组建义务消防队121个，队员3014人，有线广播宣传3308次，举办防火知识培训班41期，培训1587人。1987年，县政府表彰防火安全先进单位63个，先进个人175人。1991年，组织全县干部职工、学生4000余人参与《全省消防保险知识100起竞赛活动》，获省奖1人、地区奖3人。1994年4月，县政府召开消防工作会议，向市级先进集体5个、先进个人4个、县级先进集体35个、先进个人61人颁了奖。2002年6月13日，劳动和社会保障部副部长王东进考察蓬安天桥小学消防教育工作，表示赞赏。2002年至2006年，每年开展大型消防集中宣传活动5~6次，年均散发资料2万至3万份（册），每年举办大型灭火演练2—3次，举办消防教育培训8~12期，蓬安电视台播放有关消防信息年均10次以上。

【消防训练】 1986年，全县有企业组织的专职消防队6个，队员40人左右。县消防科组织专职队队长和部分队员开展业务训练和灭火实战演练。1988年，抽调企业单位专职、义务消防队员37人，按照省消防总队制定的《四川省企业事业单位专职和群众义务消防运动会竞赛规则条例》开展8个项目业务训练。4月18日上午，在东门河坝举办灭火实战汇报演练，县四大机构领导和单位场所负责人、职工及居民1000余人观看训练汇报表演。1990年8月，南充地区公安处在蓬安举办营、蓬、仪片区专职消防队消防技能竞赛，蓬安参赛队员获第一名6个、第二名7个、第三名6个。1992年8月，组织全县4个专职消防队24名专职队员进行灭火实战技能学习训练。1996年4月2日，召开公共场所业主消防培训会。5月2日，县政府印发《关于组建消防队有关事宜的会议纪要》，6月上旬从8个部门抽调人员8人，组建蓬安县政府专职消防队。2000年10月1日，县政府专职消防队正式成立，安置退伍军人11人为队员，隶辖县公安局，消防业务由县消防大队代管。2003年年末，专职消防队改由县公安局直接管理。局委派干警胥勋顺任专职消防队队长。2006年6月2日，消防大队会同团县委、县教育局在县实验小学开展少年儿童消防安全教育活动暨小学生灭火演练。7月至8月，对易燃易爆场所、网吧和县城宾旅馆业主员工近200人开展“以会代训”消防培训。是年，县政府专职消防队有队员17人，其中，公安干警1人，事业编制老队员4人，合同制队员12人，由消防大队组织日常防火扑救等专业知识训练。

【消防设施】 1986年，蓬安购有解放牌水罐消防车1辆、城区市政消火栓15具。1990年2月，购置北京牌吉普车1辆，作消防指挥车。1991年6月，原消防车报废，地区保险公司赠送消防车1辆。1994年3月，4楼1底建筑面积1100平方米的消防部队营房投入使用。1997年，县政府拨专款15万元解决消防车辆、办公设备。1998年，投资两万元购置微机、打印机等办公设备。2002年8月，县财政拨款10万元修建消防车库，增添空气呼吸器、消火栓等消防设备。2004年，县政府拨款40万元，购置6吨东风牌消防车1辆及随车消防配套设备。2005年，县政府拨款14.2万元，增添市政消火栓、常规装备和特勤器材等。2006年，县政府拨款20万元，增添市政消火栓19具，维修5具，为社区购置一批水枪、灭火器等消防器材，为专职队添置一批常规装备、特勤器材及三菱越野车1辆。

【消防监督】 1986年，全县组织检查组22个，1202人，检查乡镇118个次，单位328个次，农村大院2320个次，排查隐患1289起，整改1264起，发整改通知书98份，处罚单位13个9人，罚款

3760元；建设工程消防设计审核受理42个，审核25个；竣工验收25个。1988年，全县组织检查组26个，977人，检查乡镇63个次，单位2034个次，居民村民7894户次，排查隐患10403起，整改10276起，发整改通知书934份，处罚单位34个19人（其中依法行政拘留2人，刑事拘留1人），罚款1760元；建设工程消防设计审核受理92个，审核83个；竣工验收27个。1994年4月至9月，开展易燃易爆场所专项治理；8月至9月，开展文化娱乐场所消防专项整治。是年，全县组织检查组79个，234人，检查乡镇60个次，单位188个次，农村大院788个次，排查隐患759起，整改724起，发整改通知书93份，处罚单位8个9人，罚款2030元；建设工程消防设计审核受理27个，审核53个；竣工验收37个。1996年1月，会同相关部门对城区13家歌舞厅开展消防安全专项治理；3月至6月会同县成品油清理整顿小组，对全县石油成品油经营单位场所进行清理整顿，检查加油站点76个次，排查整改隐患228处次，依法处理单位18个次，11人次；取缔非法经营点13个，没收油品7.35吨，售油工具15件；共处罚款690元。通过治理确保全县加油站无火灾事故。是年，全县组织检查组4个，137人次，检查乡镇47个次，单位196个次，农村大院53个次，排查隐患499起（其中，钢厂重大火灾隐患1起），整改446起，发整改通知书83份，处罚单位22个13人，罚款5330元；建设工程消防设计审核受理69个，审核89个；竣工验收31个。1999年，全县组织检查组34个，126人次，检查乡镇39个次，单位172个次，农村大院31个次，排查隐患582起，整改547起，发整改通知书86份，处罚单位8个，罚款2500元；是年建设工程消防设计审核受理36个，审核34个；竣工验收24个。2001年，先后开展“公共场所”“易燃易爆场所”“商场、集贸市场”和“百日安全综合整治”等专项治理。县组织检查组11个，121人次，检查乡镇48个次，单位场所253个次，村社197个次，车辆93辆次，排查隐患212起（其中，磨子街社区重大火灾隐患1起），整改208起，发整改通知书34份，处罚单位4个，罚款11000元；建设工程消防设计审核受理41个，审核36个；竣工验收21个。2003年6月10日、24日，四川省消防总队督查组先后到蓬安突击性督查，均对大队消防执法监督检查工作表示满意。是年先后开展“农村消防安全专项治理”“消防安全疏散及电气防火专项治理”“预防重大伤亡火灾事故专项治理”“住宅楼消防安全专项治理”和“加油站消防安全专项整治”等。组织检查组31个，520人次，检查乡镇51个次，单位287个次，排查隐患173起，整改166起，发整改通知书28份，处罚单位12个，罚款4500元；建设工程消防设计审核受理28个，审核23个；竣工验收18个。2004年，大队会同相关部门开展网吧、公众聚集场所、易燃易爆场所、商住楼、住宅小区、大建筑、木材市场三整治一排查、隐患大排查大整治、磨子街片区等专项治理及春节、两会、春防、夏防、冬防等专项大检查20余次。参检280余人次，检查单位场所230余处次，排查整改隐患283处次，取缔乡镇无证经营油品门市3处，关停乡镇加油站3处，关停文化娱乐场所（歌城、夜总会）3处；消防大队制发单位场所开业、使用前消防安全检查意见书103份，建设工程消防设计审核受理30个，审核26个，竣工验收16个，发限改通知书14份，处罚单位10个，16人，罚款16000元。2005年，组织检查组31个，220余人次，消防干警出动140余人次，检查单位229个次，排查隐患283起，整改278起。发限改通知书21份，处罚单位场所12个，17人，罚款2.3万元。通过专项治理督促单位场所购置、维修灭火器210余具，室内消火栓56套，增添自动报警系统8套，自动喷淋灭火系统5套；是年大队共制发场所开业前《消防安全检查意见书》46份，建筑消防设计审核受理48个，审核45个，竣工验收25个。2006年，先后开展“人员密集场所消防安全诚信承诺”“建设工程自动消防设施专项治理”、“集镇及农村消防安全专项治理”和“火灾隐患普查整改”等专项整治活动；开展较大检查21次，230余人次，检查单位场所151个次（其中：抽检109个次、核检17个次、夜检25个次），排查隐患162处次，整改157处次；发限期整改通知书22份，处罚单位场所13个12人，罚款10500元。制发场所消防安全检查意见书17份，建筑工程消防设计审核受理16个，审核14个，竣工验收24个。

【火灾扑救】 1986年，全县城乡火灾事故由县公安局消防科带领县内企业专职消防队扑救，农村一般火灾主要依靠乡镇或村社义务消防队开展扑救。1987年，全县城乡火灾事故29起，烧毁粮食3658公斤，同比分别下降3.33%、167%；直接经济损失37640元，死2人，同比分别上升22%、100%；无重点单位火灾事故。1988年，全县城乡火灾事故30起，直接经济损失23851元，死1人，同比分别下降20.6%、56.6%、50%；无重点单位火灾事故。1990年，全县城乡火灾事故146起，直接经济损失98288元，死2人，伤2人，同比分别上升943%、342%、100%和200%；无重点单位火灾事故。1991年，全县城乡火灾事故86起，烧毁粮食1.55万公斤，直接经济损失98848元，同比分别下降34.8%、0.1%；死4人，同比上升100%；无重点单位火灾事故。1992年全县城乡火灾事故130起，烧毁粮食2.6万公斤，直接经济损失141901元，同比分别上升51.12%、67.74%、43.55%；死3人，伤7人；无重点单位火灾事故。1993年，全县城乡火灾事故60起，直接经济损失58470元，同比分别下降53.85%、58.80%；死4人，同比持平；无重点单位火灾事故。1994年，全县城乡火灾事故36起，同比下降40%，直接经济损失103896元，同比上升77.69%；死2人，同比下降50%；无重点单位火灾事故。1996年，全县城乡火灾事故均由县公安消防大队带领县政府专职消防队进行扑救。全县城乡火灾事故63起，直接经济损失145293元；死2人，伤2人；无重点单位火灾事故。1998年，全县城乡火灾事故39起，受灾43户，直接经济损失243390元。1999年全县城乡火灾事故24起，受灾26户，直接经济损失113697元，同比分别下降30.77%、39.53%、66.89%；死2人，伤1人。2000年，全县城乡火灾事故105起，受灾115户，直接经济损失458943元，同比上升337.50%、342.31%和303.65%。2001年，全县城乡火灾事故89起，受灾113户，直接经济损失112900元，分别比2000年下降15.20%、1.70%和75.40%，但死亡人数却突破0记录，达6人（其中，小孩玩火丧生2起4人，老少失火死2人）。2002年，全县城乡火灾事故12起，直接经济损失3.22万元，同比下降86.52%和71.48%。2003年，全县城乡火灾事故11起，同比下降8.3%；直接经济损失8.80万元，同比上升33.41%。2004年，全县城乡火灾事故13起，与上年持平，直接经济损失3.5万元，同比下降62.50%。2005年，全县火灾事故11起，同比下降15.38%，直接经济损失8.10万元，同比上升131.43%。2006年，全县火灾事故15起，同比上升36.36%，直接经济损失4.10万元，同比下降49.48%。

人民防空

1986年至2006年，蓬安县人民防空工作统一由南充市（南充地区行署）人民防空委员会及其办公室负责组织，县一级人民防空工作由县人武部负责办理。

【防空工程建设】 20世纪70年代，蓬安县修建了一定数量初具规模的防空设施。1972年，县城修建有防空洞。商业局、财政局、生资公司和百货公司的防空洞相通。随着改革开放和经济发展的需要，县城和所属乡镇，相继修筑部分防空地下室，以适应现代战争的需要。2006年，除原有防空洞还部分存在外，没有新修防空洞。

【防空警报信号】 1986年至2006年，每年都全县进行防空警报信号演习。

预报信号：一长一短声，音响3分钟；

警报信号：连续短声，音响5分钟；

解除警报信号：是一长声，音响6分钟；

演习警报信号：是两长一短声，音响3分钟；

解除演习警报信号：是一长声，音响6分钟。

【防空专业训练】 1986年，人武部调整县防空专业分队，分对空射击、通信联络、社会治安、医疗救护、消防和抢修运输等专业组织。1988年，蓬安民兵除完成常规任务外，组建抢险、抢修、医疗救护、防化、通讯、运输、治安、消防等防空专业队。县医疗卫生系统在民兵中建立

“细菌培养室”和“战备急救箱”。1986年至2006年，在城区组织防空专业演练，并对418个民兵连、2153个民兵排、4万多名民兵进行战备防空训练，增强防空意识。

国防动员与国防教育

1986年，县人武部在全县开展国防建设、国防动员、国防教育工作。1990年，组织两万余人参加国防知识竞赛。1994年8月，在全县开展全民国防教育活动周。1997年，成立以县长为组长，人武部部长为副组长的国防动员领导小组。2001年9月15日，全国第一个全民国防教育日，县人武部在县城政府街设立国防教育宣传站，向群众进行国防教育宣传。2006年，继续做好国防动员、国防教育宣传工作。

【国防动员】 县人武部根据上级军事机关下达的任务和要求，在县委、县政府领导下，实施全县国防动员，做好武装动员、国民经济动员、交通战备动员等工作。

武装力量动员　1986年，县人武部根据上级要求和蓬安县情况，制定武装力量动员计划，平时做好准备，战时要按照计划组建独立营、团，除担负保卫地方、坚持敌后游击战和配合野战部队作战外，随时准备升级为野战部队或向野战部队输送兵员。1997年，召开国防动员潜力调查工作会议，成立以县长为组长，常务副县长、人武部部长、副部长为副组长的领导小组，用3个月时间，对兵员动员潜力、经济动员潜力、人民防空动员潜力、交通通信动员潜力进行调查。2000年，县人武部以通用参谋作业系统为作业平台，采取按现行编制编组作业的方式，训练为现役部队扩编补充兵员和组建部队两个动员课题，研究高技术条件下应急兵员动员的程序、方法，探索网上练兵路子。2006年，县人武部组织部分乡（镇）武装部兵员动员演示作业，军分区机关工作组到蓬安检查指导，提高县、乡（镇）两级人武部组织指挥能力和兵员快速反应能力。

国民经济动员　1986年，县人武部对全县工业企业进行调查研究，动员企业调整产品结构，提高技术标准，保障战争需要。1988年，县人武部动员全县农业系统以提高粮食产量为中心，调整产业结构和布局，增大农业投入，随时保障战争对粮食、副食品和工业原料的需求。1999年，动员全县建筑业组建适应战争需要的专业分队，支援战场建设与战时抢修等工作。2000年，动员全县卫生事业单位团结协作，调动一切卫生力量，加强战场医疗救护，开展群众性防疫工作。2001年至2006年，县人民武装委员会动员信息产业化、商品流通、财政金融等加强内部管理，调动一切积极因素必要时为战争服务。

【国防教育】 1986年，县人武部在周口中学进行历时8天的国防专题教育和军训。1988年，利用广播、电视、图片展等方式面向全社会进行国防教育。1990年，举行“国防知识”抢答赛。1991年至1993年，县人武部在各单位上国防教育课157次，巡回演讲26场，到13所中学、两所小学、重点场镇进行图片展览21场。1994年8月，在全县开展全民国防教育活动周。1996年，在县委党校和全县乡镇领导、农村支部书记会议上进行国防专项教育，受教育人数10万人以上。2000年，利用会议、广播、电视等宣传《国防法》。2001年9月15日，全国第一个全民国防教育日，县人武部发放国防教育宣传资料1200余份，展出国防教育图片20幅。2001年至2005年，县人武部分别在蓬安中学、周口中学、蓬安二中、徐家中学进行国防教育。2005年，组织全县干部、职工及16岁以上的学生参加《国防教育法》知识竞赛。2006年，国防教育日，县人武部发放国防教育宣传资料2000多份，举办国防教育图片展览和国防教育法规电视讲座3期。

拥政爱民

1986年，县人武部做好拥政爱民工作，被四川省军区表彰为先进人武部。1994年。人武部开展“同呼吸、共命运、心连心”和“学雷锋树新风”拥政爱民活动。2001年。在积极参与县委组织的“万名党员三结合帮扶链”活动，帮助贫困户。2006年。县人武部出动300余人次帮助老百姓抗旱保苗夺丰收。

【拥政工作】 1986年，人武部组织民兵配合公安部门担负街头、重点工程建设场地、公共场所和重点目标的巡逻警卫任务。1987年，组建抢险、抢修、医疗救护、防化、通讯、运输、治安、消防等防空专业队，协助地方政府担负建设、抢险救灾，完成急、难、险、重任务。7月19日，洪水袭击县麻纺厂、醋厂，县人武部干部职工带领红旗、清溪两乡75名民兵赶赴现场，抢运价值350万元的机器设备和物资。8月21日至22日，蓬安县又遭受洪水袭击，县人武部组织干部职工和民兵预备役人员2500多人次、民兵执勤分队120人投入抗洪抢险，转移受灾群众1400多人，搬运物资10000余件。1991年，在6月份几次大的暴雨中，先后出动民兵2万余人次投入抗洪抢险，保住2900多处水利工程设施。洪水消退后，又及时帮助受灾户洗苗、扶苗533.3公顷，落实改种、补种秋粮、秋菜333.3公顷。1996年，县人武部机关共投入车辆298车次，人武、专武干部、民兵预备役人员478人次参加公路、升钟水库配套工程、改造中低产田土、长防林工程等重点工程建设。1998年，发动民兵参加仪（陇）华（蓥）路改造、蓬安嘉陵江大桥等重点工程建设工程。8月，蓬安县沿江各乡镇群众遭受洪水袭击，组织沿江民兵2500余人投入抗洪自救，转移受灾群众1400多人，搬运物资10000余件。2005年2月，蓬安县龙角山公园失火，人武部组织民兵应急分队人员200余人次参加抢险，将山火扑灭。7月，县人武部出动民兵应急分队人员170余人次参加下河街上下码头和龙角村彭家沟的抗洪抢险；出动民兵和应急分队人员240余人次参加油坊沟小坝子抗洪抢险，抢救出耕牛300头；出动民兵应急分队人员120余人次参加雁平坝抗洪抢险，救出耕牛100头。2006年8月，县人武部出动民兵150余名参加马回电站大坝抢收玉米；出动民兵300余人次参加东门河坝抢险，抢救出耕牛150多头；出动民兵150余人次参加范家坝河坝抢险；出动民兵180余人次参加谢家沟河坝抢险。

【爱民活动】 1986年，县人武部深入街道摆摊设点为群众理发、修理电器、打扫卫生、清理垃圾、美化城市。1987年，参加助民劳动日247个，为民治病531人次，支援灾区粮食382公斤。1989年，全县成立两用人才介绍机构36个、培训机构27个，安置退伍军人两用人才344人、补训453人，培训民兵两用人才4880人、安排375人。培养专业户1943户，联办经济实体18个，民兵带头兴办乡镇企业2个。县人武部为地方植树965.5万株，栽草坪45.8万平方米，帮助修理机具457台。1991年，为军烈属和老弱病残帮劳力31700个，抢种抢收466.7公顷，为病人看病买药3400余人次。1994年，县人武部为贫困户捐送衣服30多套，为“1+1”助学活动和残疾人捐款2500多元，植树80多株。1998年，向灾区捐款271.20元，捐衣17件，为“希望工程”捐款210元。2001年，县人武部20名干部职工各联系一户贫困户，个人捐款10000余元、化肥3000余公斤、衣服180件。2004年，为徐家镇方广村捐款6200元、化肥2000公斤、衣服80多件，组织徐家镇民兵栽植优质水果16.8万株，建成果园2753户。2006年，蓬安遭受夏伏秋旱，县人武部深入农户，了解灾情，挑水抗旱，帮助农民抗旱自救。

蓬安县志
PENG AN XIAN ZHI

审判　检察

1986年，全县审结刑事案件93件、民事案件357件、经济合同案件60件。1989年7月21日，县委在大礼堂举行首次“查处经济犯罪案件情况报告会”，检察院决定对犯有贪污、受贿、挪用公款罪主动交代5人免予起诉。1993年9月6日，县委、县政府召开“蓬安县反腐败工作会议”。1995年，开始审理行政案件。2000年9月，县法院将原设置的8个法庭撤并为：徐家、巨龙、河舒、罗家4个法庭。2003年1月21日，县检察院成功公诉全县首例职务侵占百万元大案。2004年12月，县检察院控告申诉检察科信访接待室被最高人民检察院授予2000年至2002年度全国检察机关“文明接待室”称号。2006年4月20日，省高级人民法院副院长夏成福率省高院审监庭法官，在蓬安县法院第一审判庭亲自审理由省检察院提起抗诉的一起非法拘禁案，县法院全体法官、检察院、司法局及社会各界群众200余人旁听。7月9日，中纪委、监察部、最高人民检察院、最高人民法院、国家安监总局、司法部等部门组成的国家重特大安全事故责任追究落实情况检查组一行，到蓬安检查“9·27”特大沉船事故责任人责任追究情况，考察蓬安监狱，对县检察院监所检察工作给予好评。全年审结刑事案件138件、民事案件627件、经济纠纷案件152件、行政案件3件。

审　判

1986年，蓬安县人民法院贯彻最高人民法院从重从快打击违法犯罪方针，参与“严打”斗争，维护社会稳定。1989年后，审理民事案件逐渐增多。1991年，开始审结第一例行政案件。县委、县政府召开“行政审判工作座谈会”，40多个部门参加。1999年，县法院组成巡回法庭，为全县农村合作基金会依法收债。2000年，审结经济纠纷案件488件。 2006年，县法院被全国老龄办、公安部、司法部表彰为“全国老年维权示范岗”，执行局副局长唐荣被最高人民法院评为全国优秀法官。 至2006年，县法院受省级以上表彰先进单位9个次、先进个人23人次，地市级表彰先进单位32个次、先进个人65人次，县表彰先进集体52个次、先进个人131人次。

【审判机构】 1986年，蓬安县人民法院内设办公室、政工科、刑事审判庭、刑事审判二庭、民事审判庭、经济审判庭；设兴旺、罗家、河舒、锦屏、巨龙、徐家、金溪7个驻区法庭和周口法庭。1987年，增设行政审判庭，组建法医室。1988年，设立执行庭，专门负责给付生效法律文书的执行；撤销刑事审判第二庭，设立县法院告诉申诉庭。1990年，设立监察室、调研室。1993年，成立经济纠纷调解中心。1995年3月，增设法警队。1997年，法院内设11个中层机构：刑事审判庭、民事审判庭、经济审判庭、行政审判庭、执行庭，告诉立案庭、审判监督庭、法警大队、办公室、政工科、监察室。2006年，县法院内设机构仍为11个，其中政工科改为政治处，告诉立案庭更名为立案庭，撤销经济庭设立民事审判第二庭，新设执行局，与执行庭两块牌子、一套人员。

1986年至2006年，谢天永、陈昌国、廖定杰、袁彪、张云先后任县法院院长。

【刑事审判】 1986年，蓬安县审判工作贯彻执行最高人民法院依法从重从快方针，完成“严打”第三战役斗争，审结刑事案件93件，其中属于七个方面的严重刑事案件25件，占结案数26.9%，属经济领域犯罪案件22件，占结案数23.7%；判处五年以上有期徒刑的22人。9月18日，在电影院广场召开万人公开宣判大会，地区中院宣布对故意杀人犯赵某某执行枪决。1987年，县法院在“严打”中，先后在南燕、福德两乡召开公判大会，对犯有拐卖人口罪的蒋某某、陈某某、程某某两案3人公开审理判处刑罚。1989年，狠抓大要案件审理。5月6日，对分别犯有盗窃罪、拐卖人口罪、侮辱罪的5案6人在周口城区公开审判，震慑犯罪。9月6日，落实省高院、高检两院通告，对6名经济犯罪分子在电影院广场公开审判。1990年8月23日，在电影院广场对分别犯拐卖人口、抢劫罪、盗窃罪5名罪犯公开宣判，地区中院对故意杀人犯姚某某执行死刑。1993年6月3日，在电影院广场对分别犯盗窃罪、拐卖人口罪等7案8名罪犯公开审理宣判。1994年9月26

日，配合整治农村社会治安，分析全县农村刑事发案较频繁的村社，在电影院广场对分别犯盗窃罪、抢劫罪5名犯罪分子进行公开宣判，给予严厉打击。1997年4月6日，配合全县春季严打整治行动，在县电影院广场召开公判大会，分别对犯盗窃罪、故意伤害罪、奸淫幼女罪的4案7名犯罪分了进行公开宣判。南充市中院对故意杀人犯邹某某执行枪决，8000余名群众参加大会。

2000年至2005年，县法院、公安等协同，先后开展查禁取缔卖淫、奸宿、嫖娼活动和重点打击"车匪路霸"的专项审判活动，对强迫他人卖淫的徐某和多次介绍容留卖淫的李某某等犯罪分子科以刑罚。2000年，对在金甲公路拦截客车并持刀上车抢劫旅客的赖某某、唐某某、徐某某和在金甲公路僻静处抢劫出租车司机的梁某某等犯罪分子依法予以严惩。

1986年至2006年，全县共审结各类刑事案件2377件3508人，其中侵犯财产、侵犯公民人身权利及民主权利类案件数，分别占总数的41.94%、32.39%，妨害社会管理秩序、贪污贿赂、危害公共安全及妨害婚姻家庭类案件数，分别占总数的8.20%、6.44%、4.29%、3.95%，破坏社会主义经济秩序和渎职类案件数，分别占总数的1.68%、1.09%。县人民法院共判处被告2661人，其中宣告无罪45人，免于刑事处分51人，给予刑事处分的2565人，分别占判处被告总人数的1.69%、1.92%、96.39%。在给予刑事处分的被告人中，判处有期徒刑15年至20年的35人，10年至15年的168人，5年至10年的484人，不满5年的1216人，判处拘役95人，管制136人，缓刑426人，单处罚金5人，并处罚金702人，剥夺政治权利75人，没收财产4人。

【民事审判】 1986年，随着新《中华人民共和国婚姻法》《中华人民共和国遗产继承法》的贯彻落实，公民名誉权、知识产权意识增强，经济和社会交往中人身损害赔偿纠纷频繁，民事案件日益增多。县法院依据新《中华人民共和国婚姻法》中"夫妻感情确已破裂"的法定离婚标准，依法解除一批虽然夫妻感情早已破裂，但"离婚理由不正当"，而被长期维持的"死亡"婚姻。如：石孔乡在乐山市丝绸公司工作的干部黄某某诉石孔乡六村五社郑某某离婚纠纷一案。黄、郑二人于1970年6月经人介绍后结婚，先后生育子女2人，婚后二人长期不和。1976年，黄某某曾提出离婚，县法院以其嫌弃农村妇女，喜新厌旧为由判决不准离婚。时间近6年，此案未了结。1988年3月，县法院根据新《中华人民共和国婚姻法》判决准予离婚。郑某某不服提起上诉，二审终审维持原判。

《中华人民共和国继承法》颁布后，财产继承案增多。1988年，原告邹某某诉被告邹某某、唐某某房屋继承一案。邹某某与邹某某系姊妹关系。民国33年（1944）12月，邹某某的父母在蓬安县正源镇横街购得瓦房二间（后夹为四小间）。民国36年（1947），邹某某之母病故。之后邹某某、邹某某先后出嫁。邹福全婚后仍在其父邹克成处居住生活。1952年，邹某某与苏某某再婚，未育。1987年，苏某某向法院提起诉讼，要求确认房屋所有权。经法院调解，双方自愿达成邹某某、苏某某各占两间瓦房的协议。1988年，邹某某、邹某某以该房屋是她父母所买，应由她们姊妹继承为由诉至法院。案经县法院审理，判决苏某某遗留在蓬安县正源镇横街的瓦房两间，唐某某继承前面一间，邹某某继承后面一间。宣判后，邹某某不服，上诉至南充中级法院，经审理判决，驳回上诉，维持原判。

1989年后，县法院受理的民事案件逐渐增多，受案范围亦不断扩大。1990年5至6月，县法院组织力量对历年积案进行突击，至6月底，共审结民事积案132件，占民事积案总数的62.7%。

1993年后，相邻关系纠纷案件开始出现并逐年增多，涉及截水、排水、通行、通风、采光等多方面。至2006年，县法院共审结相邻关系纠纷案件47件。

1995年10月，县法院构建大民事审判格局，撤销民事审判庭，改设民事审判第一庭，撤销经济审判庭，改设民事审判第二庭。两庭的受案范围不变，统称为民商事审判。1996年至1998年，县法院积极探索五个方面的改革：减少庭前程序，推行直接开庭；加强对当事人举证指导，推行谁主张谁举证的举证责任制；强化庭审功能，变询问式审判方式为辩论式审判方式；强化合议庭职责，实行审与判的统一；搞好公开开庭审理，除涉及国家机密和个人隐私外的案件，一律公开审理。

2002年，人身损害赔偿案细化为道路交通事故人身损害赔偿、铁路水运航空旅客运输人身损害赔偿、医疗事故损害赔偿、工伤事故损害赔偿、其他人身损害赔偿五个案由。因交通事故、医疗纠纷引起的人身损害赔偿案件呈上升趋势。2002年至2006年，县法院共审结人身损害赔偿纠纷案件333件，其中道路交通事故人身损害赔偿82件，铁路、水运、航空旅客运输人身损害赔偿1件，医疗事故损害赔偿21件、工伤事故损害赔偿6件、其他人身损害赔偿223件。

1986年至2006年，县法院共受理民事案件15107件（含旧存80件），审结15017件，结案率99.40%。在审结的15107件民事案件中，婚姻家庭纠纷9453件，占62.95%；债权纠纷2029件（含不当得利6件，无因管理1件），占13.51%；人身权纠纷1728件，占11.51%；所有权及相关权利纠纷410件（含特殊侵权7件），占2.73%；房屋纠纷393件，占2.62%；继承纠纷91件，占0.61%；知识产权纠纷4件；特别程序案件569件，占3.79%；其他案件340件，占2.26%；在审结的15017件民事案件中，调解5606件，占37.32%；判决6394件，占42.58%；撤诉2460件，占16.38%；驳回起诉138件，占0.92%；终结诉讼306件，占2.04%；移送有关单位34件，占0.23%；其他79件，占0.53%。民事审判中注重调解，审结的各类民事案件15017件中，调解、撤诉结案达8066件，调撤率为53.71%。

审结一审民事案件分类统计表

（1986~2006）

单位：件

类别 年份	婚姻家庭	继承	房屋	所有权及相关权利	债	人身权	知识产权	特别程序	其他	合计
1986	213	9	21	9	26	73	—	—	6	357
1987	230	7	22	8	54	77	—	—	8	406
1988	209	1	22	13	57	61	—	—	11	374
1989	289	12	40	12	124	101	—	—	10	588
1990	233	3	20	10	100	86	—	—	3	455
1991	311	8	27	4	87	97	—	—	10	544
1992	324	6	19	10	69	50	—	—	2	480
1993	422	5	25	31	130	110	—	1	7	731
1994	413	3	24	19	121	89	—	—	28	697
1995	550	3	34	31	142	84	—	—	9	853
1996	594	4	10	22	183	91	2	—	28	934
1997	602	1	17	29	152	106	—	—	63	970
1998	684	3	24	26	189	121	—	—	38	1085
1999	609	4	21	15	166	83	—	—	48	946
2000	606	7	22	22	265	85	1	—	33	1041
2001	643	4	45	22	162	69	1	2	36	984
2002	597	—	—	38	1	94	—	295	—	1025
2003	482	1	—	44	1	74	—	91	—	693
2004	458	2	—	19	—	57	—	69	—	605
2005	483	4	—	15	—	70	—	50	—	622
2006	501	4	—	11	—	50	—	61	—	627
合计	9453	91	393	410	2029	1728	4	569	340	15017

【经济审判】 1986年，随着改革开放深入，企业改制，交通运输、经济损害赔偿等经济纠纷增加，经济案件亦逐年增多。是年，审结经济纠纷案件60件。1988年，收经济案件437件，是1986年的7.67倍，审结388件，审结率达88.79%，撤诉30件，占总数的6.86%。

1993年4月，县法院成立经济纠纷调解中心，采取简便、快捷、灵活的方式，依法调解一大批经济纠纷。是年，县法院在审理蓬安县嘉陵农场汽修厂诉蓬安县新园农机站汽车修理费纠纷一案中，组织双方进行调解，并向被告讲明不偿付欠款的法律责任，被告主动向原告方表示歉意。随后双方达成协议，被告方在三天内结付所欠修理费及诉讼费计币1726.78元。1993年，中建二局水电分公司与蓬安马回水电站工程指挥部对马回电站扫尾工程及费用的结算发生争议，争议标的达550余万元。中建二局派委托代理人和专业组到蓬安结算有关账务，并准备向中级法院起诉。县法院收到结算意见书后，为减少双方诉累，在征求双方负责人意见后，由县法院主持双方进行诉前调解，先后主持双方协商达20余次，最终双方达成调解协议。1995年10月，撤销经济审判庭，改设民事审判第二庭，原经济审判庭受理的经济纠纷案件改由民事审判第二庭负责办理。1999年3月15日至6月17日，县法院抽调审判、执行人员60多名，组成8个巡回法庭、2个执行组，在全县开展农村合作基金会债权回收工作。此期间审、执案件565件，依法为农金会收回债权893万元，同时协助政府收回欠款735万元。2000年，县法院受理经济纠纷案件488件，结案428件，结案率为87.7%，撤诉77件，占总数的15.78%。

1986年至2006年，县法院共受理各类经济纠纷案件5285件（含1985年旧存案件23件），审结5253件，涉及诉讼标的总金额85680.80万元。其中审结经济合同纠纷案件4863件，占92.58%；企业破产案件27件，占0.51%；交通运输经济纠纷案件10件，占0.19%；其他经济纠纷案件352件，占6.70%；经济损害赔偿经济纠纷案件1件。在经济合同纠纷案件中，借款合同纠纷案件居首位，购销合同纠纷案件居第二位，建设工程承包合同居第三位，企业承包经营合同纠纷案件居第四位；其他经济合同纠纷案件占同期审结经济合同纠纷案件10.79%，诉讼标的总金额11.23万元。农村承包合同纠纷列为人民法院经济审判庭的受案范围，予以受理。在审结的5253件经济纠纷案件中，调解2260件，占43.02%；判决1901件，占36.19%；撤诉1002件，占19.07%；驳回起诉24件，占0.46%；终结诉讼47件，占0.89%；移送有关单位19件，占0.36.%。

审结一审经济纠纷案件分类统计表

（1986~2006）

单位：件/万元

类别 年度	经济合同纠纷案件（国内）	企业破产案件	交通运输经济纠纷案件	其他经济纠纷	合计
1986	60/159.66	—	—	—	60/159.66
1987	60/106.89	—	—	19/7.51	79/114.4
1988	353/271.56	—	—	35/14.13	388/285.69
1989	176/240.27	—	—	43/19.51	219/259.78
1990	125/137.12	—	—	25/17.28	150/17.28
1991	104/140.68	—	—	21/37.13	125/177.81
1992	119/146.58	1/23.12	—	5/2.27	125/171.97
1993	197/878	1/36.58	1/0.22	4/1.23	203/916.03
1994	204/1232.32	1/4.40	2/1.03	11/12.38	218/1250.13
1995	240/767.82	2/3607	—	13/189.72	255/4564.54
1996	342/899.92	2/595	—	21/68.68	365/1563.6
1997	315/954.12	2/130	—	7/15.5	324/1099.62

续表

类别 年度	经济合同纠纷案件（国内）	企业破产案件	交通运输经济纠纷案件	其他经济纠纷	合计
1998	359/1349.71	3/62	—	53/22.3	415/1434.01
1999	534/1805.6	2/2197	—	39/52.64	575/4055.24
2000	410/6275.72	2/439	—	16/27.34	428/6742.06
2001	332/1170.56	4/1020	3/4.71	21/38.38	360/2233.65
2002	296/672.78	—	2/4	4/1	302/677.78
2003	174/864.97	5/3547.25	—	1/1	180/4412.22
2004	184/860.78	1/40137.43	1/2.2	7/7.89	193/41008.3
2005	132/2617.09	—	—	5/51.12	137/2668.21
2006	147/885.01	1/10834.39	1/2	3/10.3	152/11731.7
合计	4863/22437.16	27/62633.17	10/14.16	353/596.31	5253/85680.8

注：1.其他经济纠纷中含合同代位权案件1件（2004年）；劳动争议案件19件（2002年4件、2003年1件、2004年6件、2005年5件、2006年3件，分别为劳动合同10件，集体劳动合同1件，事实劳动关系1件，其他7件）。

2.交通运输经济纠纷案件10件均为公路货物运输合同纠纷。

3.2002年至2006年统计企业破产案件诉讼标的金额为企业资产总额+债务总额。

4.有些劳动争议条件仅涉及劳动关系，不涉及诉讼标的金额。

【行政审判】 1986年，蓬安的行政案件由民事审判庭、经济审判庭分别受理。1987年3月后，行政案件由新设立的行政审判庭专门受理。1991年2月，蓬安县召开行政审判工作座谈会，学习行政诉讼法和最高人民法院的司法解释，40多个行政执法机关80多名领导和行政执法人员参加。

1993年后，县法院对行政审判方式进行改革，突出行政机关的举证责任，强调行政案件一律公开开庭审理，强化庭审功能。1995年1月，县法院开始依照《中华人民共和国国家赔偿法》有关规定，审理行政赔偿案件、刑事赔偿和非刑事赔偿案件。

1999年，新修订的《中华人民共和国刑事诉讼法》实施以后，县法院受理并审结首例律师状告公安局不履行法定职责案。1998年12月21日，原告何某接受犯罪嫌疑人的委托，为其提供法律帮助，遂持《律师会见犯罪嫌疑人及被告人专用证明书》到蓬安县看守所要求会见犯罪嫌疑人。看守所以未经该局领导批准为由，拒绝安排会见。原告何某以蓬安县公安局违反法律规定，没有正确履行法定职责，损害了原告及委托人的合法权利为由提起诉讼。法院经审理认为，县公安局要求原告在会见在押犯罪嫌疑人前须经本局领导批准，并出具《批准会见在押犯罪嫌疑人决定书》的具体行政行为于法无据。县法院判决撤销蓬安县公安局对原告何某会见在押犯罪嫌疑人须经批准的具体行政行为，并由县公安局承担案件受理费及其他诉讼费。

2002年后，进一步推行行政审判方式改革，推行直接开庭审理行政案件，强调所有行政诉讼案件都必须当庭举证、质证、认证，进一步提高行政审判的质量和效率。2005年5月，县法院行政审判庭成功调结一例已历时15年的行政赔偿纠纷。经审理查明：被告蓬安县群乐乡人民政府的临聘工作人员罗某在执行职务过程中致伤原告伍某某。县法院根据国家赔偿法关于国家机关工作人员违法行使职权侵犯公民、法人或者其他组织的合法权益造成损害的赔偿责任应由该行政机关承担的相关规定，裁定驳回原告的起诉。

1989年至2006年，县法院共审结行政赔偿案件57件，其中附带提起行政赔偿案件49件，单独提起行政赔偿案件8件。刑事赔偿和非刑事赔偿案件这类案件受案很少，县法院仅受理1件以人民法院作为赔偿义务机关的非刑事司法赔偿案件。审理结果，决定不予赔偿。县法院共审结各类行政案件201件。其中公安53件占26.37%，工商23件占11.44%，交通运输17件占8.46%，土地8件占

3.98%，税务7件占3.48%，城建、乡镇政府各5件占2.49%，卫生3件占1.49%，林业2件占0.99%，烟草、民政、环保各1件占0.50%，其他66件占32.84%。在审结的201件行政案件中，维持38件占18.91%，撤销38件占18.91%，变更4件占1.99%，撤诉79件占39.30%，驳回26件占12.94%，终结2件占0.99%，其他12件占5.97%，判赔2件占0.99%。

【执行工作】 1986年，县法院以生效法律文书为根据，运用国家强制力，开展执行工作。1987年，县法院的执行工作由各审判庭兼办，审执结合，对于个别难执行案件由法警协助。1988年7月，根据最高人民法院关于审执分立的要求，设立执行庭。1997年，为规范执行程序，严格实行审执分离，除法庭外，所办案件凡需执行的，一律交由执行庭执行。2002年1月，新设执行局（与执行庭合署办公），按诉讼性质分为刑事、民商、行政案件执行。2006年，县法院开展“规范执行行为，促进执行公正”专项整改活动，将案件执行的整个流程向社会公开，主动接受社会监督。

刑事执行　1986年，县人民法院根据《中华人民共和国刑事诉讼法》规定，仅管辖主刑中的有期徒刑、拘役、管制及罚金、剥夺政治权利、没收财产3种附加刑；主刑及附加刑中的剥夺政治权利，由法院判决后交付公安机关执行。

1987年至1998年，死刑由市中级人民法院组织实施，当地武警执行。从1999年开始，对死刑的执行改由法警负责。对判处无期徒刑、有期徒刑的罪犯，判决生效后，由法院填写执行通行书、罪犯结案登记表连同判决书、起诉书一起送达看守所，由看守所将罪犯送交指定监狱执行刑罚。未成年人交未成年犯管教所执行。被判处拘役的罪犯，由人民法院将执行通知书、罪犯结案登记表连同判决书送达看守所，由公安机关就近执行。判处管制的罪犯，由人民法院将法律文书交公安机关执行。2001年，执行刑事案件14件。

县级基层法院所判处的罪犯系有期徒刑20年以下的罪犯，剥夺政治权利仅限于有期限一种，可以同主刑并处，亦可单处。判处有期徒刑、拘役附加剥夺政治权利的，从主刑执行完毕之日起计算；判处管制附加剥夺政治权利的，与管制同时执行。对于判处剥夺政治权利的罪犯，由人民法院将判决书和执行通知书送交当地公安机关执行。对判处附加刑中罚金、没收财产的执行，原则上由人民法院直接执行。罚金和没收的财产全部上缴国库。人民法院执行没收财产，在必要的时候，也可会同公安机关执行，但不得没收属于犯罪分子家属所有或者应有的财产。

民商事执行　1986年，对民商事判决、裁定、调解书的执行，实行审执结合，对个别大难案件由法警协助，是年县执行民商事案件338件。1988年7月，执行庭成立，对执行案件进行了合理分流。对于调解结案和判决结案而有明确执行标的物的案件，由审判案件的承办人负责执行；对于调解结案后确实执行困难的案件，判决结案后当事人拒不执行的案件，以及外地法院委托执行和需要协助执行的案件，由执行庭负责执行。1992年，县法院组织5个突击执行组，分赴各地开展执行工作，执结了一批跨辖区的案件。出台《实行审执分离制度的暂行规定》《执行案件收案、执行、归档管理办法》《执行案件管理办法》等规范性制度。1993年，未结执行案件从240件下降至36件，并执结一批疑难案件。1999年，县法院开展“执行年”活动。共执结民商事案件538件。2000年12月，县法院依法为县农村合作基金会、县供销社及工商个协收回债权760余万元，并促使和带动其他债务人自觉归还欠款440余万元。2002年，县法院进一步加强和改进执行工作，未结执行案件从285件下降至166件。2003年，对外公布执行局电话，实行值班接警办案和举报奖励制度，先后制定出台执行案件流程管理、请示审批、执行听证、财产评估拍卖变卖、执行案款及实支费管理等15项规章制度。2004年，开展“执行卷宗、执行款项、未执案件”专项集中清理活动，限期执结一大批老大难案件。如长达7年之久的河舒农村合作基金会申请执行郑某某借款合同纠纷一案，执行人员在广东找到被执行人，为河舒镇政府挽回经济损失4万元。

至2006年年底，县法院共执结民商事案件7586件，其中民事5343件、经济（商事）2243件；

执行标的总金额 15331.12万元，其中民事4682.44万元、经济（商事）3041.89万元。

行政执行　1987年3月，县法院成立行政审判庭，但行政案件的执行较少。1990年后，县法院依照行政诉讼法和有关法律法规的规定，开始受理行政机关申请强制执行的非诉讼行政案件。1991年，执行行政案件5件。1993年5月，县法院分别在县建设环保土地管理局、税务局、工商物价局、技术监督局、交通运输管理所、交通稽查征费所6个行政执法部门设立执行室，加强对非诉行政案件的执行工作。1994年至2006年，县法院先后在稽征、路政、交管、计生、水电、国土、卫生防疫、质监、物价、林业、城建等部门开展非诉行政案件的执行工作和专项执行工作，共执结各类非诉行政案件606件，占同期执行案件总数的11.75%；执行标的总金额328.33万元。

办结执行案件情况统计表

（1986~2006）

年份	已结案件情况													
	民事	经济	行政	刑事	非诉行政	其他	小计	其中						标的款额
								自动履行	和解	终结	强制执行	不予执行	其他	
1986	296	42	—	—	—	—	338	—	161	—	—	—	177	—
1987	350	68	—	—	—	—	418	—	357	—	—	—	61	—
1988	295	325	—	—	—	—	620	—	78	—	—	—	542	—
1989	485	199	1	—	—	—	685	—	—	2	—	—	683	—
1990	400	163	—	—	—	—	563	—	—	—	—	—	563	—
1991	445	117	5	—	—	—	567	—	—	—	—	—	567	—
1992	140	18	—	1	6	—	165	25	2	4	127	—	7	185.94
1993	163	24	—	17	—	—	204	26	11	16	148	—	3	249.09
1994	108	65	—	36	9	—	218	202	—	2	13	—	1	193.05
1995	136	71	—	—	89	2	298	221	21	3	50	1	2	212.47
1996	206	139	—	—	84	20	449	248	52	7	125	8	9	479.25
1997	215	132	—	—	67	5	419	161	42	9	198	—	9	299.97
1998	191	133	—	—	59	19	402	130	53	25	161	2	31	590.43
1999	207	331	—	—	54	—	592	220	38	40	269	—	25	787.33
2000	230	255	2	3	45	—	535	237	65	73	141	—	19	911.29
2001	263	161	1	14	34	—	473	123	65	133	128	2	22	875.47
2002	425	—	1	5	28	—	459	69	49	292	35	—	14	793.31
2003	294	—	—	9	75	—	378	77	27	178	36	2	19	520.1
2004	226	—	—	5	18	—	249	43	22	102	31	—	51	589.05
2005	113	—	—	4	20	—	137	26	26	54	30	—	1	635.33
2006	155	—	1	4	18	—	178	23	21	93	38	2	1	839.86
合计	5343	2243	11	98	606	46	8347	1831	1090	1033	1530	17	2846	8161.94

【审判监督】　1986年，县法院成立落实政策复查案件专门班子，开展落实刑事审判方面政策工作，共复查和处理刑事案件2143件2148人。其中：属1957年至1961年所判处的反革命案件及其他政治性案件2038件2038人，通过复查，维持原判1004件，宣告无罪990件，免予刑事处分38件，减刑6件，共计改判纠正1034件1034人，占应复查数的51.4%。属“文化大革命”期间判处的刑事案件在复查工作中存在遗留问题的再申诉案件44件49人，通过复查，维持原判39件39人，宣告无罪3件8人，减刑2件2人。属统战方面案件61件61人，其中起义投诚54件54人，台胞、台属2件2

人，侨胞、侨眷1件1人，宗教界人士2件2人，通过复查，维持原判5件5人，宣告无罪55件55人，免予刑事处分1件1人。

至2006年年底，县法院按照“实事求是，有错必纠”的原则，依法启动审判监督程序。在所审结的845件刑事再审案件中，维持原判543件，改判193件，作其他处理109件。改判占再审案件总数的22.84%。例如李某某贷款诈骗罪一案，原审被告李某某利用与殷某某仿造的建筑安装承包合同和殷所写的“贷款扣款协议”，在蓬安县金甲信用社先后贷款共计104500元。再审认为：原判对李某某犯贷款诈骗罪的事实认定正确，定罪量刑恰当，应予维持。但原判未对李某某诈骗的贷款作出处理，遂依法应予纠正，增判由李某某退赔蓬安县金甲信用社贷款本金余额84340元及资金利息。

在所审结的254件民事再审案件中，维持原判95件，调解9件，驳回14件，改判48件，撤诉18件，作其他处理70件。改判占再审案件总数的18.90%。审结以上案件，主要涉及婚姻家庭、继承、房屋、赔偿等各种类型。在民事再审案件的审判中，对确属错误的案件依法改判。同时还注重调解，化解矛盾，平息纷争，维护社会稳定。原审原告吴某某诉原审被告唐某某人身损害赔偿纠纷一案，已经发生法律效力。南充市人民检察院提出抗诉，南充市中级人民法院指令蓬安县法院再审。该案在再审过程中，经法院主持调解，双方当事人自愿达成了赔偿协议。

在所审结的5件行政再审案件中，当事人申诉再审2件，县法院决定再审3件；属公安案件1件，其他行政案件4件；维持1件，作其他处理4件。原告郑某某诉被告南燕乡人民政府行政侵权一案，院长发现原裁定程序违法，提交再审。再审认为：原审原告郑某某自愿将房产证交付他人贷款，应当预见其后果，后其房产证被留置，原审原告也有一定的责任。遂依法判决：驳回原审原告郑某某的诉讼请求。

检　察

1986年，蓬安县人民检察院从嘉陵路迁至政府街15号。1988年，县检察院贯彻全国人大常委会和国务院规定，整顿经济秩序，立案侦办贪污挪用公款1021人，金额5636672元。1991年，立案侦办贪污贿赂案件35件41人，其中万元以上贪污、贿赂4件6人。1992年12月，省检察院授予县检察院“四好班子”称号，为县检察院记集体一等功一次。2001年，县检察院被省检察院评为“五好”检察院。2003年4月，县检察院自筹资金180万元，在抚琴大道梨树湾修建建筑面积4700平方米的技侦用房。1986年至2006年，共受理各类批捕案件2112件，立案侦查贪污贿赂案件317件，追缴赃款1248万元。

【检察机构】 1986年，县人民检察院内设机构为：刑事检查一科、刑事检查二科、经济检察科、法纪检察科、监所检察科、控告申诉检察科、政策法律研究科、政工科。1987年，政策法律研究科更名为政策法律研究室。1988年，增设驻税务局检察室。1990年，经济检察科更名为贪污贿赂检察科。1994年，撤销贪污贿赂检察科成立蓬安县人民检察院反贪污贿赂局。1998年11月，增设法警队。2001年5月，刑事检察一科更名为侦察监督科，刑事检察二科更名为公诉科，法纪检察科更名为渎职侵权检察科。2002年1月，撤销法律政策研究室。2006年7月，撤销渎职侵权检察科，设立反渎职侵权局。2006年12月恢复法律政策研究室。

1986年至2006年，何子俊、马岳松、严家俊（代）、曹学群、韩志春、李敏、王瑜先后任县人民检察院检察长。

【刑事侦查监督】 1986年，县人民检察院开展以刑事立案为重点的侦查监督工作。1997年至2006年，县检察院对公安等侦查机关应当立案而没有立案的刑事案件，通过立案监督程序共依法立案监督38件。邓某某抢劫案，县检察院在审查中发现邓的舅母唐某某明知邓某某犯抢劫罪而为其提供路费，致使邓外逃3年后才被抓获，其行为已涉嫌窝藏罪，便向公安机关发出《通知立案书》，侦结起诉后，唐某某被法院以窝藏罪判处拘役5个月。县检察院从烟草专卖局获悉，该局原查办的何某某、唐某某生产销售伪劣卷烟一案，何、唐二人的行为均涉嫌犯罪，但没移送司法机关，即书面建议烟草专卖局将此案移送公安局立案侦查。公安经过侦查提请审查批捕，县检察院审查后以非法经营罪批捕、起诉，法院对何某判刑3年，罚金20万元，对唐某某判刑8个月，罚金5万元。2003年，市院交办的发生在南部县高考试卷被盗主管责任人员渎职一案，该案涉及人员多，案情复杂，处理难度大。为成功诉讼这一案件，承办人认真审查，草拟补查提纲20余页，提出补查问题和证据10余个，使这一在全国有较大影响的案件成功公诉。2004年，县检察院按照上级检察院的工作部署，在开展刑事拘留专项监督中，发现公安机关在办案中存在“立案法律文书不规范”“凡立必拘、凡拘必延”“保而不查”“侦查终结程序不规范”“办案记录不规范”等8个问题，专门召开联席会议通报刑事拘留专项监督情况，县公安局采取措施认真进行了整改。如县检察院在审查肖某某等11人抢劫案时，发现11名犯罪嫌疑人中未满18周岁的有10人，公安机关破案后协助县电视台就该案制作法制宣传影视资料，在县电视台公开播放，同时，公安侦查人员在讯问未成年人犯罪案件时未通知其法定代理人到场。针对这些情况，县检察院按照《中华人民共和国未成年人保护法》，及时向县公安机关和电视台发出书面纠正意见，及时纠正。1986年至2006年，对应逮捕而未提请逮捕、应起诉而未移送起诉的，依法决定追加逮捕44人，追加起诉42人；对不符合法定逮捕条件的，依法决定不批准逮捕460人；对犯罪情节轻微，不需要追究刑事责任的，依法决定不起诉49人，免予起诉136人；建议侦查部门撤回案件41件63人；退回侦查机关作补充侦查383件427人。

【审查起诉】 1986年，县检察院遵循“一要坚决，二要慎重，务必搞准”的办案原则，按照“基本事实清楚，基本证据确凿，不纠缠细枝末节”和快审快诉的要求，促使案件在法定期限内审结，及时提起公诉。如陆某某诈骗案，柏某某强奸案，付某某、付某某、付某某故意伤害案等，被告人均否认自己的犯罪事实，通过运用形成锁链的直接和间接证据，有理有据地指控了被告人的犯罪，法院对这些“零口供”案件依法作有罪判决。1999年，公诉科全年受理案件104件，在7天至10天内审查53件，占51.45%，15天内审结40件，占38.4%。为配合“严打”专项斗争，在5天时间内就办结并成功公诉13件“两抢一盗”等重大案件。

2001年，县检察院推行“专人负责、个别审查、两人办案、交叉阅卷、集体讨论、领导决定”的办案制度，对案件逐件审查，防止和杜绝错案发生，保证公诉案件审结率、起诉准确率和检控成功率均达100%。如公安机关移送的何某某、唐某某强迫交易案，县检察院审查认为，何、唐二人采取暴力、胁迫手段强迫司机出车，其行为构成劫持汽车罪，提起公诉后，法院以劫持汽车罪对二被告人判处了有期徒刑。检察院注重把好案件入口关、审查关、讯问关、适用法律关和出庭关，严格按照起诉标准，坚持与嫌疑人、被害人、主要证人“三见面”，核对案件事实和证据，认真听取其辩解意见，以及被害人、证人的意见，注重对案件适用法律条文和认定的罪名进行审查，不随意处理。审查刘某敲诈勒索案时，发现嫌疑人伙同李某某、祝某某等10余人采取挟持人质等手段敲诈他人现金1000元后外逃，刘某被抓获归案，但在有关司法解释中已将敲诈勒索罪犯罪数额从原来的1000元改为2000元。根据刑法“从旧兼从轻原则”，刘某作案数额达不到新规定的犯罪数额标准，不构成犯罪，建议公安撤回另作处理。

2002年，县检察院严格执行不起诉案件的办案程序，坚持由承办人提出案件审查意见，科里集体讨论后送院检委会讨论作出决定，报送市检察院备案同意后再公开宣布；试行不起诉案件公开听证制度。县检察院所作出不起诉案件，没有出现当事人申诉和被市检察院纠正的情况。

同时，县检察院大力推进公诉改革，引入竞争机制，规范考核标准，推行大要案件、自侦案件“挂牌竞办”“大案合办、专案专办”相结合的办案机制和缩短办案周期、提高办案效率的办案警示制度。办案情况在每月科务会上通报、纳入年度目标考核，制定《公诉案件办案规程》《关于规范出席法庭用语的规定》。县检察院与县法院和律师事务所协商达成共识，对被告人依法可能判处三年以下有期徒刑、拘役、管制、单处罚金且犯罪事实清楚，证据确实、充分，被告人认罪态度较好，控辩双方争议较小的案件，实行普通程序简易审，提高办案效率。制定《量刑建议实施细则（试行）》，公诉干警结合案件事实向合议庭提出量刑建议，2005年，提出14份量刑建议，均得到法院采纳和支持。

1986年至2006年，共受理公安机关和本院自侦部门移送审查起诉案件1936件2789人，审查后，向法院提起公诉1660件2389人，决定不起诉37件49人，免予起诉105件136人，退回补充侦查65件109人，建议撤回41件63人，移送市检察院审查31件43人，依法追诉42人。

【刑事审判监督】 1986年至2006年，县检察院采取依法提出抗诉、发出纠正违法通知书和提出检察建议等方式，共提出抗诉案件29件40人，发纠正违法通知书或检察建议131条。

依法对认定罪名不准、影响正确量刑的案件提出抗诉。1992年，尹某某、尹某某合伙盗窃案，二被告人合谋编造谎言欺骗被害人，秘密窃取被害人现金1.8万元。一审法院以二被告人犯诈骗罪各判处有期徒刑1年，县检察院认为二被告人用秘密窃取的方式取得财物，符合盗窃罪的构成要件，遂以“定性错误，认定罪名不准”为由提出抗诉，市中级法院采纳抗诉意见，依法改判二被告人犯盗窃罪各判处有期徒刑3年，缓刑4年。

依法对量刑不当的案件提出抗诉。2005年，王某某生产销售假烟案，起诉认定王某某在27个月里，生产（未销售）假烟，犯罪金额达50多万元，属犯罪未遂，县法院判处王某某有期徒刑3年缓刑5年，并处罚金27万元。县检察院认为王某某虽属未遂犯罪，但只应适用从轻处罚而不适用减轻处罚，更不适用缓刑。对其提出抗诉后，二审法院判处王某某有期徒刑一年零六个月。

【渎职侵权检察】 1986年，县检察院克服发现难、取证难、处理难等不利因素，突出办案重点，加大办案力度，反渎职侵权检察工作取得明显成效。1989年11月，县检察院侦查向东乡侵权案。向东乡四村三社村民廖某某因邻里纠纷用斧头砍死同社村民范德军、范德国兄弟，砍伤范某某之妻罗某某、范某某之妻唐某某及女儿范某某3人。被告人廖某某也因犯故意杀人罪被依法枪决。但本案原告却以杀人犯廖某某杀死两人，政府只枪决了1人，后事没解决好为由拒绝埋尸，并无理要求还要处死杀人犯之弟廖某某。1990年，原告又煽动、纠集20余人，将装有尸体的两副棺材抬进廖某某家堂屋停放，把死者的血衣、血裤挂在廖家堂屋正中壁柱上，牵走生猪，封锁廖家大门，将其家人从住宅逼出在外寄宿25天。经县检察院侦结起诉后，县法院分别以非法侵入他人住宅罪判处尹某某、范某某、范某某、叶某某等有期徒刑。

1992年11月14日，查处原县物资局朱某某、毛某某玩忽职守案。朱某某、毛某某受局指派到北京联系购钢材，并催收原与北京市乡镇企业局供销公司昌平分公司定购的1000吨钢材。朱、毛到昌平分公司找到有关人员发货，供方以钢材涨价为由，要求每吨加价100元才发货。毛某某明知供方所签合同已过期、违约，仍同意签订每吨加价100元的补充协议；朱某某不认真履职，在不了解情况下，积极促成毛某某签订合同，将进购钢材加价款233.7万元全部转入昌平分公司账户上，被对方全部骗走，给国家造成重大经济损失。经县检察院侦查终结，以玩忽职守罪起诉，县法院分别判处朱某某有期徒刑6个月，缓刑1年，判处毛某某有期徒刑2年，缓刑3年。

1994年11月，县公安局诸家派出所原所长唐某某与该所外勤民警何某某办理村民罗某某家5300元现金被盗案中，查获被盗现金系罗某某所为。犯罪嫌疑人罗某某之父请村干部找所长唐某某和办案民警何某某说情。何某某接受嫌疑人之父的宴请、索取现金5000元，收取罗某某的保证金1万元将罗释放，并授意罗外出。经法院公开审理，何某某犯徇私舞弊罪、受贿罪被数罪并罚判处有期徒刑5年，唐某某犯玩忽职守罪，判处有期徒刑1年6个月，缓刑2年。

2003年9月，河舒、利溪等乡镇一百多万株锦橙100号柑橘树相继出现传染性溃疡病，给果农造成严重经济损失。县检察院组织干警到因染病而被烧毁柑橘树苗的16个乡镇200多个村社及赴南充、简阳、成都、重庆等地调查，获取证据数百份，掌握到时任局长助理、果树站站长的唐某某未经有关部门同意，在河舒镇新增育苗土地9公顷，承包业主从柑橘溃疡病发生地简阳购进实木生苗148万株，未经检疫栽入河舒苗圃。县植保植检站站长杨某某、副站长曹某某，明知果树站生产、销售柑橘苗未申报植物调运要求函，对果树站违反植物检疫规定不进行查处，导致柑橘溃疡病在河舒、利溪等乡镇流行，造成全县113万株带病柑橘幼苗被连根铲除烧毁，柑橘产业化生产遭受重大损失的严重后果。检察院经侦查后，分别以玩忽职守罪起诉，县法院通过审理认定被告人唐某某、杨某某、曹某某对工作严重不负责任，情节特别严重，其行为均已构成玩忽职守罪，分别判处有期徒刑。

2004年，“9·27”特大沉船事故发生后，县检察院迅速介入调查，掌握到万和乡主管发航签单的唐某某和协助签单的何某某玩忽职守，未按制度规定履行职责，对始发客船清点装载人数和发航签单放行，准载80人的川蓬—客29号船超载旅客55人，造成死亡66人、直接经济损失达720余万元的特大翻沉船事故发生。经侦查终结，以唐、何犯玩忽职守罪起诉，唐某某、何某某分别被判处有期徒刑3年6个月和3年。成功侦办上述玩忽职守、失职案等，被省院荣记二等功2次。

1986年至2006年，共受理渎职侵权案件线索228件274人，立案侦查91件108人。其中：玩忽职守33件35人，重大责任事故12件13人，滥用职权8件8人，徇私枉法1件1人，徇私舞弊3件4人，滥用管理公司职权1件1人，失职使在押人员脱逃5件5人，传染病防治失职1件1人，非法低价出让国有土地使用权2件2人；刑讯逼供2件2人，非法拘禁13件17人，非法侵入他人住宅6件11人，非法搜查1件2人，虐待被监管人员1件1人，诬告陷害1件1人，妨害邮电通信1件1人。在立案侦办的案件中大要案件6件6人，区科级干部9人，司法人员11人。侦查终结移送审查起诉51件62人，作不（免）诉12件14人，撤案17件17人，作其他处理11件15人。

【反贪污贿赂】 1986年，县检察院按照“工作向办案一线贴近，警力向办案一线集中，经费、装备向办案一线倾斜”的思路抓好反贪工作。1990年，经济检察科更名为反贪污贿赂检察科。坚持请示汇报制度，主动争取县委的领导和人大的支持，在大要案件的初查、立案、采取强制措施三个环节，都按规定主动向县委汇报请示和向人大常委会报告。1994年，撤销反贪污贿赂检察科成立检察院反贪污贿赂局。加强人财物的保障，从全院各内设部门抽调骨干加强反贪工作，优先解决反贪所需要的差旅费和其他业务经费，专门为反贪局配备业务用小车、电脑、录音机、摄像机等侦查设备。始终坚持“一要坚决、二要慎重、务必搞准”的办案原则严把办案质量，牢固树立“质量是生命，程序是保证，公正是主线”的执法理念和“立检为公，执法为民”的执法观，认真执行上级有关反贪污贿赂的“九条卡死”“六个必须”等规定，不断增强程序意识、证据意识，依法文明办案，保护犯罪嫌疑人的合法利益。1997年，县检察院侦察查明原财政局预算股总会计段某某利用职务之便分三次将公款30万元人民币划到他一人的账户上，后全部取出挥霍殆尽，被查办后，判处有期徒刑15年。2001年，县检察院连续侦办乡邮政代办员马某某、李某某和县邮局出纳员石某某三起特大贪污案件，石某某侵吞邮政储汇公款360万元，是蓬安有史以来最大贪污案。2003年，县检察院查明原县政府副县长邓某某任仪北路蓬安段指挥长期间，收受建筑商贿赂款12万元，被判有期徒刑12年。

2006年年底止，共受理各类案件线索1070件，立案侦查317件404人。其中：贪污129件177人，受贿111件139人，单位受贿3件4人，商业受贿3件3人，行贿6件6人，介绍贿赂2件2人，挪用公款38件43人，私分国有资产1件1人，侵占1件2人，偷税抗税21件25人，销售伪劣产品1件1人，投机倒把1件1人。查办的案件中，大、要案和有影响的案件115件149人、司法人员2人、区科级干部41人、县处级干部4人。侦查终结移送审查起诉171件226人，作不（免）诉90件102人，撤案

48件64人，其他处理8件12人，为国家和集体追缴赃款挽回损失1248.2万元

【职务犯罪预防】 1986年，县检察院启动预防职务犯罪工作，由经济检察科负责。1990年，预防职务犯罪被列为一项专门检察业务。2001年，成立由检察长任组长的预防职务犯罪工作领导小组，将预防工作纳入目标管理。2003年，县委转发《关于在全县基本建设领域加强预防职务犯罪工作的意见》，检察院增设预防职务犯罪科，会同纪委、监察、审计等监督部门，与县建设、国土、交通、工商、税务、金融、水利、林业、教育、卫生等部门建立预防联系点，确定预防联络员，构建覆盖全县12个系统、20多个成员单位参加的预防职务犯罪网络。制定《预防职务犯罪工作的实施意见》和预防职务犯罪工作内部协作规则。结合办案，有针对性地开展预防工作，坚持“每案必分析、必提出建议、必进行回访”活动。县邮政局连续发生特大职务犯罪案件，县检察院协助该局建章立制，剖析发案原因，做好警示教育。2004年，为保证金溪航电重点工程淹没区补偿工作廉洁、公平、顺利进行，县检察院在金电淹没区补偿工作刚开始就采取预防措施，完善工作机制与教育、监督相结合，把防止职务犯罪工作落实到补偿各环节。全县进行预防教育，到县农业局、地税局、邮政局、蓬安中学等机关、企事业单位、学校开展法制宣传教育76次，到机关单位、乡镇、街道社区、学校举办巡回讲座、制作宣展案例挂图、接受群众咨询、印发法制宣传资料等传播预防职务犯罪理念。2005年，与蓬安监狱联手共建预防职务犯罪警示教育基地，利用服刑犯作反面教员，强化警示教育。先后有市农业发展银行、市规划局、县人武部、信用联社、卫生、药监、地税等单位组织中层以上干部和职工近千人，到基地听取职务犯罪服刑人员讲犯罪经历、危害、教训，这成为全市检察机关预防职务犯罪工作的一大亮点。2006年，县检察院参加政府采购、工程招投标、国有资产拍卖等监督111次，签订《廉政合同》156余份。先后对蓬安县周河公路改建、金溪航电、金周公路、农电改造、退耕还林、水土治理、农村电网改造等重点工程项目开展专项预防，协助相关单位加强内部财务监督制约，实行同步、跟踪预防，认真落实“双签”合同，防止“工程上马、干部落马”，促进工程招投标公开、公平、公正和工程有序运作。

【监所检察】 1986年5月，县委、县人大常委会组织县检察院、公安、法院、司法、民政、工会、妇联等22个单位42人组成“蓬安县探视规劝考察团”，采取大会报告、小组座谈、个别走访、查看改造情况、写规劝信等方式，对蓬安监狱中的蓬安籍服刑人员探视规劝和进行形势、政策、法律、前途教育活动，半个月时间，监狱收到各类决心书、悔过书、改造计划和举报材料537份。1989年，增设县检察院驻蓬安监狱检察室。1993年，在监外执行检察工作中，坚持采取“四查四见面”和“四个结合”的方法，由监所检察科干警每年深入到县辖相关基层单位及公安各派出所进行监外执行检察。“四查”即：查派出所是否建立监外执行人员档案；查是否建立监改帮教组织及措施落实情况；查监外执行人员表现；查监外执行人员是否存在脱管和有违法犯罪问题。“四见面”即：与罪犯本人、担保人、帮教人员、专管民警见面。“四个结合”即：监督与帮教相结合，监督与帮扶相结合，一般监督与重点监督相结合，监督与调查研究相结合。1996年，县检察院积极探索并建立驻狱检察各项工作机制，完善驻狱检察干警值班、巡查制度，实行权利告知制度和被监管人员约见检察官制度，保障其行使控告、申诉和举报等合法权益。在押人员贾某某在约见检察干警时提出他被收审一个月时间未折抵刑期，驻狱检察室干警及时核查，建议一审法院予以裁定更正。1998年，县检察院坚持节假日由分管副检察长带领干警到监狱巡视检查。2000年，县检察院推行“减刑、假释、保外就医”公示制，程序公正、透明，使在押人员感受到执法工作公平、公正。推行检（察）、警（察）、军（武警）相结合的“三位一体”工作机制，签订落实“强化监督，共保安全”责任书，促进监狱安全和稳定。重视对外劳点监督，蓬安监狱设置外劳点多达15个、分布较广，驻狱检察室积极协助做好在押人员的教育、监管和安全工作，防止了外劳点各类事故发生。2005年2月，蓬安监狱管教干部廖某某在外劳点营山砖厂对服刑

人员蔡某某进行殴打，导致蔡某某脾脏破裂被摘除，在立案侦办中，办案干警顶住各方面压力和说情风，较短时间内侦结此案，对廖某某以涉嫌虐待被监管人员罪起诉，县法院对廖某某作了免予刑事处罚。

1986年至2006年，对监狱呈报的减刑、假释、保外就医人员依法审查；办理在押人员再犯罪案件82件82人；立案侦办监管人员职务犯罪案件11件11人；协助监狱安全检查202次、建议454条次；受理在押人员控告、申诉案件414件；对在押人员进行法制、思想教育3075人次。2006年，驻县看守所检察室网络化监控系统建成投入使用，检察室被省检察院评定为“三级规范化检察室”。

【控告申诉检察】 1986年，县检察院创新信访工作机制，开展文明接待活动，突出解决涉检涉法上访和申诉。1988年，县检察院先后制定完善《接待人员岗位责任制》《信访工作岗位责任制》《处理信访案件工作程序》《检察长接待制度》。1994年，县检察院启动“文明接待室”创建活动。1995年，创建市级文明接待室。1997年，创建省级文明接待室。1998年，县人民检察院把办理控申案件，化解矛盾纠纷，与保持同群众的“零距离”结合在一起，实行谁主管谁负责，跟踪督办的控告申诉首办责任制，使各年度的控申案件及时消化，按期办结。2000年7月，县属改制企业烟厂职工150余人到县检察院反映：烟厂领导不顾职工生活和仓库烟叶严重积压，请求查处。县检察院检察长听取后，当即表示组织干警查清问题答复来访职工。2002年4月，河舒2村1组村民姜某某控告，时任杜家乡国土站站长唐某骑摩托车将其孙女撞伤逃逸，公安机关未予立案侦办，请检察院为民伸张正义。检察院立即安排控申干警在两天时间里查清唐某撞人事实，县公安局将唐某依法追究责任。2003年2月，市“两会”期间，马回乡石板村5名村民到县检察院上访，反映该村村主任贪污公款、携款外逃情况，要求查处。接访后县检察院与马回乡政府主动配合，分别调查核实取证，证实村主任无贪污问题。2004年，检察院接待室成功创建全国文明接待室，最高人民检察院授予“全国文明接待室”称号。

1986至2006年，受理各类刑事控告1694件次，受理刑事申诉案件1109件，共受理申请刑事赔偿案件6件6人，经立案审查确认，对应予赔偿的给予赔偿2件3人，赔偿金额35808.63元。受理各类信访告急案件线索49件次，其中分流处理26件次、检察长批示自办23件次，均落到实处。

【民事行政检察】 1986年，民事行政检察主要是接待上访和提供法律咨询服务。1990年，为全面履行民事行政检察职能，检察院开始重视提请抗诉案件。1998年，向市检察院提请抗诉民事案件2件。1999年后，办案数量逐年上升。2000年，提请抗诉和建议提请抗诉达19件。县检察院提请抗诉的民事行政案件均被上级检察院采纳，再审改判率达90%以上。2003年，县检察院与县法院达成共识，会签《关于在民事、行政诉讼中应用检察建议的实施办法》，以检察建议方式对同级法院的民事审判活动和行政诉讼活动实行法律监督，向县法院发出检察建议再审13件，法院采纳建议再审改判12件。县检察院结合办案向有关部门和企业发出检察建议13份，为国家和单位挽回经济损失630余万元。2004年，蓬安“9·27”特大沉船事故发生后，县检察院在办理与该事故相关的刑事案件中认为，该事故原因、责任明确，其损失赔偿应由主要责任单位承担，书面建议县政府向有关单位追偿先行垫付的费用。县政府采纳该建议，与事故主要责任单位金溪航电工程建设方商谈达成协议，由其承担损失赔偿600万元，县政府和相关单位承担损失赔偿120万元。2006年，县检察院对当事人做好息诉服判工作。如平头乡政府干部殷某某结算纠纷申诉案，该案经南充市中级人民法院三次复查审理，驳回殷的申诉，维持原判，但殷某某不服，多次向县检察院提出申诉。经调卷审查并赴成都、广元等地调查，对相关账据进行司法会计鉴定，认为其申诉理由没有充分证据证明，通过耐心做工作，殷某某息诉服判。

人民团体

1986年，蓬安县人民团体有：蓬安县总工会、共青团蓬安县委员会、蓬安县妇女联合会、蓬安县科学技术协会。1988年10月，蓬安县红十字会成立。1990年11月，蓬安县残疾人联合会成立。2006年，全县共有人民团体6个。

蓬安县总工会

1986年，蓬安县总工会在全县职工中开展劳动竞赛和“四有”“四职”教育。1988年，县总工会选出第一届女职工委员会。1991年至2004年，县总工会被省总工会先后评为四川省税法宣传教育活动先进单位、四川省物价监督先进集体、四川省百县创超工程达标单位、省帮扶困难企业先进单位、全省新经济组织先进单位、四川省发展工会企业事业先进单位、四川省工会财务工作先进集体、劳动争议处理工作先进单位。2001年，成立中共蓬安县总工会党组。2005年，全县有基层工会组织285个；时有职工49058人，其中女职工14415人；工会会员48056人，其中女会员14016人；有职工之家150个，其中县级先进职工之家69个，县级模范职工之家18个、市级先进职工之家8个、市级模范职工之家4个、省级先进模范职工之家3个。2006年，基层工会个数267个，会员总人数为76248人。

1986年至2006年，敬瑞卿、章北星、王双全、黄成立、汪俊波先后当选为县总工会主席；2001年至2006年，唐亚俊、魏有龙先后任总工会党组书记。

【工会代表大会】 1988年12月27日至29日，蓬安县总工会第四次代表大会召开，正式代表212人，列席代表35人，特邀代表12人。大会选举产生蓬安县工会第四届委员会，委员19名、候补委员4名。第一次委员会议选举出常委9名，章北星当选为主席。

1994年3月26日至28日，县总工会第五次代表大会召开。出席会议的代表200名，特邀代表30名。会议选举产生蓬安县总工会第五届委员会委员25人，第一次委员会议选举出常委9人，章北星当选为主席。

2005年4月25日，县总工会第六次代表大会在县政府三楼会议室召开，出席会议的正式代表201人，特邀代表12人。会议选举产生蓬安县总工会第六届委员会委员25人。第一次委员会议选出常委9名，黄成立当选为主席。

【组织建设】 1986年年底，全县有基层工会组织193个，工会小组836个；时共有职工11969人，其中女职工3639人；入会会员11842人，其中女会员3331人。全县157个职工之家验收合格141个，占89.8%，有先进基层工会30个、先进工会小组45个、优秀工会积极分子260名。全县基层工会正副主席共315名，其中有12个基层工会配备16名专职工会干部，工会主席均享受党政副职待遇。1988年，成立蓬安县文化馆、饲料公司、水电局、县委宣传部、县纪委、乡镇企业局、四川省阆中保宁醋总厂蓬安分厂、县人民银行等8家单位工会工作委员会。1989年3月，调整县总工会法律顾问组人员和总工会职工物价监督总站人员。1990年，县总工会先后建起职工康乐苑和职工幼儿园等经济实体，开展基层工会整顿建家工作。1991年，全县基层职工之家有156个，其中省级模范职工之家1个，先进职工之家市级7个、县级59个；全县有专职工会工作人员47人，专职正副主席（主任）34人，有专职工会干部的工会组织31个。1993年，完成教育系统基层工会改选工作，选举产生了中国教育工会蓬安县第二届委员会。1996年8月，蓬安县首家私营企业工会——蓬安县天发有限责任公司工会委员会诞生。1997年年底，蓬安县新经济组织工会组建工作领导小组成立。2000年，成立巨龙、徐家、金溪、河舒、罗家、兴旺等6个区工会工作委员会，兴旺、天成、河舒等44个乡镇工会委员会和周口、城南等8个个体私营经济工会。2003年，全县新建企业建工会48个，入会职工2841人，发展个体工商户会员9152人，职工入会率达100%。

2004年，新建非公企业工会44个，基层工会数增至273个，新增会员22053人，达到46173人。2005年，强化依法治会，依法管会，着力增量扩容，新建基层工会12个，会员发展到48056人，职工入会率达到96.7%。2006年全县基层工会涵盖法人单位1033个；基层工会个数267个，会员总人数为76248人。全具行政村598个已建村工会435个，有农民工会会员11.8万人。

【女职工工作】 1986年，组织基层工会创办幼儿园11个，入园儿童454人；对女职工进行“四自”教育。1992年，开展“四自立功”“四自标兵”“‘三八’奉献月”等活动，参加活动女工6243人，提合理化建议6303条、技术革新27项，创价值601万元。女工委拟写的《改革在“半边天”的心目中》一文被《四川工人报》《劳动报》刊用。1996年，全县建立基层女职工委员会86个，不足25名会员的基层工会配齐女工委员。10月中旬，举办女干部培训班，40余人参加《中华人民共和国劳动法》《中华人民共和国妇女权益保障法》等培训。7月，举办女职工美容美发培训班，培训30余人。1997年，县工会女职工委员会组织职工开展法律法规有奖知识问答，举办“三八专刊”和座谈会。参与市总工会的“斧标红花油杯——献给母亲的爱”知识竞赛活动，县总工会女工委被省、市总工会评为“女职工工作先进集体”。1999年，与劳动人事部门培训下岗女职工800多人，安置和自找门路就业638人，进行电脑、家政服务和如何当一个好妈妈培训。2003年至2005年，县工会女工委实施帮助困难职工和下岗职工子女圆大学梦工程，配合宣传部发出信件700多封，动员社会各方面力量捐资5.3万余元，为吴建强等55名困难学子解决学费圆大学梦。2004年，举办妇幼卫生保健、农村畜牧养殖知识培训班，200名妇女参加培训，发放宣传资料500多份；对200多名妇女进行健康检查。2005年，在企业开展女职工单项集体合同签订工作，举办2期女职工委员会主任培训班，培训118人；免费举办女职工技能培训班5期，培训女职工378人；举办防治艾滋病保健讲座3场。有305名女职工受到市、县和所在单位表彰奖励。2006年，筹资18.8万元，帮助130名困难职工子女圆大学梦；开展女职工大病互助保险活动，为150名女职工解决后顾之忧。

【劳动竞赛】 1986年，县总工会在全县职工中开展“四个一”竞赛活动，即做好一件事，参加一项改革实践，提一条合理化建议，练好一门基本功。全县有161个单位3764人提合理化建议2346条，实施1478条，创价值507万元；开展技术表演赛19次，参加表演及观摩的达2017人次。1989年，全县开展“大干一百天，争当双增双节能手”竞赛活动，奖励30多名“双增双节能手”。1991年，全县各基层工会组织动员职工开展增产节约、增收节支社会主义劳动竞赛，43个单位，5782人参赛。1994年，马回电力股份有限公司工会开展“多发电、做贡献”“降损节能、增收节支”“人身设备无事故”“保安全、创全优工程”等劳动竞赛。县保险公司利用100天时间，在全司职工中开展“简易人身保险、三个长效还本保险、用电户平安保险”劳动竞赛。全县共有86个单位3.5万人次职工参加“三提高、两降低”劳动竞赛，创经济效益416.7万元。1997年，县总工会以“提高职工和企业技术素质、产品质量，经济效益，降低消耗、事故率，增效益”为主题，在全县开展劳动竞赛活动，县丝绸厂开展“我为扭亏献一计，为解困献一策”活动，企业效益同比减亏57%。县烟厂以质量、品种为重点开展攻坚，把消耗降低到同行业规定的标准。在南充市劳动竞赛总结会上，县总工会、四川马回电力股份有限责任公司介绍经验，被评为“劳动竞赛先进集体”。1998年，全县开展“学邯钢、学长虹、强管理、增效益”劳动竞赛活动。县丝绸厂开展“提质降耗，增产节约，减亏解困”劳动竞赛，机动车间开展机器零配件修旧利废，将蒸汽管道闸阀修复用于水管道，并自制自动缫排汽筒、长网等，节约资金7200元；后缫车间利用废屑丝加工成扣儿丝23.4千克，创价值3510元。全县增产增收2805.219万元。

2000年，开展合理化建议、技术革新、岗位练兵、技术比武劳动竞赛活动。马电、嘉宝、天府机器、自来水公司、丝绸厂等80%以上企业参赛，参赛职工达85%以上，节约和创造价值比1999年增长20%以上。提合理化建议175条，共增收节支475.6万元；技术攻关21项，创经济效益

267.79万元；技术革新改造18项，创经济效益24578.3万元；推广新技术13项、新工艺8项，创经济效益865.7万元；技术帮扶企业4个，受帮扶企业共减亏增盈1892.6万元；技术练兵比赛22次，参训参赛职工462人次。2001年，马电公司在职工中开展“千斤重担人人挑，人人肩上有指标”竞赛，连续三年无安全生产责任事故，设备完好率达100%，节约用电210.5万千瓦时，节约用水4000吨，创效益219.52万元。2004年，全县开展“七比七赛”劳动竞赛活动，参加劳动竞赛15000余人。嘉宝公司组织职工在“我为民营经济献一策”提合理化建议活动中，研制出YNS零件技改和LF1010工装技改项目，被南充市总工会评为一等奖，被省总工会表彰为我为民营经济献一策合理化建议活动优秀成果奖。2006年，全县有35个企业开展劳动竞赛，参赛职工2408人，创经济价值132万元；27个单位开展技术练兵活动，参赛职工1953人次，评选出标兵能手95人。

【劳动保护】 1986年，县总工会要求各级工会组织做好改善职工劳动条件、保护职工安全和健康工作。1989年，在已建成42个基层劳动保护委员会，配劳动保护委员216人的基础上又建立劳动保护领导小组56个，增加车间劳动保护监督检查委员2个，配有劳动保护检查员198人，专职4人。在全县组织劳动保护培训33期，受培训人数达1643人次。是年，劳动保护达标企业13个，标准化车间班组30个，受县、市、省表彰的劳动保护安全生产先进个人356名。1990年，县总工会与有关部门联合下发《关于对工人健康体检和对有害作业场所进行检测的通知》《女职工劳动保护规定》等文件。劳动保护，安全生产列入职代会议事日程。全县基层以上工会共举办劳动保护、安全生产培训班6期，受训602人，举办知识竞赛19次，参赛15219人。1994年至1995年，县总工会、劳动局、安办、经委在全县开展“百日安全赛”“夏季防暑降温劳动保护”等活动，抽调工会干部及劳动保护监督检查委员、企业安全专职干部共23人对天府机器厂等36个企业进行抽查。查处一般性事故隐患1261件，整改1223件。整改中，更新改造固定资产145.2万元，投入经费70.46万元，职工劳动保护津贴36.79万元。1998年，针对劳动市场混乱、招收未成年人做工和随意克扣员工工资现象，县总工会与劳动部门对全县民营企业用工情况进行检查；配合安办对全县企事业进行安全大检查，检查企事业36户，查出隐患61处，提出整改意见58条。2000年至2002年，县总工会、劳动局、安办举办157名干部参加的劳动保护、安全生产干部培训班，对国有、集体、乡镇、私营等43户企业有针对性地进行防暑降温、安全生产、劳动保护监督检查。天府机器有限责任公司被省经贸委、劳动厅、省总工会表彰为“省级安全建设先进单位”。2003年，组织全县职工开展《中华人民共和国安全生产法》《中华人民共和国劳动法》知识竞赛活动。2004年，县总工会、劳动局、安办贯彻国家劳动保护、安全生产等法律法规，分三个组开展对企业和事故多发行业安全生产、劳动保护监督检查。2005年，组织开展群众性安全生产监督和“安康杯”竞赛活动。2006年，县总工会、劳动局对41户用工单位进行劳动监察，涉及劳动者815人，为劳动者追回拖欠工资32.97万元，补签劳动合同153份。

【职工教育】 1986年举办“有理想、有道德、有文化、有纪律”四有教育和“职业道德、职业责任、职业纪律、职业技能”四职教育，举办读书演讲比赛200余次，参加演讲职工1500余人，听演讲职工8610余人。建立读书自学小组188个，结业1494人，表彰自学成才75人，技术交流队21个，攻破技术难关38项，创经济效益23.7万元。 1989年至1990年，开展形势教育及学雷锋、学铁人、学先进活动，在全县完成第二轮青工政治轮训任务。全县16个基层工会1100名职工参加省举办的“五粮液杯”民主管理知识大奖赛。1993年，县总工会组织职工学习《中共中央关于建立社会主义市场经济体制若干问题的决定》，先后组织14名工会干部参加四川省社会科学院在成都举办的“转换企业经营机制培训班”，4名基层工会干部参加江西庐山工会工作研讨会，10名工会干部参加北京“学习贯彻十二大精神辅导班”学习。9月份举办基层工会干部培训班，培训工会正副主席、女工干部、宣传委员共45人。全县全年培训工会干部、职工代表428名。1994年，在职工中开展“热爱党、热爱祖国、热爱社会主义”为主题的系列宣传教育。县工会拟写的《从职工的实际情况出发做好思想政治工作》《开展读书活动，提高职工素质》《注重思想教育建设职工队伍》《基层工会在实施爱国主义教育中的策略探讨》等文章被《四川工人日报》等报刊发表。11月，举办为期三天的工会干部培训，各局工委主任、基层工会干部60余人参训。1998年，举办电脑学习班两期，培训下岗职工41人；举办美容美发、缝纫技术培训两期，培训下岗职工32人；举办工会干部培训班两期，参训125人，派出4名干部参加省总、市总干部培训。2000年，总工会在县委党校培训52名新任工会主席、副主席，为期一周，系统学习工会工作法。2002年至2003年，学习《公民道德建设实施纲要》和新工会法、《四川省工会法实施办法》，发放宣传资料6000份，组织4000名职工参加知识竞赛活动。2005年，加大培训力度，解决“4050”人员再就业难问题，新建成一个集就业培训、劳务输出、电车缝纫培训及生产为一体的实用技能人才培训基地，免费扶贫培训216人次，免费开展下岗失业人员电车缝纫、计算机专业培训15期1100人次。发展薛州电脑、现代电脑、五星技校为再就业培训基地，培训下岗人员458名。2006年，开展下岗人员电车缝纫、计算机专业培训15期1100余人次。县工会职工教育培训工作先后被市教委、经委、组织部、总工会授予“职工教育先进集体”称号，被省总工会、工商局命名为“四川省下岗职工再就业基地”。

【民主管理】 1986年，县总工会落实工会职代会“三项权力”、加强职工民主管理。全县157个单位建立健全了职（教）代会或职工代表大会制度，进行民主评议干部的单位71个，评议375人，培训职工代表893人。1987年，大部分单位修改职（教）代会条例实施细则，定期召开职代会会议行使职权，全县70%以上基层工会开展民主测评领导干部工作。1990年，各基层工会主席均按同级党政副职配备。对全县中型企业建三级民主管理组织，小型企业（学校）建二级民主管理组织。1991年，建立厂级职工代表大会制度119个，有职工代表1554人；召开职（教）代会单位86个，审议方案789件，同意489件，否决106件，提出提案889件，实现478件；签订集体合同14个单位；民主选举行政领导班子10个单位；评议领导干部33个单位113人。受理劳动争议46件。1993年，推进民主管理较差的集体企业，进行研讨；培训职工代表2353人，有513名职工代表获省、市、县和基层工会的表彰奖励，39个基层工会获市、县“民主管理先进集体”称号。1994年，深入蓬安县天府机器厂，协同党政共同做好公司改制、股票购买等方面的工作。当年全县建立职（教）代会制度的企事业单位154个，提交职（教）代会审议方案345件，审议同意方案314件，否决方案31件。1996年，全县有16家企业已签订集体合同，13户企业职工签订劳动合同，对25个企业的4352份劳动合同进行完善，已建立集体协商机制企业28户。1997年，全县有58户企业183名领导接受评议， 42户企业领导向职代会报告招待费和不合理负担情况。1999年，县委、县政府出台《关于实行厂务公开，加强企事业单位民主监督和民主管理工作的意见》，决定在全县国有企业、国有控股企业、集体企业、实行企业化管理的事业单位和卫生、学校等事业单位全面推行厂（校、医、政）务公开，全县实行的单位达95%以上，其中规范化的达60%。2000年，全县实行厂务公开的国有企业和国有控股企业41户，达100%；集体和集体控股企业20户，其中厂务公开的18户；科教文卫单位94户全部开展校务、院务、所务公开，公开面达100%。2001年，县总工会处理各种劳动纠纷案件28件，结案率100%；接待职工来信5封、来访469人次、企业来访86次，全年督促336人补签劳动合同，纠正违法无效劳动合同32份，督促指导4户企业工会组织代表职工与企业行政续签了集体合同，涉及职工1902名。非国有企业劳动合同续签率达89%，集体企业劳动合同续签率达100%。马电公司被省总工会表彰为“四川省职工民主管理工作先进集体”。2003年，全县有中小学校96所， 95所学校建立了教代会。巨龙职业中学被省总工会授予“省级民主管理先进集体”，蓬安二中、石孔小学被南充市政府授予“民主管理先进集体”，23所学校被县政府评为“校务公开先进集体”。2006年，县总工会重点指导新建企业工会建立职代会。全年在新建经济组织企业中签订和完善集体合同和劳动合同达85%以上。

【职工维权】 1986年，县总工会在全县落实职代会制度，维护职工合法权益。1989年，县总工会、县经委、农贸办在工人文化宫举办为期6天的各单位党、政、工负责人学习《中华人民共和国企业法》培训班；在县织布厂召开学习《中华人民共和国企业法》、修订《职代会实施细则》、制定《基层工会组织工作条例》现场会。做到厂长决策，党委保证监督，职工民主管理，加强“三化”（职权规范化、组织体系网络化、开展活动经常化），落实“五权”（重大问题审议权、通过权、决定权、建议权、选举权）；重大问题，单位行政领导要与工会商量，企业的计划和职工生活福利要交职代会讨论修改。全县各企事业单位召开职（教）代会321次，审议生产经营方案89件，审议工资、奖金分配方案186件，审议劳动保护方案15件。1989年至1991年，县总工会获得四川省总工会南充地区办事处“维护职工合法权益优胜奖”。1992年，县委再次出台《关于进一步加强工会、共青团、妇联、科协领导班子和干部队伍建设的意见》，明确规定了职工参政议政、民主管理、民主监督的措施办法。县总工会还与县政府建立了联席会议制度，对工会参与民主管理的内容、形式、方法达成协议。1993年，县总工会向县委、县政府汇报所调查的职工和企业状况及要求，提出可行性建议。认真处理来信来访和劳动争议仲裁，在各企业建立健全劳动保护监督检查委员会和劳动保险卡片。1994年，协同天府机器厂党政工共同做好公司改制、发行股票等方面的工作。总工会干部深入企业指导落实，完善方案，维护职工利益。1996年，县委、县政府出台《蓬安县深化企业改革与加强企业管理的试行办法的通知》，对工会职代会在企业改制中的地位和作用作了政策性的规定，使工会和职代会工作得到正常运行。县总工会维护职工权益抓住“牛鼻子”，大力推行平等协商和签订集体合同制度，与县劳动局联合发出《关于企业实行平等协商签订集体合同的意见》，在天府机器厂召开了平等协商签订集体合同现场会，在全县推广，有效地维护职工合法权益。1997年，在全县进一步推行平等协商和签订集体合同的制度，全年新建立平等协商签订集体合同52户；新经济组织建工会5个；建立健全劳动争议调解委员会75个；调解劳动争议案件35件，涉及职工89人次。8月，县总工会行文对推行平等协商签订集体合同制度成绩特别突出的四川马回电力股份有限公司、县供水公司等10个企业进行了表彰奖励。1998年，国有、集体企业和公有产权占主导地位的66户企业全部建立职代会。建立平等协商制的企业64家，签订集体合同的企业60户，开展民主评议领导的企业56户。在一些企业建立了职工董事、职工监事机制。2000年，做好改制企业职工的“维权”工作，坚持改制方案提交职代会讨论通过，按《中华人民共和国工会法》处置工会资产、安置分流人员，企业改制与建立工会相结合，建立工会与签订集体合同同时进行，工会代表职工与企业法人代表谈判协商工资报酬制度，促进职工工资谈判协商、推动集体合同的重签、续签、完善、巩固和提高，坚持保证职工工资水平不低于全市最低保障线。2001年，县总工会依法处理劳动争议案件，为企业与职工追回各种应得利益价值219800元。2002年，蓬安县建立了《蓬安县人民政府与蓬安县总工会联席会议制度》，确保了工会的源头参与。处理来信来访27件185人次，对反映职工的问题及时会同有关部门予以妥善解决。与县纪委、组织部、经贸委、监察局等单位联合转发了中纪委等六部委《关于做好2002年厂务公开工作的通知》，进一步推行厂（校、所、院）务公开工作，全面落实职工的参与权、知情权、监督权。与县纪委、组织部、经贸局、建设局联合转发了省委办公厅、省政府办公厅《关于认真学习贯彻“三个代表”重要思想，深化企业民主管理工作的意见》，坚持和完善以每年两次召开职（教）代会为基本形式的民主管理制度。积极建立劳动关系协商机制，全县建立面达到75%以上。2003年，县总工会强化教育职工维权工作，在全县中小学校普遍建立教代会，民主管理学校，保证教职工合法权益，坚持教职工民主推荐和选举学校领导制度。2004年，全年在新建经济组织企业中签订和完善集体合同和劳动合同达85%以上。县总工会被省总工会表彰为“工会劳动争议调解工作先进单位”。2005年至2006年，维权工作重点转移到协同劳动部门建立劳务输出基地、拓展就业渠道、培训劳动者技能增强竞争力、促进下岗职工再就业工作。

【帮扶慰问】 1986年，县总工会组织基层工会对家庭生活困难职工给予补助，开展经济劳力互助，全县建立互助储金会116个，9853人参加，金额达1.7万元。慰问生病住院职工、补助困难职工257人，金额8754元。1989年，全年为职工争取福利待遇做好事3128件。参加生育保险73人，身体伤残保险114人，社会事业保险4724人，互助保险516人，安康保险307人。1991年，县总工会对133名困难职工发放慰问金4000元，组织7个基层工会为华东地区洪灾捐款2万元，捐粮（含粮票）5000余公斤。1994年，为九户国有企业16663名职工申请生活费贷款137.172万元。1996年，在全县88个单位为困难职工募集资金67677.1元，解决409名特困职工春节生活困难。1997年春节前后，组织机关、事业、企业单位职工，为社会献爱心。全县共筹集资金444736元，其中工会筹集60736元。看望慰问468户特困职工，对白玉初中康洪波（眼睛受伤）重点帮助，捐赠医药费5500元。1998年，县总工会成立"送温暖工程"基金。春节期间共筹集资金331914元，其中县总工会集资34651元，解决困难职工70户。2000年，县总工会参与组织全县共筹集资金1163775元，解决困难职工1263户；县总工会解决生活急需的困难职工312户。开展金秋助学活动，为9名困难职工子女解决上学难问题。2002年7月，高温酷暑期间，县总工会对20个企业送去近5000元防暑药和降温饮料。"八一"建军节出资1000元走访、慰问武警官兵和在战斗中负伤致残的老战士。2003年，县总工会在元旦、春节期间，向机关、企事业单位和社会各界筹资4万余元，慰问困难职工400多人，慰问节日坚守岗位的16家单位职工，为下河街、红军街社区投入资金8000多元，帮助改善社区居委会办公条件。2004年，筹集资金6万多元，解决500余名困难职工生活困难。筹集资金2万元帮助10名困难职工子女上大学。为白血病患者陈果、王秀琼、蒋涛等5人筹资4万余元解决生活和治病费用。"9·27"沉船事故发生后，组织机关、企事业单位和个体工商户为"9·27"受害群众捐资20余万元。2006年，县总工会建立健全特困职工帮扶中心和帮扶困难职工的长效机制。

共青团蓬安县委员会

1986年，共青团蓬安县委员会有委员27人、书记1人，全县有1027个团支部，有团员5.29万人。1992年，团县委成立"蓬安县青少年服务部"。2001年后，团县委设立人秘股。2002年，成立中共共青团蓬安县委机关党支部。2006年，共青团蓬安县委员会有委员39人，有书记1人，副书记1人，内设秘书股。全县共有团委88个，团支部2178个，团员9.4万名。

1986年至2006年，赵仕学、谢衡、文建英、祝奎龙、张琳先后当选为团县委书记。

【团员代表大会】 1987年11月，共青团蓬安县第七次团员代表大会在县城召开。出席会议代表252人，选出委员24人，赵仕学当选为团县委书记。

1990年12月，共青团蓬安县第八次代表大会在县城召开，参会代表273人，选出团县委委员23名，候补委员2名，谢衡当选为团县委书记。

1996年10月，召开共青团蓬安县第九次代表大会，出席会议代表214人，选出团县委委员35人，候补委员3人，文剑英当选为团县委书记。

2001年6月，召开共青团蓬安县第十次代表大会，出席会议代表115人，选出团县委委员36人，候补委员3人，祝奎龙当选为团县委书记。

2004年11月4日至5日，团县委在相如饭店会展中心召开共青团蓬安县第十一次代表大会，选出团县委委员、候补委员、常务委员，张琳当选为团县委书记。

【组织建设】 1986年，共青团蓬安县委员会下辖1067个团支部，共有团员5.29万人。1988年，团县委加强组织建设，做好团干部培养教育工作，举办各类业务培训、参观、考察活动。1989年

4月，召开全县中学团干部会议。5月，表彰10个新长征突击队，70名新长征突击手。1991年，组织优秀团支部书记参加四川省“团支部书记岗位知识学习竞赛活动”，李小燕获得优秀组织奖，张勇等4人获得竞赛优胜奖。1992年，共青团蓬安县委成立“蓬安县青少年服务部”。1993年，中国共产主义青年团蓬安县会龙丝绸厂委员会成立。1994年，团县委以全县乡镇企业为重点加强建团力度，拓展团的工作。1998年4月，举办团干部培训班，94名团干部参加培训。10月，举办城区团干部计算机基础知识培训班。是年，共青团河舒初中、兴旺初中、同济中学总支均升为团委，成立邮政局团总支。2002年，共青团蓬安县警风文武学校、马回小学、县委机关支部先后成立。2003年共青团蓬安大地超市、蓬安县建筑劳务有限责任公司支部成立，共青团徐家初中、新园小学、银汉小学、万和初中、诸家中学委员会先后成立，长梁小学团支部升为团委。2004年4月和10月，举办两期团干部理论学习班。先后成立共青团福德小学委员会，共青团县委办公室、县检察院、新世纪英才学校、县级机关事业单位会计核算中心支部委员会。

1986年至2006年，共评选市级优秀团干部42名，县优秀团干部247名，市级先进集体32个，五四红旗团委标兵1个，县“共青团工作先进集体”177个。

【少先队工作】 1986年，全县中、小学均成立有少先队组织，有少先队员65603人，其中中学1085人；大队辅导员67人，其中中学7人。是年，召开少先队工作会议，周口小学、师范附小就如何发挥少先队先锋模范作用，如何发挥班主任主导作用等发言交流经验。1987年6月，蓬安县召开首届少年儿童代表会，到会代表115人，表彰少儿先进集体10个、优秀家长33个、优秀教师87人。1989年，全县贯彻《中国少年先锋队教育纲要（试行）》精神，少先队建设逐步做到科学化、系统化、制度化、阵地化，努力将少年儿童培养成“德、智、体、美、劳”全面发展的一代新人。执行全国少工委《关于继续加强基础建设，在少先队大、中队集体中开展“达标创优”活动的通知》精神，在全县各小学开展以“有组织、有辅导员、有活动、有阵地、有制度”及狠抓少先队“建队率、入队率、配备率、培训率、覆盖率、活跃率、普及率、利用率、健全率、执行率”的“五有十率” 达标创优活动。向成绩优秀的大队集体颁奖，授予大队旗，向成绩优秀的中队集体授予中队旗。10月13日，少先队建队40周年纪念日，全县各校少先队组织开展声势浩大的“红领巾向祖国献礼”活动。1990年，各中小学认真贯彻少代会精神，坚持基础的共产主义教育，“三热爱”教育。7月10日，清溪乡罐子坝村学生李天国于清溪河中奋不顾身救起落水小同学杨应东，自己光荣献身，被团地委命名为优秀少先队员，蓬安县委号召全县人民和中小学生向优秀少先队员李天国学习。各校在“学赖宁，学李天国，学十佳，做党的好孩子”活动中结合寻找身边闪光点，开展“少先队心连心、救助贫困地区失学少年”活动。1994年至1999年，县教委、团县委联合举办各中小学少先队大队辅导员培训班4期。建立德育基地和“三结合”教育网络，学校、家庭、社会密切配合，优化育人环境。1999年，围绕少先队建队五十周年庆典，县委宣传部、团县委、县教委联合表彰首届全县“十佳少先队组织”10个、“十佳少先队辅导员”10名、“十佳少先队员”10名及“优秀少先队组织”6个、“优秀少先队辅导员”7名、“优秀少先队员”9名。2000年，全面实施少年“雏鹰行动”。选派教师参加南充市少先队辅导员培训班，加快建设一支适应21世纪教育改革和发展需要的辅导员队伍。2001年，根据全国少工委工作要求，深化“中国少年雏鹰行动”和“手拉手”互助活动，开展“新世纪我能行”体验教育活动，全面启动“加强农村少先队工作，进一步推进社区少先队建设”“竭诚为少年儿童的健康服务”等工作。2006年，全县公民办中小学有少先队员43383人，共建少先队大队部65个，有大队辅导员65名。

【青年志愿者活动】 1996年5月，团县委在全县开展主题为“迈好成人第一步，先做青年志愿者”的成人预备期志愿服务活动。建立中学生成人预备期志愿服务组织、成人预备期志愿服务基地。制定和发放“一助一”志愿服务卡，围绕环境保护、城乡建设及重点工程等开展公益性志愿服务活动，开展“净化校园、净化城市、植树绿化、美化环境”的青年志愿者植树绿化行动。8月，全县组建青年志愿者活动组织网络，在网上筹建蓬安县青年志愿者服务总队。1997年3月，团县委和有关部门在城区组织“青年志愿者学雷锋，树新风”便民服务活动，县城60余个单位团组织千余名团员青年参加。65个服务点共接待咨询800余人次，发放宣传资料6000多份，观看宣传图片和录像4000余人次，维修家电87台，义诊200余人，擦自行车、加气250余辆，为敬老院捐款500多元。1998年，团县委在全县青少年中开展为期9个月的“学英模、树新风”活动，包括青年志愿者行动、青年文明号活动、服务万村行动、青年文化园、希望工程、青工再就业服务工程、青年爱国主义教育活动以及手拉手活动。3月，为纪念毛主席“向雷锋同志学习”题词35周年，团县委开展“学习雷锋、志愿服务、扶贫济困、情暖人心”为主题的活动。1999年，开展“一助一”（集体）结对帮扶活动。621名青年志愿者参加，到福利院、敬老院为孤寡老人端茶送水，提供生活服务并捐款；一些单位、个人与农民结成服务关系，赠送农业技术书籍，或帮助面临倒闭的厂子提供贷款，恢复正常生产。3月，团县委、县委宣传部、政法委、科委等在城区组织“青年志愿者学雷锋树新风”便民服务活动，县城近20个单位团组织，150余名团员青年参加。近20个服务点共接待咨询800余人次，发放宣传资料5000多份，观看宣传图片和录像2000余人次，维修家电52台，义诊200余人次。2001年，团县委招募两名优秀青年志愿者赴南充嘉陵区参加支教扶贫计划。2003年3月，团县委组织1000余人开展志愿者活动，共维修家电50余台，义务就诊400余人，散发各类宣传资料5000余份。2006年，开展“弘扬朱德精神，争做朱总故里好公民”“五老志愿者关爱空巢儿童”“五老志愿者义务监督网吧”“共青团真情助困进万家”等活动。

【青年人才工程】 1986年以来，团县委致力于跨世纪青年人才的培养和扶持。1991年，在全县农村青年、民兵中深入开展“万名农村青年民兵科技开发工程”活动，科技开发工程人数10000人次，培养科技星火带头人1000人。1996年，开展培养青年星火带头人和实用技术培训活动，培养青年星火带头人110人，实用技术培训达11000人次。7月，广泛动员组织青年职工参与“旌晶杯”世纪行——巴蜀百万青工“争当青年岗位能手争创青年文明号”育人建功大赛主题活动。1997年4月，开展“青工导师带徒”活动。1998年7月，团县委、县建行、县劳动局主办下岗青工电脑（免费）培训班，32名学员进行为期半月学习。在农村开展“百、千、万”养猪大行动，组织团员青年饲养出栏生猪10万头，抓青年养猪大户100户，分期分批培训1000名青年养猪能手，在全县共树立县级“百、千、万”养猪大行动先进集体21个、“百、千、万”养猪大行动养猪能手22个。1999年至2003年，团县委组织培训农村青年1000余人次，培养青年星火带头人40多人。2004年，培养农村青年增收成才带头人50名，实用技术培训1万人。2006年，团县委宣传表彰先进典型，评选出市级优秀团干部和优秀团员10名，市十大杰出（优秀）青年候选人2名。

21年来，蓬安青年李天国、李福金等7人先后获四川省“学赖宁先进个人”“新长征突击手”等荣誉称号。获市级 “新长征突击队”“青年志愿服务先进集体”等称号的32个；获“地区杰出青年”“十佳青年岗位能手”等荣誉称号75名；获县级表彰的先进集体177个，先进个人135人。

【主题实践活动】 2001年3月，团县委与县总工会、县妇联在河舒镇桃花村联合组织大型游园活动。2003年5月，开展抗击“非典”特别行动。6月，开展“青少年维权行动月”活动。2004年，共青团蓬安县委在全县推进“保护母亲河”行动。4月，举办“警风文武学校杯”青少年现场书法、美术大赛，在全县中小学校开展“青少年网络文明”行动。举行“珍惜年华、远离网吧”宣誓签名仪式。9月20日，举办蓬安县“三个代表”重要思想演讲比赛，9月27日，向广大青年朋友发出倡议书，积极参加“9·27”事故救援活动及捐款捐物。12月9日，举行“一二·九”学生爱国运动歌咏比赛。2005年1月至6月，共青团蓬安县委参加全县保持共产党员先进性教育活动。2006年，开展帮扶贫困户主题教育活动。

蓬安县妇女联合会

1986年，蓬安县妇女联合会（简称县妇联）设主任1人。在全县开展以创建“五好”家庭为重点的妇女工作，加强全县妇女组织建设。1987年，县妇联在全县妇女中开展学习和竞赛活动，鼓励妇女在经济建设中创业成才致富。县妇联内机构设福利部、办公室。1992年，县妇联在全县深入开展“巾帼建功”活动，加强对全县妇女儿童的保护工作。1993年，县乡妇联主任改称主席。2002年，县妇联设主席1人、副主席1人，机关设秘书股，下属有县妇联妇女培训中心及县妇联幼儿园（家庭教育学校）1所。2006年，全县乡镇建制调整后均建立健全了妇女组织。1986年至2006年，县妇联先后被评为四川省第一期广播父母学校先进集体、四川省第三期广播父母学校招生工作先进集体，南充地区妇女“三学三赛”活动先进集体。

1986年至2006年，沈光清、杨蜀民、苟茂碧、李世桂、唐洁屏、张琳先后当选为县妇联主任、主席。

【代表大会】 1991年9月16日至18日，蓬安县第七次妇女代表大会召开，出席大会的正式代表218名，特邀代表5名，列席代表27名。会议选举产生第七届执委25人，常委8人，杨蜀民当选为主任。会议表彰了在“双学双赛”活动中做出较大贡献的养猪大户、养蚕大户、庭院经济标兵、纳税先进个人、“五好”家庭51名，城区“巾帼建功”先进个人12名。

2005年11月28日至29日，蓬安县第八次妇女代表大会召开，出席会议代表204人，特邀代表5人，列席代表4人。会议选举产生第八届执委会委员25名，常委9名，主席1名，副主席1名，唐洁屏当选为主席。会议向全县妇女发出“积极行动起来，认清使命，团结奋斗，用行动谋求新发展、用行动创造新生活”的号召。

【组织建设】 1986年至1987年，县妇联加强基层组织建设，全县7个区配备妇女干部7人，50个乡镇有48个进行换届选举，配备妇女干部48人，平头乡、万和乡没有配备妇女干部。乡镇妇联委员共503人，其中农民355人、卫生系统55人、文教系统36人、企业9人、专职48人。全县有街道妇代会8个、农村妇代会598个、乡镇企业妇代会14个，配有妇代会主任609个，社妇女代表3281人。1991年，各区、乡镇结合换届选举对基层妇女组织进行整建。县妇联配合组织部等部门在清溪乡进行加强村级组织建设试点，制定出三年规划。全县已建基层妇代会620个，妇代小组4852个，机关妇委会17个，妇代组67个，乡以上配备专兼职妇联干部54人。妇干中党员36人，团员4人，36岁以下妇干20人，占37%。1993年，县、乡、镇妇联主任改称为主席。1995年，县妇联对妇女组织进行调整充实，配齐36个乡镇妇干，建机关妇委会（女工委）5个。2001年，有乡、镇街道妇干48人，其中行政编制43人，事业编制2人，招聘干部32人，32人参加了同级党委。2003年，县妇联深入基层问卷和走访调查乡、镇、村基层妇女组织建设，全县有7个乡镇缺妇干，专职妇干有12人，兼职妇干28人，在兼职妇干中，大多数妇干同时身兼民政、计生等数职，没有时间和精力抓妇女工作。全县598个村，有57位村妇干在税费改革中被“精减”掉，由村支部书记、村主任、村文书“代管”妇女工作，现有541位村妇干年龄普遍偏大，文化程度较低，政治经济待遇得不到保障，在一定程度上制约妇女工作顺利开展。县妇联及时向县委、县政府领导汇报，9月，县委要求各区委、乡镇党委，切实加强对妇女工作的领导，巩固乡镇妇联组织，加强村级妇代会建设。2006年，乡镇建制调整，县委加强了妇女组织建设，上半年46个乡镇均配有妇女干部，下半年，全县设39个乡镇，配齐妇女专干39人，598个村建起了547个村妇代会，各街道社区也设有专兼职妇女干部，全县有专职妇女干部416人，兼职131人。有机关妇委会（女工委）50个。

【学习竞赛】 1986年，县妇联组织妇女参加省广播父母学校学习，被评为“四川省第一期广播父母学校先进集体”。1987年以来，县妇联组织全县妇女积极参加“三学三赛”（学习商品经济知识、学习法律常识、学习科学文化科术知识，赛勤奋、赛贡献、赛新风）、“双学双赛”（学文化、学技术、赛贡献、赛新风）、“三个百万行动”（100万个学习型家庭创建活动、100万名妇女创业成才活动、100万名妇女普法维权活动）、“美德在农家”等学习竞赛活动。县上成立“双学双赛”活动领导小组。1989年至1993年，县、乡镇财政共为学赛活动解决经费9900元，各成员单位自筹资金8450元。学赛活动中共印宣传资料28952份，发简报10期，办学赛专栏110期，广播宣传2600余件。全县农村参赛妇女由1989年的14210人增加到1993年的112609人，举办各种实用技术培训班2409期，受训妇女12万余人，脱产妇干讲课70人。同时在农村妇女中开展创“十好”活动。全县共向前线将士、武警官兵、舟桥部队、工程技术人员、入伍新兵赠送鞋垫5000余双，毛巾、日记本、针线包等1678件，为五保老人做棉鞋300双，做好事3256件。参赛妇女支援贫困户劳力5400个，义务技术指导2916人次，向灾区捐粮票5378公斤，捐物589件，现金318640.5元。金溪镇葫芦穴村4社王桂珍大力发展蚕桑生产，年养蚕30多张，年人均蚕桑收入1600元，当选为四川省第八届人民代表大会代表，被全国妇联、林业部授予“三八”绿色奖章。龙云镇28村8社卿信玉，被省妇联评为“双学双赛”活动先进女能手。在农村重点开展“五提倡五反对”教育，即提倡科学，反对封建迷信；提倡尊老、爱老、养老，反对虐待遗弃老人；提倡晚婚、婚姻自由，反对早婚、包办买卖婚姻；提倡婚事新办、丧事简办，反对铺张浪费；提倡男女平等、生男生女一个样，反对重男轻女、歧视虐待女婴和生女孩的母亲。全县共建立学赛活动领导小组2177个，有627名党、政领导担任组长。通过宣传发动，乡、镇妇干的联系点有43个，村、社妇干每人联系两户共有996户，其中贫困户277户。全县46个乡镇均建立“双学双赛”示范基地，报名参赛的妇女有7271人，占妇女总劳力的5%。2003年，各级妇联组织妇女参加“双学双赛”活动，全县46个乡镇均建立“双学双赛”示范基地，参赛妇女达124160人，参赛率达90%以上。协调有关部门帮助柳滩乡三角滩村8社、13社等10户贫困户，计划生育“三结合”户争取县扶贫办3000元资助金；帮助该村4社、14社共22户贫困户争取县扶贫办帮扶资金9.2万元。2004年，在河舒镇桂花村挂牌建立农村妇女“双学双赛”活动示范村、妇女科技培训学校，在白玉乡9村新建“双学双赛”示范基地，全县共新建基地48个，培育科技致富带头人82人。妥善输出女劳力近5000人。2005年，在“三个百万行动”活动中建立“美德在农家”活动示范基地2个，树“美德在农家”活动示范户6户、“五好文明家庭”户397户。培育科技致富带头人33人，蔬菜、水果种植大户10户，生猪养殖大户15户。全县共培养科技致富带头人47人。2006年，县妇联主席唐洁屏参加市委党校培训班学习，陈琼华参加国务院妇女儿童工作委员会办公室在天津举办的全国妇儿干部业务工作培训班学习。

【“巾帼建功”活动】 1992年，县妇联开展“巾帼建功”活动。县上成立“巾帼建功”活动领导小组，先后创建“巾帼文明示范岗”11个，其中市级7个，省级3个，国家级1个。1993年，城镇有39个单位的6735名女职工参赛，占女职工的70%以上。县医院女工委利用“三八”节、“5·12”护士节开展技术比赛，开展技术革新项目162项，在全国性学术刊物发表论文5篇，省级刊物17篇，学术会上交流论文54篇，为病人做好事1278人次。县烟厂女工委组织女工开展“节能降耗”和技术练兵活动，提出增产节约、增收节支和提高经济效益合理化建议442条，被采纳235条，增收节支达93.74万元；技术革新项目31个，创经济效益16.98万元。1998年，县妇联表彰6个“巾帼文明示范岗”。1998年，县妇联配合就业局、人事局等对下岗失业、贫困妇女免费培训，办培训班6期、培训982人，介绍就业1822人，下岗女工苟亚丽被市妇联评为“巾帼建功”先进个人。1999年，在城镇女职工中开展“五学”“十杯”活动，县建行城东路储蓄所在创建活动中，被市妇联命名为“巾帼文明示范岗”。2004年，启动“巾帼社区服务工程”，开展“送健康进社区”活动。成立社区医疗卫生服务中心并在县城主要街道社区设点义诊，共接待妇女群众700余人，诊治病人327人，发放妇幼保健知识书籍500余册，宣传资料2000余份。2006年，新建“巾帼文明示范村”“巾帼科技示范基地”、农村妇女学校、妇女专业协会各1个，培育巾帼创业带头人10人。

【“五好家庭”活动】 1986年，把创建“五好家庭”活动列入妇联工作重点之一。创建活动做到统一布置、统一安排、统一检查评比，由点到面，从农村到城市逐一开展。1987年2月，县委要求各地把创“五好家庭”活动引向深入，实行目标管理。是年，全县评选出“五好”家庭31425户，占总户数的19.7%。2304个“三八”红旗手，135个红旗集体受到乡镇以上党委的表彰。1993年，全县涌现出“三户”106842户，其中，遵纪守法户64749户，“五好”家庭29839户，“双文明户”12254户，并评选了489户“五好家庭”标兵。在创建活动中，抓后进户转化1280户，其中有437户评上“五好”家庭。2000年至2006年，深化“五好家庭”活动，开展“家庭”文化建设和“平安家庭”创建。县机关事业保险局龚国建，与丈夫相敬如宾，20年孝敬公婆，视公婆为亲生父母，公婆生病住院，她端茶递水、倒屎倒尿，尽心服侍，被四川省妇联授予“百佳孝媳”称号。

【女干部任用】 1986年，女干部有1人担任副县长。1987年，女干部担任县以上党委、政府、纪委领导的3人，其他同级干部3人。1988年，全县有女党员1486人。女干部1368人，占干部总数的19.5%，其中，党政机关263人，事业单位321人，企业153人，中小学649人。1991年，全县提拔任用县、区、乡镇女领导干部25人，其中，县级以上3人，副局级以上14人，副乡级8人，配备6名女副区长。1998年，全县46个乡镇，34个乡镇有女领导干部。乡镇干部总数1488人，其中女干部166人。机关局级领导干部中女领导19人，有18个单位有女领导。1999年，全县有女党员1725人，占党员总数的8.28%，出席县十三届人代会的女代表58人，占代表总数的22.9%；第九届党代会选出的女代表有36人，占代表总数的15.5%。全县共有女干部2359人，占干部总数的23.5%。2002年，全县62个党政部门有26个部门配备30名女领导干部，其中正职12人，副职18人。2003至2006年，全县有4名女干部担任乡镇党委书记、乡镇长。全县提拔副科级以上女干部68人，占提拔副科级以上干部总数的23%以上。

【妇女儿童权益维护】 1986年以来，县各级妇联结合全民普法组织妇女学习法律，增强妇女知法、懂法、用法意识和依法维权能力。学习宣传《中华人民共和国宪法》《中国儿童发展纲要》《中华人民共和国妇女权益保障法》《中华人民共和国婚姻法》等法律法规。全县共成立领导机构58个，有成员351人，培训骨干58期、5650人，参加学习妇女227467人，占成年妇女总数95%；印发宣传资料8000份，影视宣传152场，办板报476期，出动宣传车到场镇宣传，深入150个单位宣传，受教育者达5.6万多人；开展咨询65场次，接待群众1127人。1991年，成立“蓬安县妇女儿童工作协调委员会”，县委副书记任主任，副县长任副主任，26个单位负责人为成员，妇联副主任任办公室主任。1992年，县妇联抽1名干部参加县政府87号办公室（打击拐卖人口办公室）办公。1992年至1994年，3年处理拐卖妇女儿童案件23件，打击罪犯36人，解救妇女儿童62人。1997年至1999年，全县破获拐卖妇女儿童案件32件，解救女童57人，召开公判大会16场次，公捕公判残害妇女儿童犯罪分子85人。2002年至2003年，全县先后开展四次免费妇科病“三普查”活动，共普查12.6万余人次，妇科病普查率达40%，患者治疗率达80%以上。广泛宣传生殖健康知识，妇女受教育面达80%以上。2005年，帮助2500余名失业女性实现再就业，其中227名获税费减免27万元，312名失业女性获得岗位和社保补贴16.19万元，78名特困失业女性获得补贴门面租金1.56万元。全县有3769名女职工获得医疗保险，有5165名女职工获得养老保险，191名失业女性获得失业救济金。有365个用人单位受到县劳动保障部门劳动监察，有11922名劳动者得到监护，其中女职工5120名；有3名童工获得清退，有一家违规使用女童的用人单位被处罚款5000元。受理虐待妇女儿童等家庭暴力案件93件；办理收养、婚前、离婚后子女抚养等公证57件；设立法律援助中心，提供法律援助案件5件。2006年，县妇联成立“百万妇女普法维权”工作领导小组，在县城主要街道设宣传点，发放保护妇女儿童合法权益的法律、法规，预防艾滋病、禁毒和卫生保健等宣传资料3万余份，接待咨询群众1万人次。全县有6名妇联干部担任人民陪审员，配合司法部门在律师、法律工作者和公证员中设置妇女、青少年、残疾人维权岗28个。接待来信来访85件146人次，实现投诉案件办理率达100%，办结率达90%以上。完善基层维权工作网络，新建县级妇女法律援助站1个，乡级妇女法律援助站5个。

【帮扶慰问】 1986年，县级机关各单位妇联或工会女工委组织协助党政领导对职工日常生病住院和春节期间困难职工进行慰问。1994年，开展为贫困户“送温暖、献爱心”活动。春节前夕，将棉絮50床、衣物2940件、现金95元分别送往周口、银汉、鲜店、诸家等11个乡镇和县收容所。1996年2月，天成乡12村4社女青年周某某上街为其生病的父亲拿药，途遇歹徒，与其拼搏被刺伤30多处，抢救治疗3个月，用去医药费2万余元。县妇联组织发出为受害者“送温暖、献爱心”捐助活动通知，全县共捐款13419.88元。1997年至1999年，开展“城乡手拉手扶贫”活动。共收到现金13210元、衣物1197件、被套18床、糖果56斤，慰问孤寡老人、儿童、特困居民和退休工人。2003年，先后为患白血病的黄坪乡18岁少女蒋某某、城区居民王某某组织捐款2万余元。2004年至2006年，先后开展“一对一”帮扶活动和“巾帼助困”“送温暖、献爱心”活动，为周口镇下河街社区、固州寨村、马电社区29名贫困妇女儿童、癌症患者及周口镇敬老院的老人们捐助现金5300元和价值3000余元的棉被、衣物、大米、食用油和化肥等。县妇联和下属幼儿园教职工及在福建工作的蓬安籍乡友为金溪镇“9·27”沉船事故遇难家属捐款4420元，为社区“留守儿童”基地资助现金2000元，为社区家庭教育指导中心“三优”图书室购买价值500元的图书和书架，为骑龙乡石包村一对连体男婴组织捐款3655.3元及价值150元的奶粉、婴儿用品。

蓬安县科学技术协会

1986年，县科学技术协会在全县组织科普活动和学术交流。1992年，在县科委增挂科协牌子，县科协与县科委合署办公，开展科技兴农、兴工活动。2002年，县科协机关设置事业编制4个，其中主席1名、副主席1名，内设股室1个。

1986年至2006年，曾树林、奉永福、陈先明、何正东、贺自勇先后当选为县科协主席。

【代表大会】 1992年6月10日至12日，县科协第二次代表大会召开。出席大会代表共153人，特邀代表13人。选举产生15名委员、7名常委，奉永福当选为主席。

2003年1月23日，县科协第三次代表大会在周口镇礼堂召开。参加大会代表共113人，会议选举产生19名委员，9名常务委员，贺自勇当选为主席。会议修改了《蓬安县科学技术协会章程》。

【学会　协会　研究会】 1986年，蓬安县有县级学会4个（县医学会、农学会、会计学会、水电学会）；协会2个（县质量管理协会、果品技术协会）；研究会3个（语文教学、数学教学、物理教学研究会）。乡级农技协会1个（新园乡渔业技术协会）。共有会员4321人。

1987年，新成立县级学会2个，协会1个。县水产学会研究推广的田凼工程养鱼技术从当年开始示范。1988年至1990年，新成立县级学会2个，协会2个，研究会1个。乡级农技协会1个，科学技术协会1个。1991年至1996年，新成立县级学会2个，协会2个，研究会1个。乡级科学技术协会1个，农技协会2个。1994年，县蚕茧丝绸技术协会在龙蚕镇培育出优质桑品种“塔桑”，当年开始推广，两年后在全县普及。县果品技术协会组织技术人员开展技术服务和创新，优质水果“锦橙100”号在全县大面积推广，面积达到666.7公顷，1995年，被评为全国先进农村专业技术协会。1997年至2000年，新成立县级学会1个，乡镇科学技术协会40个，农技协会19个。县水产学会研究推广的田凼工程养鱼技术到全县推广面积达到746.7公顷，产值3000万元，并获得农业部“丰收计划”一等奖和省水利厅科技进步一等奖。县医学会先后派中医、西医等学科带头人参加重庆医科大学、华西医科大学、市医学会学术交流活动11次。县农学会研究推广的水稻旱育苗抛秧技术、双六尺工程配套在全县范围推广。县果品协会被命名为“四川省百强农村专业技术协会”。2003年9月20日，司马相如研究会在蓬安正式成立并召开第一次研讨会。2004年10月20日，在蓬安召开第二次司马相如研讨会，取得重大研究成果。2006年末，全县有县级学会11个、协会10个、研究会6个，会员人数达6882人，有乡镇科协和农技协会74个。县级学会共参加大型科普宣传活动28次，开展学术交流活动68次，交流学术论文228篇，76篇在国家、省级刊物上发表。县研究会共召开学术研究会12次，交流学术论文187篇。

【科普宣传】 1986年，全县共放映科教电影48部、3748场，观众达164万多人次。县科协、县体委、县农业局、县政协联合主办《科技与信息》。1989年，县科协科教电影放映队参加南充地区举办的“护林防火，保护野生动物”科教电影汇映活动，获全地区科教电影汇映亚军杯。11月至12月，在全县开展“人口与健康”科教电影汇演活动，被南充地区评为“人口与健康”汇映先进单位。1992年，《科技与信息》更名为《致富之友》。1993年至1995年，县科协与县委宣传部、县科委等每年3月组织县级相关部门、县级协会科技人员开展普及科技政策法规、推广先进适用技术、破除封建迷信科普宣传活动。1996年起，每年3月开展“科技普及宣传月活动”。1998年，《致富之友》停刊，累计发行194期，2160多万份。1999年，县委办、县政府办分别发文安排部署全县科教电影放映工作，共放映科教电影48部、3748场，观众达164万多人次。2001年开始，每年5月县科协牵头组织开展科技活动周。开展科普进校园，科技进社区、进村入户、扶贫工程等活动。

2006年年底止，在科普宣传活动中累计开展科技下乡活动142次，发放科技资料95.3万份，赠送科技书籍37976册，放映科教电影录像884场，开展技术培训讲座1021期，展出展版2468张，展出图片5622幅，咨询服务42947人次，义务诊病22004人次。

蓬安县科普宣传月活动情况统计表

(1996~2006)

界别	年份	参加单位(个)	送科技下乡(次)	发放资料(万份)	赠送书籍(册)	放映电影录像(场)	技术培训讲座(期)	展出展版(张)	展出图片(幅)	咨询服务(人次)	义务诊病(人次)
1	1996	23	8	15.2	1360	21	32	71	132	817	357
2	1997	25	13	3.9	2876	18	47	414	316	3650	2300
3	1998	32	7	5.6	2430	175	75	320	210	4310	3170
4	1999	36	15	3.5	1820	164	86	115	243	5320	472
5	2000	31	9	14	8460	192	254	218	423	3860	862
6	2001	38	11	4.6	3510	50	164	350	1450	5030	1008
7	2002	36	24	9.7	1490	64	132	165	1260	3120	4760
8	2003	35	8	8.3	6650	35	28	147	470	920	485
9	2004	41	10	4.2	2500	52	63	180	420	5400	1480
10	2005	40	21	4.8	3680	27	59	236	368	4380	3190
11	2006	46	16	21.5	3200	86	81	432	330	6140	3920
合计	—	—	142	95.3	37976	884	1021	2648	5622	42947	22004

【学术活动】 1986年以来，县科协组织各学会、协会、研究会和科技人员开展学术交流、学术研讨、学术报告会等学术活动。1992年，陈宗君撰写的《抗御天旱等不利因素对稻田养鱼危害

的研究》在全国青年学术联会上被评为优秀作品。1999年开始，每年选送部分优秀论文和组织科技人员参加中国科协年会。2003年、2005年，两次组织科技人员参加四川省中青年专家学术大会，其论文在大会上进行交流。到2006年，21年间县科协共举办学术报告59次，听讲人数达6950人次；举办学术讲座50次，听众达4880人次；举办学术讨论398次，参加人员4520人次；举办学术交流活动36次，参加人员达2430人次；收到各种论文1210篇，在省级及以上刊物发表340篇，地、市级刊物发表152篇，获得市（地）、县级软科学成果奖18篇，获市（地）级以上优秀论文奖87篇。

【科普示范】 1998年，蓬安县列为省级科普示范县创建名单。县委、县政府先后出台《蓬安县科学技术普及“九五”计划及2010远景规划》《关于创建科普示范县的实施意见》《关于做好新时期知识分子工作的意见》等规范性文件。1999年，成立创建省科普示范县领导小组。全县建立健全以县科协和县级学会、协会为龙头，乡镇、企业及科普组织为骨干，农村专业技术协会为基础的三级科普网络，200多个行政村建起科普活动小组，30多个农村专业技术协会建起科普活动室。建立县级科普示范乡镇13个、科普示范村100个、科普示范基地28个、科普示范学校2所、科普教育基地1个，培育科技示范户2450户。2001年11月，省科协正式命名蓬安县为“省级科普工作示范县”。

【金桥工程】 1994年，蓬安县科协启动实施“金桥工程”工作。1996年10月，县果品技术协会实施的《柑橘改劣换优技术推广应用》项目获省金桥工程领导小组奖励。2004年2月，县果品技术协会实施的“锦橙100号标准管理”、县水产学会实施的“白乌鱼池塘养殖”项目分别获南充市“金桥工程”领导小组授予的“金桥工程”优秀项目一、二等奖；县科协获“金桥工程”优秀组织单位一等奖。到2006年，全县共实施“金桥工程”项目31个，其中，省级5项、市级21项、县级5项。

【青少年科技活动】 1986年以来，先后在中小学校中开展“树理想、爱家乡、强本领”“学知识，添本领，建设家乡”“大手拉小手”“反对邪教，崇尚科学”“爱护我们共同的家园”“环保雏鹰行动”等科技实践活动，参加者达138200人次。1989年5月，举办了首届少年儿童科技小发明、小制作、小工艺“三小”展览和评奖活动，参展作品共310件，评出小发明二等奖4个，三等奖9个；小制作一等奖1个，二等奖3个，三等奖7个，优秀奖50个；小工艺一等奖1个，二等奖2个，三等奖9个，优秀奖150个。1992年，师范附小刘域的小发明“防风火柴盒”获得国家级2等奖，受到中国科协主席等领导接见。10月，开展了第二届蓬安县青少年生物百项科技活动。1995年12月，组织参加南充市第二届青少年发明创造和科学论文作品比赛活动。1997年，开展环境保护知识竞赛、生物百项科技活动和三小活动。2002年，“三小”活动更名为“青少年科技创新大赛”活动。11月，组织200余名师生参观川东北农业科技示范园、四川师范学院生物标本室、川北医学院的动物标本室等科技教育基地；邀请科技工作者先后到城区中小学校、徐家、白玉、杨家、河舒等20多所中小学校举办科普报告会130多场，听报告的中小学生12600人次。2002年至2006年，全县共有125件作品获得各级奖励，其中，获得省级奖13件、市级奖44件、县级奖68件。

【农村专业技术协会】 1992年开始，县果品技术协会采取“协会+基地+农户”模式，引入股份制，实现劳动合作和资金合作结合，建立新型产权制度。协会利用会员股金先后在河舒农场、碧溪乡共租赁土地64公顷，建成川北最大的无病毒良种果苗繁育基地及丰产示范园，是四川7大果苗基地之一。1995年8月，中国科协授予县果品协会“全国先进农村专业技术协会”称号。1996年，果品协会在河舒农场租地13.3公顷，建立假植园、培育大苗及优质果品。1997年12月，果品协会获“四川省明星级农村专业技术协会”称号。1998年，县生猪良种繁育协会采取公司饲养种公猪、种母猪，提供第二代母猪种源、精液、技术培训、药用物资、回收仔母猪的办法发展会员，以合同明确双方责、权、利，保证仔母猪回收，到2002年发展紧密型会员400户，饲养母猪3000余头，带动农户5000户，实现产值近千万元，协会和农户增收300余万元。蚕桑协会会员租赁开发平头乡白水滩嘉陵江河滩地建千亩优质桑园，年产值达百万元以上，成为省、市先进典型，该项目获县科技进步一等奖。2006年，全县共有农村专业技术协会37个，其中县级7个、乡级28个、村级2个，会员4300人，带动农户15275户，形成"协会+基地+农户""经济实体""租赁土地经营"等经营模式。

蓬安县残疾人联合会

1990年11月，蓬安县残疾人联合会（以下简称县残联或残联）正式成立，在民政局办公，接受县民政局业务指导。1993年1月，残联与民政局分开办公，经费单列，组织独立。2006年，全县有残疾人3.6万名，已办证2.6万名。1990年至2006年，向庆丰、郭长尧、唐建芬、刘习全先后当选为县残联理事长。

【代表大会】 1990年11月，蓬安县残疾人第一次代表大会召开，正式代表100人，其中残疾人代表58人、特邀代表5人、列席代表7人。大会审议并通过《中国残疾人联合会章程〈蓬安实施细则〉》，选举向庆丰为执行理事会理事长。

1993年12月，蓬安县残疾人第二次代表大会召开。大会正式代表107人，其中农村代表72人，机关代表35人。特邀代表10人、列席代表24人。选举向庆丰为第二届执行理事会理事长。

1998年8月，蓬安县残疾人第三次代表大会召开，大会正式代表110名，列席代表56名，特邀代表10名。选举郭长尧为执行理事会理事长。

2003年4月，蓬安县残疾人联合会第四次代表大会召开，到会代表127名。大会选举郭长尧为蓬安县残联第四届执行理事会理事长。

2004年1月13日，蓬安县残联第四届主席团召开第二次会议。通过举手表决增补3人为县残联第四届主席团委员。大会选举唐建芬为县残联执行理事会理事长。

【组织建设】 1990年，蓬安县残疾人联合会联成立并选举了领导机构。1993年，成立残疾人工作协调委员会，1998年，先后成立蓬安县残疾人康复服务指导站、残疾人用品用具供应服务站和残疾人劳动就业服务所。2004年3月，全县46个乡镇分管社会事务的领导为残疾人主席团主席、社会事务干事兼残联理事长，相如镇社区有残协主席8人。2005年11月，残联在长梁乡中坝村成立全县第一个村残疾人协会。2006年年末，县残联基层组织建设初具规模。全县选任乡镇专职委员39人，兴建社区残疾人协会24个、选任专委24人，示范社区10个，建村残协598个、选任专委598人，建示范村40个。

【帮扶】 1990年至2006年，蓬安县为残疾人减免税费31万元，解决临时困难补助9.8万元，争取扶贫贴息贷款、小额信贷300万元，对全县149户贫困残疾人每月50元专项补助。对全县20户住房困难和127户饮水困难的特困残疾人实施"安居工程"和"饮水工程"。扶持种养大户21户，种养殖基地2个。扶持盲童入学18人，资助残疾学生入学80人，资助特困残疾人子女入学197人。筛选盲人参加市技能培训8人，省上培训1人。残联先后在三坝、利溪等乡镇帮扶964户残疾人发展锦橙100号和优质脐橙、药材种植和家庭养殖业。为长梁乡中坝村35户残疾人种植商品菜每户帮扶菜种款100元；为徐家镇龙垭村9社肢体残疾人柯玉书资助5000元建养鱼池0.4公顷；为黄坪乡5村4社残疾人尹炳全资助2万元建美国红堤基地1公顷；为兴旺片区100户残疾人送购买麻竹笋种苗启动资金2万元。对长梁乡中坝村45户残疾人安装自来水给予每户200元经济补助；中坝村所有残疾人定点就医全部免交挂号费和诊费，每年进行一次健康检查。

周口（相如）镇政府对国家建设征地后没有安排工作的残疾人月生活补助费比健全人高9元，对吃国家定补的4名五保老人及16名特困残疾人每月各资助人民币60元。县司法局律师事务所为残疾人免费给予法律咨询。民政部门对符合“低保”条件的残疾人全部纳入低保，符合“五保”条件的优先纳入“五保”，全县残疾人参加医疗保险3000人，残疾人参保人数占残疾人总数的10%以上。教育部门对全县接受义务教育的残疾学生和残疾人子女全部进行“两免一补”计304人。

【康复】 1991年至2006年，残联为130名小儿麻痹后遗症患者做矫治手术。安装大小腿假肢37人，肢体康复训练42人，矫形器装配42人，发放用品用具510件。完成白内障复明手术1793人次，低视力康复10人，培训家长2名，申报低视力儿童配发助视器5例。残联收训聋儿30名，为16名贫困聋儿佩戴助听器，培训聋儿家长16名，发放用品用具110件。在免去精神病残疾人积累工、义务工、税费和其他社会负担的同时，采取社会、镇村社干部、党员和自愿者结对帮扶等形式关心帮助精神病患者，全县监护监控精神病患者达521例。

【教育与就业】 1990年至2006年，集中安置残疾人就业473人，分散安置残疾人就业297人，扶持残疾人个体从业831人。县残联、劳动保障、农业、畜牧局等有关部门，分别在兴旺区、巨龙区、南燕等区、乡镇举办29期种养殖业使用技术培训，参加培训人员1689人。送残疾人16人到省市参加盲人按摩、计算机、养殖业培训。送残疾人技术能手5人参加市上比赛获三等奖。

【权益保障】 1992年至2006年，每年“助残日”，县残联发表电视讲话，在县广播电视台点歌向残疾人和残疾人工作者问候和感谢，累计走访慰问特困残疾人1789人。县及各乡镇医院在“助残日”期间为残疾人进行义诊和病情咨询。乡镇及中小学开展“红领巾助残”“科技助残”“手拉手助残”“志愿者助残”“法律助残”“捐资助残”等活动，开展为残疾人帮农、帮收、帮扶活动。全县成立11个法律援助维权站并授牌，为残疾人做法律维权工作。蓬安县两路乡永庄观村二组残疾人黄志清外出打工，因公受伤，多次找老板赔偿都被搁浅，悲痛欲绝，既无钱又无亲人，残联请律师帮她打官司，法院审理判决被告赔偿她因公致残12万元。还先后为鲁志平、廖芙蓉、殷涛等进行法律援助，挽回经济损失130余万元。共处理来信来访1485人次，提供咨询服务416人次，为兴旺镇肢体残疾人刘昌安、盲人女青年沈燕、老上访户张德和、龙蚕镇盲人曾晓斌、诸家乡肢体残疾人邓天勇解决实际问题和困难。全县新建无障碍设施12处。在新建、改建的主要街道铺设盲道6000余米。残联组织残疾人参加市、省、国家举办的残疾人运动会，先后获市级金牌19枚、银牌8枚、团体奖第三名。脑瘫运动员杨长霖参加全省特奥运动会，获得铅球、羽毛球、乒乓球、保龄球个人和团体5枚金牌。肢体残疾学生母凯全参加2006年全国残疾人乒乓球锦标赛获得第六名，参加市青少年乒乓球比赛获得第一名，参加省第六届残运会获得乒乓球比赛金牌。

红十字会

1988年10月，蓬安县红十字会成立。至2006年，全县有县卫生局、县人民医院、县中医院、县妇幼保健院、县卫生防疫站及全县7个中心卫生院共12个红十字会基层组织。县红十字会在蓬安周口中学、徐家中学、石孔乡成立学校红十字会，并设有红十字青少年工作委员会，有62个团体会员单位，171名个人会员，建有1个县急救中心，7个急救站和济民、徐家2所红十字医院。建有磨子街、下河街、政府街等7个社区服务站。

【代表大会】 1998年9月，蓬安县红十字会第一届会员代表大会召开。160人参加会议，大会选举出第一届理事会，24人为理事，县人大常委会主任赵正铭当选为会长。

2002年5月，县红十字会第二届会员代表大会召开，有团体会员和基层组织代表、个人会员及工作人员共196人参加会议。大会听取上届工作报告，选举理事27人，选举王应龙为会长。

【活动】 1988年，县红十字会成立以来，依法开展赈灾救灾、慈善募捐、初级卫生救护培训，无偿献血、红十字青少年活动、参加人道主义救援等工作。每年5月8日红十字会日、重阳节，县红十字会及部分团体会员单位妇幼保健院、中医院、各中心卫生院，组织红十字会会员深入学校、农村村社、敬老院、街道社区，为他们义务检查身体、诊治疾病。并在县城街道设立咨询点、诊疗点，为群众免费诊治疾病，解答卫生问题达万人次。市红十字会分配给县红十字会的大米、钱物，县红十字会均即时下发受灾困难群众。1989年，下发大米1.6吨给乡镇。1992年，为受灾群众送去化肥1吨，人民币5000元。1997年，向受灾群众送去大米3吨、化肥1吨。1998年8月，县卫生医药管理局工会、县红十字会联合发出《关于向灾区开展募捐救助的通知》，募捐人民币22137.12元寄给灾区。2000年，为各乡镇卫生院送去药品100箱（件）。2003年给“防治非典站”送去药品250箱（件），人民币3000元。是年，县红十字会及各基层单位积极参与组织、宣传无偿献血活动，杜绝自采自供血液现象，实现全县医疗用“三血统一”（统一采血、统一供血、统一管理）。2004年，宣传无偿献血活动17次，下发资料10000份，无偿献血750人，采血66800毫升。2006年，宣传无偿献血活动25次，发放宣传资料30000份，无偿献血810人，采血162000毫升。

发展计划 统计

1986年，蓬安县计划管理实行政府指令性计划。统计工作以“社会发展基本情况统计”和“综合统计”为主。1987年后，开展“交通”“商业”“劳动”“全国1%人口抽样”“农业与农村统计”“农村住户调查”等专项统计。1990年后，开展“人口”“经济”“工业”“三产”等普查统计。1992年开始，计划经济体制逐步向社会主义市场经济体制转变；“国家商品粮基地县”“省级优质稻种基地县”“省级优质蚕桑基地县”等项目经争取先后落户蓬安。1997年，县成立项目争取办公室，统计新增“基本单位普查”。2000年，完成“第五次人口普查”工作。完善县、乡镇统计机构。2002年，完成“第二次全国基本单位”普查。2005年，完成“第一次全国经济普查”。县委、县政府加强对计划和统计的管理，加强重点工程和固定资产投资监督管理，全县固定资产投资不断增长。2006年，全县固定资产投资168821万元。

发展计划

1986年，蓬安县计划管理实行政府指令性计划。1989年以后，部分物质、指标开始向指导性计划和市场调节转变。计划部门在计划编制、执行和监督工作中，更加注重市场经济对蓬安实际的影响。1991年开始，在编制和监督执行“八五”到“十五”计划中，逐年加大改革和市场经济的因素。1992年到2006年，县上加大力度向上争取项目和资金，共争取大小项目300多个，资金74231万元，争取“以工代赈”资金3244.5万元。同时加强对固定资产计划、重点工程建设的管理。

【蓬安县发展和改革局】 1986年1月至2001年12月，县政府计划管理机构是县计划委员会，内设人秘股、综合计划股、基本建设计划股、固定资产投资股、综合基建投资管理股、农经计划管理股、矿产资源管理股。2001年12月，县计划委员会更名为县发展计划局。2005年6月，县经济体制改革办公室并入县发展计划局后，更名为县发展和改革局，内设人秘股、综合股、招投标股；2006年，内设人秘股、政策法规股、综合发展股、经济体制改革股、以工代赈办、项目办、核电服务中心；挂靠机构有经济信息中心。

1986年至2006年，黄大模、陈绍轩、张能易、濮正光、龙兴明、蒋文革、曹轩先后任主任(局长)。

【国民经济和社会发展计划】 1986年后，计划部门除每年编制全县国民经济和社会发展年度计划外，还分别于1986年、1991年、1996年、2001年、2006年编制了蓬安县国民经济和社会发展“七五”“八五”“九五”“十五”计划及“十一五”规划纲要。每次编制的计划纲要，经县人民代表大会审议通过后，县政府组织职能部门执行。

“七五”（1986—1990年）计划主要奋斗目标 地方生产总值达到31600万元，农、林、牧、渔业总产值达到35200万元，工业总产值达到21300万元。社会消费品零售总额达到12700万元，地方固定资产投资累计达到7900万元，人口达到64.59万人，农民平均纯收入473元，粮食总产量达到24.53万吨。

“七五”（1986—1990年）计划执行情况 1990年，全县地方生产总值达到31632万元（按90年不变价格计算，下同)，解决了农民温饱问题，实现了第一步战略目标；农副业总产值达到44814万元，平均每年递增3.3%，乡镇企业总产值20771万元；全县粮食总产量24.528万吨；实现工业总产值29879万元；社会商品零售额达19124万元；财政收入2975万元，银行信贷总规模达2.78亿元，城乡居民储蓄年末余额达9389万元；年末城镇职工人均收入达1645元，农村人均收入达470元。5年期间，交通事业迅速发展，新建蓬安汽车站，改建新建公路135.8千米；社会固定资产累计完成投资额4.3亿元；新增水库库容1086万立方米，新增农田有效灌溉面0.13万公顷；新增

织绸机100台，麻纺织机104台，织布机2224台，卷烟3.5万箱/年；新增粮库库容135万公斤，冷库容量800吨；全县在校中小学生人数达8万人，全县医务人员达1272人，医院病床增加到1337张，医药商业网点发展到690多处，新建电视卫星地面接收站7个和电视差转台4个。

“八五”（1991—1995年）计划主要经济指标　1995年，地方生产总值达到6.57亿元，比1990年平均年递增8.7%，国民收入达到5.82亿元，比1990年平均年递增8%。工农业总产值达11.46亿元，比1990年平均每年增长8.93%，其中农业总产值达到5.32亿元，工业总产值达到6.14亿元，粮食达到1.4亿公斤，人均产量稳定在400公斤以上，油料达到2500万公斤，黄麻达到1500万公斤，发电量3.86亿千瓦小时，卷烟10万箱，粉碎机11000台，丝245吨，绸75万米，布650万米，麻袋600万条，鸡尾酒系列产品达到2000吨，生产汽车2000辆（含联营厂）。经济效益提高。农业劳动生产率达到1100元/人，比1990年平均年递增8.8%，农产品商品率达到49%，比1990年增长2个百分点，农民人均年收入710元，比1990年净增240元。国营工业企业全员劳动生产率达到10050元/人，比1990年平均年递增7.5%，预算内国营工业企业资金利税率9.9%，比1990年增长1个百分点。力争5年内财政收入年均递增14%，财政支出年均递增8.6%，分别达到5730万元和5810万元，5年内贷款总规模计划平均每年递增13%，城乡居民年末储蓄余额平均递增18%。

“八五”（1991—1995年）计划执行情况　1995年，全县地方生产总值达到7.6亿元（1990年不变价计算，下同），比1990年增长71%，平均增长11.3%，工农业总产值达到13.4亿元，比1990年增长79%，年均增长12.4%。农业总产值达到5.55亿元，比1990年增长23.8%，平均增长4.4%，粮食产量达到2.7亿公斤，比1990年增加2764万公斤，年均增长2.2%，农民人均占有粮食400公斤，油料、蚕茧、生猪、水果、红麻、烟叶、水产品等产量都有较大幅度增长。工业总产值达到7.82亿元，比1990年增长1.62倍，年均增长21.25%。“八五”期间，全社会固定资产投资总额达8亿元，其中基本建设投资6.6亿元，更新改造投资1.4亿元。全县社会消费品零售总额达到2.9亿元，比1990年增长97.7%，年均增长14.6%。农民人均纯收入达到854元，比1990年增加384元，城镇职工年均工资收入达到3431元，比1990年增加1786元。城乡居民储蓄余额达到4.56亿元，比1990年增长3.86倍，年均增长37.2%。财政收入达到8263万元，比1990年增长1.78倍，年均增长22.7%。“普九”工作取得阶段性成果，学龄儿童入学率稳定在98%以上。“八五”计划期间起筹建村级广播室258个，卫星地面差转台19个，筹建县级电视台2个，广播电视台1个。电视人口覆盖率达84.7%，广播人口覆盖率达70.2%。县、乡镇、村三级卫生组织建设继续发展壮大。

“九五”（1996—2000年）计划主要奋斗目标　抓好“龙虎”工程，即在农村连线成片建设优质粮油、蚕桑、林业、生猪、草食牲畜、小家禽、水产品、麻类及烟叶、蔬菜等十大商品基地，形成农村经济的“十条龙”；在城市全力抓好马电、烟厂、嘉宝汽车、钢厂、茧丝绸集团、畜牧食品集团、粮油集团、建工建材集团、棉麻纺织集团、电化厂及电解铝厂等10大骨干企业，形成城市经济“十只虎”。提前三年实现翻两番的第二步战略目标。到20世纪末，地方生产总值达15.2亿元，比1980年增长5.5倍。城乡人民生活达到小康水平。“九五”期间，全县国内生产总值年均增长14%，全员劳动生产率年均增长10%以上，固定资产投资达12亿元以上；社会事业方面，基本普及九年制义务教育，人口自然增长率控制在7.3‰以内，广播电视混合覆盖率稳定在90%以上，基本建成城乡卫生网络。到2000年农民人均纯收入达到1700元，城镇职工工资收入达到4500元以上。

“九五”（1996—2000年）计划执行情况　“九五”期末的2000年全县地方生产总值达到14.18亿元，比1995年增长86.6%，年均增速达17.3%，翻两番的目标在1999年已实现，人均达到2553元。全县工农业生产总值达到24.47亿元，三大产业比重由1995年的53：32：15，调整为2000年的38：39：23；非公有制经济由“八五”期末的18.2%提高到“九五”末的48.5%。“九五”期末农业总产值达10.79亿元，比“八五”期末增长27.9%，粮经比例达到65：35；“中国锦橙第一县”

工程建设初见成效；“中国南方制种大县”已具雏形；畜牧业、蚕桑业、蔬菜业有较快发展；森林覆盖率由“八五”时期的19.2%上升到27.3%；乡镇企业大力发展，达到7612户，从业人员4.63万人，总产值32.5亿元。“九五”期末全县工业总产值13.68亿元，比“八五”期末增长110.6%，年均增长17.2%。全县固定资产投资完成额12.94亿元，是“八五”时期的1.6倍。“九五”期间建成国道318、省道仪北公路蓬安段二级油路、嘉陵江大桥和清溪河大桥等工程，新建和改建村通公路436.7千米，全县公路总里程达2178.4千米；达到乡乡通程控电话，村通电话达到80%；完成马电两次扩容工程，增加装机4万千瓦；建成民用天然气工程；完成磨子街旧城改造5个片区，建成商品房12万平方米；完成东风大道、开发区、真武街和相如广场的建设；实现蓬安宾馆二星级达标。“九五”期末全县社会消费品零售总额6.15亿元，比“八五”期末增长91.2%，年均增长13.8%；城镇职工人均收入达5532元，是“八五”期末的161.2%，年均增长10%；农民人均纯收入达到1682元，是“八五”期末的197%，年均增长14.5%；城乡居民储蓄余额达12.25亿元，是“八五”期末的2.4倍。城镇居民人均住房面积23.5平方米，农村住宅砖混结构比重达到50%以上；社会保障初具规模；科技对经济的贡献率达40%，比“八五”期末高10个百分点；完成了普及九年义务教育的重任。

“十五”（2001—2005年）计划奋斗目标　地方生产总值年均增长14.7%，达24.6亿元。其中，一产业增长5%，二产业增长8.255，三产业增长22.2%。城镇职工人均年收入增长7%，农民人均年收入增长200元，城乡居民储蓄余额达21.6亿元，人口自然增长率控制在5‰以内。森林覆盖率提高到35%以上，完成招商引资千万元以上项目 60个，引资金额9亿元，出口达到5000万美元，文明单位占单位总数50%以上，建成文明新村占村总数20%以上。

“十五”（2001—2005年）计划执行情况　县地方生产总值达到29.54亿元，年均递增21.66%，超出计划6.9个百分点，比“九五”时期快4.3个百分点。产业结构不断优化，三大产业结构由2000年的38：39：23调整为2005年的35.3：35.5：29.2，二产业产值首次超过一产业。一、二、三产业年增长比例分别达9.6%、25.1%、15.7%。粮食年总产量达33.58万吨，培育壮大了生猪、葛薯、水果、蚕桑四大特色农业。2005年，一产业增加值达到10.44亿元。工业经济快速提升，形成以马电为主的水电，以嘉宝汽配、航星钢铁、天府机械、金鹰电化为主的机械冶金和以金华纺织、齐祥食品、赛克斯丝绸为主的农产品加工等三大支柱产业。全县工业增加值年均递增24%。第二产业达到10.49亿元。全县社会消费品零售总额达到9.69亿元，第三产业增加值达到8.61亿元。全县固定资产投资累计完成44.57亿元，是“九五”时期的3.45倍。相如大道、抚琴大道、周河路及河会路再次大修改造、工业开发区一期等重点工程陆续竣工，金溪航电枢纽工程 、城东小区开发、南渠路蓬安段改造等重点工程先后开工建设。四川核电新建工程首选厂址落户蓬安。五年共改制25户，盘活存量资产和消化债务7.82亿元，安置职工7224人。五年共招引企业287个，到位资金25.8亿元，教育、科技、文化、卫生等各项公共事业和公共服务得到加强。成功创建省级卫生县城，对外形象和投资环境明显提升。2005年，全县财政总收入达到4.21亿元（含上级转移支付），是2000年的3.15倍。全县居民储蓄余额达到27.75亿元，是2000年的2.27倍。城镇职工年均工资收入达到10183元，农民人均年纯收入达到2659元，分别是2000年的1.84倍和1.58倍。

“十一五”（2006—2010年）规划总体目标　地方生产总值比2000年翻两番，基础设施显著改善，生态建设和环境保护良性发展，人民生活和社会发展达到较高水平，初步建成工业经济强县，特色农业大县、商贸旅游旺县、民营经济新县、绿色生态靓县和财税收入富县。具体目标：全县地方生产总值年均增长15%以上，2010年，达59亿元，人平地方生产总值达到10870元，一、二、三产业结构调整为22.3∶48.9∶28.8，城镇化水平提高到34%以上，非公有制经济比重达70%以上，全县转化科技成果100项，实施重点科技项目80项，科技成果转化率达50%，科技对经济增长的贡献率达到45%；森林覆盖率达40%以上，嘉陵江蓬安段干流出境断面水质达到或优于III类水域水质标准，污水处理率达82%，垃圾无害化处理率达到85%；人口自然增长率控制在2‰以下，城镇人均年可支配收入达到11933元，农民人均年纯收入达到3900元以上，社会保障体系进一步完善。城镇失业率控制在4.5%以内。

“十一五”（2006—2010年）第一年规划执行情况　2006年，全县实现地方生产总值34.67亿元，同比增长13%。其中：第一产业增加值10.85亿元，同比增长1.8%；第二产业增加值13.85亿元，同比增长24.3%；第三产业增加值9.97亿元，同比增长12.9%。三大产业结构比调整为31.3：39.9：28.8。

【项目争取计划管理】　1986年，蓬安县建设项目由省、市、县计划确定。1992年后，县委、县政府根据上级文件精神，结合市场经济形势，要求各单位积极向上争取项目、资金、计划。提出，凡向上争取项目、资金的计划，县上快报快转。全县出现跑项目、跑资金的热潮。向上争取到“国家商品粮基地县”“蓬安经济技术开发区”“蓬安钢厂”“蓬安嘉陵江大桥”“亿斤粮库”“农村电气化建设县”“省级优质稻种基地县”“省级优质蚕桑基地县”等百多个项目，3亿多元资金。1997年，县上成立项目争取办公室。从农业、农机、工交等部门各抽调1–3名人员组成，办公室设在县计委，每年项目争取经费由财政列支1.5万元，其余费用由项目所在单位，按每个项目预收3000元至5000元，待项目落实后，在县规定部分中抵扣。争取项目所筹经费由项目办专户存储，由分管县长审批使用。

1997年，争取粮棉大县专项扶持总投资660万元，其中，国补300万元、专项贷款360万元；蓬安嘉陵江大桥项目总投资5200万元，上级补助500万元，贷款1500万元；省道仪北路蓬安段油路投资12615万元，其中，省市补助2100万元、贷款5000万元、地方自筹5515万元；蓬安自来水厂扩建项目总投资1216万元。

争取国债项目及资金表
（1998~2002）

项目名称	国家投资（万元）	资金到位情况（万元）
生态工程	1630	1430
人饮工程	705	602
节水改造示范工程	110	110
病害水库整治工程	350	150
水保工程	50	50
天然林保护	59	59
退耕还林	885	365
牧草种子基地	250	100
无规定疫病区项目	30	30
农网改造	11600	6500
市政基础设施建设	290	290
粮库建设	3567	3567
粮食大库填平补齐	40	40
粮食大库滑坡整治	176	未到位
中小学危改	25	25
自来水改造	340	340
商品粮基地	470	未到位
南渠路	1680	1680
合　计	22257	15356

2003年争取项目及资金情况

项目名称	投资（万元）	主要建设内容及规模
退耕还林	1200	退耕还林 0.2 万公顷、荒山造林 0.2 万公顷
天然林保护工程	111	植树造林 0.04 万公顷、封山育林 0.02 万公顷
抗旱及农村饮水工程	100	解决 0.5 万人饮水问题
人饮工程	200	解决 3.9 万人饮水问题
幸福沟水库整治	150	枢纽病害整治
新河水库整治	200	枢纽病害整治
大深沟水库改造	100	渠道防渗 57 千米，整治大坝、溢洪道
锦橙 100 号产业育苗基地建设	50	苗圃 17.3 公顷，生产示范园 36.7 公顷，生产基地 1333 公顷
南渠路蓬安段	2100	二级油路，过境场镇为水泥路
县城电网改造	1500	建马回至城北 110 千伏输变电工程等
县城供水管网改造	50	新建供水管网 5 千米
保健院建设	15	改建住院部及业务用房 1100 平方米
乡镇中心卫生院建设	20	改建巨龙、罗家、徐家中心卫生院业务用房等
中小学改危	50	改造河舒、茶亭、龙蚕、三坝小学危房 10000 平方米

2004年，国家投资在建项目情况：农业，包括农村饮水解困工程、退耕还林、天然林保护、鸭茅草良繁基地建设、人饮工程等。共投资1174万元，其中国家补助资金987万元。工商能源：包括南渠路蓬安段、县城电网改造、马回至城北输变电工程等，共投资11350万元，其中国家补助1203万元，贷款1880万元。市政设施建设：包括供水管网投资179万元，国补50万元；县检察院建技侦用房5000平方米，投资880万元，国家补助200万元；中小学改危、疾控中心业务用房投资1018万元，国家补助364万元；乡镇学校医院水毁重建项目，国家补助120万元。

批准立项建设情况：蓬安县锦屏供水工程，投资520万元，其中地方配套100万元、银行贷款300万元、企业自筹120元；白云林场柏木种子园22公顷，总投资121万元，中央103万元，地方自筹18万元；相如果业投资2000万元，引进资金1500万元；海峡农业公司投资300万元，建设果农自筹200万元；农村饮水工程投资1200万元，其中中央840万元、地方配套120万元、群众自筹240万元；生猪良种体系及生态工程总投资3650万元，业主和群众自筹2850万元，其他渠道集资800万元；大深沟水库加固工程总投资1501万元，国补和自筹解决；人畜饮水工程投资68万元，中央60万元，地方自筹8万元；超临界二氧化碳萃取辣椒红色素项目总投资4000万元，企业自筹1000万元，引资及贷款3000万元。

向上争取项目13个，到位国补资金3000万元，主要项目：退耕还林、南渠路、农村能源建设、人饮工程、县医院传染病区改造、中小学危房改造、防洪堤建设等。

2005年项目资金：1月至9月招商引资4.6亿元，接待客商260人次，洽谈业务126个，引进工业项目8个，争取上级补助项目11个，资金2188.2万元。包括乡镇卫生院建设349万元，县潆新公路287万元，县级公路750万元，退耕还林162.2万元，“天保”工程136万元，农村巡回医疗车22万元，中小学改危210万元，锦屏供水工程200万元，农村饮水安全72万元。

四川省首座核电站选址确定蓬安三坝乡。

2006年项目投入资金：河舒豆腐山庄投资220万元。城市供水扩建工程投资1100万元。蓬安工业园区食品轻工业园区主干道工程项目投资600万元。工业园区单跨桥梁项目投资220万元。嘉陵西路肉联厂投资500万元。嘉陵第一桑梓东大门迁建工程投资150万元。29个乡镇卫生院改扩建工程总投资1811万元，国补1680万元。锦屏至中坝油路建设总投资750万元，国补480万元。省道周口至茶亭油路改造2360万元。省道周口至白玉油路改造800万元。生猪良繁基地建设398.7万元，上级补助200万元。下河街财神楼建设投资100万元。河舒大桥250万元。天然林保护投资49万元，中央39万元，地方10万元。水库除险加固专项补助1460万元。农村饮水工程589万元，中央拨389万元，地方自筹200万元。

1997年至2006年，共争取项目296个，争取国家补助资金41926.2万元。

【固定资产投资计划】 1986年到1990年，“七五”计划期间，全社会固定资产投资计划实现7900万元，实际完成31235万元。主要投资于马电工程，大深沟、三元水库等水利设施建设，中小学危房改造及解决学生上课无教室、无课桌、村小无操场、无厕所等办学问题。县麻纺厂、烟厂、饮料厂、汽配厂、页岩砖厂等基建投资和技术改造项目所占固定资产比例为23.5%。

1991年至1995年，“八五”计划期间，全县固定资产投资计划实现7亿元，实际完成82104万元。比“七五”计划净增50869万元，是“七五”期间的2.62倍。主要投资项目及资金：马电投资10377万元；全县工业企业技术改造投资16045万元；升钟水库巨龙配套支渠利用外资380万美元(合人民币1793.6万元)，商、粮、贸部门投资6800万元，文卫部门投资36200多万元，花园市场改危，5、6号商品房建设，汽车站扩建，城南综合市场建设等投资3000多万元，达成铁路蓬安段、仪北路蓬安段投资6000多万元。

1996年至2000年，“九五”计划期间，全县固定资产投资计划实现12亿元，实际完成130330万元，比“八五”计划净增48226万元，是“八五”计划期间的1.59倍。主要投资嘉陵江大桥5700万元，周河水泥路4000万元，仪北路蓬安段11142万元，达成线蓬安段的路基、桥梁、涵洞、火车客、货站建设38500万元，升钟水库建设787.15万元，蓬安钢厂2600万元，汽车改装厂2700万元，千吨优质蚕桑综合开发投资4686万元，商品鱼基地建设投资1183万元，升钟水库配套工程、大深沟水库、望水垭提灌站、七一水库等水利设施投资9631万元；蓬中、杨中、县医院、电影院、中新房地产开发等投资2100万元，自来水公司水网改造1812万元，国家粮食储备库4900万元。生态环境、城市道路建设等投资16400万元。

2001年至2005年，“十五”计划期间，全县固定资产计划实现18亿元，实际完成投资445741万元，比“九五”计划净增315411万元，是“九五”期间的3.42倍。主要投资项目及资金：金溪航电116000万元，南渠路蓬安段12435万元，达成线蓬安段扩能改造33145万元，营山至高坪公路蓬安段28.8千米，投资28000万元，县城相如大道、抚琴大道、河会路改造、工业园区一期建设等投资14800万元，农村、县城电网改造、道路整治、绿化、净化，垃圾、污水处理等投资46480万元，小城镇建设、商品粮基础建设、生态环境建设等投资36784万元，农村扶贫、饮水工程投入13415万元，房地产建设33450万元，农村固定资产投资82706万元，城镇私人建房投资28249万元。2003年和2004年，蓬安获南充市固定资产投资第二名优胜县称号。

2006年，全县固定资产投资168821万元，比“七五”“八五”计划十年之和多55482万元。1986年至2006年，蓬安固定资产总投资858533万元。

【重点建设项目管理】 1986年，计划部门对重点建设项目投资计划管理，主要是按照国家宏观经济调控目标要求，依据投资主体和投资金额、会同主管部门和财政部门管理，分级审批。上级安排投资的，检查工程进度实施，上报完成情况，重点督促县上有关方面配套资金安排到位和按计划进度完成。属于县上投资的，按照县委县政府安排和国家政策，主要把握资金来源和工程可行性方案，按照审批计划监督管理。是年，蓬安县重点建设项目主要是马回水电站。

1987年至1993年，随着计划经济逐步转为市场经济，重点建设项目投资计划管理逐步放开。蓬安重点工程建设项目主要有马回电站技改、果品厂和麻纺厂建设、丝绸厂和织布厂技改、县城出口路和环城路、通乡公路和联网路建设。

1994年至1999年，蓬安重点建设项目主要有达成铁路蓬安段建设，升钟水库蓬安干渠建设，程控电话和移动改造升级，全县普及九年义务制教育新增校舍及教育设施，蓬安中学升为省级重点中学建设，仪（陇）北（碚）路蓬安段和蓬安到营山公路油路改造建设，蓬安钢厂、烟厂、蓬安汽车改装厂技改，蓬安嘉陵江大桥、国道318线蓬安段油路和县道河（舒）罗(家）路及乡道利溪到三坝公路的油路改造建设，蓬安商品肉猪一体化建设项目，蓬安千吨优质蚕桑综合开发项目，蓬安商品鱼基地建设，白云山和大深南海旅游项目建设等。

2000年，重点建设项目主要有中央150万元、地方150万元解决1万人饮水。2001年，继续投资653.1万元（中央385万元）解决农村饮水困难工程。2002年，继续投资325万元（中央170万元）解决1万人饮水困难问题，抗旱应急投入130万元（中央100万元、地方30万元)。省市重点项目有：二期农村电网改造工程、金溪航电工程启动、南渠路蓬安段改造、退耕还林工程、三元水库整治、生态环境建设第三期工程、国家大型商品粮基地建设、蓬安相如会展中心建设、县城道路整治、城镇电网改造、龙角山公园、小城镇建设等。

2003年后，蓬安重点建设项目投资由县上投资和招商引资为主，有县城电网改造与建设（第二批）、抚琴小区基础设施建设、青少年活动中心、县医院传染病区投资、金溪航电工程建设、蓬安到河舒一级公路大修、城区道路整治、工业园区建设、旅游景点建设、沙石码头建设等。2004年，重点建设项目投资有金溪航电工程和南渠路蓬安段油路续建，河舒到龙蚕公路大修等。2005年，有达成铁路蓬安段扩能改造、相如大道、抚琴大道、蓬安油路大修、工业园区一期建设、污水处理厂等。2006年，继续完成上年重点工程项目和启动通乡油路工程、嘉陵第一桑梓、城东小区建设等。

【相关专业（项）计划】 1986年，继续下达全县经济建设计划。农业发展计划，包括年初编制下达粮食、油料、生猪、蚕桑、烟叶、黄麻等播种计划，产量计划，指导全县农业生产；工业经济计划，包括年度编制下达全县工业总产值计划，工业产品、产量计划，工业经济效益计划；商业经济计划，年度下达企业购销计划，农副产品收购计划，以及重要物质如化肥、农膜、农药、钢材、木材、水泥、石油、食盐、酒类、糖果等调拨分配计划。以上计划1999年终止下达。

1986年，继续下达教育、卫生、体育事业发展计划，大中专毕业生分配计划等社会事业相关专项计划。1991年，开始下达中师生委培计划。以上计划1997年终止下达。1990年12月，开始下达“农转非”计划，直至1999年全县共下达“农转非”指标10854人，解决了公安、司法、行政、科技、教育、卫生、农机、党群等工作人员家属子女的农业户籍问题，也解决了河舒、徐家、罗家、兴旺、金溪等小集镇建设中人口的农业户籍问题。

【以工代赈】 蓬安不属国、省级贫困县，通过向上级积极争取，仍获得部分以工代赈补助资金。1989年，省上下达交通以工代赈配套现金20万元修万和至两路公路，后追补10万元。1990年，国家动用库存工业品和粮棉布等兑换资金14万元修诸（家）银（仪陇银山乡）公路，20万元修新园至天城公路，1991年，争取30万元资金修三（蓬安三坝）江（高坪江陵）公路。1992年，江河治理以工代赈长江上游水土保持工程项目，全县投入90万元治理30平方千米，0.3万公顷水土流失面积。其中国家工业品折价75万元，地区配套费3万元，县配套12万元。治理巨龙镇群乐河小流域15平方千米，0.15万公顷土地，金溪镇金溪河小流域6平方千米0.06万公顷土地，鲜店乡金溪河小流域9平方千米，0.09万公顷土地。1993年，争取省上下达交通30万元修周口至大泥公路(含购装载机1台23.5万元用于全县重点公路建设），下达10万元修水毁后粮油供应门市部。1995年，省上下达交通以工代赈配套现金50万元整修利溪、三坝到南充公路。

2002年，国家投入125万元，地方自筹46万元，群众投劳折资1388.1万元，在全县13个乡镇、21个贫困村新建村道24条187千米。国家投入42万元，地方自筹8.5万元，群众以劳折资19.5万元，解决茶亭、碧溪两场镇及14个村的人畜饮水问题。人工打井13口，手压机井138口，使64个社的5.4万贫困人口的饮水难题得以解决。小型水利国家投入60万元，地方自筹22.9万元，群众以劳折资50.6万元，修石河堰3处，引水渠3千米，整治山平塘3口，新建蓄水池15口。种草项目，国家投入101万元，地方自筹29.8万元，群众以劳折资230.5万元，种草16个贫困村，种草面积1160公顷，建羊圈1200平方米，养羊2000余只，地方培肥国家投入10万元，部门筹3万元，用于龙角山培肥。国家投入10万元，用于徐家镇方广村栽桑30万株。

2003年，以工代赈总投入1715万元，国投268万元，地方自筹、群众自筹和以劳投资1447万元。用于乡村公路建设1244万元（以工代赈资金128万元、地方自筹1116万元），新建公路164.5千米，机耕道12.5千米；人畜饮水投入141万元（以工代赈40万元、自筹101万元）解决3.22万人饮水困难。草场建设总投资239万元（以工代赈40万元、地方自筹199万元），以草场公路建设为主；小型水利建设48万元（以工代赈资金30万元、地方自筹18万元），改善和新增灌面0.14万公顷；基本农田建设总投资43万元（拨以工代赈资金30万元、自筹13万元）建成后新增产值110万元。

2004年，基本农田建设428万元（拨以工代赈资金120万元、地方配套308万元），小型农田水利45万元（拨以工代赈资金30万元、地方配套15万元）增加灌面133公顷。县乡村公路建设255万元（拨以工代赈60万元、地方配套195万元）新建公路30千米。人畜饮水工程128万元（拨以工代赈30万元、地方配套98万元）打井30口，解决0.3万人饮水困难。

2006年，投入166.5万元（拨以工代赈资金80万元、地方自筹86.5万元），用于中坝村11社至马电8千米油路建设。

统　计

1986年，蓬安县统计工作以综合统计为主，各专项统计以行业为主。1987年后，开始统一“交通”“商业”“劳动”等专项统计。1990年，开始“第四次人口普查”“经济”“工业”“三产”等统计。1995年至1998年，完成“第一次全国农业普查”。2000年，完成“第五次人口普查”。2002年，完成“第二次全国基本单位普查”。2005年，完成“第一次全国经济普查”，加强统计法规和统计信息化建设。2006年前，每5年编撰《蓬安统计年鉴》1本，以后，每年编1本《蓬安统计年鉴》。

【统计机构】 1986年至2006年，县统计局内设人秘股、城市经济统计股、农村经济统计股。下属事业单位有：农村经济调查队（副科级）、普查中心（股级）。相关企、事业单位、行政主管部门都设置专门的统计人员，各乡镇设置专、兼职统计人员。1986年至2006年，袁绍林、邓晓荣、肖兴平、王小明先后任县统计局局长。

【综合统计】 综合统计的主要内容为行政区划、户数、人口、总产出、国民生产总值、土地面积、人口密度及气象概况 、经济、旅游、人民生活、劳动工资、社会保障、财政金融等等。

1986年，全县总人口615784人，耕地面积3.73万公顷，粮食产量21423万公斤，实现工农业总产值28907万元。财政收入1778.9万元，财政支出2152.1万元。1995年，全县总人口667579人，其中城镇人口373773人、乡村人口293824人，工农业总产值146862万元，其中农业总产值60526万元，工业总产值86336万元；耕地面积3.67万公顷，人均耕地0.06公顷；粮食产量27291.9万公斤。财政总收入8763万元，财政总支出8763万元。2000年，全县总人口681176人，其中城镇327290人、乡村353886人，工农业总产值240044万元。耕地面积3.58万公顷，人均耕地0.06公顷，粮食产量31170.2万公斤。地方财政收入6303万元，地方预算财政支出13917万元。2006年，全县总人口693585人，耕地面积2.98万公顷，粮食产量30212万公斤，实现地方生产总值346721万元，其中第一产业增加值108461万元、第二产业增加值138506万元、第三产业增加值99754万元，人均地方生产总值6314元，地方财政一般预算收入9055万元，地方财政一般预算支出52181万元。

【分类统计】 1986年，各行业分类统计主要由行业主管部门进行。1987年后，统计工作逐渐细化，开始统一分类统计，1993年后，开展社会发展水平基本情况统计、农业与农村统计、农村住户调查、工业统计等。

社会发展水平基本情况统计 1986年，统计工作对全县社会发展水平基本情况主要指标进行统计。1993年，国家统计局发布社会发展基本情况表及主要指标解释，涉及环境、人口、经济基础、收入分配、劳动就业、社会保障、卫生保健、教育科技、文化体育和社会治安10个领域，共118个指标。1997年，社会发展基本情况112项指标。1998年，以后社会发展基本情况定为98项指标。1998年至2006年，统计局完成蓬安县社会发展基本情况统计。

社会发展基本情况

（1986年、2006年）

项目	1986年	2006年	项目	1986年	2006年
一、国民经济核算			六、国有及规模以上工业		
1.地方生产总值（万元）	22445	346721	1.工业增加值（万元）	2433	86227
2.人均地区生产总值（元）	259	6314	2.工业利润总额（万元）	241.5	3855.0
二、投资			3.税金总额（万元）	200	3198
1.固定资产投资总额（万元）	4534	168821	4.发电量（万千瓦小时）	1988	39463
2.房地产开发（万元）	245	9112	七、交通通信		
3.国有经济（万元）	3627	135057	1.公路通车里程（千米）	368	597
4.集体经济（万元）	839	31232	2.旅客运周转量（万人千米）	6429	26022
5.个体经济（万元）	68	2532	3.货物周转量（万吨千米）	6555	23530
三、财政			4.邮电业务总量	44.33	8030
1.地方财政一般预算总收入（万元）	1779	10239	八、社会消费品零售总额（万元）	10711	111415
2.地方财政一般预算收入（万元）	1646	9055	九、金融		
3.地方财政一般预算支出（万元）	2152	52181	1.金融机构各项存款余额（万元）	4600	379704
四、居民生活			2.居民存款余额（万元）	3550	316463
1.贫困人口（万人）	22.03	2.08	3.金融机构各项贷款余额（万元）	15424	217463
2.城市人均住宅面积（平方米）	13.8	26	十、教育卫生		
3.农村人均住宅面积（平方米）	22.5	32	1.小学在校学生数（人）	89865	60460
4.城市居民恩格尔系数（%）	61.8	55.2	2.小学专任教师数（人）	2267	2375
5.农村居民恩格尔系数（%）	65.5	57.3	3.中学在校学生数（人）	27800	42004
五、农业			4.中学专任教师数（人）	1499	2115
1.常用耕地面积（千公顷）	37.3	29.85	5.医院、卫生院（所）	58	63
2.粮食播种面积（千公顷）	56.86	67.38	6.卫生机构数（个）	92	67
3.粮食产量（万吨）	21.4	30.21	7.卫生机构床位数（个）	1225	1200
4.油料产量（万吨）	1.09	2.17	8.医院、卫生院床位数（个）	1133	1165
5.生猪年末存栏数（万头）	32.5	45.3	9.卫生机构人数（人）	1320	1355
6.猪牛羊肉产量（万吨）	2.18	6.07	10.医院卫生院技术人员数（人）	1071	1273
			11.执业（助理）医师人数（人）	106	502

农业与农村统计 1986年起，农业统计转为农村统计，增加了农业商品产值、现价农村社会总产值、农村固定资产结构、农村新经济联合体基本情况、专业户基本情况等5个表，同时部分报表增加一些指标。1987年5月，县统计局在金甲乡组建统计站试点，对统计试点站人员进行业务培训。1989年，执行南充地区统计局制定的农村基层统计“一套表”制度。即统计部门与业务部门分工协作。制作统一的“一套表”，向基层布置，资料收集上报后，再进行数据处理、分别

使用。1992年，全县所有乡镇全部建立统计站。配备专兼职统计人员，各乡镇建立统计台账，落实统计经费。同时建立起区、乡镇一级资料数据库。对农村报表进行调整、取消农林牧副渔业中的副业，将其分别计入其他农业和牧业中。农林牧副渔五业，变为农林牧渔四业。1999年至2006年，农业统计的主要内容有耕地面积、农林牧渔业总产值、主要农产品产量、有效灌溉面积与化肥农药等农用物质使用量、农作物播种面积与产量、蚕茧和水果生产情况、林业生产情况、渔业生产情况、家禽饲养情况、水利工程数及蓄、引、提、供水情况，主要农业机械和农产品加工机构拥有量。

农村住户调查　1986年至1987年，全县有农村住户抽样调查网点6个，调查60户农民家庭640个指标。1988年，农村抽样调查扩展为整个农村社会经济调查。设农村抽样调查点10个，调查100户农民家庭。1992年，成立蓬安县农村经济调查队，将640个调查指标调整为180个，主要以现金和实物收支为农村经济主要指标。1996年至2000年，设农村住户抽样调查点20个，调查200户农户家庭。2001年，开展全县粮食、生猪抽样调查和农民纯收入调查点样本轮换工作，以农民纯收入为主的指标体系与国家农调总队一致。2001年至2006年，设农村住户抽样调查点15个，调查150户农民家庭。人均支出及构成情况、人均纯收入、平均每百户农民主要耐用消费品年末拥有量。

工业统计　1986年，工业统计综合年报共15种，按经济类型及隶属关系、轻重工业、生产规模、工业主要行业分组。1988年，工业统计综合年报分计算机汇总表和手工汇总报表。1990年，工业统计综合年报增加到25种表。1997年，工业统计定期报表的口径改为全部国有及年销售收入在500万元以上的非国有工业企业（简称规模以上工业）其余统称为规模以下工业，对规模以上工业实行全面布置报表收集，对规模以下工业采取抽样调查的方式进行。自2000年起，工业统计的内容为规模以上工业企业和规模以下工业企业的主要经济指标。规模以上工业企业主要统计企业个数、工业总产值、产品销售收入、亏损企业亏损额、利润总额、流动资产平均余额、固定资产净值年平均余额。规模以下工业企业主要统计单位数、工业总产值、从业人员数。

【专项统计】 1986年至2006年，专项统计先后完成“交通”“商业”“建筑”“劳动”等四方面统计及全国1%人口抽样调查任务。

交通　1986年至1989年，交通统计主要由交通局、交管所、工业局等单位提供数据。统计局在此数据的基础上核实。1990年后，交通类统计报表由县交通局、交管所、养路段、海事处、交警大队、火车站填报，县统计局汇总。主要统计全县公路里程及交通运输工具拥有量和交通运输、客货运输量。包括：公路总里程、通公路的乡镇客车（辆）、货车（辆）、拖拉机（辆）、客轮（辆）、货轮（辆）、拖轮（辆）、驳轮（辆）；公路、水运的旅客运输量、旅客周转量、货物运输量、货物周转量。2006年，公路总里程597千米，汽车911辆，其中客车433辆、货车478辆、轮船140艘（客轮48艘、货轮61艘、拖轮9艘、驳轮22艘）。旅客运输量842万人，旅客周转量3564万人千米，货物运输量109.6万吨，货物周转量2620万吨千米。

商业　1986年，商业统计增加县外调入、调出资料，编好主要商品平衡表；对二轻、乡镇、企业系统建立商品购、销、存统计报表制度，及时反映全社会商品购、销、存情况。是年，在全县建立了社会商业统计，商业统计报表分为年报和定期报表。定期报表以省统计局财贸处规定的代码和统一的程序，以远程联网传输方式报送，对主要指标进行质量评估通常采用经济趋势评估法、动态趋势评估法、比例趋势评估法三种。2006年商业统计的主要内容为社会消费品零售总额、批发零售贸易业、餐饮业、其他行业、国有经济、集体经济、私营个体经济、外商及港澳台投资经济、股份制及其他经济。

建筑　1986年至1987年，建筑统计数据少，由工业局提供资料，统计局核实。1988年后，建筑统计数据由工业局、建设局、乡镇企业局分别提供资料。统计局再逐一核实汇总。2006年建筑业统计增加建筑业企业生产情况和建筑业财务状况等内容。建筑业生产情况为建筑企业个数、总产值、竣工产值、房屋建筑、施工面积、自有机械设备总台数、总功率，企业期末从业人员。建筑业财务状况的内容有年末资产负债情况（流动资产、资产、累计折旧、资产总计、流动资产负债合计、长期负债合计）、损益及分配情况（工程结算收入、成本、利润、管理费用、利润总额、应交所得税）、工资与福利情况（本年应付工资总额，本年应付福利费总额）。

劳动　1986年起，统计局进行职工人数与工资统计，实行职工人数月报表。劳动统计分年报和季报两种。1999年前实行全面调查，从1999年二季度开始，劳动统计季报实行抽样调查方法，国有单位1000人以上，集体和其他单位800人以上进行全面调查；规模以下单位，使用等距抽样方法进行抽样调查，统计局劳动统计的主要内容是国有单位、城镇集体单位和其他经济类型各自的职工人数；国有单位、城镇集体和其他经济类型职工各自的工资总额；国有经济单位、城镇集体经济单位和其他经济单位职工各自的年平均工资。据2006年统计数据显示，全县国有职工15119人，其中：中央企业652人，省属698人，县及县以下13769人。城镇集体单位2833人，其他类型1633人。全部职工工资总额20970.9万元，其中国有单位16682.7万元，人均11034元，城镇集体单位1836.7万元，人均6483元。其他2451.5万元，人均15012元。

全国1%人口抽样调查　1987年，全国1%人口抽样调查，蓬安抽中调查4个乡、2个镇的10个村和1个居民委员会及1个机关集体户块，计12个调查样本点，每个样本控制调查人数在1008人左右。1987年6月，县建立机构，选调培训调查员、指导及开展各项准备工作。7月1日，开始调查登记，并按规定的质量控制标准，进行质量验收和手工汇总，8月4日，送省人口普查办公室验收编码、计算机录入。这次抽样调查的12个样本点，实际调查登记结果为2873户、12091人，占全县总人口1.96%。人口净增率19.7‰，死亡率26.60‰.

2005年，全国1%人口抽样调查，蓬安抽中的11个乡镇和相如街道办事处共37个调查小区。是年10月，蓬安成立以副县长吴宗祥为组长的蓬安县全国1%人口抽样调查领导小组。领导小组办公室设在县统计局。从县公安局、县计生局各抽调2名，县工商局抽调1名工作人员到1%人口抽样调查办公室工作。10月28日，完成抽样调查摸底工作，向全县人口抽样调查办公室，报送调查小区地图和户主姓名底册。11月1日至10日，各抽中小区调查员正式入户登记，11月11日至15日，进行登记质量复查，11月16日至19日，对调查表进行编码，11月20日，向县人口抽样调查办公室报送调查表。这次调查登记总户数1880户、总人口6975人，户籍人口6900人。其中男3602人，女3298人。常住人口4032人，常住人口中男1984人、女2048人，出生37人，死亡29人。

【普查】　1986年后，专项普查先后完成“人口”“经济”“农业”“工业”“三产”“基本单位”等六项普查任务。

第四次人口普查　蓬安县第四次人口普查的时间为1990年。普查标准时间为1990年7月1日。普查项目共21个。其中按人填报项目15个，包括姓名、与户主的关系、性别、年龄、民族、户口状况和性质，1985年7月1日，常住地状况，迁来本地的原因、文化程度。在业人口的行业、职业，不在业人口状况、婚姻状况、妇女生育成活子女数，1989年1月1日以来，妇女的生育状况。按户填报项目6个，包括本户编号、户别、本户人数、本户出生人数、本户死亡人数、本户户籍人口中离开本县市一年以上的人数。1989年10月，成立副县长赵正铭任组长的蓬安县第四次全国人口普查领导小组，下设办公室，办公室设在县统计局，负责全县人口普查领导工作。各区乡镇建立相应的领导机构及办公室，职工人数多的企事业单位确定1名领导负责。1990年7月至11月，完成普查登记，12月底，完成全县人口普查手工汇总。1991年至1992年3月，完成普查资料编码的包装工作。1992年，编印出版《蓬安县1990年人口普查资料》。普查结果显示：1990年，全县总人口633419人，其中男性331082人、女性302347人。农业人口592077人，非农业人口39992人。受教育559337人，其中大学本科397人，大学专科1235人，中专5446人，高中18293人，初中

139229人，小学282439人，扫除文盲112298人。

第五次人口普查 蓬安县第五次人口普查的时间为2000年。普查标准时间为2000年11月1日0时。普查分为普查短表和普查长表两类。普查短表设置户记录10项，人记录9项，共19项；普查长表设置户23项，人记录26项，共49项。1999年7月，成立蓬安县第五次全国人口普查领导小组及办公室，负责全县人口普查的组织领导及日常工作。各乡镇人民政府，县级主管部门也建立相应的组织实施机构。县政府常务副县长魏磊任组长，普查领导小组办公室设在县统计局。1999年5月至2000年10月31日，完成普查机构组建，制订方案、划分普查区域，2000年8月26日至10月10日，蓬安县第五次全国人口普查办公室和县公安局在普查前进行户口整顿工作。清理和掌握各户籍管理区域内常住人口、暂住人口、流动人口及长住户口待定人口的情况和数据资料，摸清底数。开展普查试点，选调普查工作人员和业务培训，准备普查物质，开展大规模的普查社会宣传活动。2000年11月1日至15日，对全县所有普查对象进行全面登记和复查工作。2000年12月至2002年12月，完成数据编码、手工汇总、光电录入、数据发布、资料建库、编印出版《蓬安县2000年人口普查资料汇编》。普查结果显示：2000年，全县总人口639314人，其中少数民族412人，汉族638902人，男性335715人，女性303599人。农业人口572346人，非农业人口65810人。受教育590302人，其中研究生29人，大学本科876人，大学专科5843人，中专8824人，高中23890人，初中190472人，小学286766人，文盲67170人。人均住房面积28.64平方米。

经济普查 蓬安县第一次全国经济普查于2004年5月至2006年2月进行。目的是全面掌握全县第二、第三产业发展规模、结构和效益。对象是全县辖区内从事第二、第三产业的全部法人单位、生产活动单位和个体工商户。范围是采矿业、制造业、电力燃气及水的生产和供应业、建筑业、交通运输、仓储和邮政业，电信传输、计算机服务和软件业，批发和零售业、住宿和餐饮业、金融业、房地产业、租赁和商务服务业、科学研究、技术服务和地质勘查业、水利、环境和公共设施管理业、居民服务和其他服务业、教育、卫生、社会保障和社会福利业、文化、体育和娱乐业以及公共管理和社会组织等。2006年2月，编印《蓬安县第一次全国经济普查主要数据公报》，整个普查涉及5个行业，29套报表，260余个指标，近2000万个数据。普查表明：到2004年末，蓬安全县共有从事第二、第三产业的法人单位、产业活动单位以及个体经营户13075个，其中法人单位1473个，法人单位所属的产业活动单位263个，个体私营户11339个。全县第二产业有法人企业120个，工业、建筑业分别占87.5%和12.5%，从业人员132031人。其中，内资法人企业119个，从业人员13113人，外资法人企业1个，从业人员90人。第三产业法人单位1352个，从业人员18307人。从资产总计看，金融、农业比重最大，占56.4%，批发和零售次之，占11.5%，公共管理和社会组织、教育资产总计分列占第三、四位。

农业普查 1995年至1998年，蓬安统计局完成第一次全国农业普查。这次普查标准时点为1997年1月1日。普查共6张调查表，38类调查项目，687个调查指标，近20万张表格。内容涉及家庭成员、从业状况、农业用地种植情况等农村所有行业和部门。这次普查整理出《蓬安县第一次农业普查数据资料》6册共200余页。2006年底，完成了第二次全国农业普查的各项准备工作。

工业普查 1986年至1987年，蓬安统计局完成了第二次全国工业普查，这次普查标准时间为1985年12月31日。1985年12月31日，对全县1985年底拥有各种经济类型的独立核算工业企业和农村乡镇办工业全面开展普查登记。按时上报地、省相关部门。对普查资料分析研究后写出241篇资料，提出合理化建议302条，被采纳144条，获得经济效益价值34万元。1995年至1996年，完成了第三次全国工业普查。第三次全国工业普查标准时点为1995年12月31日。普查结果：蓬安县1995年，工业企业总计（含村及村以下）3670户，全部独立核算工业企业总产值（当年价）34191万元，工业总产值（90不变价）31762万元。产品销售收入26527万元，利税总额1915万元。

第三产业普查 1993年9月17日，蓬安县对全县第三产业进行普查。全县抽调2000余名普查人员，参加学习、培训、试登工作。在编委、民政、工商、统计等部门提供资料的基础上，普查人员深入到乡镇、街道调查摸底、填卡上册，做到条块印证，起报单位遗漏率为零，完全符合国家标准。为确保普查一次成功，蓬安选择了一个系统5个单位进行试点，按区域属地逐户、逐单位进行登记，为全面普查起到积极的推动作用。经计算机录入审查和相关资料评估符合国家规定质量标准。全部数据经验证、复核，真实可靠。按国务院、省政府第三产业普查办公室的统一规定，蓬安将汇总的主要数据编印成《四川省第三产业普查资料（蓬安县)》，传到省上评估，受到省政府和国务院的表扬和奖励。

基本单位普查　1996年10月，蓬安县成立第一次全国基本单位普查领导小组及其办公室。11月，开展清查摸底工作。1997年1月，完成普查登记，3月，进行数据审核汇总，6月底，完成全部资料上报，9月，发表蓬安县基本单位普查主要数据公报，12月底前，建立基本单位数据库，整个普查工作结束。2001年9月，开始进行第二次全国基本单位普查工作。10月，先后完成各乡镇、企业的普查机构组建、前期准备、宣传发动、业务培训、摸底等工作。2002年1月，全面完成普查登记，5月，完成基本资料审核汇总，11月，建立基本单位名录属。2003年2月，印制《蓬安县第二次全国基本单位普查资料汇编》。

【统计执法】　1986年，县统计局对统计人员分批进行法制培训，增强其法律意识。建立健全《行政执法责任制》《统计违法行为罚款处罚办法》等规章制度，加强统计执法检查，坚决查处在统计上弄虚作假的行为。4月，县统计局和县相关部门配合，组成四个工作组分赴各区乡镇及县级各单位开展检查，总结县烟厂、县丝厂、县农机厂等企业贯彻《中华人民共和国统计法》的经验。1988年，新建的县麻纺厂统计力量薄弱，统计局协助其建立统计台账，培训统计人员。8月，对蓬安部分单位上半年的煤炭、汽油、柴油、生铁、钢材、水泥、原木的生产、基建消费及库存量等指标重点检查。抽查县酒厂、县农机厂、县麻纺厂、县丝绸厂、县果品厂、县水电局等单位指标共44笔，差错5笔，准确率为88.6%。1989年至2006年，深入各乡镇、部门开展统计执法检查，查处有统计违法行为的单位58个，分别给予其限期整改或警告等处罚。

【统计信息化建设】　1986年，统计局配备M24微机一台。1988年，工业、投资、商业、城调等统计采用微机汇总报表。1990年上半年，为适应第四次人口普查数据处理工作需要，统计局购买3台UPS电源，安装1台多用户的HP386微机设备。1993年，统计局各专业报表数据处理统一管理，专业人员集中上机处理专业年报及定期报表。1999年末，统计局共有计算机5台，其中586微机1台、486微机3台、386微机1台。2000年，按照全市统计信息工程建设方案要求，制定了《蓬安县统计局局域网建设方案》。2001年8月，局域网建成投入使用。2002年，购置了一台TP-Link路由器，网通网络公司调试后，实现了专线2M宽带到省上，9月份广域网专线连接到蓬安，三级网络互联工作成功。2002年和2004年，分别开通蓬安统计局内网和外网。2005年9月，通过D-IinK设备，采用ADSL方式实现县级联网工作，建设了独立的机房。购置台式计算机12台、笔记本电脑1台、激光打印机3台及彩色扫描仪、喷墨打印机等设备。2006年年末，县统计局有计算机12台，实现“人手一机”目标。

民 政

1986年，蓬安县7个区、50个乡镇均设有民政所，民政工作侧重落实军烈属优抚政策、救济困难户、建设乡镇敬老院。1992年，全县合并为24个乡镇，均设有民政所。1994年，县政府安排资金在财政设置专项救灾科目，实施自然灾害救助。1995年，农村社会养老保险工作纳入乡镇目标管理，成立县农保处，在全县农村和乡镇政府中的招聘干部、民办教师、乡村医生、村组干部中开展农保工作。1998年，开始实施城镇低保。1999年，民政工作提出“三年内，创川北一流敬老院”总体目标。2000年，开始在茶亭乡试行农村低保，开展社会救助工作。2002年，农保处归入劳动就业局管理；全县实施助学圆梦工程，308名家庭经济贫困的学子受援。2004年，全县完成新建居民小区门牌号码编排以及县、乡、勘界工作，经省、市验收合格。2005年，蓬安县获“四川省五保供养工作先进县”称号。2006年，成立蓬安县婚姻登记中心，乡镇民政所不再担负婚姻登记工作。全县设39个乡镇民政机构，12573人享受城镇低保，5057人享受农村低保待遇。

机 构

1986年至2006年，蓬安设县民政局，乡镇设民政所。2002年，老龄委从县人事局转入县民政局。

【民政局】 1986年，蓬安县民政局内设人秘股、政工股、救济股、社会事务股、社团股等5个股室。下属单位有收容所、军队离退休干部休养所、皮肤病防治院、殡葬管理所。1991年，县地名领导小组办公室划归县民政局管理。1992年12月，机构改革，县民政局内设秘书股、民政社团股、优抚股、救济股等4个股室。1995年，增设农村社会保险处。2006年，县民政局内设人秘股、低保股、优抚股、社会事务股、救济股等5个股室。下属单位有军队离退休干部修养所、救助站、殡葬服务站、公墓管理所、皮肤病防治院。乡镇民政所，小的乡镇配备1至2名民政干部，大的乡镇配备2至3名民政干部。

1986年至2006年，李大龙、金洪田、杨怀宇、龙顺宝、余志强、姚勇、龚仓兆先后任县民政局局长。

【老龄委】 1986年至2001年，蓬安县老龄委办公室设在县人事局。2002年，老龄委办公室从县人事局转入县民政局。

村（居）委会建设

1986年至2006年，蓬安县推行村民自治，村（居）委会自治活动室全部建成达标，随着城区扩大和乡镇建制调整变化，城区和部分乡镇场镇逐步增设一批居民委员会。

【村（居）委会设置】 1986年，全县设598个村民委员会，县城设5个城镇居民委员会。1987年3月，在河舒、徐家、兴旺、巨龙、罗家、正源、利溪7个镇各设居委会1个。1990年全县共有598村，15个居委会。2006年，全县有24个居委会、140个居民小组。

【村（居）委会选举】 1987年、1990年、1992年、1995年、1998年、2001年、2005年，蓬安县分别进行七届村（居）委会换届选举。每届选举前确定一个村或居委会试点，选举先进行宣传发动，依照《村民委员会组织法》《居民委员会组织法》进行选民登记，推荐候选人，全县确定选举时间统一进行，县人大常委会、乡镇人大主席团派人进行选举监督。选举结果上报县人大常委会和乡镇人大主席团。

【村（居）委会村务公开】 1989年，全县598个村建立村代会。1992年，全县深入贯彻实施村（居）委会组织法，完成村（居）委会各项规章制度建设。1993年，制订蓬安县村规民约，印发至各村民家中。1998年，在白玉乡陡滩村开展村务公开试点工作。村民上交提留款、建房占地、修桥筑路建设等涉及村民的事务项目张贴公示，倾听村民意见，接受村民监督。陡滩村务公开试点获得成功，次年全县推行村务公开工作。2002年，全县598个村全部实行村务公开。2006年，全县涉及村（居）民的公共福利建设项目，由村（居）委会组织村（居）民一事一议决策。

【村（居）委会自治示范建设】 1994年3月，全县在3个乡镇、3个居委会、316个村开展村民自治示范活动。以村（居）委会自我管理、自我教育、自我服务为载体，建立健全规章制度，增强民主意识。1995年，全县有210个村经省、市验收合格，授予村（居）委会自治达标活动示范村。随后在全县普遍开展村民自治活动。1998年至2002年，周口、兴旺、利溪、徐家4个乡镇被市政府授予“村民自治达标乡镇”，382个村（居）委会县上检查验收合格后，命名为自治达标示范村（居）委会。至此，全县598个村、15个居委中有592村、10个居委会获村（居）自治达标示范称号。2003年，县政府要求加强社区建设，民政投入社区建设资金60万元，完成下河街社区、新华街居民活动场所、街道建设和居民住房装修复古任务。2005年，下河街、新华街社区被市政府授予“示范社区”，中央、省、市领导多次深入调研、高度评价下河街、新华街社区工作。

优抚　安置

1986年，蓬安县认真落实复员、退伍军人安置政策，抚恤烈士家属，发放“三红”（西路红军、失散红军、红军家属）、“三属”定补金。每年“八一”建军节以及重大节日，县委、县政府组织慰问团队到驻军进行慰问。在对越反击战期间，组织全县人民写慰问信15565封、做鞋垫4267双、小礼品4168件送往老山前线慰问广大指战员。1994年，武警南充支队在蓬安县中队和五中队召开部队正规化建设现场会，县政府决定每年拨出专项资金1万元支持部队建设。2006年，县委、县政府为重点优抚对象解决生活、医疗和建房等困难。

【拥军优属】 1986年至1992年，蓬安县民政局为随军干部家属解决住房40平方米；为参战军人解决住房597平方米；为全县7名军队离退休干部、9名退休战士和4名农村一等伤残军人家属“农转非”解决住房、治病的困难；为当地驻军办好事67件，送慰问品6048件；为现役军人家属调换工种26人，解决军人子女入学入托79人，帮助解决军人婚姻167人。1994年，县委、县政府为蓬安监狱武警五中队的全体官兵做规格一致的高低床，改善官兵住宿条件。“八一”建军节期间，县委、县政府领导慰问武警五中队，了解到部队购粮不便，立即与粮油总公司联系，将供应粮点调到部队驻地的锦屏粮站；为武警县中队官兵购置35床折叠式战备席，发到每个官兵的手中；对武警县中队陈旧营房彻底改造，支持部队建设。县公安局还给中队每人赠送一床线毯。8月中旬，武警南充支队在蓬安县中队和五中队召开部队正规化建设现场会，县政府拨出专项资金1万元支持部队建设。同时，马回水电厂、电影公司、一建司、蚕业局和金融等单位也提供赞助费5000元。2002年，全县完成2243名老复员军人的优抚调标工作，人均月增16元。同时，对各乡镇上报审批的572名优抚对象（复员军人、带病返乡退伍军人）申领定补的材料进行全面清理核实定时发放，并圆满完成下岗失业伤残军人在职保障金改领工作。2006年，县委、县政府为3314户重点优抚对象解决生活困难资金33.17万元，为4000户优抚对象解决医疗救助经费30.72万元，为76户重点优抚对象补助建房金额17.6万元。

1986年至2006年，县民政局共慰问军烈属、复员退伍军人95025人次，送年画及对联25万多张。为优抚对象举办广柑、蚕桑、养猪等培训班500期，参训的优抚对象达8456人。还实行优抚与保险相结合，动员1887名伤残、复员退伍军人参加简易人身保险，550户军属参加人寿保险，投保金额达39144元。县人寿保险公司为 2960名复员退伍军人、807名军人家属分别赠送5—10年的简易人身保险。卫生部门为复员军人减免医疗和诊费1.2万元。民政局为优抚对象送被面92床、枕巾92对、猪肉95.35公斤、面42.5公斤、酒92瓶，送各种慰问品价值达40多万元，帮助军烈属修补房屋10826平方米，解决缺房户资金3.7万元，计划木材6立方米。帮助783人解决了住房，帮助优扶对象贷款4.1万元，补息贷款6.2万元，优抚补助贷款4万元，帮助买化肥135吨，仔猪1.2万公斤，鱼苗20万尾。帮助军烈属新栽柑橘树14.8万株，栽桑50万株，黄桃、猕猴桃6000株，办科技培训班870余期，参加培训达1200余人次。帮助275户优抚对象建起小果园、桑园625个，义务传授广柑、蚕桑、生猪、家禽饲养技术1225人次。

【优待】 1986年开始，青年应征义务兵，其家属每人每年优待金150元。1988年，农村义务兵家属按上年度当地农民纯收入50%幅度优待。1989年，蓬安县义务兵优待金户均174元。城镇义务兵优待金200元至300元，少数特困重点对象亦有超过300元。服役期间获得英模称号者，加发优待金奖励100元；荣立一、二等功者加发优待金奖励50元。义务兵退伍、提干或转为志愿兵，不再享受优待金。是年，蓬安对军烈属、“三红”人员、老弱残军人、复员军人、带病退伍军人定期定量补助每人每月25元。根据国家政策，通过调查取证，为1270名西路红军战士、红军失散人员和带病返乡、生活特别困难的复员军人落实定期定量补助。为在第二次国内革命战争时期的48人平反昭雪并落实定期定量补助，每户平均129.5元。1992年以前，复员军人带病还乡，生活特别困难户，定补面占全县复员军人总数的50%。1993年，全县复员军人定补面扩大到70%。1998年，蓬安县定补标准调到每人每月40元。1999年2月、2001年2月、11月，蓬安县定补标准先后调整为每人每月50元、70元、90元。2001年，根据国务院办公厅规定，县政府将群众优待金纳入税改项目，由乡镇人民政府通过财政预算安排。2006年，蓬安县在乡伤残人员554人，发放抚恤费185万元，在职伤残带病返乡退伍军人1192人，人均475元，每年发放97万元保健金。一等伤残军人9人，年发放护理费4万元。“三属”人员316人，“三红”人员331人，复员军人定期定量补助3135人，年发放定补金348万元。

【抚恤】 中国人民解放军35145部二连二班战士沈昆明（鲜店乡人），1987年4月30日，在云南八里河东战区白岩大桥守卫战中，遭越南侵略者偷袭，腹部、颈部遭手榴弹炸伤38处，流血过多，抢救无效于30日凌晨1时50分光荣牺牲。被追认为烈士，县民政局给予其父母抚恤。吕凤鸣，两路乡新庙村一组人，2002年2月12日，在维护社会治安中同歹徒斗争光荣牺牲。2003年3月13日省政府批准吕凤鸣为革命烈士，其家属享受烈属待遇，县民政局给予吕凤鸣父母抚恤。

【复退、转业军人安置】 1986年至2002年，全县共接收复退军人5912人。其中城镇兵和应安置复退军人1827人。解决农村退伍军人住房问题，拨专款63000元，划拨木材69立方米。培训复退军人467人，发放技术书1144册。2003年至2006年间，县民政局根据中央、省、市有关安置政策，拓宽退役士兵、士官的安置渠道。4年共妥善安置232名符合安置条件的城镇退役士兵、士官。281名退伍士兵、士官实施补偿安置，计发补偿安置费719.53万元。

【军队离退休干部管理】 1986年，县政府设立蓬安县军队离退休干部管理服务所，配备2名管理人员和1名服务人员，编入县民政局优抚股，做好全县14名军队离退休干部管理服务工作。2000年，蓬安县接收军队离退休干部23人，其中退休干部11人。组织军休干部理论学习、发挥余热，成立军队离退休干部暨退伍安置士兵党支部。2005年至2006年，军队离退休干部管理服务所每年给军队离退休干部订报刊、组织健康体检、到外省外市参观学习或旅游、开展文体活动，丰富离退休干部的生活。

救济 救助

1986年至1993年，蓬安县按国家政策实行财政筹资和社会募捐相结合，对遭受灾害的群众和城乡困难群众实施救济救助，各乡镇组织生产自救。1994年，县委、县政府出台政府救灾工作方案，在县财政局设立“217”救灾款科目，资金由县民政局管理使用。3月，要求各乡镇财政建“217”科目，资金纳入乡镇财政预算。县设专项救灾资金11万元，县乡两级财政“217”科目经费共计22万元。县民政局在杨家镇、高庙乡组建救灾救济储粮会，健全管理工作制度，印制账、表、册据，先后借贷1.5万元，当年储粮20000公斤。1998年，实施城乡低保政策。2000年，蓬安县启动农村低保。2005年，县委、县政府印发《关于认真做好部分城乡特困户医疗保险工作的通知》，县民政局、财政局联合印发《蓬安县农村医疗救助基金管理办法》。2006年，全县共5887户、12573名城镇困难居民、特困职工下岗职工享受低保。

【自然灾害救济】 1986年，民政对自然灾害救济以乡镇为主。县财政统一拨付救灾款到各乡镇。1987年7月19日，蓬安县内发生大风雹灾，受灾面积2万公顷，全县粮食损失2000万公斤，油料48万公斤，垮塌房屋3896间。县政府除组织群众生产自救，还拨出自然灾害救济款25.9万元，救灾粮87.5万公斤。1990年5月16日，徐家、骑龙、金马、金甲、万和、向东、鲜店等乡镇遭受冰雹灾害，利溪、柳滩、杨家、南燕、凤石、济渡、正源等18个乡镇同时遭受8级至9级大风袭击，25个乡镇、175个村、1540个村民小组、43090户、151760人受灾。县政府及时拨出救济粮救灾款。1994年，专门设立财政救灾专户救济受灾群众。2003年4月4日，全县范围内遭特大暴风冰雹灾害，6日，县政府拨出救灾资金76.9万元，组织机关单位捐救灾款2.3万元。2006年，特大旱灾，全县机关、企事业单位、职工捐款38万元。全年共下拨救灾款18.06万元，采购粮食51.27万公斤，为1.7万缺粮农民安排2个月救济口粮。

1986年到2006年，蓬安县共发生洪灾18次，政府拨救灾款1004万元恢复生产，救济灾民生活。共发生旱灾12次，县政府下拨救灾款612万元，救灾粮312万公斤、化肥135吨。

【城镇社会救助】 1998年，蓬安县建立周口镇城市居民最低生活保障制度（简称“低保”）。民政局深入周口镇城区8个居委会了解、掌握贫困户真实情况，向县政府专题报告，拟定《蓬安县城市居民最低生活保障暂行办法》和《蓬安县城市居民最低生活保障实施细则》。县财政拨出3万元作为第四季度低保资金。12月，县政府、县民政局在周口镇城区举行城市居民最低生活保障金首发仪式。1999年，蓬安县在认真贯彻1998年城乡低保制度基础上，规范操作程序，对享受对象和新增人员坚持季度审批制度，低保名单张榜公示，增强透明度，第二季度又有165户纳入城市低保，城区享受低保人数达366人。1999年10月，低保标准由每人每月100元提高到每人每月130元。2000年，进一步扩大城乡低保面，全县各乡镇场镇非农业户有106户、194人纳入城市居民最低生活保障范围。周口镇城区新增低保对象74户、96人。2001年，复查城市居民最低生活保障对象，由居民委员会评议、报审材料，坚持每季度报批报审，向社会公示，接受群众监督。全县新增低保户86户、265人。还为285位精减退职老职工提高生活补贴标准。2002年，蓬安县新增低保对象2166人。征地、买户口等农转非人口中符合低保条件的纳入城镇低保范围。6月9日，县民政局与街道居委会一起，调查享受低保待遇户情况，取消不符合低保条件对象128户、280人。核实全县享受低保共5243户、12056人，其中在职职工818人，下岗、离退职工2495人，离退休人员536人，失业人员2918人，“三无”对象475人，其他4814人。月发低保金313432元，人均26元。2004年，完善城市低保规范化管理，清理不符合低保条件享受低保待遇的户数，坚持公开、公平、公正原则，实行低保申请、审批、发放低保标准张榜公示制度，做到群众满意。清理后取消317户、723人享受低保，少数困难户由于情况变化调整补助标准，新申报批准纳入低保304户、816人。12月底，全县享受城市低保共4480户、9853人，人均每月50.06元，全年发放低保金583万元。2005年，城市低保制实行公开、公平、公正，动态管理。3月、6月、8月3次对全县低保对象采取看家庭居住、生活情况、询问家庭成员就业、收入、房产、消费、现实表现及访问邻居的方法评议审定，取消不符合条件的低保户251户、343人，降低标准40户，提高标准60户，新增低保对象1441户、3198人。失地农民农转非600户、914人全部纳入低保。2006年，全县共5887户、12573人城镇困难居民、特困职工下岗职工享受低保，生活得到保障。

【农村社会救助】 2000年，蓬安县开始启动农村低保工作，在茶亭乡进行试点。经调查了解草拟出《茶亭乡农村村民最低生活保障制度暂行办法》《茶亭乡农村村民最低生活保障制度实施细则》等文件，采取村干部提名，乡干部、民政干部逐户调查摸底的办法，最终决定全乡54户、142人参保。在茶亭乡召开全县农村低保工作现场会，培训农村低保工作业务人员。2005年底全面启动农村低保工作，对全县农村家庭中人均收入低于700元的困难户3493户5057人，实行了低保，月人均补差20元。2006年6月1日，蓬安县农村村民低保金首发仪式在茶亭举行。蓬安农村低保工作经验由《南充民政》简报向全市推广。对符合低保条件的失地农民600户914人全部纳入了低保，月人均补差57.60元。

【医疗救助】 1986年至2001年，蓬安医疗救助按具体病情，由乡镇和单位解决，个别情况报县、乡民政部门给予一次性救助。2002年，县民政局和财政局联合印发《蓬安县农村医疗救助基金管理办法》，规定医疗救助基金的性质、使用原则、享受对象及审批程序等，缓解群众看病难、就医难问题。至2006年，5年中，对患重大疾病无力支付医疗的382名城乡困难家庭给予了800元至2000元不等的医疗救助，对1680名患一般疾病的五保户、特困户给予了200元至800元不等的医疗救助。对城镇低保对象中228名患重大疾病无力支付医疗费的，解决医疗费用计17.02万元。出台了全县优抚对象就医的相关优惠政策，为2500名“三红”“三属”、复员军人、伤残军人办理了医疗减免证。拓宽医疗救助渠道，推进城乡医疗救助保险，印发了《中共蓬安县委办公室、蓬安县人民政府办公室关于认真做好部分城乡特困户医疗保险工作的通知》，对3000户农村“五保”户、特困对象、城乡优抚对象中的困难户、城市低保对象中的“三无”对象和特困户，县上统一向县财险公司每年每户投保费245元，重特大伤病住院的每户一年最高可获得保险公司4000元医疗赔偿，一般伤病的可得到1500元的医疗赔偿，全年共投入保费73.5万元。对1471名农民实行了医疗救助，对81人患重大疾病分别救助资金800元至20000元不等。新园乡政府临时工作人员张心中因公致伤，先后花医疗费10多万元，家庭无力承担，县民政一次医疗救助2.1万元。建设南路金亮母子均患癌症，生活十分困难，民政局两次医疗救助5000元。城市低保对象患重大疾病的，凭住院发票按10%至20%比例实行医疗救助。“三红”“三属”、复员军人、残疾军人及重点优抚对象持医疗减免证住院治疗时，减免接送、检查、治疗、药费20%。

【助学圆梦工程】 2002年，蓬安县开始实行助学圆梦工程。2003年，民政资助2002年、2003年考上大学的147名贫困学子，每人发放助学金1000元至3000元。2004年，低保户、特困户中有33名学子考上大学，县民政共资助现金34500元，解决他们入学难的问题。2005年，全县有28名考上大学的贫困生，分别给予1000元至3000元不等的助学金。金马乡刘智慧考上大学，因家庭贫困无法入学，县民政资助2500元学费使其圆了大学梦。县上积极向省市争取到“圆梦”助学资金，帮助柳滩乡贫困生袁良俊、唐志峰，正源镇饶剑分别解决助学金5000元，使他们圆了大学梦。

【收容救助】 1986年，蓬安县收容所占地860平方米，建筑面积660平方米，有职工3人。2003年，收容所更名为蓬安县社会救助管理站。2005年10月，救助1名流落街头乞讨、生命垂危的老年妇女，送县医院治疗1个月，花费近3万元。1986年至2006年，累计收容、救助、遣送1607人次。

【皮肤病院】 蓬安皮肤病院位于蓬安凤石乡凤凰山，占地2.1公顷，房屋4幢61间1053平方米。

1986年至2000年共收治麻风病人47人，治愈出院45人。2006年，皮肤病院在院治疗麻风病人2人。

敬老院建设

1986年，蓬安县开始新建改建敬老院，对全县五保供养分集体供养（敬老院）和分散（居住社、家）供养。1988年至1990年，全县新建14所敬老院，改建7所敬老院，实现每个乡镇都有敬老院。1993年至1998年，全县敬老院开展了种养殖产业和环境建设，生活和居住环境质量明显提高。2004年前，蓬安县农村"五保"供养金和口粮以乡统筹发放，2005年开始，蓬安县农村"五保"供养金（含口粮折款）由县财政预算统一支付。"五保"供养工作获省级表彰。2006年，开始建设村级敬老院。

【"五保"供养】 1986年，蓬安县有"五保"户2671户、2941人，其中老人2638人、孤儿131人、残疾172人。全县筹集"五保"金23.35万元。1987年，农村"五保"户每人每年口粮300公斤，供养金89元。1990年，农村"五保"户每年人均口粮350公斤，供养金153.4元。县民政局为"五保"户添置棉衣裤450套，单衣3100套，被子700床，毯子440床。1994年，全县"五保"户2874户、3159人，全县乡统筹"五保"供养金86.07万元，人均供养金272元，比1993年增加50元。随着乡镇敬老院建成，部分乡镇农村"五保"户逐步实行集中供养。1997年，全县"五保"户仍然以集中供养为主，分散供养为辅。分散供养的"五保"户供养金人均每年420元，集中供养（敬老院）供养金人均每年500元，比1993年提高148元。2000年，县政府出文《关于加强农村"五保"供养工作通知》规定："五保"供给衣被实行1年1套内衣、2双袜子，每2年1套外衣、2双鞋子，每5年1套棉衣、1床棉絮、一床蚊帐。2003年，蓬安县"五保"户集中供养金人均每年600元，分散供养金人均每年500元；每年供给粮350公斤（250公斤稻谷、100公斤小麦）、柴600公斤、食用油6公斤。2004年，县政府召开乡镇""五保"供养"工作专题会议，农村"五保"供养金全部纳入县财政预算。农村"五保"供养金按每人每年664元标准，由财政按各乡镇"五保"人数10月底前全额拨款到位。县民政局、监察局、目标办、财政局联合到各乡镇督查落实，全县共发"五保"供养金20.73万元。2006年，全县普查"五保"户对象，重新认定符合"五保"条件的3703人，新吸纳578名无生活来源、无法定赡养人或抚养人的孤老、残疾人、孤儿为"五保"对象。乡镇敬老院管理人员工资全额纳入县财政直拨，按月领取。分散和集中供养的"五保"户供养金每月人均为100元，年供养金1200元。是年，蓬安县"五保"供养仍执行年1200元标准。

【敬老院】 1986年，蓬安县加强敬老院建设，新建敬老院3所、改建2所，集中供养"五保"老人130人。1987年全县有敬老院23所，在院人数154人。10月，碧溪乡敬老院落成，接收14位"五保"老人入院。1988年，全县新建龙蚕、杨家、诸家等5所敬老院，改建龙云、红旗、三坝3所敬老院。1989年、1990年，全县新建福德、中华、南燕、清溪、锦屏、马回、河舒、新园、利溪9所敬老院，搬迁兴旺、平头、柳滩、金马4所敬老院。50个乡镇都有了敬老院。天成乡敬老院开办种养殖业创收，产粮7.5万公斤，柑橘2.5万公斤，经济收入48105元，人均收入2829元，达到以院养院，成为全县敬老院学习的典范，院长姚敏获南充地区敬老院金奖。利溪、万和、石梁乡敬老院粮食满仓，猪牛满圈，果树栽满山。石梁乡敬老院老人常对人说："有党，有社会主义，才有我们今天的幸福。"1993年，民政局扶持敬老院新建果园21个，栽果树5万株，承包养鱼塘12个，建加工房2个，砖瓦厂1个，茶旅社、娱乐室4处，副食、百货店6个。全县敬老院纯收入达48万元。1994年，柳滩乡政府拨款3000元，扶持敬老院办起砖瓦厂，当年烧砖50万块，实现利润6000元。1996年，在巨龙镇敬老院召开敬老院工作现场会，参观其花园式环境建设，提出利用两年时间把全县50所敬老院都建成花园式老人乐园。6月，县民政局规划徐家、天成等27所敬老院建成花园式敬老院，拨建设资金5.4万元，购买花草苗木。1997年，规划建设21所敬老院为花园式敬老院。1998年，茶亭乡无偿划林场耕地给敬老院，帮扶敬老院兴办4个采石场，半年创收7万元至8万元。利溪镇新划耕地12亩给敬老院，新栽果树400株，办起20头母猪的良种猪繁殖场。全县敬老院实体收入超过70万元，县委、县政府表彰奖了“十佳敬老院院长”和“十佳敬老院”；全县50所敬老院通过市、县民政局验收，达到花园式敬老院标准。1999年，县政府提出创建川北一流敬老院目标任务，先后在骑龙、金甲、徐家、茶亭等乡镇敬老院抓模范院试点工作，召开现场会介绍经验，促进模范敬老院建设。2000年，把创建达标模范敬老院作为“五保”工作重点。群乐、周口等8所敬老院列为创市级模范院。巨龙镇投入数万元资金，改造敬老院水井、花台，修建进院水泥公路。群乐乡投资3万元，贴地砖、粉刷墙壁、制作门牌、翻瓦换檩，敬老院面貌焕然一新。2002年，两路、徐家等10所敬老院达市级标准。2004年，蓬安县敬老院经济稳步发展，全年创收128万元，纯收入52万元，老人生活更加充实、富裕。2005年年底，全县49所敬老院中34所创建为市级标准敬老院，9所创建为市级模范敬老院，蓬安县获得四川省五保供养工作先进县称号。2006年，全县敬老院集中入院人数576人。在白玉、锦屏、金甲、两路启动村级敬老院建设试点工作。

福利彩票

【福利彩票销售】 1996年，蓬安首次发行销售福彩，县委、县政府组织，民政、公安、交通、工商、文体、广播电视局通力协作，圆满完成销售任务。福利彩票面额2元一张，计划发行300万张，总额600万元。1月6日至25日，宣传准备，1月26日至31日，开始销售。最高奖为价值8万元的长安汽车，最低奖金为现金2元。共销售2672858张，计534.5716万元。

1999年1月16日至26日，蓬安县发行销售300万元赈灾福利彩票，实际销售1499807张计2999614元。8月，预计完成70万元“巴蜀风采”福利彩票发行销售任务，实际销售14万张70万元。12月9日至19日，发行销售600万元即开型福利彩票，由于当年销售太密集故未达预期目标，仅销售650600张130.12万元。全年预计销售福利彩票970万元，实际销售499.9626万元。

2003年2月10日至19日，由县政府主办，县民政局承办，计划在周口城区开展600万元即开型社会福利彩票销售活动。实际销售2元券即开型302442张，金额60.4884万元。12月13日至17日，由市民政局主办、募捐办承办、县民政局协办，在周口镇东风大道举行100万元即开型社会福利彩票销售活动，共销售即开型2元券72500张，金额14.5万元。

【福利彩票销售资金管理】 1996年，蓬安县福利彩票销售金额534.5716万元，上交中央、省、市成本和管理费101.5685万元，发行费58.8025万元，兑付金额（奖品）267.2858万元，县上获得社会福利基金117.8749万元。1999年3次福利彩票共销售500.184万元，上交中央、省、市、成本和管理费81.7154万元，发行费55.0089万元，兑付奖金（奖品）215.0407万元，县上获得社会福利基金100.0612万元。2003年2月，共销售福利彩票60.4884万元，上交中央、省、市、成本和管理费11.4928万元，发行费6.6537万元，兑付奖金（奖品）30.244万元，县上获得福利基金12.0976万元。是年12月销售的福利彩票是市民政局主办、县民政局协办，县上获社会福利基金3万元。

【双色球】 1986年至1995年，社会福利基金由政府投入。1996年，集中销售发行福利彩票的同时，社会福利募捐出现常年性双色球投注，每注2元，可一次投数注，最高中奖额为500万元。1996年至2006年，全县城乡共设51个双色球投注站，彩民投注金额约2.2亿元。

婚姻登记

1986年，蓬安县婚姻登记由乡镇民政所办理。2003年，蓬安执行国务院颁发的新《婚姻登记条例》。2006年，县婚姻登记中心成立。1986年至2006年，全县共办理登记结婚68038对、离婚2370对。

【乡镇登记】 1986年5月前，蓬安县婚姻登记工作由乡镇政府办公室办理。6月开始，婚姻登记工作由乡镇政府办公室移交乡镇民政所，办理结婚、离婚、复婚登记和“夫妻关系证明书”“解除夫妻关系证明书”等证书。登记时，男女双方出具单位或村委会的年龄证明。1995年后，婚姻登记双方还要出具婚前检查证书，缴纳结婚登记证书工本费，方可办理结婚证。2003年，新的《婚姻登记条例》颁布实施，废除所在单位、村（居）委会出具的本人出生年月和婚姻状况证明的程序，改为由结婚双方出示本地户口簿和身份证，并对婚姻状况作出声明，办理婚姻登记。不再强制婚检。

【统一登记】 2006年，蓬安县婚姻登记中心成立，负责全县的婚姻登记，包括结婚、离婚、复婚登记，办理“夫妻关系证明书”和“解除夫妻关系证明书”；动员拟婚青年男女接受婚前检查。婚姻登记按物价局核定标准收费。乡镇民政所不再办理婚姻登记工作。

殡葬改革

1986年至2006年，蓬安县推行火葬，实行公墓安葬，加强殡葬管理。

【火葬】 1986年，蓬安县推行火葬制度。1990年，在县城范围内实行火葬制度，机关事业单位人员去世提倡火葬。1991年，县政府规定：“国家职工病故，一律实行火化，凡违反这一规定的，一律不发丧葬费、遗属生活困难补助费和其他有关费用。”1995年，县政府发布《蓬安县殡葬改革布告》《蓬安县殡葬改革实施细则》两个文件，把殡葬改革纳入“两个文明建设”的总体规划。1996年，全面清理全县火化区偷葬情况，金溪镇收罚没金3000元，周口镇收罚没金6000元。1997年，贯彻《中华人民共和国殡葬改革条例》，各乡镇驻地所在村纳入火化范围。2005年，在济渡乡召开殡葬改革现场会，推行济渡火葬试点工作经验，宣传殡葬改革政策原则，落实贯彻实施。1986年至2006年，蓬安县共火化5775具尸体，公墓安葬500位。

【殡葬管理】 1986年，蓬安县殡葬服务工作由民政局下设殡葬服务站负责，殡葬服务站占地0.63公顷。1987年，殡葬服务站殡仪馆、骨灰陈列室、悼念厅及其他设施建成投入使用，增加殡葬服务站人员编制2人。1988年，殡葬服务站更名为殡葬管理所，成立红白喜事理事会，在殡仪馆服务于丧家。1990年，制定殡葬服务收费标准。1993年，成立公墓管理处。1994年，征公墓用地1.2公顷，开发公墓1100座。1998年11月，县政府组织公安、交通、国土、教委等部门对城区和基层重点乡镇开展殡葬执法检查。没收棺木74付，收教育费6960元，有效遏制土葬行为。2000年，县政府批准民政局成立殡葬管理执法大队。2001年，县政府制发了《蓬安县人民政府关于加强殡葬管理的通告》《蓬安县殡葬改革十年规划》等文件，重点抓了河舒镇、济渡乡的殡葬工作试点。在城区收缴棺材21口、灵房54座、灵币25万张，进一步规范了丧葬用品市场。2002年，公墓管理处购置墓地30亩。2003年，县财政局、物价局联合发文规范殡葬服务收费标准。2005年，财政局、物价局审定《公墓收费标准》。清明节，县政府组织殡葬执法队员10余名，开展为期10天的殡葬改革宣传和执法检查，对1例违法土葬的丧事，送达“殡葬管理处罚通知书”，抑制丧葬违规，没收土葬祭品，殡葬改革区域内，火葬已成习俗。

民间组织

1986年，蓬安县依法登记社会团体。1990年，依法登记民办非企业民间组织，清理非法民间组织。2006年民间组织登记有序进行。

【社会团体登记】 蓬安县社会团体登记实行归口登记。登记前，走访调查，核实其性质、目的、技术资质、管理模式，然后被登记的社会团体提出申请、提供登记证件，最后批准机关审发证件。1986年至2006年，全县共依法登记民间组织63个、社会团体54个。

【民办非企业登记】 1990年至2000年，蓬安县民办非企业发展较快，各种气功组织在蓬安县招徒施教。根据国务院《民办非企业管理条例》实施登记。登记有申请、出具证件、验审、发证4个程序。登记发证后，每年检验一次，年检中对民办非企业单位从事的活动进行调查，听取群众意见办理年检合格证，不合格者注销所发证件。2000年，依法注销“中华养生益智功蓬安研究会”等4个气功组织。2001年，全面复查清理民办非企业单位22个，依法换证13个，停办9个。1986年至2006年，全县共登记19个民办非企业单位。

地名区划

1986年，蓬安县民政局负责地名区划工作。1992年后，区、乡镇数次进行建制、区划调整。1999年，县政府成立蓬安县地名清理整顿领导小组，下设蓬安县地名办公室，有工作人员2人。开展设标、地名普查、新增街道、桥梁等命名和行政区划管理等工作。2000年，蓬安县开始补查、更新地名、街名。2006年，蓬安乡镇区划调整为39个乡镇，地名办进一步明确相关勘界资料。

【地名管理】 1986年至1999年，蓬安县城乡住房建设快速发展，新增街道较多，原地名、街名发生很大变化。2000年，开始补查、更新地名、街名，全县共新命名2470条。乡镇新增街道命名由乡镇人民政府草拟名称，报地名办审批。县城新街道命名由县地名办会同相关部门，采取拟定名称、征求意见、报县政府批准命名的步骤完成。当年共命名街巷20条（见附表）。县政府批文，命名清溪河公路大桥为“清溪河大桥”，横跨嘉陵江的大桥为“嘉陵江大桥”。2004年，县政府出文命名“周口古镇、相如故城（锦屏镇老街）、嘉陵江漫滩湿地（又名东门河坝）、太阳岛、月亮岛、中坝村”旅游线路为“嘉陵第一桑梓”。

1986年至2006年，先后完成318国道线、仪北公路线、区乡公路线的设标、换标工作。绘制完成城区街道定位草图。以及完成县城新增居民小区和临街面楼牌门号、小区内住户门牌编号工作，共增设楼牌门号4276个。2006年，增设嘉陵第一桑梓标志和恢复周子古镇商铺名和老店名称。

【区划调整】 1992年9月，根据省委文件，县上研究决定，报送地委、行署审定，省人民政府批准，撤销7个区、31个乡的建制。调整后全县有24个乡镇（15个镇、9个乡）的建制。1994年7月，由于丘区不适宜乡政幅员过大，全县由24个乡镇调为38个乡镇（15个镇、23个乡）。1997年4月，进行恢复性调整，将原38个乡镇调为46个乡镇（15个镇、31个乡）。2006年6月，撤销7个区委、督导组；全县调整为39个乡镇（15个镇、24个乡），周口镇更名为相如镇。

【勘界】 1996年至2001年，蓬安共勘定县（区）界8条；乡镇界108条，堪界总程达803.7千米，妥善处理有争议县边界纠纷4起，受到省民政厅表彰。

县界　1996年，蓬安县成立勘界领导小组，从水电局、国土局、农业局、民政局等单位抽调专业技术人员组成勘界专业队伍。与营山县、仪陇县堪界工作领导小组共商县界确定原则，达成共识。三方堪界人员完成蓬安仪陇边界19千米和营山县边界92千米的踏勘、边界划定任务。1997年完成蓬安与岳池县、广安区、蓬安与南部县边界勘定任务，资料收集完备。1998年蓬安与顺庆区、高坪区、渠县县界踏勘结束，成果资料整理后，南充市勘办验收合格。1999年，蓬（安）营（山）县界、蓬（安）广（安）区界存在争议4处3条，经双方勘界人员再次踏勘，成果资料报省政府2条。2000年，完成县界8条，其中蓬渠（县）、蓬岳（池）县 界上报国勘办及省政府均通过批准。12月，由蓬安牵头的3条（蓬仪、蓬营、蓬高）界，省勘界办公室验收合格，达到优秀标准。

2006年，根据国务院《行政区域界线管理条例》和省、市勘界办有关文件要求，从9月5日至10月23日，由蓬安县牵头，分别对蓬仪、蓬岳、蓬高、蓬营等4县边界线联合检查。通过走访群众、查看资料与实地核对，蓬仪边界沿界地物、地貌无明显变化，双方对原来勘定的法定界线无异议；蓬高界线实地察看，边界线地物、地貌无明显变化，双方无异议；蓬营线龙岗寨地段，双方群众无异议；蓬岳界双边要求加强边界保护和管理，保持行政区域界线的稳定，对现划定边界双方无异议。

乡镇界 1996年，蓬安开始乡镇勘界工作，完成银汉、凤石、南燕、罗家、兴旺、济渡、福德、新河、天成、海田、龙蚕、新园、碧溪、杨家等14个乡镇与毗邻乡镇边界堪定。1997年，蓬安县利溪、河舒、开元、石孔、白玉、周口、马回乡、三坝、正源、锦屏、龙云、巨龙等12个乡镇与毗邻乡镇边界堪定结束。1998年，群乐、高庙、睦坝、骑龙、徐家、鲜店、平头、茶亭、金甲、金溪、万和等11个乡镇与毗邻乡镇边界线踏勘确定。至此，全县乡镇间108条界线明确，群众无异议。

2006年，蓬安乡镇区划由46个乡镇调为39个乡镇后，县统计局、公安局、农业局、城建局、交通局、文体旅游局等部门通力合作，收集资料、填报区划调整后的相关数据，校正《蓬安行政区划图》，报经省、市批准，乡镇调整后行政区划图当年出版发行。

老龄工作

1986年，蓬安县老龄工作由县人事局管理。1996年10月，蓬安成立机关退休职工协会。2001年，全县老龄工作由老龄委员会下设办公室负责，办公室由县人事局划归县民政局管理。2006年，全县有60岁以上老人85271人，有百岁老人15人。

【老龄活动】 1986年至1987年，蓬安县开展了老龄人口普查，对全县老年人的分布、年龄结构、文化程度、晚年生活等情况调查了解，做好老年工作基础。1989年，全县60岁以上的老年人近6万人。全县开展“敬老好儿女金榜奖”活动，评选出敬老好儿女奖候选110名，其中获全国和省地区（市）表彰的10名。2003年，县委制定“十五”老龄事业发展规划。各乡镇成立老龄工作委员会。有9个乡镇被命名为县级敬老模范乡镇，3个乡镇被授予市级敬老模范乡镇。全县共建法律援助机构8个，积极调解涉老纠纷，提供法律援助近80件，接受老年人法律咨询2000多人次。开展老年文化体育活动，建有老年门球场3个，文化广场3个，老年活动室761个。县及各乡镇政府每年召开“庆重阳”座谈会，有条件的单位每年组织老年人到外地考察、旅游。2006年，全县有老年人85271人，纯老年家庭25576户。老年协会650个，老年活动站88个，有老年大学校点2所。老年临终关爱医院5所，老年医院1所，老年法律援助中心9个。

【百岁老人】 1986年至2000年，百岁老人所在地政府和民政部门在其生日和逢年过节要登门慰问、祝贺，做好吃、穿、住、治病调查工作，解决好生活困难。2000年，百岁老人无条件纳入城乡低保，享受最高标准。2006年，全县有百岁老人15名，全部享受城镇低保。

蓬安县2006年底百岁老人名册

姓名	住址	出生日期
潘学明	相如镇政府街 179-2-3 号	1905.5.17
王刘氏	相如办事处杨家桥村	1903.9.19
郑连芳	锦屏镇胡家浩村 3 组	1900.5.20
陈丙荣	骑龙乡母家坝村 6 组	1906.8.16
吕体之	碧溪乡吕家山村 2 组	1906.6.2
唐瑞英	利溪镇三角湾村 9 社	1905.7.27
雍泽洋	正源镇 13 村 6 社	1904.1.6
吴正碧	罗家镇百大丘村 3 组	1905.5.15
夏胡氏	徐家镇唐家祠村 11 组	1903.8.20
吕茂太	两路乡木梳椏村 3 社	1906.2.19
王金珍	睦坝乡永安村 8 社	1903.6.6
陈罗氏	新河乡驼丘村 6 组	1903.5.16
郑义月	天成乡郑家寨村 2 组	1901.6.23
金邓氏	龙蚕镇普光村 2 组	1905.12.20
石用芝	杨家镇清华村 13 组	1906.1.29

人事　劳动

1986年，蓬安县对专业技术职称进行了评定，对机关事业单位工作人员工资进行完善套改，开始进行劳动制度改革。1988年，对全县国营企业和自收自支事业单位实行退休费用社会统筹，首次实行评聘专业技术职务人员工资挂钩。1991年，县上实行党政群机关和财政拨款事业单位编制和经费包干制，控制进人和增加经费。蓬安县就业服务管理局培训中心成立，进一步落实先培训后就业方针。1992年3月，全面推进劳动、工资、保险三项制度综合配套改革。9月至12月，区乡镇建制调整，县级机关机构改革。1995年6月，县政府印发《蓬安县全面实行劳动合同制实施办法》，7月起执行。1998年，蓬安县党政干部逐步过渡为公务员。1999年，劳动保障部门指导和协助改制企业化解矛盾，处理历史遗留问题，9月，县委、县政府召开城区企业特困职工慰问会。2001年，县级机关和乡镇机关再次进行机构改革。2002年，县政府决定从1月1日正式启动城镇职工基本医疗保险制度。2003年9月，县委、县政府进一步明确各部门再就业工作职责，推进再就业工作。2005年，依法开展事业单位法人登记和年检工作。蓬安县劳务办被评为南充市劳务开发先进集体。

人　事

1986年，蓬安县开始面向社会招聘干部。1989年6月，科技干部管理和职称工作由县科委整体划归人事部门负责。1992年，蓬安县机构改革，县级机关各部门、单位和乡镇编制机构和人员大幅精简。1994年，开始对全县专业技术人员年度考核，评聘工作转入正常化。1995年，开始对全县事业单位进行法人或非法人登记管理。1998年，县委组织、人事安排布置行政机关实施国家公务员制度“入轨”工作。2000年，全县大中专毕业生进入人才市场双向选择，择优录用。2004年，按上级规定公务员“凡进必考”原则对全县公务员进行了清理。2006年，蓬安县机关事业单位工资制度改革。

【蓬安县人事局】 1986年，人事局内设办公室、干部股、工资股、退休干部股。1987年4月，县人事局、劳动局合并，组建蓬安县劳动人事局，内设干部股、工资福利股、退休管理股、计划调配股、劳动保护股、办公室。1989年12月，蓬安县劳动人事局撤销，分别组建蓬安县人事局和劳动局。人事局内设秘书股、计划调配股、职位职称奖惩任免股、工资福利保险股、退休退职股。1992年12月，撤销蓬安县人事局、劳动局，组建蓬安县人事劳动局，内设秘书股、计划调配股、退休职工管理股、劳动争议仲裁股、工资福利股、劳动保护股。1997年11月，撤销县人事劳动局，分别组建蓬安县人事局、劳动局。人事局设秘书股、计划调配股、工资福利股，退管保险股。2001年，县级党政群机构改革，人事局设秘书股、公务员管理股、职称培训股、工资福利退管股，直至2006年。

1986年至2006年，何鸿道、但启书、伏泯全、刘建忠、杨卫东、袁用文先后任局长。

【编制管理】 1986年，蓬安县编制委员会（简称编委）负责调整和核定全县机关事业单位机构和编制，按上级规定控制机构数和机构级别、人员编制。年末，县级机关有行政人员1052人，乡镇机关有行政人员860人，事业单位有4903人。1987年，县委规定：行政机关、事业单位都应在核定的编制数内调配补充干部，缺编的党政群机关进人必须严格控制，缺编的事业单位需要调进干部，应根据事业发展需要逐步调配；军队转业干部、“三州”内调干部和大中专毕业生，必须按照当年上级的政策规定进行安排和分配；干部调动必须严格审批程序。1988年，县委、县政府制定《蓬安县事业单位机构编制管理暂行办法》，严格按上级党委政府和编制部门规定，本着精简、统一、效能的原则，合理使用核定的事业编制，对新设单位和扩编人员严加控制；对超编人员认真清理，妥善安置；对不按规定增设机构、扩充人员的，要追究主管部门和有关负责人责任。1990年，县委、县政府严格控制增设机构、机构升格和扩大人员编制，严格控制增加领导职数；根据各单位现有人员情况，明确划分出全县行政、事业单位的工勤人员编制837名。1991年，县委组织部、编委办、人事局、财政局在县级党政群机关和部分全额拨款的事业单位中，实行编制和经费总额包干，对超编单位一律不准再进人员，已超编人员，当年只安排个人部分经费，不安排公用经费。1995年8月，在全县事业单位开展法人或非法人登记管理工作。纳入登记范围的事业单位共990个，其中，全民所有制844个，集体所有制96个，社会福利50个。首次登记的全民所有制事业单位共526个，暂缓登记的86个，下一步登记的146个，暂不登记的232个。首次登记的526个单位确认作法人事业单位登记的481个，作非法人事业单位登记的45个。2000年年底，全县法人（或非法人）登记的单位有491个，其中法人登记的457个、非法人登记的34个。2005年，依法对全县320个各级各类办理法人登记的事业单位进行了年检，对未按时办理变更手续、不按章办事的事业单位进行纠正、整改。2006年，县委组织部、编委办、财政局、人事局、劳动和社会保障局联合发文，通知规范和加强党政群机关事业单位使用《蓬安县党政群机关事业单位人员编制卡》和《蓬安县党政群机关事业单位核减人员通知单》。县编办每年对全县机关事业单位机构编制情况进行统计，为县委、县政府决策提供必要的依据。

蓬安机关事业单位机构、编制、人员情况统计表

（1986~2006）

单位：个、人

年度	县级党政群机关					乡镇机关					事业单位		
	机构数	编制数		实有人数		机构数	编制数		实有人数		机构数	编制数	实有人数
		行政	机关工勤	行政	机关工勤		行政	机关工勤	行政	机关工勤			
1986	38	891	—	1052	99	57	—	—	860	860	—	—	4903
1987	39	946	—	1013	149	57	912	—	872	872	187	—	5915
1988	39	950	—	1088	134	57	912	912	818	51	176	6538	5787
1989	42	954	—	1089	156	57	912	912	825	825	182	6701	5892
1990	42	962	277	1152	147	57	912	912	822	822	201	6944	6147
1991	42	978	—	1189	132	57	912	912	848	848	204	7141	6409
1992	40	980	326	1169	146	24	912	912	816	816	200	7141	7397
1993	40	1013	282	1025	187	24	912	912	744	162	401	7141	6409
1994	40	989	7	993	74	38	912	912	739	158	772	9055	8426
1995	40	995	7	1018	78	38	912	912	745	163	936	9426	8707
1996	40	998	7	1030	93	38	912	912	744	200	658	8434	8009
1997	47	1031	165	1124	105	46	956	92	790	243	666	9112	8745
1998	47	992	—	1079	104	46	956	92	806	275	646	9130	9197
1999	46	998	81	1056	111	46	956	92	740	304	504	9561	9793
2000	51	997	146	1157	81	46	956	92	850	243	572	11480	11652
2001	42	854	51	838	46	52	797	194	686	172	—	10801	10993
2002	42	854	56	787	72	53	797	194	691	168	—	10955	10684
2003	42	855	56	842	72	53	797	195	716	167	869	9225	9279
2004	42	855	56	842	71	53	797	195	718	169	828	9135	9049
2005	42	861	56	840	73	53	797	195	708	167	734	9065	8972
2006	42	870	55	972	74	39	782	78	665	168	688	9012	8876

【机构改革】 1992年，蓬安作为全省综合体制改革试点县，结合蓬安实际，按照“精减、统

一、效能”的原则，对县级机关和乡镇进行改革。2001年、2005年，县委、县政府对县级机关和乡镇机构作两次大的调整。2006年，机构再作调整完善。

县级机关事业单位机构改革 1992年，县级机构改革分三步进行：第一步，撤销、合并非常设机构和非必设机构。撤销非常设机构127个，收回编制33名，分流24人到乡镇、事业单位、企业单位。第二步，弱化、分解经济技术管理部门行政管理职能，举办服务性、开发性经济实体。农业局保留牌子、印章，建立县农业综合开发服务总公司，下设农技开发、优质果品开发、农经、种子公司；县林业局保留牌子、印章，建立县林业开发服务公司；县水电局保留牌子、印章，建立县水利水产开发服务总公司；县畜牧局保留牌子、印章，建立县畜牧兽医技术服务总公司；县蚕业局保留牌子、印章，建立县蚕业开发服务总公司；县农机局保留牌子、印章，建立县农机化服务总公司；县广播电视局保留牌子、印章，建立县广播电视服务公司；县医药局保留牌子、印章，建立县医药总公司；县就业局保留牌子、印章，建立县劳动就业服务公司；县保险局保留牌子、印章，建立县职工社会福利保险服务公司；县技术监督局保留牌子、印章，建立县技术监督服务公司；县商业局转体，建立县商业联合总公司；县供销社转体，建立县供销合作总公司；县二轻局转体，建立县二轻工业总公司；撤销商贸委，建立财贸办公室，行使原商贸委和商业局的行政职能；撤销县工业局，工作任务交县经委；撤销档案局，行政职能划归县委办，工作任务交档案馆；撤销县外侨办，侨务工作交统战部，外事工作交政府办；县对台办合并到统战部，作为统战部中层机构，对外保留牌子。第三步，对县级党政群机关实行全面机构改革。县级党政群机构重新设置为县委工作部门6个、县政府工作部门21个、按宪法和有关章程规定设置机构11个，机构个数由改革前的72个下降到38个。按职能重新确定各工作部门中层机构，使中层机构个数由原来204个减少到117个。机关人员编制重新核定，全县县级党政群机关编制比改革前有所减少，同时机关不再核定事业编制，原核定事业编制全部核销，行政人数总额控制在650人以内（不含政法系统公、检、法、司4个单位）。对超编人员进行分流，主要途径是转体单位成建制转出、清退近几年从企事业单位调入机关人员、严格退休制度、允许停薪留职等。1997年，按照政企职责分开和精简、统一、效能原则，转变政府职能。改革后，县委序列内工作机构6个、县政府序列内工作机构29个、部委局办管理机构7个、议事协调实体办事机构5个、县政府直属事业单位6个、根据法律和章程设置机构12个，党政群机关行政编制680名（含地方税务局编制30名），另有实行单列管理的政法专项行政编制351名，县级党政机关各部门领导职数原则上按2名至3名配备。县级机关各部门各单位不设专职机关支部或系统总支书记、副书记职务，纪检、检察按一个机构、一套人员、两块牌子模式设置，县级机关内设机构一律为股级建制。2001年，重新设置党政群机关34个（其中党委系统7个、政府系统21个、群团组织6个），按照法律章程设置的机构5个，部门管理机构1个，议事协调机构3个；党政部门内设机构139个，人大、政协、法院、检察院、群众团体、民主党派机关内设机构33个；县编委按市编委核定的行政编制500名、政法专项行政编制354名，重新核定下达到县级党政群机关。2005年，由县财政局承担国有资产监督管理职能，代表县政府依法履行出资人职责，强化国有资产规范运作；将县发展计划局改组为县发展和改革局，为县政府工作部门，承担综合研究拟定经济和社会发展政策、指导总体经济体制改革职能，撤销县经济体制改革办公室；组建县经济局，挂县乡镇企业局牌子，为县政府工作部门，撤销县经贸局和乡镇企业局；组建县商务局，为县政府直属事业局，撤销县对外经济贸易合作局；组建县规划和建设局，挂县城市规划管理委员会办公室和测绘管理办公室牌子，撤销县建设局和县规划局；在县药品监督管理局基础上，组建县食品药品监督管理局，仍实行垂直管理；将县计划生育局更名为县人口和计划生育局；将县环境保护局由事业局改为县政府工作部门；县科学技术局由县政府工作部门改为县政府直属事业局。撤销县委、县政府派出的各区区委、督导办公室，成立县委、县政府派驻河舒、罗家、兴旺、锦屏、巨龙、金溪、徐家督导组。经过调整，县政府工作机构设置20个（监察局与纪律检查委员会机关合署办公，列入县政府工作部门序列，不计政府机构个数）。2006年，撤销各区督导组。

乡镇机关事业单位机构改革 1992年，撤区和调整乡镇建制，将原7个区、10个镇、40个乡的建制调整为15个镇、9个乡，调整建制后的24个乡镇由县直接领导。建制调整后，重新核定人员编制，人员在全县（乡镇）范围内统一安排，原上级给蓬安县核定的区乡镇编制912名，重新核定为805名，待分配编制107名。乡镇机构设置及人员编制为乡镇办公室2名至3名、教科文办公室2名、工业公司5名至7名（自收自支）、商业贸易公司（含农技、农机、种子、蚕桑、林业、植保、果树、多种经营等）6名至9名（原经营渠道不变，新增人员自收自支）、派出所2名至3名、财政所4名至6名、计生指导站3名至5名（自收自支）、乡镇建设国土管理站2名至3名（自收自支）、农经站3名至5名（自收自支）、水电管理站2名至3名（自收自支）、文化广播服务站5名至7名（自收自支）、工商所2名至3名、税务所2名至3名、法庭2名至3名、司法1名（只在原区所在的镇设置，由法院、司法划定分片负责地域）。粮站、学校、医院、畜牧兽医、供销社、食品站、信用社等单位维持现状。1994年，将原24个乡镇调整为38个乡镇。1997年，将原38个乡镇调整为46个乡镇。2001年，撤销区级机构和乡镇财政所、民政所、计生办等150个机构，成立县委、县政府派驻河舒等6个督查指导办公室，按照分类设置的原则，重新设置乡镇中层机构198个，核定行政事业编制985名，其中乡镇行政编制797名、机关工勤事业编制188名。按照从严控制、留有余地的原则，县编委重新核定乡镇行政、事业编制903名，其中行政编制715名、事业编制188名。2002年，对乡镇事业单位机构进行改革。以县级业务主管部门管理为主的农经站、农机站、畜牧兽医站下放乡镇政府管理。中心卫生院、乡镇卫生院由县卫生局管理，其机构性质不变。乡镇国土所由县国土资源局管理。乡镇中小学校由县教育局管理。撤销片区教办、区农机站、乡镇农技站、果树站、林业站、蚕桑站、水产站、水电管理站、劳动服务站、文化站、广播电视站、建管所，设置农业服务中心、宣传文化服务中心、村建环卫服务中心，为乡镇管理的股级事业单位。乡镇农经站、计划生育宣传技术服务站为乡镇管理的股级事业单位。乡镇茧站，由县蚕业局按企业管理。2003年，乡镇畜牧兽医站由县畜牧局管理；设置乡镇计划生育技术服务站，为乡镇政府管理的财政定额补助事业单位；在相如街道办事处设立劳动保障所。2005年，规范乡镇中层机构，一般乡镇设党政办公室、经济发展办公室（挂安全生产办公室、财政所牌子）、社会事务办公室（挂计划生育办公室牌子）三个内设机构；相如街道办事处和中心镇中层机构设党政办公室、经济发展办公室（挂安全生产办公室、财政所牌子）、社会事务办公室、计划生育办公室四个内设机构；精简乡镇行政事业编制，按照“平均每个乡镇减少1.5个行政编制”的要求，重新核定乡镇行政编制722名；重新按行政编制总额的10%核定乡镇机关工勤人员事业编制73名。精减的行政事业编制由县编委收回。2006年，全县乡镇调整为39个。

【干部管理】 1986年，在国家下达的计划指标内，通过考试考核，将部分符合条件的聘用干部转为录用干部。考核录用新干部13名。1988年，招收4人，招聘36人，办理81名干部的续聘手续。1992年，13名乡镇聘用干部转为录用干部，为农经、农技、林业、计生、财政、文化、广播选聘干部53人，为乡镇企业招聘管理干部59人。录聘用机关、事业单位在职工人“五大生”为干部48人，招收有突出贡献企业管理人员为干部1人，录用非在职“五大生”干部1人。1993年，乡镇招聘干部13人；全民事业单位从评聘了专业技术职称的工人中聘用干部198人；从事公安警察和司法警察岗位上的工人中录用到公、检、法系统干部13人；从招聘干部和企业优秀厂长、经理中录用干部36人。1994年，从招聘干部中录用干部31人。1995年，全县基层服务组织招聘干部39人，事业单位工人“五大生”招为聘用干部23人，自费生聘为专业技术人员29人。1996年，聘用干部2人，聘用干部转录用干部17人。1997年，从事业单位在职优秀工人中聘用130人为干部；招聘基层服务组织干部50人，其中广播站20人、林业站7人、蚕业站6人、水产站2人、农经站7人、农技站8人；从招聘干部中录用干部27人。1998年，干部管理模式转变为公务员管理模式。面向社会公开考聘，签订聘用合同。每年对干部进行年度考核，称职以上者继续聘用。当年录用干部10人。1999年4月，停止机关、事业单位从社会上招聘干部。

【公务员管理】 1998年，蓬安县进行国家公务员制度“入轨”，对机关单位人员进行过渡。全县推行公务员制度的单位37个，参照实施公务员制度单位19个，依照实施公务员制度6个和检察院、法院未列入过渡范围。县级机关应参加考试过渡人员836人，实际参考832人，占99.5%，未参考4人，占0.5%。2000年，考录22名公务员到基层工作。2001年，全县公务员进行考核，年度考核确定为“优秀”等次的给予嘉奖，连续三年评为“优秀”的，记三等功、二等功、一等功和授予“人民满意公务员”、“人民满意公务员集体”等荣誉称号，是年选拔省委、省政府人民满意公务员2人。2004年，对没有按照“凡进必考”原则及规定程序办事，未经省、市人事主管部门审批自行招考或未经考试直接调入党政群机关工作人员均进行了清理，全县共清理224人，考试合格202人，应清退22人，实清退18人，4人暂缓清退。2005年，对非领导职务的公务员进行了考核，坚持“领导与群众相结合，平时与定期相结合，定性与定量相结合”的方法，以公务员的职位职责和所承担的工作任务为依据，全面考核德、能、勤、绩、廉，重点考核实绩。年度考核结果作为调整公务员职务、级别、工资以及奖励、培训、晋级的依据。公务员年度考核分为优秀、称职、不称职三个档次，连续两年考核优秀的晋升为科员。2006年，成立蓬安县实施公务员法领导小组及办公室，对八类机关（中国共产党的机关、人大、行政、政协、审判、检察、民主党派、工商联机关）内的公务员进行登记，建立了公务员登记管理系统，规范公务员管理。报经省人事厅审批的参照公务员法管理单位共42个，其中党委工作部门所属的事业单位2个、群团组织4个、政府直属事业单位13个、政府工作部门所属事业单位23个。

【军转安置】1986年是军队精简整编的第二年，转业到地方的军队干部数量大、安置工作任务重，蓬安县安置了转业干部56名、随调家属20名，较好地解决了他们的住房、子女转学入学等问题。1987年，县接收了军队转业干部28名及随调家属12名，做好安置工作。1988年，共接收安置军队转业干部17人，随调家属5人，随迁子女5人。1989年，对受二等功以上奖励、因公因战致残、长期在边防海岛工作、长期从事飞行潜艇工作的转业干部，在分配去向上予以适当照顾，共接收安置军队转业干部9人、随调家属2人、随迁子女1人。1990年至1997年，共接收安置军队转业干部36人、随调家属6人、随迁子女20人。1998年至2000年共接收安置转业干部39人。2001年，共接收计划安置军队转业干部6人，自主择业3人。2002年至2003年，共接收计划安置转业干部8人、自主择业7人。2004年至2006年，共接收计划安置军转干部9人，自主择业4人，随调家属4人，累计安置221人。

对全县企业军转干部调查摸底，建立企业军队转业干部管理数据库，加强管理。对退休的企业军转干部，实行医疗困难补助，1953年12月31日前参军的企业军转干部，部队职务为团职的，每人每月补助120元；部队职务为营职的，每人每月补助110元；部队职务为连排职的，每人每月补助100元。1954年1月1日后参军的企业军转干部，部队职务为团职的，每人每月补助100元；部队职务为营职的，每人每月补助90元；部队职务为连排职的，每人每月补助80元。2004年，对困难企业军转干部实行困难补助，退休的企业军转干部，补差标准按南充全市平均基本养老金水平525元/月标准补齐；在职的企业军转干部，补差标准按职工平均工资770元/月的标准补齐；下岗、失业（解除劳动关系且工龄年安置费低于1000元）的企业军转干部，补差标准按南充市城镇职工最低工资标准340元/月补齐，从1月1日起执行。2005年，“八一”建军节前对所有企业军转干部进行慰问，人均慰问金200元；春节前对所有企业军转干部干部进行慰问，人均300元。以后每年“八一”建军节、春节均进行了慰问。同时，调整企业军转干部生活困难补助标准：退休的企业军转干部，1995年12月31日前退休的，基本养老金的最低标准执行672元/月；1996年1月1日以后退休的，基本养老金的最低标准执行652元/月。在岗的企业军转干部，补差标准执行1171.92元/月(全省平均工资标准)。下岗失业的企业军转干部，生活困难补助标准为450元/月（全省最低工资的最高标准)。2006年，退休的企业军转干部生活困难补助，从7月起，在2005年、2006年基本养老金调整后，对1949年10月1日至1953年12月31日参军的企业军转干部，月基本养老金水平不足1080元的，补助到1080元；对1954年1月1日及其以后参军的企业退休军转干部，月基本养老金水平不足1040元的，补助到1040元。在岗的企业军转干部生活困难补助，从1月起，原则上以市(州）2005年职工月平均工资为基础，达不到全省2005年职工月平均工资1319元的，补助到全省职工月平均工资标准。下岗、失业企业军转干部生活困难补助，从2006年9月起，原领取的基本生活费、失业保险金达不到全省2006年月最低工资标准最高档次580元的，补助到最低工资标准最高档次。

蓬安县接收安置军队转业干部情况表

(1986~2006)

单位：人

年度	安置去向					随调家属	随迁子女
	行政	事业	企业	自主择业	合计		
1986	25	13	18	—	56	20	38
1987	18	4	6	—	28	12	15
1988	10	2	5	—	17	5	5
1989	6	—	3	—	9	2	1
1990	9	—	1	—	10	3	11
1991	4	—	—	—	4	—	1
1992	3	—	1	—	4	—	3
1993	3	1	—	—	4	—	1
1994	2	—	1	—	3	—	—
1995	4	—	—	—	4	—	4
1996	3	—	—	—	3	2	—
1997	4	—	—	—	4	1	—
1998	9	—	1	—	10	3	—
1999	18	—	—	—	18	5	—
2000	11	—	—	—	11	—	—
2001	6	—	—	3	9	—	—
2002	4	—	—	4	8	—	—
2003	4	—	—	3	6	—	—
2004	4	—	—	2	6	1	—
2005	—	—	—	1	1	1	—
2006	5	—	—	1	6	2	—
合计	152	20	36	14	221	57	79

【专业技术人员管理】 1986年，专业人员技术职务评定由县科委办理，人事局负责核定科技人员工资待遇。1989年6月，专业技术人员管理工作由县科委整体划归人事部门管理。1990年起，各系列专业技术职称资格晋升逐步推行考试考核办法。1995年，制定机关事业单位工人技术等级考核实施办法。2000年，首先在教育系统实行结构比例评聘职称。2006年，专业技术人员继续年度考核。

专业技术人员职称评聘　1986年，蓬安县职称改革领导小组成立，下设办公室，从县科委、农业局、教育局、卫生局抽调专人负责日常工作。1987年1月至3月，开展全县科技人才普查登记工作；4月，召开全县职称改革动员大会；7月至9月，县职改办在原蓬安师范、县人民医院搞职称评定试点工作，并建立卫生、中等学校初级评审委员会；10月至12月，在试点基础上先后成立工程、农业、中小学、经济、会计等15个初级评委会，开展职称推荐、评审工作。1988年，全县建立职称初级评审委员会21个，全面开展企、事业单位职称评定工作。县职改办向省、市推荐、上报、评定高级职称71人、中级职称1600人、初级职称4904人。1989年，开展乡镇卫生、畜牧兽医和农机人员评定职称工作，全县共评高级职称1人、中级职称20人、初级职称613人。1989年下年，对全县首次职称改革工作和任职资格文件进行清理、登记、造册，颁发专业技术资格证书。各企事业单位对取得高、中、初级任职资格人员进行聘任，并与工资待遇挂钩。1990年，在全县事业单位中进行职称资格复查，对不符合条件取得中级职称2人、初级职称2人取消专业技术任职资格。1991年，在全县首次开展全国经济员资格考试。1992年，在工程、农业、经济、会计等专业中推荐评审中级职称50人、初级职称380人。从1994年起，不再进行不具备规定学历人员晋升专业技术职务的专业知识考试。2000年，首先在教育系统实行结构比例评聘职称，取消指标限额控制，中级以上职称达到最高限额的单位不能再有新名额，未达结构比例的3年补齐。2001年，加大教育系统专业技术职务岗位的宏观调控力度，规范职称评定工作，全面推行专业技术职务结构比例管理。2004年，全县推荐上报高级职称29人、中级职称107人、初级职称370人。2005年，完成各种职称资格考试报名、数码照相工作。其中经济资格考试报名17人，外语报名50人，计算机考试报名169人。评定职称340人，其中高级职称37人、中级职称120人、初级职称183人。2006年，审核推荐上报高级职称34人、中级职称152人、初级职称225人。举办中级专业技术继续教育10期1950人，初级专业技术继续教育3023人，颁发继续教育证书5000余人。

专业技术人员年度考核　1990年，县人事局首次对参加职改的人员进行全面登记，核实专业技术人员基本情况、建立业绩档案、进行年度考核。1991年至1997年，全县企事业单位对专业技术人员进行年度考核，考核人数占应考人数的99.8%，并对优秀的专业技术人员颁发“优秀证书”。2004年，县人事局对全县7000余人进行年度考核，其中，优秀900人。2005年，完成事业单位6900余人年度考核，评出优秀900人。2006年，完成6400余人年度考核，评出优秀900人。

工人技术等级考核考试　1995年11月，制定机关事业单位工人技术等级岗位考核实施办法，工人技术等级岗位考核分初级工、中级工、高级工三个等级的考核和技师、高级技师两个职务的考评。1996年10月，完成全县机关事业单位技术工人技术等级岗位考核工作。1998年，县人事局在全县开展第一轮工人技术等级晋升考试考核，规定以后每逢单年开展一次工人技术等级考试考核、晋升等级考试中的技术业务水平的考试实行考培分离，全省统一教材、统一命题制卷、统一考试时间、统一评卷，考试一律闭卷。晋升高级工的培训120学时至150学时，晋升中级工的培训90学时至120学时，初级培训70学时。2003年，县人事局在持有政府人事部门颁发的高级技术等级岗位证书，并在相应工种岗位上工作的技术工人中开展工人技师的评定工作。11月，组织符合评定工人技师条件的人员参加全省组织的专业理论知识统一考试，对理论考试合格人员推荐上报参加省上组织的实际操作技能考核。考试考核符合晋升条件，经省人事厅审查，全县颁发技师证书36人。2004年10月，对首次取得技师资格证书的36人根据设岗需要签订了聘用合同。2005年，全县经考试考核合格取得技师证书16人。

专业技术人员津补贴　1986年，中小学教师享受教龄津贴，护士享受护龄津贴。教师、护士津贴标准为：教护龄5年至9年3元，10年至14年5元，15年至19年7元，20年以上10元。特级教师享受特级教师津贴每人每月80元。1987年1月起，公安干警每人每天计发值勤津贴2元。1989年1月起，改按每人每月30元计发岗位津贴，从2006年7月起，值勤岗位津贴调整为每人每天10元。从1995年1月起，人民警察实行警衔津贴，按衔级每人每月64元至95元，从1999年10月起，警衔津贴作调整提高。人民法院、检察院办案人员执行办案岗位津贴，从1997年1月起，由每人每天

0.6元提高到2.2元。各单位因工作不同执行不同的岗位津贴。在农林水第一线工作的科技人员，实行向上浮动一级工资作为岗位津贴，浮动8年可转为固定；信访专职干部享受专职信访干部岗位津贴，每人每月执行标准为：从1996年起每人每月30元、从1999年6月起每人每月100元；环境保护监测人员执行环境保护监测津贴；机要人员执行机要工作人员岗位津贴；机关事业单位小车驾驶员执行工资5%的小车驾驶员津贴。县政法委在职干部执行工作补贴，其标准参照同职级干部警衔津贴标准，从1995年10月执行；老干部工作专职人员执行岗位保健补贴，每人每月30元，工作满10年的增发10元，从1995年7月起执行。2001年9月，调整为60元、80元。1993年工改后，机关事业单位工作人员执行保留津补贴每人每月52元，1998年，增加“菜篮子”补贴30元即调整为82元，此项经费未列入财政预算，由各单位自筹经费解决。2005年，在机关事业单位工作人员和离退休人员中实行地方生活补贴。其标准为：县级干部、评聘高级专业技术职称的每人每月90元；科级干部、评聘中级专业技术职称、工人评聘为技师、无职退休人员工龄满30年的每人每月80元；科员、办事员、评聘初级专业技术职称、高级工及以下工人、无职退休人员工龄不满30年的每人每月70元。

【人才交流】 1989年，蓬安县成立人才交流咨询服务站和劳务市场领导小组，开始人才交流。2000年，大中专毕业生进入人才市场。2006年，人才中心继续实行考聘选拔人才。

人才市场　1989年8月，蓬安县人才交流咨询服务站成立。1990年4月，更名为蓬安县人才交流中心。1992年12月，蓬安县人才交流中心并入人事劳动局，保留其牌子。1999年11月，重新分立县人才交流中心，负责全县大中专毕业生接收、人事代理、档案管理、人才资源开发和人才市场建设。2000年后，所有大中专毕业生进入人才市场，改由政府统分统配、推荐就业为公开考试、择优录用。2000年，考试录用122人到基层工作。2001年，录用64人到教育系统工作。2002年至2005年，人才市场通过考试录用部分人才到教育系统、公安系统、乡镇机关、养殖、建筑、餐饮等行业工作。2006年，考聘高校毕业生71人到基层工作，考聘高校本科毕业生51人为教师。

劳务市场　1989年，成立蓬安县劳务市场领导小组。9月，在县社会劳动力管理处首次开放劳务市场。此次开放的劳务市场招收文秘专业培训生20名，财会专业培训生30名，烹饪专业培训生30名，南充棉纺厂招收女工30名。1992年年底，“劳务市场”更名为“人才劳务市场”。1993年6月，县政府成立蓬安县人才劳务市场管理委员会，下设办公室、政策咨询接待室、职业培训服务部、职业介绍服务部、社会保险服务部、劳务管理服务部、合同鉴证服务部、人才交流服务部。印发《蓬安县人才劳务市场暂行办法》。蓬安县职业介绍所正式挂牌，对外开展工作。是年，办理求职登记1457人，介绍就业1153人，有组织地向外地输出和就地转移劳动力83230人，其中直接组织输出6450人。1994年，全县38个乡镇成立乡镇劳动就业服务站，形成以县职业介绍所为中心的劳动力市场网络。1997年，县职介所实行上门服务，深入县内国有、集体、私营企业等用工单位寻找就业岗位，与外地联系搜集就业信息，还与县内企事业单位建立了空岗联系制度，随时为用工单位代办招聘事宜。至1998年年底共寻找了986个岗位，介绍就业3649人。1998年6月，县劳动局在县城花园处举办再就业劳务洽谈会，进场用工单位25个，提供就业岗位366个，入场求职人数1680余人，当场成交36人，达成意向性协议203人。10月，在县劳动局院内举办第二期再就业劳务洽谈会，进场求职者520余人，成交78人。1998年至2006年，县职介所共办理求职登记19159人，指导就业15653人，成功率达81.7%。

【行政事业工资制度】 1986年，蓬安县国家机关、事业单位工作人员实行国家工资制度，1月，采取完善套改措施，对1985年工改后级别相同但工资不同，对低套一级的行政19级及其以下人员再高套一级；机关事业单位增收节支奖改为奖励工资，按全年不超过一个月平均基本工资额发放；中小学教师享受教龄津贴，护士享受护龄津贴。1987年，公安干警发执勤补贴。1988年，评聘专业技术职务的专业技术人员，首次进行专业技术职务工资挂钩。1987年10月1日起，中小学教师享受提高10%工资标准。1989年，护士享受提高10%工资标准。1990年，机关事业单位工作人员普调一级工资。1991年，对乡镇卫生院、畜牧站等集体事业单位工作人员和民办教师进行工资调整。1992年1月起，机关工作人员工龄津贴由每工作一年0.5元调整为1元。奖励工资提高到不超过3个月基本工资。1993年，改革1985年建立的结构工资制，建立起符合机关事业单位特点的职级工资制度和正常的工资增长机制。全县机关工作人员 2203人参加工资改革，人均增资78.6元。

事业单位工资制度改革，与机关的工资制度脱钩；引入竞争、激励机制，实行分类管理。县上对机改后逐步转体的农、林、水等单位实行35%的活工资比例，对带有政策性收费的自收自支事业单位实行45%的活工资比例，对部分担负行政职能的事业单位参照机关工资制度。事业单位专业技术人员实行专业技术职务工资制，管理人员实行职员职务工资制，技术工人实行技术等级工资制，普通工人实行等级工资制。工改时，根据工作人员的职务、工作年限、任职年限进行套改。全县事业单位工作人员6805人参加工资套改，从1993年10月1日起，执行新的工资标准，人平增资 85元。随着工改工资标准的调整，也相应提高新参加工作人员试用期、见习期、初期工资待遇。工改后，机关事业单位工作人员年度考核为称职（合格）以上的，年终发放一次性奖金，奖金额为本人12月份的基本工资额。

2006年，在总结1993年工资改革经验的基础上，完善机关公务员的职级工资制，建立起事业单位岗位绩效工资制。工改后机关实行的一次性奖金政策与工改前一样，年度考核被评为优秀的另一次性奖励800元。公务员年度考核累计五年称职及以上的，从次年1月1日起在所任职务对应级别内晋升一个级别，级别工资就近就高套入晋升后级别对应的工资标准。事业单位工作人员实行岗位绩效工资制。国家对事业单位绩效工资分配实行总量调控和政策指导，在上级主管部门核定的绩效工资总量内，采取多样分配形式，自主决定分配。各单位按工作执行不同的岗位津贴。机关事业单位工作人员执行保留津补贴每人每月52元。

【行政事业福利制度】 1986年，蓬安县级机关福利费按工资总额3.5%、区乡按4%提取，所提费用县财政按70%预算到单位使用，30%预算到县人事局作为公共福利费统筹使用，主要用于机关人员死亡后的悼念及遗属慰问、困难职工的临时救助、节假日慰问等。事业单位职工福利费由县财政参照机关比例预算到各单位使用。蓬安县机关事业单位工作人员均执行国家规定的休假制度。

丧葬费 1994年前，蓬安按全省统一标准150元执行。1994年，将标准提高到300元，同时给遗属一次性困难补助400元。

抚恤金 1986年，以死者死亡时月基本工资或基本离退休费为基数计发：因病、非因工死亡的，按10个月计发，但最高数额不得超过3000元；因公牺牲的，按20个月计发；烈士按40个月计发。2004年10月1日起，国家机关工作人员、离退休人员死亡，一次性抚恤金计发基数不变，仍以死者死亡时月基本工资或基本离退休费为基数，计发月数改按以下标准执行：烈士按80个月计；因公牺牲按40个月计发；病故按20个月计发。蓬安县事业单位工作人员、离退休人员死亡后，一次性抚恤金计发标准参照国家机关计发抚恤金的标准执行。

1986年，遗属困难补助标准为：居住在县及以下城镇的，每人每月补助20元至25元；居住在农村的，每人每月补助17元至20元；1990年1月起，调整为40元和35元。1994年11月，遗属生活困难补助标准改按机关工作人员基础工资的比例计发，居住在县城镇的，每人每月63元；居住在农村的，每人每月54元。1997年7月，城镇、农村遗属补助标准分别提高到77元、66元；1999年7月，城镇、农村遗属补助标准分别提高到126元、108元；2003年7月，城镇、农村遗属补助标准分别提高到138元、115元。2006年7月，遗属生活困难补助标准改按遗属户籍所在地的城市居民最低生活保障金为基础的一定系数计发。户籍在城镇的遗属，计发系数为1.3；户籍在农村的遗属，计发系数为1.2。当时，城镇低保金为140元，因此，户籍在城镇的遗属每人每月182元，另保留各种物价补贴16元；户籍在农村的遗属每人每月168元；户籍在县外的遗属，按户籍所在地的遗属补助标准执行。

【退休干部管理】 1986年，蓬安县人事局负责对全县退休干部管理。离休干部和副县级以上干部由老干局主管、人事局协助。县人事局内设退休干部管理股，全县7个区、49个乡镇先后建立退管领导小组和退休党支部，配备专兼职工作人员负责退休干部的管理工作。1988年1月1日起，全县行政事业单位1417名离退休人员每月发给生活补贴费8元。1989年10月起，退休职工退休费由原来30元提高到50元。1991年8月，全县行政事业单位460名退休职工增加退休生活补贴。1992年1月，全县1619名退休人员调整工龄津贴标准，月增加金额37171元，人均增加23元。从是年3月起按本人月基本离退休费的10%增加离退休费，不足10元按10元发给，全县1667名退休人员增加23512元，人均增加14元，从1993年8月起，全县2291名退休人员增加退休费46966元，人均增加20元。1993年，全县机关事业单位2387人增加离退休费222939元，人均增加94元。1994年，县委组织部，县人事劳动局联合对全县退休干部管理服务工作和落实两个待遇专项检查。1995年9月，机关事业单位2476人增加离退休费49340元，人均增加20元。1996年，县人事劳动局落实退休干部政治待遇，为退休干部订阅《晚霞报》《中国老年报》《健康报》《南充日报》《党的建设》等报纸杂志1600余份，组织退休干部听形势报告30多场，组织退休干部座谈会20多场。1997年7月，退休人员每人每月增加20元退休费。1998年10月，全县2550人增加离退休费51000元，人均增加20元。1999年7月，全县2746人增加离退休费288833元，人均增加105元。对少数学校和乡镇拖欠退休费现象分片清理、督促补发。2000年，对行政和财政全额拨款的事业单位退休费实行打卡直发。2001年1月，全县3361名离退休人员月增加退休费319295元，人均增加100元。2001年10月，全县3653人增加退休费280006元，人均增加80元。2003年7月，全县4278人增加退休费197644元，人均增加46元。2006年，全县5214人增加离退休费1333787元，人均增加260元。全县共建立退管领导小组85个，退休党支部53个，成立机关事业单位、教育、文化、卫生等退休协会17个，共有专兼职管理工作人员250人。2000年至2006年，有条件的单位组织退休职工外出考察旅游。组织退休干部为蓬安经济文化建设服务，当顾问、参谋发挥余热。为科技兴农脱贫致富的有600余人，为科技兴工献计出力、受聘于企业经营管理的有220人，被聘为教书育人关心下一代的有280人。全县先后有850多名退休干部受到省地（市）县表彰，35名退休干部获得省、市、县“老有所为精英奖”。

劳 动

1986年，蓬安县国营企业招工开始实行全员劳动合同制度，启动待业保险和养老保险。1989年，蓬安启动劳务市场，对企业与劳动合同制工人签订劳动合同一律实行鉴证制度。1992年，县政府制定优惠政策，鼓励城镇待业人员自谋职业，建立就业基金制度；全面推进劳动、工资、保险三项制度综合配套改革；省劳动厅批准命名蓬安县就业训练中心为四川省重点就业训练中心。1994年5月，县政府发布《蓬安县劳动监察规定》。1995年4月，县政府颁发《蓬安县城镇企业职工生育保险暂行办法》；6月，印发《蓬安县全面实行劳动合同制实施办法》。1996年，全县企业首次实行最低工资标准每月130元。1997年11月，县政府印发《蓬安县推行产权制度改革，企业职工社会保险试行办法》。1998年6月，县委、县政府发出《关于加强国有企业下岗职工再就业工作决定》《关于认真做好国有工业企业下岗职工和国有企业离退休职工“两保”工作的通知》。9月，将“两保”再就业工程作为社会一号工程、“一把手”工程。1999年，对县辖区内的企业建立劳动合同制度及用工情况进行专项检查，建立用人单位的用工台账。2000年8月，首次举办下岗、失业职工微机操作免费培训班。2002年11月，举办全县首次下岗失业人员再就业现场招聘会，提供就业岗位856个。2004年2月，南充市企业退休人员社会化管理服务工作经验交流现场会在蓬安召开。9月，县社保局在攀枝花召开的全省基层劳动保障工作平台建设经验会上作经验交流。11月，全市就业服务“新三化”建设暨就业培训工作现场观摩会议在蓬安召开。2005年2月，南充市企业退休人员社会化管理服务工作经验交流现场会在蓬安县召开。6月，蓬安县接受省局对企业退休人员社会化管理服务工作的检查评估，获好评。8月，全市“零就业”家庭就业援助工作现场会在蓬安召开。2006年，全县开展劳动合同签订用工执法大检查。

【蓬安县劳动和社会保障局】 1986年，蓬安县劳动局下设办公室和计划调配、培训就业、工资福利、劳动保护4个股。1987年6月，县劳动局、人事局合并，组建为县劳动人事局，设干部、工资福利、退休管理、计划调配、劳动保护5个股和局办公室、县军队转业安置办公室、县老龄委员会办公室、县劳动争议仲裁委员会办公室，下辖县劳动服务公司、县职工社会保险事业管理处。1989年12月，县劳动人事局撤销，分别组建县劳动局和县人事局。县劳动局设人秘、计调、劳保、工资、仲裁5个股，下辖县社会劳动力管理处和县职工社会保险事业管理处。1992年12月，劳动局、人事局再次合并，组建蓬安县人事劳动局，中层机构设秘书、计调（含奖惩任免、职称职位、人才交流、调配安置）、退休职工管理、争议仲裁、工资福利、劳动保护5个股，下辖县就业服务管理局改为县就业服务所、县职工社会保险事业管理局改为县职工社会保险事业管理所。县安全生产领导小组办公室、县机构编制委员会办公室、县老龄委员会办公室挂靠县人事劳动局。1997年11月，县人事劳动局被撤销，组建县劳动局和县人事局。县劳动局设人秘、劳动关系与监察（含劳动监察队）、劳动争议仲裁（含仲裁办）、职业安全卫生监察和工资福利保险5个股，下辖县职工社会保险事业管理处和县就业服务管理处。蓬安县安全生产委员会办公室挂靠县劳动局。2001年12月，组建劳动和社会保障局，将人事局管理的机关事业保险，民政局管理的农村社会保险，财政局管理的公费医疗管理职能及其机构划入劳动和社会保障局管理。设立蓬安县城镇职工医疗保险管理中心，为劳动和社会保障局管理的财政全额拨款的事业单位。就业局、社会保险局归县劳动和社会保障局管理。县劳动和社会保障局挂劳务输出领导小组办公室、劳动争议仲裁委员会办公室牌子。县劳动和社会保障局下设人秘、社会保险基金监督、失业保险培训就业、劳动监察工资、劳动争议仲裁法制5个股。1986年至2006年，但启书、雷其芳、伍太坤、伏泯全、阳和平、唐利民先后任局长。

【劳动就业】 1986年，蓬安县劳动就业从实行“统包统配”向实行“三结合”就业过渡，招工实行“面向社会、公开招收、全面考核、择优录用”原则。1989年，全县七个区和周口镇建立社会劳动服务所。1991年，开始实行先培训后就业的方针。1994年5月，巨龙、徐家、河舒、金溪、兴旺、罗家、锦屏、正源、利溪、杨家10个乡镇建立劳动就业服务站。逐步实现用人单位自主用人，劳动者自主择业，市场调节供求，社会提供服务的就业新格局。1999年，在周口镇成立社区就业服务中心。2000年，蓬安全县用工进入人才劳务市场，该中心帮助348名下岗职工在社区实现再就业。2006年，县政府将劳动力输出就业纳入目标管理，全县劳务输出205600人，实现劳务收入13.45亿元。

就业培训　1988年7月，县就业培训中心建成，9月，开办6个专业培训班，培训人数373人。1989年，培训城镇待业人员630人。1990年，先后举办文秘、财会、城建与管理、丝绸、麻纺、棉织等专业，培训待业人员653名，培训后90%实现就业。1991年3月，蓬安县就业培训中心正式成立，是年培训人数872人。5月，县劳动局成立蓬安县就业培训中心（达标）领导小组。6月，成立蓬安县就业培训专业技术考评领导小组，下设办公室，聘请兼职教师26名。在马电、徐家粮站、蓬安织布厂等单位建立了5个定点实习基地，在商业、供销、建委、农业、农机等系统建立7个专业培训网点，在粮食、卫生系统建起两所培训中心分校。建立健全30多项规章制度。截至年底，培训中心先后开办32个专业，培训专业学员4238人，实现再就业4013人，就业率达98%。1992年，开办交通、卫生、商品经营等6个培训班，培训人数1136人。1993年，开设机械、农机、邮电、商品经营、制丝、织绸、电工等专业培训班，共培训人数1168人。1994年，培训结业人数1282人。1995年，县就业训练中心、技工学校、社会力量办学单位采取联合办学，是年培训结业1037人。1996年，培训城乡劳动力1528人，结业1497人。1997年，培训1427人。1998年，县就业培训中心拟订《劳动预备制度方案》，先后开设丝织、棉纺、麻纺、商品营销、计算机、电工、美容美发、电车缝纫等专业，到2000年共培训各类人员2800人，就业率87.5%，合格率100%。2002年，全年培训下岗失业人员1518人。2003年，对下岗失业人员免费培训2045人，创办小企业培训614人。2004年，培训下岗失业人员1553人，8月份电车缝纫班开学到年底受训学员138人，结业68名。2005年，全县建立30个劳务培训基地。其中省级4个，市级3个，县级23个，劳务培训55900人次，其中职业技术培训12310人次。2006年，再就业培训1909人，组织农村进城务工培训2.1万人次。

安置就业　1986年至1990年，全县共安置城镇待业人员3540人。其中：全民1409人，集体（含县以下各类集体企业）1467人，个体企业387人，临时工277人。1991年至1992年，安置城镇待业人员就业1889人。1993年，为企事业单位招收和安排技工41人，农转非人员617人。1994年，安置就业1475人，1995年，全县安置城镇待业人员1020人。

多渠道就业　1989年，采取多种办法，安置城镇待业人员693人，其中全民企业招工239人，各类集体企业招工333人，个体企业招工91人，临时性工作130人，签订招收劳动合同制工人1369人。1990年，多渠道安置待业人员就业877人。1981年到1990年间，全县多渠道安置城镇待业人员共6641人。1993年，对劳服企业实行各项优惠政策，全县劳动就业服务企业7个，从业人员180人，新安置待业人员20人，向外地输出城镇待业人员62人，多渠道安置就业1153人。1998年，县政府重视岗位寻求，拓展机关事业单位内部就业渠道；拓展企业内部就业安置渠道；拓展企业外部就业渠道，组织劳务洽谈会，51个用工单位提供岗位624个，成交367人；规定企业新招工必须招收50%以上的下岗失业职工；拓展就业信息渠道，与外地有关企业建立劳务合作关系。是年全县累计下岗失业人员4320人，多渠道就业3233人。2000年，在河舒、罗家、兴旺、巨龙、金溪、徐家6个区工委成立劳动服务总站，将46个乡镇劳动就业服务站更名为劳动服务站。2003年，全县建立基层劳动保障机构54个，新发展社区就业实体223个，网点334个，社区实体安置下岗失业人员1218人。公共职业机构为2088名下岗失业人员提供职业介绍。通过多种渠道和措施，年末城镇登记失业率控制在4.4%以内。2004年，新增就业和再就业3053人，失业率控制在4.5%以内，其中社区公益性岗位和其他灵活就业916人，领取“再就业优惠证”1688人，减免税收1084人，收费减免1173人，小额担保贷款5人，社保补贴367人。2005年，全县新增就业3643人，其中单位就业804人，私营个体从业人数1273人，灵活就业1566人，领取优惠证下岗失业人员实现再就业1877人，城镇登记失业率控制在4.4%以内，享受税收减免的下岗失业人员3118人。2006年，全县新增就业4147人，其中下岗失业和失地无业农民再就业2039人，公共职业机构为2437名失业者提供免费服务，城镇失业率控制在4.3%以内。按照上级规定全面推进就业服务“新三化”建设要求，就业型企业新安置下岗失业人员1643人，其中社区就业实体吸纳1056人。

解困再就业　1997年，蓬安县“解困”和“再就业工程”领导小组成立。全县累计下岗职工6188人，实现再就业3026人。1998年，实现再就业3233人。1999年，培训下岗职工1168人，实现再就业1799人。2002年3036名下岗失业人员实现再就业。2003年，新增就业和再就业人数2995人。2004年，新增就业和再就业3053人。2006年，全县累计发放“再就业优惠证”6125人。

劳动力市场就业　1989年，制定《蓬安县劳动力市场实施细则》。9月，在县劳动局院内首次开放劳务市场，当场设立3区10点劳务市场现场会，求职登记2000余人，当场成交300余人。1993

年6月，县政府成立蓬安县人才劳务市场管理委员会，下设办公室；是月，蓬安县职业介绍所成立。全县38个乡镇成立劳动就业服务站。1998年年底，介绍就业3649人，到2000年指导就业5653人。2002年11月，县就业局举办下岗失业人员再就业现场招聘会，县内外31家单位和两家职介机构提供856个岗位供下岗失业人员选择，1368名下岗失业人员进行求职登记，730人与用工单位达成意向性协议，318人现场招聘成功。2003年，每季度举办一次现场劳务开发招聘会，全年进场单位51家，提供岗位1700余个，进场求职人数达3238人，662名下岗失业人员通过现场招聘成功实现再就业。2004年，公共职业介绍机构提供职业介绍1512人，职业指导4863人，举办专场招聘会2次、建成劳动力市场1个、劳动事务代理1360人。2005年，县劳动力市场举办专场招聘会3次，劳动事务代理1496人，职业指导人数3823人，提供免费职业介绍2016人。2006年，全县公共职业介绍机构免费为2437名城乡劳动者提供服务。1998年至2006年，共办理求职登记19159人，指导就业15653人。

社区就业　1999年7月，在周口镇成立社区就业服务中心，在佳欣服装厂、二轻系统、蓬安丝绸厂分别成立社区就业服务站。2000年，348名下岗职工在社区实现再就业。2003年，新安置下岗失业人员1218人。2004年，就业人数916人，兴办社区经济实体256个。2005年，1566名下岗职工、失业人员实现再就业。2006年，社区就业实体安置人员1056人。

【劳务输出】　1986年，全县有农村劳动力28.4万人，外地劳务输出9650人，其中，转移出省5666人。1987年，全县劳务输出19340人，共获劳务收入1044万元。1988年，全县输出农村剩余劳动力45282人。1989年，输出45300人。1990年后，县委、县政府围绕“强化培训、开拓市场、维护权益、回引创业”四个重点工作，把农村富余劳动力有序转移输出作为助农增收和实现城乡统筹发展的大事来抓，加强劳务培训，提高劳务人员素质，组织劳务输出，全县输出45897人。1991年输出47310人。1999年，全县向外输出劳动力959279人次。2000年初，县政府将劳务输出任务分解下达到各乡镇，实行目标管理。年内转移农村剩余劳动力累计132960人次。2005年，全县劳务输出人员179700人。2006年，全县劳务输出205600人，实现劳务收入13.45亿元。

【劳动力管理】　1986年，蓬安县劳动计划由劳动部门配合计划部门，依据全县经济发展目标及各部门劳动力需求与社会劳动力资源开发等情况进行编制。1988年，蓬安县打破“铁饭碗”，全县有14户企业进行优化劳动组合，参加优化组合职工1450多人，对未组合上岗的73人，通过挖潜和开辟新项目进行安置。1989年，蓬安县组织开办劳务市场，成立“蓬安县劳务市场领导小组”。县属17户企业652名职工参与优化劳动组合，安置富余劳动力106人。1990年，完善优化劳动组合，加强对富余劳动力安置。至1991年年底，在社会效益和经济效益较好的县属18户国有企业进行优化劳动组合试点工作，试点面达50%，参加优化劳动组合的职工3737人，占县属国有企业职工总数6650人的56.2%，对企业的185名富余职工进行妥善安置。1992年，劳动部门在企业中全面推行“三岗”制，即优化组合上岗的职工为“在岗”，享受本岗位定额工资；未能组合上岗的，实行3个月至6个月的“待岗”，待岗期间由企业发给基本生活费，参加企业组织的政治学习和业务技术培训；待岗期满实行一定时间的“试岗”期，试岗期间由企业按所在岗位本人应得报酬的80%发给工资。是年，全县75户国营、集体企业中，有57户制订改革方案，裁减行政科（股）室50个，精减行管后勤人员109人，有23名职工试岗，29名职工待岗，18名职工停薪留职。有17户国营企业实行全员合同化管理，占国营企业总数的37%，占全县企业总数的22.7%；涉及职工4334人，占国营企业职工总数7573人的57.2%。1994年后，劳动力管理实现用人单位自主用人，劳动者自主择业，市场调节供求，社会提供服务用工制度。1995年，城镇各类企业均按照《劳动法》及其配套法规的有关规定执行。1997年至2006年，全县劳动力管理主要按照劳动法进行执法检查。

【劳动合同鉴证】 1986年，蓬安县国营企业招工全部实行劳动合同制。1987年至1991年，县劳动仲裁委员会办公室和县劳动局仲裁股，共对51户国营企业1691名合同制工人，12户集体企业24名合同制工人，138户党政机关，事业组织，人民团体招用的合同制工人劳动合同进行鉴证和管理。1991年招收集体合同制工人57人，年底，全县全民合同制工人1745人，占县属全民职工11290人的15.4%。1992年以后，逐步实行全员劳动合同化管理。1992年至1993年，指导56户国有企业1125名职工，10户集体企业的102职工，66户党政机关，事业组织，人民团体的148名合同制工人与单位签订劳动合同，并进行劳动合同鉴证，纠正不合法合同315份。1994年，指导45户国有企业未签订劳动合同的369名职工，21户集体企业的67名职工，100户党政机关，事业组织，人民团体以及8户企业的临时工862名，与单位签订劳动合同。1995年8月，企业主管部门主要领导与县长签订全面实行劳动合同制目标责任书，至12月底止，全县经审批实施方案的企业75户，全部建立新型劳动关系，签订劳动合同的职工14336人，占职工总数15341人的93.4%。1996年，全县有87户企业实行劳动合同制，签订劳动合同的工人15491人，占职工总数的98.2%。1997年，指导党政机关，事业组织，人民团体及7户企业的劳动合同制工人，与单位签订劳动合同1450份。1998年，指导党政机关，事业组织，人民团体及企业的1830名劳动合同制工人签订劳动合同。会同县总工会对32户已签订集体合同单位，履行集体合同的情况进行检查，对22户集体合同履行得好的企业进行表彰。1999年，县劳动局先后督促226名合同制工人补办劳动合同，督促单位给合同制工人补交“两金”达13万元，指导42户国有企业、25户集体企业、8户乡镇企业对12595名合同制工人的劳动合同加强管理，督促企业建立劳动合同管理台账，并对1725份劳动合同进行鉴证，纠正违法合同47份。2000年，鉴证劳动合同1031份，纠正违法合同15份。督促指导4户企业工会组织职工代表与企业续签集体合同。2001年，督促336人补签劳动合同，纠正违法无效劳动合同32份，督促指导4户企业工会组织职工代表与企业续签集体合同，涉及职工1902名，并对劳动合同，集体合同进行鉴证和审查。劳动合同鉴证率非国有企业达89%，集体合同审查率100%。2002年，督促994人补签劳动合同，纠正违法无效劳动合同32份，督促指导7户企业工会组织职工代表与企业续签集体合同，涉及职工248名，并对劳动合同、集体合同进行鉴证和审查。劳动合同鉴证率非国有企业达89%，集体合同审查率达100%。在抓紧合同签订、鉴证的同时，督促4户国有企业、17户集体企业、10户乡镇企业共3712名合同制工人建立劳动合同管理台账。2003年，督促387人补签劳动合同，纠正违法无效劳动合同28份，督促指导4户企业工会组织职工代表与企业续签集体合同。2004年，督促192人补签劳动合同，189人续签劳动合同，纠正违法无效劳动合同26份，督促指导6户企业工会组织职工代表与企业续签集体合同，涉及职工196人。劳动合同鉴证率国有企业和非国有企业分别达到100%和68%，集体合同（由工会职工代表与企业签订，没有建立工会的企业，由职工推举的代表与企业签订的合同）审鉴率达100%。2005年，督促175人补签劳动合同，204人续签劳动合同，纠正违法无效劳动合同76份，督促指导2户企业工会组织职工代表与企业续签集体合同，涉及职工89人。劳动合同鉴证率国有企业和非国有企业分别达到100%和72%，集体合同审鉴率达100%。2006年，县劳动保障局、政府法制办、总工会、工商行政管理局等联合对全县各用人单位开展专项执法检查，对全县137户企业劳动合同签订情况开展调查，督促企业与职工补签、续签劳动合同1530份，纠正违法无效劳动合同217份，补缴社会保险金9.4万元。

【劳动保护】 1986年至2006年，蓬安县按国家规定实行劳动保护政策。

女职工保护 1986年，国家机关企事业单位女工作人员的生产假期，产前产后共给56天，产假期间，工资照发。产假期满，因病需继续休养的，按病假处理。1988年9月以来，产假90天，其中产前假15天，产后假75天，晚育的增加20天。1990年，贯彻《劳动部女职工禁忌劳动范围的规定》。1997年，县政府办根据上级规定出文给纯母乳喂养女职工增加一个月产假，对女工经期、

孕期、产期、哺乳期特殊保护。

未成年人保护　1994年12月，县人事劳动局根据《未成年人特殊保护规定》，要求用人单位不得安排未成年人从事有毒、高温、采石、守林、放射性物质等17种作业。1996年，对未成年工的使用和特殊保护实行登记制度，用人单位招收使用未成年工，除符合一般用工要求外，还须向所在地的县级以上劳动行政部门办理登记。劳动行政部门根据《未成年工健康检查表》《未成年工登记表》，核发“未成年工登记证”。未成年工须持“未成年工登记证”上岗。2006年，县劳动保障局、总工会组织劳动执法部门检查用工单位中未成年人用工，凡未按规定对未成年用工作特殊保护的单位和领导给予相应制裁。

工作时间　1986年，蓬安执行国家规定每周实行6天工作制，星期日为公休假日。对法定年节及纪念日放假并照发工资。1994年开始，实行每周5天半工作制，星期六下午和星期日为公休假日。从1995年5月1日开始，实行5天工作制，星期六、星期日为公休假日。

【企业工资制度】　1986年，蓬安县企业内部分配形式和工资制度逐步由指令性工资计划管理转向企业自主确定，落实企业分配自主权。职工转正定级和工资标准均执行省市劳动部门规定。1993年开始，对企业工资总额的管理，由高度集权改为分级调控、分类管理的弹性工资总额管理办法。全县实行的分配形式和工资制度主要有超定额计件制，即把超定额生产的产品用定额折成工天，以每超过一个工天计酬3.5元至5元用奖金形式发给个人，对完不成基本定额的，按定额计算扣减基本工资的2倍。还有计件工资制、岗位工资制、计时工资制、提成工资制、浮动工资制、岗位技能工资制等。1995年，开始实施最低工资制度，7月1日起，最低工资标准为每月125元。县政府发布国有企业经营集团试行年薪制与岗位目标责任制挂钩办法，按企业规模大小、经济效益好坏、生产经营难度和责任大小，参照现行工资水平，将企业经营集团成员月薪确定为300元至800元。有关部门核定经营集团成员人均年薪控制指标后，企业根据责任和风险大小，以正职（企业法定代表人）高于副职20%的比例自行确定内部分配方案。企业法定代表人工资，由县国有资产管理办公室从企业预提，专户储存，每月按年薪的6%统一发放。经营集团其他成员的年薪，由企业设专项基金，每月按年薪6%计发，年终由县人事劳动局、体改委、财政局会同企业主管部门，按照该经营集团当年岗位目标任务，以百分制计分法进行考核打分。是年，试行年薪制的国营企业28户，包括政企合一的县糖酒总公司、畜牧总公司、二轻总公司，茧丝绸公司和参改单位电影公司，实行年薪的经营集团人数共123人。确定经营集团成员月薪300元的企业3户，800元的2户，其余大多数为500元至600元。年终考核结果，完成任务的企业16户，增加年薪总额40821元，人均增加669元；未完成任务的企业12户，核减年薪72956元，人均减少1258元。实际兑现年薪为年初确定数的94.46%。执行中，由县国资办给法定代表人发工资的只有5户企业，由企业按原工资70%发放的4户，其余均按原企业分配办法执行。1996年，试行年薪制的企业27户（麻纺厂已破产）。超额完成任务、增加经营集团年薪的企业12户，占44.4%；未完成任务，减少年薪的企业14户，占51.85%；不增不减年薪的企业1户，占3.75%。兑现年薪84.69万元，比年初确定的年薪总额95.45万元，减少10.76万元。1997年，全县实行岗位技能工资制的国营企业19户，占总数的40%；集体企业12户，占14%。试行岗位技能工资的企业人均月增资20元。1998年开始，为了有效地控制消费基金过快增长和保障职工最低工资水平，对实行四种调控办法的企业，其工资实行3条线，即基准线、上线、下线。当年的基准线是职工年平均工资增长10.98%，上线是职工年平均工资增长16%（职工工资增长最高线又称预警线），下线是职工平均工资增长负5%（企业工资负增长的下线）。企业职工工资负增长时，下调后的工资低于全县最低工资标准的，按最低工资标准提取工资总额。是年，县政府出台工商企业经营集团年薪制试行办法，对年销售收入和入库税金分别在500万元和20万元以上的工商企业试行年薪制。符合条件的马电公司、嘉宝公司（原汽改厂）、天府公司、丝绸厂、面粉公司、食品公司、百货公司、会龙丝厂等8户企业实行年薪制。对履行政府职能、政企合一的粮食、畜牧、蚕业、二轻等主管局和省属企业蓬安烟厂，未实行年薪制。经营集团年薪的基薪部分，按企业规模、经营难度和本企业实际工资水平等确定，马电人均年基薪8400元（月薪700元）、嘉宝7200元（月薪600元）、天府、丝绸厂、食品公司6000元（月薪500元）、面粉公司、会龙丝厂5500元（月薪458元）、百货公司4000元（月薪333元）。风险收入按企业经济效益和对国家的贡献（主要以销售收入、入库税金和利润3项指标考核）确定档次并考核兑现。马电、嘉宝超额完成任务，人均风险收入分别为10400元、5500元，年薪总额分别为138880元（7人），101600元（8人）。食品公司、丝绸厂、会龙丝厂未完成任务，人均风险收入分别为2230元、2500元、2980元，年薪总额分别为31400元（4人）、48300元（6人）、55720元（7人），人均年薪收入最高19840（马电），最低7850元（食品公司）。县劳动局对县属15户国有企业、11户股份制企业、2户私营企业1997年的工资总额提取及工资、奖金发放等情况进行为期2个月的检查。检查结果，无违纪违规行为的企业5户，对另23户企业存在的未严格执行规定多提工资、由盈变亏应下浮工资而没有下浮、巧立名目滥发补助，如发过年费、慰问费，国庆、中秋、香港回归补助，全体职工发住房补助、工龄补助等作出处理。1999年，县劳动、财政、审计部门重点抽查面粉公司、自来水公司、建筑公司、轮船客运公司、农资公司等5户企业。对存在的执行规定不严、乱发加班工资、超标准发医药费、乱列账、乱支费用等给予处理。对主管部门给下属企业出台的工资政策进行清理认定，凡与政策规定不一致的，一律废除，涉及工资政策，一律以县劳动、财政部门的规定为准。1999年，对马电、嘉宝、丝绸厂、一建司4户工业企业试行年薪制。经年终考核，马电、嘉宝、丝绸厂3户企业分别超额完成任务6.1%、1.5%、3.7%，人均分别得风险收入18570元、11710元、3630元，年薪总额分别为188790元（7人）、151280元（8人）、57780元（6人），人均年薪分别为26970元、18910元、9630元。一建司未完成任务（差4.8%），人均风险收入3520元，年薪总额68160元（8人），人均年薪8520元。2000年1月1日起，蓬安县每月最低工资标准180元。县政府对全县国有、集体工商企业，包括国有控股公司和乡镇企业工资均实行“四定三挂钩”管理。“四定”指“定产值及产销率(商贸企业为销售收入)、定资产保值增值率、定实现利润、定上缴税金”，“三挂钩”指“企业效益与企业职工工资总额、经营者年薪收入和经营者职务升降”挂钩。纳入“四定三挂钩”管理的企业25户。对年销售收入在500万元以上或入库税金达20万元以上的股份制工业企业和集体工业企业，按公司法和集体企业有关法规经董事会或职代会批准后实行经营集团年薪制。在企业开展企业工资集体协商试点工作。5月，县政府转发市政府企业工资指导线的通知，要求县级有关部门对县属国有企业、国有控股企业、城镇集体企业2000年的工资总额，按照市政府公布的工资指导线水平进行审查、核定。县属国有、集体企业依据工资指导线合理确定工资总额后，报县劳动局审批。其他经济类型的企业按工商登记注册关系报县劳动局备案。10月1日开始，蓬安县的最低工资标准调整为215元。

【企业福利制度】　1986年，蓬安县县级企业福利费按工资总额的3.5%提取，乡（镇）按4%提取。职工因天灾、人祸，由本人申请，组织审批，从福利费中补助。1989年以后，企业按职工工资总额的11%提取福利基金。厂矿企业在法定假日的工资发放，按月计资者，不扣工资；按日计资者，工资照发；按件计资者，有基本工资的按基本工资发给，无基本工资的按平均（即上月实际工作日除上月工资总额）发给。对“三八”妇女节放假参加庆祝活动者，工资照发，照常工作者，一律不作加班，不增发工资。

探亲假按上级规定，1986年，对职工探亲和路程假期内按照本人劳动合同约定的工资发给，奖金和生产性津贴不发。职工探望配偶和未婚职工探望父母的往返路费，由所在单位报销。已婚职工探望父母往返路费在本人月标准工资（按劳动合同约定的工资）30%以内的，由本人负担，超出部分由单位负担。婚假、丧假，1986至1993年12月，对企业单位职工3个工作日以内的，工资照发。1986年2月开始，对职工本人结婚或职工的直系亲属死亡时，根据具体情况，由本单位领导批准，给予1天至3天的婚丧假。职工结婚时双方在一地工作的，职工在外地的直系亲属死亡时需职工前往料理丧事的，根据路程远近，另给路程假。1994年1月起，对职工本人结婚，由本单位行政领导批准，给予5天的婚假（未含按规定应享受的晚婚假）。职工结婚时双方不在一地工作(居住）的，其中一方的单位按去另一方所在地的路程另给路程假。职工的直属亲属死亡时，由本单位行政领导批准，给予5天丧假。职工在外地的直属亲属死亡需职工去外地料理丧事的，根据路程另给路程假。职工在批准的婚丧假和路程假期间，工资照发，奖金（奖励工资）是否发给，由单位自定，途中的车船费等全部由职工自理。职工的岳父、母或公、婆死亡时，需要其料理丧事的，参照上述规定执行。

病假、工伤假、产假、哺乳假、计划生育假及待遇均按国家和省市规定执行。

职工事假，享受加班加点工资待遇的工人，请事假期间不发工资；不享受加班加点工资待遇的行政管理人员、工程技术人员和炊事勤杂人员，请事假每季度在2个工作日以内的，工资照发；超过2个工作日的，超过天数不发工资。

年休假，从1986年开始，在国家机关工作人员中实行，1989年至1990年停止执行。1991年恢复执行，同时企业职工也实行统一的休假制度。按规定享受探亲假又符合休假条件的人员，原则上休假与探亲假合并使用。一年内请病假累计超过30天或请事假累计超过15天的，当年不享受休假待遇。若休假后请病事假超过以上时间的，下一年不给予休假。企业在停产、半停产期间，不安排职工年休假。集体所有制企业单位由主管部门确定是否参照执行。1995年以后，连续工作一年以上的劳动者，均享受带薪年休假。1995年至2006年。多数机关单位职工因各种原因一般未休年休假。

【职业技能鉴定】 1997年，蓬安县开展职业技能鉴定工作。11月，县劳动局、县公安局交警大队对职业驾驶人员开展职业技能培训和等级鉴定。对全县驾驶人员分7批进行培训，采取理论与驾驶技能操作相结合的办法进行考核，共鉴定57人，其中取得高级技术等级的38人、中级7人、初级12人。1998年7月，对全县商品经营工种（专业）的工人开展职业技能培训及鉴定工作，至年底，鉴定职业技术人员并取得合格证书的1287人，其中高级640人、中级315人、初级332人。1999年，首次对蓬安县美容美发从业人员进行职业技能等级鉴定，鉴定中级合格人员14名。9月，首次鉴定水处理工27人，其中高级9人、中级9人、初级9人；水工机械高级8人、中级7人、初级7人；化工分析高级2人；管道工高级12人、中级7人、初级10人。2000年至2005年12月，对社会各界和民办培训机构的学员进行职业技能等级鉴定，鉴定合格人数19255人，其中：高级电工60人、焊工54人、计算机68、汽车维修工32人、汽车驾驶员42人、电工86人；中级计算机3560人、电工1050人、焊工642人、钢筋工78人、美容美发师86人、木工35人、家电维修工36人、服装定制设计工94人、汽车维修工137人、中式烹调师183人、电子产品维修工46人；初级计算机1346人、电工358人、焊工246人、管道工129人、服装设计定制工764人、美容美发师348人、家电维修工247人、中式烹调师560人。2006年11月，共进行等级鉴定310人，其中高级103人，中级52人，初级155人。

【劳动争议仲裁】 1987年5月，蓬安县成立劳动争议仲裁委员会，下设办公室。1990年，县劳动局设立仲裁股，仲委会和仲裁股两块牌子、一套人员。1993年，蓬安县企业劳动争议调解委员会开始处理劳动争议。1994年至1998年，调解处理劳动争议11件。1999年，调解处理劳动争议6件。2001年，共收到企业职工申请28件，符合劳动争议仲裁委员会受理的24件，其中劳动争议仲裁委员会直接立案处理9件，行政调解5件，指导委托企业调解10件。截至11月份，符合受理的24件案件全部处理结案，结案率达100%，共为企业与职工追索各种待遇219800元。2002年，共收到企业职工仲裁申请32件，符合劳动争议仲裁委员会受理的26件，其中劳动争议仲裁委员会直接立案处理13件，行政调解4件，指导委托企业调解9件。截至12月份，符合受理的26件案件全部处理结案，结案率达100%，共为企业与职工追索各种待遇288740元。2003年，共收到企业职工仲裁申请52件。符合劳动争议仲裁委员会受理的41件，其中劳动争议仲裁委员会直接立案处理23件，行政调解12件，指导委托企业调解委员会处理6件。截至12月份，符合受理的41件全部处理结案，结案率达到100%。共为职工追回各种待遇293712元，为单位收回欠款87531元。2004年，共收到劳动者、企业仲裁申请51件，符合仲裁委员会受理的33件，其中劳动争议仲裁委员会直接立案处理26件，指导委托企业调解委员会处理7件。截至12月份，符合受理的33件全部处理结案，结案效率达到100%，共为劳动者追回各种待遇371031元，为单位追回欠款166142元。2005年，共收到劳动者、企业仲裁申请45件，经审核，符合受理范围的29件。全部处理结案，结案率达到100%，共为劳动者追回各种待遇291121元，为单位追回“两金”及欠款180712元。2006年，共收到劳动者、企业仲裁申请51件，经审核，符合受理范围的33件，全部处理结案，结案率达到100%，共为劳动者追回各种待遇421127元，为单位追回“两金”及欠款230719元。

【城镇职工养老保险】 1986年，蓬安县成立职工社会保险事业管理处，负责实施保险范围为：各类城镇企业、实行企业化管理的事业单位、民办非企业单位及其建立劳动关系的法定退休年龄内的全部职工；法定退休年龄内的城镇个体工商户及其雇工，城镇自由职业者、城镇灵活就业人员；参加企业职工基本养老保险的企业离休、退休人员，个体参保领取基本养老金人员；法律法规规定或经省政府批准的其他单位和人员。1992年，职工社会保险事业管理处更名为蓬安县职工社会福利保险事务所，1994年9月，更名为县职工社会保险事业管理处。1996年1月起，职工按本人工资3%的比例上缴基本养老保险费。6月，县政府要求城镇集体企业职工基本养老保险制度改革，在“统一制度、统一管理、统一调剂使用基金”的基础上逐步达到“统一标准”。1999年9月，社保处更名为县社会保险事业管理局。2000年，全县参保人数13683人，征收保险费1491.18万元。2006年，全县参保人数18537人，征收保险费5704.01万元。社保局在全市首家引入指纹认证系统，防止管理漏洞。

基本养老保险基金征缴 蓬安县基本养老保险基金由参加基本养老保险的企业和职工共同缴纳。企业缴纳基本养老保险费，按全部职工缴费工资总和作为缴费基数，缴费比例为20%。职工个人缴纳基本养老保险费，按本人上月工资作为缴费基数，缴费比例为8%。个体缴纳养老保险费，按全省上年在岗职工月平均工资作为缴费比例，缴费比例为20%。1991年，全县征收35.73万元。2006年，全县征收保险费5704.01万元。

基本养老保险个人账户 1986年以后，社会保险经办机构为每个参保人员建立一个终身不变的基本养老保险个人账户。1996年1月1日起，职工基本养老保险费按1%计入个人账户。从2006年1月1日起，职工基本养老保险个人账户按本人缴费工资的8%建立，全部由职工个人缴纳的基本养老保险费形成。个体参保人员按其缴费基数的8%建立和记入个人账户。个人账户储存额，按照国家规定政策运营，每年计算一次收益。

基本养老金计发办法 职工到达法定退休年龄并办理退休手续后，以及个体参保人员到达规定领取基本养老金年龄并办理领取基本养老金手续后，从次月起按月领取基本养老金。1996年1月1日及以后参加工作、缴费年限累计满15年及以上的职工，基本养老金按以下办法计发：月基本养老金=基础养老金+个人账户养老金〔基础养老金=（退休时上一年全省在岗职工月平均工资+本人指数化月平均缴费工资）÷2×累计缴费年限×1%；个人账户养老金=退休时个人账户储存额÷本人退休年龄相对应的计发月数〕。1995年12月31日及以前参加工作、缴费年限累计满15年及以上的职工，基本养老金按以下办法计发：月基本养老金=基础养老金+个人账户养老金+过渡性养老金+调节金〔1.过渡性养老金=（退休时上一年全省在岗职工月平均工资+本人指数化月平均缴费工资）÷2×1995年12月31日及以前未建立个人账户的累计缴费年限×1.3%；2.调节金=70元×计算比例〕。

社会基本养老保险费征缴支出表

(1991~2006)

单位：人、万元

年份	基金累计数	参保总人数			新增参保	新增基金			人均待遇(年)
			在职参保人员	计发待遇人员			基金收入	基金支出	
1991	122.11	4023	2992	1031		35.73	222.3	186.57	0.18096
1992	84.7	6637	5240	1397	2614	−37.41	278.07	315.48	0.22583
1993	102.78	7810	6123	1687	1173	18.08	473.15	455.07	0.26975
1994	105.5	9045	7145	1900	1235	2.72	620.84	618.12	0.32533
1995	138.43	11271	8137	3134	2226	32.93	709.01	676.08	0.21572
1996	277.6	11349	8301	3048	78	139.17	880.91	741.74	0.24335
1997	391.4	11600	8431	3169	251	113.8	1089.23	975.43	0.3078
1998	470.2	12610	9286	3324	1010	78.8	1003.14	924.34	0.27808
1999	327.75	12767	9432	3335	157	−142.5	1246.21	1388.66	0.41639
2000	308.09	13683	9697	3986	916	−19.66	1491.18	1510.84	0.37904
2001	368.5	12151	8068	4083	−1532	60.41	1748.22	1687.81	0.41337
2002	420.6	12052	7986	4066	−99	52.1	2061.54	2009.44	0.49421
2003	853.97	13328	9175	4153	1276	433.37	2636.99	2203.62	0.53061
2004	1644.29	13874	9566	4308	546	790.32	3118.62	2328.3	0.54046
2005	2307.66	16239	11650	4589	2365	663.37	3465.81	2802.44	0.61069
2006	4319.02	18537	13686	4851	2298	2011.4	5704.01	3692.65	0.76121

【工伤保险】 1986年至1992年，蓬安县按照《中华人民共和国劳动保险法条例》及有关法律法规解决职工工伤待遇，1993年，蓬安县在城镇企业和自收自支事业单位的职工中开展工伤保险工作。1994年，全县参加工伤保险11510人，征收保险费8.84万元。1996年，蓬安县贯彻劳动部《企业职工工伤保险试行办法》，确定工伤认定范围，进行劳动伤残鉴定。1999年，蓬安县对工伤职工伤残抚恤金和供养家属抚恤金进行调整。2000年，参保总人数5711人，累计保险费72.09万元。2002年，再次对伤残抚恤金和供养家属抚恤金进行调整。2003年，发放工伤保险费13.28万元。2005年，发放工伤保险费28.56万元。2006年，工伤保险费全部实行由县级统筹，参保总人数2856人，累计保险费137.17万元。是年发放16.27万元。

工伤社保基金征收、支出情况表

(1994~2006)

单位：人、万元

年份	基金累计数	参保总人数	新增参保	新增基金			待遇标准
					基金收入	基金支出	
1994	8.84	11510		8.84	11.82	2.98	—
1995	18.66	10709	−801	9.82	12.68	2.86	—
1996	26.59	10458	−251	7.93	13.96	6.03	—
1997	35.57	9240	−1218	8.98	19.34	10.36	—
1998	43.17	9286	46	7.6	21.51	13.91	—
1999	49.64	7651	−1635	6.47	20.98	14.51	—

续表

年份	基金累计数	参保总人数	新增参保	新增基金			待遇标准
					基金收入	基金支出	
2000	72.09	5711	–1940	22.45	35.12	12.67	—
2001	87.04	4044	–1667	14.95	36.15	21.2	—
2002	97.17	3825	–219	10.13	22.97	12.84	—
2003	104.54	3217	–608	7.37	20.65	13.28	—
2004	117.08	2158	–1059	12.54	23.18	10.64	—
2005	120.21	3216	1058	3.13	31.69	28.56	—
2006	137.17	2856	–360	16.96	33.23	16.27	—

【机关事业单位养老保险】 1995年，蓬安县成立机关事业单位社会保险事业管理处。1996年，正式开展机关事业单位养老保险工作，是年参保人数9496人，收保险费90万元。2003年，更名为机关事业单位社会保险局，是年参保总人数14231人，累计收保险费865万元。是年1月1日以后退休的职工，除领取基本养老金外，另外个人账户储存额的1/120按月计发个人账户养老金。2004年，发放养老金人数3845人，发放养老金3835万元，其中直发3219万元。2006年，参保人数13792人。累计征收保险费2091万元，发放养老金4222人，计4648万元，其中直发3948万元。

机关事业单位社会保险局养老金征收情况表

(1996~2006)

单位：人、万元

年份＼项目	基金积累数	参保总人数	新增基金	新增参保	待遇标准
1996	90	9496	90		基本工资（人事退休政策）×（退休比例+实际缴纳养老保险费年限×0.1%）
1997	147	9949	57	89	—
1998	220	10707	73	1144	—
1999	269	13038	49	1219	—
2000	243	14608	–26	1598	—
2001	455	12048	212	–2724	—
2002	717	14962	262	2473	—
2003	865	14231	148	–819	基本养老金（人事退休政策）+个人账户×1/120
2004	1238	15210	373	786	—
2005	1730	14075	492	–1228	—
2006	2091	13792	361	567	—

机关事业单位社会保险局养老金发放情况表

(1996~2006)

单位：人、万元

年份＼项目	离退休人数	养老金支付金额	养老金支付形式		直发	待遇标准
			社会化	单位代发		
1996	1897	843	—	是	—	基本工资（人事退休政策）×（退休比例+实际缴纳养保费年限×0.1%）
1997	2261	1024	—	是	—	—
1998	1875	861	—	是	—	—
1999	2987	836	—	是	—	—

续表

项目 年份	离退休人数	养老金支付金额	养老金支付形式		直发	待遇标准
			社会化	单位代发		
2000	2959	1057	—	是	—	—
2001	3123	2171	是	是	1594	—
2002	3564	3210	是	是	2749	—
2003	3652	3589	是	是	3040	基本养老金（人事退休政策）+个人账户×1/120
2004	3845	3835	是	是	3219	—
2005	3938	4408	是	是	3711	—
2006	4222	4648	是	是	3948	—

【失业保险】 1986年10月，蓬安县由县劳动服务公司开始开展待业保险工作，首先在全县企业以及国家机关、事业单位、社会团体的劳动合同制工人中实行待业保险。待业保险按全部职工标准工资总额的1%缴纳职工待业保险基金。1994年12月，全县有10895人参加待业保险，累计征收基金89万元，将“待业保险”改为“失业保险”。1995年1月，全县将企业参加失业保险的范围扩大为：国有企业、股份制企业、联营企业、城镇集体所有制企业、私营企业、外商及港澳台同胞投资企业。企业月缴纳失业保险费的标准调整为上年末全部职工工资总额的1%。1995年10月，享受失业保险待遇的人员增加解除劳动教养的职工。1997年10月，将参加失业保险的缴费标准调整为：单位按全部职工工资总额的1%缴纳，职工个人按每月1元缴纳。1998年12月，全县共有105户企业和自收自支事业单位的13124人参加失业保险。从1999年1月起，将城镇企业、事业单位及其职工、社会团体及其专职人员、机关中的事业编制人员和劳动合同制工人全部纳入参保范围。县级机关按照本单位事业编制人员和劳动合同制工人上月工资总额的2%缴纳失业保险基金，机关的事业编制人员和劳动合同制工人按照本人上月工资的1%缴纳失业保险基金；企业、事业单位按照本单位上月全部职工工资总额2%缴纳失业保险基金；社会团体按照本单位专职人员上月工资总额的2%缴纳失业保险基金，社会团体专职人员按照本人上月工资的1%缴纳失业保险基金。2000年9月，县委、县政府发出《关于强力推进城镇私营企业、个体工商户养老、失业保险工作的通知》，成立由县长任组长的蓬安县社会保险扩面工作领导小组，规定城镇集体、合资、私营企业及其职工必须参保。年底，共征收失业保险基金525万元，支失业保险金520万元。是年，对152个单位10123人的缴费基数进行稽核，通过稽核补缴失业保险费34.4万元，与县财政局协调代扣代缴财政拨款单位个人部分，全年征收失业保险金190万元，清欠8万元。2003年9月，调高失业保险金标准，全县失业保险人数14801人，共征收失业保险费228.2万元，其中清欠20万元，新增扩面增收3.1万元。全县实现了失业保险金的社会化发放，共为850人次发放失业保险待遇27万元。2004年，参保人数达12412人，新增扩面606人，年征收失业保险费238万元，其中清欠7.2万元，发放失业保险待遇29.67万元。2005年，举办培训班8次，培训失业人员250人；依法稽核116个参保单位；部门预算将失业保险纳入财政预算，未纳入者由财政代扣。年底全县参保人数达到16015人，其中新增扩面1232人，实收基金251万元，其中清欠5.18万元，失业保险监测人数512人，稽核面达44%以上。2006年，全县参保人数达到15824人，其中新增扩面1106人，实征基金272.38万元，对失业人员实行实名制管理，按时足额上缴失业保险调剂金35.4万元。

【职工医疗保险】 2001年12月，成立蓬安县城镇职工医疗保险管理中心。2002年1月，启动县级财政全额拨款的机关、事业单位，社会团体和驻县中央、省、市属单位的医疗保险工作。初次缴费次月起6个月后，享受基本医疗保险住院待遇；一次性缴清医疗保险费的改制企业、事业单位退休人员，从缴清费用的次月起，享受基本医疗保险待遇。县人民医院、县中医院、县妇幼保健院、蓬安监狱医院、锦屏中心卫生院、巨龙中心卫生院、金溪中心卫生院、徐家中心卫生院、河舒中心卫生院、罗家中心卫生院、兴旺中心卫生院等11家医保定点医院相继挂牌。11月，县府办下发《蓬安县城镇职工医疗保险个人账户管理试行办法》。12月，县府办下发《关于调整城镇职工基本医疗保险待遇的通知》。是年，收入医保费1232万元。参保人员住院起付标准以上，6万元以下的自付比例为20%；6万元以上，15万元以内的自付比例为16%。退休人员一律下浮2%，转县外市内一律上浮5%，转市外一律上浮10%。缴费年限10年以上（不含10年）每增加1年自付比例下浮0.15%，医保缴费年限21年至30年的住院自付比例在原基础上下浮1%，31年以上的住院自付比例在原基础上下浮2%。住院报销额=（住院费用—起付标准—全自付药品费—全自付诊疗项目费—全自费医疗服务设施费—乙类药品先期自付额—部分报销诊疗项目先期自付费）×（1—自付比例）。2003年2月，医保中心与县内11家医疗保险定点医院签订医疗管理服务协议，将南充市中心医院、南充市精神病院、川北身心医院（原营山精神病院）确定为蓬安县医保定点医院，在2002年的基础上再次降低了县医院、市中心医院、南充精神病院的住院起付线。基本医疗保险职工住院自付比例按20%计算。11月，调整城镇职工重病补充医疗保险计算比例，累计支付的方式改为按16%的统一比例计算自付额。2004年6月，县政府调整医保待遇，基本医疗的输血、作CT、MRT检查及腹腔镜手术都放宽了限制条件或提高报销比例，重病补充医疗保险封顶线由9万元提高到15万元。2005年4月，蓬安县调整个别乙类药品和部分报销诊疗项目先期自付比例。从1月起实行国家公务员医疗补助，提高住院病人的报销比例。从9月1日起执行新的药品目录，降低基本医疗保险和重病补充保险范围内的自付比例。落实159名企业军转干部和34名二等乙级以上伤残军人的医疗保障。2006年，启动农民工参加城镇职工基本医疗保险。县内医保定点医院有15家，县外有5家。

定点医疗机构及起付标准

(2005~2006)

单位：元

定点医疗机构	等级	在职人员年度内住院起付标准			退休人员年度内住院起付标准		
		第一次	第二次	第三次及以上	第一次	第二次	第三次及以上
蓬安县人民医院	二级	480	430	380	350	300	250
蓬安县中医院	二级	480	430	380	350	300	250
蓬安县妇幼保健院	一级	380	330	280	250	200	150
蓬安县锦屏中心卫生院	一级	380	330	280	250	200	150
蓬安县金溪中心卫生院	一级	380	330	280	250	200	150
蓬安县徐家中心卫生院	一级	380	330	280	250	200	150
蓬安县河舒中心卫生院	一级	380	330	280	250	200	150
蓬安县巨龙中心卫生院	一级	380	330	280	250	200	150
蓬安县罗家中心卫生院	一级	380	330	280	250	200	150
蓬安县兴旺中心卫生院	一级	380	330	280	250	200	150
蓬安县惠民医院（原同济医院）	靠一级	380	330	280	250	200	150
蓬安县红十字医院（原济民医院）	靠一级	380	330	280	250	200	150
蓬安县德仁医院	靠一级	380	330	280	250	200	150
蓬安县博爱医院	靠一级	380	330	280	250	200	150
蓬安县盛泰医院	靠一级	380	330	280	250	200	150
川北医学院附属医院	三级	700	650	600	570	520	470

续表

定点医疗机构	等级	在职人员年度内住院起付标准			退休人员年度内住院起付标准		
		第一次	第二次	第三次及以上	第一次	第二次	第三次及以上
蓬安县红十字医院（原济民医院）	靠一级	380	330	280	250	200	150
蓬安县德仁医院	靠一级	380	330	280	250	200	150
蓬安县博爱医院	靠一级	380	330	280	250	200	150
蓬安县盛泰医院	靠一级	380	330	280	250	200	150
川北医学院附属医院	三级	700	650	600	570	520	470
南充市中心医院	三级	700	650	600	570	520	470
南充精神病医院	三级	700	650	600	570	520	470
川北身心医院	二级	480	430	380	350	300	250
南充时代医院	一级	380	330	280	250	200	150

【农村养老保险】 1995年4月，蓬安县开始组织实施农村社会养老保险。从1997年1月起，农村社会养老保险责任金核定标准调整为年复利8.8%。从1998年1月起，农村社会养老保险责任金核定标准调整为年复利6.8%；积累期个人账户分段计息利率调整为年复利6.8%；退保利率调整为年复利5.6%。从1998年1月起，农村社会养老保险个人账户分段计息标准调整为5%；退保利率调整为年复利4.7%。从1999年7月起，农村社会养老保险退保计息标准调整为2.25%，农村社会养老保险个人账户分段计息标准调整为2.5%。2000年，农村养老保险21300人，征收保险费566.5万元，年发放保险费3.2万元，领取保险费950人。2006年年底，参保总人数21300人，征收保险费540.6万元，发放保险费2470人，发放保险金7.2万元。

农村社会养老保险基金收支情况表

（1995~2006）

单位：人、万元

年份	基金累计	参保总人数	新增基	新增人数	年发放额	领取人数	待遇标准（元/月）
1995	212.1	10100	206.4	10100	0	0	1.8
1996	312.9	14500	87.8	4400	0.04	37	1.9
1997	427.4	19000	92.1	4500	0.13	96	1.9
1998	486.7	20400	35.5	1400	0.72	420	2.0
1999	523.9	20600	3.6	200	1.8	700	2.0
2000	566.5	21300	13.3	700	3.2	950	2.1
2001	550.9	21300	1.3	0	3.7	1200	2.1
2002	553.9	21300	0	0	3.8	1280	2.2
2003	544.7	21300	0	0	3.5	1350	2.2
2004	543.2	21300	0	0	4.1	1610	2.3
2005	542.8	21300	0	0	5.8	2020	2.3
2006	540.6	21300	0	0	7.2	2470	2.3

P 蓬 安 县 志
ENG AN XIAN ZHI

公安　司法行政

1986年至1990年，蓬安县开展“一五”普法。1990年，全县普法考试合格率为100%，被省委、省政府授予“一五”普法先进县。公安部门开展“严打”“反盗窃、打流氓、禁丑恶、压事故、除‘六害’”等专项斗争和专项治理。1991年至1995年，蓬安县开展“二五”普法。在“二五”普法中，加强公安、司法行政队伍建设，为深入改革开放保驾护航，查处治安案件7215起，治安处罚、刑事拘留6699人。1995年，蓬安县被省委、省政府授予“二五”普法先进县。1996年至2000年，蓬安县开展“三五”普法。进一步加强公安、司法队伍的政治思想建设、组织建设，强化业务技能、体能训练。公安机关进一步规范执法行为，开展群众性的以打击盗窃、抢劫团伙、金融诈骗、拐卖人口为重点的“严打”斗争。2001年至2006年，蓬安县开展“四五”普法，启动“五五”普法。公安、司法行政工作先后开展“三讲”“三个代表”重要思想、“创三满意”“保持共产党员先进性教育”以及“立功创模”“警风警纪教育”等活动。在全县开展打黑除恶专项斗争和法制宣传，调解人民内部矛盾，确保蓬安经济社会建设顺利发展。

公　安

1986年，蓬安县严厉打击刑事犯罪，维护社会治安。1992年，开始加强出入境管理。1993年，县城首次发现毒品案件并予查处。1997年，开始对经济犯罪的侦查工作。2001年，开展“狂飙–B行动”，打击违法犯罪。2005年，县委作出创建平安蓬安的实施意见，公安局加强各单位内保人员培训。2006年，开展“打黑除恶”、打击“两抢一盗”专项斗争，维护全县社会稳定。

【蓬安县公安局】 1986年，蓬安县公安局下设政保科、刑侦科、预审科、户政科、消防科、政工科、办公室、行政拘留所。1987年，增设收容所。4月，县交通监理所分为交警、稽征两家，交警划归公安局管理。2006年，公安局内设机构有指挥中心、政工监督室、法制室、国保大队、治安大队、刑侦大队、禁毒大队、经侦大队、交警大队、警务保障室、消防大队、公共信息网络监察大队，下设北城、东城、水上、锦屏、金溪、河舒、徐家、利溪、罗家、兴旺、巨龙等11个派出所。

1986年至2006年，刘安顺、周郁、侯瑜俊、汪朝举先后任县公安局局长；蒋德和、唐光穗、周郁、汪朝举、刘闵先后任县公安局政委。

【治安管理】 1986年，蓬安县公安局在全县各乡镇和较大的单位建立健全治安室，在各单位和各村（居）委会建立治保委员会或治保小组，由各公安派出所牵头负责。各乡镇、有关单位和村（居）委、成立治安联防队，统一由乡镇和单位管理。1988年至2005年，全县除坚持治安联防外，公安局加强了对爆炸物品、军用子弹、各种枪支的清查管理和公共场所治安及特种行业治安管理。2006年，全县各乡镇、单位、村（社区）、家庭开展平安创建活动，形成治安网络化管理。

公共场所管理　1986年，县公安局对县内台球、电子游戏、录像放映厅全面清理登记，核发“治安管理登记证”，列管文化娱乐行业18家。1989年，台球室增至35家，电子游戏机1260台，录像放映厅（室）12家；1990年后，新办舞厅46家，音乐茶座32家；1991年，卡拉OK厅开始在县内开办，气枪靶击场随处可见，娱乐场所内治安问题增多，是年有28人受到治安处罚，2人被行政拘留。1995年，卡拉OK厅剧增，以“三陪”等形式进行色情活动突出。公安局发出《关于坚决查处娱乐场所“三陪”活动的通知》，查处嫖娼、卖淫案件。1999年12月，集中力量对卖淫嫖娼、制作贩卖传播淫秽录像制品、拐卖妇女儿童、栽种吸食贩运毒品、聚众赌博、利用封建迷信骗钱害人等六种社会丑恶现象进行查处。至2006年，共查处治安案件335起，处罚582人次。

特种行业管理　1986年，县公安局会同供销、工商行政管理部门对全县327家旅店、废旧收购、印刷刻字行业清理整顿，给符合条件的285家企业换发“治安管理登记证”。有关特种行业提供线索25条，挡获违法人员13人，破获刑事案件3起，治安案件10起，收容审查8人，治安拘留26人，罚款5人。1992年，特种行业增至341家，县公安局对重点单位负责人组织法律知识培训，180多名业主参加学习。特种行业向公安机关提供线索38条，破获刑事案件2起，协助查处治安案件56件，抓获违法人员11人，缴获赃款1895元，取缔非法从业单位5个，治安处罚21人。1993年，县公安局对全县35家刻字业进行清理整顿，培训从业人员35人，取消非法刻字摊位5个。1997年，行政区划调整后，特种行业单位降至228家。县公安局对228名经营业主和从业人员分三批进行39天的业务培训。查处特种行业单位中发生的刑事案件1起、治安案件32起，抓获违法人员36名，对违法违规的18名业主给予教育和处罚。2000年，特种行业发展至435家，治安大队、各派出所专人管理。2006年，特种行业管理日趋规范，触犯刑律者明显减少。

枪支弹药、爆炸物品管理　1986年，县公安局培训38个爆炸物品生产、使用、储存单位人员195人，取缔非法使用爆炸物品单位25个，收缴非法持有的炸药、雷管、子弹等，查处爆破事故15起，治安罚款45人。1988年，收缴军用子弹30发，雷管48枚。1990年，收缴军用子弹316发，电击器16支，枪支293支，其中民用火药枪206支。2000年，收缴民用枪支33支，雷管123枚；2005年，收缴64式手枪子弹210发、54式手枪子弹196发、56式手枪子弹77发。2006年，建立枪支清理登记制度、企业安全生产责任制度、涉爆单位许可证制度等。培训爆破员125人次，考试合格118人次，合格率为95.8%。查扣非法使用炸药1560公斤、雷管1260枚，收缴劣质烟花550支、鞭炮5482万余头、原材料3200余公斤、火药286公斤、导火线2386米；取缔烟花爆竹销售点64家，收缴生产工具76件，整改隐患380余起，吊销许可证64个；查破涉枪涉爆案件32起，收缴非法枪支26支、子弹545发，提请逮捕3人，刑事拘留12人，治安拘留31人，其他处罚15人。对县城及各中心镇烟花爆竹销售点实行关停工作，关停销售点200余家。

【刑事案件侦破】　1986年，县公安局严厉打击各种刑事犯罪活动，出动警力130余人，基层干部1000余人，抓获犯罪嫌疑人259人。1987年，继续坚持“严打”方针，在全县开展以“打击盗窃、流氓犯罪活动”专项斗争，出动警力130余人、保卫干部48人、基层干部1000余人、治安积极分子80余人，清查城区可疑点、旅店120余处、清查赌场180余个、卖淫窝点12个，抓获犯罪嫌疑人220人，其中提请逮捕71人，判刑45人，缴获现金3200余元。1988年，组织3次专项斗争和4次集中行动，破获各类刑事案件540起，提请逮捕犯罪嫌疑人136人。1989年，展开以打击“两抢一盗”为重点的专项斗争，破获各类刑事案件630起，抓获犯罪嫌疑人351人，其中抓获负案在逃人员38人。1990年，“严打”中，继续“三打击、扫除六害”，5月后，破获各类刑事案件600起，共抓获犯罪嫌疑人277人，缴获黑白电视机12台，收录机13台，国库券、兑奖券等有价值证券1240元，衣服、布料623件，皮、胶、布鞋500多双，自行车2204辆，香烟400多条，铜芯线500多公斤，现金89650元。1991年4月，开展为期3个月的夏季侦破战役，破案520余起，捣毁犯罪团伙41个，抓获团伙成员160名，缴获赃款赃物价值15.13万元。全年立案总数850起，破案648起，其中破获重、特大案件75起，占重、特大案件立案总数83起的90.36%，协助外地破案56起，其中重特大案件12起，破年前积案225起。1992年，在缉拿“三逃”人员突击行动及夏季侦破战役中，破获各类刑事案件371起，抓获违法犯罪人员309名、提请逮捕35人、追回逃犯27人。1993年，立各类刑事案件598起，其中捣毁流窜作案团伙45个、查获嫖娼卖淫者6人、提请逮捕100人，破获车匪路霸案件49件，其中爬车盗窃39人、捣毁团伙6个、抓获作案成员27人、提请逮捕9人。破获盗窃案353件，其中盗窃机动车、自行车案件109件。1994年4月起，在为期两个月“破大案、打团伙、追逃犯”专项斗争和集中统一行动中，查破各类治安、刑事案件296件，全年破获各类刑事案件526起，其中破获重特大案件107起，抓获违法犯罪分子562名，其中提请逮捕88人、刑事拘留3人、取保候审39人、行政拘留98人、收容审查327人、劳动教养7人，摧毁流氓、盗窃、诈骗、抢劫、拐卖妇女儿童等犯罪团伙93个，抓获作案成员359人，解救妇女、儿童9人，协助外地公安机关破案18件，抓获逃犯14名。1995年1月10日至12日，全县进行为期3天“严打”第二战役集中统一行动，出动民警530余人次、警车30余台次，分四个战区对批捕、批劳和负案在逃的违法犯罪分子进行大搜捕，对全县旅店、出租房、建筑工地、路边店等1200余处场所进行清查，先后抓获违法犯罪人员118人，其中批捕在逃人员1人、“两劳”在逃人员1人、现行犯罪人员7人、流窜作案嫌疑人109人。5月22日零时至24日零时，按照市公安局全市严打集中统一行动1号令要求，共出动民警385人次，警车30辆，摸排重点对象160人，检查旅店192家，出租房屋312家，舞厅、卡拉OK厅26家，电子游戏室、理发室、路边店128个；共提请逮捕违法犯罪人员78人，其中团伙6个18人、负案在逃人员11人、抢劫、盗窃作案嫌疑人各2人、拐卖人口犯罪嫌疑人1人、纵火犯罪嫌疑人1人，缴获各类赃款赃物价值43万余元，打击了犯罪，遏制了案件不断上升的势头。1998年3月至5月，在全县范围内开展“禁赌禁娼”专项斗争，出动民警286人次，警车60台次，清查场所部位687个，捣毁赌博窝点19个，抓获参赌人员276人，捣毁卖淫嫖娼窝点2个，抓获卖淫嫖娼违法人员16人，刑事拘留4人，治安处罚288人，吊销治安许可证3家，限期整改16家，停业整顿18家。1999年，开展“集中整治治安秩序，打击突出犯罪活动”和“区域性严打、防范、治理、追逃”专项行动，全年共破获各类刑事案件401起，其中重特大案件144起，打击处理违法犯罪分子528人。在全国“追逃”战役中，抓获在逃犯149人，其中省厅督捕逃犯1名，市局督捕逃犯3名，县局督捕逃犯25名，抓获网上公布的在逃犯84名，获市公安局“追逃”工作三等奖。2000年1月至6月，在“打击经济犯罪”专项斗争中，破案26起，挽回经济损失180万元，下半年开展“打黑除恶”专项斗争，重拳出击。2001年11月开始至年底，一举打掉在城区和农村为非作歹的黑恶势力团伙29个，对团伙成员近300人分别予以逮捕、劳教、拘留等。2001年4月7日零时，公安局正副局长、政委分别率领局机关民警赶赴各派出所，开展“严打”整治统一行动，至次日8时，共出动警力250人次、车辆50台次，抓获各类违法犯罪人员30名。4月19日至24日，县公安局开展“狂飙–B”行动，先后出动警力1200余人次、车辆170余台次，清查复杂地段、场所300余处，抓获各类违法犯罪嫌疑人108名。县公安局继续开展网上追逃，全年共抓获网上公布的在逃犯200余人，追逃成果名列全市第三。4月下旬起，全县开展狂飚A、B、C、D、E、F、G，共7次专项集中统一行动，破案377起，抓获各类违法犯罪嫌疑人587人。2002年开展“狂飚–E”禁毒专项斗争，“狂飚–F”打击经济领域犯罪和“狂飚–G”集中行动，深化“严打”斗争，破获刑事案件539件，其中破杀人、抢劫等重特大刑事案件127件，追回被盗、被抢摩托车、家电、耕牛、手机、现金等赃款赃物价值39万余元，先后查获各类经济案件49件，为国家挽回经济损失129万余元，侦破和查处涉毒案件191件。2004年，开展打击“黄赌”专项行动，整顿特种行业、场所，查处电子游戏厅2家，没收赌博机88台，通过各种专项斗争，破刑事案件366起，查处各类治安案件1281起。全年共抓获各类违法犯罪人员234人，收缴、罚没财物总价值79万余元。2005年下半年，在全县范围内开展打击“两抢一盗”集中统一行动，共出动警力470人次，出动警车86台次，设立检查卡点10处，清查重点部位517处。2006年，继续坚持“打黑除恶”、打击“两抢一盗”专项斗争，侦破各类刑事案件196件，共抓获作案成员217人。

【禁毒】 1993年10月，蓬安县首次发现涉毒案件，县人民医院、县中医院、河舒中心卫生院、罗家中心卫生院、金溪中心卫生院部分医生非法开具处方药杜冷丁给吸毒人员，县公安局刑警大队得知线索后，立即开展侦查工作。至1994年2月，共抓获吸毒人员25名，处理非法开具处方的医生和吸毒人员39人，罚款10万余元。1997年，蓬安县成立禁毒工作领导小组，各乡镇成立创建无毒社区领导小组，各村（居）委成立创建无毒社区小组，形成群防群治，创建无毒社区网络。11月，县公安局设立禁毒大队，会同宣传部、教育局宣传防毒禁毒，举办禁毒电视讲座、中小学生禁毒知识竞赛，在城区和区所在地办禁毒图片、案例展，教育人们“为了健康，远离毒品”；对易制毒化学物品、重点医疗机构、单位和部门进行严格管理和开展专项整治；对重要环节严格控制，堵死源头；调查摸底排出吸毒人员依法严厉打击处理。1998年3月4日，禁毒大队周密部署，一举抓获在蓬安长期从事贩毒的毒贩刘某某，当场缴获海洛因140克，同时抓获广东省警方通缉的特大抢劫犯赵某某、戴某某2人。6月，县公安局作出决定，对非法种植罂粟长达4年之久的正源镇8村7社村民王某某给予治安罚款100元、行政拘留10天的处罚，铲除所种植毒苗。全年查处毒品案件63起，打击吸贩毒人员58人，其中特大贩毒人员2人，收缴毒资6000元，提请逮捕4人，劳教20人，行拘24人，强制戒毒10人。12月8日，禁毒民警何黎明等冒着生命危险，抓获持枪武装贩毒的毒贩黄某某、唐某2人，当场缴获自制左轮手枪1支，子弹6发，毒品海洛因48.5克，伪造的人民币1600元。1999年，侦破涉毒案件86件，捣毁吸贩毒窝点6个，打击处理吸贩毒人员79人，收缴海洛因44克、注射器14件，逮捕7人，劳教6人，强制戒毒14人，行政处罚26人。2000年，查处涉毒案件83起，涉案人员72人，其中特大贩毒案5件，重大贩毒案5件，捣毁窝点8个，收缴海洛因30克，提请逮捕7人、劳教12人，强制戒毒14人，行政处罚29人。2001年，查获涉毒案件54起，55人，捣毁窝点11个，对吸贩毒人员分别给予1—3年的劳动教养。2002年7月，在重庆市公安局禁毒总队的配合下，一举摧毁以王某为首的长期向蓬安贩毒的犯罪团伙，抓获毒贩6名，首犯王某被判处死刑，其余5名均被依法追究刑事责任。是年，查处涉毒案件191起，全县共掌握吸毒人员141人，建立戒毒帮教小组60个，新摸排涉毒案件17起，查处46起，打击处理涉毒人员42人，同易制毒化学药品和精神麻醉药品的管理使用单位签订禁毒责任书749份。2006年，查处涉毒案件60起，打击处理涉毒人员89人。

【经济案件侦破】 1986年至1996年，经济犯罪案件侦查工作由县检察院履行。1997年10月1日，《中华人民共和国刑法（修订）》颁布实施后，县检察院将其管辖的部分经济犯罪案件侦查工作职能移交公安机关。1998年3月，县公安局成立经济犯罪案件侦查大队，原税务案件侦查大队并入经济犯罪案件侦查大队。是年，侦破中国银行蓬安支行储蓄员李某某职务侵占案件，追回全部赃款。1999年6月，侦破张某、熊某某伪造印章骗取锦屏信用社贷款62.2万元的特大案件，在北京将犯罪嫌疑人抓获归案。7月，在协助清理农村合作基金会工作中，立案侦查方广农经站长邓某某违规放贷、收受贿赂致使国家经济损失21万元，犯罪嫌疑人邓某某被依法逮捕。10月，通过专门侦查手段，成功破获陈某某合同诈骗案，抓获犯罪嫌疑人，为受害人挽回经济损失。2000年3月，在开展的主动出击、调查摸排犯罪线索的专项工作中，发现中国银行蓬安支行500万元贷款被刘某某非法占有。经立案调查，历时数月，破获蓬安解放以来最大的经济犯罪案件，涉案人员7人。2001年，对县二轻局锁厂改制中100万元集体资产不知去向立案侦查，查明该厂厂长、会计、出纳等人侵吞集体资金10多万元。办案民警历时数月追回全部赃款，将犯罪嫌疑人绳之以法。2002年4月，对周口镇青龙嘴村基层干部赵某某侵吞集体资金5.2万元立案侦查，追回全部损失，将犯罪嫌疑人依法移送起诉；是月，对省公安厅挂牌督办案件，原利溪信用社会计潘某某侵吞信用社资金一案组织侦破，查明犯罪嫌疑人长期利用职务之便，侵占信用社资金达161万元用于赌博，挥霍一空，将其依法逮捕后，办案民警又数次辗转外地抓获涉案人员5人，追回赃款34万元。是年开展的严打整治狂飚–F行动中，县公安局经侦部门办案民警与财政、税务部门密切配合，成功侦破蓬安县金瑞达公司偷税130万元，漏缴土地出让金200万元，侵吞国有资产42万元的特大案件，追回税款150万元。是年7月开展的“经侦百日破案战役”中，又成功破获市局督办的蓬安县长宏有限责任公司虚报注册资本714万元的特大经济犯罪案件，3名涉案嫌疑人被依法处理。2003年上半年，对蓬安县邮政局储汇出纳石某某侵占国有资金360万元潜逃案件和原邮政局领导及相关责任人失职行为依法立案侦查，当事人受到法律的制裁。2004年2月，蓬安县诸家乡清平村原村支书姚某某、村长某某、村文书姚某某和个体建筑商姚某某等人涉嫌职务侵占集体资金2万多元，引起了村民的严重不满，致使村民冲击乡政府，严重扰乱了正常的工作秩序，经侦部门对其立案侦查，作出了处理。2005年，先后开展“山鹰行动”“涉税违法犯罪专项整治行动”“反假币年活动”以及整顿规范全县矿产资源开采秩序，整顿规范全县运输营运秩序等专项行动。在“山鹰行动”中，接受烟草专卖机关移送刑事案件6起，涉案金额161.34万元，经审查立案3件，涉案金额153.04万元，抓获涉嫌制假、贩假犯罪嫌疑人5人，刑事拘留5人，提请批准逮捕3人，移送起诉3人，收缴、销毁假烟720件，案值48.3万元，配合烟草专卖部门查处违反烟草专卖法规行政案件59件，行政罚款7.2万元。在“反假币年”专项行动工作中，查处行政案件6件，收缴假币2900元，治安拘留2人，治案罚款1人，警告1人。2006年，治理商业贿赂，查处公司、企业人员受贿案1件，打击处理1人；整顿和规范税收秩序，共查办涉税案件6件，追缴入库偷漏税款140万元，全年共征收追缴入库税款170万元；“打黑除恶”，查办涉黑涉恶势力头目胡某某侵占公司财物25万元，挪用资金35万元，偷漏税款190余万元，依法移送起诉；“山鹰二号”打假治劣行动，全年共收缴各类非法卷烟制品1100余条，案值32万元，查处非法经营案1件，协助烟草专卖机关办理行政案件24件31人，罚款9.1万元。侦破挪用公款案件38件，处罚违法人员43人。

【内部安全保卫】 1986年，县公安局内保科负责管理全县机关、学校、文化和企（事）业单位的内部安全保卫工作。1995年，内保科更名为蓬安县公安局经济文化保卫大队。1998年3月，撤销经济文化保卫大队，分别设立蓬安县公安局经济犯罪案件侦查大队和蓬安县公安局政治保卫大队，内保职能划归政治保卫大队。2002年11月，政治保卫大队更名为国内安全保卫大队。2006年12月，内部安全保卫职能从县公安局国内安全保卫大队划归县公安局治安管理大队。

派驻单位 1987年6月，在省运司蓬安汽车67车队设立公安科。1987年9月，公安局内保科与县盐业公司保卫科设立盐业公安执勤室。1989年9月，在林业局设立县公安局林业公安科，行使同级地方公安职责和权限，受公安、林业双重领导，人员编制、经费渠道由林业局调剂解决。2002年8月，公安局林业公安科增挂“蓬安县森林警察大队”牌子，编制9人。

内保组织和基层护卫 1986年，蓬安县在全县党政机关、人民团体、中小学、幼儿园、医院、厂矿、企事业单位均设立保卫科（股），在人员较少的单位设专职保卫干部。保卫科（股）既是所在单位的职能部门，又是公安机关基层保卫组织，在本单位和县公安局领导下工作。全县有内保单位121个，职工总数近万人，基层保卫组织计有35个科、61个股，有安全委员会52个，委员285人，兼职安全员105人。全县建立护卫队35个，有队员350人；夜间巡逻组23个，组员230人。1987年，按上级规定，在金融、邮电部门组建经济民警组织，有经济民警56人。经济民警统一着装，实行军事化管理，受单位与公安机关双重领导，保卫业务和军事训练由公安机关指导。1998年10月，建立蓬安县保安服务公司，为县党政机关、学校、医院、企事业单位提供保安派驻服务，兼营保安器材、装备及其安装、维修等项目。蓬安县保安服务公司由蓬安县公安局主管，业务上进行指导，经济上独立核算，自负盈亏。派驻的保安人员事前由保安服务公司培训，上岗后接受所在单位保卫部门指导和监督。2006年，全县建立经济民警分队6个，经济民警38人。

安全防范 1986年，全县内部单位实行治安责任制的59个，占单位总数的60%，各单位普遍建立各种形式的治安保卫责任制。县供销社保卫股在原签订安全承包合同的基础上，又配合内保科、周口派出所到县生产资料公司，制定一系列安全保卫工作措施和实施方法目标管理试点。9月25日，县公安局在该公司召开保卫工作会向全县推广。1987年，进行治安责任制检查验收，在检查的121个单位中有120个建立治安责任制。

1989年1月，蓬安县进一步在全县内部单位全面推行治安保卫责任制，实行分级负责、分类管理、治安防范奖惩制度，使内部治安管理制度化。2005年，蓬安县先后出台《中共蓬安县委关于创建平安蓬安实施意见》《蓬安县机关团体企事业单位内部治安问题曝光问责制》《中共蓬安县委办公室、蓬安县人民政府办公室关于在全县机关团体企事业单位实行保安守护制度的意见》等相关文件，要求全县机关团体企事业单位必须落实保安守护制度，明确规定保安人员的招收、培训、派驻、管理、职责、职权和纪律，规定保安人员守护的单位部位、场所、活动项目等。11

月15日，县公安局举行全县治安内保重点单位安全保卫负责人培训会，邀请南充公安校讲师江浩讲授国务院《企业事业单位内部治安保卫条例》。强调单位保卫干部每月要有2/3时间，在各管区内检查安全措施落实、安全保卫承包责任制执行情况。每月单位组织一次自查，系统开展一次互查。内保、消防、刑侦、派出所半年和年终要根据不同行业和社会治安出现的新问题，对内部单位特别是重点要害部位有计划、分层次进行“四防”安全大检查。

技术设施防范 1986年，各企、事业单位特别是银行、邮电、重要物资仓库，先后安装各种形式的报警器。1988年，全县各单位配置一批防盗箱、保险柜、报警器、电警棍、对讲机、刑事勘察箱、照相机、多功能电筒、摩托车和汽车等。全年因报警器报警避免被盗事件发生20起，金额约20万元。1989年，县农业银行系统花20余万元购置一批报警器、灭火器具，雷达报警器安装在要害部位。邮电系统在要害部位开展“五化管理”，即：管理目标化、检查制度化、考核经常化、防范设备完善化、档案文书规范化，推动安全保卫工作。1990年至2006年，技防设施广泛应用于防特、防盗、防火、防破坏、防治安灾害事故以及环境保护等各个方面。公安局还与银行系统共同制定《蓬安县银行系统安全防护设施规范》，有6家银行建立防盗、防火、防抢、防诈骗等综合性能的技术防范网络，有报警器、红外线、多功能超声波探头59处，营业网点90%以上安装了防抢应急报警装置，初步实现电视监控、报警联网，有效预防了重大、特大盗窃案件发生。

【户政管理】 1986年，蓬安县常住人口实行属地管理，统一制发常住户、集体户户口簿，一户一册，严格执行人口登记制度。对户口不在当地而需暂住者办理暂住证，暂住证使用年限为一年，超期在当地派出所续办。流动人口直接由当地公安派出所管理。1991年5月，县公安局成立户政科，担负户政管理职能。1994年，县政府改革户政管理职能，各派出所陆续接受辖区内人口管理工作。1998年后，为方便暂住者，只需在当地公安所辖社区进行登记，租房者，由房主申请登记，房主不在，由租房者本人直接到暂住社区登记。1999年1月，全县38个乡镇完成户口移交当地派出所的工作。2005年，流动人口由乡镇政府劳务输出站和派出所共管。每年流出流入人口分单位村社登记造册两份，公安派出所和所在乡镇政府各执1份，乡镇还专门成立“流动人口管理领导小组”及办公室，具体负责流动人口管理工作。2006年，全县户籍均由派出所管理。

【道路交通安全管理】 1986年，全县道路交通安全由县交通局负责，交通监理所具体管理。1987年，县公安局交警大队成立，负责交通安全管理。2002年，在全县开展“狂飙–F”集中整治交通秩序行动。2006年，县交警大队组织各派出所所长、分管交通安全民警进行道路交通安全培训、检查。

车辆管理 1986年，县交通监理所审验机动车只占应审数的70%左右。1988年，加强对车辆的路查路检，全年检查各类车辆1.76万辆次，扣车26辆，车辆年审数达到应审数的96.7%。1989年至1993年，在河舒枣儿垭、金甲沈家梁等地多次发生客车翻覆旅客多人伤亡事故，县交警大队召开现场会进行安全教育。1994年10月起，换发“九二”式机动车号牌，查扣无牌无照摩托车1200余辆，办理摩托车入户1800余辆。1998年后，每月轮流派员到当地派出所现场办理车管业务，组织力量深入客运企业，严把超长客运车况关，禁止不合格客运车辆上路行驶。2000年，在道路交通安全大检查中，检查各类车辆1.89万余辆次，查处报废车15辆、无牌无照车350余辆。2002年，开展“狂飙–F”行动集中整治交通秩序，查处无证无牌车450余辆、非法拼装车2辆，强制报废大、小货车5辆，同时新入户农用车180余辆、摩托车1500余辆。2003年至2006年，在全县设立8个稽查点，重点检查无牌无照机动车及违规载客载货车辆。

驾驶员培训与管理 1986年，县交通监理所举办驾训人员学习班6期，参加学习人员600余人。1987年，县交警队成立，审验机动车驾驶员2580余人。1988年，加强机动车路查路检，查处各种违章3.5万人次，其中情节严重的25人被治安拘留。1998年，完成对各机动车驾驶员的换证工作，对160多名新学驾驶者颁发驾驶证。1999年，全县交通“安全联组”学习由8个中队组织进行。2000年3月，蓬安贯彻公安部《机动车驾驶员交通违章记分办法》。2002年，成立县机动车驾驶员协会，发展会员600余人，组织会员学习交通法律法规35次，参学人数达2.8万余人次。2003年，完善驾驶员协会工作制度，对协会成员在县境外发生交通事故无偿提供法律援助，保护其合法权益。2004年，公安局制定《安全生产监督管理实施细则》。4月，巡警大队与城区派出所联合对城区治安交通秩序开展大检查、大整治活动，检查车辆695台次，纠正违章396人次，暂扣摩托车21辆，处罚152人。2006年6月，交警大队组织各派出所所长、分管交通安全的民警进行道路交通安全培训，对不按照交通法规执行的人员进行处理。7月，检查车辆700台次，处罚各种违章350人次，扣留机动车3辆，查获100余辆超载客车。

交通秩序管理 1986年，蓬安县加强城区交通管理，在城区老车站门口、建设中路、石油公司门口、城南酒厂等处设置道路交通标志23处。2001年，在城区道路划交通安全标线。县城从清溪桥头至花园方向新增交通标志14处，建设中路花园路口至真武街鑫苑宾馆路口新增交通标志4处，钢厂至相如大道新增交通标志14处，三湾堰至新法院门口新增交通标志8处，棉路麻、小东街等处新增交通标志13处。2005年，在建设中路、建设南路、花园书店等处增设的士车停车泊位74处。2006年，县政府投入80万元，在相如大道与建设中路相交的T型路口、政府街与建设路相交的T型路口、相如大道与抚琴大道相交的十字路口设置交通信号灯。在金帝歌城、相如饭店、马电公司等处增设城区固定泊位48处。

【监所管理】 1986年，蓬安县看守所内设拘留所、戒毒所，对违法人员进行教育和管理。1997年，县政府投资改建拘留所，增设阅览室、文化活动室、医务室等。2001年至2006年，看守所增添设备，进行了标准化建设。

看守所 1986年，蓬安县看守所建筑面积2500平方米，其中监舍面积650平方米，设计羁押150人。从1998年起连续10年无重大安全责任事故发生。2000年3月，通过“省三级看守所”检查验收。2001年，经过标准化建设，看守所监管设施齐备。所内制定完善的安全检查、狱情分析、值班、在押人员生活管理、律师会见、在押人员家属会见、提讯、出入所、押解、减刑、保外就医等工作制度。规范在押人员学习、劳动、生活、卫生等“一日生活行为”，保证良好的监所秩序。2006年2月，县政府为看守所解决8万元资金整改隐患，设备更加完善。

拘役和戒毒所 1986年，为加强被判处拘役人犯的教育、管理和劳动改造，在看守所内设拘役所。蓬安强制戒毒所与拘役所同时成立，戒毒所医务人员由看守所狱医担任，住宿和管理场所单独设置。1999年，强制戒毒所由市公安局统一设置，县强制戒毒所取消。

拘留所 1986年，蓬安县行政拘留所设在县看守所内，治安拘留18人。1990年1月，行政拘留所更名为治安拘留所，所址设在看守所。1997年，所内改善设施，改木板通铺为单人床位，增设学习阅览室、电教室、物品暂存室、会见室、文化活动室、亲情电话室、医务室等，配备兼职医务人员1人。1998年，治安拘留336人。2000年，被判拘役200余人。2006年，拘役250余人。

【出入境管理】 从1992年起，县公安局为到边境地区、沿海开放城市务工经商的公民办理边境通行证。1992年，有25000多人办理边境通行证。1993年至1994年，办证人数增加到40000多人。2003年起，边境通行证委托申请办证人户口所在地派出所办理。与此同时，县公安局出入境管理科还为公民办理申请出境业务和外国人在中国居住、探亲、旅行入境业务，港澳台同胞在内地居住、旅行、探亲等业务。1992年至2006年，共办理出境户籍3179人，入境户籍91人。

【警务保障】 1986年国庆，县委、县政府举行庆祝大会，县公安局出动干警30余人做好警务工作。1997年7月1日，庆祝建党70周年、迎香港回归大型活动保卫工作任务圆满完成。1999年12月1日，迎澳门回归保卫工作圆满完成。2000年9月28日，县公安局、武警县中队、五中队官兵按预定方案全力以赴做好蓬安马电扩能工程竣工发电，蓬安宾馆授二星，嘉陵江大桥通车三大工程剪彩庆典和“蓬州之秋”演唱会安全保卫工作。2003年10月17日晚8时至12时，蓬安县在真武街紫苑小区建筑场地举行“锦绣蓬安”暨招商引资洽谈会大型文艺晚会，宋祖英、管彤、刘斌、陈小涛、林依轮、张柏芝、赵薇、郁钧剑、汪正正、郑绪岚等明星到会献艺，观众达3万多人，县公安局顺利完成安全保卫工作。25日，金溪航电工程正式开工，全局民警圆满完成省市领导出席开工剪彩及考察下河街社区安全保卫工作。8月8日19：00分至10：30分，县局民警圆满完成“民营之光”晚会安全保卫工作。13日，县局抽调民警60名前往仪陇县马鞍镇，圆满完成“247”重要警卫任务。2006年12月2日，朱德诞辰120周年，中央、省、市在仪陇马鞍镇隆重举行纪念活动。县公安局成立安全保卫工作领导小组，下设综合协调、县界通道稳控、情报信息、线路保护、机动处突、社会面控制、警务督察等7个保卫工作组，圆满完成朱德诞辰120周年纪念活动安全保卫工作。

【公安法治】 1986年，蓬安县公安局组织公安干警学习《中华人民共和国刑法》《中华人民共和国刑事诉讼法》，采取集中办班、教师讲授、成绩考核和操作示范等保证培训质量。1990年6月，县公安局法制科对1988年以来各部门执行《中华人民共和国刑法》《中华人民共和国刑事诉讼法》情况全面检查，重点对“以罚代法”、降格处罚、超期羁押和乡镇治安室越权执法等问题进行查处。1997年4月，县公安局作出《关于严格执法和加强法律监督的决定》，组织全县干警加强法律法规的学习，加强内部执法监督提高办案质量，督查各中层机构完善各项规章制度，做好听证、行政应诉和赔偿工作，搞好法制宣传和法制调研，着重检查各派出所实施行政强制措施的操作情况，重点解决收容审查中的超范围、超时限问题，建立解决“两超”问题工作制度并纳入部门目标管理。2000年，将超期羁押、刑讯逼供、滥用强制措施等作为检查和整治重点。年终全面清理收费项目，实行“罚缴分离”，规范保证金、罚没款的收缴程序。2001年至2002年，将违法行政、参与非警务活动列入队伍教育整顿活动的重要内容，对留置盘问、取保候审、扣押财物三项治理的执法检查中发现的问题，逐一落实整改措施。各派出所建立警务公开制度，收费项目办案程序上墙，接受群众监督。2003年，县公安局作出验证超期羁押和严格执法程序6条规定，对违反规定的单位和部门出示黄牌警告，问题严重未予整改的取消评选先进和优秀公务员资格，记入绩效考核与奖惩挂钩。法制科民警分别联系派出所和办案单位，对疑难案件监督警力前移、提前介入。各科、所、队开展执法月活动，执法监督工作进一步硬化、量化。县公安局制定关于治安联防队临时用工管理的实施意见，对治安联防队的作用与权限作出限制性规定。1999年9月至2003年9月，三次清退30多名不具备执法主体资格人员。2005年至2006年，县公安局对党员实行“立警为公，执法为民，永葆共产党员先进性”教育，向全县人民承诺“从我做起，向我看齐，对我监督”，增强严格执法、公正执法自觉性。

【队伍建设】 1986年，县公安局组织全局干警学习党的十三大文件精神，提高干警政治和业务素质。1992年7月，制定《关于“三禁止、十不准”的规定》，树立公安人员良好形象。1993年，县公安局率先在全局推行聘任制，聘任掉的中层干部和干警下岗三个月发基本工资，经学习考核后重新安排工作。全局有2个中层干部、5个干警下岗。这一制度在省市作为经验交流推广。1995年1月，蓬安县平头、银汉、河舒、兴旺、利溪获“四川省第一批达标派出所”称号。2003年，县公安局制定《关于进一步加强局领导班子建设的意见》，各中层单位分别与局长、政委签订《思想政治工作目标责任书》，民警与各中层单位负责人签订《队伍建设目标责任书》，每月开展一次党风廉政建设和警示教育，在全局开展为期三个月贯彻执行省厅“八条严禁”要求的队伍集中教育整顿活动。2004年，公安局制定《规范公安刑事、行政执法活动》十一项制度，完善执法工作台账，落实周记月考、政工记事、工作月报、末位惩戒四项制度，开展岗位练兵活动，7月、8月份全局45岁以下的民警进行半个月封闭式强化训练。全年开展执法、计算机和各种业务培训12期，参训民警90%以上。2005年，完善《党委议事规则》，建立健全会议、民主生活、党风监督、廉政建设、日常工作等六个方面制度，坚持季度考评与年终考核结合。2006年，开展“八荣八耻”和社会主义法制理念教育活动，坚持日常督查督办公安部“五条禁令”、公安厅“八条严禁”，市局“一日工作秩序五项规定”要求，全局无一违法违纪现象发生。1986年至2006年，县公安局获国家级奖励4人，获集体二等功5个，有3名公安民警先进事迹被《人民公安报》《人民公安》《四川公安》《四川日报》《南充日报》等十多种报刊通讯报道，获省市表彰的先进单位66个（次），获省市表彰的先进个人73人。

司法行政

1986年，蓬安县司法工作重点抓好普法，加强法制宣传和依法行政。1990年、1995年，蓬安县被省委、省政府表彰为“一五”普法、“二五”普法先进县。2001年，对全县乡镇法律服务所进行整顿完善。2006年，全县进一步加强人民调解工作。启动“五五”普法。

【蓬安县司法局】 1986年，蓬安县司法局内设办公室、法制科、宣传教育科、公证科、调解科。1987年，调解科更名为基层科。1992年，法制办职能划入司法局，设立秘书（含政工职能）、法制宣传教育、基层工作管理、公证律师4个股。2002年1月，指导和管理法律顾问、法律援助等工作划入司法局。县司法局内设秘书、法制宣传教育、公证律师与法律援助工作、基层4个股。2005年，成立相如、锦屏、河舒、罗家、兴旺、巨龙、金溪、徐家司法所，实行县司法局和乡镇人民政府双重管理、以司法局为主的管理体制。2006年，县司法行政系统共有机关工作人员15人，设基层司法所8个，有基层司法助理员15人；律师事务所1个，有执业律师4名；公证处1个，有公证工作人员6名；基层法律服务所9个，基层法律服务工作者49 名；基层法律服务工作者协会1个。蓬安县有乡镇、村（社区）、企业人民调解组织689个，调解人员4300余名；有安置帮教机构39 个，安置帮教人员1800 名。

1986年至2006年，刘治域、何子俊、龙北臻、罗建兴先后任县司法局局长。

【普法】 1986年至2005年，蓬安县开展了第一个五年普法工作到第四个五年普法工作，被省委、省政府先后授予“一五”和“二五”普法先进县。被南充市委、市政府表彰为“四五”普法先进县。2006年9月，蓬安县“五五”普法在南充市率先启动。

“一五”普法 “一五”普法从1986年开始，3月，蓬安县成立普法领导小组，下设普法办公室。4月，县人大第九届四次会议作出《关于加强法制宣传教育普及法律常识的决定》，县委、县政府制定《蓬安县普及法律常识五年规划》，在工人、农民、干部、学生、军人，以及其他劳动者和城镇居民等一切有接受教育能力的公民中，普及《中华人民共和国宪法》《中华人民共和国民族区域自治法》《中华人民共和国兵役法》《中华人民共和国刑法》《中华人民共和国刑事诉讼法》《中华人民共和国民法通则》《中华人民共和国民事诉讼法（试行）》《中华人民共和国婚姻法》《中华人民共和国继承法》《中华人民共和国经济合同法》《中华人民共和国治安管理处罚条例》的基本知识。以干部和青少年为重点，在城区221个单位12727个公民中开展普法教育，占城区应参加普法教育人数的98.7%。1987年6月至7月，分两期举办党政领导干部和宣讲骨干培训班，共培训人员609人。10月和11月，分两期举办蓬安县中小学校领导和政治教师参加的普法培训班。以分片学习或分单位组织学习的办法，在全县16867名非农业人口中开展普法教育，参学率为93.92%。1988年，采取“三集中”的办法，在全县352651人中开展农村普法，参加农村普法学习的有343745人，参学率为97.5%，参加考试的有342018人，参考率为99.6%。1990年7月5日至9日，举办县级机关、企事业单位、区、乡镇领导和行政诉讼应诉人员参加的《中华人民共和国行政诉讼法》培训班。“一五”普法期间，共发放《干部读本》3000册，《工人读本》6000册，编印《九法一条例》40000册，自编、购买讲课辅导材料13000份，印发法制宣传文艺材料600份，参普人员参加考试合格率100%。蓬安县被四川省委、省政府表彰为“一五”普法先进县。

“二五”普法 1991年，蓬安县开始实施“二五”普法，按照“紧扣《中华人民共和国宪法》抓全面，突出‘专业’搞治理，以‘条’划线分步走，整体推进出效益”的工作思路和“抓基础依法治村治乡镇，抓重点依法治校，抓主导依法治企，抓关键依法治局”的整体框架，采取“先农村，后城镇，条块结合，以块为主”的方法实施。10月，在兴旺镇开展社教普法试点，将“二五”普法贯彻于整个社教工作中。1992年7月，中共蓬安县委从各机关单位和乡镇抽派2497名社教工作队员，组建50个社教工作队，分两期在全县50个乡镇38万多名普法对象中，组织学习与农村生产、生活相关的24个法律法规，其间，培训乡、村、社宣教骨干2.6万人，发放《“二五”普法法规选编》《普法辅导讲话》15万册，编印讲稿和以案讲法案例等资料7000份，集中面授3000场次，为外出务工人员邮寄资料4759份，开办干部、妇女、个体户（重专户）、违法人员学法班820期，普及率90%，考试合格率94%。“二五”普法在农村主要普及《中华人民共和国宪法》《中华人民共和国农业法》《农业技术推广法》《农民负担管理条例》《四川省计划生育条例》《中华人民共和国合同法》《中华人民共和国水土保持法》《中华人民共和国税法》等；在学校学生中重点普及《中小学法律常识读本》和《小学生守则》《小学生日常规范》，教职工中重点普及《中华人民共和国义务教育法》《中华人民共和国未成年人保护法》《中华人民共和国教师法》《中华人民共和国教育法》《教师职业道德规范》等；在企业中重点普及《中华人民共和国企业法》《中华人民共和国转换经营机制条例》《中华人民共和国劳动法》《中华人民共和国公司法》《中华人民共和国仲裁法》《中华人民共和国经济合同法》《中华人民共和国产品质量法》《中华人民共和国反不正当竞争法》《中华人民共和国消费者权益保护法》《中华人民共和国工会法》《中华人民共和国人民银行法》《中华人民共和国票据法》《中华人民共和国保险法》等；在行政事业单位中普及《中华人民共和国宪法》和本部门执行的专业法律法规。“二五”普法共有38个乡镇、598个村、21个居委会、4830个合作社、89所学校、103个主要企业、85个党政事业单位45.58万人参加，干部受教育面100%，工人、农(居)民受教育面95%，考试（考核）合格率100%。1996年3月28日，县委、县政府召开“二五”普法总结表彰会，对60个先进集体和160名先进个人颁发荣誉证书和奖金。蓬安县被中共四川省委、省人民政府表彰为“二五”普法先进县。

“三五”普法 1996年9月，中共蓬安县委、蓬安县人民政府作出《蓬安县第三个五年（1996—2000）普法教育规划》，明确“三五”普法的主要任务。10月，县委批转县法制建设领导小组《关于抓好第三个五年普法教育工作十项措施的报告》，即“抓思想认识，落实组织领导；抓好责任制，落实目标管理；抓详规制定，落实内容和时间；抓财力保障，落实普法经费；抓教材征订，落实普法资料；抓法律考试，落实法律知识考核考试制度；抓信息反馈，落实舆论导向；抓调查研究，落实督查督办；抓总结评比，落实逗硬奖惩”。1997年4月，在全县政法工作会议会议上，县委、县政府与县级各部门、各乡镇党委政府签订“三五普法责任书”；5月，县司法局长受县政府委托就蓬安县“三五”普法启动情况向蓬安县第十二届人大常委会第30次常委会议汇报；7月15日至17日，开展蓬安县党政群团机关普法骨干培训班；7月29日至31日，举办企事业单位普法骨干培训班；8月，蓬安县政协组织20余人分农村、政法党政机关、行政执法企业3个组对全县普法工作进行抽样调查。1999年12月，组建蓬安县“三五”普法工作总团和各区、乡镇“三五”普法工作分团队，统筹安排普法工作。“三五”普法中，蓬安县6区46个乡镇、598个行政村、21个居委会、114所学校、55个行政执法单位、93个县级企事业单位的53.65万名普法对象参加法律法规学习，其中副县级以上领导28人、副科级以上领导干部1635人、行政执法人员1215人、司法人员172人、企业经营管理人员315人、行政事业单位职工37590人、农村群众49.66万人、青少年16.9万人、在校学生10万人参与“三五”普法教育。2000年，“三五”普法全面完成。

“四五”普法 2001年9月，蓬安县委、县政府作出《蓬安县第四个五年（2001—2005）普法教育规划》，县第十三届人大常委会第二十五次会议作出《关于进一步开展法制宣传教育的决议》。11月，县委、县政府召开有四大机构领导和各督导办主任或分管政法的副主任、各乡镇分管政法的副书记、人大主席、县级各部门负责人及专职司法助理员参加的“四五”普法动员会，“四五”普法全面启动。“四五”普法的重点对象是：各级领导干部、司法人员、行政执法人员、青少年和企业管理人员。2002年6月，蓬安县举办第一期“四五”普法教师培训班，蓬安县人大和蓬安县法建办联合举办《宪法》培训班；蓬安县农工办和农业局联合举办《中华人民共和国农业法》和《中华人民共和国农业技术推广法》培训班；蓬安县公安局举办《治安管理处罚条例》培训班；蓬安县民政局举办《土地管理法》培训班；蓬安县计生局举办《人口与计划生育法》培训班，共培训人员328名。8月，举行全县副科级以上领导干部法制讲座，西南财经大学教授作《入世与法治》讲座，7月和12月，分别开展两次农村集中学法活动，重点学习《中华人民共和国宪法》《中华人民共和国农业法》《中华人民共和国农业技术推广法》《中华人民共和国人口计划生育法》《中华人民共和国国土资源法》《中华人民共和国村民委员会组织法》《治安管理处罚条例》等内容。2003年11月，邀请西南政法大学教授作《如何正确利用司法手段维护合法权益》专题法制讲座，县委、人大、政府、政协四大班子，各区委书记、督导办主任、乡镇党委书记、乡镇长、人大主席、县级机关各部门及企事业单位负责人共300余人聆听讲座。2004年7月，全县800余副科级领导干部参加《行政许可法》培训；9月17日，举办首期民营企业法制培训班，培训50余人。“四五”普法实施中，由28个行政执法机关部门组成“蓬安县普法宣传教育讲师团”，组建一支由3500余名机关、乡镇宣传骨干组成的普法依法治理宣传员队伍，特邀法制副校长 87名，订发普法书籍15万余册。2001年至2005年，全县累计40多万人次接受“四五”普法教育，占应普对象总数的92%，领导干部和国家公务员（机关工作人员）普及率为100%，青少年学生普及率为100%，企事业经营管理人员普及率为90%，农（居）民普及率为90%，外来民工普及率为70%。蓬安县被中共南充市委、市人民政府表彰为“四五”普法先进县。

“五五”普法　2006年8月，县十四届人大常委会第二十四次会议作出《关于大力推进法制宣传教育和依法治县工作的决议》，9月，县委作出《蓬安县第五个五年（2006—2010）普法依法治理规划》。“五五”普法的对象是一切有接受教育能力的公民。9月，县委、县政府在相如会堂召开全县“五五”普法动员会。蓬安县“五五”普法在南充市率先启动。

【人民调解】　1986年，全县有人民调解组织390个，其中乡镇调解委员会50个，村（居）调解委员会330个，厂矿企业调解委员会10个，有人民调解员10002人。1987年，对全县乡、村级调解组织开展整顿。1991年11月，南充地区防激化矛盾工作会议在蓬安县召开。1995年4月至6月，在全县春耕大忙期间，民间纠纷专项治理活动，主要排查农村争水、争农具、争田边地角等“三争”纠纷为主，调处各类纠纷151件。2003年4月，县委办公室、县政府办公室转发《蓬安县人民法院 蓬安县司法局关于进一步加强新时期人民调解工作的意见》，规范人民调解工作。2005年，相如办藤茨沟村调委会主任姚晓初被司法部表彰为全国模范人民调解员。2006年，春耕大忙期间调处各类纠纷726件，预防纠纷激化20件。全县人民调解组织共调处各类纠纷5880件，其中调处婚姻纠纷2360件、继承纠纷320件、赡养扶助纠纷107件、家庭纠纷107件、房屋宅基地纠纷330件、债务纠纷101件、生产经营性纠纷117件、邻里纠纷1640件、赔偿纠纷611件、其他纠纷187件。1986年至2006年，全县人民调解组织共调处各类纠纷127357件，其中调处婚姻纠纷25215件、继承纠纷14312件、赡养扶助纠纷9878件、家庭纠纷8968件、房屋宅基地纠纷13992件、债务纠纷7042件、生产经营性纠纷17370件、邻里纠纷18593件、赔偿纠纷5493件、其他纠纷6494件。全县有36个人民调解组织、58名个人受到各级党委政府或司法行政机关的表彰。

蓬安县调解各类民间纠纷统计表

(1986~2006)

单位：件

年度	调解纠纷总数	婚姻	继承	赡扶抚养	家庭	房屋宅基地	债务	生产经营	邻里	赔偿	其他
1986	7472	1026	503	565	1211	890	—	1266	1083	482	446
1987	7307	953	538	482	795	743	236	1383	1297	507	373
1988	7155	912	519	590	982	655	241	1306	801	469	680
1989	6313	748	332	245	1484	691	236	876	537	516	648
1990	6935	1032	512	921	955	725	107	763	1041	343	536
1991	6699	1102	721	634	149	988	367	1256	1136	177	169
1992	6633	1124	793	657	131	973	281	951	1213	363	147
1993	5718	1034	670	1210	76	820	760	1040	46	30	32
1994	5647	1560	920	460	131	720	488	720	571	27	50
1995	5512	1136	594	223	126	599	1232	752	92	76	682
1996	5325	1205	722	615	96	650	322	513	824	171	207
1997	5301	530	605	609	575	667	282	693	734	242	364
1998	5915	1257	455	477	323	624	390	1136	711	231	311
1999	5121	1241	486	496	105	470	230	922	600	371	200
2000	5101	1142	466	476	173	587	209	726	589	264	469
2001	7600	1710	1200	190	330	390	510	780	1800	430	260
2002	6090	1650	1040	260	104	530	260	590	1620	—	36
2003	5900	1320	1260	210	470	530	190	360	988	100	472
2004	5250	1210	1030	90	620	770	90	260	1010	30	140
2005	4483	963	626	361	25	640	510	960	260	53	85
2006	5880	2360	320	107	107	330	101	117	1640	611	187
合计	127357	25215	14312	9878	8968	13992	7042	17370	18593	5493	6494

蓬安县人民调解工作统计表

(1986~2006)

年度	组织发展情况						纠纷调解情况		
	司法助理员		厂矿企业专职调解人员（人）	调解机构（个）	调解人员	培训调解人员	调解纠纷数	防止纠纷激化数（件）	避免非正常死亡人数
	专职	兼职							
1986	8	—	182	390	9820	1610	7472	42	11
1987	8	—	182	460	9790	1720	7307	9	86
1988	8	—	196	530	9960	1850	7155	7	53
1989	8	—	196	620	9730	—	6313	34	14
1900	8	—	261	655	9890	2820	6935	26	56
1991	8	—	260	664	4437	—	6699	11	5
1992	8	—	260	664	4750	—	6633	14	11
1993	8	—	266	664	4690	2710	5718	13	12
1994	8	—	277	665	5430	5237	5647	42	13

续表

类别 统计数 年度	组织发展情况						纠纷调解情况		
	司法助理员		厂矿企业专职调解人员（人）	调解机构（个）	调解人员	培训调解人员	调解纠纷数	防止纠纷激化数（件）	避免非正常死亡人数
	专职	兼职							
1995	8	—	284	692	5260	4270	5512	40	15
1996	13	—	297	762	5100	5009	5325	36	14
1997	16	—	306	751	5770	5360	5301	2	1
1998	15	—	325	733	5040	3049	5915	34	11
1999	12	—	311	717	4860	4832	5121	3	—
2000	15	—	309	704	4850	4850	5101	4	16
2001	15	—	277	695	4920	4920	7600	36	15
2002	15	—	209	689	4700	4700	6090	48	14
2003	15	—	211	689	4730	4730	5900	53	18
2004	15	—	233	689	4590	4590	5250	55	16
2005	15	—	225	689	4380	4380	4483	29	17
2006	16	31	117	689	4300	4300	5880	56	19

【刑释解教人员安置帮教】 1986年，蓬安县开展刑释解教人员安置帮教工作，对全县刑释解教人员登记建卡，建立帮教组织，制定帮教计划，落实帮教责任。1999年11月，县委制定《关于加强刑释解教人员安置帮教工作的意见》，开展以“包教育、包管理、包转化”为主要内容的帮教活动，对农村籍刑释解教人员妥善解决责任田；对原单位的刑释解教人员，原单位尽力做好安置工作；对城镇无业人员，引导其自谋职业，在政策上给予扶持；对无依无靠，无生活来源的老弱病残者，纳入社会福利对象给予解决。蓬安县成立刑释解教人员安置帮教工作领导小组，领导小组办公室设在县司法局。2000年，表彰奖励安置帮教工作中有突出贡献的集体和个人。组织开展对刑释解教人员法制教育和劳动技能培训，创办过渡性安置实体，协调各有关部门共同开展安置帮教工作。2001年7月，召开全县“两劳”刑满释放人员排查清理工作会，布置开展1998年1月至2001年6月以来的刑满释放和解除劳教人员排查清理工作。2003年，加强刑满释放和解除劳教人员帮教机构建设，有刑满释放和解除劳解人员的乡镇、村（社区）都建立了安置帮教机构。2005年1月，县司法局、劳动和社会保障局在县就业培训中心、五星技术学校、薛州电脑学校设立刑释解教人员安置帮教基地，对刑满释放、解除劳教无生活出路的人员培训劳动技能并协助安置就业；在四川马回电力股份有限公司、蓬安县嘉宝汽车有限公司成立蓬安县刑释解教人员过渡性安置帮教企业，对刑满释放和解除劳教无生活出路的人员进行过渡性安置。县司法局被四川省综治委表彰为全省刑满释放、解除劳教人员安置帮教工作先进集体。2006年12月，全县建立安置帮教机构39个，帮教小组590个，帮教工作人员1800余人。1998年至2006年12月，共接收“两劳”刑释解教人员1413人，其中有刑满释放人员1130人、解除劳教人员283人。原单位接收111人，从事个体经营140人，落实责任田452人，外出打工457人，落实最低生活保障金77人，开展法制教育1277人次，安置率87.5%，帮教率90%。

【司法鉴定】 2002年10月，蓬安县对司法鉴定机构和鉴定人员开展清理，县司法局在蓬安广场举行法律咨询及现场送书活动，宣传《四川省司法鉴定管理条例》。2003年，通过四川省司法鉴定人资格考试，蓬安县有2人取得司法鉴定人资格。2004年至2006年，蓬安县主要进行司法鉴定宣传工作。

【公证】 1986年，蓬安县办理各类公证182件，其中经济合同109件、收养11件、产权30件、房屋买卖9件、房屋租赁1件、遗嘱1件、析产1件、证明2件、执行许可证明1件、协议书7件、影件相符3件、其他7件。1993年，开始办理涉台公证业务，是年办理公证业务4147件，其中民事公证1742件、经济公证2405件。2001年，办理公证业务4568件，其中民事公证4453件、经济公证115件。2002年1月，南充市司法局授予蓬安县公证处为市级文明公证处。2005年6月，四川省司法厅确定蓬安县公证处为涉外公证处，是年办理涉外公证16件。2006年，蓬安县公证处办理法律、行政法规规定应当公证的事项。

1986年至2006年，县公证处共办理各类公证53571件，其中国内民事公证38208件、国内经济公证15278件、涉港澳台公证69件、涉外公证16件。

蓬安县公证处公证工作统计表

（1986~2006）

单位：件

统计数 / 项目 / 年度	办理公证总数	国内公证分类		涉外公证	涉台公证
		民事	经济		
1986	182	73	109	—	—
1987	1096	200	896	—	—
1988	906	31	875	—	—
1989	679	48	631	—	—
1990	1757	55	1702	—	—
1991	7377	6971	406	—	—
1992	2785	2657	128	—	—
1993	4147	1742	2405	—	—
1994	4498	1325	3173	—	—
1995	2043	143	1887	—	13
1996	1746	1724	22	—	—
1997	2136	2107	18	—	11
1998	1580	1539	41	—	—
1999	5064	5013	51	—	—
2000	1587	1530	57	—	—
2001	4568	4453	115	—	—
2002	2300	2165	135	—	—
2003	3072	2003	1069	—	—
2004	1279	1033	246	—	—
2005	2333	1748	569	16	—
2006	2436	1648	743	—	45
合计	53571	38208	15278	16	69

【法律服务】 1986年，县司法局在全县推动法律服务所建设。1999年，县司法局开通法律服务专用电话。2002年，蓬安县开始组织参加全国司法考试。2006年，加强全县法律援助工作。

基层法律服务　1986年9月，县司法局召集局中层以上干部和各区司法助理员在河舒区召开法律服务所工作现场观摩会，采取看、听、议、定方式推动全县法律服务所（站）工作。10月，先后建立蓬安县骑龙法律服务站、蓬安县金溪法律服务所、蓬安县罗家法律服务所、蓬安县兴旺法律服务所、蓬安县徐家法律服务所。法律服务所在当地党政的统一领导下，受县、市司法局组织领导和业务监督，县市法律顾问处、公证处及司法局对其业务范围内的工作进行指导，提供法律服务。1993年，成立蓬安县法律服务中心。1996年12月，蓬安县法律服务中心更名为蓬安县法律事务中心。1999年1月，蓬安县周口法律服务所、河舒法律服务所、徐家法律服务所和锦屏法律服务所首批被四川省司法厅命名为省级文明法律服务所。12月，蓬安县全县46个乡镇建立基层

法律服务所38个，有从事基层法律服务工作者118人。2001年，开始对基层法律服务所进行整顿，12月，蓬安县共建立 34个法律服务所，共有法律服务工作者96人。2002年，法律服务所缩减为21个，2003年，缩减为15个，是年4月，召开公检法司进一步规范法律服务市场联系会；6月，县人大代表、政协委员视察新河、福德、 济渡、兴旺、河舒、周口法律服务所。2004年2月，举行法律服务工作者注册前综合考试。年底，有执业基层法律服务工作者56人。2005年，蓬安县司法局进一步加强法律服务所规范化建设，将法律服务所进行归并，法律服务所缩减为8个，司法所与法律服务所进行彻底分离，各法律服务所都办理了组织机构代码证、收费许可证、税务登记证等，为独立的法人，专职从事《四川省基层法律服务条例》规定的基层法律服务业务。2006年7月，成立蓬安县助民法律服务所。12月止，蓬安县共设立周口、弘正、助民、河舒、兴旺、罗家、金溪、徐家、巨龙9个法律服务所，共有法律服务工作者49人。

1986年至2006年，全县基层法律服务所共担任法律顾问 9341家，代理诉讼事务10166件，代理非诉讼事务10091 件，调解纠纷7181件，协办公证15552件，见证4060件，代写法律事务文书4974件，解答法律咨询50755人次，办理法律援助217件。

蓬安县基层法律服务所业务办理统计表

（1986~2006）

年度 \ 统计数 \ 项目	担任法律顾问数	代理诉讼事务	代理非诉讼事务	调解纠纷	协办公证	见证	解答法律咨询	代写法律事务文书	办理法律援助
1986	—	15	—	367	90	—	1038	109	—
1987	79	53	322	324	146	120	250	154	—
1988	37	40	83	160	137	132	256	95	—
1989	191	193	350	136	185	164	330	348	—
1990	93	163	342	257	1538	168	3425	198	—
1991	126	297	313	530	6718	75	1787	197	—
1992	146	154	262	286	1565	43	2241	87	—
1993	137	136	157	185	175	138	1712	215	—
1994	217	191	182	129	2012	114	1129	460	—
1995	453	314	345	942	245	175	1781	370	—
1996	417	465	584	532	62	163	8316	546	—
1997	437	217	261	265	125	112	1253	321	3
1998	478	178	262	89	113	98	1780	432	—
1999	438	306	21	243	47	57	434	297	6
2000	414	210	155	170	43	43	4791	397	21
2001	618	302	274	189	37	47	4575	62	11
2002	1160	1320	1200	450	466	346	3498	33	21
2003	1200	1495	1216	466	472	437	3264	106	32
2004	805	1166	962	383	376	494	2695	225	23
2005	945	1309	1396	522	498	564	3600	192	54
2006	950	1642	1404	556	502	570	2600	130	46
合计	9341	10166	10091	7181	15552	4060	50755	4974	217

“12348”法律服务专用电话　1999年9月，县司法局开通“1600148”法律服务专用电话，设专职值班员2人、兼职10人，面向群众和社会组织提供法律咨询和其他法律服务。2002年8月，“1600148”电话改为全国统一号码“12348”。1999年至2006年，“12348”法律服务电话蓬安共

提供法律咨询348人次。

司法考试　国家司法考试于2002年首次举行，蓬安县司法局主要负责县内参加国家司法考试的报名工作，是年全县共6人报名参加考试。2003年开始，国家司法考试蓬安县的报名工作收归南充市司法行政部门负责，蓬安县司法行政部门主要负责国家司法考试的宣传。

律师　1986年，蓬安县法律顾问处接受公民、法人和其他组织的聘请，担任法律顾问、代理人、辩护人，提供法律服务等工作。1994年，顾问处更名为蓬安县律师事务所。1997年，更名为匀天律师事务所。2001年，匀天律师事务所改制为合伙律师事务所，属社会中介机构，更名为四川南充匀天律师事务所。2005年，更名为四川匀天律师事务所。1986年至2006年，蓬安县律师开展的主要工作有：担任刑事辩护849件，代理各类诉讼案件2050件，担任法律顾问832家，其中1986年担任10家，1998年担任164家，2006年担任19家，代写法律事务文书799件，解答法律咨询7784人次。

律师业务工作统计表

（1986~2006）

项目 统计数 年度	担任法律顾问数	刑事诉讼辩护	民事案件代理	经济案件诉讼代理	行政案件诉讼代理	非诉讼法律事务	解答法律咨询	代写法律事务文书
1986	10	18	21	9	4	6	450	123
1987	19	16	19	27	—	108	332	36
1988	27	24	45	21	—	43	350	53
1989	28	45	76	—	—	—	400	39
1990	22	64	73	—	—	—	1000	16
1991	19	56	54	—	1	20	300	15
1992	15	64	55	16	5	4	128	16
1993	33	28	135	34	7	47	500	32
1994	17	24	116	32	3	54	309	15
1995	43	36	219	25	1	68	560	43
1996	50	68	176	45	—	66	460	57
1997	128	82	85	53	3	39	470	42
1998	164	112	45	40	1	30	187	76
1999	59	75	16	5	—	12	138	43
2000	42	23	33	29	3	46	460	32
2001	28	26	34	26	5	19	430	36
2002	18	25	56	13	—	12	310	23
2003	36	13	107	18	—	7	230	17
2004	36	16	73	16	—	10	210	18
2005	19	16	84	6	—	6	360	32
2006	19	18	72	8	—	6	200	35
合计	832	849	1594	423	33	603	7784	799

【法律援助】　1997年9月，成立蓬安县法律援助中心，法律援助的对象为：刑事被告人是盲、聋、哑、未成年人、可能被判处死刑而没有委托辩护人的；刑事被告人符合县政府规定的经济困难标准，人民法院认为需要指定律师为其辩护的；刑事被告人确无经济来源，其家庭经济状况无法查明的；刑事被告人确无经济来源，其家属经多次劝说仍不愿为其承担律师费用的；共同犯罪案件中，其他被告人已委托辩护人，而该被告没有委托辩护人的；外国籍被告人没有委托辩护人的；案件有重大影响的；人民法院认为起诉意见和移送的案件证据材料有问题，有可能影响法院

正确定罪量刑的。2002年1月，增加管理和指导法律援助工作职能。2004年4月6日，蓬安县司法局与蓬安县残疾人联合会依托周口、弘正、助民、河舒、兴旺、罗家、金溪、徐家、巨龙法律服务所和匀天律师事务所建立残疾人法律援助维权站。2006年，法律援助中心开展法律援助案件78件，其中刑事案件21件、民事案件57件，解答法律咨询2300人次。1997年至2006年，蓬安县法律援助中心共办理法律援助案件347件，其中刑事案件110件、民事法律援助案件170件、非诉讼援助案件67件，解答法律咨询6390人次。

县法律援助中心办理援助案件情况统计表

(1997~2006)

类别 件数 年度	刑事案件	民事案件	非诉讼案件	解答法律咨询
1997	—	3	—	—
1998	12	—	—	—
1999	11	6	—	—
2000	4	21	—	—
2001	15	—	—	—
2002	12	17	5	510
2003	7	21	17	630
2004	13	22	13	1100
2005	15	23	17	1850
2006	21	57	15	2300
合计	110	170	67	6390

财政　税务

1986年，蓬安县财政实施“财政大包干、对区乡采取分灶吃饭”的改革措施。财政局负责全县农业税和农业特产税征收，其余税收由税务局负责。1987年后，仍实行“收支分级包干、超收分成、结余留用”的财政体制。1994年，县本级财政收入6644万元，上级补助4054.1万元，合计收入10698.1万元；农业税、农业特产税交地税局征收。1995年，继续实行“定收定支、收支递增、比例包干、超支全留、短收倒挂、超支自补、节约留用”的财政管理体制，国税完成4365万元，地税收入3010万元。1996年至1999年，县委、县政府提出紧缩银根、保工资、压缩非生产性建设开支，历年积累的财政赤字有所减少。2000年至2001年，工商企业全面推行体制改革，农业灾害欠减免退库，财政明显短收，两年均现赤字。2000年，国税入库5498万元，地税入库4833.8万元。2004年，农业特产税、屠宰税取消，农业税收锐减，本级财政收入减少，上级补助收入增多。2006年，国税收5281万元，地税收入6282.5万元。1986年至2006年，全县共完成财政收入29.60亿元，其中本级财政收入11.30亿元、占38%，上级补助收入18.46亿元、占62%，财政总支出为30.39亿元，累计赤字7989.4万元。

财　政

1986年，财政收支基本持平。1990年至1992年，实行“划分收支、收支包干、超收分成、结余留用、一定三年”的财政管理体制。蓬安是一个典型的二类农业县，财政收入基本维持本级收入为主，上级补助为辅状况，年年出现财政赤字。1995年后，国家税收和地方税收分开，上级补助逐年增多，县上广辟财源，继续实行包干的财政体制，财政赤字有所减少。2005年，农业各税停征，地方财政明显减收，上级补助收入大于本级财政收入。2006年，财政总收入51643万元，其中上级补助占82.4%，本级财政支出7.41亿元，出现财政赤字2.24亿元。

【蓬安县财政局】 1986年，财政局内设人事秘书、预算、企业财会、农业财务、行政事业财务等5个股室。1987年，增设综合计划股。1988年7月，设置会计事务管理股。10月，增设农业税收管理股。1990年10月，设监察股。1993年4月，成立蓬安县财政专用票据管理所。8月，成立蓬安县财政局监察室。1994年11月，撤销农税股，新增税政股。1995年2月，财政局成立教育经费管理股，6月，成立基建股，8月，成立社保股，10月，教育经费管理股并入行财股。2001年，调整局内机构，设人秘、综合、财税法规制度、预算、国库、经济建设、社会保障、农业、会计、投资管理、行财、企业金融外事外债、统计评价等13个股和县农业综合开发办公室、纪检监察室。2006年，所设股室未变更。

1986年至2006年，段康明、沈维哲、雍景友、刘建忠、王培荣、王润生、刘学列先后任县财政局局长。

【财政收入】 1986年，全县实现财政总收入1875.3万元，本级财政收入1778.9万元，其中税收1443.8万元，上级补助收入696.3万元。1987年后，全县电力和企业快速发展、私营经济逐渐壮大。1999年，本级财政收入实现6100万元，是1986年的3.4倍，13年间，县本级财政收入增长速度达到5%。至2005年，屠宰税、农林特产税、农业税先后取消，但工商各税有所增加，县本级财政收入逐年上升。2006年达到9055万元，是1999年的1.5倍。1986年至2006年，全县财政总收入达到29.76亿元，其中本级财政收入11.30亿元，占38%，上级补助收入18.46亿元，占62%。在本级财政收入中，工商各税收入58567万元，占51.83%，农业四税收入18118万元，占16.03%。

非税收入　1986至2001年，蓬安财政预算外收入总计18767.3万元。1986年，收入42.8万元。2001年，收入7277万元，是1986年的170倍。1998年至2006年，县财政行政事业费收入1033.96万元，基金、附加收入1426.9万元，主管部门集中收入104万元，系统自筹统筹3895.7万元，其他收入1959万元。2002年，根据财政部《关于加强政府非税收入管理的通知》精神，将预算外资金纳入非税收入管理。非税收入的范围在原预算外资金基础上有所扩大。按其来源划分为：行政事业性收费、政府性基金、罚没收入、国有资源使（占）用费收入、国有资产收益和其他非税收入。其他非税收入包括以政府名义取得的捐赠收入、存款利息收入、利用国有资产举办的学校、幼儿园收费等；其他应纳入“收支两条线”管理的财政非税收入。是年，预算外收入项目改为非税收入后，至2006年，全县财政非税收入计9112万元，其中2002年为2697万元，2006年为2128万元，比2002年减少569万元。

行政事业性收费　1986年至1996年，包括烟草、国土资源、建设、文化、法院、公安、司法、卫生、民政、农业、劳动保障、人口和计划生育、林业、人事、财政等部门15项行政性收费。1997年前行政性收费纳入其他收入，与罚没收入合为一类。1997年，开始单设一类。1997年至2006年，行政事业性收费收入共计5264万元。

国有资产经营收益　国有资产经营收益是指国有企业上缴的税后利润，是县财政收入的主要来源之一。1986年至1995年，共收入1008.8 万元。1996年，税制改革时费改税，将国有企业经营收益改为企业所得税征收。

罚没收入　源于公安局、交警队、交管所、财政局、审计局、物价局、监察局、检察院、法院、卫生执法大队、卫生局、烟草、林业局、稽征所、畜牧局、国土局、农业局、交通局、安监局、文体局等20个有法律、行政法规授权执行处罚的单位依法取得的罚没款和没收物品的折价收入。1996年前，这些部门罚款与行政事业性收费合为一类，1997年，单设为罚没收入。1986年至2006年，全县罚没收入共计7736.2万元。

专项收入　包括排污费、水资源费、城市教育附加、新增粮食调拨经营收入、矿产资源补偿收入。1986年至1989年，仅有排污费一项。1990年，开征城市教育费附加。1986年至2006年，全县专项收入共计1829.9万元。

基金　附加费收入　附加收入主要包括农村教育费附加、地方教育费附加、地方财政税费附加。

1986年，无基金收入，开始征收教育费附加。征收率：以乡为单位，以上年农业年报为依据，按农业人口人均纯收入1%左右比例计征，人均纯收入在120元以下的免征；从事农村工业、商业、建筑、运输和其他服务业经营的农户和联户按销售金额0.5%比例计征，不再按农业人口重复征收；乡（镇）从事工业、商业、建筑、运输和其他产业经营的非农业个体户，按营业或销售金额0.5%的比例计征；乡镇村、组企业，按利润总额的10%在税前提取的补助社会性开支费用中以30%左右的比例计征，由乡镇农经站征收后划拨给农村教育使用。1989年，国务院颁发《国家预算调节基金征集办法》，对凡有预算外收入的国营企事业单位、机关团体、部队和地方政府，集体所有制企业和私营企业及个体工商户缴纳所得税后利润，按年收入10%计征国家预算调节资金，基金50%留县财政，但蓬安未开征。全国1992年停征。1993年6月，农村教育费附加征收由县财政局农税科承担。1996年至1997年，社会保障基金，包括企业养老保险基金、工伤保险基金、机关事业单位养老保险基金、农村社会养老保险基金、医疗保险基金、失业保险基金、解困及再就业资金、低保资金等9项纳入财政预算外收入管理；1998年至2006年，纳入财政预算内收入管理。2005年起加收农网还贷基金，移民后期扶持基金。国家停征农业税、农村教育费附加。1986年至2006年，基金收入共计2232.3万元。

2004年1月1日起，由地方税务局征收教育费附加。征收对象为：凡缴纳增值税、营业税、消费税的单位和个人。按照单位和个人缴纳的增值税、营业税、消费税的税额的1%比例计征。是年征收28万元，2005年33.3万元，2006年47.7万元。

地方财政税费附加收入包括农牧业税费附加收入、城镇公用事业附加收入、其他附加收入。1986年至2006年，基金、附加收入为24017.4万元。

蓬安县财政收入统计表

（1986~2006）

单位：万元

年度	本级财政收入	其中									调拨收入（上级补助）	总收入
		工商各税	农业四税	行政性收入	罚没收入	国有企业承包利润	国有资产收益	社保保障基金	专项收入	其他收入		
1986	1779	1384.2	261.5	—	5	47.9	—	—	7.8	72.6	696.3	1875.3
1987	2181	1312	282	—	—	151.8	—	—	6.5	428.7	600	2781
1988	2849	2299.6	290	—	—	190	—	—	6	63.4	481.3	3330.3
1989	3450	2718.3	466.8	—	51.2	80.2	—	—	6.5	127	708.6	4158.6
1990	3428	2369.6	405.1	—	40.6	87.4	—	—	62.5	462.8	1108.7	4536.7
1991	3574	2714.4	427.9	—	62.7	141.4	—	229.3	102.5	−104.2	1113.5	4687.5
1992	3955	3267.3	498.7	—	66.9	210	—	242.7	48.4	−379	1759.8	5714.8
1993	5186	4152.8	547.2	—	83.9	97.5	—	368.8	51.9	−116.1	1559.7	6745.7
1994	6644	1527.3	541	—	45	1.3	—	479	76.7	3973.7	4054.1	10698.1
1995	4916	2230.8	489.9	—	380.9	1.3	—	563.5	76.1	1173.5	3847.3	8763.3
1996	4857	1757	1030	—	200	—	—	—	85	1785	1299	6156
1997	4945	2667	1036	66	314	—	—	—	—	862	5006	9951
1998	5746	3045.2	1448	132	634	—	242	—	109	135.8	4680	10426
1999	6100	3434	1417	109	605	—	200	—	123	212	5829	11929
2000	6303	2825	1368	193	630	—	312	—	132	843	7487	13790
2001	6436	3152	1212	167	550	—	412	—	141	802	11286	17782
2002	6550	2885	2078	334	552	—	202	—	184	315	15803	22353
2003	7552	3414.5	2382	571	868	—	—	—	97	219.5	17949	25501
2004	8768	3153	1296	777	733	—	—	—	136	2673	24529	33297
2005	8692	3550	259	1099	910	—	—	—	94	2780	32210	40902
2006	9055	4708	382	1816	1004	—	—	—	284	861	42588	51643
合计	112966	58567	18118.1	5264	7736.2	1008.8	1368	1883.3	1829.9	17190.7	184595.3	295961.3

【财政支出】 1986年，蓬安财政总支出为2382.4万元。之后，每年大幅增长，到“七五”计划末的1990年财政总支出为3876万元，是1986年的1.63倍；“八五”计划末的1995年财政总支出为8743.2万元，是1990年的2.26倍；“九五”计划末的2000年，财政总支出达13670万元，是1995年的1.56倍；“十五”计划末的2005年，财政总支出达36965万元，是2000年的2.7倍；“十一五”计划初的2006年财政总支出达74191万元，分别是“七五”、“八五”、“九五”、“十五”计划末的19.13倍、8.50倍、5.40倍、2.10倍，是1986年的31.14倍。

1986年至2006年，财政总支出为303950.7万元。其中：本级财政总支出为293254万元，占21年财政总支出的96.48%，上解支出10696.7万元，占3.52%。本级财政支出中，生产性支出为23257.6万元，占7.93%；各项事业行政支出为206656.8万元，占70.47%；其他各项事业行政支出为43563.8万元，占14.86%；专项及其他支出为19775.8万元，占6.74%。

蓬安县一般预算支出情况表

（1986~2006）

单位：万元

项目/数额/年度	支出合计	本级支出	其中				上解支出
			生产性支出	各项事业行政支出	其他各项事业费支出	专项及其他支出	
1986	2382.4	1969.9	131.7	1583.6	137.8	116.8	412.5
1987	2837.8	2437.8	189.5	1776.1	187.2	285	400
1988	3179.6	2751.9	356.8	2019.8	165.3	210	427.7
1989	3576.9	3154.7	236.6	2285.2	203.4	429.5	422.2
1990	3876	3324.8	409.2	2602.2	142.7	170.7	551.2
1991	4416.8	3757.9	384.1	2728.1	474.2	171.5	658.9
1992	5516.6	5127.9	349.3	3714.5	467.9	596.2	388.7
1993	6835.8	6222.2	812	4058.5	685.1	666.6	613.6
1994	7347.6	6731.3	719	4426.7	797.2	788.4	616.3
1995	8743.2	8020.6	623.4	5615.1	1077	705.1	722.6
1996	9217	8517	551	5813	1120	1033	700
1997	10100	9407	698	6349	1666	694	693
1998	9771	9010	664	6292	1319	735	761
1999	11436	10532	823	7845	1183	681	904
2000	13670	13333	761	9693	1846	1033	337
2001	16198	15805	1008	11874	2245	678	393
2002	20049	19548	928	15432	2129	1059	501
2003	25262	24648	1360	16797	4830	1661	614
2004	28469	28253	1799	19891	4865	1698	216
2005	36965	36783	3561	23680	6411	3131	182
2006	74191	73919	6893	52181	11612	3233	182
总计	303950.7	293254	23257.6	206656.8	43563.8	19775.8	10696.7

【财政信用】 财政信用包含国库券、财政周转金、专户融通三部分。

国库券 1986年，蓬安国库券发行和还本付息由中国人民银行蓬安县支行组织管理。具体由蓬安县工商行、农业银行、农村信用社办理。南充地区分配给蓬安国库券推销任务90万元，1月1日起开始认购发行，单位6月底交款结束，个人9月底交款结束；7月1日起计息，单位认购的年利率为6%，个人认购的年利率为10%，偿还期5年，到期一次还本付息，不计复利。8月底前超额完成推销任务，实售国库券96.9万元。1987年，在节减财政支出、财政拨款欠进度的情况下，地区分配给蓬安国库券推销任务为96.29万元，县国库券推销委员会分配给单位认购数为11.7万元，个人认购数为25.2035万元，农民认购数为59.39万元；8月份，国库券交款入库达102万元，名列地区前茅。1991年7月，成立蓬安县国债服务部，属财政局管理的事业单位。1998年开始，国库券发行工作直接由银行部门办理，财政部门停止承担国库券发行工作。

支农周转金　1986年，县财政局计发支农周转金125万元，用以扶持蓬安丝厂、蓬安酒厂、蓬安果品厂，重点扶持蓬安烟厂技改工程。支持二轻工业企业、棉纺织厂、利溪丝厂、麻纺厂等丝绸棉织拳头产品，发展农工商综合经营企业，支持农业抗灾。1987年，县委、县政府成立扶持资金管理小组。5月，印发《蓬安县财政扶持资金使用管理暂行规定》。1993年，蓬安县1993年度支农周转金全面评比获南充市财政局一等奖。1997年，全市支农周转金决算再获南充市财政局一等奖。1998年，支农周转金只收不贷。因企业改制而关、停、破产，一部分周转金转作企业重组后股金，大部分周转金在企业破产清算时，被市县各银行有效抵押优先处置，然后按受理程序处理，解决补发职工工资和退休养老保险，用于破产清算费用，无法收回，省市又从蓬安预算拨款中直接扣收，给蓬安财政带来很大困难，县财政只好向省市申请豁免。

财政工交企业周转金　1988年，蓬安县财政局开始发放工交企业周转金。1993年，全县在上级争取的周转金主要用于部分网点设施改善、陈旧设备更新、支持地方经济发展。有的企业不还周转本金、不付息、也不写延期报告，县财政局发出《关于催收省地到期周转金的通知》规定：凡属省、市、县财政到期周转金的均按月息10%计收占用费，同时按应收利息10%加收罚金；未到期周转金仍按原合同执行。凡讲信用、按期还款的单位，按还款金额的2%给奖；凡提前还款者，按还款金额的5%给奖；凡各企业上次周转金未完全偿还者，一律不得申请、转报、审批新的周转金。1994年后，企业逐步推向市场，亏损严重，无力偿还周转金及利息。一些企业濒临关停与破产，其资金按改制企业办法处置。

财政文教事业周转金　1986年，为扶持全县各地学校的勤工俭学项目，县财政在当年的教育事业费中，年初预借5万元至10万元作周转金使用，当年收还。1989年，蓬安县财政局开始发放该项周转金，1998年，该项周转金只收不贷。

专户融通　1986年，全县未搞专户融通。1990年，县财政局开始发放专户融通资金。全年集中预算外专储资金，及时解决20多户工商企业生产经营暂时困难。融通资金有偿使用，相应增加财政预算外收入，为增加本县生产建设资金开辟新路。至1991年年底，融通资金累计发放377万元，用于国营工业、商业企业、二轻工业企业等35个企业发展生产和扩大购销，提高经济效益。

【财政平衡】　1986年以来，蓬安县委、县政府努力培植财源，加强征收管理，积极向上争取资金项目扶持，促使全县财政平衡。至1994年，新调入和转入的大、中专学生、转业干部增加，财政供给人员逐年增多；调整工资和工龄、教龄津贴、提高班主任津贴、新增煤贴、主副食补贴，加大农业、教育投入等政策性支出增多。2000年后，企业经济效益差，农业灾欠减免退库，财政明显短收。2000年后，国有工商企业全面进入产权制度改革，企业经济效益差；农业灾歉减免退库，财政明显短收。2001年，工商各税完成3152万元，完成调整预算的100%。农业四税完成1212万元，完成调整预算的100%。2005年，在取消农业税，增加学生“两免一补”、粮食直补、退耕还林直补等情况下，因上级财政补助增加，当年财政结余3637万元。1986年至2006年，财政有6年出现赤字，其余15年均实现收支平衡，略有结余。累计总收入295961.3万元，总支出303950.7万元，累计赤字7989.4万元。

蓬安县财政收支表
(1986~2006)

单位：万元

年度	收入部分			支出部分		
	总计	本县收入	调拨收入	总计	本县支出	上解支出
1986	1875.3	1779	696.3	2382.4	1969.9	412.5
1987	2781	2181	600	2837.8	2437.8	400
1988	3330.3	2849	481.3	3179.6	2751.9	427.7
1989	4158.6	3450	708.6	3576.9	3154.7	422.2
1990	4536.7	3428	1108.7	3876	3324.8	551.2
1991	4687.5	3574	1113.5	4416.8	3757.9	658.9
1992	5714.8	3955	1759.8	5516.6	5127.9	388.7
1993	6745.7	5186	1559.7	6835.8	6222.2	613.6
1994	10698.1	6644	4054.1	7347.6	6731.3	616.3
1995	8763.3	4916	3847.3	8743.2	8020.6	722.6
1996	6156	4857	1299	9217	8517	700
1997	9951	4945	5006	10100	9407	693
1998	10426	5746	4680	9771	9010	761
1999	11929	6100	5829	11436	10532	904
2000	13790	6303	7487	13670	13333	337
2001	17722	6436	11286	16198	15805	393
2002	22353	6550	15803	20049	19548	501
2003	25501	7552	17949	25262	24648	614
2004	33297	8768	24529	28469	28253	216
2005	40902	8692	32210	36965	36783	182
2006	51643	9055	42588	74101	73919	182
合计	295961.3	112966	184595.3	303950.7	293254	10696.7

【财政管理】 1986年至2006年，财政管理包括管理体制和预算管理、预算外资金管理、会计管理、财务管理等。

管理体制　1986年1月，蓬安财政收入留解比例由上解20%、留县80%调整为上解24%、留县76%。区、乡统收统支管理改为区、乡镇分级管理，实行“定收定支、收支挂钩、收入超收分成、支出结余留用、一年一定”管理。1989年起，对区、乡镇实行“递增包干”财政管理体制，各区财政所留解比例：锦屏区留57%、解43%，金溪区留85%、解15%，兴旺区留98%、解2%，罗家区全留，河舒区留90%、解10%，巨龙区留90%、解10%，徐家区留96%、解4%。

1992年，蓬安推行行政单位定员定额包干，事业单位由“全额管理”向“差额管理”过渡，“差额管理”向“自收自支”和“企业化管理”过渡。集体事业单位改“定项定比例补助，一年一定”为“定项定额补助，基数包干”。县、区、乡镇医疗单位集体人员以1991年12月工资的60%为补助基数；民办教师以1991年12月底财政补助数为基数。

1993年起，对全县24个乡镇实行“核定收支，收支挂钩，递增包干，一定三年”的财政管理体制，递增（减）比例为：一类乡镇10%，二类乡镇9%，三类乡镇8%。乡镇的类别如下：一类乡镇：周口镇、锦屏镇、河舒镇、巨龙镇、利溪镇、正源镇、金溪镇、罗家镇、徐家镇、兴旺镇；二类乡镇：龙云镇、龙蚕镇、杨家镇、福德镇、银汉镇；三类乡镇：高庙乡、睦坝乡、平头乡、鲜店乡、金甲乡、诸家乡、茶亭乡、石孔乡、济渡乡。一定3年不变。1994年，县政府对乡镇财政管理体制继续按“一定三年”的包干办法，适当调整乡镇资金留存比例，对企业实行新的税率交纳所得税。中央同地方划分税种，确定税收返还基数，超基数部分中央与地方分成，中央分70%，地方分30%。税收返还的基数以1993年税收返还基数为准，增值税的75%部分属中央级收入，乡镇不能参与分成。

1995年，改县对乡镇的财政体制，实行一级政府一级预算，其财政收入自行安排、自求平衡，对行政事业性收费实行“核定收支、定额上缴、超收分成、短收自补”的措施。1996年，完善“分税制”，对乡镇实行“划分税种、核定收支、上解递增、补助递减、收支挂钩、自求平衡”的财政管理体制。1997年，继续完善乡镇财政体制，对上解乡镇实行上解比例递增，对补助乡镇实行补助比例递减，并将县级核定收入增长比例增长额与体制递减额、增资额挂钩。将广播事业费下放到乡镇管理，对乡镇计生、农经、教育事业费实行“乡镇预算、县级审定、指标上划、资金统一拨付”的管理办法，按照“统一领导、分级征管、合理分配”原则，对县、乡镇行政事业性收费和预算外资金足额纳入县、乡镇财政管理。1998年，继续实行“定收定支”预算管理模式，将行政事业单位预算内外资金统一纳入财政预算管理。同时对乡镇财政仍实行1996年财政管理体制。

2000年，调整县与乡镇财政管理体制。县上将省、市下划的原省级财政分享的耕地占用税40%、土地增值税50%、国有土地有偿使用收入15%部分（高档房地产30%）划作乡镇财政固定收入。“金融保险业营业税”（含银行营业税、非银行金融机构营业税；保险、基层信用社营业税）全部作为省级固定收入。2002年1月，财政体制调整为“划定收支、定额补助（上解）、专项转移、一定三年”的体制形式，将省、县共享税种留40%给乡镇，即地方营业税、个人所得税、房产税、资源税、城镇土地使用税、印花税、契税；市县共享税40%留乡镇，即土地增值税、耕地占用税、城镇土地使用税；县本级收入40%留乡镇，即企业所得税、车船使用税、屠宰税、国有资产经营收益、行政事业性收入、罚没收入、土地和海域有偿使用收入。基金收入中，农业税附加费留乡镇40%，农村教育附加收入留乡镇60%。将农业事业费、林业事业费、水利事业费、农机事业费、计划生育事业费、财政事业费、行政管理费、行政事业单位离退休经费、卫生经费、文化事业费、广播员事业费、畜牧事业费、蚕桑事业费的支出项目纳入乡镇财政管理体制，与乡镇财政体制范围内的收入挂钩。将“民兵训练费”“乡村道路修建费”“农村中小学危房改造经费”“税费改革宣传费”由乡镇专项上解，县级统筹使用。

2003年，管理体制分为两种，一种是中央、省、市对县体制。实行分税制加转移支付制度和专项上解的管理办法。分税比例，增值税按中央75%、省8.75%、县16.25%，所得税按中央50%、省17.5%、县32.5%，营业税、资源税、房产税、印花税、城镇土地使用税、契税按省35%、县65%，耕地占用税、土地增值税按市10%、县90%。另一种是县对乡镇体制。体制形式为“划定收支，定额补助，超收分成，短收惩戒，专项转移，一定两年”，核心是“划定收支，测定基数，定额补助”。

2005年，规定乡镇财政基本职能：为区域内政府实施公共服务和管理提供必要保障。重新核定乡镇财政收入支出范围，稳步推进“乡财县管”、国库集中收付等财政预算改革。“四大机构”率先试行部门预算。进一步完善县乡镇财政管理体制，实行“预算统编、账户统设、资金统缴、支出统核、采购统办、票据统管”。2006年，沿用该体制。

预算管理　1986年，蓬安对全额预算单位统一实行核定定额标准、预算包干、超支不补的办法；差额预算单位在核定补助定额的同时，提出“财政拨款办事业，单位挣钱发工资”的要求，严格控制社会集团购买力，大力压缩非生产性开支，特别是压缩专控商品购置。1987年，采取“三保三压”方针，大力压缩固定资产投资规模、严格基本建设和危房改造审批程序；本着“先保吃饭”的原则，除人员经费和上级规定的项目外，教育经费压缩5%，其他各类经费压缩10%；加强社会集团购买力管理，专控商品原则上不予审批；建立预算执行情况分析、汇报机制，每月向地区、县四大机构报送收支进程和分析资料；严格预算包干管理，除新增工资性支出外，一般不再增加新的支出，超编人员一律不拨经费。1990年，将支出预算落实到各部门，增加支出预算透明度，强化预算约束力，把住支出口子，完善行政事业单位经费包干制度；严格预算检查，清理各项财政支出；压缩房租费支出，将原来全部由财政负担的行政干部租房费，改由财政、单位、个人分别按85%、10%、5%的比例分担。

1992年，开始采取“零基预算”，重新核定各项支出标准定额。由财政供给经费的行政事业单位（含全额预算和差额预算管理的单位），人员经费必须对照单位编制数、单位性质和有关政策口径，以1992年元月实领工资花名册审核编制，超编不给经费。1994年，在较大范围内核定有稳定预算外收入单位的抵支收入，将行政收费纳入预算管理。1996年，蓬安严格执行《中华人民共和国预算法》，继续实行“零基预算”，坚持“两保一压”，即保财政供养人员工资发放，保支农、救灾、教育、科技资金支出，压缩非生产性开支。1999年，县财政对全县行政事业单位和乡镇财政实行“大收大支”预算管理，挖掘税收、行政收费、罚没收入等征收潜力，彻底摸清全县税源和行政事业单位收费状况及总体水平，将其纳入乡镇财政体制考核和财政预算管理。清理核实全县行政单位人员编制，制定各类行政事业单位财政供养人员的财政供给标准和定额；党政机关、公检法司、教育科技等单位的财政供养人员工资全额预算，有部分收入的事业单位实行预算定额补助，不足部分由事业收入弥补。2001年，按照“硬化预算管理，严格控制支出”总体预算原则，大大压缩非生产性支出，在乡镇加强“银行单一账户”管理工作，将资金真正赶入“一个笼子”，做到一个漏斗进、一个漏斗出，提高资金使用效益。2002年，将全县131个（含二级预算单位）全额拨款行政事业单位会计业务收归会计核算中心办理，取消银行账户120多个，减少单位财会人员70多名，中心承担原100多个部门会计工作。成立工资直发中心，加强工资专户管理，扩大工资直发面。承担全县15762名供养人员和80名优抚对象工资和补贴直发，承担9232名事业单位人员工资发放，承担下岗职工生活费、低保资金、企业职工安置费的社会化发放工作。减少了分配环节，节约财政支出。2005年，县财政推进部门综合预算、“乡财县管”、国库集中收付等财政预算改革。

2006年，深化预算管理改革，坚持监察与改革、管理“三结合”的预算约束机制，对县级全额拨款的一级预算单位推行部门预算，进一步建立和完善国库集中收付制度。

预算外资金管理　1986年后，蓬安预算外资金增长速度加快，1987年，达到49.1万元。县财政局成立综合计划股抓预算外资金管理，开辟专项储存，首批专储单位26个，专储金额216万元。1988年，预算外资金全面实行“专户存储，审批使用”办法。全县专户存储单位上升到38户，专储面达95%。因一些单位对专储认识不足，专储金额仅38万余元。全县预算外资金52.8万元。1989年，县财政局要求县城20多个有罚没收入的单位使用统一的专用罚没收入收据罚款，加强罚没收入管理。1991年，县人大专门召开常委会议，讨论通过《蓬安县预算外资金管理办法》，各预算外收入直接进入财政专户，实行强制专储。清理银行账户185个，转账户135个，取消账户50个，建立支出账户49个，一次性专储55万元，加上原有专储资金22万元，专储资金达到77万元，占年度专储预算78万元的93.7%。1996年，县委县政府决定对全县行政事业单位预算外资金继续执行“捆绑式预算”，即“统一收支、统一核算、统一管理”，加强政府对预算外资金宏观调控力度。1月，成立了全省第一家收费局，建立、规范和完善了征管体系，明确财政预算外收入项目包括各种基金收入，行政事业性收费和各种规费，各种罚没款收入等，其收入由财政行政事业收费局征收或由财政部门委托各职能部门代征。对乡镇预算外资金建立第二预算，先在部分乡镇试点，然后全面铺开，对乡镇所属站、所、办等单位预算外资金全部实行统管，即“统一收支、统一核算、统一管理”，具体实施由乡镇党政负责，财政参与。是年，全县从乡镇共调入资金380.92万元，弥补县预算内的不足。对行政事业性收费实行按部门下达计划后，按“定收定支、超收分成、短收自补”的小体制进行管理和考核。1998年，全县纳入财政预算外资金管理单位（含二级单位），专户管理面几乎达100%。纳入财政预算外专储资金达2996.5万元，占年初预算的100 %。1999年3月起，全县预算外资金全部实行财政专户储存、管理，财政审批。2001年3月起，蓬安率先在全省范围内实行“银行代收制”管理办法。2002年3月份开始，取消单位账户，实施会计集中核算。将预算外资金改为财政性非税收入，纳入预算管理。2006年，建立银行代收电子管理系统，全面实行“银行代收制”，预算外资金专门管理和收支计划覆盖率均达到98%以上。

会计管理　1986年8月，县劳动人事局、财政局规定蓬安县各单位会计人员任免一律由主管局审查批准后，按规定程序出文任免，报县财政局、劳动人事局备案。一经任免，要保持相对稳定，如需更换，须征得财政、劳动人事部门同意。1987年11月，县职称改革领导小组同意县财政局组建蓬安县会计人员初级评审委员会负责会计初级职称评定工作。1988年，县财政局贯彻执行《中华人民共和国会计法》规定，强调各企业、单位必须完善财会机构，配备财会人员，建立健全财会账务。全县报经批准会计师2人，助理会计师10人，会计员30人。1991年，加强会计事务管理，财政局统一订制标准账页凭证、会计档案盒装、健全会计文书档案、实行“会计证”管理制度，凭证上岗，按期考核，取缔无证上岗，全县有会计师77人，助会176人，会计员185人，未定职称193人。1994年7月1日起，全面组织实施新的企业财会制度。1996年3月，成立蓬安会计师事务所。2002年3月 12日成立蓬安县会计核算中心。从2005年起，蓬安县会计人员必须参加统一考试，取得执业资格，持证上岗。

财务管理　1986年，加强国营企业财务管理，蓬安县县属国营企业有百货、食品、五金、糖酒、煤建、石油、蔬菜、饮食服务等商业企业8户及糖果厂、酿造厂商办工业企业2户，有农机修造厂、缫丝厂、织布厂、麻纺厂、马回电站、酒厂、县汽车队等工交企业7户，后来又建成果品厂、汽车改装厂为国营企业，有物资局、农机供应公司、水电物资公司、木材公司等物资供应企业4户，有自来水厂、天然气公司等城市公用企业2户，有县电影公司、新华书店等文化企业2户。对企业的财务管理，基本方法是实行经济核算制。国营企业固定资产增减、折旧、流动资金、成本费用、职工工资、利润分配及利改税后承包经营等均须经主管部门和财政同意。 这一财务管理体制一直延续到企业改制、产权制度改革。

全县行政事业单位出差费报销均实行统一规定，国营企业参照行政事业单位规定执行。1987年7月5日，县财政局《关于行政、事业单位工作人员出差住宿和部分交通费实行包干报销办法的通知》规定：行政、事业单位工作人员因公出差乘坐汽车的，按蓬安—成都10.60元、蓬安—重庆8.70元、蓬安—南充1.30元；县内：按客车票价的标准凭据报销，超支自理，未发生交通费（不含坐小车）的按到达地点票价奖给50%，乘坐其他交通工具的按差旅费文件报销，不执行奖励办法。伙食补助县内每天3角，县外每天6角，省外1.20元。住宿费按下表，凡到深圳、珠海两市，住宿费可按相应标准上浮20%；按上限计算，超支自付，按下限计算，节约部分给奖40%。

蓬安县行政事业单位人员出差住宿费用标准表

（1987）

单位：元/人

住宿标准 / 出差地 / 级别	省份（省城）	成都、重庆	地级	县级	县以下	备注
县（团）级	6~13	5~8	4~7	3~5	2~3	—
一般干部	5~10	4~5	3~4	2~3	1~2	—

1987年，出差补助为深圳、珠海每天补3.00元，成渝两地和省外2.00元，省内其他地方1.20元，县内0.60元。1988年，伙食补助分出差地区类别分别按3.5元至6元，县内为2.5元。1989年，工作人员出差补助未作调整，交通费和住宿费开支标准调整如下表：

蓬安县行政事业单位人员出差交通、住宿费用标准表

（1989）

单位：元/人

项目 等级标准 职务	火车	轮船	飞机	其他交通工具	住宿标准						
					省外			省内			
					深圳市珠海市	省城（含计划单列市）	其他地方	成都重庆	行署所在地	县城	区乡
具备以下条件：基础工资和职务工资之和在160元（六类工资区）以上，高级工程师、高级经济师、高级会计师、副教授、副主任医师、艺术二级人员及相当以上技术职务人员	软席车	二等舱位	一等舱位	按实报销	22	15	12	14	12	10	5
县（团）级	硬席	三等舱位	普通舱位	按实报销	18	12	10	12	10	8	4
其余人员	硬席	三等舱位	普通舱位	按实报销	18	10	8	10	8	6	3

蓬安县会议伙食费、住宿费和公杂费包干标准（会议所在地参会人员除外）表

（1989）

单位：元/人·天

级别	类别	项目	伙食费			住宿费	公杂费	合计
			开支标准	其中				
				伙食补助	代表自交			
县级	一类	党代会、人代会、政协全体委员会	9.50	8.00	1.50	3.50	0.30	13.30
	二类	劳模会、烈军属代表会、群众团体代表会	8.00	6.50	1.50	3.00	0.20	11.20
	三类	各种工作会议	7.00	5.50	1.50	3.00	0.10	10.10

1990年6月、1992年11月、1996年12月先后分别对上述规定作了调整。2003年3月，调整出差人员乘坐交通工具规定，县团级以上可乘火车软卧、轮船二等舱、飞机普通舱，其他人员乘火车硬卧，其余相同。住宿费开支标准按下表：

蓬安县行政事业单位人员出差住宿费用标准表

（2003）

单位：元/人·晚

出差地域	特殊地区	省城	市	县	乡
县团级（含同等级别）	120	100	80	50	40
其他人员	80	70	50	40	30

误餐费不分级别，不分途中和住勤，每人每天补助标准：特殊地区30元，省外20元，省内县外15元，县内6元，凡报销了出差生活费的不发给误餐补助。住宿统一安排，生活按会议费开支。

蓬安县会议费开支标准表

(2003)

单位：元/人·天

级别	类别	项　目	生活费标准	住宿费标准	合计
县级	一类	党代会、人代会、政协会、经济工作会	40	40	80
	二类	先进代表会、劳模会、老干部会、群众团体代表会	35	30	65
	三类	其他会议	30	30	60
乡（镇）级		党代会、人代会、先进代表会、生产现场会	20	5	25

其他如干部学习培训、参加外地会议、驻外地机构工作人员、小车驾驶员、下派锻炼干部等补助也都有具体规定。

县财政财务管理其他还包括对计划经济时期为城镇居民定量供应粮食、煤炭、肉类的企业给予平价补贴管理，对农业事业单位给予财政预算管理，对农业企业收支纳入管理，对支农扶贫和农业资金进行管理。

【国有资产管理】 1986年，县政府直接承担国有资产管理。1987年7月，对全县国营工业、交通企业全面实行国有资产分类折旧。1993年6月19日，蓬安县国有资产管理办公室成立。县政府发出《关于加强国有资产管理的通知》，决定用3年时间在全县核实国家资金，摸清国有资产家底、核准各乡镇、部门、单位占用国有资产总量，将应归国家所有的资产都纳入国有资产管理范畴，解决家底不清、管理混乱、损失浪费严重等问题。1994年，蓬安县上报并经批准进行清产核资试点工作，试点企业共28户，清查结果资产总额为21822万元，较清查前账面资产总额17552万元增加4270万元，增长24.33%。其中：流动资产清查结果为6637万元，较清查前7208万元减少571万元，下降7.92%。长期投资为489万元，未变。固定资产清查结果为14591万元，较清查前的9750万元净增4841万元，增长49.65%。1995年，对11户国有企业进行清产核资，并对1994年已进行清产核资的企业进行清产核资后续补课工作，即土地估价。11户企业清查时资产总额为3818万元，其中流动资产为1777.1万元，长期投资35.3万元，固定资产1780.7万元，无形资产21.7万元，递延资产14.7万元。1996年，进行国有商业企业资产产权登记，统计结果与1995年相比，资产总额增加159万元，增长39%。负债总额增加200万元，增长46%，所有者权益减少25万元，下降10%。

经过3年清理，全县登记清理的行政事业单位116个，核定国家资产原值为19631.17万元，固定资金为19631.17万元，其中，财政拨款为10766.8万元；事业性质的企业单位23个，资产总额为5073.1万元，其中，流动资产为3167.1万元，负债总额为5073.1万元，流动负债为3067.1万元，所有者权益额146万元；大中型企业26个，资产总额为63135.7万元，其中，流动资产14995.9万元，长期投资287万元，固定资产45446.9万元，无形资产1269.5万元，递延及其他资产1136.4万元，其负债总额为63135.7万元，其中，流动负债18520.9万元，长期负债31038万元，所有者权益额13576.8万元，未分配利润为854.3万元。清产核资暴露出国有企业管理松懈、效益低下、亏损严重，26个大中型企业仅有5家有未分配的微薄利润，其余21家均亏损。

1997年，县政府加强行政事业单位国有资产管理，对全县60户清产核资单位进行扫尾补课，首次完成了蓬安县国有资产的“一张表两本账”任务，基本摸清了全县国有资产家底为30余亿元。对全县312户国有企业和行政事业单位进行了产权登记，并颁发了产权证书，登记发证率达95%以上，比全市平均高出5%以上。在清查与登记的基础上，制订国有企业国资保值指标考核工作，当年考核面达70%，并把厂长年薪指标与国企的国资保值挂钩，防止国有资产流失。1999年，蓬安国资局加大对国有资产稽查力度，全年共查处国有资产流失案10件，挽回流失20余万元。并参与23户企业改制工作，加大其基建财务管理。2000年，县国资局全面完成行政、企事业单位国有资产产权登记、颁证、年检工作。2002年，撤销国资局，其业务并入财政局。是年，对全县22家国有大中型企业资产评估汇总，评估前全部资产为56824.57万元，全部资产评估价值为63622.2万元，评估结果增值3997.63万元，增值率6.7%。2006年，国有资产仍由财政局管理。

【财政监督】 1986年，控制社会集团购买力，对专控商品实行控购，并明确控购范围和金额。全县清理整顿“小钱柜”工作复查，复查以各主管部门为主，既不申报、又不专户储存的，查出后一律没收。1987年，县审计局、财政局联合对县文教局、农业局、水电局、卫生局、民政局等五个支出数额较大的一级预算单位进行定项审计。1991年，财政监督工作重点进行专项检查。对1990年粮食平价商业亏损检查，查出违纪违制金额5.8万元，处理上缴2.8万元，抵补亏损3万元；配合纪委、监察部门清查出1126名干部职工拖欠公款135.65万元，清退回收135.65万元；对会议费、业务会等专项资金专项检查，查出虚报支出2万余元，及时纠正。配合县广播局对区乡广播站财务收支情况普查，对收支账户不健全、经费开支不合理、财务管理较混乱等问题进行了整改建制。1999年，县财政局、监察局、审计局、三查办、物价局、中国人民银行蓬安支行联合发出《关于在全县范围内清理检查预算外资金的通知》，清查范围：行政机关、司法机关、事业单位、社会团体和法律法规授权的机构收取的未纳入国家预算管理的各种基金（包括各种专项基金、集资、附加）、行政事业性的收费等预算外资金；从国家预算内转移到预算外的资金；应纳入预算管理而未纳入的行政性收费及未按规定纳入国家预算管理的各种罚没收入；养老保险基金和待业保险基金。全县142个单位自查，自查面100%。县清理检查预算外资金领导小组对工商、国土、城建、交通、公安、检察院、法院、司法、民政、水电、林业、农业、教育、文化、卫生等69个单位重点检查，检查面48%（不含乡镇组织的重点检查数）。查出应缴违纪金额1870万元，应入库1870万元，已入库1310万元，入库率达70%，其余的督促纠正。2001年，蓬安县控制社会集团购买力办公室撤销，成立县人民政府采购中心，政府采购工作实行招标采购。2002年，蓬安县进一步加强财政监督工作，坚持收支并举、内外并重，努力构建事前审核、事中监控、事后检查、日常监管与重点检查相结合的财政监督检查新机制。2005年，政府采购中心对万元以上货款采购、工程采购采取网上发布采购信息、集中开标、公平竞争。对每项采购项目认真审定，杜绝贪大求全、控制采购规模。全年共实现政府采购1000宗，市场采购价1932万元，招标价1636万元，节约资金296万元。其中：办公用品采购金额130万元，节约资金40万元；车辆采购金额460万元，节约资金180万元；网管工程采购金额500万元，节约资金120万元；工程类（含光亮工程）采购金额546万元，节约资金100万元。2006年，采购金额较上一年节约开支330万元，节约20%。

国　税

1986年，蓬安县税务局完成税收入库1443万元。1993年，完成4777万元，是1986年的3.31倍。1994年，撤销蓬安县税务局，分设蓬安县国家税务局（以下简称国税局）和地方税务局。将产品税、增值税、消费税、车辆购置税划归国家税收，将营业税、企业所得税划为由国家税收和地方税收共同按比例分享，国税入库4495万元。2006年，国税完成5281万元，是1994年的1.17倍。1986年至1993年，县税务局共完成税收2.23亿元。1994年至2006年，县国税局共完成税收6.31亿元。

【蓬安县国家税务局】 1986年，蓬安县税务局内设秘书、人事监察、税政、计会、征管、利润监交6个股和稽查队。1987年，撤销利润监交股，税政股改设为税政一股、税政二股；原征管股改设为稽征管理股。1989年，增设监察室，下辖周口、锦屏、河舒、金溪、徐家、罗家、兴旺、巨龙税务所。1994年9月，蓬安县国税局以当时的税务机构为基础组建，仍在新华街办公。内设办公室、监察室、计划财务科、人事教育科、税政科、征收管理科、稽查局、发票管理所、税务检查室。下设锦屏、徐家、金溪、巨龙、河舒、兴旺、罗家、利溪税务所。1997年6月，税政科变更为综合业务科，征收管理科更名为政策法制科，计划财务科更名为计划征收科。1999年4月，撤销发票管理所，设政策法制科。局内机构设办公室、监察室、人事教育科、计划征收科（与征收分局合署办公）、综合业务科、政策法制科。2000年5月，县国税局办公地址搬至蓬安县周口镇真武街190号新建国税大楼。2001年6月，计划征收科更名为计划财务科、综合业务科更名为法制征管科，撤销政策法制科。2003年7月24日，局调整内设机构，设办公室、人事教育科（与监察室合署办公）、法制征管科、计划财务科、直属单位信息中心、征收分局。2004年4月，撤销蓬安县国家税务局征收分局，转为内设机构征收科（股级），将派出机构"管理分局"更名为"税务分局"。2005年3月至2006年，蓬安县国家税务局内设机构为：办公室、人事教育科、监察室、政策法规科、征收管理科、计划征收科；直属单位有：稽查局（股级）；事业单位有：信息中心；派驻机构有：城区、河舒、罗家、徐家、金溪、巨龙6个税务分局和车辆购置税征收管理所。

1986年至1994年9月，张丕海、何国民、李培民先后任蓬安县税务局局长；1994年至2006年，李培民、胡毓军、梁智中、张小平、周卫东先后任国税局局长。

【国税税种税率】 1994年税制改革，国税、地税分置后，蓬安县国家税收税种主要是产品税、增值税、消费税、车辆购置税以及和地方税收入共享的营业税和所得税。

产品税 该税的纳税人是从事生产和进口条例规定的应税产品的单位和个人。工业品，依产品销售收入或产品的数量计税。农、林、牧、水产品，交售给国营、集体单位收购的，由收购单位按交付的金额计税；销售给其他单位和个人的，由销售者按收入额计税。进口产品，在产品报关时依组成的计税价格计税。产品税分为24个大类、270个税目，共设有347个税率，部分税目的税率相同，不同的税率只有26个，税率最高是甲级、乙级卷烟，为60%，最低是食用生猪、菜牛、菜羊，仅3%。

工业企业自己生产用于本企业连续生产的产品不纳税。但白酒、黄酒、蔗糖、棉纱、棉坯布、棉色织布等18种产品，在移送使用时按照规定的税率计算纳税。工业企业自己生产的应税产品用于本企业非生产项目的，除另有规定者外，视同销售依率纳税。委托加工的产品，委托方为工业企业的，视同自制产品在销售时纳税。委托方不是工业企业的，由委托方纳税。消费者个人委托加工的产品，只就烟、酒、糖3种产品纳税，税款由受托方代为交纳。国家鼓励产品出口，由生产单位直接出口的免税；已交纳产品税的，由经营出口者在报关出口后，申请退税。列入国家计划试制的新产品，利用废渣、废液、废气生产的产品，给予定期减、免税。生产下列产品的免征产品税：猪皮革、饲料、磷矿粉肥、热力、商品房、煤矸石和石煤、成品粮、麦粉、食用植物油、糠麸和榨油厂的油饼等产品，出版单位自行生产或委托印刷的图书、报纸和杂志及列举的产品。减征产品税的有：国营、城乡集体企业用议价粮生产的白酒和黄酒，减按30%的税率征税；用议价粮生产的啤酒和用议价薯类生产的白酒，减按20%的税率征收；小农具、中国丝绸公司归口管理的企业生产的绸缎坯和其他本色机织丝织品，减按3%的税率征税；搪瓷瓶壳、自行车和电风扇的零件，减按5%的税率征税。1994年1月起，实施新税制，取消产品税。

增值税 1986年，蓬安县增值税征收按国务院颁发的《中华人民共和国增值税条例（草案）》执行，税率分为6%、8%、10%、12%、14%、16%六档。1994年1月，按1993年12月13日国务院发布的《中华人民共和国增值税条例》执行，根据纳税人性质不同，计税率分别为17%、13%和5%。1998年，商业小规模纳税人的增值税征收率由6%降为4%。1999年，实现增值税收入667万元，比1986年的90.6万元增长6倍以上。2001年和2003年，增值税起征点经过两次大的上调，销售货物的起征点由月销售900元提高到3000元；销售应税劳务的起征点由月销售额400元提高到1500元；按次纳税的起征点由每次（日）销售额50元提高到150元。1986年至2006年，共计征收增值

税10130万元，占同期工商各税总额58567万元的19%。

消费税 消费税是1994年税制改革中新设置的税种，它是由原产品税脱胎而来，与实行普遍调节的增值税配套。消费税具体征收范围包括：烟、酒及酒精、化妆品、护肤护发品、贵重首饰及珠宝玉石、鞭炮焰火、汽油、柴油、汽车轮胎、摩托车、小汽车等。消费品计税依据是生产销售的应税消费品数量，以吨、升、公斤为计量单位。消费税税目税率按《中华人民共和国消费税条例》规定税目11个，子目13个，税率：鞭炮、焰火15%，卷烟40%，酒类25%，化妆品30%，金银首饰10%，小轿车8%，小客车5%。2006年，对税目税率进行调整。烟30%至45%，酒20%，成品油30%，金银珠宝10%，高档手表20%，化妆品30%，小汽车最高20%、最低3%。蓬安县于1994年1月开征消费税。蓬安烟厂是消费税纳税大户，其余消费税纳税人都是个体双定户。1994年至2006年，共征收消费税2911万元。

营业税 1986年至1993年税率为：商品零售3%，批发调拨10%，铁路运输、管道运输15%，其他运输3%，金融保险5%，邮政、电讯、服务、出版3%，娱乐业10%。

1994年9月，蓬安县分设国家和地方两套税务机构后，营业税划为地方税。根据国务院办公厅文件规定和南充市国税局要求，蓬安县国家税务局代地方政府征收部分营业税，从1995年开始，当年入库银行营业税21.3万，一般营业税1148万元。1996年，税收138.8万元。1997年起，金融保险业营业税共享。国务院通知将金融保险业营业税税率由现行的5%提高到8%。其中提高的3%税率计征的部分由国家税务局所属征收机构负责征收。2001年3月，财政部、国家税务总局通知，从2001年起，金融保险业营业税的税率每年下调1个百分点，即从2001年1月1日至12月31日税率为7%；2002年税率为6%；2003年税率为5%。因税率降低减少的收入全部为国税局负责。1986年至1993年税改前，营业税收入逐年上升。1993年，营业税收入达到957.3万元，是1986年311万元的3倍。1994年至2006年，全县营业税的执行税率分行业有3%、5%、10%、15%、20%五种。税改后13年共征收营业税11642万元。最高为2006年的1223万元，是1994年的2.5倍，是1986年的3.93倍。21年共征营业税17113.7万元，占同期工商税收总额58567万元的29.2%。

所得税 国营企业所得税，1986年，国家为克服国营企业利润上缴制度存在的弊端，决定改国营企业上缴利润为国营企业缴纳所得税。所得税税率为8级，国营企业所得税于1994年1月1日起废止，并入企业所得税征收。

企业所得税是1994年1月1日起实行新税制时开征的新税种。2002年，所得税收入中央分享50%，地方分享50%；2003年，所得税收入中央分享60%，地方分享40%。5月，国家税务总局宣布落实西部大开发有关税收政策的具体实施意见。四川省蓬安齐祥食品有限责任公司获得该项优惠，减免所得税57520元。经国务院批准，2004年1月起至2006年底，对参与试点的中西部地区农村信用社暂免征收企业所得税；其他试点地区农村信用社，按其应纳税额减半征收企业所得税。蓬安共有九户企业享受优惠政策。1994年至2006年，全县共征收企业所得税4796万元，其中国税征收1613万元，地税征收3156万元。

集体企业所得税是税制改革从工商所得税中分解独立设置的税种。1994年，实行新税制，集体企业所得税并入“企业所得税”税种征收。2006年，征收企业所得税2796万元。

城乡个体工商业户所得税按照1986年1月7日，国务院发布《城乡个体工商业户所得税暂行条例》。所得税税率为10级。蓬安县个体工商业户规模小，普遍建账困难，大多数业户无法准确核算应纳税所得额，不能适用《城乡个体工商业户所得税暂行条例》规定的税率，因此大都实行简易办法计征所得税，即按0.5%、1%、1.5%、2%，四档确定分行业的所得税计算率，用计算率乘个体户每月营业额为应征所得税额。

私营企业所得税是国家对日益发展壮大的私营企业征收的税种。1988年6月25日，国务院发布《中华人民共和国私营企业所得税暂行条例》，从当年起施行。1994年，实行新税制，私营企业所得税并入企业所得税中。1988年至1993年，蓬安共征收私营企业所得税121万元。

个人所得税执行1986年和1987年国务院分别发布《中华人民共和国城乡个体工商业户所得税暂行条例》和《中华人民共和国个人收入调节税暂行条例》。1994年，国、地税分设后，个人所得税划归地方税务局征收。

车辆购置税 2001年1月1日起，凡购置包括购买、进口、自产、受赠、获奖或以其他方式取得并自用条例规定范围车辆的单位和个人，均应照章缴纳车辆购置税。2004年12月，按照国务院办公厅有关精神，车购税征收部门由交通稽征部门划归到国家税务局，同时进行财产资料移交。2005年1月1日起，由国税部门征收，蓬安县车购税征收部门仅负责征收县内上牌的摩托车车购税。

【国税征收入库】 1986年至1994年8月，蓬安税务局征收的税种有：产品税、营业税、增值税、所得税（个人收入调节税、个体工商户所得税、个人所得税、集体企业所得税）、城镇土地使用税、房产税、城市维护建设税、车船使用税、印花税、屠宰税、工资调节税、奖金税、农业税、农业特产税、耕地占用税、契税等16个税种。1994年9月，县国税局征收的税种有：增值税、消费税、产品税、车辆购置税以及与地方税收共享的营业税和所得税（包括企业所得税、个人所得税）。

1986年至1993年，蓬安税务局共入库22301万元。国、地税局分设后，1994年至2006年，国税入库63111万元，其中增值税10130万元，消费税2911万元，产品税9162万元，营业税3121万元，企业所得税1613万元，车辆购置税113万元。

蓬安县国家税务局（含1994年前蓬安县税务局）税收收入表

（1986~2006）

单位：万元

年度	税收计划	实收入库数
1986	1320	1443
1987	1580	1782
1988	1970	2355
1989	2670	3085
1990	3130	2586
1991	2810	2856
1992	2971	3417
1993	3850	4777
1994	4250	4495
1995	4020	4365
1996	4780	5725
1997	5710	5414
1998	5890	4052
1999	5820	4692
2000	5310	5498
2001	5250	5409
2002	4860	5101
2003	3390	3994
2004	4300	4491
2005	4430	4594
2006	4700	5281

【国税征收管理】 蓬安县国税征收管理主要采取严格实行税务登记、加强发票管理、护税协

税、税法宣传、税收检查、税收减免、出口退税、金税工程、利润监交、促产增收等手段。

税务登记 纳税单位和个人在开业前、歇业前及经营事项发生较大变动时，按照法定程序，就开业、停业、歇业和生产经营中的地址、资金等事项，向税务机关办理书面登记手续，并保证履行纳税义务。税务登记后，除日常的开、停业登记和变更登记外，建立了一至两年验证一次，每三至五年更换一次登记证的制度。1988年上半年、1993年第4季度至1994年初，蓬安县税务局实施两次换发税务登记证。于1990年、1997年、1998年开展验证工作。

1994年9月，国地税机构分设后，各自办理国地税种涉及纳税人的税务登记。2006年底，全县国税系统管理经税务登记的工商业户3458户，其中，国有企业16户、集体企业21户、股份合作企业1户、联营企业1户、有限责任公司43户、股份有限公司18户、私营企业4户、港澳台商投资企业1户、外商投资企业2户、个体经营3351户。

发票管理 1986年6月8日，财政部颁布统一发票管理规定。蓬安县税务局按照省税务局确定的甲、乙、丙、专四种统一格式印制发票，指定设施和保密措施较好的全民所有制印刷厂印制，套印“四川省蓬安县税务局发票监制章”，废止“发货票专用章”，印制、管理、使用范围、配售、代开等制度如前未变。1988年，《全国发票管理暂行办法》实施，蓬安贯彻国家税务总局《关于检查清理发票的通知》，总结推行“六清六查”方法，共检查发票使用业户1584户，检查面达88%，查出有问题的251户，补税243户。为防伪，蓬安县执行总局部署，于1992年印制了新版发票，1993年1月投入使用。新版发票套印“全国统一发票监制章”，使用全国统一的浅黄色底纹纸印制发票联。在这一年，还在自来水厂、电业局推广使用省税务局统一制作的电脑发票。

1994年1月，全面推行增值税，实行价外计税的方法，根据购进商品或劳务时开具的发票上注明的税金进行税款抵扣制度。蓬安国税机关开始向增值税一般纳税人配售增值税专用发票，每年用量在8000份左右。2000年11月，国家税务总局制定了《增值税专用发票协查管理办法》，加强增值税专用发票协查监控管理，蓬安国税局针对买卖、伪造、虚开增值税专用发票行为，联合公安、检察、法院予以严厉打击，有效遏制了利用增值税专用发票的违法犯罪活动。2006年5月1日起，在全县实行即开型有奖发票， 8月，纳税人购买发票实行购票缴税。

金税工程 1994年，国家工商税制进行重大改革，建立以增值税为主体的流转税制。新的增值税实行凭专用发票抵扣税款制度。蓬安于1998年开始推行金税工程，首先在四川马回电力公司安装电脑版增值税专用发票开票系统。2001年7月1日，防伪税控系统正式上线，实现县内所有企业增值税专用发票的全国比对。至2006年，全县金税工程运行平稳，未发生任何安全事故，报税率、采集率全部100%。

利润监交 1986年前， 国营企业经营所得都以利润形式上交国库。对中央、省、地国营企业实现的利润，按照中央和省、地规定的利润解交办法进行监督交库，称为利润监交。之后，蓬安县税务局监交企业仅有“九一”信箱，监汇企业仅有烟草公司和外贸局。1989年后，利改税普遍推行，国营企业实行承包经营，此项工作停止。

出口退税 蓬安产品以内销为主，出口企业较少，出口退税工作开展较晚。2006年6月，四川南充赛克斯纺织有限责任公司、四川九州进出口贸易有限公司取得出口退税资格。8月，四川南充赛克斯纺织有限责任公司出口销售给印度公司10841米双绉绸，取得销售额229133.97元，扣除费用228894.69元，返税29787.42元。

税收减免 1994年，实行新税制后，蓬安按规定下列项目免征增值税：农业生产者销售的自产农业产品；避孕药品和用具；古旧图书；用于科研、科学试验和教学的进口仪器、设备；外国政府、国际组织无偿援助的进口物资和设备；来料加工、来件装配和补偿贸易所需进口的设备；由残疾人组织直接进口供残疾人专用的物品；销售自己使用过的物品。残疾人提供加工、修理修配劳务，免征增值税。纳税人销售额未达到规定起征点的，免征增值税。

1996年，下列产品免征增值税：饲料、农膜、化肥、农药、农机、种子、种苗等农业生产资料，国有粮食商业企业经营粮食、食用植物油，利用废渣等生产的建材产品；对学校办企业和办福利企业增值税即征即退。1997年，对国有、集体商业企业批发肉、禽、蛋、水产品和蔬菜的增值税实行先征后返。1998年1月1日起，对农业生产资料继续免征增值税。从当年7月1日起，将增值税一般纳税人购进或销售应税货物支付的运输费用的扣除率由10%降低为7%。自当年8月1日起，寄售商店代销寄售物品、典当业销售死当物品、销售旧货等特定货物销售行为的征收率由6%调减为4%。1999年8月1日起，对承担粮食收储任务的国有粮食购销企业销售粮食，免征增值税。其他粮食企业销售军队用粮、救灾救济粮、水库移民口粮免征增值税。销售政府储备食用植物油免征增值税。2000年1月1日起，校办企业增值税退税政策停止执行；对民政福利企业的增值税优惠政策继续执行；对一般纳税人生产销售商品混凝土应征的增值税按6%的征收率征收。2001年1月1日起，停止执行商业企业批发肉、禽、蛋、水产品和蔬菜业务增值税先征后返政策。5月1日起，对废旧物资回收经营单位销售其收购的废旧物资免征增值税，7月1日起对委托自来水厂收取的污水处理费免征增值税。2002年1月1日起，对销售成品油的加油站，无论其年应纳税销售额是否超过180万元，一律按增值税一般纳税人征税。纳税人销售旧货按4%的征收率减半征收增值税，不抵扣进项税额。6月1日起，对自来水公司销售自来水，按6%的征收率征收增值税的同时，对其购进独立核算水厂的自来水，取得的增值税专用发票上注明的增值税税款（按6%征收率开具）予以抵扣；对不带动力的手扶拖拉机和三轮农用运输车按“农机”免征增值税。2003年4月，提高增值税的起征点。销售货物的起征点由现行月销售额900元提高到3000元；销售应税劳务的起征点由现行月销售额400元提高到1500元；按次纳税的起征点由现行每次（日）销售额50元提高到150元。

促产增收　1986年，蓬安税务局、所建立促产增收领导班子，按照上级要求，加强促产工作领导，制定年度促产规划，落实促产对象和项目，开展“一所一点，一人一项”促产增收活动。采取“定点、定人、定项目、定时间、定效益”五定责任制，纳入岗位目标管理，进行百分制计奖，帮助企业建立健全管理制度，加强财务管理，积极牵线搭桥，解决产、供、销临时困难，落实中央省市的一系列优惠政策。1988年，全年实现支帮促项目81件，增加利润141.9万元，增加税收103.8万元。1989年，全年实现支帮促项目74件，增加利润39.2万元，增加税收44.9万元。1990年，各所年初规划促产项目100件，全年实现促产项目100件，增加企业收入300.4万元，增加税金42.1万元。1991年，运用政策促产21件，新增企业产值364.9万元，增加企业利润36.92万元，增加税收258.6万元，提供信息促产5件，增加企业销售58万元，利润2万元，税金2.8万元；改善企业经营管理7件，增加企业销售19.2万元，利润2.3万元，税金3.8万元。解决企业产、供、销27件，融通资金6件。1993年上半年，实现促产项目33个，帮助纳税人新增销售（产值）497.7万元，新增利润50.7万元，新增税金46.9万元。以后，这种直接参与或帮助纳税人改进生产经营状况以增加税源的活动，逐渐为严格执行税收奖限政策和为纳税人更好地提供办税服务条件所代替。

税法宣传　1986年至1990年，蓬安各级党委、政府利用会议和散发宣传资料进行税法宣传。1991年，蓬安税务局根据1990年10月国家税务总局、中央宣传部、司法部、共青团中央、全国总工会、全国妇联关于在全国开展税法宣传教育活动的统一部署，开展声势浩大的税法宣传教育年活动。县、区、乡镇均成立由税务、财政、宣传、司法、共青团、工会、妇联、广播电视、报社等负责人为成员的税法宣传教育活动领导小组，组成宣传活动办公室，制订活动规划，大力组织实施。1992年至2006年，蓬安国税局和蓬安地税局共同精心组织每年的税收宣传月宣传活动，做到“广播有声音、电视有图像、报刊有登文、城乡有标语、街头有资料”。

协税护税　1986年后，蓬安县税务机关为解决征收力量不足，在农村或者集市临时雇用协助征税人员（以下简称协税员），督促纳税人履行纳税义务。对工商企业单位，按行业或地段，聘

请企业领导、财会人员和办税员为协税员；在集贸市场，按摊群或行业，聘请个体劳协代表、市场管理人员为协税员；在车站、码头、机场，聘请货物管理人员、营运人员为协税员；在农村，以村为单位，聘请村民委员会主任、村文书为协税员。

国税检查 1986年后，蓬安税务局实行“征收、管理、检查”三分离的税收征管模式。1994年，蓬安国家、地方税务机构分置后，分别成立税务稽查局。1996年，县国税局检查业户586户、有问题的505户，查补税款343万元，罚款3万元，加收滞纳金0.57万元，合计347万元。1997年，稽查局检查业户1238户，有问题850户，查补税款390.56万元，罚款14万元，加收滞纳金0.44万元，合计405万元。

1998年，共检查业户475户，查出有问题业户364户，查补税款510万元，罚款68万元，加收滞纳金2万元，合计580万元。1999年，检查业户467户，查出有问题业户423户，查补税款510万元，罚款68万元，加收滞纳金2万元，合计580万元。2000年，检查业户312户，查出有问题的业户以上的大要案3件，其中四川马电力股份有限公司查补入库32万元。2001年，检查256户，查出有问题的业户232户，查补税款96万，滞纳金、罚款19万元，合计115万元。2002年，检查业户269户，查补税款、罚款160万元，加收滞纳金35万元，合计195万元。2003年，检查业户142户，查补税款210万元，罚款、加收滞纳金31万元，合计241万元。2004年，检查业户126户，查出有问题业户101户，查补税款316万元、罚款69万元，加收滞纳金5万元，合计391万元。2005年，检查业户62户，查出问题业户62户，查补税款114万元，罚款万元，加收滞纳金166万元，合计280万元。2006年，检查业户37户，查出问题业户，查补税款43万元，罚款1万元，加收滞纳金10万元，合计54万元。省国税局命名蓬安县国税局稽查局为2005年“省局级文明单位”，成为全省第一批“精品稽查局”。

地 税

1994年9月，成立蓬安县地方税务局（简称地税局）。将资源税、房产税、车船使用税、土地使用税、土地增值税、城市维护建设税、个人所得税、农业税、农业特产税、契税、耕地占用税、印花税划归地方税收，将营业税、企业所得税分为由国家税收和地方税收共同按比例分享，完成地方税收入库1525万元。2000年，完成4833.8万元。2003年，完成7200.5万元。2004年，农业税、农业特产税相继取消。2005年，地方税只完成4871.8万元，比2003年减少2328.7万元。2006年，完成地方税收入库6282.5万元，是1994年的4.12倍。1994年至2006年，累计完成地方税收6.19亿元。

【蓬安县地方税务局】 1994年9月，设立蓬安县地方税务局，实行县政府和南充市地方税务局双重领导、以县政府领导为主的管理体制。人员与机构一部分仍与县财政局合署办公，由县财政局长兼任县地方税务局局长。局内设办公室、人事教育科、农业税收征收管理科、税政科、征收管理科、计划财务科，1个直属分局和32个乡镇财税所。乡镇财税所实行县财税主管局和所在乡镇双重领导，以财税主管局领导为主的管理体制。1995年8月，成立蓬安县地方税务局检查分局和发票管理所，成立蓬安县人民检察院地方税务检察室。12月，全县各乡镇财政、地税实行两块牌子、一套人员、合署办公。1998年，县地税局与县财政局分设，受南充市地方税务局和县政府双重领导，以市局领导为主。1999年1月，县地税局设立锦屏、巨龙、徐家、金溪、河舒、罗家、兴旺7个中心地税所和征收、管理、稽查3个直属分局。8月，县地税局迁至周口镇平安街71号办公。10月，地税局领导班子成员、组织机构单设。2001年10月，县地税局随全省地税系统进行机构改革，下设办公室、人事教育股、农业税管理股、综合税收管理股、计划财务股、监察室、稽查局以及锦屏、巨龙、河舒、罗家、兴旺、金溪、徐家、正源、周口、城郊、直属等11个税务所。2004年1月，万和乡地税业务由原巨龙税务所移交金溪税务所管理，县地方税务局增设法制股。2005年，农业税及附加全面停征。各基层税务所设置和人员调整：拆销兴旺、金溪税务所，保留这两个所牌子，兴旺税务所并入罗家税务所，金溪税务所并入锦屏税务所；锦屏税务所管辖的周口镇、白玉乡、石孔乡划归周口税务所管理，调整后的周口税务所管辖相如办事处、周口镇、白玉乡、石孔乡；保持原管辖业务范围的有直属、城郊、河舒、徐家、巨龙5个税务所。扩大稽查局职能，将原农村各税务所的稽查职能，划归稽查局，实行征管、稽查分离。城区税务所实行征、管、查三分离。2006年2月，罗家税务所管理的海田乡地方税收业务划归河舒税务所管理。7月，原中华乡地方税收业务从河舒税务所划归罗家税务所管理。局设办公室、监察室和税收征收管理、综合税收管理、法制、人教、计财5个股，下设稽查局和直属税务所、周口、城郊、河舒、罗家、锦屏、巨龙、徐家税务所9个基层税务单位。

1994年9月至2006年12月，雍景友、陈飞、程冬、蒲元涛、帅旗先后任县地税局局长。

【地税税种税率】 地方税收主要有资源税、房产税、车船使用税、土地使用税、土地增值税、城市维护建设税、农业税、农业特产税、契税、耕地占用税、印花税及和国家税收共享的营业税、所得税。

营业税　1994年1月1日起，国家对营业税税率作了调整，税率为：金融、保险、娱乐、服务业和转让无形资产为5%；交通运输、建筑、邮电、通信、文化、体育为3%。蓬安营业税执行税率分行业有3%、5%、10%、15%、20%五种。2004年3月20日规定，广播电视数字付费频道业务按“文化体育业”税目中的“播映”项目征收营业税，计税额为向用户收取的收视费的全额。7月1日起，税目仍属于“娱乐业”的台球、保龄球减按5%的税率征收营业税。2005年1月1日起，下岗失业人员从事个体经营活动免征营业税（限雇工7人以下）；11月，国家税务总局规定，企业经人民法院裁定“以房抵债”后（不论其房产是否已办理过户手续），房屋的所有权已发生了转移，已发生了“销售不动产”行为，企业按规定应缴纳营业税。2006年，全县营业税入库2308.5万元，完成任务数2590万元的89.13%，比上年增长33.75%，增收582.7万元，地税局成立以来年增幅首次达到30%以上。1994年至2006年，共征收营业税16956万元。

企业所得税　企业所得税预交，执行按上一纳税年度应纳企业所得税纳税总额的1/12或1/4预交，在下一纳税年度汇算清缴时汇算。2004年，蓬安县地方税务局依法组织对县级20户企业、各区30户企业进行汇算，共查补企业所得税及附加25万元，加收滞纳金2.5万元，处罚款8.5万元。

是年，蓬安县享受西部大开发企业所得税优惠政策的企业有蓬安嘉宝汽车有限公司、南充市明光电力有限公司、蓬安县天然气公司，均减按15%税率征收企业所得税。全年入库企业所得税103.55万元，仅完成计划数400万元的25.89%。2005年，蓬安嘉宝汽车有限公司、南充市明光电力有限责任公司、天然气公司三家继续享受西部大开发企业所得税优惠，减按15%的税率征收。2005年1月1日起，对广播电视事业单位的广告收入和有线电视费收入，凡纳入部门预算或作为预算外资金专户管理的，免征企业所得税。2006年，全县企业所得税入库519.1万元，比2005年增收28.2万元。1994年至2006年，共征收企业所得5796万元，其中国税征收2640万元，地税征收3156万元。

个人所得税　从2003年10月1日起，县地税局按规定对居室和个体营业用房装饰装修，按核定定额1%征收个人所得税。2004年，县地税局个人所得税全年入库392.69万元，同比增长15.27%。2005年，个人所得税实收358.9万元，完成年度计划400万元的89.74%，同比下降8.59%，减收33.7万元。2006年，个人所得税收入创地税局建立以来的历史新高，全年入库587.64万元，完成计划数550万元的106.84%，同比增长163.70%。1994年至2006年，全县共征收个人所得税3654万元。

资源税 2004年，蓬安开始征收资源税，完成任务数60万元的66.5%，入库39.9万元。2005年，仅收8.18万元，完成任务数50万元的16.35%。2006年11月，县国税局、地税局、水利局、国土资源局、航道管理段联合制定《蓬安县砂石资源税费征收管理办法（试行）》，按1元/吨税率征收，全年入库资源税23万元，同比增长280.79%。1995年至2006年，共征收资源税329.33万元。

房产税 1986年10月1日起实施。县税务局按房产原值减扣30%为计税余额，征收房产税计税余额的1.2%。出租房按租金的12%征收。房产税按年征收，分5月、11月两次缴纳。1993年5月，省政府制发《中华人民共和国房产税暂行条例实施细则》，县地税局按此执行。2001年，个人出租房税率调整为4%。2004年，按省地税局通知，2004年1月起至2006年底止，亏损的国有粮食购销企业生产经营性用房，免征房产税，有困难的国有粮食购销企业生产经营性用房，减半征收房产税，县地税局征收房产税与上年同比为91.34%，减收12万元。2005年8月3日，县地税局按照国家税务总局通知，对不申报或者不如实申报房屋租金收入的，按国家税法及其实施细则，实行核定征收。是年征收房产税同比增加4.4万元、占117.58%，完成任务数150万元的102.09%，入库153.14万元。2006年，按政策规定对马电公司电站房屋停止征收房产税，但加强了出租房屋房产税征收管理，仍比上年多征23万元。1986年至2006年，共征收房产税1731万元。

车船使用税 1986年10月1日起，凡拥有并使用车辆的单位和个人，为车船使用税的纳税义务人。2004年5月17日，县政府办公室发出《关于加强车辆税收征收管理工作的通知》，确定车辆税收分工：城郊税务所负责全县所有客运车辆、出租的士车、公交车和周口镇、相如办的货运车辆、摩托车及本县嘉陵江沿线从事生产经营的船舶的税收征管。各税务所负责辖区内从事货运车辆的税收征管。工作经费按入库在80万元以内的5%，超过80万元的部分，按8%补助。每半年由县财政按入库数拨付一次，年终结算。收费标准：客车15座以下每辆每年100元，16至35座每辆每年150元，36座以上每辆每年200元；二轮摩托每年每辆30元，三轮摩托每辆每年50元，载货汽车每辆每吨每年30元。机动船每年按净吨位计征：150吨以下，每吨1.20元，151至500吨，每吨1.60元……非机动船按载重吨位每年每吨征收：10吨以下，每吨0.60元，11吨至50吨每吨0.80元，51吨至150吨每吨1.00元，151吨至300吨每吨1.20元，300吨以上每吨1.40元。全年入库60.71万元，完成任务数45万元的134.9%，为上一年同期的112.11%。2005年，因本县车辆挂靠外地仍在本县从事经营的和报废客车增多，税收难度加大。挂靠在外地的车辆达300余辆，占全县车辆的60%以上，每年税收流失60万元左右。但全年的车船使用税较上年仍大幅上升，入库170.7万元，完成任务数40万元的426.91%。2006年，县地税局针对车辆流动性的特点，在交警、交管、稽征、保险等相关部门支持下，采取“早出晚归、流动检查、现场征收”的方式，加大了对应税车辆的纳税情况检查，专项检查查补入库税款55.7万元，全年入库车船使用税215.14万元。1986年至2006年，共征收车船使用税594.64万元。

城镇土地使用税 2004年7月10日，南充市地税局发出《关于调整城镇土地使用税税额标准的通知》，蓬安县城所在地，最高一级每平方米3元，最低一级0.5元。建制镇最高每平方米1元，最低0.2元。由于城镇土地使用税税额标准上调和加强对建筑业业主的征管，2004年，全县共入库61.30万元，完成任务数30万元的204.27%。2005年，全县入库城镇土地使用税69.59万元，占任务数30万元的231.96%。2006年，全县城镇土地使用税入库69.17万元，为任务数58.00万元的119.26%。1988年至2006年，共征收城镇土地使用税521.21万元。

城市维护建设税 1986年，按照国务院发布的《中华人民共和国城市维护建设税暂行条例》规定：县城周口镇（现相如镇）、河舒镇、金溪镇、锦屏镇税率为5%，其余区乡场镇为1%。蓬安收城市维护建设税53万元。1992年10月，对新建的徐家镇、兴旺镇、罗家镇、巨龙镇、龙云镇、正源镇、福德镇、银汉镇、利溪镇等9个镇的税率由原来的1%提高到5%。2004年1月起，货物运输业应缴纳的城市维护建设税，不分城乡，统一按7%的税率征收。随着县域经济的快速发展，城

市维护建设税逐年增多，收入较为稳定。2006年，收入1243万元，是1986年53万元的23.45倍。1986至2006年，共征收城市维护建设税9301.77万元，占同期工商各税总额的14.8%。

印花税　蓬安从1988年10月1日起实施。2005年1月24日起，对买卖、继承、赠与所书立的A股、B股股权转让书据，由立据双方当事人按1‰的税率征收印花税。1988至2006年，共征收印花税211万元。

土地增值税　蓬安从1996年开征。土地增值税税率为：增值额未超过扣除项目金额50%的部分，税率为30%，超过扣除项目金额50%而未超过扣除项目金额100%的部分税率为40%，超过扣除项目金额100%未超过扣除项目金额200%的部分，税率为50%，超过项目金额200%的部分税率为60%，1996年至2001年，均未达到征收标准，2002年开始，达到征收标准。2005年11月，省地税局发出《关于确定土地增值税征收管理中普通住房标准的通知》规定，县地税局调整享受优惠政策的普通住房标准，增加该税收收入。2006年6月，抽调局机关业务骨干对近年来单位和个人房屋出售和转让、土地转让、农村建房用地全面清理，查补税款；全年入库247.67万元。1996年至2006年，共征收土地增值税498万元。

农业税　1986年，全国农业税平均税率为常年产量的15.5%，蓬安执行的平均税率为10%。农业税征收实行“以粮交纳，以货币结算”的办法，以促进粮食定购任务的完成。5月，农业税按“倒三七”比例价格折征代金，增加的收入除上交外，县留20%作财政收入。1987年，四川省人民政府32号文件规定，中等稻谷由原来0.33元/公斤调整为0.36元/公斤。同时根据财政部对农业税“先减后征”的办法，减免对象为：交不起农业税，生产生活确有困难的特困户；兴修水利工程永久性占地（主要是升钟水库主干渠），耕地面积减少较多的农户；遭受严重自然灾害的农户。全年共减免农业税160万元，享受减免的有8800户达34万人，占全县纳税农户的70%。其后，为切实减轻农民负担，农业税减免按规定范围内与征收同时进行。1994年，继续对蔬菜队、经济作物区以及人均耕地不足0.3亩的地区未下达定购粮任务的，直接征收代金；稻谷综合价调为0.995元/公斤。1995年1月，根据南充市地税局规定，执行全市统一的农业税结算价格稻谷1.01元/公斤。2002年1月，根据《四川省农业税征收管理暂行办法》，执行全省统一税率7%。2004年，根据中央1号文件精神，省委、省政府决定农业税税率在农村税费改革确定的税率基础上，降低3个百分点，并在部分地区免征农业税。蓬安县执行税率降为4%。2005年1月起，农业税全面停征。1986至2004年，共征农业税13287万元，其中2004年实现农业税收入1179万元，是1986年260万元的4.5倍。

农业特产税　1988年，县财政局35号文制定《农林特产农业税征收实施办法》，对农特产品计税收入价格采取从优的原则：夏季水果如桃、李、梨、杏、苹果按每公斤0.5元计算，秋季水果柑橘按每公斤0.6元计算，桑叶按每公斤0.8元计算，油桐按每公斤0.7元计算。1989年，《农林特产农业税征收实施办法》经修订重新颁布，税率调整为：水果收入10%，其中柑橘、苹果15%；水产收入10%；果用瓜收入10%；原木收入8%；黄连收入8%；其他应税产品收入的税率5%。对未列出的农林特产品仍按原规定征税，即：种植在耕地上的，按同等土地常年粮食产量、税率计征；种植在非耕地上的，按当年实际收入的3%计征。当年征收农业特产税59.7万元。1995年7月27日，农特产品税率进一步调整为，园艺产品：柑橘、香蕉、苹果、梨、荔枝12%，果用瓜8%，其他水果10%，蚕茧8%，其他园艺产品5%；水产品：对生产者征收8%，对收购者征收5%；林木产品：原木、原竹，生产和收购者8%，生漆，生产和收购者10%，干果10%，其他林木产品5%；食用菌：银耳、黑木耳，对生产和收购者同征8%，其他食用菌8%；药材：黄连及其他药材均为8%；牲畜产品：对牛皮、猪皮、羊皮、羊毛、兔毛、鸭绒、羊绒、牛绒收购者征收10%；贵重食品：对生产者征收8%，对收购者征收25%。2002年1月1日，农业特产税坚持“据实征收”的原则，根据纳税人取得的实际农特产计税收入征收。税率再次调整：水果调为8%，花卉8%，对蚕茧收购者征收4%，其他药材5%，对牛皮、猪皮、羊皮收购者征收5%，贵重食品生产加工者12%。2003年，按照国务院

《关于全面推进农村税费改革试点工作的意见》，6月1日起，农业特产税停征。当年收农业特产税152万元。1989年至2003年，共征收农业特产税4858万元，占同期农业各税总额的29%。

耕地占用税　1987年开征，蓬安县实行分别定额，税率最高为6元/平方米，最低为4.7元/平方米。收入留县部分主要用于建立农业发展专项资金。1988年1月1日，按财政部通知，对全县耕地占用税征收业务费按实征税额总额的5%提取，作为预算内暂存。根据《四川省人民政府办公厅关于切实做好耕地占用税征收工作的通知》，从2000年1月1日起，四川省耕地占用税收入全部作市县级固定财政收入，省不参与分成。1987年至2006年，共征收耕地占用税474万元，占同期农业各税总额18118万元的2.5%。其中2004年征收最低，仅6万元，2006年最高，为214万元。

契税　1986年，蓬安县对买契税执行6%的税率，对典契税执行3%的税率。1997年7月，国家对契税税率进行了首次调整，当时的全国契税税率为3%至5%，蓬安县根据省政府109号令规定执行税率为4%。1999年8月1日起，正式对购买普通住宅（即多层、小高层、高层住宅）按2%征收契税。2005年6月1日后，根据国家税务总局、财政部、建设部《关于加强房地产税收管理的通知》精神，蓬安县对普通住宅〔单套（栋）建筑面积在144平方米以下的普通住宅〕税率按4%减半征收契税，对非普通住宅〔超过144平方米（含144平方米）〕按税率4%征收。1986年征收最低，仅1.5万元，2006年征收最高，为168万元。1986年至2006年，共征收契税810万元。

【地税征收入库】 1994年至2006年，县地税局共完成入库61916.3万元，其中资源税329.33万元，房产税1731.38万元，车船使用税594.64万元，城镇土地使用税521.21万元，城市维护建设税9301.77万元，印花税211万元，土地增值税498.62万元，农业税（包括农业特产税）13287.44万元，耕地占用税562.87万元，契税1126.37万元，营业税16955.65万元，屠宰税2133.46万元，企业所得税3156.39万元，个人所得税3654万元。2006年，地税总收入是1994年的4.1倍。

蓬安县地方税务局税收完成情况统计表

(1994~2006)

单位：万元

年度	总任务计划数	总收入实收数	工商税收收入库数	农业四税入库数	其他收入入库数	完成年度计划（%）	与上年同期的（%）	备注
1994	1449	1525.00	1463.00	—	61.80	105.27%	—	仅4季度
1995	2726	3010.00	1925.00	1035.00	50.00	110.40%	10.50%	—
1996	3507	3808.00	2231.00	1383.00	194.00	108.59%	126.51%	—
1997	3474	4024.00	2488.00	1362.00	174.00	115.82%	105.67%	—
1998	4286	4487.00	2686.00	1456.00	345.00	104.69%	111.51%	—
1999	4820	4971.00	2975.00	1425.00	571.00	103.13%	110.79%	—
2000	4721	4833.80	3239.20	1390.00	204.60	102.39%	97.24%	—
2001	5100	5265.00	3485.00	1569.00	211.00	103.23%	108.92%	—
2002	6299	6255.00	3278.00	2316.00	661.00	99.30%	118.80%	—
2003	7506	7200.50	4208.80	2423.30	568.40	95.93%	115.12%	6月1日起停征农特税
2004	5147	5404.10	3601.00	1350.40	452.70	105.00%	75.05%	—
2005	4765	4871.80	4629.60	—	242.20	102.25%	90.15%	农业税停征
2006	6046	6282.50	5908.90	—	373.60	103.91%	128.96%	—

【其他收费】 其他收费包括基金和附加。

基金　2004年，蓬安县地方税务局根据南充市地税局《关于代征“工会经费、残疾人就业保障金”有关问题的通知》，县内所有国有、集体、民营股份制、合资、独资企业、自收自支和财政拨款的事业单位，中央、省、市驻县单位均属于代征工会经费的对象。建有工会组织的单位，按全部职工工资总额的2%的40%代征；开业投产一年内尚未建立工会组织的单位从第二年起（含私营企业）按全部职工工资总额的2%代收工会筹备金，待工会成立后，再由县总工会按比例收取后返还单位工会；中央、省、市驻县金融保险企业按总工资的2%的10%代征；蓬安监狱、电信、移动、联通、邮政、养路段、盐业、稽征、石油等单位按工资总额的2%的5%代收。从是年1月1日开始代征，使用统一的“工会经费专用收据”收取，综合业务股存入专户，与县总工会结算。缴纳残疾人就业保障金的是：县城内所有办理了税务登记的企业及有纳税义务的社会团体、事业单位和其他经济组织及个体工商业户。2004年，全县代征工会经费35万元、残疾人就业保障金65万元。征收基金（费）共计152万元。2005年，取消征收教育费，加收农网还贷基金（计划数13万元），实收83万元，完成计划数的638.46%；加收移民后期扶持基金1万元。全年共收入基金（费）135.7万元。2006年，沿袭上年征收的基金（费），其中代征残疾人就业保障金42.32万元，文化事业建设费5.1万元，工会经费30.4万元，农网还贷基金81.3万元，移民后期扶持基金19.1万元，共计178.22万元。

附加　蓬安县由地税系统负责征集的附加2个，包括教育费附加，交通建设费附加。1994年10月，县地税局承接原税务系统征收的“教育费附加”中以营业税为计税依据的部分“教育费附加”，按省地税局规定：教育费附加以各单位和个人实际缴纳的增值税、营业税、消费税的税额为计税依据，附加率为3%，与税收同时缴纳。生产卷烟的产品税、增值税、营业税、依然按2%附征教育费附加。县地税局承接“四川省交通建设费附加”的征集工作，仍按省政府印发的《四川省交通建设费附加征收管理办法》有关规定执行。以各单位和个人缴纳产品税、增值税、营业税税额为计税依据，税率为4%，分别与产品税、增值税、营业税同时缴纳。2002年4月20日，四川省全面停止征收交通建设费附加。2004年，取消交通建设费附加、农业税地方附加。据四川省政府颁布的《四川省地方教育附加征收使用管理办法》规定：凡在四川省行政区域内缴纳增值税、营业税、消费税（以下简称“三税”）的单位和个人，均应按实际缴纳“三税”的1%缴纳地方教育附加。对从事卷烟生产企业减半征收地方教育附加；对“三资”企业暂不征收地方教育附加。征收的地方教育附加作为同级政府性基金收入。县地税局按规定从2004年1月1日起征收地方教育附加。依前制征收教育费附加，教育费、文化事业建设费、旅游事业拓展费、农特税附加，当年征收附加299.58万元。2005年，取消农特税附加，仅征收教育费附加74.36万元，地方教育费附加33.34万元，共计107.70万元。2006年，征收教育费附加147.62万元，地方教育费附加47.70万元，共计195.32万元。

【地税征收管理】　地税征收管理包括税务登记、票证管理、地税宣传、税务检查等工作。

税务登记　1994年地税局成立后，对全县下岗再就业享受税收优惠的纳税户发注册税务登记证，国家机关只进行税务登记并建立底册，不发证，其余机关团体、单位既登记又发税务登记证，农村流动性小商贩原则上不办理税务登记，但建立管理底册。2005年，加大对临近起征点和未达起征点个体户户籍管理工作，对停业、复业的税务登记进行检查。是年新开业118户，全部办理核发税务登记证，对应验证的4218户纳税户全部验证，验证率达100%。2006年，全面换发税务登记证，从8月开始，历时3个月完成。年底新登记103户，注销137户，全县共办理4317户，其中换证4214户。

票证管理　1994年，县地税局成立后即进行经常性票证使用检查工作。2004年4月1日起，除零星集贸税收外，全部使用涂碳完税证，用计算机打票，提高填开合格率，使票证填开更加规范。当年填用各类税收票证86070份。2005年9月28日，开始执行《蓬安县地方税务局发票管理办法（试行）》，该管理办法对税收票证的印制、领购、填开、保管、检查、违法行为处罚、税务人员发票管理过错责任追究7个方面作了详尽规定。2006年5月1日起，全县实行“即开型有奖发票”。《蓬安县地方税务局即开型有奖发票管理办法》规定在全县餐饮、娱乐、旅馆等服务行业

使用“即开型有奖发票”，发票版面金额分别为1元、2元、5元、10元、20元、50元、100元、200元8种，下边刮奖区印有发票密码和中奖金额，中奖后立即兑奖。8月1日起，采取纳税人在购买发票时，实行“购票缴税”的办法。8月至11月，购票总额1390万元，征收税款104万元，不要票的定期定额征收35万元，共139万元，比上年同期增长30%。全县使用新版发票，加强了对金融保险、邮政、电信、移动等行业发票管理，将医药、住院、交通运输纳入直接管理。规定凡在南充境内从事交通运输业的纳税人，必须使用全国统一的“货物运输发票”。1994年至2006年，蓬安县地税局无任何发票违规事件。

地税宣传　1994年，蓬安县地方税务局成立后加强税务宣传工作。2004年3月27日，地税局发出《关于开展2004年税收宣传月活动的通知》，宣传月活动主题“依法诚信纳税，共建小康社会”，有党、政、税务干部800人参与。2005年，县地税局将本年定位地税系统“强化征管年”，加强税法宣传，展示地税成果。围绕“依法诚信纳税，共建小康社会”的主题，采取多种形式，突出蓬安特色，把宣传与税收征管结合起来，加强税收“取之于民，用之于民”本质的宣传。4月3日开展声势浩大的“全国税法宣传咨询日——‘12366’纳税服务热线与您面对面”活动，地税职工70人身披“12366为您服务”字样彩带，在大街小巷、厂矿企业、开展“‘12366’纳税咨询有奖问答”和“从小学税法有奖问题”活动。在政务公开栏将自觉纳税典型与欠税公告同时刊出，对比、促进欠税户主动缴税，对全县纳税人“信誉等级评定”和“诚信纳税的单位和个人”公开宣传表彰。进行税收业务知识培训。结合“保先”教育，开展“手拉手百名党员进企业”活动，为享受西部大开发税收优惠政策的2家企业送去有关审批手续，为46户享受下岗再就业优惠政策的个体户送去减免税通知。为残疾人、转业军人落实税收优惠措施。全国第15个“税收宣传月”活动，县地税局于3月15日成立“税收宣传月”活动领导小组，制定宣传计划。县城逢场天（每逢公历3、6、9）组织机关和城区征收单位干部60名走上街头宣传，发放宣传资料6000余份，解答纳税人咨询400多人次。上门发送“办税明白卡”（载明税收基本知识、最新税收优惠政策、办税程序）和“双十监督卡”（公布税收人员“十条禁令”和“十条服务承诺”）。在“税收宣传月”活动中对涉税违法犯罪行为公开曝光警示。开展主题为“税收、社会、财富”的摄影比赛宣传税法。4月下旬，组织人员深入企业和个体户，回访并请他们填写“税收宣传情况回访表”（6300余份）。征求意见200余条，一一解决和解答。2006年9月18日至24日，在全县范围内集中开展“信用四川宣传教育专项活动”。

税务检查　1999年1月1日，成立蓬安县地方税务局稽查局，受理举报、综合选案、实施稽查、案件审理、案件移送、稽查结果分析等。2004年，县稽查局组织对县级20户企业、区级30户企业进行汇算，共查补税款及附加25万元，加收滞纳金2.5万元，处罚款8.5万元；检查金融保险企业13户，查补税款及附加41.5万元，加收滞纳金0.8万元，处罚款2万元；开展医药行业专项检查（特别是私营医院），共检查11户，查补税款及附加21万元，加收滞纳金0.3万元，处罚款9.6万元；开展房地产税收专项检查，重点检查4户，查补税款15.5万元，处罚款0.7万元。除专项检查外，还注重日常稽查工作，对马电、稽征所、匀天律师事务所等18个单位进行日常稽查，查补税款38万元，加收滞纳金5.6万元，处罚款6.1万元；开展重点稽查，对嘉宝汽车有限公司、相如饭店、天然气公司、自来水厂、新华书店等7个单位进行重点稽查，查补税款206万元，加收滞纳金9.7万元，处罚款7.7万元；对群众举报的3件涉税案件立案查处，查补税费15万元，全年总计查补税费362万元，加收滞纳金18.9万元，处罚款34.6万元，为国家增加税收415.5万元，完成了稽查4率（立案率、结案率、处罚率、查补税款入库率）的4个100%。2005年，县地税局全年共检查1189户，查补税费526.5万元（入库395.4万元，其中税费365.1万元、滞纳金18.15万元、罚款13.15万元），4率中仅入库率为75.1%外，其余均达100%。2006年，县地税局稽查局围绕依法治税，突出对内保收促管、对外打击偷税漏税两个重点，做到“选案、稽查、审理、执行”四分离的阳光操作。对房地产建安业、服务娱乐业、金融保险业进行专项检查，查处24户，查补税款104.3万元（入库率达100%），加收滞纳金3.45万元（达100%），罚款3.25万元（处罚面达100%）；对行政事业单位个人所得税代扣代缴进行专项稽查；对蓬安宏达沙石公司单位处以罚款51万元，向各股东追征税款40.8万元，处罚款57万元，加收滞纳金7.8万元。全年协助基层征管单位查处案件9起，查补税款及罚款13.6万元，清缴欠税45万元；立案查处44户，无一户有政策性差错，对43户税收违法违规的单位和个人依法处以罚款61.57万元。共查补税款及罚款入库421.5万元，稽查四率均达100%。

蓬 安 县 志
PENG AN XIAN ZHI

经济体制改革

1986年，蓬安县作为中共四川省委确定的全省综合体改试点县之一，在全县积极推行经济体制改革。在农村实施家庭联产承包责任制，组建农村新经济合作组织；在工商企业，推行厂长经理负责制和承包经营、租赁经营；在经济管理部门，逐步加大市场调节力度，推动计划经济向市场调节转变。1987年，蓬安县成立经济体制改革办公室，全面推进财税、计划、物价等各项改革。1990年，县属工交、商贸企业全面转换经营机制，实行厂长经理负责制、股份制和承包经营责任制。1992年，推行行政体制、住房制度改革和工商企业“五自主”“四放开”改革。1996年，蓬安县全面推行企业产权制度改革。1997年，全面推行住房制度改革。1998年、2001年，先后加大企业产权制度改革力度，推进农村经济体制、农村税费、财税金融、商品流通、价格体制、经济部门管理体制等改革。2003年，加大城市经济体制改革、企业改制拍卖重组、招商引资和农业产业化进程力度。2006年，全县企业改制基本完成，政府由直接管理企业，完成向市场行业监督管理的根本转变。

机　构

蓬安县经济体制改革机构主要有：蓬安县经济体制改革办公室、蓬安县住房制度改革领导小组办公室。

【蓬安县经济体制改革办公室】 1987年，成立县经济体制改革办公室（简称体改办）。1990年，撤销体改办，建立经济体制改革委员会（简称体改委），属县政府序列部门，内设人秘、生产流通、宏观调控3股。1998年，体改委改为议事协调办事机构，恢复“体改办”，挂靠县政府办公室。2002年1月，体改办挂靠县经济贸易局。2002年6月，县体改办并入县政府办公室，保留牌子。2005年6月，撤销体改办，职能并入县发展和改革局。

1987年至2002年，刘成科、罗建新、颜安先后任县体改委（办）主任。

【蓬安县住房制度改革领导小组办公室】 1997年，成立蓬安县住房制度改革领导小组办公室，挂靠县体改委。代县政府拟定实施全县房改方案，办理驻县中央、省、市所属单位出售公房、集资合作建房、住房货币补贴的审批、监管和全县房改资金使用、办理房屋产权证及土地使用证，清理乱占乱建房等职能。2005年，县房改办随体改办一起并入县发展改革局。

农村经济体制改革

1986年至1988年底，全县继续推行家庭联产承包责任制，延长土地承包合同期。1989年，稳定家庭承包经营，全县终止土地调整。1996年，按照中共十五届三中全会精神，继续延长全县土地承包。1997年，全县农村全部签订延长土地承包期合同。2000年，全县加快土地流转。2004年，县政府进一步规范农村土地承包管理和土地使用权流转。2005年，全县农业产业化格局基本形成规模，有新经济专业合作组织总数24个。国家统一取消农特两税和义务工、积累工款，农民实现零负担，对种粮实行直补政策。2006年，全县农业改革促进产业化，除粮油生产外，形成生猪、蚕桑、水果、葛薯四大产业。

【完善土地承包责任制】 1986年至1988年，蓬安推行土地家庭联产承包责任制，3.8万公顷耕地承包给15.5万户农户经营，发放农户土地承包合同书计138566份。1989年，全县稳定家庭承包经营，终止土地调整，落实土地承包责任制的“三配套”“三有偿”。县成立农业承包合同管理委员会，乡成立农业承包合同管理站，加强承包合同规范化、制度化、法律化管理，调解和处理承包中发生的问题和纠纷。1996年，第一轮土地承包合同到期，按照党的十五届三中全会精神，长期稳定以家庭联产承包责任制为基础、统分结合的双层经营体制，延长土地承包期30年不变。1997年，全县598个村，4844个社，154681户农户，全部签订农业土地承包期延长至2026年的合同。2004年，对1997年第二轮土地承包确权发证，将154851份合同证书全部发到承包户手中。2005年8月，县成立农村土地承包纠纷仲裁委员会，负责接待土地承包政策咨询与纠纷调处。至2006年，接待土地政策咨询253起、信访案件134件，调查处理132件，依法仲裁2件。

【土地使用权流转】 1986年，延长土地承包合同时，全县开始按照依法、自愿、有偿的原则进行转包。1996年，第一轮土地承包到期，延长30年承包期；农民外出务工增多，承包的耕地出现撂荒现象，全县大力推广土地流转。2001年，全县土地流转有业主406户，承包经营2534.7公顷，其中租赁1913.2公顷，转包522.1公顷，拍卖26.7公顷，反租倒包42.7公顷，入股30公顷。流转期限为10年至20年，经营规模在3.3公顷以上的业主148户。2003年，土地流转1770.2公顷，签订合同2361份。转让土地中的耕地1350.9公顷，荒坡荒地257.3公顷，其他162公顷。转包515.1公顷，转让235.9公顷，互换118.6公顷，出租589公顷，入股0.7公顷，其他310.9公顷。流转面积最多的是睦坝乡，流转土地238.9公顷。其中转包17.5公顷，转让17.2公顷，其次是黄坪乡，流转130.7公顷，均为出租经营。按流转对象分：农户之间1005.6公顷，企业13.6公顷，科技人员207.8公顷，机关干部52.1公顷，城镇职工、居民238.9公顷，其他402.3公顷。实行适度规模经营的面积241.9公顷，其中柳滩乡41.7公顷，福德镇61.3公顷，凤石乡110公顷，兴旺镇28.9公顷。流转年限10年以上的1142.3公顷，10年至30年的506.3公顷，30年以上的121.7公顷。实行两田制的耕地面积为359.6公顷，其中：马回乡167.4公顷，龙云镇126.7公顷，徐家镇65.5公顷。2005年，农村土地承包经营流转土地908.5公顷，其中耕地791.7公顷，荒山荒坡67.6公顷，其他49.1公顷。流转最多的是龙蚕镇，流转95.7公顷，其次是徐家镇，流转81.8公顷，正源镇流转80.7公顷。转包308.9公顷，转让116.7公顷，出租254.7公顷，拍卖3公顷，互换121.1公顷，其他104.1公顷。实行适度规模经营的耕地84.3公顷，其中：罗家镇46.7公顷，长梁乡37.6公顷。流转对象中，农户之间的554.1公顷，企业47.3公顷，科技人员47.7公顷，机关干部22.7公顷，城镇居民8.7公顷，其他227.9公顷。流转期限10年的500.5公顷，10年至30年的347.7公顷，30年以上的60.2公顷。签订合同经管理部门审定的318.3公顷，签订合同未经管理部门审定的191.4公顷，口头约定的339.3公顷，无约定的59.5公顷，共签订土地流转合同2185份。

【农村新经济联合体】 在改革农村生产和农业经营管理中，蓬安出现新经济联合体和专业大户，开始农业产业化和多种经营的进程。1989年，全县有32个新联合体，从业人员116人，其中林业1个4人，工业22个55人，运输业7个48人，畜牧业1个5人，其他1个4人。全县共有专业大户176户，人口778人，有劳动力403个，从事专业的劳力240个，请帮工或徒弟23人，全年其家庭总收入791757元，其中专业收入487723元（出售专业产品20415元），全年纯收入407196元，人均523.4元，比全县人均260元增收263元。1993年，有合作组织126户，其中种植业13户、畜牧业34户、工业6户、运输业46户、商饮业4户、其他行业23户。2003年，有社区合作组织1665个，其中乡镇13个，村级合作经济组织821个，年末有生产性固定资产原值7751万元。其中村组集体所有2195万元，农民家庭自有5551万元，其他经济方式5万元。2005年，专业合作组织总数24个，按组织结构划分：基层专业合作组织22个，其中出资入股的2个，专业合作社3个，专业联合组织2个；按行业划分：种植业12 个，畜牧业6个，渔业3个，其他3个；按服务内容划分：产加销综合服务5个，运输服务为主1个，技术信息服务9个，其他9个；按登记注册情况分，登记注册的3个，未登记注册21个；按设立人情况分：农民16个，农技服务组织及农技人员1个。成员总数有21030人，其中农民18900人，带动农户8200户。合作销售农产品总量2822吨，其中谷物类350吨，蔬菜类50吨，干鲜果类451吨，农食蛋类270吨，水产品类1550吨。合作购买农用资料总数247万元，其中化肥121万元，农膜18万元，饲料48万元，农药兽药29万元，其他31万元。培训农民8060人次。有资产3.2万元，其中固定资产3万元。生产者成员股金53.2万元，其中周口镇50万元，总收入1420万元，总支出1417万元，盈余3万元。实行盈余返还的专业合作组织4个，成员人均纯收入1960元，比当地生产经营同类产品农户人均纯收入1622.02元增收338元，增20.83%。

【农村税费改革】 1986年，农民交公粮改为交税金。至1993年，全县农特两税人均10多元，加上村提留人均负担40元左右。1994年1月30日，国务院颁发《关于对农业特产收入征收农业税的决定》，将原征收产品的若干税目也纳入征收农业特产税规定。2001年，全县农特两税人均34.25元，加上村提留和乡统筹等，人均负担191.04元。2002年，县委、县政府制定《蓬安县农村税费改革试点方案》，取消现行按农民人均纯收入一定比例收取的乡镇统筹费，即乡镇村农村教育费附加、计划生育、优抚、民兵训练、卫生、文化、广播电视、乡村道路修建维护等八项费用；从4月1日起，取消生猪屠宰税及随屠宰税收取的附加基金；逐步取消劳动积累工和义务工，在三年内逐年减少直到最后取消。调整农业税政策，调整农业特产税政策。改革村提留的提取办法，比例不超过农业税征收的20%，采取新的税附加方式统一收取的办法。9月25日，县委成立农村税费改革领导小组，下设办公室，推进农村税费改革，先在白玉乡搞试点，然后全县推广。试点乡农民负担由原来200元左右（最高达到300元）减少到80元，人均减少150元左右。全县农特税按7%税率计算，农民人均60元，两工以劳折资人均18元，两项合计78元。2003年，农业税下调3个百分点，同时取消特产税。2004年，全县对税费重新核定，张榜公示，落实到户，并将省政府《告全省农民朋友书》，发至全县154600户农民手中，纳税通知单也发放到每户纳税人手中，人均负担35元，其中：农业税按4%税率计算人均30元，两工折资5元。税费大大降低，农民积极交纳，6月份即全部交清。2005年，全省统一取消农特两税和“两工”，从此农民没有税费负担。

【粮食流通体制改革】 1992年11月，国家对粮食经营和销售价格放开，全面实行市场调节。取消城乡居民粮食供应、凭票定量供应。1995年，全县粮食企业普遍实行劳动合同制改革，企业职工与企业签订劳动用工合同。建立了四川蓬安国家粮食储备库。1998年，国家对粮食流通体制改革提出“两线运行”，即政策性业务和商业性业务两线；“四分开”，即政企分开、国家储备与商业性经营分开、中央和地方责任分开、老新挂账分开；“三项政策”，即按保护价敞开收购、顺价销售、收购资金封闭运行；“一完善”，即完善粮食企业内部经营机制和“一项改革”即粮食流通体制改革等一系列改革的重大政策和举措。2000年，县政府实施市政府提出的粮食改革措施“五个统一”：即统一组织领导，统一补偿标准，统一资产管理，统一返聘人员的公开、公平、公正的考试、考核录用办法和上岗抵押金统一运作；“七个一批”，即按规定对合同工认真清退一批；用自有资产买断一批；用固定资产安置一批；按照有关法律法规和厂纪厂规处理一批；争取政府出台优惠政策和挤出资金适当补贴送交一批；实行破产兼并一批。全县粮食系统除保留四川蓬安国家粮食储备库外，8个粮食购销企业按照这一方案改制；43人移交社保托管，1279人给予一次性经济补偿，了断职工身份，解除劳动关系，占职工总数1322人的96.7%。2004年，国家实行粮食省长负责制、市、县长责任制，加强对粮食经济宏观调控力度。粮食市场全面放开，粮食企业走向市场参与竞争。2005年，国家启动最低收购价政策，由中储粮总公司全面负责实施，定期发布粮食品种最低保护价，在市场粮价低于国家最低保护价时，国家适时启动最低保护价收购，确保农民增收、粮食储备。2006年，蓬安县粮食局代表国家和政府履行管理和经营粮油购、销、储、运、加、供、管职能。全县原粮油管理站基本没有经营粮油购销业务，经营粮食的企业和个体户，由县粮食局审核办理粮油收购许可证，县工商局办理粮油收购执照，全县办理粮油收购个体户36户。全县共建立优质粮油生产基地9个，推广种植优质粮油品种6个，落实订单收购1.7万公顷，订单收购粮食3000万公斤。

【水电体制改革】 1988年10月，县政府决定在县水产技术推广站挂蓬安县渔政管理站和渔政监察中队牌子。1989年，全县7个区成立水利电力水保管理站，由县水利电力局派技术干部兼任站长。1990年，县政府明确中小（一）型水库和装机100千瓦以上的电力提灌站由水利电力局直接管理，并由水电局任命站长，小（二）型水库以下的水利工程（山平塘、石河堰、电灌站、集中供水站）行政上由乡镇水电管理站管理，业务上由县水电局指导。县电力公司兼并原水电局下属水电物资供应公司，人财物一并转入电力公司。

1991年7月，马回水电站与县电力公司合并为四川省蓬安马回水电厂，属地县联办中型企业，行政上县政府领导，业务上归地区水电局管理。1993年4月，水利电力局划转为水利电力水产开发服务总公司，履行原水电局全部工作职能。1997年8月，恢复水利电力局，水保办、防洪办划回水电局，水利电力局成立水政监察大队，水保办公室升为水土保持局。1999年，全县供电和农电管理由水电局移交马电公司负责。2000年，马回电力股份有限公司划归县经贸局管理。水利工程建设实行报账制度和招标承包制度。2001年11月，县水利电力局更名为水利局，7个区水电管理站同时撤销，成立各乡镇水电管理站，人财物交乡镇政府管理，业务上由水利局负责指导。水利局下设水利服务中心。2002年6月，水利局对9座小（一）型水库管理站管理体制改革，水库原有职工全部一次性买断工龄，重新竞争上岗，一年一聘；实行站长法人代表制，水利局聘任站长，站长聘用工作人员，分级负责，站长由水利局一年一聘。2006年，蓬安县水利局管理全县水利建设和水资源水政工作。

工商企业改革

1986年，蓬安县积极推行工商企业改革。全县共有县属国营、城乡集体、乡镇集体工业企业131户，其中国营工业企业13户，县属集体工业企业15户（原二轻企业13户、其他集体企业2户），街道企业5户，乡镇企业局所属集体企业5户，区、乡镇集体工业企业93户。1987年，全县全面推行承包经营责任制和厂长经理负责制。1988年，在工业企业，特别是集体工业企业中广泛推行任期目标责任制、招标承包制、工资奖金总额与效益挂钩的分配制、招标租赁制、多种经济成分股份制，微利和亏损的小企业进行拍卖。要求实现招标竞争选择经营者有新突破、劳动人事制度改革有新突破、用工和工资制度改革有新突破、横向经济联合有新突破、政府职能转变及配套改革有新突破。全县工商企业推行“五制一拍卖”和“五个新突破”改革措施后，活力进一步增强。1990年，县属企业全面转入以转换企业经营机制为核心的综合配套改革，实行简政放权，企业成为自主经营、自负盈亏、自我约束、自我发展的法人实体和市场竞争主体。县政府重点抓企业承包合同续签和第二轮承包合同衔接。全县签订承包经营合同企业占全县工业企业总数97%。1991年，县政府对全县工业企业实行产品定价、人事用工、内部分配、技改与发展由企业自主决定；商业企业经营放开、价格放开、分配放开、用工放开改革。1994年，县政府确定对国有、集体企业进行股份制改造，探索建立现代企业制度的有效形式和途径。12月，对全县乡级以上所有企业全部实行劳动合同工制度。取消国有企业级别，打破干部工人界限。1996年，全县国有、集体工业企业41户中，有26户亏损，占63%，县政府先后制定《关于国有企业产权制度改革试行办法》《城镇企业产权制度改革试行办法》《蓬安县属企业产权制度改革若干重要问题的暂行规定》等文件，提出对资不抵债、生产经营萎缩、长期处于停产半停产状态的企业进行产权制度改革。2000年，县供销社全系统11户企业产权制度改革，一次性以资产（资金）安置补偿职工。商业国有集体企业均先后实施产权制度改革。2001年2月，县政府发出《关于加快工业企业改革和发展若干问题的决定》，整体推进工业企业产权制度改革进程。2003年底，全县企业改制面达98%。改制后，从单一计划经济模式的全民所有和集体所有体制经济，调整形成全民所有制、股份制与股份合作制、民营企业、个体私营经济等多种经济成分、多种分配方式并存的新经济体制；改革后政企分开，资产重组，化解企业历年银行债务4.5亿元，政府每年减少支付国有企业职工基本生活费500万元；转变就业观念，全县6363名国有企业职工转变身份了断劳动合同关系，妥善安置或进入私营企业或成为个体工商户就业；利用原国有企业部分资产招商引资，吸引外地客商投资，吸纳民间资金1.9亿元，盘活存量资产1.8亿元；形成工业经济机械冶金、水电能源、农产品加工新的三大支柱产业。2006年，全县工商企业改革基本结束，效益增长，工业增加值达100462万元，是1986年的56.95倍。全县商贸流通以民营个体经营为主。

【厂长（经理）负责制】 1986年，蓬安县开始启动城市经济体制改革，积极推行企业承包经营责任制和厂长经理负责制。1987年，县委、县政府在全面推行厂长经理负责制的意见中要求全县国营、集体工业企业都要进行这项改革，并成立领导小组负责推进。全县13户国有工业企业，10户二轻集体工业企业和其他乡级及乡级以上集体工业企业共65户都推行承包经营责任制和厂长、经理负责制。商贸企业全面推行经理负责制。是年，县供销社在系统内广泛推行主任（经理）负责制，对12个企业法人代表实行公开竞选、公开演讲、公开评分、公开考核，全系统共有16人竞聘。根据平等竞争、民主考评、择优选聘的原则，选聘了12名企业法人代表，原企业法人代表中2人落聘，不再异地任职。这次改革，改变了封闭式考察选择企业领导的方式，打破职务待遇、干部身份终身制；改革了分配办法，实行工资与企业经济效益挂钩，取消了“大锅饭”。1988年，全县各工业商贸企业按照县委、县政府统一部署，完善厂长经理负责制和经营承包责任制，企业活力进一步增强。1月，表彰了在改革中涌现出来的17个先进企业、12名优秀厂长、经理和35名先进个人。

【企业承包经营责任制】 1986年至1989年，县属企业普遍推行承包经营责任制，国有企业、集体企业分别与县主管部门签订承包经营合同。企业与车间、股室，企业与职工层层落实承包经营责任制，企业经济效益有所提高。1989年12月底，全县23户国营、集体工业企业签订第二轮承包合同或顺延承包期。98%的企业进行内部二、三级责任承包或经营承包。改革企业内部用工制度和分配制度，实行经营管理人员聘任制，废除终身制。企业定岗定员，优化劳动组合，实行全员劳动合同管理，增强激励约束机制。1990年，完善承包经营责任制，重点签订第二轮承包协议，与第一轮承包经营相衔接。县政府出台企业承包相关文件，对企业承包指导思想和原则、经营者的确定、承包基数、企业利润使用、审计、监督以及奖惩办法作明确规定；在分配制度方面，正确处理国家、企业、个人三者利益关系，坚持按劳分配、多劳多得原则，推行工资浮动，实行计件工资，效益和岗位结构工资制度，工资标准向第一线生产人员、技术人员、企业销售人员倾斜，浮动工资升级向生产第一线关键性岗位倾斜，重点面向对企业有突出贡献的科技人员。

【工业“五自主”　商业“四放开”】 1991年，全县工业企业实行生产经营、产品定价、人事用工、内部分配、技改与发展“五自主”决定；商业企业实行经营、价格、分配、用工四放开经营改革。县政府成立领导小组，下设办公室，挂靠县经委负责日常工作。在南充汽车改装厂、天府机器厂、县丝绸厂等5户工业企业试点。6月，县供销社根据省体改委、省财办、省供销社“四放开”文件精神，组织人员到重庆学习经验，回县后先在锦屏区周口商场开展“四放开”试点，仅5个月，效益明显提高，商品销售、利润、税金分别比上年增长20.74%、17.3%、20.74%，销售额比全系统上升幅度高出18%，资金周转比上年同期加快6天。1992年10月，全县100户工业企业中，44户工业企业实行“五自主”，64户集体企业推行计税成本工资。70户企业6952人参加社会退休金统筹。是年，全县国营工业企业“五自主”达到15户（新增麻纺厂、南充汽车改装厂），集体所有制工业企业88户（县属20户、街道企业3户、乡镇工业企业65户），实现销售收入20110万元，利税2665万元，创利润348万元，年末固定资产原值39571万元。全县商业系统7个国营公司和1个集体公司全面推行商业“四放开”，3个商办（管）工厂推行工业“五自主”，开始新一轮企业改革。县供销社在7个基层供销社和日杂公司全面实施“四放开”风险抵押经营责任制。

【股份制与股份合作制】 1994年，蓬安县对国有、集体企业进行股份制改造。县政府先后在嘉宝公司、天府机器厂、塑料厂、兽药厂进行股份制改革试点，各企业均建立股东会、董事会、监事会、经理层为主要内容的法人治理结构，多数实行职工持股，建立利益共同体，企业生产、经营有一定程度好转。天府机器有限责任公司、马回电力股份公司、嘉宝汽车股份公司、新华药业股份公司实行股份制后发展态势良好。12月，对全县乡级以上国有企业、股份制企业、城镇和乡村集体企业、外商投资企业、联营企业、私营企业、个体经济组织的所有固定工、劳动合同制职工、混岗大集体职工，全部实行劳动合同工制度。取消国有企业级别，打破干部工人界限，企业干部职工均为企业员工，企业干部身份同时取消。全县15户国有工业企业、25户集体工业企业，共计10357名职工与所在企业签订用工合同书，固定工为合同制工人。全县有20户集体工业企业实行股份合作制，其余企业均深化企业内部改革。是年，全县国有工业企业总产值比1993年增长5.3%，集体工业企业总产值比1993年增长10.3%。

1995年，马电公司再次进行股份制改造，国家股占40.06%，法人股占56.44%，个人股占2.5%。公司按照精简高效原则，建立股东大会、董事会和监事会。四川嘉宝汽车有限责任公司进行股份制产权制度初步改革，公司产权原由国家、集体持股两部分组成。后普通个人股有310万元，其中员工了断关系时安置费转为股金的有160多万元，管理人员缴纳岗位股有133.1万元。1999年7月，嘉宝公司进一步明晰产权，转换企业经营机制，公司以现金安置补偿每个职工1.2万元，了断原628名全民所有制企业职工身份，职工总数精减到428人，改制后实行资产重组，公司设总股本金727.44万元，其中个人股603.31万元，占股本金总额的82.9%；国家股60.14万元，占股本金总额的8.3%；补充保险金63.99万元，占股本金总额的8.8%。公司实行“三制”转换，员工实行入股分红。2002年，公司实现工业总产值9593万元，销售收入4930万元，实现利润210万元，上缴税金500万元，股金分红年由12.6%提高到15%，成为改制后县上的骨干工业企业。2005年，嘉宝60万元国家股有偿转让，国有资本退出，公司经营层以200万元买断国家股后，企业完全成为私营股份制企业。

1996年至2006年，兴华药业有限公司、县建筑公司、县二建司、县奔驰公司等企业都进行公司制改革，组建股份有限责任公司，企业成为股份制企业。

【租赁经营】 蓬安县在企业改制中还采取租赁经营的形式。1996年，蓬安县面粉公司停产，2003年破产，总资产600万元，总负债高达1712万元，厂房设备难以变现，职工安置陷入困境。2004年，与巨龙农业发展有限公司达成租用厂房和办公楼的协议，年租金10万元。一家小型针织厂租用附属用房300平方米，用工60人，生产针织品。

1997年，蓬安县织布厂在效益急剧下滑的情况下，将服装分厂和玻纤分厂租赁给个人经营，租期至2003年止，两个分厂安排职工286人，缓解了该厂的压力。

2000年，会龙丝绸厂改制，1100名职工与企业解除劳动关系落实安置后，为以资抵债，实行返租经营，将缫丝车间及配套设施租给南充客商张志强，年租金10万元，原丝绸厂300名职工重新上岗。2001年12月，停止生产。2002年6月，县蚕业局利用厂房和设备，组织人员生产生丝，年产丝20吨。2003年10月，将厂房、设备租给南充客商钟诚生产到2004年4月止。5月，又将厂房、办公用房8000平方米和设备租给南充赛克斯纺织公司张道伟，年租金5万元。张道伟租下后，组建蓬安县金伟丝绸有限公司，150名原下岗职工重新上岗，主要生产白厂丝、双宫丝，2006年，生产生丝90吨，实现销售收入1620万元。

2000年，蓬安钢厂总资产3259万元，总负债为7675万元，被迫停产。是年，福建客商刘亨清以年租金60万元与钢厂达成租赁经营协议，再投入资金1000万元进行技术改造，购置轧钢设备、恢复生产。2003年5月，业主刘亨清出资1200万元，整体收购蓬安钢厂全部资产，组建四川蓬安航星钢铁公司。

2001年5月，蓬安植物油厂依法破产，资产难以变现。2003年3月，彭州绿源食品有限公司对植物油厂尚存资产租赁经营，继续从事植物油生产、销售。

2003年，蓬安丝绸厂破产，南充业主弋光全出资370万元，收购丝绸厂缫丝生产线，重组蓬安海峡丝绸有限公司。2005年3月，租赁给浙江台州路桥纺织机械厂私营业主罗华法独资经营，从事缫丝生产。原丝绸厂下岗员工260名重新就业，实现销售收入3500万元，入库税金60万元。

2004年，马回电力股份有限责任公司，对亏损严重的电石厂一度出租给外地客商李平经营，后整体出售；对拥有资产权利的蓬安宾馆和相如饭店先后租赁给公司内部职工经营。

【企业产权制度改革】 1994年，蓬安县开始企业产权制度改革，国有企业县果品厂依法破产，重组东太实业公司。商贸企业县蔬菜水产饮食服务公司、糖酒公司等按照“两权分离”原则实行“国有民营”。1995年，县麻纺厂宣告破产，清偿债务安置职工后，重组亨达纺织公司。1996年，县委、县政府制定国有企业产权制度改革试行办法，提出对资不抵债、生产经营萎缩、长期处于停产半停产状态的企业先期进行产权制度改革的意见，要求加快改革进程，采取破产、企业解体、出售资产、资产重组等多种方式进行，以出售企业资产为主。在改制中，严格执行有关政策，以点带面规范运作。1999年11月，县蔬菜水产饮食服务公司实施企业产权制度改革，企业用净资产安置全体职工（包括退休职工），组建成立“四川省蓬安金瑞达有限责任公司”。2000年9月，县政府批准蓬安县酒厂、蓬安县物资供应公司依法实施破产，企业变现资产安置职工后解散；蓬安县对外经济贸易公司实施产权制度改革，企业转让产权，了断职工与公司的劳动关系和国营企业职工身份，重新组建“蓬安恒通对外经济贸易有限责任公司”。原二轻局所属9户集体工业企业全部完成企业产权制度改革。县供销社系统开始企业产权制度改革，两年后基本完成。2001年2月，县委、县政府作出《关于加快工业企业改革和发展若干问题的决定》，明确提出国有资产必须尽快从竞争性产业退出，以出售为主要形式，实行资产重组。要求做到百分之百触动产权、百分之百转变机制、百分之百转变职工身份、百分之百盘活存量资产的4个百分之百。坚持决心一次下够，改制一次完成，招商一步到位。为解决安置职工的资金缺口，采取企业资产变现筹集一部分、财政周转资金借出一部分、解困就业资金安排一部分、金融机构借贷一部分、出售职工公有住房收入一部分等办法，筹集改制本金1.07亿元。全县企业改制推进很快，周口镇3户街道工业企业和乡级及乡级以上的乡镇集体企业采取拍卖、解体、出售等方式，完成产权制度改革。嘉宝汽车股份有限公司、东太食品公司、面粉公司、亨达纺织公司、马电电石厂、醋厂等6户国有工业企业也进行产权制度改革。乡镇企业局所属11户企业，除钢厂、供销总公司、建筑总公司3户外，其余8户已进行产权制度改革。交通企业中县航运公司所分立的六个企业，除船舶公司外，其余轮船公司、轮船客运公司、宏达水运公司、建筑公司、砂砖厂等五个企业全部破产改制，变现剩余资产，交通局用工程建设名义贷款300万安置职工；县运输公司整体拍卖给营山一私营老板经营。集体商业企业经过近十年改制过程，全面解散。2002年至2003年，顺利完成烟厂、钢厂、丝绸厂、肉联厂、植物油厂、酒厂、佳欣染织厂、天府机器公司等8户规模以上工业企业产权制度改革，转变国有企业职工身份5618人，消化债务4.36亿元。全县国有企业除马回电力股份有限公司、县自来水公司、县天然气公司因直接关系到群众的生产生活等切身利益，且效益较好，未改制外，其余已全部改制。改制的国有企业职工与原企业解除劳动合同关系，转变身份，妥善安置职工6363人。15户国有工业企业整体出售12户，占改制企业的80%。23户集体所有制工业企业除县建筑总公司因无资产尚未改制外，其余22户已完成改制任务，安置职工2423人。

1996年至2006年，蓬安县出台的企业改制文件，对企业改制债权债务处理从总体上规范处置办法和原则。企业确无力偿还，职工安置又有困难的，资金数额在50万元以上的，报经县政府批准，在50万元以下的，报经县财政局批准，予以豁免。但只能用于支付职工安置费的改制成本。企业在市以上财政借款，县财政部门协助企业争取上级财政核销。原二轻局所属11户工业企业，除一建司组建股份制企业，偿还部分债务时，余下债务由新组建的股份制企业承担。其余10户企业全部解体，资产竞价出售，除安置职工外，已全部清偿银行债务。县乡镇企业局所属11户工业企业，有10户企业改制后清偿了银行债务。

蓬安县企业产权制度改革对职工安置补偿实行一企一策。总的安置补偿费，以不超过1998年全县企业职工人均工资额度的3倍。按基本安置费和工龄补偿费两部分组成，补偿安置到职工人头。其基本安置费按安置费总额的40%至50%计算到职工人头，工龄补偿费按安置费总额的50%至60%，以职工的实际工龄计算到人头，由于资产变现和原有经济状况不同，企业职工安置费总额也有差别，集体企业职工安置费2000元到20000元。国有企业职工安置费5000元到15000元左右。离退休人员的安置补偿费，一次性从企业变现资金中，按本企业职工平均安置费的130%的标准计算总额，直接划给社保部门，由社保部门按规定每月给其发退休金，直至死亡。企业职工养老、失业保险金，累欠金额按实际情况，一次性从企业变现资金中划给社保部门。企业退休人员医疗费由企业按每人1000元至3000元的标准，二等乙级以上残疾军人按每人4000元的标准，从变现资金中发给本人，一次性了断，个人可按有关政策自行参加医疗保险。离退休人员的医疗费按每人6000元的标准划给公费医疗办公室，实行医疗费统筹。特殊人员中的供养人员生活补助作一次性了断。挂靠人员一律按离职处理，不计发任何费用，也不进行失业登记。临时工一次性支付解聘费用后辞退。因工致残人员和癌症等危重病人，按有关规定，对其伤残、医疗补助费作一次性补偿了断。对工程占地招工人员和森工转产人员除领取一次性职工安置费外，还根据企业实际情况，给予最高不超过1000元的经济补偿。对下岗分流职工，县政府制定就业再就业优惠政策，举办就业技能培训班，积极鼓励和引导走自谋职业之路。

2006年，蓬安工商企业改制除个别遗留问题外，全县基本结束。落户蓬安的金华纺织公司、海峡丝绸公司、钢厂等一批规模较大民营企业提供就业岗位2600个，吸纳下岗分流人员2200人重新就业；其他民营企业和商贸、旅游、服务等行业重新就业2100人，个体私营企业重新就业1100人，实现就业再就业总人数占企业改制时下岗分流人员总数的64%。

【个体私营经济发展】 1986年，蓬安工商企业改革的同时，私营经济得到较快发展，全县个体工商业户恢复发展到3078户，从业人员4191人，营业额达到1879万元。县政府出台《关于加快乡镇企业发展的若干规定》，号召“全民动手，大办乡镇企业”，要求“农、工、商、建、运、服”齐头并进，乡镇企业达5973个，从业人员达18700人，年产值达7000万元。1988年底，全县个体工商户和个体私营商业企业达7688户，从业人员10201人，注册资金1250万元，销售收入10.5亿元。1990年，县政府提出《关于全县个体私营经济的发展情况和建议》。工商部门将有关政策文件翻印成小册子发至个体私营者手中组织学习，号召个体私营户“扩大经济，加快发展”。1991年底，全县个体私营经济户9839户，从业人员28300人，产值2.34亿元。1991年，蓬安国有集体商业企业实行“四放开”流通体制改革，促进了县内个体工商业发展。工商企业改制后部分人员纷纷自立门户，从事个体经营；农民进城或在集镇积极申办各具特色的商业、服务业。全县个体私营经济户达9839户，从业人员28300人，产值2.34亿元。1995年，全县个体工商业户8371户，从业人员10437人，规模超过国营商业。1996年，成立蓬安县个体私营经济管理办公室，挂靠县工商物价局，做好服务工作，落实政策优惠，进一步促进了个体私营经济发展。个体工商户发展到10518户，从业人员12586人。1993年前，全县私营企业不到20户，1997年，发展到150户，私营企业固定资产100万元以上的近20家，私营企业注册资金3120万元，总产值6390万元。1998年，74户公有制企业通过租赁出售等形式转入个体私营企业，重组私营工业企业17户，私营商贸企业5户，桑、果、畜个体种养殖业户5户。1999年，县政府成立蓬安县优化经济环境领导小组办公室，支持私营经济发展。2000年，出台鼓励再就业的优惠政策，个体工商户发展到14356户，从业人员20386人。2002年，县政府表彰一批有突出贡献的私营企业，全县个体工商户达到16085户，个体私营企业达到201户，从业人员23457人，实现产值10.6亿元，实现税金3025万元。2003年，县委、县政府成立政务服务中心，实行一站式服务，支持私营个体经济发展。2006年，一些个体工商业户开始创办私营企业，全县个体工商业户总数减少到6257户，从业人员11586人，实现销售收入增加到87907万元，缴纳各种税费4404万元，个体工商业占全县社会商品零售总额的78.9%。招商引资10户规模以上私营工业企业落户机械冶金工业园、12户落户轻纺食品工业园，蓬安个体私营企业发展到223户，注册资金33214万元，入库税金3601万元。

部门体制改革

1986年，蓬安县部门经济体制改革从计划、物价、工业、农业、商业经济主管部门放开经营入手，逐步形成国家、集体、个体一起上，大力发展县域经济，农业形成产业化经营，工商业个体私营发展壮大，国营、集体经济成分逐步减少。1990年，计划管理体制逐步放开，财税金融、流通、价格、住房、行政审批、工商管理、交通、国土等逐步加大市场调节力度。1992年，行政部门改革，实行“小机构、大服务”，政府工作职能开始整体转向服务为主，经济发展逐步推向市场。2001年，县乡政府机构再次改革，企业产权制度改革基本完成，部门以监督服务为主的管理体制基本理顺。2006年，全县形成以市场经济发展为导向，政府宏观调控为主的经济体制格局。

【计划体制改革】 1986年，蓬安县计划管理体制继续按照计划经济模式运行。之后，随着改革开放深入发展，逐步扩大市场调节。1990年，政府在执行指令性计划的同时，扩大指导性计划，对部分关系人民生活的主要产品如粮、油、盐、煤和生产所必需的化肥、农膜、蚕茧、生丝、柴油、建筑行业的钢材、水泥、木材等仍由政府调控、计划定量分配，不足部分由市场调节，形成计划内分配物质和计划外市场调节的价格“双重”机制。1992年，计划体制逐步改革，对一些可以松动的计划指标改变过去严格控制的做法，转而积极予以支持。如对县内自筹资金建修房屋适度放宽，基本建设和重点项目投资，原规定生产性投资300万以上2000万以下要地计委审批，蓬安运用改革试点县扩权政策，可审批市一级基建项目，审批上报嘉陵江大桥、油路改造等一批重点项目。1993年，全县各部门、单位积极向上争取项目资金，新修和改造农资大厦、万博商厦，启动周河一级公路、环城公路、建设南路等全县一批地方重点工程建设项目。1995年，国家加大对小集镇建设力度，计划部门下达基建、农转非等计划经济指标积极配合，一次性给河舒小集镇解决农转非指标2000名。1996年，先后下达给罗家、金溪、兴旺小集镇建设农转非指标各1000名。1998年，给开发区建设农转非指标456人。1995年至1999年，累计用于小集镇建设和经济发展的农转非指标近万人。

2001年至2006年，计划部门由原先的指令性计划直接管理为主，转向指导性计划间接管理为主；由原先制定年度计划为主，转向制定中长期计划、发展战略为主；由原先重视生产投资计划管理为主，转向能源、交通、通讯基础产业计划为主；由原先的计划调控为主，转向调控与服务为主；由原先的基本建设从控制规模为主，转向产业政策、资金投向、管好重点项目为主。城市经济重点指导工商企业产权制度改革。农村经济继续巩固，完善联产经营承包制和统分结合的双层经营体制。重点工程建设主要是积极争取项目资金，依法加强招投标管理。

【投资体制改革】 1986年，蓬安县经济建设投资体制开始由单一的国家集体公共资金投入逐步向国家集体公共投资、民营个体私人投资以及外商投资等多元投资转变。1986年至1990年“七五”计划期间，全县经济建设投资31235万元，其中，各级财政投资4807.1万元，银行贷款

10036.1万元，两项合计投资（即全民投资）占总投资的47.52%，企事业单位自筹资金投资9182.9万元，占总投资的29.39%，县外客商投资3825万元，占总投资的10.83%。

1991年至1995年“八五”计划期间，县委、县政府出台文件鼓励民间资本投入经济建设，并给予服务环境、财税管理等方面的优惠政策，积极推进投资体制改革，加快改革开放和经济建设步伐。其间，全县经济建设投入76677万元，其中，国家公共财政及贷款投入34604.33万元，占总投资的45.13%。集体自筹资金投资17781.39万元，占总投资的23.19%，利用县外资金11685.57万元，占总投资的16.24%，个体私人投资11838.92万元，占总投资的15.44%。“八五”时期同“七五”时期比较，国家投资减少2.3%，集体投资减少6.2%，县资金和个体投资分别增长4%和4.61%.

1996年至2000年，县委、县政府在征地、税、费、办手续等方面给予外资和个体经济投入优惠支持，吸引了县外资金和本县私营个体资金对经济建设的投入。“九五”计划期间，全县固定资产总投资130330万元，其中国家公共财政及贷款投入54934.09万元，占总投资的42.15%，集体自筹资金投资23837.36万元，占总投资的18.29%，县外客商投资25257.95万元，占总投资的19.38%，个体投资26300.59万元，占总投资的20.18%，县外资金和个体投资首次超过集体自筹资金投资。

2001年至2006年，进一步改革不适宜经济建设发展的投资体制，加大招商引资力度，县外资金不断投入蓬安经济建设，改变了县域经济发展投资结构。2003年至2006年四年间，蓬安县招商引资达289800万元，占全县投资总额794640万元的36.46%。个体私人投入113712.98万元，占总投资的14.31%，两项合计投资占总投资的50.77%，超过本县国家和集体公共资金投资。

【财税体制改革】 1986年，财税体制沿袭1983年起财政“划分收支，分级包干”，收入按比例上解和留用等各种形式的预算管理。1994年起，分为国家税和地方税，成立国家税务局和地方税务局。分别依照税法征收和管理。2006年，仍实行这一体制。

收入体制改革 1986年，南充地区核定蓬安县收入上解比例16.3%，分成比例为83.7%，完成包干任务后，超收部分上解地区财政20%，留县财政80%。人行南充分行和地区财政局下发的文件精神，全县收入留解比例调整为上解24%、留县76%。对区乡镇财政体制进行改革，将区乡镇统收统支财政管理改为区乡镇分级管理，实行“定收定支，收支挂钩，收入超收分成，支出结余留用，一年一定”的预算管理。1989年，县政府确定区乡镇财政收入留解比例，罗家区全留，最少的锦屏区留57%，上解43%。之后，县政府又对区乡镇财政实行“递增包干”的预算管理。1992年，县行政事业单位试点改革，预算管理亦本着“统一领导，分级管理”原则，实行“收支平衡，量力而行”。推行行政单位“定员定额包干”，事业单位由“全额管理”向“差额管理”过渡，“差额管理”向“自收自支”和“企业化管理”过渡。对集体事业单位改“定项定比例补助，一年一定”为“定项定额补助，基数包干”，对纯行政机关、党派团体和无稳定预算外收入的事业单位实行“经费包干，结余留用，超支不补”。对有稳定预算外收入的事业单位改“收入单位全留，支出财政包干，结余留用，财政不补”为“收入部分抵支，支出定项补助，节余留用，超支不补”，对差额预算单位改“定项补助，一年一定”为“定额补助，基数包干”。1993年，对乡镇实行“核定收支，收支挂钩，递增包干，一定三年”的财政管理。1994年，税制改革分设国家税务局和地方税务局后，至2006年，财税收入按照分税制政策执行。

支付体制改革 1986年至1996年，由县财政局按预算支付金额，定期或不定期地下拨到县级各行政事业单位和各乡镇及其事业单位，由单位和乡镇自己支付，报县财政局入账。1996年，县成立会计核算中心，县级各行政事业单位和各乡镇及其事业单位的所有支付都要报县会计核算中心审核后支付拨款。国税和地税部门的费用支付由上级国税局、地税局按政策规定直接安排支付使用。

征收管理改革 1986年以来，先后采用“定期定额、委托代征、查验征收、查账征收、驻厂征收、起运征收、批发扣税、集市征管、民评定税、货运管理、行商征管、滞纳管理、区域平衡定税、纳税信用等级”等各种手段进行征管。1995年，开始建多功能办税服务厅。2000年，建立

"以纳税申报和优化服务为基础，以计算机网络为依托，集中征收，重点稽查"的征管模式，进行税收征管。2003年，实施多元化申报方式，重点推行银行邮政储蓄网点申报和银行卡缴纳税款，电子申报成为多元化申报的主体。2006年，实行纳税人"购票纳税"办法，当年购票总额1390万元，征收税款104万元，定期定额征收35万元。全县使用新版发票，加强金融保险、邮政、电信、移动等行业发票管理，医药、住院、交通运输纳入直接管理。

【金融体制改革】 1986年，国家金融体制改革，蓬安县人民银行与县工商银行分设，县人行负责对全县金融机构实施综合管理职能，对全县金融业改革与监督管理。1989年，南充金融市场在县人行设立代办处，负责对县域大型企业和企业技改项目及地方经济建设发行债券进行审查、申报、监管，对全县供销社股金、县工商联个协互助储金会股金进行清理、整顿和兑付。1996年10月，按照国务院文件，县农村信用社与县农行脱钩，自成体系。12月，县农发行从县农行分设，建立和完善了以合作金融为基础，商业性金融、政策性经营分工协作的农村金融体系。1998年，对39个农村信用社主任的任职资格进行审查。1999年，上级人行撤销县级人行金银收兑点，结束县级人行收购金银的历史。随后放开全县金银市场。县人行履行中央银行职责，统一管理全县人民币流通市场，统一调度全县的现金供应，对全县银行业各金融机构执行利率依法进行监督、管理、查处，严格监管执法。

1999年，全县开始清理农村合作基金会，对全县49个基层农村合作基金会全部关闭清产核资，3年分期兑付完毕。根据上级指示精神，县委、县政府统一部署，县供销社10个社员股金服务部于6月20日全部停业清理整顿。县委、县政府要求 3年内筹措资金2080万元，按30%、40%、30%三期完成股金兑付任务。1999年至2001年，全系统共筹措资金2110万元，确保兑付资金及时到位。是年，金融企业开始整合业务网点，网点数量陆续减少，功能更全。

2000年6月，撤销中国银行蓬安县支行。2002年4月，撤销城市信用社，组建南充市商业银行蓬安县支行。12月，信用社以中心社为单位合并为8个法人信用社，其他信用社降格为分社。

2003年12月，按国务院要求，各级银监局成立前，由县人行对金融机构在机构设立、服务方向、利率管理、风险管理、有关人员任职资格方面加强监督管理，对银行业金融机构负责人、县财产保险和人寿保险两个支公司正副经理和保险代理人任职资格进行审查，建立任职资格档案，调查考核金融机构人事变动。在风险管理上，对银行业各金融机构在信贷业务中的政策性风险、经营风险、操作风险和道德因素造成的风险进行监管。南充银监分局蓬安县银监组（后更名银监办）从县人行分立，县人行、县银监组分别行使中央银行、银行业监管职能。2005年，根据国务院《深化农村信用社改革试点方案》，县政府先后成立深化蓬安县农村信用社改革试点领导小组、蓬安县农村信用合作联社筹建工作小组进行工作。2006年11月，撤销周口信用社黎家店分社、东风路分社、相如分社、河舒信用社正街分社、徐家信用社向阳上街分社、罗家信用社中华分社、巨龙信用社广兴分社、金溪信用社向东分社、徐家信用社金马分社、黄坪分社，组建9个有法人资格的信用社。全县有金融机构10家、营业网点121个，覆盖城乡。

1986年至2006年，县人行先后履行中央银行制定的"宽松的货币政策""适度从紧的货币政策""适度宽松的货币政策"，积极探索货币信贷工作新途径，充分利用金融杠杆作用，解决中小企业融资和弱势群体资金困难，给蓬安机械冶金、电力能源、农副产品加工三大工业支柱产业和生猪、蚕桑、水果、葛薯四大特色农业产业的培育和发展以大力支持。

【价格体制改革】 1986年，蓬安物价管理由计划内外两种价格的双轨制逐步走向市场调节。1987年6月，贯彻国家计委、国家经委、国家物价局进一步放开小商品价格的意见，放开小商品共11个大类价格，包括日用百货、小五金、化妆卫生用品、儿童玩具、小药品、化学试剂、玻璃仪器、医疗器械等与人民生活密切相关的商品。12月，改进中药材管理办法，对中药材收购价格根据不同品种分别实行最高限价，协调指导价和市场调节价；对其批发和零售价格实行最高差率进行控制；实行全县统一零售价，取消城乡差价。1988年1月，全面放开生猪（猪肉）价格。生猪收购实行最低保护价，等内猪每公斤收购价不得低于2.60元，对猪肉销售规定毛白差率，县城控制在52%以内，区乡控制在51%以内。1992年，全面放开卷烟（含雪茄烟）零售价格和国营蔬菜公司经营的蔬菜价格以及桐籽（油）、蚕蛹干、柑橘、饲料等产品价格。进一步放开日用工业品零售价格，全县工业产品价格除烟、电、棉纱、丝绸、食醋、酱油外，其余产品出厂价格由企业自主确定。对内河货运实行指导运价。1993年1月，放开国产卷烟（含雪茄烟、出口卷烟、旅游外汇烟）出厂价格和调拨价格，由生产经营企业自主定价。9月，县工商、物价局公布新的《四川省分级管理价格的商品和收费项目目录》规定，县管价格的商品和收费项目有：种子、天然气公司管理费、民用煤、自来水、城市公共交通费、城市自行车停放费、游览参观门票、公有住宅房改售价、公有住宅租金、地块标定价等9项国家定价；生猪、物资、城市机动车停放费、新建商品住宅价格、公有住宅维修费等4项指导价。绝大多数商品和劳务价格（约90%）已经放开，国家只管少数垄断性强、需要保护资源和公用事业属于公益性产品和劳务价格（约10%）。1994年，化肥计划内外两种价格并轨为国家指导价，汽油、柴油计划内外两种价格并轨为国家定价。1998年6月，贯彻执行国家计划委员会制定的《原油、成品油改革方案》，改汽油、柴油政府定价为政府指导价，由国家发布汽油、柴油（标准品）零售中准价格，石油经营企业在上下5%的幅度内制定具体零售价格，实行城乡统一价格和明码标价制度。1999年，放开棉花价格，其收购、销售价格主要由市场调节。放开硝酸铵、碳铵、磷肥、复合（混）肥等化肥的出厂价格和零售价格。2001年，全面放开水运客货运输价格。2002年8月，省物价局公布《四川省定价目录》，在1993年目录基础上放开159种商品和服务价格。凡未纳入目录的商品和服务价格品种，一律放开实行市场调节。目录授权县物价局管理的只有小型水利工程供水价格，县乡自来水供水价格，农村食盐零售价格，标定地价、出让底价，经济适用房普通住宅销售价格，公有住房租金、有线电视收费维护安装收费，供电、供水、供气工程安装、检查维护收费，县内旅游景点门票及交通运载工具服务价格等部分项目。放开玉米、小麦、油菜籽价格，实行市场调节。全面放开中药材价格，由生产经营者自主定价。2003年，改革医疗服务价格，改过去由省定价为国家制定医疗服务项目，省管83个项目的服务成本测算和价格制定，其余3883个项目价格标准由市物价局制定；对非营利性医疗机构实行政府指导价，不同等级的医疗机构可在规定的等级差率和浮动幅度内上下浮动；对营利性医疗机构实行市场调节价。2004年，放开粮食收购价，其价格由市场供求形成，必要时由省政府决定对短缺的重点粮食品种实行最低收购价格。

2006年，县物价管理只对水、电、气和涉及农业生产、人民生活的主要物资进行监管，对涉及农民切身利益的建房、就医、子女入学、就业以及购买种子、肥料、农膜等重点行业和重要商品价格（收费）实施监督管理；对行政事业性收费进行监管。

【住房制度改革】 1992年，蓬安县住房制度改革领导小组及办公室成立，启动全县住房制度改革。办公室为临时机构，从县房管所、国土局、各个银行抽调工作人员组成，首先实施出售各单位公有房屋60%的产权给个人的改革措施。1993年，城区已住公房的单位职工大部分都购得房屋60%的产权。乡镇尚未房改。1994年，阶段性房改任务基本完成，临时房改办解散。

1997年，正式成立县房改办，负责全县房改工作。1998年，全县第二次房改启动，房改目标是实现全县住房个人所有化、商品化、社会化，将现有公有住房全部出售给职工个人所有。县政府印发《蓬安县职工住房制度改革实施办法》，对房改控制面积、享受标准、优惠政策等作了详细规定。行政机关事业单位一般干部住房不超过75平方米，股级不超过80平方米，副科级不超过85平方米，县处级不超过105平方米，地厅级不超过115平方米；行政机关事业单位有技术职称的非领导干部，高级职称不超过110平方米，中级不超过90平方米。中级以下的按一般干部控制标准执行。企业职工的住房标准由企业自定，最高不得超过上述标准，困难企业职工一般不得超过

56平方米。夫妻双方按职级高的一方标准购房。控制标准以内的房改售房执行成本价县城410元/平方米，控制标准以外的执行市场价县城420元/平方米；乡镇执行的标准均比县城同类价低20元到40元/平方米。实施办法还对行政事业单位现有住房出售给予折扣和工龄折扣补贴，平均按住房标准以内的32%补贴。每个家庭只能享受一套房改优惠补贴。体改委对实施办法中的有关具体问题处理作了规定。6月，全县第二次房改全面展开，除了出售上次房改剩下的40%产权外，还将1998年6月30日前批准的集资建房以及尚未出售的公有住房纳入房改一并出售。是年，全县大多数公有住房的全部产权出售给职工。

2006年止，全县共有205个单位参加房改，出售公有住房8545套，总面积72.91万平方米，售房总收入2244万元，存入房改基金1525万元（含第一次房改600万元）。其中，城区机关、事业单位126个，售房面积46.82万平方米，售房收入980万元，存入基金840万元；乡镇机关事业单位79个，售房面积9.24万平方米，售房收入805.52万元，存入基金95.54万元，其他企业单位纳入房改9个，售房面积16.85万平方米。企业改制纳入房改优惠的单位9个，售房1689套，售房面积10.47平方米，回收售房款456万元。全县房改后房产证和土地证发放率达99.8%。

【行政审批制度改革】 1986年，蓬安开始注重行政管理体制、行政审批制度改革，规范行政审批行为，克服“办事程序多、收费项目多、部门关卡多”等诸多问题和弊端。1992年，开始清理规范行政性审批文件。1998年，县政府规定，凡属缺乏法律法规规章依据的事项、超越规定的审批权限或审批内容不符合规定的事项、已不符合经济发展要求的事项、各部门自行确定的审批事项、不属于政府职能或不应当由政府直接管辖的事项、属于企业和社会团体及个人自主权的事项一律取消审批。涉及全局性的大型审批项目，由县政府常务会议集体研究，县长审批；属于政府工作某一方面的审批项目，由主管部门提出意见，分管副县长召集相关部门负责人集体审批；属于部门业务和职权范围内的审批项目，由部门领导班子集体审批；公示行政审批项目及程序，增强行政审批的公开性，逐步推行社会听证制度和专家审查制度。2003年，建立蓬安县投资咨询中心、行政服务中心、投诉举报中心，有效改革行政审批制度，改善投资经营环境。县编制委员会依照《行政许可法》对各部门出台文件，分类设立行政许可股。其中：设立行政许可股的县发改局、国土局、环保局、规划和建设局、劳动和社会保障局、房管局、安监局、公安局、交通局、卫生局、水务局、林业局、经济局、商务局、民政局、文体局等16个单位。挂行政许可股牌子的县财政局、城管局、农业局、畜牧局、教育局、司法局、人口与计划生育局、档案局、广播电视局、农机局等10个单位。县国税局、地税局、工商局、质监局、药监局等市直管驻县单位由县政府函告其成立行政许可股，并入驻县行政服务中心。其他行政机关按照要求在行政服务中心设立综合窗口。

2006年，蓬安行政服务中心进驻单位56个（含水、电、气等公共服务单位），纳入许可项目和公共服务事项近300项，进驻窗口工作人员60余人，服务大厅面积2000平方米（含公共资源交易中心），设置专业窗口、企业投资代办窗口、综合窗口、公共服务窗口、效能监察窗口等五类32个窗口。大厅开设政务公开栏和窗口办事指南及网上政务大厅等，对申办事项的法定依据、申请条件、申报材料、办事程序、办理时限、收费依据和标准、监督联系方式等实行“七公开”服务。蓬安行政服务中心每年接办行政审批案件三四千件，接办率为99%，成为县委、县政府改革后便民利民平台。

【商贸体制改革】 1986年，蓬安县改革商贸管理体制，管理部门从过去单纯管理企业转向面向全社会“统筹、协调、服务、监督”管理商贸行业。1987年，多层次、多形式、多渠道的商品流通格局基本形成，国营商贸企业商品销售额在社会商品零售额中的比重下降，个体私营商业大幅上升，尤以百货、糖酒、蔬菜、饮食等国有合作商业销售额下降幅度最大。1991年，县委县政府在全县进一步建立开放的商品流通市场。各企业积极参与市场竞争，形成以国营商业为主渠道，其他商业为补充的连接城乡的流通网络。1993年至1995年，全县国营商贸企业改革，主渠道功能逐步弱化，商品经营多渠道逐渐形成，商品和物资供应由“双轨制”转向“单轨制”。县内国有、合作商业逐步处于停业、半停业状态，个体私营商贸经济发展迅猛。全县建立了蔬菜、肉食品、小百货、小五金、水果等集贸市场和综合市场。1996年，全县推行企业产权制度改革，商贸流通实现公有制经营和市场经济有机结合。1997年至1999年，县商贸企业“抓大、放小、建新”，从清产核资、明晰产权制度入手，调整现有商业组织结构，探索新型商业组织形式，实行母体裂变，组建单体公司，先后分别组建成立股份有限公司，全县逐步形成私营为主的商贸体制。2001年至2005年，商贸流通体制进一步改革，国有商贸企业退出商品经营市场，商品流通主要由市场调节、以个体私营商业为主体，县城形成以磨子街、建设路为主的针纺服装、五金家电、百货四鞋、文化用品等日用消费品市场，以相如广场周边为主的餐饮娱乐消费圈，以抚琴大道、东风大道等为主的建材市场，城内东西南北中均建有农贸市场。2006年，县城内成规模的私营超市发展到十几家，乡镇超市、村级“农家店”18家，全县形成以私营商贸业为主的商贸流通市场。

【国土资源管理体制改革】 1987年，国土资源管理体制改革，成立蓬安县国土局，列入政府工作部门序列，加强全县国土资源管理。1992年12月，蓬安县建委和县国土局合并组建蓬安县建设环保土地管理局，履行国土管理职责。1997年，恢复设立县国土局。2001年12月，蓬安县国土局更名为蓬安县国土资源局，划入原县计委矿产资源管理职能。2003年12月25日，县国土资源局收归省国土资源厅直管。2004年8月，省市通知，国土资源主管部门的领导干部实行双重管理体制，以上一级国土资源主管部门党组（党委）管理为主，地方党委协助管理。是年，蓬安县国土管理部门严格执行国务院出台的深化改革严格土地管理的文件：严格执行土地管理法律法规，对土地审批、占用耕地补偿、招商、城镇规划、建设用地、保护基本农田、征地补偿办法、强化节约和集约用地以及严格土地管理责任追究制、强化对土地执法监督等进一步明确规定，国土资源管理更加严格有序。2006年6月，蓬安县成立地质环境监测站，归口国土资源局管理，撤销矿产资源局，其职能由国土资源局履行。

【质量技术监督体制改革】 1986年，蓬安县设标准计量管理局，归县经委领导。1987年，地区标准计量管理局同意蓬安县产品质量监督检验所正式成立并开展工作。1989年，成立蓬安县计量检定测试所。1992年12月，撤销蓬安县技术监督局，将职能划归县经委，设立技术监督股。1993年，恢复县技术监督局。1999年，实行省质量技术监督局对全省质量技术监督系统人财物垂直领导管理体制，设南充技术监督局蓬安分局。8月，县编委将劳动部门管理的锅炉、压力容器、电梯等特种设备的安全监督监察职能及三人行政编制、经费划归南充技术监督局蓬安分局管理，蓬安分局内增设锅炉特监股。2001年9月，南充市质量技术监督局蓬安分局更名为蓬安质量技术监督局。2003年12月，蓬安县产品质量监督检验所的人员、编制、经费、固定资产等划归南充市产品质量监督检验所垂直管理。

【工商行政管理体制改革】 1986年，蓬安县设工商行政管理局，区设工商行政管理所，负责全县工商管理。1988年，工商局加强了检查处理经济违法违章行为。1992年12月，工商行政管理局和物价局合并，改称蓬安县工商物价局。1998年3月，单设工商行政管理局，主管市场监督管理和行政执法工作。主要职能有：组织监督检查市场竞争行为，查处垄断和不正当竞争案件，依照法律、法规打击流通领域的走私贩私行为和经济违法违章行为；组织保护消费者合法权益，组织查处侵犯消费者权益案件，组织查处市场管理和商标管理中的经销掺假及假冒产品行为；组织管理经纪人、经纪机构；组织管理经济合同人，组织查处合同欺诈行为，组织管理动产抵押物登记，组织监管拍卖行为；组织管理商标注册工作，认定驰名商标，组织查处商标侵权行为；组织管理广告发布与广告经营活动。将指导广告业发展的职能交给经济贸易部门；取消市场培育建设、市场布局规划、开展各类交易市场登记的管理职能；把引导个体、私营经济发展职能交给有关的行业协会；将机关服务事务交给事业单位承担。1999年8月，工商管理机构直管，蓬安县工商行政管理局改为四川省南充工商行政管理局蓬安分局。2002年4月，县工商行政管理局改为四川省南充市蓬安县工商行政管理局。

【交通管理体制改革】 1986年，县工交局分设为工业局和交通局。交通局负责全县交通公路建设与管理、道路运输与安全管理、水上运输与安全管理、水陆交通企业管理。1987年，道路交通安全管理职能移交公安局。1988年，县航管站分设为蓬安县航务管理所和四川省蓬安县港航监督所，港监所由省直管，加强水上安全管理。1989年，蓬安县成立公路路政管理中队，负责维护全县公路路产路权。1991年12月，县交管所升格为正科级事业管理单位。1993年，路政管理中队定为交通局直属事业单位，4月，蓬安县养路队升格为正科级事业单位，改为蓬安县公路管理养护段。1994年，蓬安县直属的县航运公司逐步推向市场，改为6个独立法人单位自负盈亏。交通管理工作的重点转向行业监督和交通公路建设。1995年6月，设立车辆通行收费所，负责全县经省上批准的收费路桥车辆通行费收取管理工作。1998年，港监所与县航务管理所合并为蓬安县航务管理所，隶属交通局管理，对外保留蓬安县港监所、蓬安县船舶检验所、蓬安县港口管理所三块牌子。2001年，县短航渡口管理所合并到县航务所。2002年，为加强蓬安县公路路政管理，县编委同意交通局路政中队改名为蓬安县交通局路政管理大队。2003年5月，蓬安县航务管理所更名为蓬安县航务管理处，其所属港航监督所改为蓬安县地方海事处，仍实行两块牌子、一套人员，工作职能职责不变。2005年，县政府决定县航务处由自收自支改为财政统收统支定额补助，解决全部水上安全管理经费。2006年，路政大队成为独立维护路产路权的管理单位。

市场监督与管理

1986年，蓬安县市场监督与管理职能部门有：城乡建设环境保护局、县审计局、县标准计量管理局、县工商行政管理局、县物价局、县医药管理局和蓬安县安全生产领导小组办公室（简称县安办）。1992年，机构改革后市场监督与管理职能部门有：县建设环保土地管理局、县工商物价局、县卫生局（设药政股）、县人事劳动局（县安办挂靠）、县经委（设技术监督股）。2006年，蓬安县市场监督管理职能部门有：县国土资源管理局、县环境保护局、县审计局、县质量技术监督局、县工商行政管理局、县安全生产监督管理局、县食品药品监督管理局、县发展计划局及所属物价局。

国土资源管理

1987年，成立蓬安县国土局。1993年，蓬安县全面推行县内土地使用制度改革，强化城镇国有土地依法统一管理。1997年，蓬安首次编制国土利用总体规划。2001年，蓬安县国土局更名为国土资源局，矿产资源管理划入，加强地籍、地政、矿产资源及土地资源管理。2003年，制定县城国有土地定级和基准地价。2006年，启动《蓬安县土地利用总体规划（2006年至2020年）》编制工作。开展闲置土地和土地隐形市场清理工作，查处违法行为35起。

【蓬安县国土资源局】 1987年8月，蓬安县国土局成立。1992年12月，撤销蓬安县建委和蓬安县国土局，组建蓬安县建设环保土地管理局。1997年11月，恢复蓬安县国土局。2001年12月，组建蓬安县国土资源局，局内设人秘（与纪检监察合署办公）、土地利用管理、法规监察、地籍地政管理、计划财务5个股。2003年12月，省国土资源厅直管县国土资源局。2006年6月，成立蓬安县地质环境监测站，归口国土局管理，撤销矿产资源局，职能由国土资源局内设矿管股履行。局辖土地执法监察队、统征土地勘测设计室、县人民政府统一征（拨）用地办公室（简称统征办）、县地价评估委员会（下设蓬安县地价评估事务所）、土地整理开发公司、土地储备交易中心(与市政设施开发公司两块牌子、一套人员)，46个乡镇设国土管理站。

1987年至2006年，周永茂、濮正光、陈乃能、张能易、杨卫东、刘峻崎、胡刚、杨荣先后任局长。

【土地使用制度】 1986年，城镇建设用地实行无偿划拨使用制度。1993年，全县土地使用制度改革，强化国有土地依法统一管理，县成立地价评估委员会。1994年，评估土地94宗，面积9.4公顷。2001年，推行土地出让制度，是年出让土地25宗，4.1公顷。2003年，推行国有土地使用权公开竞价出让，招标拍卖5宗，挂牌出让2宗，面积8.4公顷。

林地经营 1986年，林地经营由县林业局代表政府组织实施。1990年8月开始长江防护林建设，嘉陵江沿岸乡镇实施退耕还林工程，国家财政对退耕还林面积给农户补贴，县林业局依法对全县林地进行确权发证。1992年，土地详查林地面积为26954公顷。1996年，调查结果为27305公顷。2002年，调查结果为28203公顷。2006年末为30838公顷。

水域经营 1986年，水域经营由县水利局代政府组织实施。1992年，土地详查表明，蓬安县境内有水域面积11878公顷，其中河流面积3684公顷、水库面积523公顷、坑塘面积1588公顷、苇地面积3.2公顷、滩涂面积5291公顷。

“四荒”土地拍卖经营 1986年，蓬安境内，荒山、荒坡、荒丘大多为集体经济组织所有，荒滩除明确为集体经济组织所有的外均为国有。对荒山、荒坡、荒丘土地经营处置由集体经济组织进行。群乐乡6村农民李德勤，1988年以1.8万元人民币买下该村林场8公顷，发展水果间种经济作物和饲料，发展养猪业。1991年，马回乡7村6户农民联合买下村上2.7公顷荒地使用权，栽4000多株桑树和果树。1995年，实现收入5.08万元，被评为省、市、县劳动致富模范。蓬安县域“荒

滩”多属嘉陵江沿岸和溪河两岸，多年洪水位与常年水位之间滩地，全县2173公顷，占“四荒”面积35.75%。县国土资源局对国有荒滩地实施土地开发整理后，以租赁形式承包给当地村民耕种。2006年，全县荒水面积仅为少部分池塘，因责任制未落实而未改善，面积为4.8公顷。

城镇土地租赁　1986年至2006年，县境内国有土地除行政无偿划拨外，均由土地使用者向县政府交纳一定出让金，租得一定期间的国有土地使用权。

行政划拨　1995年1月起，除法律规定使用土地外，实行行政划拨供地。其余项目用地一律实行招标拍卖或挂牌出让。

地价评估　1993年3月，成立蓬安县地价评估委员会，下设县地价评估事务所。地价所负责编制县城国有土地基准地价，经政府批准实施。1996年2月，蓬安以买卖、出租、抵押房屋为主要形式的房产交易和国有土地使用权交易增多，依据《城市房地产管理法》和城镇国有土地使用制度改革要求，制定周口镇国有土地定级和周口、河舒、徐家三镇的基准地价。2001年，完成地价更新各种表簿、卡册，收集近2万个样点资料，对县城2万多个样点资料进行定位、筛选、计算。基本完成基准地价修编前期准备工作。2002年，全面完成县城基准地价编制修订工作，通过省级验收。完成地价评估192宗，政府挂牌出让拍卖49宗，土地使用权转让130宗，评估地价总金额4.8亿元。

2003年，制定县城国有土地定级和基准地价。完成县丝厂、织布厂、五金公司、食品公司、民政服务公司、农经公司等企业改制地价评估、日常宗地评估，全年共完成宗地评估222宗，面积286.6公顷。2006年，完成地价评估579宗，面积159.6公顷。

招标拍卖和挂牌出让　2001年12月，蓬安县推行土地出让制度，全年共出让土地25宗，面积4.1公顷。2003年，通过土地市场清理整顿，推行国有土地使用权公开竞价出让，坚持土地集中统一管理，确保政府对建设用地高度集中统一供应。规范土地市场，按照“七统一”要求，实现政府对土地一级市场垄断。对经营性用地一律采取招标挂牌拍卖出让，对商品住宅用地一律实行拍卖出让，对工业用地一律挂牌、拍卖出让。在严格出让过程中强化纪检监察监督管理。建立和完善土地收购储备制度，科学运营城市土地，显化国有土地资产价值。全年出让土地7宗面积8.4公顷，收取土地出让金1468.09万元。转让土地10宗，面积0.2公顷。2004年，经营84宗，面积26.5公顷，实现收入2898.91万元。2005年，经营8宗，面积7.3公顷，实现收入7927.91万元。2006年，经营4宗，面积5.8公顷，实现收入1734.96万元。

【地籍管理】　1988年10月，在全县范围内开展城镇国有土地申报、登记、确权、发证工作。翌年1月30日，全县国土申报登记基本结束，共登记国土面积1311.1公顷，其中居民户1911户，土地1881宗，占应登户的99.9%，土地面积14.7公顷；登记机关单位648个，占应登单位数的96.5%，登记土地面积942.2公顷；登记街道占地12.0公顷；道路占地149.9公顷；公路占地209.9公顷；广场占地0.2公顷；花园占地0.2公顷。1992年，重新进行社员宅基地发证试点工作，调查完成罗家镇、济渡乡等6个乡镇3万余宗土地的农村宅基地，确权发证农户21000户，就地调解国家单位与集体土地纠纷160余件。1998年12月，县内农村宅基地发证工作全面展开。翌年完成21个乡镇5.5万户农村宅基地登记发证。2001年，办理抵押土地登记21宗，面积4.3公顷，抵押金额2495万元；完成房改土地登记发证1800证；完成改制企业土地变更登记167宗，面积16.9公顷。为改制企业减免费用513.39万元，为外商企业办理土地登记面积10.2公顷。2002年，落实招商引资和企业改制优惠政策，全年共办外商用地土地登记4宗，办理改制企业土地登记12个单位，共减免各种规费280万元；全年完成土地登记331宗，发放证书1762证，房改房用地发证136证；办理土地抵押登记13宗，抵押金额630万元。同时完成土地分等定级与评估的前期准备、资料收集等工作。2003年，集体土地所有权发证全面启动，翌年3月全面完成集体土地确权登记发证1772件。2004年，完成县改制企业土地确权的地籍调查、变更、登记、发证735个。2005年，完成县国有企业改制用地确权的地籍调查、变更登记等工作。全年累计办理发给国有土地使用证1899证，涉及土地登记759宗，面积2.2公顷。完善房改房用地发证198证。县国土资源局在做好土地登记、确权、发证工作的同时加强地籍档案的收集整理。2006年，制定《土地档案管理办法》，保管有地籍档案5331卷。

【用地管理】 1986年，蓬安县建设用地由计委和建设局管理。1987年5月，建设用地由国土局纳入计划管理。1992年7月，全县建设用地一律实行统一征（拨）用地。1999年1月，实施新《土地管理法》，国家建设、集体建设、农民建房三项用地指标严格实行计划管理。2006年，县国土、计划部门按土地用途管制与分级限额审批制度编制计划，上报省、市批准，实施计划用地管理。

计划用地 1987年5月，蓬安县建设用地实行项目论证和计划管理相结合，未纳入计划管理和超过用地计划指标的项目，一律不予审批或上报办理征地事项。1991年，全年三项建设实际用地17.7公顷，其中耕地10.9公顷，非耕地6.8公顷，分别占年度计划控制指标的36.1%、47%、26.4%。1992年，利溪小学建设初中部申请用地2公顷，经县国土管理部门现场查勘论证，申请用地不实，只同意上报征地0.6公顷。县粮食部门修建国家储粮亿斤的大粮库，先申请用地8公顷，经国土部门现场调查论证确认上报审批征地5.3公顷。是年三项建设实际用地32公顷，完成上级下达年度计划的78.6%。2001年，严格控制农用地转为非农业建设用地，全年用地计划指标37.8公顷，实际用地26.3公顷，节约用地11.5公顷。推行土地出让制度，全年共出让土地25宗，面积4.1公顷。在国有土地上办理各种建房用地11宗，面积1.6公顷，全年收取土地出让金1800多万元。共审批农民建房2091宗，用地面积22.5公顷，其中新扩建用地391宗，占农用地3.1公顷，未利用1.8公顷。做好土地统征工作，报经省政府批准，征用集体土地共23.4公顷。对马回河滩地开发争取到国家立项，完成前期开发工程，投资额500多万元，开发新增耕地200公顷，争取到国家无偿开发资金747万元。2002年，将用地指标（含农用地、未利用地）和占补平衡（开发、复垦整理土地）新增耕地分别直接下达落实到各乡镇执行，做到计划用地。共审批农村村民建房2452户，占地面积27.8公顷，其中新增建设用地7.0公顷，未突破用地计划指标。2003年，上级下达县上年度农用地转用计划指标15公顷，实际用地5公顷，节约用地10公顷，审批农房建设占用集体土地1866宗，占地面积9.4公顷，乡（镇）公益事业占用集体土地审核报批用地3宗，经批准占地面积1.6公顷，未发生不批占地现象。2004年，完成农用地转用报批共计3.7公顷，办理农民建房用地审批手续551户，其中新建房户202户；改建349户，改建用原宅基地面积5.9公顷。2006年，完成全年供地176宗，面积15.5公顷。落实工业园区用地界线，支持达成铁路扩能、潆新公路建设、金溪电站至东观220kV（千伏）输变电线路（蓬安段）、南华500kV（千伏）输变电线路（蓬安段）的建设用地，严格落实“占一补一”的耕地保护政策，依照土地利用总体规划，实行边补边占，保证征（拨）占用土地后，全县基本农田数量不减少，质量不降低。

国家建设征地 1986年，建设单位和个人用地依照土地管理“条例”和“两法”进行征（拨）。1992年5月，成立县政府统一征（拨）用地办公室（简称统征办），7月起，全县建设用地一律实行统一征（拨）用地。7月至12月，共办征地10公顷，直接为建设用地单位节约资金110多万元。1996年2月，县政府决定开发区规划为4平方千米，建设投资10亿元人民币。对规划开发区的土地实行逐步统征。1997年，国家粮食储备大库扩建仓容0.6亿公斤，建附属设施1000平方米，铁路专线0.36千米，占地4.7公顷（空地4公顷），实行财务挂帐300万元；县城东风大道建设宽24米至33米，全长1250米，总投资650万元，征地3.3公顷。2000年，加快土地被全征社（组）征地报批工作。7月，周口镇青龙嘴村1、5社土地全征，有25公顷土地经省政府批准转为非农业建设用地。2001年底，经省人民政府批准征用农村集体土地23.4公顷，其中全部征完的集体土地19.0公顷，按项目零星征地4.4公顷。为招商引资提供用地5.3公顷。同时投资1000余万元对原城南村1

社统征土地进行整理开发，使价值10万余元的国有土地增值80余万元，为政府创造土地收益3000余万元。2003年，为县内工业园区建设、县城城东小区建设征地、周河一级公路（周口至河舒）、嘉陵江金溪电航工程、南渠路（南部至渠县）蓬安段等重点工程建设用地进行勘界、外业测绘、统征土地资料内业整理，及时上报审批准备工作。2004年，完成城东片区500亩统征报批工作。2005年2月，县国土资源局制定政务公开实施方案，规定征用集体土地审查报批所需前期资料要件。2006年，县国土资源局就达成铁路扩能改造工程设计变更需新增加征收土地7.0公顷的工程如期完成。

农村农民用地 1986年，农民新扩建、改建房屋占用宅基地用地标准，按常住人口计算，平坝区人均不超过20平方米，浅丘区人均不超过25平方米，山区人均不超过30平方米，3人以下的农户可适当增加，但不得超过4人用地标准。7人以上的坝区，户平不得超过150平方米，浅丘区不得超过170平方米，新老住宅同时使用一律合并计算。1987年11月，县国土局严格控制农民建房用地，农民建房原则上不批耕地，更不准在交通设施、国家建设区和城镇规划区范围内乱占乱建。1988年，再次调整农民建住宅用地标准。农民建房用地标准人均耕地0.07公顷以上的村社建房用地，含原宅基地（下同），人均建房用地30平方米；人均耕地0.03公顷至0.05公顷，人均建房用地25平方米；人均耕地0.03公顷以下的，人均建房用地20平方米。1992年，农村农民建房实行计划指标控制，县上将用地计划指标下达到各乡（镇），由乡镇分配到村，村落实到社（组），社（组）落实到急需的建房户，最后张榜公布，让群众相互监督。1995年，强化用地管理审批，强调乡（镇）农民建房用地不得突破上级下达的用地指标，农民、居民建房必须坚持“三到场”管理制度，坚持查处“不批就建、批少占多、批甲占乙”等违法占地行为，单位和居民建房用地，一律统征。1998年，推行居民点中心村建设，要求农民尽量利用旧宅基地建房，确因特殊需要的搬迁户必须将原宅基地还耕，做到用地与造地持平。2001年，全年共审批农民建房2091宗，面积22.5公顷，其中新、扩建391宗，占农用地3.1公顷，未利用地1.8公顷。2003年，共审批农民建房占用集体土地1866宗，面积9.4公顷，乡镇公益事业占用土地审核报批3宗，占用土地1.5公顷。2005年，对农民建房用地、非农民集体经济组织（个人）占用集体土地、农村经济组织（个人）占用本集体经济组织土地审查报批，确定应具备所需前期函件。全年共审批农民建房用地449宗，面积5.1公顷，其中新、扩建198宗，用耕地1.7公顷，未利用土地0.4公顷；改建251宗，用原住房宅基地3.0公顷。2006年，印发《土地利用交易管理工作规范》、《进一步规范土地执法监察工作的通知》、《规范加强国土资源管理分级集体会审工作的通知》等文件。全县各乡镇国土资源管理所推行片区负责制，分为8个片区，采取公开推荐办法，择优挑选一名总负责人，负责片区内工作、人员调动及监督检查等。

【安置补偿】 1986年，征地安置补偿，由各征用地单位与被征用土地村社按上级有关文件协商处理。1992年7月，全县实行土地统一征（拨）用后，实施土地补偿费：征用耕地为该耕地被征用前3年平均每公顷年产值的3倍至6倍。安置补助费：征用耕地需要安置的每一农业人口的安置补助费，为该耕地被征用前3年平均每公顷年产值的2倍至3倍。征用其他土地的土地补偿和安置补助费为征用耕地标准的一半。依照上项规定支付土地补偿费和安置补助费后，尚不能使需要安置的人员保持原有生活水平的，经省政府批准，可以适当增加安置补助费，但每亩土地补偿费和安置补助费的总和不得超过土地被征用前三年平均年公顷产值的20倍。青苗补偿：农历年度2月至7月用地，按当年公顷产值的60%补偿；其余时间用地者，按当年亩产值的40%补偿，附着物、拆迁等补偿按有关标准合理补偿。1999年3月，征用耕地土地补偿费，由原该耕地被征用前3年平均年产值4倍至6倍，提高到6倍至10倍，征用其他土地的土地补偿费，按征用耕地土地补偿费的一半计算。安置补助费，征用耕地需要安置的每一个农业人口安置补助费标准，由原来该耕地被征用前3年平均产值的2倍至3倍提高到4倍至6倍。附着物和青苗补偿费，按实际损失合理补偿。补偿标准由市、地、州政府制定，报省人民政府批准执行。土地补偿费和安置补助的总和不得超过土地补偿费用前3年平均年产值的20倍提高到30倍。2004年12月，县政府颁发《蓬安县征收土地及地上附着物和青苗补偿实施办法》，对征地地上构建筑物、青苗、林木补偿具体标准作出规定。是年，落实兑现征地补偿，完成周口镇青龙嘴村3社163人的征地补偿费260.48万元（含青苗附着物补偿6.2万元），解决嘉陵江大桥征地时73人安置补偿的遗留问题，追补金额40.88万元。督促罗家镇、银汉镇等小集镇建设欠付的安置补偿费，其中罗家329人、6.244万元，银汉157人、22万元。2005年，完成潆新公路征地拆迁和安置补偿工作，共拆迁征地范围内房屋50座，面积1.2万平方米，房屋补偿费用170.1万元，签订农村集体土地征收协议20份，征用土地面积18.5公顷，其中耕地15.5公顷，及时足额支付土地补偿费329.8万元。2006年10月，蓬安县征地补偿标准为前3年耕地种植业平均年产值标准每公顷17250元至18750元。

【国土利用规划】 1997年6月开始，县国土局和四川师院地理系共同承担蓬安首次编制国土利用总体规划。1998年，编制完成部门规划、专题研究、土地利用总体规划报告、重点乡镇土地利用总体规划和一般乡镇土地利用总体规划说明以及相关图件。规划以1996年为基期年，2000年为规划阶段年、2010年为规划目标年。主要内容有：蓬安县概况、土地利用现状分析、土地资源开发整理复垦潜力分析、土地利用规划目标任务、土地利用结构调整、土地利用分区、重点建设项目用地安排、中心城镇及重点乡镇土地利用、耕地保护、土地整理、复垦和开发、规划实施的主要措施、土地利用总体规划说明等12部分。图件有：蓬安县土地利用分区图、蓬安县土地结构动态框图等五件图。并有：南充市蓬安县重点建设项目用地指标明细表、南充市蓬安县重点城镇人口、城镇用地规划表等13类表格。规划在首先满足农业用地的前提下，兼顾各业用地，对蓬安县经济发展起关键作用的交通、水利和城镇建设，尽可能满足其用地需求，协调处理好农业用地和建设用地的关系、农业内部各业用地的关系，使全县土地得到最优化配置。耕地总体控制目标，2000年，耕地总量维持在46558.4公顷以上，期内各类建设（包括水利水电、交通、城镇、工业、农村居民点等部门）占用耕地量控制在546.7公顷，平均每年控制在136.7公顷以内，至2010年，耕地总量维持在45619.8公顷以上，本期内，各业建设占用耕地控制在493.7公顷。对于减少的耕地，以土地整理和耕地开发的方式予以补充。2005年，蓬安县国土资源局开展上轮规划实施评价、基础调查、资料收集、专题研究等工作，为新一轮土地利用总体规划修编奠定基础。2006年，成立以县长任组长的规划编制领导小组，启动《蓬安县土地利用总体规划（2006—2020年）》编制工作。

【国土资源开发】 1988年，县国土局对全县荒山、河滩综合开发调查论证。先后完成《农业后备资源数据表》《农业后备资源调查底图》《中低产田土分布及低产类型图》《荒山荒地资源分布及适宜性评价图》各一套，并以综合性评价报告出书，基本查清全县“四低”“四荒”数量、质量和分布现状。全县有“四低”（中低产田土、低产园地、低产林地、低产水面）“四荒”（荒山、荒地、荒滩、荒水）面积5.7万公顷（习惯面积4.2万公顷），占总面积的42.89%，其中“四低”面积5.0万公顷（习惯面积3.7万公顷），占总面积的37.68%；“四荒”面积0.7万公顷（习惯面积0.5万公顷），占总面积的5.21%。1989年8月，蓬安县被正式批准列入川中丘陵改造中低产田土县。南充地区分配蓬安一期川中项目改造“中低产田土”任务0.4万公顷，其中冬水田、下湿田0.3万公顷，坡薄地866.7公顷，改田66.7公顷，非耕地133.3公顷。1991年，成立土地整理开发公司，具体负责土地整理等重点土地开发项目全面展开，实现新地开发整理项目的组织实施。

1992年至1994年，南充地（市）下达蓬安县二期川中项目任务共0.3万公顷，其中改造冬水田、下湿田0.2万公顷，改造坡薄地0.2万公顷，改造低产果园266.7公顷，两期改造中低产田土任务共0.7万公顷。县委、县政府调整充实农业综合开发领导班子，积极申请立项，全县先后共投资1347.6万元，其中中央、省、市、县无偿和有偿资金及专项贷款1167.2万元，群众自筹资金160.40

万元，捐物折款20万元，农民共投劳积累工1464.26万个。全面完成国家立项开发项目，改造中低产田土0.7万公顷任务。共建成排灌渠系244.7千米，建桥、闸、涵、井、池4912处；改土工程，聚土垄作1173.3公顷，砌石地埂74.57千米，治理坡面三沟（沿山沟、排水沟、地块背沟）950.2千米，治理坡面三池（蓄水池、沉沙凼、山茅坑）42782口、容积47.64万立方米；低产果园高接换优20余万株；建机耕道18条、21.9千米，建人行石板（梯）路24条、17.2千米；动用土石方791万立方米，建鱼池300余口。完成调整“两形”0.3万公顷。1991年至1995年，重点开发原清溪乡青杠山卵石荒山106.7公顷。1995年，重点开发罗家馒头山200公顷。2001年至2004年，嘉陵江马回电站坝下滩涂项目（一期）、马回河滩地开发项目、马回电站坝下滩涂开发（二期）、长梁乡河滩地开发项目、平头河滩地开发等项目先后经国土资源部立项，国家投资土地开发，计划总投资3398万元，开发面积787.8公顷，实际完成投资3398万元，实际开发完成611.7公顷，其中耕地548.0公顷，非耕地63.8公顷，新增耕地面积548.0公顷。2005年，完成国家投资土地整理项目入库2个。其中，徐家镇土地整理项目，计划整理土地面积546.6公顷，投资1344万元，碧溪乡土地整理项目，计划整理面积930.9公顷，预算投资额1938万元。2006年，国土资源部批准蓬安县碧溪乡土地整理国家投资重点项目立项，项目区面积807.6公顷，预计新增耕地68.1公顷，计划投资1600万元。

【基本农田保护】 1996年，编制县基本农田保护规划，县内有耕地4.5万公顷，其中基本农田3.9万公顷，保护块2.4万公顷，已设立保护标志579处，保护率达86.91%。农村因灾害损失建房用地的农户，经实地踏勘审查，实事求是，压缩新占耕地面积；农村居民建房尽量利用旧宅基地，确需搬迁重建的，原宅基地还耕，做到用地与造地持平。对国家重点建设确需占用保护区耕地的，报县政府批准，缴纳有关税费外，按照占多少垦多少的原则，由用地单位和个人开垦同样数量和质量的耕地，无条件开垦的，由县国土部门收取造地费，用于土地开发和新建基本农田。1997年至1999年，落实保护耕地治本之策，以冻结和清理非农业建设用地为重点，转变土地管理方式，加强对非农业建设占用耕地的控制。除国家重点建设工程外，一般建设项目在城镇规划区内选址安排，尽量利用旧城改造和闲置荒地。2006年，县国土部门严格按照编制的基本农田保护规划控制用地。

【矿产资源管理】 1986年，蓬安县矿产资源管理由县计划委员会负责。矿产资源开发利用有平头、金甲、新园、海田乡油气井4处，年产量731吨。规模开发建筑砂石岩2处、建筑用砂砾石7处、砖用页岩29处。有垂直天然水资源量9897.88万立方米/年，开采资源量3305.33万立方米/年，地下水资源的保证程度33.39%。嘉陵江两岸各级阶地上，均有砂金分布，曾零星开采。1995年，南燕乡开发白云山矿泉水，以后交由开发商注册商标经营，逐步达到日产6.18立方米。全县39个乡（镇）有地下水开采潜力。2001年12月，矿产资源管理职能划入县国土资源局。2002年2月，县国土资源局对全县矿产业进行整顿，整治清除嘉陵江大桥上下游200米内个人及单位乱挖沙石行为，保证沙石有序开采和大桥安全。制定行政审批项目采矿审批规定，加强对矿产资源税费的征收。全县矿产资源税费征收完成218万元，占年度目标任务193万元的113%。2003年，拍卖沙石开采经营权获取出让金173.5万元。2004年，县政府拨20万元专款购买5台打井设备，落实红层找水，成立专业打井队伍，完成打井637口。矿产资源补偿费征收入库27万元，经营矿权价值431.1万元。2005年，打井9474口，解决3000多人饮水。对全县矿山企业全面清理整顿，重点对沙石场、打石场、页岩砖厂、矿泉水厂等企业进行清理、登记、造册，对25个页岩砖厂、6个打石厂、5个沙石公司的矿产经营权全部实行挂牌出让，颁发“采矿许可证”；对5个无证开采企业进行关闭。收取矿权经营出让价款518.14万元，依法征收矿产资源税费243.06万元。2006年，清理砖瓦窑38个，打石场2个，沙石采料场5个，收齐所有矿山企业资料，制止马回及范家坝等地非法采矿行为。嘉陵江沙石水采A标段公开挂牌出让，获价款88万元，页岩采矿权出让获价款2万余元；征收矿产资源补偿费6万元。

【国土执法监察】 1988年4月，县委、县政府抽调县政协、公安、检察、法院、司法、建委、国土、计划、监察、财政等部门负责人16人，各区、乡镇365人，组成土地清理班子，对全县49个乡（镇）非农业占地进行全面清理。查出全县违法占土地6779户，面积10.7公顷。其中办砖瓦窑5个，面积0.3公顷，收土地管理费85780元，收耕地占用税15000元，拆除建房4处，退出土地面积0.02公顷，拆除砖瓦窑3个，还耕土地0.2公顷。1990年5月，蓬安县成立清理越权批地工作领导小组，清理全县违法越权批地119件，土地面积25.9公顷，其中耕地264.2亩、非耕地8.2公顷。处理违法占地63件，面积0.3公顷，其中耕地0.26公顷，收缴各种税费、罚款2万元，拆除违法占地建房7座。7月，对全县党政机关和全民所有制企事业单位的“三违”建私房的干部144户，违法占地面积2445.9平方米的经济处理全部结束。立案审查7人，补缴税费58006.48元，罚款16085.28元，没收非法所得（租金和售房增值金）19982.18元，合计94073.94元。拆除非法建筑1幢（两户合建）占地155.3平方米，建筑面积219.49平方米。清出多处占住房224人（含职工），住房面积6803.97平方米。1991年5月，在银汉乡开展依法管地试点，建立村级土地监察小组12个，明确土地监察员84人。1992年，县政府将银汉镇开创“无违法批地、无违法管地、无违法用地”乡镇试点经验和效果印发全县各乡镇推广。在全县乡镇成立村级土地管理监察小组598个，全县土地管理工作深入到村社第一线，共清理出违法批地100件，占地34公顷。1995年，全县继续开创“三无”乡镇活动，纳入乡镇目标管理，年终考核验收，全年创“三无”乡镇12个。银汉镇被评为四川省土地管理“三无”模范乡镇，受到省上表彰。1997年，从有关部门抽调10余人组成3个检查组，分片对各乡（镇）清理工作督促检查。通过清理，实际用地20791宗，未批准的用地3362宗，面积192.1公顷，其中达成铁路、仪（陇）北（碚）路拓宽改造等建设项目占地132.7公顷，占未批用地的69.1%，共处理违法用地3312宗，收取各种费用31万余元。2000年，全县进一步推广银汉镇经验，抓农房建设用地“早知道”工作，各乡镇每年1月将各村申请建房用地村民基本情况统计造册交县国土局，县局平衡后将用地指标分到各乡镇，再分解到农户，张榜公布。2004年，广泛开展“三无”乡镇达标创建活动，全县达标率69%，翌年达标率75%。2003年至2005年，共查处违法占地77宗，立案查处39宗，土地面积9.1公顷；清理整顿页岩砖厂20个，打石场4个，沙石场15个。收回土地欠款157万元，收缴罚没款8万元。清理闲置土地4宗，面积10.4公顷，重点查办蓬发纸业公司闲置土地7.6公顷。2006年4月，全年开展闲置土地和土地隐形市场清理，发现违法行为35起。清理闲置工业用地13宗，面积8.7公顷，查处闲置土地3宗，面积0.7公顷。继续开展创建“国土资源管理模范乡镇”活动。

【土地信访】 1986年，蓬安土地信访工作由城乡建设环保局负责。1988年，国土局接访、处理群众要求解决征地中遗留问题来信150件，来访103人次。1989年11月，长梁乡2村和8村为土地边界发生纠纷，双方各出动上百人聚众斗殴，造成重伤3人，轻伤18人。县委、县政府指示国土、公安、民政等部门经过三天三夜工作，平息了这一事件。1992年，接待群众来访200人次，收到来信118件，其中举报违法占地建房81件。1993年，县建设环保土地管理局全年共查处违法占地案件45件，拆除房屋建筑7处，还耕土地1230平方米。接待来访群众300余人次，收到有关土地问题的来信70件，查处64件，结案率96.1%。1997年，解决了县兽药厂用地纠纷一案。1999年，全年接待群众来访156人次，收到来信73件，接到上级转来群众上访信件24件，协调土地纠纷132起，做到件件处理有结果，结案率100%。2002年，全年接待群众来访45起，来访群众100余人次，接受上级有关部门批转群众来信10件，电话举报4次，共计处理群众来信来访59件。重点做好了河舒镇15村4社、新园乡、罗家镇小集镇建设用地集体上访事件的调查工作。2004年，国土局成立信访接待室，完善信访登记、转办、督办、回复等制度，制定信访岗位责任制和目标管理制。2005年，共接待来访群众210人次，计41批，接收和接听来信来电来访32件，信访息访31件，结案率达96%。2006年，受理信访案件41件，其中来信12件，来访9件，处结率达98%。办结锦屏、高庙等地群众反映强烈的征地补偿费问题。

【国土宣传】 1986年，蓬安县政府土地管理办公室宣传《中华人民共和国土地管理法》和中央7号文件，印成小册子5000余份发至全县各乡镇、村、社。1990年10月，进行土地管理“两法”、国情、国策宣传和县情、乡情教育。在县城展示宣传103次，放映幻灯217场，举办电视讲座5次，运用有线广播宣传437次、504小时，印发各种宣传资料（含报刊）13.7万份，开办各种专栏专刊42期，张贴书写标语1399幅，开展咨询服务，接待群众760人次，摄制录像带1部。1994年后，在全县开展4次“6·25”土地日和省国土宣传月、宣传周活动，发文件4次570多份，县政府和乡镇领导在电视上讲话46人次，广播宣传181人次，专题会宣传169场次，宣传车巡回宣传18辆次，制作标语2000条幅，出壁报、板报279期，幻灯宣传350场次，设立法律咨询点26个，咨询81次，印发法律法规文本131500份。1998年，围绕土地与未来“集约用地、造福后代”宣传主题开展宣传活动。订购《中国土地报》《国土经济报》、宣传特刊共计1000多份，县国土局与县委宣传部共同主编《国土宣传》专刊2万多份。在县电视台和各乡镇电视差转台播放10集电视系列片《土地》；领导发表专题电视广播讲话宣传80人次；在《南充日报》1版登载文章宣传；组织专门人员创作国土宣传文艺节目到各乡镇巡回宣传演出；制挂宣传标语2000幅，办墙报板报50期；组织宣传车在各乡镇巡回宣传。1999年，对周口城区特别是开发区农民违法占地大清查，查处各种违法占地300多件，占地3万多平方米依法拆除进行宣传。发放宣传特刊1000余份，国土宣传小资料20000余份。2002年，土地日宣传“规范土地市场，促进经济发展”主题，设立宣传活动点120余个，就群众普遍关心的土地审批程序、用地收费标准等热点问题进行解答，发送资料3万多份。2006年，全国第16个“土地日”和土地管理法颁布20周年纪念日。宣传“依法合理用地，促进科学发展”，散发宣传资料2000余份，制作展版2个，专版2期，书写布标20幅。

【地质灾害防治】 2002年，开展全县地质灾害调查、预防和治理工作，落实防治措施。2003年，加大地质灾害预防和治理力度，全县划定重灾区域9处，落实预防责任人，制定地质灾害防灾避险明白卡。2004年，请省国土资源厅派专家对全县各乡镇地质灾害重灾区勘察提出防治报告；县政府制定防灾预案、防灾明白卡，建立县、村、社108个地质灾害监测点，落实地质灾害防治资金77.8万元，确保全县20个乡镇、68个村，107个社，494户，2035名受灾群众生命财产安全。2005年，县人民政府拨地质救灾补助金70.1万元，解决一类受灾户111户，爆破危岩25万立方米。2006年，请省国土资源厅专家对全县地质灾害隐患点进行区划调查，鉴定确认全县147个隐患点为预防重点。县政府对地质灾害防治工作负总责，各乡镇政府一把手为第一责任人，各村村长为本村隐患点监测责任人，各乡镇国土资源管理所所长负责对本辖区地灾防治协调、指导、监督。县国土局与39个基层所长分别签订目标责任书，分片区对全县地质灾害防治工作指导、督查。健全监测网络，对147处隐患点安排588名专人持明白卡现场监测。建立短信接收平台，将汛情信息通过手机短信方式告知相关责任人。对隐患点的2442名农民宣传告谕，发给避险明白卡634张。在隐患点设立警示牌441处，通过县电视台宣传地质灾害安全防治知识。采取工程治理，实行避让搬迁，先后对险区危岩进行爆破，与毗邻岳池县联手，对危及蓬安县银汉镇栽秧村村民的岳池县黎家山危岩进行爆破。全县共爆坡危岩4处。对一类危险区内118户农户，报请县政府补助资金，避让搬迁。

环境保护

1986年，县环保部门加强对城区大气环境、水环境、声环境、污染源等检测。1992年，县环境监测站纳入省控网站，承担酸雨和地表水监测。1999年，对县属企业实行排污申报，严肃查处污染事件。2002年，在县城饮食娱乐行业全面实施“煤改气”开展清洁能源行动。2006年，开展水质水源监测，对全县33个集中供水乡镇水质全面监测，饮用水源达标率为98.3%。筹建污水处理厂和垃圾处理厂。

【蓬安县环境保护委员会】 1986年6月，蓬安县环境保护委员会成立，召开第一次会议，审议蓬安“七五”环保计划。1987年6月，县政府调整蓬安县环境保护委员会成员。1988年2月，蓬安县环境保护委员会召开第二次会议。1990年4月，调整蓬安县环境保护委员会成员。6月，召开第三次全体委员会议，通过县环境保护委员会职责、工作制度和各委员岗位职责。1993年7月，撤销蓬安县环境保护委员会。2003年7月，恢复蓬安县环境保护委员会。

【蓬安县环境保护局】 1986年，蓬安县城乡建设环境保护局设环境保护股。1987年12月，县政府成立蓬安县环境监测站。1992年12 月，蓬安县建设委员会与蓬安县国土局合并成立蓬安县建设环保土地管理局，设环保股。1994年1月，成立县环境监理站，与建设环保土地管理局环保股两块牌子、一套人员。1997年10月，设立蓬安县环境保护局，属县建设委员会管理。1999年2月，蓬安县环境监理站更名为蓬安县环境保护监理所。2001年12月，环境保护局列为县政府直属事业局。2002年8月，蓬安县环境保护监理所更名为蓬安县环境监察执法大队。2005年6月，县委决定环境保护局为政府工作部门，设人秘股、生态建管法制股、污染监督股，下设环境检测股、环境监察执法大队。

1986年至2006年，王双全、曾祖状，张荣德、唐其文、陈志刚先后任县环保局（股）局（股）长。

【环境监测】 1987年10月，南充地区环境保护办公室组织环境噪声普查，对蓬安县城区及交通干道噪声进行监测，交通干道噪声超标率44%。1990年，蓬安环境监测站对果品厂废水监测，1992年1月，对肉联厂废水监督监测，其中pH8.16、COD_{cr}248mg/L、$BOD_5$74mg/L、油2.8mg/L。是年县环境检测站纳入省控网站管理，承担酸雨和地表水监测。1993年，先后对县丝绸厂、烟厂、植物油厂、印刷公司、县酒厂、饲料公司等污水、粉尘进行监测。1999年，先后对县医院、嘉宝公司、新华纸厂、保宁醋厂、肉联厂等7个企业污水监督监测。2002年，先后对兴发药业、三星纸厂、卫生纸厂等6个企业进行污染源监督。2003年，先后对第三产业污染源的中餐、火锅、旅馆、歌舞厅、洗车场、茶坊、理发等23个单位进行监测。2005年6月，环境监测站通过计量认证验收，12月，通过省市环境监测资质审查。到2006年，县环境监测站先后对一江五河（嘉陵江、金溪、大泥溪、河舒、利溪、清溪河）及水库进行水环境监测，对城区、交通干道进行大气及声质环境质量检测，对县内工业企业、商业、餐饮等行业污染源进行重点监测。监测表明：城区大气质量在国家二级标准范围内，江河水质量基本达国家二类水域质量要求，河水水质优于塘库，城区及交通干道噪声超过国家标准。

【环境污染】 1986年至2000年，蓬安经济建设发展加快，大气、水、噪声环境污染逐渐加剧。2001年至2006年，全县加大环境污染整治力度。

大气污染　大气污染主要源于全县工业企业、乡镇企业所排放的废气以及家庭生活炉灶、餐饮业、机动车船排放的废气物等。1989年，县乡镇工业排放燃煤废气2.2亿标立方米，其中：烟尘2522.3吨，二氧化硫1539.9吨，氮氧化物82.7吨，一氧化碳518.7吨，氟化物14.17吨。1996年，县城区工业排放废气1.4亿标立方米、其中二氧化硫1189.7吨。社会耗煤量5.529万吨。2004年，周口镇工业企业排生产废气1.1148亿标立方米，二氧化硫637.48吨。其中：航星钢铁公司和洪泰（原环宇）金属制品公司冶炼废气2034万标立方米。金坛电化公司年排放冶炼废气4600万标立方米。

水污染　水污染主要来源于工业企业、农业生产、农药化肥施用，医疗废物及生活废水。全县重点水污染源有丝绸厂、肉联厂、食品公司、果品厂、纸厂、医院等。1989年，全县乡镇工业排放废水中有悬浮物144.315吨，化学耗氧量149.790吨，生化需氧量44.224吨，硫化物0.326吨，动植物油3.782吨。1996年，城镇居民用水一万吨中超过85%变为废水排放。其中含氨氮和生化需氧量各600mg／L。化肥和农药在农村使用量逐年增加，施用技术含量低及药、肥自身缺陷，有效利用率仅50%左右，成为农村主要污染源，破坏土壤团粒结构，降低土地肥力。1999年，平均每公顷施用农药达27.86kg，其中每施用1kg／hm^2含有机磷8.7、有机氮3.0、菊酯类1.0、杀螨剂1.5、有机硫1.8、杂环类1.5。2002年，全县化肥施用量达到2.2万吨。2003年至2006年，县医院年平均用水5.78万吨，中医院年平均用水1.06万吨，排出的废水污染物pH6.8，SS6.8/L，CODcr256mg/L，BOD5120mg/L，NH4-N1mg/L。

噪声污染　噪声污染声源来自工厂噪声、交通噪声、社会生活噪声和施工噪声。1987年10月，经测试，城区环境噪声安静区、一类混合区、二类混合区、三类混合区、交通干道两侧等分别为53dB（A）、56dB（A）、59dB（A）、58dB（A）、66dB（A），均超过国家标准。1993年，对县城区居民区、教学区，二类混合区，工业集中区，交通干线监测，交通干线昼夜连续噪声为81.6Leq（dB）。1996年，城区全年昼间等效声级54.4 dB（A）。2005年，对城区二类混合区，工业集中区全年昼间等效声级分别58dB（A）和57.8dB（A）略低于国家标准上限。全县重点噪声污染源有织布厂、面粉厂、九一厂、汽改厂，扰民噪声源有城区商业和文化娱乐场所、部分家庭娱乐施用大功率音响设备，家庭装修机械电锯、电刨噪声，以及各建筑施工场所。

【环境质量】　1999年，蓬安县环保局开始定期发布环境质量公告，涉及城区及县内大气环境、水环境及声学环境质量。环境空气质量经县长或副县长批示发布。

大气环境质量　1999年2月，县长孙明钧签发周口镇首份空气质量公告，空气质量良好。经监测空气中二氧化硫为0.105mg/m^3，氮氧化物0.015 mg/m^3，达国家二级标准，总悬浮物微粒0.385 mg/m^3，超过二级标准。2001年，县人大常委会公报明确“县城环境质量较好，大气质量基本在国家大气环境质量标准GB3095—96二级标准范围以内，二氧化硫瞬时浓度在冬季日均值偶有超标现象。存在煤烟型污染，烟尘污染较明显”。2006年10月，发布大气环境污染指数为95，空气质量状况良好。

蓬安县城环境空气质量公告表

（1999~2006）

时间		污染指数	首要污染物	空气质级别	空气质量状况
1999 年一季度		—	总悬浮物微粒	—	符合国家二级标准
1999 年二季度		—	总悬浮物微粒	—	符合国家二级标准
2002 年一季度		104	总悬浮微粒	Ⅱ	轻微污染
2002 年二季度		96	总悬浮微粒	Ⅱ	良
2002 年四季度		106	SO_2	Ⅲ	轻微污染
2003 年一季度		89	可吸入颗粒物	Ⅱ	良
2003 年二季度	5.27	108	可吸入颗粒物	Ⅱ	轻微污染
	6.16	96	可吸入颗粒物	Ⅱ	良
2003 年三季度	9.6	121	可吸入颗粒物	Ⅱ	轻度污染
	9.16	91	可吸入颗粒物	Ⅱ	良
2003 年四季度		90	可吸入颗粒物	Ⅱ	良
2004.1		94	总悬浮物微粒	Ⅱ	良
2004.2		98	总悬浮物微粒	Ⅱ	良
2004.3		96	总悬浮物微粒	Ⅱ	良
2004.4		89	总悬浮物微粒	Ⅱ	良
2004.5		99	总悬浮物微粒	Ⅱ	良

续表

时间	污染指数	首要污染物	空气质级别	空气质量状况
2004.6	92	总悬浮物微粒	Ⅱ	良
2005.1	95	总悬浮物微粒	Ⅱ	良好
2005.2	93	总悬浮物微粒	Ⅱ	良好
2005.3	91	总悬浮物微粒	Ⅱ	良好
2005.4.27	138	总悬浮物微粒	Ⅲ	良好
2005.5	89	总悬浮物微粒	Ⅱ	良好
2005.6	86	总悬浮物微粒	Ⅱ	良好
2005.7	88	总悬浮物微粒	Ⅱ	良好
2005.8	83	总悬浮物微粒	Ⅱ	轻度污染
2005.9.22	96	总悬浮物微粒	Ⅱ	良
2006.10.30	95	总悬浮颗粒物	Ⅱ	良

水环境质量　嘉陵江水质非离子氨和硝酸盐氮有超标现象，基本达到国家二类水域质量要求。2006年，对全县饮用水监测，均达到国家饮用水源标准，河水水质优于塘库。酸雨量和频率呈上升趋势。

蓬安县牛毛漩、自来水厂取水点、杨家店三个断面均值表

（1995~2006）

单位：mg/L

年度	悬浮物	溶解氧	COD_{Cr}	高锰酸盐指数			BOD_5	氨氮	非离子氨	硝酸盐氮	六价铬
				入境	控制	出境					
1995	159.3	8.8	2.30	—	1.16	—	1.4	—	0.008	0.80	0.018
1996	59.3	8.7	1.90	—	—	—	1.2	—	0.007	1.65	0.011
1999	55.0	9.1	2.0	—	2.89	—	1.40	—	0.019	0.83	0.005
2000	52.3	9.3	—	—	2.10	—	1.50	—	0.024	0.42	0.002
2001	60.5	8.9	—	—	2.00	—	1.70	—	0.027	0.43	0.002
2002	62.4	9.1	—	—	1.90	—	1.80	—	0.024	0.41	0.002
2003	370.0	5.2	—	2.34	2.00	2.70	1.63	—	0.005	0.49	0.002
2004	58.4	8.6	—	2.74	2.60	2.55	—	0.020	—	—	—
2005	23.5	10.0	—	—	2.40	—	—	0.080	—	—	—
2006	25.0	9.7	—	—	2.40	—	—	0.050	—	—	—
国家标准	—	—	≤4mg/L	<3			—	—	<0.02	<0.1	0.05

蓬安县环境监测站监测嘉陵江蓬安段水质项目

（1999）

单位：mg/L

pH	石油类	NO_2-N	总硬度	Pb^{2+}	Cd^{2+}	电导率	CN^-	挥发性酚
8.44	5	0.008	9.9	0.05	0.0005	318	0.002	0.001

蓬安县环境监测站全县饮用水源水质监测

(2006)

单位：mg/L

水源	采样点	水温(℃)	pH	溶解氧	生化需氧量	高锰酸盐指数	NH_3-N	硝酸盐氮	总氮	氟化物	总磷	氯化物	备注
大深沟水库	桥亭子	32	9.27	7.34	4.08	8.5	0.48	0.04	0.62	0.10	0.05	2.0	较差
	坝前20米	30	9.16	7.93	4.35	9.4	0.40	0.07	0.64	0.10	0.05	2.0	
	坝前5米	33	9.13	8.09	3.73	7.3	0.20	0.04	0.45	0.09	0.06	3.5	
柳滩河	取水点	31	8.08	7.86	1.53	2.5	0.08	0.07	1.00	0.08	0.14	6.0	较好
新园河	取水点	32	8.65	7.98	2.25	4.8	0.42	0.08	0.10	0.21	0.08	4.5	
徐家镇张家庙水库	坝尾处	32	8.40	7.98	3.42	5.3	0.31	0.05	0.62	0.17	0.09	12.5	
盘龙镇七一水库	响塘庙	31	8.10	8.06	2.13	3.3	0.39	0.09	0.38	0.14	0.14	15.0	较差
	七村六社	33	9.12	7.78	2.98	4.3	0.54	0.07	1.00	0.16	0.29	13.6	
嘉陵江	牛毛漩	30	8.42	6.94	1.26	3.3	0.54	0.03	1.88	0.20	0.06	4.0	一般
国家标准（Ⅱ类）		—	6—9	≥5	≤4	≤6	≤1.0	≤10	≤1.0	≤1.0	≤0.2	≤250	

县环境监测站历年监测酸雨雨量和频率

(1995~2006)

年度	降水			其中:酸雨		
	雨量（毫米）	电导率	pH	酸雨量（毫米）	pH值	频率（%）
1995	544.8	—	—	70.20	5.17	16.2
1996	679.8	—	—	44.40	5.24	12.8
1999	622.0	122.0	6.68（4.68—7.70）	56.80	5.1	—
2000	—	—	—	—	—	18.0
2001	—	—	—	—	—	15.0
2002	—	—	—	—	—	13.0
2003	—	—	—	—	—	16.0
2004	748.5	47.0	6.42（3.89—8.06）	669.6	4.51	40.0
2005	866.2	45.4	6.30（4.28—7.86）	753.8	4.84	41.0
2006	418.8	—	—	—	—	38.0

声学环境质量　经历年监测，环境噪声都超过国家标准，除主干街道外，居住环境比较适宜。

蓬安县城区噪声监测表

(1987~2005)

时间	1987	1993	1996	2001	2002	2004	2005
区域环境噪声（Leq）	58	—	54.4	55	60	58.8	58.6
交通干道噪声（Leq）	66	81.6	71.6	67	68	73.9	—

注：Leq：连续等效声级。

【治理与保护】 1986年以来，蓬安县加强环境保护工作。1990年，对工业污染源开展达标排放和排污申报制度。1999年，加强生态环境综合治理工程和控制“白色污染”。2002年，全面实施“煤改气”，加强城区环境综合整治。2006年，加强饮用水源监测和污水治理。

工业污染源整治 1986年，蓬安县丝厂和建筑公司砂砖厂更新锅炉，使烟尘排放达标。1987年2月，蓬安丝绸厂投资15.28万元建成缫丝废水治理工程。1988年，蓬安雪茄烟厂投资30万元建成花岗石水膜除尘装置治理煤烟，投资100万元治理车间菸末粉尘。1990年，南充地区建委和经委将蓬安县列入第三批排污申报县。县政府加强工业污染物排放控制，实行排放污染物申报、污染物排放许可证和污染物排放总量控制制度。1991年，九一厂投资12.63万元治理冲天炉废气。1999年3月，县长孙明钧签发《关于实施排污许可证制度的公告》，烟厂、肉联厂、嘉宝、金坛、丝厂、天府等六家单位作排污申报。2000年，县政府成立工业污染源排放达标工作领导小组，制定《蓬安县2000年工业污染源排放达标工作方案》，恒兴厂、肉联厂、烟厂、嘉宝厂、丝绸厂、天府机器有限公司被限期治理。2002年5月，县政府颁发《关于实施排污许可证制度的通告》，县环保局当年核发“排污许可证”159个。12月，经南充市环境保护局检查验收，蓬安县完成全面达标排放任务。2003年9月，县环境保护局下达（2003年至2005年）污染物排放总量控制指标，分解到各排污单位，督促其技术革新或修建设施治理污染源。2004年，县环保局对31家事业单位实施排污申报登记并组织召开排污申报登记业务培训会，颁发排污许可证20个。2005年8月，金坛电化公司投资306万元治理废气，10月初开工修建。

城区环境整治 1987年至1994年，在城区餐饮业、集体食堂和城区居民广泛推广使用型煤和固硫剂以及固硫助燃剂。1995年，县政府办公大楼落成，使用沼气池处理生活废水。1999以来，县城实施煤改气。2002年10月，县委、县政府决定在县城饮食娱乐行业中全面实施“煤改气”，县城188家饮食娱乐业中48家煤改气，35家与天然气公司签订安装合同，煤改气率58%。2003年，开始治理木桥河前期准备工作。2004年，与木桥河沿岸31家单位和个人签订目标责任书，落实治理任务1109米。原城市规划忽视排污及泄洪通道，县城已建成的老区河段狭窄、淤堵、封盖，穿房河道桩柱林立，治理难度极大；下游新区河段全部整治封盖。完成垃圾处理场和污水处理厂申请、上报、纳入选址、兴建工作。煤改气113家，安装油烟净化装置5套，强制拆毁煤灶近300个，改烧率达95%。2005年，对34家餐饮业煤改气反弹现象强制整改，对新建5家餐饮业严把排污审批关，对8家餐饮业油烟污染强制整改。中考、高考期间，环境监察大队组建禁噪小组上街巡察，对4家建筑工地和1家企业强制停工，查处多件扰民事件。2006年，对县城餐饮业“煤改气”复查，对反复的23个餐馆强制整改。环保、公安、工商、文化、交通等部门集中整治商业噪声、社会综合噪声、交通噪声。9月，县政府投入16万元，相如房地产公司等投入43万元，组织对木桥河全程4119米清淤。

生态环境保护 1986年6月，蓬安县环境保护委员会第一次会议研究制定生态环境保护制度。1995年，颁发《水资源管理暂行办法》。2000年9月，编制《蓬安县小城镇的环境保护》方案，规划省级试点镇和市级试点镇。2003年6月，组织江河流域执法大检查。2004年5月，县政府决定在徐家、杨家、罗家三个示范乡镇开展创建优美小城镇活动，拟订创建优美小城镇实施意见。2005年，开展消除世界十大害草之一的水葫芦治理工作，生态环境保护取得良好效果。2006年，全面实施《农村小康环保行动计划》。建立1个省级自然生态示范区（白云寨林场）；投入了3.5万元，创建2个生态文明村（长梁乡中坝村、河舒镇桃花村）；申报1个湿地保护区（锦屏镇漫滩湿地）。

饮用水源保护 1986年，县政府设立周口自来水厂水源卫生防疫区。1990年9月，划定周口镇饮用水源保护区：自来水厂嘉陵江取水点至上游1000米、下游100米范围。1992年，蓬安县饮用水源由一级保护区调整为二级水域范围，大深沟水库划为Ⅲ类水域。1995年，县自来水公司设立“县域饮用水源保护区标志”。2000年3月，县环保局完成饮用水资源调查：饮用河水的17乡镇，饮用库（塘）水的6乡镇，饮用井（泉）水的21乡镇。全县46个乡镇中，已作饮用水保护方案的17个，未作的29个。2003年7月，检查全县45个乡镇水厂，有49.02%水质不符合卫生标准。2005年9月，投资170万元，县自来水公司铺设至河舒镇供水管道，解决河舒镇居民吃水。2006年8月，县政府解决乡镇集中式饮用水水源水质监测经费，每年15万元。出台《关于加强饮用水水源保护工作的通知》，明确各职能部门监管责任，落实保护措施，加强对饮用水源水质监测和现场监察，做到每季度对县城饮用水源水质监测1次，每周对饮用水源区巡查1次。9月至10月，对全县33个集中供水乡镇饮用水源水质28个项目全面监测，除鲜店乡等7个乡镇饮用水源水质个别指标（如硫酸盐、总氮）不符合国家规定标准外，其余全部达标，达标率98.3%。对饮用水不达标乡镇，要求采取有效措施加以保护，专人跟踪督办。制定《饮用水源突发污染事故应急处置预案》。县城饮用水水源保护区上游10000米交通要道设立“禁止危化品运输车辆通行”标志，保障县饮用水源水质安全。

【环境管理】 1986年，环境管理坚持环保宣传、对建设项目实行环保“三同时制度”，严肃查处污染事件、强化排污费征收。1987年，开始实施目标管理。1988年，开始建设项目环保论证管理。1990年，地区行署与县签环保目标责任书。1995年，开始对影响环保的橡胶制品厂等企业停产治理。2003年，加大环保教育与宣传，开展环境绿化。2006年，加强重点污染源巡查。

环境目标责任制　1987年，蓬安县建环局给所属单位首次下达环保目标任务，定期考核。1990年，副县长岳安松与南充地区副专员黄益安签蓬安县三年环境保护目标责任书。1995年，县政府组织对环保目标责任书执行情况检查验收。1996年，蓬安获市政府环保目标考核一等奖。1998年2月，蓬安县环境保护局首次印发局属单位工作目标责任制。2003年5月，蓬安县下达环境保护局年度目标任务，下达机关、企事业单位环城绿化目标任务。8月，县委、县政府决定对创建省级“文明卫生城”实行目标管理。2004年3月，市委目标办、市政府目标办将木桥河污染防治规划纳入蓬安县党政“一把手”年度环境保护工作实绩考核目标任务。2005年4月，县政府督办环保项目，市上挂牌的企业排污治理：金坛电化、航星钢铁、赛克斯、巨龙良繁场，木桥河治理，“煤改气”工程。2006年6月，县委办、县政府办印发2006年度各乡镇党委和政府，县级各部门、企事业单位环保工作目标任务。

建设项目管理　从1986年开始，每年对建设项目执行“环境影响评价”和对一切新、改、扩建有污染的项目必须执行和主体工程同时设计、同时施工、同时投产“三同时”制度进行检查。1988年，蓬安雪茄烟厂“七五”技改项目作《环境影响评价报告书》执行了“三同时”，蓬安麻纺织厂扩建黄麻车间项目作《环境影响评价报告书》未作“三同时”，巨龙淀粉厂作《环境影响评价报告书》部分执行“三同时”，建工建材公司页岩砖厂未执行“三同时”。1992年，检查蓬安嘉陵江大桥建设项目，认真执行了“环境影响评价”和“三同时”制度。蓬安县魔芋制品厂、电化厂建设项目填报《环境影响报告表》未执行“三同时”，饲料加工厂技改项目填报《环境影响评价报告表》执行了“三同时”，但未作《环境影响报告书》。2003年，检查金坛电化建设项目，作《环境影响评价报告书》但未执行“三同时”，创景实业公司养猪场执行“三同时”，填报了《环境影响报告表》。2005年，环保局代七环公司种猪核心繁育基地建设项目办理了《环境影响评价报告书》，但未执行“三同时”。南充天杰普华饲料有限公司填报《环境影响报告表》，执行了“三同时”，未作《环境影响报告书》。至2005年，33个生产性建设项目中执行“三同时”8个占24%，部分执行14个占42%，未执行的7个占21%，4个未建项目占12%。2006年，新建房地产项目19个，全部作《环境影响登记表》，工业企业2个，全部作《环境影响报告书》，所有建设项目均执行“三同时”制度，按要求建设污染治理设施8套，两项制度执行率达100%。

环境监理　1986年，食品公司牛羊经营部将牛肠粪便等随意抛弃，恶臭引发群众强烈不满，群众多次投诉，环保办受理。1987年7月，县环保办督促牛羊经营部整改，后公司倒闭。1988年1

月，历经数年监理，关闭周口镇唐某某和邓某某小电镀废水污染。1990年，以废汽车轮胎为原料的橡胶厂生产，排放刺鼻废气，群众反映强烈，多次处理，几次搬迁历经十多年后办理环保审批手续，并将污染治理。1993年，实验中学从简阳接龙纸厂购回淘汰设备办纸厂，废水直排嘉陵江，污染严重，多次监理无果。1996年10月，县建设环保土地管理局受权向蓬安纸厂发出停顿通知，两年后该厂倒闭。2004年，金坛电化公司将含铬废渣倒在清溪河边，堵塞河道、污染水质，县环保局即时作出立即停止违法行为，限时对“三废”治理，30日内清除倒入河中废渣，罚款1000元的行政处罚。是年，县环保部门先后对11家群众反映强烈的污染企业作出治理、整改、限时关闭搬迁的行政处罚。2006年，县环保局对5个重点污染源每周进行一次巡查，对20多个一般污染源每月进行一次巡查，对有污染治理设施的齐祥公司、金鹰电化公司和可口爽公司3个工业企业，对县医院、同济医院两个医疗单位和巨龙公司、七环公司两个养殖场，采取定期或不定期的监测。全年强化排污费收取，共征收排污费26万余元，比上年增长30%。

【环保宣传】 1986年5月和11月，组织人大、丝厂等11个单位干部、青年参加“南充地区环保知识有奖竞赛”和“全县首届青年环境科学知识竞赛”。1987年至1996年，蓬安县环保办与文教局（县教委）组织全县小学三年级以上和初中学生参加围绕“儿童与环境”、“只有一个地球”等为主题的环境保护征文竞赛，收到稿件250余篇，有18名同学获鼓励奖、8名选手获市级奖。2003年至2005年，“6·5”世界环境日，结合“科技之春”宣传月活动开展宣传，在县城和中心镇设立宣传咨询站50余个，发放宣传资料9万余份，悬挂宣传图片1120张，横幅标语142幅，接受咨询数千人次。印发《蓬安环保》简报13期，每期100份，发至各部委局及企业。环境保护局与教育局规划第一批“县级绿色学校”4所，制订绿色学校评估标准。2006年2月，蓬安中学、实验小学、相如一小被授予“县级绿色学校”称号，同时开展创建市级“绿色学校”和第二批县级“绿色学校”活动。

审计监督

蓬安县根据《中华人民共和国审计法》和《审计法实施条例》，对财政、金融、行政事业、企业、固定资产投资、利用外资、农业资金、社会保障资金和领导干部任期及离任等进行审计监督。1986年，对县属国营企业经营承包进行审计。1990年，全县43个单位建立内审机构14个，配备专兼职人员56人。1993年，对15户企业二轮承包终结进行审计，对外资、固定资产投资等进行审计。1996年至2006年，加强对党政领导干部经济责任、预算外资金等进行审计。

【蓬安县审计局】 1986年，县审计局设办公室、行政事业审计股和工商企业审计股。1991年，增设财税金融审计股。1996年，增设基本建设投资审计股。2005年，增设经济责任审计股。2006年，审计局设人秘（办公室）、行政事业审计、财税金融审计、工商企业审计（经贸）、基本建设投资审计等5个股室。

1986年至2006年，周顺乐、胡纯信、谌计春、唐洪光、唐桥林先后任县审计局局长。

【财政金融审计】 1990年前，着重打基础试审。1990年至1995年，实现规范化审计，对县财政实行监审制度，1995年后，实行“同级审”与“上审下”相结合审计制度。坚持对县级财政预算执行情况全面审计，对与预算执行有关的地方税务部门、县级金库及预算拨款大户进行审计，对乡镇财政实行审计。至2006年，县审计局审计财政项目369个，查出违纪违制金额11951万元，上缴财政929.4万元，归还资金渠道2176万元，节省财政拨款71万元，增收节支273万元，追回被侵占的资金241万元，挽回经济损失13万元，收回欠款11万元。对金融机构执行“两年一审计，每次审两年”的原则。1995年后，实行授权审计，至2006年，共审计金融单位16个（次），查出违纪金额118.2万元，处理处罚12.02万元，纠正资金65.7万元。

【行政事业审计】 1993年，对县水电局及所属农电、水利工程公司、水电管理站、水库水保办、水电学会财务进行收支审计，查出将设计收入和农电安全管理费5.9146万元变相设立“小金库”、把各种收费20%返给股（室）和个人、乱发各种奖金4.9655万元、业务收入1.0452万元未交会计入账、借支及暂付款173.594万元未收回（含借给个人3.0675万元）等问题，分别作出处理。1995年3月，查出县粮食局系统有9个“小金库”，金额103.64万元，巨龙粮站设3个“小金库”，县粮油总公司设“小金库”转移收入32.69万元，用“小金库”款购买小汽车、搞装修，巧立名目发奖金，冲销单位借款，抵缴违纪罚款，请客送礼，造成企业亏损幅度加大。1997年至2001年，对教育经费、养老保险资金、失业保险基金审计。2002年至2003年，对县检察院财务收支情况专项审计。查出无依据收费19.8万元，扣押款账户利息收入1.2万元未交财政等。2004年，对海田初级中学、县招办、电教馆、航务所等16个行政事业单位审计，查出挤占挪用、乱花费等违纪违规金额149.34万元。2005年，对县法院2004年度财政财务收支审计，查出自立项目收费30.2万元、漏缴税费0.45万元、截留以前年度诉讼费收入未缴财政4.06万元及多开户头等违规行为。全年完成对建设局、蓬安中学、实验小学等行政事业单位审计15项，对一些单位不顾国家规定乱收费从重处罚，对财务管理漏洞提出审计建议意见。2006年，对预算资金多、预算外收入多、专项资金多的单位重点审计。审计项目19个，其中行政机关9个、事业单位8个、企业2个，共查处违规及管理不规范金额468万元。至2006年，共对696个行政事业单位审计，查出违纪违制金额1.783亿元，处罚上缴财政782.4万元，向司法机关移送案件6起，提交各类审计报告52篇，向被审计单位提出改进意见或建议2005条。

【企业审计】 1986年，对县食品公司进行审计，发现违纪违规金额20.4147万元，占当年违纪金额的72.7%，收缴财政7.7602万元，其余责令归还资金渠道。1987年，审计县烟草公司发现违纪违规金额54.3592万元：欠交建筑税款2.9413万元，少转固定资产19.2136万元。违反国家成本管理条例，将基建投资、伙食团开办费、低值易耗品摊销等共计11.4743万元挤入商品流通费报销等，未按专用基金列支。决定将4.5392万元上缴财政，其余按调整、补交税费、归还资金渠道处罚。1989年，对县辖12个工商企业单位进行企业承包经营责任制第一轮终结审计。对违反财经法规的问题，按照审计政策法规分情况进行处理，共收缴财政5.8478万元。1993年，对15户企业进行二轮承包终结审计，查出违纪金额67.5429万元，处理收缴财政3.48万元，其余的调账归还资金渠道。1994年，完成27户企业审计监督，查出违纪金额94.9万元，收缴县财政16.2万元，罚款1.4万元，提出改进意见94条。对15户国有大中型企业承包经营经济责任制及部分厂长（经理）离任进行审计。1996年，对县农资公司、蔬菜公司、供销总公司、兴旺供销社、运输公司、马回电力公司、嘉宝汽车有限责任公司等15户国有重点企业年度审计，发现资产负债、损益数据真实、合法，马回电力公司、嘉宝汽车有限责任公司、自来水公司等重点单位效益好，税利如数上解。1997年至2006年，对工商企业财务收支、企业承包、经营责任、厂长（经理）任职和离任审计。先后审计159个(次）企业，查出违纪违制金额4472.60万元，责令自行纠正资金3871万元，处罚款上缴财政823万元，违纪违规人员受到行政或纪律处分15人，移送司法机关2人，提交审计报告41篇，被上级采用5篇。

【固定资产投资审计】 1992年以来，蓬安县审计局对财政和企、事业单位专项建设资金的安排、使用、到位和建设工程项目开工、在建、竣工决算各环节开展审计监督。对县新华书店综合楼审计，项目超计划面积75.84平方米，超投资11.6万元，审计核减高估冒算金额5万元，占总投资的9.69%。1994年，全县固定资产投资审计中查出超面积48000平方米，超投资638万元，漏交税费56.5万元。1996年，对县政府办公大楼进行造价审计，施工方送审金额630.95万元，审计后的实际金额为532.93万元，承建方高估冒算98.02万元，审减占送审金额的15.53%。1998年，审计项目22个，核减成本289万元，占送金额4015万元的7.20%。2000年，审计20个项目，审计核增69.9万元，核减616万元，审减率为9%，审减最高的达25.6%和29%。2002年，完成农村电网一期改造，马回电力公司扩建工程等18项决算审计，为国家节约建设资金286万元。2003年，审计竣工决算项目12个，送审金额3517万元，为国家节约建设资金288.39万元，查出违纪金额464.56万元，收缴财政10.8万元。2004年，完成1期至3期生态工程项目，商品粮基地项目，金溪电航站前期，相如饭店等32个项目，审计总投资15345.63万元，查出各种违纪违制金额960.01万元，处理收缴财政12.74万元，核减工程成本558.82万元。2005年，审计项目10个，并对蓬安籍企业家王云捐资的项目进行审计，对1个村投资11万元的办公楼进行审计。2006年，审计35个项目，送审金额3347万元，核减392万元。对蓬（安）高（坪）一级公路C合同段审计，核减造价135.9918万元，县公安局交警大队办公楼工程竣工决算审计，施工方多计工程价款64.2271万元。

【外资审计】 从1987年起，县审计局依法对县属相关单位使用外资过程中财政财务收支环节及有关经济活动的真实性、合法性和效益性进行审计监督。审计外资项目4个，涉及卫生、科技、水利行业24个执行单位和部门，查出违纪金额305万元，撰写审计报告10篇，提出意见和建议25条。1992年，上级下达蓬安利用外资项目有农业支持服务和传染病与地方病控制两个，到1996年年底，蓬安使用外资实际额度为221.4万个SDR，其中传染病与地方病控制3.7万个SDR，农业支持服务217.7万个SDR（升钟水库配套工程171.436万个，桑蚕项目18.73万个，农业服务体系建设18.26万个，其余的9.274万个为物资、利息、承诺费）总计人民币2458.7万元。农业支持服务2415万元，传染病与地方病控制43.7万元。1998年，先后对农业支持服务体系建设中“川中农业综合开发” 升钟水库配套工程建设协议贷款284.62万美元，累计贷款302.64万美元的资金和传染病与地方病控制等项目进行审计。审计认为“世行”贷款使用真实，有效益，对被借支、挪用的20万元作限期追回归还资金渠道的审计决定，并对管好用好外资提出5条改进意见。1999年，根据南充市“世行办”的要求，对世界银行贷款服务体系的栽桑养蚕、水利农渠2个项目的竣工决算情况进行审计，核定项目投资的真实性，客观估价项目投资效益。2001年至2004年，每年对外资管理、使用、效益、还款情况进行审计，及时查处和纠正违纪违规行为，保证外资能够真正用到项目中。

【农业资金审计】 1998年，县审计局对南充市农业综合开发领导小组下达的综合开发项目资金进行审计，是年实施农业综合开发计划：总投资293.8万元，当年实际安排资金256.8万元（上级补助143.7万元、县财政配套24.1万元、群众自筹89万元）。实际到位资金90.7万元，拨出资金90.7万元，资金投入田地改造以及薄坡地，河滩地，建立稻果鱼池等项目，审计发现到1999年底，资金仅到位计划的54%，项目单位有滞留资金现象，影响工作进度，提出改进。2003年，完成土地治理项目投资385万元。改善蓄、灌条件，增厚土层，中低产田亩产增水稻（小麦）40公斤、红苕100公斤、玉米80公斤，经审计核实。2004年，审计了上级下达蓬安县土地治理任务806.7公顷、投资规模689万元项目，其中，中央、省、市、县财政资金469.8万元全部到位，群众投劳折资175万元，占应自筹资金219.2万元的79.8%，实际完成总投资644.8万元。审计中未发现有挤占、挪用和出借情况。806.7公顷地治理项目治理完成753.3公顷，建蓄水池69口、屯水田20处，整治山平塘4口，排灌结合渠5600米，补砌沿山水沟渠8800米，建沉沙凼，山茅坑569口，改良土壤400公顷，电力提灌站5处，绿化荒山坡，生物护埂100公顷，完成年计划的93%。2006年，县审计局对涉农主管部门等16个单位进行调查，对2005年涉农资金来源和支出情况摸底，审计出问题主要是地方配套资金不到位，主管单位有挤占和挪用现象。审计建议：县级财政要对涉农资金监督管理，健全制度，接受社会监督；财政和主管部门对项目工程质量和进度实行监督，防止虚报冒领；涉农资金要“打捆”使用，集中安排等。

【社会保障资金审计】 1990年以前，对社会保障资金每年审计一次。1996年以后，每两年审计一次。2002年，县审计局对县民政局，周口镇民政所及9个居委会共11个单位，上年度城市居民最低生活费保障资金执行情况审计。县财政预算安排资金123万元（中央拨101万元、县财政22万元）。全县申请3万人，批准享受3376户、6942人（乡镇842人、城区6100人），经审计全年发放123万元，无截留挤占。对社保局、机保局保障资金审计，县社保局暂收款余额63.8561万元属改制企业托管费应纳入基金收入中，暂付款余额3.6045万元支付县木材公司人员安置费应纳入基金支出。在县机关事业保险局审计中，县人事局1998年以前借款3万元未收回，县人民医院2001年以前欠缴6万元未收回，审计建议，基金收缴全部纳入财政专户管理，按制度列支。

【领导干部任期经济责任审计】 1992年，县审计局对蓬安天府机械厂、医药公司、自来水厂等5户企业经营责任目标进行审计。1992年至1997年，对县属国有企业承包经营集团的经济责任进行审计。期间对28户企业厂长（经理）年薪制情况审计。1996年5月至2006年，受县委组织部和县纪委委托，县审计局对党政领导干部经济责任审计125项146人，任期中5人，离任141人。被审计党政领导干部115人次（区、乡镇领导干部53人，县机关局长、主任等62人），医院院长6人次，中学校长25人次，查出违纪金额7568万元，负一般领导责任3972万元，负直接责任102万元，管理不规范资金3185万元，被审计领导干部职务变动115人次，其中晋升的25人，平级调动的101人，免职的2人，移送纪委纪律处分1人，移送司法机关判刑1人。

【内部审计】 1986年，蓬安县工交局、商业局、粮食局、水产饮食服务公司等18家企业和县级各主管部门建立内部审计机构或配备内审人员。1990年，全县43个单位完善内审制度，建立内审机构14个、配备内审专、兼职人员56人。县农业局监察审计室审计河舒农场年度经营承包财务，查出该场把上级财务拨专款结余0.3773万元转为经营利润，少报折旧费1.1534万元；审计嘉陵农场年度经营目标，对上级拨款人、畜饮水专项款0.9211万元转入“预提费用 ”，准备作职工社会保险开支，下属沙砖厂上缴利润2.0635万元，不入账，直接用于职工保险开支，核实实际利润为6.222万元，超利润3.56万元。县乡镇企业局审计下属18个企业有8个资不抵债，金额达165.9059万元，少计利润24.688万元，违纪金额62.8849万元，通过内审，为企业单位直接增加收入6.5273万元，减少损失2.3979万元。1994年，县供销社审计全县7个区供销社农资经营，查出财政补贴小化肥降价损失作企业收入2.7207万元，擅自提价售肥违纪所得2.35万元，化肥无价包装卖给消费者收入5.3968万元，化肥问题资金22.9067万元 ，都按规定作了处理。1995年，全县有内审机构20个，完成审计项目41个，提供改进财务管理意见145条，收回欠款229万元，挽回经济损失141万元，提高经济效益225万元。县人民银行通过划缴财政性存款专项审计，查出县农业银行、工商银行转移财政性存款合计63.23万元；查出县农行问题资金637.36万元，查出工商行呆账贷款19户330万元，风险贷款18户350万元，超储积压贷款16户487万元，挤占挪用贷款19户392万元，有问题贷款占借款总额的14.4%。查出农业银行“小金库”资金4.7452万元、财务开支有问题资金2.6601万元、乱摊成本0.5411万元、乱列支0.0867万元、少收利息0.0507万元、多收少付利息0.0041万元、委托收款未按时解付33.9589万元、公款存为储蓄82万元，作了处理和纠正。

【社会审计】 1987年10月，县审计事务所成立。2000年，改制解散。审计事务所共开展基建工程竣工决算审计项目900项，审计查证资金总额8亿元，查出违纪违制金额400万元，上缴财政106万元，提改进意见或建议445条，为企业挽回损失23万元。接受建设单位委托开展基建工程竣工决算审计28项，审计金额4325万元，为建设单位审减386万元。2000年后，审计局向社会聘用审计人员开展财政财务收支审计，委托社会中介审计机构对政府投资工程造价进行审计。

质量技术监督

1986年，蓬安县质量技术监督由县标准计量管理局负责。1992年，质量技术监督由县经委直接管理。1999年，质量技术监督工作划归上级直接管理，县政府协助管理。2006年，蓬安县依法开展全面质量技术管理监督，对县境内各类计量器具、特种设备监督、检验、检定，对生产企业产品标准、质量、流通领域商品质量监督管理与服务。

【蓬安县质量技术监督局】 1986年，蓬安县设立标准计量管理局。1987年，蓬安县产品质量监督检验所成立。1989年，成立蓬安县计量检定测试所。1991年12月，撤销蓬安县标准计量管理局，组建蓬安县技术监督局，是县政府行政事业机构，接受市技术监督局业务指导。1992年，撤销蓬安县技术监督局，职能划归县经委，成立技术监督股。1993年，恢复县技术监督局。1995年，局机关设置质量监督股、标准计量股、行政执法股、办公室。1996年，成立蓬安县技术监督执法稽查队。1997年，县技术监督局系县经贸委管理的行政局，稽查队属事业单位。1999年7月，建立南充市质量技术监督局蓬安分局，下设人秘、标准计量、行政执法、质量监督4股。1999年8月，蓬安分局内增设锅炉特监股。2001年，南充市质量技术监督局蓬安分局更名为蓬安质量技术监督局（简称县质监局），内设综合股、业务股、政策法规宣传股、监督监察股。2006年，仍为蓬安质量技术监督局。

1986年至2006年，潘兴元、胡仁孝、李兴春先后任局长。

【计量监督】 1986年，全县贯彻实施《计量法》，制定公布强制检查计量器具目录，举办《计量法》法定计量单位培训班三期。1990年，检定在用计量器具16847台（件），受检率达98.5%。对6家工业企业进行计量定级。1991年，开展燃油加油机检查，共检查4次，检查单位214个。1992年后每年定期开展市场计量监督检查。是年开展7次检查，检查单位500个，检查计量器具800台（件），没收不合格计量器具52次台（件），对违反计量法律、法规的行为现场处罚26件。1993年，加强计量执法力度，没收不合格计量器具81台（件）。1996年，新开展汽车出租表和电话计费器两项业务检查，获省市先进单位。2000年，开展计量专项检查，整顿36家定量包装商品生产企业；对石油液化气行业进行有效计量监管；查处18家生产、销售不合格杆秤门市、没收131台（件）不合格杆秤；没收DD28型单相电能表120台（件）；对加油站进行计量监督，检查35个加油站43台燃油加油机，对43台加油机安装税控装置；抽查35家定量包装商品销售企业及门市，对不合格2家进行处罚。2002年，成立“电能计量检定中心”“水表检定站”和“天然气表检定室”，为用户检定电能表5.4万台（件）、水表135台（件）、天然气表956台（件）。开展两次生产、销售计量器具专项检查，没收不合格计量器具31台（件）。开展定量包装商品专项检查，抽样161个，经检验不合格47个，处罚11家，罚款1万余元。2003年，开展全县在用计量器具普查建档，普查单位238个，普查各种在用计量器具169台件。2004年，检查门市、摊点、超市2385个，检查定量包装商品183个批次合计3678瓶（袋），检查在用计量器具2879台件；查处不合格定量包装商品15个批次，合计963瓶（袋），不合格在用计量器具9台件。2006年，检查市场36个，门市、摊点1721个，在用计量器具3941台件，定量包装商品108个批次，合计2243瓶（袋）；对12台件不合格计量器具的使用者，6个批次的定量包装商品经销者及7个集贸市场设置公平秤业主进行处罚。

【标准化监督】 1986年，蓬安县技术监督局贯彻《标准化法》，整顿企业生产标准，推行标准化管理，消灭无标生产，按国际标准组织生产和代码、条码管理。1992年，帮助企业制定和修订企业标准5个。对全县26家国营、集体及乡镇企业生产61种产品的执行标准进行调查，执行国标22种、行业标准20种、企业标准8种、地方标准2种、无标或应废止的标准8种。对8家食品厂执行的食品标签通过标准情况及4家生产企业的5种产品获取生产许可证情况进行检查。1993年，配合县农业局完成《锦橙100号综合标准》制定，并通过省技术监督局、省农牧厅、省科委专家评审，列入四川省地方标准序列。是年开展工业企业产品标准建档，全县48家工业企业，137种生产产品，执行国家标准37个、国外先进标准1个、行业标准33个、企业标准55个。1994年，开展机关事业单位代码颁证工作，253个单位申请办理代码证书。1995年，全年共新办组织机构代码300个，同时加强代码微机管理，按时向省代码中心报代码数据软盘。1998年，蓬安县被国家质量技术监督局批准为全国消灭无标生产试点县。对全县186家生产企业289个产品清查核实，对无标生产企业会同主管部门制定针对性措施，促进落实。帮助民营企业制修订企业标准8个，查询国家行业地方标准53个。1999年，经国家验收，获国家局颁发的“消灭无标生产试点合格县”称号。2001年，在全县三个乡镇12000个农户中建立两万亩锦橙100号省级农业标准化示范区。帮助民营企业修订企业标准4个，查询国家、行业、地方标准46个，申办生产许可证2个。全年新备案企业产品标准7个，发放产品执行标准证书66个。以县政府名义向省质监局报送关于建立锦橙100号农业标准化示范区报告。并举办GB14014-93《预应力砼空心板》国家标准和GB/9764-1999《国家行政机关公文格式》国家标准培训班，参加培训200多人。2002年，新办组织机构代码184个，换证135个，年检256个，废止335个。2004年，为保证代码质量，对办证设备进行更换，全年共新办组织机构代码41个换证183个，年检554个，换证率达到30.4%，年检率达到55%。共检查商店、门市、超市及摊点123个，检查商品564个品种，对两起冒用条形码行为进行处罚。2005年，全年新办组织机构代码123个，换证 191个，年检841个，迁出1个，迁入1个，全年无差错。2006年，全年新办组织机构代码79个，换证187个，变更39个，注销151个，年检773个，全县机关、人民团体、企事业单位申请办理代码证书的共1587个。录入代码电子档案1362条，代码的更新率达71.7%，信息录入率达82.99%。是年，全县企业208家，其中执行国家标准121家，执行行业标准80家，执行地方标准7家，执行企业标准12家。

【质量监督】 1990年至2000年，蓬安县贯彻实施《产品质量法》，积极推行GB／T19000《质量管理和质量保证》系列标准，开展“质量月”“QC小组”等活动。先后对轻工、农资、建材、食品、家用电器、酒类、饮料、化肥、烟草、农机、钢材水泥、化妆品、粮食、燃气具、冷轧带钢筋、刹车片、三角带等101类728个（次）单位的4177个（批次）样品进行质量监督检查。1991年抽检样品中，生产企业38家，抽样65个，合格44个，合格率为68%，经销企业8家，抽样10个，合格1个，合格率10%。市场商品质量监督，开展皮鞋、电线（铝芯线）、白酒等商品质量检查，现场检测皮鞋样品17个，合格1个，抽检电线经销商5家，样品8个，合格为0，抽检白酒经销商8家，样品10个，合格3个，合格率为30%。当年销毁过期失效变质商品231件，立案查处一劣质磷肥销售案，销毁劣质磷肥93吨，货值金额1.2万元。1993年，先后组织召开《产品质量法》座谈、培训会，印发宣传资料10000份。1995年，举办《四川省工业产品质量监督条例》宣传贯彻培训，200余人参训。检查商品经销者150余家13类180余种，对违法者警告教育20家，停业整顿1家，经济处罚21家，没收销毁变质商品2000余公斤。1996年，立案查处7件，现场处罚37件，捣毁化妆品制假窝点一个，为群众挽回经济损失2万元。1997年，开展《质量振兴纲要知识竞赛》活动，组织5466人参赛，获省经贸委、省技术监督局颁发的组织奖。1998年，对121家生产企业抽样检验240批次，合格215批次，合格率89.5%。市场商品质量监督检验（商品抽检252批次，合格220批次，合格率为87.3%）。2002年，对小麦、面粉、大米、植物油、酱油、醋等五类产品实施市场准入制和缺陷召回制度。深入米、面、油、酱油、醋等五类食品企业，指导完善生产条件、质检能力和质量管理，帮助申办生产许可证，申请办证5家，1家正式获证。对符合条件的16家企业建档制盘上报，执行定检计划，抽样311个，合格率达100%。2003年，加强重点工程建材质量监督，严把建材质量关和准入关以及实施召回制。组织和监督产品定期监督检验计划实施，抽样441个，占年计划91.88%，不合格14个，进行了处理，有效遏制不合格产品流入市场。组织开展以“质量安全，健康”为主题的3.15活动和以“质量与安全，质量与市场”为主题的质量月活动。表彰合格产品和单位13个，曝光不合格产品和企业22个，通报建材和农资产品抽样情况。2004年，县政府出台《关于实施“质量兴县”战略的决定》，召开大会宣传。5月上旬，对食品加工企业全面排查，抽检21家企业生产的米粉、蛋糕、饮料等产品，合格率为92.3%。9月，召开食品安全专项整治会，24家企业签订质量安全目标责任书。对全县生产、加工领域食品安全进行拉网式大检查，涉及产品7类，企业160余家，对存在质量问题和生产条件较差的38家企业发出整改通知书。

【特种设备安全监察】 2000年开始，县质监局开展8次特种设备安全监督监察，查出19起安全隐患和违章作业责令限期整改。2001年，对23所学校使用的24台生活锅炉进行安全检查和注册登记，对31名司炉人员进行业务培训，捣毁土锅炉12台，责令停用4台。2001年至2003年，取缔停用少先吊41台，清理龙门吊48台，发出停用通知25份，对36台龙门吊进行现场检查验收，为14台起重设备操作人员颁发操作证，消除安全隐患81处。对五类特种设备进行微机管理，录入1500多条记录，实现动态管理。CNG气瓶注册92个，液化气钢瓶1962个，使注册登记率达到99%。宣传贯彻《特种设备安全监察条例》，参加会议企业负责人100人，发资料500份；对充装站和制氧厂职工进行培训；对液化气瓶和氧气瓶（气瓶1465支、氧气瓶156支）进行登记注册。2004年，开展气瓶普查整治，登记注册，查处使用不合格气瓶和未经检验气瓶及非法充装、乱倒残液等违法行为。普查压力管道企业16家压力容器12台（件）。2005年，开展节假日安全监督监察活动，消除安全隐患408余处。做好年度气瓶登记注册，注册率100%；操作人员持证上岗率达到100%；定期检验率达100%。2006年，对4家单位18名起重机机械作业人员进行监督考核。对车用CNG充装人员和100位CNG汽车驾驶员进行考核取证培训。

【质监执法检查】 1986年，县质监部门开展质量执法检查，打击制、售“假、冒、伪、劣”产品等各种违法行为，会同交通部门整顿汽车维修行业，严格维修准入条件和维修质量。1989年，对全县酒类、食品标签、低压电器检查，对违法行为进行查处。1990年，开展市场商品质量监督检查，处罚7家，销毁93吨价值102万元劣质磷肥、231件价值2.85万元劣质商品。1991年，共办质量、计量案件17件，为群众挽回损失5000元。1993年，对违反质量法、标准化法、计量法行为现场处罚31件、立案查处4件，责令整顿18件。抽查处理市场商品18类，品种161个，销毁劣质商品1206千克，处理不合格商品8810千克，重点对农资进行监督，查处不合格化肥250吨、种子8吨。配合消防、城建部门对燃油建材市场专项整顿。处理群众投诉35件，挽回经济损失20余万元。1995年，对全县的菜油、饲料、农资、化妆品、建材、化工等产品进行6次大检查，现场处罚89件，没收不合格产（商）品12类58种1800余件，涉及金额3万余元。会同工商、物价、卫生防疫、司法等部门对烟酒市场整顿，查封各类假冒名酒500多瓶。检查发现，诸家页岩机砖厂购买河南巩义承新机械厂28型单杠压砖机存在质量问题，为其挽回损失3000多元。全年查处违法案件14件，结案率100%。1998年，全力清查山西假酒654瓶。专项整顿农资市场，查获不合格肥料956吨、农药3吨、种子9.8吨、农膜0.75吨。2000年，坚持打假方针，共检查企事业单位、摊点1091个，查获各种违法商品2874件，总货值4.64万元，执法办案58件，其中现场处罚51件，立案7件，罚款数比上年增长一倍，捣毁窝点1个，为企业挽回经济损失2.4万元。2001年，查各类假冒伪劣产品3047瓶（件）总价值15万元，端掉窝点5个，处理投诉案件23件，为企业和消费者挽回损失105万元。查出不合格钢材15吨、预制构件1484张、烧结砖13.2万块、铝型材2.4吨。查出不合格食品732瓶（袋）、没收假冒产品包装袋5万个，包装箱250个，印刷模具4套，销毁假冒厂名厂址的包装瓶500个，捣毁酱油制假窝点3个，饮料制假窝点1个，总价值5万多元。2002年，针对重点产品、重点市场、重点地区开展一系列专项打假行动。查获各类假冒伪劣商品622件（瓶），货值达4.23万元，端掉制假售假“窝点”6个，处理投诉案件26起，为企业和消费者挽回经济损失

23万元。对使用不合格螺纹钢、无证生产冷轧带肋钢筋、生产明令淘汰产品“地条钢”及制品、销售不合格铝型材等违法行为严厉打击，共查获各类建材产品合计46吨。开展农资、食品、建材专项检查，查处不合格肥料72吨、种子0.2吨、食品452瓶（件）、预制构件300张、烧结砖8.5万块、铝型材6吨，总货值15万余元。2005年，共查处产品质量、计量、标准化、锅容管特等违法案件56件，其中立案案件24件，现场处罚32件，查获违法产品货值296万元，为消费者挽回经济损失50万余元。开展9次专项执法检查，检查食品生产加工企业及小作坊186个（次），14类产品合计80多个品种。2006年，实施打假治劣“12365”工程。全面落实执法责任制和错案责任追究制，重视办案质量，全年办案准确率达100%。共查食品生产加工企业89家，对不具备生产条件、卫生状况差的企业依法责令限期整改27家，立案查处4家，责令停产2家，签订质量安全承诺书33份，签订质量安全责任书33份。开展“农资打假下乡”活动，共出动执法人员160人次，检查农资销售门市328个，检查农药、化肥、种子等农资产品87个品种191个批次，抽查11个品种13个批次。在节日期间开展6次大的市场计量执法检查，出动计量执法人员213人次、执法车66台次，检查超市、商场、摊点、学校、宾馆、加油站、加气站等3972个，检查各种在用计量器具4614台件，查出各种计量违法行为28件。

工商行政管理

1986年，蓬安县设县工商局实施工商行政管理。1992年，工商与物价部门合并，加强全县工商与物价管理。1997年，工商物价分设，工商局负责工商管理和市场监督及维护市场经济秩序。1999年，工商管理机构收归省直管，县政府对其实施地方管理。2006年，工商管理仍实行以省管为主的体制。

【蓬安县工商行政管理局】 1986年，蓬安县工商行政管理局下设办公室、市场股、个体股和企业股，在7个区设有工商所。1992年12月至1997年11月，与县物价局合并为蓬安县工商物价局。1997年11月，分设县工商行政管理局，属县政府部门。1999年8月，工商部门实行省政府直管，更名为四川省南充市工商行政管理局蓬安分局。2002年4月，更名为四川省南充市蓬安县工商行政管理局。2006年，蓬安县工商行政管理局内设办公室（1）、办公室（2）、人事教育股、监察审计室、法制股、注册监督管理股、市场监督管理股（市场巡查大队）、消费者权益保护股（“12315”执法队）、离退休人员工作股等9个股室（队）和1个直属的经济检查大队，下辖周口、城南、兴旺、罗家、河舒、金溪、巨龙、锦屏、徐家9个工商所。

1986年至2006年，刘均祥、曾树林、刘忠平先后任县工商局局长。

【工商企业管理】 1986年，全县核准登记注册的公司法人机构93户，分支机构17家，私营企业3户。1995年，全县核准登记注册的各类工商企业2432户，其中国有企业538户，注册资金6861万元；集体企业1863户，注册资金16726万元；私营企业31户，注册资金1210万元，从业人员452人。1997年后，国有、集体企业的改制、大多数企业走破产、拍卖、转让、租赁、参股、兼并联合重组之路，企业逐渐减少。2000年，全县核准登记注册的各类工商企业下降为961户，其中国有企业316户，注册资金6320万元，集体企业535户，注册资金4285万元，私营企业110户，注册资金2605万元，从业人员2402人。2006年，全县各类企业达到742户，其中国有企业184户（企业法人19户）、集体企业138户（企业法人20户）、公司109户（企业法人48户）、私营企业311户（有限责任公司131户，投资者人数551人；雇工人数7220人），注册资金15634万元，从业人员9250人。

【个体经济管理】 县工商局对个体私营经济依法规范登记管理，严格办照条件和办照程序，查处违章违法经营活动，维护正常经营秩序；规范私营企业出资行为，严厉查处虚假出资；强力推进个体私营企业信用体系，逐户建立经济户口；积极支持、扶持个体私营经济发展，对下岗人员从事个体工商户和私营企业办照、收费一律优惠；帮助私营企业解决有关具体问题和建立健全财务管理制度；积极为外来投资个体工商户和私营企业提供方便，热心服务。每年为个体户减免规费30多万元。1986年，全县登记注册的私营企业3户，个体工商户5767户。2006年，全县私营企业311户，个体工商户6257户；私营企业是1986年的104倍，1993年的24倍。

全县企业、个体私营经济发展情况一览表

（1986~2006）

年度	公司法人	分支机构	个体户户数	从业人员	私营企业户数	从业人员
1986	93	17	5767	8677	3	36
1987	93	17	7967	10048	4	47
1988	60	604	7688	10201	7	56
1989	48	357	7239	—	7	63
1990	82	360	7619	11150	8	72
1991	488	1670	7277	7538	9	111
1992	575	1818	7497	7788	10	147
1993	239	1838	6621	7315	13	185
1994	248	2009	7866	9304	24	480
1995	233	2168	8371	10437	37	681
1996	214	2047	10518	12586	52	1048
1997	195	1574	11057	14006	61	941
1998	173	1353	12383	16834	78	1896
1999	127	1343	13560	18045	98	1571
2000	127	960	14356	20386	110	2402
2001	95	632	15485	22257	127	3124
2002	100	620	16085	23457	143	3340
2003	87	515	16748	25106	165	4350
2004	81	487	16801	25843	196	5326
2005	69	365	6727	13569	245	6367
2006	131	314	6257	11586	311	7385

【市场管理】 1986年至1991年，计划经济时期主要是打击投机倒把、倒卖国家不允许上市的物资和商品、就地转手倒卖活动、买空卖空、欺行霸市等20多种经济违法行为。共查处各种经济违法案件2634件，罚没金额541792元，万元以上大案16件。1992年，打击生产销售假冒伪劣产品，查处垄断经营、不正当竞争、走私贩私、传销和变相传销、商业贿赂等经济违章违法行为；加强对易燃易爆物品、网吧、印刷、药品行业的监管整顿；开展对虚假广告，侵犯注册商标专用权案件的查处。当年共查处各类案件28件，案值4.9万元。1996年，重点对市场进行规范化管理。1997年10月，制订《市场安全责任制度》《市场投诉举报制度》《市场安全管理制度》《市场商品信息公示制度》《市场食品安全监管制度》《市场清洁卫生管理制度》《市场安全预警制度》《市场监管应急预案制度》《市场商品准入制度》《市场先行赔偿制度》等制度，规范市场经营行为。县工商局成立市场巡查大队，9个所分别成立巡查中队，配备市场巡查人员。2002年以来，每年组织开展整顿食品市场、农资市场、建筑建材市场等多项专项执法行动。每年春季、秋季在春耕秋播前对全县乡镇的农资经营户进行两至三次全面检查整治，重点整治种子、农药、化肥、农膜及饲料等各种涉农物资销售，开展整治粮食收购的“金穗行动”，加强对陈化粮监管。对全县乡镇和68个集贸市场以及屠宰场、加工厂、肉类销售点和大型超市进行全面执法检查，保证人

民群众吃上放心肉、放心食品。2002年，县工商局对某某中心卫生院收受药品回扣案件作出没收当事人违法所得10万元，罚款2万元处理。2003年至2005年，县工商局在防治“非典”和“人感染猪链球菌”疫情中，把好各种商品安全入口关，共查处各类案件1498件，案值301万元。2005年，县工商局查处一起销售未经检验检疫猪肉案，作出深埋销毁猪肉，罚款1万元处罚。2006年，查处各种违法违规案件408件，案值120万元，其中查处四川某某会计师事务所有限责任公司提供虚假材料、谢某某无工业生产许可证生产农药、费某某无照从事房地产开发等三件大要案。

【商标管理】 工商局商标管理，每年一季度前对上年有效注册商标年度验证，掌握有效商标使用管理情况。1993年注册商标1件。1996年注册商标1件。1997年注册商标3件。1998年注册商标2件。2000年注册商标10件。2001年注册商标4件。2002年注册商标5件。2003年，开始对商标企业实行A、B、C、D四级信用监管体系，当年注册商标6件。开展专项执法行动，共办理各类注册商标专用权侵权案198件，罚没金额35万元。2004年，县工商局共查处戴某某侵犯注册商标专用权案，处罚款4000元，是年注册商标11件。推荐开展知名商标评选。先后有蓬州曹氏（豆干）、嘉宝汽配、利溪（粉条）、司马相如（酒）、天府（粉碎机）、蓬锦（柑橘）、相如（水果）、相如（人用药）等8件被评为南充知名商标。2005年至2006年，县工商局把农产品商标和相如品牌、嘉陵第一桑梓等品牌商标的注册作为工作的重点，共盘活商标闲置资产160多万元；注册商标2件。

蓬安县南充市知名商标

（1993~2006）

商标名称	商标注册人	类别	使用商品或服务	注册时间	商标保护等级
天府	四川蓬安天府机器有限公司	2	粉碎机	1993.3.1	南充市知名商标
嘉宝汽配	四川嘉宝汽车有限责任公司	12	汽配	1996.4.28	南充市知名商标
蓬锦	蓬安优质果品开发股份公司	31	水果（柑橘）	2000.5.14	南充市知名商标
司马相如	四川南充相如酒业有限责任公司	33	酒	2001.10.28	南充市知名商标
相如	四川海峡农业科技有限公司	31	水果	2003.9	南充市知名商标
蓬州曹氏	曹辉琼	29	豆腐制品	2003.9.7	南充市知名商标
利溪	蓬安县河舒区粮油食品站	30	粉条	2003.10.21	南充市知名商标
相如	陈德齐	5	人用药	2005.3.4	南充市知名商标

【广告管理】 1986年，全县经省、市、县工商局核准从事广告经营制作、发布的专业公司、事业单位及个体工商户27户，其中兼营广告的事业单位2户、个体工商户25户。1995年前，广告经营额年均增长速度为15%。1996年后，年均增长速度为23%。2000年至2001年，药品、医疗器械、农药、兽药、医疗、房地产、保健食品、化妆品等八大类印刷品广告285份。2002年，县工商局开始对全县广播电视发布大众媒体广告实施预先审查备案制度。至2006年，全县共审查备案电视广告1344条。不定期开展对重点广告专项整治，重点查办误导、欺诈和虚假宣传，查办各类广告违法案件396件，罚没金额达181万元。

【经济合同管理】 1986年，全县开展经济合同检查，检查经济合同196080份，合同金额11646万元，履约率达90.7%。至1999年，仲裁办理合同纠纷案件86件，为企业回收贷款和挽回经济损失2580.4万元。2000年以来，开展“诚信经营户”评比活动，多名个体户和多家私营企业被南充市工商局授予“诚信经营户”“优良信用企业”。2006年，全县“守合同重信用”户，有省级6户：四川嘉宝汽车有限责任公司、四川蓬安天府机器有限责任公司、中国人民财产保险股份有限公司、中国人寿股份有限公司蓬安县支公司、四川省蓬安县农资有限责任公司、蓬安县嘉陵建筑工程有限公司；市级13户：中国农业银行蓬安县支行、蓬安县财信建工建材公司、四川蓬安马电机械化建筑工程有限公司、四川巨农农业发展有限责任公司、南充金华纺织有限公司、四川省蓬安县齐祥食品有限公司、蓬安县恒基水泥制品厂、蓬安县河舒区粮油食品站、蓬安县徐家区粮油食品站、蓬安县金溪区粮油食品站、蓬安县建筑工程有限责任公司、蓬安县巨龙区粮油食品站、蓬安县罗家区粮油食品站；县级5户：四川省蓬安第二建筑有限公司、蓬安县嘉茂绿色农业开发有限公司、蓬安县洋洋珠宝行、红蜻蜓蓬安专卖店、巨龙新潮电器经营部。

【消费者权益保护】 1986年，蓬安县开展整治市场违法活动。1987年7月，全县查处短斤少两，掺杂使假等违法违章行为。1994年5月，开展工商物价大检查，查处违纪单位20余个，收缴罚没款100多万元。2000年6月，召开“整顿市场秩序，整顿队伍作风”会议。2001年8月，成立“12315”消费者申诉举报中心。2003年，纪念“3·15”活动，召开“讲诚信，反欺诈”营造放心消费动员大会。为周口中学、实验小学、师范附小设立“青少年维权岗”授牌。2004年，县工商局正式设立消费者权益保护股（简称消保股），先后在全县设立“红盾维权岗”386个，对消费者投诉及时调查处理。“东观病死猪肉”事件后，县工商局加大病死猪肉监督。2月，查获曹某某销售未经检疫猪肉293公斤；3月8日，查获李某某跨县收购病死瘟猪，销毁病死猪31头；10月，查获邢某某无照贩运未检疫生猪52头、母猪20头，处罚款8000元；查获巨龙李某某销售死因不明病死猪2头，处罚款1.9万元。至2006年，共检查个体工商户4500多户、事业服务单位390多次，查处违法案件225件，罚款金额19万元。2006年，县工商局开展“消费者维权”工作进市场、进社区、进农村活动，建立完善“12315”消费维权村级联络点396个，实现乡镇覆盖，方便农民消费者就近申诉举报维权。

1986年至2006年，县工商局共受理消费者申诉案件6014件，支持消费者向法院起诉28件，为消费者共挽回经济损失达240多万元。

物价管理

1986年，物价管理由计划内外两种价格的双轨制逐步走向市场调节，初步形成定价主体以企业为主、价格形成机制以市场为主、价格管理以间接调控为主的管理机制。1992年，建立价格调节基金制度。1997年，《中华人民共和国价格法》颁布后，加大价格执法力度，推行收费公示制、价格听证会等管理。2000年，加强行政事业性收费管理和公示。2002年，纳入政府定价和政府指导价管理的仅有国家和省储备粮食、植物油、天然气、教育、国家行政机关等15个方面的商品和服务价格，其余由市场调节。2006年，在全县加强价格检查和开展“诚实规范标价，制止价格欺诈”活动。

【蓬安县物价局】 1986年，蓬安县物价局内设办公室、价格股、物价检查所3个股所。1989年12月，相继成立锦屏、河舒、罗家等七个区物价管理站，负责管理农村物价。1992年，各区物价管理站撤销。12月，县物价局并入县工商局，成立蓬安县工商物价局，内设市场物价股、非商品收费管理股、物价检查所。1997年11月，恢复县物价局，由县计委管理，物价检查所归县物价局管理。1998年4月，县物价局内设综合股、收费管理股两个中层机构。9月，成立蓬安县价格事务所，后更名蓬安县价格认证中心，为县物价局管理的自收自支事业单位。2001年12月，县物价局和物价检查所并入县发展计划局，保留牌子。价格认证中心、物价检查所归县发展计划局挂牌的县物价局管理。明确县物价局为正科级单位，内设机构仍保留综合股、收费管理股两个业务股。

1986年至2006年，杨文涛、曾树林、刘均祥、杨森林、邓晓荣、谌计春先后任县物价局局长。

【价格体制】 1986年，物价管理由计划内外两种价格的双轨制逐步走向市场调节。5月，县物价局印发《蓬安县非商品收费分工管理目录》，除中央管理的2项、省管的23项、地管的13项、县管的25项非商品收费项目外，其余全部放开由经营者自行确定收费标准。1988年1月，全面放开生猪（猪肉）价格。生猪收购实行最低保护价，放开中华等13 种名烟及系列规格52种卷烟价格。

对化肥生产企业生产的计划内化肥实行国家定价，超产部分实行最高限价。1992年，县管价格的商品和收费仅有种子、天然气公司管理费、民用煤、自来水、城市公共交通费、城市自行车停放费、游览参观门票、公有住宅房改售价、公有住宅租金、地块标定价9项国家定价；生猪、物资、城市机动车停放费、新建商品住宅价格、公有住宅维修费4项指导价格。至此，约90%商品和劳务价格已经放开，国家只管理少数垄断性强、需要保护的资源和公用事业、劳务价格（约10%）。2002年，纳入政府定价和政府指导价管理的仅有国家和省储备粮食、食用植物油（料）、棉花、储备化肥、厂丝、食糖、石油等重要储备物资以及供水、天然气、电力、食盐、民航、铁路、公路客货运输、邮政、电信、教育、医疗服务、房地产、金融、国家行政机关收费等15个方面的商品和服务价格。凡未纳入目录的，一律放开市场调节。2003年，改革医疗服务价格，改过去由省定价为国家制定医疗服务项目，省管83个项目的服务成本测算和价格制定，其余3883个项目价格标准由市物价局制定；取消政府定价。2006年，除水电气等少数关系群众生活密切相关的价格外，物价全面放开。

【价格调控】 1986年，生猪（猪肉）价格上扬，为抑制价格上涨，对猪肉零售规定最高限价。1987年，实行物价指数目标控制，全县零售物价指数县城控制在4.5%，农村控制在4.2%以内。1988年至1989年，针对物价上涨，对已经放开实行指导价和市场调节价县管价格的蜡烛、布鞋、豆瓣、醋、酱油、议价豆腐等21种商品实行提价申报制度；对议价粮油规定4%的最高利润率；对猪肉、蔬菜规定最高限价；对化肥严格控制加价率和利润水平，执行统一价格；同时治理流通环节价格秩序和行政事业性单位乱收费。1990年，全县市场零售物价指数控制在5%以内。1991年，对1988年以来先后上收管理权限的百货、针纺织品、五金交电、化工、食品类等52个品种的日用工业品和副食品的价格管理权限重新下放给生产、经营企业，其出厂价、批发价、零售价不再受原规定差率限制，由企业自主定价。同时取消对部分商品实行提价申报的限制性规定。1992年以来，建立价格调节基金制度，收缴入库894585.85万元，使用15.9万元，用于平抑自来水和“两杂”种子价格（后因种种原因，此制度停止执行）。1996年12月，对汽油、柴油实行临时最高限价管理。2003年，对预防“非典”的中药煎剂、板蓝根冲剂实行最高限价；对已经放开实行市场调节的消毒制品、口罩等价格实行临时差率控制。2004年5月，县政府印发《蓬安县应对价格异常波动工作预案》。启动农资价格监测日报；城市居民食品零售价格监测半月报。对化肥价格实行控制进销差率和最高限价临时干预措施。2006年，对水、电、气等价格实施监审。

【主要商品价格管理】 1986年至2006年，价格管理按照“放调结合”政策，着重解决商品价格畸高畸低失衡格局。主要商品价格管理有：

粮油　1985年至1992年，对粮油实行合同定购，合同外实行加价议购政策。1993年，实行粮食收购最低保护价制度。1994年，对原放开的稻谷、小麦、玉米收购价格和大米、面粉、玉米销售价格纳入统一管理，实行政府定价。1996年，粮食定购价格实行中央指导下的省（自治区、直辖市）人民政府定价。1998年，执行粮食顺价销售政策。2002年，放开玉米、小麦、油菜籽价格，实行市场调节。2004年，放开粮食收购价格。2005年，省人民政府决定对中籼稻和粳稻实行最低收购价政策，确定中籼稻中等品每50公斤72元，粳稻中等品每50公斤75元。

蚕茧　1986年，国家取消对蚕茧的派购。1988年，蓬安蚕茧购销划归蚕茧公司统一经营。1989年至2006年，先后四次调整蚕茧收购价格，桑蚕茧中准级收购价格由每公斤12.80元调为18.00元。

生猪　1986年，生猪改派购为议购议销，收购价随行就市，按质论价，猪肉销售价格放开。1988年，对生猪收购实行最低保护价，后逐步放开生猪收购价格，实行市场调节。

中药材　1986年，除麝香、黄柏、厚朴、杜仲四种药材由国家主管部门统一管理，议价统一收购外，其余全部放开实行自由购销。1991年，对大宗的100种药材按省、地规定的差率制定：批发价格综合差率最高不超过20%；零售价格批零差率最高不超过25%。2002年，全面放开中药材价格。

棉花　1986年，取消棉花统购实行合同定购，定购外的棉花允许自由上市。1988年，国务院决定不开放棉花市场，不搞价格双轨制，由供销社统一经营。1999年，放开棉花价格，其收购、销售价格主要由市场形成。

柑橘、黄红麻　1986年至1991年，实行议购议销，国家指导价格。1992年，放开实行市场调节价。

农用种子　1986年以来，对主要农作物种子水稻、玉米杂交种及常规良种；棉花、油菜（不包括双低油菜）、小麦的常规良种价格实行全省统一管理。2002年，杂交水稻种子收购、销售价格实行政府定价，其余种子价格放开。2006年，大春“两杂”种子用种销售期间，对其零售价格实行最高限价管理的临时价格干预措施。

化肥　1988年，对化肥生产企业生产的计划内化肥执行国家定价，超产部分实行最高限价。1994年，化肥计划内外价并轨为国家指导价。1999年，硝酸铵、碳铵、磷肥、复合（混）肥等其他化肥出厂价格、零售价格放开。2005年，对尿素、碳铵价格实行限定进销差率和限定最高运杂费监控管理。

石油　1994年以前，对计划内产品实行政府定价，计划外产品实行政府指导价。是年计划内外并轨全部由国家定价。1998年6月，改汽油、柴油政府定价为政府指导价，并实行城乡统一价格和明码标价。此后，国家根据国际油价变化情况，适时调整，逐步与国际市场接轨。

药品　1987年，国家物价局、国家医药管理局规定药品价格的制定调整，按成本利润率5%左右掌握。1996年，对化学药品、中成药、生物制品、生化药品、医疗单位的自制药剂按照规定的管理权限和统一作价办法制定价格。对已明确放开价格的50类、102个品种药品，由经营者自主定价。1999年，中成药价格改由省级政府定价和企业按国家规定的作价原则和作价办法自主定价两种形式。2002年，省物价局发布属省定价的国家基本医疗乙类保险用药及其他垄断性特殊药品有：化学药品515种（类），中成药583种（类），民族药品48种（类）。2006年，对60种抗肿瘤药品、42种未列剂型抗肿瘤药品、42种原研制药品、99种抗微生物药品实行最高零售价格或临时最高零售价格管理。

农业水费　城市自来水：1986年，蓬安定价0.25元/立方米。1991年，调整为0.35元/立方米。1993年至2002年，原实行的综合供水价改为分类供水价，至2006年先后7次提高自来水销售价格。

小型水利工程供水：1999年前，实行“实物计征、货币结算”计收办法。是年，改为“以供水成本为基础，以实物标准按亩计价，货币缴纳和结算”的办法。

电力：1986年，蓬安核定照明用电城镇0.20元/千瓦小时，农村0.10元/千瓦小时，工业用电0.13元/千瓦小时，农排用电0.03元至0.05元/千瓦小时。2006年，未进行农网改造的社区变压器台区总表价格由每千瓦时0.53元调为0.572元。

天然气　1998年，蓬安县天然气销售价格为：居民生活用气每立方米1.13元；办公用气每立方米1.45元；商业用气每立方米1.70元。2001年至2003年，因天然气净化费和天然气大管网供气管输费上调，天然气销售价格相应调整。2006年，再次调整天然气销售价格，居民生活用气为1.42元/立方米；办公用气为1.74元/立方米；商业用气为1.99元/立方米。

房地产　1986年，公有住房租金长期维持在每月每平方米0.02元至0.05元的标准。1990年，调整城镇公有住房和非住宅用房租金。2002年9月，将房改房出售价格、公有住房租金、经济适用房和其他享受政府优惠政策开发的普通住宅销售价格、房屋重置价格及拆迁临时安置补助费和搬迁补助费列为政府定价或政府指导价，对城市商品房销售实行售房公示制度。2006年，核定蓬安县首批经济适用房综合平均销售价格为每平方米466元。

【收费管理】　1986年，物价部门对商品价格、经营性收费和部分人民生活密切相关的教育、医疗等收费进行管理。1987年至1990年，重点对行政事业性收费及部分问题较突出的经营性收费清理整顿，共取消各类收费135项，降低收费标准30项，暂缓执行13项，为农民和企业减少缴费负担295万元。实施“收费许可证”制度，为344个收费单位颁发“收费许可证”。1991年至1992年，实施行政事业性收费年度审验制度，全县53个行政事业性收费单位，614个收费许可证进行年度审验。1994年至1999年，加强对行政事业性收费的监管，先后取消各种收费289项，降低收费标准58项，减少缴费负担1190.68万元。2000年至2002年，全县实施收费公示制度。县物价局监制收费公示牌1352个，发至收费单位公开悬挂，公示面达99%。2003年，执行省物价局规定，将水利、气象、司法等部门收取的水利工程水费、公证费、律师服务收费等21项行政事业性收费转为经营服务性收费。2005年2月至5月，开展“收费许可证”审验工作。对32个收费部门、235个收费单位、364个收费点，共计599个收费许可证进行年度审验，查明全县599户收费单位年度收费总额为8690.87万元，取消上级明令禁止的收费项目23项，变更收费项目15项，取消无收费资格的收费部门1个，换发“收费许可证”110户。经对行政事业性收费多次清理，至2006年年底，先后共取消国家明令禁止的收费项目789个，降低收费标准198项，累计为全社会减少缴费负担1476.16万元。

蓬安县经营服务性收费变化表

（1990~2005）

品名	规格	单位	“七五”计划 1990年	“八五”计划 1995年	“九五”计划 2000年	“十五”计划 2005年
医疗收费	普通门诊挂号	元/人次	0.10	0.30	0.50	1.00
	门诊诊疗	元/人次	—	—	1.00	2.00
	住院床位费	床/日	1.20	3.50	4.50	12.00
公房房租	住宅	—	—	—	—	—
	砖混结构	月/平方米	0.30	0.30	1.30	1.30
	砖木结构	月/平方米	0.25	0.25	0.65	0.65
	木结构	月/平方米	0.20	0.20	0.60	0.60
邮政资费	寄平信（外埠）	每重20克	0.20	0.20	0.50	0.80
	寄挂号信函	每件	0.30	0.30	1.00	2.00
电信资费	固定电话 同一交换区内通话	—	实行包月固定通话费每月每户5.00元至27.00元	月租单机15.00元/月·部	每3分钟0.18元	首次3分钟0.22元,以后每分钟0.11元
	固定电话 电话区间通话	—	月度基本订次,超次加收通话费党政用户0.39元/次,其余用户0.45元/次	党政用户0.60元/次,其他用户0.75元/次	每分钟0.30元	每分钟0.30元
	固定电话 电话月租费	月/部	—	—	甲种用户13.00,乙种用户15.00	县城15.00，农村10.00
	移动电话月租费	月/户	—	50.00	25.00	9.00
	移动电话通话费		—	本业务区通话主叫或被叫每分钟0.40元	本业务区通话主叫或被叫每分钟0.20元	主叫每分钟0.16元,被叫不收费
有线电视	收视维护费 县城	月/户	—	5.00	8.00	15.00
	收视维护费 农村		—	5.00	5.00	10.00

【物价监督检查】 1986年至1996年，在全县开展财务、税收、物价大检查，以后不定期开展专项物价检查。监督检查与人民生活密切相关的日用工业品、主要副食品价格和教育、医疗、服务等重要的非商品收费及重要农资、生产资料价格。1997年至2002年，对教育、农业、水利、工商等部门开展专项检查，查处违法事件225件。2006年，全县开展价格检查和价格诚信活动。

重要商品及服务价格监督检查　1986年至1989年，以稳定市场物价为重点，对与人民生活密切相关的化肥、饲料、粮食、蚕茧、副食品等农业生产资料、紧俏工业消费品、主副食品以及各种收费进行监督检查。共查处各类价格违法案件197件，违法金额86.08万元，收缴罚没款64.46万元，退还用户1万元。1990年至1997年，重点抓农资专营、农村电价、医药市场、煤炭市场、盐业市场和粮油市场的整顿，先后开展财政、物价、税收大检查，共查处价格违法案件104件，违法金额36.23万元，罚款没收35.23万元，退还用户1万元。1998年至1999年，开展粮食、蚕茧、化肥、药品等价格专项检查。2000年至2002年，先后开展电信、电价、粮食收购、旅游等价格和收费专项检查。2004年，开展医疗服务、药品价格专项检查。2005年，开展化肥、种子、农用柴油等农业生产资料价格检查。2006年，开展医疗服务、公路客运、成品油、涉农物资价格及收费的监督检查。

行政事业性收费监督检查　1991年至1996年，先后对国土、建设、畜牧、农机、交警、司法、学校等部门收费标准执行情况进行监督检查。共查处价格违法案件99件，违法金额175万元，罚款、没收86万元，退还用户10万元。1997年至2002年，对教育、工商、林业、水利等部门收费开展重点检查和专项检查，共查处价格违法案件225件，违法金额918.78万元，实行经济制裁204.91万元，责令退还用户60.2万元。2003年至2006年，开展教育收费的监督检查，重点检查学校“两免一补”的落实情况和“一贯制”贯彻执行情况，共查处价格违法案件285件，查出违法金额1501.14万元，没收违法所得137.81万元，退还用户512.48万元。

市场物价监督检查　1986年至1989年，对重要工农业生产资料进行检查，在元旦、春节、中秋、国庆期间开展市场物价大检查，先后出动检查人员2623人次，检查市场摊点、门市2776个，查处价格违规行为1574件，罚款没收金额0.98万元，批评教育619人次。1990年至2005年，坚持经常性日常监督检查与重大节日期间市场物价大检查相结合的监督检查做法。2006年，先后出动31人次对全县91个化肥、种子经营点进行逐一检查。

商品明码标价　1986年，在全县推行统一商品标价签制度。全县所有国营、集体门市及个体经营的商品用上统一的标价签，实行一货一签，明码标价销售商品。1989年7月，将原仅标明零售价的标价签改为同时标明商品价格、产地、规格等，规范完善了商品的明码标价。1990年3月，按照国家定价、国家指导价和市场调节价三种价格形式，分别使用红、蓝、绿三种不同颜色的标价签，实行一货一签，明码标价销售商品。1994年至1999年，继续执行明码标价制度，在县城有一定规模和影响的万博、奔驰等商场开展明码标价示范点建设和评比竞赛活动。县城各经营单位和个人的明码标价率达95%以上。2002年，建成建设北路明码标价示范街。2006年，全县开展以“诚实规范标价，制止价格欺诈”为主题的价格诚信活动，在和平药店、百盛超市创建“明码标价示范店”。

“物价计量信得过”评选活动　1986年至1990年，在全县开展“物价计量信得过”先进单位评选活动，评选出县百货公司、嘉陵贸易商场、县医药公司一门市和蔬菜水产饮食服务公司等21家企业为“物价计量信得过”先进单位，授予“双信”牌匾。每年复查验收合格者保留“物价计量信得过”称号，不合格者，收回牌匾，取消“双信”单位称号。1998年，重新启动评选“物价计量信得过”先进单位评选活动，当年验收合格2个。2002年至2006年，先后评选出和平药店和蓬州大药房为“物价计量信得过单位”，由市物价局授予称号并颁发牌匾。

安全生产监督

1986年，由县安全生产领导小组下设办公室负责全县安全生产监督，实行安全生产目标管理。1993年，安全领导小组更名为安全生产委员会。1995年，县政府调整充实县安委会成员，完善安全组织机构，各乡镇政府、各部门成立相应安全生产机构和明确安全一、二、三责任人。2002年，全县深入开展安全生产十三条线专项整治，规模创历年之最。2004年3月，成立蓬安县安全生产监督管理局。2005年，制定《蓬安县重、特大事故应急救援及处理预案》。2006年，县各类伤亡事故直接经济损失由2004年的666.5万元下降为8.8万元。

【蓬安县安全生产监督管理局】 1986年，蓬安县安全生产领导小组下设办公室（简称县安办），综合管理全县安全生产工作。1992年12月，县安办挂靠县人事劳动局。1993年，县安全生产领导小组更名为县安全生产委员会，办公室仍挂靠县人事劳动局。1997年10月，县人事劳动局分设后，县安办挂靠县劳动局。2002年1月，蓬安县将原县劳动局承担的安全生产综合管理、职业安全、矿山安全的监察管理职能划给县安办。县安办综合管理全县安全生产工作，履行国家安全生产协调、监督、监察管理工作。2004年3月，县安办增挂“蓬安县安全生产监督管理局”牌子，两块牌子、一套人员，合署办公，成为县政府工作部门。内设：综合股和安全监察股，组建安全生产监察执法大队。2005年5月，国家安全监管职能调整，县经济局监管的危险化学品监管职能和县公安局监管的烟花爆竹监管职能移交县安监局。2006年，县安监局内设办公室、综合股、危险化学品股、矿山建筑股、教育培训股和安全监察执法大队。

1986年至2006年，汤乐山、伍太坤、伍泰学、程波先后任县安办和安监局主任、局长。

【安全生产教育】 1986年，全县安全生产宣传侧重在重点地方如车站码头、重点行业如交通、建设等。交通局坚持每月安全例会和从业人员定期学习制度。1990年后，各单位加大对安全生产宣传教育工作，加强对重点行业从业人员定期学习培训。1995年，各乡镇、部门成立安全生产机构，层层明确安全责任，加大对安全宣传教育力度。2004年至2006年，全县分行业、分时段制定安全生产宣传教育培训计划，三年来，共举办安全生产培训班55期，培训人员10800余人次，各行业培训“四主一员”12569余人次，送省、市培训各类安监管理人员165人次。每年6月，开展“安全生产月”活动，共设置宣传点334余个，悬挂宣传标语5657余幅，印发各级各类简报1320余期，散发传单65万余份，接受咨询和教育的群众达30余万人，各级领导发表电视讲话专题讲座达20余场次，编印《安全生产知识宣传手册》《安全生产实用手册》《安全生产检查指南》20万本，购置安全警示影片16部，制作道路、水上、消防安全事故安全光盘36张供群众观看。抓好特种作业人员的培训、考核、复审，共培训36000余人次。

【安全生产目标责任制】 1986年，蓬安县实行安全生产目标管理，县委、县政府根据地区下达的各类事故控制指标，分解到各区和各部门并与各部门主要负责人签订“目标责任书”。坚持“谁主管谁负责”原则，制定六大安全生产责任和奖惩办法。1990年，县安办制定目标管理责任制，包括总的目标任务、目标任务分解、考核办法、奖惩办法共75条。县长和分管安全的副县长与各区、各部门主要领导，签订103份安全生产目标责任书，全县层层签订安全责任书和安全合同。1991年，各级各单位部门重点修订完善和执行安全生产目标责任制。全县签订安全生产责任书和合同33000余份。1995年，县政府调整充实县安全生产委员会成员，建立和完善安全组织机构，38个乡镇政府、200余个企事业单位成立相应安全组织机构，落实安全生产一、二、三负责人并明确职责。2003年，安全生产目标责任制从县委县政府到各乡镇、部门实行一岗双责，分管业务工作的领导管生产管业务也必须承担分管方面工作的安全责任，安全目标管理延伸到各个方面和基层。2004年3月，县委、县政府完善全县安全生产目标管理责任体系，强化党政一把手对安全工作的领导，县政府与安全生产划分的十三条线主要牵头领导签订安全生产目标责任书，全县46个乡镇完善安全生产机构和办公室，配备专职安监人员、落实办公场所、设备和工作经费，层层分解安全责任到村组、社区和“四主（车主、船主、业主、矿主）一员”（特种作业人员）。县级各部门明确党委（支部）一把手负总责、行政一把手为第一责任人、一名副职领导和1—2名干部具体负责安全生产工作。全县范围内形成横向到边、纵向到底的安全生产责任体系，把安全生产纳入年度综合目标考核。2005年，县政府出台《蓬安县人民政府关于印发蓬安县安全生产目标管理考核奖惩暂行办法的通知》。2006年，县政府出台《蓬安县安全生产目标管理考核办法》，落实各乡镇、县级各部门、单位安全生产目标考核。

【安全指标控制】 1986年，在安全目标管理中实施安全指标控制管理。全县有总的控制指标，交通、建设等重点行业分别下达事故控制指标，包括事故次数、死亡人数、轻重伤人数、直接经济损失等项目。1992年后，指标控制的行业和范围涉及全县各个乡镇、单位。2004年，全县死亡人数控制指标21人。是年，发生安全生产事故60起，比2003年增加17 起，上升40 %；由于发生“9·27”事故，全县共死亡80人，比2003年增加66人，上升471%；受伤134人，比2003年增加96人，上升253 %；经济损失666.5万元，比2003年增加656.31万元，上升6441%，发生重、特大安全生产事故各1起。2005年，死亡人数控制指标共17人。全县共发生安全生产事故48起，比2004年减少12起，下降20%；死亡16人，比2004年减少68人，下降81%；受伤55人，比2004年减少79人，下降58.96%；经济损失13.33万元，比2004年减少653.2万元，下降98%，发生重大安全生产事故1起，比2004年减少1起，下降50%。2006年，死亡人数控制指标18人。实际发生事故32起，比2005年减少16起，下降33.3%；死亡5人，比上年减少11人，下降68.75%；受伤33人，比上年减少22人，下降40%；经济损失8.8万元，比上年减少4.53万元，下降34.06%。

【安全生产专项整治】 1986年，蓬安县坚持对水陆交通、建筑、公共场所、学校和烟花爆竹等重点行业和领域开展安全检查和隐患排查专项治理。1991年12月，县委、县政府召集公安、交通、安办等10多个单位会议，县长陈尚君布置全县整顿路面工作，整治排出险情70处，拆除路障临时房屋25处，加宽路面320千米，确保公路车辆运行畅通、交通秩序好转、事故下降。1992年后安全生产监督管理与劳动保障管理相结合，全面介入各个生产、工作行业进行安全专项治理。1995年县政府成立整顿领导小组和办公室，开展城区和水上交通秩序专项治理，分行业部门抓责任落实。对水上35艘五等以下机动船由电喇叭强制性改成气喇叭，8艘船舶补办登记执照，47艘船舶重新书写船名牌号，21艘船舶重新勘划载重线，14艘船舶配齐救生设备，处罚违章27起，罚款2650元。1996年，县政府成立道路交通安全整顿小组，开展道路交通安全整顿工作，召开私营个体客车挂户工作会议，宣传、动员全社会关心支持道路整顿工作，协调县运输公司和南充汽车运输七分公司安全有序竞争，审验客运车辆140余辆、客车驾驶人员180余人，经资格审查合格有127辆私营客车挂户在七分公司、县运输公司营运，执行机动车辆保险和维护保养制度。开展对城区人力、机动三轮车整顿。整治危险路段，治理以路代市、以街代市4处。2000年，交通局组织水上派出所、航务所集中整治水运安全，对超载和无证经营船只扣留，强制违章持证船员学习，严重违章者刑事拘留，先后拘留60多人。2002年，深入开展安全生产13条线专项整治，全县共发现安全隐患365处，限期整改。整治小（一）型水库1座、小（二）型水库18座，投资550万元，整治白蚁38座，投资50万元，整治滑坡3处，投资40万元，消除多年隐患。2004年，“9·27”事故后，县委、县政府对安全隐患整治采取挂牌制度，限期内挂牌整治不落实的，责任单位主要领导给予诫勉，两次挂牌同一隐患整治未完成的作组织处理；对所有船只和车辆清理检查，强制取缔福德、兴旺超长线路客车乡镇组客发车；嘉陵江水域客渡船全部实现单机改双机、木质船改钢质船；改造码头3个；报废船只21艘、车辆41台，补办证照72个；整治消防隐患24处、建设隐患24处、非煤矿山隐患32处、制氧车间安全隐患2处，地质灾害方面搬迁149户、588人；销毁烟花爆竹400余件；处置违规违章162人次。2005年，突出重点时段、重点行业、重点区域安全生产专项整治，实行道路交通安全局级联席会议制度，组建水上、道路、消防、非煤矿山四个专项整治办公室，开展部门联合执法活动、齐抓共管。全年共查处安全生产事故40件、违章17630余件次，教育处理54人次。暂扣车船210辆（艘），强制报废车辆36台、船舶（含生产自用船）185只，罚款260余万元。挂牌限期整治安全隐患361处，整改348处，占96.6%。整治水上隐患23处、道路隐患59处、消防隐患32处、电力隐患18处、非煤矿山隐患14处、地质灾害27处。2006年5月，全县集中开展乡镇船舶专项整治工作，清理整治办证688艘，销毁91艘，封存并落实管理责任78艘。

【安全生产检查】 1986年，蓬安县安全生产检查监督，单位每月自查、系统双月排查、重大节假日活动前专项检查、县安全领导小组组织季度全面检查。县安办和主管部门定期不定期深入基层安全生产工作督查，交通局组织水陆交通安全检查。全县每年汛期前要作防汛检查。1987年6月，县政府组织对中、小学校舍安全检查，区公所管教育的领导为组长负责检查各区中小学校舍，县文教局、县安办到各区、乡抽查。道路交通安全由交通局移交公安管理后，交通、公安分别组织水陆交通安全检查。1991年，全县乡镇企业系统开展定期和不定期安全检查432次，查处安全隐患284起及时整改；教育系统共查处隐患8500处，整改8300处，占97.6%。对各区乡（镇）供电设备安全隐患进行检查，查处隐患3840处，整改3640处，占94.7%，纠正违章3400起，整改28处危险线路。1998年，全县范围内开展两次安全用电大检查，县政府发出《关于加强农村用电工作的紧急通知》，各乡镇查处私接乱接3576处，查窃电965处，查处事故隐患7326处，整改6283处，出整改通知书1124份，处理线路下违章建房6处。2005年9月，乡镇实行定人定岗执勤制度，全县共落实120名乡镇公务员具体负责辖区内的安全生产管理检查工作。11月，依法关闭在安全检察中发现存在重大安全隐患且限期未整改的中石油罗家加油站、中石油城东加油站。集中开展对建筑业危险化学品及烟花爆竹非煤矿山及工矿企业的“安全执法行动”，检查单位150余个、施工现场40余个，查出安全隐患3000余处，发限期整改通知书1600余份，行政处罚告知书20余份，行政处罚决定书40余份，现场纠正违章1400余起。推行委托执法，将部分行政执法权委托给乡镇安办的安全行政执法人员，建立乡镇道路交通监督岗。2004年至2006年，全县共检查生产单位、经营网点、车站、码头、船舶等1320余处，教育处理“四主一员”124余人次，排查出各类安全隐患3090余处、事故140件，罚款30余万元，按时完成市政府督办的7处重大安全隐患。

【事故防范预案】 1986年，县政府制定汛期安全防汛预案，以后每年制定。1990年，县政府要求各单位安全管理做好事故防范预案和应急处置预案。1998年 8月，蓬安嘉陵江河段涨水超过10.6米，交通局按照防汛预案派出抢险船只到中坝、三坝一线抢险，救出100多人。2005年，县安全生产委员会办公室制定《蓬安县重、特大事故应急救援及处理预案》，对重、特大事故的确定、分类、上报与现场保护、处理程序、县救援力量及器材配置等作出明确规定。《预案》要求全县各级各部门、企事业单位均根据各自职责和特点，制定适合本地区、本行业、本单位重、特大事故应急处理预案实施细则，确保做好重、特大事故应急处理预防工作。2006年，蓬安县制定防汛应急预案基本要求、防汛重点、应急响应划分（分为一、二、三、四级）。建立健全防汛指挥机构：防汛指挥部指挥长由县长担任，指挥部下设办公室，具体处理日常防汛工作。县上成立4支抢险机动队，各乡镇成立50人至60人的抢险队。并作好防汛抢险物资准备：防汛抢险船7艘、防汛抢险车12辆、抢险物资：编织袋20000条、救生衣200件、各水库准备土石料1500立方米、抢险工具2000件，抢险汽、柴油各20吨。全县各部门、单位和乡镇成立防汛领导小组，负责本部门、辖区防洪抢险工作。

2004年至2006年，县级财政预算270万元作为安全生产储备金，用于重大安全生产隐患整治和安全基础设施设备建设。“9·27”事故后，蓬安县投入4360余万元，维修县内油路和整治危桥险路、设置警示标志标牌；投入90万元整修和建设码头、按100%标准配送救生衣等安全设施和用于乡镇管船站建设，并取缔、归并30个小码头，规划修建码头停靠点、值班房23处。投入110万元整治下河街电力线路，投入25万元进行农电线路改造；投入40万元完善消防安全配套设施。企业投入130余万元开展安全生产质量标准化建设。教育、卫生、建设等“十三长”成员单位及各乡镇投入600多万元整治重大隐患。

【重特大安全事故】 1993年7月24日晚22点03分钟，四川省嘉陵江航道养护处蓬安航道段嘉航23号轮在石梁坨拖拉五号沙石驳船横渡过江操作不当，造成五号驳打张，前左舷碰撞在行船前右舷上，站立在行船船头15人有7人落水，当即救起4人，3人失踪，28日，打捞尸体2具。

1994年3月3日，蓬安县轮船客运公司李某某驾驶挂机21号钢质船，行至牛毛漩时违章逼近追越县轮船客运公司蓬安1号客轮相撞，小客船沉没，死亡5人。

1994年7月16日晚，县轮船客运公司客轮1号夜宿石梁坨码头，龙云镇八村五社2-53号人力渡船拴在其客轮1号右边第三根柱上。20号3点30分左右突遭暴风袭击，客轮1号和53号渡船沉没，客轮1号船员5人，53号渡船1人共6人失踪，直接经济损失约37万元。

1995年1月4日，蓬安县茶亭乡个体户驾驶员，驾驶与曾某等3人合伙经营的一辆川R00593号成都牌小客车。从南充载客36人返回蓬安徐家，车行至仪（陇）北（碚）公路96千米加700米处，将油管插入装有汽油的塑料桶内进行供油行驶时，起火燃烧，当场烧死5人，烧伤16人。

1996年3月11日下午1时55分，蓬安县轮船客运公司“小山城”号客船（160马力，核定200客位）长江客运，由长江木洞上行至终点港重庆途中，在大佛寺水域，从左舷追越上驶的丰都县名山镇一个体机驳船“群生”号，此时“群生”号右舷又有被追越的川东船厂的“川东507”号绑拖船队同时上驶。追越过程中，“小山城”号客船右舷船尾与“群生”号船头相碰后倒头，后又与“群生”号右舷的“川东507”船队首部相碰，“小山城”号船当即翻沉，全船人员全部落水，经多方施救，58人生还，造成死亡21人、失踪96人，经济损失100余万元的特大水上交通事故。

1997年2月14日，县巨龙镇6村2社个体驾驶员杨某某翻车事故，造成死亡3人，伤2人。

1998年12月7日下午3时30分左右，汽车运输83队驾驶员刘某驾驶中巴野马客车（车牌号川R16706）从南充开往仪陇，行驶在仪北路109千米+700米（周口镇沈家梁）处，由于车辆带病上路行驶，临危措施不当，翻于59.7米高的岩下，造成死亡8人，轻重伤15人的特大交通事故。

1999年1月4日晚8时30分左右，蓬安县罗家镇派出所所长沈某受镇党委书记张某某指派驾驶本所川R0170号北京牌212警车，载着镇党委书记张某某、镇党委副书记杨某某、镇武装部部长邓某某、镇信用社主任江某、镇国税所所长罗某等7人（车核载5人）非因公到蓬安县白云山林场。车行至白云山林场专用道南燕乡泥巴寺1千米加300米上坡左转弯处，因操作失误，翻于公路右侧67米高的岩下，车辆起火烧毁，张某某和沈某等4人死亡，重伤3人。

1999年3月4日，南充市汽车运输联合总公司驻县67队驾驶员彭某，驾驶川R12130号华西牌中巴客车，由蓬安载客17人到南充，当车行至国道318线2148千米加600米（高坪区青莲乡五村一社新店子）处，因驾驶员彭勇明知前方有障碍，严重违章抢道占线超速行驶与迎面驶来的一辆东风牌货车相碰挂，致使中巴客车车轿1/3被挂落在公路上，造成死亡7人，伤3人的重大事故。

1999年12月18日上午10点40点分左右，周口镇塔子山村六社王某某驾驶自有渔船从利溪镇返回周口镇塔子山村，当船航行到利溪渡口上游1200米处，因严重超载，临危措施不当，船体沉没。船上13人落水，救起7人，死亡3人，失踪3人。

1999年12月20日下午4时20分，驾驶员陈某驾驶峨嵋牌卧铺大客车（车牌号川R06361）从蓬安发往广州，当车行驶到梁平县邱家寨处（国道318线1959千米+100米），因严重超载，临危措施不当，客车翻于67米高的坡下，造成当场死亡8人，伤60人的特大交通事故。

2000年1月2日上午11时50分左右，驾驶员唐某某驾川R14222号伏尔加小车，车载着自己的儿子、父母亲、三嫂和三嫂儿子、叔伯女婿共7人，从高坪区龙门镇一亲戚家吃婚酒后返回蓬安县正源镇，当车行至高坪区江陵镇琴台寺村二社公路左转弯进入二道桥面时，伏尔加车身右侧撞在前方驶来的高坪区道路运输服务部一辆拉河沙的小货车保险杠右侧后，坠于11米高的桥下河中，造成除驾驶员唐某某母亲受重伤外，其余6人（含驾车人）当场全部身亡的重大事故。

2004年8月13日下午4时30分左右，蓬安县周口中学在拆除危房时，因墙体垮塌，民工13人被埋在倒塌的墙体中，造成7人死亡、6人受伤的重大安全生产事故。“8·13”事故追究刑事责任人(唐某某，犯重大安全事故罪，被判刑3年，缓刑3年；杨某某，犯重大安全事故罪，被判刑3年，缓刑3年；唐某某、王某某，犯重大安全事故罪，判刑4年缓4年)，受到党纪、政纪处分9人。

是年9月27日7时10分左右，周口镇下河街居民梁某某（驾长），驾驶川蓬客-29号双机客船，运载135人，从万和乡史家坝码头出发，开往下游金溪码头。船行至距金溪码头约1000米金溪航电枢纽工程围堰处，发生翻沉。造成68人死亡的特大安全生产事故。“9·27”特大沉船事故6名责任人员受到法律追究，32人受到行政、纪律处分。

食品药品监督

1986年，蓬安县药品监督设药监局负责，卫生局协同管理食品和药品卫生。1989年，县药监局重点对虚假宣传、出售假冒伪劣药品不法行为进行查处。1992年，药监局合并到卫生局，实施食品药品监督。2001年，县恢复药品监督管理局。1997年，强化证照管理，实施药品经营许可证及年检制度。2001年4月，县委下发《关于整顿和规范医药市场秩序的意见》。10月，四川省南充市蓬安药品监督管理局成立，为上级直管。2005年，成立食品药品监督管理局，加大对全县食品卫监督执法力度。2006年，全县共有食品生产经营户1996户，监督覆盖率达100%；有药品生产企业1家、药品批发经营企业4家、药品零售连锁企业2家（下设零售连锁店216个）；各类医疗机构606家，206家药品经营企业全部通过《GSP》认证。监督合格率达87.13%。

【蓬安县食品药品监督管理局】 1986年，蓬安县医药管理机构为医药管理局。1992年12月，撤销县医药管理局，行政职能并入县卫生局，内设药政股统一管理全县各药品经营单位、医疗机构及个体诊所、药店等的中西药品药械。1998年，蓬安县卫生局更名为蓬安县卫生医药管理局。2001年10月，成立南充市蓬安县药品监督管理局，属上级直管，内设办公室、综合监督股、市场监督股（药品稽查大队）。2002年11月，蓬安县医药质量管理协会成立，设在药监局。2005年9月，省、市决定在原县药监局基础上成立四川省南充市蓬安食品药品监督管理局（简称县药监局)。10月，根据省、市要求，成立蓬安县食品安全协调委员会，办公室设在食品药品监督管理局。2006年，设立兴旺等7个片区食品药品协管办公室。

1986年至2006年，龚臣祥、何永贵、祝炳荣、陆炳全、刘先福先后任局长。

【药品　医疗器械监督】 1989年，根据国家药品管理法规，县医药管理局配合县卫生局对蓬安县人民医院经省卫生厅批准扩大大输液灭菌制剂的15个品种，普通内服制剂16个品种、五官科用制剂14个品种，外用制剂22个品种实行全程质量监督把关。1992年后，县卫生医药管理局药政股统一对全县各药品经营单位、医疗机构及个体诊所、药店等的中、西药品、药械质量实行监督管理，并统一实行药品监督员制度，规范中药材生产及中药饮片质量，强化对县人民医院等单位自制制剂的质量监督管理。1999年3月，蓬卫发《蓬安县特殊药品管理责任制实施办法》，加强对特殊药品的监督管理。2001年10月，南充市蓬安药监局对全县麻醉药品、一次性灭菌医疗器械、大输液、疫苗、新特药、进口药品、防“非典”药械等进行专项监督检查。先后组织实施3次药品从业人员岗前培训，共培训320人次，合格298人次，合格率达93%以上；药品从业人员在岗提高培训6期6500余人次；药品经营企业管理人员培训5次，参加培训人员750人次；医疗、计生单位业务院长、医务科长、药剂科长进行药品不良反应和合理用药专项培训4次，培训人员310人次。2004年，城区许可证办证率达85%，有效许可证持有率达92%。同时采取“三化四控”（药政工作法制化、科学化、规范化和药品质量管理实行自控、监控、群控及联控）的药品监管措施。9月，县药监局发出《关于加强中药饮片包装监督检查的通知》，确定药品生产企业驻厂监督员和药品经营企业日常监督员。2006年8月，全面贯彻《麻醉药品和精神药品管理条例》，开展了特殊药品专项检查。

【药品管理】 1986年至1992年，县政府加强医药管理，药监局对医药行业实行“统筹、协调、监督、服务”职能，对县中、西医药公司人、财、物实行统一管理，指导全县中药材产、供、销及中、西药药品药械的购、销、调、存，以确保灾情、重大疫情和全县人民用药需要。1993年由县卫生局实施对中、西药公司和全县药品市场管理。1997年，县卫生医药管理局制定办理“药品经营许可证”审批程序和管理措施，对县内各类医疗机构、个体诊所逐个登记造册、检查，重点审查经营范围、经营场址、布局合理、内部管理体制是否健全、从业人员、储藏设施和卫生安全条件是否与经营范围相适应，提交的文件、证件、填写的申请是否真实、合法、有效等，核准后发给“药品经营企业（零售）合格证、许可证”，并实行年检制度。2001年6月，县卫生医药管理局指导县中医院首次对9个品种6万余支（盒）药品，实行招标采购，收到明显效果。2002年11月，蓬安县医药质量管理协会成立，在药监局指导下，开展药品法律法规宣传、药品从业人员培训，假劣药品展示、合理用药讲座、药学论文交流等促进医药市场管理。药监局在全县范围内开展“创建放心药房”活动。2003年，县药监局先后制定《蓬安县医疗机构药品质量管理规范》《蓬安县农村卫生站药品使用管理办法》《关于进一步加强个人设置门诊部、诊所等医疗机构药品监督的通知》等文件，促进药品采购日益规范、药品库房条件逐步改观、临床用药日趋经济合理。大多数医疗机构药品采购变为招标采购，实行全省“挂网”采购。把住进药渠道，防止假劣药品流入。加强药品贮存和门诊、住院药房硬件建设，普遍增加购置设备。县乡两级医疗机构临床用药制定基本用药目录，实行新的处方管理制度，限制临床用药金额比例，开展合理用药讲座。3月，逐步实施药品分类管理，举办药品经营企业业务负责人、执业药师和药品零售连锁店负责人培训班，学习《处方药与非处方药分类管理办法（试行）》和相关文件；药品分类管理的有关专业性知识；实施药品分类管理制度方法和步骤等。对各药品零售连锁店所经营的药品，按照国家遴选的第一批非处方药目录和标识，进行清理、分类、上柜挂牌销售。制定处方药与非处方药经营目录。药监局组织专业人员监督检查。2004年7月，县药监局制订医疗机构申办“麻醉药品、一类精神药品购用卡”验收标准。2005年5月，蓬安药监局会同县监察局、卫生局发出《关于进一步做好农村药品流通领域安全工作的通知》，确保用药安全。2006年4月，食品药品监督管理局实施食品药品放心工程，加强药品监督供应网络建设，制定《蓬安县农村药品监督供应网络建设工作方案》。

【《GSP》的实施与监督】 2002年，县药监局在药品经营企业贯彻实施《GSP》。2003年开始，县药监局召开药品批发和零售企业负责人和业务负责人会学习《GSP》和《GSP实施细则》，要求药品经营企业建立以主要负责人为首，包括进货、销售、储运、质检等部门业务负责人在内的质量管理领导小组和质量管理机构。分层次召开迎接《GSP》认证动员大会，让企业全体员工了解《GSP》含义、内容、核心、法律依据及实施意义和要求。对照《GSP》软硬件方面具体要求找差距，改进达标。按《GSP实施细则》要求，配备包括企业主要负责人在内的各部门药学技术人员。分批、分期在企业内对员工进行《GSP》认证培训，让全体员工积极投入《GSP》认证准备工作。县药监局对药品经营企业按《GSP》要求进行软硬件建设，帮助查问题，完善各项质量管理制度，建立符合要求的完整的药品购进、销售、入库验收记录等档案资料；完善硬件设施，专门印制《药品经营零售店硬件要求》和《药品零售店商品分类陈列示意图》发放给药品经营企业，参照执行，以适应《GSP》认证达标的要求。在此基础上督促药品经营企业在规定的时间内上报认证资料。蓬安县药监局每年进行1—2次以遵守《GSP》为中心的药品质量跟踪监督检查，督促药品经营企业自始至终按照《GSP》的管理程序进行药品质量管理工作。2003年3月，南药（集团）蓬安医药有限责任公司率先通过《GSP》认证，成为蓬安县首批《GSP》认证的药品批发经营合格企业。2006年，全县206家药品经营企业通过《GSP》认证。

【药品市场整顿与执法】 1986年8月，查处县中药材公司“8·30”白砒中毒事件。1989年，查处县人民医院乌头碱中毒案。1990年，县医药局、卫生局、工商局、公安局多次对全县范围内医药市场无证营业、贩药行医者进行清理整顿，查处睦坝乡杨某、平头乡个体医生祝某、两路乡12村吴某出售假冒伪劣药品牟取暴利等不法行为。1997年，县药监局查处经营伪劣药品经营企业89起，标示价值3780元，罚没款2500元。个体经营户4起，标示价250元，罚没款400元。销毁伪劣药品价值5900元，取缔非法药品经营单位和摊点8家。2002年，在全县范围内开展医疗器械专项整治活动，加强个体医疗诊所药品和医疗器械监管。12月，蓬安药监局在全县开展一次拉网式清理未标明有效期的药品，共出动车辆30台次，出动人员190人次，检查各类医疗机构、药品经营企业168家次，没收未标明有效期的药品189个品种，货值金额2.6万元。2003年，出动检查车辆218台次、监督检查人员2638人次，监督检查各类药品、医疗器械经营使用单位共计1249家次。其中：药品、医疗器械经营单位337家次，药品、医疗器械使用单位912家次。立案17件，结案17件，没收各种违法经营使用药品、假劣药品共计价值11.9万元，没收销售各类假劣药品价值5.7万元、各类不合格医疗器械价值5000余元，累计处罚金额33773.01元，取缔无证经营药品11户，捣毁制造假乌鸡白凤丸窝点1个，发责令改正通知书9份。2004年3月至4月，开展个体医疗机构及场镇卫生站配备、使用药品情况专项检查和打击制售假劣藏药、非法采供血液和疫苗经营专项整治活动。至6月，共出动检查车92台次，检查人员1706人次，深入全县46个乡镇及城区监督检查。共监督检查药品经营使用单位458家次，检查违规经营6家次，查处假劣药品案2件，价值1000余元，取缔无证经营1家，纠正兽防部门违规经营人用药品3家，医疗单位违规购药4家，对11家药品经营使用单位出具了限期整改通知书。共查处无“医疗机构执业许可证”17户，擅自超范围行医38户，过期失效证件5户，使用未在执业点注册人员8户42人，吊销许可证17户，罚款0.6万元，取缔医疗广告36幅，拆除不超范围的灯箱广告42个。2005年，对药品经营企业、门店、个体医疗机构、乡镇以上卫生院的监督检查2次以上，城区药品经营使用单位检查6次以上，检查覆盖面达到100%；村卫生站的监督检查覆盖面平均在80%以上，乡镇场以上村卫生站、个体医疗机构监督检查面达到100%。全年共出动监督检查人员2532人次、检查车辆166台次，检查药品、医疗器械经营单位242家次；检查县以上卫生医疗单位63家次；检查个体诊所168家次；检查村级卫生站435家次，检查畜牧兽防药店78家次；检查计生站药房48家次。全年立案查处药品、医疗器械等违法案件9件，当场行政处罚案件96件，结案率100%；查处无证行医卖药案件3件，移交县卫生局处理2件。全年共计罚没款3万元；没收药品、医疗器械货值金额3126元；销毁假劣药品、医疗器械和违法经营药械货值金额1.5万元。打击违法广告宣传活动，查处各种违法药品广告行为3起，收缴各种违法宣传小报4000余份，收缴各种虚假宣传标牌10个。2006年3月，县药监局集中销毁过期失效药械共38个品种，货值1.4万元。其中假药4个品种、劣药32个品种、劣质器械2个品种，违法广告4幅。

【食品监督】 1986年，食品监督管理由县工商、质监、卫生防疫等部门负责。1992年，药监局并入卫生局，仍由卫生局会同有关局负责。2004年，县政府依照《中华人民共和国食品卫生法》规定，加大对全县食品卫生监督执法力度，重点加强人群密集的学校卫生监督。城区卫生许可证办证率达85%、健康证持有率达96%，区乡从业人员健康体检率达89%、有效许可证持有率达92%、“五病”调离率为100%。全年共采集食品及生活饮用水样品623件，合格率为80%，餐具消毒效果监测642件，合格率为83.5%。全年查处违反《食品卫生法》事件237起，其中，警告91起，责令整改91户次，责令销毁食品31户次，停业生产经营9户，没收销毁假冒伪劣食品共计2700余公斤，罚款12户共计人民币8000元。对5所不符合条件的学校食堂分别给予停业整顿，27所学生食堂给予限改，19所小学小卖部约150公斤假劣食品和饮料现场销毁，对19家存在安全隐患的学校食堂和小卖部给予罚款处罚。2005年，药品食品监督管理局新增对食品、保健品、化妆品的综合监督，组织协调和依法对重大食品药品安全事故查处的新职能。县政府成立蓬安县食品安全协调委员会，发布加强食品安全工作的通知，制定县食品安全信息报送和发布制度（试行）等6项制度；召开食品药品监管、工商、质监、卫生等单位食品安全协调会议5次；组织开展中秋月饼食品消费环节、食品加工环节、学生食堂、打击“注水肉”，治理“大桶水”等5个食品安全专项检查。全年食品抽样检测1171件，合格率为71.5%，处罚121户，罚款2.5万元，没收销毁食品1088千克，取缔非法经营活动7户。2006年6月，县政府召开食品药品监管、工商、公安、商务、卫生、畜牧等职能部门执法人员紧急协调会，对开元乡屠工卢某某等人将深埋的疑似狂犬所伤的牛挖出出售事件作出调查核实处理。是年，蓬安县共有食品生产经营户1996户，其中生产加工158户，批发零售业932户，饮食摊贩214户，有从业人员4011人，监督覆盖率达100%。监督频率城区和学校达400%、乡镇达200%以上，监督合格率达87.13%。从业人员体检3703人，体检率为92.3%，体检合格率达95.17%。查出“五病”人员179人，“五病”调查率为100%。全年共抽检食品样906件，合格789件，合格率达87.09%。其中粮食合格率为85.91%，肉制品合格率为95.19%，乳制品、冷食、酒类、调味品、酱腌菜等合格率为100%，糕点合格率为85.42%。依照《中华人民共和国食品卫生法》及相关法律法规，共处罚423户次，其中警告责令改正423户次，责令公告收回已售出食品2户52公斤，罚款63户计人民币4.77万元，没收销毁食品52户计1171.5公斤，取缔非法经营活动6户；发生食物中毒事件2起，中毒人数15人，无死亡。

经济概貌

1986年，蓬安经济在南充地区12县（市）中处于中上水平。全县经济以农业为主体，一、二、三产业的比例为78.8∶9.3∶11.9。1996年，县委、县政府决定全面实施企业产权制度改革，私营企业发展很快。农业产业化开始发展。2000年，全县加快民营经济发展，县域经济成分中的国有资产比例下降。二、三产业发展速度加快。2001年，建立蓬安工业园区。2003年，招商引资企业入驻园区增多。2006年，蓬安形成电力、机械冶金、农产品加工三大支柱产业，农业产业化格局形成，除粮食生产外，全县形成生猪、蚕桑、水果、葛薯四大农业特色产业。全县一、二、三产业比例为31.3∶39.9∶28.8。

经济发展水平

【地方生产总值】 1986年，蓬安县地方生产总值2.24亿元，比上年增长6.9%。1990年，地方生产总值3.16亿元，比1986年增长41.07%。2000年，地方生产总值14.18亿元，比1986年增长533%，平均增长13.6%。2006年，地方生产总值34.67亿元，是1986年的15.48倍。

【农业经济】 1986年，农业经济占全县经济总量近80%。

“七五”计划期间，全县在稳定和完善土地承包经营责任制，坚持农业基础地位不动摇的同时，大力开展蚕桑、柑橘、林业、生猪、渔业、小家禽专重户各一万户的“六个一万户”及以区为单位每乡达一千户、一千亩、每亩实现一千公斤粮或一千元钱的“四个一千”的致富竞赛活动。1990年，农业增加值2.02亿元，总产值4.49亿元，粮食总产量24530万公斤，生猪出肥39.15万头，蚕茧产量215.33万公斤，水果产量2993.1万公斤，水产品231.5万公斤，乡镇企业总产值1.57亿元，分别比1986年增长14.1%、4%、 14.4%、19.99%、17.0%、24.1%、56.4%、61.1%。

“八五”计划期间，县委、县政府大抓科技兴农，推进农业科技承包，推行和加强土地经营目标管理，建立农村合作经济组织，调整农业产业结构后，粮经比例为76.4∶23.6。1995年，农业增加值46142万元，总产值60526万元，粮食总产量27291.9万公斤，油料产量1527.43公斤，生猪出肥47.65万头，分别比1991年增长95.7%、63.8%、11.16%、13.43%、18.53%。

“九五”计划期间，县委、县政府围绕稳粮调结构，增收奔小康的农村工作目标，继续完善土地流转机制，鼓励农业科技人员以技术、资金、物资入股，领办农村股份合作经济，加快农业产业化建设。以水果、蚕桑为突破口，集中成片发展碧溪、河舒、利溪、三坝四个66.7公顷锦橙100号示范片。改造良桑1000万株，新建桑园36.7公顷，发展基地蔬菜1.2万公顷，建蔬菜大棚350个。2000年，农业增加值6.6亿元，总产值11.0亿元，粮食总产量31170万公斤，油料总产量2485.5万公斤，生猪出肥58.14万头，水果产量5500万公斤，分别比1996年增长22.8%、40.97%、11.64%、42.76%、21.12%、78.83%。

2001年至2006年，蓬安抢抓“西部大开发”机遇，新建中华、杨家、柳滩等8个乡镇锦橙100号示范片333.3公顷。新栽锦橙100号200万株，总株数达851万株，示范片面积达533.3公顷，锦橙100号产量达1500万公斤，全县水果产业基本形成，水果总产量达5500万公斤。2006年，农业增加值10.8亿元，总产值19.54亿元，生猪出肥72万头。农业增加值比1986年增长5.13倍。

【工业经济】 1986年，蓬安县实现工业总产值1.02亿元，比1985年增长9.4%；工业增加值为1764万元。

“七五”计划期间，蓬安县落实企业经营承包责任制和岗位责任制，狠抓技术改造，增强了发展后劲。1990年，工业增加值达4968万元，比1986年增长181.63%；在地区生产总值中的比例由1986年的9%上升到19%。

“八五”计划期间，蓬安县组织实施科技兴工战略。全县开发新产品52个，丝绸城、万卷楼嘴烟，仿摩尔微型天府雪茄烟，晴雨帽、11207电力纺、花格尼、浪漫尼，9FQ32—20和9FQ40—20型饲料粉碎机，魔芋精粉、香辣酱等新产品投放市场受到欢迎。川北牌NQG1020型厢式货车、NQG5020型税务稽查车进入国家目录，获得销售权。农用粉碎机和鸡尾酒分别通过部级和省级鉴定。中国桑葚营养口服液获得第三届新产品、新技术展销会金奖。桑红素在全国第一届食品添加剂展示会上获飞天奖。1995年，工业增加值1.08亿元，总产值4.32亿元，分别比1991年增长68%、62.3%。第二产业增加值占地方生产总值近20%。

“九五”计划期间，蓬安县转换企业经营机制，形成水电、冶金、机械、汽配、丝纺服装、食品、建材六大支柱产业。2000年，工业增加值2.42亿元，总产值6.26亿元，分别比1996年增长63.4%、52.8%。第二产业增加值在地方生产总值中所占比例达到24.22%。

2001年至2006年，蓬安县实施“工业兴县”战略，开展企业改革、招商引资、发展民营经济、盘活存量资产、培育新的电力、机械冶金、农产品加工三大支柱产业。2006年，电力、机械冶金、农产品加工三大支柱产业稳步发展，“一区两园”格局初型形成，工业增加值达到10.76亿元，总产值27.05亿元，分别比2001年增长255.4%、323.1%，是1986年的61倍和30.1倍；第二产业增加值达到地方生产总值的40%，分别超过一、三产业产值。

【建筑与房地产业】 1986年至1990年，全县共有建筑施工企业17家，其中三级资质企业3家，其余均为四级资质企业。建筑多为单位福利性建房、办公建房和工业企业的厂房建设，房屋建筑单方造价在150元左右。1991年，蓬安县城市综合开发公司开始经营房地产，开发3、4号商品房。1993年，城市综合开发公司与新加坡客商合资成立中新房地产有限公司，四级资质房地产企业，1994年开始，先后开发蓬安县6、7、8号商品房工程、磨子街A区改造，同时开发文化路综合楼、金龙花园等工程。1996年至1999年，蓬安加大城市建设力度，启动以东风大道区域为重点的房屋建设、磨子街旧城改造、规划抚琴小区和相如广场建设，建筑市场不断发展壮大。1999年，全县房地产开发面积30万平方米，产值1亿多元，税费1700万元。2000年至2004年，蓬安县先后引进一批外地房产公司开发建设，进一步促进全县房地产业发展。2006年，建筑房地产业已成为全县支柱产业，三级以上资质的建筑企业已有10家，房地产开发企业5家。2000年至2006年，房地产开发面积80万余平方米，产值3亿多元，税费4000万元。

【商贸经济】 1986年，蓬安县商贸经济开始面向市场放开经营，是年，商贸经济实现销售值0.26亿元。1990年，商贸经济销售值达到0.55亿元，比1986年增长1.12倍。1992年后，国有集体商业企业实行“经营、价格、用工、分配”四放开，个体私营商业平均每年以20.7%的速度发展。到1996年，个体商业户达7497户，从业人员7788人，营业额5579万元，缴纳税金468万元，社会商品零售总额超过国有商业。2002年，全县个体工商户达9426户，私营企业135户，从业人员28800人，实现销售收入11.53亿元，缴纳税费3560万元。2006年，个体商业发展代替了国有和集体商业地位，成为县域商贸经济发展主体。1986年至2006年，全县商品购进总额151677万元，销售总额216317万元。

【旅游经济】 1986年，蓬安旅游处于自发阶段。1992年，开始规划笔架山游乐中心、小乐山公园、白云山避暑山庄、周口至马回水陆游览区等景点开发。1996年，完成白云山、大深南海、龙角山、笔架山公园、嘉陵江水上游览区等风景区的景点建设总体规划。1997年，把发展旅游经济作为新的经济增长点，采取多渠道筹集资金，增加对旅游产业建设的投入，全方位开发白云山和大深南海的景点建设。1998年至2001年，完成白云山5个景点和大深南海的商住楼、龙角山的蓬莱阁、100米长廊、休闲亭、山顶平台、无名亭等工程建设。接待游客32万人次，旅游收入2600万元。2002年，完成龙角山公园伴江山楼、公园大门改造、彩绘工程及公园绿化。接待游客25万人次，旅游收入4300万元。2003年，启动“相如古县生态文化旅游”总体规划的编制，开发相如旅游商品，打造“相如古县”旅游品牌。加快白云山避暑山庄、大深南海度假村的深度开发。建设龙角山、下河街、新华街、红军街连成一片的旅游文化区。2004年，全县开始以相如文化为主体的旅游产业建设。接待游客17万人次，旅游收入5600万元。2005年，启动“嘉陵第一桑梓”旅游开发，完成财神楼复建，漫滩湿地一期绿化，周子古镇正立面风貌改造，开通水上黄金旅游线、舟游嘉陵江营运，接待游客20.4万人次，旅游收入6750万元。2006年，完成周子古镇、中坝新村等景点建设，启动相如故城、嘉陵江漫滩规划建设，开发旅游商品，接待游客30万人次，旅游收入14000万元。旅游经济形成规模。

【对外贸易】 1986年，县对外经济贸易公司收购农副土特产品、畜产品、组织出口。1988年至1990年，出口供货405.86万元。1993年至2000年，蓬安外贸业务停止。2002年，实现出口353.7万美元，并为县内4户企业申办产品进出口权。2002年至2006年，对外贸易出口和间接出口金额达2910.7万美元。

【集市贸易】 1986年以后，各乡镇按3日一场轮流交错逢场；周口、锦屏天天逢场；全县有36个市场，300多个摊位，市场交易规模日益扩大。2006年，全县有68个市场，3607个摊位，市场面积达到12.57万平方米；市场交易品种涵盖粮油、食品、肉类、干鲜蔬菜、禽蛋、海鲜、水产等，年交易额达4亿元。

【社会固定资产投资总额】 1986年，全社会固定资产投资总额4534万元。到1990年，全社会固定资产投资总额7946万元，比1986年增长75.3%。1991年，全社会固定资产投资总额1.4亿元，到1995年，全社会固定资产投资总额1.64亿元，比1991年增长17.14%。2000年，全社会固定资产投资总额3.9亿元。2006年，全社会固定资产投资总额达16.88亿元，比2000年增长332.82%，是1986年的37.23倍。

【社会消费品零售总额】 1986年，社会消费品零售总额1.07亿元。1990年，社会消费品零售总额1.91亿元，比1986年增长78.5%。1995年，社会消费品零售总额2.92亿元。2000年，社会消费品零售总额4.86亿元，比1995年增长66.44%。2006年，社会消费品零售总额达11.14亿元，比2000年增长129.22%。

【地方财政一般预算收入】 1986年，地方财政一般预算收入1646万元。1990年为3007万元，比1986年增长82.69%。1995年，3652万元，比1990年增长21.45%；2000年，地方财政一般预算收入5484万元，比1995年增长50.16%，2006年9055万元，比2000年增长65.12%。

【金融机构存款余额】 1986年，金融机构存款余额4600万元，1990年11404万元，比1986年增长147.9%；1995年，金融机构存款余额49134万元，比1990年增长330.8%；2000年134412万元，比1995年增长173.6%；2006年379704万元，比2000年增长182.5%。

【金融机构贷款余额】 1986年，金融机构贷款余额15424万元，1990年27834万元，比1986年增长80.5%；1995年，金融机构贷款余额76953万元，比1990年增长176.5%；2000年，金融机构贷款余额124702万元，比1995年增长62.05%；2006年217463万元，比2000年增长74.4%。

【保险额】 1986年，中国人寿保险保险业务收入53.20万元，1990年116.10万元，比1986年增长118.23%；1995年，保险业务收入363.70万元，比1990年增长213.26%；2000年728.60万元，比1995年增长100.33%。2006年，保险业务收入1693.20万元，比2000年增长132.39%。

1986年，中国财产保险保险业务收入53.2万元，1990年111.1万元，比1986年增长108.83%；2000年732万元，比1995年增长558.86%。2006年790万元，比2000年增长7.92%，新华保险、泰康保险、太平洋保险、民生保险等，也先后进驻蓬安县营运。

经济结构

1986年，全县经济结构以农业和农产品加工为主。全县有工业企业131户，其中国有13户，集体15户，街道企业5户，乡镇企业局所属集体企业5户，区、乡镇集体工业企业93户。商贸经济以国有商业公司为主体，县集体商业联合公司有独立核算单位63个，全县个体私营商业户恢复发展到3075户，从业人员4191人。1992年，全县国有工业企业达到15户，集体所有制工业企业88户，个体商业户达7497户，从业人员7788人。民营经济的私营企业达135户。2000年，三次产业结构发生很大变化，比例由1986年的79：9.4：11.6变为为38：39：23。2006年，全县企业产权制度改革后，规模以上工业企业31户，其中国有企业3户，私营企业28户，其工业增加值中，私营工业企业占全县增加值总额的75%。一、二、三产业结构更加合理。

【所有制结构】 1986年，全县经济所有制结构包括全民、集体、私营、个体经济成分并存。农村经济以集体和个体为主，城市经济工业企业以国营为主。“九五”计划末期，国有、集体经济的比重逐渐下降，非公有制经济成分逐步增长。1995年，国有工业企业14个，集体工业企业28个，乡镇集体企业30户，个体工业户2383户，实现工业总产值7.43亿元；实现工业增加值10801万元，其中国有、集体企业7169万元，占66.3%，民营经济为3632万元，占33.7%。1996年至2003年，县委、县政府加大企业产权制度改革的力度，企业的运行机制和所有制结构出现新格局。2004年，全县工业企业完成改制后，国有工业企业3户，规模以上（年销售收入在500万元以上）非国有企业25户，规模以下联营企业77户、个体企业1212户，实现工业增加值55024万元，其中国有工业企业23604万元，占42.8%，私营企业为31420万元，占57.2%。2006年，全县国有工业企业3户，实现工业增加值16796万元，占全县工业总增加值19.5%，私营企业28户，实现工业增加值69431万元，占80.5%。

【产业结构】 1986年，蓬安县经济结构以农业为主导，工业和三产业所占比重很小，一、二、三产业产值比例为79：9.4：11.6。1991年，一、二、三产业结构比重为63.4：19.6：17。2004年，一、二、三产业结构比例为39.2：31：29.8。2005年，首次实现二产超一产的格局。2006年，一、二、三产业结构比例为31.3：39.9：28.8。

【投资结构】 1986年，蓬安县经济发展投资主要以地方政府为主。1987年至1996年，县政府新增投资马回水电站、果品厂、麻纺厂、钢厂、电石厂5个重点项目；技术改造投资县烟厂、丝绸厂、汽车改装厂、织布厂、面粉公司、自来水公司等，资金来源有上级补助项目资金、自有资金，其余大量资金由银行贷款和向有关单位借款投入。1997年，县政府加快乡镇企业投资。2000年，县委、县政府进一步优化投资环境，以项目招商、产业招商，营造民营企业、民营资本进入蓬安建设项目。1997年至2006年，国有工业企业占总投入的3.7%，县外资金和民营资本投入占96.3%，形成投资结构多元化的格局。2006年，全县形成以外来投资、民营资本和乡镇企业为主的新的投资结构格局，政府主要职责放在营造投资环境和服务方面。

【劳动力结构】 1986年，蓬安劳动力总数37.15万人，从事第一产业占71.8%，第二产业占4.9%，第三产业占23.3%。全民所有制占4.39%，集体所与制占1.8%，个体占93.8%。1996年，总劳力达45.23万人，第一产业占66.9%，第二产业占7.00%，第三产业占26.11%。全民占5.1%，集体占1.3%，个体占93.5%。2006年，总劳力46.83万人，第一产业占53.9%，第二产业占12.0%，第三产业占34.04%。全民占3.22%，集体占0.60%，个体占96.18%。

产业和所有制劳动力结构变化情况表

(1986~2006)

单位：万人

项目＼年份	1986	1990	1996	2001	2006
劳动力总数	37.15	39.31	45.23	46.61	46.83
第一产业人数	26.68	24.55	30.26	25.93	25.26
第二产业人数	1.81	2.41	3.16	5.14	5.63
第三产业人数	8.66	12.35	11.81	15.54	15.94
全民所有制	1.63	1.93	2.31	1.59	1.51
集体所有制	0.67	0.7	0.61	0.33	0.28
城乡个体劳动者	34.85	36.68	42.31	44.69	45.04

1986年以后，从事第一产业的劳动力人数比例在减少，二、三产业劳动力人数比例上升。所有制劳动力结构变化的趋势是城乡个体劳动者人数快速上升，集体所有制劳动力人数不断下降。全民所有制劳动力人数先增后减。

1990年至2000年，全县劳动力总数减少39008人，减少9.41%，从事农林牧渔的劳动力减少112629人，减少29.83%，而各类专业技术人员增加11500人，增长2.16倍；从事商业服务性工作劳动力增加47896人，增长8.42倍；从事工人运输及有关工作劳动力增加14446人，增长1.96倍。

人民生活

1986年至2006年，随着经济的快速发展，收入增加，保障机制更加健全，蓬安人民的衣、食、住、行等消费也发生了大的变化，生活由温饱型逐渐向小康型转变。

【收入】 1986年，农民年人均纯收入304元，职工年平均工资978元。1990年，农民年人均纯收入473元，职工年平均工资1647元。1995年，农民年人均纯收入854元，职工年平均工资3431元。2000年，农民年人均纯收入1666元，职工年平均工资5471元。2006年，城镇在岗职工年平均工资10712元，农民年人均纯收入2959元。

城乡居民收入情况表

(1986~2006)

单位：元

项目＼年份	1986	1990	1995	2000	2006
农村居民人均纯收入	304	473	854	1666	2959
城镇居民人均纯收入	584	857	1958	2631	5168
职工平均工资数	978	1647	3431	5471	10712
居民人均储蓄存款	57.6	145.4	684.5	1708.2	4562

百户农村户年人均收入变化情况表

(1986~2006)

单位：元

项目＼年份	1986	1990	1995	2000	2006
总收入	442.94	735.41	1533.70	2310	4076
纯收入	297.78	473.29	1289.31	1666.19	2959.1
现金收入	292.73	408.50	1214.56	1574.3	2876.5

【消费】 1986年，城乡居民食品支出总额占个人消费支出总额的65.4%。1990年，城乡居民食品支出总额占个人消费支出总额的64.7%。1995年，城乡居民食品支出总额占个人消费支出总额的56.9%，科技、教育、卫生、环保、通信、电力、天然气、自来水、交通、城市建设等各项社会事业消费增加。2000年，城乡居民家庭教育、保险、再生产支出、住房、交通、通讯、中高档服装、文化娱乐费用增加，用于膳食的费用降低。居民食品支出总额占个人消费支出总额的52.5%。2006年，城镇居民食品支出占个人消费支出总额的57.33%。

城乡居民消费情况表

(1986~2006)

单位：元

项目＼年份	1986	1990	1995	2000	2006
城镇居民人均住宅面积（平方米）	13.8	14.6	17	20	26
农村居民人均住宅面积（平方米）	22.5	23.8	25	29.8	32
城镇居民的恩格尔系数	61.8	62.4	52.4	48.6	55.2
农村居民的恩格尔系数	65.5	64.7	56.9	52.5	57.3
固定电话用户百分比	0.06	0.12	0.35	2.33	6.79
移动电话用户百分比	0	0	0.21	1.1	7.91
互联网用户数百分比	0	0	0	0	0.43
全县社会消费品零售总额（亿元）	1.1711	1.9124	2.9232	4.8592	11.1415
百户农村住户人均支出数	287.11	712.09	1661.59	1954	2704.6

21年间，城镇居民人均住宅面积增长88.41%，农村居民人均住宅面积增长42.22%。百户农村住户人均支出数增长8.42倍。

百户农民主要耐用消费品年末拥有量表

(1986~2006)

名称＼年份	1986	1990	1995	2000	2006
洗衣机（台）	0	0	0	3	12
电冰箱（台）	0	0	0	1	5
摩托车（辆）	0	1	2	5	5
黑白电视（台）	1	14	63	90	70
彩色电视（台）	0	0	9	13	43
收录机（台）	2	3	9	8	4
住宅电话（部）	0	0	1	6	33
录像机（台）	0	0	0	8	1

从上表看出，农民主要的耐用消费品呈逐年快速增长趋势，这是人民生活水平提高的具体

体现。

【保障机制】 1986年，城镇职工和居民保障机制主要靠单位，农村主要靠社会救济。1990年后，逐步实施社会保险，社会保险范围增加，保障面越来越宽。2000年，社会养老、就业、事业、医疗等保险形成体系，机构较为健全。2006年，农村有21300人购买农村社会养老保险。城镇机关事业单位职工有13792人参加养老保险。农村有8000人纳入低保，年发放低保金192万元；城镇有12032人纳入低保，年发放808.51万元。城镇机关事业单位职工参加养老保险13792人，参加社会基本养老保险的企业职工18537人；企业下岗人员和城市待业人员参加失业保险的15886人，年发放失业救济金102万元；参加基本医疗保险的25451人。农民参加农村社会养老保险的21300人，全县90.45%的农民参加新型农村合作医疗。全县优抚对象6613人，享受优抚定期定量补助1225.59万元。

蓬安县志
PENG AN XIAN ZHI

农 业

1986年，蓬安县有农业人口57.35万人，耕地面积37251.9公顷，人均耕地0.06公顷，森林覆盖率8.3%，农业生产总值1.8亿元，农民人均纯收入304元。1987年，县委、县政府完善农村双层经营责任制试点，组织开展达标致富竞赛活动。鼓励发展乡镇企业，支持发展个体经济，组织劳务输出。1997年，县委出台《蓬安县农村小康建设规划纲要》。1998年，蓬安大力发展村社经济项目，壮大村社集体经济，盘活村、社集体存量资产，推行集体所有的“四荒”和小微水利工程使用权拍卖。2004年，引进龙头企业，形成农业产业化链，编制完善蓬安优势农产品区域规划，优化农业区域产业布局，加快以中坝村为代表的小康村示范建设进程，促进农村劳动力转移。2005年，全县农村承包经营土地流转面积908.5公顷，其中耕地791.7公顷，荒山荒坡67.6公顷，其他49.1公顷。2006年，全县农业人口38.6万人，耕地26920.3公顷，人均耕地0.07公顷。森林覆盖率32.54%，建成无公害蔬菜基地920公顷，农业形成生猪、蚕桑、水果、葛薯四大特色产业。农业总产值达19.54亿元，农民人均纯收入2959元。

农业管理机构

1986年，蓬安县农业管理机构有县委农村工作领导小组办公室、农业局、林业局、水利局、畜牧局、蚕业局、农机局。1994年后，先后增设以工代赈办、菜篮子工程办、小康建设办、农业产业化办、生猪办、葛薯办。2006年，农工办、农业局、林业局、水利局、蚕业局、农机局、扶贫办、救灾办等机构单列外，其余机构挂靠。

【蓬安县委农村工作领导小组办公室】 1986年，蓬安县委农村经济贸易办公室、县农业区划办公室和县多种经营办公室，均与县农贸办合署办公。1990年11月，撤销蓬安县农贸办，组建蓬安县商业贸易委员会和农村工作委员会，实行两块牌子、一套人员。1992年12月，设置蓬安县农村工作委员会，属政府工作部门，将原农业局、林业局、水电局、畜牧局、蚕业局、农机局等涉农管理机构行政职能并入农工委。内设人秘、农林（含农经、桑果、绿化）、多种经营（含牧业）、农机、水电（含水保、防洪、渔政、水政、江河）、企业管理、农业基建、计财8个股。1994年8月，成立蓬安县扶贫开发领导小组办公室，办公室设在农工委。9月，成立蓬安县以工代赈领导小组办公室，办公室设在农工委，成立蓬安县菜篮子工程建设办公室，挂靠县农工委。1995年3月，成立县小康建设领导小组办公室，挂靠农工委。1996年9月，成立县农业产业化建设领导小组及其办公室，挂靠农工委。1997年10月，县政府农工委划归县委，更名为中共蓬安县委农村工作委员会，同时挂县政府农村工作委员会牌子；县劳务输出领导小组办公室、县扶贫办、县救灾办、县小康办、县菜办并入县委农工委，对外挂牌子。1998年7月，在县农工委成立县小城镇建设领导小组办公室。2000年3月，成立县蔬菜研究所，与县菜办合署办公。8月，成立蓬安县三峡库区农村外迁移民安置工作领导小组，办公室设县农工委。2001年12月，县委农村工作委员会更名为“蓬安县委农村工作办公室”，列为县委工作机构，挂县政府农村工作办公室和县政府救灾办公室牌子。原农工委管理的菜篮子工程建设领导小组办公室和蔬菜研究所划归农业局管理，劳务输出领导小组办公室划归县劳动和社会保障局管理，小城镇建设领导小组办公室划归县建设局管理。2002年11月，成立县农田水利基本建设指挥部及其办公室，挂靠县委农工办。2005年4月，成立县生猪产业发展办公室和县薯（葛）产业发展办公室，归口农工办管理。2006年4月，薯（葛）产业发展办公室划转农业局管理，生猪产业发展办公室划转畜牧局管理。

1986年至2006年，兰坤发、鲍克文、蒋伯驹、何跃军、刘俊、徐腊全、翟社伦先后任县农工办主任。

【蓬安县农业局】 1986年，蓬安县农业局内设办公室、政工股、计财股。1992年12月，农业局行政职能并入农村工作委员会，转体建立县农业综合开发服务总公司。1994年1月，恢复农业局。2002年1月，农业局内设人秘、计划财务、政策法规、科技教育4个股。2004年5月，成立农业执法大队，在农业局法规股增挂牌子、合署办公。

1986年至2006年，冯宗英、黎德富、彭德全、龚仓兆先后任县农业局局长。

【蓬安县畜牧局】 1986年，蓬安县畜牧局内设办公室、政工股、财会股、纪检组、监察室、审计室、畜禽改良站、兽医防疫检疫站、经营管理站、科教站、兽医卫生监督检验所。1992年12月，成立县畜牧食品局。1994年2月，县畜牧食品局、县畜牧食品总公司合署办公，两块牌子、一套人员，实行党委领导下的总经理负责制。2001年12月，撤销县畜牧食品局和县畜牧食品集团公司，恢复成立县畜牧局，内设人秘、生产流通、项目财务、政策法规4个股和纪检组、畜牧执法大队、兽医卫生监督检验站。2006年，划入生猪产业办公室。

1986年至2006年，何太平、伍定光、林智生、沈建勋先后任县畜牧局局长。

【蓬安县林业局】 1986年，蓬安县林业局内设造林、林政、人秘、财会4个股和办公室。1992年12月，县林业局改为县林业开发服务总公司。1994年8月，恢复县林业局，与林业开发服务总公司实行两块牌子、一套人员。2001年，林业局列入县政府直属事业单位，内设人秘、造林、林政、科技4个股，县绿化委员会办公室、森林防火指挥部办公室挂牌林业局，归口管理县森林公安局。

1986年至2006年，王朝丰、王永智、伍春林、刘海先后任县林业局局长。

【蓬安县水利局】 1986年，蓬安县水电局内部机构设：人秘股、水利股、水电股，防汛指挥部和水土保持办公室。1992年12月，县水利电力局更名为县水利电力水产开发服务总公司；水电局所辖的县防汛办、水保办划归县农工委管理，马回水电厂及电力公司直接由县政府管理。1997年，恢复县水利电力局。2001年12月，县水利电力局更名为水利局，防汛办、水保办又划归水利局管理。2006年，县水利局设人秘、计财、水政水资源、地方电力、农村水利、建设管理6个股和防洪抗旱指挥部办公室、县水土保持局（含水土保持预防执法监督站）、县水产技术推广站(渔政管理站)。

1986年至2006年，陈世良、祝继瑞、肖平、王润生、雷发书先后任县水利局局长。

【蓬安县蚕业局】 1986年，蓬安县蚕桑局内设生产、科技、政工3个股和办公室。1987年3月，蚕桑局和县蚕茧站合并成立县蚕业局。1989年6月，成立县蚕茧公司。蚕业局与蚕茧公司实行两块牌子、一套班子，从事蚕茧收购及调拨管理。1992年12月，组建县桑茧丝绸总公司，与蚕业局实行两块牌子、一套班子，其管理职能和业务范围不变。1994年11月，成立县蚕茧丝绸集团公司。县蚕业局与县蚕茧丝绸集团公司实行两块牌子、一套班子。2004年3月，蚕茧丝绸集团公司由县法院宣告破产。蚕业局单设，内设人秘、计财、生产、蚕茧、科教、丝绸6个股。

1986年至2006年，张尚武、陈凤泉、何旭东、刘和平、姚元成先后任县蚕业局局长。

【蓬安县农机局】 1986年，蓬安县农机局内设制造、供应、科研、维修等股室。1992年12月，县农机局转体改制，建立县农机服务总公司。县农机局和县农机服务总公司，实行两块牌子、一套人员。1995年10月，恢复县农机局，为县政府直属事业局。2006年，农机局内设人秘股、村道建设股、科教股。

1986年至2006年，梁治先、粟永泽、刘明熙、刘学荣、何政东先后任县农机局局长。

农业和农村经济

1986年至1992年，蓬安县农业生产总值年均增幅4%左右。1993年至1996年，蓬安县加快土地流转和农业服务体系建设，大力推行农业种养殖业产业化经营。2003年，引进农业产业化龙头企业，培育骨干产业。2004年后，启动并加快以中坝村为代表的小康村示范村建设，抓好农村劳动力转移，助农增收。1996年至2006年，农业生产总值年均增幅达到6%以上。

【农业经济总量】 1986年，全县农业生产总值为1.8亿元（现价），农民人均纯收入为304元。1992年，全县农业生产总值上升到4.87亿元。农民人均纯收入达到591元。1996年，全县推行农业产业化经营后，农业生产总值增幅达到6%以上。2003年，全县农业生产总值达到13.46亿元。农民人均纯收入达到2026元。2004年，全县农业总产值达到18.05亿元，农民人均纯收入2348元。2006年，全县农业生产总值达到19.54亿元（现价），农民人均纯收入达到2959元，较1986年增长9.6倍。

【农业经济结构】 1986年，全县农作物总播种面积7.2万公顷，其中粮食作物面积5.7万公顷，占78.70%，粮食总产量21万吨。经济作物面积1.1万公顷，蔬菜面积0.3公顷。农村经济总收入1.7亿元，人均118.7元。农业收入1.01亿元，占农村经济总收入的59.41%，经济作物收入1819万元，仅占农业收入的18%。蚕茧产量1842吨。水果产量1.42万吨，其中柑橘1.3万多吨。林业收入1274万元，占农村经济总收入的7.49%。牧业收入4806万元，占农村经济总收入的28.27%。副业（包括工业、建筑业、商饮业等）收入199万元，占农村经济总收入的1.17%。渔业收入230万元，占农村经济总收入的1.35%。

1990年，农村经济总收入为3.5亿元，比1986年增加105.88%。农业收入2.1亿元，占农村经济总收入的60.0%，经济作物收入所占农业收入的比例，比1986年上升2%，水果产量达到3万吨，比1986年增加109.5%，其中柑橘产量翻了一番。产茧量2153吨，比1986年增加16.88%。畜牧业收入1.2亿元，比1986年增加1149.69%，占农村经济总收入的34.29%，比1986年所占农村总收入比上升6.02%。副业收入（包括工业、建筑业、商饮业、运输业等）726万元，比1986年增加527万元，增264.84%。占农村经济总收入的2.07%。渔业收入983万元，比1986年增加327.39%，占农村经济总收入的2.81%。1995年农业收入4.4亿元，占农村经济总收入8.5亿元的51.70%，比1990年所占农村总收入的比下降8.24%，比1986年下降7.95%。工业、建筑业、运输业，商饮业等发展较快，共收入8071万元，占农村经济总收入的9.50%，比1990年上升6.80%。农民外出务工收入8799万元，占农村经济总收入的10.35%，外出务工劳力5.6万个，占农村总劳力的18.4%。

2000年，全县农村经济总收入达到12.2亿元，其中农业收入5.5亿元，占农村经济总收入的45.08%，其百分比分别比1995年下降6.68%，比1990年下降14.92%，比1986年下降14.33%。经济作物面积1.5万公顷，比1986年扩大35.29%，蔬菜面积0.6万公顷，比1990年增加59.4%，比1986年扩大1.14倍；水果总产量3.1万吨，比1990年增加134吨；蚕茧产量117万公斤，比1990年减少97万公斤，减45%；林业收入1671万元，占农村经济总收入的1.37%，分别比1990年下降0.57%，比986年下降6.12%；牧业收入3.3亿元，占农村经济总收入的27.05%；渔业收入1345万元，占农村经济总收入的1.1%；副业收入3.1亿元（工业收入1亿元、建筑业4721万元、运输业2941万元、商贸业2135万元、其他7287万元、服务业2119万元）占农村经济总收入的25.41%。

2006年，全县农村经济总收入达13亿元，其中农业收入5.9亿元，占农村经济总收入的45.38%；经济作物面积比2000年扩大866.7公顷，其中蔬菜种植面积达1.1万公顷，比2000年增加68.42%；水果总产量比2000年减少33.6%，其中柑橘减少38.7%，梨发展较快，有梨园面积456.2公顷，梨产量1716吨，比2000年分别增加40.2%；蚕桑业继续下滑，养蚕3.3万张，产茧1777吨，比2000年发蚕种减少45.8%，茧产量增51.88%；林业收入2016万元，占农村经济总收入的1.55%，比2000年上升0.18%，出售林产品收入676万元，比2000年 减少5.5%；牧业收入5.6亿元，占农村经济总收入的43.08%，比2000年上升16.03%；渔业收入2414万元，占农村经济总收入的1.86%，比2000年上升0.76%；副业收入1.3亿元（工业收入1206万元、建筑业5087万元、运输业2341万元、商饮业1642万元，服务业1019万元，其他2450万元），占农村经济总收入的10.00%，比2000年下降15.41%；农民外出务工收入6.01亿元，占农村经济总收入的46.92%，比2000年上升17.63%。

【农田基本建设】 1986年，全县有耕地面积3.7万公顷，其中田1.9万公顷，土1.8万公顷；有山坪塘2881口、石河堰180座、中型水库1座、小型水库60座，总蓄水量6058万立方米，有效灌溉面积1.0万公顷，提灌站72座，可灌面积0.5万公顷。20世纪80年代，每年开展两次农田水利基本建设活动。每年11月份到次年3月份冬春农闲时间，开展一次农田基本建设，主要任务是新建、改造山坪塘、石河堰，新修蓄水池等小微水利设施，开展水土流失治理工程和水库病险整治、灌溉渠道清淤维修，为来年春灌工作做好准备。每年6月至8月份开展一次夏修夏补水利除险加固工程，对春灌后的工程作一次修整，排查维修，特别对水毁工程进行整治，保证防洪度汛工程安全。每年冬春农田水利基本建设和水利夏修夏补工作全县均要投入劳动力200万个左右，投入资金近千万元。1991年，县委、县政府下达《关于实施小型水利建设"以奖代补"政策的通知》，县财政每年拿出55万元作为奖补经费，整修一口石埂山坪塘补助500元至700元，修建一处石河堰补助1000元至1500元，打一口蓄水池补助100元至300元，建一处提灌站补助1000元至2000元。1995年，县政府制定农田水利基本建设10条措施，建立水利专项基金。1997年，县委、县政府决定对全县山坪塘以下小微水利实行产权不变（国家或集体所有），租赁、拍卖使用权、经营权，调动农民兴修水利积极性，开展以户办、联户办多种形式的农田水利基本建设。对较大的小型工程在没有国家专项投入时，村社召开群众会议，采用"一事一议"集资投入的方法建设。1997年至1998年，全县遭受特大旱灾，县委、县政府号召全县人民积极抗旱自救，投入近千万元，组织特别干旱的村社解决人畜饮水和保苗，兴修水利工程，按照一户一井一池的方法修建2000多个蓄水池、人工井和小型的石河堰，增加蓄水能力，许多有条件的地方在田中间打蓄水池找水源。2000年以来，县委、县政府出台惠农政策，鼓励群众自办水利，业主兴办水利。全县52座小（二）型水库在保证灌溉为主的前提下全部实行10年到30年租赁承包，承包户以养殖为主，保证防汛、蓄水、灌溉、工程整治修复和农田水利基本建设、工程安全运行。2005年，蓬安县投入上千万元资金开展农村安全饮用水项目，对全县乡镇饮用水工程新建和改造，打井、建集中供水站，国家对立项的乡镇村社每个村民人均补助259元解决群众饮用水困难。2006年，全县有耕地面积40.4万亩，其中田24.1万亩、土16.3万亩，有各类水利工程3167处，其中大型水利工程1处，中型水库1座、小（一）型10座、小（二）型52座、山坪塘3009口、石河堰320处，总蓄水量1.06亿立方米，有效蓄水量7792万立方米，有效灌溉面积1.6万公顷，电力提灌站225处，总装机5818千瓦，灌溉面积0.5万公顷，各类渠系工程836.8千米。

【农业服务体系】 1986年，蓬安县、乡两级建立农村经营管理站和农业技术推广站。1987年建立农业合作基金会，1999年关闭。2000年后，加大对种子、农药、畜禽饲料、化肥监管的执法力度，培训种、养殖技术人员。2006年，蓬安农业服务体系含经营服务、农技服务、培训服务和监督执法服务等。

经营服务　1986年至2003年，全县县、乡两级均设有农村经营管理指导站。全县农经人员总数74人，农业经营管理服务形成体系。2003年年底，乡镇事业单位改革，乡镇农经人员划归乡镇人民政府直接管理，归入乡镇农业服务中心，从事农业服务指导和农技推广工作。2006年，服务中心对农村合作经济组织进行了审计。

农技服务　1986年，蓬安农业技术推广事业单位有农业技术推广站、土壤肥料技术推广站、植保植检站、果树技术指导站、种子管理站（种子公司）、科教站等。配备有农技、植保和果树员123人。1991年12月，蓬安县成立农业技术推广中心。1999年，完善乡镇农技站建设，建立各项制度，做好科技项目申报及农情宣传指导工作，为农户提供种子、农药、化肥、薄膜等农用物质。2002年，蓬安县将农技、果树、农经、水利、农机等7个涉农技术服务站合并成立乡镇农业服务中心。全县46个乡镇农业服务中心共有人员398人。至2005年，以徐家、金甲等23个乡镇为

重点，建立总面积0.5万公顷的三条高产示范带。在河舒、龙蚕、徐家、茶亭、兴旺、罗家等20个乡镇，建立0.7万公顷优质水稻示范片、500公顷小麦-玉米-红苕-黄豆套作示范片，示范片产量平均高出一般产量8%左右。2006年，全县乡镇合并为39个，共有农技服务人员402人。其中定额定向补助344人、工资差额拨款135人、自收自支58人，获得中级技术职称31人，初级技术职称325人。

培训服务　1986年以来，县农广校举办绿色证书教育培训，开设农学、农经、农技推广、林业、蚕桑、畜牧、水产、乡镇企业管理、植物保护、产业经营管理等专业61个班次，毕（结）业学员3256人；职业技能培训开设农产品贮藏与加工，计算机操作、维修、会计与审计，经济管理等专业36个班次，1783人。1996年，召开技术培训会9次，参训1628人次。1997年，对水稻、玉米病虫害防治，培训乡村干部，农技人员和重点农户共2.89万人次，印发技术资料1万份。2001年，举办短期培训和以会代训现场培训413次，参训人员43150人次，印发技术资料2.7万份。2006年，植保站为防治水稻病虫害和小麦锈病，培训乡村干部1000余人次，印发资料5万余份。

监督执法　1986年以后，农业执法监督主要工作是保障农村土地承包关系的长期稳定，对土地承包合同进行监管；保护农民对土地的承包使用权，保护土地承包经营合理流转；对农民负担进行监管和督查。1992年，对24个乡镇农药市场进行清理整顿，共查处无证经营115家，假冒伪劣农药43起；对县内农产品调运进行检疫，共检疫230批次，组织150人次的种子执法大检查，查处无证经营种子15户，违法经营案件15起，抽查样品300余公斤。2000年，查处无证经营种子户36户，违法案件18起，不合格种子3000余公斤；对46个乡镇的农药市场进行整顿，查处无证经营30家，查处伪劣农药43起。将190个农药经营许可证全部换成由四川省农业厅统一印发的农药经营许可证。2003年，蓬安县成立农村承包土地经营纠纷调解仲裁委员会，各乡镇成立仲裁小组，解决农村土地承包经营和土地流转中发生的纠纷与上访案件，调解合同纠纷1078起。2004年，调解纠纷333起，仲裁纠纷14起，仲裁合同纠纷6起。2006年，全县调处农业土地承包合同纠纷160起；对各农资市场进行了督查，清理农药市场40个。

【农村合作基金会】 1987年后，全县分五批在49个乡镇建立农村合作基金会。1988年12月，建立蓬安县农村合作基金会联合会。1989年，基金会融资总额1000万元，吸纳集体资金500万元、农户股金400万元、其他民间资金100万元。1996年，全县集资金额21007.98万元。投放借款金额20198.2万元，其中用于农户的种子、肥料等“三农”物质的7286.7万元；用于农户开发荒山荒坡建果林的资金4317.4万元；用于农田基本建设的资金3967.2万元；用于农村剩余劳动力从事二、三产业及农副产品加工业的资金5010.44万元；用于帮助贫困户发展生产的资金125.7万元，用于涉农部门购生产资料的资金3100万元；用于发展乡镇企业的资金3266.1万元。投放资金用于农业的占全县总投入3.99亿元的50.6%。1999年，全县农村合作基金会资产合计35668.4万元，其中现金有170.37万元，存款2194.84万元，专项存款2.99万元，风险保证金1244.4万元，农户借款1432.76万元，乡镇企业借款2047.69万元，农业服务组织借款834.81万元，村社集体借款319.53万元，贴息借款12万元，其他借款3904.73万元，呆滞借款1070.3万元，固定资产795.17万元，在建工程262.24万元；负债合计34841.99万元，其中村社集体股金481.22万元，农业服务组织股金7.92万元，其他单位股金117.24万元，村社集体代管资金92.83万元，其他单位代管金637.69万元；合计686.78万元，其中实收资本667.19万元，公积金353.59万元，公益金1.47万元，利息支出101.99万元，业务费用150.24万元。全县共发放借款15万笔，服务农民17万户。1999年3月15日，蓬安县按照省政府统一规定，对全县49个基层农村合作基金会全部关闭，清产核资，3年分期兑付完毕。兑付资金来源：国家借给省上的财政备用金、催收借款、当地财政自筹。县上成立农村合作基金会遗留资产管理办公室，负责对到期借款的清收和处理遗留事务。1999年年底，全县共收回各类借款2497万元，加上筹资完成30%首期兑付。2000年11月，完成第二期兑付。2001年，清收借款

1157万元，县上多方筹资2700万元，11月30日，如期完成最后一期基金会股金3900万元的兑付。农村合作基金会清理全面结束，人员分流安置，兑付的借款由政府逐步偿还。

【三峡移民安置】 2000年8月，蓬安县成立三峡库区农村外迁移民安置工作领导小组，办公室设在县农工委。蓬安接收安置点为周口镇（今相如镇）、河舒镇。县政府对移民安置用地给予一定经济补偿，每个移民宅基地、晒坝、猪舍等按人均66.7平方米的标准，承包地、自留地按人均333.3平方米的标准配给，所需土地由周口镇、河舒镇负责调剂；要求周口、河舒两镇确保移民安置点“三通一平”，在2002年8月底前移民入住新房，同时落实好移民承包土地。2002年3月，县政府召开三峡移民安置工作协调会，对县建设局等18个单位提出工作任务，与河舒镇、周口镇分别签署接收安置三峡库区农村外迁移民责任书。8月，举行蓬安县三峡移民建房竣工验收会，29日，县政府与重庆市开县政府签署《三峡移民重庆库区开县集中外迁四川省南充市蓬安县农村移民交接书》，接收安置三峡移民45户168人，随迁人口5人。蓬安举行欢迎仪式，移民们当天分别搬进位于周口镇藤茨沟村、团结村、团包岭村和河舒镇花园村的新居。县政府对三峡移民实施重点帮扶服务，移民迁入蓬安当年，准予从事三轮车等个体经营，当年只收取适当费用。县工商局在移民劳动就业、经营等方面给予支持和鼓励。2005年，县移民办引导移民与县内农业产业化龙头企业四川巨农公司合作，组织20户移民集中培训，采取托养模式饲养DLY优质肉猪，建圈用地给予优惠，统一建圈、供猪、饲料、防疫、收购。是年，移民饲养生猪6000余头，出栏1800头，户均增收1万元以上。2006年1月，县移民办组织移民打沼气池30口，种葛薯6.7公顷，还组织移民外出学习考察现代农业。

【国营农场及农业企业】 1986年，蓬安县有嘉陵农场、园艺场、河舒农场和县种子公司。2004年，种子公司停产改制。2006年，嘉陵农场改制，河舒农场改建为工业园区，园艺场建为龙角山公园。

蓬安县嘉陵农场 蓬安县嘉陵农场是省农牧厅批准成立的国营农场。1986年，该场有锦屏东门河坝地66.7公顷，其中耕地6.7公顷、林地40公顷、荒地20公顷，有平头知青农场地53.3公顷（1988年县政府将平头知青农场划归平头乡管理），有嘉陵汽修厂和与县航运公司联办的砂砖厂、与县良种场联办的农工商联合公司。农场年产粮食5万公斤，油料1万公斤，蔬菜10万公斤，出栏肥猪100头。1989年，嘉陵农场有职工68人，固定资产230万元，产值210万元，利润20万元，上缴税金22万元。1998年和2002年，两次洪灾将农场东门河坝土地冲刷成乱石荒滩，经济损失近100万元。其间，联办企业砂砖厂和农工商联合公司经营亏损破产倒闭。2006年，农场改制。职工按政策一次性补偿，退休职工转社会保险局管养。

蓬安县园艺场 1986年，蓬安县园艺场是县良种场的分场，位于龙角山，有大型提灌站1座，两级提灌，从龙角山顶倒灌全场，渠系贯通，不受干旱影响。在提灌站基础上建有自来水厂1座，设计供水能力1.2万吨。1987年，园艺场成为独立经营核算，为县农业局直属的从事蔬菜、水果生产经营的全民所有制事业单位。面积33.3公顷，其中耕地24公顷。有柑橘树15000余株，桃、枇杷等小宗水果5000余株，年产水果25万至30万公斤，产蔬菜7万公斤。建有养猪场4座，可养殖生猪250头。1994年，龙角山水厂技改，1995年8月完成，两期工程共投资280万元。1998年，县政府将龙角山纳入公园建设规划，占用园艺场果、林地68亩，砍挖果树4377株，每年减少收入15万元。2002年，在场里建设观光农业和公园景点，30名人员下岗。2004年，再造林20公顷，种植蔬菜3.3公顷，实现收入74万元。自来水厂销售自来水22万吨，收入29万元。2006年，园艺场改制。员工按政策一次性补偿，退休人员纳入县机关事业保险。

蓬安县河舒农场 1986年，蓬安县河舒农场以繁殖种、养殖良种为主，发展多种经营。1987年，良种场改为县河舒农场，为全民所有制事业单位，有职工78人，其中退休职工54人；有土地24.9公顷，其中耕地20公顷，鱼塘1.1公顷；有柑橘等果树5000余株；有房屋建筑面积3200平方

米，养猪场400平方米，闲置库房一座1600平方米；有30千瓦提灌站一座，蓄水池3个，总容积1400立方米；还有广柑窖贮设施，可贮广柑100万公斤。全场道路、排灌系统完善，农田旱涝保收，稳定高产。1996年，有果园16.7公顷，挂果树4500株，幼树8000余株，其中锦橙100号320株、纽荷尔1600株、蓬娜800株、椪柑2000株、红桔1000株，建有种苗基地6.7公顷，锦橙100号母本园6.7公顷。为全县提供优质果苗100多万株，良种穗条100余万枝。在果林地间种植蔬菜8公顷，高接换优锦橙100号8000余株。存栏生猪120余头。1997年，总收入33.7万元。1999年，总产值40万元，总收入32万元，略有盈利。2004年，建成锦橙100号丰产示范园17公顷，其他品种柑橘园3.3公顷，常年果品总产30万公斤，成为锦橙100号为主的良种柑橘母本园、蓬安万亩锦橙100号示范片和无公害优质果品生产中心示范基地及无公害农产品园地。2006年，县政府在河舒农场设立食品、轻纺工业园，农场停产改制，员工一次性补偿安置，退休职工纳入机关事业保险。

种子公司　1986年，蓬安县种子公司有职工41人，占地2公顷，下设4个乡镇种子站，占地0.4公顷。两级都建有种子仓库，所收贮的种子由公司直接贮藏管理。在徐家、石梁、睦坝、巨龙四个乡镇建有生产基地，开展良种繁育和种子收购、贮藏。20世纪80年代推广的籼优2号等每公顷产量5250公斤至6000公斤，推广后每公顷产量已达6750公斤至9000公斤。杂交玉米品种主推中单2号、成单2号等品种，亩产150公斤至200公斤。1990年前，公司以经营玉米和花生种子为主，年经营利润15万至20万元。1991年后，制种、繁育面积扩大，种子数量增多、质量好，各项种子畅销。1996年，“两杂”种子达国家一级标准，外销玉米杂交种子88万公斤，小麦种子7万公斤，花生种子7万公斤，水稻杂交种子当年因强寒潮低温造成烂种，从外地调入5万公斤。全年销售收入1300万元，盈利40万元。2000年后，主推品种有富友2号、东单8号、隆单8号、华选7号、正玉8号、澄海3339、丹科2151、永丰16、南玉8号、福玉1号等。外销玉米杂交种265万公斤，水稻杂交种6.4万公斤，天府系列品种花生35.5万公斤。生产的“一粒春”牌花生种子畅销省内外60多个市、县。花生种繁育推广天府系列新品种天府14号、天府18号、天府21号等。每公顷由原来1500公斤至2250公斤，提高到3000公斤至4500公斤，石孔乡平均每公顷产量达到5400公斤。2001年，油菜品种引进推广抗病力强、优质高产的秦油25号、渝杂12、渝杂18、蜀杂6号、蓉油3号等新品种，平均每公顷2250公斤至3000公斤。2002年，主推有川麦107、川麦11号、蜀农麦1号等品种，每公顷由原来1500公斤至2250公斤，提高到3750公斤至5250公斤。是年，产销种子480万公斤，实现利润50万元，远销贵州、湖北、云南、重庆等省市，被农业部评为全国种子业百强县。全年制种面积1866.7公顷，产种361.3万公斤。2003年，花生繁殖基地马回、金溪、万和、睦坝等21个乡镇，繁殖面积由266.7公顷扩大到1666.7公顷，繁殖种子由原来的70万公斤，增加到450万公斤。小麦繁殖面积由6.7公顷发展到333.3公顷，产种107万公斤。是年，水稻杂交制种基地睦坝、石梁两乡，制种面积200公顷，产种子36万公斤。玉米杂交制种基地诸家、金甲、白玉、徐家、黄坪、巨龙、群乐、锦屏、清溪、河舒等乡镇，品质达国家一级标准。年销售种子350万公斤，利润50万元，进入全国种业50强，并在成都、贵州、重庆等地设立分公司销售点。后因种子市场放开，无序竞争加剧，公司累计负债1070万元，资产负债率达146%，2004年停止生产。

农业产业化

1988年，蓬安县农工办与南充地区罐头厂合作，由罐头厂出技术、出菌种，乡镇出人力，在罗家、兴旺、河舒三个乡镇建成年产蘑菇40万公斤的蘑菇基地乡。开始农业产业化进程。1996年，县委、县政府制定“公司+农户”经营模式，农业产业化建设正式成为蓬安农业及农村经济发展的重要方向。1998年，县委、县政府提出重点发展以水果、生猪、蚕桑为主的产业基地建设。2001年，着力实现“中国锦橙第一县”“南方制种大县”两大目标。2003年，县委、政府制定《关于加快农业产业化发展若干政策的意见》，提出建设“特色农业大县”“绿色生态靓县”的奋斗目标，重点发展生猪、水果、制种三大支柱产业。2006年，蓬安制定建设生猪、蚕桑、水果、葛薯四大特色产业发展思路。

【产业基地】 1986年，蓬安建有蚕桑、畜禽基地。1989年至2005年，先后建成水产、制种、蔬菜、水果、葛薯基地。2006年，产业基地产值达到5.2亿元，占全县农业总产值的26.61%。

蚕桑基地　1986年，县委、县政府将兴旺、龙蚕、杨家、柳滩、天成、海田、凤石、济渡、新园、利溪、龙云、群乐、金溪、向东、鲜店、金马、新河等17个乡镇列为首批蚕桑基地，作为蚕桑主产区。1990年，栽桑布局由深丘向嘉陵江沿岸平坝区转移，将兴旺、龙蚕、天成、新园、海田、金溪、向东、万和、石梁、平头、鲜店、诸家、睦坝、群乐、杨家、柳滩等17个乡镇列为基地乡镇。2006年，蓬安县龙蚕、兴旺、金溪（含合并在内的万和、向东）3个镇被列入全市50个蚕桑基地乡镇之内，将天成、海田、新园、睦坝、群乐、平头、石梁、鲜店、诸家等9个乡镇规划为县级蚕桑基地，在杨家、石孔、金甲、徐家、茶亭、巨龙、龙云、开元、骑龙等9个乡镇，规划16个蚕桑专业村。

畜禽基地　1987年至1997年，蓬安加强畜禽基地建设。至2001年，全县建成徐家、周口、巨龙、黄坪、向东等20个生猪基地乡镇，白玉、河舒等5个水禽基地，兴旺、凤石、新河、福德、南燕、银汉6个山羊基地。畜牧业产值在农业总产值中的比重达到48%。2003年，调整养殖结构，建成100万只溪河养鸭带、20万头肉猪产业带和10万只山羊养殖带，河舒、白玉、杨家等乡镇溪河养鸭年出栏达50万只，金甲、柳滩等乡镇种草养畜连点成线。2004年，引进成都创景物业公司建设现代化生猪良繁养殖场，并创新生猪养殖“托养模式”，在相如镇团包岭村、河舒镇16村、相如、河舒移民点以及长梁乡中坝村建成4个年出栏DLY优质肉猪1万头的养殖示范小区，2006年，全县共建成年出栏优质肉猪4000头以上的小区9个，培育年出栏生猪100头至300头、300头至1000头以上的大户分别为500户、111户，全县出栏生猪72万头（其中DLY优质肉猪8万头），小家禽1104.8万羽，较1986年分别增长1.19倍、14.73倍，大牲畜年出栏达到2.2万头。

制种基地　1992年，全县发展制种面积600公顷。至2001年，建成国家级优质稻种基地、国家级花生良种基地、省级玉米制种基地、川北种子加工中心，跻身全国种子百强县第56位。全县制种基地乡镇达21个，品种（组合）24个，制种面积4733.3公顷，种子产量达到1087.3万公斤，产值突破4500万元。杂交玉米种子产量和各类作物种子产量均居全省第一，花生良种产量居全国之冠，质量达到国颁二级标准。同时设县外种子直销点69处，远销云南、贵州、重庆、浙江、河南、湖北及省内60多个县市，省内外客户达93户，年签订购种合同420万公斤。2003年，加强与川农大、省农科院合作，在金甲、周口等乡镇制种面积达到0.53公顷，其中玉米制种2100公顷，水稻制种2000亩，花生良繁0.3万公顷，小麦制种166.7公顷，年产种1500万公斤，全部实现合同销售。

水产基地　1997年至1999年，蓬安重点发展集中化、稻田养鱼及特种养殖，在抓好大面积稻田养鱼和工程水面养鱼的同时，突出抓周口、白玉等乡镇的100公顷“稻菜果鱼”示范项目，建标准鱼凼（池）1000个。2001年，在徐家、周口、白玉等14个乡镇建规范化、高标准稻田养鱼基地266.7公顷。是年水产养殖面积8733.3公顷，水产品总量6984吨。探索休稻养鱼等养殖模式，成为2001年全国稻田养鱼现场会参观点。2006年，全县水产养殖面积1860公顷，产量达到9250吨，产量较1986年增长了3.3倍。

蔬菜基地　1996年，蓬安县将原规划的12个村32个社的蔬菜基地调整为9个村26个社。1998年，发展专重户210户，建360个标准蔬菜大棚，双膜菜66.7公顷。1999年，建反季节蔬菜大棚350个，全县蔬菜种植面积达1.2万公顷。2000年，在河舒、周口、白玉3个乡镇14个村、144个社、903户社员成片栽种优质莲藕“鄂莲四号”100公顷，产藕300万公斤。在城郊成片建蔬菜大棚316

个，同时种植了一批名、特蔬菜和反季节蔬菜，城区一线蔬菜基地面积达到666.7公顷。2003年，从30多家科研单位引进良种40多个，建成一线蔬菜生产基地626.7公顷、二线蔬菜生产基地400公顷，商品菜产量4000万公斤。2005年，锦屏、长梁取得蔬菜无公害基地认证，成功进入重庆市场。

水果基地　1997年，县委、县政府把锦橙100号作为全县农业骨干产业培育、提出创建“中国锦橙第一县”。2002年，全县累计更换锦橙100号750万株，成片规模栽植300余万株，形成三坝、利溪、河舒、周口、金甲、骑龙、金溪、徐家的锦橙100号带，柳滩、杨家、中华、罗家的锦橙100号、优质脐橙带，锦屏、正源、巨龙、睦坝的锦橙100号带，南燕、罗家、济渡、兴旺的多种水果带。2006年，全县建锦橙100号标准化管理示范园1493.3公顷（其中666.7公顷取得无公害标识），在柳滩、碧溪、锦屏建立3个133.3公顷的落叶果标准化管理示范基地，在三坝乡建成6.7公顷锦橙100号丰产示范片，在碧溪、柳滩、白玉、周口等乡镇建成200公顷相如梨基地。全县水果总株数1514万株，年产量4519万公斤，较1986年分别增长218%。其中，锦橙100号580万株、挂果树280万株，年产量580万公斤，位居南充市首位，成为全省“十佳”果品县之一。

葛薯基地　2005年，县委、县政府把葛薯作为蓬安农业四大特色产业之一重点培育。2006年，启动首批建设的12个乡镇56个村的葛根栽植工作，初步建成茶亭、碧溪2个葛根千亩示范片以及23.3公顷长梁乡中坝村葛根种苗扩繁基地。

【龙头企业】　1992年至2003年，县委、县政府围绕生猪、蚕桑、水果、葛薯四大特色产业，相继引进、改制重组一批龙头企业，形成与特色产业相关联的产业发展链。2004年，四川巨农农业发展有限公司、四川齐祥食品公司、蓬安县逸丰源生物科技公司、四川海峡农业科技有限公司、四川兴华药业有限责任公司、南充天杰普华饲料公司共9户龙头企业先后取得“南充市市级农业产业化经营重点龙头企业”资格。2006年，引进华西集团特驱公司投资6000万元组建南充畜牧科技有限公司，建设饲养PIC种猪2000头、年产PIC商品猪3万头的万头猪场。

【产业化形式】　1996年，蓬安农业产业化主要采取四种模式：公司（企业）+村社+农户；公司（企业）+农户；公司（企业）与农户直接签订产销合同，提供配套服务；公司（企业）+种养大户+农户；经营联合体，公司与农户按比例分成。1998年，金马乡葫芦村6社群众将3.3公顷稻田经营权折价入股，与金马乡农技站办起股份合作制经济实体——金马三高农业示范场，栽植“锦橙100号”优质水果，种甘蔗、大棚蔬菜，搞家畜家禽养殖，实现年收入20万元。2005年后，探索并推行托养模式、良繁企业+担保公司+金融单位+加工企业+养殖大户、公司+中介组织+农户、股份合作四种模式。葛薯产业方面推行企业+中介组织+农户、企业+基地、企业+专合组织等模式。蚕业发展方面推行先锋蚕业合作社模式以及赛克斯公司厂乡共建基地的模式。

种植业

1986年，蓬安有耕地面积3.7万公顷，其中田1.9万公顷，土1.8万公顷，但种植面积仅7.2万公顷。通过改革耕作制度、扩大套作面积，提高复种指数，播种面积逐年增大。2006年，全县有土地面积3.7万公顷，其中耕地面积2.7万公顷。全县总播种面积8.5万公顷，其中粮食作物5.6万公顷，油料作物1.2万公顷，经济作物1.7万公顷。总播种面积比1986年增加1.3万公顷，增18.05%。

【粮食作物】　1986年，粮食播种面积5.8万公顷，产粮食25.6万吨。2006年，粮食播种面积5.6万公顷，产粮34.4万吨。粮食作物有水稻、玉米、红薯、洋芋、高粱、黄豆、绿豆、小麦、豌豆、胡豆等。

水稻　水稻是蓬安县主要粮食作物之一，常年栽插面积1.7万公顷，占全年粮食播种面积的1/3，每公顷产7500公斤，总产量12万多吨，占全年粮食总产的35%。占大春粮食产量的50%。1986

年，栽播面积1.8万公顷，产稻谷12万吨。主要品种有D优63、Ⅱ优838、Ⅱ优7号、冈优725等优质高产品种。1999年，栽插水稻1.8万公顷，总产14万吨。2003年，栽插1.6万公顷，总产11.97万吨。2005年，栽插1.6万公顷，总产11万吨。2006年，因遭受特大旱灾，播种面积1.6万公顷，总产8.3万吨。

玉米　玉米是蓬安县主要粮食作物之一。1986年，种植面积8261.9公顷，总产21509.5吨。优质高产主要有七三单交，农大65、川单9号、川单14号、农单108、成单14、南玉3号、成单19、川单21等。1990年后，推广有东单8号、华选7号、正玉8号、永丰16号、福玉1号等高产品种。1999年，种植面积9804.7公顷，总产56528.2吨。2003年，种植面积8941.3公顷，总产38619吨。2005年，种植面积9197.3公顷，总产48072吨，河舒镇种植玉米366.7公顷，每公顷产8685公斤。三坝乡种植66.7公顷，每公顷产量高达13260公斤。2006年，种植面积8903.4公顷，总产33009吨，每公顷产3705公斤，比1986年每公顷增加1102.5公斤，总产增加11500吨。

红苕　全县主要粮食作物之一。1986年，栽植面积1.2万公顷，总产4.03万吨。1999年，栽植面积1.2万公顷，总产54824.7吨。2003年，栽植面积1.0万公顷，总产5.46万吨。2005年，栽植面积1.1万公顷，总产6.09万吨。2006年，栽植面积1.0万公顷，总产3.3万吨，比1986年总产减少15.9%。

小麦　1986年，种植面积1.4万公顷，总产4.06万吨。1999年，种植面积1.6万公顷，总产5.17万吨。2003年，种植面积1.2万公顷，总产4.4万吨。2006年，全县种植面积1.2万公顷，总产4.42万吨，比1986年总产增加3655吨。

黄豆　是兴旺、海田、天成、罗家、徐家、骑龙、济渡等地的大春主要作物。1986年，种植面积257.3公顷，总产1627.77吨。1999年，播种面积446.7公顷，总产2096.6吨。2003年，播种面积693.3公顷，总产2543吨。2005年，播种面积扩大到2053.3公顷，总产增加到6269吨。2006年播种面积1600公顷，总 产3222吨。

高粱　全县各地都有种植。1986年，种植面积仅374.4公顷，总产1677.7吨。2002年，从外地引进泸杂4号杂交高粱在河舒、开元、石孔等10个乡镇试种，每公顷产3000公斤左右。2003年，种植面积扩至667.2公顷，总产2078吨。2006年，种植面积551.5公顷，总产1692吨。

洋芋　1986年，蓬安种植很少，从西昌引进试种成功后，逐步扩大种植面积。1999年，种春洋芋537.2公顷，总产19215吨；秋洋芋386.4公顷，总产2169吨。2003年，种植春洋芋757.4公顷，总产3598吨；种秋洋芋590.6公顷，总产3050吨。2006年，种植秋洋芋2291.6公顷，总产10087吨。

豌豆　豌豆在全县各地都有种植，是小春主要作物。1986年，种植3001公顷，总产4892.9吨。1999年，播种702.5公顷，总产1703.5吨。2003年，从外地引进直立型豌豆在睦坝、锦屏、龙云、碧溪等乡镇示范种植66.7公顷。2006年，种植面积1026.9公顷，总产3901.6吨。

胡豆　全县各地都有种植。1986年，种植面积227.9公顷，总产1028.34吨。1999年，种植面积702.5公顷，总产1699.9吨。2003年，种植面积872.6公顷，总产2083吨。2006年，种植面积917公顷，总产3336.6吨。

大麦　全县各地都有种植。1986年，种植面积16.5公顷，总产66.22吨。1999年，种植面积108.8公顷，总产290吨。2006年，种植面积79.5公顷，总产199吨。

小杂粮　蓬安种植小杂粮主要有 绿豆、饭豆、豇豆。1986年，种植面积267.8公顷，总产1870.5吨。1999年，种植面积333.3公顷，总产31691吨。2003年，种植面积346.7公顷，总产3271吨。2006年，种植面积743.9公顷，总产3216吨。

【油料作物】 1986年至2006年，蓬安种植油料作物主要有油菜、花生和芝麻，是蓬安发展农村经济和农民增收的支柱产业，全县常年种植面积1.3万公顷左右。

油菜　全县各地都有种植。1986年，种植面积5186.7公顷，总产6573.97吨。1999年，种植面积6285.6公顷，总产10274.7吨。2005年，种植面积8333.3公顷，总产1.67万吨。产量最高石孔乡种植面积146.7公顷，每公顷产4125公斤。2006年，种植面积0.8万公顷，总产1.59万吨，比1986年总产增加9326.03吨。

花生　1986年，种植面积2475.5公顷，总产4405吨。1999年，种植面积4666.9公顷，总产5534.4吨。2005年，种植面积6523.1公顷，总产21233吨。龙蚕镇花生产量最高，种植200公顷，每公顷达到4200公斤。2006年，种植面积6111.5公顷，总产8310吨，比1986年总产增加3905吨。

芝麻　1986年，种植甚少，全县仅0.7公顷，河舒就种有0.6公顷。1999年，种植面积135.4公顷，总产334吨。2003年，种植面积415.1公顷，总产796吨，。2005年，种植面积615.4公顷，总产963.9吨。2006年，种植面积661.8公顷，总产539吨。

【经济作物】　全县经济作物有葛薯、甘蔗、烟叶、药材等。2000年以前，经济作物年平均种植面积0.7万公顷左右。2001年后，平均种植面积1.4万公顷。

葛薯　2005年，县委、政府着手葛根栽培调查和宣传。2006年，从重庆钰峰、北京荷田公司引进大粉葛、超级粉葛、赣葛5号等3个优质葛品种472万株，在新园、碧溪、河舒、福德、新河、杨家、柳滩、茶亭、徐家、诸家和骑龙等11个乡镇种植面积301.8公顷。在长梁乡中坝村，建有葛薯种苗扩繁基地23.3公顷，排栽6公顷。

黄红麻　1986年，黄红麻种植面积3197.1公顷，产麻6208.4吨。1999年，种麻面积下降到633.5公顷，总产1264.1吨，种麻最多的乡镇有龙蚕镇120公顷，天成乡66.7公顷，还有南燕、黄坪、鲜店各种33.3公顷。2003年，全县种黄红麻129.5公顷，产麻457吨。2005年，种37.3公顷，产麻138吨。2006年，种植面积4.7公顷，总产6吨。

甘蔗　主产于嘉陵江及溪河沿岸的马回、三坝、利溪、河舒、锦屏、正源、长梁、周口（今相如）、金溪、万和、平头和石梁等乡镇。1986年，全县种植18公顷，产量366.4吨。1990年后，种植面有所回升。1999年，种植面积86.5公顷，产蔗1104.9吨。2003年，种植165.3公顷，产蔗4077吨。2006年，种植154公顷，产蔗1936吨。

晒烟　1986年，种植面积131.5公顷，产烟叶286.3吨。1999年，种植57.7公顷，产烟叶135.5吨。2003年，种28公顷，产烟叶48吨。2005年，种20.3公顷，产烟叶47吨。2006年，种53.3公顷，产烟叶32吨。

土烟　系蓬安特产，全县各乡镇都有种植，主产马回、长梁、三坝、锦屏、利溪、睦坝、万和、金溪、相如等嘉陵江沿岸乡镇。1986年，种250.3公顷，产烟505.6吨。1999年，种102.6公顷，产烟255.3吨。2003年，种139.8公顷，产烟722吨。2005年，种103.3公顷，产烟413.7吨。2006年，种142.4公顷，产烟382吨。

中药材　蓬安种植的中药材主要有川菱、金银花、半夏、葛根等，后又引进苡仁、红花、党参、沙参、桔梗、黄姜、白芷、麦冬、丹参等种植。1986年，种0.7公顷，分布于河舒、徐家两地。1999年，种132.4公顷。2003年，种63.5公顷，药材总产量72470公斤，其中白芷2800公斤、丹参2200公斤、沙参4661公斤、半夏17200公斤、桔梗42800公斤。2005年，种401.7公顷，药材总产量934393公斤，其中沙参5000公斤、金银花995公斤、桔梗2957公斤、黄姜76434公斤、麦冬182公斤、葛根200公斤、半夏1245公斤。2006年，种药材463.9公顷，总产量551054公斤，其中沙参28045公斤，石孔种16.7公顷，产沙参28000公斤，龙蚕产金银花11167公斤，麦冬30公斤，柳滩乡产半夏60公斤，桔梗25公斤，黄姜90470公斤，茶亭、龙蚕分别产黄姜25700公斤、58500公斤，徐家、福德分别产葛根310722公斤、54000公斤。

【蔬菜】　1986年，蓬安蔬菜种植面积3000公顷，产菜6050.2吨。1990年后，种植面积扩大，品类增多，栽培技术更新，先后从外地引进11大类100多个优良品种。主要有“渝椒7号”、黑秀长茄、“渝番109号”、韩国白萝卜等，广泛推广地膜覆盖、双膜覆盖和大棚育苗与栽培技术，推广高效低毒的溴氰菊酯、托布津、波尔多液、新植霉素等防治病虫害，降低蔬菜公害，生产无毒绿色食品。省农业厅通过检查验收确认长梁、石梁、利溪、周口、锦屏为无公害蔬菜生产基地。1999年，种6241公顷，产62845.4吨。2003年，种8011.3公顷，产118696吨。2006年，种10499.8公顷，产124368吨。

萝卜　萝卜种类有红萝卜和白萝卜，全县都有种植，以种白萝卜为主。种植技术简单，全县常年种植面积666.7公顷，总产1万吨左右。2006年，种10499.8公顷，产13667吨，其中红萝卜种植66.7公顷，产萝卜650吨，睦坝种119.6公顷，产萝卜359吨。

胡萝卜　全县种植，嘉陵江沿岸地带种植较多。2003年，种234.3公顷，产2815吨。2005年，种524.7公顷，产5665吨，其中长梁种157.5公顷，产377吨。

白菜　白菜的种类有圆白菜、大白菜、黄秧白、小白菜。以种植圆白菜为主，春、夏两季种植。圆白菜和黄秧白主产于睦坝、万和、金溪、周口、长梁、锦屏、石梁、河舒等乡镇。1990年后，种植区域不断扩大。2003年，种1221.5公顷，产20509吨。2006年，种植1149.9公顷，产19601吨。

莴笋　全县各地均有种植。2003年，种497.4公顷，产6415吨。2006年，种671.5公顷，产10001吨。

菠菜　1986年，全县大多数农户都有种植，主产于周口、锦屏、长梁、河舒、金溪、利溪等乡镇。菠菜萌发力强，可以多次割，种植技术简单，容易掌握。1990年后，发展较快。2003年，种184.9公顷，产1592吨。2006年，种219.5公顷，产3697吨。

芹菜　主产于长梁、石梁、柳滩、杨家、河舒、周口、锦屏、利溪等乡镇，全县常年种66.7公顷，产700吨左右。大多数农户都有种植。2003年，种111.1公顷，产1295吨。2006年，种135.9公顷，产2789吨。

青菜　全县各乡镇都有种植，适应性强，产量高。一般作腌菜用。自种自食多，作商品菜销售少。常年种666.7公顷，产1.5万吨左右。

甜菜　（又名牛皮菜）适应性强，产量高，既可食用，又可作牲畜饲料。全县各地都有种植，有净作也有在麦地套作或厢沟间作。2006年，种1333.3公顷，产5万吨左右。

黄瓜　全县各地都有种植。1986年，一般自种自食，作商品菜少。1990年后，品种有白黄瓜和从外地引进的青黄瓜，市场销售增多。2003年，种219.8公顷，产5575吨。2005年，种267.7公顷，产2855吨。

冬瓜　全县各地都有种植，适宜性强，产量高，一窝可产百余公斤。多数利用地边、地角栽植，也有净作。全县常年种植466.7公顷，产冬瓜万吨左右。2003年，种447.8公顷，产11590吨，2006年，种505.7公顷，产10761吨。

南瓜　全县90%以上农户都种植。大都利用田边、地角栽植，也有净作。产量高，一般一窝可产瓜50余公斤，高的一窝可产100余公斤。2006年，种566.7公顷，产南瓜1万吨。

茄子　全县大部分乡镇都有种植，品种以荷苞茄为主。1986年，从外地引进黑秀长茄，种植53.3公顷，品质好，产量高，已推广到全县。全县常年种333.3公顷，产4000余吨。2003年，种368.8公顷，产3887吨。2006年，种322.3公顷，产3584吨。种植最多是周口镇，种植了20.7公顷，产350吨。

西红柿　全县种植面积小。1986年，从外地引进抗病力强，产量高的渝番109号在睦坝等地种植后，一般每公顷产1200公斤左右。在各地推广后面积逐渐扩大，种植户增多。2003年，种65.1公顷，产776吨。2005年，种109.7公顷，产1510吨。

辣椒　全县各地都有种植，常年种植约666.7公顷，产6000余吨。主要品种是牛角辣子和小尖角辣子（称朝天椒）。1986年，从外地引进新品种菜辣子，渝椒7号（又称甜椒），当年种植面积

53.3公顷。2003年，种768.2公顷，产6089吨。2006年，种781.9公顷，产4383吨。

四季豆　全县主要蔬菜之一，各乡镇都有种植，适应性强，生长期短，产量高，全县常年种植面积666.7公顷，总产1万余吨。2006年，种793.3公顷，产四季豆9540吨。

豇豆　1996年，从外地引进长青豇豆在周口等地种植，推广到全县，成为主要品种，随之净作面积也逐渐扩大。2003年，种178.6公顷，产1883吨。2006年，种4316.2公顷，产5072吨。

葱　有大葱、小葱、火葱、四季葱。葱适应性强，各地种植户普遍，多为零星种植，一般自种自食。常年种66.7公顷左右，产500余吨。1986年后，商品种植增多。2003年，种46.4公顷，产433吨。2005年，种171.1公顷，产1115吨。

大蒜　品种有红皮蒜和白皮蒜，蒜苔蒜。1986年后，商品种植增多，一般每公顷产蒜2250公斤左右。蒜苔蒜除产大蒜外，每公顷还可产蒜苔1500余公斤。2006年，种蒜133.3公顷，产蒜200余吨。

生姜　主产嘉陵江沿岸睦坝、三坝、利溪、长梁、锦屏等乡镇，是蓬安土特产品，销省内各地和重庆、湖南、湖北等地。常年种200余公顷，产277余吨。2003年，种358.3公顷，产712吨。2005年，种648.1公顷，产10861吨。2006年，种221.6公顷，产534.7吨。

莲藕　全县各地均有种植，常年种植面积266.7公顷，产藕3000余吨。1999年，种262.2公顷，产3122.8吨。2006年，种433.1公顷，产6016吨。

魔芋　1986年，全县有9个乡镇种植。1999年，种6.6公顷，产53.6吨。2003年，种9.4公顷，产104吨。2006年种83公顷，产770吨。

食用菌　1986年，南充罐头厂在河舒，罗家、金溪、兴旺等地发展罐头原料，建立蘑菇生产基地，全县很多乡镇都有种植，后因罐头滞销，转为生产食用菌为主，品种有蘑菇、金针菇、凤尾菇、香菇等。1999年，全县有7个乡镇生产食用菌，面积9532平方米，产5055.4吨，2003年，柳滩、周口等10余个乡镇生产，面积11025平方米，产4518吨。2006年，周口、白玉等7个乡镇生产，面积7355平方米，产食用菌1276.5吨。

【水果】　1986年，全县有水果面积0.1万公顷，657万株，总产1.3万吨。2006年，水果面积0.25万公顷，1510万株，总产1.99万吨。有柑橘、梨、桃、李、苹果、枇杷、葡萄、杏、枣、柿、樱桃、核桃、橙柚等上百个品种。

柑橘　1986年，蓬安柑橘以实生甜橙为主，橘类以大红袍为主，有少量的温州蜜橘和碰柑。1990后，甜橙类以锦橙100号为主。脐橙类有朋娜、纽荷尔、罗仙逊、丰脐、福本、脐橙4号等。主要集中在正源、罗家、长梁、金溪、利溪、杨家等乡镇。血橙有脐血橙、塔罗科新子。主要集中在正源、河舒。杂柑有诺瓦、伊矛扳、天单、清见等，主要集中在金溪、高庙、河舒、周口等乡镇。红橘类：碰柑有新生3号、太白、台湾碰柑等，主要集中在两路、正源、骑龙等乡镇。温州蜜橘有早丰、胁山、新津早、宫川、尾张等，集中在周口（相如）、白玉、河舒、金溪等乡镇。柚类有官溪蜜柚、龙都早香柚、强德勤红心柚、冰糖柚、脆香甜等，主要集中在相如、罗家、南燕等乡镇。2003年，有柑橘2100公顷、1150万株，产果3.3万吨。2005年，有柑橘1726.7公顷、990万株，产2.57万吨。2006年，有柑橘1580公顷、980万株，产果1.58万吨。

梨　1986年，蓬安产梨区主要是河舒、巨龙、两路、中坝、白玉、柳滩、利溪、中华、鲜店等乡镇，总产量为562.9吨。主要品种有糖梨、苍溪雪梨、六月雪、白砂梨、水冬瓜等。1990年，先后引进红香酥、丰水梨、金花梨，苍杂5-51、苍杂6-2、黄金梨、中梨2号等10余个产量高的新品种，集中在罗家、凤石、柳滩、碧溪、白玉、徐家、鲜店、新河、福德、银汉、利溪、诸家等乡镇栽培。2003年，梨园554.1公顷，产2281吨，比1986年增长202.7%。梨发展最快的有石孔乡43.5公顷，产果106吨，周口镇（今相如镇）32.5公顷，产果145吨，柳滩乡52公顷，产116吨，南燕52.3公顷，产228吨，凤石45.5公顷，产113吨。2005年，梨园455.5公顷，产2418吨。柳滩发展到78.4公顷，产258吨。2006年，梨园456.2公顷，产1716吨。

桃 1986年，全县各地只有零星栽植，品种以本地白花桃为主。1987年，从成都、金堂等地引进水蜜桃、黄桃等品种在河舒镇高笋村等地栽植，后从中国果树研究所和成都龙泉驿区等地引进皮球硬桃、庆丰、曙光、松森、巨桃等品种，在河舒、罗家、茶亭等乡镇栽培。2003年，产桃量达到4784吨。2005年，全县有桃树90万株，分布32个乡镇，产1368吨。2006年，产桃889吨。

李 1986年，河舒、周口（今相如）、柳滩、新园、利溪、碧溪、石孔等地栽植较多，多为本地老品种。1992年，引进奈李在河舒、金溪等地栽植。2001年，又引入黑宝石、黑加林、大石早生，玫瑰皇后、奥李、李王、早美玉等品种，在罗家、河舒、金溪等乡镇栽植。2003年，产李1569吨。福德发展最快，产542吨，其次中华乡产120吨，杨家镇118吨，石孔乡190吨。2005年，全县有李树25万株，产1004吨。2006年，产李子722吨。

葡萄 1986年，全县只有个别农户有零星种植，品种是本地小葡萄，质差产量低。1987年，引进优质葡萄种巨峰在相如镇和金溪镇栽培。2001年，引进藤穗、京亚、蜂后、瑞必尔、8611等优质高产品种，在金溪、周口、河舒、徐家、福德等乡镇栽培。2003年，有葡萄23.9公顷，产114吨。2005年，有葡萄11.4公顷，产103吨。2006年，种葡萄6.8公顷，产葡萄86吨。

柿子 1986年，全县只有周口、罗家、南燕、中华、茶亭等几个乡镇有零星载植，品种单一。2001年，引进次郎、富有、杨丰、西林等品种，在中华、周口等地栽植。2003年，产柿子217吨，其中中华产150吨，南燕产23吨。2005年，产112吨。2006年，产56吨。

苹果 1986年，从外地引进优良苹果品种，在金溪、正源、中华、利溪等乡镇栽培，后逐渐发展。1994年，产7.7吨。2003年，发展到16.5公顷，产33吨。2005年，种9.9公顷，产苹果86吨。2006年，种15.8公顷，产99吨。

樱桃 1986年，有南燕、河舒、开元等乡镇栽植。2003年，产樱桃151吨。2005年，产樱桃68吨。2006年，产樱桃49吨。

核桃 1986年，全县各地都有零星栽植。1988年后，发展较快。2003年，全县产核桃229吨。2005年，产核桃193吨。2006年，产核桃165吨。

大枣 1986年，全县只有中华、杨家、利溪、新园等几个乡镇有少数农户零星栽植。1992年，从外地引进金丝枣等优良品种，在中华、杨家、利溪等乡镇栽植。2003年，产枣68吨。2005年，产枣41吨 。2006年，产枣21吨。

枇杷 1986年，全县多数乡镇少数农户有零星栽植。1990年，先后引进青岗山、大五星等优良品种，在金溪、相如、茶亭、碧溪等乡镇栽植，并建有果园约2万株，产枇杷150吨。

【肥料】 1986年，蓬安农业用肥以农家肥为主，兼用碳酸氢铵、钙镁磷肥等化学肥料。1992年，蓬安大力推行稻田养萍和放干田种绿肥，当年稻田养萍800公顷，种绿肥2360公顷。1994年，全县养萍1046.7公顷，种绿肥1万公顷。推广配方施肥达3.1万公顷，其中水稻1.2万公顷，小麦6800公顷，油菜、花生等作物5333.3公顷。2000年，推行秸秆、稻草还田，先后在碧溪、河舒、新园、龙蚕、三坝等乡镇示范推广333.3公顷，此后在全县推广。2006年，推广测土配方施肥1.3万公顷，每公顷节约成本88.20元，共增产粮食940万公斤，增收1340万元。

【中低产田土改造】 1986年以来，蓬安采取多种措施进行中低产田土的改造。采取水旱轮作和新建排灌系统，使冷浸水能排出、山洪水不进田。1996年，推广半旱式免耕连作1333.3公顷，其中连作小麦1000公顷，连作油菜333.3公顷。县土肥站在巨龙、睦坝、兴旺、济渡、杨家、柳滩等乡镇的重点村社示范小麦13.9公顷，油菜10.1公顷，设对比田18块，面积0.5公顷，小麦每公顷产1965公斤，增产11%。油菜每公顷产1267.5公斤，比对照每公顷产1125公斤，增产16%；对下湿田增施磷、钾肥和锌肥，以改善其理化性状，提高水稻产量，一般增产10%；山、林、水、路综合治理，山上栽树，修渠、建池、砌土坎、坡改梯、修道路，减少水土流失。1997年，在平头、徐家、诸家、周口、石梁、杨家、中华等8个乡镇43个村共计改造开发中低产田土0.3万公顷，治理坡面三沟8168条，706.5千米。1999年，聚土面积0.3万公顷。2000年，聚土266.7公顷。2006年，在龙角村、彭家沟村、木桥沟村、龙角山村等地，进行旱作节水农业示范基地建设核心示范区0.3万公顷，坡耕地综合治理46.7公顷，砌筑地坎7600米，平整土地减缓坡度46.7公顷，改土增厚土层38.7公顷，培肥地力32公顷，建三沟24900米。1989年至2006年，全县累计投资4500万元，改造中低产田土1万公顷。

【无公害及绿色食品开发】 蓬安县从1993年开始建设无公害及开发绿色食品基地，至2006年先后建起水稻、蔬菜、水果无公害基地。

水稻无公害基地 1993年，石孔、龙云、济渡分别建立优质稻基地13.3公顷。2005年，在三坝、中华、利溪、河舒、骑龙、黄坪等乡镇建立无公害农产品基地0.7公顷，培训无公害栽培技术人员1500人，发放技术资料5000余份，赠送无公害农药及叶面肥等物资，每片设立示范点，确定专业技术人员巡回指导和监管，确保达无公害农产品标准。

蔬菜无公害基地 2003年，蓬安县分别在长梁乡中坝村建立无公害蔬菜基地66.7公顷，利溪53.3公顷，锦屏镇133.3公顷，马回（现属长梁乡）133.3公顷，相如200公顷，金溪333.3公顷，共培训无公害蔬菜栽培技术人员4700人次，发放无公害蔬菜种植技术资料5000余份。在长梁乡中坝村和金溪沈家坝村分别建立核心示范户，以带动其他菜农。由专业技术人员入户示范和技术指导，确保按标准生产无公害蔬菜产品。当年与菜农签订销售400万公斤蔬菜的合同。

水果无公害基地 1996年，县农业局选择金马、利溪、长梁、白玉等30个乡镇为水果基地。1997年，县委、县政府将30个水果基地乡镇调整为32个，其中锦橙100号基地为三坝、利溪、河舒、周口、金马、骑龙、长梁等18个乡镇。脐橙基地为开元、柳滩、杨家、中华、正源等11个乡镇，伏季水果基地为相如城区周围和河舒的桃、葡萄、枇杷、大樱桃等。雪梨基地为鲜店。李子、大樱桃、猕猴桃基地为石孔。是年，全县产果量5000公斤以上的大户有89户。2006年，锦橙100号基地缩小为13个乡镇，即河舒、三坝、金溪、骑龙、正源、长梁、白玉等。全县产5000公斤以上的大户有2000户。是年，全县有果树916万株，产果量4395万公斤。其中基地乡镇有水果360万株，占全县水果总株数的39.30%，产果量2380万公斤，占总产量的54.15%。

【农作物新品种推广】 1986年，蓬安各种农作物都先后实现良种化，不断淘汰和更新品种。2000年，各种农作物种子都由种子公司统一经营，统一供种。2001年，种子放开经营后，全县供种单位有100余户，种子来源宽，各有进种渠道。进入县内的种子不断增加，品种变化大。2003年，水稻、玉米两杂种子就达到200余个品种，其他作物品种更为杂乱。2006年，县委、县政府要求有关部门对种子市场严查监管，蓬安种子市场杂乱局面得到治理。

水稻 1986年，全县先后建有睦坝、石梁、徐家等6个杂交稻制种基地乡镇。1988年，确定石梁和睦坝两个乡为制种基地。一般制种为100公顷左右，产种40余万公斤。除满足本县用种外，还销往省内、外。1993年，制种62公顷，产种30万公斤，4个组合，有汕优63、D优63、冈朝等。1997年，制种93.3公顷，入库种子28万公斤。主要品种组合为岗优22、汕优多系1号等。2001年，以睦坝一个乡为基地，制种66.7公顷，入库种子15.4万公斤。品种组合有汕优63、11优七号、冈优725。2003年，制种133.3公顷，入库种子24.4万公斤，品种组合为11优7号、冈优725。2005年，种子公司改制，停止种子生产、经营，由正源种业公司在睦坝制种66.7公顷，产种20万公斤。

玉米 1986年，蓬安已实现玉米种子杂交化，并且多次换代，主要品种有中单2号和成单系列，每公顷产3000公斤左右。制种基地有徐家、金甲、周口、白玉、清溪、河舒、正源、巨龙、中坝等乡镇，制种133.3公顷，产种30万公斤左右。1992年以后，玉米种植面积不断扩大，制种面积增加，基地也增多。1996年，制种436.7公顷，产种110.5万公斤，品质达到国家一级标准，品种组合有73单交，农大65、川单9号等7个品种。基地有白玉、徐家、正源等11个乡镇。1997年，制种面积扩大到750公顷，产种167万公斤。2000年，增加到1666.7公顷，产种280万公斤，品种组合有川单14号，农大108号、成单14号等7个品种。2001年，制种1866.7公顷，产361.3万公斤，品种组合有南玉3号、成单19、川单21、川单15、农大3138等14个，种子外销云、贵、渝、陕、浙、鄂等省市。制种基地有群乐、黄坪、骑龙、清溪、河舒等10个乡镇。

小麦 1993年，引进绵农4号、绵阳26系列和SNM品系进行繁殖推广，逐步代替原有的品种。后又引进抗逆强，品质优的川麦107、川麦11号、蜀农麦1号等品种在白玉、睦坝等地建立示范繁殖基地13.3公顷，每年生产种子5万余公斤，在全县推广，逐步取代原有的品种，实现更新换代。

油菜 1993年，引进秦油25号种子2500公斤，在全县推广。1996年，先后又从外地引进渝杂12、渝杂18、蜀杂4号、蓉油3号在睦坝、河舒等地示范推广，比原品种增产10%至20%。1997年，推广6333.3公顷，普及全县。2002年，引进两高双低油菜新品种在睦坝示范种33.3公顷，比原品种增产10%以上，品质优，出油率高，抗病力强，已在部分乡镇推广。

花生 1986年，南充地区已将蓬安确定为花生良种天府系列的繁殖基地，以马回、三坝、万和、金溪、石梁、正源、锦屏等乡镇为基地，面积400余公顷，产种7万公斤左右。1997年，繁殖403.3公顷，产种4.5万公斤。2000年繁殖1533.3公顷，产种386.6万公斤。2001年，繁殖面积扩大到2466.7公顷，产种603.6万公斤。主要品种为天府9、10、12、14号等天府系列。种子远销云、贵、渝、浙等省市。

红苕 1993年，在全县推广南薯88良种2000万公斤，占用种量的90%。1998年，又从南充等地引进南优88、徐薯18、303，在全县繁殖推广。2006年，这些品种已普及全县，更替原有的老品种。

豌豆 2000年，从外地引进直立型龙豌一号在河舒、龙云示范种6.7公顷。2001年，推广到杨家、柳滩、碧溪等乡镇种66.7公顷，每公顷产量均在3000公斤以上。后引进中豌四号示范推广。2006年，这些品种抗逆耐肥高产，已在各乡镇推广。

高粱 2000年，从外地引进杂交高粱泸杂4号在河舒、龙云示范种植6.7公顷。2002年，在开元、金溪、向东、周口、金甲、徐家、茶亭、平头、石孔等10个乡镇，建立示范片133.3公顷。2003年，在锦屏、龙云、徐家、开元等乡镇建立示范片200公顷。平均每公顷产3300公斤，比老品种增产30余公斤。2006年，各乡镇普遍运用。

大豆 2001年，从外地引进浙春3号6000公斤，在兴旺种植13.3公顷，河舒种植6.7公顷，平均每公顷产3750公斤，比本地品种增产30%。它的品质优、产量高，在全县各乡镇推广使用。2003年，又从外地引进新品种南豆99、贡优1号，它的适应性强，适宜各地种植，现在部分乡镇推广运用。

蔬菜 1986年，引进渝椒7号种植53.3公顷，比原有品种增产20%，填补了原没有甜椒的空白，在全县推广。黑秀长茄种植68公顷，比原品种增产30%，在全县各乡镇种植。番茄渝番10号种植126公顷，比原品种增产30%，推广到全县各乡镇种植。2001年，引进渝糯1号菜玉米在锦屏5个村16个社河滩地种植，每公顷产量高达7500公斤。在周口、锦屏、河舒等10多个乡镇推广。2005年，引进台湾碧秀、法国青刀豆、美人指樱桃番茄等新品种在中坝村示范种植3.3公顷。2006年，引进韩国白萝卜在中坝村示范种植80公顷，平均每公顷产18.75万公斤，最高达22.5万公斤，全县各乡镇都推广种植。

【病虫害防治】 1986年以来，蓬安农作物病虫危害最大的是水稻稻瘟病、纹枯病和螟虫、飞虱，每年发生面积1.3万公顷左右。其次是小麦锈病，常发生在嘉陵江及溪河两岸乡镇，重灾年遍及全县，重发地有睦坝、龙云、万和、锦屏、马回、长梁、正源、平头、石梁、金溪、徐家、骑龙、周口、白玉、河舒、三坝、碧溪、利溪、高庙等乡镇，常年发生面积0.3万公顷至0.7万公顷，减产30万公斤至150万公斤。病虫害防治主要采取观测预报、培训防治人员和专、群结合等措施。

村建有专防队，县每年培训乡村技术人员，编印防治技术资料发放到乡村和重点农户，乡培训专防队伍和重点农户。县用《植保情报》和电视台发布防治信息。1989年，每村建专防队，全县有机动喷雾器600余部，每村一部，重点村有2至3部。1997年，防治大春作物12.4万公顷，占发生面积的88.3%，挽回粮食损失2870吨，其中防治水稻稻瘟病1.5万公顷，防治小麦锈病和赤霉病3.0万公顷，挽回损失8622吨。2006年，全县病虫害发生面积27.1万公顷，防治面积24.5万公顷次，挽回粮食损失5.5万吨，其中统防统治6.9万公顷。

病虫害防治还推广水稻薄膜覆盖育秧，早播早栽提前一个季节，躲过二化螟危害期。玉米采用肥团和方格地膜覆盖育苗提早半月移栽，既躲过地老虎的危害期也躲过玉米螟的危害期。花生利用地膜覆盖，提前播期，避开老母虫危害期。果树剪除病虫枝，加强冬季清园，科学施肥，喷施保护剂等。

【植物检疫】 1986年，蓬安设有检疫室，对送来的标本和抽检的标本进行检验和疫情监测。专业技术人员深入田间、地头特别是苗圃、制种、繁种田块进行重点检测，及时发现病源和疫情，从源头上控制疫病发展。对调入的种子、苗木进行抽检，杜绝危险病虫草害进入县境内扩散。1996年，对38个乡镇进行为期半月的植物检疫普法宣传。对水稻制种106.7公顷、玉米制种433.3公顷、小麦繁种220公顷和23.3公顷柑橘苗圃进行逐田、逐块的产地检疫，保证种子安全。1997年，对睦坝、金溪、石梁的106.7公顷杂交稻制种基地，徐家、周口、巨龙、白玉等乡镇的433.3公顷玉米制种基地，河舒农场6.7公顷苗木基地，逐田逐块进行检疫，对全县91个果园246.7公顷柑橘园进行普查。对种子、苗木调运进行检疫，共检疫柑橘335批次、39.4万件、8100吨；玉米种4批次、559件、51吨。1999年，对种子、苗木产地进一步加强检疫普查。实施调运检疫，共计调运检疫植物及植物产品131批次、52.8万件、1656吨，杜绝未经检疫而又带有危险性病虫草害的植物及植物产品的入境扩散。2001年，对两杂制种基地，花生、小麦繁种基地，苗木苗圃进行检疫普查。对农产品调运实施检疫，玉米种5批次、3750件、160吨，花生种3批次、645件、30吨。省际间调运检疫，柑橘47批次、2.6万件、386吨，花生种1500件、75吨。2003年7月，对重点柑橘园进行疫病普查，在锦橙100号幼园中查获疑似柑橘溃疡病41株，上报农业部柑橘及苗木质量监督检验测试中心，检疫性病害鉴定结果，为柑橘树带有溃疡病。县委、县政府高度重视，对全县32个乡镇的249.77万株柑橘树进行普查分类处理。至2003年，全县共销毁苗木113万株。2005年，对全县水稻的疫病进行检测，在27个乡镇发现水稻叶稻瘟病发生较重，初步统计发生面积328.7公顷，主要品种有川丰7号、金优18、冈优725、香优5号、D优527、川香7号、宜香1577等，呈现发病早、发病点多、面广的势态。县委、县政府及时组织全县群防群治，专、群结合，普遍与重点相结合的药物防治，避免了水稻遭受严重损失。2006年，建立两个柑橘溃疡病监测点，对河舒农场和碧溪乡6村2组两个溃疡病重灾区的原发病区进行检测，经过两次检测没有发现病源。

【草害防治】 1986年，蓬安草害相对较轻。1995年，调查统计全县27万亩稻田，二级草害田达21万亩。为消除草害，示范推广除草治虫相结合的一次用药“虫草一次净”，全县38个乡镇示范推广，诸家达到200公顷。周口、济渡、石孔、诸家、锦屏、高庙6个乡镇，9个村、15个社，28户中田块调查，防除杂草效果达93.78%。调查施药一次田块，稻谷产量比常规施药亩增34.7公斤，增产7.13%。1996年，示范推广1466.7公顷，秧田除草40公顷，每公顷减少损失520.5公斤。至2006年，除草达2万公顷，增产粮食120万公斤。

锦橙100号

锦橙100号来源系1957年从四川省果树研究所江津园艺场引进锦橙系列品种苗木400株，定植在龙角山蓬安园艺场，1960年开始投产。1972年，四川省开展锦橙芽变选种，蓬安农业科研人员在四川省选种协作组指导下，进行群众选种， 精心培育，在初选的一批优良单株中选出蓬安园艺场锦橙园的一优变单株，因该株的定植编号为100号，故初定名“锦橙100号”又名“蓬园100号”。1986年前曾获全省重大科研成果奖、农牧渔业部优质农产品称号，发展到4000亩。1986年至1991年，将锦橙100号丰产栽培技术研究列入地、县科学研究课题。1987年3月，县政府柑橘办公室与九三学社重庆市咨询部签订3年技术咨询合同，重点对锦橙100号生物学特性、生态适应性和丰产栽培技术措施等进行专门系统的试验研究。由赵世经、蔡宝成等人将试验研究锦橙100号的实用资料整理汇编成《锦橙100号丰产栽培技术》一书，并由四川科学技术出版社出版发行，获南充地区行政公署科学技术研究成果三等奖。1993年，蓬安县质量技术监督局与农业局共同完成锦橙100号产前、产中、产后系列生产技术质量标准。2000年，定为“蓬锦100号”申请商品登记注册。2002年，通过四川省农作物品种审定委员会审定，正式定名为“锦橙100号”。到2006年，“锦橙100号”先后4次获部优产品、1次获国际金奖、2次获国际银奖、3次被中华果协评为中华名果。蓬安被农业部定为中国锦橙第一县。

【苗木培育】 1986年，不再推行空中压条取苗繁殖，采用高接换种和自繁自育。到1991年，在三坝、平头、兴旺、徐家等地共高换10万株，在黄坪、巨龙、骑龙、金溪、万和等地共定植幼苗122万株，先后向外地出售接穗24万枝，南充、广安、西充、南部、阆中、仪陇、重庆、威远、射洪、丹棱等县市均引种栽培。1997年，县果树站在原有育苗基地的基础上，在河舒农场租地50亩，建成“三园”示范基地，以红橘、枳壳作砧，培育锦橙100号苗木。是年，在全县32个基地乡镇先后组织专业高换队伍5000余人次，实行“五统一”，即统一筹集资金、统一穗条供应、统一技术培训、统一技术队伍、统一验收标准，对原有柑橘实行高换接种，加快锦橙100号栽植。1997年、1999年，县果树站又在河舒花园村、黄岭村租地8.5公顷作苗圃。至2000年，集中成片高换锦橙100号234.8万株，成活85%以上，占高换柑橘的40%左右，成片高换主要集中在三坝、利溪、河舒、长梁、骑龙、金溪、周口、徐家、锦屏、两路、巨龙、高庙等乡镇。至2001年，共培育锦橙100号苗木约450万株。是年，县水果技术指导站还在河舒16村租地3公顷，从湖北宜昌引进枳壳种子200公斤，培育出锦橙100号苗木。2002年，在罗家和金甲定植小苗37654株。2001年至2003年春季，高换114.4万株。2006年，以培育苗木为主。

【规模栽植】 1986年，蓬安锦橙100号已发展到266.7公顷，26万株挂果，总产量5万公斤。1992年，县果树站在蓬安河舒农场分别租用该农场和蓬安武装部土地共7.1公顷建苗圃，以红橘、枳壳作砧，培育锦橙100号苗木。1993年至1995年，锦橙100号达到1028万株，产量28万公斤。1997年4月，四川省委书记谢世杰到蓬安考察，提出蓬安“三年内锦橙100号产量逾5千万公斤”的要求。5月，县委、县政府深入调查、充分论证，制定“因地制宜、发展名优、建立基地、规模开发”的水果发展战略，出台一系列政策和措施，加快优质柑橘产业化建设。在三坝、利溪、河舒、碧溪、柳滩、杨家、罗家、正源、高庙、周口、锦屏等28个乡镇成片栽植锦橙100号优质果苗，实行“四统一”和“三不栽”（即统一规划、统一假植、统一质量规格、统一验收标准，非良种不栽、非假植大苗不栽、非改造果园不栽），确保3年至5年内投产见效。是年规模新栽30万株。1998年11月，原世界柑橘学会副理事长、全国柑橘专家组组长章文才教授称蓬安锦橙100号为最具市场竞争力的产品，并欣然题词“四川省蓬安县——中国锦橙第一县”。随后，县委作出《关于加快建设“中国锦橙第一县”的决定》，提出实行“311”工程（用3年时间，使锦橙100号发展到1000万株，产果1亿斤，基地乡镇农户果业人均收入1000元的目标）。是年规模新栽35.5万株；1999年，规模新栽68万株。其中60万株用于在三坝、利溪、河舒、碧溪等乡镇实行以密植代假植，建设4个66.7公顷片。2000年，在三坝、利溪、河舒、碧溪4个66.7公顷片上直接定植锦橙100号58万株，在周口、锦屏、河舒、开元、杨家、白玉、柳滩、中华、新河、银汉、济渡、金甲、金马、骑龙、徐家、黄坪、茶亭、正源等25个乡镇由42个业主在各乡镇选点进行集中假植80万株。2001年，为建设三坝—河舒—碧溪锦橙100号商品基地走廊和柳滩—杨家—中华—罗家锦橙100号产业带，在河舒、中华、杨家、柳滩、三坝、利溪、碧溪、锦屏、罗家等9个乡镇规模新栽123.2万株。2003年7月，发现疑似柑橘溃疡病，锦橙100号发展受到一定影响。后经查明，系苗木调运中未检疫所致，县委、县政府依法作出处理并对果农作了补偿。2006年，为恢复和加快锦橙100号发展，县委作出《关于加快锦橙100号特色果品产业发展的意见》，重新确定河舒、三坝、金溪、罗家、徐家、骑龙、金甲、正源、长梁、周口、锦屏、龙云、两路等13个水果生产基地乡镇，成立特色果品产业发展领导小组，提出“树立品牌，强化管理，提高品质，适度发展”的总体思路和“通过5年的努力，到2010年，全县规模新栽锦橙100号200万株，高接换种50万株。锦橙100号总株数达到800万株，柑橘总产量突破1亿公斤，优质果率达到60%以上，商品化处理及深加工率达50%以上”的总体发展目标。

【储藏销售】 1986年后，蓬安锦橙100号大规模发展，产量大幅上升，储藏仍以传统窖藏为主，销售以自发式零散居多。商品化处理率低，多是竹筐包装，或散装外运，未分级处理。1997年后，全国柑橘果品市场饱和，蓬安柑橘储藏不易，又集中在采果季节销售，整体价格下跌，价格由2.00元/公斤逐年下降到1.4元/公斤。为延长保鲜时间有利销售，采取窖贮和屋贮，屋贮分堆藏、架藏和箱藏。2000年，“蓬锦”牌商标注册后，锦橙100号基地三坝乡每年举办一届果品营销会，每年可签订上百万公斤购销订单。果品远销北京、乌鲁木齐、拉萨、西安、大连、上海、广州、深圳、昆明等地。外销果占锦橙100号总产量的60%至70%。产品外包装改为印有商标的纸质包装。2005年，销售市场疲软，主要销南充、重庆、成都等周边大中城市，外销受阻。2006年三坝乡新引进一套设备，对锦橙100号进行处理后销售，运行良好。

蚕　桑

1986年，蚕桑被县委、县政府列为重点产业，发蚕种77665张，产茧169万多公斤，每张蚕种产21.9公斤。1991年，育苗1276.6公顷，新建桑园2466.7公顷，栽桑5000万株。1992年，产茧245.7万公斤，创蓬安产茧历史纪录。2006年，全县发蚕种23000张，产茧80.5万公斤，每张蚕种产35公斤。

【栽桑】 1986年，育苗68.6公顷，新建桑园21.1公顷，栽桑762万株。至1994年，全县累计育桑苗3125.1公顷，新建桑园9044.3公顷，栽桑12943.2万株。1995年，全县育苗840公顷，新建桑园3066.7公顷，栽桑3000万株，创蓬安育苗栽桑高峰。2006年，育苗3.3公顷，建桑园133.3公顷，栽桑100万株。1986至2006年共育苗4780.3公顷，新建桑园1.7万公顷，栽桑19302.8万株。

良桑引进　1986年至1990年，从西南农大引进新桑品种嘉陵16号、嘉陵20号，从湖南蚕桑研究所引进“湘7920”。1990年，全县共有投产桑6350万株，其中良种桑4200万株，占投产桑的61%。

桑苗繁育　1986年，由传统的露地育苗改用温床方格育苗再更新为肥团育苗。向东乡直接用肥团育苗，按桑园规格定植，即“一步成园”，实现当年育苗，当年栽桑，当年养蚕，当年嫁接，提前1年至2年投产，之后在全县普遍推广。1988年2月，实行“插桑”技术。用“插桑”扦插代替种子育苗，从武胜县购进插桑穗条200公斤，在石梁乡扦插0.5公顷，成活率80%，育出3.2万株插桑苗。1989年，石梁、万和乡扦插桑苗6.7公顷，收集插桑穗条500公斤。1991年，收购插桑穗条10150公斤，在石梁、鲜店、向东、大泥、万和5个乡扦插26.7公顷，建成插桑示范片。扦插无性繁殖育苗，成活率高，省时、省工、省投资，但枝条木质疏松、皮层薄、嫁接成活率不高，长势不如实生桑，1993年后，很少用插桑繁育桑苗。

桑树栽植　1986年，以田边、地边、路边、沟渠边为主的重点蚕区兴旺、龙蚕、向东等乡镇部分“四边桑”桑叶锐减，产茧下降。1987年，在稳定发展“四边桑”和小桑园的同时，发展大行间作桑园，形成“四边桑”、小桑园、大行桑间作桑“三结合”的栽桑布局。1998年，全县桑树总株数9803万株，其中“四边桑”4100万株，小桑园1313.1公顷，大行间作桑1419.5公顷。1999年后，由于蚕茧价格低，中坝、三坝、马回等地河滩桑园逐年被毁。2000年，金溪电站开工，石梁、万河、平头、睦坝等乡镇桑园被淹没。2006年，金溪电站蓄水，上游仅保存少数桑园，全县桑树栽植减少。

蓬安育苗栽桑一览表
(1986~2006)

年份	育苗（公顷）	新建桑园（公顷）	栽桑（万株）	备注
1986	68.6	21.1	762	—
1987	419.5	754.7	1000	—
1988	310.7	535.2	791	用桑种 190 公斤
1989	670.5	2000	150	—
1990	53.3	266.7	300	—
1991	1276.7	2466.7	5000	—
1992	59.1	1000	354.2	用桑种 50 公斤
1993	133.3	—	1600	—
1994	133.3	2000	3000	—
1995	840	3066.7	3000	—
1996	33.3	133.3	200	—
1997	100	333.3	250	用桑种 60 公斤
1998	208.5	1030.5	466.6	—
1999	3.3	20	150	—
2000	56.7	866.7	625	用桑种 60 公斤
2001	133.3	1066.7	900	用桑种 100 公斤
2002	146.7	333.3	1000	用桑种 92 公斤
2003	60	525.1	358	—
2004	20	666.7	150	—
2005	20	206.7	160	—
2006	33.3	133.3	100	—

【蚕种】 1986年，全县有蚕种场4家，生产繁育一代杂交种，发种7.7万张。1990年，发种10万张。1992年，发种10.6万张斤。1995年，发种8.8万张。2000年，发种4.4万张。2006年，发种2.3万张。

蓬安县蚕种场　县蚕业局直属国营蚕种场，1981年，建成投产，场址在锦屏镇（北门村3社），国家计划基建投资165万元，核定生产规模年制种10万张。经多次技改，2003年，县蚕种场固定资产投资257.4万元，职工72人。2005年，因蚕种滞销停产。

会龙蚕种场　1986年，基建及设备投资23.5万元，其中：国家无偿投资13.75万元，社队集资

9.75万元，占地0.5公顷，龙蚕镇办集体性质，核定年制种能力3万张。1992年，有制种5万张的生产设备。2005年停产。

兴旺蚕种场　1986年，蚕种场建筑面积4126平方米，总投资26.8万元，其中国家无偿投资19.3万元，社队自筹7.5万元，核定年制种能力3万张。该场系1976年兴隆公社兴办，集体性质。1979年投产，占地4公顷（含桑园面积46亩）。1988年，改建生产房600平方米。1999年，因制种合格率不达标，2000年停产。

利溪蚕种场　利溪蚕种场系1979年利溪公社（今利溪镇）兴办，投资17万元，占地0.3公顷。1986年有制种房1188平方米。核定年制种能力1万张。1994年至1996年连续3年制种合格率不达标，1997年停产。

蚕种繁育　1986年至1991年，县内各蚕种场使用的主要品种有：春用蚕种绫3.4、锦5.6、781、734×782，夏秋用种7532、781、苏3×秋3、苏4×苏12。1992年，县蚕种场从浙江省蚕桑研究所引进夏秋用新品种新杭、科明；会龙蚕种场、利溪蚕种场引进春用新品种菁松、皓月。1993年，利溪蚕种场引进夏秋用新品种朝82、75320×781，生产三元杂交种。县蚕种场从重庆北碚蚕种场引进夏秋用新品种芳山、星明，从山西晋中地区引进春用品种晋一、晋二。1995年春，县蚕种场引进春用限性斑纹新品种中5.6、日3，1996年，引进春用新品种882、881。2001年春，引进春用新品种871、872，2002年春，会龙蚕种场引进夏秋用新品种洞庭、碧波。2004年开始，按照省蚕种管理总站关于优良品种最适生态区域化的要求，县内春季和晚秋用871×872，夏秋用洞庭×碧波，限制繁育其他品种，

蚕种供应　普通蚕种的供应实行合同定购，由各蚕种场与县蚕业局签订供应合同，县蚕业局根据蚕茧生产需要编制产销计划，各蚕种场所需原种由地（市）蚕种管理站按计划调拨到各蚕种场。县蚕业局向蚕农供应蚕种实行许可证制度，蚕种供应许可证由省蚕种管理站统一核发，蚕种供应严格执行国家定价，蚕种价格由省蚕种管理站会同省物价局统一制定，县蚕业局和县物价局可根据本县实际情况作适当调整。蚕种价格分为蚕种出场价和对蚕农销售价。1986年至2006年，蚕种价格进行9次调整，原种价由每张10元，调整到 90元，普种出场价由每张2.8元，调整到23.5元，对蚕农的销售价由每张3元调整到25元。

【养蚕】　1986年，全县大力发展养蚕，作为农民重要收入来源，当年产茧达到169.87万公斤。1990年，产茧215万公斤。1992年，产茧245.7万公斤，达到蓬安蚕桑生产历史最高水平。2002年，全县发种仅3.5万张，产茧59.84万公斤；发种、产茧分别比1992年下降3.11倍，广大蚕农养蚕积极性受挫，不少地方又砍桑种粮。2003年，全县桑园减少到2666.7公顷。县委、县政府调整蚕桑发展思路，在龙蚕镇建成优质高产蚕桑生产示范片，成立龙蚕等“先锋模式”蚕业合作社。2006年，实施“蚕桑百万工程”，使全县蚕桑产业走出低谷，逐步回升，全县发种4.01万张，产茧80.5万公斤，有桑园2666.7公顷，桑树4500万株，其中良桑2100万株，全县出现桑园20公顷以上、年养蚕1000张以上的规模村5个；桑园6.7公顷以上、年养蚕500张以上的专重户10个；桑园0.7公顷以上、年养蚕25张以上的专业户60户，发展年养蚕10张以上的大户1325户。

全县发种产茧统计表

(1986~2006)

单位：张、公斤

年份	发种	产茧	单产
1986	77665	1698695.7	21.9
1987	87457	2137301.6	24.4
1988	97711	2481589	25.4
1989	110683	2516143.7	22.7

续表

年份	发种	产茧	单产
1990	100000	2152012.8	21.5
1991	103918	1940204.1	18.7
1992	105960	2457302	23.2
1993	95665	2427481.7	25.4
1994	96503	1609303.4	16.7
1995	88048	1770155.9	20.1
1996	70816	1190025	16.8
1997	69434	1025633.1	14.8
1998	59481	1274380.3	21.4
1999	41272	860909.2	20.9
2000	44629	857768.3	19.2
2001	38152	996822.6	26.1
2002	31898	598440.4	18.8
2003	18445	426347.1	23.1
2004	25058	760440.5	30.3
2005	24300	735000	30.2
2006	23000	805000	35.0

【茧站】 1986年，全县有国营茧站22个，系1985年从南充地区丝绸公司下放到县管理的茧站，乡办集体茧站4个，联户办民营茧站1个，全县收鲜茧1791吨。1987年，新建金甲、济渡、开元、柳滩、碧溪、海田、白玉、黄坪、石梁等10多个茧站。1994年，全县有国有茧站29个，联办2个，集体茧站9个，民营1个。1995年，全县鲜茧收购总量1713吨。2003年开始，县内允许符合条件的丝绸加工民营企业，蚕桑业主，个体私营户收购经营蚕茧。先后有银汉、凤石、两路等茧站停业。2005年，南充赛克斯纺织有限责任公司与原桑茧丝绸总公司合资，整体租赁全县25个国有茧站，成立赛克斯蚕茧公司，统揽全县蚕茧收购业务。2006年，仍为赛克斯公司收购蚕茧。

蓬安县鲜茧收购统计表

(1986~2006)

单位：公斤

种类 年度	鲜茧收购总量	春茧	夏茧	秋茧
1986	1791627	895736	359797	536094
1987	2112770	866553	511586	734631
1988	2457151	833050	562538	106563
1989	2473387	1184636	471844	816907
1990	2116998	887988	505843	723067
1991	1906596	606254	404543	895799
1992	2409962	901312	551844	956806
1993	2257861	908627	515253	761981
1994	1573614	666733	398312	508569
1995	1713790	682572	494764	536444
1996	1142732	540541	238873	363318
1997	994284	450367	256817	287100
1998	1230389	459614	404502	366263

续表

种类 年度	鲜茧收购总量	春茧	夏茧	秋茧
1999	834639	409613	189614	236932
2000	844805	364261	122411	358133
2001	979313	419866	213703	345744
2002	568339	263445	146665	158229
2003	407067	172758	93117	141202
2004	360439	145363	77752	137724
2005	465917	172774	92943	200200
2006	673275	258898	173403	240974

养殖业

蓬安养殖业以饲养生猪为主，其次是家禽、牛、羊和渔业。1986年，养殖业收入6100万元，占农业总收入的33.89%，1990年后，生猪养殖逐步由一家一户饲养到专业化、重点户和集团公司规模饲养，蓬安采取改良品种、科学养殖、加强疫情防控、资金补贴、政策扶持等措施，养殖业逐渐成为全县骨干产业。2006年，生猪出栏72万头、家禽820万羽、牛7万头，养殖业总收入达15.7亿元，占农业总产值的80.35%。

【家畜】 1986年至2006年，蓬安家畜养殖主要有生猪、牛、羊、兔等。

生猪 蓬安县生猪业收入在农业收入中占主导地位。养殖的主要品种有：内江猪、荣昌猪、长白猪、苏白猪、约克夏猪等。2003年8月，县政府发出《蓬安县DLY优质肉猪标准化示范乡实施方案》，在河舒、周口、相如办、长梁建立4个省级标准化示范基地，建生猪养殖示范120户，年出优质DLY肉猪13.65万头。

2006年，全县出栏100头以上的生猪养殖大户161户，出栏500头以上的大户111户，出栏1000头以上的大户10户。南充特驱集团在锦屏镇莲花村建万头良种生猪饲养场。

蓬安县生猪生产统计表

（1986~2006）

单位：头

年度	出栏数	存栏数	年度	出栏数	存栏数
1986	329219	324770	1997	490892	459210
1987	330679	345323	1998	571000	500000
1988	380036	401133	1999	571106	513400
1989	380523	402471	2000	581400	522600
1990	391500	411909	2001	592500	551400
1991	401987	402498	2002	600000	432300
1992	430001	418017	2003	601000	432750
1993	430437	418113	2004	608000	381300
1994	430902	418093	2005	670000	438200
1995	476536	451098	2006	720000	453000
1996	480568	458370			

牛 1986年，蓬安农耕机具不发达，耕田犁地、拉车以牛为主。农村实行土地联产承包责任制后，一户养一头或几户合养一头牛，牛的饲养量一度增加，全县有牛26585头。随着经济发展，人们膳食结构发生改变，对牛肉的需求量加大，肉牛（又称菜牛）出栏日益增多。1990年，县城发展两个奶牛场。县域内饲养有本地牛和引进的秦川黄牛、涪陵水牛、德阳水牛、摩拉牛、荷兰黑白花奶牛、西门塔尔牛。蓬安县利用草山坡1.2万公顷，林间草地0.8万公顷，在资金政策上支持发展草食动物，采取“短期育肥”养牛办法，积极发展肉牛。2004年，柳滩乡姚开林养肉牛70头。2006年，全县有牛7万头、奶牛40头，年奶产量37万公斤。

羊 1986年，蓬安只有农户零星饲养羊，全县羊存栏仅1033只。1993年初，南充地区畜牧局将河舒、罗家、银汉、石孔作为山羊基地。1995年，南充市畜牧局把蓬安白云林场定为南充市唯一一所黄羊良种繁育基地。1996年，白云良繁场实行“三场共育”：以白云林场为主体，并将银汉林场、罗家林场纳入黄羊良繁项目生产群、核心群、扩繁群三步同时实施，白云林场重点负责核心群的工作；市、县、林场“三方供保”提供资金。1996年至1998年，繁育黄羊良种1000只。2000年，县畜牧局将罗家、中华、银汉、福德、南燕、凤石6个乡镇为山羊基地，从资金、种羊、技术上扶持，并继续发展白玉乡十村山羊基地建设。2002年，县委、县政府安排县畜牧局定点扶持徐家镇方广村种草养羊，2003年底，全村有基础母羊1000头，向社会提供优质杂交肉羊4000头，经济纯收入增加42万元，带动全县养羊业。2006年，全县存栏104600只，是1986年的104倍。

兔 蓬安农户素有养兔的传统。1986年，县外贸局从浙江省引进长毛兔种和技术在农户中发展饲养，回收兔毛，作外贸出口。龙云乡6村8社卿信玉（女），高中毕业后，饲养长毛兔，是年卖兔毛60公斤，收入6000元，卖小兔142只，收入3000元。1987年，养成兔220只，卖种兔100只、卖兔毛90公斤，养兔一项收入达11000元，一年成为“万元户”。县妇联授予卿信玉“养兔女状元”称号。2000年后，县域农户大多养肉兔。周口镇蔡群明，从事种兔、肉兔饲养、售种，养有新西兰、加利福尼亚两个品种。茶亭乡是川北长毛兔基地乡，2004年，该乡长毛兔存栏达12万只，种草66.7公顷，总收入达800万元，人均养兔增收800元。2005年，徐家镇9村建立肉兔专业村，当年出栏肉兔5万只，存栏2.3万只，并为周边农户提供兔种，农户养兔人均增收18元。2006年，全县兔存栏近10万只，比1986年增长22.3倍。

牛羊兔出栏统计表

（1986~2006）

单位：头、只

年度	牛	羊	兔	年度	牛	羊	兔
1986	—	1442	4200	1997	7018	28417	4500
1987	—	1015	4000	1998	7000	41000	5600
1988	—	1425	3900	1999	9060	51026	8400
1989	—	1408	3500	2000	11500	82600	25000
1990	3739	1574	2800	2001	13100	—	24500
1991	3820	1596	2600	2002	13500	—	30000
1992	3864	1609	3100	2003	15100	—	75200
1993	6068	1991	3500	2004	15400	—	83400
1994	6102	4021	4500	2005	18000	—	92200
1995	6511	9118	3500	2006	22000	—	93600
1996	6683	16118	4200				

【家禽】 1986年，蓬安县家禽存栏29300羽。1988年，全县养鸭100羽至2000羽的养鸭专重户5000户，养鹅50羽至100羽的专重户3000户。1994年，徐家镇被南充市政府列为规模养鸡基地镇。

1995年7月，省畜牧局将蓬安列为省水禽（鹅、鸭）饲养基地县，无偿下拨资金20万元，发展饲养水禽。1997年，县政府将锦屏、白玉等17个乡镇列为小家禽发展基地，培育家禽良种，引进建昌鸭、金定鸭、康贝尔鸭、北京鸭等优良品种，扶持专重户，在水库、小河规模饲养。2006年，全县有饲养家禽100羽至500羽的专重户516户，500羽以上的65户，家禽存栏8205400羽，是1986年的280倍。

【渔业】 1986年，蓬安渔业主要是江河捕捞，自然生长繁殖，人工繁殖饲养仅有白杨(白玉)鱼种场和大深沟水库等几处，养殖水面不足333.3公顷，产鱼量1500吨左右。1988年10月，县水产养殖技术推广站从农业局划归县水电局管理，负责全县水产养殖、规划、管理和技术指导。1993年，水电局在罗家、兴旺、河舒、徐家、金溪、周口、锦屏、巨龙等重点乡镇建立10个水产技术推广站，全县水产养殖业快速发展。2000年，蓬安渔业资源种类主要有草鱼，年产量约2200吨，鲢鱼1100吨、鳙鱼1500吨、鲤鱼1700吨、鲫鱼1200吨、泥鳅50吨、鲶鱼70吨、黄鳝80吨、乌鲤鱼60吨、虾3吨、蟹1吨、螺1吨、龟2吨、鳖2吨左右。2006年，全县发展稻田养鱼0.7万公顷，建示范片周口至白玉0.1万公顷、兴旺至南燕80公顷、三坝至利溪180公顷、龙蚕至茶亭286.7公顷，形成稻果鱼、稻藕鱼、稻菜鱼模式，水产品总量5950吨，总产值6750万元，占农业总产值的3.45%。

【畜禽改良】 蓬安畜禽品种改良以猪为主。1986年，蓬安县从外地引进约克夏、长白种公猪，选用本地体形健康良好的母猪进行杂交。在兴旺、凤石、罗家、福德、龙蚕、周口、马回、利溪、巨龙、金溪、鲜店、徐家、诸家、茶亭设14个生猪改良站。1989年4月，聘请四川农业大学郑洪培教授讲授半量输精技术，并用该技术进行试点。试验857窝，一次配准723窝，配准率达84.4%；窝平产仔9.17头。2003年3月，引来四川创景牧业科技开发有限公司在河舒桂花村投资兴建“蓬安县生猪良繁养殖场”，并配套建成“畜禽科研所”“生态果园”“饲料加工”等6个项目。常年饲养优质的LY良种母猪3300头，产出仔猪交农户托养。2005年，引进七环公司在702库建立核心种猪场，饲养纯种长白、约克、杜洛克三个品种公、母猪7400头。2006年，引进华西希望集团在锦屏西门外建立PIC万头生猪养殖场，饲养PIC种猪2000头。是年，全县建有生猪品改中心8个、乡镇品改点11个，覆盖县域各地。

【饲料】 蓬安传统方法饲养畜禽的饲料主要有粮食、红苕和植物秸秆、蔬菜等，大都是原始产品饲养，不经加工，且以熟饲料为主。20世纪80年代开始，使用工业饲料和秸秆加工、青贮、氨化和种植牧草饲养，畜禽数量、质量有大幅度提高。1986年，全县青贮苕藤842万公斤，被农业部评为青贮先进县。1990年，开始用塑料袋青贮。全县青贮饲料5937.2万公斤，户均400公斤，青贮面达80.9%。10月，成立“县饲料工业办公室”，要求油楂、蚕蛹、骨粉等原料严禁外流，安排部分机动粮用作饲料生产原料，扩大饲料生产、宣传、销售。1993年，县畜牧局直属有饲料厂5家，年生产能力5000吨。产品有颗料饲料、浓缩饲料、仔猪饲料、鸡鸭饲料、鱼饲料及骨粉、血粉等。1999年、2000年，国务院作出饲料和饲料添加剂管理规定，县政府授权县畜牧局管理饲料和饲料添加剂有关工作，县牧政执法大队对饲料生产、经营、检验执行监督管理。县政府批准在原畜牧服务公司基础上建立蓬安饲料站，指导全县饲料资源开发利用，督查饲料质量。蓬安工业饲料大部分是外地调进，部分由县畜牧局饲料厂生产，经县政府批准生产销售的主要产品有12类40多个品牌。2001年至2002年，全县种植美国籽粒苋600公顷，作为喂猪的青饲料。启动“北草项目”人工种草与良种畜禽养殖同步建设。2006年，饲料产销两旺。

【养殖产品销售】 1986年至2000年，蓬安畜禽产品流通由县食品公司和供销部门为主渠道，鱼类为个体经营。2001年后，食品部门改制后解体。畜禽产品进入私营企业和个体分散经营。10月，县政府制定《蓬安县生猪屠宰管理办法》，县经贸局依法对生猪实行定点屠宰、集中检疫、统一纳税、分散经营的监督管理工作。2006年，蓬安的畜禽产品、鱼类均为私营销售。

【疫病防检】 1986年，蓬安畜牧局设“兽医防疫检疫站”和“兽医卫生监督检验所”负责全县畜禽防疫检疫工作和疫病监测、报告工作。对畜禽疫病防治实行预防为主，生化制品强制免疫，春秋两季各注射疫苗一次。1997年5月，《四川省动物免疫实施办法》发布，蓬安严格执行检疫市场活检、产地检疫、运输检疫、产前产后检疫，畜禽及畜禽产品检疫率达到100%，免疫后的畜禽发给“免疫证”，并戴上标志（耳环）。1999年，蓬安被列为“无规定动物疫病区”项目建设单位。2001年9月，县政府制定《蓬安县重大动物疫病防制方案》，财政部门负责安排落实必需的疫苗、消毒、扑杀等经费，计划部门负责紧急防疫物质储备、基础设施建设项目的计划安排，公安武警部门协助做好疫区封锁、疫点内动物的扑杀、疫区的社会治安和安全保卫工作，交通部门支持、协助搞好运送检疫工具、药品和人员，畜牧兽医部门负责免疫、扑杀、疫情报告、检疫、监督、封锁等具体工作。2003年3月，成立蓬安县动物防疫屏障体系建设项目领导小组，畜牧局建立“动物疫病诊断室”，配备疫病诊断检查、监测、检验所需的DLISA监测仪，荧光显微镜、普通显微镜、离心机、CO_2培养箱、普通生化培养箱、干燥箱、超净工作台、普通冰箱、低温冰柜各1台。建成兽医卫生监督体系，设置村级动物疫情报告观察员。2004年6月，省项目验收组对蓬安项目建设通过验收，各项目达到疫病防检规定的要求。2005年5月，成立蓬安县动物重大疫病防治指挥部，负责全县动物重大疫病的防治工作。6月，县政府制定《蓬安县突发重大动物疫情应急预案》。

【牧政渔政】 1986年6月，畜牧局、工商行政管理局、商业局联合发出《关于加强畜禽及畜禽产品市场管理和办理兽医卫生合格证的规定》：凡经销畜禽产品的单位和个人必须经工商、兽医、卫生部门严格审查，符合要求的发给“兽医卫生合格证”、《营业执照》、本人“健康证”方能经销。凡上市畜禽及其产品必须经兽医检疫后方能销售。有病畜禽及其产品着红色记号，宰杀深埋。1988年，县政府批准成立蓬安县渔政管理站和渔政监督中队，与县水产技术推广站实行两块牌子，一套人员。1993年11月，县畜牧食品局与县工商局配合进行兽药专项治理，对周口镇畜牧兽医站经销的药品红霉素、强的松查出有质量问题封存扣押，经重庆制药七厂、西南制药三厂、南充制药三厂认定属假冒药品后当众销毁，没收非法所得货款3858元，处罚款800元。2000年，县畜牧食品局组织专人对县域内使用、销售兽药专项治理，对12起销售假、冒、过期药品案件当事人进行行政和经济处罚。6月至7月在全县开展打击假、冒、伪、劣兽药专项行动，牧政执法大队出动宣传车12辆次，人员350人次，印发兽药“明白纸”和“告知书”1000份宣传。检查46个销售店、点，对、过期药、人用药进行查处，收缴销毁兽药非法制品182件（合），货值6000元，涉案人员43人，立案3件，处罚款2300元。2003年，蓬安有渔政管船组织27个，执法人员37名。每年春繁季节禁渔期，开展定期和不定期执法检查，平时配合水利局水政执法大队、水保局、防洪办开展水利化行业法律法规宣传工作和执法检查。2005年1月，成立蓬安县牧政执法大队，设徐家、锦屏、金溪、河舒、罗家、兴旺、巨龙7个执法中队，进行牧政渔政执法检查。

林　业

1986年，蓬安县有成片林地1.0万公顷，其中未成林的造林地0.4万公顷，森林覆盖率为8.3%。1988年，颁发“林权证”。1990年后，先后实施长江中上游防护林工程、天然林保护工程和退耕还林，森林覆盖率大幅增加。县委、县政府在发展林业的基础上，发展森林旅游业、水果产业及蚕桑业。1996年，广柑、梨、枣、核桃、李等水果林带已初具规模，蚕桑业成为蓬安支柱产业。1999年8月，蓬安成为绿化全面达标县，绿化覆盖率达25.1%。2001年，蓬安纳入省退耕还林试点县，当年还林666.7公顷。2003年，颁发第二次“林权证”。2006年，全县果树面积2513.3公顷、1510万株，退耕还林6400公顷，荒山造林0.8万公顷，人工造林1.6万公顷，封山育林2293.3公顷。天然林保护范围2.6万公顷，林地总面积3.8万公顷，占辖区面积的28.15%，活立木蓄积总量103.7万立方米，森林覆盖率32.54%。

【山林权属】 1986年，全县林地分为国营、集体两类，国有林地主要分布在白云寨、费家岭、黑白寺三个国营林场和马回电站、龙角山公园、大深南海风景区管理处等国营单位，其余林地权属均为农村集体经济组织所有。林木权属分为国营、集体和林农个人所有三种形式。实行家庭联产承包责任制初期，为落实山林权属，全县曾将集体林地和林木按农村承包人口平均分配到户，由县政府按规定给农户颁发“林权证”。1988年，土地二轮承包作相应调整和完善。其间，罗家、银汉、南燕、新河、福德、凤石、兴旺、徐家等乡镇，群众又自愿将已分配到户的林地和林木，统一归集体，以乡、村、组为单位合伙兴办合作林场，全县共兴办各类合作林场156个，经营总面积近0.3万公顷，在全省和全区都独具特色。1989年，县政府组织罗家、南燕、银汉、新河、福德五个乡镇政府及相关17个村社再次明确白云寨国有林场与其边界，妥善解决林权争议纠纷，维护林区稳定。2003年，及时变更7.1万农户0.6万公顷退耕还林地土地用途，及时给退耕农户核发“林权证”。《中共中央国务院关于加快林业发展的决定 》下发后，全县有序推进集体林权制度改革，做到“林有其主，主有其权，权有其责，责有其利”，让“山定权，树定根，人定心”。改革共涉及全县46个乡镇13.7万户林农，累计完成53.2万宗林地的现场勘界确权工作，并对3.7万公顷林地依据生态地位和经营目的分别区划界定为公益林和商品林两大类，为实施林业分类经营提供科学依据。针对全县合作林场较多的实际，重点向群众推荐均股均利的方式，继续维持合作林场统一经营的模式，经营成果由林权所有者共享。2006年，山林权属全面落实。

【采种育苗】 1986年，林业部和四川省林业厅联合投资，采用无性繁殖方式，在蓬安白云寨林场建成柏木种子园40公顷。2000年，国家又投资20万元，在该场新建柏木采种母树林33.3公顷。2001年，实施天然林保护和退耕还林两大林业生态建设重点工程，全县集中培育柏树、桤木、女贞、意杨等商品苗木335.3公顷，为重点工程造林提供合格苗木1.95亿株，减少苗木供销环节，缩短苗木起运时间，降低造林成本，为林农增加育苗经济收入1115万元。2004年，国家林业局再次投资103万元，在对原柏木种子园优良家系进行子代测定选优的基础上，采取滚动建园的方式，续建柏木种子园26公顷，采种基地总规模达到100公顷，年产柏木良种1300公斤至1500公斤。全部采用营养袋育苗，蓬安成为全国和全省重要的柏木良种生产基地。至2006年，全县累计培育林木种苗953.3公顷，出圃各类合格苗木4.56亿株，直播马桑籽8万公斤。

【植树造林】 1986年，蓬安探索用鱼鳞坑客土点播马桑籽绿化红石骨子馒头山，被广泛推广。1987年后，全县党政群机关和城镇企事业单位职工义务植树活动常年开展，先后建成河舒镇燕山寨、锦屏镇东门河坝和周口镇环城绿化区域三个义务植树基地，造林面积0.1万公顷。县、乡（镇）机关干部和企事业单位职工每年都通过参加植树活动和以资代劳等不同方式，履行法定的植树义务，尽责率达到95%以上。2003年，是蓬安县绿化建设攻坚年，一次性完成866.7公顷宜林荒山、荒坡和25°以上陡坡耕地的绿化栽植任务，县林业局被省政府授予“林业工作先进集体”称号。

为加快新造幼林郁闭成林步伐，在未成林阶段，封山禁牧，退耕还林地鼓励农户适当种植蔬菜和豆科类矮秆作物，以耕促管。封山育林成林后，根据不同树种和不同培育目的，及时组织群众开展抚育间伐，对应间伐的经济林木实行带土移栽，把保留密度控制在合理水平，提高生产和经营效益。2006年，全县累计完成国家重点工程造林1.9万公顷。

【绿化达标】 1986年，蓬安在全县开展绿化达标工作。1987年，蓬安完成辖区内宜林荒山、荒地绿化栽植任务。如期完成四川省委、省政府《关于绿化全川的决定》所规定的绿化达标第一阶段目标任务。1995年5月完成，第二阶段基本实现绿化目标任务。1999年，全县宜绿面积2.6万公顷中已完成绿化面积2.5万公顷，全县绿化率96.8%，绿化覆盖率25.1%，完成第三阶段的目标任务。

【长江中上游防护林工程】 1990年8月，国家实施“长江中上游防护林工程”（简称长防工程)，蓬安被列为一期工程建设县。县林业局9月份完成《长江中上游防护林体系建设四川省蓬安县总体设计方案》的编制任务，全部工程在“八五”计划期内完成。县政府成立长防工程建设指挥部，在县林业局设立长防办负责该项工程。到1995年，蓬安县完成长防工程建设任务。

【天然林保护工程建设】 2000年，蓬安正式启动实施天然林保护工程(简称天保工程)。县、乡镇均成立天然林保护工程领导小组，在林业局设置“天保办”。2001年6月，县林业局编制完成《蓬安县天然林资源保护工程实施方案》和《蓬安县天然林资源保护森林管护规划方案》，工程实施范围为全县39个乡镇和白云寨林场，规划保护面积2.6万公顷。工程建设期11年，分两个阶段实施，2000年至2005年为第一期，2006年至2010年为第二期，规划总投资2303万元。到2006年年底，累计完成投资1376.38万元，完成公益林建设人工造林1486.7公顷，封山育林2293.3公顷。

【退耕还林】 2001年，蓬安县纳入退耕还林工程试点县，计划退耕还林666.7公顷。为加强退耕还林工程管理，县政府将天然林保护工程领导小组更名为“天然林保护暨退耕还林工程领导小组”，将“天保办”更名为“两大工程管理中心”，增加工作人员，实施统筹管理。2006年，累计完成上级下达退耕还林任务0.6万公顷，配套荒山造林任务0.8万公顷，完成投资9456万元。在退耕还林工程中，坚持生态优先原则，把生态建设与农村产业结构调整和扶贫开发及林业产业建设相结合，因地制宜地规划栽植具有较高经济价值的兼用林2666.7公顷。国家林业局组织对第一轮补助到期的退耕还林阶段性检查验收，蓬安迎检面积合格率100%。

【森林采伐与经营】 1986年，县林业局编制木材限额采伐五年计划和十年规划，把限额采伐指标分解落实到相关乡镇和国营林场，坚持木材凭证采伐制度。单位和个人采伐林木，均由本人向县林业局或所在乡镇政府书面申请，经批准后，持县级以上林业部门核发的“采伐许可证”采伐。农村群众采伐少量零星林木，县林业局委托所在乡镇政府依法审批和发放“采伐许可证”。严格执行木材凭证运输制度，单位和个人在县内运输木材，持县林业局或乡镇政府审批核发的“采伐许可证”和缴纳育林基金凭证随货同行；在省内跨县运输的，报市、州林业局核发运输证；跨省运输的，报省林业厅核发运输证。1998年，对1994年以来林木采伐和征占林地进行大规模执法清理，有效遏止乱砍滥伐林木，乱征滥占林地和乱捕滥猎野生动物的“三乱”行为。县、乡镇建立和完善木材采伐审批管理台账，加大对乱砍滥伐林木的查处力度。采伐量远远小于生长量，实现森林资源总量持续增长。2000年，蓬安县一度冻结商品林采伐计划。2006年，解冻和恢复商品林采伐，木材仍凭证运输。

木材购销　1986年，全县木材购销实行经营加工许可制度。单位和个人经营木材，向县以上林业主管部门申请，取得“四川省木材经营许可证”后到工商行政管理部门申请办理营业执照，从事相关木材购销经营活动。跨省从事木材购销活动许可证由省林业厅审批和核发；跨市州从事购销活动由市、州林业局审批和核发；跨县从事购销活动由县林业局审批核发。林政、公安查处各类无证收购木材和收购无采伐许可证木材单位和个人。直至2006年，蓬安县仍实行木材购销许可证制度。

木竹加工　1986年至2006年，全县从事木竹加工的单位和个人有181家（户）。从事木竹加工要向林业主管部门申报。设计加工能力3000立方米以下的由县林业局审批，3000立方米至5000立方米的由市林业局审批，5000立方米以上的报省林业厅审批并办理木材经营加工许可证和工商营业执照。木材进厂入库登记台账，缴纳育林基金，接受林业行政主管部门监督管理。

【森林保护】 1986年，蓬安县林业局统一管理森林资源。1988年，设立林业公安科。2003年，林业公安科更名为森林警察大队。2005年，成立蓬安县森林公安局，管理和保护森林资源。

【森林病虫害防治】 1986年，蓬安柏树种植面积和蓄积均占全县森林总面积和总蓄积80%以上，蜀柏毒蛾（俗称柏毛虫）是全县最主要森林虫害。2000年后，气候逐渐变暖，蜀柏毒蛾发生周期变短，危害愈重。全县加强预测预报，完善虫情监测报告工作制度，坚持以生物和仿生制剂防治为主，与营林措施相结合，营造桤柏混交林，开展灯光诱杀，化学防治、综合防治。多种渠道筹集森林病虫防治资金。每年投入蜀柏毒蛾防治经费200万元左右，把蜀柏毒蛾危害损失长期控制在0.1‰以下。2002年，租赁高炮和直升机实施空中洒药。此外，桤木叶甲、杨树天牛等森林病虫危害也时有发生，始发阶段即被有效杀灭。县林业局设立森林病虫检疫工作机构、配备检疫设备，加强对外来林木种子和苗木检疫力度，防控林业有害生物，维护森林资源安全。

【森林防火】 1986年，林业局常设森林防火办公室，向全县宣传森林防火法律法规及防火业务知识，制定森林防火预案，发布防火预警信号，检查全县森林防火工作开展情况。2000年，省政府授予蓬安“30年无森林火灾县”称号。2001年，县政府成立森林防火指挥部，办公室设县林业局。全县共安排专职护林人员38人，兼职护林人员88人，落实专人巡山护林和村民轮流值班制度，县乡镇之间，乡、村（组）之间和村（组）与村民之间每年签订森林防火三级双向承诺责任书。县政府将白云寨林场国有森林资源管护人员和与白云寨林场毗邻的罗家、南燕、银汉、新河、福德5个乡镇重点村（组）的专职巡山护林人员的25万元补助工资，统一纳入县级财政预算。2003年以来，先后查办刘某某、唐某某、唐某某失火案和伍某某纵火案4件，依法追究刑事责任，以案讲法，在各乡镇开展警示教育。2004年，省森林防火指挥部授予蓬安“连续四十年无森林火灾先进县”。2006年，受到省森林防火指挥部表彰奖励。

水　利

1986年，全县有山坪塘2881口，总蓄水量1824万立方米，有效灌溉面积4086.7公顷；石河堰180座，总蓄水量124.8万立方米，有效灌溉面积773.3公顷；小型水库60座，中型水库1座，总蓄水量6058万立方米。1992年，蓬安开始兴建大型水利工程——升钟水库蓬安灌溉工程。1994年以后，对全县已有水利设施进行全面整治、维修。1997年，蓬安大旱，县筹资建设人畜饮水工程，解决10多万人的饮水困难。1999年，升钟水库蓬安灌区全面通水，2413.3公顷农田受益。2002年，蓬安争取到省以工代赈解决人畜饮水困难款及自筹款2000多万元，解决了全县17.4万人和14.4万头牲畜的饮水困难问题。2006年，全县有各类水利工程3167处，其中大型水利工程1处（升钟水库蓬安灌溉工程），设计灌面0.6万公顷，实际有效灌面2413.3公顷；中型水库1座（大深沟水库），小（一）型水库10座，小（二）型水库52座，山坪塘3009口，石河堰320处，总蓄水量1.0亿立方米，有效蓄水7792万立方米，有效灌溉面积1.6万公顷；电力提灌站225处，总装机5818千瓦，灌溉面积0.5万公顷；各类灌溉渠系工程836.8千米。全县有效灌溉面积1.8万公顷。有小微型水利工程2256处，其中修建乡镇农村人饮供水工程156处，共解决30个乡镇居民和334个村的群众饮水困难。

【大型水利灌溉工程】 1990年，省水利厅批准建设升钟水库蓬安灌溉工程。1992年3月，成立升钟水库蓬安灌区配套工程指挥部，县水电局抽派11名技术干部现场施工。农渠工程于1995年4月动工，规划修建31条，长173.8千米；干渠共计开通西蓬干支渠1786.7米，巨龙分支渠4479米，龙大山斗渠600.9米，梨树垭斗渠808.8米，梅子垭斗渠3197.1米，蓬正（源）斗渠283.5米。蓬安灌区控灌面积设计为0.6万公顷，主灌巨龙、高庙、群乐、睦坝、龙云、两路、长梁、正源等乡镇，工程总投资3038.74万元，投入放水的干渠14条，104.1千米，灌溉面积2413.3公顷。是年5月，升钟水库水首次进入蓬安境内的高庙乡十村石合山隧道。10日，举行通水庆典。因资金不足，至2006年，锦屏、正源、长梁、万和等乡镇干渠未修通。

【中型水库】 大深沟水库，位于济渡乡小深沟村九组，河舒河上游，属嘉陵江水系，距蓬安县城34千米。水库集雨面积21平方千米，以农业灌溉为主，兼有防洪、乡镇供水、旅游、水产养殖等综合作用。坝高34.1米，蓄水库容1052万立方米，设计灌溉面积0.2万公顷，实际灌面0.1万公顷，灌溉济渡、兴旺、海田、天成、罗家5个乡镇。1987年，开挖兴建支渠10条50余千米。1990年，加强对干渠支渠的清淤、维护、巩固、灌面。1993年4月，省水电厅批准修建深沟水库大坝溢洪道，核定投资935万元，1994年10月动工。修建大坝内外护坡，坝肩灌浆防渗，修建人行道及大坝一级马道；大坝两端修左右排水设施，坝顶防浪墙，整治放空洞及左右放水设施和溢洪道等。1995年，发展大深南海风景旅游区。1996年，广安个体老板夏明宝承包10年经营，新建水库中心岛度假设施开发旅游娱乐。1997年11月，大坝上"大深南海"四个大字由原解放军总政治部副主任刘志坚书写。2002年，省水利厅批准水库枢纽除险加固工程整治，总投资763.11万元，国家补助资金224万元。主要整治大坝内坡和大坝白蚁防治。2003年4月，经水利部南京大坝管理中心对整治成果进行核查，核定为三类坝，6月，对大深沟水库除险加固设计，经水利厅批准，工程总投资1529万元，主要整治大坝、溢洪道、放水设施、生产管理用房，整治工程2004年11月完工，总耗资1529.8万元。2006年，水库兼具灌溉和旅游。

【小（一）型水库】 1986年，全县有小（一）型水库10座：三元水库（原楼梯沟水库）、广兴水库、幸福沟水库、英雄水库、鲜店水库、新河水库、七一水库、福德水库、张家庙水库和许家坑水库，总设计蓄水量为3006万立方米，有效蓄水量为1843万立方米，总设计灌溉面积0.4万公顷，有效灌面0.3万公顷。蓬安县先后对幸福沟水库、英雄水库、新河水库、张家庙水库等进行整治，对大坝、溢洪道、涵洞、干渠、支渠进行维修、改扩建、加固等。1998年洪灾后，出现险情，分别予以整治，整治延续至2006年。

【小（二）型水库】 1986年起，蓬安县组织各乡镇、村，对水库出现的病险进行整治，主要是加固大坝，疏通溢洪道、干渠、堵漏。1990年、1998年、2004年等年份出现的洪水对小（二）型水库影响较大，蓬安县组织各乡镇、村，对水库实施重点保护，直至2006年，各小（二）型水库都发挥效益。

【微型水利】 1986年，蓬安县微型水利有机灌提灌站、水轮泵站、山坪塘、石河堰等。1998年，新建微型水利工程1000多处，改造山坪塘600多口。2006年，全县机灌提灌站、山坪塘、石河堰有效灌溉面积为1.0万公顷。

机灌站 1986年，全县装机在50马力以上的机灌站有马回乡燕子窝、茶亭乡岩子砣、三坝乡大石塘、周口乡响岩子、清溪乡晏平坝、河舒乡周家坝、兴隆乡白塔堰、天成乡张家坝村等8处。有柴油提灌机1225台，1.31万马力，总灌溉面积达0.8万公顷，马回电站建成后逐步改为电力提灌。2001年，提灌站管理职能从县水电局划归县农机局管理，全县有机灌站18处。2006年，全县共有机灌站225处，5818千瓦，有效灌溉面积0.54万公顷。

水轮泵站 1986年，全县有水轮泵站87处。依水流装机分：川-60型1台，川-40型29台，川-30型32台，川-20型5台，平时多用于米面加工，1986年后停止运行。

山平塘 1986年，全县有山坪塘2510口，灌溉面积2733.3公顷，占全县总灌溉面积的8.71%。1991年，蓬安为充分发挥小微型水利工程的作用，改造整治多年失修、塘梗垮塌、淤泥填满的塘堰，从水利经费中挤出55万元作为改造山坪塘以奖代补资金，每完成1口补助500元至700元，全县共整改山坪塘1036口，恢复有效蓄水400万立方米。1998年，蓬安遭受特大旱灾，县委、县政府组织全县人民抗旱自救，修建井、池、园结合的微型水利工程1000多处，改造山坪塘600多口，打井1000多眼，推行一户一井一池解决人畜饮水、庄稼浇灌。到2006年，全县有山坪塘3009口，蓄水量1824万立方米，有效灌溉面积4086.7公顷，占全县总灌溉面积的36.8%。

石河堰 1986年，全县有石河堰180座。到2006年，全县石河堰总数达320处。主要有石质连拱坝、单拱坝和闸蹬坝几种形式，以济渡乡羊鹿滩石河堰、白杨石河堰、红光堰蓄水量最多。石河堰总蓄水量124.8万立方米，有效灌溉面积773.3公顷，占全县总灌溉面积的5.7%。

农　机

1986年，蓬安农业机械仅有几十辆农用四轮车，98辆拖拉机和近1000台供抽水提灌和加工农产品的柴油机，总动力3.24万千瓦。2006年，全县有农用汽车510辆，拖拉机60台，耕作机具800台，脱粒机1.6万台，联合收割机45台，多功能加工机具3000多台，总动力达20.5万千瓦，部分乡镇已实现农业半机械化。

【农机运用推广】 1986年，全县仅有农业机械总动力3.24万千瓦，到2006年，全县农机总动力达到20.5万千瓦，农业机械作业进入千家万户。

耕作机具　1986年后，耕作机用丰收-27型、丰收-35型、东方红-40型、红旗-50型中型拖拉机及手扶拖拉机配套三铧犁、四铧犁。全县机耕面积仅240公顷。1994年，银汉镇首建村级农机化综合服务队。1997年7月，县政府在全县推广耕整机471台，机耕面积达到3800公顷。1998年9月，县政府在全县推广耕整机70台，对每新购一台耕整机给1000元补贴，县财政和帮扶单位各补500元。2005年，蓬安实施农机购置补贴，项目资金由中央财政支付，省农机部门下达给蓬安中央农机购置补贴资金30万元。全县当年给购机群众每台补助30%，共补购耕整机65台。2006年，蓬安县拥有耕整机775台/3875千瓦，漩耕机29台，耕作面积达到6800公顷。

水稻脱粒机　1986年，蓬安有手摇打谷机1548台，脱粒1.7万公顷，每台每小时脱粒200公斤。1990年后，随着农民收入增加，机动打谷机逐渐兴起，大部分乡村使用机动打谷机。1994年，全县各乡镇建立村级农机化综合服务队，装备机动打谷机，走家串户，为农民打谷。2000年，全县手摇、机动打谷机比例各占一半。2006年，手摇打谷机全县仅有117台，机动打谷机达1.55万台，乡均316台，村均26台，全县水稻收割基本实现半自动化。

小麦脱粒机　1986年，全县小麦脱粒基本采用连枷甩打脱粒。也有少部分农户使用南充内燃机厂生产的团结-400型机动小麦脱粒机，全县共有211台小麦脱粒机。1992年，小型农用小麦脱粒机开始运用。2006年，全县普遍使用小型农用小麦脱粒机。

联合收割机　2002年，外地收割机进入蓬安收割。2005年，中央财政对农户购买农业机械给予30%补贴。睦坝乡购买第一台“碧浪”牌联合收割机，通过在平坝示范，功效显著，开始在蓬安运用推广。是年，全县新增45台稻麦联合收割机，机型为“碧浪”和“久保田”。2006年，县农机局开始组织县联合收割机跨区作业，每台收割机创收3万元。

加工机具　1986年，全县有打米机、磨面机1200余台，个体榨油坊开始使用小型榨油机。2002年，全县有95型、96型、98型榨油机52台，每乡均有10台，县植物油厂有200型榨油机1台，全县人工榨油被淘汰。2003年，全县农户有蓬安天府机械厂生产的9FQ-40型锤片式粉碎机5000余台。2004年，全县普遍使用南充、遂宁、重庆等厂家生产的多功能粉碎机。2006年，全县有多功能加工机具3000余台，各类榨油机150余台。

运输机具　1986年，全县有拖拉机98台，以东方红-27型、28型、40型、丰收-35型、红旗-50型为主，由乡镇农机站经营，从事农用物资运输。有私人载货汽车和农用运输车10辆。从1992年起，全县农机站农用物资运输退出市场，个体经营活跃，运输工具也从拖拉机演变到农用四轮车，以川路牌为主，东风、解放等货车增多。2006年年底，全县仅剩14.97千瓦的拖拉机60余辆，主要拖运建筑板材、沙、砖。农用四轮车发展到510辆，全年实现运量50余万吨。

农机推广　蓬安农机研制、推广主要以农机技术推广站、农机研究所为主。1986年后，农机推广以耕整机为主，动力一般在3马力至5马力之间，单铧犁或可带犁耕、耙等工具，到1990年，全县共推广300余台耕整机。1992年8月，成立蓬安县农机化技术服务中心，负责全县农机技术推广工作。从1993年起，农机推广示范点先后在周口、锦屏、徐家、利溪、河舒、白玉等17个乡镇进行。1997年，蓬安研制的化肥深施追肥枪，在全县推广使用17万支，全县种植的0.7万公顷地膜玉米和4万公顷普通玉米，使用此施肥技术后，平均每公顷比上年增产1247公斤，总计增产1246.8万公斤，增收1745.6万元，节肥240万公斤。1998年，天府机械厂研制生产的华兴牌ZJ-100（180）型钻井机获四川省农机科研所颁发推广证。1999年，在南充市农博会上被评为优质农机产品。该钻机能打井20米至30米深，在全省30余个地、州、县推广使用近1000余台。

2002年后，农机机具推广以重庆金盛12-105型、重庆富牌LGXZ-75型、嘉木GM500型及穗隆小金刚耕整机为主，共推广此类机型150余台（套）。2004年，完成推广催芽机5台（套）：农村饮用水净化装置2台（套）、电动风车24台、微割晒机4台、耕整机9台、锄草机625台、其他小型农业机具2660台（套）。2005年，搞农机推广示范点37处次，推广耕作机械68台（套），收获机械43台（套）、中型拖拉机2台、其他小型农业机具1130台（套），完成提水4830万方、机器耕作2266.7公顷、机械收割933.3公顷、机械抛秧300公顷。2006年，建农机推广示范作业点6个，定点或流动召开农机推广现场会46场次，推广耕作机械75台（套）、收获机械45台（套）、中型拖拉机2台、其他小型农业机具1170台（套）。

【提灌站】 1986年，蓬安大部分水库、溪河都建有机电提灌站。有各类提灌机具1260台（套），总动力1.15万千瓦，年提水300万立方米。1990年，蓬安县修复了碧溪吕家山偏岩子提灌站、马回燕子窝提灌站、金溪镇沈家坝提灌站等107处固定提灌设施，保证了机电提蓄用水。2003年至2005年，蓬安县新建提灌站12座，维修、改造9座。2006年，新建6座，维修、改造5座。提灌机具总数达到6300台（套），提水量8000万立方米，提灌抗旱网络基本形成。锦屏镇河垭口、马回乡燕子窝、金溪镇白虎嘴等沿嘉陵江37处骨干提灌站大部分实现综合运用。

扶贫开发

1986年至2000年，蓬安扶贫开发资金主要由县上负责。2001年，蓬安被列为省级扶贫县，扶贫项目包括新村扶贫、劳务扶贫、卫生扶贫、移民扶贫、村道扶贫和对口帮扶等。2001年至2006年，全县共投入各类扶贫资金4640万元，建设杨家镇七里村、杨场村，河舒镇桂花村、桃花村，金溪镇马家桥村，高庙乡马家沟村扶贫新村106个，解决1.7万名绝对贫困人口温饱，改善4.6万名低收入人口生产生活条件，解决1.4万名农村贫困人口饮水问题，培训农民工3725人，培训农民提高种养殖技术3.4万人次，改扩建卫生院17所并添置医疗设备，移民扶贫1722人，建希望小学2所。

【蓬安县扶贫开发领导小组办公室】 1994年，蓬安县成立扶贫开发办公室，挂靠县农村工作委员会，无人员编制和经费预算，扶贫办主任由农工委主任兼任。2002年1月，成立“蓬安县扶贫开发领导小组办公室”，负责全县扶贫开发工作。

1994年至2006年，何跃军、魏定平、李运明先后任县扶贫办主任。

【新村扶贫】 2001年，经省扶贫开发领导小组批准，蓬安县周口镇（今相如镇）牛毛漩村、小泥溪村、金甲乡杉树沟村、观音桥村等46个乡镇的122个贫困村被纳入全省万村扶贫计划。新村扶贫的主要内容：改善人民生产生活条件、建立支柱产业、基层组织建设、社会事业发展、精神文明建设等方面，通常用“一水二路三产业四人居环境五社会事业六民主法制”来概括。

2001年至2006年，在基础设施建设方面：打机井753口，打人工井351口，建卫生井131口，建集中供水站20处，新建维修蓄水池360口，整治山坪塘131口，建石河堰52处，建提灌站14处，修引水渠26.15千米。新建、维修村道公路657.4千米，新建公路桥3座，人行桥3座，淌水桥3座。改造中低产田6.7公顷，建沼气池325口。在支柱产业建设方面：发展柑橘、梨子、葡萄、核桃等经果林715.3公顷，发展蔬菜、药材等种植业436.7公顷，发展猪、牛、羊、小家禽等14.73万头（只）。在人居环境建设方面：实施农户“三改”（改厨、改厕、改房）3587户，建连联户便民路288千米。在基层组织及社会事业建设方面：建设村级党员活动室15个、2250平方米，建村小学1所、300平方米。在精神文明建设方面：在扶贫新村开展“20字公民基本道德规范”和社会公德、家庭美德教育、致富思源、富而思进、自力更生、艰苦奋斗教育和崇尚科学、移风易俗、反对迷信和邪教的教育，各项目村制定了切实可行的村规民约，开展“十星级农户”评选活动等。在能力提升方面：对农民进行种养殖业方面实用技术培训，全县共培训农村劳动力3.4万人次。

【劳务扶贫】 2004年，蓬安县巨龙职业中学被省扶贫开发办公室列入全省48个劳务扶贫工程培训示范基地之一。省扶贫办下达给蓬安县1000名农民工培训指标。此后，蓬安每年均承担劳务扶贫培训任务。劳务扶贫培训的对象是全县农村及城镇周边失地农民，年龄16周岁至45周岁，初中以上文化程度。使受训农民工掌握所学专业必备的职业技能，获得中级以上职业等级证书，并实现转移就业，从而达到培训一人、致富一家、带动一片的目标。蓬安在省上认定的劳务扶贫培训基地的基础上，又认定两个培训网点学校，由1所增至3所。每个受训农民补助500元，2005年后增至800元。补助方式采取发放实名制培训券，学员凭培训券到扶贫办认定的培训网点学校参加免费培训。至2006年，蓬安共培训电车缝纫、电工焊工、汽车驾驶、电脑、厨师、电子、美容美发等专业的农民工3725人，培训后的农民工实行转移就业3350人。

【卫生扶贫】 2001年11月，南充市扶贫开发领导小组下达全市“三大扶贫工程”（即新村扶贫、移民扶贫、卫生扶贫）十年（2001至2010年）规划，蓬安17个乡镇卫生院纳入规划。2002年，蓬安凤石乡卫生院纳入首批卫生扶贫工程启动，国家投入扶贫资金10万元，扶持该院建卫生室200平方米，购办公桌5张、药柜3个、病床5张、条椅5把、床上用品5套，同时购置B超机1台、灭菌锅1个、接生包5个。2003年，骑龙乡卫生院纳入卫生扶贫工程启动，国家投入扶贫资金10万元，扶持该卫生院改扩建房屋500平方米，培训医生3人，购置医疗设备4件。2004年，国家投入扶贫资金10万元，扶持金溪中心卫生院改扩建房屋2000平方米；投资10万元，扶持两路乡卫生院改扩建房屋350平方米。2005年，省上暂停卫生扶贫工程。

【移民扶贫】 2001年11月，南充市扶贫开发领导小组下达给蓬安县十年（2001—2010年）移民扶贫计划2722人。2002年，南充市扶贫开发领导小组下达给蓬安县移民扶贫资金9万元，用于鲜店乡春陈村、武童村、龙滩村11户农民移民搬迁。2004年至2006年三年间，南充市扶贫开发领导小组共下达给蓬安县移民扶贫资金104万元，扶持21个村、173户农民实施移民搬迁。173户农民在移民扶贫资金的扶持下，新建房屋173座、29600平方米，建集中供水站1处，打机井20口，建提灌站1处，修引水渠800米，修村道14.5千米，发展优质水果5.7公顷，优质干果1.1公顷，蚕桑1.2公顷，蔬菜0.2公顷，养鱼6.3公顷，并发展山羊、生猪、肉兔养殖。

【省级部门帮扶】 2001年，蓬安县被纳入全省部门帮扶，四川省盐务局、四川省侨办、四川省移动通信公司、西南石油大学定点帮扶蓬安县，共派出20余人次到县开展定点帮扶调查研究，其中地师级领导6人次，处级领导8人次，科级11人次。提供帮扶资金110万元，捐赠物资折资10万元，扶持周口中学新建学生食堂500平方米，扶持河舒镇燕山村修建党员活动室300平方米，为相如镇小泥村建村小学1所，为龙蚕镇建希望小学1所，为城东路小学捐建多媒体教室1个，资助贫困生100余人。

【浙江省对口帮扶】 2006年，浙江省对口帮扶办公室为蓬安县提供帮扶资金100万元，为高庙乡马家沟村建设产业扶贫新村。浙江省湖州市提供20万元，帮扶长梁乡葫芦包村28户农民致富。

【市级部门定点帮扶】 2002年，南充市审计局、市政法委、市交通稽征处等30多个部门定点帮扶三坝乡三坝村、龙蚕镇冯家坡村、金甲乡杉树沟村等重点贫困村，为所联系的重点贫困村提供资金、物资、项目、信息、技术、人才等方面的帮扶。至2006年，共提供帮扶资金50余万元，提供肥料、肉、大米、食用油等物资价值30余万元，提供致富信息100余条，帮助引进项目5个，举办各种实用技术培训班30余次。市审计局还投入资金10万元，帮助三坝乡政府改善办公条件。

【蓬安县级部门定点帮扶】 2001年，蓬安第一批扶贫新村开始启动，全县共启动14个扶贫新村，县扶贫开发领导小组对当年启动的每个扶贫新村安排一个县级部门定点帮扶。此后每年启动的扶贫新村，均落实一个部门联系。到2006年年底，县级各部门共为贫困村提供帮扶资金40余万元，提供肥料、种子、衣物、肉、食用油、大米等帮扶物资价值30余万元，发放技术资料13000份，举办种养业培训班32期，帮扶贫困学生215人次。

【扶贫项目管理】 2001年以来，全县扶贫项目管理实行县乡村三级联动，扶贫办负责项目业务指导、检查和督促；项目乡镇负责组织协调；项目村负责群众宣传发动和项目具体实施；同时加强检查验收管理。在落实扶贫项目上采取扶贫村竞争、首扶制、受益弱势群体积极参与等方式。

“首扶制”就是首先帮扶最贫困的村和最贫困的人，使贫困人真正受益。各扶贫村民主评选贫困户确定扶持对象并在全村范围内公示一周，无异议的，再根据各扶持对象制定帮扶措施，落实帮扶项目，确保首扶制对象稳定脱贫。

“参与式”基本特征是重视受益弱势群体“主动积极参与”，决策方式主张自下而上，群众自我组织、自我管理。2002年5月，在河舒镇桃花村进行“参与式”村级扶贫规划试点，让群众选择项目，采用投包谷米的原始方法，每人发五颗包谷米，自愿投向自己想要实施的扶贫项目，主持人根据各个项目得包谷米的多少和扶贫资金的总量从先到后确定该村要规划和实施的扶贫项目。试点收到很好效果，全县各扶贫新村普遍推广。

2006年，蓬安实行竞争启动扶贫新村。县扶贫办通知明确要求，符合条件的村报名竞争，推举代表演讲答辩，县纪委、扶贫办、财政局等部门组成评审组综合评分，从高到低决定优先扶贫的贫困村。

【项目检查验收责任追究制度】 2001年后，全县对于投资20万元以上的扶贫项目公开招投标。扶贫项目资金计划经批准后，各项目村召开村民大会、开辟村务公开栏，将项目资金总量、建设内容、规模及实施办法向群众公布。项目完成后，将完成情况和资金使用情况印在公示碑上，接受群众的监督。扶贫资金由蓬安县级财政统一管理，专项储存，专账管理，封闭运行，实行验收报账制。

规范扶贫项目检查验收程序，严格把关，对不合格项目或造成扶贫项目质量问题群众反映大，经查实，严格追究验收人责任。对年终考评，综合排位居第一名的扶贫村，给予3万元至5万元的扶贫项目奖励。为加强新村扶贫项目的督促指导，实行项目秘书制度，项目秘书由扶贫办工作人员担任，每个项目秘书负责2个至3个扶贫新村业务指导、质量监督、调查研究和信息收集、情况反馈。

气象服务

1986年，蓬安气象站实行上级和地方双重领导以上级为主的体制。1990年，气象站改蓬安县气象局，管理体制不变。2000年后，利用地面卫星收发气象信息，提高预报的准确性，增设人工增雨系统。2006年，气象局仍实行以上级管理为主的体制。

1986年至2006年，刘作章、马玉瑛、刘延春先后任县气象局（站）长。

【气象预报】 1986年，蓬安县气象站通过传真、收音机等方式接受中央、省气象台月、旬天气预报、补充地方短期预报，每天向县上领导和县广播站预报天气，针对农业生产季节性和地域性特点，制作长、中、短期天气预报，开展春季“双抢”、夏季“三秋”和冬防各关键时节气象预报，为农业生产服务。1989年5月，全县各单位安装天气警报系统，通过预警接收机定时接收县气象站每天上、下午广播的气象信息。建立公益与专业气象服务体系，利用传真、邮寄、警报系统、电话等手段，向社会各行业开展资料、预报、情报、灾情等多方面的公益气象服务。1992年6月，四川省气象局对县级气象部门有偿专业服务对象、范围、收费原则和标准等内容进行规范，蓬安气象局按规范服务。2004年后，主要通过政府机要传真、电视、广播、手机短信、局域网络、电话等方式发布各类气象信息。

【气象科普】 1986年开始，蓬安每年“3·23”世界气象日举办气象科技宣传活动，每年5月开展科技宣传周活动、6月开展科技下乡活动、发放宣传资料近10万份，接受宣传上万人次；科普活动延续至1999年。2000年9月，成立蓬安县科普教育基地，基地常年开班对各乡镇气象员、干部进行气象知识培训，至2006年，到基地接受科普教育的超过2000人次，气象科技均成为科普重要内容。

【气象装备】 1986年，蓬安气象站主要靠传真、收音机、电话传送气象信息。1997年，建成省、地、县远程终端和计算机局域网。1998年，分组数据交换网（×25）建成投入运行。1999年，气象信息均通过网络传输，上行电报实行网络和邮局人工双轨传输。2000年1月，地面卫星接收小站（PCVSAT）建成正式启动，以卫星通信为基础，接收国家气象中心的数值天气预报指导产品和相关实时气象信息，以及全球各区域气象中心提供交流的基本气象信息等。2001年，开通DDN信息。2002年9月，取消邮局电报传输气象信息。2004年11月，建成CAWS600—B型自动气象站。2005年1月正式运行，实现气压、气温、湿度、风向、风速、降水、低温（包括地面、浅层和深层）7个要素的数据采集、记录自动化，以每小时形成数字文件自动上传省气象信息中心。2006年8月，县财政投入11万元购置车载式移动火箭人工增雨防雹作业系统1部，服务农业气象。

工 业

1986年，蓬安县委、县政府提出工业兴县的发展思路。马回大电站上马，烟厂、丝厂、织布厂、麻纺厂、果品厂等企业技改或新建投产，加快乡镇企业发展；全县启动城市经济体制改革，先后在企业实行简政放权、落实经营承包责任制、厂长经理负责制等，推动全县工业加快发展。1992年，马回大电站建成发电。全县工商企业推行第二轮承包。1994年，全县工业企业全部实行劳动合同工制度，对部分企业厂长实行年薪制度。1996年，对全县企业开始实施产权制度改革，同时，实行目标管理，年底考核验收奖惩兑现。2000年，制定并通过《蓬安县“十五”工业发展计划》，提出“扩大开放、增大总量、盘活存量、调整结构、提高效益”的工业发展思路，重点发展电力能源、机械冶金、纺织服装、食品加工、建材等六大产业，放手发展民营经济。2004年，加大招商引资力度，形成以水电能源、机械冶金、农产品加工三大支柱产业的工业结构。2006年，蓬安金溪电站开始发电，全县水电总装机23.61万千瓦，成为南充电力大县。全县规模以上工业企业31家，其中民营企业28家；实现工业增加值107616万元，民营企业工业增加值占全县工业企业增加值的75%。

工业管理机构

1986年，蓬安县工业企业管理机构有县经委、工业局、二轻局、乡镇企业局。商办工业由商业局管理，县农机厂由农机局管理，经委统筹管理全县工业。1997年，蓬安县经济贸易委员会管理全县工业。2001年12月，组建经贸局和新的乡镇企业局管理全县工业。2005年7月，组建县经济局（挂县乡镇企业局、县中小企业局牌子）管理全县工业。2006年，县经济局管理全县工业。

【蓬安县经济局】 1986年，蓬安设县经济委员会（简称县经委）综合管理全县工业经济，指导协调县工业局、二轻局等工业主管部门工作，协助重点国有企业干部管理，内设办公室、政工科、生产综合科。1992年，县工业局、二轻工业局并入县经委，内设人秘、技术监督、生产综合、企业管理、技术进步5个股。1994年，增设行政执法股。1997年11月，撤销县经济委员会，组建蓬安县经济贸易委员会。2001年12月，撤销贸易局、工业局、经济贸易委员会，组建蓬安县经济贸易局。2005年7月，撤销县经济贸易局和乡镇企业局，组建蓬安县经济局，原乡镇企业局承担的劳务输出职能划入县劳动和社会保障局；设置县民营经济服务中心，列为县经济局管理的事业单位。

1986年至2006年，李定章、沈前光、兰鹏飞、章北星、黄小东先后任主任、局长。

【蓬安县工业局】 1986年，县工业局管理全县全民所有制工业企业，内设办公室、生产技术股、技术改造股、企业股。1992年10月，工业局并入县经济委员会。1997年11月，县工业局恢复。2001年12月，县工业局并入新组建的经济贸易局。

1986年至2001年，毛学文、杨礼鉴、罗风暴先后任局长。

【蓬安县二轻工业局】 1986年，县二轻工业局管理全县二轻工业企业和街道企业，内设办公室、人秘、生产技术、财会、街道股。1992年，二轻局转为经济实体，成立蓬安县二轻工业总公司，管理原所属企业；其行政职能移交县经委。1997年11月，县二轻工业局恢复。2001年，县二轻工业局并入县乡镇企业局。

1986年至2001年，胡纯信、伍荣安、刘国齐、祝仁联、唐阳春、伍太学先后任局长。

【蓬安县乡镇企业局】 1986年1月，县社队企业局改名为乡镇企业局，内设生产经营、行政、劳务输出3个办公室。1991年3月，设秘书、政工、安全保卫、财会经营管理、安全技术、直属企业管理、劳务输出7个股。1992年，乡镇成立工贸公司管理乡镇企业。2001年12月，县二轻工业局、物资局并入乡镇企业局，乡镇企业局转为县政府直属事业单位。2005年7月，乡镇企业局并入县经济局，成立乡镇企业和民营经济股（服务中心），保留乡镇企业局牌子，为经济局属事业单位，劳务输出划归劳动局。

1986年至2005年，赵逸龙、田光明、龙兴明、谢国民、沈剑勋、康强先后任局长。

工业经济总量

1986年，蓬安县实现工业总产值10233万元，比1985年增长9.4%。生丝、棉布、粉碎机、汽车覆盖件等主要工业产品产量增长幅度较大。1989年，全县工业总产值达到15036万元，实现工业增加值4383万元。1992年，全县工业总产值达到41000万元。1997年，全县工业总产值达到71200万元。2000年，蓬安工业总产值达到62600万元，实现了经济发展“三步走”的第二步战略目标。2006年，工业总产值307600万元，增加值107616万元，是1986年的30.06倍和60.01倍。

【工业企业规模】 1986年，蓬安县有全民所有制、集体企业41户（不含乡级及乡以下企业），其中全民所有制企业13户、集体企业28户；职工总数为5959人，全民所有制企业3689人，集体企业2270人。固定资产原值5732万元，实现工业增加值1764万元。1992年，全县乡级以上工业企业73个，其中全民所有制企业16个、县属集体企业27个、乡办工业企业30个，全年工业总产值41000万元。1997年，全县工业总产值71200万元，其中国有企业占40.57%、集体企业占28.03%、个体和私营企业占30.4%。2000年后，国有、集体企业依法破产改制、大幅度减少，民营企业、股份制企业、个体工业生产单位大量增加。民营资本、民间资金进入工业领域，全县工业经济呈新的发展势头。2006年，全县规模以上工业企业31个。其中国有企业3个，股份制企业和民营企业28个，实现工业总产值307600万元，工业增加值107616万元，产品销售收入248634万元，利润总额3855万元，利税总额14553万元，工业企业入库税金比1986年增长52%。固定资产净值年平均余额58100万元。规模以下工业企业和个体工业户共实现总产值53900万元。全部工业企业从业人员7222人，规模以上企业5575人，规模以下1647人。全县规模以上工业企业固定资产和技改投入达141600万元。

国有、县属集体及规模以上工业企业主要经济指标

（1986~2006）

单位：万元

项目＼年度	1986	1990	1991	1992	1993	1994	1995	1996	1997	1998	1999	2000	2001	2002	2003	2004	2005	2006
企业个数	41	43	42	43	44	44	42	41	38	34	29	25	33	33	24	28	28	31
其中：亏损企业个数	21	23	—	14	18	22	30	26	20	11	7	4	3	2	4	6	2	3
工业总产值（现价）	10041	14762	—	20837	24321	26664	30287	25992	29712	29743	26884	38473	47692	59893	81819	109017	187533	253701
工业总产值（90不变价）	—	15706	19320	21177	22534	21417	25802	22206	25101	24049	25509	32565	—	—	—	—	—	—
工业增加值	1764	7766	8833	7109	9537	12274	8864	14606	13810	11553	11976	14063	16894	19439	29096	39311	62607	86227
产品销售收入	—	13682	17694	20110	23775	23834	26527	25714	29777	26501	30140	33156	44272	56733	79875	105105	182188	248634
其中：产品销售成本	—	10801	14528	16819	17550	15043	—	17025	20401	20728	22878	25728	36176	48907	67826	92987	161468	222810
产品销售税金及附加	—	2277	2511	2346	2452	1592	2656	3229	4025	1925	1751	6027	664	820	1883	1230	3913	4964
亏损企业亏损额	—	344	945	598	733	1724	—	3289	1695	1709	826	177	186	2152	2088	376	73	239
利润总额	—	667	94	348	25	1194	-2490	-2644	-1093	-1514	-578	207	279	-1057	-1157	1101	3395	3855
利税总额	—	2927	3008	2665	3619	4589	1915	3099	5517	2407	3588	3224	3783	2526	4275	5389	10792	14553
流动资产平均余额	—	9127	12429	15002	13907	19054	22478	23423	24722	22611	25058	23306	28674	31287	31850	40471	47774	51159
固定资产净值平均余额	5732	7253	7964	36645	42575	42813	44665	48723	50935	47382	45012	49593	50575	67184	63825	64314	59589	58154
全部职工人数	5959	9130	9183	10813	10217	11970	10029	9328	9021	9315	9041	7612	6423	5994	4677	5261	5372	5575

注：本表不含乡镇工业企业和个体工业户经济指标，其中规模以上指年销售收入在500万元以上的工业企业。

【主要产品产量】 1986年，全县发电量为1988万千瓦小时，布384万米，丝146吨，卷烟3.13万箱，白酒3100吨，机动饲料粉碎机4660台，汽车配件产值665万元，布鞋11.69万双，饮料酒3700吨。1990年，全县发电量为2635万千瓦小时，机动饲料粉碎机9950台，汽车配件产值1658万元，布500万米，丝178吨，丝织品57.34万米，卷烟4.18万箱，饮料酒1500吨，白酒1200吨，布鞋15.73万双。1995年，发电量为21266万千瓦小时，机动饲料粉碎机11200台，丝125吨，丝织品45万米，布297万米，卷烟3.8万箱，饮料酒4900吨，白酒1200吨。2002年，年发电量为31943万千瓦小时，成品钢材2.4万吨，布430万米，丝224吨，丝织品144万米。2006年，全县发电量达到35040万千瓦小时，成品钢材（线材）4万吨，布863万米，丝330吨，丝织品401万米。

蓬安县工业企业主要产品产量

（1990~2006）

品种 \ 数量 \ 年度	1990	“八五”计划期间					“八五”平均每年递增%	规模以上企业主要产品产量				
		1991	1992	1993	1994	1995		2002	2003	2004	2005	2006
丝（吨）	178	164	167	213	194	125	-6.9	224	258	298	380	330
丝织品（万米）	57.3	70	112	150	119	45	-4.8	144	101	249	256	401
服装（万件）	64.4	82.98	58.85	14	73	76.49	3.5	0	0	0	0	0
砖（万块）	6814	6396	13414	4734	5500	4575	46.4	9350	9500	10700	11800	13000
机动饲料粉碎机（台）	9950	11700	12788	10900	8197	11200	2.4	0	0	0	0	0
发电量（万千瓦小时）	2635	4758	20883	30320	33316	21266	51.8	31943	35271	26986	33296	39600
软饮料（吨）	116	20	65	57	186	55	-13.9	435	1965	1057	1056	1658
白酒（吨）	1200	1100	900	1100	1000	1200	1.4	0	0	0	0	0
卷烟（万箱）	4.18	4.79	4.4	4	3.8	3.8	-1.9	0	0	0	0	0
布（万米）	500	429	565	485	353	297	-10	430	558	548	583	863
麻袋（万条）	216	256	200	162	110	53	-24.5	0	0	0	0	0
成品钢材（万吨）	0	0	0	0	0	0	0	2.4	3	3	3.5	4
线材（万吨）	0	0	0	0	0	0	0	2.4	3	3	3.5	4
汽车覆盖件（万套）	0	0	3	5	5	10	0	15	15	15	20	20
棉纱（吨）	0	0	0	0	0	0	0	0	2800	3200	3650	3800
高碳铬铁（万吨）	0	0	0	0	0	0	0	0.82	1.2	1.6	1.8	2.15

注：工业总产值、工业增加值含乡镇和规模以下工业企业的经济指标。

工业经济结构

1986年，蓬安县工业所有制结构有国营、集体、个体三种所有制结构并存，以国营工业经济为主体。产业结构以农产品加工和轻化纺为主，投资结构以企业贷款投资为主。1991年，汽车改装厂由集体所有制转为全民所有制工业企业，成为蓬安骨干工业企业之一。1994年，蓬安对马回电力公司、嘉宝公司、天府机器公司、蓬安丝绸公司、县兽药厂等进行股份制改造。县属企业投资以企业为主，乡镇企业以私营投资为主，开始引进县外资金企业。1996年，全县推进企业产权制度改革，企业所有制结构逐步向私营和个体转换。2003年，企业所有制结构以私营为主，工业产品结构以电力、机械冶金、农产品加工为主。2006年，非公有制经济达90.3%，县外投资加大，形成电力、机械冶金、食品等产业结构。

【工业所有制结构】 1986年，全民、集体、个体所有制经济成分并存，工业经济以全民所有制为主。1996年，加大企业产权制度改革，股份制、私营企业逐步加大分量。2006年，国有企业减少到3户、私营企业80户、个体工商户1248户，规模以上私营企业28户，实现工业增加值107616万元。

国有企业　1986年，全县全民所有制工业企业13户，固定资产净值平均余额5732万元，工业总产值10041万元，实现工业增加值1764万元，年末职工人数为5959人。1992年，新增汽改厂由集体转为国营企业，新建麻纺厂。国营企业达到15户，其中亏损企业3户，实现工业总产值17318万元，工业增加值6197万元，销售收入16962万元，企业亏损额为518万元，利税总额2443万元，流动资金平均余额12325万元，固定资产净值平均余额35463万元，职工人数8604人。1994年至1995年，县果品厂和麻纺厂先后破产，重组东太实业公司和亨达纺织公司，马电公司、嘉宝公司组建企业集团。1996年至2003年，企业进行产权制度改革，全县国有工业企业改制11户，其中破产9户，整体出售1户，国有资产有偿出让1户，重组赛克斯纺织公司、海峡丝绸公司、金华纺织公司、泰兴纺织公司等私营企业。蓬安县仅有马回电力股份公司、天然气公司、自来水公司3户企业仍为国有和国有控股企业。2006年，3户国有工业企业实现工业增加值16796万元，产品销售收入为32529万元，利税总额达到5761万元，固定资产平均余额达到78406万元，职工年平均人数1125人。

集体企业　1986年，蓬安有集体所有制工业企业21户，职工1657人，固定资产原值963万元，实现工业总产值2732万元，创利税198万元（其中：实现税收122万元，利润76万元）。1992年，集体所有制工业企业增至27个，其中亏损企业11个。实现工业总产值3669万元，工业增加值912万元，产品销售收入3148万元，企业亏损80万元，流动资金平均余额2677万元，固定资产平均余额1182万元，年末职工人数2209人。1995年，全县乡及乡以上集体工业企业增至40个，其中亏损企业15个，实现工业总产值5515万元，工业增加值317万元，产品销售收入4690万元。亏损额达到776万元。1996年年底，大多数集体工业企业处于停产半停产状态。1997年，投资7000万元的县钢厂投入试生产，因资金等问题停止生产，2002年，钢厂破产，27户集体工业企业已全部改制，其中资产出售、转变职工身份、资产重组1户；破产3户；以资抵债、企业解体、租赁经营1户；出售资产、企业重组3户；整体出售19户。

股份制企业　1996年后，蓬安县企业进行股份制改造，先后成立11户股份制企业。1997年，股份制企业实现工业总产值8875万元。2000年，股份制企业实现工业总产值19845万元。2006年年底，全县有4户规模以上股份制企业，职工人数1160人，入库税金536万元，其中嘉宝汽车股份有限公司入库税金达到521万元，比改制前的1995年增长31%。

私营企业　1986年至1991年，蓬安县尚未形成规模以上私营工业企业。1992年后，县私营工业企业达到25户。1997年，达到100户。2000年，达到460户。2004年，全县规模以上私营工业企业达14户，从业人员2363人。2006年，全县规模以上私营工业企业增至26户，实现工业增加值55034万元，占当年全县工业增加值总额的60%，入库税金达到710万元，占全县工业企业入库税金的15.7%。

外资企业　2000年，蓬安县引进台湾佳美食品有限责任公司。2006年7月，台湾和信泰集团南充兴宏鞋业有限公司正式与县政府签约，入驻蓬安。

【工业产业结构】　1986年，全县经济以农业为主，工业所占经济总量比例较小，工业产业结构以农副产品加工为主。1991年，工业产业结构在全县经济的比重占19.6%，农副产品加工仍占全县工业主导地位，电力、建筑、纺织、机械等产业有了明显增长。1996年，县委、县政府提出以工业化带动农业产业化，制定工业强县发展战略，除原有工业外，机械冶金、建材、轻化工、食品等行业门类结构也呈多元化快速发展。2004年，全县招商引资企业入驻蓬安增多，金溪电站开工、电力产业做大，轻化工纺织行业、机械冶金行业、建筑和房地产业、第三产业都有快速发展，全县地方生产总值249682万元，工业产业结构比重在全县经济中增加到30.9%。2005年，全县地方生产总值实现295431万元，比2004年增长14.1%，首次实现二产超一产格局。2006年，全县工业经济结构形成“电力能源、机械冶金、农产品加工”三大支柱产业。三大产业产品销售收入为248634万元、工业增加值86227万元、入库税金5680万元，在全县规模以上工业企业中，分别达60%、62.3%和87%。

【工业产品产量】　1986年，主要工业产品为：布384万米，丝146吨，卷烟3.13万箱，机动饲料粉碎机4660台，砖2594万块，瓦731万片，食用植物油2093吨，台秤2335台，布鞋11.69万双，中小农具23.50万件，发电量2273万千瓦小时，汽车配件665万元。1991年，蓬安县定型工业产品15个，其中混合饲料8989吨、食用植物油3018吨、饮料酒1200吨、软饮料20吨、卷烟4.79万箱、麻袋256万条、布429万米、生丝164吨、丝织品70万米、服装82万件、砖6395万块、机动饲料粉碎机11700台、中小农具59万件、民用钢质驳船32吨（综合吨）、台称和案称678台、发电量4758万千瓦小时、汽车覆盖件10万件套。1995年至2005年，因市场需求变化大和企业改制，招商引资入驻蓬安企业增多，工业产品品种和产品产量变化大。2006年，全县规模以上企业主要工业产品产量有较大幅度增长，发电量达到39600万千瓦小时、成品钢材40000吨、软饮料1658吨、布863万米、丝1090吨、丝织品401万米、汽车覆盖件20万件套、高碳铬铁2.15万吨、棉纱3800吨。汽车覆盖件、钢材、高碳銘铁成为支撑全县工业经济的重要工业产品。引进穗隆农机公司，生产耕整机，是年实现税金12万元。

【工业投资结构】　1986年，投资结构以企业贷款为主。1987年到1996年，新增马回水电站、果品厂、麻纺厂、钢厂、电石厂5个重点项目，县烟厂、丝绸厂、汽车改装厂、织布厂、面粉公司、自来水公司、马电公司等，投入巨资进行技术改造，其中县烟厂技改资金达5600万元。全县工业企业投入资金总额达到53548万元，其中新上项目投入资金37632万元，技改投入15916万元。1997年到2006年，蓬安县兴办工业园区，引进外来资金，固定资产投入130817万元，技术改造投入15382万元，规模以上工业企业资金总投入为146199万元。其中国有工业企业占总投入的3.7%，县外资金和私有资本投入占96.3%。形成投资结构多元化格局。

蓬安县工业企业个数

（1986~2006）

项目＼年度		1986	1990	1991	1992	1993	1994	1995	1996	1997	1998	1999	2000	2001	2002	2003	2004	2005	2006
总计（含乡级以下）		1720	2202	2697	3739	3963	3515	2455	853	1385	1794	1988	1263	1249	1281	1284	1317	1323	1359
一、国有企业		13	15	15	16	16	16	14	14	14	14	14	14	13	13	3	3	3	3
其中	省属企业	1	1	1	1	1	1	1	1	1	1	1	1	1	1	—	—	—	—
	县属企业	12	14	14	15	15	15	13	13	13	13	13	13	12	12	—	—	—	—
二、集体企业		54	54	54	57	63	62	58	43	39	30	25	11	5	5	—	—	—	—
其中	县属集体企业	28	28	27	27	28	28	28	27	24	20	15	11	5	5	—	—	—	—
	乡镇集体企业	26	26	27	30	35	34	30	16	15	10	10	—	—	—	—	—	—	—
三、股份制企业		—	—	—	—	—	—	—	10	5	22	—	7	—	—	—	—	—	—
四、私营企业		—		—	—	—	—	—	—	100	144	112	71	70	73	73	77	78	80
五、联营企业		—	—	—	—	—	—	—	—	10	23	—	—	—	—	—	—	—	—
六、个体工业户		1653	2133	2678	3667	3884	3437	2383	786	1217	1561	1837	1160	1146	1175	1187	1212	1217	1248
七、规模以上私营企业		—	—	—	—	—	—	—	—	—	—	—	—	15	15	21	25	25	28

注：规模以上私营企业指年销售收入在500万元以上的私营企业。

蓬安县国有及非国有规模以上工业企业新增固定资产及技术改造资金投入表

(1987~2006)

单位：万元

企业名称	企业性质	创办形式	固定资产投资	技术改造投入	合计	重组或新办时间	备注
总计			168449	31298	199747	—	—
自来水公司	国有	原企业	—	454	454	—	水处理设施及管网改造
马电公司	国有控股	原企业	30000	886	30886	—	大电站，调峰电站、电石厂投入
蓬安丝厂	国有	原企业	—	563	563	—	建织绸生产线投入
织布厂	国有	原企业	—	270	270	—	建印染生产线投入
麻纺厂	国有	新增	1389	—	1389	1986	1986 年至 1987 年新建麻纺厂投入
果品厂	国有	新增	843	—	843	1986	1986 年至 1987 年新建果品厂投入
汽车改装厂	集体转国有	原企业	—	4300	4300	—	1990 年以来三次技改投入
蓬安钢厂	集体	新增	5400	—	5400	1993	—
蓬安烟厂	国有	原企业	—	5643	5643	—	1995 年技改投入
面粉公司	国有	原企业	—	3800	3800	1993	1992 年建新厂房及设施投入
嘉宝汽车	股份	原汽改厂	—	1400	1400	2005 年转民营	2001 年新建重庆万方公司投入
天然气公司	国有	新增	1400	1000	2400	—	1997 年新建，2006 年技改投入
自来水公司	国有	原企业	—	332	332	—	河舒、锦屏管网新增投入
可口爽公司	私营	民营	230	—	230	2000	2000 年购买果品厂投入
马电公司	国有控股	原企业	—	2800	2800	—	农网、域网改造投入
嘉兴砂石	私营	新增入股兴办	250	—	250	2005	资产、设备入股
兴华药业	私营	改制企业	167	950	1117	2002	购买企业及 2004 年技改
金溪航电	国有控股	省、县入股联办	116000	—	116000	2003	2003 年 6 月开工，2007 年完工，省 90%股份，县 10%股份
航星钢铁	私营	资产重组	1120	2000	3120	2002	购买钢厂及技改投入
金坛电化	私营	新增	1400	—	1400	2006	—
金鹰电化	私营	购买股权新增投入	2000	1800	3800	2005	金坛公司购买马电电石厂转让

续表

企业名称	企业性质	创办形式	固定资产投资	技术改造投入	合计	重组或新办时间	备注
恒诚冶金	私营	新办	1800	400	2200	2005	
齐祥食品	私营	资产重组	240	300	540	2002	购买肉联厂及技改投入
兴宏鞋业	台资	新办	1500	—	1500	2006	
相如藤艺	私营	资产重组	50	230	280	2006	购买烟厂部分资产及技改投入
天杰普华	私营	新办	1600	—	1600	2006	饲料工业项目
金华纺织	私营	资产重组	60	3740	3800	2003	购买麻纺厂部分资产及技改投入
海峡丝绸	私营	资产重组	370	100	470	2003	购买原丝厂缫丝生产线
赛克斯纺织	私营	资产重组	170	100	270	2003	购买原丝厂织绸生产线
泰兴纺织	私营	资产重组	90	200	290	2003	购买织布厂织布车间
逸丰源科技	私营	新建	2300	—	2300	2006	葛根、红薯深加工项目
巨农农业	私营	重组新办	70	30	100	2004	农业产业化企业饲料生产部分

注：1.规模以上工业企业指年销售收入在500万元以上的工业企业。

2.本表不含乡级及其以下工业企业。

3.二轻和农业局、畜牧局、水电局所管理的集体企业新增固定资产和技术改造资金投入总额在1000万元以内，本表未作统计。

4.县酒厂技改投入因缺乏资料未作统计，技改总资金在500万元以下。

工业门类

1986年，蓬安县主要有电力、食品、机械、建材、印刷等12个工业门类。1992年，工业门类增至16个。1993年至1999年，衡器、沙砖、服装、麻袋等行业产品相继淘汰。2006年，蓬安县工业门类减至12个，生产13个批量工业产品。

【烟草业】 1986年8月，蓬安烟厂更名为“蓬安雪茄烟厂”。1991年7月，蓬安烟厂定为地区中型企业，11月，烟厂通过检查验收，定为“四川省全面质量达标企业”。1993年，县烟厂占地面积84亩，固定资产5188万元，具有三级质量检测站的全套设备和卷烟、雪茄烟生产线2条，年生产能力可达10万箱。1994年，烟厂完成工业总产值3463万元，比1993年增长10.25%，上缴税金1472万元。1995年至1996年，总投资5600万元，进行技术改造。技改后，固定资产达到16706万元，共有专用设备310台套，形成年制烟20万箱，卷接包10万箱的生产能力。生产的“天府牌”雪茄烟和咀“丝绸城”“万卷楼”“红花”价廉物美，深受省内外消费者欢迎，产品销售东北、华北等地。1996年，生产卷烟3.6万箱，实现工业总产值6980万元，销售收入7120万元，创利税4120万元。1997年，蓬安烟厂上缴税金达3801万元，占当年县财政可用财力的44%。国家实行分税制，卷烟省外销售受阻，生产量减少。1998年，上缴税金1909万元，占当年县财政可用财力的22%。1999年，实现销售收入5654万元，上缴税金2000万元，占当年财政可用财力的24%。是年，蓬安烟厂资产负债率高达113.7%，被列为四川省烟草行业首批调整范围，12月31日，蓬安烟厂停产。2003年，依法宣告破产。

【食品工业】 1986年，蓬安县食品工业有县肉联厂、县酒厂、米面加工厂、果品厂、保宁醋蓬安分厂。1989年，县肉联厂生产“带皮白条肉”，被省商业厅评为省优质产品，白条肉、分割肉远销俄罗斯。1991年，县酒厂开发的“川安牌”彩虹鸡尾酒列为四川省重点科技开发项目，被选为四川省七届人大四次会议专供商品，12月，被法国艾登公司选为大型国际招待宴会特供商品。县果品厂生产的广柑浓缩汁、冷磨芳香油、果品罐头、果酒等远销省内外，与川北医学院、华西医科大学联合开发的桑葚口服液获国际国内大奖。“九五”计划期间，市场竞争激烈，县食品工业企业债务沉重，流动资金严重不足，新产品无法批量生产，生产经营受阻。2000年至2003年，食品企业全部完成所有制改革。2006年，一批有实力的外来企业落户蓬安，蓬安食品焕发生机。

蓬安县酒厂　1986年，蓬安酒厂有职工212人，固定资产300余万元，生产经营白酒、大小曲酒、果酒、冷饮食品等，产酒2440吨，产值421万元，创利税176万元。1991年，因开发“鸡尾酒”投资规模过大，加之技术跟不上等原因，造成直接经济损失140多万元。1993年，全厂占地面积4.3公顷，拥有固定资产525万元，年产销各类酒达2500吨，有职工254人，制酒设备34台套，分设总厂和兴旺、罗家、徐家等、金溪等7个分厂。1995年6月，县酒厂划分出资产和职工，成立南充相如酒厂，隶属县商贸委，与县酒厂分离经营。1996年，蓬安县酒厂债务累计达1929万元，是企业净资产的14倍，罗家、巨龙、徐家、利溪、兴旺等分厂全部停产。1999年，企业净资产295.4万元，负债415万元。2000年5月，县酒厂依法破产。2002年，蓬安县酿酒工业仅有4户规模较小的企业，从业人员53人，有35户私营酿酒小作坊。私营酿酒业生产白酒为654吨，2004年达到975吨，产品主要在本县市场销售，2006年，全县酒类生产仍以众多小酒厂作坊生产为主。

蓬安县果品厂　1986年，在龙角山下木桥湾兴建蓬安县果品厂，占地面积1.8公顷，建筑面积6730平方米，固定资产843万元，有职工110人，其中技术人员19人。引进瑞典阿法—拉伐国际有限公司浓缩果汁成套设备，年可处理水果10000吨，是年调试生产。1993年，因流动资金不足、原南充地区各县重复建设果品加工厂、农产品收购原料缺乏，设备利用率仅15%，年生产浓缩汁仅800吨左右，企业亏损严重。至1994年，累计亏损1637.93万元，5月申请破产，8月，县法院裁定依法破产。

东太实业公司　1994年，以健达营养补剂液厂的资产和果品厂尚未处置的资产，重组东太实业公司。1999年，东太公司改制，企业整体出售。

蓬安县可口爽有限责任公司　2000年，原果品厂厂长腾明贵整体收购县果品厂全部资产，组建蓬安县可口爽有限责任公司，2001年，恢复生产。2002年，处置水果10000吨，创产值1000万元，实现利税150万元。2006年，实现工业增加值1165万元。

蓬安县肉联厂　1986年，蓬安县食品公司肉联厂实现总产值692.8万元，税利197.5万元。1988年，生产各类肉食品686万公斤，实现销售收入2469万元，实现利税530万元。1990年，库存积压，产品滞销，亏损201万元。1991年，生产经营恢复正常，当年盈利22万元，评为南充地区先进企业。1995年后，市场行情变化，流动资金不足，原料缺乏，企业处于停产、半停产状况，严重亏损，总资产657万元，负债1345万元，1999年，依法破产。

蓬安齐祥食品公司　2002年，成都客商黄万灿以240万元整体收购县肉联厂全部资产，组建蓬安县齐祥食品公司，先后投入资金300万元，对生产设施进行技改。2004年，出资163万元，整体收购县食品公司尚存资产和原7个区食品站全部资产，重组7个区食品站，形成收购、生产、经营产业链。2005年，宰生猪2.1万头。2006年，宰生猪1.9万头，实现销售收入1800万元。

保宁醋蓬安分厂　1986年3月，破土动工，12月，建成投产，占地1.7公顷，有职工89人，主产保宁醋、酱油，年产值80万元。1999年，企业总资产333万元，负债514万元。2002年，企业解体出售。

蓬安面粉公司　1986年，蓬安县米面加工厂，购置粮食加工成套设备，形成大米生产规模。1992年，总投资3800万元，引进、吸收瑞士布勒公司面粉设备生产技术，购置国内先进的面粉生产机械化作业流水线成套设备，1993年，技术改造竣工投产，更名为蓬安县面粉公司。1995年，生产面粉8000吨，实现销售收入1600万元。2002年，完成工业总产值2614万元，实现销售收入2962万元。由于技改投入大，负债重，生产量不足，企业出现严重亏损，2003年停产，企业固定资产1400万元，累计负债4100万元。2004年10月，企业依法破产。

蓬安县植物油厂　1986年，形成年加工油菜籽500吨生产能力，企业职工人数186人。1999年10月停产，企业总资产274万元，总负债892万元。2001年5月，依法破产。

彭州绿源实业有限公司　2003年3月18日，破产后的植物油厂利用现有设施引进彭州绿源实业有限公司租赁经营，从事植物油生产、加工。经营三年，严重亏损，2006年，租用合同期满，不再续租。

蓬安县油脂有限责任公司　2006年底，植物油厂职工乔彬出资70万元，整体收购县植物油厂组建蓬安县油脂有限责任公司。

蓬安县万岁食品有限公司　2005年12月，由个人投资创办于蓬安县河舒镇，固定资产400万元，流动资金100万元，员工46人。公司实行机械化、半机械化作业，生产豆腐、豆干、方便食品等大豆制品，年加工大豆1080吨。2006年，加工大豆1100吨。

蓬安巨龙农业发展公司　2004年8月，私营企业巨龙农业发展公司出资70万元，收购县饲料公司位于青龙嘴村一处资产，从事高科技能源生态工程和生态型农业循环经济产业。2006年，正式投产，有员工80人，厂房5000平方米，稻米加工设备17台套，年加工大米1万吨；饲料生产设备4台套，年生产饲料10万吨。

四川蓬安逸丰源生产科技有限公司　2006年，蓬安县招商引资企业，引进逸丰源生产科技有限公司落户蓬安轻纺食品工业园区，该厂占地5.2公顷，注册资金1000万元，项目总投资4300万元，公司有职工68人，其中工程技术人员8人。第一期工程厂房已建成，建筑面积1600平方米，办公、后勤及生产用房1970平方米，设备安装调试就绪。主要从事红薯、葛根初深加工和产品综合开发，产品有葛根精粉、速溶葛根晶、精制红薯淀粉、红薯粉丝、葛根复合粉丝、葛根异黄酮、葛根“三抗”（抗辐射、抗疲劳、抗氧化）胶囊等。

南充健宇食品公司 2005年，南充健宇食品有限公司落户蓬安工业园区。2006年建成投产，总投资3000万元，占地2公顷，有员工45人。公司投资3000万元技改，拥有日生产瓶装纯净水50万瓶、日生产瓶装碳酸饮料1万瓶、日生产植物蛋白饮料2万瓶、日生产茶饮料2万瓶4条生产线，年可实现销售收入2000万元左右。公司生产“极点”系列瓶装饮用纯净水已开辟南充、广安、遂宁、达州、巴中、广元等地市场。

【机械冶金工业】 1986年，蓬安县有3家机械工业企业，没有冶金企业。1993年，兴建冶金企业蓬安县钢铁厂。2006年，有机械冶金企业7户，实现销售收入9.3亿元，入库税金830万元。

蓬安县红旗机械厂 1986年，红旗机械厂有职工126人，占地面积9840平方米，厂房面积6840平方米。设有锻工、铸工、铆焊、金工和装配5个车间，各种专用设备83台套，固定资产净值110万元。主要从事农机具修造，能生产25毫米万能摇臂钻床、37型饲料粉碎机。企业技改开发新产品，试制出生产灰砂砖用设备蒸压釜。1987年，四川省劳动厅对蒸压釜进行质量检测验收，颁发“第一、二类压力容器制造许可证”，产品远销湖南、青海等地，实现工业总产值79万元，利润2900元，上交税金4万元。1992年，页岩砖占领建筑市场，灰砂砖逐渐淘汰，蒸压釜严重滞销，企业处于半停产状态。1999年10月，县红旗机械厂改制解体。

四川嘉宝汽车有限责任公司 1986年9月，蓬安县汽车配件厂成功开发出“长安牌”SC1010A微型双排座载货汽车，11月，与长安机器厂签约，共同开发SC1010A微型双排座载货汽车，使用长安商标，不收商标费，产品被列为四川省1987年新产品开发项目。1988年至1989年，先后与陕西飞机制造公司、国营朝阳机械制造厂等建立横向经济技术协作关系，为其生产配件产品。1990年3月，县汽车配件厂被重庆长安微型汽车联合体确定为定点生产厂家。是年11月，县汽配厂更名为四川川北汽车厂，隶属蓬安县经委，仍为集体所有制工业企业，当年实现工业总产值831.67万元、利润187.4万元，上缴税金54.9万元。12月，试制出4辆具有自主知识产权的“川北牌”NQG1020型厢式货车，并通过省级技术鉴定，纳入小批量生产，“川北牌”NQG1020轻型厢式货车、NQG5020、SXJ型税务稽查车列入国家汽车目录。1991年2月，四川川北汽车厂更名为南充汽车改装厂，3月，县政府决定，将汽改厂由集体所有制转为全民所有制。1994年，四川南充汽车改装厂更名为四川嘉宝汽车公司，保留四川南充汽车改装厂牌子。1995年12月，嘉宝汽车公司改制，公司产权由国家、集体持股两部分组成，更名为四川嘉宝汽车有限责任公司。1996年7月，企业恢复“四川嘉宝汽车公司”，与嘉宝汽车有限责任公司实行一个企业、两块牌子。1997年3月，第二次出售股权299.29万元。股本金从570万元调整为620.26万元。1999年，转换企业经营机制，职工百分之百转变国有企业身份，解除国有企业劳动合同关系，实行安置。企业资产重组，实行股份制运作，总股本金620.26万元，其中国有股60.12万元，企业股东428人。2002年4月，公司召开第三届股东大会，完善了企业法人治理结构，当年实现工业总产值9593万元，销售收入4930万元，实现利润210万元，上缴税金555万元。2003年6月，嘉宝公司投资的重庆万方汽车部件有限公司正式建成。12月，重庆客商张益佳与县政府签约应聘，入驻嘉宝公司，担任企业董事长，开展为期一年的托管工作。2004年12月，张益佳较好地完成应聘任务，实现销售收入7166万元，上缴税金560万元。2005年1月25日，县政府决定对嘉宝公司国有股份60.2万元公开拍卖，企业职工梅质军等出资200万元购买国有股份，自此，嘉宝公司由国有控股企业转变为民营股份制企业。2006年，公司占地面积4.9公顷，厂房面积38000平方米，职工住房面积26000平方米，拥有固定资产1.05亿元，职工526人，其中股东426人，完成工业总产值13500万元，实现销售收入12200万元，实现利润110万元，上缴税金521万元。

蓬安县天府机器有限责任公司 1986年，蓬安县农机修造厂有固定资产原值122.77万元，流动资金124.62万元，职工人数165人，主要生产饲料粉碎机，实现产品销售收入115.99万元，利税总额25.5万元。1990年5月，企业更名为蓬安县天府机器厂，主要生产9FQ–40型饲料粉碎机和小型饲料加工成套设备，年产量达1.3万台，产品质量居全国同行前茅，畅销全国各地，远销莫桑比克，被联合国粮农组织选定为援助产品之一。1992年，企业被列为南充地区百户重点企业之一。1994年，改制为四川蓬安天府机器有限责任公司。1999年，实现工业总产值866万元，销售收入707万元，实现工业增加值283万元，利税41.6万元。2003年，企业产权制度改革，全部资产以230万元整体出售给成都客商高兴贵。

四川惠隆装备制造有限公司　2006年，成都客商高兴贵将所购买的天府机器有限公司全部资产有偿转让给穗隆公司，穗隆公司同时收购破产企业县烟厂新厂区全部资产，整合后成立四川穗隆农业装备有限公司，组建新的私营企业，注册资金1500万元，总资产2200万元，占地面积13800平方米，建筑面积21200平方米，有装配微型耕整机、收割机和生产饲料粉碎机的主要机器设备65台套，生产能力为年装配收割机1000台，微耕机1000台，生产粉碎机1500台。

蓬安县钢铁厂　1993年6月，正式动工兴建，1997年建成。厂房面积12998.09平方米，办公及附属设施用房7339.94平方米，建成日产150立方米制氧生产线和年产钢3万吨的炼钢生产线一条及计量检测配套设施，架设35千伏高压专线至厂变电站，冶炼制氧的供电设备安装完毕，轧钢供电设备配套。厂内建有日产300立方米深水泵供水站2个，直径500毫米×3轧钢生产线的加热炉和主机安装基本完成。直径300毫米、直径500毫米轧钢生产线下半套设备，主体工程基本就绪后，进行废旧钢铁冶炼试运行，生产钢锭。因成本较高，轧钢生产不配套停产。2001年，蓬安钢厂依法破产。

蓬安县航星钢铁公司　2001年，福建客商刘亨清与钢厂达成租赁经营协议，投入技改资金，购置安装配套轧钢设备，恢复生产。2003年5月，刘亨清再出资1200万元，整体收购蓬安钢厂全部资产，组建四川蓬安航星钢铁公司，先后投资4000万元，实施一、二、三期技改扩能，对原有15吨电弧炉进行技改，新增30吨中型电炉2套。2005年，公司固定资产达7000万元，建筑面积10000平方米，占地面积5.5公顷，企业员工228人。2006年，生产钢材4万吨，实现销售收入9000万元，上缴税金102.4万元。

蓬安金坛电化有限责任公司　1993年，马电投资建设电化厂，1995年建成投产，有职工110人，由于严重亏损，2002年停产。2003年5月，引进达州熠辉冶金有限责任公司盘活电化厂存量资产组建私营企业，租赁给外地客商李平，组建恒兴冶金实业公司，仍未扭转企业困境局面，县政府决定依法终止与恒兴的合作。2003年5月招商引资，达州熠辉公司出资800万元，整体收购马电电化厂全部资产组建南充金坛电化公司，盘活原企业存量资产1200万元，是年6月投产。2005年10月，金坛电化公司总经理汤其华（女）决定将该公司的全部股权有偿转让，四川金鹰电化有限责任公司整体购买金坛电化公司全部资产。2006年3月，汤其华在蓬安机械冶金工业园区征地2.7公顷，投资1000万元，新办铁合金生产企业，企业名称为蓬安金坛冶金有限责任公司。是年生产高碳铬铁5000吨，销售收入5000万元，上缴税金16.7万元，企业总资产达2000万元。

蓬安金鹰电化有限公司　2005年10月，四川金鹰电化有限公司收购汤其华的蓬安金坛电化有限责任公司股权，成立蓬安金鹰电化有限公司，该公司属四川金鹰电化有限公司的全资子公司。公司投资900万元，进行炉体扩能改造，添置环保除尘设备，扩大生产能力。2006年，生产高碳铬铁1.8万吨，实现销售收入16000万元，上缴税金191.7万元。

蓬安县恒诚冶金公司　2005年12月，达州客商彭贵才投资600万元，创办蓬安县恒诚冶金有限公司。2006年年初开工建设。企业占地2公顷，招收员工116人，是年上缴税金38.2万元。

【纺织服装工业】　1986年，有县织布厂、麻纺织厂和红旗、红星、红光三个小型服装厂。1992年，县佳欣染织厂、红帆服装公司、县丝绸厂金龙服装公司建成投产，全县初步形成麻纺、织布、印染、服装生产的轻纺工业格局。是年生产麻袋200万条、布匹565万米、服装58.85万件。

1996年后，全行业均出现严重亏损。1997年，旧城改造服装厂拆除。1999年后，企业改制出售。外地客商先后出资购买县麻纺厂、佳欣染织厂，组建金华、泰兴2家公司。2006年，全行业生产棉纱3800吨，棉布混纺布863万米，实现销售收入6010万元。

红光被服厂　1986年，红光被服厂位于蓬安县磨子街三段，占地面积2500平方米，建筑面积2250平方米，年产服装28000件，实现产值80万元。1997年旧城改造，服装生产停产。1998年，红光被服厂整体出售。

红星服装厂　1986年，红星服装厂位于蓬安县磨子街三段，占地面积129平方米，建设面积199平方米，固定资产原值9.32万元，1997年旧城改造，红星服装厂整体出售。

红旗服装厂　1986年，有生产用房150平方米，有缝纫机28台、裁剪机1台、锁边机2台。1997年，旧城改造，红旗服装厂整体出售。

蓬安县佳欣染织厂　1986年，县织布厂由集体企业转为国营企业，企业建筑面积8535平方米，固定资产原值212万元，有职工384人，生产7个产品，年总产值190万元，利税7.6万元。1989年玻纤布投入生产。1991年至1992年，投资270万元，进行技改。技改后占地面积29600平方米，建筑面积为22527平方米，有固定资产467万元。职工966人，年可产涤、棉布500.18万米，改名佳欣染织服装厂。1999年，实现工业总产值571万元，实现销售收入443万元，亏损49万元。2003年7月，县佳欣染织服装厂破产。

蓬安县泰兴纺织有限公司　2003年8月，重庆客商查良清出资90万元购买县佳欣染织厂部分资产组建泰兴纺织公司。企业占地面积12275平方米，建筑面积6864平方米，员工270人，年产棉纱540吨，棉布、混纺布450米。2006年，实现销售收入3991万元，实现工业增加值1581万元，上缴税金18万元。

蓬安县佳欣染织厂红帆服装公司　1992年筹建，1993年投产，产服装15万套。1997年，公司实行租赁经营。2003年7月解体。

蓬安县丝绸厂金龙服装公司　1993年，蓬安丝绸厂投资建设金龙服装公司，年产丝绸服装10万件，产品销售省内外。2003年，县丝绸厂破产，金龙服装公司解体。

蓬安县麻纺织厂　1986年6月，蓬安县织布厂扩建麻袋车间，12月，县政府决定新建蓬安县麻纺织厂，属全民所有制企业，1988年1月投产，有职工699人，生产麻袋123.45万条。1993年年初，全厂占地面积3.7公顷，建筑面积2100平方米，固定资产1389万元，年生产能力可达800万条麻袋，时有职工1054人。1995年11月25日破产。

蓬安县亨达纺织公司　1996年5月，县政府批准麻纺厂破产后的尚存资产重组蓬安县亨达纺织公司，6月20日恢复生产。1998年9月，两年半时间又亏损161.79万元，县政府公开招标，对亨达公司租赁经营，张能树中标后投入生产，仍出现亏损。1999年年底，张能树中止租赁合同。2000年初停产，5月13日解体。

蓬安县金华纺织有限公司　2003年4月，南充客商何正军收购县麻纺厂，成立南充金华纺织有限公司，投资2400万元，购进纺纱3万锭全套机器设备，10月投产。2004年，生产棉纱2589.14吨，实现销售收入2700万元，被南充市委、市政府评选为“优秀民营企业”“再就业先进企业”。2005年，生产棉纱3137吨，实现销售收入3100万元。2006年，生产棉纱2878吨，实现销售收入2019万元。

【丝绸工业】　1986年，蓬安有国有丝绸企业县丝绸厂和乡镇企业会龙（利溪）丝厂两家。1996年，两家企业出现亏损。1999年，两家企业改制。2006年，全行业生产生丝330吨，丝织品401万米，销售收入7400余万元。

蓬安丝绸厂　1986年10月，蓬安县丝厂因增加织绸，更名为蓬安县丝绸厂。1987年，县丝绸厂有职工1465人，缫丝规模达5200绪，织机100台，实现工业总产值548.56万元，实现利税144.02

万元。1992年，丝绸厂组建金龙设备制造安装公司、金龙服装公司。丝绸厂占地面积达80000平方米，建筑面积49000平方米，有职工2300人。固定资产2316万元，流动资金1500万元，缫丝生产规模达8200绪，织机设备100台，高速平缝机30台，年产蚕丝170吨，丝织品150万米，丝绸成衣10万件，CS系列丝棉机100台，滞头机200台，实现工业总产值3300万元，税利550万元，交税200万元，成为轻纺行列中型企业和外贸出口定点厂家。2002年，县丝绸厂完成工业总产值3314万元，实现销售收入2316万元，上缴税金93万元。2003年年初，累计负债7244万元，总资产评估值为3164万元，资产负债率高达228.9%。3月，蓬安丝绸厂依法破产。

蓬安县海峡丝绸有限公司　2003年4月，南充私营业主弋光全出资370万元购买原蓬安丝绸厂缫丝生产线，重组蓬安县海峡丝绸有限公司，当年投入生产。2005年3月，海峡公司业主弋光全将企业租赁给浙江台州路桥纺织机械厂私营业主罗华法独资经营，实现销售收入3500万元，入库税金60万元。2006年，上缴税金65.6万元。

四川南充赛克斯纺织有限责任公司　2003年5月，南充客商张道伟、刘定金二人收购原蓬安丝绸厂织绸生产线，组建南充赛克斯纺织有限责任公司，新增投入200万元，购置新设备45台套，年织绸能力达200万米。2005年，生产各类丝绸面料150万米；2006年，生产157万米，上缴税金21.7万元。

蓬安县会龙丝绸厂　位于蓬安县利溪镇的蓬安县会龙丝绸厂，因龙蚕（原会龙）乡蚕桑种植有名而立项建厂故名蓬安县会龙丝厂。1986年，原河舒区9个乡镇投资建厂资金作为企业股份，按股分红。会龙联办丝厂由乡镇企业局代管。1992年10月，蓬安县会龙丝厂被列为南充地区重点企业。1993年年初，企业技改新上32万米织绸生产线后更名为蓬安县会龙丝绸厂。1995年，实现工业总产值2000万元，交税100万元。1999年，有净资产670万元，负债1070万元。2000年年初，蓬安会龙丝绸厂以资抵债、返租经营，将企业生产车间租给南充客商张志强，年租金10万元，300名职工重新上岗。2001年12月停产。2002年6月至2003年10月，县蚕业局组织生产加工生丝，年产生丝20吨。2003年10月，又将厂房、设备租给南充客商钟诚。

蓬安县金伟丝绸有限公司　2004年5月，赛克斯纺织公司张道伟租用蓬安会龙丝绸厂厂房及设备，组建蓬安县金伟纺织公司。主要生产白厂丝、双宫丝。2006年，生产生丝90吨，实现销售收入1620万元。

【轻化工业】　1986年，蓬安县有造漆厂、化学厂和塑料厂三家小规模轻化工企业。1989年，县供销合作社投资735万元与南充联办氮肥厂。1995年后，4家企业先后改制解体。1998年至2006年，先后创办蓬安县橡胶厂、蓬安县制氧厂和相如藤艺有限公司。

蓬安县塑料厂　1986年，蓬安县塑料厂系二轻集体企业锦屏布鞋厂搬至周口城北路更名，有职工80人，固定资产110万元，专业生产布鞋、塑料凉鞋。是年，生产布鞋5.08万双，塑料凉鞋91万双，完成工业总产值224万元，实现利润18.5万元。1994年，生产布鞋5.06万双，塑料凉鞋30.44万双，实现销售63.7万元，当年亏损12万元。1999年，实现工业总产值86.7万元，工业增加值26.7万元，销售收入80.4万元，入库税金3.1万元。2000年，蓬安县塑料厂改制。

蓬安县同心橡胶制品厂　1992年，广安客商田开成、田开春投资10万元租用县二建司厂房成立蓬安县橡胶厂，生产橡胶灰桶。1996年，投资200万元购置设备、扩大生产规模，更名为同心橡胶制品厂。2005年，投资1400万元重新征地，建厂房，新增两条生产流水线。2006年，生产橡胶灰桶400万个，实现销售收入900余万元，上缴税金30万元。

蓬州制氧厂　1998年，创办蓬州制氧厂，占地面积2700平方米，建筑面积1000平方米，有主要机器设备20台套。2006年，实现销售收入736万元，工业增加值245万元，入库税金15.1万元。

蓬安县相如藤艺有限公司　2006年，私营业主王志伟、吕仕彬共同投资967万元，收购烟厂破产后部分厂房和老办公楼等作生产场地，创办相如藤艺有限公司。占地面积1公顷，有员工105

人，有机器设备30台套，生产各种款式的藤编工艺制品。是年实现销售收入3000万元，利税近80万元。

蓬安县造漆厂 1986年，该厂有固定资产57.13万元，流动资金83.36万元，职工46人，实现销售收入37.80万元。是年，与成都造漆总厂横向经济联合，生产各类油漆1200吨。1987年至1994年，连年亏损。1995年停产，1997年出售资产解体。

蓬安县化学厂 1986年，蓬安县化学厂生产三十烷醇340吨，产值34万元。1988年至1998年，蓬安县化学厂生产的复合肥严重滞销，运行艰难。1999年，蓬安化学厂实现工业总产值529万元，增加值82万元，累计负债490万元。2000年，整体出售解体。

蓬安南充联办氮肥厂 1989年，蓬安县投资735万元，与南充县联办氮肥厂。1990年10月投产。1993年1月底，蓬安累计分碳氨4万吨，分税315万元。因企业改制，联办合同终止，善后事宜由南充县处置。

【建材工业】 1986年，蓬安县有两家建材企业。1987年至1998年，两家集体建材企业先后建成投产。1999年后，个人投资办建材工业蓬勃兴起。2000年后国有、集体企业先后改制解体或有偿转让，建材工业均为个体私营企业。2004年，全县有砖、瓦、石材建筑企业25家，其中较大规模的4家，形成全县建材工业新的格局。2006年，全县建材工业企业上缴税金48.1万元。

一建司砂砖厂 1986年，有固定资产38.84万元，流动资金527.71万元，职工958人。实现销售收入147.41万元，利税总额48.32万元，其中利润33.29万元。后来，页岩砖出现，砂砖滞销，1997年转产，建白云瓷砖厂，生产外墙砖。因产品质量差，品种单一，年销售收入仅30万元。2001年，企业改制出售。

一建司建材厂 一建司建材厂位于今相如镇黎家店村，占地50亩。1986年，日产页岩砖8万块，月产180万块。2000年，企业改制，生产场地、设备对外出租承包给个人经营。2001年，随一建司企业改制为股份制经营。2006年，仍生产建材。

二建司砖厂 二建司砖厂位于相如镇铧厂村，1987年建成投产，年产页岩砖1200万块。1988年实现总产值78.6万元，销售收入78万元，利润10.6万元，上缴税金8.2万元。2000年，企业总资产220万元，总负债257万元。2003年改制出售。

荣兴页岩砖厂 1998年建成投产，企业总资产200万元，流动资金50万元，占地面积13000平方米，设备40台套，从业人员40人，年产页岩砖1000万块，预制构件3000立方米。2003年因亏损解体。

蓬安县四通瓷砖厂 2002年12月，业主陶继辉等投资兴办，位于蓬安县河舒镇。注册资金150万元，占地面积10000平方米，建筑面积4000平方米，机器设备17台套，从业人员65人。先期生产白色外墙瓷砖，2004年转产，生产琉璃瓦，日产400平方米。2006年，实现销售收入120万元，税金2万元。

恒基水泥制品厂 2000年10月，业主王东整体购买一建司预制厂，重建恒基水泥制品厂。企业占地面积9800平方米，建筑面积800平方米，有机具设备80台套，从业人员38人，总资产510万元，年生产预制构件8000立方米，工程排水管3万立方米。2006年，实现销售收入800万元。

蓬安县嘉兴砂石有限公司 2003年，组建的私营合伙企业，位于相如镇彭家沟村原造船厂码头，总资产800万元。有500吨采砂船2艘、运输船只200余艘，从业人员310人，年产砂石200万立方米。2006年，实现销售收入500万元。

【饲料工业】 1986年，蓬安县仅一家饲料加工企业，2003年破产。2004年至2006年，先后两户饲料加工企业落户蓬安。

蓬安县饲料公司 1986年，县粮食局办国营县饲料公司，占地1.5公顷，日产饲料60吨。2002年，企业总资产287万元，总负债445万元，2003年1月26日，依法破产。

南充天杰普华饲料有限公司　2006年初，落户蓬安，位于蓬安县冶金机械工业园区，占地面积2.3公顷，总投资达1600万元，设计能力年生产饲料12万吨，11月建成投产。

蓬安县巨龙农业发展公司　私营企业，2006年投产，年产饲料10万吨。

【医药工业】　蓬安县兴发药业公司是蓬安唯一的一家医药企业。1986年，兽用药品集体企业——711制药厂和蓬安县新征制药厂更名为蓬安兽药厂。1992年9月，投资225万元购买县土产公司果品厂为蓬安兽药厂新址。1993年初，厂房改扩建竣工，正式投入生产。1995年，企业改制为股份制企业，更名为蓬安兴华药业有限责任公司。1999年，企业固定资产665万元，负债1100万元，企业整体出售。2000年7月，蓬安兴华药业有限责任公司职工罗中华出资167万元整体购买企业全部资产，重组四川兴华药业公司。2005年，新增投入950万元，12月通过农业部产品质量管理规范化（GMP）达标验收，获农业部颁发的兽药生产许可证。公司占地1.3公顷，总资产1370万元，各类机器设备360台套，5条生产线，能生产抗菌消炎、解热镇痛、驱虫健胃、组织代谢、拟胆碱、清热解毒、止泻消肿、增强免疫力等8大类100余个不同规格的兽药品种，产品远销云南、贵州、重庆、黑龙江、辽宁、陕西、河南等20多个省市。先后研制出“感康注射液”“特效米酰注射液”等新产品，获得专利和国家新产品博览会金奖。2006年，实现销售收入500万元，上缴税金3.2万元。

【印刷包装业】　1986年，蓬安县有印刷包装集体企业5家，分属二轻局和乡镇局。2001年全部改制。2006年，全县私人经营的小型作坊式印刷厂若干家，分布全县。

锦屏彩塑装潢厂　1986年，属乡镇局管辖，有职工160人，全自动印刷机一套，半自动印刷机5台，凸印机5台及制版、吹塑、真空镀膜等全套设备，能承印画册、书刊、教材等业务，产品销往重庆、成都。1999年，资产总额1010万元，负债925万元。2000年，改制解体出售。

蓬安县印刷包装工业公司　1986年，二轻局属下有县印刷厂和印制一厂。县印刷厂固定资产205.76万元，时有职工141人，建筑面积7029平方米。有各类印刷机械设备83台（套），专业化生产纸制品、塑料印刷品和复合包装制品，花色品种达200多个。印制一厂规模较小。1992年3月，县二轻局决定将印刷厂与印制一厂合并，成立县印刷包装工业公司，保留县印刷厂牌子。1993年，印刷包装工业公司职工达到210人，年产值达300万元。1999年，实现工业总产值318万元，销售收入286万元，入库税金9.3万元，实现利润0.2万元。2000年改制解体，原厂址搞房地产开发。

蓬安县包装装潢厂　1986年，占地面积1公顷，职工51名，机器设备20台套，建筑面积2865平方米，固定资产26.45万元。以瓦楞纸、黄板纸为原料，生产各类外包装箱，年工业总产值50万元。年纳税额1万元。后因原材料涨价，产品滞销。从1990年开始，一直处于停产、半停产状态。2000年，改制解体。

蓬安县彩印厂　属县乡镇局管辖，从事普通印刷业务，企业规模小，效益较差。2001年，企业改制解体，出售资产安置43名职工。

乡镇企业

1986年，蓬安县大力发展乡镇企业。1991年，全县乡镇企业达到1.6万户，总产值达到2.3亿元。1992年，大部分乡镇企业亏损。1994年，县委大抓乡镇企业体制创新和机构调整，新上蓬安钢厂等项目，全县乡镇企业数量增加，周口镇乡镇企业总产值突破亿元，位居南充市乡镇企业重点乡镇第5位。1996年后，全县实施企业产权制度改革，引进资金、技术、人才，兴办民营企业。2006年，全县乡镇企业全民所有制1户，股份制2户，其余2.09万户均为私营企业或个体工商户。

【乡镇企业行业】　1986年，蓬安乡镇企业仅有原二轻局下划给各区、乡镇的铁业社、木业社、缝纫社和粮食局下放给各区、乡镇的粮油加工厂等，规模小、人员少、效益低。1990年后，乡镇企业发展迅速，主要行业有：建筑、建材、轻纺、冶金、食品、化学和商品流通业等。1995年，化学业停产，2000年，印刷业解体。建筑、冶金、食品、商品流通等行业迅速发展。2006年，全县乡镇企业主要有建筑、建材、丝绸、冶金、食品、流通等行业。

建筑业　1986年，乡镇企业建筑单位有第二建筑公司、第四建筑公司、红旗建筑公司(五建司)、巨龙建筑公司和睦坝、高庙、龙云、正源、金溪、石梁、开元、徐家、金甲、罗家、兴旺等11个建筑工程队，从业人员8626人，实现产值1569万元，年房屋竣工面积7万平方米。1996年，具有三级建筑资质的企业有第二建筑公司、蓬安建筑总公司、蓬安嘉陵建筑公司、第五建筑公司、河舒建筑公司等5家。2000年，二建司、县建筑总公司升为二级建筑企业。2006年，全县乡镇企业共有建筑企业200户，从业人员1920人，实现总产值5.3亿万元，营业收入5.1亿万元，资产总额2.2亿万元，固定资产净值1.4亿万元，负债总额4110万元，上缴税金690万元。

建材业　1986年，蓬安乡镇企业建材工业主要产品有页岩砖、预制构件、建筑涂料、砂石、琉璃瓦等。全县有乡镇砖瓦厂6个，从业人员150人，年生产青瓦642万块，砂砖723万块，青砖560万块，年产值120万元；乡镇沙石厂1处（锦屏镇砂石厂）；水泥制品厂1家；乡镇预制构件厂4家，以县乡镇企业局所属二建司预制厂规模最大，年产预制构件3000立方米，年产值达150万元。2000年以来，周口镇、河舒镇、锦屏镇利用区位和资源优势兴办民营建材企业，嘉兴砂石、四通瓷业、振泽木业先后在周口、河舒投资建设。2006年，乡镇砂石开采企业有4家，其中规模以上1家，从业人员118人；砖瓦、石材、水泥制品及其他建材企业23家，其中规模以上3家，从业人员1337人。砂石开采业实现总产值5441万元，砖瓦、石材及水泥制品实现总产值13589万元。

丝绸业　1993年，丝绸业主要是蓬安会龙丝绸厂。2000年，停产改制后成立民营金伟纺织公司。2006年，生产生丝90吨，实现销售收入1620万元。

服装业　1986年，县乡镇企业局的服装企业是蓬安县纺织服装公司，经过两年生产经营，生产的男女式各类服装合格率达75%，产品销售到省内外。1990年前，原二轻局下放到7个区的缝纫社及周口镇友谊服装厂8个集体服装企业，多为来料加工，无定型服装产品，亏损严重，不再从事服装生产。1990年后，全县乡镇服装生产均属个体经营。

印刷业　1986年，蓬安有锦屏彩塑装潢厂和蓬安彩印厂两家乡镇印刷企业。1993年，周口镇兴办福利印刷厂。2000年，彩塑装潢厂、蓬安彩印厂改制，福利印刷厂解体。

冶金业　1986年，蓬安无冶金工业。1997年，蓬安钢厂投产试运行成功，蓬安开始有冶金企业。2003年，钢厂整体出售。2006年，民营钢厂上缴税金260万元。

食品业　1986年，全县乡镇企业有7户集体所有制米面加工厂，县乡镇企业局兴办的州陵食品厂。1990年，乡镇食品企业处于停产半停产状态。1996年，乡镇酿酒均为个体加工作坊。2004年，全县乡镇酒类私营生产企业4家，从业人员53人。2005年12月，河舒镇万岁食品有限公司成立，生产豆制食品，开发“河舒豆腐”系列产品。利溪镇利远粉丝厂也建成投产，产品销售省内外。相如镇新华街曹氏豆干作坊生产的曹氏豆干，风味独特，产品多次获奖，销售情况较好。

化学工业　1986年，蓬安县化学厂生产复合肥。1990年后，停产。1993年，周口镇新办周口镇科农化工厂，生产治虫农药，因工艺落后，防治效果差，1995年停产。

商品流通业　1995年，乡镇企业从事商品流通的个体户为1964户，从业人员3414人，实现销售值20113万元。1996年后，全县各乡镇积极培育市场，乡镇商品流通业快速发展。2006年，全县乡镇企业从事商品流通个体经营户达5017户，从业人员7100人，实现销售值49058万元。

其他行业　乡镇企业其他行业指所属餐饮、娱乐、旅馆、农产品加工、修理等行业。1995年，全县为741户，从业人员2308人。随着小城镇建设整体推进，城镇人口增多，第三产业发展加快，2006年，全县餐饮、旅馆等第三产业达8023户，从业人员10350人，实现收入27614万元。

【重点乡镇企业】 1986年，蓬安县重点乡镇企业有河舒区9个乡镇联办的会龙丝厂和锦屏彩塑装潢厂。1997年，建成蓬安钢厂。县二建司及其建材厂、嘉陵建筑公司、供销总公司等被列为乡镇重点企业。2006年，重点乡镇企业数量增加。

蓬安县二建司 1996年，蓬安第二建筑公司有三级建筑资质等级，2000年，二建司升为二级建筑企业，先后在北京、兰州等地成立了分公司，与当地的大型建筑企业联姻，承接多处高层建筑的主体工程施工任务，成为蓬安外派劳务的窗口企业。至2006年，蓬安二建司先后承建蓬安钢厂、新车站、县医院门诊大楼和县委、县政府办公大楼等重点工程。

蓬安嘉陵建筑公司 1986年，蓬安嘉陵建筑公司原属锦屏镇的乡镇企业，1997年，搬迁到县城，注册资金达到1900万元，年建筑竣工8万平方米，年上缴税金200万元以上。2000年，嘉陵建筑公司改为蓬安东风房地产开发有限责任公司。至2006年，先后开发了城建大厦、衡器厂改造工程、政协综合楼、统战综合楼、琴台嘉都等。

科建建材公司 2006年，嘉陵建筑公司筹备投资2000万元创办科建建材公司，生产商品混泥土。一期工程投资1300万元，形成日产商品混凝土500立方米，年产量20万立方米的生产能力，除满足本县工业与民用建筑、公路桥梁建设对混凝土的需求，还向周边县工程建设提供混凝土。

蓬安县供销总公司 1986年，蓬安县供销总公司是县乡镇企业从事商品流通和第三产业的骨干企业。1997年，公司在南充、成都租用房屋，兴办南充奔驰宾馆和成都奔驰宾馆，成为蓬安县对外经济合作窗口。1998年，企业员工71人，占地面积1200平方米，建筑面积3463平方米，拥有固定资产原值160万元，年销售收入达800万元以上。公司兴办的“奔驰商场”曾评为县商品流通品牌企业。是年，改造成股份制企业，重组蓬安奔驰有限责任公司。至2006年，成为县乡镇企业局直属企业之一。

【乡镇企业管理】 1986年，蓬安县委、县政府加强乡镇企业管理，落实机构人员，制定规划措施，推进全县乡镇企业和农村经济发展。乡镇企业管理机构由过去管理型向指导、服务型转变，使企业成为市场主体，自主经营，自负盈亏，自我完善，加快发展。1989年，组织培训乡镇企业技术、财务、管理、营销等方面人员。1993年、1994年，县委组织乡镇到沿海学习乡镇企业发展经验。2001年，县委、县政府对县乡镇企业局及各区、乡镇发展乡镇企业实行目标管理，纳入农村经济综合目标管理考核。2006年，选派部分乡镇领导干部到发达地区挂职学习乡镇企业发展经验。

培训 1986年，县乡镇企业局创办蓬安县建筑技术学校，第一期招收2个班学员87人，开设政治、数学、建筑设计、建筑施工和建筑管理等课程。通过两年培训，许多学员毕业后成为技术骨干。1988年，因办学经费困难，县乡镇企业局与地区农业局协调，学员转到南充农校学习，完成学业。1986年至2006年，组织企业财务、管理、营销等方面人员培训，共计培训200多人。

管理 1986年，县乡镇企业局对直属企业和会龙丝厂实行经营目标承包管理，各乡镇政府对镇办集体企业实行承包管理。2000年，县委、县政府对乡镇企业发展实行目标管理，与县乡镇企业局及各乡镇下达乡镇企业发展任务，签订目标责任书，年底考核验收奖惩兑现。2001年，县委、县政府多次组织乡镇党委书记、乡镇长到省内德阳、绵阳、新都、广汉、什邡等地和沿海经济发达地区参观，学习发展乡镇企业的经验。2005年，县乡镇企业局被撤销，县经济局承担全县乡镇企业管理、服务工作职能。2006年，县委、县政府出台优惠政策，鼓励民营资本投资兴办乡镇企业，全县乡镇企业稳定发展。

工业园区

1993年，蓬安县在藤子沟火车站周边设立的工业开发区，纳入全省53个开发区管理。开发区主体部分位于蓬安火车站附近，总规划面积4.5平方千米，包括河舒镇工业区、锦屏高科技工业区和火车站综合区。2001年，开发区管理机构纳入政府管理，同时设立集中工业园。2005年年初，通过省发改委实地检查验收，蓬安工业开发区列为保留开发区，县政府实施“一区两园”，设管理公司管理园区内入驻企业。2006年，蓬安县开发区通过国家有关部委审核验收，国家发改委将“蓬安县工业开发区”更名为“四川省蓬安工业园区”。

【管理机构】 1993年，蓬安设置工业开发区工作委员会。2001年，改名为蓬安县开发区管理委员会，列为县政府事业机构，并在开发区设立集中工业园。2005年，改名为蓬安县工业园区管理委员会，同时，设立集中工业园区领导小组，在工业园区设立工业园区投资开发管理有限责任公司和工业发展融资担保有限责任公司，两个公司，一套人员，集中在园区办公，为招商引资入驻企业服务。2006年，蓬安工业园区管理委员会与入驻集中工业园区管理的两个公司各司其职、互相配合，共同担负工业园区管理工作。

蓬安县工业园区管理委员会　1993年3月，县委、县政府组建蓬安县开发区工作委员会（临时机构），工作人员18人，内设综合办公室、规划建设部、土地开发部、计划财务部。1996年转成正式管理机构，为正科级，工作人员10人，内设办公室、建设环保土地股、计财股、经济发展股。2001年12月，更名为蓬安县开发区管理委员会。2006年，蓬安县开发区管理委员会更名为四川蓬安工业园区管理委员会。更名后的四川蓬安工业园区管理委员会与工业园区有限责任公司各司其职，共同担负工业园区的管理工作。

1993年至2006年，戴云卿、王双全、谢衡、王云生、魏进能先后任主任。

工业园区投资开发管理有限责任公司、工业发展融资担保有限责任公司　2005年5月，成立“四川蓬安工业园区投资开发管理有限责任公司”“蓬安县工业发展融资担保有限责任公司”，两块牌子、一套机构，内设办公室、公安室、财务室、工程室。2006年4月，第一次董事会议选举财政局局长王润生任董事长。由此形成工业园区投资开发、建设和管理、日常协调服务的工作机构。

【工业园区管委会工作】 1993年，开发区工作委员会先后进行一级公路建设、征地拆迁、人员安置补偿等工作。1995年，统征开发区综合区的土地。1997年，提出招商引资优惠政策意见，服务入驻企业。2003年，加快园区周边配套设施，形成社会功能配套的建设区域。2006年，协助集中工业园区工作，负责集中工业园区以外的原开发区范围工作。

征地建设　1993年，开发区成立后，先后完成全长10千米的周河一级公路建设，清溪河大桥建设，火车站客、货站公路建设，真武街建设，工业小区和生活小区三纵两横支道建设，完成区内水、电、气、通讯、闭路电视畅通及绿化，亮化、场地平整等，实现“五通一平”。基础设施建设累计投资达3.68亿元，形成良好的投资环境，为蓬安招商引资打下基础。1995年，统征周口镇城南村3社全部土地，1997年年底，接管县铁办统征藤茨沟村5社剩余土地，形成2个社28.7公顷面积的起步区，两个社农村人口全部实行“农转非”。开发区征用土地74.74公顷，办理农用地转用面积74.74公顷，建成面积1.5平方千米，包括道路骨架、基础设施等用地；修建道路，火车站用地26.7公顷，项目建设用地56.7公顷，被征地人员分期进行就业安置和资金安置，未安置人员由开发区管理委员会按月发放生活供养费供养。2004年至2005年，安置部分供养人员，开发区管理委员会有供养人员191人。

营造投资环境　1995年，工业园区先后兴办和引进一批小型企业。工业园区管委会集尽全力，为引进入驻工业园区的企业和项目建设做好服务工作，做好项目占地测绘、核算土地开发、房屋拆迁、青苗、林木、附作物补偿，构建筑物补偿费用成本等前期准备工作。开展投资环境大整治活动，改进作风，提高办事效率，为投资者服务。

2006年，开发区建成天桥小学、警风文武学校、南充商业银行服务大厅、疾控中心和县人民医院、县第二中医院等社会公益事业单位，火车客运、货运站、三峡移民安置点、火车站社区居民委员会等社会公益服务性单位。

【管理和担保公司工作】 2005年，工业园区成立“投资开发管理有限责任公司”和“工业发展融资担保有限责任公司”，两个公司、一套人员，在集中工业园区入驻办公，具体负责园区建设企业招引入驻事宜。

园区建设　2004年，园区建设启动面积2平方千米，建成面积1.5平方千米。在建设两园中，工业园区首期征地33.3公顷，投入1200多万元进行园区基础设施建设，完成主干道建设500米，支干道建设1500米，主干道及支干道绿化、亮化工程；场平工程33.3公顷，拆迁房屋26座；完成机械冶金园区河道改造；新建35千伏安线路2条、新建10千伏安线路2.5千米。食品轻纺园建设，河舒桥已完成桩基建设，主干道一期工程760米已完成路基换填、粘砂石的碾压，同时，完成河舒农场改制后的遗留问题处理。2005年，园区投入300多万元对33户拆迁户进行统一规划进行新村建设；投入1000余万元对失地农民按照相关法律进行安置补偿；园区内入驻企业18户，其中新增规模以上工业企业5户。2006年，机械冶金园形成规模，河舒食品轻纺园建成，形成以火车站为依托，周河大道为纽带，总面积4.5平方千米的工业集中区。

引资招企　2005年，县委、县政府大胆创新机制，投资8000万元分别组建工业园区投资开发管理有限责任公司和蓬安县工业发展融资担保有限责任公司，先后共吸引各类资金10多亿元；招引企业20余户，协议引资40多亿元，落户企业5户（佳美公司、逸丰源公司、金坛电化、兴宏鞋业、河南亿博），到位资金6.8亿元。2006年，工业园区充分利用“蓬安县融资担保有限责任公司”，对园区内近20个项目进行融资担保，融资金额为2500余万元。园区内共有规模以上工业企业23户，完成工业总产值15.5亿元，实现销售收入15亿元，实现利税3600余万元。

产业体系　1998年，引进金坛电化厂。2003年，引进北京荷田薯类加工。2006年，工业园区内初步形成以金坛电化、航星钢铁为龙头的冶金工业体系；形成以北京荷田薯类精加工、蓬雪面粉、万岁食品为龙头的保健食品加工工业体系；形成以天府兴贵汽车齿轮、多功能农用机电产品、蓬州水泥制品为龙头的机械建材工业体系；形成以金华纺织、海峡丝绸为龙头的纺织和纸制品工业体系；形成以中直亿斤粮食储备库、川北农资中转库为龙头的仓储和物流服务体系；形成以巨农生猪良繁养殖、南充天杰普华饲料、四川齐祥食品、四川七环生猪宰杀肉食品加工、1200吨水果冷冻保鲜气调库为龙头的农业骨干产业集约经营体系。引进北京荷田公司在区内总投资3亿元，年加工鲜薯50万吨，鲜葛根10万吨，销售收入可达16亿元，可迅速带动农村葛根种植发展，增加农民收入；引进巨农公司投资4000万元年繁殖DLY仔猪30万头，生产饲料10万吨；引进成都创景物业公司投资3000万元新建生猪良繁养殖场，引进生猪宰杀及肉食品加工企业等，带动农村养殖业的发展和农产品转化形成农副产品精、深加工及销售“一条龙”。引进金坛电化高耗电能就地转化水电能源发展经济，总投资2000万元，年产铁合金系列产品5000吨，产品远销国外，年销额5亿元；引进金华纺织总投资2400万元，年产棉纱3000吨，年销额3000余万元。引进的企业为蓬安提供就业岗位近3000个。

电 力

1986年，蓬安拥有全地区唯一的嘉陵江水电站，即马回小电站，装机4000千瓦，年发电量3800万千瓦小时。1987年9月，马回大电站工程破土动工。1991年10月，第一台机组投产发电。1992年6月，大电站竣工。1994年，马回小电站增容技改完工，增加装机6000千瓦。1995年，蓬安建成农村初级电气化县。1999年，开始进行农网改造。2002年，县委、县政府与省港航公司协商引资建设金溪电站。2003年10月，金溪电站正式动工。是年，南充市委、市政府，蓬安县委、县政府积极争取省政府核电站选址落户蓬安。2005年，蓬安通过水电农村电气化（中级电气化）达标县国家级验收。

马回电站

1987年，蓬安县开始建设装机4.61万千瓦的马回大电站。1992年，大电站建成。1993年，马回水电厂更名为四川马回电力股份有限公司。1994年，小电站技改增容6000千瓦工程完工。1999年10月，县政府将原属县水电局管理的乡（镇）电管站管电职能移交给马回电力股份有限公司直供直管。2001年，装机3万千瓦马回扩建电站建成。2006年，马回电站（简称马电）总装机容量为8.61万千瓦，年发电量3.5亿千瓦小时，电力收入1.58亿元，上缴税金3808万元。

【四川马回电力股份有限公司】 1986年，蓬安县电力公司管理马回小电站，装机容量4000千瓦。1990年7月，马回大电站即将建成，南充地区行署决定：马回水电站为地、县联办的股份制企业，按中型企业对待，业务归口南充地区水电局管理，企业实行董事会领导下的厂长负责制。1991年，县委、县政府决定马回电站和蓬安县电力公司合并为四川省蓬安县马回水电厂，有职工598人。内设机构有：发电车间、检修车间、供电公司、电器化器材公司、厂办公室、生技科、劳资科、保卫科、基建科、计财科、电力调度室、检测所和机械化建筑工程公司。1993年11月8日，四川省蓬安县马回水电厂更名为四川马回电力股份有限公司（简称马电公司）。1994年4月，马电公司召开首届股东大会，选举产生董事会、监事会组成人员。孙明钧任董事长，聘任王国袖为总经理。马电公司将原有的13个行政科、室撤并为“六部两室”。生产经营单位有发电、电化、汽修3个厂和供电、电气化器材、机械化建筑工程、机电安装4个公司及调度室、电能计量检测所。1995年，马电公司员工958人，股本金9597.69万元。1997年1月10日，撤销发电厂，以马回大小电站为基础分别成立发电一厂、发电二厂。5月，召开股东大会调整高层管理人员，孙明钧继续担任董事长，聘任刘少康为总经理。12月，电气化器材公司、机械安装公司撤销，组建电气化器材安装公司。1999年10月12日，马电公司增设过渡性工作机构——农电公司，管理原供电公司农村供电业务。2001年11月26日，电站扩建指挥部与公司财务部办理资产交接，指挥部被撤销。2003年7月2日，马电公司召开股东大会，选举产生董事会，刘少康任董事长，聘请刘少康（兼）任总经理。7月30日，撤并机械化建筑工程公司、电气化器材安装工程公司，成立四川蓬安马电机械化建筑工程有限责任公司，刘庆平兼任董事长。2004年6月8日，公司决定：以马电扩建电站相关资产及公司部分负债，与南充电业局恒通电力有限责任公司及部分自然人，组建南充市明光电力有限责任公司，马电作为参股法人；以全部供电网络及相关负债，与南充电业局电力有限责任公司合作，设立四川蓬安马电供电有限责任公司，马电作为控股法人。撤销马回电力股份有限公司发电一厂、发电二厂、资源开发公司，组建四川马回电力股份公司发电厂。撤销四川蓬安马回电力股份有限公司机械化工程公司、电气化器材安装公司，组建四川蓬安马电机械化建筑工程有限公司。2005年8月，马电公司董事会决定：免去刘少康兼任的总经理职务，聘任刘庆平为马电公司总经理。2006年6月20日，公司召开股东大会，选举产生董事会。刘少康继任董事长，聘任刘庆平任总经理。马电公司已建成发电为主导产业，集机电安装、建筑施工、商贸、旅游业为一体的企业集团。直管或控股公司发电厂、蓬安马电供电有限责任公司、马电机械化建筑工程有限公司、蓬安宾馆、相如饭店；参股南充市明光电力股份有限公司。马电公司有员工998人，总资产8.23亿元，股本金总额8900万元，建有水力发电站3座，装机容量5.61万千瓦（不含南充明光电力公司），变电容量16万千瓦安，有110千伏变电站1座，35千伏变电站7座，110千伏线路49千米，35千伏线路105千米。是年，发电量达到35040万千瓦小时，供（售）电43238千瓦小时，实现产值17628万元，电力收入15813万元，上交税金3808万元（含南充明光电力公司）。先后获得中国电力企业联合会电力优秀企业、四川省优秀企业、四川省电力生产及供应业十佳经济效益企业、四川省工业企业综合实力200强、四川省农网改造先进集体、四川省地电系统文明服务窗口单位、四川省地方电力优秀企业等荣誉称号。从第一台机组投产发电至2006年12月，马电公司累计完成发电量397307万千瓦小时，供电量401440万千瓦小时；实现综合产值136366万元，其中：电力收益111173万元，累计上缴税费26969万元，成为蓬安县的支柱产业和纳税大户。

四川马回电力股份有限公司主要经济指标一览表

（1994~2006）

单位：万千瓦小时、万元

项目/年份	发电量	供（售）电量	含税综合产值	电力收入	上缴税费	备注
1994	31283	29004	7535	5985	1144	—
1995	21240	21233	6207	4229	1165	—
1996	27066	26956	7763	5897	1570	—
1997	23605	23535	7350	5818	1534	—
1998	22263	22619	7040	5693	1419	—
1999	25833	25713	8156	6321	1689	—
2000	28986	28903	10724	6924	1820	—
2001	35841	35559	10531	8990	1962	—
2002	30700	30520	12296	8945	2145	—
2003	37056	37533	13193	10149	2156	—
2004	37000	36400	11900	11700	2980	含关联企业南充市明光公司
2005	41394	40227	16043	14709	3577	含关联企业南充市明光公司
2006	35040	43238	17628	15813	3808	含关联企业南充市明光公司
合计	397307	401440	136366	111173	26969	—

【马回大电站建设】 1987年，马回水电站动工建设，1992年竣工。电站装机容量2×23.05兆瓦，系中型水电站，又称马回大电站。

工程建设　1986年11月，国家计委批复，同意省水利厅向国家经贸部上报的“利用奥地利政府混合贷款2亿奥先令，引进奥地利水轮发电机组主机设备，地、县两级联办建设马回水电站”项目建设。1987年1月，南充地区行署成立由地、县两级有关领导和有关部门负责人组成的马回水电站工程建设领导小组，2月，组建电站工程建设指挥部，副县长孙明钧任指挥长，副书记蔡守宪任党委书记，组织领导电站建设。6月，马回水电站土建工程和机电安装，分别由中国建筑第二工程局和水电部第十工程局机电安装处中标承包。9月16日，工程正式破土动工。1988年，该工程被列为四川省43个重点建设项目之一。1991年5月，拦河坝及明渠、厂房、尾水渠等土建工程基本完工；9月，第一台机组（2#机组）安装完毕；10月，下闸蓄水；是月20日，第一台机组试运行72小时成功，30日，正式投产发电，通过（龙）门—马（回）线和国家110千伏川东电网并网运行。1992年1月29日，第二台机组（1#机组）投产发电；3月，拦河坝所有护坡、漫滩等附属工程完工；5月，船闸完工，6月2日，船闸开闸通航。土建及机电工程总量为：土石方开挖380万立方米；混泥土及钢筋混泥土浇筑39万立方米；浆砌条石4.7万立方米；机电及钢筋、钢构件安装0.74万吨。工程总投资3.03亿元。电站投产发电后，年发电量可达3.59亿千瓦小时。

主体工程　马回电站主体工程包括拦河大坝、主副厂房和四级通航船闸。

拦河坝位于马回小电站进水口下游约1000米的燕子窝河段。嘉陵江全江渠化规划建拦河坝16道，马电是开建的第一道坝，称千里嘉陵江上第一坝。混凝土重力坝全长846.8米，包括非溢流坝54.2米，泄洪冲砂闸9孔143.6米，溢流坝314米（右段194米为软基，左段120米为基岩），副坝330米，以及左岸码头翼墙。最大坝高24米，溢流坝顶海拔292.7米，下闸拦蓄水面海拔292.7米，可将落差由5.4米增至12.7米，有效（发电）蓄水量约1亿立方米。

马回水电站水轮发电机组位于进水口下游约400米处，上下游江面直线距离640米，引水明渠长469米，宽19米至20米，设计水头9.2米。主厂房建筑面积15.5×66.8平方米，高18米。装有两台奥地利伊林公司生产的贯流式水轮发电机组。装机容量2×23.05兆瓦，单机容量为当时全国同类型机组之最。设计水头11.4米，引用流量225立方米/秒，保证出力28.23兆瓦，多年平均流量843立方米/秒，年利用小时数7642小时。副厂房建于尾水渠平台上，建筑面积696平方米。升压开关站位于主厂房右侧，建筑面积35×34.5平方米。

马回电站船闸位于马回电站进水口上游约50米处。上引航道长约420米，下引航道长约380米，直线段距离38米至40米，闸室长136米，宽16米，深21.3米，设计水深2.5米，上下闸首装有启重25吨的闭合式钢质闸门。上闸首前建有设计负荷为汽-30吨的钢筋混泥土梁式桥。船闸为四级通航，可一次性通过2×500吨船队，年通过能力可达204万吨。

【马回小电站增容、扩建】　1992年，大电站建成后，县委、县政府决定建设马回小电站技改增容工程，是年开工，1994年完工，小电站新增装机6000千瓦，总装机达10000千瓦。其间，1993年，蓬安县在小电站附近引大电站库区水，建设马回扩建电站，又称调峰电站。1999年，省水电厅最终审定扩建电站工程方案后开工建设，2001年1月完工，工程总装机2×15兆瓦，年发电量1.07亿千瓦小时。

技改增容　马回小电站1977年6月1日第一台机组投产发电，到1979年12月29日，第5台机组投入运行，1980年1月，马回小电站建设工程全面竣工，5台机组5×800千瓦全部并网发电。1992年1月29日，马回大电站第二台机组投产发电，使马回大小电站上游较原水位提高8米。马回大电站设计水头11.4米，达到292.7米高程，超过小电站设计水头6.5米（小电站设计水头为4.9米）。水头提高后，马回小电站无法正常运行，必须改造水轮发电机组。是时，大小电站装机容量50.1兆瓦明显偏小，小于水电部成都勘测设计院对嘉陵江综合开发规划的83.6兆瓦的目标。发电机组台数少，备用容量小，大电站检修亦无可靠的保安电源。1991年12月27日，蓬安马回水电厂向南充地区水利电力局递交了马回小电站急需增容技改的可行性研究报告。1992年3月31日，南充地区水利电力局批准马回小电站保安电源进行增容技改，由原5×800千瓦增容至5×2兆瓦。5月22日，四川省经济委员会下达马回小电站技改项目年度计划，将该项目纳入当年技改投资规模，9月开工。1994年7月14日，5台机组全部技改完毕投入运行，工程实际投资940.82万元。技改后，年增发电量3543万千瓦小时，年增经济效益596万元。

马回扩建电站　1993年，马回水电厂向县计委报送新建调峰电站，即马回扩建电站立项报告。后续修改编制了项目建议书和可研报告，并由市计委、市水电力局转报省计委、水利电力厅。

1998年1月14日，省计委、水利电力厅批准立项，在办理完扩建工程的各项工作后，8月30日扩建。10月20日，马回电站在扩建实施中，因国外贯流式机组价格昂贵，国内单机30兆瓦贯流式机组技术尚未成熟，1999年2月21日，四川省水利电力厅同意马回电站扩建工程机组改为2×15兆瓦轴流转桨式机组方案。5月30日，厂区枢纽，上游防洪墙砼浇铸至296.0米高层，下游防洪墙砼浇铸至285.0米高层。7月15日，完成两台机组上下游进出口流道封堵，主机段浇铸于2000年8月结束。1#机组于2000年6月20日开始安装，9月7日，机组轴线调整完毕，27日，竣工通过验收并投入试运行；2#机组于12月30日完工通过验收投入试运行。2001年1月31日，扩建全部工程竣工，专家验收工程质量合格，工程建设实际投资16374.90万元。

金溪电站

2000年至2002年，县委、县政府拟修建金溪电站，按程序上报审批可研报告，并与省港航公司商谈引资建设事宜。2003年，县委、县政府与省港航公司洽谈成功，由其投资建设并控股建设金溪电航工程（简称金电）。蓬安组建水电开发公司向金电参股，与省港航公司共同成立“四川嘉陵江金溪航电开发有限公司”负责经营。10月，正式动工修建，2006年，首台机组投产发电。

【筹建立项】 2000年9月8日，县委、县政府成立由县长孙明钧为组长，副县长吴宗祥、梁怀泽，马电杨顺高、刘少康为副组长的四川蓬安金溪电站筹建领导小组，下设办公室，挂靠在马电公司，启动金溪电站筹建工作。10月8日，县委召开常委会，决定把金溪电站修建作为嘉陵江大桥完工后县委提出的新的四大重要工程启动，确定了筹建阶段的工作任务，积极向省、市汇报争取立项。11月10日，请省人大交通能源专委会主任、原省计委主任廖杰一行到蓬安实地查看金溪电站规划坝址。11月23日，金电筹建领导小组与国家电力公司、四川省交通厅内河勘察规划设计院签订可研阶段建设工程合同。2001年6月，完成可研报告，并按程序上报省发改委后获批准。2002年年初，为尽快落实股本金批准立项，县委、人大、政府、政协主要领导到成都与省港航公司商谈引资建设事宜；县十二届人大五次会议通过募集金溪航电枢纽工程建设资本金的决议，动员全县人民募集资金修建金溪电站；筹资股本金由马电公司和县财政局担保，发行金溪电站股金券。两年在全县共募集股金1567.746万元。是年，省发改委批准初设，同意立项。2003年4月，省计委同意金电工程正式动工修建。5月，蓬安县与四川省港航开发有限责任公司最终达成协议，由省港航公司控股，合资建设金溪电航枢纽工程。

【工程概况】 金溪电站位于县城上游12千米金溪镇境内，是嘉陵江梯级开发中的第八级电站，上衔新政电站，下接马回电站。金电工程初设总投资为11.6亿元，技设实际投资约16亿元。省港航公司投资为主，控股90%以上，合作开发经营。电站包括厂房、四级船闸和拦河大坝组成。枢纽沿坝轴线从左至右依次布置左岸接头坝、船闸、二十孔泄洪冲沙闸、厂闸连接坝段、电站、右岸接头坝，轴线布置总长652.99米。坝顶布置有过坝公路，路面净宽11.5米。电站库区控制流域面积7344平方千米，正常蓄水库容1.453亿立方米，校核洪水库容4.605亿立方米。工程全部竣工投产后，可渠化航道41千米；设计船闸为Ⅳ级，有效尺度为12×16×3米，可通过2×500吨级船队，年通航能力近期76万吨，远期220万吨。电站设四台机组，总装机容量为15万千瓦，年平均发电量7.1亿千瓦小时，保证年出电量3.4亿千瓦小时，年利用小时数4715小时，年售电收入可达1.5亿元，建成后可为县创税收3000万元。工程建成后通过220千伏线路在南充市陈家沟变电站接入四川电网，电站至上网输电线路长38千米。

【工程建设】 2003年3月，成立蓬安县金溪航电工程协调领导小组暨办公室，由县委直接领导，原金溪电站筹备组工作移交金电办，继续组织完成前期征地和县上股本金筹集工作及后期淹没补偿落实工作，为工程建设服务。5月，蓬安与省港航公司达成建设金溪电航工程协议。省港航公司控股的“四川嘉陵江金溪航电开发有限公司”作为业主，将金电建设工程分块对外招标，中国水电十局、水电五局、广东园天工程公司分别中标。由水电十局承建厂房主体工程，水电五局承包船闸建设工程，广东园天公司承担机组安装工程。6月，蓬安金溪电航工程举行开工建设奠基仪式，10月24日开工修建。2006年10月，一号机组安装就绪，首台机组发电成功，所发电量专线全部输入国家电网。至此，工程累计完成混泥土浇筑81.66万立方米；土石方开挖187.66立方米，钢筋制安20134万吨；帷幕灌浆6921米；金属结构安装9000吨。工程投资达12亿元。该工程坝区占地2.6公顷，生活设施及办公用房占地2.3公顷，库区面积160公顷。建成办公用房1140平方米，生活用房1750平方米。金溪电站成为蓬安投资规模最大的骨干企业，按照现代企业制度运行，设置60名员工进行生产管理。

【淹没补偿】 2003年3月，成立金溪电站协调小组，金电办具体负责金溪电站库区淹没和移民安置补偿工作。金电库区淹没涉及蓬安、南部、仪陇三县12个乡镇80个村315个村民小组，安置人口15663人；淹没集体耕地628.2公顷，其中，蓬安307.9公顷，南部292.4公顷，仪陇27.9公顷。5月，县政府与四川省港航开发有限公司签定金溪航电工程淹没处理包干协议，按初设库区三个县淹没补偿总概算包干为19566.12万元。2005年9月，金溪电站被省政府列为全省完善大中型水利水电工程移民补偿安置政策试点项目，补偿概算由原来19566.12万元调整为40065.03万元，其中用于蓬安23036.33万元，南部15505.33万元，仪陇1523.37万元。11月，按照水电工程水库淹没处理规划设计规范和水库淹没实物指标调查细则，完成了库区淹没补偿实物量的复核调查、确认汇总。年底，县委、县政府开始淹没补偿安置工作，县委、县政府调整电站库区安置补偿工作领导小组，下设综合协调、宣传、维稳、资金保障和督查组，分别由县委常委和副县长负责，具体指导安置补偿工作。库区乡镇成立相应工作机构；从县级部门、乡镇抽派90多名工作人员组成工作组深入一线库区，应对突发事故。按照“属地管理，分级负责”原则层层签订淹没补偿目标责任书，实行“乡镇包村”“村包社”“社包户”工作责任制，及时补偿到位，确保库区群众生活水平不降低。3个县共拆迁房屋30615平方米，改复建专项设施有：公路38.225千米、公路桥25座、人行桥72座、人行道5180千米、水厂5座、提灌站50座、码头及停靠点58处、工程防洪堤2处等。

小水电站

1986年，蓬安小水电站有羊鹿滩、红光堰电站。1999年，建七一水库电站。2006年，3个小水电站仍在运行。

【羊鹿滩电站】 位于济渡乡境内，始建于1967年。装机容量2×75千瓦，平均年发电量40万千瓦小时。始为集体投资，后转售给个人。2006年仍在发电。

【红光堰电站】 位于相如镇南清溪河中下游，始建于1966年。装机容量为1×100千瓦，年均发电量为20万千瓦小时。始为集体投资，后转售给个人。2006年仍在发电。

【七一水库电站】 位于巨龙镇七一水库下游，始建于1999年。装机容量1×100千瓦，年均发电量约20万千千瓦小时。始为集体投资，后转售给个人。2006年仍在发电。

3户小水电站电量均并入蓬安电网，输送到当地用电户，与马电进行收益结算，自主经营，自负盈亏。

核电站筹备

2003年，省政府在全省进行核电站选址。2006年9月19日，四川省核学会主办的四川省核电站发展论坛上传出消息：四川首家核电站项目顺利通过初步可研评审，站址初步选在南充市蓬安县三坝乡。

【协调机构】 2000年初，省委、省政府成立省核电建设领导小组，负责协调核电筹建工作，在全省选定核电厂址。2003年11月，蓬安县为积极争取核电站选址落户蓬安，成立蓬安县核电站选址协调工作领导小组，下设办公室，负责日常事务。2005年8月9日，县委成立蓬安县核电站建设管理办公室（简称县核电办），挂靠县发展和改革局，职责是协助配合专家搞好各项指标的调查分析、协调相关部门做好配合工作、负责专家日常接待。内设人秘、技术、宣传接待3个股。10月，成立县核电站建设服务中心，负责核电协调服务具体事务。

【服务工作】 2003年6月，核电厂址图选结果：厂址8个，蓬安三坝、睦坝入选。11月21日，省、市负责该项目的领导陪同核电专家赴蓬安三坝、睦坝现场踏勘前，县委、县政府主要领导主持召开部门、乡镇协调会，研究配合核电选址的服务工作。在所有预选厂址所在地中率先推出关于支持核电建设的有关政策，提出以“最优良的环境、最优质的服务、最优惠的政策”支援核电建设的承诺；出台三坝、睦坝两个核电预选厂址在人口控制、房屋兴建、产业化建设等方面的“四不准”政策，赢得国家、省、市领导及核电专家的赞誉。2004年1月，市委、市政府和县委主要领导专程拜见核电专家和有关部门领导，寻求支持。2006年，县四大机构领导赴广核集团考察。在近两年的预可研评审工作中，国家发改委、核电研究院、西南核电研究所，苏州核动力研究所等专家多次赴现场踏勘，到蓬安考察调研，人数最多一次达50多人，在三坝蹲点勘测时间最长达22天。资料收集工作范围广、类别细、项目多、数量大。县内调查的乡镇达20个，全县各级各部门成立工作机构，负责选址的服务工作。

【选址立项】 2003年6月，国家发改委规划的全国首座位于四川的内陆核电站开展选址。6月至9月为图选阶段，确定20个厂址；11月为踏勘初选阶段，从20个中选6个；2004年4月至9月为预选阶段，从6个中选2个；12月至2005年8月为初可研阶段，从2个中最终确定1个。核电专家首先对全省20余个厂址进行踏勘、评审。2003年11月21日，全国核电专家赴蓬安睦坝、三坝两个预选厂址实地踏勘。2004年4月至2005年8月，全国核电专家先后6次赴蓬安三坝、睦坝等地实地考察。2005年8月4日至5日，在成都召开评审会。经过国家核电评审专家组审查评定，蓬安三坝乡厂址成为四川核电站首选厂址。10月28日，国家电规总院正式确定四川核电首选厂址为三坝厂址。12月7日，省发改委正式向国家发改委报送项目建议书及立项申请。2006年9月19日，四川首家核电站项目顺利通过初步可研评审，站址选定在蓬安县三坝乡。12月6日，三坝核电站现场可研启动仪式在蓬安举行。

电　网

1990年至1995年，蓬安申报并建成农村初级电气化县。1999年，开始对农村电网改造。2003年，蓬安对农村电网、城镇电网进行改造，农村用电实行通网同价。2005年，通过水电农村电气化达标县国家级验收。2006年，马回电站共有输变电线路9条，负责全县供电和周边县部分交叉供电。

【农村电气化建设】 1990年，蓬安县向省政府报送建设农村初级电气化县规划报告。1991年，开始农村电气化建设。1995年，蓬安县顺利通过省级验收，成为全国第二批200个农村水电初级电气化达标县之一。2001年，蓬安被列为全国400个水电农村电气化建设县之一。2005年，蓬安县顺利通过水电农村电气化（中级电气化）达标县国家级验收。

【农网改造】 蓬安县1999年开始农村电网建设与改造工程，2003年结束，分两期进行：一期高低压并举，侧重于网络输变电工程，建构并优化全县骨干电网结构，改善供电质量，提高供电能力；二期集中在10千伏及以下低压部分，重点建改乡村配电网络。两期工程共改造110千伏变电站1座（城南），扩充容量31500千伏安，新建35千伏变电站3座（徐家、罗家、城北），增加变电容量28，000千伏安；新建35千伏线路34.29千米，建改10千伏线路1680.453千米，建改0.4/0.22千伏线路6829.03千米，建改10千伏配电台区1062个，完成户表工程153463户，到户率84%，通电覆盖率100%，全面超额完成农网建改目标任务。其间，省计经委2002年9月和2002年10月，两次下达给蓬安县农网建改投资计划11700万元。蓬安农网建改工程累计投资11803.42万元。

【城镇电网建设与改造】 2002年后，蓬安相对集中改造了县城电网，与农村电网改造基本同步，建改输变电站1个，新增容量31500千伏安，建改10千伏及以上线路15千米，工程投资总额2300万元。通过农网和城镇电网建设改造，2005年，马电公司共有35千伏及以上输变电站7座。

城南变电站　位于蓬安县周口镇（现相如镇）城南团结村黎家店，距县城1千米，占地面积6733.4平方米，电压等级110千伏，电源取自马回大电站升压站。1993年12月，由省电力设计院设计。1995年7月，省水电厅批准工程初步设计及概算投资。1996年5月，南充市计委下达Ⅰ期工程建设计划。1999年5月，马电公司向南充市水电局报送城南110千伏变电所二期工程的报告，当月，市水电局向省水电厅转报；6月，省水电厅批准Ⅱ期工程初设及概算投资；翌年，省计委下达Ⅱ期工程投资计划。Ⅰ期工程于1994年5月动工，1997年7月竣工；Ⅱ期工程于2000年5月动工，12月竣工。两期工程终期变电容量2×31500千伏安，主变均为SFSZ7—31500千伏安/110千伏型三相三圈有载调压变压器。其中，Ⅰ期工程建有110千伏进出线间隔1个，110千伏线路长度10.82千米，导线型号LGJ—185/35；35千伏进出线间隔4个4回，10千伏出线间隔7个7回。Ⅱ期工程建有110千伏进出线间隔1个出线2回；35千伏进出线间隔2个出线2回，线路长度4.1千米，导线型号LGJ—185/35；10千伏出线间隔4个出线4回。供电区域为周口城区工商业用户及近郊部分乡镇。两期工程35千伏、10千伏电气设备均为户内式布置，110千伏电气设备均为户外式布置。2001年1月，工程经省、市、县三级有关单位组成专家组验收，质量评为优良。Ⅰ期输变电工程概算投资951.29万元（调整后）；Ⅱ期输变电工程实际投资714.08万元。

城北变电站　城北变电站位于周口镇（现相如镇）城北路原龙角山村1组毛店子，距县城约1.5千米，距城南变电站约3千米，占地面积5583.36平方米，电压等级35千伏。电源取自城南110千伏变电站，为同塔双回线路，线路长度2×4.1千米。由南充市水电局批准初设和工程概算，省计委下达项目投资计划。变电站和线路部分分别由省电力设计院和四川建能送变电勘测设计事务所设计，终期主变容量2×10000千伏安。其中，Ⅰ期工程于2000年4月25日开工，12月25日竣工，2001年1月，经市、县两级有关单位组成的专家组验收，工程质量评定为合格。Ⅰ期变电容量1×10000千伏安，主变采SZ9—10000/35（瓦）型有载调压变压器；设有35千伏出线2回，线路长度8.2千米，导线型号LGJ—185/35；10千伏出线8回。其中，10千伏电气设备为户内式布置，35千伏电气设备为户外式布置。分别对周口、锦屏、原红旗、原白玉、金甲等乡镇供电。Ⅰ期输变电工程批准概算投资为825万元，实际投资814.06万元。2005年，马电公司对城北变电站升级扩容，电压等级提高至110千伏，主变容量扩充至31500千伏安运行。扩容工程实际投资1600万元。

周口变电站　周口变电站位于周口镇（现相如镇）。1977年建成投产，电压等级35千伏，原有主变容量（1×3150+1×2000）千伏安，后分两期进行了增容扩建，终期主变容量达到2×10000千伏安/35千伏/10千伏。其中，Ⅰ期改造工程于1990年1月动工，1991年1月投产，拆出原2000千伏安变压器，换为10000千伏安变压器；Ⅱ期改造工程于1992年7月动工，8月投产，拆除原3150千伏安变压器，换为10000千伏安变压器。1993年8月，周口变电站扩建改造工程全部竣工。扩建后，该站占地面积增至4722.36平方米，新增982平方米，设有35千伏进出线间隔各2回，10千伏出线间隔13回。分别对原周口镇（包括原红旗、清溪、白玉乡）和锦屏镇等地供电。扩建输变电工程概算投资276万元，实际投资201.66万元。

徐家变电站 徐家变电站位于蓬安县徐家镇唐家祠村11组指路碑花果山，占地面积3375.22平方米，电压等级35千伏。电源取自金溪变电站35千伏母线采单母线接线。省计委下达项目投资计划。工程最初由南充地区水电设计院初步设计，1999年，终期主变容量由2×3150千伏安改为2×4000千伏安，两次设计均设35千伏进线1回，线路长度10.5千米，导线型号LGJ—95/35；10千伏出线8回（在建6回，2回备用）。其中，10千伏电气设备为户内式布置，35千伏电气设备为户外式布置。分别对徐家、诸家、茶亭、黄坪、金马、骑龙等乡镇供电。工程于1998年8月开工，2000年1月竣工。整个输变电工程综合概算投资为596.00万元，实际投资565.91万元。

柳滩变电站 柳滩变电站位于蓬安县柳滩乡1村8组，占地面积3，174.7平方米。电压等级35千伏，电源取自城南110千伏变电站。终期主变容量2×5000千伏安/35/10千伏，设有35千伏出线2回均采单母线接线，线路长度12千米，导线型号LGJ—95；10千伏出线8回均采用单母线分段接线。分别对柳滩、三（开）元、石孔、新民（园）、会龙（龙蚕）、杨家、杜家（碧溪）、大（天）成8乡镇供电。

金溪变电站 金溪变电站位于蓬安县金溪镇罗家湾，占地面积4048.73平方米，电压等级35千伏，1990年12月，由南充地区水利电力建筑勘测设计院设计。终期主变容量（1×4000+1×2500）千伏安，设有35千伏进出线2回，线路长度25千米，导线型号LGJ—95；10千伏出线7回，分别对金溪、大泥、石梁、平头、鲜店、向东等乡镇供电。工程投资175.517万元，不含10千伏出线部分。

巨龙变电站 巨龙变电站位于巨龙镇9村4社，占地3330平方米，电压等级35千伏。1990年10月，由地区水电设计院设计。主变容量1×1800 + 1×3150千伏安，设有35千伏进出线1回，线路长度11.7千米，导线型号LGJ—95；10千伏出线8回，分别对巨龙、正源、高庙、群乐、两路、龙蚕、睦坝、万和等乡镇供电。工程实际投资164.95万元。巨龙变电站自动化控制及继保改造工程，于1999年5月由市水电局批准初步设计及工程概算；2000年9月，省计委下达投资计划，为农网改造投资项目。由营山县水电计室设计。工程于1999年5月开工，同年8月竣工，建有YBK—9500微机综合自动化系统1套，直流屏、厂用电屏3面等。2001年1月，经市、县两级有关单位组成专家组验收，质量合格。工程批准概算投资52万元，实际投资51.97万元。

罗家变电站 罗家变电站位于蓬安县罗家镇东侧11村1组苏麻湾，距蓬安县城约30千米，占地面积3330平方米，电压等级35千伏。由南充市水电局批准初设，四川省计划委员会下达项目投资计划。主变终期容量2×5000千伏安。工程于1998年8月19日开工，1999年11月20日竣工，2000年5月10日，经市、县专家组验收，质量评定为合格。建有35千伏进线1回，线路长度13.09千米，导线型号LGJ—120/25；10千伏出线13回，其中，10千伏电气设备为户内式布置，35千伏电气设备为户外式布置。分别对罗家、兴旺、银汉、南燕、福德、济渡、凤石、新河、中华、海田等乡镇供电。整个输变电工程实际投资571.22万元。

【输变电线路】 2006年，马回电站共有输变电线路9条。

马回—(南充) 龙门110千伏送电线路 1991年6月架设，随马回电站第一台机组发电投入运行。该线自马回电站110千伏升压站至国网龙门110千伏变电站123间隔，全线长度21千米，按单回路架空线设计。导线型号LGJ—150，避雷线型号GJ—35。实际投资135万元。

马回—城南110千伏线路 1997年7月竣工。起点为马回大电站110千伏升压站出线门型架线路侧电线悬挂点，终点为城南110千伏变电站110千伏进线门型架线路侧电线悬挂点，全线长度11千米，按单导线、单回路架空线设计。导线型号LGJ—185/25，避雷线型号GJ—35。实际投资186.8万元。

马回—新民（园）（利溪）35千伏线路跨江段110千伏改造 马回—新民（新园）35千伏线路于1978年底建成，其中跨江段还有马回至利溪10千伏线路与之同塔架设。导线型号LGJ—95，避雷线GJ—25。由于使用年限久远，加之设计上的失误，1990年8月23日晚，该经路跨江段马回至

利溪回路的中相导线在低岸铁塔大档侧接口处断落，致使马回电站施工电源短路停电，造成停工损失，所幸无人员伤亡和设备损坏。9月10日，马电工程建设指挥部委托南充地区水电设计院，对马回—新园（利溪）跨嘉陵江段进行通航兼防洪双回路110千伏改造设计。11月，地区水电设计院编制了技改工程可研究报告和施工设计说明书。改造工程年底竣工。其中，马回—新民（园）送电线路跨江段长1730.4米，马回—利溪线路跨江段长1653.1米。导线采用LGJJ—150型，避雷线采GJ—35及GJ—25型。工程投资28.067万元。

金溪—徐家35千伏线路 1993年7月，由地区水电设计院设计，为马回大电站配套项目，年底竣工。线路全长11.4千米，为单回路线路，导线型号LGJ—95型，避雷线GJ—25型。工程投资62.764万元。

柳滩—罗家35千伏线路 1998年8月，由营山县水电设计室设计，为马回大电站配套工程，次年8月竣工。线路全长12.975千米，为单回路线路，导线型号LGJ—120型，避雷线GJ—25型，工程投资 69.843万元。

马回—周口—柳滩35千伏线路 1988年9月，由地区水电设计院设计，为在建的马回大电站配套工程，近期规模为小马回（电站）—周口—柳滩，终期规模为大马回（电站）—锦屏—周口—柳滩—罗家。1991年4月开工， 12月竣工，其中，周口至柳滩段4月开工，8月竣工；电站至周口段于8月开工，12月竣工。线路全长25.615千米，其中，马回—周口段12.92千米，周口—柳滩段12.695千米。从马回小电站35千伏升压站出线门型架线路侧县挂点起，马回大电站建成后改接至大电站升压站35千伏出线门型架，经周口变电站至柳滩变电站进线门型架线路悬挂点止。其中，马回—周口段为双回路线路，Ⅰ回为马回电站经雁坪坝至周口变电站，线路全长10.5千米，导线采用LGJ—70型；Ⅱ回为马回电站经锦屏至周口变电站，线路全长12.9千米，导线采用LGJ—150/25型，大站建成前，马回—周口段导线暂采用LGJ—150/25型，建成后，导线换为LGJ—185/25型；周口—柳滩段为单回路线路。导线采用LGJ—185/25型。避雷线均采用GJ—25型。工程投资145.03万元。

城南—城北35千伏联络线路 该线路解决城北变电站与城南变电站联络，2000年5月，由四川建能送变电勘测设计事务所设计，当年底竣工，属城网改造工程范围。线路全长4.1千米，导线采用LGJ—185/25型，避雷线采用GJ—35型。工程投资199.30万元。

马回—金溪35千伏线路 1990年12月，地区水电设计院设计，为马回大电站配套，次年6月竣工。线路全长14.51千米，从马回小电站升压站六形架线路侧导线悬挂点，至金溪变电站进线门型架线路侧悬挂点，为单回路线路。导线型号LGJ—120（Ⅰ）型，避雷线GJ—25型，工程投资70.407万元。

龙云寺—巨龙35千伏线路 1990年12月，由地区水电设计院设计，为马回大电站配套，次年5月竣工。线路全长1.665千米，起点从王家—马回35千伏线路龙云寺处30#杆T接点，终点至巨龙变电站进线门型架线路侧悬挂点。导线型号LGJ—95（Ⅰ）型，避雷线GJ—25型，工程概算投资9.26万元。

【调度自动化及通信】 2000年3月，由南充市水电局批准马电公司调度自动化及通讯建设工程建设及概算；9月四川省计划委员会下达投资计划。2000年6月开工，12月竣工，建有FJNT2000微机监控系统1套，DF—DMDS马赛克模拟屏1面，电力载波通讯1套。2001年1月，经市、县专家组验收，工程质量评定合格。调度自动化及通信工程投资96.06万元。

【同网同价】 1998年至1999年6月，清理整顿全县农村用电，清除不合理收费项目和价外加价如地方附加费、农电管理费。1999年，撤销乡镇农电管理站，执行省物价局批准的农村到户分类综合电价和最高限价政策。2003年后，逐步完成同网同价。通过农村电网建设与改造、农电体制改革和同网同价工作的实施，低压网损率为12.48%，较改造前下降22.52%；到户电价平均值

0.72元/千瓦小时，较改造前下降0.057元/千瓦小时，每年减轻农民负担590万元。

【农电体制改革】 1999年10月，县政府批准《蓬安县电力体制改革方案》，将原属县水电局管理的乡镇电管站管电职能移交给马电公司直供直管。马电公司成立农电公司，下设7个供电营业所、47个乡镇供电营业组，专司农村电力经营管理。2000年1月，农电公司集中培训、统一考核、择优聘用47名乡镇电工，由村委会推荐并经电力公司考核，择优选用606名村电工，含趸供区顺庆区渔溪乡部分村社选用的电工。在全县范围内全面推行电价公开、电费公开、电量公开和收费到户、服务到户、销售到户、抄表到户及统一电价、统一发票、统一抄表、统一核算、统一考核。

电力营销

1993年11月前，马电公司负责实施全县电力营销。1997年底，蓬安县形成9个供电辖区。根据省经济贸易委员会供电营业（区）许可（证）批准，分别对蓬安县46个乡镇，南充市顺庆区渔溪乡铜鼓沟村、范家湾村、龙云塘村、马换沟村、铁碑村、江家坝村、猫儿溪村、渔溪桥村、集凤市村、作坊口村、张家坝村、伍嘉村12个行政村直接供电。本着尊重历史，维持现状的原则，并依据马电公司分别与南充电业局河东分局、南充市高坪电力有限责任公司、营山县电力公司、四川盘龙电力股份有限公司（即南部县电力公司）、仪陇县电力公司等毗邻供电营业区边界划分协议和委托供电协议，分别对营山县电力公司行政供区内的凉风乡2村、仪陇县电力公司行政供区内的环山乡11村、南部县四川盘龙电力股份有限公司行政供区内的王家镇角山村、红庙子村、龙庙乡2村交叉供电。蓬安县利溪镇肖家沟村、万桑园村、花灶沟村、八角村（部分）及兴旺镇挖断山村（部分），则为马电力公司与南充电业局河东供电分局交叉供电区域。南充市高坪电力有限责任公司李家供区内的李家镇、双桥乡、龙桂乡、桂花乡、永丰乡、辉景乡、芦溪镇（部分）7个乡、镇，营山县电力公司回龙供区的回龙镇、封寞乡、增产乡、清水乡、丰产乡、幸福乡6个乡、镇，为马电公司趸售供电区域。2000年，营山回龙供区6个乡、镇被营山县电力公司收回。2006年，仍维持这一电力营销格局。金溪电站投产发电后，所发电量全部输送到国家电网营销。小水电站发电量由马电公司统一营销。

【负荷】 1986年，全县总用电量2316万千瓦小时，用电负荷主要集中在县城所在地周口镇及河舒、罗家、兴旺、金溪、锦屏、盘龙、徐家7个区所在地，绝大部分农村尚未通电。主要为城乡居民生活、农副产品加工和五小工业负荷。1990年至1995年，全县农村水电初级电气化建设，县城搞“以电代柴”，10千伏线路向乡村延伸。1996年底，蓬安县共有35千伏及以上用户2户，10千伏用户8户，0.4千伏低压用户447户，城乡居民及其他用户约11000户。全县共有配变961台，总容量69665千伏安。其中，公变79台容量11475千伏安，自变882台容量58190千伏安。供区内用电设备总容量6.20万千瓦，当年全年总发电量23605万千瓦小时，总供电量达到23535万千瓦小时，其中县内用电量10991万千瓦小时，售国家大网电量1254410991万千瓦小时。县内负荷较十年前增长了374.57%。2000年至2005年，全县将农（城）网改造与农村水电中级电气化建设结合进行，县域内所有村社实现通电，居民户通电率99.9%。2006年底，全县用电量20196万千瓦小时，是1986年的8.7倍，人均用电量为297万千瓦小时。

【综合销售电价】 1986年至2005年，县内电力综合销售电价和上网电价均先后经历了1987年、1991年、1994年、1995年、1997年、1999年、2001年、2004年等几次大的调整。详见下表：

蓬安县电力销售价格（含税）变动及执行情况一览表（表一）

（1986~2006）

单位：元/千瓦·时

项目 价格 年份	电价类别									执行时间	执行依据
	居民生活	非居民生活（照明）	光亮工程	非、普工业	大工业	商业	农业生产（农排）	电炊	趸售		
1986	城镇 0.20 农村 0.10	—	—	0.10	—	—	0.03/0.04/0.05	—	0.080/0.085/0.10/0.106	—	—
1987	城镇 0.20 农村 0.10	—	—	0.13	—	—	0.03/0.04/0.05	—	0.094/0.099/0.114/0.120	当年 2 月	蓬价字〔1987〕第 4 号
1990	城镇 0.20 农村 0.10	—	—	0.160/0.13	—	—	0.06/0.07/0.08	—	0.134/0.139/0.144/0.150	当年 3 月	蓬价字〔1990〕06 号
1991	0.22	—	—	0.160/0.158/0.155	0.140/0.138/0.135	—	0.05	—	0.134/0.139/0.144/0.150	当年 8 月	南署发〔1991〕196 号
1993	0.275	—	—	0.215/0.213	—	0.425/0.575	0.06	0.11	0.213	当年 8 月	蓬工商物价〔1993〕字第 41 号
1994	0.298	—	—	0.236/0.238 (农副产品加工)	0.238/0.236	0.448/0.695	0.06	0.133	0.236	当年 3 月	蓬工商物价发〔1995〕23 号
1995	0.32	—	—	0.30	0.242	0.52/1.00	0.06	0.133	0.27	当年 3 月	蓬工商物价发〔1995〕23 号
1996	0.38	—	—	0.405	0.325	0.70/1.20	0.10	0.15/0.23	0.315	当年 6 月	蓬工商物价〔1996〕39号
1997	0.43	—	—	0.445	0.365	0.75/1.30	0.13	0.18/0.26	0.33	当年 4 月	蓬工商物价〔1997〕29号
2000	农村到户：0.72/0.81 城市：0.43 变台：0.442	农村到户：0.94/0.94 变台：0.742	—	农村到户：0.78/0.78	农村到户：0.365	农村到户：0.75/1.30	0.445 动力加工：0.437（0.13）	—	0.33	当年 10 月	南市物工价字〔1999〕234 号
2001	0.486/0.53	0.542/0.63	0.273/0.33	0.555/0.52	0.476/0.50 (高耗能 0.254/0.28)	0.867/0.96	0.13 (0.13)	—	0.364/0.39	分从 01 年 02 年 10 月	南市物工价字〔2001〕230 号
2004	到户：0.641 未农改：0.55	0.76	0.4673	0.67	0.55	0.95	0.63 (0.2473)	—	0.39	当年 7 月	南市物工价字〔2004〕133 号
2006	到户：0.663 未网改：0.572	0.782	0.4903	0.693	0.5608/0.5458 高耗能：0.5208/0.5058	0.972	0.65 (0.2673)	—	0.39	07 年 1 月	南市物发〔2006〕259 号

蓬安县丰枯、峰谷销售电价（含税）执行情况一览表（表二）

（1999）

单位：元/千瓦小时

用电类别	基准电价	丰水期电价	高峰时段电价	低谷时段电价
一、居民生活用电	0.43/0.43	—	—	—
二、工农业生产用电（10 千伏及以下）	0.445/0.445	0.4005/0.5340	0.6408/0.8544	0.1602/0.2136
三、35 千伏直供用电	0.365/0.365	0.3285/0.438	0.5256/0.7008	0.1314/0.1752
四、商业服务业用电	0.75/0.75	0.675/0. 90	1.086/1.44	0.27/0.36
五、营业性娱乐业用电	1.30/1.30	1.17/1.56	1.872/2.496	0.468/0.624
六、农排用电	0.13	—	—	—
七、趸售用电	0.33/0.33	0.297/0.396	—	—

蓬安县丰枯、峰谷销售电价（含税）执行情况一览表（表三）

（2001/2002）

单位：元/千瓦小时

用电类别	基准电价	丰水期电价	高峰时段电价	低谷时段电价
一、居民生活用电	丰水期：0.486/0.53 枯水期：0.486/0.53	—	—	—
二、非居民照明用电	丰水期：0.542/0.63 枯水期：0.542/0.63	丰水期：0.4878/0.567 枯水期：0.6504/0.756	丰水期：0.7805/0.9702 枯水期：1.0406/1.2096	丰水期：0.1951/0.2268 枯水期：0.2602/0.3024
其中：光亮工程	丰水期：0.273/0.33 枯水期：0.273/0.33	—	—	—
三、商业用电	丰水期：0.867/0.96 枯水期：0.867/0.96	丰水期：0.7803/0.864 枯水期：1.0404 /1.152	丰水期：1.2486/1.3824 枯水期：1.6646/1.8432	丰水期：0.3121/0.3456 枯水期：0.4162/0.4608
四、非普工 (普工) 用电	丰水期：0.506/0.555 枯水期：0.506/0.555	丰水期：0.4554/0.4995 枯水期：0.6072/0.666	丰水期：0.7286/0.7992 枯水期：0.9715/1.0656	丰水期：0.1822/0.1998 枯水期：0.2429/0.2664
五、大工业用电	丰水期：0.476/0.50 枯水期：0.476/0.50	丰水期：0.4234/0.45 枯水期：0.5712/0.60	丰水期：0.6854/0.72 枯水期：0.9139/0.96	丰水期：0.1714/0.13 枯水期：0.2285/0.24
其中：高耗能用电 （含 35 千伏直供）	丰水期：0.254/0.28 枯水期：0.254/0.28	丰水期：0.2286/0.252 枯水期：0.3048/0.336	丰水期：0.3658/0.4032 枯水期：0.4877/0.5376	丰水期：0.0914/0.101 枯水期：0.1219/0.1344
六、农业生产用电	丰水期：0.487/0.52 枯水期：0.487/0.52	丰水期：0.4383/0.468 枯水期：0.5844/0.624	丰水期：0.7013/0.7488 枯水期：0.935/0.9984	丰水期：0.1753/0.1872 枯水期：0.2383/0.2496
七、农排用电	0.13	—	—	—
八、趸售用电	丰水期：0.364/0.39 枯水期：0.364/0.39	丰水期：0.3276/0.351 枯水期：0.4368/0.465	—	—

对变压器台区执行台区结算价格（表四）

（2000）

单位：元/千瓦小时

项目	目录电价	备注
生活照明用电	0.422	—
非生活照明用电	0.742	—
动力加工用电	0.437	—
农业排灌用电	0.13	—

【上网电价】 1992年1月6日，马回水电厂与南充供电局签署《代购代销协议》，协议约定，不含税上网电量（进出一个价）电价为135元/千千瓦小时，31日，地区物价局据此将马回电站不含税上网电价规定为135元/千千瓦小时，此电价亦为南充供电局与马回电厂的结算电价，不实行丰枯电价。1993年12月14日，市区物价局、电业局将马回电站不含税上网电价由176元/千千瓦小时调整至185元/千千瓦小时，南充电业局代售电价为257元/千千瓦小时。1995年6月29日，市物价局作了适当提高上网电价的批复，将不含税上网电价由176元/千千瓦小时提高到206元/千千瓦小时、含税上网电价由205.92元/千千瓦小时提高到241.02元/千千瓦小时，并从当年5月1日抄见电量起执行。1996年11月6日，四川物价局、省电力工业局将马回电站含税上网电价由241.02元/千千瓦小时调整至279.53元/千千瓦小时，并规定从当年11月1日抄见电量起执行。1997年5月15日，省物价局、省电力工业局贯彻国家计委、电力部关于四川97新机上网电价精神，重新核定和调整马回电站含税上网电价为285.90元/千千瓦小时，并规定从当年3月25日抄见电量起执行。2001年3月27日，省物价局调整了全省均摊独立电厂上网电价，将马回电厂现行含税上网电价由334.50元/千千瓦小时调整至317.775元/千千瓦小时。调低16.725元/千千瓦小时，并规定从当年4月1日抄见电量起执行。

蓬安县执行上网电价一览表

（1992~2001）

单位：元/千千伏安

年份＼电价	不含税电价	含税电价	执行时间	执行依据	备注
1992	135	—	当年2月1日	南地物〔92〕工价字第33号	—
1994	185	—	当年2月26日	南地物〔94〕工价字第18号	执行新电新价政策和新税制
1995	206	241.02	当年5月1日	南市物〔995〕工价字第158号	—
1996	—	279.53	当年11月1日	川价字工〔1996〕196号	—
1997	—	285.90	当年3月25日	川价字工〔1997〕 97号	—
2001	—	317.775	当年4月1日	川价工〔2001〕86号	—

【电费】 1986年至2006年，电费收取按照上级和县物价局规定执行。

工程贴费（供配电贴费） 1986年2月18日，蓬安县物价局、蓬安县水电局贯彻执行水电部关于供电工程贴费收取的补充通知，进一步完善和安排了工程贴费的收取标准。

1993年12月7日，马回水电厂根据国家计委关于执行电炊供电贴费标准的通知要求，统一了电炊供电贴费收取标准。1997年1月28日，县工商物价局规定：对县以下农村用户（不含乡、镇、村办企业），工程贴费按标准下限值收取。2000年6月，国家规定降低供（配）电贴费（电力增容费）标准，8月，县物价局、经贸委转发了国家计委、国家经贸委要求，从6月10日起执行。

2002年，国家批准的城市电网建设与改造工程基本结束，根据国家计委、经贸委《关于停止收取供（配）电工程贴费有关问题的通知》（计价格〔2002〕98号）精神，蓬安县供配电贴费随即停止征收。

蓬安县历年供配电贴费征收执行标准一览表

(1986~2000)

单位：千伏，元/千伏·安

项目 标准 年份	用电受电压等级	用户应交纳供配电贴费	其中 供电贴费	其中 配电贴费	自建本级电压外部供电工程应交纳的贴费	执行时间	备注
1986	0.38 / 0.22	40	10	30	—	当年2月18日后	蓬价字〔86〕字第1号/蓬水发〔86〕字第11
	10	100	30	70	—		
	35	—	—	—	—		
	6.3	—	—	—	—		
	110	—	—	—	—		
1992	0.38 / 0.22	510–550	190–210	310–340	400–450	1993年8月1日起	蓬计投资〔1993〕116号
	10	400–450	220–250	180–220	300–330		
	35	300–330	300–330	—	150–180		
	6.3	—	—	—	—		
	110	—	—	—	—		
1993	0.38 / 0.22	—	—	—	—	当年12月10日起	马电发〔1993〕63号
	10	550	—	—	450		
	35	—	—	—	—		
	6.3	—	—	—	—		
	110	—	—	—	—		
1997	0.38 / 0.22	500	190	310	220	当年2月1日起	蓬工商物价〔1997〕便字第01号
	10	400 / 用户自建提灌专变80	220 —	180 —	— —		
	35	—	—	—	—		
	6.3	—	—	—	—		
	110	—	—	—	—		
2000	0.38/0.22	250–270	90–110	160–170	200–220	当年6月10日起	蓬急计价格〔2000〕744号
	10	200–220	110–120	90–100	150–160		
	35	150–170	150–170	—	70–90		
	6.3	100–110	100–110	—	—		
	110	70–90	70–90	—	—		

电力建设基金　1987年12月18日，四川省政府规定从1988年1月1日起，将原定全省统一收取的“天然气发电高进高出”所附加的每千瓦小时1.1分予以取消，并按下列办法征收全省电力建设基金：电力建设基金用途，全部有偿用于国家计划内电力建设项目，项目投产后，按期收回基金，作为省集资再用于电力建设。征收范围及标准：全省部属电网范围内除执行照明电价（不含宾馆、旅馆及商业企业用电）、农排电价及购买用电权和电力债券的电量外，一律征收电力建设基金0.025元/千瓦小时；小化肥生产、煤炭生产、基建用电及核工业生产（不含民品生产）用电量，征收电力建设基金0.02元/千瓦小时；与大电网并购运行的地方电站（网）供区内按国家电价或低于国家电价收费的用户，亦按上述原则征收电力建设基金。征收办法，随电费解缴一并征收。管理使用由地、市水电局在当地建行单独列账，专项储存，并专项用于发展地方电力事业。

地方电网附加费　1998年3月9日，省物价局批复蓬安县征收电网地方附加费：征收范围为居民生活用电（电炊用电除外）、生产用电（农排用电除外）、营业娱乐业用电，征收标准为居民生活每千瓦小时1分、生产用电每千瓦小时0.8分、营业娱乐业用电每千瓦小时3分，时间从当年3月1日抄见电量起至2001年2月28日止。

电力监管费　2000年3月10日，蓬安县物价局规定对农村到户分类综合电价低压电网维护管理费，实行“收入统一由马电公司集中管理，单独列账。其中，低压电能损耗和低压维护费实行滚动结存，专户储存，专款用于农网改造，并由物价部门监督使用”。

农网还贷基金　2002年2月25日，县物价局、县发展计划局、县财政局通知，在全县售电量上征收农网还贷基金，除农业排灌、抗灾救灾、氮肥、磷肥、钾肥、复合肥生产用电外的各类用电均开征每千瓦·时0.02元的农网还贷基金。所征款项于次月15日前上交县财政局。开征时间从当年3月抄见电量起执行。

变配电设施维护费　2002年5月13日，县物价局明确对蓬安县变配电设施委托维护收费标准，10千伏/315千伏安杆架式专用变压器为10925元/年；10千伏/400千伏安室内专用变压器日常维护费为22198元/年；10千伏1000千伏安室内专用变压器日常维护费为54130元/年；10千伏开关站日常维护费为64266元/年。

城市公用事业附加费　2004年6月27日，蓬安县物价局明确城市公用事业附加费征收标准为：不分用电类别按用电量统一征收0.01元/千瓦小时，价外征收，并从当年7月抄见电量起执行，但农村用户不征收。

【辅助生产】　马电辅助生产包括变电检修所、线路所、装表接电所及县电能计量检定中心。

变电检修所　变电检修所前身叫大修班，1986年，大修班更名安装队，仍为供用电总所管辖。设3个作业组，有公司职工15人、农村电工17人，负责公司所有主干线路巡视、检查、维护、整改，对全县内外线负责安装和维护。1992年后，安装队改为变电检修所，仍为供电公司下属辅助生产组织，有职工10人，负责全县变配电设施检修、调试和维护。

线路所　20世纪80年代成立，负责全县35千伏及以上线路巡视和维护。

装表接电所　2004年成立，有职工8人，负责全县特别是城区低压线路设备的接电安装。实行业务专业承包，核定上缴利润后自收自支。

蓬安县电能计量检定中心　前身为蓬安县马回电站修试所，1991年，更名为四川蓬安马回水电厂检测所，1994年4月，更名为四川马回电力股份有限公司检测所。2004年6月7日，县质量技术监督局和马电公司共同组建蓬安县质量技术监督局电能计量检定中心。

【电力营销管理】　1986年，农电管理由水电局负责，县电力公司只负责收电费。各单位、居民户、农村实行集体电表，统一缴费，分户分摊。1993年，蓬安巨龙输变电工程竣工投产，首次采用计算机运行管理。随后，徐家、罗家、城北35千伏输变电工程及城南110千伏输变电工程（Ⅰ期）等均采用电子计算机运行管理。1999年，马电公司成立农电公司，专司农村电力经营管理。2002年，马电公司与工行蓬安支行联手推出银电收费系统，用户用银电收费服务卡，在就近的银行交纳电费。蓬安各供电营业区域也逐步配备了电子计算机，建起了局域网，实行联网办公和远程数据传输。2006年，这一管理模式进一步完善。

蓬 安 县 志
PENG AN XIAN ZHI

商 贸

1986年，蓬安县进行商贸流通体制改革，实行多种经济成分、多种经营形式的商贸体制，全县国营、合作商业仍占主渠道地位。全县有集市36个，经营商品600多种，商品购进总额2371万元，销售总额10711万元。1987年，县财政局、商业局与各国营商贸企业签订第一轮为期3年的经营承包合同，实行利润包干上交，逐年递增。1990年，县政府与各国营商贸企业续签第二轮经营承包合同。1991年，全县商业系统7个国营公司和1个集体公司全面推行商业“四放开”，3个商办工业企业推行工业“五自主”。1992年，商贸流通中私营业主快速增加。2000年后，国有、集体商贸企业在市场竞争中失去活力，先后改制或破产。个体私营商业逐步占领全县城乡大多数商贸流通市场。2006年，全县形成以私营为主的商业流通网络，全县集市68个，经营品种1000余种，商品购进总额26074万元，销售总额111415万元。

商贸机构

1986年，蓬安县商业行政主管部门是县商业局。1990年，成立县商贸委。1993年年初，县商业局并入县商贸委。1998年3月，成立县贸易局，县商贸委商业行政管理职能归入县贸易局。2001年12月，撤销县贸易局，其职能合并到县经济贸易局，同时成立县对外经济贸易合作局。2005年7月，撤销县经济贸易局、对外经济贸易合作局，组建县商务局。2006年，蓬安县商贸管理机构有县商务局、粮食局、供销合作社、四川省烟草公司蓬安营销部、四川省盐业总公司蓬安支公司、中国石油南充蓬安销售分公司等。

【蓬安县商业局】 1986年，蓬安县商业局内设办公室、政工、保卫、集管、计统物价、业务储运、工技、财务基建7个股及职教办，下属县百货、五交化、蔬菜水产饮食服务、糖酒、食品、煤建、石油、县集体商业联合等8个公司及商办工业县酒厂、县食品厂。3月，成立蓬安县酒类专卖事业管理局，与县糖酒公司合署办公，隶属县商业局。1989年，县商业局增设监察室，与纪检组一套人员、合署办公。1993年初，撤销县商业局。至1993年，卢晓东、苏世炯、李建国先后任县商业局局长。

【蓬安县商贸委】 1990年11月，撤销蓬安县农贸办公室，组建县商贸委。1993年，撤销县商业局，工作职能并入县商贸委员会。1998年，撤销县商贸委。至1998年兰坤发、姚发海先后任县商贸委主任。

【蓬安县贸易局】 1998年3月，组建县贸易局，职能从县商贸委员会划出，履行原县商业局职能。酒类专卖管理职能划入县贸易局。2001年12月，撤销县贸易局。至2001年，杨成安任局长。

【蓬安县对外经济贸易合作局】 1986年，蓬安县对外经济贸易公司（简称外贸公司）负责全县外贸业务。2000年，县外贸公司实行产权制度改革，企业全面解体，重新组建民营企业蓬安恒通对外经济贸易有限责任公司实施对外贸易。2001年11月，组建蓬安县对外经济贸易合作局，主管全县对外贸易合作工作，内设人秘股、业务股。12月，酒类专卖管理职能划入县对外经济贸易合作局。县对外经济贸易合作局先后成立蓬安县国际外派劳务服务中心、四川九州国际劳务有限公司、蓬安县外经贸局驻新疆办事处。2005年7月，撤销县对外经济贸易合作局，其职能划入县商务局。至2005年，赵帮辉、李香安、任强、黄春、张茂东先后任外贸、外经局长（经理）。

【蓬安县商务局】 2005年7月，撤销原县经济贸易局、对外经济贸易合作局，组建县商务局，内设人秘、政策法规、对外贸易、商务流通4个股。酒类专卖管理职能划入县商务局政策法规股。至2006年，康强任、魏世民先后任县商务局局长。

【蓬安县粮食局】 1986年，蓬安县粮食局内设办公室、政工（人事）、供应、统计、储运、财会、农管（议购议销）、工业等股室和职工校。1992年1月，县粮食局迁至周口镇建设南路69

号。5月，撤销议购议销股，成立县粮食议购议销公司；撤销工业股，成立县粮油工业公司。6月，成立四川省蓬安县粮油收储公司、四川省蓬安县粮油食品供应公司、四川省蓬安县粮油建筑公司。8月，成立蓬安县粮油总公司，各区粮站相应成立粮油公司，实行粮站、公司两块牌子、一套人员。12月，县粮食局改为粮油总公司。1994年12月，恢复县粮食局，与粮油总公司实行政企合一。1999年3月，恢复粮食局行政性质，内设办公室、人教、计财、业务、储运、监审、安保等股室。至2006年，龙兴煜、曾长吉、魏余吉、杨成安、谢国民、柏光富、唐建中、谢衡先后任县粮食局局长。

【蓬安县供销合作社】 1986年9月，蓬安县供销合作社设审计股。1987年，县供销合作社开始实行主任（经理）负责制。1992年7月，县政府对县基层供销社管理体制进行调整，各基层供销社所辖供销分社、在岗职工原则上不动，企业领导和企业行管人员由县供销合作社统一安排。基层供销社调整后，仍执行供销社财务制度。2006年，县供销社内设机构有财会股、业务股、人秘保卫股。至2006年，唐孝意、吴大举、曹华敏、龚帮正、袁明润、刘致君、黄晓东、姚昌明先后任主任。

【蓬安县烟草专卖局】 1986年，蓬安县烟草专卖局与四川省烟草公司蓬安县公司实行两块牌子、一套人员。1993年2月，蓬安县烟草专卖局设立四川省烟草公司蓬安县公司综合经营部。1999年3月，蓬安烟叶生产工作基本停止，局（公司）撤销烟叶科。2002年，撤销四川省烟草公司蓬安县公司，成立四川省烟草公司南充分公司蓬安卷烟营销管理中心。蓬安县烟草专卖局与卷烟营销管理中心合署办公，专卖执法实行属地管理，内设办公室、访销配送科、财务管理科、专卖管理科。2005年8月，营销中心内设综合办公室和专卖管理科、物流中转站。9月，四川省烟草公司南充分公司蓬安卷烟营销管理中心更名为四川省烟草公司南充市公司蓬安营销部，综合办公室分管营销部副主任改为市场经理，主管营销工作。2006年，蓬安营销部设综合办公室和专卖管理科、市场部。至2006年，沈光春、吴玉贵、吕培业先后任县烟草专卖局（营销部）局长（主任）。

【四川省盐业总公司蓬安支公司】 1986年，县盐业支公司属国营企业，但不具备法人资格，实行报账制，隶属省盐业总公司南充分公司，负责全县食盐、工业用盐供应及对盐业市场的监督管理。1991年，组建业务股、财务股、仓储股。1992年8月，成立南充地区盐政市场稽查处蓬安县盐政稽查队，与省盐业公司蓬安支公司实行两块牌子、一套人员的经营管理模式。1994年8月，县公安局成立“蓬安县公安局盐政公安执勤室”，先后由县公安局治安大队、经侦大队、国安大队有关人员任执勤室主任，县盐政稽查所所长任副主任。1995年3月，南充地区盐政市场稽查处蓬安县盐政稽查队更名为南充市盐政市场稽查处蓬安县盐政稽查所。1999年，四川省盐业公司蓬安支公司更名为四川省盐业总公司蓬安支公司。2003年，盐业支公司在全县建立河舒、金溪、徐家、利溪、巨龙、兴旺、福德、南燕、银汉、凤石、杨家、正源等12个食盐直销网点。2006年，蓬安盐业支公司内设财务、运销、盐政、办公室4个股室。至2006年，张成报、刘良映、范成富先后任经理（或副经理主持工作）。

【中国石油南充蓬安销售分公司】 1986年5月，蓬安县石油支公司人、财、物、建制划给四川省石油公司后更名为四川省石油公司蓬安支公司。人、财、物及销售业务由南充石油分公司领导管理，支公司仍具有法人资格，实行自主经营、独立核算、自负盈亏、照章纳税，经营利润上交南充石油分公司。全县有加油站24座，其中中国石油资产型加油站2座、社会加油站22座。1998年，由四川省石油公司蓬安支公司更改为四川省石油集团蓬安有限公司。实行统一管理、统一结算。2000年，支公司正式划归中央企业，四川省石油集团蓬安有限公司更改为中国石油天然气股份有限公司四川南充蓬安销售分公司，取消法人资格。2006年，全县有加油站27座，其中中石油有加油站9座。

商贸所有制结构

1986年，全县商贸以国营和集体所有制结构为主。个体私营商业户有较快发展，全县共有3075户商贸企业，从业人员4191人，营业额1879万元。1997年后，国有集体企业开始以破产、解体、出售为主要形式的产权制度改革，个体私营商业发展迅速。2006年，个体私营商业取代国有集体商业主渠道地位。全县有个体私营商业户6257户，从业人员11586人，营业额87907万元，占全县社会商品零售总额的79%。

【国有商业】 1986年，蓬安国营商贸企业实行政企分开，所有权与经营权分离，以承包经营为主。1991年，开始实行“四放开”经营。1994年，推行“国有民营”，全县有25户企业实行“国有民营”改革，占企业总数的65%。2006年，全县商贸企业中蓬安县物资供应公司、蓬安县对外经济贸易公司、蓬安县五交化公司、蓬安县食品公司、蓬安县蔬菜水产饮食服务公司、蓬安县酒厂、蓬安县食品厂等已完成改制，蓬安县百货公司、蓬安县糖酒公司和蓬安县燃建公司等继续改制。

蓬安县天然气公司　1997年4月，成立“蓬安县天然气工程建设指挥部”。10月，县天然气工程建设指挥部投资800万元，建成济渡配气站，铺设直径108毫米、长为25千米的高压输气管道，途经济渡、海田、碧溪、河舒，最后到达县城清溪桥天然气站。1998年3月，成立“蓬安县天然气公司”，内设办公室、气管科、燃具经营部、安全监察科，属蓬安县经济局管理。2000年4月，内设办公室、财会科、气管科、经营部、气管科安装一队、气管科安装二队、经营部经营组。2001年12月，县天然气工程建设指挥部撤销，资产及资料移交天然气公司。2003年10月，公司办公地点由原政府后街2号搬迁至东风南街33号新办公大楼。2005年5月，公司收费实现电脑自动化管理。内设办公室、财会科、生技科、气管科、经营部。2006年，公司内设办公室、财务、生技、气管、安全监察科、经营部、收费大厅、天然气具销售服务部。公司有长输管线25.2千米（济度至县城），配气站3座（济度、河舒、清溪老桥），天然气中低压管网96千米。

蓬安县燃建公司　1986年，蓬安县燃建公司内设人秘、业务、财会、统计、储运、节煤6个股和1个汽车队。1992年，县燃建公司推行“四放开”（即经营放开、价格放开、用工放开、分配放开）、“两改革”（即用工制度改革和分配制度改革）政策，采取一业为主、多种经营，促进企业经营机制转换。1994年8月，公司实行股份制改造，成立国有控股企业四川省蓬安县旺达有限责任公司。1999年，四川省蓬安县旺达有限责任公司更名为四川省蓬安县燃料建材有限责任公司。2004年，赢利115.2万元。2006年，全县共销售煤48429吨。

蓬安县百货公司　1986年，县百货公司内设办公室、人秘、财务、物价、计统、业务、储运等股室，设针纺、百文两个批发部，县城内有嘉陵商场、蓬州百货商场、新长征百货店3个零售门市部，5幢仓库。有职工108人，资产392.33万元，实现销售收入982.57万元，利润13.5万元。1987年至1991年，县百货公司向县商业局和财政局分别进行两轮承包经营。1992年，县百货公司实行改革，内设经理办公室、财会股，科室人员由原来33人减至16人。1993年，公司开始出现亏损。1994年对公司实行股份制改造，公司职工筹资入股，成立蓬安县百货有限责任公司。1999年，企业债务达910万元，负债率达140%。2000年，公司基本歇业。2006年，公司累计亏损300余万元，资不抵债，县商务局按相关程序对百货公司进行破产改制清理核算工作。

蓬安县糖酒公司　1986年，县糖酒公司与蓬安县酒类专卖事业管理局实行两块牌子一套人员。内设党总支、经理、工会三个办公室及人秘保卫、业务仓储、财会统计股。公司改革分配制度，完善二级承包，将销售、利润指标落实到各股室、各门市部，完成购进200.34万元，销售435.53万元，实现利润13.87万元。1992年，公司开始出现亏损。1993年12月，按照两权分离原则实行“国有民营”。1997年，“国有民营”方式结束，公司将门市和资金收归企业统一经营和租赁经营，11月，改制为“四川省蓬安县糖业有限责任公司”。1998年，公司用建设中路办公楼临街门市抵偿工商银行债务本息157.28万元。1999年4月，公司花园商场、城北路仓库纳入旧城改造统拆统建。10月，与开发商正式签订联合开发合同，公司停止经营活动，职工全部下岗。2001年6月，公司出售磨子街门市房屋、资产，安置退休人员移交社保局。2006年，公司在册职工、退休职工全部交县社保局。

蓬安县食品公司 1986年，蓬安县食品公司内设人秘、安全保卫、业务储运生产、卫生检验、财会物价5个股和经理办公室。主要经营生猪及副产品、菜牛及副产品、禽蛋等农副产品。1987年，国家取消生猪派购任务，实行多渠道经营，县政府按照“包死基数、确保上交、超收自留、歉收自补”原则，与公司签订为期3年的经营承包合同，上缴基数每年递增。公司实现利润185.69万元，创历史最高水平。1990年，内设办公室、政工、安全保卫、审计、财会（包括基建）、业储计统物价、生产卫检等股室。在经营品种上，生猪与牛羊禽蛋经营并重；在经营方式上，主产品与副产品并重，加工增值。1993年，公司划归蓬安县畜牧食品总公司（县畜牧局）领导，集生产、收购、加工、销售一条龙。1994年，公司开始出现亏损。2003年，公司破产改制。

蓬安县蔬菜水产饮食服务公司 1986年，县蔬菜饮食服务公司有职工214人，11个核算单位，主要经营蔬菜、水产、饮食、理发、照相、旅馆、酿制调味品、淀粉加工等业务。是年，完成商业购进79.89万元，实现销售148.45万元，上缴税金11.34万元。1992年5月，县水产饮食服务公司、县蔬菜公司合并，成立县蔬菜水产饮食服务公司，内设人保、财会、审计股和办公室。1994年，公司实行“国有民营”，所属各门店均与公司签订为期3年的经营承包合同，全体职工与公司签订全员劳动合同，公司收缴承包费34万元。1995年，对原人民饭店、跃进旅社、花园餐厅进行改造，建成六楼一底总面积6000平方米的花园市场。10月，与南充万博集团签订联营协议，一、二楼改造成万博商场。1996年12月，公司制定“抽本经营”营销方案，除万博继续联营外，把营业网点划为24个店进行承包，承包期3年，每年交承包费59万元。1999年12月，由228名股东出资234万元，重新组建成立股份制民营企业——四川省蓬安县金瑞达有限责任公司。2000年11月，公司与营山县城乡建设综合开发公司签订合同，对东方红旅社片区进行旧城改造。2006年2月，南充客商投资400万元整体装修建立瑞泰商务大酒店，年创利税130多万元，提供就业岗位100余个。

蓬安县五交化公司 1986年，县五交化公司有职工58人，内设人秘、业务、财计物价3个股室和批发、零售、修理3个部门。1987年，公司拥有流动资金113.25万元，固定资产30.8万元，是年实现利润10.8万元，缴纳税金6.53万元。1992年，企业开始出现亏损。1998年，公司进行股份制改革，实行资产剥离经营，重新组建成立四川省蓬安茂源有限责任公司。2003年，公司解体，变现资产安置职工，13名退休人员移交社保局，68名在职职工领取安置补偿后与企业解除劳动关系。

蓬安县农资公司 1986年，县农业生产资料公司主要经营化肥、农药、药械、农具、耕牛、种子和其他农业生产资料。1988年后，农资公司出现严重亏损，运转困难。2000年12月，公司改制。

蓬安县农副产品公司 1993年10月，由土产果品公司剥离成立蓬安县农副产品公司，地址设在城东路1号。土产果品公司除留守人员外，其他人员、财产、经营业务全部移交农副产品公司。1998年，农副产品公司改制解体。

蓬安县再生资源回收利用公司 1992年8月，由原日杂公司废旧物经营部剥离成立蓬安县再生资源回收利用公司，办公地址在城北路68号，共有职工30人，主要经营废旧金属、造纸原料、汽车拆卸和废旧塑料。2000年，公司改制后解体。

蓬安县工业品公司 1989年6月，由土产果品公司划分成立蓬安县工业品公司，地址设在城东路1号，共有职工35人。2000年，公司改制后解体。

蓬安县土产果品公司　蓬安县土产果品公司由原县农副土产公司改名成立。1986年，公司设在城东路1号，有职工202人，内设经理办公室以及人保、财会、生产、业务、基建储运五股。2000年，公司改制后解体。

蓬安县物资供应公司　1986年，县物资供应公司内设人秘、财会、化建、金属、机电服务、运输等6个股。是年，完成商品购进256.23万元，销售297.44万元，赢利3.2万元。1988年，公司将部分职能股改为金属材料、化工建材、机电设备、生产资料4个专业公司，机关只设人秘、财会、业务办公室。1992年，公司完成销售1804万元，实现利润31万元，上缴利税42.11万元。1993年，公司开始出现亏损。1999年，物资公司依法破产。

蓬安县日杂公司　蓬安县日杂公司由蓬安县土产日杂公司分置成立。1986年，公司有职工40人，内设人保、财会统计、业务物价、储运保管4个股。经营业务有：竹席、家用具、瓷器、日用杂品、五金交电、各种鞋类。2000年解体。

蓬安县对外经济贸易公司　1986年，蓬安县对外经济贸易公司内设办公室、业务生产股、财计物价股。1991年，国家取消对外贸出口商品的外汇补贴，外贸企业独立核算、自负盈亏。公司将3个业务科改为1个业务科和1个综合经营科。1994年，公司开始出现亏损。2000年，公司进行产权制度改革，30名在职职工均自愿以安置资产和现金增量扩股方式，组建四川省蓬安恒通对外经贸有限责任公司，仍保留蓬安县对外经济贸易公司牌子。

蓬安县酒厂　1986年，为县国营商办企业。2000年5月，县酒厂依法破产。

蓬安县食品厂　1986年，县食品厂即原糖果厂，生产间停产，在职职工自谋生计。1997年，食品厂破产。

【集体商业】　1986年，蓬安县集体商业主要是县集体商业联合公司，下设7个区分公司、52户企业、225个营业网点，从业人员367人，是年实现销售1610万元。1992年，县商业主管部门对小型企业实行“改、转、租、卖、包”的形式，关闭合并一些亏损严重、效益差的门店，对县公司3个经营部采取抵押承包。2001年，集体商贸企业全面解体。

【个体私营商业】　1986年，全县个体私营商业户共有3075户，从业人员4191人，营业额1879万元。1992年以后，个体私营商业迅猛发展，个体商业户达7497户，从业人员7788人，营业额5579万元，缴纳税金468万元，在社会商品零售总额中超过国营商业。2000年后，大批国有集体商贸企业退出商业竞争市场。2004年12月，个体私营企业南充市新星燃气有限公司注册成立，注册资金100万元，位于蓬安县罗家镇白云大街28号。公司投资300万元，安装主管道20千米，输气管道22千米，天然气用户达1817户，供气量达50万立方米。2006年，个体私营商业在商贸流通领域中占主导地位。全县个体私营商业户共有6257户，从业人员11586人，共实现销售金额87907万元，缴纳各种税费4404万元，个体私营商业营业额占全县社会商品零售总额的78.9%。

市场建设

1986年，蓬安县市场建设处于起步阶段，县城和乡镇大部分以街代市，临街店面多为国营和集体商业门市部，农贸市场多是临街交易，全县共有集市36个，市场成交额约3573万元。各乡镇和县城集市每3天逢1次场。1989年，全县第一个民办市场——城西市场诞生。1993年后，各区相继修建一批农贸市场，县城城南、城东、城中市场先后开业。2006年，全县共有集市68个，市场成交额约39000万元，比1986年增长12倍多；有市场摊位3601个，市场面积12.57万平方米，其中棚盖面积10490平方米，是改革开放前的20倍左右。

【综合市场】　1989年10月，清溪乡十村一社投资150万元开办全县第一个民办市场——城西市场开业。1993年8月，县工商局投资300万元修建城南市场。各区也相继修建一批市场，如徐家人民市场、金溪人民市场、巨龙农贸市场、综合市场、正源农贸市场、河舒人民市场、农贸市场、兴旺人民市场、石孔人民市场、锦屏农贸市场。1996年7月，由青龙嘴村投资80万元修建的城东市场。8月，由城南村五社投资160万元修建城中市场。2001年，兴旺、罗家、河舒、徐家4个场镇各建1个综合市场。之后，先后修建巨龙农贸市场、锦屏综合交易市场、周口人民市场、徐家综合交易市场、河舒综合市场、周口城东路农贸市场、周口城中市场、周口红旗市场、周口城南市场等多个固定市场。2002年1月，县城蓬安人民市场由南充住友房地产公司投资1000万改建成大型综合市场。2003年9月，投资250万元修建红旗综合市场。是年，全县改扩建农副产品综合市场3个，新建并投入使用市场4个，新增市场面积20000平方米。

2006年，蓬安县启动城区内城南市场、红旗综合市场改扩建工程。投入10万元完成改建，设置导购图、广告栏、信息公示栏、曝光栏、管理制度牌，以及蔬菜、水产、活禽及活禽宰杀点等十大功能区域。新建标准摊位33个，标准化摊位109个，日成交额8万元，比改建前增长14%。

【专业市场】 1993年至1996年，各区所在镇相继修建一批专业市场，如徐家木材市场，利溪生猪市场、生姜市场等。2001年，开始打造城区内东南西北中5个以经营农副产品为主的专业市场，形成相如大道家具等9条专业特色街道市场。2002年后，先后修建一批专业市场和棚盖市场。2004年后，蓬安县对城区10条主要街道，根据现有的基础条件、经营规模、经济流向和产业板块进一步规划成各具特色的专业市场。2006年，全县专业市场初具规模。

【商业网点】 1986年，蓬安县商业网点主要是国营、集体商业，店铺分布在全县各乡镇。1990年后，多种经济成分商业网点并存，以乡镇集贸市场为依托，逐步延伸发展，涉及批发和零售业、住宿和餐饮业、娱乐业等多个行业，经营项目涉及城乡群众生产、生活各方面。2006年，全县城镇商业网点中各类企业379户，其中批发和零售业138户、住宿和餐饮业8户、租赁和商务服务业4户、居民服务和其他服务业18户、其他行业211户；个体工商户5923户，其中批发和零售业4282户、住宿和餐饮业441户、租赁和商务服务业55户、居民服务和其他服务业592户、娱乐业16户、其他行业537户。

商品购销

1986年，蓬安县社会商品零售总额10711万元，经营品种600多种。1992年后，国营、集体批发零售业务逐步缩小，个体私营经营逐步扩大。2000年，全县消费品零售总额达55036万元，是1986年的5倍多。2006年，全县交通、通信等基础设施得到很大改善，商品流通也出现托运、快件邮寄、网上购销、电话咨询、售后付款、连锁经营、货物配送、送货上门、企业直销和展销等多种形式。名牌、品牌、国外和中外合资增多，精品店、专卖店和连锁超市遍及城乡。城区主要街道夜市繁荣，商品买卖、饮食服务、休闲娱乐直至深夜。全县消费品零售总额达111415万元，是1986年的10倍多，经营品种多达1000余种。

【粮油购销】 1986年至2006年，蓬安粮油购销由粮食统购逐步改为合同订购，到放开粮食经营与粮食价格，直到粮油收购销售市场全面放开。形成以周口镇为中心，沿江或主要城镇多为消费市场兼集散市场。

收购 1986年，蓬安县粮食部门取消粮食统购，改为合同定购和市场收购，粮食购销体制从传统的统购统销转为定购统销和议购议销“双轨”并行。合同定购采取“三定三不定”（定自产粮户、余粮户、有承包田土户；不定非自产粮户，无余粮户，未承包田土户）。合同定购品种限于大米、小麦、玉米，大豆、胡豆、豌豆、糯米可抵大米任务。合同定购价格按三七比例（30%

按统购统销、70%按原超购价执行）。每50公斤中等粮价全县统一为：小麦19.60元，稻谷16.70元，玉米16.50元，大米23.70元。定购以外农民出售的粮食，实行市场调节，市场价格低于原统购价时，按统购价收购。1987年，县粮食部门实行粮食合同定购“三挂钩”政策，即：每定购100公斤贸易粮供应标准化肥10公斤，柴油3公斤，发放预购订金大米5元，小麦、玉米3元。1989年，先付预购定金改为每50公斤定购粮食结付订金利息0.10元。同年6月，对集市大米按每公斤1.20元的价格挂牌收购，实行不停收，不拒收。1990年，粮食合同定购改为国家定购，“合同定购书”改为“粮食油料定购任务通知单”，由县政府层层发放到农户手中。并提高国家粮食收购价格，继续实行“三挂钩”政策。1991年，取消原定非农业人口定量销售粮每年递增1.5%的规定，粮食议价收购改为市场收购。同年3月，取消粮食合同定购“三挂钩”政策。1992年，蓬安县实行定购粮食“保量放价”，即：定购任务要完成，以四川省人民政府制定的最低保护价与售粮农民现金结算，粮食部门以议价统计。1993年底，取消“双放”政策（即放开收购，放开粮价和销售），恢复国家定购政策和定购计划。1994年，恢复国家定购粮食“粮肥挂钩”制度，恢复政府制订粮食定购价格，定购以外粮食价格仍随行就市，即恢复“双轨制”。1995年，县政府与县粮食局签订粮油收购责任书，把完成国家粮食定购任务纳入“双向目标责任制”考核。规定在国家粮食收购任务未完成之前，除国营粮食收购单位以外，其他任何单位和个人都不得参与收购。油菜籽实行最低保护价收购政策（2.6元/公斤），统一由粮食部门组织收购。1997年，粮食体制实行“四分开一并轨”（即：政企分开，国家储备与商业性经营分开、中央和地方责任分开、新老挂账分开，粮食定购价与市场价并轨）。粮食企业的粮食购销资金实行“库贷挂钩、封闭运行、钱随粮走”的管理办法。11月，实行“三项政策、一项改革”（即：按保护价敞开收购余粮，收储企业顺价销售，收购资金封闭运行，加快粮食购销企业自身改革）的粮改政策。2000年，粮食定购价、保护价收购“二合一”改为综合价收购。2001年，玉米正式退出保护价收购范围。2002年12月，小麦退出保护价收购范围，实行最低收购价政策。2004年，稻谷退出保护价收购，改为最低收购指导价，全县粮食购销企业收购粮食4000万公斤，油料250万公斤左右，粮食收购价格实行市场定价，随行就市。2005年，实行5个等级收购，中等价格每公斤1.44元，级差每公斤0.04元，最低收购价稻谷属临时性中央专储粮，实行专人、专账、专仓储存。2006年，全县共建立优质粮油生产基地9个，推广种植优质粮油品种6个，落实订单收购面积26万亩，订单收购粮食3000万公斤。

销售　1986年，蓬安县实行口粮、补助粮包干办法。1987年8月，县粮食部门将经营的平价棉籽（油）移交当地供销社经营，退出棉籽经营。1988年，取消会议、出差、夜餐等多项补助粮。1992年4月开始，定量供应人口工种粮实行议价供应，取消市镇居民及农村统销人口每月0.25斤糕点供应。11月，粮油价格放开，市镇定量供应人口口粮价格按市价销售，敞开供应。粮票、侨汇粮票和市镇购粮油票不流通，县局票库库存盘点封存处理。1993年12月，粮油开始实行挂牌、降价敞开销售。1994年6月，开始对居民口粮实行定点，凭证限价、限量、挂牌供应。1997年开始处理陈化粮。1999年，陈化粮销售处理实行政府首长负责制。先质量鉴定，再销售处理，后核定补贴。至2000年，全县共处理陈化粮1500万公斤，亏损挂账10296万元。是年开始实行退耕还林补助粮食供应。每退耕1公顷，补助粮2250斤，质量必须达国家规定中等质量标准。供粮比例为大米50%、小麦30%、玉米20%。补助时限：还草暂按2年，经济林暂按5年，生态林暂按8年供应。供粮粮源以国有粮食购销企业高价位商品周转粮为主，顺价销售。补助粮发放第一年分两次兑付，以后每年及时检查验收，合格后，凭分户卡发放兑粮券由粮食部门供粮，并按照供粮纪律保证供应。2002年开始，停止使用兑粮券，统一使用《退耕还林粮食供应簿》，每户1本，农户凭供应簿与粮食部门内卡及林业部提供的花名册（退耕还林资料）核对无误后供粮。2005年起，全县退耕还林补助粮停止，供粮改为补钱。至2006年底，全县共处理陈化粮3266万公斤，亏损挂账12599万元。

【烟草购销】 1986年至1997年，全县购销烟叶288.5万公斤，销售额892万元，创税139.8万元，实现净利润71.5万元。1998年，蓬安县烟叶生产停止。2000年，蓬安县烟草专卖局设城关批发部，各区调整为经营站中心网点。2005年，卷烟调拨由南充市烟草公司统一订购，县级局（营销部）销售的卷烟直接由南充物流中心配送。同时建立城关、徐家、巨龙、罗家四个下伸网点，主要负责全县卷烟客户服务、网上配货、卷烟销售、电子结算工作。截至2006年，全县共销售卷烟611575箱，销售额103169万元，利润4910万元，创税3095万元，共发放“烟草专卖许可证”7597户。查处违章案件3307件，查收假、私、变质烟6347.07件，收缴罚没款1566245.5元。

蓬安县卷烟购销情况一览表

（1986~2006）

单位：箱、万元

年度	销售量（箱）	销售额（万元）	利润（万元）	创税（万元）
1986	7694	699	15	22
1987	8946	758	16	21
1988	41862	1541	45	54
1989	14926	1277	31	60
1990	11093	1268	36	59
1991	15812	1578	40	72
1992	19693	2738	42	63
1993	18879	4260	58	71
1994	21041	5001	53	60
1995	19840	5359	146	70
1996	26654	6959	302	163
1997	20343	8032	149	144
1998	16864	8720	1	59
1999	17688	8347	–11	28
2000	12177	4866	75	62
2001	48935	4625	84	83
2002	50998	5147	404	287
2003	62720	6272	600	352
2004	61391	8945	760	386
2005	56553	8236	788	392
2006	57466	8541	1276	587

【食盐购销】 1986年，蓬安县调入食盐6124吨，销售食盐6342吨。1988年11月1日开始，全县按人均每月0.5公斤标准统一执行；杀年猪自食腌制用盐，凭税票供应5公斤，城乡全面实行卡册结合，划点供应。1994年，盐业公司作为批发企业，按照17%的税率缴纳增值税。调入食盐6246.5吨，销售5317.39吨，上缴税收13.75万元。1995年，开始实行食盐专营零售许可证制度。1996年1月，开始全面销售供应加碘食用盐，5月对食盐正式进行专营。1999年8月，加碘食用盐小包装换代升级，由原来的单膜袋换为复合膜袋，更有效的保护碘不挥发，达到防病治病的最佳效果。2003年，全县建立食盐直销网点12个。2006年，全县碘盐供应率达100%，碘覆盖率达100%，碘盐合格率达99.83%，食盐零售许可证办证率由原来的65%提高到96%。是年，国家为在2010年实现全面清除碘缺乏病总体目标，在全国选5个省，其中在四川省选5个项目进行试点，蓬安县列全省5个项目县之一。1986年至2006年，全县共查获各类盐业违法案件438件，没收非法盐产品604.43吨。

蓬安县食盐购销及上缴税金统计表

（1986~2006）

单位：吨、万元

年度	调入		销售		上缴税收
	计划	实际	计划	实际	
1986	4800	6124	5300	6342	0
1987	5200	5344	5200	5008.7	0
1988	4600	5688	4800	5787	0
1989	6500	6735.51	4600	6351.19	0
1990	7500	8149.35	5200	5984	0
1991	5600	5637.4	6200	5185	0
1992	4400	4494	5900	6603	0
1993	5500	5546.5	5700	6050	0
1994	5500	6246.5	5100	5317.39	13.75
1995	3950	3493	4265	4265	10.3
1996	6000	6417	5000	5098	19
1997	4800	5487	4600	4600	8
1998	4500	4618	4600	4722	35.4
1999	4500	5094	4600	4907	70.1
2000	4500	5422	4600	4387	0
2001	3900	3833	4500	3918	13.39
2002	3400	1862.5	4100	3162.7	33
2003	2800	3184	3800	3999	59
2004	3296	3296	3850	3844	48.7
2005	3626	3626	3800	4011	35.4
2006	3024	3024	3500	3333	43.3

【石油成品油购销】 1986年至1999年，全县销售成品油100329吨，其中零售47401吨、批发52928吨，销售总额15193万元，实现利润194万元。2001年至2006年，中国石油南充蓬安销售分公司实行统一管理、统一核算、资源统一配置、形象统一包装。2006年，销售成品油8854吨，其中零售5967吨，批发2887吨。

石油采购 1986年，蓬安县计划内的油料，大部分从广安前锋油库调运。其余部分在南充石油公司燕儿窝、双女寺油库调运。1989年，蓬安分公司发展到5辆油罐车，负责调运全县用油。1991年，公司在新疆克拉玛依、甘肃玉门、兰州等炼油厂采购货源。1995年，荆门炼油厂的油料，通过购销渠道用火车槽车运到蓬安货运站，然后集中转入清溪油库储存销售。1997年，因蓬安火车货运站级别达不到接卸易燃易爆物品安全标准，停止接卸油料。2000年，撤销车队编制，将车辆按年限、行驶里程、定价转卖给内部职工经营，相应承担公司油料运输，公司按市场价格付给运输费用。县石油公司自组油料，主要来源于南充炼油厂、广安前锋油库、渠县物储处、陕西汉中、永平炼油厂、湖北荆门炼油厂等地。

销售价格 1986年，计划内、外油料由县物价局按照国家政策规定严格核价，按购油批次计算核定市场销售价格，企业不得随意变动。1988年，成立石油多种经营部，主要经营计划外汽、柴油及各种车辆配件等。1992年至1993年，在县内先后新建城东、罗家、盘龙加油站；在成都104油库设立销售点，在都江堰市修建蓬都加油站。1994年后，成品油销售价格由企业根据市场变化，合情作价，变动频繁。2001年后，成品油销售价格管理严格规范。由国家发改委统一作出

成品油销售价格上下浮动决定和到位时间，再由省、地市（州）物价部门对各地区销售价格核定，然后由地（市）一级销售分公司通知县公司在某一时间内进行价格调整。加油站销售先用电话上报要油计划，后改为在网上提前一天上报要油计划，再后来改为在每座加油站安装液位仪，上下信息网络连线，取消用电话和网上申报要油计划的做法。2006年，公司实行统一管理、统一核算、资源统一配置、形象统一包装，年平均销量8000吨左右。

蓬安县成品油市场销售价格时间段平均指数

1986~1993			1994~2006		
品名	批发价	零售价	品名	批发价	零售价
70# 汽油	1940 元/吨	2.13 元/升	90# 汽油	5200 元/吨	3.57 元/升
0# 柴油	1445 元/吨	1.59 元/升	93# 汽油	5635 元/吨	3.9 元/升
灯用煤油	1300 元/吨	1.51 元/升	97# 汽油	6885 元/吨	4.8 元/升
			0# 柴油	4750 元/吨	3.85 元/升

【天然气购销】 1998年5月，蓬安县开始通天然气，县政府组织听证定价，企业量值收费服务。民用气价格为1.13元/立方米，商业用气价格为1.70元/立方米，办公用气价格为1.45元/立方米，无工业用气。全年有用户5323户，日供气3500立方米，年供气140万立方米，销售收入210万元。2000年10月，价格调节基金0.05元/立方米并入天然气价。2001年6月起，民用气价格调整为1.16元/立方米，商业用气价格调整为1.73元/立方米，办公用气价格调整为1.48元/立方米，无工业用气。2003年3月，民用气价格调整为1.212元/立方米，商业用气体格调整为1.782元/立方米，办公用气价格调整为1.532元/立方米，无工业用气。2005年5月，公司收费实现电脑自动化管理。2006年4月，民用气价体格调整为1.42元/立方米，商业用气价格调整为1.99元/立方米，办公用气价格调整为1.74元/立方米，仍无工业用气。全县用户数达15091户，日供气11780立方米，年供气500万立方米，销售收入1600万元，入库税金150万元，上缴财政55万元，实现利润350万元。

【煤炭购销】 1986年，蓬安县煤炭供应以煤建公司为主，出现开放式、多种经济成分、多种经营方式煤炭供应市场。全年购进煤炭37292吨，销售煤炭39078吨，完成销售205.91万元，其中供应生活用煤11264吨、生产用煤7272吨、蜂窝煤5849吨、代营煤18570吨，县财政补贴14.55万元。1987年后，县煤建公司实行承包经营，将任务层层分解落实到各部门和站点，顺利完成各年购进和销售计划。全年销售煤炭38191吨，其中计划内煤炭25966吨，县财政补贴亏损13万元。1988年，全县购进煤炭总值134万元，销售181.6万元，销售国家计划内煤炭25998吨，超供7341吨，县财政弥补亏损18万元，其中，购进无烟煤4302吨，占年计划86%，烟煤26047吨，比上年有所减少。1989年，全县购进无烟煤11500吨，烟煤40500吨，销售煤炭34963吨，购进总值195.46万元，销售345.17万元。1990年，县政府开展全县煤炭市场清理整顿，理顺煤炭运销渠道，稳定煤价，煤建公司主渠道作用得到进一步发挥。县煤建公司配合相关部门对煤炭购销市场开展流动检查，实行煤炭“准运证”制度，理顺运销秩序，同时，在县城内学校、机关食堂、饮食行业开展节煤活动。是年，全县购时煤炭29091吨，其中无烟煤7676吨，销售煤炭34291吨，其中供应补贴煤15001吨。1992年，煤炭经营价格放开，除生活用煤严格按计划和物价部门核定价格供应外，其余均实行市场价。是年，全县销售煤炭30000吨（含蜂窝煤12000吨）。1993年，取消生活用煤计划，财政不再进行亏损补贴和价差补贴，部分私人和个体户申办证照进入煤炭购销市场，煤炭经营形成相互竞争格局。1999年，县燃建公司对各煤站实行承包经营，公司不再统一调购煤炭，各煤站、蜂窝煤厂自组调运，随行就市销售，自负盈亏。2000年至2006年，全县煤炭市场以私人和个体经营为主。在城区有煤站销售煤炭和蜂窝煤厂生产销售蜂窝煤，在徐家、金溪、巨龙等大集镇有煤炭和蜂窝煤销售点。

【农副食产品购销】 1986年，农副食产品销售逐步放开。1990年，县政府实施菜篮子工程解决蔬菜供应。1992年，全面放开生猪经营。2006年，蓬安县除国家专管经营的产品外，生猪、水果、干杂调料、糖酒、蔬菜水产等农副食产品市场放开，多家经营，品种丰富。

生猪　1986年，全县出栏生猪26.14万头，农民自食生猪8.5万头，人均消费猪肉18.84公斤。1987年，蓬安县先后五次提高生猪收购价格，全县增设收购网点48个，对养猪户资金困难的采取贴息贷款，对养猪专业户、重点户给予奖励，对村干部给予工作补贴，全年开支45828元。8月，县政府对城镇非农业人口每人每月供应猪肉2.5公斤。是年，全县共经营生猪85784头，销售总额2321.89万元，实现利润185.69万元。1988年，全县经营生猪13.1444万头，销售总值6000万元，实现利润300.91万元，上缴国家税利134.74万元。1992年，蓬安县全面放开生猪经营，允许有条件企业和个体屠工经营生猪，国营商贸企业经营优势逐渐丧失。1993年至2000年，县内猪肉市场逐步被个体经营业主所取代。2001年至2006年，县政府把生猪生产作为发展农村经济的支柱产业之一，生猪发展呈产业化趋势。全县猪肉市场由个体经营业主经营，购销两旺。

蔬菜水产　1986年，县委、县政府成立蔬菜领导小组，下设蔬菜办公室，负责蔬菜生产和城区蔬菜供应。全县种植蔬菜面积81.2公顷，蔬菜上市量360万公斤，日均上市1万公斤，蔬菜经营站经营各种蔬菜80万公斤，平均售价0.12元/公斤。县蔬菜水产饮食服务公司还购进海带、墨鱼、带鱼、紫菜、虾仁等海产品和调味品供应市场。1987年，全县蔬菜种植面积扩大到109.0公顷，其中基地菜田14.4公顷，二线菜地53.3公顷，三线菜地28公顷，新增以粮换购菜地13.2公顷。县蔬菜水产饮食服务公司还从外地购进鲜菜8.5万公斤，调剂县内市场。销售蔬菜99.65万公斤，每公斤均价0.181元。1990年，全县菜篮子工程在县内沿公路两侧和区所在地的19个乡镇，落实763公顷瓜菜种植面积，年产蔬菜3211.25万公斤。1991年，菜农经济利益受到粮价上涨影响，菜农不再向国家蔬菜经营企业交售蔬菜，自发涌向蔬菜市场出售，蔬菜公司购销业务逐步萎缩。1992年县委、县政府采取远近郊结合的办法，继续在农村推行“万亩瓜菜”菜园子工程，蔬菜产量持续增产。1996年至2006年，蔬菜水产市场形成多元化经营格局。菜农完全按市场需求生产销售，蔬菜经营户根据蔬菜市场供需情况，适时从县内外购进蔬菜经营。县内农贸综合市场里均有蔬菜摊点，各种时令蔬菜、反季节性蔬菜应有尽有。区乡各场镇逢场天销售的蔬菜主要来自于农民自产，不足部分由蔬菜经营户从县城或外地购回经营。市场供求关系自然形成全县蔬菜购销网络。县内城乡水产品市场活跃，市场销售的草鱼、鲤鱼、鲫鱼等主要来自本县塘、库、堰的养殖，部分产自嘉陵江和溪河，经营者随购随销。

糖酒副食　1986年，全县副食品、食糖、酒类等商品主要由县糖酒公司经营，集体商业和个体副食店也同时经营。县糖酒公司从云南、内江、渠县等地调进计划内食糖954吨，自组食品300多吨，糖果糕点等小食品240吨，派员到新疆、青海、甘肃、河南、河北、山东等地推销本地产酒300多吨，销售金额50多万元。还先后在罗家、正源、徐家设立糖酒、副食批发点，批销金额33万多元。是年全县销售食糖1476吨，酒1668吨，糖酒公司完成购进200.34万元，实现销售435.53万元，利润11.3万元。1988年，食糖紧缺价格上涨，县糖酒公司多次前往云南等地调回计划内外白糖1627吨。在县内各区乡重点场镇增设小食品批发点，增加经营品种到200多个。酒类销售由重点外销转向县内销售，从外地购回质优价廉瓶装酒和散装白酒投放市场。是年，全县销售食糖1227吨，各种酒1665吨。1988年，完成销售额629.47万元，经营利润比上年增加2.98万元。1989年至1990年，全县共销售各种瓶装酒、白酒2636吨，食糖2148吨，各种小食品403吨。其中，1990年，糖酒公司销售额604万元，实现税利35.3万元。1992年，县糖酒公司业务出现迅速下滑趋势。2000年，私营个体糖酒副食经营户崛起，大力开展糖酒副食批发兼零售业务。2001年至2006年，糖酒、副食品形成以县城为依托，辐射乡镇的销售市场网络。销售的糖果糕点数百种，酒类、饮料近百种。城区内经营糖酒、副食的大小超市、门市、专卖店、直销店、代销店采取灵活多样的经营方式招徕顾客，乡镇各场镇及交通方便的路边店都有规模不等的糖酒、副食店。开展批发业务的经销商购置物流配送车，对城乡商店实行商品配送，形成连锁经营。一些生产厂家也到县城寻求代理商。2006年，糖酒、副食品购销市场商品丰富，购销两旺，全县销售食糖1318吨，酒类3367吨，各种小食品1846吨。

水果 1986年，蓬安县本地生产的水果主要远销外地。是年，扩大水果栽植，县内水果增多。1994年，全县水果以果农自销为主。1998年后，蓬安扩大锦橙100号栽植，本地生产水果以柑橘为主，果农自销。1999年退耕还林前后，蓬安种植水果品种增多以适应市场需要。2001年，通过改制重组蓬安县可口爽保健饮品公司，年加工鲜果10000余吨，产值500万元。2003年被中国果品流通协会评为“中华名果”的“蓬安锦橙100号”远销深圳、昆明、重庆、北京等各大城市。2006年，蓬安县市场销售的水果主要有从广东、广西、陕西、河南等地购进的香蕉、菠萝、荔枝、柚子、苹果、柑橘，以及本地生产的柑橘、梨、桃、李、枇杷、葡萄、杏、枣、柿、樱桃、核桃、橙柚、柑橘等。

肉禽 1986年，蓬安县购进活猪82549头，鲜肉2209公斤，鲜蛋3.34万公斤，菜牛4819头，家禽86166只。1993年至2006年，县内肉食品市场以猪肉为主，兼以牛、羊肉、鸡、鸭等，商品丰富，消费者随需随购。县内城中、城南、城西、城北、城东等综合市场均有肉食品、禽、蛋摊位，各乡镇猪肉经营户天天营业，群众消费方便。全县每年销售肉、禽、蛋等食品数千吨。

干杂调料 1986年，干杂调料主要是蔬菜水产饮食服务公司经营。以后，各个体私营品种逐步增多。2006年，蓬安县城乡市场营销的干杂调料主要有省内外产的干海椒、花椒、黑白胡椒、榨菜、冬菜、黑木耳、银耳、黄花、笋干、紫菜、干香菇、干蘑菇、味精、鸡精、醋、豆油、酱油、豆瓣、甜酱等30多个品种，个体经营为主。

【建材 汽车购销】 1986年，县物资公司购进钢材955吨，生铁112吨，水泥1805吨，炸药5吨，玻璃1109标箱，汽车10辆，皮塑线162千米；销售钢材973吨，生铁77吨，水泥1805吨，炸药3吨，玻璃1194标箱，汽车10辆，皮塑线158千米。是年，公司完成商品购进256.23万元，销售297.44万元，其中机电化工产品销售93万元。1987年至1989年，县物资公司组织各种建筑材料近20000吨，玻璃5000余标箱，汽车23辆，皮塑线450千米。其中1989年购进927.4万元，销售1018.1万元。1990年，县物资公司销售钢材2863吨，水泥1774吨，油毡2637卷，玻璃5157平方米，轮胎186套，汽车9辆，布电线140千米，火工产品351吨，木材346立方米，实现销售额1074万元，上交国家税利31.84万元。1992年，县物资公司参与物资联网经营，在北京、成都、重庆、攀枝花、西安等地建立购销基地，设办事处8个，年销售400余万元。全县完成物资购进1595万元，物资销售1804万元，实现利润31万元，上缴国家利税42.11万元。1993年，县物资企业销售钢材3000吨，水泥2776吨，炸药246吨，电动机79台。2000年后，大批个体经营者注册登记开设门店，经营各种建筑材料、装饰装修材料、机电产品等。一些大用户、大工程都直接与厂家联系，直接进货，大量中小客户仍在本地市场购买所需各类金属材料。城区内建材市场主要设在东风大道、嘉陵路，经营各种不锈钢、铝合金、镀锌材料等，型材制材各种规格齐全。物资公司破产后由个体经营者申办证照，专门成立民用爆破器材专营公司，在公安部门管理监督下，经营各种爆破材料。其他化工建材，如水泥、玻璃、地板砖、各种装修用漆等都是个体经营，并逐渐形成规模。县内各集镇都有个体户开办的各种建材、装饰材料经营门市。2006年，全县物资材料销售市场生意兴隆，销售收入超过5亿元。

【农资购销】 1986年，蓬安县销售化肥、农药、农膜与中小农具均由县供销社农资部门专营。1994年后，化肥、农膜与中小农具市场逐步放开。2006年，除农药由县供销社农资部门专营外，其他农资营销均有个体私营户参与。全县共销售各种化肥81751吨、农药42吨、农膜66吨。

化肥 1986年，化学肥料由县供销社农资部门专营，全县共销售化肥57797吨。1990年，取消化肥供应票，对农户、农场按需供应。1993年，对基层社在县外组织的每吨按碳铵30元、磷肥

15元收取调节基金交县供销社存储，对尿素每吨补助40元。截至1994年，县政府对全县化肥市场进行检查60次，取缔无证经营户460多家。1996年，化肥经营实行运杂费包干和补贴的办法，从南充运回每吨补10元，从渠县运回每吨补15元。1999年，县内建立配送中心、联合批发点、联销经营点、庄稼医院、村级服务站、专业合作社一体化批发；县外在渠县、营山、仪陇等地设立化肥批发站。1986年至2006年，全县共销售化肥123.07万吨。

农药　1986年，农药属专控、专供、专营物资，由计划部门下达计划、物价部门统一定价、县农资公司统一组织货源储备供应，各基层供销社按计划调拨，小品种农药实行以销定购。至2006年，蓬安县经销的农药品种有杀虫双、敌敌畏、敌百虫、三环唑、1605粉剂、稻瘟净、乐果、除草剂等，其间全县共销售各种农药2689吨。

农膜　1986年，农用薄膜由县供销社农资部门专营，全县共销售农膜48吨。1992年，全县大力推广农膜育秧苗、红苗、树苗、菜苗、花生、玉米、蔬菜等，供销系统先后派出60多人次到省内外组织266吨农用薄膜，分配到各乡镇，统一供应。至2006年，全县共销售农用薄膜1695吨。

中小农具　1986年，半机械农具及配件由县供销社年初下达储备供应计划，按计划供应。其中：锄头、镰刀、铁犁头、铧、铁耙等农具年销量达10多万件；风车、锄把、拌桶、粪桶、粪提桶、犁弯、犁脖、木耙、扁担等木制农具年销量上万件。20世纪90年代后至21世纪初，各种塑料农具质量提高，数量增多，县供销社农资部门农具销量逐年下降，停止经营，农户所需木制农具也大多自制自用。

蓬安县化肥、农膜、农药销售情况统计表

(1986~2006)

单位：吨

年度	化肥销售总量	其中			农膜	农药
		尿素	碳铵	磷肥		
1986	57797	6485	28639	21358	48	155
1987	61976	6026	28699	25824	45	266
1988	54194	6150	26983	18174	52	230
1989	65592	7322	41585	14225	127	184
1990	59809	7434	31352	17025	147	123
1991	73606	5967	42109	23375	115	131
1992	58904	3953	30692	21247	266	129
1993	67166	3835	27848	31937	101	123
1994	54746	1015	29070	23897	5	73
1995	72028	3609	41102	26373	37	78
1996	62155	2780	41495	17604	30	51
1997	59983	2742	32756	24333	27	84
1998	51929	2627	30350	18945	70	10
1999	46452	4406	22837	19017	135	11
2000	44592	3391	25470	15668	8	6
2001	36800	2708	25564	8528	3	12
2002	90515	5676	55191	27527	184	467
2003	96483	7517	50882	35243	216	512
2004	29790	760	12812	16218	—	—
2005	4447	392	1800	2055	13	2
2006	81751	6071	33790	39771	66	42

【五交化购销】 1986年，蓬安县五金交电商品批发零售业务主要由县五交化公司经营。销售的主要商品有电视机、电冰箱、洗衣机、电风扇、自行车、电线、圆钉、螺丝等。全县销售自行车2227辆，半导体收音机1002部，电视机1402部，电风扇3563台，洗衣机489台。1988年，县五交化公司划分为五交化工和交电家电两个经营部。完成购进446.82万元，销售572.55万元，利润17.59万元。全县销售自行车2908辆，电视机3034部，电风扇6236台，洗衣机996台，电冰箱174台，半导体收音机和录音机销售有所下降。1989年，县五交化公司专设批零合一、批仓合一、卖修合一的家电经营部。全县自行车、电风扇、洗衣机、冰箱销售均比上年有所增长。1990年至1999年，五交化商品经营市场形成国有、集体、个体共同经营格局。个体、民营五金、化工、装潢装饰材料经营店在县城遍布大街小巷，家电商场主要分布在磨子街和建设路，各乡镇都有经销小五金和家庭装饰的五金日杂商店、家电经销和代销门市部，形成五交化商品经营网络。2000年，全县共销售电视机4968部，自行车1231辆，摩托车1467辆，电脑286台，电风扇8921台，洗衣机2639台，空调2431台，电冰箱1386台。

2006年，全县五交化市场呈规模化、系统化经营，商品有电视机、电冰箱、空调、洗衣机、自行车、摩托车，各种档次的电脑、通信设备、燃器具、热水器、豆浆机等。个体、民营业主经营为主，方式灵活，如让利销售、有奖销售、以旧换新销售、送货上门、免费安装调试及售后上门服务等，取得顾客信赖，扩大市场占有。是年，全县共销售电视机5097部、电冰箱1743台、空调3106台、洗衣机3408台、电脑753台、电风扇1835台、自行车813辆、摩托车6485辆。

【日用百货购销】 1986年，县内各种百货商品的购销渠道主要是县百货公司，全县城乡百货商场（店）品类规格齐全，购销两旺。是年，购进金额339.72万元，其中纺织品类85.42万元，针棉纺品84.53万元，百货类152.56万元，文化用品类17.21万元。实现销售金额982.57万元，其中针纺销售566.71万元，百货、文化用品销售415.86万元，公司门市部零售116万元。1987年，购进金额388.66万元，销售金额1116.6万元。1988年，销售金额1160.9万元，其中百货类477.16万元，文化类49.37万元，纺织类317.21万元，针织类317.16万元，实现利润37.13万元。1989年，购进金额251万元，销售金额975.81万元，销售纯棉等布料104.12万米，皮鞋3.76万双，各种胶鞋33.85万双，洗衣粉422吨。1990年，县百货公司将所属门市部统一收回集中管理，将建设路门市部改设综合批发部和综合零售门市部，在磨子街增设综合门市部。全年共销售各种布料206.41万米，皮鞋36900双，胶鞋35.67万双，洗衣粉256吨，肥皂13400箱，保温瓶40300个，缝纫机311架，衣着类、日用品类、文化用品类销售达4666万元，占社会消费品零售总额14677万元的31.45%。1992年，蓬安县取消布、棉票供应，城乡市场针纺品、服装、鞋帽敞开供销。县百货公司下设4个经营部，将过去的百文经营部改为文化和百货2个经营部。是年，实现销售841万元，上缴利税27万元。1993年至1996年，百货个体经营户迅速增加，县城磨子街、建设路摆摊设点经营服装、鞋帽、日用等百货个体户愈百户。1997年至2006年，全县个体私营百货购销市场繁荣。城乡各种时装店、专卖店、百货超市、百货门市迅速发展，方式灵活多样，促销手段层出不穷，多在成都、重庆、南充等地批发市场进货，部分从省内外厂家直接购进，或为生产厂家代销。商品种类和档次不断更新，商品价格完全通过市场调节。2006年，全县针纺、服装、百货等商品销售额达5000万元。

对外贸易

1986年，县对外经济贸易公司负责蓬安对外贸易。2000年，县外贸公司实行产权制度改革，解体重组为民营企业。2001年，县设对外经济贸易合作局负责外贸工作。2006年，商务局管理对外贸易工作。

【外贸销售】 1986年，县外贸公司收购农副土特产品、畜产品以及组织出口供货、内销茶叶等。外贸商品主要有丝绸、粮油、中药材、畜产品（羽毛、皮张、猪蹄筋、猪鬃猪肠衣等）、旧珠宝、柑橘等。1987年，开始与南充地区对外经济贸易委员会签订经营承包合同，完成出口商品调拨89.24万元。1988年至1990年，共出口供货405.86万元。1990年，全县销售各种茶叶29.3吨。1991年后，国家取消外贸出口商品的外汇补贴，调整出口产品结构，减少廉价农副土特产品出口，县外贸企业经营困难。2000年，外贸公司破产重组民营股份制企业——蓬安县恒通对外经济贸易有限责任公司，实施对外贸易。

【出口贸易】 1993年，县政府引进新加坡20万美元合资组建中新房地产公司。2002年，蓬安实现间接出口353.7万美元，县内四户企业申办了产品进出口权。2002年至2006年，全县11个企业出口11个品牌产品，金额达2910.7万美元，完成计划量的122.3%；利用外资2732.5万美元，完成计划的117.50%；外派劳务444人次，完成计划的158.3%；外派劳务收入310.7万美元，完成计划的138%。外派劳务遍及约旦、阿尔及利亚、巴基斯坦、秘鲁、马达加斯加、蒙古、哈萨克斯坦、越南、沙特阿拉伯等10个国家和中国港、台地区。主要工种有建筑机械、技术工程人员和渔工。

蓬安县“三外”工作完成情况

(2002~2006)

单位：万美元

项目 \ 年度	2002	2003	2004	2005	2006	合计
外贸出口完成情况	353.7	378	500	783	896	2910.7
间接利用外资情况	353	385.5	500	600	893	2732.5
外派劳务（人次）	11	24	110	160	139	444
外派劳务收入	6.2	17.3	86.2	111	90	310.7

餐饮及服务业

1986年，蓬安餐饮服务行业主要由蔬菜水产饮食服务公司和集体商业联合公司经营。1992年至1995年，私营餐饮服务业主逐渐增多，国营商业饮食业逐渐退出经营，各区镇集体企业饮食店也相继改制和破产，代之以民营和个体业主。2006年，全县从事餐饮业的企业和个体多为私营。

【餐饮业】 1986年，全县饮食业经营机构533个，其中个体485个，饮食业从业人员1150人（个体769人），饮食业营业额269万元（个体88万元）。1988年，全县饮食行业迅速发展，各饮食经营单位和个体户以优质服务和特色菜品吸引顾客。县饮食服务公司对各饭店、食店实行二级承包，各饭店、食店根据不同消费群体，更换不同菜品，增加席间小吃，争取客户，增加营业收入。1992年，饮食业消费总额达825万元。1993年，各饮食店实施自筹资金、自办工商税务登记、自主经营、自负盈亏大包干经营。1995年，国有、集体商业饮食业相继退出经营。县城内私营酒店、火锅、快餐、中餐、米粉及各种名特小吃店迅速发展，各区镇的集体企业饮食店也相继改制或破产，各具特色的民营、个体酒家、饭店纷纷开业。2006年，全县餐饮业兴旺繁荣。各种小吃店和摊点遍布城乡大街小巷，经营小炒、豆腐、豆花、豆浆、凉粉、稀饭、馒头、包子、水饺、麻花、抄手、面条、汤圆、锅魁、串串香、烧烤等。相如广场周边形成黄金消费圈。县城内各种火锅、汤锅、干锅、鱼庄等达100余家。有各种红（红油）、白（白油）、清（清汤）、药（药膳）火锅，主要食材有猪、鱼、鸡、鸭、鹅、鸽、牛、羊、兔等肉类和菌类。县城内各酒店、饭店不断改善经营基础设施，扩大经营范围，经营各种档次宴席。仅蓬安饭店、相如饭店、瑞泰宾馆、鑫苑酒店、文君酒家等较大的饮食企业年营业额就达1000余万元。全县从事餐饮业企业和个体经营者319家，从业人员1346人，营业收入17776万元。

【服务业】 1986年，城区内服务行业主要是旅馆和理发照相等，由县蔬菜水产饮食服务公司经营，各区镇主要由集体商贸企业经营。全县从事服务业的经营机构601个，从业人员918人，其中个体户541户，从业人员714人。1987年至1992年，县饮食服务公司所属服务企业进一步加大设备投入，优化服务环境，提高服务水平。1993年，县饮食服务公司将照相馆和理发店等门店租赁给职工经营。2001年后，个体理发业发展迅速，照相业发展很快，住宿业也不断发展壮大。2006年，蓬安县服务业发展到住宿业、美容美发、保健按摩、休闲娱乐、网吧、家政、干洗、中介、婚庆礼仪等20多个行业，有些行业还成立行业协会组织。全县从事服务业的经营机构达1980个，从业人员上万人，营业额近2亿元。

住宿业　1986年，蓬安县城区内住宿业除县委招待所外，旅馆行业主要由县饮食服务公司经营，集体商贸企业兼有旅馆业务。县城有东方红旅馆、跃进旅社等几家为数不多的旅馆。东方红旅馆床位较多，设施比较完善，分设不同消费档次。各区镇旅馆行业主要由集体商贸企业负责经营。1987年至1992年，东方红旅馆、跃进旅社先后购买高低床、写字台、沙发、平柜、电视机、电风扇等旅店设施，增设浴室、旅客食堂，改善卫生条件，吸引顾客，增加营业收入。县招待所开始修标准间套房。1993年后，全县旅馆业有较快发展，县食品公司、外贸公司、民政服务公司先后办招待所，个体经营户投入资金，注册登记，开始参与旅馆业经营，竞争日趋激烈。1997年，县委招待所开始大规模改建，1999年，与马回电力股份有限公司等合资建成二星级饭店——蓬安宾馆。县内先后还建有鑫苑酒店、邮电宾馆等。2000年，县饮食服务公司的东方红旅馆、跃进旅社因旧城改造全部停业。2003年，县委、县政府决定由马回电力股份有限公司投资将县会展中心改建成三星级旅游涉外饭店——蓬安相如饭店。2006年，由南充客商投资装修并承包瑞泰商务大酒店。其间，文君大酒店、白云宾馆、五达宾馆等相继开业，车站附近小旅馆也增多，县城可接纳上千名旅客住宿，乡镇也都开设有私营旅馆。是年，全县从事住宿业的有145家，从业人员672人，客房收入近亿元。

理发　美容　保健　1986年，蓬安县城区内理发行业主要由县饮食服务公司经营，集体商贸企业兼有理发业务，各区镇理发店由集体商贸企业经营。县城和个别场镇也有个体户经营理发业务，农村大多由走乡串户的担担理发。1987年至1992年，国营理发店面对竞争，认真学习理发新技巧，研究新颖头式和发型，尽量满足群众的爱美需求。1993年，县饮食服务公司将国营理发店租赁给职工经营。1996年，“颜如玉”理发店增加干洗，集美容保健按摩一起，其他理发店纷纷仿效，有的开始兴起洗脚业务。1998年后，国营理发店逐步退出市场，个体理发业发展迅速。2000年，城内个体美容美发店服务翻新，干式洗头、烫发、染发业务日益新奇，结合保健按摩、对外培训理发技术、推销美容美发产品等。洗脚等业务普及。乡镇也开办有规模不等的美容美发店，摆摊理发点等。2006年底，县城内理发店（包括美容美发等）共有60余家，对外开展水式洗头、干式洗头、烫发、染发、发型设计等服务，有些还提供保健按摩、浴足、洗面、美容等服务，从业人员200多人，较为知名的有亚星、海广、西南美容美发、广州仔、剪艺空间等。专业保健店有20余家，洗脚10多家，从业人员200余人，洗浴城（店）有2家，从业人员50余人。

摄影照相　1986年，蓬安县城由县饮食服务公司经营照相行业，县城和个别场镇也有个体户经营照相业务。曙光照相馆是县城内唯一国营照相馆，开展黑白、彩照、扩印等业务。1988年，曙光照相馆承担全县居民申办身份证相片拍照任务。1989年至1992年，曙光照相馆改变经营作风，主动兼营照相器材，搭建露天摄影棚，购置彩印设备，钻研彩印技术，同时走出店堂，深入机关、学校、工厂和农村，为群众照相服务。1993年，县饮食服务公司将曙光照相馆租赁给职工经营。1995年，个体户开始开设照相专营店。2001年，全县个体照相业发展很快，积极更新照相技术，大力推广数码照相、快速成影和扩印业务，婚纱影楼更成时尚。2006年，全县共有专业照相馆21家（其中婚纱影楼3家）。县城内主要有皇家影楼、曙光相馆等几家规模较大的私营照相业主，各乡镇还有40余户个体照相业主，为居民提供照相、扩印、摄像等服务，民间还有众多业余摄影爱好者。

家政　婚庆礼仪　中介　干洗　1993年，蓬安县城内开始出现家政、婚庆、中介、礼仪等服务行业。各种职业介绍所、信息服务部、婚庆公司、家政服务公司等挂牌经营，从业人员数百人。主要从事职业婚姻介绍、婚庆礼仪主持服务、家庭保洁服务及介绍房屋出租出售、代购火车票、轮船票、飞机票等服务活动。各种服务项目计价方式各不相同，大多以双方协商议价为准。1994年，县城内开始出现服装干洗业服务，收费按服装、被褥等布料质地分等论价，5元至10元1件(套)。到2006年，县城内有干洗店9家，干洗价格随物价上涨。

茶坊　水吧　茶馆业，蓬安古已有之。1986年主要是集体商业旅社兼营。之后开始出现个体茶房。1993年后，个体茶房兼放录像。2000年后，蓬安县内各种不同档次的茶坊水吧逐渐兴起，多以楼、馆、园、阁、居、社等为名，提供绿茶、花茶、菊花、竹叶青、铁观音等茶水以及各种饮料和棋牌休闲娱乐。2006年，全县共有大小茶馆水吧上百家，相如广场周围多达50多家。城区内较为知名的有天泉阁、经典、格兰德、大富豪等。

音像租售　网吧　1990年前后，蓬安县开始出现音像店，主要从事磁带、CD（VCD）光盘、唱片等相关产品租售。2001年，蓬安县正式启动宽带业务ADSL，发展网吧27户。2006年年底，全县从事网吧经营的有31家，其中规模较大的有上百台电脑。音像店由于电视、手机、互联网普及发展，逐渐淡出市场，全县仅有10余家在经营，一些商家改做庆典录像和VCD光盘。

修理业　1986年，修理业由原来修理钟表、小家电、自行车、修鞋、补锅等发展到家电、钟表维修、机动车辆维修以及机具维修。各种维修店遍布县内城乡，走乡串户、摆摊设点的一些传统小修小补因受城乡居民欢迎仍存在。2006年，全县从事修理业的各种维修店达200余家。

广告装潢业　1986年，蓬安县广告装潢只有零星个体从事这一行业。2006年，全县有广告装璜业经营户53家，从业人员100多人，经营收入达800余万元，主要制作平面广告，如灯牌广告、工艺广告、横幅、吊幅广告、会场布置、商品广告以及门面、门市和室内装璜设计等。

商贸行业监管

1986年，全县商贸管理工作职能从过去单纯行政部门管理企业，向“统筹、协调、服务、监督”管理行业转变。县商业局积极发展横向经济联合，搞活商品流通；在商业系统职工中开展职工道德教育、法纪教育和文化技术培训，加强商贸队伍建设。1987年年初，县政府实施全县商贸企业3年经营目标责任管理制。1993年至2000年，政府部门在管好企业、推行改革的同时，加大对行业监管。商贸主管部门制定和实施商品经营放开政策，除国家规定实行统购、统配、专营、专卖的商品外，鼓励企业跨行业、跨类别经营。2001年至2006年，商贸企业全面改革，物价全面放开，全县建立和形成市场经营机制。政府加强对酒类、食品、生猪、农业生产资料等涉及老百姓生产、生活物资的质量和价格监管。

【企业管理】　1986年，县商业局下放人事权、经营权、自有资金使用权，以协助和支持企业发展为重点，为企业排忧解难。全县国营商业同其他国营、集体、个体相互之间联营达40多个项目或品种，联营金额达400万元。1987年，县政府制定全县商业企业1987年至1989年的经营目标责任制，实行定额上交、超收全留、短欠自补。县财政局、县商业局与商业系统各公司签订承包经营合同，指导各企业分解目标任务，落实二、三级承包和各种经济责任制。在各企业全面实行经理（厂长）负责制。加强商办工业管理，对县酒厂、蜂窝煤厂领导班子进行调整，实行厂长负责制，抓技改项目投产。1988年，县商业局成立改革指导小组，设专门办公室，负责制定改革方案，落实改革措施。及时兑现16个中、小型企业1987年承包合同。对县五交化商场、县酿酒厂、县食品厂3个一级承包企业按照程序和条件公开招聘经营者作为企业法人代表，实行风险抵押2万元至3万元，落实经营承包合同。1990年，县商业局鼓励企业参与市场竞争，实行多元化经营，面向全国开拓市场扩大销售。1992年，县商贸企业广泛实行一业为主、多种经营，开展代购、代销、代储、代运等业务，增设分支机构，发展横向经济联合，实行全员合同化管理，打破干部、工人界限，实行优化组合。1993年，县商贸委拟订《蓬安县商业企业改革方案》，在县蔬菜水产饮食服务公司开展“国有民营”试点后，在商业系统推行。1998年至2000年，县贸易局改善行政管理方法，坚持一企一策、因企制宜、分类指导的原则加大企业产权制度改革，全面转变企业经营机制，对商贸企业进行股份制改制。调整企业资产经营形式，推进公有私营为主的抽本租赁、大包干承包经营，提高资产经营效益，防止国有资产流失。2001年至2006年，县政府推进企业产权制度改革，协调企业出售固定资产、分流职工、化解债务、实现资产重组，招商引资，培植和发展私营商业，成为商贸经济新的增长点。

【计划统计管理】 1986年，蓬安县对商品管理实行国家计划分配为主、经营企业经销为主、生产企业自销为主三种类型。1987年，各商贸企业调整商品流转统计报表，增加电讯月报类别和品种，为制定商品购销计划提供准确的数据资料。国营商业通过计划分配的商品由1985年的16种缩减到生猪、棉布、食糖、圆钉、镀锌铁丝、煤炭、汽油、柴油、煤油和润滑油等10种。1988年，通货膨胀、物价上涨，市场商品供需矛盾突出，县商贸企业实行计划管理和市场调节相结合的管理体制。全县实行以粮换购和议购议销的“双轨制”政策，下达以粮换购指标，实行定点调拨。改革完善蔬菜产销经营体制，实行蔬菜粮物挂钩和蔬菜经营财政亏损补贴办法。食糖实行敞开供应，供应转紧时，采取限量凭票有计划供应，中秋节、国庆节、春节等节假日定量供应城乡居民食糖，保证产妇、病人、婴儿等特需群体的供应。百货、五金等工业品扩大购销计划，及时组织圆钉、圆丝、硫黄等生产资料供应农村，支持农业生产。1992年，蓬安县放宽出省商品、物资品种范围。除省以上管理的指令性计划商品和指令性计划物资继续由指定部门、单位按计划调拨外，其他商品全部放开经营。1993年，县商贸企业除国家规定实行统购、统配、专营、专卖的商品外，企业按经营范围和价值规律，制定和实施商品经营购销计划，根据季节、花色、款式及市场供求情况自主经营。1995年，县商贸企业建立与市场经济相适应的计划管理模式，商贸计划只对完成购销额作规定，不对具体商品作规定。采取少批量、多品种快购快销策略，尽量缩减库存商品，加大销售商品计划执行。1998年，县商业主管部门以各企业经营目标为主要承包计划指标，与企业签订承包合同，实现风险抵押，与经营集团成员年薪挂钩；商业企业改变制定年度计划为制定年度经营目标计划。2001年至2006年，县国营和集体商贸企业通过破产改制退出商品经营。民营商贸企业和个体经营户根据各自经营商品的市场销售量制定短期或阶段性的商品购进和销售计划。实行总经销、总代理和连锁经营，发展配送和代理配送等业务。

【财务管理】 1986年，县商业企业集中财力加强商业设施建设，扩大企业规模。1987年，县商贸企业广泛开展“四反对”“四树立”和“八查”活动，即：反对大手大脚、铺张浪费、请客送礼、讲排场闹阔气；树立艰苦朴素、勤俭节约、严守纪律、多作贡献新风；查“双增双节”措施是否落实，跑、冒、滴、漏是否堵住，购、销、存费用是否超标，财经纪律是否执行，资金占用是否合理，临时工工资开支是否合规，库存商品是否账实相符，费用管理是否加强。1988年，县商业、物资、外贸等商贸企业全面推行“企业内部银行”制度。县商业系统在县百货公司试点，并总结经验在各公司、厂推广。企业在银行设立的账户除保留联营专用账户外，其余账户合并为一个，对外统一结算往来款项。企业内部实行责、权、利挂钩的独立核算单位，利税缴拨、企业留利、借贷款项等只与“企业内部银行”发生转账关系，在核定资金定额外急需周转资金时，由内部银行“拆借”解决。1989年，县商贸企业实行分级管理和分工负责的财务管理办法。全面实行财务计划管理，加强财务核算，实行定期不定期的财务自查和接受内部审计。1990年，县商贸企业全面实行承包经营责任制，内部开展开源节流、增收节支活动。经营中坚持勤进快销，随进随销，对积欠货款组织专人催收，尽量缩短银行贷款使用期限，降低资金利息支出。1992年，全面开展财务工作达标升级活动。各公司（厂）成立财务达标升级领导小组，制定达标升级规划、措施、考核及奖惩办法，建立完整科学的商品经营核算系统。1993年至1997年，县商贸企业实行“大包干”的“国有民营”经营责任制。承包经营者预交全部或部分承包费或承租费，各企业加强流动资金和经营费用的管理，实行费用计划控制和定额包干管理办法。1998年至2001年，商贸企业大多转为资产经营，收入减少，费用紧张。各企业、公司（厂）对库房、仓间、车间、门面、店堂、站、点等全面对外出租，对业务用办公费、医药费、电话费、水电费、差旅费等实行定额管理，承包使用。2002年开始，县商贸企业陆续破产改制。2006年年底，全县商贸企业财务管理以改制清算为主。

【物价监管】 1986年，蓬安县实行国家统一物价政策以及统一领导下的价格分级管理制度。商品价格分计划价格和市场价格，严格执行国拨价、省定价、地区价。国营商贸企业的供应价格不高于市场价格。1987年，县商贸企业配备物价管理员，对经营商品建立价格台账，及时登记价格变动情况。由领导、物价员、职工代表组成价格检查小组，定期或不定期检查，及时解决和纠正物价执行中存在的问题和偏差。销售的商品标明价格，挂牌公布，一货一价，一价一签，让群众监督。1988年，全县国营商贸企业建立完善物价审议小组，严格物价审批程序，加强监督检查物价。严格紧俏商品的购销管理，采取计划分配、凭票均衡销售、牌价供应等措施稳定市场。计划内商品按规定的定额加价率作价；计划外商品实行随行就市、有赚有赔、灵活作价原则。部分价高品种，采用财政补贴办法降价销售。1989年，县商业局把县政府下达的物价控制目标指数分解落实到具体部门、企业和商品，即：针纺百文零售物价总指数控制上涨指标1.5%，食品类0.6%，蔬菜类6%，调味品类3%，糖酒类0.5%，能源及燃料类3%，五金交电化工类2%。县内生猪按每公斤2.60元最低保护价收购，对棉布、涤棉布、洗衣粉、肥皂、火柴、元钉、铁丝等商品禁止擅自变动价格。县商贸企业开展税收、财务、物价大检查，对计价失误、核价少量不准等问题及时进行整改和纠正。1990年，实行国家指导价中的最低保护价和加价率，公开商品规格、品种、销售价格，接受群众监督。肉食品执行指导价，在政策规定的范围内上下浮动，并分层次有计划地逐步放开。煤炭根据不同的供应对象和用途，按不同的价格组织供应，县政府对煤炭购销企业实行差价补贴和亏损补贴政策。1992年，除省上规定的18类商品外，其余商品价格（包括差率），由企业根据价值规律和市场变化灵活作价。企业物价部门加强同批发、零售业务经营部门的联系，及时根据商品市场、季节、花色、质量等情况进行价格修正和调整。1994年，由企业经理、物价员、职能科室组成企业物价管理信息网络，建立健全物价管理制度。加强物价检查监督，及时纠正计价失误、报价不准等问题，对无商标、无厂址和质量不合格商品，坚持不定价、不上柜、不销售。1996年至2006年，商品价格完全由生产和经营企业根据生产商品的成本周转和销售等相关费用确定，受市场供求关系和品牌效应等因素的影响上下浮动。县国营商贸企业由商品经营逐步转向资产经营，对商品价格的管理和调控作用逐渐减弱。私营和个体经营户实施薄利多销策略，积极开展销价打折、会员优惠、回扣、有奖销售、减价处理和保本销售等促销活动。工业品价格呈现徘徊或下降趋势，农副产品价格保持上涨势头。商贸物价由物价局按政策总体控制，随市场变化，全县物价基本平稳。

【储运管理】 1986年，商品流通实行计划和市场调节运行机制。县商业系统的煤建公司、食品公司等企业共有大小汽车32辆，装载总量159.5吨，主要负责系统内商品的运转、供货和送货。

1987年，县商贸企业开展创“四好仓库”活动。各公司、厂根据储存商品性能，修订仓储管理办法，补充、完善管理规章，严格奖惩。县煤建公司、五金公司、百货公司、食品公司、糖酒公司被评为“四好仓库”单位。1991年，县商业系统开展储运横向经济联合，实行储运设施和能力向社会放开、商品种类和范围放开、地区和区域放开、经营项目放开、技术放开。1993年，仓储工作纳入承包经营范围，实行责任目标管理。制定考核内容、工作标准要求，实行量化打分考核和奖惩。建立收发货台账，完善统计数据资料，按月报告商品库存情况，提供补充商品库存意见。同时做好防火、防盗、防水等工作，发货保质保量，严禁差错和克扣顾客。1994年，加强仓库、车辆的安全管理，各企业成立消防领导小组和义务消防队，各仓库明确防火防盗负责人，按期对库区、仓间的电器和线路进行检查，增配设施和设备，建立商品养护台账。1997年至2006年，县商贸企业先后由商品经营转向资产经营，部分企业保留商品批发业务。各企业开展清仓利库工作，处理库存积压商品，加速商品变现。其间，民营企业和个体经营户成为商品流通的主要经营者，大部分贵重商品和品牌商品均实行总代理、总经销制，自成体系进行存储和运送，实行专销专卖。批发经营者建立和发展商品配送制，成立物流中心，采取多品种、少批量购进和存储。部分经营者直接到成都、重庆或生产厂家进货，货随人回，快进快销。

【商品流通管理】 1986年，县商业局、物资局规定，钢材、汽车、彩电等重要生产资料和紧俏耐用消费品的批发业务只能由国营商业、物资供应部门、供销合作社经营。凡国家规定价格（包括浮动价）的商品，在就地交易中必须严格执行国家规定的价格。1988年，县商业局在系统内推行商品保本保利管理。各公司成立以经理为组长的“双保”领导小组，对库存积压商品分别采取调剂交流、委托代销、加工改制、削价销售、逢场摆摊、流动赶集等措施进行全面系统清理。1993年，县商贸主管部门制定和实施商品经营放开政策，除国家规定实行统购、统配、专营、专卖的商品外，鼓励企业跨行业、跨类别经营，同时要求企业严把进货关和销售关。1995年至1999年，县商业、物资主管部门支持企业争取名、优、特畅销商品在县内的总经销和总代销，引导企业增加经营花色品种，建立竞争有序和合法合规的商品市场秩序。其间，县商贸委对生猪屠宰和贩运户进行系统清理，取缔无证经营行为。县物资供应公司对炸药、雷管、导火索、氯化钾等民用爆破器材实行统一经营，归口管理。2000年，县商贸主管部门支持商贸企业和私营、个体经营户扩大对全县农副产品和地方工业品的购销，深入农村开展生猪、水果、蔬菜等的购销，保障猪、羊肉、水产品、畜禽产品、蔬菜、水果等鲜活农产品进入城市直销“绿色通道”。2002年、2003年，对流通领域商品管理开始由行政管理转向执法管理。加大对生猪屠宰、酒类和成品油产销、化学危险品管理的宣传和执法力度，认真搞好颁（换）证工作，对经营业主进行清理、登记、重新注册、建档备案。2004年，对危险化学品安全管理进行专项整治，严格危险化学品运输和储备管理，实行“准购证”制度，依法规范危险化学品销售行为。2006年，县政府组织各商贸企业、个体私营商业主积极参加“2006年迎春购物月”“第一届河舒豆腐节”“河舒桃花节”等活动，实现销售收入过亿元。县商务局加强城乡市场规划与建设，探索新的营销方式，建立连锁制、代理制、配送制，形成城乡统一的市场网络体系。加大行政执法力度，打击假冒、伪、劣和商业欺诈行为，维护正常市场秩序。努力构筑“三外”平台（外贸、外资、外派劳务），拓展国际市场，扩大对外经济技术合作。

【酒类专卖管理】 1986年，成立“蓬安县酒类专卖事业管理局”，并在各区税务所设立“酒类专卖事业管理所”。县政府成立“蓬安县酒类产销市场清理整顿领导小组”，组织卫生、质监、工商、税务、公安等相关职能部门，对全县国营、乡办、个体办的69个酒类生产企业、14个酒类批发企业进行清理整顿，对产品质量合格、卫生理化指标达标的59个酒类生产经营企业和14个酒类批发企业发给“四川省酒类产销许可证”“卫生许可证”“营业执照”“税务登记证”。1987年至1989年，县酒类专卖局协助和指导县酒厂大搞技术开发，提升产品质量，扩大市场销售，推出“红高粱酒”“老井酒”“蓬洲酒”等白酒产品，并根据本县柑橘产量优势，支持县酒厂增加和更新设备，加工生产果酒和饮料。1990年，县政府成立酒类产销整顿领导小组，对31户产销企业换发“酒类产销许可证”，对基本符合条件的40个酒厂限期整改，取缔14个批发单位，查处无证经营的产销企业和业主6个，补办证照32个，收取罚款2630元。1992年，县委、县政府把酒类生产作为财政创收的重要来源，鼓励支持各乡镇、个体户创办酒厂，全县乡办、个体酒厂发展到82家。县酒类专卖局为专卖检查员颁发由省局盖章的“行政执法证”，在节假日开展专项检查。主要检查酒类产销证照是否齐全，质量技术是否达标，有无偷漏税，有无假冒伪劣和商标侵权等行为。1993年至2006年，县酒类专卖管理局与糖酒公司分离。酒类专卖管理职能先后划归县贸易局、经贸局、商务局、专卖管理局，并转为对市场进行常规化行政管理。先后出台备案登记、经营验收、监督管理、法律责任、酒类商品批发和零售管理等规范制度，组织对城区酒类经销户进行业务培训，颁发证书。

【生猪定点屠宰管理】 1995年，蓬安县推行生猪定点宰杀，县政府成立生猪购销和屠宰工作协调小组，各乡镇成立相应机构具体督促检查落实，财政、税务、工商、畜牧等部门密切配合。每个乡镇设1个屠宰点，大的场镇设1个至2个，农村社员自食生猪和年宰旺季，经乡镇批准可增设屠宰点。统一培训屠工、办理证照、统交猪副产品、统结屠工工资。对无证经营、乱宰乱杀者，补交税费，按规定处以罚款。1996年，各乡镇对原有屠宰场清理整顿，重新统一规划，由各乡镇确定并报县政府批准；经批准设立的屠宰场，由畜牧、工商、税务、卫生等部门办理相关证照才能从事屠宰经营活动，凡私设屠宰场点的单位或个人，视其情节处以50元至5000元的罚款，没收其非法所得；生猪定点屠宰按照食品卫生法和《家畜家禽防疫条例》及其实施细则，进行生猪及其产品检疫检验。县肉联厂检疫工作由工厂负责并接受县畜牧局监督，各乡镇一律由畜牧部门负责检疫检验，使用全国统一的兽医章、证。1998年，县政府发出《关于进一步抓好生猪屠宰管理和税费征管工作的通知》，决定由县贸易局全权委托县畜牧局履行全县生猪屠宰活动的监督管理职能，由畜牧食品部门发给经批准的屠宰场“生猪定点屠宰标志牌”“生猪定点屠宰许可证”“屠工上岗证”，签订生猪屠宰责任书，缴纳500元至1000元的保证金，实行定点屠宰，一猪一证，凭证上市，无证处罚，凡未经批准的屠宰场点一律取缔。成立生猪屠宰和税费征管领导小组，下设办公室，负责处理生猪屠宰管理、税费征收日常工作。各乡镇地税所配合工商畜牧部门联合办公，实行检验、打印、开票、收税一条龙服务。2003年3月，对全县各屠宰场（厂）进行逐项检查。要求县城以上屠宰场达三级以上标准，县城以下乡镇屠宰点达四级以上标准，未经验收的屠宰场(点)不能进行“生猪定点屠宰许可证”的年审，其生猪产品一律不准进入市场销售。经验收，全县53个屠宰场均达标。2004年2月，县政府组织经贸、公安、工商、畜牧、质监、环保、防疫等部门对全县定点屠宰场及肉类销售市场全面清理整顿，县政府领导带队到城区生猪定点屠宰场检查，经贸局组织对全县各乡镇屠宰场检查。全县有7家定点屠宰场在服务设施、污水处理等方面存在问题被限期整改。2005年7月，生猪定点屠宰管理划归商务局。至2006年年底，县商务局会同有关职能部门开展专项检查行动183次，出动人员751人次，检查市场、商场、集体伙食团等单位461个，取缔黑宰场3个，查获案件9起，没收病害肉品和非法肉品395公斤，案值2.15万元，涉案人员20人，作出行政处罚15人，处罚款2.05万元。

蓬 安 县 志
PENG AN XIAN ZHI

城乡建设

1986年，蓬安县城乡建设环境保护局负责全县城乡建设和环保工作，建设重点在县城，乡镇建设主要是规划指导。1989年10月，县防疫站至醋厂一段公路改道拉直建设成街道。1992年，开始笔架山公园建设。1993年，县委、县政府对县城总体修编，扩大城市规模，完善城市功能，首次将锦屏镇纳入县城规划。1998年，开始建设龙角山公园。1999年，初步完成以磨子街为主的旧城改造，完成东风大道片区建设。2000年，县政府对县城再次修编，同时编制县域城镇规划，建成蓬安嘉陵江大桥，小城镇建设和新农村建设进入高潮。2001年，建成相如会展中心及广场。2002年至2003年，完成抚琴小区、滨江路、龙角山公园建设，加速火车站片区和工业园区建设。2006年，完成周子古镇景区打造和仿古装修。城市规模扩大了25.6平方千米，增加城镇人口19.67万人，其中县城增加5.32万人，城镇化水平较1986年增加20个百分点。县城面积14.7平方千米，人口10万人，街道73条，其中新增51条总长26.2千米，人均公共绿化面积8.5平方米。全县农房改造达85%；12个小城镇被列为省、市级重点小城镇建设，总投资达11亿元；建成长梁中坝村、河舒桃花村、沈家坝村等农民新村42个。

机　构

1986年，蓬安县城建机构设城乡建设环境保护局（简称建环局）。1988年至2005年，建环局先后更名为蓬安县建设委员会、蓬安县建设环保土地管理局、蓬安县建设局、蓬安县规划和建设局。2006年，蓬安城市建设和管理有蓬安县规划和建设局、蓬安县城市综合管理执法局。

【蓬安县规划和建设局】 1986年，设蓬安县城乡建设环境保护局（简称建环局），内设办公室、市政管理、沼气建设、环境保护、建工建材、农房建设股、基建办公室、规划设计室。1987年3月，内设办公室、政工、安全、计划财务、城市建设管理、乡村建设、规划、建筑管理、环保（对外为县政府环保办公室）、沼气（对外为县政府沼气办公室）等9个股。1988年8月，县建环局更名为县建设委员会（简称县建委），内设办公室、政工、计划财会、建管、乡村建设、安全、城建、监察、秘书、建设、环保等10个股及沼气办。1992年12月，撤销县建委和县国土局，组建蓬安县建设环保土地管理局，内设人秘、计财审计、土地利用管理、城乡规划建设、环保、法监、沼气、环监、建设、土地等10个股。1997年11月，撤销县建设环保土地管理局，设立县建委，同时成立县环境保护局（二级局），由建委管理。建委内设人秘、计财、城乡建设沼气管理、产业管理、规划管理、体改法规监察6个股。2001年12月，县建委更名为建设局，蓬安县规划局和房地产管理局划归建设局管理。内设人秘、计划计财、政策法规、建筑市场管理、城市建设、村镇建设6个股。环境保护局为县政府直属事业单位。2005年6月，撤销县建设局和规划局，组建县规划和建设局（挂蓬安县城市规划委员会办公室和测绘管理办公室牌子），原县建设局承担的农村能源建设职能划入县农业局。建设局内设人秘、计划财务、政策法规、建筑市场管理、城乡建设、综合规划、规划管理、规划法监、村镇建设等9个股。至2006年，汤乐山、戴云卿、王双全、蒲正光、陈乃能、唐利民、谢勇、杨剑波先后任县规划和建设局局长（建委主任）。

【蓬安县城市综合管理执法局】 1997年，成立城市综合管理办公室（简称城管办）。2003年2月，撤销县城管办，成立蓬安县城市综合管理执法局，内设人秘股、计财股、法监股。5月，在县城管执法局设立公安执勤室。2005年5月，撤销公安局执勤室。2006年，城管局为县政府直属事业管理机构。至2006年，康云、何长林先后任局长。

城乡规划

1986年，蓬安县县城建设实施1983年编制的《县城总体规划》。1993年，县委、县政府请重庆城市规划研究所对县城和乡镇规划修编。2000年，县政府委托四川省城市规划设计研究院对县城规划再次修编，同时编制县城城镇总体规划。2006年，蓬安县城（含锦屏老县城城区）被批准为省级历史文化名城，完成历史文化名城保护规划。

【县城规划】 1986年，蓬安县县城建设按照1983年制定的《县城总体规划》完成城南街景详细规划，1987年，完成城东住宅小区详细规划，1988年，完成花园中心小区详细规划，1991年，完成滨江公园详细规划和火车站小区控制性详细规划，1993年，完成城南商贸文化活动中心详细规划和笔架山公园详细规划。这些规划经县人大常委会讨论通过后由县人民政府组织实施。

1993年，对县城的总体规划分近期和远期两个阶段：近期至2000年，远期2001年至2010年，远景规划期限2011年至2050年，对2010年后拟建设的项目和城市发展方向作出轮廓性的规划安排。县城规划区地质条件良好，该地属地震不设防区。县城在城市城镇体系中，居第二至第三个层次，承担本县政治、经济、文化和交通中心职能。至2010年的县城规划，人口8万人，城镇用地标准人均为88平方米至90平方米，规划期末城市建设总用地为7.42平方千米。2011年后的规划北至龙角山，东至敖家沟、轿顶山一线为界，南至藤茨沟火车站，西至马回电站一线，规划区控制范围为30平方千米。根据蓬安县城特点及其发展需要，发展富有弹性的开敞式星状布局形态，集中紧凑，适当发展用地，形成各片区相对独立，生产、生活就地平衡的城市空间发展模式。中心区（周口镇）集中主要的商业贸易、金融、文娱、行政办公用地，为城区郊区乃至全县服务；副中心（锦屏、火车站）规划次一级的商业服务、文化娱乐设施，其服务范围为各片区及其附近郊区农村；在中心区周围的居住区单元布置城镇居住生活用地，在工业用地附近配套建设居住区，以利职工的生产和生活；在南部设置工业用地，其开发区是近期建设的重点，形成全县主要工业生产基地，对北部现状工业区在发展、选项上，严格控制其规模及对环境有害的工业企业。城镇环江而建，通过大桥连通，突出“一城三镇”（周口、锦屏、火车站片区）的特点，形成三片多中心的开敞式星状城镇布局结构形态。江东区为县城总体规划区域，其基本格局不变，主要向南部发展，适当向东、北方向扩展，其功能仍为全城的政治、经济、交通和商业中心。锦屏区功能以居住、高中等教育和科技为主体，布置高新技术产业区。火车站片区作为县城门户的职能，进一步发展商业、仓储业。

2000年，县建委委托省城乡规划设计研究院承担《蓬安县城总体规划》的编制任务，12月初通过由省建设厅组织的专家评审。规划分为近期、远期、远景轮廓三大部分。以行政界、地理地形、基础设施条件综合确定规划区范围、包括周口镇、锦屏镇的全部行政区划范围，总面积约125平方千米。以县城为核心，发展县城东部的白玉乡，形成农村城市化地区。配合河舒、白玉等相关乡镇，预留和控制给水工程、污水处理工程、电力和电信工程用地。城郊规划区范围内发展蔬菜、水果、畜牧、水产养殖业。基本实现农田标准化、布局区域化、灌溉水利化、服务系列化和管理规范化。在规划区范围内建设岳家沟、金凤、双河口、木耳坝等中心村，每个中心村规模为1000人，农村居民人均建设用地按80平方米计算。自然生态及环境保护，严格控制周口镇、锦屏镇与各中心村之间的生态绿化隔离，控制中心村连片发展。统一布置规划区及规划协调区内各乡镇中心村的工业用地布局，避免工业用地遍地开花和工业对县城造成直接污染。

2000年至2005年，主要发展清溪桥以南沿道路两侧区，以嘉陵江大桥和锦屏镇为依托发展锦屏新区、完善和改造旧城。2006年至2010年，城市向东、南、西纵深发展，建设各类公共设施、居住区（I、H类），旧城改造完毕。2011年至2020年，建设剩余的规划区域，城市路网成型、水系绿地完善，各功能区配套设施完成。远景规划（2020年至2050年）为：蓬安县城在区域经济空间格局中的地位不会有根本性改变，但随着区域经济及其本身的发展，根据区域经济分析及城镇人口增长模型计算，远景城区人口规模达15万人，城区面积30平方千米，将进入小城市行列。

【小城镇规划】 1986年，各乡镇规划主要由当地国土、城管所负责，县上未纳入管理。1993年，县政府委托重庆建筑工程学院对全县各乡镇进行实地勘查、广泛征求意见后，作出《蓬安县城镇总体规划》，对蓬安县城和城镇发展作出一定的规划设想。受当时城乡规划和建设管理体制制约，县建设主管部门除参与少数重点小城镇（如锦屏、河舒、徐家）规划、设计外，其余基本上由当地政府组织国土所、建管所自行规划、设计，规划不合理、不规范和短期行为较突出。

2000年，蓬安县政府在县城总体规划修编时对县域城镇体系单独编制。经实地踏勘、资料收集、座谈调研、大纲构想和广泛征求意见，完成《蓬安县县域城镇体系规划》。当年全县非农业人口6.83万人，占总人口10.5%；城镇人口（指居住在建制镇以上的人口，包括非农业人口、驻镇内农民、常住半年以上流动人口，特殊人口四项）12.11万人，占总人口比例为17.9%。全县共有建制镇15个，包括县城一个，区工委所在的区镇7个，普通建制镇7个。《规划》按行政区划把全县划分为县城、区镇、普通建制镇、乡场、中心村、村等六级，重点放在前三级。

一级：县城周口镇（今相如镇）。

二级：区镇。有锦屏、徐家、巨龙、河舒、罗家、兴旺、金溪。

三级：普通建制镇。龙云、正源、银汉、福德、杨家、利溪、龙蚕。

全县每个镇平均人口为2.42万人，除去县城以外普通建制镇规模为0.45万人/镇。其中，中心城市(包括周口镇和锦屏镇）人口为6.57万人，占全部城镇人口比例的54.2%。

县城、区镇、普通镇皆为各辖区域范围内政治、经济、文化中心。全县城镇的经济职能均以农副产品和轻纺型结构为主，主要产业有食品、酿酒、机械、建材、烟草等。县城为综合型城市，其余分为工贸型、农贸型、农业型、旅游型四类：

工贸型城镇：巨龙、河舒、杨家、利溪。

农贸型城镇：徐家、金溪、银汉、福德、兴旺、正源。

农业型城镇：龙蚕、龙云。

旅游型城镇：罗家镇（有省级风景区白云寨旅游接待地)。

全县城镇以县城为中心，沿达成铁路、嘉陵江及省国道呈点轴状分布，城镇密度为89平方千米/个，平均服务半径为5.3千米，平均服务人口为4.5万人。《规划》编制小组根据现状分析认为城镇发展中存在城镇化水平低、中心城市小、城镇素质不高、建制镇设置区乡划分不合理，提出锦屏镇划入县城，远期增设四个建制镇（平头、新园、济渡、南燕）的建议。

【历史文化名城保护规划】 1986年，相如故城、周子古镇被视为旧县城和下河街，其保护未纳入整体规划，只要求建设单位保护文物古迹，尽量不损坏古建筑，确需损毁的需报县上批准。1993年和2000年的规划也无历史文化名城概念。2003年，司马相如研究会成立后，在对司马相如故里研究和确认的基础上，提出了“相如故城”“周子古镇”的概念，纳入市县旅游规划。2006年，县政府委托四川省城乡规划设计研究院编制《蓬安县历史文化名城保护规划》。9月初，规划工作组对蓬安县城的地形地貌、古城街巷等初步踏勘，召开座谈会，听取地方文化研究者和各部门意见，对所收集的资料分类整理，结合县城总体规划，提出初步方案。9月底，工作组第二次进场踏勘，综合各方面意见，调整初步方案。10月，工作组再次到蓬安核实情况，补充资料，修改初步方案，形成第一轮成果。省建设厅就第一轮成果召开专家咨询会，讨论提出意见和建议，对照《历史文化名城保护规划规范》、《四川省历史文化名城保护规划编制审批办法》等文件，进行较大的调整，2006年12月16日正式定案。

规划保护范围：北至嘉陵江大桥，西至太阳岛、月亮岛，东南至达成铁路线的区域。其内包括蓬安旧城（锦屏镇）、周子古镇、城市建成区和城市发展新区以及龙角山、笔架山、嘉陵江漫滩等自然生态特征区，总面积约18平方千米。

规划保护对象：人文类：陈抱一旧居“潜庐”、相如故宅（后作天主堂）、文庙、武庙、城隍庙、玉环书院、龙神祠。自然类：嘉陵江十几千米湖面、马回电站景观、金溪电航枢纽工程、人工湖泊、笔架山森林公园。

规划保护街区：蓬安旧城历史城区和周子古镇历史城区内的相如故里历史文化街区，相如县、蓬州古衙门历史文化街区、故城古街历史文化街区和周子古镇历史文化街区等4个历史文化街区。

规划恢复修缮对象：蓬安旧城历史城区包括：紫气门（东门）、文明门（南门）、涌金门(西门)、真武门（北门）和古县衙、龙神祠、文庙、武庙、玉环书院、相如故宅、城隍庙、潜庐。周子古镇历史城区包括：北入口、南入口、万寿宫、龙角寺、上河街、下河街、顺河街等。

蓬安县历史文化名城分区一览表

<table>
<tr><th colspan="3">区域</th><th>面积（公顷）</th><th>位置</th></tr>
<tr><td colspan="2" rowspan="2">历史城区</td><td>蓬安旧城镇历史城区</td><td>42.8</td><td>锦屏镇，古城墙所包范围及周边区城</td></tr>
<tr><td>周子古镇历史城区</td><td>25.7</td><td>周子镇，西至财神楼、古码头、北至龙角山南麓，东至盐店街口，南至新华街南街口</td></tr>
<tr><td rowspan="8">历史文化环境保护控制区</td><td rowspan="4">山水环境保护区</td><td>龙角山</td><td>44.7</td><td>周子镇，笔架山所占区域</td></tr>
<tr><td>笔架山</td><td>56.0</td><td>周子镇，笔架山所占区域</td></tr>
<tr><td>嘉陵江漫滩</td><td>208.8</td><td>锦屏镇东侧，嘉陵江漫滩区域</td></tr>
<tr><td>太阳岛、月亮岛</td><td>229.1</td><td>锦屏镇东侧，嘉陵江蓬安县城下游约 3 千米处</td></tr>
<tr><td rowspan="4">人文环境控制区</td><td>嘉陵江农耕</td><td>136.5</td><td>蓬安旧城历史城区</td></tr>
<tr><td>蓬安旧城沿江</td><td>15.4</td><td>蓬安旧城历史城区与嘉陵江漫滩之间所夹建设用地</td></tr>
<tr><td>蓬安旧城新区</td><td>60.8</td><td>蓬安旧城历史城区西、北、东北侧建设用地</td></tr>
<tr><td>周子古镇建成区</td><td>48.3</td><td>周子古镇历史城区周边城市建成区</td></tr>
</table>

蓬安传统风貌格局分区保护控制一览表

类别		名称	风貌特征	风貌保护控制要求
历史城区		蓬安旧城历史城区	总体格局体现出“四门一墙，建制齐全”的典型古城特征	保护控制区内历史格局、风貌
		周子古镇历史城区	属典型的水畔、山麓型古镇	保护控制区内历史格局、风貌
历史文化环境保护控制区	山水环境保护区	龙角山	自古即为环绕古镇的名山之一，山上植物茂盛，山顶有红军亲手栽下的大黄桷树——“红军树”，现已建成龙角山公园	控制、营造区内作为历史城区背景界面的山体自然景观
		笔架山	与龙角山对峙，是构成蓬安自古以来城市骨架的要素，公园以森林景观为主	控制、营造区内作为历史城区背景界面的山体自然景观
		嘉陵江漫　滩	滩内芦苇丛生、绿草成荫、杨柳成林、沙鸥飞翔、白鹭云集，是目前嘉陵江现存最大的原生态自然漫滩	保护控制区内湿地风然景观及生态功能
		太阳岛、月亮岛	岛上绿草如茵，野花遍地，水牛成群、飞岛云集，有“百生渡江”“牛鸟谐居”的生态景观	保护控制区内湿地自然景观及生态功能
	人文环境控制区	太阳岛、月亮岛嘉陵江农耕	以传统种植农业生产景观为主	保护控制区内传统农业景观，延续名城自然经济生产模式
		蓬安旧城沿江	《总规》中新增的位于蓬安旧城与河漫滩之间的城市建设用地，用地性质已居住为主，现为河漫滩湿地	控制区内城市建设活动应衔接历史城区风貌与自然湿地景观。注意控制区内建筑高度和联系历史城区与嘉陵江及其漫滩的景观走廊和实现通道
		蓬安旧城新区	《总规》中在蓬安旧城的东、北、西新增的城市建设用地，现为闲置用地	控制区内城市建设活动，协调历史城区与新建城区的城市功能与风貌
		周子古镇	周子古镇北、东、南的城市建成区，区内建筑风貌以现代为主	控制、整治区内已建、在建项目，协调历史城区与现代城区的城市功能与风貌

蓬安历史文化名城重要节点一览表

历史城区	名称	类型	位置	现状	空间整治建议
蓬安县旧城历史城区	真武门(北门)节点	门户节点	蓬安县古街历史文化街区北端	北门遗址已近乎消亡，周围现代建筑，以传格局面破坏较严重	整治遗址所在地建筑与环境，逐渐恢复真武门历史空间格局面及景观
	紫气门(东门)节点	门户节点	紫气街（正东街）东端	传统格局仍在，周连建筑以1层为主，层高和层顶形式保持了传统民居风貌，墙面、门窗、柱头等细部总缺少传统元素。附近几幢多层现代风格与古城风貌不协调。传统建筑以民居为主和夹小量小型铺面，现代建筑使用功能为底商居住	修缮周边传统民居，整修现代建筑，恢复紫气门历史风貌
	文明门(南门)节点	门户节点	蓬安县历史城区正南端	传统格局面仍在，街巷空间尺度较小，地面梯步为石板，古城门遗址处可见当年的城门垛。周边建筑层顶、风格均保持传统风貌，局部砖混多层现代风格，影响古城风貌	保护现存门垛，修缮周边传统民居，整修现代建筑，恢复文明历史风貌
	涌金门(西门)节点	门户节点	蓬安县历史文化街西端	传统格局仍在，周边建筑保持了传统民居风格，局面部为多层砖混现代风格建筑，与古城风貌不协调，路面为水泥地面	修缮周边传统民居，整修现代建筑，恢复涌金门历史风貌，恢复路面石板铺装
	古县衙节点	景观节点	蓬安县监狱中部	历史建筑与传统格局基本被后来建筑破坏，现仅存遗址	整治节点环境，恢复古县衙建筑及周围传统空间格局
	龙神祠节点	景观节点	蓬安县中学内	传统格局、建筑均保存较好，且附近有荷塘，塘内有红军亭，环境较好，但其两侧的现代建筑对其影响较大，尤其是东侧的蓬安县中学图书馆与其之间间距过小，不仅影响景观，同时存在火灾隐患	修缮现存历史建筑，改造内部环境；整治东侧图书馆，消除火灾隐患；保护藏书楼及南侧黄桷树
周子古镇历史城区	北入口节点	门户节点	盐店街北端	民居传统格局保存较好，建筑以1层至2层砖混为主，外观历史风特征不明显，使用性质以居住为主，地面铺装为石板，街巷有高差变化	保护现存错落的空间格局，修缮路面铺装及周边传统居民，整修现代建筑
	南入口节点	门户节点	新华街南端	周边建筑年代、层数、风格、使用功能混杂，历史风貌特征遭破坏，建筑功能以居住为主，夹杂少量商业	保护传统空间格局，整治历史建筑，整修现代建筑，整合建筑使用功能

城镇建设

1986年至1989年，县城建设以拓宽和硬化县城进出口街道为主。1990年至1993年，县城按规划向东、南方向扩大城市规模，完善城市功能，重点转移至新区城市道路、园林绿化、街坊小区、工业区、新汽车站等建设。1994年至1999年，主要完成县城东风大道片区建设。乡镇建设重点放在被列为省市级试点小城镇建设的12个乡镇。2000年至2006年，先后完成抚琴小区和火车站片区经济综合开发区（包括工业园区）建设。各乡镇均新建街道，扩大了场镇，农房建设改、扩、新建2.3万户，建筑面积358.8万平方米。

【县城建设】 1986年至1991年，县城主要改造街道。1992年至1996年，建设政府前街、环城路、蓬安广场等。1997年至1998年，改造磨子街旧城。1999年至2005年，建设东风路片区、抚琴小区、相如广场、龙角山公园，降低县城建筑密度，增加绿化用地，开发紫苑小区、周子古镇—下河街、滨江风景区，启动相如故城保护修复。2006年，全县城镇化水平达25%，县城人口10万人。

道路改造 1986年，改造磨子街街面，建成锁厂横街（现磨子西横街）。1987年，加宽硬化磨子街口花园至盐业批发部街道（原蓬安至南部公路起点段1.5千米）定名嘉陵路，改造政府街县政府大门至实验小学段。1988年，改建城北路（即建设北路）、嘉陵东路。1989年至1991年，改造建设中路县防疫站至醋厂段、文化路、丝绸路、红旗路等。1997年，改建东风路。2001年至2002年，建成相如大道和抚琴大道。2003年至2006年，拆迁征地建设城东大道（文君路）。

汽车站 1986年，汽车站在县城五星花园，占地约0.3公顷，四周无法发展。1989年，县交通局争取到省站点建设资金200万元，新建汽车站项目。1990年，在建设中路新建汽车站，房屋面积3888平方米，停车场5000平方米，占地1.1公顷。1991年2月新车站竣工交付使用。1995年全县所有营运汽车全部转入新车站经营。

磨子街旧城改造 1997年至1998年，县政府对磨子街旧城实施改造，拆去清代民居和部分20世纪七八十年代插花式改造的低标准砖房，统一规划，招标建设，建成A、B、C区住房小区，小区内一层多数成为商铺。1999年，改造县百货公司及其周边住房。

东风路片区（母家坝小区）建设 1988年6月，由重庆建工学院城市规划研究所完成母家坝小区规划设计编制工作，1989年1月，正式施工。1999年12月，新区各项建设按规划设计完成。范围包括：东至青龙嘴村一社、五社的蜂子山，西至青龙嘴村一社的罗家坡、城南村一社的石家坝，南至城南村一社的刘家梁，北至青龙嘴村五社的钢厂。新区由南北两部分组成，南沿政府街、南大街一带，多为行政事业单位用地，主要建筑为办公用房和部分职工住宅，已初步形成县城的行政办公和文化教育区；北区主要以住宅和与之相配套的公共服务设施为主，其性质是比较单一的住宅小区，总占地面积约20公顷。住宅类型按甲、乙、丙、丁四种类型组成，住宅户数为1687户，建筑面积为8.46万平方米，户均50.14平方米，总居住人口6400人。小区交通主道南北走向贯穿，北在马家沟水库堤坝前与蓬营公路直交，南与政府街在实验小学门前相接，连接新旧两区内部骨干道路；主干道红线宽15米，次要道路面宽7米至10米，组团级道路红线宽4米至5米，宅前小路1.5米至2米。小区公共设施、商业服务紧附住宅，规划建筑面积1100平方米的商业用房可供租用；住宅区中心部位的三角地带，布置两栋小层点式住宅，其底部群房为综合性公共服务设施，有邮电所、银行、储蓄所、书店、百货副食、日杂、五金、家具店等；新区与街对面的医院、县级机关综合办公楼及电教大楼组成中心部位的建筑群，形成全区的景观构图中心；小区内设有居委会、城东派出所、治安联防、房管、环卫等管理机构，占地面积750平方米，总建筑面积434平方米；区内建有6个班的妇联幼儿园一所，占地2006平方米，建筑面积902平方米；农贸

(城中）市场，占地约1390平方米。

抚琴小区开发　2000年8月1日，省城乡规划设计院规划设计的抚琴小区经专家评审通过，10月开始实施。小区北以蜂子山为界，南以建设路为界，东抵环城路，西至东风路，占地面积38.5公顷。其中：居住用地19.5公顷，居住总户数3800余户，1.3万人，人口净密度达975人/公顷。公建用地2.7公顷，道路用地1.8公顷，绿化用地1.6公顷，公共设施（国土局、审计局、人口和计生局、工商局、法院、检察院、人行、规划和建设局、卫生局等行政办公）用地8.6公顷，市政设施用地1.1公顷，道路广场用地9.4公顷。2006年，抚琴小区成为县城新的中心区和最大经济综合小区，除行政办公、居民住宅、道路广场外，配套有邮电通信、环卫、商铺、文化娱乐等设施。

紫苑小区　2003年，蓬安引进重庆房地产商建设紫苑小区，在真武山征地6.7公顷，第一次在全县建设高档楼盘。2006年，紫苑小区已建成上千户的大楼盘，其小区建设理念为蓬安房地产注入新的活力，蓬安房地产建设新格局初现端倪。

城东小区　城东小区位于抚琴大道、蜂子山以东，2003年启动。2006年，城东大道（文君路）开通，在此规划建设相如文化公园和一批市政设施新区，吸引一大批房产商入驻建设高档次楼盘。

火车站片经济综合开发区　1991年6月，经县人大十一届常委会第十五次会议通过县城至火车站经济综合开发区详细规划，规划为2平方千米，纳入县城总体规划。范围包括：清溪乡黎家店村1社至5社，藤茨沟村1社至9社，团结村3社至7社。2006年底，该新区已初具规模。

【乡镇建设】　1986年，蓬安县各乡镇年改建、新建房屋面积在10万平方米左右。1995年后，先后有12个乡镇被列为省市级试点小城镇，其中列入省级的有河舒、徐家、罗家、兴旺、巨龙、锦屏6个镇，列为市级的有利溪、金溪、杨家、新园、济渡、正源6个乡镇。投入资金较多、效果较好的为河舒镇和徐家镇。是年4月，河舒列为省级试点小城镇后，一次性批准规划征地20公顷，批准农转非指标2000名扩大场镇建设。1996年，徐家镇投资7.8万元，在千佛岩建自来水厂一座，年产水2万吨，满足城镇人口饮用水。1998年，批准省级小集镇试点后，一次性批准规划征地300亩，批准农转非指标1500名，先后新建建筑面积4200余平方米的徐家小学校舍等。2002年后，徐家新建1800余平方米的政府办公大楼，1800余平方米的徐家中心卫生院，6000余平方米的九龙广场，2400平方米的汽车客运站，面积达30余亩的九龙公园；开发白果林小区，新建文昌街长250米，宽8米，新建九龙大道、金华街、金龙街，总长达1300米，宽均为24米，人行道全部彩砖化，植行道树400株，总投资达8000万元。白果林建鑫苑、紫苑等小区3个、住房达2000余套。至2006年，徐家新增场镇面积2.4平方千米，场镇常住人口达1.08万人，占全镇总人口的1/3，为1986年的8倍多。河舒镇城镇人口达8300人，城镇面积3平方千米，房屋建筑面积26万平方米，分别是1986年的6.3倍、6倍、9倍。

全县省、市级小城镇投资每年增长30%以上，其余乡镇基础设施建设投资每年增长率递增15%；城镇化水平每年提高两个百分点以上。文明卫生小城镇创建：6个省级试点镇文明卫生全部达到市级标准，6个市级试点镇全部达到县级标准。2000年至2006年，全县列入省、市级的12个试点小城镇共投资3.07亿元，建筑面积86万平方米；投资2914万元，新修道路37条，总面积16.1万平方米；投资达73.2万元，安装路灯486盏；投资56万元，植树6930株；投资30万元，新建垃圾池5处；有保洁人员35人；农民和外地进入小镇建房、购房经商办企业5466户1.64万人。

新村建设　1986年，新村建设未纳入县上统一规划，由各乡镇村社农民自主进行。1993年后，县上开始统一规划新村建设，农民自己投入和政府补贴，分步实施，重点是农房改造、改井、改厕、改灶、修路、电视电话安装等。1996年，县委制定小康村建设规划，新村建设列为重要内容。2000年至2006年，建成以长梁乡中坝村、河舒镇桃花村、金溪镇沈家坝村等为代表的农民新村42个，总投入1.6亿元，其中农民投资1.05亿元、占总投入的68.4%，政府投入6352.4万元、占总投入的31.6%。新村建设建筑面积为57万平方米；掘井1654口，建自来水供水站23处，解决2.6万人的饮用水，占新村总人口的89.5%；修村社道路168.92千米，其中碎石路117.1千米、水泥路22.82千米、油路4千米、便民石板（水泥板）道53.25千米；改厕、改灶户达100%；安装有线电视8436户，程控电话6457部；建产业基地999处，面积达1.1万亩，实现年产值3545.4万元，农民年人均增加收入1181.8元，是1999年年人均纯收入的5倍多。

农房建设 1986年，蓬安的农房建设主要是将土墙房、茅草房改成砖瓦房。1990年，全县农村住房状况是砖瓦房占50%，一楼一底占10%，其余为土墙房或木排扇。1995年后，农民收入不断增加，住房条件不断完善，再由砖瓦房改建成为楼房。2000年，农村修建楼房增多，一楼一底房屋占30%，两楼一底占10%。2004年后，随着国家“三农”（农业、农村、农民）政策的贯彻落实，农民加快房屋改造和新建步伐。2006年，经过3年农房改、扩、新建2.39万户，建筑面积358.8万平方米，50%左右的为一楼一底，20%左右为两楼一底，10%左右为别墅式“小洋楼”，其余为砖瓦房。楼房都是铝合金门窗，外墙大部分瓷砖贴面或涂抹仿瓷涂料。

农能建设 1986年，蓬安县被列为改灶节柴全国100县之一，国家要求三年时间将旧式“老虎灶”改成“省柴卫生灶”。1987年，全县已改灶农户13.68万户，超额完成国家下达的改灶任务，通过国家检查验收达标。2000年后，对沼气池设计多次改进，建“小、圆、尖”池为主，技改后产气多、利用价值高，一口沼气池可日煮三餐饭，年可使用10个月左右，节柴3000公斤。2006年，全县全年共建沼气池2.75万口，计19.29万立方米。

城市基础设施

1986年后，蓬安逐步加大对城市基础设施建设投入，先后改建、扩建、新建城市道路（街道）、桥梁、安装路灯、植树绿化。1992年，修建笔架山公园。1998年，县城开通民用天然气。2000年建成龙角山公园。2001年，建成相如会展中心和相如广场；改造天然气输供管道30条，三次改扩建城市供水系统，日供水量达2.5万立方米。2003年至2004年，完成建设路等主要街道和人行道整治。2006年，完成小东街拆迁安置和建设、城东大道（文君路）建设、7800平方米经济适用房建设、和公厕及路灯改造安装，完成锦屏供水系统、县城污水处理厂南北氧化池附属工程、木桥河初步治理。

【城市道路】 1986年至2006年，改建、扩建、新建城市道路（街道）51条，总长26.2千米，总投资达1.1亿元。新建嘉陵江大桥、清溪大桥、城南桥和司马桥4座，总长845米，总投资5000多万元。新建街道有周河公路（后改安汉大道）、真武街、紫苑街、嘉陵东路、棉麻路、五彩路、盐巷路、滨江路、磨子街（A、B、C、D、E区）、锦龙西路、锦龙东路、金叶路、育才路、红旗路、城南东路、团结北路、团结南路、百顺街、嘉欣街、嘉荣街、嘉盛街、嘉富街、磨子西横街、磨子东横街、建设北路、峥嵘路、政通街、平安街、永安巷、悦庆街、迎宾街、东风路、东风南街、希望街、玉凤街、相如大道、相如南一街、相如南二街、相如南三街、相如南四街、玉龙街、相如北一街、相如北二街、相如北三街、静安街、青龙街、抚琴大道、抚琴北街、抚琴南街、建安街、文君路。主要改造和新建街道有：

磨子街 1986年，完成五星花园至老粮站全长1500米、宽7米的磨子街改造。1997年至2000年，新建支街百顺街长150米，磨子街A区、B区、C区支巷，分别为50米、60米、60米，嘉盛街70米，磨子西横街48米，宽度一般为6米至8米不等。

嘉陵路 1986年至1987年，改造嘉陵路五星花园至洪家垭口码头道路，全长1700米、宽12米。2005年，再次对路面改造，加铺沥青混凝土，人行道铺设彩砖，硬化支街盐巷路长100米、

宽7米。

建设北路　五星花园至汽车改装厂（现嘉宝公司），1986年以前，为碎石路面，1989年，改造为砼路面，全长1100米，宽10米；其中人行道左右各2米，面积为286平方米。同年建成支街小北街(城北市场口至幼儿园)，长320米、宽6米，面积3776平方米；峥嵘路，原果品厂至供销社，长1580米、宽5米，面积7900平方米。

建设路　1989年，整治拓宽建设中路防疫站至醋厂一段，1990年，整治小南街口至清溪桥(建设南路)，整个建设路从清溪桥至五星花园，总长2800米，建设南路长1000米，宽24米，建设中路长1400米，两边人行道宽4.5米，总面积25万平方米；建设路支街真武街长500米，丝绸街(即小南街）长600米，文化巷长60米，利民巷长65米，金狮巷长60米，宽度4.5米至9米不等。

政府街　长900米，宽7米，面积1.57万平方米，1986年以前，建成建设路至实验小学段，1990年，建成实验小学至山湾堰。20世纪90年代，几度改造，规范街道，新建支街6条：平安街，政府街至东城派出所，长70米、宽7米，面积490平方米；保险公司支街，长65米、宽6米，面积390平方米；永安巷长60米、宽5米，面积300平方米；悦庆街，即政府前街，长300米、宽7米，面积2100平方米；迎宾街，即政府后街，长300米、宽7米，面积2100平方米；政通街，县大门口至老干局，长55米、宽8米，面积440平方米；

红旗路改建　1990年，改建大礼堂至中医院段，完成挖填土石方4200 立方米，建下水道370米，建成砼路面323米，车行道4.5米至6米，面积2908平方米，建成红旗新村住宅小区。

环城公路　城北仪（陇）华（蓥）路茅店子起，穿杨家沟，经汽车改装厂后山垭与至营山公路相交，右穿李家湾过赵家坝至县酒厂接仪（陇）华（蓥）路清溪桥，全长4千米。1993年10月，县政府决定，由县交通局组织建设，交通、城建补助投资，职工和工商户捐资，机动车辆建勤等办法，筹集资金300万元，先借后征土地修建，1995年，建成通车，路基宽11.6米，其中车行道9.1米。

城东路（嘉陵东路）　五星花园至三湾堰，1997年，设计施工，2001年，建成投入使用。全长1200米、宽14米（人行道左3.5米、右5米），面积2.7万平方米。支街红旗路，中医院至红旗礼堂，长500米、宽6米，面积4250平方米；小东街长600米、宽20米，面积1.2万平方米，2005年，改造城东路、小东街土石方开挖和路基回填以及管涵建设。2006年，全面完成。

东风大道　黄家大院至邮政花园，1997年，设计施工，2001年建成，长1052米、宽15米，其中人行道左4.5米，右5米，面积15780平方米。东风北路长150米、宽15米，东风南路长200米、宽15米，希望街长200米、宽6.2米，总计长1602米，总面积7590平方米，总投资为 115万元。

相如大道　2001年，设计修建，为新修县城街道之主轴，连接开发新城区和老城区，东起县城至营山公路1.5千米处，西接建设路国土局门口，长1600米，面积4万平方米，其中司马桥长7米、宽33米，面积231平方米，投资达300余万元。与之相配套的支街相如南一、二、三、四街，玉凤街和相如北一、二、三街、五彩街、文化路、静安巷、青龙街等 12条，总长1840米，宽度一般为15米（人行道在内），总面积2.2万平方米。

抚琴大道　相如大道至城南桥。2001年，投资200万元打通蜂子山嘴，完成长980米、宽40米的抚琴大道路基。2002年，启动硬化工程，支街抚琴北路，钢厂至抚琴大道部分硬化长80米、宽7米，面积560平方米，2003年竣工；文君路，长500米、宽7米，面积3500平方米，部分硬化，2004年全面竣工。2005年，抚琴大道全面竣工，街面宽度为26米，其中人行道左6米，右5.5米，总面积为3.92万平方米。

周河公路　清溪桥至河舒镇，连通火车站片区，1993年，按收费公路上报获批，由交通局和开发区组织建设。1995年，建成路基和部分路面工程。1999年，完成开挖枣儿垭山口和全部路面。2001年完工，全长8000米，宽19米至23米的砼路面，总面积16万平方米，总投资4000多万元。

滨江路　洪家垭口至下河街财神楼，在原周口客（货）运码头、滨江路基础上连接加宽。2003年启动，2005年基本完工。全长1300米、宽8米，面积10400平方米，总投资200余万元。

城东大道（文君路）　2003年，启动城东大道，投资1600万元，该大道按《城市总体规划》中确定的“东扩”城市道路网络主轴线，全长1700米，车道宽21米，人行道左4.7米，右6.5米，总面积为7.1万平方米。支街小东街，系拆迁建房街（拆迁房屋50余座、面积达4684平方米），投资150万元。2006年，城东大道进入路面施工，小东街、滨河路竣工。

锦龙路　周口中学至嘉宝公司后面仪（陇）华（莹）公路交界，2006年建成，铺沥青砖长1100米，宽12米、22米不等，面积1.52万平方米，投资180万元。

清溪大桥　县城连接周河路的桥梁，1993年，按国家一级公路标准设计，桥面宽度18+2×3米，荷载汽车-20级，挂100；主桥为1米至50米，砼箱型拱桥，全桥长110米，引桥长2×50米。交通局和开发区组织建设，1995年竣工，总投资110万元。

嘉陵江大桥　1993年，经省交通厅批准立项，1997年，再次修改设计上报批准，1998年10月30日开工，该大桥为7×80米（即7孔净跨80米）钢筋砼箱型助拱桥，全长628.62米，设计货载汽车-20级，挂车-100，人群-3.5KN/平方米，引道长3.89千米，工程初设概算3768万元（主桥2412万元，引道工程1356万元），实际建成总投资5000万元。2000年9月28日，竣工剪彩通车。

城南桥　位于城东大道，靠近抚琴大道交界的两侧，1994年，交通局修建环城路时按二级公路上线宽度设计建成通车，桥宽12米。2001年，配合抚琴大道和城东大道规划建设，设计加宽加长，桥长100米，宽21米。2006年竣工，总投资180万元。

司马桥　衔接相如大道与建设中路之桥，长7米、宽33米，2001年，与相如大道同时建成。

【照明设施】　1986年，蓬安城区有街道路灯100余盏。2006年，县城40多条街道和相如广场、蓬安广场、滨江路等有各型路灯4549盏，覆盖率达100%。从灯型上分，有双挑灯、单挑灯、风帆灯、中华灯、大鹏灯、海螺灯、荷花灯、灯笼、玉兰灯、射灯等10种，其中，公园、广场、滨江大道旅游景点以荷花灯、海螺灯、玉兰灯为主，周子古镇的下河街、新华街以古色古香的灯笼为主，家家户户门前均挂仿古灯笼。大道一般以高杆、双挑灯为主；有400瓦、250瓦、150瓦、20瓦钠灯，150瓦金卤灯，以及45瓦、25瓦、15瓦节能灯。

【园林绿化】　1986年，蓬安城区绿化覆盖率只达10.5%，人均公共绿化面积2平方米，人均绿地4平方米。1993年，城区建设路、政府街、城东路等主街道都植行道树，但品种单一，各街道不显特色。五星花园以毛叶丁香、草坪为主。1997年，人均公共绿化面积3平方米，人均绿地达5平方米。是年改建蓬安广场（即电影院广场），进行绿化，以桂花、棕榈为主，绿带面积460平方米，草坪1200平方米。2000年，人均公共绿化面积达5平方米，人均绿地达8平方米。2001年，建成相如广场绿化带。2004年，相如广场增植桂花、黄桷树，绿带面积700平方米，草坪面积2500平方米。周河路及其片区，有天竹桂、蒲葵、红叶李、红枫等近千株，绿带面积达1.2万平方米，草坪1.05万平方米。建设路、真武街、丝绸路、文化街近800株法国梧桐、小叶榕、黄桷树相间。2006年，嘉陵路、磨子街，植400余株银杏和刺桐；城东路（含红旗路）、城北路植200余株广玉兰和刺桐；政府街（含政通街）、迎宾街、民安巷、平安街、静安街有近300余株雪松、重阳木、小叶榕、黄桷树；东风大道、悦庆街、东风南路，植200余株小叶榕、重阳木；相如大道、抚琴大道、文君街，植有近500株黄桷树、雪松和天竹桂，两旁人行道之间植毛叶丁香和红枫；锦龙路植500余株重阳木和杜英。城内绿岛有县工商银行外绿岛、加油站旁绿岛、金三角绿岛、大礼堂旁绿岛、相如大道绿岛、钢厂绿岛、工业园区绿岛等，主要以广玉兰、天竹桂、红叶桃、银杏、雪松间草坪为主，绿带面积为2020平方米，草坪面积为3491平方米。龙角山公园绿化园林被列为嘉陵第一桑梓景区。笔架山成自然公园，自然植被和人工栽植绿化构成县城屏障。蜂子山绿化后规划为相如文化公园一部分。是年，人均公共绿化面积达8平方米，人均绿地达8.5平方米，城区绿化率达到33.5%，城内植行道树5087株，绿带面积为1.82万平方米，草坪面积为2.02万平方米。

【供水】 1986年，县城建有国营自来水厂，年供水量为32万立方米。乡镇供水主要靠井水。县政府为解决旱山村人畜饮水和场镇居民饮用水困难，开始组织各乡镇打井找水，是年打井17口，解决500多人的饮水困难。1992年，自来水厂更名为蓬安县自来水公司，划归县建设环保土地管理局，纳入城镇公共服务管理。1997年，蓬安夏秋连旱，全县27个乡镇334个村，1700多个社的17万多农民及杨家、徐家等中学几千名师生出现饮水困难，县上采取“三个一点”（中央财政拨一点、地方筹一点、群众集一点）筹资办法，打深井70多口，打大井754口，引溪河水15处，解决人畜饮水困难。2002年，争取到省上以工代赈人畜饮水工程款42万元，县上自筹8.5万元，群众投劳折资19.5万元，解决茶亭、碧溪两场镇及14个村的人畜饮水困难。打深井13口，手压机井138口，解决了64个社5.4万人饮水难问题。2003年，省上拨款40万元，县上筹101万元解决旱山村人畜饮水难问题。2004年，全县总投资1200万元（中央840万元、地方120万元、群众筹240万元），建长梁等17处供水站，解决3万人饮水安全问题。2005年，投资120万元（中央72万元、县上筹48万元）解决0.23万人饮水氟超标、0.1万人所饮苦咸水问题。县自来水公司经过三次大的技术改造和扩建，2006年，日供水能力由建厂初期的600立方米增至2.5万立方米，能够满足城区及河舒、锦屏场镇用水需要，水质符合要求。清溪河作应急备用水源。全县筹资2000多万元兴建各类饮水工程2556处，打深井105口，打大井954口，解决了27个乡镇，334个村，徐家、兴旺、罗家、巨龙、金溪5个大场镇，石孔、金甲等25个小场镇17.4万人，14.4万头牲畜的饮水困难。

徐家供水站 1986年，徐家场镇人口不足3000人，水电管理站利用修建电力提灌站资金修建日供水能力为120吨的简易自来水厂，在千佛岩水库取水，至1994年年底，一直亏损经营。1995年，徐家镇对水厂实行技术改造，预算总投资91.2万元，场镇用户集资41.2万元，争取省以工代赈资金50万元，10月动工，1996年10月竣工。技改后由县水利局直接管理。2001年，县政府将其划归徐家镇农业服务中心管理，至2006年，仍由镇上管理。

兴旺供水站 1996年，县水电局以5万元从兴旺区公所购买兴旺供水站，投资15万元技改。1997年，转给兴旺水电管理站经营。水质仍然很差，用户反映强烈。2001年，再次进行技改，将取水处改在高坪区兴隆乡方家桥河，水质大大提高。2004年，再次投资修建厂房和净化水池，整改后招标承包经营，县水利局直接管理，至2006年，仍维持这一管理方式。

罗家供水站 1986年，罗家区公所建供水站解决居民饮用水。1992年，区公所将水厂卖给业主张维光经营。2003年，县水利局投资整改扩建，纳入水利局直管企业，将取水处改在大深沟尾水，提水扬程160米，取水管长1050米，发展罗家场镇用户400多户，并向杨家、中华两乡镇场镇供水，安装供水主管道8.6千米。2006年，罗家供水站供水面增大1/5。

巨龙供水站 2000年，由县水利局投资兴建，取水为七一水库尾水，机房设在响滩庙，两级提水，总扬程106米，提水管管径150毫米，管长1.7千米，管理用房在巨龙15村2社，占地2亩。解决巨龙场镇居民、机关、学校4000余人和企业、农业用水，由县水利局直接管理。2005年至2006年，实行承包经营。

金溪供水站 借白虎嘴电灌站设备改建而成。1983年，县水电局投资30多万元在取水处和出水口修建净化水池和清水池，供金溪场镇居民、机关、学校3500多人和企业用水。2001年，供水站交由金溪镇政府代管。

【天然气供应】 1997年，县委、县政府决定成立专门机构，负责县城引入使用天然气，适应城市发展和群众生活需要。1998年3月，成立国有企业蓬安县天然气公司。10月，在县城清溪桥建成天然气储配气站1个，用户6000户。2001年，在城北建充气站2个。2006年，县城有主天然气管道通向30条街道，累计1.6万用户，年供气量550万立方米以上。天然气公司划归县经济局管理。

1998年至2006年，罗小峰任公司经理。

【县城公共交通】 1986年，蓬安县城人口仅1万人左右，无公共交通设施。1991年后，县城人口增至1.5万人，开始出现人力三轮车，由交管所管理。1995年，县城人力三轮车达到300余辆。1997年，人力三轮车增至654辆，机动三轮300辆，街道经常出现拥堵，县政府决定实行人力三轮车单双号行驶。2000年4月，县政府决定由交通局组织公开拍卖30辆出租车经营权，取消人力三轮车经营。12月，再次组织拍卖第二批出租车经营权40辆、城市公交专线客运1、2路车共13辆，由交管所具体负责管理。2001年10月，县交通局批准成立德运、鸿运两家出租车公司经营出租车业务。2004年5月，政府第三次拍卖出租车经营权30辆，车型多为长安、奥拓，仅有个别为夏利、普桑。2005年8月，组建相如客运公司。11月，两家出租车公司整合成立蓬安出租车有限公司，管理车辆100辆，车型逐步更换提高档次、服务质量有所提高。县政府决定成立蓬安县公交公司（私营股份制企业），划归建设局管理。12月，从成都豪客客车厂购买13辆双开门城市专用公交车，租赁经营。2006年，仍保持有出租车100辆，公交线路有冯家垭口至火车站、县城五星花园至锦屏镇2条。

【环卫设施】 1986年，蓬安县城区有公厕5座，分布在磨子街、建设中路、政府后街、电影院广场、城东路口各1座。1987年，蓬安周口清洁卫生管理所成立，购置垃圾桶30个。1990年后，政府先后投资45万元在下河街、建设路、文君路、东风大道各建公厕1座。1991年后，先后4次在燕山寨村征地18亩建生活垃圾场，在龙角村征地30亩建弃土堆放场。1999年，购垃圾运输车1辆，洒水车1辆，购不锈钢果皮箱50个。2000年，购全封闭式垃圾清运压缩车1辆，建公共垃圾池28个，新增保洁推车20辆，添置不锈钢果皮箱30个，夜间垃圾收运板车3辆。2001年，改造城区封闭式垃圾库14座，新安装不锈钢果皮箱30个，塑钢果皮箱50个。2004年，城区3个干旱式厕所改成水冲式，13所公厕全部进行维修，上涂料、贴瓷砖、设标识、安门窗，所有垃圾池贴瓷砖、安门加盖。2005年，交换3辆垃圾运输车。2006年，城区共有公厕21处，垃圾池42个，垃圾桶（果皮箱）420个，清扫车2辆，洒水车3辆，垃圾运输车5辆，保洁员160人。景区厕所1处、保洁员1名。

【广场　公园】 1986年，有蓬安广场。1992年，规划笔架山公园，1994年建成。1998年，改建蓬安广场，修建龙角山公园。2001年，建成相如广场。2006年，龙角山公园纳入嘉陵第一桑梓景区建设。

蓬安广场　1986年，蓬安广场俗称县电影院广场，1969年建成。1973年在广场兴建电影院，遂成群众活动中心场所。广场有草坪和活动场地面积5400平方米。1995年，广场有数十张乒乓球桌、台球桌，周边有十多家餐饮和歌舞厅，成为县城居民活动中心。1997年，对广场进行整修，撤出餐饮和乒乓球台、桌球台。在广场中央建造花园，植棕榈、绿草，园间人行道宽约3米，增设健身设施。1999年10月1日，县委、县政府在蓬安广场举行首次升旗仪式，庆祝新中国成立50周年。2006年，电影院放映减少，茶房增多，此广场仍为休闲场所。

相如广场　2001年，蓬安投资2000万元，建成县会展中心和相如广场。广场10000平方米，内圆外方，设喷泉两处，华灯围桩四处，周围花草树木，中央设旗台。2002年1月1日，县委、县政府在相如广场首次举行升国旗仪式。2004年，会展中心改名相如饭店。广场增植黄桷、桂花等树，增设24把休闲座椅。2006年，相如广场成为县城群众跳舞、休闲娱乐中心。

龙角山公园　1993年，县上规划建设龙角山公园，1998年，正式动工兴建。1999年，列为县委、县政府向全县人民承诺办好的10件实事之一，2001年，基本建成，总面积约为66.7公顷，一期工程计划投资2200万元。山半腰新辟有左右两条进出公园道路。山顶北端险峻处建有宽4.6米、高9.021米的假双层六角亭；山顶建有455平方米、可容300余人的红军树平台；东南半山中建有龙角峥嵘仿古牌坊及1054平方米平台、442平方米水池平台；西南山腰建有长廊及画江楼；西北半山腰处建有长寿亭，后改龙角寺，供奉有观音等佛像，划拨有园中地10亩供奉佛教信徒。2006年，在西北山腰建有吴道子广场2000余平方米；龙角山牌坊下面建有有休闲及乡友林停车场800余平方米。

笔架山公园　1992年，县政府决定将原红旗乡1村4社、5社，原清溪乡4社境内笔架山部分土地统征建公园，1993年启动，1994年公园建成，用地10公顷，投资300万元，保持山体完整，建有两处共600余步石梯道，与滨江公园、周口至马回电站水陆游览区连接，成为城内一处休闲景点。

房地产

1991年，蓬安县城市综合开发公司开发3、4号商品房后，房地产业逐渐兴起，开始纳入房管所管理。1999年，全县有相如、东风、乾鑫、马电、安居等5家房地产开发公司，其中二级资质1家、三级3家、四级1家。2006年，全县房地产企业仍维持5家。外地先后有5家房地产开发企业如紫苑、康达等到蓬安开发。

【蓬安县房地产管理局】 1986年至1993年，蓬安县建设主管部门下设房地产管理所。1994年，更名为蓬安县房地产管理所。2001年11月，撤销蓬安县房地产管理所，成立蓬安县房地产管理局（简称房管局）。2005年，房管局先后设置房产交易管理股、房产交易管理处、交易市场管理股、房地产市场管理股、计审股、计审财务股、房地产管理股、基建维修股、产权产籍监理股、拆迁安置股、直管公房管理股、房地产租赁管理股、行政办公室、评估事务所、危房鉴定办公室、蓬安县房地产执法中队、物业管理股、房地产综合管理测绘股、房地产交易市场管理所、房屋产权产籍监理所、房地产监察中队、房地产交易中心等机构。2006年，内设机构为人秘法监股、产权产籍管理所、房地产交易中心、房地产执法中队、拆迁安置股、物业管理股等6个。1986年至2006年，刘宣泽、龙映光、谢衡、肖兴平先后任(所）局长。

【房地产开发】 1991年，蓬安县城市综合开发公司开始在县城开发房地产，率先在建设路文化巷附近开发3、4号商品房约7000平方米。1993年，城市综合开发公司与新加坡城富有限公司合资组建蓬安县中新房地产有限公司，外商投资20万美元，成立中外合资企业，先后合资开发蓬安县6、7、8号商品房等工程。1995年，成立蓬安县安居工程建设房地产开发公司。1998年，蓬安加快旧城磨子街改造，中新房地产有限公司，安居工程公司及政府新授权房地产开发的一建司，二建司，嘉陵建司，分别对磨子街A、B、C、D、E几个片区房地产进行开发，形成房地产开发高潮。至1999年，全县累计开发房地产面积30万平方米，产值达1.1亿元，税费1700万元。2000年，南部县私营企业康达房地产公司来蓬安县开发磨子街百货公司九号段房地产，开发面积2.5万平方米。是年成立蓬安县东风房地产开发有限责任公司私营企业，先后开发城建大厦、衡器厂改造工程、政协综合楼、统战部综合楼、琴台嘉都等，开发房地产面积约20万平方米。2001年，成立私营企业蓬安县相如房地产开发有限责任公司，先后开发警苑小区、文君阁、计生局小区、国土局综合楼、卫生局综合楼、乐园楼、计宏花园、帝景花园、同济医院、相如花园、紫苑小区等，开发面积 30万余平方米。是年，成立私营企业蓬安县乾鑫房地产开发公司，开发金苑小区、桃园小区等工程，开发面积约4万平方米。2003年，成立蓬安县马电房地产开发公司，先后开发东风路商业住宅一体房、电力小区住宅楼和南充马电花园等工程，开发面积约15万平方米。2004年，蓬安引进私营企业重庆紫苑房地产开发有限公司，投入4500万元开发蓬安县紫苑小区第一期9万平方米，带动全县房地产建筑上档升级。2006年，蓬安县房地产开发企业共5家，其中，二级资质 1家，三级资质3家，四级资质1家。15年来，房地产开发面积共95万余平方米，产值3个多亿，税费约4000万元。

【房地产管理】 1986年，房地产管理主要是对公房的出租和维护管理，开始对房产普查换证。1991年，蓬安房地产开发兴起后，实施监督管理。2006年，蓬安房地产市场日趋成熟，进一步实施对直管公房、产权户籍、交易评估、小区物业等管理。

产权产籍　1986年，蓬安全面启动房地产普查换证工作，是年结束，共普查房屋总户数4656户，普查总面积6.1万平方米，其中：直管公房265户，面积2万平方米；私房629户，面积3.2万平方米；自查单位132个，148户，面积5678平方米。对各单位使用土地和私人所有房屋进行审核发放房屋所有（使用）权证和土地使用证，并对全县房屋进行换证工作，共换证1764户，面积8.8万平方米。2006年，办理各类权属登记3118宗，颁发房屋所有权证2395个，至年底，全县共有产权产籍的房屋5.5万户，面积495.2万平方米。

交易评估　1986年以前，房地产转让只需凭双方的约据到税务部门办理契税。是年后，房地产转让不仅凭双方签订的买卖协议到税务部门交纳契税，还要办理公证，最后到房地产主管部门办理产权过户。是年，办理房屋转让契税734件。2001年，县政府授权房地产价格评估事务所，承担全县房地产价格评估，对企业改制、法院裁决、交通事故等需要进行房地产评估的标的进行评估。2006年，办理房屋交易3894件。交易面积447810平方米，交易金25972万元。

小区物业　1986年至1995年4月，蓬安房屋小区物业管理由单位或个人自行负责。1995年5月，成立具有法人资格的国有企业蓬安县物业管理服务公司。1996年4月，将蓬安县物业管理服务公司改组为蓬安县物业管理有限责任公司。主要职责是掌握房产变动和使用情况，使房屋及时有效维修、养护，建立房屋登记卡，明确房屋数量、产权、建筑结构、完好程度、使用情况等，及时准确掌握房屋动态。并从事住宅房屋、住宅小区房屋建筑及其各类设施、绿化、卫生、安全保卫、邮件分送等工作，同时开展搬家、钟点工等特约服务。2006年，蓬安有紫苑阳光丽都、都市水乡、帝景花园等住宅小区开始实行较规范的物业管理。

直管公房　1986年后，全县公房由蓬安县房产管理所管理。年租金每月按0.12元至0.20元／平方米收取。1999年后房屋年租金按0.5元至1.0元／平方米收取。公房维修费由上世纪年投入2万多元到2000年以后每年都在6万元至7万元，并逐步完善消防设施，改善居住条件。2002年后，房屋年租金每月按1.8元至2.0元／平方米收取。全县的公房绝大多数是建国前修建的穿斗木结构瓦房，有少部分为20世纪60年代至70年代建造的砖木结构楼房和平房。全县共有直管公房323套（间），面积12377平方米，其中成套房屋49套，非成套274间，砖混结构1430平方米，砖木结构1379平方米，穿斗木结构9568平方米。2006年，能正常使用的有276套（间）10742平方米，不能正常使用的危房47套(间) 1643平方米。公房分布：相如镇下河街社区159户，6306平方米，新华街社区39户，1657平方米，磨子东街社区44户，2139平方米，磨子西街社区5户，410平方米，政府街社区18户，787平方米；锦屏镇6户，713平方米；金溪镇4户，305平方米；兴旺镇1户，57平方米。

拆迁安置　1986年至1990年，房屋建设拆迁管理由当地乡镇政府组织实施。1996年1月3日，县政府成立城镇房屋拆迁管理办公室，负责全县房屋拆迁管理、制定场镇房屋重置价格标准、进行拆迁审批、办理拆迁许可证、调解拆迁纠纷、进行拆迁裁决、申请法院强制执行等工作。2003年，县政府出台《蓬安县房屋拆迁实施细则》《蓬安县城镇房屋拆迁费用标准》《蓬营一级公路房屋拆迁实施办法》等一批规范性文件，实施城东大道一期和二期、周河一级路房屋拆迁安置工作，全年拆迁房屋2.1万平方米，安置拆迁户83户，落实补偿金401万元（均不包括自拆自建）。2005年，房管局协助建设主管部门房屋拆迁管理，协助完成滨江路、城东大道二期等拆迁工作，共拆迁234户1.7万余平方米；完成三坝核电区农房摸底调查356户4万余平方米。至2006年，全县累计共拆迁房屋18万余平方米，按相关法律法规作了妥善安置。

建　筑

1986年，蓬安县建筑行业因城乡建设投资规模小、标准低，年建筑面积1万平方米左右。农村以改建砖瓦房为主。1991年后，国家推行房改政策，城乡房屋建设量增大，促进了建筑业发展。1995年，全县建筑企业达23家。1996年后，建筑市场进一步放开，实施招投标制度，外地建筑企业进入蓬安竞争发展。1998年，磨子街旧城开发促进蓬安建筑市场发展。2006年，全县有建筑企业10家，其中二级资质3家、三级资质7家。累计建筑面积150万平方米，总产值近6亿元，实现税金6000万元。建筑业成为全县经济支柱产业之一。

【建筑勘测设计】 1986年，蓬安县规划勘测设计室其前身是蓬安县城乡测绘队，负责建设系统零星测绘工作，仅有J6经纬仪和S03水准仪1台。至1989年，年均设计项目20个，设计面积7000平方米。1990年，成立蓬安县规划勘测设计室（简称设计室）。至1992年，测绘设备增添日本进口红外线测绘仪1台，精度更高的J2经纬仪1台，绘图采用铅笔、图板，全部人工操作。年均设计项目30个，设计面积1.6万平方米。1993年，负责全县规划设计、市政工程测绘设计等工作。1997年，全县完成设计项目93个，设计面积12万平方米，设计费收入34万元，均创历史最好水平。“八五”计划期间，年设计项目30余个，面积1.6万平方米，“九五”计划期间年均设计项目50个，设计面积4万平方米。“十五”计划期间，建筑和房地产业市场快速发展，规划勘测设计业务增加，设计室增添2台全站仪、1台高档绘图仪、4台电脑测绘设备。2001年至2006年，平均年设计项目80余个，设计面积 10万平方米左右。

【建筑施工企业】 1986年，全县共有建筑施工企业5家，常年从业人员4000多人。1990年，增至17家，其中蓬安县第一建筑公司、蓬安县第二建筑公司、蓬安县建筑安装工程总公司系三级资质企业。蓬安县第三建筑公司、蓬安县第四建筑公司、蓬安县教育建筑公司、蓬安县城市综合开发公司、蓬安县市政工程队、蓬安县台声建筑工程队、蓬安县第五建筑公司、巨龙建筑公司、河舒建筑工程队、兴旺建筑工程队、徐家建筑工程队、金溪建筑工程队、罗家建筑工程队、嘉陵建筑公司等14家企业系四级资质企业。1991年前，全县建筑市场发展缓慢。1991年后，蓬安县建筑业开始在巩固中发展壮大。1992年至1994年，先后新成立四川马回机械建筑工程公司、四川蓬安中新房地产开发公司、蓬安财信建工建材建筑公司、蓬安兴华建筑公司、蓬安县龙云建筑公司、蓬安县天达建筑公司、蓬安腾达建筑公司等7家建筑企业。1995年，成立安居房地产开发公司。全县建筑企业达23家，其中二级资质企业2家、三级资质企业6家，其余均为四级资质企业。1996年，建筑市场放开，政府推行工程招投标制，企业实行内部承包制，部分企业长期无工程，逐渐解体。1997年，蓬安县第二建筑公司破产，新组建蓬安县第二建筑有限公司。1998年，蓬安县巨龙建筑公司因经营管理不善关闭。2000年7月，罗泽民收购巨龙建筑公司，新组建私营企业“蓬安县城建建筑工程有限责任公司”，资质三级。8月，蓬安县第一建筑公司破产改制，新组建蓬安县建筑工程有限责任公司。2001年，全县建筑业在整顿中提高，马电机械建筑工程公司由三级资质升为二级建筑资质；县建筑安装工程总公司更名为蓬安建业总公司，由三级升为二级。是年，嘉陵建筑公司被省政府授予“创业之星”光荣称号，连续4年被省工商局授予“守合同重信用先进单位”称号，多次荣获市县“先进企业”“纳税大户”称号；相如建司也多次被授予“市级重合同守信用企业”“纳税大户”“纳税先进企业”“先进民营企业”“质量安全生产先进单位”“四川省建筑企业综合实力500强”“四川省建筑企业最佳效益200强”等称号。新成立鑫泰建筑公司，三级资质；第五建筑公司更名为长虹建筑公司，三级资质，私营企业。全县新建房屋面积 70余万平方米，总产值 1.6亿元，实现税金1000余万元。2002年，成立四川省蓬安县建筑劳务有限责任公司，一级劳务施工企业，川外设有北京、上海、天津、太原、兰州、西安、重庆、福建等多个子公司，年创劳务收入近亿元。2004年，重庆紫苑房地产开发公司等外地建筑企业先后入驻蓬安。城建先后在蓬安、营山、南充、彭州等地开工项目达40余处，面积60万余平方米，企业由三级升为二级资质，嘉陵建司建设阳光商住小区、琴台嘉都小区、东方花园、东风雅苑、碧水芳洲小区、县检察院办公住宅小区等，面积达30多万平方米。2006年，全县建筑企业共10

家，其中二级资质3家、三级资质7家。

城乡建设管理

1986年，蓬安县城乡建设管理主要实施规划、建设用地、村镇建设等管理。此后，随着城乡建设发展，管理项目逐渐增多，范围不断扩大。2006年，管理范围涉及城乡规划，工程质量、造价、招投标，城市市容市貌、环境、交通等。

【城管执法】 1986年，蓬安无专门的城管执法队伍，城市管理由公安局、交通局、工商行政管理局进行管理。1997年6月，成立蓬安县城市管理办公室，蓬安县城市综合执法大队，城管办与县城市综合执法大队合署办公，管理市容市貌。2003年2月，县城市综合管理执法局成立后，与公安、工商、交通、卫生等部门联合管理城市。

【市容市貌管理】 1986年，县城市容市貌主要由住地单位管理。街上乱停乱放车辆、广告牌棚架乱搭乱建、占道经营、乱摆摊设点现象突出，常需政府组织突击查处。1997年，成立蓬安县城管办公室，负责城区秩序、市容市貌管理。 1997年至2002年，县城管办组织对城区乱摆乱设的各类摊点、乱停乱放的各类车辆进行日常监管，适时开展集中整治。县人大常委会制定《蓬安县城区管理暂行办法》，对县城所有临街建（构）筑物上影响市容的外伸式防护栏、雨棚、鸽棚等拆除，共拆除外伸式防护栏2600余处、各类乱安装、乱搭建的棚架500余处。2003年，城管局负责市容市貌管理，购买长安之星车1辆、长安厢式货车1辆，在城区巡逻查处各类违章行为。2004年，城管执法大队实行“六定”（定人员、定时间、定路段、定标准、定责任、定奖惩）办法，监管市容市貌和市场秩序；围绕创建省级卫生县城目标，推出“五步曲”文明查处法，即：一敬礼、二亮证、三指违、四教育、五处理。全年出动宣传车200余台次，向电视台提供城管工作动态、信息和视点20余次，组织制作《城管专栏》6期，与广电局合作开办《城管视线》栏目6期。查处乱丢乱吐、车辆乱停乱放等行为4500余人次，整治乱设摊点1200余处次，取缔“骑门摊、店外摊”2000余处，取缔乱拉乱挂500余处，清除卫生死角40余处，责令停止占道宣传80余次，强制拆除临街建筑物上的外伸式防护栏、雨棚和磨子街影响市容市貌及阻塞交通消防通道的乱搭乱建行为250余处，协助建设局完成城区管网改造2000余米，协助环保局动员城区烧煤灶具改换燃气1100余家。10月，为迎接“金电”开工庆典和招商引资洽谈会，开展“治癣”活动，组织城区各单位、店主清洗临街卷帘门3000余个，清除城区临街小广告“牛皮癣”7000余处。2005年8月，在城区合理位置规划设置小广告张贴栏30处，新设自行车、摩托车临时停放点80处。

2006年9月，县政府制定《蓬安县城区户外广告设置和临时占道作业管理办法》，城管局会同建设、工商、交通、质监等部门，对周河大道市容秩序和环境卫生进行为期20天集中整治。责令搬迁道旁预制构件厂7家，清理道旁堆放的水泥楼板、电杆3400余件，清理道旁堆码的建筑用砖10万余匹、河沙卵石200余吨、玻纤瓦2000余张，疏通道旁下水道6000余米，拆除沿途乱搭设的各类棚架70余处，拆除沿途乱设置的户外广告牌500余处，治理沿途乱摆设的各类摊点300余处，制止利用绿带内侧土地种植蔬菜的行为200余起。

【环境卫生管理】 1986年，县城环境卫生由蓬安县周口镇卫生管理所负责管理。1987年7月，周口卫生管理所更名为蓬安县环境卫生管理所，主要负责街道、公共区域清扫保洁和生活垃圾收集、运输和处理。1991年，在河舒镇燕山寨村征地0.3公顷，建城市生活垃圾堆放场。1994年，县环卫所定期对垃圾场进行消毒杀菌和灭蚊灭蝇，定期向周边村民发放药物，指导村民对房前屋后进行消毒。1995年至1996年，在河舒镇3社、4社共征地0.6公顷，对垃圾场进行两次扩容。12月，蓬安县创建市级卫生城市通过验收达标。1999年9月，成立“蓬安县建设弃土管理公司”，负责城区建筑垃圾管理。弃土管理公司在周口镇龙角村二组租用土地0.7公顷作为建渣弃土堆放场。后不断扩容，弃土公司在相如镇龙角村1社、2社租用土地达到1.3公顷。对城区各建筑工地运输建渣、弃土的车辆发放“建筑弃土准运证”，按规定收取建筑垃圾处置费。2003年，县城管局成立后，负责城区“五包”区外的清扫保洁和生活垃圾收集、清运和处理，查处乱丢乱吐、乱排乱倒和运载建渣、弃土、水泥、河沙等散装货物沿街遗漏影响环境卫生的违规行为。在抗击非典活动中，对城区所有卫生死角彻底清理，累计清理90余处，清除积存垃圾400余吨。2004年，弃土公司与城区各施工单位签订建渣、弃土管理、处置责任书，并加强督查，累计查处乱倒建渣、弃土和运载遗漏等违规行为300余起次。6月，将锦屏镇垃圾清运纳入城区统一管理。10月，根据省环科院专家提出防爆炸 、防垮塌建议，对燕山寨垃圾堆放场进行排危处理，对所堆垃圾进行分散（散气)、降坡 、填埋，对垃圾场进出道路进行平整 、铺筑，修建管理房1座3间40平方米，聘请场管人员2名，制定完善管理制度，设置防危警示标牌4块，沿垃圾堆放场周边开挖防火隔离带4000余米，并在垃圾场下端修建挡墙和过滤池 。2006年10月，环卫所组建环卫执法中队，由环卫工10人组成，协助城管执法大队查处脏车入城、车轮带泥进入城区街道、运载散装货物沿街遗漏等污染街道、影响环境卫生的违规行为。环卫工人实行“错时轮班制”，城区主要大街每个工段由2名环卫工人轮流清扫，重点路段实行两班制，做到全天候保洁。

【城乡规划管理】 1986年，蓬安建环局负责对城乡建设规划、建设用地，村镇建设等实施管理。1988年8月，县建委设规划管理股，行使规划管理职权。2000年8月，成立蓬安城市建设规划局管理规划工作。2005年7月，成立蓬安县城市规划管理委员会办公室负责规划管理工作。

蓬安对建设用地的规划管理，按照国家《城市用地分类和规划建设用地标准》执行，将用地分为九类：居住用地（R)、公共设施用地（C)、工业用地（M)、仓储用地（W)、对外交通用地(T)、道路广场用地（S)、市政公用设施用地（U)、绿地（G)、特殊用地（D)，对各类用地必须按批准的详细规划、符合《蓬安县城乡建设总体规划》执行，不准任何单位或个人擅自改变土地使用性质。在办理建设用地规划手续时，必须达到规划设计要求后才能办理建设用地许可证。2006年，城乡建设管理范围扩大到全县城乡建设的城市区域、小集镇布局、道路、水电气的供给等方面。

【工程设计管理】 1986年，蓬安县城乡建设环境保护局规划设计室管理全县建筑设计市场。1988年，县政府对设计市场管理规定：蓬安县设计单位和外地进蓬安县设计单位必须具有国家统一颁发的资质等级证书，按照批准的资质等级和业务范围承担任务；所有建筑勘察设计单位都必须严格遵守基本建设程序，按设计标准和技术规范以及强制性内容标准进行施工图设计，并有勘察设计单位图签、资质证章、注册建筑师、结构师签字盖章，建立健全图纸校审制度和严格的技术责任制度；设计单位承担设计任务，总平面布置（包括庭院规划）必须严格依据县规划办下达的《规划设计条件》进行方案设计，单体建筑工程必须严格按照县规划办下达的《规划设计要点》进行方案设计。没有县规划办下达的《条件》和《要点》，一律不进行初步设计或方案设计，不提供施工图纸；严禁设计单位在施工图设计时留置建设单位加层的空间；施工图审查机构必须按照强制性标准进行重点审查，对不符合强制性的施工图不颁发施工图合格证书；对审查合格的施工图纸，建设单位、施工单位和其他任何部门和个人，均不得擅自更改。对设计市场的管理，主要通过技术岗位责任制、经营管理责任制、技术管理责任制、设计方案内部审查制度和设计质量评审标准等制度的落实来提高管理水平和技术实力。县建设环保土地管理局负责监督执行上述制度。1999年至2006年，县设计室共完成和代表局审查完成建筑设计项目320余个，设计面积100余万平方米，设计收入300余万元。

【工程造价招投标管理】 1986年，蓬安县建筑工程造价管理未实行招投标管理，一般由设计单位预算后，报单位领导审核后实施。1989年12月，成立县建筑安装工程招标办公室，设在县建委，承担建筑工程招投标组织、管理、协调和服务工作。1993年6月，县政府决定成立蓬安县建设工程招标管理站，分管副县长任站长，县建设环保土地管理局局长任副站长，县纪委、计委、建行、审计局、工商物价局、公证处负责人为成员。1994年3月，成立县建筑工程招投标管理站。行使全县房屋建筑及市政基础设施项目招投标和造价管理职能，负责建设工程合同备案制度和民工工资保证金制度执行，负责全县工程造价预算人员的业务培训教育工作。1996年5月，为加强对招投标工作监督，增补县人大财经委员会、县政协经济科技委员会、县检察院反贪污贿赂局为招投标管理站成员单位。1997年，全面实行工程招投标制度，全年招标工程项目70个，面积9.6万平方米，总投资3825万元。1998年，招投标工程项目46个，面积14.187万平方米，总投资达5819万元。2000年，17个工程项目实施招投标管理，总面积3.5万平方米，总投资2450万元。2003年，完成招投标项目16个。2004年，完成2个，面积3.3万平方米。2005年，加大"阳光工程"运作力度，30万元以上的建设项目全部公开招投标。2006年，完成7个项目招投标，占应招投标的100%。

【工程质量管理】 1986年，蓬安县建筑工程质量管理由建设单位和实施单位各自派员进驻工地共同管理，对工程施工全程跟踪监督。1988年7月，成立蓬安县建筑工程质量监督站，负责全县建筑工程技术质量的监督和管理。1991年，该站接受质监项目44个，面积4.52万平方米；处理质量事故15起，全县未发生较大的工程质量问题。1995年，受监工程项目50个，受监面积8.36万平方米，受监率达100%；查处不合格钢材5起，混凝土和砂浆质量问题10起；对预制构件厂的产品，进行抽样检查，发出质量安全简报3期，发整改通知24件。1996年，质监工程项目67个，面积6.8万平方米，总投资2264万元，受监覆盖100%，查处和整顿质量安全隐患100余起。1998年至1999年，共检查工程276个，面积48.15万平方米，进行质量安全大检查6次，查出工程质量事故21起，分别发出停工整改通知书及整改通知书27份、安全事故隐患整改通知书56份，违法建设工程停工通知书26份，并严肃查处，处罚款3600元。1999年6月，成立蓬安县建设工程质量检测所，对建筑材料进行技术质量检测，与质监站为两个牌子、一套人员。2004年，改变质量监督方式，由过程监督变为对地勘、设计、监理、建设、施工"五方责任主体"进行行为监督，实现代表政府行使建筑工程质量监督职能，竣工验收严禁走过场，发现问题及时通知并督促整改。强化建材检测准入工作，对建材检测落实到检测人员个人，分工地包干负责。建筑钢筋、砂浆、砼、避雷测试、预制板、水泥、配合比、回弹、石材等均应送检，具有翔实准确的微机化、规范化检测报告，杜绝感情报告，无样报告，从根本上把住建材进场质量关。2000年至2006年，受监项目369个，受监面积120余万平方米，受监覆盖率100%，竣工验收合格率98%至100%，优良率25%至35%。质量安全检查除日常检查外，重点突击性检查年均3至4次。

蓬 安 县 志

PENG AN XIAN ZHI

交 通

1986年，蓬安交通主要是公路和水路交通。全县有国省县乡公路354千米，除县城过境有1千米水泥路外，其余是四级以下泥结碎石路面。汽车运输通达主要乡镇和南充、成都、重庆等地。水运通航河流嘉陵江货运多为沙石、农资、建材运输，县内辟有县城上至王家，下至马回客运航线，县航运公司客运站获交通部文明优质运输先进集体称号。1987年，蓬安改造318线蓬安兴旺至南燕段为三级泥结碎石路，成为县内第一条上等级泥结碎石路。1990年，建设蓬安新车站和周口货运码头，私营客车、客船增多。1992年年底，全县公路建设提速，进入油路、水泥路改造。1993年，从改建周口至河舒一级水泥公路开始全县收费公路建设，发展到全县5路1桥收费。1996年，开始改造河舒至龙蚕、河舒至罗家、318线兴旺至南燕等油路。1997年，达成铁路建成通车，蓬安境内长19.77千米。2000年9月，投资5000万元的蓬安嘉陵江大桥建成通车。2001年，交通局从管理企业转变为管理全县交通建设和行业。2005年2月，达成铁路蓬安段扩能改造工程开工，为国家一级干线铁路。2006年，全县有国省县乡道555.6千米，专用公路29.8千米，村道1380.6千米，铁路19.77千米，通航河流89千米；有二级和三级汽车站各一个，四级火车站一个，建有周口和金溪客货运码头及一批小码头。

机　构

1986年1月，设置蓬安县交通局。交通管理事业机构有：县交通运输管理站、交通监理所、航管站、渡管所、养路队和嘉陵江航道管理处蓬安航道段；议事协调机构有：蓬安县交通战备办公室、蓬安县民工建勤岁修公路办公室。1987年5月，道路交通安全交由公安管理，新成立省属交通稽查征费所。1989年，成立蓬安县路政中队。1991年，县交通运输管理站改为交通运输管理所。1993年，县养路队改为蓬安县公路管理养护段。1994年，成立蓬安县交通勘测设计室。1995年，成立蓬安县车辆通行收费所。1998年，港监所和航务所合并为航务所。2001年，县路政中队改为县路政大队，蓬安县渡管所合并于航务所。2003年，航务所改为航务处，同时挂海事处牌子。2006年，交通机构有：交通局、交通运输管理所、交通稽查征费所、海事处、航道段、公路管理养护段、路政大队、收费所、交通勘测设计室。议事协调机构有：交通战备办公室。

【蓬安县交通局】 1986年，交通局内设办公室、运输、工程、路政安全和行财5个股室。1989年6月，成立蓬安县公路路政管理中队，与局工程建设股合署办公。1990年4月，局内设办公室、安运、工程、宣教、稽征、行财和治保7个股室。1992年，局设人秘、安运、工程、计财4个股室。2001年12月，局增设法制监督股。2002年6月，蓬安县交通局路政管理中队更名为蓬安县交通局路政管理大队。2006年，局内设机构未调整。至2006年，谢栋才、朱运达、魏赤中、谌计春、谢衡、魏定平、姚勇、唐其文先后任局长。

【蓬安县交通运输管理所】 1986年，蓬安县交通运输管理站下设城区、河舒、徐家金溪、罗家兴旺、巨龙锦屏5个片区交管站，1989年，撤销片区交管站为县直管。1991年，县交通运输管理站更名为蓬安县交通运输管理所。

【蓬安县交通稽查征费所】 1986年，县交通稽查征费所由市县交通局双重管理。1987年5月，车辆监理改交公安局管，分设交通稽查征费所由省直管，县交通局行业管理。

【蓬安县航务管理处】 1986年，蓬安县航运管理机构为蓬安县航运管理站。1989年5月，蓬安县航运管理站分设为：蓬安县港航监督所，由省市直管，县交通局行业管理；蓬安县航务管理所，对水上运输行业实施行政监督管理。1993年4月，蓬安码管站更名为蓬安县港口管理所，与县航务管理所两块牌子、一套人员，合署办公，负责全县港口规划建设、规费征收等项工作。航务所设立规费征收、运政、港政、财务计统、人秘等5个股。1998年11月，四川省蓬安县港航监督所与蓬安县航务管理所合并为蓬安县航务管理所，保留蓬安县港航监所、蓬安县船舶检验所、蓬安县港口管理所三块牌子，仍为正科级事业单位，隶属县交通局管理。2001年11月，县渡管所并入航务所。2003年5月，蓬安县航务管理所更名为蓬安县航务管理处，蓬安县港航监督所更名为蓬安县地方海事处，两块牌子、一套人员，其工作职能不变。

【嘉陵江航道管理处蓬安航道段】 1986年，四川省交通厅嘉陵江航道管理处蓬安航道段，负责嘉陵江蓬安段航道管理维护，系省属事业管理单位。1998年8月，更名为南充市嘉陵江航道管理处蓬安航道段。2006年3月，更名为南充市嘉陵江航道管理局蓬安管理段。

【蓬安县公路管理养护段】 1986年，蓬安县养路队，内设人秘、生产技术（含小修保养、农村公路管养技术指导和工程管理职能）、安全运输、财务审计4个股和工会办公室，下设罗家、济渡；凤石；福德、新河；中华、柳滩；骑龙、锦屏、两路、巨龙、高庙和汽车渡口等13个道班。1993年4月，更名为蓬安县公路管理养护段，内设人秘、路政养护、财务多种经营、安全运输和工程管理5个股。1998年8月，公路养护体制改革，原省市直管的市公路局营山分局管养的蓬安境内的道路，连同新园、河舒、城区、双河桥、三元桥、观音桥、徐家、茶亭、白玉等道班和部分在职及退休职工100多人，一并移交蓬安县养路段。段机关调整为：人秘、生产技术、安全运输、财务审计4个股。

【蓬安县交通局路政管理大队】 1990年9月，设立蓬安县公路路政管理中队，与交通局稽查征费股合署办公。1998年9月，更名为蓬安县交通局路政管理中队。2002年6月，更名为蓬安县交通局路政管理大队。

【蓬安县车辆通行收费所】 1995年6月，成立蓬安县车辆通行收费所，内设办公室、财务科、稽查科和稽核室，2005年，稽查科与稽核室并为稽查稽核科。

【蓬安县民工建勤岁修公路办公室】 1986年，蓬安县民工建勤岁修公路办公室，负责全县城乡居民投工投劳清理公路路肩水沟、搬运片石等一年一度的岁修公路工作。1987年后，农村外出务工人员增多，民工建勤逐渐改为以资代劳。1999年，农村合作基金会清理，民工建勤岁修公路以资代劳款停止收缴，岁修公路和以资代劳不再实施。

【蓬安县交通勘测设计室】 1994年9月10日，成立蓬安县交通建设勘测设计室，为交通局管理的事业单位。

公路建设

1986年，全县公路交通建设主要是修建泥结碎石路面和改造公路，有公路354千米。1992年12月，全县开始改造仪（陇）北（碚）公路，进入油路和水泥路改造时期。周口至河舒一级公路改造项目成为全地区第一条地方收费公路。1993年至1998年，建成油路水泥路133千米、新修和接通一批县乡联网公路。1999年，嘉陵江大桥建成通车，南渠路由县道升为省道。2001年，全县先后批准有仪华路、国道318线蓬安段、南渠路以及嘉陵江大桥等收费路桥项目，年收过路费在1000万元以上。2006年，全县有国道1条20.3千米，省道2条共112.6千米；县道12条197.4千米，乡道27条224.3千米，专用公路29.8千米，村道410条1380.6千米，形成公路交通网络。

【国道改建】 国道318线蓬安段起于兴旺镇与高坪接界，止于南燕与广安交界，长20.7千米。1986年，改造为山岭重丘三级泥结碎石路，是蓬安第一条较大规模改造提高等级的公路。1987年3月，改造工程完工。1996年，县政府按山重二级油路标准，筹资改造318线蓬安段为收费公路，设计行车速度40千米/小时，路基宽9米（场镇处宽12米），路面宽7.5米（场镇处宽9米），设计荷载汽—20、挂—100。1997年2月2日，破土动工， 8月，路面沥青表处完工投入运行。工程投资

3986万元，上级补助1025万元，地方自筹资金555万元，银行贷款1920万元，社会集资300万元。改造后该路全长20.3千米。

【省道改建】 1986年，蓬安县境内有1条省道即仪（陇）北（碚）路，全长61.55千米。1992年底开始改造，为县内首条油路改造工程，该路在重庆市直辖后改称仪华（蓥）路。1999年，蓬安嘉陵江大桥开建后，县道南渠路升为省道，2001年，开始改建。

仪华路　仪华路又称省道203线，蓬安段为蓬安县纵贯南北交通主干线，起于仪陇二道，经蓬安茶亭、徐家、金甲、周口、河舒、新园，于龙蚕出境，长61.55千米。

全路分段改建，周（口）茶（亭）段：从周口镇经金甲、徐家，至与仪陇交界的二道镇，全长37.10千米，为蓬安北面主干道，巴中、平昌等地到成渝两地的重要通道。1992年，省计委、交通厅批准仪华路仪陇至蓬安段改造项目。全路按山重三级沥青表处路面改造设计，最小平曲线半径20米（1处），最大纵坡8.7%，路基宽8.5米，路面宽6.5米至8.5米，计算行车速度40千米/小时，设计载荷汽-20、挂-100；预算工程投资2712万元，实际完成投资2578万元，其中国家拨款1036万元、银行贷款1485万元、群众集资57万元；完成路基土石方119万立方米，新建涵洞103处长1.2千米，新建钢混桥4座160米。1995年3月，批准该路段为收费公路。1996年8月，改造工程竣工。

周（口）河（舒）段：周口至河舒公路10.5千米，是蓬安通往南充的主要通道。其最为险峻处是离县城五千米处的枣儿垭，这一段公路至老清溪桥长约3千米，弯急坡陡路窄，悬崖高峻，俗称“鬼门关”，常年车辆过往重特大事故不断。1993年，县争取省上批准按一级收费公路改造。该路段由四川省华阳勘测设计总所公路院分所按一级水泥混凝土路设计，将枣儿垭山垭口改线明挖，变为坦途；清溪桥改道重建为一级公路桥。改线公路设计最小平曲线半径125米（1处），最大纵坡6%（1处），设计荷载汽—20、挂—100，路基宽19米（其中周口至粮食大库段为40米）。1993年3月，改造工程开工、1996年9月竣工，共完成路基土石方119.3万立方米，水泥混凝土路面9.9万平方米，新建小桥21米/1座，中桥92米/2座，大桥114米/1座，新建涵洞673米/22道；工程概算4800万元，实际投资4700万元。交通局主持设计和争取项目资金，协助县开发区管理委员会组织建设，56015部队、马回机械化工程公司、川交公司等单位承建施工。改造后，周河路缩短两千米，蓬安与外界连接道路开阔平坦，建成文明示范公路。2003年，蓬安县再次对该路段进行改造，设计行车速度60千米/小时，设计载荷汽—20、挂—120，共开挖土石方22.3万立方米，回填土石方14.42万立方米，水泥混凝土路面13.24万平方米；清溪桥至县粮食大库段改为双向6车道，路面宽23米，县粮食大库至河舒段为双向4车道，路面宽20米。6月完成招标，由天津第一市政工程公司和南充交通建设有限责任公司承建，南充中意监理公司监理，后期由省公路局监理公司监理。6月16日，开工建设，11月竣工，工程投资3050万元。

河（舒）龙（蚕）段：该路段是蓬安南面主要通道，起于河舒镇街道过境公路出口（K125+000），止于龙蚕镇与高坪区会龙乡交界（K139+000），途经河舒、碧溪、新园、龙蚕4个乡镇的10个村30个社，全长17千米，改造后为14千米。1995年，由市交通局设计室按二级公路设计，路基宽12米，路面宽11米，最大纵坡6.83%（1处），最小平曲线半径50米（1处），沥青表处路面宽11米，桥涵荷载汽车-20、挂车-100，12月，正式开工。1997年8月，完成沥青表处。1998年3月，完成新增标美路水沟、路缘石、路肩工程，12月，完成整治修复两处大的水毁工程。1999年1月1日，全面竣工。全路段挖填土石方48.88万立方米，新修、改扩建涵洞68道，改扩建中桥一座长71.3米，小桥两座长67.7米，完成土石方41万立方米，做挡土墙、护坡5170立方米，挡土墙55处，长1949.14米；工程占地313.47亩，共投资1875万元。2005年6月，再次按沥青砼技术标准作路面改造，全长13.86千米，路面宽11米，完善交通标志和路面标线，共投资1650万元，12月竣工。

南渠路　南渠路即省道204线。1986年为县道，是横贯蓬安县东西交通主干线，从睦坝与南部交界的五星桥经睦坝、巨龙、锦屏、周口，于白玉出境到营山，老路全长51.08千米，改建后全长39千米。南渠路始建于1967年，原为泥结碎石路。1987年，南充地区交通局投入部分资金改善路况。1999年，县交通局对该路段作二级油路改造可研报告和初步设计。2000年，嘉陵江大桥建成后该路转为省道，省计委、交通厅批准该路改造立项。2001年，批准该路为收费公路。2002年6月，县政府采取BOT形式改造该路，11月30日，四川天彩集团与蓬安县政府正式签订该路修建经营协议，投资改造该路并经营收费权。2003年3月，完成南渠路施工设计，4月完成征地拆迁工作，5月完成招投标，6月12日，破土动工，2004年9月，底竣工通车。老路从县城花园经冯家垭口过渡至南部41.2千米，改造后从周口中学处接线经交警队旁边过嘉陵江大桥，至两路乡境内改线经龙云、睦坝到南部，全长31千米。该路按山重二级沥青混凝土路改造，设计行车速度40千米/小时、荷载汽-20、挂-100，路基宽8.5米，路面宽7.5米，挖填土石方169.9万立方米，新建桥梁4座95米，新建涵洞55道770米；工程概算8295万元，省交通厅补助建设资金1680万元，其余由项目业主四川省南蓬公路建设有限公司投资。南渠路包括周（口）白（玉）段：起于县城五星花园，止于白玉乡龙滩与营山交界处，老路长9.083千米，改造后长8千米。1995年4月，按山重二级标准与仪北路同时改造，沥青表处路面，最小平曲线半径50米（2处），最大纵坡5.8%，路基宽8.5米，路面宽7米。1996年7月28日竣工，工程总投资716.3万余元，其中省交通厅补助135万元、县自筹467.5万元、银行贷款401.8万元。2006年5月，再次按山重二级沥青砼路面改造，路面宽8.5米，总投资980万元，12月竣工。

【蓬安嘉陵江大桥建设】 蓬安嘉陵江大桥位于蓬安周口镇彭家沟瓦厂湾与锦屏镇玉皇村之间的嘉陵江上，引道全长5756米，桥长628.62米。1992年，以县交通局为主筹备大桥前期工程。1993年1月，完成蓬安嘉陵江大桥可行性研究报告，批准后由于资金问题没有上马。1997年，再次上报省交通厅批准可行性研究报告。1998年1月，完成初步设计经省交通厅批准；3月，省交通厅公路规划勘察设计研究院完成施工图设计，省交通厅公路局批准大桥施工图；省计委、省交通厅公路局分别对蓬安嘉陵江大桥施工概算和工程开工作批复。大桥设计为7孔80米钢筋混凝土箱型肋拱桥，设计荷载汽-20、挂-100，人群—3.5kn/平方米，桥面净宽9米+2×2米人行道，设计洪水频率1/100，规划通航标准为IV级，地震烈度为6度。引道按二级公路标准，设计行车速度40千米/小时，最小平曲线半径100米，最大纵坡6.5%，路基宽12米，设计荷载汽—20，挂—100，引道小桥52.5延米/3座，涵洞411.7米/17道。四川路桥建设集团有限公司桥梁分公司承建，四川省公路工程咨询监理事务所负责监理；县交通局负责资金筹集，资金由省交通厅补助500万元，交通局成立捐资办，负责全县群众捐资，筹集1800万元，银行贷款2400万元。1998年4月，引道开工建设，10月底，主桥正式开工建设，2000年9月26日，大桥工程全面完成，9月28日，剪彩通车。10月24日，验收组对蓬安嘉陵江大桥作交工验收，次年进行竣工验收，评定为优良工程。2001年6月6日，省交通厅、财政厅、物价局批准蓬安嘉陵江大桥试收费，2003年8月12日，省三厅局批准延长大桥试收费期限，至南渠路南（部）蓬（安）段改建后转入正式收费。2006年，大桥正式收费。

【县道建设】 1986年，蓬安有县道5条，全长101千米。1993年后，大力发展交通，新修县乡联网路。至2006年，蓬安有县道12条，共197.4千米。

河罗路 从河舒镇起，途经柳滩、杨家、中华，至罗家镇接国道318线，全长22.2千米，1986年为四级泥结碎石路面。该路始建于1958年3月，1959年12月建成，路基宽6.5米，路面宽3.5米。1997年，蓬安县集资将河罗路改造成三级沥青表处油路，路基宽7.5米，路面宽6.0米，开挖路基土石方95057立方米，填方103011立方米，砌石挡土墙及夹沟8712立方米，新建和接长涵洞381.5米/76道，铺路面144538平方米，2月动工，8月分铺油，1998年年底，全面竣工，共投资1371万元。

龙河路 1986年，为乡道利溪路和三坝路，起于顺庆区龙门（新民）、经江陵与蓬安三坝、利溪、河舒相连，全长22.47千米。蓬安境内始建于1975年2月。1992年，与南充县江陵、龙门连

接通南充。1996年至1997年，省道周口至龙蚕段改造，车辆绕道龙河路，为保畅通，蓬安县将其铺成简易油路，路基宽6.5米，沥青表处路面宽4—5米，先后投资300多万元，后转为县道。

环城路　起于相如镇铧厂村南渠路，止于城南村接仪华路，全长1.5千米，山重二级沥青表处路面，路基宽8.5米，路面宽7.0米，共投资320余万元。1994年3月，交通局组织开工修建，次年3月竣工。

双新路　起于顺庆双桥，接蓬安群乐乡新店子南渠路，全长7.728千米，1986年属乡道。1980年，建成泥结碎石路，路基宽7.0米，路面宽3.5米，1998年至2001年，整修后县区联网，升为县道。

芦锦路　起于顺庆区芦溪，经灯台乡，蓬安正源、长梁，止于锦屏镇丰家坝接南渠路，全长22.632千米，路基宽6.5米，路面宽3.5米，泥结碎石路，1986年为乡道，建成于1978年，整修于1986年，马回大电站建设期间，1990年至2001年，连通南充灯台后升为县道。

徐银路　起于徐家染房村张家垭口，经诸家乡，止于仪陇银山乡垭口，全长10.3千米，路基宽7.0米，路面宽3.5米，为泥结碎石路，建成于1982年，1986年为乡道。1992年，争取以工代赈14万元修通仪陇银山连网路，至2001年，全路段整修后升级为县道。2003年，诸家乡采取“一事一议”发动群众筹集资金，对其境内6千米路按四级沥青表处路面改造，9月开工，次年9月竣工。

观新路　观新路起于骑龙乡观鹿山接仪华路，经金溪、鲜店，止于仪陇新政接壤，全长27.95千米，为泥结碎石路，路基宽7.5米，路面宽3.5米，1986年为乡道。1963年4月，建成骑龙至金溪段，1968年3月，建成金溪至鲜店段。1996年至2001年，修通鲜店至仪陇新政后，升为县道。

新和路　起于碧溪乡新桥接仪华路，经碧溪、海田至兴旺镇和平接国道318线，全长17.6千米，路基宽7.5米，路面宽3.5米1986年为乡道。该路始建于1976年至1977年，1987年至2001年，沿线乡镇组织群众对该路进行多次整治，后升为县道。2003年，碧溪乡发动群众筹资175万元，对新桥至其乡政府5.5千米路按四级沥青表处路面改造，4月开工，9月竣工，耗资185万元。

白凉路　起于白玉乡接南渠路，经石孔乡双土地与营山凉风接壤，全长24.108千米，路基宽7.5米，路面宽3.5米，为泥结碎石路，1986年为乡道。始建于1983年至1984年。1989年至2001年，该路经历次整治后升为县道。

鲜蓬路　该路原称蓬渠路，一直是县道。从罗家镇罗汉土扁接县道河罗路，经新河、福德接渠县鲜渡，全长18.2千米，路基宽7.5米，路面宽3.5米，为四级泥结碎石路，1973年建成。

南井路　起于南燕乡接国道318线，经银汉镇与广安井河交界，全长9.7千米，路基宽7.5米，路面宽3.5米，为四级泥结碎石路面，1986年为乡道。该路始建于1972年至1975年。1990年，接通广安郑山。1992年至2001年，改路历经多次整治，后升为县道。

观红路　起于岳池观塘与凤石乡金钩村接壤处，止于济渡乡红土地接国道318线，全长12.97千米，为四级泥结碎石路，一直为县道。该路始建于1966年2月，两乡共组织群众投工投劳23万个工日，县交通部门给予3万元工程资金补助，1967年12月建成。

【乡村道建设】　1986年，蓬安县共有乡道15条，167千米，尚有万和、大泥两个乡不通公路。598个村大部分都修建有村道，但不畅通。1990年，积极争取乡乡通公路，开始万和与大泥乡公路测设与资金项目争取工作。1992年，万和乡公路修通，大泥乡撤销，大泥公路继续做好前期测设比较方案和资金项目争取工作。1993年至1998年，通过争取以工代赈资金先后修建诸家到仪陇银山、平头到仪陇新政、三坝至南充江陵、镇源到南充鱼溪等一批县际联网公路；通过向上争取资金和集资投劳修建新园到天成、南燕到福德、巨龙到镇源、睦坝到两路等一批县内乡镇联网路。1999年，通过民工建勤群众集资投劳，金溪镇经大泥到周口公路修通。2000年，县交通局为蓬安举办首届桃花节，筹资为高笋塘村修建1千米多的村道水泥路面公路，连接仪华路河舒枣儿垭到村中，路基宽6米，路面宽4.5米，工程采取自建以节约资金，投资仅65万余元。

2001年，蓬安县政府发出《关于加强村道公路建设的决定》，将村道建设职能划归县农机局，交通局协助，出台了《蓬安县村道公路建设2002年至2010年建设计划》。2002年起，全县村道建设分项目路建设和目标路建设两个方面。项目路建设由国家给予资金支撑，按照项目要求修建，完工后，经县农机局、县财政局、县以工代赈办、县目标督查办检查验收合格，实行以奖代补，平均每千米补助5000元至1万元。目标路按目标完成，检查验收合格，由县财政每千米补助200元。2003年，随着新农村建设进程，长梁乡中坝村、金溪镇沈家坝村等一批新农村村道等级得到提升，修建了高等级路面公路。金溪电站开工，投资600万元，县上出资近400万元，将周口至金溪公路整修成三级沥青混凝土公路，为乡道公路中的次高级路面公路。至2004年，全县新建村道四级泥石路236千米；改建村道102千米；整治村道170千米；修建标美示范路513千米；硬化村道5.6千米；完成总投资2601万元，累计投工56.3万个。2005年后，村道项目建设纳入扶贫开发建设。对未纳入扶贫开发、新农村村道建设的路，由县财政按验收合格的里程每千米补贴2000元。全县村道建设，大部分由当地村民自筹自建，个别乡财政也给予一定的补贴。正源镇场口至蒙子垭通村路，在上海经商的正源人王云支助7万元。2006年，全县统一安排交通、农机协同村道公路建设，完成新建、改建乡村机耕道135千米，硬化乡村机耕道12千米，修建标美四级泥石路20千米，县财政补助建设资金60万元，共向上争取村道扶贫资金275万元。至年底，全县乡道有27条，总长达到224.3千米；有村道410条，总长1380.6千米，通公路行政村566个，村道覆盖率达95%，村道大部分达不到等级要求，但基本适应农用车乡间运输。

【专用公路】 1986年，蓬安县有专用公路6条，共29.8千米，为等外级公路。1987年，修建马回电站，1997年，开发白云山旅游景区时，先后对马电专用公路和白云山专用公路进行整修。2006年，这6条专用公路保持畅通。

锦马路　起于锦屏镇，至马回电站，全长8.2千米，1974年，修建马回小电站时投资修建。1987年，马回大电站和1998年调峰电站建设，电站先后两次投资该路整治加宽、改善路面通行能力。

白云山风景区公路　起于国道318线南燕泥巴寺村，至白云风景区大门，全长6.3千米。1980年，白云山林场自行建成路坯，路况晴通雨阻。1993年，开发白云山风景区，县林业局、县交通局对该路初步整治，车辆通行能力有所提高。1997年，县政府将该专用公路纳入318线改造工程，投入资金120多万元，改造成宽4.5米的水泥混凝土路面。2003年4月，县政府决定继续开发白云山旅游资源，县交通局投资10万元在全路段增设16个会车道。

县内还有原棉花库房“702”支线、燕山寨微波站“205”支线，开元水库公路，七一水库公路等4条专用公路共15.3千米。

【民工建勤】 1986年，蓬安县民工建勤岁修养护公路以组织群众投工投劳为主，是年，四川省政府授予蓬安县“民工建勤岁修公路先进县”。1987年后，老百姓外出打工增多，劳力减少，民工建勤开始在全县推行每个劳力每个工日1元钱以资代劳，每年大约收款30万元到50万元。所收款项均按计划大部分用于省县乡道公路养护，少部分用于民桥民路和乡镇过境场镇或重点难点路段整治。1988年，用8万元解决巨龙街道过境路泥泞、坡陡、路滑，雨天无法通行的老大难问题，提升路基、改建成水泥街面，保证了畅通。1991年，解决南燕街道因地下水淤积长期溃烂问题，修建成水泥街道。以后又陆续解决一些乡镇街道和路段滥路，群众受益。1992年后，民工建勤每个工日逐步由1元增加到1.2元、1.5元，一般每个劳力按投劳3个工日计算，年可收以资代劳款100多万元，用以安排县乡道养护和补助省道养护。1990年至1999年，全县共收民工建勤款1231.91万元，其中用于国、省、县道公路养护和改建308.10万元，乡道建设养护358.07万元，民桥民路建设与养护170.77万元，整治烂路110.03万元。蓬安县民工建勤岁修工作1995年至1998年均获得省人民政府表彰。1999年，农村合作基金会清理后，民工建勤岁修公路以资代劳款未收齐。2000年后，民工建勤岁修公路停止。

【公路养护】 1986年至1996年，县道养护由县公路养护队负责，包括县道101千米和国道318

线20.3千米。1997年，国道318线蓬安段、县道河罗路改造为沥青路面后，县养路段开始养护油路。1998年1月，南充市公路局营山分局撤销，省道仪华路、南渠路蓬营段共73.2千米，蓬安辖区内白玉、新园、河舒、三元桥、双河桥、观音桥、徐家、茶亭8个道班交蓬安段管理。2000年，7月至9月投资350万元，大中修318线、仪华路、南渠路蓬营段。2003年，318线、仪华路、南渠路蓬营段沥青表处路面达设计使用期限，大面积溃烂，再度投资450万元全面大中修，9月竣工。2006年年底，县养路段实际管养公路里程209.811千米。其中：国道1条20.3千米，省道2条112.634千米，县道5条65.077千米，乡道1条11.80千米。

1986年，乡道养护由各乡镇负责。1987年，乡道担负的运输量逐步增大，交通局与各有乡道的乡镇商议确定养护员，与乡镇签好合同，交通局培训指导养护并给予工资补助，乡道好路率、路况质量逐年提升。1989年，乡道交由县养路队作业务指导管理，交通局协调管理。1993年，交通局对新修乡道增加养护员并增加民工建勤养护拨款。1998年，交通局报经县政府发文加强乡道管理养护工作。2006年，全县乡道224.33千米分别由所在乡镇负责管养。村道由乡镇政府及村委会管养，资金由乡镇政府和村民投资、投劳、民工建勤等办法筹集，县交通局和县养路段作行业技术指导。

蓬安县国省县道公路桥梁表

(2006)

所属路段编号		桥梁名称	中心桩号	河流/路线名称	桥长（米）			结构与式样		净空高（米）	桥面宽（米）		设计荷载	建成投产时间
					全长	孔数	跨径总长	上部	下部			行车道		
318线	G318511323001	陡梯桥	K2103+100	河	9	1	6	板梁	—	3.8	13.1	8.7	汽-20 级	1983 年 10 月
318 线	G318511323002	泥巴寺一桥	K2015+451	河	28.2	1	10	板拱	—	6	10.1	9.7	其他	1958 年 12 月
318 线	G318511323003	泥巴寺二桥	K2106+048	河	15	1	7	板拱	—	4.8	13.4	8.6	其他	1946 年 1 月
318 线	G318511323004	大木桥	K2107+421	河	11	1	9.5	板拱	—	4.3	14	9	其他	1946 年 1 月
318 线	G318511323005	大深沟桥	K2111+610	河	40.8	1	20	板梁	—	13.3	12	11.6	汽-20 级	1997 年 10 月
318 线	G318511323006	济渡桥	K2115+116	河	24	1	9.5	板拱	—	6.5	10.6	10.6	其他	1952 年 8 月
318 线	G318511323007	兴旺桥	K2121+501	河	16.2	1	9.5	板拱	—	5	11	11	其他	1958 年 12 月
仪华路	S203511323001	水磨河桥	39K+724	水磨河	26	1	20	板拱	U 型桥台	6	7.5	6.5	汽-10 级	1968 年 9 月
仪华路	S203511323002	三元桥	K59+529	元园河支流	27.4	1	20	T 梁桥	U 型桥台	9.2	9	8.6	汽-20 级	1995 年 1 月
仪华路	S203511323003	银龙桥	K60+135	元园河支流	30.8	1	20	肋拱	U 型桥台	5.3	9	8	汽-20 级	1996 年 7 月
仪华路	S203511323004	观音桥	K66+659	河	18	1	8	板拱	U 型桥台	7	7	6	汽-15 级	民国
仪华路	S203511323005	双河桥	K72+475	双河桥河	17	1	10	板拱	U 型桥台	5	9.5	8.5	其他	民国
仪华路	S203511323006	清溪桥	K78+169	清溪河	118	3	100	肋拱	—	21	21.2	14	汽-20 挂-100	1996 年 1 月
仪华路	S203511323007	竹林桥	K84+181	河	18.1	1	6	板拱	—	6	18.8	18	其他	1996 年 10 月
仪华路	S203511323008	新火烧桥	K84+739	河	16.8	1	8	板拱	—	4.4	10.2	8	其他	1980 年 3 月
仪华路	S203511323009	新桥	K89+586	河	33.5	3	18.6	板拱	—	9	11.3	9	其他	1944 年 5 月
仪华路	S203511323010	太平桥	K93+640	河	41	3	18	板拱	—	8	10.7	9	其他	1951 年 6 月
仪华路	S203511323011	合作桥	K96+116	河	16.5	1	7	板拱	—	3.6	12.1	9	其他	1948 年 10 月
S204	S204511323001	五星桥	K38+855	—	8	1	8	梁板	—	5.5	8.5	8.5	汽-20,挂-100	2007 年 5 月
S204	S204511323002	睦坝桥	K41+400	—	8	1	8	梁板	—	3.5	8.5	8.5	汽-20,挂-100	2007 年 5 月
S204	S204511323003	二龙桥	K50+500	—	138	6	20	梁板	—	30	8.5	8.5	汽-20,挂-100	2007 年 5 月
S204	S204511323004	干堰塘石拱桥	K52+780	—	35	1	25	石拱	—	9.5	8.5	8.5	汽-20,挂-100	2007 年 5 月
S204	S204511323005	西门桥	K60+200	—	46	3	36	梁板	—	6	8.5	8.5	汽-20,挂-100	2007 年 5 月
S204	S204511323006	乌龟包桥	K63+297	毛家壕河	20	1	9	板梁	—	7.2	12.4	12	汽-20 级	1997 年 8 月
S204	S204511323007	嘉陵江大桥	K64+400	嘉陵江	626.62	7	560	箱形拱桥	—	18	13	9	汽-20 挂-100	2000 年 9 月

续表

所属路段编号		桥梁名称	中心桩号	河流/路线名称	桥长（米）			结构与式样		净空高（米）	桥面宽（米）		设计荷载	建成投产时间
					全长	孔数	跨径总长	上部	下部			行车道		
S204	S204511323008	彭家沟桥	K65+006	彭家沟河	18	1	8	板梁	—	11.6	12.1	11.5	汽-20级	1999年7月
S204	S204511323009	锅底塘桥	K65+500	锅底塘河	17	1	8	板梁	—	13.8	12.1	11.5	汽-20级	1999年7月
S204	S204511323010	老母桥	K71+809		17	1	6	板拱	—	3.8	10.5	10.5	不明	1948年10月
S204	S204511323011	三星桥	K71+859	海林沟河	30	1	20	肋拱	—	6.7	9.2	8.4	汽-20级	1996年2月
河罗路	XR46511323001	三拱桥	K5+950	河	35	3	30	板拱	—	11	8	7	汽-15级	1972年1月
河罗路	XR46511323002	柳滩桥	K6+750	河	14	1	10	板拱	—	9	7	6	其他	民国
河罗路	XR46511323003	高板桥	K8+040	河	14	1	10	板拱	—	8	7	6	汽-15级	1966年5月
河罗路	XR46511323004	蒋家板桥	K14+530	河	11	1	7	板拱	—	5	6.4	6.4	其他	1966年5月
龙河路	XR0511323001	利三桥	K26+038	河	20	1	16	板拱	—	32	6.5	6.5	汽-15级	1991年1月
龙河路	XR0511323002	粮食桥	K26+990	河	16	1	10	板梁	墙式	12	7.3	7.3	其他	民国
龙河路	XR0511323003	铁路立交桥	K27+322	河	13	1	10	板桥	—	9	9	7	其他	1998年8月
龙河路	XR0511323004	大拱桥	K28+948	河	39	3	39	板拱	—	7.5	7.5	7	汽-20级	2002年3月
龙河路	XR0511323005	小拱桥	K29+544	河	12	1	7	板拱	—	6.8	6.5	6.5	其他	民国
龙河路	XR0511323006	支农桥	K38+916	河	25	3	21	板拱	—	6.5	5	5	其他	民国
龙河路	XR0511323007	火烧桥	K39+988	河	10	1	6	板拱	—	7	5	5	其他	民国
新和路	XR47511323001	碧溪桥	K6+500	河	25	1	20	板拱	—	9	7	7	汽-15级	1980年6月
新和路	XR47511323002	飞马桥	K11+200	河	18	1	13	板拱	—	7.5	7	7	其他	1980年5月
新和路	XR47511323003	永兴桥	K14+700	河	26	3	21	板拱	—	9	7	7	其他	1980年7月
观新路	XR17511323001	邓家桥	K0+690	河	12	8	8	板拱	—	7	7	6	其他	1970年4月
观新路	XR17511323002	五星桥	K9+358	河	10	1	6	板拱	—	9	6	5	其他	民国
观新路	XR17511323003	大石桥	K11+450	河	20	1	15	板拱	—	5	6.5	5.5	其他	清朝
观新路	XR03511323001	新桥	K25+452	河	18	1	9	板拱	—	7	6	5	其他	1979年5月
白凉路	XR70511323001	柏杨桥	K0+030	河	19	2	14	板拱	—	8	6.5	5.5	其他	1971年8月
白凉路	XR70511323002	群英桥	K9+780	河	16	2	12	板拱	—	7.8	6.5	5.5	其他	1978年8月
鲜蓬路	X157511323001	白岩桥	K28+937	河	10	1	6	板拱	—	7.6	7.5	7.5	其他	1974年10月

续表

所属路段编号		桥梁名称	中心桩号	河流/路线名称	桥长（米）			结构与式样		净空高（米）	桥面宽（米）		设计荷载	建成投产时间
					全长	孔数	跨径总长	上部	下部			行车道		
鲜蓬路	X157511323002	建设桥	K31+136	河	18	2	13	板拱	—	6.4	7.6	6.6	其他	1974 年 10 月
鲜蓬路	X157511323003	新河桥	K34+134	河	10.5	1	6.5	板拱	—	6.4	7.6	6.6	其他	1975 年 5 月
观红路	X159511323001	陈家桥	K27+340	河	9	1	6	板拱	—	5	4.4	4.4	其他	清朝
观红路	X159511323002	马老村桥	K28+240	河	10	1	6	板拱	—	3.4	5.5	4.5	其他	清朝
观红路	X159511323003	狮子桥	K29+070	河	13	1	8	板拱	—	5	4.7	4.7	其他	清朝
观红路	X159511323004	小拱桥	K30+320	河	8	1	5	板拱	—	4.5	6.4	6.4	其他	民国

道路运输

公路交通运输又称道路交通运输或道路运输。1986年，蓬安道路运输主要靠省运输公司汽车67队。县搬运公司开始发展汽车运输，有客车营运。单位建制的车队有蓬安县粮食车队、蓬安县煤建公司车队、马电公司车队等，都分别有5辆至10辆货车。全县私人经营的货车有10多辆，拖拉机等有几十辆。1990年，个体私营车逐渐增多。开始整顿汽车经营和维修市场标准。县搬运公司改名县运输公司，逐渐以经营汽车客运为主，货运和搬运装卸为辅。蓬安在建设路新建汽车站，1991年，新车站建成，实施客运车辆统一进站管理。2001年，县运输公司改制整体拍卖。2005年，南充汽车运输联合公司蓬安分公司与县运司联合经营，改名为相如客运公司，县汽车站和城北车站统一经营。2006年，蓬安有县汽车站2个，乡镇汽车站12个，汽车维修行业75家，客货运输车1533辆，旅客周转量7761.04万千米，货物周转量6435.8万吨/千米。

【汽车站点建设】 1986年，蓬安县有南充运输联合公司汽车站，站址县城五星花园，面积3000平方米左右。1990年，县交通局争取省建站资金200万元，在建设路新建蓬安汽车站，建成后由县交通局管理。1992年，地区交通局将新车站委托南充汽车运输联合公司管理，县运输公司仍在花园经营。1996年，新车站实施全县营运客车统一进站经营。2002年，建成蓬安城北汽车站。2006年，蓬安先后建设兴旺、金溪、徐家、龙蚕、利溪等12个乡镇汽车站。

县汽车站　1989年，省计委、交通厅核准，修建蓬安新车站，为二级客运站，交通厅补助站点建设资金190万元，后增加10万元。5月，委托中国市政工程西南设计院设计，1990年1月28日动工修建，1991年完工，由县第二建筑公司承建。车站占地面积14亩多，新建站房3935.68平方米，停车场5000平方米。2001年年底，实行人车分流，停车、发车、应班分离，保障车站秩序、安全。2006年，车站占地面积9500平方米，停车场7000平方米，候车厅2500平方米。新汽车站场坝全部硬化，并用围栏设立发车区，在周围修建简易门面，开设商品销售、饮食、副食网点，满足旅客乘车购物需要。车站客车主要发往广州、深圳、成都、绵阳、南充等长途车及县内罗家、兴旺、河舒片区等地，日发班300班次以上。

城北汽车站　2001年，县运输公司拍卖后，买方业主与南充各区、县搬运公司组建南充当代运业集团蓬安分公司，7月，投资150余万元，修建城北车站。2002年6月29日，城北车站竣工，有站房1500平方米，场坝3000平方米，为三级客运站。2006年年底，蓬安县金溪、徐家、巨龙片区各乡镇及南部县王家方向客车在此车站发车。

乡镇车站　1986年至1999年，各乡镇没有汽车站。2000年至2003年，蓬安先后建设兴旺、金溪、徐家、龙蚕、利溪等乡镇汽车站。2000年，建成金溪汽车站，10月投入使用，日客流量达740人次。2001年，建成兴旺汽车站，7月投入使用，日客流量达180人次。2002年，建成徐家汽车站，2003年5月投入使用，日客流量达1100人次。2002年，建成龙蚕汽车站，2003年8月投入使用，日客流量达480人次。2003年，建成利溪汽车站，7月投入使用，日客流量达520人次。2006年，建成三坝、罗家、高庙、巨龙、镇源、平头、锦屏等7个乡镇车站，全县有12个乡镇车站。

【运输企业】 1986年，蓬安县专业运输企业有四川省汽车运输公司67队和蓬安县搬运公司。1991年，搬运公司改名为县运输公司。2000年，县运输公司改制拍卖，组建当代运业集团蓬安分公司。2001年10月，成立蓬安县鸿运出租车公司和蓬安县德运出租车公司。2005年，南充汽车运输联合总公司蓬安分公司与当代运业集团蓬安新星公司联合经营，改名为蓬安县相如客运公司。2006年，蓬安县相如客运公司负责经营全县客运，汽车货运为个体经营。

南充市汽车运输集团蓬安分公司　1986年，四川省汽车67队又名南充市汽车运输联合总公司蓬安分公司，有货车53台，挂车35台，货运量71400吨，主要运输煤炭、矿建材料、水泥、粮食等物资。客车32辆，旅客周转量573600人千米。1990年，省运司南充分公司下放南充，改名南充地区汽车运输总公司，蓬安为第七分公司。2003年，南充市汽车运输联合总公司及蓬安分公司改制为股份制经营。更名为南充市汽车运输集团蓬安分公司，有挂靠车辆210多台；县鸿运出租汽车公司为其分公司。2005年，与县运输公司联合组建相如客运公司经营。2006年，相如客运公司负责全县公路客运业务。

蓬安县运输公司　1986年，蓬安县搬运公司有货车8台，货运量达17000吨，主要从事煤炭、水泥、粮食等物资运输；有客车3台，年客运量10.8万人，主要开往南充、营山等县及区乡镇。1991年7月18日，将蓬安县搬运公司改名为蓬安县运输公司，客货车挂靠经营，是年有客车50余辆，客运量达32万人，货车60余辆，货运量达132600吨。1996年，蓬安运输公司有客车达80余辆，货车100余辆。2000年，县运输公司出现严重亏损，依法改制实行整体拍卖。10月18日，营山县张强等人购买蓬安县运输公司，组建当代运业蓬安新星公司，为蓬安县首家民营运输企业。2001年，该公司投资150余万元，修建城北车站，将公司从县城花园处搬至嘉陵东路三湾堰处。挂靠经营车辆100余台。2005年，与南充汽车运输联合总公司蓬安分公司联合经营，改名为蓬安县相如客运公司。2006年，以相如客运公司名义参加社会营运。

【客货运输】　1986年，蓬安共有客车46辆、货车61辆。2003年，全县共有客车384辆、货车300余辆。2006年，全县共有客车352辆、货车1081辆，其中超长客运车辆30辆，跨市（地、州）车辆13辆，县内班车200辆，出租车100辆。

客运　1986年，蓬安共有客车46辆，经营县内各区乡客运班车和县外成都、重庆、广安、前锋火车站、巴中、广元、达州、南充、营山等地，运力达22.3万人次。1996年，农村劳动力不断涌入城市，超长客运迅猛发展。2003年，全县共有超长车27台，从事广东、深圳、温州、福建等地超长旅客运输。1990年至2003年，全县客车以每年16辆左右的数字递增。2003年，全县共有客车384辆，运力达175.2万人次，旅客周转量达15792.8万人千米。2006年，全县共有客车352辆，公路客运量212.47万人次，旅客周转量7761.04万人千米，其中超长客运车辆30辆，跨市（地、州）车辆13辆，县内班车200辆。县城内有出租车100辆，公交营运线两条，营运车13辆。

货运　1986年，全县汽车货运以67队、粮食车队、煤建公司车队、县运输公司车队和社会闲散的车辆为主，主要车型以东风、解放等汽油型发动机、载货质量为1吨至8吨的小型汽车居多。全县有个体联户汽车46辆，运力150吨；专业汽车运输货车53辆，货物周转量8374750吨千米。1995年，全县拥有公、私、大小运货汽车313辆，运力1248.5吨，货运量达到48.9万吨，货物周转量达1222万吨千米，汽车货运量占全县货运总量688483吨的71.15%。1998年，县内成立一家以货运信息咨询、配载、挂靠为一体的四川远宁货运有限公司。2000年，县委、县政府拍卖10辆微型货车的城区货运经营权，从事城区货物的短途运输。达成铁路开通后，汽车运价降低，到2003年，全县货运车辆降至300余台，货运量86.5万吨，货物周转量3374万吨千米。2006年，全县共有货车1081辆，货运量370.17万吨，货物周转量6435.8万吨千米。

出租车　2000年4月，县政府公开拍卖30辆城区出租车客运经营权，12月，县政府再次组织拍卖第二批40辆出租车客运经营权；同时拍卖13辆公交车经营权，发展城市公交1、2路专线客运。初次经营的出租车型多为长安、奥托，个别为夏利。2001年，全县组建德运、鸿运两家出租车公司经营。2004年4月，县政府公开拍卖第三批30辆出租车客运经营权。2006年，全县有出租车100辆，城市公交线路2条，公交客车13辆。出租车客运运输日均收入380元左右，旺季收入450元左右。公交车专门从事码头至火车站、花园至锦屏区间的旅客运输。

南充汽车运输联合公司蓬安分公司客运量统计表

(1986~2002)

年份	客车(辆)	客运量(万人)	旅客周转量(万人千米)	
1986	32	80.6400	4815.7740	公车经营,单车均为40~48座大客,以跨县线路和主要区镇为主,较短线路都由个体私营客车经营占领,客流量分流
1987	36	90.7200	5901.6650	
1988	39	98.2800	6388.2000	
1989	40	100.800	6350.4000	
1990	41	103.3200	6298.2000	
1991	43	105.6500	6339.0560	
1992	43	107.4200	6660.4000	
1993	35	94.50000	6142.5000	
1994	49	123.4800	8643.6000	
1995	60	130.6800	7840.8000	车辆台数增多,单车座位减少,车日行程增加,旅客运量增加不多,客运竞争激烈,县运司、个体分流部分旅客
1996	63	136.0800	8164.8000	
1997	68	146.8800	8812.6500	
1998	70	148.2100	8901.3200	
1999	75	152.4000	8878.6200	
2000	80	154.1020	8834.5300	
2001	110	160.2300	9012.3000	
2002	121	161.4600	9104.6200	

蓬安县国营运输企业历年货物运输运力运量表

(1986~1994)

年 份	货车(辆)	挂车(辆)	货运量(万吨)	货物周转量(万吨千米)
1986	53	35	7.14	837.475
1987	43	35	6.483	785.616
1988	43	35	6.912	763.20
1989	38	35	6.746	694.710
1990	40	35	6.819	557.0073
1991	37	35	5.738	529.378
1992	29	27	4.42	453.463
1993	27	报废	3.157	327.432
1994	货 20,教练 6	—	2.41	283.186

蓬安县集体运输企业货物运输运力运量表

（1986~2002）

项目 年份	运力		运输量	
	汽车（辆）	载货（吨）	货运量（万吨）	货物周转量（万吨千米）
1986	313	1248.5	48.9	3222.45
1987	318	1588	50.5	3488
1988	340	1524	51.8	3762
1989	351	1401	49.2	3417
1990	362	1230	44.5	3366
1991	441	1231	50.6	3822
1992	473	1232	58.3	4398
1993	507	1288	62.3	4715
1994	589	1229	72.4	5477
1995	617	1183	73	5738
1996	689	1074	74	7368
1997	890	1316	117.1	8361
1998	918	3128	287.2	15926
1999	927	2271	210.5	17073
2000	933	2358	220	15213
2001	573	3997	229	13919
2002	334	2590	86.5	3374

【汽车维修】 1986年，全县有67队、嘉陵农场、粮食车队等汽修厂。2006年，全县共有一级维修企业1家，二级维修企业11家，专项修理63家。

67队大修厂　1986年，67队大修厂是南充地区联合运输总公司七分公司汽车维修保养部，有各类修理工13人，维修车间6个，各类维修设备30台、管理人员6人，每月维护保养车辆90台次，开始承接外修业务。1999年，公司维修量达160台次/月，对外修理业务增加很大。2006年，该厂拥有各类修理工23人，维修车间9个，各类维修设备40台，管理人员6人，成为蓬安唯一一家一级汽车维修企业。

嘉陵农场汽修厂　1986年始建，20世纪90年代初，发展为较大型汽车修理厂。2006年，占地面积达7000平方米，管理人员和职工20余人，其中高级技师1人、技师12人，各种维修设备和工种较为齐全，以车辆的日常维护保养和对外施救等项目为主，是蓬安县二级维护企业。

精艺汽修厂　2004年3月，建成投入使用。2006年3月，整体搬迁至城南开发区，占地面积由原来的600平方米增加到4600平方米，内设生产车间、停车场、洗车场、住宿、食堂、办公室等。有高级工程师1人、技师3人、高级工6人、中初级工18人，有电子解码仪、电子喷嘴清洗机、烤漆房等先进的维修、检测和保养技术设备，主要从事汽车维修、保养和配件销售等业务。对外实行24小时紧急救助服务，属蓬安县后期发展的具有二级维护资格的维修企业。

水路交通

1986年，蓬安县水路交通以嘉陵江为主。建有周口、金溪、正源等5个码头，上至王家，下至正源，逢场天沿河两岸百姓赶场人数众多。货运大多运送农资、建材等。1986年至1990年，水路运输担负蓬安运输总量的60%以上。1992年、2006年，马回、金溪两大电站船闸先后建成，船只很少通行，水路交通航道以马回至金溪段30多千米为主。

【航道管养】 1986年，嘉陵江蓬安航道段共完成疏滩10250立方米、维护航标113700标天、补筑坝5820立方米。对满天星、大石塘、金竹庵、坛子口、竹林溪、杨家店、牛毛漩、上铜古岭、李子滩、邱家滩、陡岩子、祝家浩、红花地等处进行横耙和顺耙疏滩；对桌子角、竹林溪、牛毛漩、坛子口、铜古岭、邱家滩、陡岩子、祝家浩等滩进行补、筑坝，对李子滩进行大规模整治，新筑丁坝4座，总长度528米，工程量2968立方米，投资经费3.6万元。1992年10月，蓬安马回水电站竣工，南充嘉陵江航道管理处将正源八字佬航道划归南充航道段管辖，蓬安航道段辖区从马回红花地起，航道里程为35千米，剩余滩险18处。1993年至2002年，随着航道库区的形成，部分滩险已不明显，维护工作重点主要是三等航标维护。蓬安段累计完成航标任务130000标天，还对肖家滩、李子滩、簸箕子、邱家滩、陡岩子等重点滩险进行疏泻，工程总量达32000立方米。2006年，金溪航电枢纽工程关闸蓄水，电站以上部分滩险不复存在，航道整治和养护工作减轻。

【码头　渡口】 1986年，嘉陵江蓬安河段主要码头有周口、金溪、沈家坝、射洪铺、正源5个，以周口码头吞吐量最大，最高年份吞吐量达90万吨。此外还有土地哨、石梁砣、金鸡口、大泥、蔡家渡、利溪渡等十余个小码头。1992年，有渡口13个，2006年，有渡口15个。

周口老货运码头　1986年，周口老码头即冯家垭口码头，建成于20世纪70年代，是境内水运主枢纽，旅客和货物吞吐量居南充前列。1990年，马回电站建成后常年水位上升4.8米，码头将淹没，交通局争取省上码头建设资金动工改建，1991年10月28日，竣工投入使用。工程投资40.49万元，完成工程量为浆砌条石1183.83立方米，浇筑0.20米厚的20号混凝土面层45258立方米，抛石基床1410.5立方米，碎石垫层425.58立方米，做到滤层31.2立方米，安砌人行踏步55.22立方米，回填8753立方米，挖方1419.9立方米，安砌条石涵洞45.84立方米，改条石涵洞盖板为钢筋混凝土盖板6.24立方米，安砌水沟110.7立方米，安系船柱6个。完成与滨江路连接处的导流墙基础加固处理，凿去货坪内边沿页岩1020立方米，清理356平方米，改造码头管理值班房16.5平方米，建成枯水平台长109.1米，宽26米，平台高程294.2米，装卸泊位3个，前沿水深1.5米，靠泊能力300吨级，混凝土货坪堆场面积2362.5平方米，年吞吐量28万吨至40万吨。

周口新货运码头　2003年4月，蓬安县嘉陵江大桥左岸桥头上游223米修建新货运码头，9月投入使用，实际修建主体工程长270米，宽26.5米，引道长223米，宽9米，能满足40吨至200吨砂石船停泊需要。码头货物可经仪华路、南渠路、金周路运往蓬安各地及周边县市。

周口汽车轮渡码头　1986年，周口镇冯家垭口设有汽车轮渡码头，位于蓬（安）南（部）公路1K+700米处，县公路管理养护段管理。码头斜坡上段长50米，宽10米，上下车段长30米，宽14米（总长80米）。锦屏岸总长300米，宽8米，其中河边一段长40米，宽20米，上下车段宽24米。是年冬省交通厅从渠县调拨270马力拖轮和6车位钢驳各1艘来蓬安汽车渡口参加渡运，满足新修马回电站车辆过渡需要。高峰时渡运车辆达1000 车次左右。2000年9月，嘉陵江大桥竣工通车后，周口汽车轮渡停运。2006年，改建后属嘉陵第一桑梓景区范围，成为相如客运下渡口码头。

金溪汽车轮渡码头　2004年11月，县交通局调用周口汽车渡船201#，同时租用顺庆区11#车

驳，组建金溪汽车轮渡码头，为修建金溪电站服务。2005年2月1日，正式开始渡运收费。日高峰渡运车辆130辆次。2006年6月，电站建成，渡口停止使用。

金溪客货码头　1986年，金溪码头属自然码头。1995年，争取交通厅码头资金修建正式码头。1996年3月动工，1997年7月30日竣工，8月投入使用。码头为重立式直码头，共93米，平均宽度30米，前沿水深1.8米，靠船能力300吨，系自然岸坡，枯水深5米，长50米，可停靠50至100吨级驳船5只，有简易公路直通金溪镇街道，接骑（龙）金（溪）、金（溪）平（头）、金（溪）鲜（店）公路；设有防洪安全桩，是蓬安第二港区。2005年12月关闭。2006年，成为渡船客运码头。

蓬安县客运码头　位于相如镇财神楼下游50米。1986年，地区交通局安排以工代赈资金5万元修建周口客运码头。11月，由四川公路学会南充分会设计，县航管站负责建设。1987年，建成投入使用，开挖土石方666立方米，回填土石方1326立方米，工程实际投资6.95万元，超计划1.45万元，修建洪水平台长90米，3个泊位，可供中型客船停泊。2006年，配合嘉陵第一桑梓建设，码头重新修建，上移至紧靠财神楼下面。

小码头建设　1986年，全县小码头均系自然码头。2001年，由省航务局投资9万余元，蓬安县投资18.5万元建成正源码头，长30米，宽10米，面积300平方米，年客流量达310人次，旅客周转量达87.4万人千米。省航务局投资8万余元，交通局建成射洪铺码头，长20米，宽10米，面积200平方米，年客流量达250人次，旅客周转量达102.6万人千米。2003年，蓬安县交通局组织建成沈家坝、大泥、金鸡口、王家坝4个小码头，投入使用。

利溪码头系自然码头，位于县城西南，距周口码头25千米，长200米，水深6米，可停靠50—100吨级驳船20艘。旅客日吞吐量50余人，逢场天达300余人。

渡口　1986年，蓬安县有人力渡口13处。1990年以后，逐步由人力推渡改为柴油机机动船渡运，船质由木质改为钢板。2006年，全县有渡口15处。

蓬安县副业渡口分布表

(1992)

渡口类别 / 辖区	副业渡口		
	处	船只	客位
嘉陵江	红花地	1（人力）	35
	土地哨	1	20
	石梁沱	1（人力）	20
	关木溪	1（人力）	25
	金溪	2	80
	大泥	1	21
	周口上渡口	1	45
	周口下渡口	3	185
	蔡家渡	2（人力）	58
	邓家渡	2	80
	利溪渡	4	160
	金竹庵	2	80
	八字巷	3	120
	大石塘	1（人力）	30
	正源渡	1	40

注：1992年，全县只有副业渡口。

蓬安县专业渡口分布表

(2006)

辖区 \ 渡口类别	专业渡口		
	处	船只	客位
嘉陵江	红花地	1（人力）	35
	土地哨	1	20
	石梁沱	1（人力）	20
	关木溪	1（人力）	20
	金溪	2	145
	大泥	1（人力）	40
	周口下渡口	2	125
	蔡家渡	2（人力）	58
	邓家渡	2	80
	利溪渡	4	160
	金竹庵	1	40
	八字佬	3	120
	大石塘	1（机动）	45
	正源渡	1（机动）	45

注：2006年，全部为专业渡口。

【嘉陵江航运】 1986年，蓬安县通航以嘉陵江为主，小溪河运输很少。嘉陵江从平头乡石鸭滩入境，流经平头、睦坝、石梁、金溪、万和、锦屏、周口、利溪、马回、三坝、长梁，到正源的猫儿溪出境，自北而南共89千米，为常年通航河流。嘉陵江航运除航运公司外，个体船舶以短途沙石、渡运、渔船、防洪保家船为主。航运公司货运溯嘉陵江北上广元553千米通陕西、甘肃，南下101千米至南充通重庆352千米，蓬安境内长89千米。运出物资有粮食、桐油、酒，运回物资有煤炭、木材、食盐、百货等。1987年，马回电站拦河坝工程开工，蓬安嘉陵江航运至南充段停运。1992年，嘉陵江个体客运发展竞争激烈，航运公司开始出川长江客运。马回电站建成，船只过往船闸较少，大部分在县境内分段通航。2004年9月，金溪航电工程截流，蓬安嘉陵江航运至南部王家段停运。2006年，金溪电站船闸建成。蓬安嘉陵江航运通航仅马回电站至金溪电站共30多千米。

【航运企业】 1986年，蓬安航运公司有在职和退休职工近千人，在职职工与退休职工的比例为1∶1。内河航运萧条，为适应市场竞争，县交通局决定将公司分为：长航队、客运队（站）、造船厂、沙砖厂、沙石站、建筑队、多种经营队。并组织船队出川运输，首拖货船800多吨出川加入长江货物运输后，交通部门支持蓬安航运公司筹资增加出川货运船舶。客运队经营日益兴旺，客运站获交通部先进集体奖。1989年，蓬安航运公司进一步调整厂队划分，实行自负盈亏机制，将公司供养的400多个退休职工分配到各厂队供养。1992年下年，县内客运竞争激烈，地区交通局支持航运公司一艘200人座的“小山城号”客轮进入长江营运。1993年1月，蓬安航运公司改为蓬安航运总公司，长航队改为轮船公司，客运队改为轮船客运公司，沙石站改为宏达水运公司、建筑队改为建筑公司，船厂改为船舶公司，多种经营队并入客运公司，沙砖厂维持和嘉陵农场联办体制。各分公司、厂为二级独立法人企业。1995年，县政府批准蓬安航运总公司改制解体，各分公司、厂为独立经营法人。1996年，轮船公司有拖轮3艘出川货运船队，驳船4000多吨。客运公司在长江运输有客舱3艘1170客座，在蓬安境内营运有客轮5艘856客座。宏达公司有拖轮4艘，货驳28艘，运力1000余吨，出川货船1艘，1000多吨。1996年3月11日，客运公司“小山城号”客船在重庆巴县境内长江段航行时，与川东公司船相撞翻沉，死亡、失踪96人，县交通局垫付100多万元处理此事故。2001年，轮船公司、客运公司、建筑公司、水运公司、沙砖厂经市法院批准宣告破产。2006年，水上运输以个人经营为主，先后成立6个客运联组，即金溪、长梁、周口、八字佬、利溪、土地哨客运联组。联组经营模式是船主自治、联组经营、利益共享、风险自担。

蓬安县嘉陵江副业木船及运输量统计表

(1991~1995)

年度	木船		运输量
	艘	吨	万吨
1991	51	815	16.12
1992	27	417	10.00
1993	6	77	3.25
1994	6	77	1.01
1995	4	31	1.08
1996	全部转入机动船运输		

蓬安县嘉陵江轮驳船货物运输运力运量统计表

(1986~2006)

年份	拖轮		驳船		
	数量（艘）	马力（千瓦）	数量（艘）	货运量（万吨）	货物周转量（万吨千米）
1986	8	1029	37	7.98	2495
1987	7	703	36	7.85	2223
1988	6	650	35	8.79	2920
1989	6	650	27	9.87	3776
1990	6	650	25	4.72	3844
1991	6	650	28	5.75	2959
1992	7	679	30	19.46	4935
1993	7	679	30	20.32	49.97
1994	7	679	30	36.23	58.16
1995	6	586	17	39.71	6057
1996	8	932	33	17.68	38.69
1997	8	932	33	17.32	3794
1998	9	1096.8	34	18.45	3826
1999	10	977	36	21.78	1050
2000	5	381	32	5.86	2985
2001	6	392	35	6.45	327.8
2002	8	764	37	7.92	387.5
2003	8	764	38	8.35	428.37
2004	73.5 万吨，907 万吨千米				
2005	67.1 万吨，894 万吨千米				
2006	89.6 万吨，912 万吨千米				

蓬安县嘉陵江旅客运输运力运量统计表

(1986~2006)

年份	运力			运量	
	艘	马力	座	客运量（万人）	旅客周转量（万人千米）
1986	37	451	2203	56.17	954.96
1987	37	451	2203	58.94	1799.97
1988	41	533	2428	69.13	1152.55
1989	33	423	2400	69	888
1990	31	372	2428	72.16	980.6
1991	31	372	2428	57.9	776
1992	31	372	2428	53.04	582.06
1993	25	325	1458	48.65	510.52
1994	20	275	585	42.3617	456.81
1995	25	325	685	39.933	539.09
1996	26	338	865	45.87	625.54
1997	30	390	1020	66.58	856.42
1998	38	494	1698	86.7	1064.2
1999	36	378	1235	71.39	852
2000	45	585	2394	80.79	908
2001	42	546	2436	93.56	911.5
2002	66	858	2893	99.1	109.2
2003	54	717	2256	78.9	887
2004	49	596	2586	103.3	987
2005	52	605	2778	103.3	1036
2006	52	605	2778	116.0	1147

【航电工程】 1986年，开始建设马回电站，1992年建成；2003年，开始建设金溪电站，2006年，建成投产发电。两个电站分别建有四级船闸，船闸规模为120×16×4平方米，通过能力为2×500吨船舶，年通过能力202万吨。马回和金溪电航工程完工后，对航道有一定渠化作用，但船闸过往不便，马回以下和金溪以上过往船队通行很少。县内水上客运基本都在金溪电站和马回电站之间营运，马电以下和金电以上客货船分段航行较多，很少过船闸运行。

交通管理

1986年，交通管理包括交通行业管理和交通直属企业管理。2001年，交通企业改制后，交通管理转向行业管理。2006年，交通管理重点是路政、运输、收费、水上安全、乡镇船舶等管理。交通工程管理包括直接负责的工程建设管理和指导乡镇交通建设与管理，大的工程建设县上成立工程建设指挥部负责，交通局对全县交通工程建设重点是行业指导与衔接上级行业计划、收费路桥审批与资金补助。

【路政管理】 1986年，蓬安县公路路政管理以养路段管理为主。1987年，《中华人民共和国公路管理条例》及《中华人民共和国公路管理条例实施细则》实施，县交通局和养路队从不同角度实施路政管理。1988年，共处理占用公路设施纠纷38起，收取占用及赔（补）偿费2196元。1990年9月，交通局挂牌成立路政中队，确定4人专司路政管理，由养路队具体负责组织实施。1992年，交通局决定路政工作由养路段管理改由局和养路段同时管理，以局管为主，专门购置路政车一辆上路巡查。1995年，共处理钉子户5户，罚款4000元，查处违章建房50处1600平方米，查处打场晒粮217处，收取占用费2.7万元，赔偿费2500元。1997年到1998年，实行公路管养一体化，路政工作重新交由养路段管理为主，实行和小修保养、机关内部安全合并管理，以路面管护为重点。1998年10月，全市公路管理体制改革，市公路局营山分局所辖蓬安路段和部分人员移交蓬安管理，其路政分队一部分人员与蓬安路政中队合并，路政机构从公路养护管理机构中分离出来，成立由县交通局直管的路政中队，设9名专职路政管理员，重新购置两台路政车专门上路巡查。1999年7月，县交通局印发《关于加强全县公路路政管理，进一步明确兼职路政管理员管理职责的通知》，对全县国省县乡道路路政管理统一规范，明确全县各乡镇分管公路交通建设的领导为兼职路政员，办理委托执法证书，协助路政管理中队管理本乡镇辖区内国、省、县、乡道公路路政工作，实行奖励考核。新的路政中队加大路政工作宣传力度，对新修和改建的高等级公路上老百姓打场晒粮及其他路障进行排除，对极个别违章钉子户，与法院联合办公，依法处置。路产路权管理走向法制化。2000年6月，县政府办印发《蓬安县公路及公路用地内设置广告牌、标牌、标语管理办法》，对公路及公路用地范围内设置广告牌、标牌、标语范围、程序和审批作明确规定，路政管理中队制作一批规范化路政宣传广告、标牌、标语，开展周口至龙蚕路段的文明路政管理示范路段建设。2001年3月，县政府印发《蓬安县公路叉道口管理暂行办法》，对交叉道口设置的范围、审批程序、技术要求及滥设交叉道口处罚作出明确规定，规范道路交通道口设置，确保道路行车安全。2002年，县政府批准路政中队更名为蓬安县交通局路政管理大队，为南充全市最先更名的县级路政管理机构。2006年，蓬安县路政管理大队有路政管路人员15人。

【收费公路】 1992年，省政府批准将周口至河舒10千米公路为一级收费路，为全地区第一条地方收费公路。1997年，省交通厅、财政厅和物价局批准仪华路段收费。1999年，省交通厅、财政厅和物价局批准国道318线蓬安段、省道仪华路周龙段试收费。2000年，省交通厅、财政厅和物价局批准国道318线蓬安段、省道仪华路周龙段正式收费，蓬安嘉陵江大桥试收费。2002年，批准南渠路收费。2003年，批准嘉陵江大桥延长试收费，直至南渠路改造后再转正收费。2006年，城北和南燕收费站分别并入徐家和高坪，其余收费站仍保留。

蓬安县车辆通行费收取情况统计

（2000~2006）

单位：万元

项目 年度	路线名称			合计
	南渠路 S204（大桥站）	仪华路 S203（龙蚕、城南、城北及徐家站）	沪聂路 G318（南燕站）	
2000	—	607.14	292.09	899.23
2001	29.36	625.43	271.19	925.98
2002	59.74	693.41	265.12	1018.27
2003	92.08	754.64	218.24	1064.96
2004	95.17	815.50	—	910.67
2005	118.32	837.59	—	955.91
2006	144.43	755.61	—	900.04
合计	539.10	5089.32	1046.64	6675.06

【道路运输管理】 1986年，整顿汽车维修行业，县交管站负责道路运输企业经营许可与资质审定、从业人员资质管理、运输经营监督与违章经营处罚、运输质量纠纷调解、道路运输行业调查与统计等。开展对全县汽车维修行业清理整顿，严格资质经营，对客货运输市场、搬运装卸、运输服务行业和驾校培训进行管理。1991年，交管站改为交管所，加强对运输市场的监督与检查，开始颁发和检查车辆营运证。1995年至1999年，城区人力客运三轮车增长很快，交管所负责对三轮车的管理。1996年，车辆统一进站经营，交管所开始在车站派驻人员管理。2000年，城区开始规范经营出租车，第一批30辆车投入营运，开行县城两条公交车线路，取消500多辆人力和机动客运三轮。2001年，交管所派人员入住车站监管，加强客货车进出站安全。2006年，道路运输市场实施五大行业全方位管理。

道路客运市场管理 1986年，主要管理客运车辆经营情况，查处和制止超载、宰客、甩客等行为。管理驾驶员从业资格、车辆技术等级、类型是否符合规定。管理运行秩序实行运政稽查驻站。1990年，严格按“五不出站、六不放行”的安全管理措施，把好运输安全管理源头关。1996年，实施客车统一进站管理；严格路检路查，处理旅客投诉、企业间、业主间各类纠纷，打击无证经营、不进站经营、擅自抬价、压价等扰乱客运经营秩序的违章行为，培育健康发展、竞争有序的客运市场。2000年，建立完善客运市场管理规章制度，组织运输企业负责人和驾驶员学习有关政策法律法规。2005年，建立全县统一的客运市场，由相如客运公司统一经营。2006年，交管所加强全县客运市场检查，入驻车站监管。

货物运输市场管理 1986年，对货运车辆是否超载、驾驶员从业资格、货物运单的使用等进行行业监督和查处。1993年，推行合同运输，处理各类运输合同纠纷，打击无证经营，维护正常货运秩序。2006年，全县货运管理重在治理超载、超时、超限运输和无证经营。

维修市场管理 1986年，县政府成立领导小组，整顿全县汽车维修行业，对经营汽车维修的企业严格按照场地、资金、设备、技术人员等条件进行审验。1993年，全县汽车维修进入有序管理。2006年，对汽车维修企业占道、占绿化带、超格级修理等违章行为及其他不符合行业发展规划及城建规划的维修摊点整治规范，对资质不足和无证照经营维修摊点进行整改和取缔。

运输服务行业管理 1986年，主要是管理好客运站，规范车站经营秩序、经营环境、服务质量。1992年，对全县洗车、配件等汽车服务业加强管理。2006年，全县管理2个汽车站和12个乡镇汽车客运站，10多个洗车服务店。

搬运装卸业管理 1986年，搬运装卸以县搬运公司在县城周口专业搬运为主，主要是周口粮站上下装卸粮食和煤炭。县交管站对搬运作业过程中乱停乱放、违章经营、运价等进行行业监督管理。1994年，农民工大量进城。三轮车和搬运装卸结合，机动和人力三轮日渐增多，人畜力板架车开始退出搬运装卸市场。交管所负责行业管理，进行安全和职业道德教育，规范城区三轮车运输和搬运装卸秩序。偏远地方开始出现骡马驼运，尚未纳入管理。2000年，三轮车取消，搬运装卸成农民工的零工活，10辆货长安车和30辆货三轮成为搬运主力。2006年，全县搬运装卸除货长安车外，还有一部分机动和人力货运三轮及农民打短工专门从事城区货物搬运，交管所负责规范管理。

驾培管理 1986年，蓬安有农机驾校培训汽车驾驶员，以后纳入交通行业管理。1993年，汽车67队开办驾校。2006年，全县共有驾校2家。对培训培养驾驶人员的标准和范围、内容监管。

【公路运输规费征收】 1986年，蓬安县车辆规费由监理所征收。1987年5月，县交通稽查征费所成立，负责公路运输规费征收。1986年至2002年，共征收交通规费9454.90万元。其中，公路养路费5658万元，车辆购置税2108.2万元，货运附加费569.7万元，客运附加费1119万元，共检查车辆53820台次，追收养路费432万元。拖拉机养路费每年收20万元至30万元，由交通局直接征收用于县乡公路管养。

至2006年，共征收公路交通规费13031.03万元。除公路运管费由交管所征收并全额上解市交管处，再按计划拨付交管所人头经和管理费用外，其余费用均由稽征所负责征收。稽征所所收规费全部上解省交通厅，由省厅与市交通局分成，安排补助地方公路建设和养护。

【县城交通管理】 1986年，县城规模小，只有过往车辆和非机动车，县城由交通局负责。1987年5月后，道路交通安全包括城区监管由公安负责。1990年后，城区人口猛增，规模扩人，城市交通秩序较乱，县城人力三轮开始出现并迅速增多，交管所具体管理。2000年，县城先后开通1、2路公交车和出租车，由县交通部门管理。2005年，城市公交公司成立，由建设局管理，公安、交通分别负责安全、营运监督。公交公司统一管理公交车，协调处理矛盾纠纷、服务质量考评、督促车辆保养、路检、路查、发放临时路线牌等。2000年至2006年，城市公交无安全事故发生。

蓬安县公路交通规费征收情况统计表

（1993~2006）

单位：万元

项目 年度	养路费（含农用车）	货运附加费	客运附加费	车辆购置税费	公路运管费	合计
1993	—	—	—	—	70	70
1994	—	—	—	—	72	72
1995	479.60	56.38	31.34	9.12	69	645.44
1996	549.70	69.09	145.54	9.07	76	849.40
1997	589.85	72.10	155.68	8.16	77	902.79
1998	493.10	46.39	169.29	13.29	75	797.07
1999	530.84	61.10	167.11	9.94	88	856.99
2000	526.70	38.06	155.60	28.95	77.8	827.11
2001	528.01	62.03	148.08	49.34	77.9	865.36
2002	527.23	65.03	146.00	37.15	85.78	861.19
2003	534.60	64.00	144.00	20.00	87.99	850.59
2004	506.11	63.04	157.00	34.00	77.51	837.66
2005	580.80	75.30	170.28	—	78	904.38
2006	651.34	81.90	170.26	—	80	983.50
合计	6497.88	754.42	1760.18	219.02	1091.98	10323.48

蓬安县航务管理处水运规费征收情况表

（1986~2006）

单位：万元

年度	船舶港务费	水路运输管理费	航道养护费	水运附加费	合计
1986	—	—	9.12	—	9.12
1987	—	—	9.17	—	9.17
1988	—	—	9.54	—	9.54
1989	—	—	11.15	—	11.15
1990	—	—	12.39	—	12.39
1991	2.89	1.56	23.27	—	27.72
1992	3.61	1.78	23.57	—	28.96
1993	3.71	1.85	11.23	13.98	30.77
1994	4.23	1.89	10.91	15.98	33.01
1995	4.88	2.3	11.2	17.4	35.78
1996	5.49	3.41	12.2	19.2	40.3

续表

年度	船舶港务费	水路运输管理费	航道养护费	水运附加费	合计
1997	5.58	4.36	11.3	21.7	42.94
1998	5.56	4.41	12.6	22.5	45.07
1999	5.81	4.51	12.71	23.45	46.48
2000	6.18	4.72	12.81	24.95	48.66
2001	8.32	7.81	16.31	27.6	60.04
2002	6.68	6.96	16.82	29.76	60.22
2003	7.64	6.01	16.14	32.67	62.46
2004	8.76	6.5	18.86	—	34.12
2005	9.68	8.73	22.58	—	40.99
2006	10.78	8.65	23.32	—	42.75

【水路运输管理】 1986年，蓬安县航管站负责全县水上交通运输航业管理，对船舶和持证船员资质审查及安全运输监督。渡管所负责全县渡口管理。航务所受交通局委托，指导航运企业管理，组织和支持航运公司出川船队参加长江运输。1989年5月，蓬安县航务管理所制定完善水上运输管理制度，举办船员、船主、管船员培训班学习水运管理规定，严把水运准入关。全县水上客运仍以航运公司为主。1990年后，水上运输发展了一批个体运输业主，航务所加强私营船主和船员的管理。1993年，县航运公司分解为6个企业后，从事水运经营的单位和个体业主增加，水运管理重点转向运输资质审查、运力审批、运输市场检查、营运船舶年审、调查客渡船运力投入等工作。1995年，水运市场基本放开经营，水运管理面向整个运输市场。1998年5月，蓬安港监所和航务所合并为蓬安县航务管理所，负责水上运输安全管理。2000年，主要对港口码头秩序、船舶检验、船舶签证、船员考核管理，对不符合营运规定的船只督促整改或吊销运输许可证，会同物价局核定船舶运输价格，对压低价格抢夺客、货源，扰乱运输市场给予行政和经济制裁，对违章重者申请司法处理。2001年，全县水上运输全部由私营业主经营，交通局实施水运行业管理。2004年，“9·27”事故后，从事水运资质审查从严。2005年，航务所水运管理经费纳入县财政支出。对日流量300人以上的渡口码头，由乡镇政府和航运企业实行航次签单，其他渡口码头在节假日、赶场天、警戒水位及水位异常时按航次签单，其余时间不定期签单。2006年，严格水运管理制度，坚持航行签单放行。

【水路交通安全管理】 1986年，县政府汛期和节假日组织水上安全检查。县交通局每月组织水上交通管理部门和企业召开安全例会部署安全工作。航务所、渡管所严格审查船员和船舶适航状况，制定船员定期安全学习制度，全年举行船员安全知识培训班6期，每只船舶制定《安全公约》，张贴安全知识标语。1989年 5月，南充地区水上客运安全现场会在蓬安召开，县航运公司水上客运站介绍安全管理经验。蓬安水上客运兴旺，个体业主参与竞争，交通航务部门加强安全监督管理，制定完善《水路交通安全值班制度》，督促企业领导和船主汛期、节假日坚持24小时值班，随时掌握汛情，确保安全运输。1993年，县交通局组织全县水路交通管理执法人员岗位培训考试，合格人员颁发证书，12月，制定完善《水路交通安全定期巡查制度》和《反三超制度》，要求分清责任，划片包干，层层落实安全职责，对违规超载者给予严厉制裁，超载三次以上终生禁运。交通局每年与乡镇签订水上安全管理责任书、组织管船员培训与水上安全综合大检查，取缔无证无照船舶。1999年，加强群众性水上安全宣传教育，摄制专项安全宣传片，印制安全宣传手册，在渡口码头设置安全宣传点，组织“安全生产月”“百日安全活动”等专项安全竞赛。2000年4月，成立了蓬安县水上派出所。派出所实行公安、交通双重领导。是年冬，交通局组织水上派出所和安全管理人员早上冒雾围堵违章船只，对违章船舶实施集中整治，规范水上交通安全运输秩序，强制学习50多人，至2001年，对违章船员实施治安管理处罚40多人，刑拘10多人，强制学习200多人。2004年，“9·27”事故后，县委、县政府强化安全一票否决制、目标责任制、督查督办制管理，对违反交通安全人员给予制裁，对沿江乡镇加强监管责任，对船员和船主加大违章处罚力度。对全县所有沿嘉陵江渡口码头实施旅客运输签单放行，船舶、船员不符合安全规定或超载的一律拒绝签单，接受处理。每只客船必须按载客人数配齐救生衣。2005年，全县沿江46个渡口码头确定69个签单员。县政府保证水上安全管理经费需要，将航务处经费由自收自支改为县财政统收统支。至2006年，蓬安水路交通无重大安全事故。

【乡镇船舶管理】 1986年，县交通局和航务所、渡管所举办分管安全的乡镇长培训班两期，学习乡镇船舶管理法律法规和管理办法，增强管理水平。1987年8月，蓬安县规定乡镇政府主要领导对乡镇船舶管理工作负主要责任，分管领导具体负责处理日常管理工作，负第二领导责任，乡镇政府设置乡镇船舶管理机构，负责人为第三责任人。1988年，有水路运输的各乡镇先后成立乡镇船舶安全管理站，负责本乡镇船舶管理，业务上受县交通港监指导。1993年至1996年，县交通局、航务所，会同各乡镇船舶管理站加强各项证书的督查督办工作，要求各乡镇船舶所有人或经营者必须申请办理“船舶检验证书”“船舶登记证书”“船员证书”“航行签证簿”等证件。每年组织各乡镇船舶管理站人员检查全县乡镇船舶，不符合要求的限期整改、停运，“三无”船一律销毁。1998年后，县政府每年举行乡镇管船干部培训，与乡镇政府签订水上安全和乡镇船舶管理责任书。乡镇政府与各村社、村社与船主签订安全责任书。2004年，“9·27”事故后，各乡镇进一步增强乡镇船舶管理人力、完善管船机构和健全管船制度。2006年，蓬安县总结乡镇船舶管理工作经验教训，健全乡镇、村、船主三级乡镇船舶管理工作体系，对沿江的睦坝、平头、万和、金溪、锦屏、相如、利溪、三坝、马回、长梁、正源等10多个乡镇船舶和三元水库、大深沟水库等水库船只逐级签订管理责任书，管理职责落实到单位、人头。11月，县政府组织交通、海事对全县乡镇船舶管理工作检查，量化考核，奖惩兑现。

【水路运输规费征收】 水路规费含船舶港务费、船舶停泊费、航道养护费和运输管理费。1986年，水路运输规费只收航道养护费，收9.12万元。1989年，省交通厅、省财政厅、省物价局将养河费划分为航道养护费（5%）和水路运输管理费（3%）以后，原“养河费”标准同时停止执行。1993年，对船舶开始征收水运基础设施建设附加费及船舶购置附加费。1995年，对航道养护费和水路运输管理费进行调整。2004年，取消征收水运基础设施建设附加费，水运规费征收由县航务所负责，所收规费与市航务处结算分配，用于水运管理。2005年，航务所收取水运规费由自收自支改为县财政统收统支，航务所管理费用由县财政全额解决。2006年，收规费42.75万元。

铁路交通

1997年12月，达成铁路蓬安段通车。2005年，扩能改造。2006年，日发旅客列车16列，发送旅客1500余人，年发送货物18000吨，年到达货物90000吨。

【达成铁路蓬安段】 达成铁路蓬安段全长19.77千米，为国家一级干线铁路，电气化工程。从营山进入蓬安，东起相如镇（原白玉乡玉龙山村），经河舒至利溪万桑园村，西接高坪区。1993年6月，动工修建，1997年12月竣工。工程共征地65.3公顷，拆迁房屋76384.86平方米，开挖路基土石方188万余立方米，涵洞63座，隧道12座，桥梁14座。征地拆迁费7415.11万元，部、省、市下达5027.78万元，县自筹2387.83万元。达成铁路蓬安段扩能改造工程2005年7月动工，2006年，继续建设。

【火车站】 蓬安车站属达成铁路有限责任公司遂宁车务段，位于蓬安县相如镇藤子沟村，其中心里程为达成线K77+013米，与营山站间距上行16.266/下行16.261千米，业务性质为客货运站，技术等级为中间站，按查定等级为四等站，设客运、货运和运转三部。1997年，有站长1名，职工9名；2006年，设站长1名，副站长1名，职工24名。

【铁路运输】 1997年12月26日，蓬安正式通火车运营，日发4对客车。2006年年底，办理客运业务的旅客列车16对，日发送旅客1500余人；年发送货物18000吨/列车300辆，发送的货物以鲜活口如柑橘为主，年到达的货物以肥料为主，到达货物90000吨/1500辆。

邮政　通信

1986年，蓬安有市县邮路1条、市内投递邮路3条、乡村邮路123条，全县有329部手摇电话。1990年，县邮电局被省政府授予“先进企业”称号。9月，实现有线电话交换自动化，告别手摇把子电话历史。1993年10月，蓬安县无线移动通信中心建成投入使用。1998年，邮电分营，实现电话“村通”工程。1999年7月，电信与移动分营，成立蓬安移动营业部。1999年11月，蓬安联通服务部成立。2001年，开办国内快递包裹业务。2002年9月，蓬安电信小灵通开通。2005年，农话交换设备扩容2560线，农话总量32088户，市话总量16310户。2006年，全县有市内邮路5条，有线电话用户43101户，移动电话乡镇覆盖率100%，城镇居民小区覆盖率98%，行政村覆盖率95%，宽带数据网用户3705户。

邮 政

1986年，蓬安县邮电局负责全县邮政工作。1995年9月，蓬安开始开展特快专递业务，当年收寄156件。1998年9月，邮政局、邮电局分设，县邮政局下设8个支局、4个邮政营业所，46个乡镇邮政代办点。2001年开办邮政绿卡业务，进入全国联网；开办快递包裹业务。2004年至2005年，开办“行驶证”“驾驶证”等相关牌照和“第二代身份证”邮政特快专递服务。2006年，开展代办保险、代理信息、开展物流配送和分销，开办水稻、玉米“两杂”种子、肥料、农资等连锁配送、分销业务。

【蓬安县邮政局】 1998年9月，撤销县邮电局，分设县邮政局和电信局。邮政局内设办公室、人力资源部、计划财务部、市场开发部、金融财务部，下设锦屏、巨龙、金溪、徐家、河舒、罗家、兴旺8个支局，3个邮政自办所，46个乡镇邮政代办所。2004年9月，全县43个乡镇邮政代办网点先后转为自办网点。2005年8月，内设机构调整为综合办公室、计划财务部、市场开发部（下辖速递物流公司、报刊发行公司、集邮公司）、金融财务部、监督检查部，成立相如邮政支局，辖相如、城东、城南3个邮政营业所。2006年，邮政局下设8个支局，4个营业所，46个乡镇邮政代办点。至2006年，唐德春、张伟典、梁怀明、刑学军、陈江先后任县邮政（电）局长。

【邮路】 1986年，蓬安邮路有市县邮路1条、县至支局办汽车邮路、市内邮路3条、乡村邮路123条。1992年，农村投递邮路调为115条。 2001年，市内邮路增至5条，2006年，县内邮路为返日班，汽车邮路接转18个乡镇，自行车邮路16条，市内邮路5条，乡村邮路116条。

市县邮路　1986年，开南充—蓬安—营山往返自办汽车邮路。1987年7月起，该邮路途经河舒支局及龙蚕、新园、河舒、白玉等乡镇信报邮袋，改由该邮路顺投接转。1996年9月，罗家、兴旺两支局及沿线之柳滩、杨家、中华、济渡的邮袋由该邮运车返程时绕道顺投转接。2006年，邮路同上。

县内邮路　1986年，县至支局委办汽车邮路，1993年12月，改为县至支局自办汽车邮路，计3条全程222千米。1996年9月，县南河舒、罗家、兴旺3支局邮件改由南充—营山市局自办邮车顺投接转后，县—支局自办汽车邮路减为2条108千米。1998年，蓬安县乡镇46个，其中除县城周口镇（含1992年并入该镇的红旗、清溪二乡）外，其余7支局、38乡镇两级接转邮路中，采用市县局自办汽车邮路接转的为18个，占乡镇总数的40%；支局—乡镇自行车邮路16条232千米，采用周六班自行车邮路接转的乡镇27个，占总数的60%。2006年，蓬安乡镇39个，其中除8支局（增相如支局）、31乡镇两级接转邮路中，采用市县局自办逐日班汽车邮路接转的为18个，占乡镇总数46.15%；支局—乡镇自行车邮路16条232千米，采用周六班自行车邮路接转的乡镇为21个，占总数53.85%。

市内邮路　1986年，市内投递邮路3条，全程共56千米。1992年7月，市内投递邮路扩增至4

条，全程共95千米。2001年4月，市内投递邮路扩增至5条，全程共102千米。运行情况为，投递政府街、平安街、政通街，转静安街，折投永安巷，计开启邮筒2个，投递371户，其中单位47户，全程22千米；投递磨子街、新华街、盐店街、下河街、水井湾、顺河街、望江坡、劳动村，计开启邮筒2个，投递950户，其中单位45户，全程23千米；投递和平街、嘉陵路至滨江路，返投城北路、城东路、红旗新村，计开启邮筒2个，投递750户，其中单位72户，全程22千米；投递建设中路、悦庆街、东风大道、希望街，计开启邮筒3个，投递476户，其中单位84户，全程18千米；投递建设中路（28号起）、丝绸街、建设南路、真武街至开发区，计开启邮筒2个，投递380户，其中单位74户，全程17千米。5条市内投递邮路均为逐日班自行车邮路。2006年，市内邮路仍旧5条。

乡村邮路　1986年，全县乡村投递邮路123条，2026千米。1992年3月，开设“村接转代投员—农村用户”三级农村直投业务，农村投递邮路调为115条、1810千米。1998年，调为116条、1464千米。2001年，农村投递邮路调为117条、全程1348千米。2006年，农村投递邮路116条、全程1212千米。

【业务网点】　1986年，蓬安县邮政局设邮电支局7处，设乡镇邮电（自）代办所40处（自办所3处、代办所37处）。1998年10月，邮电分营时，原县邮电局下属营业网点（支局、所）的服务网络及房产，基本划归邮政所有，改称邮政支局和乡镇邮政（自）代办所，邮政（自）代办所经办业务仍为平信普挂、报刊收订投递、小额汇兑及邮政储蓄等。邮电分营，电信仅保存7个电信支局建制，未设支局乡镇及乡镇以下电信末梢业务管理，大多委托邮政（自）代办所代办。2001年3月，建设北路集邮门市部开业。7月至10月，城区设报刊零售亭（点）9处。2004年9月至10月，全县43个乡镇邮政代办网点转为自办网点（后又改为代办所）。12月，全县34个邮政储蓄网点实现联网运作。2005年8月，成立相如邮政支局，辖相如、城东、城南3个邮政营业（储蓄）所。2006年，全县邮政营业网点58个，支局8个（相如支局、锦屏支局、巨龙支局、金溪支局、徐家支局、河舒支局、罗家支局、兴旺支局）、乡镇代办所46处，城区邮政营业（储蓄）所4处；另有集邮门市1处，城区报刊零售亭（点）9处。

【传统业务】　1986年，县邮政局传统业务有平常函件、挂号函件、特种挂号信函、包裹、汇兑、储蓄、报刊发行、集邮等。1994年，停办特种挂号信函。

平常函件　1986年，蓬安出口信函1327637件，人均2.11件。1991年，出口信函3703447件，人均5.62件。1994年，出口4485386件，创历史最高，人均6.8件。此后，由于程控电话开通和邮政快件普遍使用，平信收寄业务量大幅跌落。1998年，平信出口1232454件，人均1.83件，仅为最高年份1994年的26.91%；其中计费119565件，资费收入569812元，另出口国际函件2002件，全为计费，资费收入3387元，两项业务收入计573199元，约占全年局邮政业务收入总量（406.11万元）的14.12%。1999年，出口国内平常函件（含邮送广告等，下同）1041540件，计费1039154件，人平1.53件。2002年，出口国内平常函件2120230件，人均3.12件。2003年，出口国内平常函件2430310件，人均2.58件。2004年，发送广告函件9.9万余份，发行《中邮广告》两期2.5万余份。2006年，全县出口国内平常函件321150件，人均仅0.47件，函件收入80.82万元，为局邮政业务总收入（1162. 46万元）的6.95%。

挂号函件　1986年至1992年，国内挂号函件年出口5万件至6万件之间。1993年至1994年，为16万件至17万件，为历史最高，其后因特快专递开办、长途电话普及。1995年至1998年，降至年3万件至5万件之间（1998年为49817件）。2001年，国内挂号函件出口57288件、挂号印刷品1187件；进口国内挂号函件38036件、挂号印刷品1024件。2006年，国内挂号函件出口51072件、挂号印刷品35件；进口国内挂号函件46322件、挂号印刷品32件。

特种挂号信函　简称“特挂”，1960年10月开办。1987年，随居民身份证制度的颁行，继增添身份证交寄项目。1994年以后，因特快专递开办，特种挂号收寄业务停办。

包裹　1986年7月，邮电部调整部分邮件分类范围，按规定标准将包裹划分为民用包裹、纸质包裹和商品包裹3种。县邮政全年出口包裹保持在6000件至9000件之间。1987年1月，放宽商包尺寸重量限制，其最大重量以25公斤为限。1992年9月，再度放宽大件商包收寄限重，最大限重放宽至30公斤，凡价值300元以上物品必须作贵重包裹收寄。其寄品包括金银饰品、外国铸币、珠宝玉器、贵重药材（品）等物品。1993年，县邮政包件出口达13671件，进口达41244件，为历史最高纪录，此后即渐次跌落，包件出口保持在10000件至8000件之间。1997年12月1日起，取消原商品包裹业务，统一按包裹业务收寄；取消纸质包裹业务，原收寄内容按印刷品收寄。1998年，全县收寄出口国内包件6839件，仅为最高年份1993年的50.02%。其后，出口国内包件常年保持在7000件至6000件之间。2002年，全县出口国内包件6486件，进口6452件。2003年8月起，启用带“四川”字样的邮政专用封装胶带封装包裹特快专递等邮寄品。2005年，实施包裹直投到户。7月起，启用按邮政行业标准（YZ/P0104-2004）生产的《国内邮政包裹详情单》，分普包、快递两式样，每份收工本费0.5元。是年完成包裹收入23.09万元。2006年，蓬安邮政局全县经办包裹收寄业务计12处，其中县局邮政营业厅1处，邮政支局7处，城区邮政所4处，全县出口国内包件5908件（其中快递包裹3054件），完成收入18.30万元。

汇兑　1987年6月起，每笔汇票金额超过5000元的汇款作高额汇票处理。1988年9月，县局营业厅开办邮政快件业务，需办理快件汇兑的，另加收邮政快件费每件0.5元。1989年，随居民身份证颁发，一般城乡居民领取汇款可不再加盖村乡行政公章作证，兑付时，交验身份证并在汇票上填写个人身份证号码、加盖私章即可。随外出务工求学人员增加，全县出口汇票39709张，进口汇票151643张。其后，全县出口汇票保持在年3.4万至3.6万余张。1993年7月，实行《邮政汇兑资金清算办法》，由省储汇局拨给县市局一定兑付储金，并购置具保安功能的专用运钞车，由县邮电局直接向各支局（所）运送汇兑资金。1995年，先后在全县3个自办所和部分乡镇代办所开办由乡投递员承办的兑付低额汇款与协储业务。由各承办乡投递员按其兑付量大小缴纳1万元至4万元兑付汇款风险抵押金。然后，由所辖支局按其抵押数额借支兑付现款备用资金，用于兑付小额汇款。1998年，邮电分营时，蓬安全县开办国内邮政汇兑业务局所49处，其中县局收寄兑付各1处、支局7处、自办所3处、代办所37处。是年出口汇票34900张，其中计费30608张，进口汇票450445张。此后受银行卡冲击，邮政汇兑业务呈下降趋势，出口汇票常年保持在20000张至25000张之间。1999年1月，开办国内邮政入账汇款业务，2月21日，开办国内邮政礼仪汇款业务。2001年3月起，开办（城区）特快专递送汇款业务（每笔不低于500元，1000元以下收6元/笔，1000元以上收10元/笔），时限不超48小时。10月起，乡镇邮政代办所兑付汇款不再收取（农村邮件投递延伸服务）费用。2002年1月，完成邮政传统汇兑和邮政电子汇兑系统之间切换，实现邮政汇兑新体制转换。是年出口汇票22357张（其中电子汇兑3105张）。2004年，出口汇票21572笔，金额757.61万元，其中有奖汇款新业务798笔，金额546万元。2005年4月起，执行“邮政普遍服务标准”；农村投递汇兑按汇额0.5%收取延伸服务费。2006年6月，城南储蓄所试开办邮政网汇通业务。9月，建设路、红旗、清溪、相如4邮政储蓄所亦先后开办。是年，蓬安全县开办国内邮政汇兑业务局所12处，其中县局1处、支局7处、自办邮政所4处。全年出口汇票19541张，金额7847.66万元，进口汇票329300张，兑付35675.41万元。

储蓄　1986年，恢复邮政储蓄业务。9月，蓬安县邮电局在县局邮政营业厅挂牌开办邮政储蓄，种类有定期储蓄与活期储蓄两种，定期储蓄分整存整取与零存整取。4月内揽储25户，年末储蓄余额15.2297万元。1987年3月至7月，7个农村支局均先后开办邮政储蓄业务。在县局开办定额有奖有息储蓄券，年末储户4148户，储蓄余额54.45万元。1988年，开办汇转储和“长虹彩电”与有奖储蓄，年末储户13294户，储蓄余额105.4万元。1989年年初，开办即开兑奖储蓄，年末储户12288户，储蓄余额164.73万元。1994年1月，增开邮政储蓄礼仪存款业务，3月、8月，建设路城南邮政储蓄所和绿泰来邮政储蓄所先后开办，全县邮储网点增至9处，年末余额249.11万元，实现利差收入26.88万元。1995年年底，全县开办乡镇邮储协储代办点38处，局成立储汇科和保卫科，添置运钞车和监督稽核专用微机，邮储余额达5499.50万元，利差收入130.05万元，为上年的483.89%。1996年，实施邮储电子化工程，添置微机，实现县局邮储窗口和事后监督处理系统微机化，停办汇转储业务。1997年，增开县城磨子街和正源、利溪、福德3个自办所邮储点，邮储网点增至13处，协储点38处，是年邮储余额8372.94万元，实现利差260万元。1998年，蓬安邮政储蓄网点58处（县城3处、支局7处、自办所3处、乡镇协储点45处），年末储蓄余额10155.31万元，储蓄收入215.25万元，占全年邮政通信业务收入总量53.13%。2001年4月，开办邮政绿卡业务，并进入全国联网；首台ATM自动柜员机在城东路邮政储蓄所投入使用，并与建行联网。年末邮政绿卡用户达3000余户，邮政储蓄余额1.86亿元，净增0.32亿元，同比增长24%。2004年7月，省银监会清理蓬安县邮政储蓄机构网点业务；12月上旬，全县34个邮政储蓄网点全部通过银监会整顿考核达标，实现联网运作。是年年末，绿卡发放1.3万张，邮储余额3.07亿元，邮储收入755.94万元，占局邮政业务收入（1103.35万元）68.45%。2005年，全县46个农村网点中，10个网点邮储额突破1000万元，其中福德所达到2379万元，河舒支局达到6986万元。年末，邮储余额达3.8亿元，利差收入764.23万元，发放绿卡6.6万张，邮储市场占有率达13%。2006年，全县邮政储蓄网点46处(县城4处、支局7处、乡镇网点35处)，覆盖全县城乡，全部实现存取联网，年末邮储余额55311.00万元，邮储收入795.16万元，占局邮政业务收入（1162.46万元）的68.40%；发放绿卡8.1万张。

报刊发行　1986年起，对邮发报纸中的期报（除日报和周六报外）一律实行按季收订。1987年，报纸发行累计为837.45万份，杂志为36.66万份，全县平均每3.1户订有一份报刊，《四川日报》《文摘周报》净增超过500份，被评为省发行先进。1989年1月，《南充日报》收回自办发行，报纸发行跌到266.60万份，仅为1987年的31.84%。1992年9月，《南充日报》交邮电局发行，1993年报纸发行累计达702.93万份，杂志累计为372103份。1995年，报纸发行，累计为8613695份，杂志期发7017份，累计114884份。1998年，订、销报纸336种，累计4491625份，订、销杂志50种，累计101032份，全年报刊发行流转额231.45万元。2001年，订销报纸363种，累计2574396份，订销杂志57种，累计134851份。2004年，组织10多名职工分成7个收订小组，上门收订，挖掘私费订阅潜力，凡私费订阅报刊满150元的，免费赠送信报箱，全年新增信报箱80个，报刊入户率达35%，年完成报刊流转额（含零售）238万元，报刊收入实现54.19万元。2005年，加强2006年度报刊征订宣传，在城区悬挂宣传横幅5幅，散发宣传资料2000余份；组织6名营销人员上门收订，凡私费订阅报刊100元以上，均赠送信报箱1个，全年新增信报箱92个。加强《南充晚报》《文摘周报》《特别关注》《环球时报》等报刊的包销；全年完成报刊收入52.15万元。2006年，订销报纸137种，累计1584824份；订销杂志112种，累计52674份。全年报刊发行流转额1117685元，收入54.19万元。

集邮　1986年，销售集邮票品由邮政营业员兼办。1987年5月，蓬安邮电局邮政营业室设集邮服务柜台，当年8个月出售集邮票品10074枚，销售额9203元。1990年12月，蓬安县集邮协会成立。1991年，出售集邮票品71054枚，销售金额43037元。1992年，全县7个支局先后开展集邮业务，全年出售集邮票品158465枚，金额83946元。1992年至1995年，集邮票品出售徘徊在10万枚左右，销售额则保持在7万至8万元之间。1997年，借助“97香港回归”，组织召开县集邮协会第四次会议，通过动员、促销公关，销售1994年至1997年纪特集邮票品2000套（张）。是年销售集邮票品293935枚，销售金额299372元。1998年，全县集邮协会连同基层分会共5个，会员152人，有集邮爱好者约500人。全县集邮门市（专售集邮票品窗口）8处，代售点3处。全年出售集邮票品113394枚，金额213422元。1999年6月，召开县第二届集邮协会代表大会，会员186人，有集邮爱好者约600人，邮政局局长张伟典任会长，全年出售集邮票品198004枚，金额 33.68万元。2001年3月，建设北路集邮门市部开业，是年出售集邮票品177285枚，金额 27.18万元。2002年，利用重阳节销售“紫砂壶”特邮两百多套，实现收入1.3万元。全年出售集邮票品143345枚，邮品613册，收入50.91万元。2003年，出售集邮票品149338枚，收入23.23万元。2004年，出售集邮票品135427枚，邮品521册，金额 20.78万元。2005年4月，集邮协会联合县委宣传部开发具有浓郁地方色彩的《相如故里——蓬安》邮册，开办生日礼仪业务196笔，组织人员深入企业单位积极开展形象年营销活动，全年出售集邮票品102346枚，邮品328册，收入10.65万元。2006年，全县集邮门市12处，全年出售集邮票品123586枚，邮品821册，收入18.01万元。

【新增业务】 1995年9月，邮政局新增特快专递业务。1998年8月，新增代办业务。2001年6月，新增物流配送业务。

快递　1995年9月，开展特快专递业务，当年收寄156件，其中国际特快专递3件。1996年，收寄1374件。1998年，全国高等学校及中专录取通知书交特快专递寄发。是年，蓬安邮政收寄特快专递9354件，出口国际港澳台的4件，进口特快专递5949件，其中国际港澳台进口7件。2001年4月，开办居民身份证和法律文书邮政特快专递业务；6月，开办国内快递包裹业务，其传递时限与特快信函一致，限重40千克，尺寸以装入1号邮袋为限。2002年，出口特快专递信函国内异地35378件，同城3227件，出口国际港澳台14件；出口特快专递物品国内异地2607件，同城253件，出口国际港澳台3件。2004年4月，开办“行驶证”“驾驶证”等相关牌照的特快专递业务。2005年，开办“第二代身份证”邮政特快专递服务，资费标准为20元/件。2006年，蓬安开办特快专递业务局所58处，出口特快专递信函，国内异地29175件，同城21051件，出口国际港澳台24件；出口特快专递物品，国内异地5142件，同城25件，出口国际港澳台5件；特快专递收入65.35万元。

代办业务　1999年8月，开始代办《大中专录取通知书》邮政速递业务。2000年6月，成立代销啤酒业务机构。9月，成立局代办公司。10月，成立局广告公司。2001年4月，开办水稻、玉米“两杂”种子代售业务，与县公安局和法院签订协议，开办居民身份证和法律文书邮政特快专递业务；与县民政局签订“城市低保生活保障金”代发协议。6月，开办代揽收商业信函、企业明信片、户外广告等函件业务和代售“新希望”牌饲料、“春飞”牌洗衣粉，代电信、移动、联通放号、售卡、收话费，代售、代收烟草款及邮政航空机票代理等业务。是年，代销“新希望”牌饲料230吨，联通卡1000张，及代销啤酒、洗衣粉等代销业务共收入10多万元。2002年7月下旬，先后开办代理南充泰康保险公司“千里马”两全分红型保险和中国人寿保险公司“国寿鸿泰”两全分红型保险业务。2003年，代办收入19.35万元。2004年年初，落实3名业务人员负责代理保险、代收国税业务。4月，开办“行驶证”“驾驶证”等相关牌照的特快专递业务。6月，代办公司又增2人负责全面启动代办电信、移动业务，县城3个邮政营业所开始全面代收固话、小灵通、宽带网月租和通话费、代办移动IP电话和发展移动新用户；代收电信、移动话费、宽带网月租费8.9万元，发展IP商务电话1035部，代售移动充值卡15.9万元。是年，还请保险公司、国税局及电信、移动公司管理人员分别对支局长及营业员进行4次代办业务知识集中培训。10月，调整管理机构，增设金融业务服务部兼理代收业务的财务管理。是年局代理保费672万元，收入22.61万元；代收国税金额183万元，收入9.15万元；代收电信、移动话费收入5.62万元；中间业务、代办业务全年创收38.29万元。2005年3月，利用储蓄网点开办中油蓬安分公司徐家、罗家、开发3个加油站“上门收款业务”；4月，扩展至该分公司蓬南、嘉陵江大桥和清溪桥全部6个加油站；10月，利用邮政储蓄业务平台支撑代收代付和代理等邮政金融中间业务（代办保险，代收国税，代收话费、上户、售卡、售IP机，代发工资、养老金，代理国债、证券、基金等）发展；同月，局获市局代收保费超千万元、罗家支局获代收保费超百万元“先进集体”称号；11月，局先后与县民政局、社保局达成协议，代发城区低保金、优抚金和养老保险金。代办业务收入82.01万元，其中代收国税收入11.25万元，代理保险收入49.34万元，其他代办收入21.42万元。2006年，与市人保、财险两公司合作，先后推出代办“美满生活”农村家庭综合保险、“幸福”保险卡、“顺安”保险卡、“安康”保险卡、“金锁”家财险和摩托车、机动车辆保险等保险业务，并开办“买保险，送绿卡”活动。是年局代理信息（含代办电信、代收税费、票务代理、短信）收入31.08万元，代办保险收入53.62万元，金融其他代理（代发低保金、低抚金、养老保险金和代理国债、证券、基金等）收入2.35万元。

物流配送　2001年6月，局开展物流配送和分销业务；11月至12月，开展“邮政物流大客户”市场调查。2003年，物流收入23.36万元。2005年4月，成立局速递物业公司，扩大“汉高”洗涤用品销售面，开展 “喷施宝”代投业务与“显合”预混饲料代销业务。2006年春，开办水稻、玉米“两杂”种子连锁配送、分销业务；3月，承担国家“万村千乡市场工程”试点项目，在中坝新村、罗家镇老街、兴旺镇兴业街、金溪镇七星街开办邮政服务“三农”连锁店4处，开展物流连锁配送分销业务；至年底，组建专业经营店和邮政柜台兼营店网点40个，其中精品网点8个、骨干网点10个。是年局物流收入27.34万元。

电　信

1986年，蓬安县邮电局办理全县电信业务，全县有手摇电话329部。1998年9月，县邮政局、县电信局分设。县电信局下设7个支局。2000年7月，县电信局更名为县电信公司。2000年12月，县电信公司分别组建中国电信集团四川省电信公司蓬安分公司和四川省电信实业集团南充电信实业有限责任公司蓬安分公司。2005年，撤销县电信实业有限公司，业务和人员划归县电信分公司。2006年，全县有线电话43101户，无线电话14128户，数据通信3705户，开通政府上网电路150条，全年网络接通率98.1%，电信业务收入2500万元。

【蓬安县电信分公司】　1998年9月，撤销蓬安县邮电局，分设县邮政局和县电信局。蓬安县电信局有职工106人，内设综合办公室、人力资源、计划财务、市场营销服务、运行维护4个部。下设锦屏、巨龙、金溪、徐家、河舒、罗家、兴旺7个电信支局。1999年7月，移动通讯与电信局分离。2000年7月，县电信局更名为县电信公司。2000年12月，县电信公司分别组建中国电信集团四川省电信公司蓬安分公司和四川省电信实业集团南充电信实业有限责任公司蓬安分公司。2001年5月，县电信分公司的市话机线、工程建设和农村支局所辖业务和人员全部划归县电信实业有限责任公司管理。2005年，撤销县电信实业有限责任公司，业务和人员划归县电信分公司。2006年，蓬安县电信分公司内设综合管理部、运行维护部、市场部。至2006年，唐德春、伍虎、康俊、张登峰先后任县电信局、电信分公司局长（经理）。

【业务】　1986年，蓬安县电信业务有有线电报、有线电话。1990年，开通声讯业务。1993年，开通无线通讯。2001年，开通数据通信业务。2006年，蓬安电信业务有有线电报、有线电话、声信业务、无线通信、数据通信等。

有线电报　1986年，蓬安县电报电路为3条，当年出口电报量达36220份，进口量41763份，计费总量34935元。1989年8月，蓬安电报进入重庆计算机处理自动转报网，电报业务减少，蓬安对外电报电路减为载波1路。1990年至1997年，蓬安年均出口国际和台港澳电报约20份左右，进口量稍多，其中，台港澳电报约占2/3，而国际电报涉及种类主要为国际普通电报、回复送妥通知公电、公务。1998年，蓬安电路实有至重庆二级自动转报电路1路，另有无线电路1路；县局有自动电传发报机、电传打印机、真迹复印机各1台，另有25瓦无线收发信机1台，各支局配电报传真复印机1台；蓬安对外传真采用长途中继光缆电路，与各支局间电报传真使用农话光缆中继电路，均系随用随开，无专用电报电路。是年，全县出口电报23648份，进口63074份。1999年至2002年，出口电报38390份，业务收入123727.71元。2004年，停办电报业务。

有线电话　1986年，蓬安县内电缆7.55皮长千米，272线对千米，用户交换机容量500门，明线50线千米，全县农话杆线294.6杆程千米，农村交换机容量630门，安装电话329部。1990年，县电信局自筹资金25万元引进日产自动电话交换机；9月，实现有线电话交换自动化；年底，市话装机403部，另有用户小交换机5部130门，装机71门。1998年，邮电分营，实现"村通"工程，全县598个行政村均先后开通程控电话，全县共装机11705部，其中县有国内长话直拨功能的共有10719部。1999年3月，局市话交换机扩容5120门，达15360门，总配线架扩容 6000线，达18000线；年底市话新增2102户。2000年，县电信局发展农话业务；年末，农话交换机容量7680门，农话总数6043部。2001年，县电信分公司成立，市话新放电缆72.69皮长千米，市话新增2462户，达14986户。从2001年1月1日0时起，县内农话按市话标准收费，从3月21日0时起，按国家新的资费标准收费，农话月租费10元，县内通话费按首次3分钟0.22元，以后每分钟0.11元计收；年底，农话交换机容量16960门，农话总数12103部。2002年，县电信分公司两次交换扩容，市话新增1479户，达16465户，农话交换机新增6338门，农话总数18602户。2003年，增设城区电信营销经理和管线维护中心，增设农村客户服务部和7个片区经理，年底市话新增1320户，达17623户，农话新增5381户，达23984户。2004年，扩总配线架5024线，中继1110条，新购碧溪、骑龙、向东、万和、平头、石孔6处模块机房，年底农话交换机30720门，农话总户26088户。2005年，农话交换设备扩容2560线，完成石梁、利溪、新河、银汉、巨龙、济渡、向东、徐家、蓬中等9个农话单项网调工程，农话交换机33280门，农话总量32088户，市话总量16310户。2006年，优化农话传输网络，年底农话交换机33280门，农话总量减为28973户，市话总数14128户，蓬安国际及港澳台长途拨呼有权用户171户，国际长途通话1134次，港澳台等地长途通话1828次。

无线通信　无线通信包括移动电话、寻呼机、小灵通、无线固话等。1993年9月，蓬安县邮电局建成126无线寻呼台。10月，蓬安县无线移动通信中心建成投入使用。1995年8月，开通移动通信A网，年末移动电话用户45户，寻呼机用户801户。1996年，扩建燕山寨、龙云寺基站2个，开通移动A、G网，年末用户36户，寻呼机用户2080户。1998年，A网基站增至6个，G网增至9个，年末有用户1783户。县寻呼台撤销，业务全部移交南充市分公司经营。12月，蓬安重开BP电信寻呼965、966台业务，年底有用户350户。1999年7月，蓬安县移动通信营销服务部正式挂牌营运，年末用户达7000余户。2002年9月，蓬安电信小灵通开通，年底用户2427户。2003年至2005年，用户26793户。2005年2月，发展无线固话，年底有用户4459户。2006年达14128户。

声讯业务　1986年，声讯服务台采用计算机加工、处理、存储各类信息，通过话音为用户提供信息服务的电话业务。1990年，蓬安邮电局开通声讯业务。2006年，声讯业务已发展有音乐点歌、电话收音机、幸福农家、"168"、"160"等多种类型。

数据通信　2001年，169中国公众多媒体通信网蓬安用户1980户；11月ADSL网在蓬安正式启动，年末有用户13户。2002年312户。2003年，169中国多媒体通信网ADSL宽带数据网，年末有用户1029户。至2006年，共有用户9337户。是年底，蓬安电信分公司开通的数据通信有：163及163直通车、169中国公众多媒体通信网、ADSL宽带网、DDN数字数据网。

【电信政府上网工程】　2003年7月，蓬安电信公司在全县开通党政网工程，至2006年底，计开电路150条，为蓬安各级政府部门提供无纸化办公条件。

【电信村通工程】　1997年1月，高庙乡率先实现村通。1997年至1998年间，全县掀起四次"村通"建设热潮。1998年底，全县46个乡镇598个村实现村村开通程控电话，共建设"村通"电（光）缆线路196条，计822.9千米。2006年，全县乡镇农话交换机共为33280门，建成3个10G环。

【电信业务管理】　1986年，县邮电局实行局长任期目标责任制，任期4年，实现通信生产总值翻番，进入省先进企业行列。1987年，推行年度方针目标管理。支局、班组长推行聘用制，采用专业核算，分片承包，并签订承包责任书。局获南充地区“文明单位”称号。1989年12月，局全面质量管理通过地区检评达标，成为南充地区首批QC达标企业之一。1990年2月，邮电局获省局授予“管理达标企业”称号。8月，省政府授予其“先进企业”称号，为全省最早获此荣称的县（市）级邮电局。1991年，抓标准化班组创建工作，制定《标准化科室、支局、班组考核办法》，开展大练兵活动，提高职工业务技术水平。1992年，加强维护通信秩序，执行省局《农村电话机线设备维护质量竞赛办法》，开展劳动竞赛；执行省局《长市合一的用户交换机入网问题的暂行规定》，作好长市合一的程控电话开通管理工作。1993年，制定完善农话管理一系列规章制度和《蓬安县电信通信处理规格质量奖惩办法》。执行市局《电报通信全网指挥调度考核办法》，提高自动转报工作水平。执行市局《无线寻呼联网管理办法》《移动电话业务管理规定》，作好“二哥大”“大哥大”“BB机”的开通管理工作。1994年，开通程控光缆电话后，狠抓班组管理标准化，实行专业管理包班组，班组保专业，人人保班组，层层抓落实。1995年，建立局长《督办单》制度，做到项项有记录，件件有落实；进一步整顿农村通信秩序，贯彻执行服务纪律；开展“样板支局”创评，基本功训练比赛，在市局组织的基本功训练比赛中，营业员张冠成获省局“优质服务明星”、市局“青年岗位能手”称号。河舒、兴旺支局评为市“样板支局”。1996年，深入开展“树、创、争”活动，电话装移机15日内完成，电话故障24小时内排除，112台、113台、114台必须在15秒内应答用户。1997年，强化业务技能，将业务技能与工资挂钩，加强业务技术培训，参培率达43.9%；加强基层业务管理，对业务量大的支局配备专职业务管理员；加强督促检查，全年管理人员下基层检查累计达287人次，有效保证电信通信各项业务上新台阶。1998年，重新修订业务管理有关规章制度；加强对“112”“180”的管理，针对这两个特殊重要窗口，制定严格的考核办法和处理程序。1999年，重新制定业务管理考核一系列规章制度，将效益工资和奖金捆在一起考核，坚持开展“从满意中找不满意”“争先创优”活动。2000年，把发展数据通信新业务作为重点，开展装机售机劳动竞赛，制定多媒体发展和企业上网管理办法，严格执行移动、住宅电话、BB机使用管理办法，全面理顺和规范电话管理。2001年，成立以总经理为组长的经营服务工作领导小组，重组市场经营部，下设四个中心：业务中心，主抓电信业务的管理和发展、宣传策划；营销中心，主抓市场调查与预测、业务发展；客服中心，主抓大客户全方位服务；计费中心，负责计费数据和账务处理。2002年，编写《电信新业务培训》《数据业务培训》《小灵通业务培训》《市场营销培训》等学习资料组织员工学习，参培率达66.7%。2003年，开展“创满”活动，贯彻执行《蓬安县电信分公司现行服务标准及责任分解》，继续推行“首问负责制”，切实抓好为大客户服务，严格达标上岗整顿服务行为，认真开展“无次品高效率”活动。2004年，全面推行营销渠道建设，建立完善面向大客户经理制、社区经理制和农村统包责任制的营销业务服务体系。2005年， 继续推进薪酬激励、绩效考核、职业发展、竞争上岗和教育培训五项机制创新。开展“暖春行动”“红五月系列促销活动”“ RASYS专项促销”“小灵通夏季促销”“ 四季度争创促销”“奋战新纪录”“ 国庆节促销”“ 存量保持活动”和“2006春风行动”八大营销活动，有力推动RAS、小灵通、宽带等重点业务的稳定发展。2006年，以小灵通、宽带、增值业务、RAS、固话为重点，对城镇和农村市场分别确立以“保存量稳定固话业务，有效发展小灵通业务，高质发展数据业务，快速发展增值业务”和“重点发展RAS业务”的经营思路；开展十大营销活动，力保重点业务稳定发展和市场占有率； 存量、增量两手抓，加强对各类营销活动管控；员工齐心协作，完成业务发展预期目标，业务收入差距缩小，企业基础能力和整体管理水平提高。

移 动

1999年7月，蓬安移动公司成立。2000年，蓬安移动公司以客户为中心，加强网络工程建设，提升服务质量，拥有“全球通”“神州行”“动感地带”等著名品牌。2002年，蓬安移动公司被四川省政府授予“文明单位”称号。2003年，被市委、市政府评为“十佳诚信单位”。2006年，移动全县乡镇覆盖率100%，行政村覆盖率95%，城镇居民小区覆盖率98%，客户满意率99%。

【蓬安县移动分公司】 1999年7月，四川移动通信有限责任公司南充分公司蓬安营业部成立。2002年，蓬安营业部更名为中国移动通信集团四川有限公司蓬安分公司。2003年6月，位于蓬安县相如广场39号的蓬安移动办公大楼竣工投入使用，公司下设市场营销部、大客户中心、营业厅、网络维护部、数据中心、综合办公室等部门。2006年，公司共有在编人员5人，聘用职工33人，城乡代办92家。

【网络建设】 1999年，移动分营，蓬安移动分公司加强网络建设。2000年，共建移动基站9个，客户对网络质量满意率达99%。2001年，完成G网7期补点工程基站投产运营和G网8期工程的选址、工程建设工作，先后完成杨家、龙蚕、白玉等基站的设备安装工作，配合电信公司完成上述基站光缆传输工程和光端设备安装工作。开通龙角山、利溪等基站。网络覆盖能力加强，能够解决部分乡镇的G网信号覆盖，国道318线、河罗路等实现无缝覆盖。8期工程是最大的一期工程，有16个机房、铁塔、及交流引入等配套工程，站址延伸到偏远乡镇。2002年，打造蓬安移动“精品网络”，全年共建设G网8期工程基站机房16个，完成交流引入工程，全面开通投产。建设市区室内颁布系统3个，安装11个重点基站动力及环境监控，多次对全县网络优化，解决网络阻塞，对相关基站扩容43次，在网运行的GSM基站达到37个，城乡网络覆盖率达90%以上。为解决城内信号盲区，先后在德仁医院、蓬安宾馆、鑫苑大酒店电梯内及酒楼等餐饮娱乐场所安装3个套室内分布系统，对这些区域进行深度覆盖。2004年，完成40个宏峰窝基站安全运行维护工作，开通新办公楼、磨子街基站，解决相如广场及磨子街网络覆盖。2005年，蓬安移动分公司开展网络建设及优化。协助完成100皮长千米的自建传输工程，使县自建传输达到300千米；完成17个基站SDH和PDH设备的运送和安装调试；完成3个站的蓄电池更换和开元、工行、新河等23个宏蜂窝基站的选址。启动村通扶贫工程，解决偏远农村通信困难问题。2006年，新增基站6个，基站总数达到69个，载频总数累计414块；新建光缆100皮长千米，总数近700千米。传输电路达到100%自建。是年年底，全县已建成GSM基站70个，乡镇覆盖率达100%，行政村覆盖率达95%，城镇居民小区覆盖率达98%。全县营业厅13家，专营代理店58家，村级服务站21个。

【业务】 1999年至2004年，蓬安移动分公司先后开通全球通业务、神州行业务、大灵通、家家乐、小康卡业务。2005年，开通IP商务电话。2006年，增开移动梦网、动感地带等业务。是年，蓬安移动客户突破9万户，营运收入3395万元，位居南充市第4名，新业务收入达797万元。

联 通

1999年11月，蓬安联通开始建设GSM移动通信网。2003年，推出市话包时卡业务。2004年12月，中国联通蓬安分公司正式成立。2006年，建成IP业务网、互联网和本地PSTN网，网络容量达10万门。

【蓬安县联通分公司】 1999年11月，中国联通南充分公司蓬安经营服务部成立。2001年，开始营业。2002年，蓬安经营服务部升格为中国联通南充分公司蓬安业务部。2004年12月，中国联通有限公司蓬安分公司正式挂牌成立（简称蓬安联通）。至2006年，刘刚分别任蓬安经营服务部、联通蓬安分公司主任、总监、总经理。

【网络建设】 1999年，蓬安联通开始建设GSM移动通信网。2001年，建设CDMA网工程。2006年年底，建有联通CDMA网、联通数据网、联通传输网络、联通无线寻呼网、联通GSM网。

联通CDMA网工程　2001年6月，蓬安联通开始建设CDMA网。2002年4月，正式放号。2006年12月止，共建CDMA网基站31个，网络容量达6万门，县城覆盖率达96%，乡镇覆盖率达65%。

联通GSM网工程　蓬安联通于1999年开始建设GSM移动通信系统。至2006年12月，共建GSM基站37个，网络容量7万门，县城覆盖率达95%，乡镇覆盖率达70%。

联通数据网　蓬安联通IP数据网出口带宽2G，IP汇聚端口664个，IP接入端口12000个，承载公众互联网宽带接入业务、IDC业务、ICP/ISP接入业务等，可为用户提供LAN、ADSL、WLAN、EPON等互联网接入服务以及DDN、FR、MPLS VPN、光缆、微波等多种传输方式的专线接入服务，能完全满足客户多种接入方式需求。

联通传输网络　蓬安联通传输网络基本覆盖蓬安县城以及下辖的所有乡镇。现网移动基站100余个，固网机房14个，其中传输设备包括有10G设备2套、2.5G设备4套、40G波分设备1套、接入传输设备100余套，主要为阿尔卡特朗讯、华为及烽火等国内外大型通信厂家的设备，分别承载语音、市话、数据和租线业务。同时在蓬安行政区域内有千余千米管线光缆资源。公司基础网络覆盖范围广，设备类型多，接口种类丰富，能够为客户提供全方位的综合业务服务。

联通无线寻呼网工程　联通无线寻呼网包括：全国联网198/199网，本地网126/127网络，省网联网126/129网络。蓬安联通无线寻呼网始建于1996年，其设备包括寻呼控制中心、基站发射系统、基站传输网络。寻呼控制中心完成寻呼业务的各种功能，管理寻呼机用户资料以及各种信息统计并将用户寻呼信息转换成寻呼机能够识别的信息格式。控制系统设在南充机房。基站发射系统接收、储存来自寻呼网络控制器信息，通过定时设备，控制本寻呼区域内的基站同步，实现覆盖区内的寻呼发射。一个基站控制器可以控制一个或多个基站发射机。基站的传输网络采用小型卫星地面站（VSAT）地行接收。2000年，蓬安联通寻呼网有龙云寺、金溪广电、罗家白云山、河舒燕山寨、蓬安电信办公楼5个基站，网络容量达到1万户。

【业务】 1999年11月，蓬安联通服务部开展蓬安业务。2002年，增加的业务有：CDMA133、互联网165、无线寻呼。2003年，推出市话包时卡业务。2006年，蓬安联通业务：无线通信（GSM和CDMA）、数据通信、国际长途、长途电话、本地电话、无线寻呼、卫星传输、电信增值等，年收入1200万元。

网　通

2003年10月，成立蓬安网通营业部，隶属于中国网络通信集团公司南充市分公司。主要经营固定电信网络的语音、数据、图像以及多媒体通信与信息服务业务。企业品牌为“中国网·宽天下”。宽带商务—CNC Connected是中国网通面向商务客户的客户品牌。“宽带商务”产品分为“基础通信产品”“通信增值产品”“信息化应用产品”三类，服务包括基础话音业务和数据业务。2006年年底，铺建电缆94.5皮长千米，光缆241.7皮长千米，开通固话3000余户，宽带900余户，SCDM商务电话300余户，大灵通60余户，年收入90万元。

【蓬安县网通营业部】 2003年10月，蓬安网通营业部成立。2003年至2006年12月，蓬安县建设中心机房1个，接入点机房6个，覆盖蓬安城区及锦屏、徐家、河舒、杨家4个镇。

【网通建设】 2003年10月至2006年12月，蓬安共投资3520余万元铺建电缆94.5皮长千米、光缆241.7皮长千米，建设光纤+LAN小区601个、宽带端口6140余个、语音端口11100余个。其间，2003年10月，蓬安县—高坪区—顺庆区—嘉陵区—西充县—南部县—阆中市—仪陇县—营山县环型传输网建设成功。11月，蓬安中心机房建设完工。12月，共铺设光缆73皮长千米，建设小区机柜154个，宽带端口1400余个，语音端口1700余个。2004年3月，磨子街接入点、嘉宝接入点机房建设完工，铺设电缆54匹长千米覆盖嘉陵西路、城北路、磨子街，建设语音容量1400线。10月，锦屏镇、徐家镇接入点机房建设完工，铺设电缆20.5匹长千米建设语音容量1600线。同年铺建光缆82皮长千米，建设光纤+LAN小区机柜217个、宽带端口1900余个、语音端口2300余个。2005年5月，河舒镇接入点机房建设完工。铺设电缆9.5皮长千米，建设语音端口600线，宽带端口160个，同年铺建光缆53皮长千米，建设光纤+LAN小区机柜121个、宽带口1300余个、语音端口1500余个。2006年10月，杨家镇接入点机房建设完工，铺设电缆10.5匹长千米，建设语音端口600线，宽带端口180个，铺建光缆33.7皮长千米，建设光纤+LAN小区机柜109个，宽带口1200余个，语音端口1400余个。

【业务】 2003年10月，蓬安网通营业部开始营业。2006年12月，开通固话3000多户，宽带900余户，SCDM商务电话300余户，大灵通60余户，年收入达90万元。

金 融

1986年7月，中国人民银行蓬安县支行（简称县人行）与中国工商银行蓬安县支行（简称县工行）分设，县人行专门行使中央银行职能。9月，蓬安设立邮政储蓄机构。1989年5月，蓬安设立县联社营业部。1991年10月，设立中国银行蓬安分理处，次年升格为支行（简称中行），至此，工行、建设银行（简称县建行）、农业银行（简称县农行）、中行均已入驻蓬安。1992年6月，设立蓬安县城市信用社。1993年，撤区并乡建镇，50个信用社合并为24个法人信用社，其他信用社改为分社，1995年6月，14个分社恢复为法人信用社。1996年4月，县保险公司分设为中保财险公司蓬安县支公司（简称县财险公司）和中保人寿公司蓬安县支公司（简称县人险公司）。10月，根据国务院农村金融体制改革决定，信用社与县农行脱离行政隶属关系。12月，中国农业发展银行蓬安县支行（简称农发行）从县农行分设，建立和完善了以合作金融为基础，商业性金融、政策性经营分工协作的农村金融体系。1999年，金融企业开始整合业务网点，网点数量陆续减少，功能更完善。2000年6月，撤销中国银行蓬安县支行。2002年4月，撤销城市信用社，组建南充市商业银行蓬安县支行（简称县商行）。12月，信用社以中心社为单位合并为8个法人信用社，其他信用社降格为分社。2006年年末，全县有10家金融机构，营业网点121个，覆盖全县城乡。

金融机构

1986年，蓬安县金融机构有县人行、工行、建行、农行、信用合作社、县邮政储蓄所和中国人民保险公司蓬安分公司。2006年，全县有县人行、农发行、工行、农行、建行、商行、信用合作联社、邮政储蓄所、县财险公司、县人险公司10家金融机构和3家营销服务部。

【中国人民银行蓬安县支行】 1986年6月，县人支行与工行分设，专门行使中央银行职能，内设计划调研、会计国库、货币发行、人事办公室和金管稽核等股室。1989年5月，迁址建设中路29号，人事办公室分设为办公室、人事股。1992年11月，股改科。1994年3月，会计国库科分设为会计科、国库科。1997年8月，设立合作金融管理科。1998年10月，会计科、国库科合并为国库会计科。2004年5月，南充银监分局蓬安办事处从县人行分出，对全县农村信用社行驶金融监管职能；县人行设立调查统计科。8月，迁址相如大道188号。2006年，县人行内设人事办公室、纪检监察审计室、基础业务科、综合业务科，先后获省分行金融监管先进单位、“双先”活动先进集体、“省级文明单位”“省级金融先进单位”称号。至2006年，漆文德、于南、卢开德、曹华敏、魏兴峨、陈中贵先后任行长。

【中国农业发展银行蓬安县支行】 1996年12月26日，县农发行与县农行分设，县农行原代理的农业政策性信贷业务移交县农发行。行址位于周口镇建设中路239号。3月18日正式挂牌营业。人员由县农行划转，有职工25人，内设计划信贷部、财务会计部和办公室，营业网点1个。2000年12月，办公室与财务会计部合并为综合业务部，2001年10月恢复为两部一室。2004年，获省“文明单位”称号。2005年9月，计划信贷部、财务会计部更名为客户业务部和会计结算部。至2006年，五年盈余五年亏损，盈利2304万元，亏损1316万元。至2006年，吴应林、李学文先后任行长。

【中国工商银行股份有限公司蓬安支行】 1986年6月，县工行与县人行分设，内设行长室、办公室及人秘、信贷、计划统计、会计、出纳、储蓄6个股，有业务网点6个。1988年增设保卫股、信贷股，计划统计合并为信贷计划股。1991年股升格为科。1992年2月设立房地产信贷部，1995年12月，县工行由磨子街82号搬迁至丝绸街2号。2005年12月，更名为中国工商银行股份有限公司蓬安支行（简称工行蓬安支行）。2006年，工行蓬安支行内设行长室、综合部、营销部，业务网点有支行营业室和建设路分理处。先后获省工行“先进工会集体”“四川省先进卫生单位”“先进职工之家”“支行资产质量优胜奖”等荣誉。至2006年，陈文德、胡毓川、陈晋川、王黎黎、刘树柏先后任行长。

【中国农业银行蓬安县支行】 1986年，县农行内设行长室、办公室和人事、会计出纳、计划统计、企业信贷、农业信贷、农村存款、信用合作、监察、行政10个股，营业网点14个。1994年4月，代理农发行粮棉油收购资金供应与管理等政策性业务。1997年1月，代理的农业政策性信贷业务移交县农发行，县农行开始向国有商业银行转化。2006年，内设行长室、办公室、组织人事部、信贷管理部、计划财会部、监察保卫部、个人业务部、资产经营部、代理保卫部、科技服务部、客户经理部、后勤管理部。有营业网点8个。县农行先后被命名为省级“文明单位”、农行四川省分行存款先进单位、先进集体称号。至2006年，陈自立、李介雄、胡安荣、黄正权、杨蔡明、蒋兴敏先后任行长。

【中国建设银行股份有限公司蓬安分公司】 1986年，县建行内设业务股、财会股、办公室。1988年3月，设立城东路储蓄所、嘉陵路储蓄所（后更名为磨子街储蓄所）。6月，设立花园储蓄所、建设路储蓄所，8月设立建设中路储蓄所。1996年4月，更名为中国建设银行蓬安县支行。2004年9月更名为中国建设银行股份有限公司蓬安支行。2006年，内设综合管理部、客户部、财务部，营业网点有营业部、城东路储蓄所。县建行先后获“省级文明单位”“省级卫生先进单位”“省级社会治安综合治理模范单位”“省级重合同守信用企业”，被省分行评为“明星县级支行”等称号。至2006年，马正春、李兴国、毕克先后任行长。

【中国银行蓬安县支行】 1991年10月，设立中国银行南充分行蓬安分理处，内设办公室、信贷科、会计科、储蓄科、保卫科；业务网点有营业部、老街储蓄所、新华储蓄所、城南储蓄所、建设路分理处。次年10月，更名为中国银行蓬安县支行。2000年6月，撤销中国银行蓬安县支行。除对公存款、银行卡存款、各项贷款外，其储蓄存款7340万元和职工5人划转县联社，部分职工提前退休、工龄买断、自谋职业，其余职工和资产划转中国银行南充分行。1991年10月至2000年6月，各项存款余额8161万元，各项贷款余额3653万元。至2000年，郑吉祥、陈学锋、赵国庆、冯涛先后任行长。

【南充市商业银行蓬安县支行】 1992年6月，设立蓬安县城市信用社，10月26日开业。1997年6月，县城市信用社与县财政脱离行政隶属关系。1999年，迁至周口镇建设南路524号，行政上挂靠蓬安县财政局，业务上受中国人民银行蓬安县支行领导，内设办公室、保卫科、存款部、信贷部；营业网点4个。2002年4月，撤销县城市信用社，组建南充市商业银行，更名为南充市商业银行蓬安县支行，内设综合科、业务科，4个业务网点改为二级支行，增设县支行营业部，共5个对外营业网点，县商行先后被省档案局评为档案管理“省一级单位”、市“档案工作优秀集体”。至2006年，腾越任城市信用社、县商行主任、行长。

【蓬安县农村信用合作社联合社】 1986年，中国农业银行受中国人民银行委托领导和管理农村信用合作社。县农行行长兼任县农村信用合作社联合社（简称县联社）主任，县联社与县农行信用合作股合署办公，两块牌子，一套人员。年末有法人信用社50个，分社和储蓄所13个，村级信用站69个。1988年，撤销村级信用站60个。1989年5月，设立县联社营业部。1993年，撤区并乡建镇，按乡镇设信用社，50个信用社合并为周口、济渡等24个法人信用社，其他信用社改为分社，共有分社41个。1996年10月，信用社与县农行脱离行政隶属关系，隶属于县、市农村金融体制改革领导小组及其办公室领导管理。信用社在县农行缴存的准备金存款和一般转存款划转县人行。县农行8名职工划转到县联社。1998年，全县信用社向县联社投资入股414万元，成为县联社社员。2000年6月，中国银行蓬安县支行存款业务和部分人员并入县联社和周口信用社。2002年1月，以中心社为单位合并为8个法人信用社，原中心社所辖信用社取消法人资格更名为分社，实行并表核算。2003年，完善法人治理结构，实行理事长、主任分设制，理事长由理事会选举产生，主任由理事会聘任。2004年6月，根据《银监会人民银行关于明确对农村信用社监督管理职责分工指导意见》，县联社隶属于县人行和县银监组双重领导和监管。2006年末，有法人信用社9个，业务网点48个，职工304人；县联社内设人事教育、计划信贷、财会电脑、稽核监察、安全保卫五个科和办公室。曾先后获“全省先进联社”“省级卫生单位”等称号。至2006年郑邦平、曾曦先后任县联社理事长，郑邦平、刘阳杰、刘毅先后任主任，何山先后任总稽核、监事长。

【蓬安县邮政储蓄】 蓬安邮政储蓄始于民国27年（1938）7月，蓬安邮局遵令开办存簿、定期、零存整取类邮政储蓄。是年秋，川东邮政管理局下达蓬安邮政局储蓄任务6.3万元。12月，开办代售有奖储金券业务。民国30年（1941）7月起，开办节约建国储金券业务。12月，增办支票储金业务。至1949年停办。1950年秋，蓬安县邮政局恢复存簿和定期储蓄业务。1951年5月，开办计息保本保值有奖储蓄券及保本保值定期存款业务。1953年9月1日，停办所有邮政储蓄。

1986年9月，邮政储蓄业务恢复，县邮电局在邮政营业厅挂牌开办邮政储蓄。1989年前，邮政储蓄为代办业务，吸收的存款全额交存人民银行，备付金由人行提供。1990年，邮政储蓄改为自办业务，人民银行收回备付金，按人总行规定的邮政储蓄转存款利率计付利息，邮局获取利差收入。1994年8月，设立建设中路城南邮政储蓄所和绿泰来邮政储蓄所。1995年，设立乡镇邮政储蓄协储代办点38个。1997年，乡镇邮政储蓄协储代办点增至45个。2003年3月，内设综合办公室、市场开发部、监督检查科。2006年，邮政储蓄从业人员193人，储蓄网点46个，其中县局5个、支局7个、乡镇34个。

【中国人民财产保险股份有限公司蓬安支公司】 1986年8月，县保险公司内设会统股、业务股。设有罗家、徐家等5个农村保险服务所。1988年，增设办公室。1989年1月，增设人秘股、财产保险股、人险股，增设巨龙、河舒两个农村保险服务所。1992年，增设代理网点股。1994年1月，股改科，增设营业部。1996年4月，县保险公司分设为中保财险（集团）公司蓬安县支公司和中保人寿（集团）公司蓬安县支公司，7个农村保险服务所划归县财险公司。1999年3月，中保财险（集团）公司蓬安县支公司更名为中国人民保险公司蓬安县支公司，撤销农村保险服务所。2000年8月科改部，设财务管理部、业务发展部、客户服务部。2001年12月，增设综合管理部、个代业务管理部。2002年6月，设罗家、徐家等7个保险营销服务部。2003年8月，更名为中国人民财产保险股份有限公司蓬安支公司。2006年末，内设经理室、综合部、车险部、非车险部、营销部。县财险公司先后荣获省档案管理一级企业、“重合同守信用”企业、省系统“双文明”建设单位等称号。至2006年，周长寿、代刚、曹利军先后任经理。

【中国人寿保险股份有限公司蓬安县支公司】 1996年4月，从县保险公司分设中保（集团）人寿保险公司蓬安县支公司，1999年6月，更名为中国人寿保险公司蓬安县支公司，2003年10月，更名为中国人寿保险股份有限公司蓬安县支公司。2003年3月，设立银邮中介代理业务部。2006年，内设经理室、综合管理部、业务发展部、客户服务部，营业网点10个。县人险公司先后荣获省档案管理一级企业、“重合同守信用”、省人险系统双文明建设、内管工作先进单位等称号。1999年至2006年，蒲正荣、龙赤斌先后任经理。

【三家保险公司的营销服务部】 2002年，泰康人寿保险股份公司（营销服务部）；新华人寿保险股份公司（营销服务部）；太平洋财产（人寿）保险股份公司（营销服务部）先后入驻蓬安。

银行资产业务

1986年，蓬安县金融机构存款金额4600万元，贷款总额17416万元，现金收入13565万元，现金支出13792万元。2006年，各项存款余额379704万元，比1985年增加375046万元，增长80倍，其中储蓄存款余额316692万元，增加314139万元，增长123倍；各项贷款余额217464万元，增加206249万元，增长18倍，为县域经济发展做出了贡献。

蓬安县金融机构存款余额统计表

(1986~2006)

单位：万元

年度＼项目	存款总额	其中		外币存款
		对公存款	储蓄存款	
1986	4600	1050	3550	—
1987	5874	1177	4697	—
1988	7174	1427	5747	—
1989	9591	2251	7340	—
1990	11404	2015	9389	—
1991	14790	2277	12513	—
1992	17048	846	16202	3
1993	32592	13223	19369	6
1994	40480	8676	31804	8
1995	51099	1965	49134	12
1996	72759	13372	59387	12
1997	107991	14706	93285	13
1998	122877	15242	107635	18
1999	129384	16910	112474	19
2000	134412	9710	124702	11
2001	146078	13720	132358	15
2002	196618	24014	172604	24
2003	233579	29204	204375	44
2004	272875	75785	237090	36
2005	330142	42640	277502	33
2006	379704	63241	316463	27

蓬安县金融机构贷款余额统计表

(1986~2006)

单位：万元

年度＼项目	贷款总额	其中			
		工商业贷款	“三农”贷款	房地产贷款	个人贷款
1986	17416	9955	3437	—	2698
1987	18862	9011	3631	—	2957
1988	20944	11294	3853	—	3048
1989	24767	13380	4363	—	3210
1990	29819	15557	5257	—	3534
1991	37572	18449	5527	—	3876
1992	42847	20950	5979	—	4179
1993	49066	23356	6974	—	4887

续表

年度＼项目	贷款总额	其中			
		工商业贷款	“三农”贷款	房地产贷款	个人贷款
1994	49542	19169	8142	120	5977
1995	56974	20109	15237	—	11658
1996	66820	20859	15788	—	12619
1997	101301	50232	20579	100	15529
1998	120582	60427	22661	320	16399
1999	127875	63051	23122	709	18061
2000	127210	60759	23318	510	20115
2001	129640	61667	26955	881	23472
2002	144164	70623	30595	1101	26207
2003	138251	75489	40424	945	20774
2004	166852	87994	41865	1126	21671
2005	188856	96354	50483	1743	22474
2006	217464	94007	56674	1986	28445

蓬安县金融机构货币投放回笼情况统计表

(1986~2006)

单位：万元

年度	现金收入	现金支出	货币投放	货币回笼
1986	13565	13792	227	—
1987	17961	18590	629	—
1988	27084	28297	1213	—
1989	31505	30791	—	714
1990	30915	32039	1124	—
1991	34512	38289	3777	—
1992	43135	48074	4939	—
1993	60035	70314	10279	—
1994	88288	105064	16776	—
1995	115772	139423	23651	—
1996	154994	177100	22106	—
1997	177722	196589	18867	—
1998	320618	352412	31794	—
1999	394013	412193	18180	—
2000	392492	419380	26888	—
2001	516589	532452	15863	—
2002	545518	563729	18211	—
2003	585123	603645	18522	—
2004	630148	653587	23439	—
2005	702782	704327	1545	—
2006	730688	732273	1585	—

【县农发行资产业务】 1997年成立县农发行，县人行划转专项贷款5988万元，县农行原代理农业发展银行贷款21612万元移交县农发行自营。1997年5月，县农发行受权办理贷款业务，至1998年4月，发放贷款850万元，支持五个农业综合开发项目。对保护价收购粮食实行“收一斤粮贷一斤粮的款”政策。1998年5月，将人行原专项贷款5950万元和农业综合开发贷款1392万元划转县农行。2000年，保证国有粮食购销企业按保护价敞开收购农民余粮的资金供应。2004年，上级行对县农发行贷款审批转授权，实行有权审批人审批制度。2006年4月，上收贷款审批权，实行统一授信管理，核定县粮食购销企业最高授信额度7516万元，特别授信额度310万元。继续对保护价收购的粮食，实行“收一斤粮贷一斤粮的款”的信贷政策。对非保护价收购的粮食实行以销定贷、以效定贷和购得进、销得出、有效益及向重点地区和优势企业倾斜的信贷政策。至2006年，累计发放粮油收购、粮油储备、粮油调销、简易建仓贷款53372万元，年均5337万元。累计收购粮食43286万公斤、油脂700万公斤，年均收购粮食4328万公斤、油脂70万公斤。各项贷款余额33446万元，增加11834万元，增长54.8%。

风险控制 1997年1月，设立审贷委员会，实行审贷分离，贷款风险管理责任制。1997年，对粮油收购资金实行库贷挂钩管理。1998年8月，实行“钱随粮走、购贷销还、全程监控、封闭运行”的收购资金封闭管理。2001年，县农发行实行行长挂站、部门包片、信贷员驻站（库）的“捆绑式”收购资金封闭管理。4月，全国性组织清仓查库工作，发现蓬安粮食企业实际粮食库存比信贷台账短少133万公斤、143万元，及时收回企业挤占挪用贷款40万元，督促企业用财务和自筹资金103万元收粮94万公斤补足库存。7月，实行库存商品仓单管理。2003年，对非保护价粮食收购资金贷款实行抵押担保方式，转化部分贷款风险。5月，发现和处置两个粮站低收高报粮食码单1509份，数量230.7万公斤，价值12.8万元。2005年，剥离政策性不良贷款22895万元。至2006年底，转化和清收不良贷款4659万元，四级分类不良贷款3988万元，占比11.9%；五级分类不良贷款26883万元（含财务挂账贷款3988万元），占比80.4%。

负债业务 县农发行负债业务主要是同业存放款（系统内借款）和单位存款。县农发行实行头寸限额管理，不允許头寸超限额。2001年5月，改资金逐级请调、逐级下拨为向四川省农发行直接请调并直接下拨资金，单笔请调资金起点200万元。至2006年，各项存款余额2004万元，累计增加存款1304万元，增长1.86倍。

【县工行资产业务】 工行蓬安支行主要经营工业贷款、商业贷款、技术改造贷款、项目贷款、流动资金贷款、房地产贷款、个人消费贷款、其他贷款等资产业务。1987年，信贷资金配置由资金调拨改为系统内借款，系统内借款种类有：特种借款、中长期借款、短期借款、票据专项借款、强拆借款、逾期借款。1989年1月，对企业划分为一、二、三、四类，实行“支一、促二、限三、压四”的信贷政策。为县石油公司办理信用签证690万元，支持从省外购进石油1100吨，解决全县工农业生产用油；对11户特困企业给予利率照顾，企业少付利息52.8万元。1990年，清理“三角债”，投放贷款920万元，清理欠人1547万元，人欠1229万元。1994年，贷款投向及投量向交通、能源、通信等行业和地方支柱产业、重点建设项目转移。1999年，开办消费信贷业务，8年间累计发放个人住房贷款、汽车消费贷款等个人消费贷款5307万元。2003年，实施“总量控制、集中调控、分类管理、绩效优先，动态控制、适时调整”的贷款规模管理政策。3月，市工行转授权蓬安支行审批发放单笔15万元以下的个人购买住房贷款，对个人住房贷款实行信贷人员自主选择贷款对象，以及包放、包管、包收和贷款效益与其工资挂钩的“三包一挂”责任制；6月，政策性委托住房贷款并入自营个人住房贷款业务。2005年2月，停办新增个人消费贷款业务，次年12月恢复。2006年年末，有各项存款余额54615万元，比1985年增加53408万元，增长45.2倍，其中储蓄存款38505万元，增长49.3倍，各项贷款余额增加28972万元，增长9.5倍；21年间12年盈余，盈利3130万元；9年亏损，亏损4578万元。缴纳税金1521万元。至2006年，累计发放各项贷款269079万元。

风险控制　1986年，实行贷款风险四级分类。1995年，对呆滞呆账贷款建立台账，实行专户管理监测制度。4月实施审贷分离、抵押担保、亲属回避、贷后稽核的风险管理制度。1998年5月，实行贷款风险五级分类。2000年，实行信贷“论功行赏、依过处罚”制度，次年获南充市工行“2000年度信贷论功行赏、依过处罚”考评第一名。2001年，利用上级行减免表外利息，呆账核清、不良资产剥离的政策为21户企业剥离不良贷款17307万元，不良贷款利息1213万元。2003年，实行不良贷款超标预警和整改制度，严格控制贷款违约率，同时加大贷后检查频率。2006年年末，各项贷款余额32368万元，四级分类不良贷款4065万元，占比12.6%；五级分类不良贷款4420万元，占比13.7%。县工行支持嘉宝汽车有限责任公司发展，先后发放技术改造和流动资金贷款31638万元，票据贴现1800万元，该厂发展为年产汽车覆盖件15万台套、销售收入10515万元，实现利润341万元、纳税456万元。

负债业务　1986年，工行蓬安支行坚持“存款立行，存款兴行”方针，采取各种措施增加存款。1988年，为14个企事业单位试办手工代发工资业务，新增储户1.1万户，新增存款70万元。1989年，又先后开办密码储蓄、摸奖储蓄、妇女爱国储蓄、存期累进储蓄、大额可转让定期储蓄和保值储蓄。1990年，开办高档商品奖售储蓄，奖售彩电120台、冰箱4台、黄金首饰1067克，收储288万元。1993年6月，实行组织存款责任制，开展行长抓存款、全行办存款、大家揽存款的增存活动。1995年，开办外币储蓄存款业务，同时办理出纳上门收款业务，每年到全县乡镇中小学代新华书店收取书款600多万元。1996年，开办通知储蓄存款业务。1999年9月，开办教育储蓄业务。2001年1月，实行储蓄所招标承包，7名职工中标领头集体承包7个储蓄所（专柜）。2005年9月，开办单位定期存款业务。2006年年末，储蓄存款38505万元，比1985年增加37724万元，增长49.3倍。

中间业务　工行蓬安支行除办理传统的人民币结算外，1996年以来，先后开办省辖电子汇款；牡丹信用卡；全国性银行和地方银行兑付银行汇票等资金清算；行政事业性收费代收；个人理财金账户、定期一本通、银证通；基金营销等金融服务业务。2001年至2006年，银行卡、投资银行、资产托管、企业年金、现金管理、理财等新兴业务快速健康发展，6年间手续费收入445万元，占营业收入的3.4%。

【县农行资产业务】　1986年至2006年，县农行实行“决不放松粮食生产、积极发展多种经营”以及“紧中求活、少中求好、压中有保、稳中求增”信贷政策，优先满足粮、油、肉、蛋、果、茧等农产品生产、流通的贷款需求，以加强和改善宏观调控，发放农业贷款16551万元，占贷款发放总额的5.2%；发放茧丝绸业、粮油加工业、机械加工业、水电、化工、建筑、商业、服务业等乡镇企业贷款43294万元，占贷款发放总额的13.7%；发放工商业贷款171718万元，占贷款的54.2%；发放项目贷款和其他贷款85127万元，占26.9%。其间，1990年，清理“三角债”，帮助企业解决人欠396万元，欠人124万元问题；1995年6月，对12个企业发放贷款和承兑汇票2020万元，帮助8个企业赢利315.8万元，4个企业减亏592.7万元。1996年年底止，县农行11年发放农业贷款12198万元；乡镇企业贷款41223万元；工商业贷款142253万元。1997年，集中规模对烟厂、农资公司、种子公司、会龙丝厂投放贷款2748万元，承兑汇票4054万元。2000年，不新增信用贷款，对新增贷款采用抵押担保方式，剥离不良贷款6015万元。2001年至2003年，投放马回电力公司、种子公司、广达网络公司、蓬安中学贷款6444万元，投放农村业主和个人消费贷款3222万元。上划农行南充市分行不良贷款18388万元。2004年至2006年，对嘉陵江金溪航电枢纽工程投放项目贷款62000万元，投放个人住房按揭贷款525万元。21年间，累计发行各项贷款317369万元。2006年年末，各项贷款余额65859万元（不含上划市分行不良贷款18388万元），比1985年增加57327万元；赢利5654万元；亏损4142万元；缴纳税金1933万元。

风险控制　1986年，县农行建立“分权审批、统一管理”的贷款管理制度。1987年1月，改企业账户“存贷合一”为“存贷分户”管理。1988年1月，对企业实行“区别对待、择优扶持”

的分级管理。1989年3月，清理信贷资产，并建立监测台账分类管理。1990年，对工商企业评定信用等级和核资定贷，81户企业核定贷款定额6318万元，帮助15个企业处理库存积压214万元，清收拖欠款222万元。1996年，对贷款大户、重点企业派驻信贷员，新增担保贷款占新增贷款的100%。1998年至2000年，建立信贷市场准入准出机制，退出劣质客户67户。2006年年末，不良贷款余额20839万元(含上划市分行不良贷款18388万元)，不良贷款比例24.8%。

中间业务　1994年至1996年，代理农发行粮油购销、储备贷款业务。1997年至2002年，开办票据承兑、银行卡、咨询评估、代售电话等代收代付款卡业务等。2003年至2006年，兼业代理保险业务，四年代理保险费6975万元，手续费收入225万元；营销金穗借记卡、营销贷记卡和准贷记卡，四年银行卡业务收入446万元。2006年，代理营销景顺长城、中邮等基金970万元。开通电话银行、手机银行、网上银行，是年实现网银交易4600万元，位列全市第二。至2006年，银行卡、电子银行、代理保险、营销基金、代收代付等中间业务手续费收入814万元，占营业收入的2%。

【县建行资产业务】　1986年至1994年，累计经办基建项目790个、基建拨款73000万元。其中：农、林、水、电等农业基本建设拨款30500万元；食品、电力、建材、交通、邮电、商业、粮食、外贸、文教、卫生、城建等城镇基本建设投资拨款42500万元。其间，1992年11月至1995年10月，经办拨付达成铁路蓬安段建设项目资金8500万元，确保铁路建设如期通车。1995年，停办拨款业务。至1996年，向马回电站发放建设贷款30600万元，担保和代理发行重点企业债券438万元，帮助筹措资金15200万元。1997年至2002年，审查发放电力、交通、通信、市政、国土等基础产业和基础行业企业基建、技术改造、流动资金贷款10667.9万元。2004年，开办住房公积金委托贷款业务。2005年，向民兴支行出让贷款资产4000万元。2006年，信贷业务萎缩，发放住房贷款、个人权利质押贷款37万元。

风险控制　1986年，县建行树立“了解客户、理解市场、全员参与、抓住关键”的风险理念，做好贷款风险管理的识别、监测、控制等工作。1996年，建立贷款风险度的风险识别制度。根据贷款对象、贷款方式、贷款期限、贷款形态规定的不同风险权数计算每个企业、每笔贷款的风险度。审批贷款前必须测定贷款风险度，不得批准发放高风险度贷款。1997年，上收贷款审批权，实行转授权书制度。1998年，推行贷款担保。1999年，设立审贷委员会，实行审贷分离，加强对贷款全过程的风险控制，落实专人上门催收到期和非正常占用贷款。实行贷款全风险管理，把管理的责任落实到各个管理环节和操作岗位，21年间累计回收不良贷款14000万元，剥离不良贷款8000万元，出让不良贷款4000万元，核销呆账贷款2284万元。2006年年末，县建行不良贷款余额为零。

负债业务　1986年至1988年2月，县建行只办理企业存款和信托存款业务。1988年，开始办理居民储蓄业务、定期定额有奖有息储蓄业务。1994年至1999年实行储蓄招标承包。开办个人通知储蓄、希望工程有奖储蓄、利滚利储蓄等业务，储蓄存款年增幅35.5%。2000年，龙卡年发卡量24872张。2001年，开办“速汇通业务”，新增存款4217万元。2004年至2006年，在所有网点配备大堂经理，优化柜面交易系统。ATM、POS投入营运，三年间新增存款5731万元。2006年年末，各项存款余额比1985年增加33059万元，增长73.5倍。

中国建设银行股份有限公司蓬安支行各项存款统计表

（1986~2006）

单位：万元

年度	存款余额	其中	
		储蓄存款	对公存款
1986	450	174（信托）	276
1987	601	14	587
1988	837	220	617
1989	910	286	624

续表

年度	存款余额	其中	
		储蓄存款	对公存款
1990	1215	554	661
1991	2007	1006	1001
1992	2313	1405	908
1993	3273	2071	1202
1994	4006	2977	1029
1995	5566	4015	1551
1996	7505	5458	2047
1997	15101	10431	4670
1998	17383	12144	5239
1999	15160	12544	2616
2000	15312	12661	2523
2001	19529	16542	2987
2002	22627	20788	1839
2003	27778	25260	2518
2004	28812	26268	2544
2005	31948	28778	3170
2006	33509	29376	4123

中间业务　1995年前，县建行中间业务较少。1998年以后，相继开办发行储蓄卡地理行政事业性收费业务，龙卡、生肖卡、信用卡业务，办代售火车票、代售IC卡、代理保险、电话银行、网上银行、上门收款和代收电费等中间业务。2005年，开办票据承兑和代售国债、基金业务。2006年，有ATM机2台，POS特约商户5户，网上银行客户210户，电话银行76户，短信银行124户，龙卡发卡量58000张，手续费等中间业务收入300.82万元。

【县商行资产业务】　1996年，对马回电力公司发放贷款4030万元，对县交建司、周河（周口—河舒）公路、河罗（河舒—罗家）、河利（河舒—利溪）公路等企业、项目投放贷款5762万元。2003年，对可口爽公司发放贷款1848万元，齐祥食品公司贷款1485万元，对土地整理开发公司、城建等投放资金1200万元。2006年，累计发放贷款69891万元，净投放16498万元，资产总额57384万元。各项存款50887万元，固定资产2134.7万元，赢利1966.9万元，缴纳税金346.7万元。

负债业务　1992年至1996年，县商业银行增加存款1878万元，2000年，突破亿元大关。2003年，开办代发退休金，代付金溪电站淹没补偿款等业务，年末存款22336万元，在亿元基础上翻了一番。2005年，开办教育储蓄业务，年末教育储蓄存款余额6850万元，占居民储蓄存款总额的15.9%。2006年，推行客户经理制，营销金融产品，年增存款7985万元，增长22.3%。年末负债总额56615万元，其中各项存款50887万元。

风险控制　1996年，县商行实行资产负债比例管理，运用计算机程序锁定各项业务权限，落实信贷员风险责任制，贷款效益与职工工资挂钩，实施择优扶强政策。采取一户一策的办法清收不良贷款，不良贷款余额和占比“双降”效果显著。一欠款单位领导说“新官不理旧债”，但县商行通过法律诉讼强制收回贷款。2006年，贷款总额16498万元，不良贷款余额287万元，不良贷款比例1.47%。

中间业务　2003年至2005年，县商行开办代理保险、代发退休金，代收水电费等中间业务，手续费收入较少。2006年，增加票据承兑、票据贴现、电子汇兑、银行卡、开出资信证明、中介评估等业务，全年办理中间业务18411笔，手续费收入9.1万元，占营业收入的0.8%。

【县联社资产业务】 1986年至1996年，县信用社信贷计划纳入县农行贷款限额管理。1996年年底，贷款余额20057万元，11年累计新增贷款17770万元，其中新增“三农”贷款11149万元，新增“三农”贷款占新增贷款总额的62.7%。2000年5月，县联社在石孔乡进行农户小额信用贷款试点，后在全县推广，县内各信用社设置农户小额信用贷款专柜，先后对136672户核定贷款余额128936万元，占农户贷款面61.5%，解决了农户贷款难，经验在全市信用社推广。2001年，开办农户联保贷款，满足农户高层次贷款需求。2002年，推出信贷综合服务模式，与94户农业业主订立《联合帮扶协议》，发放贷款378万元，帮助实现收入523万元。2004年4月，与徐家镇、三坝乡130户业主、1300户致富带头人签订联合帮扶协议，帮扶项目596个，发放贷款5464万元。对四川兴华药业有限责任公司，贷款735万元，引进先进技术生产线4条。2005年11月，兴华药业顺利通过农业部GMP静、动态认证达标验收，成为川东北五地市唯一由国家GMP验收通过和火炬计划实施企业。达标后，公司有批准文号产品215个，资产总额2000万元，生产设备320台套，250个兽药系列产品畅销20多个省市，年销售收入2000万元，税利200万元。2005年至2006年，开展“五个一”信贷支农活动，与996户专业大户、1个产业化龙头企业、1个合作经济组织、5个中小企业和5个农业产业化基地签订联合帮扶协议，投放贷款1677万元。2006年，各项贷款69246万元。至2006年，10年累计新增贷款49179万元，其中新增“三农”贷款42914万元，新增“三农”贷款占新增贷款总额的87.3%。全县信用社各项存款80421万元，比1985年增加78872万元，增长50.9倍，其中储蓄存款78236万元，增长62.7倍；股金2938万元，增长11.1倍；各项贷款69246万元，增加66959万元，增长29.3倍。

风险控制 1988年，实行贷款管理集体经营承包责任制、贷款风险四级分类管理，划分为正常、逾期、呆滞、呆账贷款，后三类为不良贷款。年末不良贷款1725万元，占比52.7%。1989年3月，开展信贷资产清理。1990年11月，对违规放款职工落实责任，实行挂薪收贷，所挂工资由营业所专户存储。1991年6月，县联社制定《贷款规范化管理程序》，实行信贷员包放、包管、包收、包效益“四包”责任制。1993年4月，实行“工效挂钩，含量包干”经营责任制，将贷款质量纳入经营目标考核。1996年，清理跨区域贷款2160笔、1201万元，落实挂薪收贷132人，月挂工资1.8万元。是年，不良贷款3924万元，8年增加2199万元；不良贷款由52.7%下降至19.6%，下降33.1个百分点。1998年，县联社、中心社成立资产保全机构，对丧失以货币资金清偿贷款能力的借款人实行以资抵债，取得食品公司、红旗汽修厂等企业抵债资产1998万元。1999年，杨家、福德等信用社发生挤兑存款现象，存款急剧下降发生流动性风险，县联社启动应急预案，动用存款准备金2500万元、申请支农再贷款3000万元，满足存款人提取存款的需求，一个月内控制事态发展，保持农村金融稳定。2000年11月，县联社实行贷款集约经营，解决机构重叠交叉放款的问题。2002年1月，实行审贷分离，健全岗位制约、责任制约、程序制约机制。2005年1月，信用社采取责任清收、抵销清收、委托清收、强制清收等措施，不良贷款“双降”较大。9月，置换不良贷款3516万元。2006年，不良贷款7098万元，10年累计增加3174万元；不良贷款占比10.3%，下降9.3个百分点。

负债业务 1986年至1996年，股金7328万元，11年增加7085万元，增长29.2倍，各项存款18954万元，年均增加1582万元。1997年，部分金融机构提高存款利率引发存款大战，造成1998年、1999年连续两年共亏损1973万元。1999年3月，农村合作基金会股金挤兑风波波及部分信用社，各项存款下降3008万元。2000年，开办教育储蓄。6月，撤销中国银行蓬安县支行，接收县中行存款业务7340万元。2005年，深化农村信用社改革，以防股权过度分散，县联社清退信用社入股股金414万元。2006年年底，有社员2656人，股本金2939万元，人均1.107万元。

中间业务 1990年，无偿代理武胜县联社发放、收回、管理委托贷款500万元。2002年7月，联社营业部开办特约电子汇兑业务。2003年，代理财政支付粮食直补、退耕还林补贴、农村低保等。2006年，结算等中间业务手续费收入2.7万元。

【邮政储蓄资产业务】 1986年以来，邮政储蓄遵循“只储不贷、转储人行”原则运行，由负债(存款）产生的资产全是货币资产，包括库存现金和存放人民银行转存款。2006年7月，相如、兴旺两个支局邮政储蓄所试点开办小额质押贷款业务，但规模较小。是年，邮政储蓄存款余额55311万元，利差收入795万元，占邮政业务收入68.4%。至2006年，21年间，取得人民银行手续费和利差6051万元。

负债业务 1987年，县局邮储所开办定额有奖有息储蓄券储蓄。1988年，开办汇转储和“长虹彩电”有奖储蓄业务。1989年初，开办即开兑奖储蓄业务，每张储蓄券定额20元，定期一年，每组5000张，每组设特等及1—5等奖，奖品有彩电、自行车、肥皂等品，售券当场摸阄开奖。1994年1月，开办礼仪存款业务。1996年，停办汇转储业务。1998年10月，邮电分营，邮政储蓄业务发展迅速，年末余额10155万元，破亿元大关。2005年，10个网点邮储余额突破千万元，福德镇邮储所达2379万元。2006年，邮政储蓄存款余额55311万元。利差收入795万元，占邮政业务收入68.4%。

中间业务 1998年，开办代理保险、代发工资、代收电话费业务。2001年4月，开办邮政绿卡及电子汇兑，代发城市低保，6月，开办代理电信、移动、联通放号、售卡、收费和代收烟草款业务。2005年，开办中油蓬安分公司上门收款业务；10月，开办代收国税、代理国债、证券、基金等中间业务。2006年11月，兼业代理人保、财险两家公司营销“美满生活”和机动车保险等保险产品。绿卡发卡量8.1万张，邮储手续费等中间业务收入227万元，占营业收入的68.4%。

保险业务

1986年，蓬安保险业务由中国人民保险公司蓬安县支公司承担。1996年后由县财险公司和县人险公司分别承担财险和人险业务。2002年后，泰康人寿、新华人寿、太平洋财产（人寿）3家保险股份公司先后在蓬安设立营销服务部。2006年，全县有5家保险公司或营销服务部开展保险业务；保费收入2483万元，比1985年增加2432万元，增长48倍；理赔支出962万元，增加924万元，增长24倍。

【财险公司业务】 1986年，县保险公司开办财产保险和人寿保险业务主要险种，参保企业15家。供销社系统由区社自行投保，是年，供销社系统的保费收入7.1万元。民政优抚对象的保险业务，以乡为单位，参保户80%以上，户平保费2元仍予承保。1987年，试办农房附加险，收保费1200元。1989年，开办储金性保险业务7.1万份，收储金124万元。1996年，开办农房综合保险。1997年至1998年，在全县部分乡镇办理农户综合保险，保险储金收入177万元。1999年5月，停办储金性保险业务并“转退”，至2000年5月，退保78.8万元，余额585.1万元。2001年，除县城外，停办乡镇家财长效险。7月废止储金性家财险、农房险条款，储金性业务“长转短”转保。2003年至2004年，雇主责任保险保费收入89万元。2005年，办理3000户特困户住院医疗保险，户年交保费245元。2006年年末，储金余额降为425.2万元。是年开办“交通强制性保险”，承保车辆1826台，收保费458万元。至2006年，车险保费收入4818.1万元，占保费总收入58%。县财险公司由开办单一的企财险发展到财产保险、机动车辆保险、货物运输保险、责任保险和人身意外伤害险等37个保险产品。年收入保费由40万元发展到790万元，保险业务收入达8906.5万元。

理赔业务 1986年，县保险公司遵循“恪守信用、实事求是、公平合理”三原则，处理险损案，是年理赔案件290件，赔款22.1万元。1992年，成立定损领导小组，车辆损失在5000元以上的须领导小组集体定损。1994年，对汽车损案实行查勘、理赔分离制。1997年，对1000元以下的单方肇事损案，二人以上定损可现场赔付。1999年，向社会承诺：车险报案30分钟后答复。2001

年，实行查勘、定损、核赔三权分离制度和询报价制度。2006年，处理保险损案3224件，理赔给付金44.2万元。

至2006年，县保险公司处理保险损案31101件，理赔给付金5181.1万元。其中：企财险2273件，赔款655万元；家财险8757件，赔款433万元；意外险6512件，赔款409.1万元；货运险4件，赔款0.8万元；责任险3416件，赔款345.9万元；车辆险10011件，赔款3316.6万元；其他险128件，赔款20.7万元。

典型案例 1989年，徐家镇3村村民何志刚交保费2元，5月8日，因火烧毁房子一间，现场赔付160元；何又买一份长效险，交保险储金20元，9月16日，又把房子烧完，理赔1600元。

1995年6月4日，个体私营车主陈斌驾驶川R00593号华西客车，从南充载客开往徐家，行至仪北路徐家段时发生火灾，烧死5人，烧伤17人，损失20万元，县保险公司赶赴现场施救，赔款10万元。

1997年9月13日，新园乡1村1社李新仕等5户，煤油灯引燃其房起火，现场赔付6500元。

2003年3月14日，汽车运输80队陈军的川R15299号大客车由驾驶员黄胡琴驾车在广西境内发生碰撞，损失30多万元，县财险公司与当地公司联系现场查勘、施救，赔款26.3万元。

蓬安财保公司历年保险业务发展情况简表

(1986~2006)

单位：件、万元

年度	开辟险种	保险业务收入	赔案件数	赔款	税金	利润	储金		
							历年收入	历年退保	期末有效
1986	17	53.2	290	22.1	2.8	12.9	—	—	—
1987	20	73.8	413	44.2	3.7	-12.8	—	—	—
1988	20	99.2	469	35.3	4.5	28.9	0.5	—	0.5
1989	23	88.8	570	55.7	6.2	18.9	71.2	—	71.2
1990	24	111.1	508	42.7	7.7	74.8	99.6	—	99.6
1991	25	119.1	676	71	7.7	39.6	85.3	—	85.3
1992	25	130	610	77.3	7.9	41.2	26.9	5.0	21.9
1993	26	158.2	593	101.1	8.0	48.7	1.9	—	1.9
1994	25	183	696	109.6	9.7	51.2	9.3	7.0	2.3
1995	27	363.7	987	173.6	22.4	52.0	17.2	—	17.2
1996	26	384.3	1246	253.2	24.4	36.1	95.6	—	95.6
1997	28	466.5	1707	318	36.4	40.1	177.0	1.0	17.6
1998	27	422.8	1501	341	37.1	-19.8	67.3	20.6	46.7
1999	26	508	1178	256	43.5	36.5	0.9	20.7	-19.7
2000	27	732	2516	374	64.1	-51.1	11.2	24.6	-13.4
2001	26	670	1465	330	53.6	122.7	—	17.7	567.4
2002	26	702	2472	377	44.9	101.2	—	19.7	547.7
2003	28	733.5	2711	483	39.6	108.7	—	47.7	500.0
2004	31	696.3	3617	712.7	38	-11.3	—	51.7	448.3
2005	37	757.1	3652	365.5	41.4	108.6	—	11.2	437.1
2006	38	790	3224	627	44.2	62.1	—	11.8	425.2

【人险公司业务】 1986年，开办“中小学生平安”保险，每人每学期交费0.5元，保额500元。1996年，人险公司分设，8月，保费调至每人每期10元，保费收入138.6万元。2000年，开办简易人身保险、定额养老金、家财保险、家财盗窃、抢劫保险、长效农房保险、“美好明天”，每份

每月交费1元，多交不限，覆盖所有企事业单位，累计保费收入1513万元。2001年9月，开办“国寿千禧”理财保险，2968人投保，年均保费收入30多万元，累计保费收入681.2万元；与银行、邮政合作开办“国寿鸿泰”两全保险（分红型），由年收趸交保费66万元，发展到年收趸交保费980万元、期交保费36万元。2002年，县财险公司增加保险咨询、防灾指导、出险救援等服务项目，新增保费收入77.7万元。2003年，开办短期约定意外伤害保险，设立银邮中介代理业务部，中介代收保费863万元。2006年，累计收入10181.6万元，其中：储金性险种39838万元，纯保费收入达9783万元。

理赔业务　1987年6月，县保险公司核赔5000元以内的人身保险案件，对拒赔拒付案件上报地区公司处理。1988年2月，实行职工关系人损案回避制度。1996年5月，设立疑难案件处理领导小组，对3000元以上疑难案件由领导小组集体研究决定。1999年，对1000元以上医疗险增加走访和摘抄病历的审核内容。2000年，对被保险人发生保险责任事故，接到报案3小时内赶赴现场查勘。2002年，实行理赔结案限时管理：100元以内的现场给付；5000元以上的15天结案。养老保险理赔结案时限：3万元以下的5天结案；10万元以下15天结案。至2006年，处理各类人身保险给付案31027件，支付理赔款（给付金）7263.8万元（不含单位团体职工疾病住院医疗保险给付2412.2万元）。

典型案例　1996年8月28日，蓬安县利溪镇农经站职工应成书交养老保险费5000元。2001年3月25日，因病身故，县财险公司3月27日，将25000元保险金送到其家属手中。

2001年1月8日，徐家兽防站为职工每人投保1份人身意外伤害保险，期限为一年。2001年6月26日，该站职工陈奕金乘车由徐家镇到县城，车行至沈家梁地段倾覆，致陈重伤不治身亡，县财险公司接到报案立即赶赴事发现场，当即认定属意外伤害保险责任范围，向受害人家属给付保险金75000元。

2004年1月，蓬安中学学生陈某患“心脏瓣膜闭合不全”，先后经县人民医院、川北医学院、华西医科大学治疗痊癒，县财险公司给付保险金9683元。

2005年10月25日，兴旺镇瓦店子村汽车驾驶员刘贵生投保1份人身意外伤害保险，11月9日10时左右，刘驾驶车辆行驶至济渡乡境内倾覆伤重身亡，县财险公司给付保险金45000元。

金融管理

1986年至2006年，金融管理经历了金融机构的增加变化、金融市场的改革发展和金融管理由手工操作到电子化运行的过程。

【业务管理】 金融监督管理包括信贷管理、金银管理、现金及反假管理、利率管理、会计管理、国库管理、结算管理、金融机构和高管人员任职管理以及金融市场管理等。

信贷管理　1991年10月，县政府成立“清欠领导小组”，办公室设县人行。蓬安烟厂、肉联厂等12户企业欠人1278万元，人欠1089万元，分别占欠人、人欠总额的98%、96%。1993年，县人行按保银行开门、保农副产品收购、保邮汇兑付的顺序提供专项贷款5696万元、借用资金2966万元，投放货币5209万元，解决了银行支付难、农产品收购难、邮汇兑付难问题。1996年，对贷款质量进行监测考核，年末全县金融机构贷款总额84068万元，不良贷款余额36637万元，占比43.58%。其中：农发行政策性贷款21161万元，不良贷款13482万元，占比62.38%；四家国有商业银行贷款总额41614万元，不良贷款19375万元，占比46.56%；信用社贷款总额20843万元，不良贷款3780万元，占比18.14%。银行、城市信用社信贷资产质量危及到全县银行体系安全，县人行成立“清理纠正违规经营工作领导小组”，查实四家国有商业银行的房地产信贷部、信用卡部、国际业务部账外经营贷款6301.17万元，监督如数并入了大账。1998年，强化资本约束，改贷款限额管理为“计划指导、自求平衡、比例管理、间接调控”的资产负债比例管理。1999年7月，推行贷款“五级分类”管理，对金融机构相关人员进行业务培训，要求按标准划分为正常、关注、次级、可疑、损失贷款，前两类为正常贷款，后三类为不良贷款。1999年，部分企业假改制、真逃债，金融机构增加不良贷款1.6亿多元，县人行建立行长联席会议制度，防范和制裁逃废金融债务行为。

短期贷款　1986年至1994年，县人行对专业银行累计发放短期贷款32150万元，以解决“白条”“绿条”问题和弥补银行、城市信用社资金头寸不足。1995年，停办短期贷款业务。

专项贷款　1987年至1997年，县人行对县域18个项目发放“老少边穷贷款”和“地方经济开发贷款”11280万元，其中马电公司5600万元、嘉宝汽车公司3780万元。1997年5月，专项贷款余额5988万元，应收利息1190万元，全部划转县农发行。

再贷款和动用存款准备金　1999年8月，农村合作基金会股金挤兑波及农村信用社，农村信用社发生支付困难，批准动用存款准备金2500万元，发放支农再贷款3000万元，予以资金救助。至2006年，累计发放再贷款42000万元、办理短期融资和拆借资金32150万元，动用存款准备金36600万元。

再贴现　1995年，推进商业票据化改革，对商业银行贴现的票据进行再贴现，是年办理再贴现7笔，金额950万元。至2006年，县人行再贴现96笔，金额7465万元。

金银管理　嘉陵江中游蓬安段沿岸河滩是沙金产区。1986年至1998年，刘长清组织睦坝、邱家滩生产沙金，人均每天可收入8.2元；康旭光组织金溪唐家坝、桐子浩生产沙金，人均每天可收入10元、6元；石梁砣、万和子时坝、盛家坝生产沙金，人均每天可收入7元至8元；杨忠虎组织三坝、八字老生产沙金，人均每天可收入9元；胡家浩生产沙金人均每天可收入10元。当时国家鼓励沙金生产，金农交售沙金50克奖售平价化肥200斤，平价大米20斤。1986年至1998年，县人行收购沙金8968克。1999年，撤销县级人行金银收兑点。

现金管理及反假币　1988年10月，对在银行、信用社开户的企事业单位重新核定库存现金限额，以减少货币投放。1989年，对农村邮电机构重新核定汇兑周转金定额，日兑付汇款36199元，经与邮电局协商核定11个邮电支局库存现金限额34800元，比1982年增加13900元。1991年12月，对106个开户单位开展现金检查，库存现金超限额13.46万元，“白条”抵库12.8万元、坐支现金32.6万元。对河舒粮站、利溪条粉厂坐支现金分别处以罚款37791.9元和14026.2元。1996年11月，对金融机构大额现金支付进行检查，检查大额现金支付16460笔、2.08亿元，个别银行、城市信用社现金报表不真实，估报现象严重。2003年10月，对大额现金（5万元以上）支取业务进行检查。2002年6月，大额取现业务1176笔、10549万元，笔均89702元。2003年3月，取现业务2416笔、24281万元，笔均112412元，增长25.3%。

县人行加强对金融机构和群众反假币、防假币工作指导，举办反假币技能培训147期，11562人受训，设宣传点86个，出动宣传人员9402人次，悬挂标语908条，发放宣传资料167300余份，接受群众现场咨询43580人次，让老百姓挣钱放心、用钱安心。1986年至1995年，流入蓬安的假币较少，10年共收缴假币10762元。1996年后，流入蓬安的假币逐年增多。1997年9月4日上午，高庙乡一商店举报一操广东口音的中年男子用一张百元假币买烟，怀疑其随身携带的密码箱和手提包中还藏有假币。高庙派出所当场抓获嫌疑人靳某某、张某某，从靳的箱、包内搜出假币1035张，面额共计91760元，并追回买烟使用的1张百元券。靳某某，广东省潮阳县3人，粮农；张某某，靳的内弟，四川省南部县王家镇三村三组人，农民。据靳交代：假币是他们于1997年8月28日，在广州市公共汽车站从一不认识的人手中以1：10的价格，用9300元真人民币购买面额93000元假币，两人被公安机关刑事拘留。1996年5月，发现假银行汇票2份，面额89.4万元，汇款人系广州市佛嘉工贸公司和金海丝绸服装厂，签发行为工行27556荔湾支行和27713五山分理处，用途“货款”，汇兑地点为南充顺庆支行67556行号和蓬安支行25394行号，蓬安丝厂到银行鉴别均属假银行汇票，持票人逃离。1996年至2006年，收缴假人民币275688元，假外币3160美元，假国库券6500元，假银行汇票面额89.4万元。

利率管理　1986年1月，农村信用社的贷款利率可上浮40%；平价粮、油贷款，结算贷款、民族贸易和民族用品生产企业贷款、知青办企业贷款、小商品生产企业贷款、经营中药材企业贷款等优惠贷款，利差部分由人民银行补贴。1986年，中国人民银行、邮电部协议商定邮政储蓄机构对储户实际支付的利息汇总定时向县人行清算。1987年，加强有奖储蓄管理，开办有奖储蓄须报县人行批准，实行奖息结合，不得以奖代息，不得以任何借口变相提高利率。1987年9月21日，对短期贷款利率由月息3.9‰、5.4‰、5.7‰统一调整为6.0‰。从1988年9月1日起，对城乡居民个人三年期以上的定期储蓄存款实行保值补贴。1996年4月1日，保值补贴率为“0”，停办保值储蓄。1988年至2003年，存贷款利率3次上调、12次下调。存款平均利率下调5.9个百分点；贷款平均利率下调6.92个百分点；存款准备金比例由13%下调为8%。2003年8月，邮政储蓄转存人行款利率由4.131%调整为1.89%。2005年12月，推进利率市场化改革，扩大了金融机构贷款利率浮动区间，商业银行贷款利率浮动区间扩大到（0.9倍，1.7倍），农村信用社贷款利率浮动区间扩大到（0.9倍，2倍），即贷款利率上浮上限分别为基准利率的1.7倍和2倍，下浮下限均为基准利率的0.9倍；对逾期贷款罚息利率由按日0.21‰计收利息，改为按借款合同载明的利率水平上加收30%至50%；对未按约定用途使用的借款由按日0.5‰计收利息，改为按借款合同载明的利率水平上加收50%至100%；对利率调整问题，中长期贷款利率“一年一定”改为由借贷双方按商业原则确定，可在合同期内按月、按季、按年调整。

20世纪80年代末，农村合作基金会和供销社股金服务部从事金融业务和高利率吸收“存款”，引发存款大战。1996年，存款大战愈演愈烈，个别金融企业提出存款是“立行之本”，部分信用社吸收股金事先承诺分红比例，搞“红息合一”的变相提高利率，其他金融机构竞相提高或变相提高利率乱拉存款。县人行加强利率监管执法，1996年2月，对违反利率规定的7个单位进行了通报批评、限期纠正，并处以罚款和没收非法所得364234.22元。邮政储蓄机构“汇转储”，活期存款比例不实套取利息，资金转存商业银行获取利差，追回套取利息28615.5元、没收非法利差18797.5元；对河舒等7个邮政储蓄网点擅自办理“汇转储”，处罚款157957.5元，没收非法所得114402.84元；对县中行提高利率、公款私存处罚款7500元；对县建行提高贷款利率，没收非法所得36960.88元。1998年，利率监管执法检查，查处违规业务191笔，处3家机构罚款9.4万元。2002年12月，建立利率监测报告制度，未发生利率违法现象。2006年，推进利率市场化改革，扩大金融机构利率浮动区间，贷款浮动利率由法人金融机构制定，报同级人行备案。

会计管理　1986年7月，县人行内设会计国库股，承办会计核算、资金清算、联行往来汇划、国库业务资金分成、报解和拨款、银行账户开立、结算业务。1987年3月，发现县工行、农行缴存财政性存款下降86.7万元，督促及时进行了补缴。工行、农行票据传递不及时，特别是大额（10万以上）票据不按时划转，行社、银企关系紧张。6月成立同城票据交换所，银行之间当日未入账资金由107万元下降至33万元，降幅69.2%。是年，县人行被推选为省人行会计核算操作规范化试点县支行。1989年，县人行参加南充地人行国库业务竞赛获团体第一名。1991年5月，南充人行系统会计工作达标升级现场会在蓬召开，县人行交流了经验。7月，成立“会计工作达标升级考评领导小组”，会计国库股长被推选为省、地分行两级“会计达标升级考核领导小组”成员。11月经地人行查验考核获“会计达标单位”称号。1992年，修订岗位职责、结算、账户、财务、印押证管理、会计检查、分析、监督等20个制度，建立会计差错、票据交换、资金清算、要害人员、印押证（机）等16个登记簿，推动会计升级工作。12月，解决“汇兑难”，河舒、徐家等五个邮电支局积压应兑邮汇款360.1万元，群众怨气大，发生损坏邮政防护栏、责骂工作人员等现象。采取人行调剂、工行清算汇兑、农行专项注入、邮局拆借的办法筹集资金400万元，兑付

1670笔、328.9万元。1993年1月，改收付记账法为借贷记账法。10月，清理检查多头开户，查出多头开立贷款户37个、存款账户14个。1995年3月，经省人行会计达标升级检查组实地查验获“会计达标三级单位”称号。

国库管理 1986年7月，办理国库业务。1989年12月，开展国库会计核算规范化操作试点。1991年，县支库纳入省分库重点联系支库，接受了全国国库资金入库检查，会计国库股撰写的《国库业务电子化初探》一文在省分库峨眉会议上交流，并被推荐为人总行全国国库理论研讨会交流文章。1994年，实施“分税制”，会计国库科设立中央金库、地方金库组，分别办理中央，地方国库资金预算收支核算。中央金库业务实行垂直领导，地方金库实行人民银行和地方政府双重领导。7月，县支库被省分库评为“国库工作先进集体”。1997年至2002年，乡镇金库累计办理税款入库6.2万笔、12000万元，财政拨款1.3万笔、9500万元。2003年4月，农村税费改革，一般纳税人到县级缴款入库，乡镇金库因业务减少而撤销。2004年10月，治理不规范外来凭证，提高了国库核算质量。2005年，办理退库410万元，堵住不合规拨款46笔、463万元，纠正延解积压税费6笔、33万元，处理不合规税票132笔、325万元，在中心支库的竞赛评比中获“会计核算一等奖”“综合管理二等奖”“报表分析二等奖”。1986年至1996年，办理预算收入58972万元，支出94691万元，退库2107万元，堵住不合规拨款1092笔、2319万元，纠正延解积压税费234笔、878万元，处理不合规税票182笔、446万元。

结算管理 1987年，蓬安县工、农、建三行参加同城票据交换，后成立同城票据交换所，三次修订《同城票据交换资金清算办法》，规定了交换场次、时间、地点。1988年11月，简化银行结算种类，确立以本票、支票、汇票、银行卡“三票一卡”为主的结算手段。1989年4月1日，实行《银行结算办法》，废止信用证付款委托书、托收无承付、托收承付、保付支票、省内限额结算方式，改支票多联式为单联式。1990年，配备压数机，压印汇票金额。8月，根据人总行《整顿开户和加强结算纪律的意见》和《关于开展账户清理和结算纪律检查的通知》，对38个金融机构进行银行账户清理，撤销多头开户189个；对违反结算纪律的处罚息14474.6万元；发布账户管理公告，公布了企事业单位基本账户、开户行（社）。蓬安是全省超汇大县。1993年7月，邮政汇兑待兑单积压43982张、1496.8万元，每日以进口100多张、50余万元的速度递增，县人行贯彻《邮政汇兑资金清算办法》，7月至8月，清算汇兑差额6次，兑付“绿条”66715张、2439.7万元。1994年，贯彻全省结算会议精神，公布了县各行的监督举报电话，查出积压结算凭证58笔、207万元，进行了纠正和处罚。1996年，检查清理账户1214户，财政税务部门违规开户69户，进行了撤销归并处理。2003年，四次抽查结算凭证36098笔，无无理拒付，延压退票等行为。是年，因企业多有不良记载，票据手续繁杂，业务萎缩。

蓬安县银行票据业务情况表

单位：笔、万元

种类＼年度	2001		2002		2003	
	笔数	金额	笔数	金额	笔数	金额
票据承兑	45	2043	33	1376	7	386
贴现	52	2465	9	511	9	659
再贴现	52	2465	9	511	0	0

【机构监管】 1986年4月，撤销县工行信托投资公司，年末有金融机构91个，其中县城区26个、乡镇65个。1987年，对98个机构颁发“经营金融业务许可证”。1996年，部分金融企业抢地盘、争业务，机构布局不合理，县城五星花园半径100米内有金融机构8个。开展金融机构合法经营检查，查出“证、章、牌”不相符机构4个，超核准范围经营1个，156个机构年检后换发“金

融机构法人许可证”和“金融机构营业许可证”133个，堵住非法设立金融机构案3起，审批金融机构变更事项7个。1997年2月，撤销县工、农、中、建四家国有商业银行的房地产信贷部、信用卡部，国际业务部，制止了筹建证券交易部。1998年，对农信社实行年检，检查审核73个信用社及其分支机构，认定65个社合格，8个社基本合格，高风险社5个。1999年，审批5个金融机构，搬迁更名2个，撤销福德信用社德新分社等5个分社。是年，配合县政府清理整顿农村合作基金会，分期兑付了农民“股金”。2000年6月，撤销县中行。2002年，农村信用社以中心社为单位合并重设为8个法人信用社，其余信用社改为分社。法人信用社实行并表核算。年末年检评价72个农信社机构，58个初审合格，12个基本合格，对周口信用社、睦坝分社年检不予登记。

【高管人员任职管理】 1996年，县人行对县财产保险、人寿保险两家公司正、副经理，保险代理人进行了资格审查，调查考核金融机构人事变动事宜3次。1998年，对39个农村信用社主任的任职资格通过初审合格，对3个银行负责人进行了约见谈话和任职资格审查，建立金融机构法定代表人、负责人任职资格档案51卷。1999年，对银行主要负责人进行任职资格审查，2人基本合格，12人不合格，取消商业银行县支行领导任职资格1人，取消农信社主任任职资格7人，调整负责人32人，约见谈话1人。10年县人行审查72名金融机构负责人任职资格，取消9名高管人员任职资格。

【金融市场管理】 1987年3月，报经省人行批准，马电公司计划发行企业债券435万元，实际发行405万元，期限5年，年利率10%，县财政担保，县建行代理发行兑付。1990年11月，经省人行批准，蓬安烟厂发行“七五”技改项目企业债券500万元，期限5年，年利率14%，财政担保，县工行代理发行兑付，南充地区保险公司全部认购。1991年以后，国债一部分按行政分配发行，另一部分以承购包销方式发行。1994年7月，经省、地部门批准，蓬安县经济技术开发公司周口至河舒一级公路建设，计划发行地方建设债券500万元，实际发行485.4万元，县财政担保，县城信社代理发行兑付。1999年，清理整顿供销社股金服务部、县工商联个协互助储金会，股金、存款全部兑付，借款清收完毕。

【电子化管理】 1990年，县工行开始在磨子街储蓄所安装电子计算机，实现门柜业务单机记账与复核。1991年，工行建立储蓄主机房，营业网点实现业务微机处理。1992年，建行蓬安支行应用微机进行会计监督。1993年，工行实现网点之间通存通兑。建行完成接柜、复核、统计、报表的处理和储蓄事后监督微机管理。1995年，建行实现储蓄前台电算化。1996年，建行开通通存通兑；全国电子汇兑业务联网。县商行投资30万元建立营业部中心机房，基本实现业务操作电脑化。邮政储蓄开始电子化建设，实现县局邮储窗口和事后监督微机处理。2001年，开办邮政绿卡业务，并进入全国联网实现通存通兑，并开通电子汇兑业务。1998年至2001年，县农行完成建立计算机机房，计划统计、信贷管理、财务管理、电子邮件四大业务系统投产运行，县市两级网络畅通。1999年5月，工行实现市辖通存通兑。会计业务全国联网，资金汇划实时到账。2006年9月，工行完成新终端平台项目推广。自助银行、电话银行、手机银行和网上银行构成的电子银行立体服务体系日益成熟；年末，有计算机设备33台，其中管理用机6台、ATM机3台、业务用机24台，电子银行注册账户3215户，牡丹卡发卡量16506张。建行增加ATM机和POS机，开通会计总账传输系统、电子邮箱系统、NBTES系统、OA办公自动化系统、视频会议系统、“95533”客户服务系统，实现办公自动化。商行实现业务电脑化、网络化和办公自动化。有计算机设备28台，其中：处理业务用机18台、监督管理用机8台、ATM机4台。农行实现CM2006信贷管理系统上线，生产系统与管理信息系统分网运行。邮政储蓄全县有计算机71台，其中业务用机56台、管理用机10台、ATM自动柜员机5台。1990年至2006年，全县金融系统先后实现了对业务系统的电子化建设。

蓬 安 县 志

PENG AN XIAN ZHI

旅 游

1986年，蓬安尚未开发旅游业。1990年，马回电站建成，县委、县政府提出开发周口至马回水陆游览区。1992年，开始筹建蓬安白云避暑山庄和县城笔架山公园，民间发起兴建龙角山长寿公园。1994年，开发大深南海。1995年，白云避暑山庄被省政府命名为风景名胜区。1997年6月，大深南海被省政府命名为四川省风景名胜区。是年，兴建河舒小乐山长寿公园。1998年，建设龙角山公园。2000年以来，司马相如故里得到学术界和社会认可，嘉陵江蓬安段旅游资源开始发掘。2003年，县政府再次对白云山、大深南海景区编制开发规划，并委托西华师大编制《蓬安旅游发展总体规划》。2004年，在周河公路（现安汉大道）中段建司马相如故里门阙。2006年，开始建设嘉陵第一桑梓AAAA级景区，列为四川新五大旅游区中生态文化旅游区的核心景区。

旅游资源

蓬安历史上有“琴台夜月，嘉陵晚渡，牛渚渔歌，五马排空，广慈晓钟，马鞍樵唱，石壁晴云，双蓬叠翠”等蓬州八景。1986年后，蓬安植被恢复很快，白云山林场、大深沟水库、东门河坝、笔架山、龙角山等渐成休闲游玩之地。1989年，蓬安编修县志提出司马相如和相如古县研究，相如故里和相如文化资源逐渐在县内外得到认可。1990年，马回电站建成后形成周口至马回人工湖。1992年至2001年，笔架山、白云山、大深南海、龙角山、锦屏山、小乐山、燕山寨、桃花村等自然和人文风光资源陆续被发掘。2005年，国家旅游局提出嘉陵第一桑梓旅游资源概念。2006年，相如故城和周口镇古民居批准为省级文化名城。

【人文自然资源】 蓬安建县之始即为相如县，延续近900年，治所在锦屏镇。嘉陵江蓬安境内，县城到马回电站一段，江面平坦，有5000余亩天然漫滩湿地、江心绿洲太阳岛、月亮岛。还有两岸青翠葱茏的岸线和龙角山、凤凰山、慕蔺山等自然景观，更有生态奇观“百牛渡江”“牛鸟谐居”等特色资源。2003年，蓬安打造司马相如故里旅游景点。2005年，蓬安提出打造嘉陵第一桑梓，即有司马相如桑梓之意，包括相如故城和周子古镇。相如故城从东北之西南玉环溪纵贯全城，把古城分为阴阳鱼形两半，犹如小太极；古城与嘉陵江之间的漫滩湿地和形如玉带绕城三面的嘉陵江，成为天然的大太极。相如故城至今保存较为完整，文庙、武庙、城隍庙等古建筑群和古街区犹存。与相如故城隔江相望、依龙角山而建的周子古镇，是嘉陵江流域最典型的坡形码头古镇，古街区长约1千米，现存有明清风格川北民居3000余套（间），其中首尾相衔的古民居、古铺面500多套（间），有财神楼、万寿宫、濂溪池、武圣宫、洞仙观、红军标语等物质文化遗产。

蓬安有古蓬州治所遗址和众多风光及特产资源。有茶亭乡蓬池坝村的蓬州遗址和燕山（运山）寨一州三县同治的抗蒙遗址，有锦屏山古佛洞，有佛尔崖和小乐山摩崖造像及开口大佛，有白云山、大深南海等省级风景名胜区，县城内有笔架山、龙角山植被丰盛、风光秀丽。境内开放寺院有龙角寺、龙云寺、南海寺等。

【文化旅游资源】 蓬安的旅游文化资源以司马相如文化为主。蓬安历史上曾吸引众多文人墨客和为官者到相如故里瞻仰。唐代书画家颜真卿，大诗人元稹，画圣吴道子等先后到相如故里为官或挥毫泼墨。宋代大文豪苏轼游览相如故里，在县城银汉镇来苏寺存笔墨，留下洗墨池遗迹。理学大师周敦颐来故里讲学，人们为纪念周敦颐，改舟子镇为周子镇，濂溪祠是讲学之处。明代卢雍（四川学政）游历蓬州，写有《谒长卿祠》拜谒文，称司马相如“蜀中人物称豪杰，汉室文章擅大家，此地人居犹故迹，当时名县岂虚夸”和赞蓬州八景诗。清代到蓬州为官的洪运开、徐浩、周天柱、姚莹、伍联芳等人建有文风塔、玉环书院、考蓬、龙神祠等，留有诗文佳作。蓬安人才辈出，有举人魏鼎（人称魏举人），有著名哲学家伍非百，藏学家张怡荪，土壤学家兰梦九等人，都在科学文化领域独树一帜。蓬安曾属川陕革命根据地，民国22年（1933），红军曾在北至茶亭，南至碧溪，东以嘉陵江为界建有苏维埃政权。红军在周子古镇盐店街（红军街）立牌坊，刻有宣传标语，在龙角山顶栽黄桷树，现取名红军树。鲜店乡猪市坝等地保存有红军标语等，形成蓬安的红军文化。嘉陵江蓬安段，孕育了独特的地域文化，有嘉陵江船工号子、蚌舞、水龙舞、草龙舞、川剧坐唱等民俗文化，有桃花节乡村旅游和农耕文化，丰富了以相如文化为主的蓬安文化旅游资源。

相如文化　2003年，蓬安县成立司马相如研究会之后，相继开展一系列国内外学术研究活动。2004年，蓬安在周河路建有汉代门阙。2005年，蓬安始将相如文化的人文资源和嘉陵江文化的自然资源融合提炼为嘉陵第一桑梓主题旅游品牌，相如文化成为蓬安旅游的核心价值。在滨江路建有钟情门，立35根柱（取名钟情柱），建有爱情屋纪念司马相如与卓文君的千古爱情。2006年，开始编辑相如故里旅游文化丛书一套五本宣传相如文化。2007年，庆祝建县1500周年，编排《相如长歌》大型历史歌舞剧，在县内外公演获好评。

地方文化　蓬安地方文化有川剧坐唱和船工号子等。川剧坐唱是川剧衍生出的一种通俗文化形式，常用于婚丧嫁娶哄抬热闹气氛。2003年后，蓬安全面开发旅游。2006年，嘉陵第一桑梓景区成立船工号子表演队，船工号子以文艺表演形式，在周子古镇码头为游客表演。表演者赤膊、光脚、背缚纤绳，齐喊船工号子，声音洪亮，震撼嘉陵江码头，再现拉船的劳动场景。

民俗文化　1986年，蓬安民俗表演有舞龙、舞狮、莲宵、车车灯、蚌舞、金钱板等，犹以舞龙最盛。舞龙是蓬安盛行的一项传统活动，民间称舞龙灯。逢年过节喜庆之日，多以舞龙庆贺，流行的有彩龙、火龙、水龙、草龙、板凳龙等。兴旺、龙蚕乡一带舞水龙流传久远，每逢天旱，农民自发地舞水龙，以求老天下雨，解除旱情，现变成旅游表演项目。

乡村旅游　2001年3月，县政府在河舒镇高笋塘村举行首届河舒桃花艺术节，游客逾10万人次，开始乡村旅游活动，后来将该村更名为桃花村。之后，每年3月举行一次桃花艺术节，县内外游客络绎不绝，赏河舒桃花，游相如故里。县城龙角山和周边村社有乡村旅游项目“农家乐”，休闲饮食娱乐，但规模较小。2006年后，徐家镇九龙村、金溪镇沈家坝村也先后举行梨花节和橙花节。

【资源保护】　1992年，蓬安县保护开发笔架山、龙角山旅游资源。1995年，开发白云山、大深南海旅游资源。2003年，开始全县旅游资源保护、规划、开发。2005年，县人大制定古城保护条例保护相如故城和其他旅游资源，实行“严格保护、统一管理、合理开发、永续利用”方针。古建筑、古文物修复按照“修旧如旧，复新如古”原则进行。景区周边建设进行控制性规划，杜绝违章违规建设。2006年，县政府发布《禁止在漫滩湿地、嘉陵江禁捕期电打野生鱼》公告；取缔嘉陵江、大深南海内的网箱养鱼和投食养鱼行为，保护水质；发布《禁止捕杀野生动物砍伐林木的公告》保护珍稀植物和动物，对古树名木挂牌保护。对周子古镇店名招牌进行特色设计和规范制作，再现古镇古朴、典雅原生态风貌。

旅游规划

1992年，蓬安县制定笔架公园规划和开发建设白云避暑山庄旅游观光规划。1994年规划建设大深南海。1998年，规划龙角山公园建设。2002年，县政府委托四川省旅游规划所对运山古城（燕山寨）建设项目作规划。2003年，聘请中国园林设计院西南分院编制《龙角山公园详细规划》。2006年12月，市政府评审通过蓬安委托北京绿维创景规划设计院制定的《嘉陵第一桑梓景区》总体规划。

【总体规划】　2003年，县委、县政府聘请西华师范大学经济研究所编制蓬安县旅游发展总体规划。2005年，编制完成《蓬安县旅游发展总体规划》。旅游发展布局为“一带两轴”和“四大特色景区”。一带：田园风光休闲带（以河漫滩为主体，通过水上游览串联嘉陵江村、太阳岛、月亮岛、中坝村、千里嘉陵第一坝、金溪电站、金溪古镇等旅游景点）；两轴：人文观光休闲轴（周子镇、相如故城）、码头文化休闲轴（嘉陵江最后的古码头和滨江路空中花园）；四大特色旅游景区：白云山·大深南海生态观光休闲度假旅游区、嘉陵第一桑梓旅游区、运山古城历史遗迹与河舒生态农业观光旅游区、嘉陵江码头古镇观光休闲区。总目标是以相如文化、嘉陵风光为主题，把“相如古城、第一桑梓”打造成为国内知名品牌，让旅游成为第三产业的龙头和新的经济增长点。同时制定了旅游产品营销方案，资源保护、交通线路等详细规划。

【重点景区规划】 2005年10月，南充市副市长杜一力根据司马相如研究会研究成果，提出建设蓬安嘉陵第一桑梓旅游构想，四川省旅游规划设计院作出嘉陵第一桑梓旅游区项目策划方案。12月，县委、县政府委托北京绿维创景规划设计院、中国城市建设研究院编制《嘉陵第一桑梓旅游区商业运作策划》《嘉陵第一桑梓旅游区控制详细规划》和《嘉陵第一桑梓旅游区总体规划》。主题定位为中国最浪漫的休闲家园，辅助主题为司马相如故里和嘉陵江最后的古镇码头。分为“一江两岸三段四功能片十三区”。一江：嘉陵江；两岸：景点沿嘉陵江两岸分布；三段：嘉陵江城区段、大桥至马回水电站段、电站至中坝村段；四功能片：浪漫家园漫滩生态观光休闲片（漫滩湿地、相如故城、嘉陵江村）、嘉陵江码头古镇观光休闲片（龙角山、周子古镇、滨江空中花园、固州寨）、水上观光游乐片（嘉陵江水面系统、两岸及日月岛、铜角寨）、新农村参观游览片（中坝村）；规划三大主题景区和农耕民俗主题区。2006年12月，嘉陵第一桑梓旅游区规划的三个成果通过市、县政府评审。

【龙角山公园规划】 1998年，县政府聘请中国风景园林规划设计院西南分院编制《龙角山公园总体规划》。2003年，龙角山再次规划。龙角山位于蓬安县城西北，西靠嘉陵江，北侧山麓为嘉陵江大桥引道，对望相如故城（锦屏镇），总面积646亩，海拔高度600米，是蓬安县城的制高点。传说唐代画家吴道子奉皇帝之命画嘉陵江三百里风光，曾登临龙角山。山顶有民国22年(1933)，红军栽的黄桷树。规划景点有山顶景观区，吴带当风区（吴道子塑像，画江楼广场），儿童游乐区，山林绿化区，宗教文化区。2006年，龙角山公园纳入嘉陵第一桑梓景区一并规划。

【运山古城燕山寨恢复重建规划】 2002年4月，县旅游局聘请四川省旅游规划所实地考察、查阅历史资料、走访群众后，编制恢复重建规划。运山古城定位为历史文化和田园风光旅游区。运山古城燕山寨是南宋四川抵抗元兵入侵的“八柱之一”；是一州三县（蓬州，相如县、营山县、蓬池县）抗元长达15年的治所。民国22年（1933），红九军与杨森部浴血奋战，在这里谱写以少胜多典型战例。规划建设项目有绕古城步道；环天池步道；修三道城墙城门；恢复《移治碑》、《纪功碑》；复建南宋一条街；恢复州府、三县衙门原貌；整修天池；建红军抗敌纪念碑；修建上山道路等。

【相如故城恢复规划】 2006年，嘉陵第一桑梓旅游区规划已将相如故城开发纳入二期工程开发项目，作出了总体规划。

景区开发

1992年，蓬安开始进行旅游景区开发，提出打造周口至马回电站水陆游览区。同时建设笔架山公园。1995年至1997年，开发白云山风景区、大深南海风景区。1998年，开发龙角山，开始公园景点建设。2005年，决定打造嘉陵第一桑梓，龙角山公园开发纳入蓬安旅游发展总体建设。2006年，全面启动嘉陵第一桑梓景区建设。

【嘉陵第一桑梓AAAA级景区】 嘉陵江穿过蓬安县中部，沿江风光旖旎，有相如故城和周子古镇拥江分立。2005年，蓬安按照北京绿维创景规划设计院、中国城市建设研究院编制的《嘉陵第一桑梓旅游区商业运作策划》《嘉陵第一桑梓旅游区控制详细规划》和《嘉陵第一桑梓旅游区总体规划》制定创建AAAA级景区实施方案规划。2006年，成立蓬安县嘉陵第一桑梓旅游开发领导小组。领导小组下设创建办公室。组建了有注册资金3000万元国有控股的蓬安相如旅游开发有限责任公司（以下简称旅游开发公司）作为建设主体，蓬安县嘉陵第一桑梓风景区管理局作为管理机构。成立了嘉陵第一桑梓创建国家AAAA级旅游区办公室，办公室下设综合协调、技术指导、软件资料、资金管理和目标督办组，具体组织实施各项创建工作。

嘉陵第一桑梓AAAA级景区创建工作分为两个阶段。即2006年至2007年的基础建设阶段和2008年至2009年集中创级阶段。县委、政府构建了多元投入的经费保障机制。县财政累计安排专项资金4000多万元投入基础设施建设；加大项目资金捆绑使用，引导部门和民间投入11000多万元完善配套服务功能；相如旅游开发公司以项目为载体，融资5000万元投入项目建设；招引重庆嘉华建设集团投资3亿元进行五星级酒店建设和古镇扩容工程等。县委、县政府实行目标管理。第一阶段的工作任务、项目落实到部门人头，年终考核奖惩；后一阶段按照国家一标三则，即国家AAAA级标准及三个细则确定124大项、214个得分点、921分的创建目标，分解细化，下发给70个责任单位，纳入年度目标考核。创建办建立责任单位工作周报、月报制度，推行与县目标督查办定期联合督查制度，实行跟踪督查、现场督办，对督查情况及时挂牌通报，及时协调处理相关问题。县旅发办邀请省创AAAA评估专家到蓬安现场指导6次，逐级对各项目的设计、程序、施工把关，各相关部门严格执行AAAA质量标准，确保创建质量。根据创AAAA项目进展情况和专家指导意见，县旅发办、创AAAA办、目标办联合发出18期细化任务、追加任务和督办进度通知。建立科学的创建体系，任务明确，责任明晰，督办有力，确保所有创建项目有效实施。2009年，建成龙角山景区、周子古镇景区、滨江文化休闲区和嘉陵江水上游览区，共49个景点。嘉陵第一桑梓景区第一期工程初具规模。龙角山景区有红军树、吴道子天梯、龙角寺、乡友林、画圣广场、画江楼、文化长廊、诗碑林、博弈台等景点。周子古镇有财神楼、古码头、周子茶楼、濂溪祠、爱莲池等景点，下河街、顺河街、新华街、红军街4条古街及古商铺等500余套间，古民居3000余间等景观；滨江文化休闲区有桑梓广场、钟情牌坊、桑梓楼，神龙泉、夫妻树和《桑》《耕》《渔》雕塑等景点。水上游览有龙船、凤船、凰船三艘大型水上游览船。登龙角山，可览相如故城、嘉陵江漫滩湿地全景；登游船，赏太阳岛、月亮岛自然美景，观百牛渡江生态奇观，看千里嘉陵第一坝雄伟壮观。编排大型历史歌舞剧《相如长歌》，编写《蓬安（相如古县）县情通俗读本》，宣扬相如文化内涵。整理编排民间蚌舞、水龙舞、草龙舞、嘉陵江船工号子、川剧坐唱等民俗文化。完善景区配套设施：安装电脑触摸屏3台，设置宣传资料10余种，设置导游全图2个，导览图15个，景点介绍牌42个，标识牌58个，配备中、英、法、日、德5种语言导游28名。旅游安全保障体系、邮政通讯、旅游商品和交通服务设备完善。2009年，嘉陵第一桑梓接待游客42万人次，旅游总收入2.1亿元。收集整理嘉陵第一桑梓创AAAA迎国检、省检材料200余种。2009年10月，省检查验收组一行到蓬安，历时两天，听取县委、政府创建嘉陵第一桑梓工作汇报，分景区、软件资料、游客调查、抽样等4个小组，对蓬安创建嘉陵第一桑梓国家AAAA级景区进行全面检查验收。按标准验收结果评为913分。随后，省检查验收提出创建工作中存在的不足，要求蓬安迅速补建、整改，迎接国家验收。省、市检查验收组宣布蓬安创建嘉陵第一桑梓AAAA级景区合格。12月，国家旅游景区等级评定委员会组织了检查验收组，对蓬安嘉陵第一桑梓旅游区创建国家AAAA级旅游区进行检查验收。检查验收组严格按照创建标准，通过现场检查、查看创建软件资料和听取汇报等程序，认为蓬安嘉陵第一桑梓旅游区达到了国家AAAA级标准，验收顺利通过。

【白云山风景区】 1986年，白云山国营林场建有生活、工作用房，因山上风景优美，间或有游人进山游览。1992年，县委、县政府提出发展蓬安旅游业战略。决定由县林业局依托白云山地理特征、林业资源、自然景观，开发白云山旅游资源，建设白云山风景区。

白云山景区位于蓬安县东南部罗家镇与南燕乡交界处，面积51平方千米，海拔最高处827米，最低处373米，是蓬安县国营林场所在地。地形有2沟33峰26弯。植被主要有马尾松、柏树、女贞、樟树、檀木等几百种，有野生中草药几十种。动物有画眉、斑鸠、蚁类、白鹤、麻雀等。名胜古迹众多，可供开发的景点有千佛水库、神水洞、灯盏岩、白云湖、圆门、石龟峰、望苏亭、方卵石、卧牛生崽、夹中石、老虎咀、蛤蟆石、悬石柏、劈妖石、杨柳湖、葫芦洞、逍遥洞、夫妻菩萨、玉兔岭、鼓锣山、文君井、印盒子、美女岩、观音庙等。白云山常年气温比山下低15°C，雨量、阳光充足，四季分明，春天百花争艳、鸟语花香，夏季绿茵遍野、百蝉争鸣，秋天枫叶枯黄、松涛阵阵，冬季银装素裹、云遮雾障，是旅游度假、休闲养生、会议商务、探险寻幽的绝佳去处。

1995年，筹资20万元，建成童话村、旅客接待处、景区步道等基础设施，开始接待游客。是年白云山景区被省政府命名为省级风景名胜区。1996年，被省林业厅命名为省级森林公园。此后，县政府又投资数百万元，修建7.5千米旅游专用水泥路和10千米游步道。1998年，县政府增加投资200万元，新建观景亭、白云湖、弥勒佛等景点和100吨自来水厂、有线电视网络。建成神水洞、白云湖、望苏亭、柳杨湖、竹海、公主石、龟蛇岭、大肚罗汉、童话林、夫妻菩萨、逍遥洞、观音庙等景点。建有白云宾馆、白云走廊、观景亭、童话林、度假村等旅游接待住宿游览设施。2002年，白云山仍继续接待游客旅游。2003年，为了森林安全，白云山风景区停止对外接待游人。

【大深南海风景区】 大深南海位于罗家镇与济渡乡交界处，原名“大深沟水库”，解放后第二任县长吉仰圣命名“大深南海”，并请总政治部副主任刘志坚题写了名字。1986年，水库有管理房一座，因风景优美，常有游人前去观赏玩耍。后两次扩建，建成水库人工湖。湖周约20千米，蓄水量1150万立方米，平均水深33.5米。水面宽阔幽深，碧波荡漾。湖中5个山峰形成形态各异的4个半岛和1个中心岛。湖中皇冠岛形如漂浮在水中的帽。历史上有“张献忠驻座金城山，五马归槽帽尔梁”的历史故事。松竹沟、望夫崖形成悠长峡谷，横卧着清代乾隆年间修建的石坪桥和石拱桥。白鹭、野鸭、白鹤等水鸟长年栖息在湖中。大深南海北面有老白云山，山上尚有安宁古寨和明代修建的金天寺古庙，尚待开发，其集幽、深、秀、奇的自然特点，很有开发价值。

1996年，县政府决定开发大深沟水库，定位自然生态观光游览区。是年，出租开发，广安老板夏明宝私人承包10年经营，培育皇冠岛及水库周边花草树木，购置水上游乐船，在大坝口修建迎宾楼，皇冠岛建度假村，对外接待游客。1997年，大深南海被四川省政府评为风景名胜区。1998年，重新维修迎宾楼和度假村、餐厅，培植草坪、花园，提升接待规格。2003年，水利局投资30万元，新建景区停车场，游船码头。是年，景区业主投资30万元，新增机动游艇和更换设施。吸纳民间资金100万元，复修南海寺并对外开放。新增烤全羊、南海鱼、马奶酒（采野果自酿）等特色美食。至2006年，接待游人10.5万人次，旅游收入3750万元。

旅游促销

1995年与1997年，蓬安白云山、大深南海相继被省政府命名为风景名胜区，县政府在四川电视台风景区天气预报栏播报白云避暑山庄。顺庆、高坪、嘉陵区、营山、仪陇和广安市等地到白云山、大深南海景区休闲度假人数增多。2001年，宣传蓬安桃花艺术节。2005年，开始嘉陵第一桑梓旅游区建设宣传。2006年，采取广告、标语、推荐会等形式，立足成渝，依托南充、广安、达州、巴中市及周边中等城市和县城营销推荐。全年接待游客30万人次。

【宣传促销】 1995年，在四川电视台播报蓬安白云山避暑山庄风景区天气预报宣传促销。2003年，蓬安电视台拍摄《魅力蓬安》《相如故里蓬安行》《相如故里寻相如》等专题片，分别在蓬安、南充、四川电视台播放。2004年，蓬安先后在周河路建成“司马相如故里”大型门阙，召开“司马相如研究与巴蜀文化研讨会”，出版司马相如研究会会刊800册宣传。2006年，县政府拨款16万元，制作发行《司马相如故里——蓬安》宣传画1万册。在成南高速公路多处设立“司马相如故里——蓬安”和“嘉陵第一桑梓——蓬安”广告牌，县城主城区制作“嘉陵第一桑梓”“生态蓬安，和谐蓬安”广告灯箱。

2007年10月，蓬安举行了庆祝古相如县建县1500周年系列庆典活动。县委、县政府和司马相如研究会与四川省社科联、川师大中文系联合举办相如文化国际研讨会；出版由赵正铭、邓郁章主编的《司马相如故里旅游文化丛书》一套五册，印发3000套；举行“紫苑杯”蓬安首届旅游形象大使选拔赛，冠亚季军赴南充市竞选；摄制《嘉陵第一桑梓》风光片、《周子古镇》和《相如故里人》等专题片分别在中央电视台和重庆、四川、南充电视台播放宣传；刻录2000张风光影碟，在成渝旅游推介会发行赠送。电影《水雨童话》《元帅故里》《爱亦无声》到蓬安下河街开拍时，请外地客商来蓬安考察观光。《南充日报》《四川日报》《重庆晚报》《中国旅游报》《成都商报》《华西都市报》等先后刊载蓬安文化、旅游宣传文章60余篇，登载新闻50条。2009年，在互联网上注册嘉陵第一桑梓、司马相如故里、周子古镇3个中文网域名。建立蓬安旅游政务网和嘉陵第一桑梓旅游商务网2个网站。县文化体育旅游局编写《蓬安县情》100问，印9000册宣传。

【文艺表演】 1992年至2003年，主要进行民俗文化表演。2007年，创作大型历史歌舞剧《相如长歌》，开发《船工号子》等地方特色文艺节目宣传演出，组织大型综合文艺巡演。《相如长歌》在庆祝古相如县建县1500年向国内外嘉宾展演，赢得高度赞扬和肯定，后赴南充市参加演出3场，观众场场爆满。嘉陵江船工号子参加第二届国际非物质文化遗产展演。2009年8月，《相如长歌》参加省文化厅举办的庆祝新中国成立60周年文艺演出，2010年，参加文化部、国家旅游局在张家界举办的国际旅游文化节演出。是年，在县内还举行《婚嫁歌》等民俗文化演出。

【旅游推介会】 2002年，蓬安成立旅游局，在县内召开旅游专题会宣传。2006年，县政府组织旅游部门和企业赴南充、重庆、成都等地，召开乡友联谊会、旅游推介会和招商引资洽谈会，向乡友、企业界、商业界发放《司马相如故里——蓬安》宣传画册和蓬安风光影碟。2007年，春节前夕，县政府、县旅游局赴成都、重庆、上海、杭州、绵阳、遂宁、南充、射洪等举办乡友拜年会和旅游推介会。2009年8月，在成都银河王朝大酒店召开旅游推介会暨《相如长歌》展演新闻发布会。2010年1月，蓬安在重庆市江北区举行旅游推介会，中国旅游报、中央电视台、四川日报、四川电视台、重庆电视台、南充电视台等媒体均作报道。4月，在重庆市举办推介嘉陵第一桑梓景区的“嘉陵放牛节”，并举行新闻发布会。重庆日报、重庆电视台，新华网重庆频道、华龙网、大渝网、四川电视台、四川新闻网等25家川渝媒体全文刊载县委书记、县长推介讲话。

旅游服务

1995年，在白云山避暑山庄修建休闲度假木屋、竹屋、茅草屋、饭店等接待设施，硬化景区道路。1996年，在大深南海修度假村，修豪华迎宾楼。2006年，创建嘉陵第一桑梓景区，同时完善服务接待设施。维修道路、增设小卖部、厕所、电话、标识；景区设置警务室专职保安人员，派民警执勤；培训导游；增设医务室，配备救急药品、救急设备和义务人员，全面做好旅游服务。

【景点标识】 2005年，在建设蓬安嘉陵第一桑梓景区设置了全景图、导览图、景物介绍牌、标志牌、纪念品销售点、咨询点等。2008年，集中开展创建活国家AAAA级景区活动，景点标识逐步增多。2009年，在启动四星级游客接待中心建设时，安装电脑触摸屏3台和影视播放系统1套，放置宣传资料10余种。是年，方便游客识别标识，顺利旅游，招聘有中、英、法、日、德5种语言导游28名，编印了中、英、日、韩4种文字的导游词供游人阅读。

【宾馆饭店】 1992年，蓬安开始发展旅游业之初，只有县招待所有标准间接待客人。1995年，白云山和大深南海开始修建度假村式的标准房间接待游客。2000年，蓬安建成首个二星级宾馆蓬安宾馆。2004年，建成三星级相如饭店、马电专家楼宾馆。2006年，嘉陵第一桑梓景区初步建成，游客和来往客商增多，蓬安新增瑞泰商务大酒店、抚琴大酒店、文君大酒店等一批较高档次宾馆。2009年，启动四星级游客接待中心建设。景区建成了古建筑风格的周子客栈，另有邮电宾馆、五达宾馆、白云宾馆等一批小型旅游宾馆饭店。

【交通服务】 1986年，蓬安县有公路和嘉陵江水运交通，服务来往客商。1997年，达成铁路蓬安段开通。2006年，蓬安境内国、省、县道均为高级或次高级路面公路，连接成都、重庆分别只有3个小时左右，到南充半个小时。县内有国道318线公路穿过白云山和大深南海景区，省道204线南（部）渠（县）路连通相如故城和嘉陵第一桑梓，省道203线仪（陇）华（蓥）路连通周子古镇；已上马修建的南（充）梁（平）高速离县城和嘉陵第一桑梓景区5千米左右；嘉陵江水运蓬安段，穿过嘉陵第一桑梓景区，现开有龙船、凤船、凰船三艘旅游观光船，从周子古镇码头出发至马回电站，沿途可观赏相如故城、太阳岛、月亮岛和千里嘉陵第一坝等景点。滨江休闲区和龙角山景点还通行公交车和景区观赏车。

【地方特产】 1986年，蓬安最有名的地方特产有石梁硊的江团。1992年，蓬安旅游业开始发展，过往客商在河舒吃蓬安有名的河舒豆腐。1998年，曹氏豆干开始走俏。相如香兔、杨家手工面、利溪粉丝、石孔贡米和优质水果锦橙100号均受外地客商青睐。2006年，旅游产品增多，下河街的姚麻花、吴馓子、樟茶鸭享誉县内外，地方特产产销兴旺。

石梁硊江团 金溪史家坝村有一地名叫石梁硊，这一段嘉陵江出产优质鱼，名为江团，其下颚处有一个小红点。江团肉质细嫩，味鲜可口，是佐餐佳肴珍品，蓬安著名特产之一，远近闻名。

河舒豆腐 河舒豆腐采用上等优质大豆，用河舒镇独特水质手工推磨成浆，用天然石膏粉点制而成，河舒豆腐有“泉水泡(黄豆)，石磨推，双帕过（过滤豆浆），石膏点”4大制作特点。其白嫩松软、品种多样、味道鲜美，入锅煮不烂，火炕绵软不硬，烹汤清香四溢。2006年，举办首届“河舒豆腐节”后声名远播，远近游客专程前往一饱口福。成都、重庆、南充等大中城市举家到河舒品尝豆腐者甚多。其色、香、味可与蜀道剑门豆腐媲美。厨师经过蒸、炸、煮、炒等烹饪手法，可制二百多种豆腐佳肴。

曹氏豆干 曹氏豆干采用曹氏家族的独门配方及制作工艺，至今已有300多年历史。1994年，正式注册为“蓬州曹氏豆干”，是川北名特小吃之一。它是选用优质大豆，辅以卤料、白砂糖、精盐等调料，用祖传秘方和工艺精工卤制而成。其外形为3厘米的正方形，厚约0.5厘米，正面凹印“曹”字标识，色泽微黄略黑，香气浓郁。开袋即食，口感细腻绵软、味道纯厚，吃后满口溢香，回味悠长，是佐餐、配菜、馈赠亲友的绝佳礼品。

相如香兔 相如香兔以优质散养食草兔为原料，选用20多味中草药和天然植物香料精工腌制而成，是纯天然无污染的绿色食品。外观色泽棕红透亮，肉体乳白微红，肉质细嫩，香味浓郁，回味悠长。它具有高蛋白、高赖氨酸、高卵磷脂、高消化率和低胆固醇、低脂肪、低脉酸、低热量等优点。

杨家手工面 杨家手工挂面产于蓬安县杨家镇，俗称杨家挂面。采用优质小麦石磨慢磨加工

后的一等面粉，辅以食盐、鸡蛋清、胡椒粉、菜油等调料，通过十余道工序纯手工制作而成。具有色泽白净、面质细腻、条细如丝、回锅不断不泥、水煮不浑汤等特点。

利溪粉丝 利溪粉丝产于蓬安县利溪镇。采用优质豌豆，取利溪河水浸泡，精工细磨成淀粉，使用传统手工方法加工而成。其质地上乘，具有色泽亮白、水煮不易烂、口感细腻等特点。

石孔贡米 石孔贡米原名油香米，又名金米，浸白色，产于蓬安县石孔乡玉皇村。其特点是：糯而不腻，清香可口，似硬却软，似糯不粘，外香扑鼻，内香入腹。据记载，清雍正十二年(1734)，蓬州知州戴伦，得知石孔油香米后，用它招待雍正皇帝老表朱毛里，朱毛里吃后倍加赞赏。走时，戴伦专门精碾150公斤托朱带往朝廷进贡，雍正皇帝吃油香米后，也倍加赞赏。从此油香米传遍天下，得贡米盛名。

锦橙100号 锦橙100号，是蓬安农业部门选用江津引栽苗木与本地柑橘嫁接筛选，经10多年精心选育出的优质柑橘。该水果瓣肾形，籽粒少、色艳、汁多、皮薄，耐贮藏。1995年获第三届中国农业博览会金奖。1997年、1999年、2001年，连续3次被中国果品流通协会评为“中华名果”。

姚麻花 吴馓子 相如镇下河街姚麻花、吴馓子等小吃已能生产怪味、肉松等多种口味的麻花、馓子，加上现代包装远销外地，游客来往均作为旅游纪念品购买送人。

小吃 蓬安的小吃除姚麻花、吴馓子、樟茶鸭等外，锅盔、凉粉最为有名，价廉物美，色香味浓，外脆里酥，形状多样，百食不厌。蓬安的米凉粉，相当于陕西凉皮，但更细腻绵软喷香，有辣味、香油味多种，喜食者众，购回送亲朋好友的也很多。还有白糖锅盔、白糖卷、豆沙油糕、米粉、油茶、小笼包、串串香、小火锅、各种卤菜等众多小吃。

旅游管理

1992年，蓬安旅游管理着重建设县城周围旅游环境。2002年，蓬安旅游局成立后，对旅游管理人员、服务人员进行旅游业务培训，提高旅游服务质量。2006年，在创建嘉陵第一桑梓景区全过程中实行边建边管。文体旅游局与县防疫站、公安、工商等部门联合对县城周边农家乐、宾馆、旅社、娱乐场、嘉陵第一桑梓景区综合检查，保证宾馆饭店娱乐场所游客安全、吃住游放心。

【机构】 1992年前，蓬安旅游管理由旅游办公室负责。2002年，成立县旅游局。2006年，成立嘉陵第一桑梓景区管理局，属县旅游局管理。

蓬安县文化体育旅游局 2002年4月，蓬安县旅游局成立。2003年2月，撤旅游局，成立蓬安县文化体育旅游局。至2009年，赵仕学、甘雪梅、王俊英先后任局长。

蓬安县嘉陵第一桑梓旅游开发领导小组办公室 2005年11月29日，蓬安“嘉陵第一桑梓”旅游开发领导小组成立。领导小组下设办公室，内设规划、项目建设、项目招商、宣传、资金5个工作组。

嘉陵第一桑梓景区管理局 2006年，蓬安县旅游服务中心更名为嘉陵第一桑梓景区管理局，隶属县文体旅游局，负责嘉陵第一桑梓景区的规划、建设、营销宣传、管理和旅游服务，内设综合、规划建设、宣传营销3个股。

【规划管理】 1992年，旅游规划由县政府牵头，旅游办公室实施。2002年，旅游局成立后，规划管理由旅游局负责实施。2005年，制定蓬安旅游发展总体规划，创建嘉陵第一桑梓AAAA级景区实施方案、漫滩湿地一期绿化方案等。2006年，旅游规划经县人大常委会审议通过。文体旅游局、安监局、城乡规划和建设局等部门定期到现场检查、督促规划执行。

【景区开发管理】 1995年，蓬安白云山风景区由林业局和白云山林场负责开发管理，景区建设由林场负责，租赁给私营业主经营。大深南海旅游开发管理由水电局和大深沟水库管理处负责，承包给个体经营者开发。小乐山由河舒镇管理开发。1998年，县上成立领导小组和指挥部建设龙角山公园。2006年，成立嘉陵第一桑梓旅游开发领导小组及其办公室，组建相如旅游开发公司，负责开发、建设和管理。2008年，设立嘉陵第一桑梓AAAA级景区办公室和嘉陵第一桑梓风景区管理局负责创建工作，组织全县各部门参与嘉陵第一桑梓建设。2007年至2009年，培训服务人员提升服务质量，制定旅游安全事故应急处理办法，加强旅游景区开发管理。

【注册旅游商标】 2006年，蓬安以文体旅游局名义申报“司马相如故里”“嘉陵第一桑梓”“嘉陵第一村”3个系列56个旅游商品等注册商标，国家工商总局商标局全部受理。民间文化遗产水龙舞、蚌舞、船工号子、婚嫁歌4项向市文化局申报非物质文化遗产，市政府批准，其中水龙舞、船工号子、婚嫁歌申报省级非物质文化遗产。2009年，成功注册“嘉陵第一桑梓”“司马相如故里”“嘉陵第一村”三个商标；注册嘉陵第一桑梓、司马相如故里、周子古镇3个中文网址域名。

【从业人员管理】 2003年，蓬安旅游人员主要有管理人员和从业人员，采取“送出去”的办法培训提高。县文体旅游局管理人员参加市旅游局组织的业务培训，县内对宾馆、农家乐管理从业人员300余人进行为期3天的业务培训，合格者颁发旅游管理从业人员结业证。县文体旅游局、相如饭店联合邀请成都西藏饭店管理公司对相如饭店120名从业人员进行业务培训。蓬安宾馆50名待岗人员进行为期两个月的专业培训，提高其素质。2007年，文体旅游局为提升蓬安景区服务质量，先后3次组织风景区管理人员、从业人员、农家乐经营者和涉及景区周边乡镇村领导干部、群众代表，进行旅游常识、接待礼仪、景区环境保护、治安防范、抢险救灾等知识培训，提高全民参与旅游接待管理责任意识，参加培训人数达4000人次。2009年，嘉陵第一桑梓迎接国家、省创AAAA检查验收，景区管理人员进行两次相关知识培训，培训人数超过1000人次。

【旅游安全管理】 1992年至1998年，旅游安全随同其他安全工作一并落实。2003年，文体旅游局和相关部门根据国家旅游局安全法规，对旅游景区、餐饮、住宿、车、船等实施安全监督管理。2005年，在创建嘉陵第一桑梓景区时，坚持“落实责任，分级管理，基层为主”的安全管理方针。旅游、公安、质监、食品监督、交通、消防等部门开展定期与不定期旅游安全检查，对安全隐患限期整改。在节假日，公安局增派民警在景区执勤。2006年，蓬安制定《旅游安全应急预案》《旅游重特大安全事故报告制度》，成立景区旅游安全应急小分队，准备应急救援人力、车辆、药物等物品。嘉陵江旅游船上配齐救生背心。景区危险地方设有警示牌，专人管理。在风景区设立警务室派公安干警值勤，景点聘请专业保安人员做好旅客安全保卫工作。严格游船和客车驾驶员资格审查，规定车船行程时速、载客人数、车船况完好。

司马相如故里

司马相如，乳名犬子，后自改相如，字长卿，汉代大文学家、政治家、思想家。梁武帝天监六年（507）于相如故里设县。明洪武中（约1375左右）相如县省入蓬州。1989年，蓬安修县志时提出司马相如故里在蓬安的观点，经过专家、学者近20年的研究考证，得到认同。2003年，司马相如研究会在蓬安成立。2007年，蓬安举行相如古县建县1500周年系列纪念活动。县委宣传部、文体旅游局、司马相如研究会组织创作了大型历史歌舞剧《相如长歌》，在县内和省内外演出，获好评。

相如遗迹

司马相如故里留下的故宅、琴台等遗迹，历代史书、志书、地理书中均有记载。

【相如故宅】 相如故宅有二。其遗址，一处在今蓬安县锦屏镇相如县故城中。此处故宅遗址所在，即古相如县治所在。今完整保存有明末重建的四合院一座。另一处在古相如县今南充市高坪区江陵镇琴台村，故宅已毁，当地老农多能指出其光圣寺遗址。

历代典籍有关相如故宅的记载。

《周地图记》记载："相如县，有相如坪、相如故宅，因以名县（郡）"。

唐贞观元年相如县令陈子良《祭司马长卿文》记载："厥迹犹存，余芳无泯。予忝宰斯邑，似观遗尘。"（按：今人熊伟业博士在其著作《司马相如研究》第一编第一章第一节《司马相如遗迹述评》中写道："今蓬安县在唐初即有祠堂的直接证据，就是唐初陈子良《祭司马长卿文》，并'谨遣主簿谯悦赍桂醑兰殽之奠，敬祭故文园令司马公之灵'。当时有'祠屋'、'故宅'等'厥迹犹存'"）。

唐·《元和郡县志》记载："相如县、周闵帝省县。""龙角山：在县东二百步。""相如故宅：在县南二十五里，居滨嘉陵水，有台名相如琴台，水北有相如坪。"

《旧唐书.地理志》记载："相如：汉安汉县地，梁置梓潼郡，周省郡，立相如县，以县城南二十里有相如故宅二。相如坪，有琴台。"

宋《太平寰宇记》记载："相如县：东北八十五里，元十乡。亦巴西县地，梁天监六年置相如县，兼立梓潼郡于此。至后周郡废县存。即汉司马相如所居之地，因以名县，其宅今为县治。……司马相如故宅在县南二十里，《周地图记》：其地有相如坪，相传相如别业在此，宅右西滨汉水（笔者按：即嘉陵江）丛薄郁然。其台名相如琴台高六尺，周四十四步。龙角山，在县东，高三百丈，从蓬州朗池县界西来。"

宋《舆地纪胜》记载："相如县：在府北一百六里。《舆地广记》云：本汉安汉县地。《隋志》云：梁置梓潼郡，西魏郡废。《寰宇记》云：梁天监六年置相如县，兼立梓潼郡，后周废郡而县存。以县南二十里有司马相如故宅，因名。其宅在今县治。《广记》以隋属巴西郡，唐武德四年来属；而《元和郡县志》以为周闵帝省县，与此不同。"

又："相如故宅：在县南二十里。《周地图记》：水北有相如坪，相传云相如别业在此。又有琴台。《通典》朗池县下注云：有汉司马相如琴台。"

又："长卿里：在相如县。文君里：在相如县。弹琴台：《十道志》云，左滨西汉水，丛薄蔚然，名相如琴台。洗笔池、卓剑水、舞剑台：皆司马长卿故迹。按：县令韩振《记》云：世传琴台镇乃长卿之别业也，光圣寺乃长卿之故宅也。……慕蔺山：在相如县二十七里，唐天宝六年改此名。光圣寺：在相如县南四十里，旧传为司马长卿故宅，有石记，漫不可读，父老尚知其为陈子昂之文。……唐陈子良墓：射洪人，子昂之从兄。（笔者按：此注误，陈子良、吴人，非子昂从兄）贞观二年为相如令，有墓在县之郭外。"

又："人物：纪信将军：（略）司马相如：《元和郡县志》：在相如县南三十五里，居滨嘉陵水，有台名相如琴台，水北有相如坪。县有光相（圣）寺，旧传为司马相如故宅，有石记，父老知其为唐子昂之文。"又《十道志》云："相如别业于此。谯周：（略）谯秀：（略）晋·陈寿（略）阎绩（略）"

宋《方舆胜览》记载："郡名：巴西南充……人物：纪信（略）司马相如：在相如县南二十五里，宅滨嘉陵江，有琴台，水北有相如坪。谯周（略）陈寿（略）"

《宋史·地理志》记载："相如：望，以南有司马相如故宅而名。"

宋绍兴相如县尉王俦《司马长卿祠堂记》记载：邓侯（笔者按：即州司户参军潼川邓良，时摄县事，即代理知县）慨然语俦等曰："昔秦宓善长卿之化，谓宜立祠堂。吾侪蜀人诗书而儒自长卿始，诚如宓云；况此地又异他所。今祠虽在，不治且废。吾幸为令，此令职也，其可已乎！"

明《正德蓬州志》记载："（蓬州）州治（在南门内）：……元至元戊寅始自云山（笔者按：今蓬安燕山寨）徙相如县司马相如祠堂之左，今治是也。"《正德蓬州志》中录徐泰《景贤堂记》称："乡贤若司马相如以其为京师文章大家……则列主斯堂，血食百世宜矣！"

明·曹学佺《蜀中广记》记载：梁天监中置相如县，长卿桑梓也。……废相如县，梁置，兼立梓潼郡于此。李商隐诗："梓潼不见马相如"是也。相如故宅，今为县治。（笔者按：曹学佺，福建人，时为四川按察使，著名的地方史专家）

宋·乾道庚寅（1170）府判眉山朱某（名已佚）《琴台留题诗》写道："晚日开晴雾，行舟过石门。梵王前古寺，司马旧家村。往事书难信，遗名县独存。望迷搜句眼，滩月下黄昏。"

明·刘草窗《绝句》写道："摛葩绘藻少年时，千载蓬山尚有祠。惆怅词人招不起，月明霜冷叫螽斯。"

【相如琴台】 相如琴台有三处：琴台之一，在今蓬安县锦屏镇相如故城中原县衙后公园内，台高6尺，周30尺。台左为玉环溪，再左为玉环山。台后有大池，池中有石船，水池四周古木参天，月夜，琴台月光与水池相映，清幽可爱。为古蓬州八景之一。今水池犹在，琴台毁于上世纪五十年代。清《蓬州志略》《琴台月夜图》尚存。琴台之二，在今南充市高坪区江陵镇琴台村。琴台在光圣寺畔。琴台之三，在营山县县城朗池镇。琴台已毁。《通典》郎池县下注云：有汉司马相如琴台。营山原属相如县，唐《十道志》有记载。

【相如古柏】 相如故城中原城隍庙前有相传为司马相如手植的汉柏两株，毁于1952年。据蓬安县原文化馆馆长杨和坤、原蓬安县邮电局职工宋云辉、原蓬安县医药公司职工郑昌龄三位知情老人回忆，城隍庙两株叫相如柏的古柏，50年代尚在。两棵相如柏很大，文化馆保存的图书中有一本解放前上海出的画报，登载有相如柏的照片。一棵相如柏在城隍庙内，上正殿的石梯的右边；另一棵在城隍庙内上正殿的石梯的左边。两棵树一南一北，远看差不多在一条线上。

相如古县

宋《太平寰宇记》记载："梁天监六年置相如县兼立梓潼郡于此，至后周郡废县存，即汉司马相如所居之地因以名县，其宅今为县治。"

【相如县建置】 梁武帝天监六年（507），析安汉县司马相如故里所在的东南部境域设县，并以相如为县名，以相如宅所在为县治。原属果州，南宋划属蓬州。元初蓬州州治迁相如县，州县同治。至明洪武中（约1375左右），相如县并入蓬州，由州直辖，相如县存在近900年。民国2年（1913），全国废府、州、厅，改蓬州为蓬安县，治所为蓬安故城，即蓬州故城，亦即相如故城，时称城厢镇，解放后更名陵江镇。1957年，蓬安县治迁周口，称城关镇，后改周口镇，即现相如镇。蓬安故城由陵江镇改为锦屏乡，后改为锦屏镇。

【相如县故城】 故城位于嘉陵江西岸，“双凤飞其左”“五马驰其右”“嘉陵漾其前”“翠屏（玉环山 ）绕其后”。城似斜卧的椭圆。主街的北街、南街、西街相连，弯环如，玉环溪水从东北向西南流贯全城将城一分为二，恰如天然的阴阳鱼图形。长期作为县、州治所，经历千余年发展，至清末已形成一座功能完善、文化发达、风景独特的袖珍古城。城内外古木参天，有白果、楠木、香樟、古榕及多种珍贵名木。辛亥革命后，不少古建改作他用。新中国成立时，故城城墙（墙基宽4米）及四门、街道两侧民居完好。城内的文化建筑如南华宫、真武宫、考棚、龙神祠、万寿宫、城隍庙、禹玉宫、钟楼 、武庙、文庙、玉环书院、文星宫、奎阁、马王庙、衙神庙、公园及公园内的司马相如琴台与西门外著名的古佛洞、西拱桥、观音阁等亦完好。1957年，县治迁移周口。1966年，蓬安锦屏中学（含文庙武庙城隍庙玉环书院等）、原州县衙门、公园全部划拨给蓬安监狱，大部被拆毁改建。20世纪80年代，蓬安中学、锦屏小学、医院、粮站折旧房建新楼，部分居民亦多在原址拆房改建，导致古城面貌大变，但仍保留古城总体格局。

故城遗存　2006年，蓬安申报相如故城为省级历史文化名城时调查，故城城墙墙基尚在，四道城门位置清楚，西门的地门钉犹存。全部街道格局未变，仅将街面石板换为混凝土。东街、南街、西街的街道两侧古民居大都保存如故。故城的骨架尚未破坏。以司马相如故宅、文庙、武庙、玉环书院、城隍庙、龙神祠、藏书楼等构成的古建群，面积达12510平方米，房屋基本完好。古县衙门前的照壁犹在，大堂前的四棵古榕，原公园内鲁公石前的古榕依然繁茂。西街陈抱一故居（川东北近现代转型时期中西结合的典型建筑）的辅助建筑虽被拆毁，但主体建筑完好。西门外西拱桥虽拆去桥亭，但桥基桥面无损。著名的观音阁尚有一半保留。故城的韵味尚可恢复。

2008年，西街陈抱一故居内部被改造作镇政府。西街南侧民居全部由房地产商拆除建商品房。

故城保护　2006年4月29日，蓬安县第十四届人民代表大会常务委员会第二十二次会议，通过了《蓬安县古城保护暂行办法》，对故城保护作出了专门规定。5月、6月，蓬安两次邀请省建设厅、文化厅领导和专家前来蓬安考察相如故城，县委、县政府委托省城乡建设规划设计院制作《历史文化名城保护规划》报送省主管部门，11月，省建设厅组织专家评审原则通过，修改后省政府又组织专家审议通过了蓬安县政府向省、市政府的《关于将蓬安县城列为四川省历史文化名城的请示》，省政府以川府函〔2007〕6号文《四川省人民政府关于将蓬安县城命名为省级历史文化名城的批复》批转给南充市政府：“蓬安县历史悠久，建制古远，文化底蕴深厚，县城及近郊古迹众多，且保存基本完好，古城格局传统街区今有遗存，民俗民间文化源远流长，在川北嘉陵流域地区具有一定的代表性。同意将蓬安县城命名为历史文化名城。请你市按照‘保护为主，抢救第一，合理利用，加强管理’的原则保护管理好历史文化名城，并以此为契机转化资源优势，促进蓬安经济社会又好又快发展。”“请按照《城市规划法》《文物保护法》等相关法律法规组织编制和报批蓬安历史文化名城保护规划进行公布和组织实施。省建设、文物主管部门要加强对县规划建设的指导监督。”

【相如县地名】 相如县除县以相如命名外，其他地名有：

长卿里：《舆地纪胜》注：在相如县。

文君里：《舆地纪胜》注：在相如县。

弹琴台：《舆地纪胜》注：《十道志》云“左滨西汉水，丛薄郁然，名相如琴台（又见《相如琴台》）

（琴台镇：在高坪区今江陵镇。）

洗笔池、卓剑水、舞剑台：《舆地纪胜》注：皆在相如县。

慕蔺山：《舆地纪胜》注：在相如县二十七里。

长卿祠堂

长卿祠堂是全国唯一的司马相如祠堂。

【祠堂位置】 位于今蓬安县锦屏镇相如故城中。在原“州西十步许”，即在蓬安县老县城原州衙“西十步许”的地方。

【祠堂始建】 《三国志，秦宓传》中记载：秦宓提出给司马相如建祠堂。唐贞观元年，相如县令陈子良上任即祭拜司马相如，此时已明确有祠堂。具体年代无考。

【祠堂存废】 司马相如祠堂在南宋已是“破屋几椽”，后经邓良（果州司户参军摄县事）和王俦（县尉）于绍兴二十二年（1152）“仍故基”并扩大规模改建。经历南宋战乱，元延祐四年（1317）驿丞苗成重建。明正德年间相如祠堂依旧完好。之后，卢雍犹有《谒司马长卿祠堂》诗。清道光《蓬州志略》仍有记载：“司马长卿祠堂在州西”。其后，不见存毁记载。祠堂应毁于清末民初。

附宋·王俦《司马长卿祠堂记》

县以长卿得名古矣！闻之长卿尝居此地不疑，理当祠事。始俦官此求拜其所，卒吏不知何在。访故老得之西山下，败屋几椽，风雨所欺，人迹不至，草木乱生，非表见百世文章宗师以示后来之意。俦再拜已，徘徊太息，念当新之，力未能也。越明年，州以司户参军潼川邓侯良摄县事。邓侯慨然语俦等曰：“昔秦宓善长卿之化，谓宜立祠堂。吾侪蜀人诗书而儒自长卿始，诚如宓云；况此地又异他所。今祠虽在，不治且废。吾幸为令，此令职也，其可已乎！”俦等亟赞鸠工、市材、甓瓦为屋，仍故基，颇更其制，得旧本长卿像图之壁。即成落之，且嘱俦作记。伏念长卿杰出于西京文章极盛之际，自是至今薄海内外人，无贤愚皆知有长卿，言语之妙若谒日月。俦何人敢出何语！顾尝过县之琴台，乃《图经》所谓长卿故宅者，一时遗迹仿佛尚在。又谓县虽僻左而江山风物可乐也。间从其人游，皆好学，能文章，亦有所自来矣。今之从政者，视律令所有乃敢知，至于风化，谢非已事；否则日不暇也。邓侯独以自任不辞，其为政知所先务，可嘉也。呜呼！长卿死久矣，而不忘，岂有他哉？吾党之士，读其书，拜其祠，思所以为长卿者，则邓侯之望也，其可不书！

绍兴二十三年十一月初六日，县尉平阳王俦记。

相如门阙

相如门阙位于蓬安县安汉大道，是仿汉阙建造的左右对称、中间加大跨度门梁的双阙，两阙高18.2米，门梁总跨37.44米，净跨23.56米，门阙正面刻有马识途题写的“司马相如故里”六个镀金汉隶大字，雄浑而古雅，是相如故里的标志性建筑。

【门阙建造】 2003年7月23日，县委在蓬安大深南海召开常委扩大会，听取了省有关专家报告后，决定建立相如牌坊，后听取专家意见改为相如门阙。2003年建成。两阙均由阙基、阙身、枋子层、阙顶6个部分组成，是完整的仿木结构建筑，内为钢筋混凝土柱体和梁体，采用新科技工艺后张法预应力处理。外部用青砂石雕件挂贴，双阙及门梁顶部的楼部由三层大石叠就，一层雕刻纵横交错的枋子，二层为介石，四面平直，三层石块向外飞斜，呈倒梯形，两侧为曲拱，顶部仿双层檐，唐殿式，筒瓦。

【门阙设计】 相如门阙由四川省博物馆副馆长魏学峰、成都神龙艺术科技有限公司总裁雕塑家严永明创意设计。门阙的上方分别刻伏羲、女娲、日神和月神的图案。伏羲、女娲（正面，即入城面）形象为人首龙身。日神、月神（背面，即出城面）为人首鸟身。日神腹中的日轮中为托负太阳的金鸟。月神腹中月轮为桂树、蟾蜍。古代以日月同辉、日月合璧为大吉。汉阙主柱上为两只凤鸟，中为守门神的兽面铺首，前后下方分别刻有被称为“四灵”的苍龙、白虎、朱雀、玄武，古人认为它们是“天之四灵，以正四方”，它们既是天上星座的代表，又是天降地生、护佑四方的瑞兽。正面左下为青龙，青龙为东方神，民间以为龙为百兽之灵长，它专司雨水，以使风调雨顺，五谷丰登，是人们心目中造福万物的神兽；右下为白虎，白虎为西方神，传说其“高身如雪”，是镇灾避邪的祥瑞之兽；皆而右下是朱雀，朱雀是古代传说中南方之 灵，看到它能“善政得祥”、“子孙昌盛”，是吉祥幸福、天下安宁的象征；背面左下为玄武，玄武为龟蛇合神的神兽，是古代传说中“驱邪致富”的北方神。汉阙横梁及柱身还选取汉代文物上的典型纹饰如独龙车、农商贸易、猎射、戏兔以及牛羊马与果树等。

【门阙题字】 门阙横梁上“司马相如故里”为原四川省人大常委会副主任、省文联名誉主席、省作协主席、著名作家马识途题写。

相如研究

1989年，川东北方志学术讨论会在蓬安县召开，时任蓬安县志主编邓郁章向到会专家、学者提出“相如故里在蓬安”的观点。1993年，《巴蜀史志》发表了邓郁章的《相如与蓬安县》一文，阐述这一观点。（该文被《十大才女之谜》一书全文录载）。1999年10月16日，邓郁章与四川师范学院（今西华师大）历史系教授王明元、徐才安，中文系教授周子瑜，南充市戏剧作家何剑青，南充市顺庆区区志主编潘大德座谈，由南充电视台摄制成《司马相如与南充》的文化专题片，在南充电视台播放。同时，由邓郁章执笔写成了《王培荀的〈司马相如实今之蓬州人〉说考论》，以“司马研”的笔名发表于《四川师范学院学报》2000年第三期。1999年11月25日，《南充日报》发表萧红涛的《我市专家学者为一代文豪寻根》的报道。2000年3月13日，《四川日报》发表蔡云中、萧红涛的《相如故里知何处》的长篇报道，报导由蓬安发起的司马相如故里问题的研究。《王培荀的司马相如“实今之蓬州人”说考论》先后传到台湾、成都。台湾胡自逢教授指出：“该文考订相如实籍蓬安县，举证确凿，令人信服。”川师大李大明教授指出：“司马相如实今之蓬州人的结论可以成立，论文一、二部分证据确凿，有关文学史的这一部分应改写。”2003年9月，司马相如研究会成立。

【司马相如研究会】 2003年7月25日，中共蓬安县委在大深南海召开县委、人大、政府、政协领导干部会，会上省博物馆副馆长魏学峰、《四川省志》副主编马国栋应邀到会讲述文化资源与经济发展关系。会后，决定筹备成立司马相如研究会，并在周河大道上修建“司马相如门阙”。

2003年9月20日，在县人民医院学术厅举行司马相如研究会成立大会。会上通过了司马相如研究会章程。县委、县人大、县政府、县政协领导，司马相如研究会首批会员，县级各部门、各企事业单位负责人和区乡镇党委书记、乡镇长计400余人出席了大会，大会向全县现场直播。《南充日报》、《南充晚报》、南充市电视台、《南充电视报》作了多角度报道。大会选举赵正铭为第一届理事会理事长，邓郁章为常务副理事长，陈泽斌、吴刚、王俊英（兼秘书长）为副理事长，何建中、郑幼林为副秘书长。

2008年7月16日，司马相如研究会召开第二次全体会员大会，选举27人组成第二届理事会，赵正铭任理事长，邓郁章任常务副理事长，吴刚、黎萍、魏赤中、王俊英任副理事长（兼秘书长）。

【研究活动】 2003年9月20日上午，中共蓬安县委邀请四川大学、四川师范大学、四川师范学院、南充市文化局、南充日报社、南充晚报社、南充电视台、电视报等单位赴蓬安参加司马相如研究会成立大会的20余人在蓬安宾馆会议厅，以“开拓相如文化资源，发展蓬安旅游经济”为题，举行了座谈会。到会教授、专家、作家肯定了相如故里在蓬安的研究，认为作为文化资源具有很大的开发价值。

2004年5月9日至12日，司马相如研究会邀请龙显昭、王明元、周子瑜、徐才安等考察了蓬安运山古城、蓬池古城遗址、相如故城及两古镇，金溪镇等地。2004年10月20日至22日，由四川师范大学巴蜀文化研究中心、司马相如研究会主办，县委、县政府承办的司马相如与巴蜀文化研讨会在蓬安举行。省内外专家学者和来川留学生，中央和四川省、南充市多家新闻媒体，南充市有关领导、蓬安县领导和有关部门负责人、司马相如研究会理事220余人参加会议。会上91位专家、学者、教授集体签名，倡议恢复蓬安县为相如县。

2004年7月2日至4日，中共蓬安县委宣传部和司马相如研究会组织，邀请《四川日报》副刊部主任伍松乔、《四川文学》执行副主编高虹、《作家论坛》夏口民、《星星诗刊》副主编张新泉、《南充日报》副刊部主任萧红俦、《南充广播电视报》王钟泉、市作协杨茂生参加了“司马相如故里笔会”。作家们登龙角山、游览嘉陵江、参观中坝村、考察相如故城周子古镇，对相如故里的山水兴趣浓厚。到会作家一一发言。高虹当即表示正在构思中篇小说《爱在公元前》，伍松乔说：“像蓬安这样认真从典籍中发掘、研究文化资源，我还是第一次见到。”会后《四川文学》2004年第九期《蓬安——相如故里诗人专辑》刊登了邓郁章、张新泉、萧红俦、王钟泉、谢小平、杨茂生、王昌志的文、诗，在《小说世界》栏发表了高虹的小说《爱在公元前》。

2004年12月29日，省社科院研究员、历史学会会长、省政协文史委顾问谭继和，省民族研究所研究员、历史学会名誉会长、社科联顾问李绍明，省文史馆馆长邓卫中，川大历史文化学院教授、考古学专家林向，省社科联学会部主任许强，咨询部主任陈雄，西华师大历史学院教授龙显昭、王明元，原市地方志办副主任吕陌阶一行9人，在西华师大参加四川省历史学会年会之后，受司马相如研究会邀请前往考察相如故里。考察组肯定了司马相如研究会的成立及其研究成果，指出了相如文化对推动地方经济文化建设的积极作用，对蓬安文化建设和旅游开发提出宝贵意见。

2006年11月5日，司马相如研究会在南充邀请住南充的顾问、会员及部分文化界人士，在东方花园酒店举行座谈会。西华师范大学文学院、历史文化学院的教授，果州诗社、顺庆诗词学会、高坪诗词学会的作家、诗人及南充日报记者20余人参加了会议。邓郁章向到会者汇报了司马相如研究会成立以来的情况，通报了参加邛崃市文君文化研究会成立大会及学术讨论的情况。顾问龙显昭、王明元、周子瑜、李孝中、何剑青，高坪诗词学会罗庆祥、王时浩、刘景玉先后发言，市社科联赵东主席建议建县1500周年要开学术研讨会，开发系列产品，出版文集；恢复重建旧景点，抢建几个景点。

2007年10月28日至30日，由四川省社会科学界联合会、四川省社会科学院、四川师范大学文学院、蓬安县委、县政府、司马相如研究会联合主办（南充市社科联、西华师范大学历史文化学院协办）的“纪念相如县建县1500周年暨国际相如文化研讨会”在蓬安举行。来自海内外30余家高校、科研单位、学术出版机构和文君研究会的100余名学者、全国各级10多家新闻媒体、四川省、南充市有关领导、主办单位负责人、蓬安县四大班子及相关部门负责人、司马相如研究会会员共600余人参加会议。四川师范大学学报（社科版）主编、四川师范大学文学院教授李大明主持了大会学术发言。四川大学文学与新闻学院博士生熊伟业、韩国大邱Catholic大学中文科教授金周淳、南京大学中文系教授许结、四川师范大学文学院教授房锐、首都师范大学文学院副教授踪训国、西南民族大学教授吴贤哲、四川省地方志编纂委员会副编审马国栋、西华大学教授郑家治、西华师范大学教授龙显昭、司马相如研究会常务副理事长邓郁章等作了学术发言。下午举行小组会，在小组讨论会上发言的还有浙江大学教授林家骊、王德华，四川大学教授张志烈、谢谦，西南民族大学教授祁和晖等。大会共收到海内外专家学者论文43篇。主要从司马相如生平事迹、司马相如生平与作品、司马相如影响与评价等方面作了广泛而深入的探讨。

2008年7月27日，司马相如研究会邀请南充文化界老领导、老教授、老专家、知名人士30余人在南充和景茶楼召开座谈会。理事长赵正铭向会议报告了司马相如研究工作及研究成果运用情况。市委宣传部副部长赵东、市社科联主席薄春梅，原市委宣传部部长、市人大常委会副主任杨元生、西华师范大学教授龙显昭、王明元、周子瑜、赵世明、赵义山，副教授徐才安、李孝中到会，会议对在南充深入研究开发相如文化进行了的讨论。

2009年12月25日，司马相如研究会在南充和景茶楼召开年会。常务副理事长邓郁章代表研究会作年度工作总结，副理事长吴刚报告相如文化研究与蓬安旅游发展的情况。市委宣传部副部长李永平介绍《相如长歌》获奖的情况，并提出扩大研究领域、加强成果宣传、促进文经结合特别是与旅游的结合、加强学术交流等五条建议。市社科主席蒲春梅对司马相如研究会执著的研究精神、严谨的治学态度、极为强烈的使命感和责任感表示十分称赞。与会人员对加快相如故城建设、恢复相如县名、深化相如文化研究提出了意见和建议。县委副书记陈鹏泉对专家的意见表示感谢。

【研究成果】 从1989年“司马相如故里在蓬安”提出至2009年，研究成果主要有：

《相如故里在蓬安》：赵正铭、邓郁章主编，书中收录了邓郁章1993年至2001年撰写、搜集、辑录的文章、资料，四川人民出版社2001年12月出版，全书100千字。

《相如故里文化旅游丛书》：赵正铭主编，邓郁章执行主编，丛书共五册，马识途题写各册书名，邹平总序，四川人民出版社2007年10月出版。

第一册《司马相如故里在蓬安》，邓郁章、赵正铭主编，谭继和作序，该书是《相如故里在蓬安》的修订本，约207千字，该书删去了原书中少数篇章，增加了《司马相如故里的探讨》(李大明撰，《光明日报》发表时改题为《司马相如生于蓬安》）《关于司马相如故里的再探讨》(房锐、邓郁章撰《新华文摘》2005年第5期选目，中国人民大学《报刊复印资料》第4期全文复印)、《司马相如与四川方言》（王启涛撰，《新华文摘》2005年第5期选目)、《〈史记·司马相如列传〉三题》（龙显昭撰)、《司马相如三论》（徐才安撰)、《司马相如三题》（李孝中撰)、《关于司马相如故里在蓬安的探讨》（邓郁章撰)、《从诗中寻觅司马相如出生地成长地》（周子瑜撰)、《祭司马长卿文简评——再及司马相如籍贯考辨》（蒋均涛)、《田况琴台诗简析——兼及司马相如籍贯》（蒋均涛)、《相如赋与楚辞·附记》（李大明)、《曹学全最早提出相如故里在蓬州》（马国栋)，2003年司马相如研究会成立大会上李大明和李诚的讲话、省作协和省志协的贺信、《相如县治始终在今锦屏镇》（邓郁章)、《司马相如研究会在司马相如故里蓬安成立》(邓郁章)、《马老关注相如故里》（邓郁章)、2004年司马相如与巴蜀文化研讨会上李诚、方铭、谭继和、陈显泗的讲话（贺信)，以及新发现的《明正德蓬州志》中的王侍《司马长卿祠堂记》和相如祠堂、琴台有关的诗文近20篇（首)。

第二册《司马相如与巴蜀文化研究论集》，邓郁章编，谭继和作序，约243千字。该书主要收录了《司马相如与研讨会》的大部分论文（另一些论文已收入第一册)。巴蜀文化房锐《对司马相如成名与蜀关系的再认识》、《盛览张叔从同司马相如受学说辨析》，黄金明《司马相如赋际遇汉武帝的分析》，周子瑜《为司马相如辩证》，祁和辉《司马相如与其妻蜀女卓文君的历史评价问题》，赵正铭《相如故里文化旅游资源与开发》，谷口详（日本）《从〈七发〉到〈天子游猎赋〉》，刘朝谦《司马相如赋中人物命名的价值判断》李德身《司马相如赋的不朽价值》，万光治《司马相如〈大人武〉献》，张骏翠、王红霞《简论司马相如〈大人赋〉》，毕庶春《〈卡门〉〈自悼〉考论》，张维刚《读司马相如〈美人赋〉》，李凯《司马相如与巴蜀文学范式》，李天道《司马相如辞赋美学思想的现代阐释》，何王兰《从司马相如、杨雄散体赋看蜀人的文化个性》，罗剑波《洞人夸艳、致名辞宗》，张浚波、张海《论唐代政治家与文学家人才观的差异》，侯轲芳《司马相如和大赋对中国文学发展的贡献及其成因》，谭继和《文宗自古出巴蜀——郭沫若与巴蜀文化（上）》书后附有邓郁章《中外学者相如故里论相如》，杨曦的《司马相如与巴蜀文化研讨会综述》等，共23人22篇文章。

第三册《相如故里古今吟》，邓郁章编注，马国栋作序，全书170千字，此书选入相如故里古人诗119首，今人诗26首，附文3篇。诗文“周子古镇”“相如故城”，如画嘉陵、青衣禅院、白云林海、南海仙岛，鲁公旧治、龙云古寺、蓬安特产等9组古人诗全部注释评点，诗中所涉及的地方历史、地理、人物等内容，注释详细，言之有据。

第四册《相如故里故事集》，赵正铭编，全书192千字。该书收录了赵正铭、王俊英、魏赤中、郑幼林、郝振书、康伟、邓四平、龚云硕、王昌志等搜集或创作的关于司马相如的生平故事和其故里的传说等46篇。

第五册《司马相如作品注释》，李孝中、侯轲芳注释及白话文翻译，全书159千字。书中对司马相如的《子虞赋》等十篇文及另外三篇作品全部作了注释。并附录有轶事，题咏、集评、凡将篇与小学、《风月瑞仙亭》（话本小说）、杂剧传奇相如文君戏曲目录。

《司马相如研究会会刊》：由司马相如研究会编辑出版，国内赠阅，已出版三期。

第一期2004年4月出版，主编邓郁章，主要内容有2003年司马相如研究会成立大会及之前讨论会上的讲话报告、贺祠贺信。

第二期2005年11月出版，主编邓郁章，主要内容为2004年10月“司马相如与巴蜀文化研讨会”上的致词、贺信，大会学术报告、专家签名恢复相如县名的倡议书，相如故里研究论文两篇。

第三期2009年8月出版，主编邓郁章，编辑魏赤中、郑幼林。本期三个板块，一是“特别报道”有：邓郁章的《马老对相如故里的殷望》《省委常委、宣传部长黄兴初在蓬安谈相如文化与旅游的发展》；二是“纪念相如县建县1500周年暨国际相如文化研讨会”，分会议综述，大会致词、论文选载、专家讨咏等栏目，分别载有唐普的综述，有袁菱、邹平、杨雪、黄斌、李泉、李诚、赵正铭、巩楚、谭继和、谷口洋、陈显泗等的致词，熊伟业、金周淳、许结、房锐、踪训国、吴贤哲、马国栋、郑家治、龙显昭、邓郁章的论文（或摘要），有张志烈、许结、周子瑜、何剑青、吴明才的诗词；三是“研究活动资讯”分会议信息、学会往来、交流论文、资源研究、专家考察、名城由来、立此存照、诗词歌赋、新书目录等栏有邓郁章两则会议报道，有魏赤中参加邛崃文君论坛的汇报，有赵正铭的《王立群的妄想臆断》，邓郁章的《文君和相如爱情故事价值和遭遇》《相如故城的文化旅游价值》《谭继和考察相如故城》《成都市川剧院长等考察相如故里》、赵正铭的《名城终于定格》等文章。

研究动态：司马相如研究会编印，从2003年9月21日起至2010年已编辑31期，由赵正铭负责编辑。

纪念相如县建县1500周年

2006年，蓬安县即开始筹备纪念相如县建县1500周年。2007年2月25日，中共蓬安县委发出《关于迎接建县1500周年扎实推进“四大建设”》，2月28日，召开2007年经济工作暨迎接建县1500周年，扎实推进“四大建设”动员会。3月31日，以中共蓬委办名义发出《关于举办建县1500周年系列文化活动和推进文化事业建设的通知》。2007年8月16日，县委办、县政府办印发《关于印发纪念建县1500周年“相如故里大巡演”方案》。10月，纪念活动全面展开，有两个大会，一是纪念座谈会，二是国际相如文化研讨会；两次演出，一是《相如长歌》，二是相如故里大巡演。

【纪念会议】 2007年10月20日上午，县委、县政府在相如宾馆会堂举行纪念相如县建县1500周年座谈会。钟声琴（济南军区原副司令员）中将、曾建国（原成都军区后勤部部长）少将、重庆科技学院院长唐一科等人发言。曾在蓬安任过副县级以上的领导、蓬安正县级以上的政界乡友、正师级以上的军界乡友、高校副校长以上的学术界乡友以及在外地发展的企业家代表，对家乡有特别贡献的乡友参加了座谈会。

2007年10月19日至21日，在相如饭店二楼举行招商引资洽谈会。参会的客商有28人（成都片区6人、重庆片区8人、沿海地区14人）、县级领导9人、县级相关部门负责人15人、县内企业20人、新闻记者4人等共81人。洽谈会观看了《相如故里——蓬安》光碟。最后，广东东莞中硕电子塑胶模具有限公司（建塑胶模具加工）、东莞亿民鞋材制品厂（建制鞋厂）、福建果源食品罐头厂（建高质量胶合板厂）、重庆万丰机械厂（建摩汽配生产企业）、重庆渝北区内燃机配件公司（建摩汽配生产企业）、山东客商杨五一（建冷藏物流中心）、重庆嘉华建设开发有限公司（建旅游基础设施）等7家企业与蓬安签约。共引进资金5.7亿元人民币。

【文艺大巡演】 2007年4月，由县教育局主办的蓬安第一届“相如之光”学生艺术节在相如会展中心举行。10月1日，“相如故里大巡演”正式拉开序幕，巡演先在相如广场进行，然后沿建设路巡演至花园结束。巡演节目及单位：序《嘉陵江号子》，由交通局组织男女各20人表演；第一章《运山战鼓》，由马电公司组织42人男性表演；《蓬州腰鼓》，由老年体协组织男女各20人表演；第二章《连箫舞》，由财政局组织男15女25人的表演，《社火》由工商组织20人表演，《采莲船》，由相如镇组织10只船表演，《颠花轿》，由相如镇组织2抬轿参加表演，《驴舞》由相如房地产公司组织男女各20人表演；第三章《故里春情》由教育局组织周幼一园、二园等单位1男33女表演，《蓬州秧歌》由国税局组织男女各20人表演；第四章《火龙》《草龙》《板凳龙》分别由自来水公司、相如镇和嘉陵建筑公司组织表演，金融系统、农委系统分别组织彩龙队参加表演，马电公司、嘉宝公司、国土局、劳动局和中医院分别组织狮子队表演；尾声《锦绣蓬安》由县医院组织40人的女队表演。此次大巡演统一制作音乐光碟，统一播放。

【《相如长歌》】 为纪念相如县建县1500周年和“纪念相如县建县1500周年暨国际相如文化研讨会，由县委宣传部，县文体旅游局、司马相如研究会组织创编演出了《相如长歌》。《相如长歌》由“序曲”“文武少年”“大赋惊天”“凤凰情缘”“当垆卖酒”“风雪夷道”“梦魂故里”七场组成。运用川北民歌、嘉陵江船工号子、秦腔、合唱、齐诵、武术、剑术、川剧击乐、杂技、夯歌、傩舞以及华美大气的舞美设计等表现手法，进行深度的艺术加工，载歌载舞，整台演出具有华美、豪放、浪漫的艺术效果。整台歌舞最大的特点是它的本土性，73个演员都是土生土长的蓬安人，由各单位的职工和县川剧团的演职员组成。2007年10月20日、28日，在蓬安对嘉宾、客商等正式演出。2008年在南充演出。2009年8月在成都参加“全省建国60周年文艺汇演”。2010年5月16日在广州参加“中国第九届文化艺术节”。11月2日参加文化部和国家旅游局在张家界主办的国际文化旅游节等演出，都获得巨大成功。先后获得省委宣传部、南充市委、市政府、蓬安县委、县政府表彰。在张家界演出结束次日，省文化厅电贺《相如长歌》“为蓬安、南充、四川赢得了荣誉，成为蓬安、南充、乃至四川文旅互动的成功典范、对外宣传的成功名片。”

蓬安县志
PENG AN XIAN ZHI

教育

1986年，蓬安县校园占地123公顷，校园建筑面积12.34万平方米；幼儿园、小学、初中入学（园）率分别为17%、97%、39.61%。1987年，全县首次开始教师职称评聘。1990年，县文教局制发了《蓬安县一九九0年中小学学校工作评价量表》，对全县中小学教育教学管理及办学水平进行全面督导评估。1991年，县政府加强教育教学管理，制定《蓬安县中小学教育教学管理暂行办法》（简称《一百条》）。1992年开始，每年对中小学教育教学管理及办学水平进行督导评估。1993年，县政府做出《蓬安县人民政府关于动员全县人民奋斗四年，实现普及九年制义务教育的决定》，全县相关部门、各乡镇积极抓学校硬件建设和教学软件建设。是年，县政府制定《蓬安县中小学教职工管理暂行办法》（简称《五十条》），加强学校教师队伍管理。1993年至1996年，蓬安县普通高考上线率连续4年名列全市（地区）第一名。1994年，县教委制定《蓬安县中小学计财后勤管理条例》（简称《六十条》），加强中小学财务及后勤管理。是年，县教委制定《中小学职称评聘量化标准》，对中小学教室职称评聘进行量化考核评定。是年10月，蓬安师范通过"国家中等师范标准化建设"验收达标。1996年10月，蓬安县普及实验教学通过验收达标。是年，对全县教师颁发了"教师资格证书"，并实行中师生村小任教最低3年制度。1997年10月，蓬安普及九年制义务教育通过检查验收达标。是年，在部分学校进行30%活工资分配和教师聘任制改革试点。1998年，集中对全县中小学领导班子进行工作作风整顿，对长期不在岗的4名教师予以辞退。是年开始，每学年度末，教委组织人员分片区，对学校领导班子、学校主要领导个人、学校副职及中层干部个人的德、能、勤、绩、廉政情况和学校工作建议等方面用4个考核量表在学校教师中进行无记名考核座谈。1999年，全县民办教师符合转为公办教师条件的全部转正，民办教师历史结束。是年，蓬安中学创建四川省重点中学验收达标。2000年，师范院校毕业生不再分配，实行考试补充进入教育行业。2001年，蓬安职高194名毕业生参加高考，上高考录取线达168人，上线率为86.6%，创职高教育高考历史最好成绩。2002年，县委、县政府制定《关于基础教育改革与发展的决定》。是年，蓬安升入大学专科以上人数首超1000人。2005年，蓬安中学评定为四川省中小学实验教学示范学校。

2006年，全县幼儿园、小学、初中入学（园）率分别为86.2%、99.8%、98.8%；校园占地150公顷；校舍建筑面积57.95万平方米，是1986年的4.7倍。

机　构

1986年，蓬安县教育工作机构为县文教局和直属单位县高等教育自学考试办公室（蓬安县大学中专招生委员会办公室）、教研室、电教馆，各区设有文教办。1990年，撤销县文教局设立蓬安县教育委员会。是年，成立教育电视台，为县教委直属单位。1993年，撤销各区文教办设立乡镇教办。1998年，撤销乡镇教办设立片区教办。2001年12月，撤销县教委，成立县教育局。2006年，县教育工作机构有县教育局、县招生办（自考办）、县教研室、电教馆和8个片区教办。

【蓬安县教育局】 1986年，蓬安县文教局主管全县文化教育事业。内设机构有办公室、纪检组、人事股、教育股、文化股、计财股、成人教育股、勤工俭学管理股、教育工会、基建办等股室。直属单位有招生办公室（自学考试办公室）、教研室、电教馆。1990年12月，撤销县文教局，成立县教育委员会（简称"县教委"），主管全县教育事业发展。办公室更名为秘书股，人事股更名为政工股，减少文化股，增设直属单位教育电视台，其余股室和直属单位未变。2000年，增设安全股。2001年12月，撤销县教委，成立县教育局，内设股室和直属单位未变。

1986年至2006年，徐兴发、苏廷贵、蒋洪波、王海生、肖鹏、刘彤先后任局长、主任（其间：1986年至1987年、1987年至1988年4月分别由副局长梁治平、党委书记宋开昆主持工作）。

【区、乡镇教办】 1986年至1993年1月，全县设金溪、徐家、巨龙、锦屏、河舒、罗家、兴旺等7个区文教办公室，各教办设主任、会计、普教专干、成教专干、教研员、函授教师6至7人。1993年1月，撤销7个区文教办，在全县24个乡镇设立教科文卫办公室，主任由中心学校校长兼任，每个教办配备普教兼成教、教研等2至3人。1994年，进一步调整完善乡镇建制至38个，又增设14个乡镇教办。1997年，再次调整完善乡镇建制至46个，再增设8个乡镇教办。1998年8月，县教委撤销了46个乡镇教办，成立了周口、锦屏、河舒、金溪、徐家、巨龙、罗家、兴旺8个片区教办，每个片区教办配有专职工作人员5人，至2006年未变。

【蓬安县高等教育自学考试办公室　蓬安县大学中专招生委员会办公室】 1986年至2006年，蓬安县高等教育自学考试办公室（简称“县自考办”）与蓬安县大学中专招生委员会办公室合署办公（简称“县招办”），两块牌子，一套人马。负责全县大学、中专（师）招生考试和自学考试工作。刘子政、王学东、梁本浩、李永谦先后任主任。

【蓬安县教育科学研究室】 1986年，县文教局设教研室。同年3月，县政府批准县文教局教研室更名为蓬安县教育科学教研室（简称县教科室或县教研室），与县文教局分设，隶属于县文教局。1989年8月，中共蓬安县委、县人民政府《关于批转县编委<关于明确序列外行政机构和事业单位机构级别的报告>的通知》（蓬委【1989】27号），明确县教育科学研究室为副科级事业单位，教研室领导任命由县委考察任命。县教研室负责全县教学研究、教改实验、教育科研的指导和管理，对全县学校教育教学工作进行检查和指导，负责全县教育教学质量检测，对全县教师教学业绩进行考核评价。

1986年至2006年，蒋洪波、夏建平、王果林、秦明、段平权先后任主任（其间：1986年1月至1988年8月、1990年10月至1993年2月分别由副主任张显扬、刘超主持工作）。

【蓬安县电化教育馆】 1986年，撤销县文教局电教队成立蓬安县电化教育馆（简称“电教馆”）。1990年7月，成立蓬安县教育电视台，与电教馆合署办公。负责电化教育、实验教学、教育宣传等工作。1993年，电教馆与教育电视台分设，负责全县电化教育、实验教学、应用研究和电化教学与实验教学的业务指导、业务培训、技术服务工作。

1986年至2006年，吕秋林、漆明勇先后任馆长。

【蓬安县教育电视台】 1990年7月，蓬安教育电视台成立，与电教馆合署办公，自办节目，由教育电视台自行发射。1993年，教育电视台分设。2002年起，停止自行发射节目，使用县广播电视台的频道播出自办节目。

1990年至2006年，梁治平（兼）、杨华明、林震宇先后任台长。

幼儿教育

1986年，蓬安县幼儿教育公办、民办并行，幼儿入园率15%。1993年，各乡镇中心小学开办学前班，锦屏、徐家镇建有单设幼儿园，周口幼儿园通过省专家组评估，被定为“省级示范幼儿园”。2002年，全县幼儿入园率达到76.3%。2004年9月，周口第一幼儿园被省教育厅命名为四川省首批幼儿与幼师继续教育示范基地。10月，周口第二幼儿园被中华爱国工程联合会评为中华爱国启蒙教育全国示范性幼儿园。2006年，全县幼儿入园8369人，入园率86.2%。

【规模】 1986年，蓬安县有幼儿园（点）97所，在园幼儿3208人，幼儿教师155人。1989年，全县城镇、乡村幼儿入园率17%。1992年，全县有单设幼儿园5所，幼儿班（含附设幼儿班）349个，社会力量办幼儿园4所，入园幼儿11404人，入园率28.6%。1993年，开始发展乡镇中心幼儿园，徐家镇中心幼儿园、妇联幼儿园、总工会幼儿园、锦屏中心幼儿园通过县验收达标，成为独立办园单位；周口幼儿园通过专家组评估，被评定为省级示范幼儿园。全县幼儿入园率35.1%。1996年秋，贯彻国家教委颁发的《幼儿园工作规程》，全县幼教事业有所发展。2002年，全县幼儿入园率达到76.3%。翌年，周口幼儿园分设为周口第一幼儿园和周口第二幼儿园。分设后的两个幼儿园均为独立办园单位。2003年后，社会力量办学发展迅速，农村以村、县城以社区创办的幼儿班增多。2006年，全县有单设幼儿园9所，附设幼儿234个班，在园幼儿8369人，入园率达86.2%，幼儿教师231人。

【学制】 1986年，全县城镇幼儿园继续实施教育部1981年印发的《幼儿园教育纲要（试行草案）》。幼儿小班招收3岁至4岁儿童、中班招收4岁至5岁儿童、大班招收5岁至6岁的儿童。乡镇村小学附设的幼儿园均为学前班，招收5岁至6岁的儿童，学制1年，期满进入小学一年级就读。1989年6月，国家教委印发《幼儿园工作规程（试行）》规定：幼儿园适龄幼儿为3周岁至6周岁，分小、中、大班。1993年后，招收2岁至6岁幼儿入学，分小、中、大、学前班，一直延续至2006年。

义务教育

1986年，蓬安县小学入学率、巩固率、升学率分别为97%、97.5%、52.48%，初中入学率、毕业率分别为39.61%、64.11%。1992年2月，国家颁布《义务教育法实施细则》。是年9月，全县有戴帽高中的初级中学2所，乡镇单设初中22所（其中经地区行署验收批准的有10所），小学附设初中班29所。1993年，省、市政府规划蓬安在4年内普及九年制义务教育。县委、县政府组建普九领导班子，筹集经费，推进普九硬件、软件建设。1996年10月，蓬安县普及实验教学通过检查验收。1997年10月，蓬安县普及九年义务教育通过省、市检查验收。1997年，国家教委印发《关于当前积极推进中小学实施素质教育的若干意见》推行素质教育，教研室将素质教育积极纳入教研科研中，组织带领实验小学、周口小学、师范附小、锦屏小学、实验中学等学校领导赴绵阳实验小学、实验中学、成都泡桐树小学、成都七中等地考察学习素质教育工作，返回后即开展“减轻学生作业负担、培养学生兴趣和实践能力”的素质教育实践探索。2002年，县委、县政府制定《关于基础教育改革与发展的决定》。2006年，全县小学入学率、升学率分别为99.8%、98.38%。初中入学率、毕业率分别为98.8%、92.94%。

【小学教育】 1986年，蓬安县有中心完全小学61所，公、民办村小学570所，2810班，其中民办628班。在校学生109735人，学龄儿童入学率97%，巩固率97.5%，毕业率94.8%。1993年，蓬安县全面实施普及九年制义务教育，全县小学招生15000余人，公民办小学1982班，在校学生58590人，小学入学率96.82%，小学升学率90%以上，在校学生巩固率96.82%，合格率95%以上。1995年，社会力量办学增加小学班18个。1996年10月，蓬安县普及实验教学通过检查验收。1997年，全县建成61所合格完小，447所合格村小。小学校设有实验室和图书室，10月，经省、市验收，蓬安县“普九”合格。1999年，实验小学、周口小学、师范附小创建成为省、市校风示范校及现代教育技术示范校。全县191所（班）民办小学全部转为公办小学。2001年，学龄儿童生源减少，县教育主管部门开始撤并学校，改变村村办村小的格局，撤并村小102所。2002年，撤并村小30所、乡分设完小1所。2003年，合并乡完小2所，村小30所，师范附小更名为相如第一小学校。2004年，撤并村小79所，完小7所。2005年，改造危房与布局调整相结合，撤并村小27所，初中与完全小学合并3所。2006年，蓬安县撤并村小20所。全县6次共撤销村小288所，合并中心小学1所，初中、小学合并为九年一贯制小学18所。2006年，全县有中心小学42所，村小214所，1349班，在校学生60100人，学龄儿童入学率99.8%，巩固率98.11%，毕业率99.97%，升学率98.38%。

蓬安县小学教育发展情况表

(1986~2006)

项目 年度	单设学校所数	教学点	班数	毕业生数	毕业率(%)	升学率(%)	招生数	在校学生数	学龄儿童入学率(%)	学龄儿童巩固率(%)
1986	631		2810	21042	94.80	52.48	10805	109735	97.00	97.50
1987	630		2371	20435	95.55	51.06	8869	95642	95.96	98.71
1988	627		2278	21289	95.80	53.03	9657	78426	97.00	97.50
1989	597		2157	14257	96.60	57.92	9987	69138	96.47	97.78
1990	585		1980	15960	97.00	56.14	8004	57955	96.76	95.35
1991	590		1887	15613	96.90	42.30	9387	50183	97.19	97.16
1992	591		1895	8169	97.80	78.80	11732	51698	97.57	96.10
1993	596		1982	6973	96.20	97.50	15271	58590	98.43	96.82
1994	591		1998	7401	98.60	99.49	14751	64269	95.83	95.61
1995	556		2074	7829	98.92	99.33	12366	67918	96.89	97.39
1996	553		2164	6396	99.98	99.17	11833	71141	98.73	97.19
1997	517		2139	7571	99.73	99.01	12690	75633	98.64	99.43
1998	533		2075	11124	99.51	99.03	11420	75154	96.40	98.97
1999	522		2018	14091	99.53	99.59	10026	70554	99.03	99.31
2000	505		1949	13183	99.55	99.65	9756	65800	98.82	98.10
2001	41	367	1885	11733	99.57	99.71	10722	63112	98.62	98.27
2002	42	337	1680	10220	99.59	99.77	11487	63832	98.98	98.22
2003	42	333	1607	10654	99.50	98.83	10730	62878	98.96	98.30
2004	44	288	1493	10339	99.94	95.60	9309	59485	98.20	94.60
2005	41	235	1306	9629	99.97	97.92	7873	55586	94.42	95.04
2006	42	214	1349	9282	99.97	98.38	9732	60100	98.79	98.11

学制　1986年，全县小学学制5年制、6年制并存。招收的小学新生学制实行6年制。1987年，实验“五四”学制改革实验，实验小学招收五年制新生1个班，1992年毕业，全部录入县实验中学四年制初中实验班就读。1994年至2006年，全县小学学制统一为6年，入学年龄6周岁以上。

课程　1986年，小学设语文、数学、自然、地理、历史、音乐、体育、美术等课程。1990年，劳动教育课纳入教学计划，全县各小学每周开设劳动课一节。1992年9月，在实验小学四年级试行开设英语课。翌年，全县小学义务教育起始年级每周开设体育课3课时，科技文体活动2课时。1993年，小学设思想品德、语文、数学、外语、社会、自然、地理、历史、音乐、体育、美术、劳动等课程，活动课设班队活动、科技活动、文体活动。2001年秋季，全县乡镇以上的所有完全小学从四年级起开设英语课程，每周一节。2003年至2006年，全县小学开设有：思想品德、语文、数学、外语、社会、自然、体育、音乐、美术、劳动、信息技术、社会实践、地方课等课程。

【初中教育】　1986年，全县单设初中学校12所，小学附设初中59所，472个教学班，在校学生25242人，入学率39.61%，巩固率51.65%，毕业率64.11%。1988年10月，万和、方广、龙蚕、向东4所乡初级中学为蓬安县首批单独设置的乡镇初级中学校。1992年，乡镇单设初中校22所，小学附设初中29所，社会力量兴办初中1所。1996年10月，全县普及实验教学通过检查验收。

1997年10月，“普九”通过检查验收。1998年3月，每个乡镇均有单设初中校或小学附设初中班。2001年，县政府整合教育资源，撤并附设初中。2002年，蓬安师范改为普通中学，济渡职业中学开始招收初中生。2003年，撤销中华、马回、向东、清溪、方广等5所乡级初中，撤销7所小学附设初中。2004年，撤销初中7所。次年，又撤销单设初中2所。2006年，全县有单设初级中学校18所，小学附设初中23所，495班，在校学生31080人，入学率98.8%。

蓬安县普通初中教育发展规模一览表

(1986~2006)

项目 年度	学校所数	班数	毕业生数	招生数	校内外学龄人口	在校学生数		教职工数		入学率(%)	巩固率(%)	毕业率(%)
						合计	其中女	合计	其中专任教师			
1986	71	472	8778	8024	36070	25242	8490	1465	1280	39.61	51.65	64.11
1987	65	432	7984	8200	32433	23060	8239	1539	1358	40.02	53.02	79.50
1988	62	446	6718	7699	30143	24086	8346	1658	1477	37.17	59.56	81.93
1989	62	431	7497	6979	28914	20365	7495	1723	1517	50.02	51.30	87.38
1990	58	377	5382	4371	28176	17506	6183	1692	1485	28.58	63.19	77.12
1991	61	364	5021	6238	26596	16715	6265	1611	1408	40.19	84.39	64.87
1992	60	364	5247	6364	23894	15546	6093	1627	1423	78.08	85.86	53.85
1993	56	364	3265	5362	23109	14449	5542	1569	1372	77.69	89.48	69.10
1994	53	376	4045	6219	21528	15317	6173	1585	1427	84.03	80.12	75.44
1995	50	391	3930	6900	20136	16670	6888	1527	1428	88.31	86.82	83.19
1996	49	400	3815	5599	20986	19426	6426	1497	1438	87.70	92.94	95.29
1997	51	442	5236	7744	21893	22198	8776	1358	1297	102.55	97.76	93.52
1998	49	505	5928	10517	23727	23550	10536	1525	1484	94.60	95.83	96.55
1999	48	622	5432	13335	30889	30833	14095	1602	1530	94.63	96.37	91.65
2000	47	639	7070	10477	31547	32400	14690	1638	1598	79.63	92.27	93.02
2001	44	540	6240	9980	27750	28638	12613	1613	1565	85.09	92.70	89.56
2002	45	510	8569	10113	27341	28546	12674	1658	1641	98.95	91.73	85.86
2003	44	501	9049	10477	27446	28510	12825	1609	1547	98.34	92.60	96.67
2004	43	483	8394	9864	27891	28279	12970	1645	1469	95.50	94.08	99.93
2005	43	481	8564	9539	26526	27678	12792	1572	1425	99.07	94.43	96.82
2006	41	495	8866	10545	30934	31080	14405	1586	1452	99.8	95.78	92.94

学制　1986年秋，全县新招初中一年级新生均实行3年学制。1992年9月，实验中学实施“四年制”制教改实验，将原实验小学五年制小学毕业生1个班的学生全部招为“四年制”实验1个班，经过4年实验后未推广。全县其他学校初中一律实行初中3年学制。至2006年，全县九年制义务教育全部实施“六·三”学制，小学6年，初中3年。

课程　1986年，全县初中教育按照教育部颁布的教育大纲规定，开设政治、语文、数学、外语、物理、化学、历史、地理、动物、植物、音乐、体育、美术、劳动、课外活动等课程。1991年春季起，全县初级中学一、二年级增加乡土教材教学内容。蓬安历史部分安排在初中一年级下学期学习，地理部分安排在初中二年级地理教学中学习。1993年秋，全县初中执行《四川省九年制义务教育全日制初级中学课程计划（试行）》。1994年，将“时事教育”列入教学计划，排入课表。1996年秋，将“健康教育”列入课表。2002年，初中设置的课程有思想政治、语文、数学、英语、科学（物理、化学、生物），历史与社会、体育与健康、艺术（音乐、美术）以及综合实践活动课程。2003年至2006年，开设有思想政治、语文、数学、英语、历史、地理、物理、化学、生物、体育、音乐、劳动技术、信息技术、综合实践和地方历史、地方地理等课程。

【特殊教育】 1990年8月，县政府批转县文教局等7部门《关于发展特殊教育的意见》，成立蓬安县特殊教育领导小组，派教师到成都特殊教育学校参加培训。1995年2月，县政府批准，在民盟蓬安支部创办的同济中学内设蓬安县特殊教育学校，后未招生。1998年，全县2672名残疾儿童(盲、聋、哑、弱智）与学龄段儿童随班就读。至2006年，全县残疾儿童均与学龄段儿童随班就读。

【“普九”工作】 1993年1月，县政府作出《关于奋斗四年普及九年义务教育的决定》，制定12项筹集“普九”建设资金政策，决定在不增加农民负担的同时，分年度筹集，机关企事业单位按工资1%缴纳人民教育基金。4月，组建县“普九”工作领导小组，领导小组下设办公室，由分管教育的副县长兼任办公室主任，从教委等有关部门抽调工作人员组成办公室成员。办公室负责全县“普九”规划、协调、检查、指导等工作。各乡镇成立“普九”领导小组，组织实施本乡镇“普九”工作。在“普九”工作中，县委、县政府制定了“坚持标准，规划到位，分步实施，软硬件并举”工作方针，根据“分级办学，分级管理”原则，明确乡镇和有关部门职责，开展“集万民之力，兴千秋伟业”攻坚战，确保1997年全面完成“普九”任务。县政府主要领导及其他县级领导分别联系一所中学或一个乡镇，每期到学校检查指导“普九”工作1次以上。县委、县政府决定每年6月为“普及九年义务教育宣传月”。县“普九”办相继印发“普九”宣传提纲6000余份。县委宣传部、县文体广播局、县教委、县川剧团等单位编排“普九”专题文艺节目，到各乡镇巡回演出。《蓬安教育信息》每期开辟“普九”专栏，县电视台和广播电台、县教育电视台、各乡镇广播电视站，每周开办一期20分钟的“普九”专题节目。全县各乡镇采取电视、广播、标语、专栏、墙报等形式广泛开展“普九”宣传教育活动，宣传“一纲、四法”，宣传“普九”重要性和必要性、基本要求。县委、县政府及县教委领导与各乡镇党委书记、乡镇长、分管文教副乡镇长、教科卫办公室负责人同时签订《蓬安县普及九年制义务教育、扫除剩余文盲目标责任书》《合格村小建设责任书》。县上印发《蓬安县普及九年制义务教育基本要求及检查验收办法》《关于把握机遇，克服困难，千方百计完成“普九”任务的决定》《关于全力以赴打好“普九”突击攻坚战的决定》等文件。全县采取“重点突击，分段推进，分步实施”方针，分阶段、分目标出台相应政策。强化政府行为，确保“三个增长”。保证每年用于教育的财政拨款增长高于财政经常性收入增长，在校学生每年人均教育事业费逐步增长：1994年为2%，小学为135.67元、初中为297.61元；1995年为35.16%，小学为213.61元、初中为452.52元；1996年为23%，小学为218.36元、初中为507.49元。实行“政府统筹，部门办学，各方参与，教委主管”的办学方式，加强对社会力量办学的审批、管理、监督和检查。

1993年至1997年，县政府投入“普九”教育经费7530万元，全县干部群众集“普九”建设款9966.3万元，完成完小61所、村小447所、基点校9个、单设初中32所、小学附设初中16个、高中、职中校内初中教学点6个的硬软件建设任务。全县初中、小学校园占地面积132.7公顷，其中“普九”建设中新征用地23.3公顷；初中、小学人均活动场地分别为5.08平方米、3.28平方米，大多数初中建有50米以上的直跑道、200米以上的环形跑道及篮球、乒乓球场地。全县新建初级中学13所，乡镇中心完小5所，改扩建初中、完小70所，建合格村小414所。新建校舍面积238150平方米，全县初中、小学校舍总面积达441233.1平方米。新建教职工住宅87699平方米，初中、小学生人均图书分别为10.4册和7.6册。教学仪器设备按省、市标准配齐，使用率96.88%。全县义务教育阶段适龄儿童入学率99.67%，三残儿童入学率79.67%，初中入学率95.56%，小学辍学率控制在0.29%，初中辍学率控制在1.79%。小学毕业率99.42%，初中毕业率97.76%，全县15周岁人口初等教育完成率99.49%，15周岁人口中文盲率0.51%。

1997年10月，省、市检查团采取“听、看、查、访、议、评”等方式检查验收蓬安普及九年义务教育、扫除青壮年文盲工作。检查验收结果，各项指标达到国家规定标准。蓬安县完成了基本普及九年义务教育、基本扫除青壮年文盲的历史任务。

普通高中教育

1986年，蓬安有普通高中4所，附设高中2所，巨龙职业中学兼办有最后一届普高班。有普通高中57班，在校学生3318人，入学率、巩固率、毕业率分别为16.01%、72.38%、95.67%。高中毕业984人，升本科、专科97人。1994年，金溪中学、罗家中学停止招收普高新生，金溪中学高二、高三学生转入蓬安中学就读，罗家中学高二、高三学生转入杨家中学就读。1993年至1996年，蓬安县普高高考上线率连续4年名列全市（地区）第一名。1996年，蓬安中学举行建校70周年庆典活动。1999年11月，蓬安中学创省重点中学验收合格。2000年，周口中学达到市级重点中学办学基本要求。2001年，杨家中学达到“普通高（完）中办学基本要求”。2002年，蓬安中学创建为四川省示范性普通高中。是年，蓬安升入大学专科以上人数首超1000人。2003年，蓬安师范学校更名为蓬安第二中学校，开始招收普通高中生。2005年，蓬安县投入200余万元，加快蓬安中学创建国家级重点中学、周口中学创建省级重点中学步伐。高中在校学生人数增加到10300人。2006年，全县有普通高中5所，学生10924人，入学率47.27%，高中毕业3004人，升本科、专科1363人。1986年至2006年，普通高中为社会培养毕业生23700万人，输送大学新生11684人。

蓬安县普通高中发展规模一览表

(1986~2006)

项目 年度	学校所数	毕业人数	招生人数	班数	在校学生人数		入学率%	巩固率%	毕业率%
					合计	其中女			
1986	7	984	1405	57	3318	879	16.01	72.38	95.67
1987	6	618	1130	63	3548	962	14.15	67.89	100.00
1988	6	1092	995	61	3249	809	15.54	81.42	100.00
1989	6	1009	1097	58	2930	771	15.49	73.72	88.20
1990	6	782	1055	61	3129	854	22.80	81.90	93.88
1991	4	691	1176	62	3214	917	23.48	78.04	80.82
1992	5	899	1199	66	3152	944	23.04	75.79	99.23
1993	6	742	716	55	2364	841	21.93	59.37	79.78
1994	5	685	991	54	2313	815	24.47	56.58	97.86
1995	5	684	903	49	2283	796	22.98	74.86	100.00
1996	4	536	927	49	2357	330	24.30	69.09	100.00
1997	4	684	1191	52	2706	914	22.75	74.75	100.00
1998	4	672	1294	59	3118	847	21.83	77.35	99.56
1999	4	710	1431	63	3447	1154	26.34	80.94	99.02
2000	4	960	1833	68	3833	1379	25.93	66.15	99.59
2001	4	856	2742	85	5178	2256	39.62	67.30	100.00

续表

项目 年度	学校所数	毕业人数	招生人数	班数	在校学生人数		入学率%	巩固率%	毕业率%
					合计	其中女			
2002	4	963	4176	132	8373	3603	48.73	80.47	100.00
2003	5	1475	3849	154	10478	3849	42.54	97.88	100.00
2004	5	2684	3693	162	10008	3383	44.00	73.18	100.00
2005	5	3056	4075	173	10300	3830	47.58	78.05	100.00
2006	5	3004	4020	179	10924	4166	47.27	81.23	100.00

【学制】 1986年，在校未毕业高中生学制为二年制。是年起，招收的新生学制为3年，至2006年学制均为3年。

【课程】 1986年，蓬安县按国家教育部制定的教学计划开设高中教育课程。1988年，周口中学开设国防教育课。1992年，蓬安县高中教育按国家教委《现行普通高中教学计划调整意见》开设课程。2002年，蓬安县普通高中开设的必修课有：思想政治、语文、英语、数学、信息技术、物理、化学、生物、历史、地理、体育和保健、艺术（音乐、美术）；综合实验活动有：研究性学习、劳动技术教育、社区服务、社会实践等课程。2003年至2006年，蓬安县普通高中开设的课程有：政治、语文、英语、数学、物理、化学、生物、历史、地理、体育，劳动技术排入课表每周2课时、相对集中安排2周，社会实践2周，课外活动6课时，其中体育锻炼3课时、其它3课时。

中等职业教育

1986年，蓬安有师范学校、巨龙职业中学、济渡职业中学、南充地区蓬安技工学校等4所公办中师、职业教育学校。1993年10月，蓬安师范“国家中等师范标准化建设”达标。1996年，巨龙职中与成都教院联办“市场营销大专衔接班”。1997年4月，巨龙职中创建四川省重点职中验收合格。2000年，巨龙职中、济渡职中试行春、秋两季招生。是年，南充地区蓬安技工学校停止招生。2003年11月，蓬安师范停办，转制为普通完全中学。2005年，巨龙、济渡职中开办短期培训班，面向农民招生。2006年，全县仅有蓬安巨龙、济渡职中2所公办职业中学。

【师范教育】 1986年，师范教育由蓬安师范承担。蓬安师范有教职工82人、在校学生520人。1992年，开始创建国家级标准中等师范学校。1994年10月，蓬安师范标准化建设验收达标，成为南充市首所国家级标准中等师范学校。学校占地面积3公顷，建筑面积32711平方米。有办公楼、教学楼、艺术楼、礼堂、食堂综合楼各1幢，学生宿舍楼4幢，教工宿舍楼5幢，有400米环道操场和球场等。是年至1998年，招收民办小学教师。2002年，停招师范新生。建校至此，共培养师范毕业生8698人，其中，民办教师200人，委培生87人。2003年11月，蓬安师范停办，转制为普通完全中学。

蓬安师范招生、毕业人数统计表

（1986~2004）

年度	招生数	毕业数	年度	招生数	毕业数
1986	188	182	1991	160	268
1987	187	284	1992	192	218
1988	268	191	1993	234	201
1989	320	281	1994	232	160
1990	201	187	1995	259	190

续表

年度	招生数	毕业数	年度	招生数	毕业数
1996	184	235	2001	46	219
1997	218	232	2002	0	285
1998	220	258	2003	0	244
1999	291	234	2004	0	46
2000	242	232			

注：其中，1987年，招收民师100人；1988年，招中师委培生87人；1989年，招收民师100人；2001年，为最后一届招生，招收英语专业46人。2004年，为最后一届英语专业班毕业。

【职业教育】 1986年，县内有巨龙、济渡2所职业中学和南充地区蓬安技工学校。1992年，全县有职高17个班，学生756人。次年，巨龙职中与县武装部联办国防预备役班。职业中学调整专业设置，开设有电子、建筑、种植、统计、微机、财会、幼教、国防、公关、经济管理等10个专业。1996年，巨龙职中与成都教院联合举办“市场与营销大专衔接班”。济渡职中与四川农业大学联合举办“财会专业大专衔接班”。2000年，巨龙职中、济渡职中105名学生参加职教师资对口及高职班招生考试上线68人，取得历年最好成绩。2001年，全县194名职高毕业生参加高考，上四川省高考录取线达168人，上线率为86.8%，创历史最好成绩。是年秋，职高招生420人。2005年，巨龙、济渡职中开办短期职业技术培训班，面向农民招生。2006年，全县有公办职业中学为巨龙职中、济渡职中。接受职业技术教育培训、职业高中毕（结）业后，均发全国通用的职业技能毕（结）业证书。

南充地区蓬安技工学校，1996年及以前，毕业的2421名学员全部回各县分配工作，1997年毕业的529名学员中的70%回各县分配工作，30%的学员由技校输送到北京、广州、成都、重庆、深圳等地工作，1998年，毕业的357名学员30%回各县分配工作，70%的学员由技校推荐到广州、重庆、银川、成都等地工作，1999年，毕业的120名学员10%回各县安排工作，90%的学员由技校推荐到广州工作。2000年，南充地区蓬安技工学校停办。

成人教育

1986年，全县已扫除青壮年文盲31425人，农校、党校、电大等开展成人学历教育、技术培训。1990年至1997年，乡镇村办农民技术学校开展农民实用技术培训。1998年至2000年，工交、金融系统完成青工培训。2001年，全县46个乡镇均建立成人技术教育学校。2006年，全县生产技术知识教育培训、教师进修培训、函授和成人自考等更加普遍和规范。

【扫盲】 1986年，全县累计扫除文盲31425人，非文盲率为87.6%。达到国务院规定的基本扫除文盲县标准。1989年，全县农业人口青壮年中有文盲、半文盲13598人，占青壮年人口数的4.75%。1990年，为国际扫盲年。县上贯彻国务院《扫盲工作条例》，成立蓬安县扫盲工作领导小组。各乡镇学校确定一名扫盲专干，负责该乡镇的扫盲具体工作。全县49个乡镇有4000多名文盲、半文盲参加扫盲学习，有3354人基本摘掉文盲或半文盲帽子。全县青壮年人口的非文盲率为97.01%，达到国务院规定的脱盲县标准。是年起，将全县15至40周岁人口中的剩余文盲、半文盲7499人组织起来，办扫盲班，采取“包教包学”的方法。经过两年努力，使非农业人口中青壮年非文盲率达99%以上。1998年，全县举办扫盲班175个，有500多名青壮年文盲、半文盲脱盲，全县青壮年非文盲率为98.98%。1999年，迎接教育部扫盲评估检查，县政府召开全县成人教育扫盲工作会议，将扫盲任务落实到乡镇，全县脱盲715个，扫盲成果得以巩固。2000年，全县举办87

个扫盲班，组织文盲、半文盲357人参加扫盲学习，有265个青壮年文盲、半文盲脱盲，全县青壮年非文盲率为99.13%。2001年，全县举办扫盲学习60班，组织半文盲250人参加学习；举办脱盲学员提高250班，组织1584名脱盲学员参加继续教育学习，使全县青壮年非文盲率保持在99%以上。2005年11月，蓬安县经省教育督导团审核为扫盲复查评估合格县。2006年，扫盲成果得到巩固和提高。

【农民技术教育】 1986年，全县开办各级各类农民文化技术学校50所，96个班，入学人数4654人。翌年，全县兴办农民技术教育初中班35个班，在校学员1703名。1988年，全县开办农技初中43个班，学员1583人；农技高小6个班，学员178人；举办社会生活教育（包括法制、计生、优育、文艺等）短期培训班2582期，受训者达210134人次。次年，全县47个乡镇办起农民技术教育学校，开辟实验实习基地181424平方米。1990年，始建村办农技校1所。1991年2月，全县新开办乡镇农民文化技术学校84所，开办乡镇、村农技校621所，举办短期实用技术培训9661班（期），参学110599人次；一年期技术培训3960班，参加学习221000人次，全县农业人口中有14.3%的农民受到各种形式的文化技术教育。1993年，建立和完善县、乡、村3级培训网络。确定茶亭、诸家、罗家等8个乡镇为1994年实施“燎原计划”示范乡镇。1995年，有75077人参加乡村两级实用技术培训和文化教育。1999年，乡镇村农技校办学面达100%，每个片区均有1所示范农技校。2001年，全县46个乡镇均建立有成人技术教育学校，平头农技校成为县级示范学校。1986年至2006年，全县农民参加县、乡镇、村农技校学习和各种技术培训班培训1382144人次。

【职工教育】 1986年至1991年，各单位职工通过离职进修、函授、自考提高学历，全县接受高等教育学习1115人，毕业905人。接受中专教育学习334人，毕业256人。1992年至1998年，工交、邮电、马电、银行等系统对13500名职工完成青工政治思想轮训和岗位培训。1999年至2003年，职工教育以单位思想教育和业务培训为主，学历教育减少。2004年至2006年，企业改制后，职工身份转换，主要进行短期职业技术培训和政策、法规教育。

【教师进修】 1986年，县教师进修校经省教育厅批准成立，进行中小学教师业务培训和学历达标教育，设有中师函授辅导站。至1990年，函授站与省广播教育学校联合办学，开办中师函授辅导（文、理科）班，有1328名在职教师取得中师函授学历证书。1995年，经省教委批准，开办中师幼师班。1997年，开展小学校长及教师继续教育培训。1998年，承担全县小学教师继续教育培训工作，开展小学教师五项基本功训练指导和检测。1999年，与南充电大联办大专班。2000年，与川大联办中文本科班。2002年，与四川教育学院联办教育管理本科班。2005年，与东北师范大学联办网络教育本科班。至2006年，开办大学专科、本科函授班共29批次，在职教师有2515名分别获得专科、本科文凭。开办小学初中教师继续教育和中小学教师基本功培训22期，培训在职教师8379人次。

【电大教育】 1986年，蓬安电大工作站成立，机构设在教育局成人教育股，股长兼任蓬安电大校长。是年至1993年，电大工作站宣传招生政策，动员学员进电大脱产或半脱产学习。1994年，蓬安电大工作站受南充电大委托，开办大专班1个，在县农行开办中专班1个，与教师进修校合办幼师班1个，招收电大专科、中专学员114人。1995年，招收“注册视听生”大专财会班1个，学员38人；幼师班2个，学员94人。是年，全县电大有大专、中专班2个、学员79人，旅游与饭店管理中专班1个、学员25人。1998年，招收成人大专班3个。2000年，电大工作站坚持多层次、多形式办学模式，与相关单位联合举办电大班，招收中文专业、护理专业大专班3个、学员200人。2002年，招收成人中文专科、本科班各1个，财务会计与计算机应用专科、本科班各1个，学制为2年。2006年，生源减少，电大招生工作停止。

【函授教育】 1986年至1990年，函授教育有中等函授教育和高等函授教育。中等函授教育与四川省广播教育学校联办，学员入学考试录取后，发给中师函授辅导教材，收听四川广播电台讲课。全县学员分区设置函授辅导站，教师进修校组织全县学员集中复习考试。县党校设有中央党校四川函授学院辅导站，后改为四川省委党校函授学院蓬安辅导站。招收13批次中师函授文理科学员1328名。1991年至2006年，四川教育学院、南充教育学院、南充师范学院、四川师大等学院，先后在蓬安招收本专科函授学员29批次，学习期满经考试合格，分别获得大学专科、本科文凭。

【高教自考】 1986年1月起，全县每年组织两次高等教育自学考试。1990年，省高等教育自考办规定，全省自考专业实行计算机管理，办理自学考试毕业证书，对前4届自考合格者全部颁发毕业证书。1992年10月，第18次高等教育自学考试试行县（市）交叉巡考。2003年，自学考试改为一年3次考试。2004年，改为一年4次考试。至2006年，全县共举行46次自考，报名26178人、56509科次，1001人获本科、专科文凭。

民办教育

1986年，全县各乡镇均有民办教育班及民办教师。1995年，蓬安制定《社会力量办学管理试行规定》。全县审批社会力量办学30所（班）。1999年，全县民办教师符合转为公办教师条件者全部转为公办教师，民办学校随着全部转为公办班。2003年，国家《民办教育促进法》颁布实施，社会力量办学统一改称民办教育。2006年，全县有民办教育学校88所，学生5077人，校舍建筑面积7000多平方米。

【民办小学教育】 1986年，全县90%以上的村小有民办班，民办教师工资从所教学生收取的学杂费中支付，财政作一定补助。为减轻民办教师负担提高教学质量，国家每年将学历合格、已评中级职称、教学成绩突出者转为公办教师，其所教班级学生也随之转为公办，民办小学逐年减少。1995年，蓬安制定《社会力量办学管理试行规定》，全县审批社会力量办学30所（班），其办学者工资全由学生学杂费支付，财政未作补助。1999年，原民办公助的民办小学教师符合转为公办教师条件的全部转为公办教师，民办小学班随着转为公办班。2003年秋，国家《民办教育促进法》颁布实施，“社会力量办学”提法终止，统称民办教育。2004年，民办教育复兴，全县民办小学仍有78所，学生3475人。2006年，全县有民办小学（含幼儿班）64所（点），学生4015人。

【民办中学及职业班】 1986年，全县各乡镇多有民办初中班。民办初中教师工资由所教学生学杂费支付，财政作一定补助。1987年后，教育教学质量要求提高，很多民办初中教师一人上初中几门课程无法胜任，便陆续放弃办民办初中，转入民办小学，其身份后陆续转为公办教师。1994年，全县民办初中仅剩8所12个班，400余人。1995年，社会力量办学县城有师范大专班、经委中专班、乡镇企业局中专班、农行中专班、农机局中专班、财会大专班、蓬安警风文武学校初中班等，马回等乡办有少数初中班。2002年，全县执行国家社会力量办学许可证制度，依法对社会力量办学资格进行审查，取缔乱办的班校。2003年，实施《民办教育促进法》，全县民办中学、职业中专校有所增加。2004年秋，蓬安燕山学校开始招收高一新生，成为全县第一所民办高中校。2006年，蓬安民办中学及职业班有燕山学校、英才学校、友联职业技术学校、五星技校、现代电脑学校、薛州计算机学校、慧星计算机学校、电车培训等。

艺术　卫生　体育教育

1986年，全县中小学按教育部教学计划开设艺体、卫生教育课程。1987年暑假，为缺艺体教师的学校培训96名教师。1989年，从幼儿园到初中，开设艺术课。1992年，学校贯彻食品卫生法、传染病防治法。1993年，举办首届中小学艺术节。是年，对全县中小学学生进行体质检测并建立个人档案。1998年，举行第二届艺术节。2001年，举办第三届中小学艺术节，其中4个节目参加省文艺汇演，均获三等奖。2003年，蓬安学生文艺队代表南充市参加省教育厅组织的文艺调演，4个节目获二、三等奖。2004年10月，南充市“学生每天1小时锻炼实验研究”现场会在蓬安相如一小召开，全市实验学校参加。2005年，举办全县各校食堂、小卖部从业人员培训。2006年，全县举办中小学乒乓球运动会。

【艺术教育】 1986年，各中小学执行省教育厅《四川省全日制六年小学教学计划》，小学1年级至6年级每周2节音乐课，小学中低年级每周2节、高年级每周1节美术课。初中、高中各年级音乐课、美术课每周各1节。1992年，县教委成立艺体教育领导小组。1993年4月至8月，举办蓬安县首届中小学艺术节，参加学生近4000人，展出学生书法、绘画作品400多件，在县城举办专场文艺汇演，选送部分艺术作品和文艺节目参加省、地艺术节活动，其中美术作品获省二、三等奖各1件，获地区一等奖1件，文艺节目获地区三等奖6件，班级歌咏赛获地区三等奖3个，优秀奖2个。1994年，对城区3所小学毕业学生进行音乐美术达标测试。1995年，开展少先队“雏鹰奖章活动”争创“艺术章”活动，团县委、县教委与“蓬州万博商城”联合举办庆“六一”万博杯少儿画展。1995年，举办蓬安县第二届少儿电子琴大赛。1999年，“五四”青年节，蓬中、周中、师范校学生举行文艺调演。10月，县教委检查和评估全县中小学艺术教育设施、器材配备及近3年艺术教育经费投入情况，组织少先队表演文艺节目庆祝中国少先队建队50周年。2006年，实验小学、周口小学参加南充市小学文艺调演，分获一、二、三等奖。至2006年，全县500多件学生书画作品荣获省、市和全国性书画大赛奖励。

【卫生教育】 1986年，全县中小学开展学生卫生保健教育，治理“脏、乱、差”，绿化、美化、净化校园，坚持清洁卫生检查评比。1992年，县教委、县卫生局联合制定《学校卫生工作条例》，要求中小学加强学校卫生教育。1996年起，全县中小学每期开设不少于8课时的健康教育课。1997年，加强牙齿保健，开展预防龋齿病教育。1999年，对中小学卫生设施、学校食堂、学生宿舍及学生个人卫生进行督导评估。2001年，县防疫站、食品药品监督管理局对学校食堂、小卖部食品卫生和食品质量进行跟踪检查，防止过期变质食品流入学校。2003年，学校开展预防“非典”知识教育，全县无一例“非典”发生。2004年4月，两路小学爆发甲肝，45名学生集体感染，卫生部和省、市医疗专家赶赴现场，疫情及时得到有效控制和治疗。2006年，各校积极开展健康教育，普及卫生防疫知识，中小学生防疫知识普及率有了较大提高。

【体育教育】 1986年，文教局督促学校加强体育教学工作。1987年1月，文教局成立城区中小学及师范学校体育教育联合教研组，加强对体育教学工作的研究。1989年，文教局组织各中学专（兼）职体育教师培训10天，学习新编第七套少年广播（韵律）体操和迪斯科健美操以及新编体育教材中《舞蹈》《武术》两部分，将体育统计学、高等学校体育招生考试术科指导等内容纳入培训。至1992年，组织体育培训6期次，参培人员200人次，选派中小学体育教师20名参加地区培训班学习。1993年，贯彻教育部《学校体育工作条例》，对全县中小学生进行健康体质检测，中小学生眼睛近视率增加，同龄儿童身高比6年前增高1厘米至2厘米，学生体质检测后建档跟踪监测。1994年至1997年，按教学计划开足体育课，保证学生每天早操、课间操和课外体育活动、体育锻炼时间达1小时以上。学校体育场地、体育设施达到国家标准。1997年，南充市第二届中学生篮球运动会在蓬安举行。1998年，全县初中毕业升学考试增加体育科考试，集中在师范校考试。考试科目：50米跑、立定跳远（或一分钟跳绳）、掷铅球（男生3公斤、女生2.5公斤），考试满分为30分，记入高中招生总分，纳入新生录取分数线。2000年后，减轻考生经济负担，初中毕业体育考试集中在片区教办所在地中学进行。2003年，初中毕业体育考试改由片区教办组织，教育局派员监督，分校设立考点考试。2006年，全县举办中小学生乒乓球运动会，32支队伍、300

余人参赛。周口中学获高中组男、女队冠军，杨家中学、利溪初中分获初中组男、女队冠军，实验小学、相如一小分获小学组男、女队冠军。是年，全县中小学有足球场2个，排球场、羽毛球场156个，田径场125处，乒乓球台700余张，专职体育教师100余人，学校体育教学工作得到加强。

教育教学研究

1986年，县教研室担负着全县教学研究、教学指导、教学管理和教育科研等职能工作，成为教育行政机构管理教育教学的参谋和助手。全县教育教学研究重点在小学和初中。1988年，加强了高中教育教学研究。1993年10月，县教研室制定了《教研室工作管理办法》，强化了教研室内部管理。1994年，县教研室提出了“两轮驱动，提高质量”的教研科研目标，教研、科研为大面积提高教育教学质量服务。1996年，县教委印发了《关于加强教研工作的意见》，对全县教研科研工作提出了要求。至2006年，县教研室通过持续不断地抓好教学研究、教改实验、教学检查与管理、教育教学调查解剖、教学质量监测与考核等教育教学教研工作，促进了全县中小学教育教学质量整体提高，小学毕业合格率达100%，初中毕业合格率达98%，高中毕业合格率达95%以上。其间，高中教育有了质的飞跃，普通高考上线率从1990年南充地区（12个县市）倒数第一名上升到1991年南充地区第三名再上升到1993年南充地区第一名，其后连续3年列南充第一名。1995年高考，全市平均分按文理科、应往届统计20个学科第一，蓬安获得了10个学科的第一名。2002年，大学录取专科以上首超1000人。

【教研队伍】 1986年至2006年，全县教研队伍由县教研室专职教研员、区（片区）教办专职教研员和学校教师三级人员共同组成。

教研室教研员　1986年，县教研室有专职教研员9人，重点对全县初中、小学教育教学进行研究和指导。1987年1月，教研室成立了城区中小学师范学校体育联合教研组。1988年8月后，教研室加强了高中教育教学的研究和指导，并逐步成为教研室的工作重点。随着工作领域的拓展，教研室逐步在全县中小学中将教学质量一流的优秀教师选调到教研室作专职教研员，1993年，专职教研员达到21人，除学前教育外，基本配齐了中小学各学科专职教研员。对没有专职教研员的少部分学科，采取聘请学校教师作兼职教研员或由教研室专职教研员兼任的办法解决。是年，教研室成立了全县高中语文、数学、英语、物理、化学、政治、生物、历史、地理等9个学科联合教研组，聘请高中骨干教师作兼职教研员。1994年，教研室设立了教改理论组，并对内设机构进行了完善重组，建立了义务教育组、高中教育组、教改理论组、德育教研组、艺体教研组、办公室等。1995年，教研室成立了城区小学语文、数学、英语联合教研组。1996年，教研室成立了城区学校体艺联合教研组。1997年，教研室增设了职业教育教研组。2002年，教研室选调了学前教育教研员。至2006年，教研室专职教研员按照中小学学科基本配备齐全。

区（片区）教办教研员　1986年，锦屏、河舒、金溪、徐家、巨龙、罗家、兴旺7个区教办均配有1名专职教研员，负责全区教研工作。1992年，全县行政机构改革中撤销7个区，区教办撤销。在新建立的24个乡镇设立了乡镇教办，每个乡镇教办配有1名专职或兼职教研员。1994年，全县行政区划进一步调整，从24个乡镇增加为38个乡镇，乡镇教办也调整为38个，每个乡镇教办仍配有1名专职或兼职教研员。1995年，依托原区教办所在地的乡镇教办和周口镇教办建立了8个片区初中各学科联合教研组。1997年，再次调整完善乡镇建制，从38个乡镇增加到46个乡镇，全县又增设8个乡镇教办。1998年8月，县教委撤销了46个乡镇教办，成立了周口、锦屏、河舒、金溪、徐家、巨龙、罗家、兴旺8个片区教办，每个片区教办配有1至2名专职教研员。

学校教研组　1986年，全县各中、小学校结合实际建立了学科教研组，选任学科骨干教师担任教研组组长，具体开展学校教育教学研究活动。2000年3月，县实验小学率先成立了学校教研室。至2002年，全县各高完中、各初级中学和各中心完小先后成立了学校教研室，具体抓好各学校的教育教学研、教育改革实验和教育科研工作。

【教学研究】 1986年至2006年，县教研室围绕提高课堂教学效率开展了教育理论学习、教学常规制定、教材教法研究、学科教师竞教、学科教研活动等方式，开展了全县教学研究活动。

教育理论学习 1990年至1998年，县教研室在全县开展了《教学论在教学中的运用》《教学过程最优化》《教育统计入门》《素质教育》等教育理论学习，教研室教研员在每个区开展专题讲座辅导、举办教师学习培训班、教育理论学习考试、选编印发《教学参考》等途径，组织全县教师系统学习有关教育教学理论。

教学常规制定与实施 1989年至1990年5月，县教研室研究制定了初中、小学各学科教学常规，对各学科教学从备课、上课、作业、辅导和考试等环节提出了基本要求，要求教师遵循教学常规进行教学。1990年至1992年，县教研室通过小学和初中语文、数学两科教学常规试点，召开教学常规管理现场会，开展教学常规合格课和优质课评选，成立常规教学常年检查组，创建教学常规合格学校，在全县初中、小学各科教学中大面积实施了常规教学工作。

教材教法研究 1986年后，县教研室将对大纲、教材、教法和学法的研究确定为教学研究的重点。每学期开学第一个学月，教研员分别深入到各片区、各中学指导教师进行大纲和教材的学习研究，让教师掌握大纲对各个年段教学的要求，把握教材的知识体系、能力训练和教材内在逻辑关系，根据大纲要求和教材知识结构探究教法和学法。1992年下期，高考“3+2”考试改革制度在全国试点基础上全面推广（即从1994年高考实行语、数、外加文科的政治、历史，加理科的物理、化学考试制度），教研室组织了高中一年级各科教师开展了有关信息收集和教学研究。1993年下期，小学、初中开始使用新教材。暑假期间，组织了新大纲、新教材学习培训班。1994年上期，全县小一、初一各科教师参加了新大纲考试。教研室主办的《教学参考》不定期地选编县内外教师学习、使用新大纲、新教材的经验文章，提供给全县教师参考。对新大纲、新教材的研究，随着第一轮教学进程坚持到底（初中于1996年上期结束，小学于1998年上期结束）。1996年下期，高中开始使用新教材，以同样方法对新大纲、新教材进行了学习研究。2005年9月，分片区进行了“课改实验”教材与教法研究。2006年，举行了全县初中语文课改教材与教法研究。

学科教师竞教 1986年，县教研室开始举行小学、初中、高中不同学科的教师竞教活动。学校相关学科教师全员参与，优胜者参加片区教办或中学组织的竞教活动，推出获胜教师参加全县的最后决赛。县教研室对决赛优胜者颁发获奖等级证书，作为推荐参加全市竞教或评职、城区学校考调教师加分的条件或依据。1996年，竞教活动由单一的课堂教学竞赛拓展为竞教与说课、或优质教案评选、或优秀论文评选、或现场作文等相结合的教学技能竞赛。1997年至2006年，县教研室将小学教师五项基本功训练、中学教师七项技能训练与学科竞教结合进行。其间，1997年3月，蓬安县承办了全市小学数学教师竞教活动。2002年5月，蓬安县承办了四川省小学数学教学竞赛活动。

学科教研活动 1986年后，教研员深入到片区、学校，组织本学科教师围绕教材、教法和学法研究，通过公开课、研究课和示范课，开展了形式多样的学科教研活动。1991年开始，高中学科教研除了各学校开展外，每年由教研室分别组织毕业班各学科全县性的学科教研活动2至3次，组织高中非毕业班2至3个学科全县性的教研活动1至2次。1993年3月开始，每年的3至4月份，县教研室教研员分别在全县学校选点举行全县初中毕业班各科教学研究活动，各片区教研员、各学校相关学科教师代表参加。是年开始，每年的4月份或5月份，召开全县小学毕业班语文、数学学科教研会，全县各小学分管教学的领导和学科教师代表参加。学科教研会通过上公开课、交流教学经验、教研员指导发言和教研室领导或教委领导讲意见，安排布置当年的初中和小学毕业班学

科教学工作。1994年，在全县开展了中小学各科说课教研活动。1995年4月，教研室组织全县高三政治、数学科任教师到遂宁中学开展了学科教研活动。1997年11月，教研室组织全县高三化学、英语教师到阆中中学开展学科教研活动。1997年，将素质教育贯彻落实到中小学各学科教研活动。

【教育科研】 1986年至2006年，蓬安县教育科研经历了借鉴推广、立项研究两个阶段。

借鉴推广　1986年，全县中小学主要学习、借鉴和推广了在全国有较大影响的“集中识字，提前读写”、“小学数学三算结合实验”、愉快教育实验、邱学华的启发式教学实验、黎世法的异步教学法（自学、启发、复习、作业、改错、小结）等教育科研成果，教研员搜集有关资料信息，选编登载《蓬安教研动态》或《教学参考》，供全县教师参考、借鉴，并选择部分学校作为教改试点，取得一定经验后逐步推广。

立项研究　1987年，在学习、借鉴先进教育科研成果基础上，广大教育工作者结合教学实际，开展了教改实验和教育科研。蒋洪波、蔡良炯、蔡一健创立了以“‘观察—分析—表达’三级训练实验”的作文教学改革，编写了《作文思维训练》实验教材。“观察—分析—表达”新型作文训练法，成为全国中小学作文训练的一大派别。1989年，蒋洪波创立并在全县开展了以“5级教育目标管理和4级目标分解”模式的“教育目标管理”实验，科研成果形成了专著《教育目标管理》。1991年，夏建平将自己初中化学教学中创立的“自学、讨论、讲解、练习”课堂教学模式在金溪小学、向东小学、罗家中学、龙蚕初中、金溪中学推广实验，编著了《初中化学指导》用书，经过教学实践后深化研究并形成了“‘一标四环’教学实验研究”课题，科研成果被中学数学、物理、语文等学科借鉴运用。1991年10月，王道先设计主持的“强化反馈信息，抓住随机性教育”教改课题在龙蚕初中进行试点实验。1992年，周口小学主研、刘广义参研了省、地、县、校四级共管课题“德育系列实验——希望之光”教改实验。1992年，刘超、蔡良炯等设计以小学5年、初中4年学制的“五四学制改革实验”列为省教委教育科研资助金课题，并在实验小学、实验中学开展实验。1993年，蔡一健、杜文英参研的省、地、县、校四级共管课题“整体改革实验”在实验小学进行，实验小学确立了“学制·教材·教法三同步教改实验”子课题开展了实验。1993年下期，黄仕书、王淑华等负责的地、县、校三级共管的“单元目标教学实验”在全县各学校开展实验。1994年，蔡良炯、蔡一健、王正宏主持周口中学、蓬安中学进行了以初高中衔接教学的“未来教育实验班”教改实验。1995年，夏建平、黄仕书、蔡一健设计主持的“单目题管理与使用”“教研组的构建与活动开展”两个实验课题在徐家小学、徐家镇初中进行试点实验，1996年1月召开了课题阶段总结现场会暨全县推广实验会，印发了《关于加强教研工作的意见》文件。1996年3月，唐文虎设计主持了“中小学体质评价”实验课题在蓬安中学、周口小学等学校开展教改实验。1996年，夏建平设计主持的“教师教学实绩考核评价”实验课题被列为省教委教研科研资助金课题。1997年，刘广义参研、实验小学主研了“激励主动参与，全面提高素质—主体参与式教学模式实验”课题研究。1997年，师范附小开展了“以美为中心”的素质教育实验。1998年，蓬安中学开展了“铸造校魂，全面提高师生素质”的教改课题实验，实验中学开展了“坚持两全方针，构建素质教育五大工程”的教改课题实验，徐家小学开展了“小学语文五导一练”教改课题实验。2001年，教研室开展了“小学生大学业校内学分评价研究”的教改实验研究。2002年，相如一小进行了“素质教育与学校体育整体改革”教改课题实验。2003年，实验小学总结开展启发式教学实验经验，出版了启发式教学实验教改专辑。2004年，蓬安县被省教育厅定为第三批省级基础教育课程改革实验区，蓬安中学、周口中学、城北初中、实验中学2005、2006级教改实验班正式命名。

【教育教学管理】 1986年至2006年，县教研室通过参与行政管理、学校工作解剖、教学环节检查、强化高中教学管理等形式实施全县教育教学管理。

参与教育行政管理　1986年至2006年，县教研室参加了中小学学校工作评价、《一百条》试点及贯彻实施、学校常规管理、村民小管理、普及九年义务教育、普及实验教学、学校领导班子考核、开学检查等教育行政管理工作。

义务阶段教学管理　1986年后，县教研室每学期都要对部分学校教师备课、上课、作业布置与批改、考试、辅导等进行教学环节大检查，指导和督促学校、教师将教学各环节工作落到实处。1991年开始，每年选择管理水平和教学质量不高的1至2所学校，进行常规管理、教学环节全方位调查解剖与综合分析，撰写出专题调查报告印发全县各学校。是年开始，每年3月或4月，分别召开全县小学、初中毕业班后期管理工作现场会，加强毕业班后期教学与管理，以此带动非毕业班的教学管理工作。1993年，启动了中小学基点校、窗口学校建设工作，建立教研员联系片区教研工作制度。是年，对初中毕业班开始计发教学成果奖（按照升入重点高中学生人数、每人20元标准奖励学校）。1994年开展了创建常规管理合格学校、合格村小工作，促进学校管理规范化。1997年4月，召开了全县初中教育教学管理工作会，对初中教育教学作了全面部署。还开展了村民小教学管理、教学常规管理、单目题使用与管理、新教材学习与使用、小学生课业现状、课堂教学效率、教师订阅教学杂志、学生教辅资料征订与使用等专题调查研究，形成专题调查报告，提供给教委决策参考或印发全县各校。

高中阶段教学管理　1988年，县教研室开始对高中教育教学进行研究，加强高中教育教学管理。1990年下期，开始安排教研员驻点蓬中、周中、徐中、杨中，对高中教育教学重点是高三教学工作进行指导和检查，协助学校领导对高三管理，驻点工作坚持了6年。1991年开始，每年的7、8月份，组织教研员认真分析当年高考情况，总结成绩，找出差距，研究对策，根据各校生源研究下达各校来年高三工作目标任务及制定高考奖励办法，召开高考总结表彰暨下届高三工作会，安排布置下届高三工作。督促各校将目标任务分解到班、落实到人。1991年开始，每年都要召开1至2次高三班主任会议、高三教师家属会议、后勤管理工作会议，保障高三教育教学工作的顺利开展。是年开始，教研员每月对高三教师备课、作业批改等情况进行检查，与教师、学生分别座谈了解教学情况，与班主任、科任教师分析研究培优补差工作，分析每月月考成绩和学生位次变化情况，全方位掌握各校高三教学工作实情。县上每月召开一次全县高中毕业班工作例会，总结分析当月高三工作，研究部署下月高三工作。1991年开始，教研室与湖北黄冈、北京海淀等全国各地建立了高考资料信息联络点，组织教研员和学科教师参加有关高考信息会议，多渠道、多形式地获取外地高考资料信息，及时提供给学校和教师参考使用。1993年开始，每年还要分别召开1至2次高中一、二年级教学管理工作会，及早抓好高中教育教学工作。对在高中教育教学中做出重大贡献的领导和教师，在职称评定、评先选模、解决家庭困难、外出考察等方面给予优先解决。

【教学质量监测】　1986年至2006年，县教研室通过单元教学质量检测、期末教学质量检测、检测质量分析、教学质量考核等方式对全县教育教学质量进行监测。

单元教学检测　1986年至1992年，教研室组织教研员和优秀教师命制了小学语数和初中语数外理化学科单元检测题，提供全县初中、小学师生使用。同时，每年还组织命制了初中三年级复习和针对中专（师）预选、升学考试的达标检测题。1992年，组织教研员和部分优秀教师命制初中语文、数学、英语、物理、化学、生物学科综合训练题（编著为《序列循环训练》一书），提供初中三年级使用。1993年开始，小学、初中和高中一二年级各科单元检测题统一使用南充市教科所组织命制的单元目标检测题。1994年后，县教研室每年组织教研员和高中教师命制了高中毕业班序列训练题，提供给每届高中毕业班师生使用。

期中期末检测　1986年后，每学期期中教学质量检测由学校自行组织命题、考试。期末质量检测，由县教研室组织教研员或优秀教师命题和统一印制试卷，全县统一考试，各校实行教师交叉监考、交叉阅卷、统计成绩。1992年开始，学年末考试，还实行学校交叉监考教师、交换副主考，各年级各科考试成绩上报教研室。1997年下期开始，上学期期末考试，教研室还对小学某2个年级、初中各年级某一个学科实行全县抽考。期末考试，教研室组织召开片区教办主任、教研员和直属中学教导主任会议，专题安排布置考试工作。考试期间，教育局（教委）全体干部和教研室全体教研员分别到全县各学校进行巡考监督。

检测质量分析　1986年至1992年，单元检测、期中检测和期末检测质量分析，由各学校组织教师进行质量分析。1992年，对全县初中毕业班入学质量、毕业质量采取标准分进行了分析，撰写了《蓬安县初中92级入学质量、毕业质量比较分析》印发各校。1993年开始，单元检测、期中检测和上学期质量检测，由各学校组织教师进行质量分析。学年末检测质量分析，由教研室组织教研员调阅各年级部分试卷（高考除外）、成绩统计等进行全面分析后，分别撰写出每年毕业班、非毕业班、高考质量3个质量分析报告，在暑假校长工作会上印发各学校。

教学质量考核　1991年，县教研室制定了“巩固率、及格率、平均分、优生率、差生控制率”五个方面赋予不同权重的全县教师教学质量考核办法，期末考试后，由学校对每位教师进行学期教学质量考核。1993年开始，上学期由学校对每位教师进行学期教学质量考核。学年末，全县毕业班和高中教师教学质量由教研室直接考核，初中非毕业班各科教师由片区教办进行考核，小学各年级教师由学校进行考核。考核结果与教师评先晋级、职称评定、入城考调等挂钩使用。

【教研科研成果】　1986年至2006年，全县教育工作者在教研科研方面取得了显著科研成果，编著出版了30余本（部）教育教学和教改科研著作，在全国、省市级刊物上发表了100余篇教育教学和教改科研文章（论文），50余个（项）教改实验和教研科研课题结题获得了省、市科研成果奖。其中，获得省级以上教研科研成果奖的有：蒋洪波主研的“作文思维训练”获四川省普教科研三等奖。1998年，夏建平主研的“‘一标四环’教学实验研究”和周口小学邹开明主研的“中小学德育系列研究实验—希望之光”实验课题获省政府首届普教教学成果三等奖。2001年，实验小学陈奇勇主研的“主体参与数学实践研究”和徐家小学胡平主研的“小学语文五导一练”实验课题获省政府第二届普教教学成果三等奖。2005年，相如一小主研的“素质教育与学校体育整体改革”实验课题获“全国教育科学‘十五’规划教育部重点课题实验研究”全国总课题组一等奖；县教研室主研的“小学生大学业校内学分评价研究”实验课题获省政府第三届普教教学成果三等奖。

实验电化教育

1986年，全县各中学校、部分初中学校开展实验课教学。1993年，全县中小学开展普及实验教学创建工作。1996年，蓬安普及实验教学工作通过省市检查验收，评为实验教学合格县。2005年，蓬安争取为全省首批远程教育工程试点县，国家投资664.6万元。2006年，远程教育、信息教育等现代教学手段运用到教学实践中。

【实验教学】　1986年，为全县9所中学和24所小学配备7万多元的教学仪器。1987年，利溪、长梁、柳滩、高庙、方广等6所学校建起实验室，基本配齐实验设备。全县中小学建立实验室20个，配备专职实验员20人。1989年，根据国家教委和省教育厅关于普及中小学实验教学的标准和要求，为全县30所中小学配备部分教学仪器，为4所中学、4所小学配备全套教学仪器。1993年，县教委制定《蓬安县普及实验教学规划》。1994年，全县中小学启动普及实验教学工作，对全县各中小学人数、班数、实验室、仪器室、实验桌椅、仪器柜、仪器设备、实验人员及水、电、气等情况全面摸底，调整、完善全县“普实”规划，确定诸家乡为“普实”试点乡。1995年3月，县委、县政府印发“普实”文件，成立“普实”领导小组。把“普实”作为“普九”的重要内容来抓，筹集“普实”教仪经费136.8万元，用于购置“普实”教学仪器。在蓬安中学举办初中物理、化学、生物实验员培训班，培训实验人员56人。1996年6月，在徐家镇召开全县“普实”工作现场会。7月，对全县教办主任、中小学校长、教导主任、软件资料员及实验技术人员等进行分期培训，集中抓好“普实”软件整理。10月，省市检查验收了全县“普实”工作，评定蓬安为普及实验教学合格县。1999年，筹集经费145.8万元，购买一批图书、实验仪器和艺体器材，使全县各校的实验设备更加完善。是年12月，市、县对全县各中小学校“普实”工作进行复查，全部合格。2005年，蓬安中学通过省教育厅检查验收，评定为“四川省中小学实验教学示范学校”。2006年，全县有实验室56个，实验教学仪器、设备等配备基本齐全。

【电化教学】 1987年，县文教局制发《电教设备管理的若干规定》，加强全县中小学电教设备管理工作。1988年，电教馆为学校翻录教学磁带100余盒，录像带50余盒，维修和安装学校电教、教学仪器设备，帮助蓬安中学安装语言实验室设备。全县各校有投影仪98台，电视机4台，录像或VCD机5台，照相机4台，录音机97台。1989年，利用卫星电视网络资源录制全国各科优质教学录像带144课时，发行录像带125（盒）次。复制录音带110小时，组织电教研究课4次，培训电教实验教师35人次。1990年，在城区小学29个班进行“视听阅读欣赏”教学试验。是年，全县有卫星接收设备2套，一类电教设备小学3所、中学5所，经省、地验收，基本完成电教“七五”规划。1993年，举办电教成果和教师自制教具评比活动。1994年，蓬安师范、周口中学建起微机室，巨龙职中配备计算机10台，各校配备录音机、幻灯机等电教器材。2000年，发展信息技术教育，按照四川省中小学教学仪器配备目录的要求补充了130万元的教学仪器、电教设备、音像电子读物、教学软件。暑假举办3期中小学教师现代教育技术职业技能培训班，培训骨干教师116人，选送24名骨干教师分别参加教育部电教办、省电教馆组织的现代教育技术培训。组织501名中小学教师参加全市现代教育技术职业技能理论考试，合格481人，合格率达96%。2004年，蓬安列为四川省农村中小学现代远程教育工程试点县，新增中小学计算机1860台，新增中小学网络教室53个，92所学校完成现代教育技术网络工程建设。2005年，试点工作通过省、市验收合格。该项目总共投资996.9万元（其中国家投资664.6万元），建成多媒体教室53个，网络即计算机教室53个，卫星教学收视点63个，光盘播放点337个，已覆盖全县所有中小学校。2006年，全县中小学新增计算机150台，新增中小学网络教室6个，标准配备计算机学校4所。全县有多媒体教室52个，网络教室102个，卫星接收设备123套，计算机2552台，液晶投影仪59台，书写投影仪317台，电视机682台，录像或VCD、DVD机551台，照相机157台，录音机839台。

【学校图书室】 1986年至1993年，全县中小学设有图书室77个，有图书21.1万多册。1994年，全县进行普及实验教学达标建设，中小学建立图书室。1996年，全县所有中小学均建有图书室，图书存量达50多万册。2000年，购买一批图书分发到各中小学。2006年，全县各中小学图书总计达到70多万册。

招生考试

1986年，蓬安县小学、初中、高中招生工作由文教局教育股负责，大中专招生、成人高校招生、成人自学考试由县大中专招生办公室负责。1997年，全县普及九年义务教育后，小学升初中不再举行考试。2000年，普通中专（师）停止招生，中专（师）考试取消，初中生或高中生可直接申请进入中专（师）校学习。2006年，仍举行初中升高中、高中升大学、成人高校招生考试及自学考试。

1986年至2006年，蓬安县组织初中、高中招生考试21次，招收初、高中新生175586人、39893人；中专中师考试15次，招收中专中师生6472人；大学和成人高校招生考试21次，录取大学专科以上学生、成人高校学生11684人、5365人。

【小学招生】 1986年至1991年，小学招收年满7周岁的学龄儿童。1992年后，有条件的乡镇学校小学一年级可招收年满6周岁儿童入学。1995年至2006年，年满6周岁学龄儿童（盲聋哑严重弱智除外），均可全部就近入学。招生工作由各小学校在当地人民政府领导下会同村（居）民委员会，对适龄儿童逐户造册登记，报名入学。对不愿入学者，当地人民政府按照《中华人民共和国义务教育法》规定，动员入学。轻度弱智和“三残”儿童随班就读。

【初中招生考试】 1986年至1996年，蓬安小学生读初中必须经过考试，考试成绩合格的学生方能入学。小学升初中考试，全县对出题、制卷、监考、阅卷到录取全过程进行统一管理。1997年后，蓬安实施义务教育，初中招生考试停止，小学毕业生及具有同等学历校外适龄儿童，直接入初中学习，小学升学率一直保持在95%以上。1997年至2006年，县上统一组织小学毕业质量测试，测试成绩主要用于考核各校及任课教师教育教学质量，不作为初中录取依据。

【高中招生考试】 高中（职高）招生主要招收全县应届初中毕业生和具有同等学历的其他校外青少年，须进行考试，择优录取。1986年至1997年，实行中专（师）预选、高中招生、初中毕业会考相结合考试（简称“三结合”考试）。考试时间为每年的6月。考试科目为语文、数学、英语、物理、化学、政治、历史、生物。1998年至2000年，高中招生与中专（师）招生考试结合进行（简称“两结合”考试），考试科目增加体育科，总分100分，按30%折合后进入录取总分。2000年起，又增加生物、化学、物理实验操作考试，并提前组织考试。文化课考试科目为语文、数学、英语、物理、化学、政治、历史。其中语文、数学、英语三科实行AB卷，A卷100分，B卷50分。2004年，实行“三限”（限人数，限钱数，限分数）政策，严格控制学校擅自提高指导性加分招生的收费标准。2006年，高中招生考试科目为语文、数学、英语三科加文科综合，理科综合两科。高中新生录取，按照学生自愿，由县教育局教育股按县政府指令性计划和指导性计划指标，按学生考试分数高低录取，学校发录取通知书。

【中专（师）招生考试】 1986年至1997年，中专（师）招生考试分两步进行，第一步预选，初中毕业生参加全省统一的高中招生考试、初中毕业会考、中专（师）预选考试，按照分配中专（师）实际招生名额扩大一定比例产生预选名额。第二步，全省招生统考，取得预选资格的学生，统一参加全省中专（师）招生考试。考试时间为每年7月12日至14日。考试科目为政治、语文、数学、英语、物理、化学、生物7科。按考生志愿、依据成绩由高到低录取。1998年前，批准任用、留用的正式中小学民办教师与初中毕业生一道参加中师考试，单独分配名额，正式录取的民办教师入校后转户口，毕业后国家分配工作。2000年后，初中毕业生根据毕业考试成绩直接申请进入中专、中师学校学习，中专（师）招生停止考试。

【普通高校招生考试】 1986年至1989年，高校招生考试实行预选、统考两段制。高中毕业生（含往届生）参加县上预选考试，考试时间为每年5月12日、13日、14日。县上统一命题、考试、阅卷、录取，应、往届生异题、异线，按照分配的预选名额采取从高分到低分录取。取得预选资格的高中生再参加全国统一考试，考试科目文科为政治、语文、数学、外语、历史、地理6科，理科为政治、语文、数学、外语、物理、化学、生物7科，考试时间为每年7月7日至9日。1990年后，取消预选，高中毕业生凭毕业证报名参加高考。全国考试时间为每年7月7日、8日、9日三天，考试科目未变。考试后，考生估计分数填报志愿。录取工作由省招办统一划线，全国各高校在指定录取场依照考生专业志愿和考试成绩从高到低录取。1994年，高考科目实行“3+2”考试，即文理科考试均考试语文、数学（分文科数学、理科数学）、英语3科，另外，文科考政治、历史2科，理科考物理、化学2科。1995年至1996年，蓬安县普通高考上线率名列全市第一名。1998年起，实行考试后根据成绩再填报志愿。2000年后，全国高校新生在录取场网上录取。2001年起，高校招生考试实行“3+X”科目设置方案，（“3”指语文、数学、英语三科；“X”指文科综合、理科综合），英语增加听力考试，艺术、体育考生先参加艺术、体育术科考试，然后参加全国统一文化考试。2003年至2006年，全国统一考试时间改为每年6月7日、8日两天举行。考试科目未变。高校录取实行省招办按照考生志愿和高考分数从高到低向各高校投递电子档案，各高校在网上录取。

蓬安县普通高等学校招生情况一览表

（1986~2006）

年度	参考人数	录取上线人数			录取									
		总数	文科	理科	重点本科	一般本科	专科	预科	艺术	体育	飞行员	保送生	职教	自费委托培养
1986	417	97	40	57	—	—	—	—	—	—	—	—	—	—
1987	474	124	52	72	—	—	—	—	—	—	—	—	—	—
1988	522	111	39	72	—	—	—	—	—	—	—	—	—	—
1989	658	139	45	94	—	—	—	—	—	—	—	—	—	—
1990	1343	175	48	96	—	—	—	—	3	1	—	—	3	24
1991	1153	207	76	131	—	—	—	—	—	—	—	—	—	—
1992	1262	353	89	184	74	107	92	—	6	2	1	—	1	70
1993	1141	437	52	155	57	83	67	—	3	2	1	2	12	210
1994	1031	221	55	147	37	79	86	—	4	8	2	—	5	—
1995	1033	499	40	141	50	63	68	—	8	7	3	—	—	300
1996	852	601	65	286	38	119	192	2	10	11	—	3	6	220
1997	897	301	65	185	16	84	147	3	11	5	3	3	29	—
1998	949	319	62	213	25	81	165	4	18	8	2	3	13	—
1999	852	589	136	381	70	195	246	6	24	14	—	3	31	—
2000	1044	710	181	417	95	278	225	—	15	12	1	—	84	—
2001	1274	945	167	564	91	298	296	6	25	18	1	—	170	—
2002	1328	1081	184	686	87	413	351	19	23	11	—	—	177	—
2003	1897	1071	232	571	109	361	333	—	18	13	—	—	237	—
2004	2918	1038	229	567	111	370	315	—	57	29	—	—	—	156
2005	3535	1303	190	637	128	393	306	—	76	33	—	—	—	367
2006	3213	1363	215	701	126	381	409	—	23	26	—	—	—	398

【成人高校招生考试】 1986年至1993年，成人高校招生实行统一考试，统一择优录取。理工农医类，考政治、语文、数学、物理、化学5科；文史类，考政治、语文、数学、历史、地理5科，各科满分均为100分。本科各专业须考公共外语，分“英、俄、日”3个语种，考生任选1种，考分按50%计入总分。外语专业本、专科须加试专业外语，由国家教委统一命题，满分为100分，考试成绩不计入总分，另定录取标准。1994年，普通高考实行“3+2”考试改革后，成人高考同样实行“3+2”考试，考试科目为3门基础课、两门专业课。基础课为政治、语文、数学，各科满分为150分。2000年，大学专科起点本科班考试科目：大专起点师范类本科班考试共4科，即公共课1科，专业课3科；大专起点非师范类本科班考试科目共4科，即公共课2科，专业基础课1科，专业课1科。

成人高校招生情况一览表

（1986~2006）

项目 年度	高中起点					专科升本科		
	报名人数	录取情况				报名人数	录取人数	占报名人数%
		录取人数	其中		占报名人数%			
			文科	理科				
1986	127	60	21	39	47.24	—	—	—
1987	149	81	28	53	54.36	—	—	—
1988	187	112	43	69	59.89	6	4	66.67
1989	218	141	51	90	64.68	16	12	75.00
1990	196	133	56	77	67.86	9	7	77.78
1991	266	169	63	106	63.53	11	8	72.73
1992	312	218	85	133	69.87	8	5	62.50
1993	206	117	41	76	56.80	15	14	93.33
1994	215	146	58	88	67.91	23	16	69.57
1995	186	85	50	35	45.70	12	7	58.33
1996	279	135	54	81	48.39	76	46	60.53
1997	326	136	43	93	41.72	22	6	27.27
1998	267	144	60	84	53.93	19	10	52.63
1999	523	406	191	215	77.63	40	17	42.50
2000	903	637	253	384	70.54	112	68	60.71
2001	895	766	179	587	85.59	76	39	51.32
2002	692	539	153	386	77.89	200	62	31.00
2003	397	238	103	135	59.95	210	152	72.38
2004	151	143	65	78	94.70	144	119	82.64
2005	96	87	36	51	90.63	104	83	79.81
2006	155	131	82	49	84.52	71	66	92.96

校园建设

1986年，全县普及小学教育后，继续巩固“一无三有”（无危房、班班有教室、人人有木质桌凳、校校有厕所）建设。1988年至1991年，全县新建校舍32070平方米，改造危房32359平方米。1993年至1997年，全县实施“普实”和“普九”工作达标建设，校园硬件建设更加完善。2006年，全县中小学占地150.2公顷，建筑面积57.95万平方米。

【校舍建设】 1989年，全县新建校舍7200平方米。1990年，新建罗家、石孔两所农技校，面积350平方米。是年，筹集资金79.5万元，动员群众投工3400个，新建校舍14140平方米。1991年，教育系统下达22个基建项目，计划投资323.2万元，同年竣工11个项目，面积10380平方米，在建项目8个，面积1649平方米，投资210万元。1993年，全县完成新建校舍面积13730平方米。1994年，全县完成11个基建项目，建筑面积11420平方米，在建项目16个，建筑面积24655平方米，其中教学用房13515平方米，教工住宅9540平方米，学生宿舍1600平方米。1995年至1997年，“普九”期间建校舍23.815万平方米。1999年，全县校舍竣工面积31452平方米。2000年，投资600万元，新建9366平方米，其中教学用房4868平方米，办公综合用房3262平方米，教工宿舍18套1236

平方米。2001年，新建教学用房3842平方米，办公用房2683平方米。2003年、2004年、2005年，分别投资1272.89万元、1515.7万元、853.1万元，改建新建校舍分别为15937平方米、27807平方米、31173平方米。2006年，全县校园建筑面积579504平方米。

【学校危房改造】 1986年，县上根据“分级办学、分级负责”原则，村小危房改造由村民委员会负责，乡镇中心小学、初中危房改造由乡镇政府负责，县政府负责城区学校和县文教局直属学校的危房改造。1988年，全县中小学危房面积26688平方米，当年完成危房改造6707平方米。1989年7月，遭受洪灾，全县中小学新增危房5671平方米。县上通过“五个一点”（即财政多安排一点、教育基金多收一点、群众多集一点、上级有关部门多拨一点、学校内部勤工俭学多创收一点）的办法，筹集改危资金。对全县每处危房与有关责任人签订危房改造责任书，制定危房改造进度表，落实危房改造经费。经过努力，至1991年完成危房改造25264平方米。1992年，完成剩余的388平方米危房改造，全县危房改造任务全面完成。1994年，全县实施“普实”“普九”达标建设，扩征学校用地，扩建校舍。2002年，全县普查发现学校D级危房28982平方米，一般危房面积20904平方米。2003年至2006年，全面完成危房改造任务。

【学校设施建设】 1986年，全县学校有足球场1个，篮球场76个，排球场4个，田径场3个，羽毛球场16个，乒乓球台287张。1987年，加强实验教学设施建设，新建巨龙、济渡等中心实验室，为9所中学和24所小学配备了部分教学仪器，新建实验室20个。1989年，全县34所中小学配备了教学实验设备和艺体器材。1990年，为各区中学、3所中心小学、1所初中安装自来水。1992年，争取到银行低息贷款80万元，县上自筹15万元，为蓬安中学修食堂、校门、浴室，解决济渡中学、徐家中学征地等。1993年，建师范跑道、运动场，为海田、太平、鲜店、方广、清溪等小学解决师生饮水和用电困难。1994年至1997年，按“普实”“普九”要求，全县大部分学校建成了标准化运动场、图书室、实验室。蓬安中学建成1900平方米的体育场，内设400米环形跑道8条，足球、篮球、排球等场地。2000年，全县各中学和大部分小学建有微机室、语音室。2005年，在周口中学建成了蓬安县青少年活动中心。2006年，全县有足球场1个、篮球场190个、排球场99个、羽毛球场156个、田径场78个、乒乓球台500余张，学校实验室、图书室及实验器材、电化教育设备等基本达标，各中小学净化、美化、绿化、硬化建设达标。

教育管理

1986年，蓬安县文教局负责全县教育事业管理，各区设文教办公室，协助管理各区所辖中小学和教育教学工作。1990年8月，县文教局制发了《蓬安县一九九0年中小学学校工作评价量表》，对全县中小学教育教学管理及办学水平进行全面的督导评估。1991年至1993年，县政府先后出台《蓬安县中小学教育教学管理暂行办法》（简称《一百条》）、《蓬安县中小学教职工管理暂行办法》（简称《五十条》）、县教委出台《蓬安县中小学计财后勤工作管理条例》（简称《八十条》）等文件，规范全县教育教学管理。1992年开始，每年对中小学教育教学管理及办学水平进行督导评估。1994年至1997年，全县实施普及实验教学和普及九年制义务教育达标建设，顺利通过省市检查验收。2002年，全县实行校长负责制、教职工全员聘任制，加强学校内部管理。2004年，增加网络信息化教学管理、新课改管理。2006年，全县学校教育教学管理全部达标。

【教学管理】 1986年，全县中小学强化课堂教学备课、上课、批改作业、考试“四认真”管理工作，文教局组织干部和教研员等深入各校进行督促检查。1989年至1990年5月，县教研室研究制定了初中、小学各学科教学常规，对各学科教学从备课、上课、作业、辅导和考试等环节提出了基本要求，要求教师遵循教学常规进行教学。1990年，县文教局根据《蓬安县一九九0年中小学学校工作评价量表》，对全县中小学教育教学管理及办学水平进行全面的督导评估。1991年2月，县政府制定《蓬安县中小学教育教学管理暂行办法》（简称《一百条》），对学校德育工作、教学计划、教学时间、常规管理、教职工队伍管理、教研电教及图书管理、体育卫生工作、第二课堂教育、基点小学和村民小的管理、学籍管理、教育教学档案、领导深入教育教学第一线、教育教学工作评估等做出了明确规定。1992年开始，在全县中小学开展常规教学合格学校、常规管理合格学校建设贯彻实施《一百条》和各科教学常规要求，经常开展教学环节大检查，成立常规教学检查组，建立定人驻校联系学校制度，开展常规教学合格课、优质课评选，指导督促教师备课、上课、辅导、作业批改、考试、实验等各教学环节落到实处。每学期，教研室对教学管理不到位、教学质量不高的1至2所学校的教学管理工作进行解剖，撰写解剖分析报告，印发全县中小学，指导教育教学工作。每年对中小学教育教学管理及办学水平进行督导评估一次。2005年，进一步对教师“教案、上课、作业批改、辅导、检测、分析、家访”7个教学环节进行抽查，对薄弱学校进行剖析，深化全县教学工作管理。至2006年，全县中小学常规教学、常规管理经过督导评估，全部达标合格。

【队伍管理】 1986年，以忠诚教育事业、爱岗敬业为宗旨加强全县教职工的教育管理工作。1987年，全县中小学教师首次开展职称评聘。1993年2月，县政府制定《蓬安县中小学教职工管理暂行办法》（简称《五十条》，对教师职业道德、教书育人、职称评聘、工作调配、奖惩等提出了明确要求，规范了教师队伍教育管理工作。1994年，教师职称评聘实行量化考核，打破了论资排辈的评聘办法。1995年，在全县倡导实施完小村小教师轮换制。1996年，对全县50名幼师、2666名学校教师、1094名初中教师和466名高中教师颁发了“教师资格证书”，并实行中师生村小任教最低3年制度。1997年，在全县部分学校进行30%活工资分配和教师聘任制改革试点。1998年，学校领导任命进行了改革创新，对全县中小学领导班子进行了全面充实调整并进行了集中作风整顿，清理了不在岗教师并对长期离岗的4名教师予以辞退。是年，公开选拔了实验中学、周口小学校长，完成了10所学校活工资分配和教师聘任试点改革，进行了中心校音、体、美教师到村小任教（俗称“走教”）改革试点。向省、市推荐了教育教学专家后备人选、中小学青年骨干教师、学科带头人共计36名。每学年度末，教委分片区对学校领导班子、学校主要领导、学校副职及中层干部的德、能、勤、绩、廉政情况和学校工作建议等方面用4个考核量表在学校教师中进行无记名考核座谈。1999年，全县符合条件的民办教师全部转入公办教师，结束了民办教师历史。2000年，完成了凡在乡镇及以下学校任教、男性满30年教龄、女性满25年教龄的退休教师享受100%退休工资待遇的核查兑现任务。2002年，中小学全面实行教师全员聘任制。新分配的教师无住房，实行修建教师周转房办法给予解决，后在全市、全省推广。2004年，出台《教师10条禁令》，加强教师管理。2005年，对全县79名在编不在岗教师作了自动辞退处理。2006年，推行教职工全员聘任制，凡新进教师均实行考试聘用。

领导选任 1986年至1989年，学校正县级（仅有蓬安师范校）领导干部由地委任命和管理；副县级以上领导干部，地委委托县委管理，由文教局党委提名推荐，县委组织部和文教局共同考察，由县委任命，报地委组织部备案；正、副科级领导干部，文教局党委提名推荐，县委组织部和文教局共同考察，县委任命；其余学校校长和教导主任由区文教办提名到各区区委，各区区委商文教局后，区委和文教局组织考察，区委行文任命。1990年至1998年，学校正副县级领导干部均由县委任命管理，报市（地）委组织部备案；正副科级干部仍由县委任命管理。副科级以上领导干部提名、考察、任命办法没变。其余领导干部均由县教委组织统一考察、任命。1998年，对学校领导干部任用进行了改革创新，实验中学、周口小学两所学校校长职位在全县公考，4所高完中中层副职干部由校长聘任，凡学校领导干部出现缺额，采取学校领导班子集体书面推荐和教委考察组现场进行民主推荐相结合的办法，确定考察对象，根据考察情况，全县综合平衡，统一使用。是年，对全县中小学领导班子进行了全面充实调整，并开展了为期3天的集中作风整顿。2000年，市委将正县级领导干部的考察任命权收归市委，由县教委提名给县委，县委报市委组织部，市委组织部和县委共同考察，市委行文任命。其余领导干部任命办法没变。2005年，在蓬安二中进行了公推直选校长试点。至2006年，学校领导干部任命除改革试点外，其提名、考察、任命的办法基本没变。

教师队伍构成　1986年，全县教师队伍由公办教师、民办教师和代课教师三部分构成。1987年开始，县上采取每年下达一定的民办教师转为公办教师（简称民转公）指标、鼓励年轻民办教师考入师范学习、鼓励民办教师参加函授学习取得合格文凭等多种途径将符合条件的民办教师转为公办教师。1995年，国家鼓励社会力量办学，由办学者自行聘请教师任教。1999年，凡是符合条件的民办教师全部转入正式教师，极少数到退休年龄没有转正的民办教师仍由财政拨款补助，彻底解决了民转公问题。是年10月，县委、县政府决定全部取销代课教师，财政不再拨全县代课教师100余人教师经费，按《中华人民共和国劳动法》规定，对代课教师经费教学了补偿。至2006年，全县教师由公办教师（主体）、民办教育教师（即社会力量办学）两部分构成。

教师调配　1986年至1999年，教师调配主要是师范院校毕业生分配、在职教师调整和城区教师补充，均由教育主管部门研究确定，教师持分配介绍信或调动介绍信到人事部门办理相关手续。师范院校毕业生，本科生及特别优秀的专科生、紧缺学科的专科生由教委分配到中学任教，专科生分配到乡镇初中任教，中师生分配到小学及村小任教。在职教师调整，原则上一个学年度调整一次，由教师本人提出调动理由并填写调动申请表，学校和教办签署意见后，报教委在暑假，根据调出、调入学校教师编制和学科教师情况，进行统一调整调配，其间的1994年至1997年，实行“分级办学、分级管理”，乡镇学校相互间擅自借调教师的现象较突出，给教师管理和教育教学工作带来了较大负面影响，1998年，教委予以了坚决制止。城区初中、小学教师缺员补充，1998年前，主要是解决教师具体困难，参考其教学成绩进行调配补充。1998年开始，城区中小学教师缺员，一律实行公开考调（公开考调学科人数及报考条件、公开考试考核成绩；公开考调结果），采取学科笔试（折合占总分的60%）与近3年教学实绩考核（折合占总分的40%）相结合的办法，以及教学教研获奖（县级以上）加分，按照总分从高到低择优录取，对录取的教师实行试岗1年，合格者按规定办理调动手续，不合格者退回原学校。2000年至2006年，师范院校毕业生不再实行分配，一律采取考试录用办法补充新教师。在职教师调整调动和城区教师补充办法，基本没变。

民转公　1986年，全县有民办教师1200余人。1987年开始，县上采取每年下达一定的民转公(即民办教师转为公办教师）指标、鼓励民办教师参加函授学习取得合格文凭、，评为中级职称的民办教师转为公办教师等办法逐步解决民转公。1991年至1997年，国家每年还专门下达中等师范学校招收一定名额民办教师入师范校学习后，由国家分配到学校任教，成为公办教师，7年共有170名民办教师通过考试成为公办教师。 1998年，国家下决心彻底解决民办教师转为公办教师，全县106名民办教师转为公办教师。1999年，凡是符合条件的民办教师全部转入正式教师，极少数（年龄已到退休年限）没有转正的民办教师仍由财政拨款补助，彻底解决了民转公问题。

职称评聘　1987年，全县中小学教师首次开展职称评聘。小学分高级、一级、二级教师，中学分高级、一级、二级、三级教师。1991年至1995年，在高完中高三教师中实施了低职高聘（聘期一般为一年）。1994年，县教委在全市率先制定《中小学职称评聘量化标准》，对中小学教师职称评聘进行量化考核评定，打破职称评聘按资排辈的做法。1998年，教委单列中级职称指标，对学年度末教学实绩分层次（高完中、初级中学、城区小学、乡镇中心学校、村小）考核位居全县前5名、符合中级职称条件的中小学优秀教师（10名）和学校全方位管理优秀的校长（1名），单独下达中级指标到人，进行奖励评聘，充分调动了全县教师教书育人的积极性。1999年，制定了

《蓬安县中小学晋升中、高级专业技术职务量化方案》，进一步规范了中、高级职称晋升工作。到2006年，全县评聘高级职称177人，占教师总数的3.46%；评聘中级职称1963人，占教师总数的38.38%；评聘初级职称2863人，占教师总数的55.97%；其它112人，占教师总数的2.19%。

教师培训　1986年至2006年，主要对全县教师开展了教育教学理论学习培训、教育政策法规培训、学历达标培训、新大纲新教材培训、晋升中高级职称培训、教学技能培训、现代教育技术培训等专题培训，举办了全县中小学教导主任培训班、中小学校长提高培训班等，加强了学校领导干部和教师的继续教育。鼓励和支持学历不达标的教师参加脱产进修、函授学习、自学考试，不断提高教师学历达标率。1986年、1996年、2006年，全县小学教师、初中教师、高中教师学历达标率分别为68.34%、24.5%、31.89%，84.6%、65.2%、40.76%，97.35%、79.2%、54.95%。开展新大纲、新教材、新课改的跟踪持续培训，研讨与之相适应的教法学法。狠抓了小学教师五项基本功(三笔字、简笔画、普通话、教具制作与使用、组织教学）和中学教师七项技能（三笔字、简笔画、普通话、组织教学、教学技能、外语、现代教学技术手段）培训和检测，检测验收合格，达到不同等级标准，2006年，全县30%的教师能使用计算机、多媒体及现代化教学手段教学。

【学生管理】　1986年至1987年，中小学以班主任为主、任课教师为辅全员管理学生，共青团、少先队、学生会、班委会等配合加强学生教育和管理工作。1989年，中小学贯彻中央“各级各类学校都要加强思想政治工作”的精神，建立学校、社会、家庭“三结合”教育网络，结合中小学生守则和日常行为规范，制定校规、班规，全方位加强学生管理工作。1990年，全县中小学广泛开展学习清溪乡罐子坝村小学生李天国舍己救人活动，各中小学校建有“三栏一室”，即“时事政治宣传栏”“学雷锋、学赖宁、学李天国专栏”“贯彻日常行为规范栏”和广播室。1991年，蓬安中学、实验中学、周口小学、实验小学、师范附小等被确定为德育系列教育试点学校。高完中设立“政教处”，各校设1名副校长负责德育教育工作。1993年，在中学生中开展国防教育，在师范高中生中开展党的基本路线教育。1994年，高中各年级政治课由2课时调为3课时。时事政治教育列入教学计划、课表。1995年开始，各校利用“五四”“六一”“七一”“八一”“一二·九”等节日和纪念日，开展形式多样的爱国主义、集体主义、社会主义、遵纪守法等思想教育。1997年，各校结合“香港回归”，开展“中国香港1997”中小学生知识竞赛、演讲比赛。2000年，高完中、师范校建立业余党校，吸纳学生接受党的知识培训。2002年，各校贯彻《公民道德建设纲要》基本道德规范“爱国守法、明礼诚信、团结友善、勤俭自强、敬业奉献”教育。2003年，各校组织青少年学习《预防未成年人犯罪法》《社会治安处罚条例》，配合学习两路乡新庙村“见义勇为勇士吕凤鸣”先进事迹，加强对学生法制教育。2005年，各校开展“良心道德如何养成”大讨论，实施爱心助学工程，开展节约重实践、捐助贫困生爱心活动。2006年，各学校举办“八荣八耻”学习讨论演讲活动，会同“关心下一代工作委员会”共同做好“留守儿童”关爱工作。

【学籍管理】　1986年后，小学生学籍管理由学校负责，实行小学生学籍卡登记制度，学籍卡对学生的基本情况、学业成绩、身体状况、体育达标等都有记载，逐步纳入微机管理。初中生学籍由文教局（教委、教育局）管理。高中新生统一使用市教育局印制的学籍管理卡，由招生录取学校统一填卡建档，送县教育局审查后，报送市教育局备案。1997年前，高中毕业证由学校颁发。1998年至2006年，高中毕业证由市教育局审核颁发。

【安全管理】　1986年至1993年，学校安全管理重点是防灾害、防垮塌、防恶劣天气对学生的危害。各校与学生、家长签订安全责任书，明确各自责任，加强学生安全管理。1994年起，各中小学校加强学生集会、演出等安全教育和管理，加强学生校外安全知识教育和演练，实行假期护校值班制度。1996年起，各校建立健全安全教育管理制度，每年制定安全教育管理方案和学期安全教育计划，落实安全管理工作责任，开展多种形式的安全教育活动。2002年，对全县学校校舍安全进行排查，对排查出的危房进行了改造。组织全县中小学校长、教办主任进行安全培训，确定每年秋季开学后第一月的第四周为“安全教育周”活动。2002年11月，制定了学校安全十项制度印发各校。2004年，县教育局制定《蓬安县教育系统安全事故救援预案》和《学校安全工作量化考核细则》，加强学校安全监管。2005年，编印了《蓬安县学校安全工作管理制度》，教育局与学校、学校与教师、家长层层签订安全稳定工作目标责任书。2006年，县教育局与县公安局联合开展共建平安校园活动，学校设警务室，聘请1至2名保安人员，加强安全保安工作。

【卫生管理】 1986年，全县中小学抓好学生卫生保健和校园“脏、乱、差”卫生大扫除，通过检查评比加强学校卫生管理，各高完中设有医务室。1992年，制定《学校卫生工作条例》加强中小学卫生管理。1994年，各中小学贯彻执行《学校卫生工作条例》《食品卫生法》和《传染病防治法》，加强领导，强化管理，切实搞好学校卫生管理。1996年起，全县中小学每期开设不少于8课时的健康教育课。1999年，对中小学卫生设施、学校食堂、学生宿舍及学生个人卫生进行督导评估，提高学校卫生管理水平。2001年，县防疫站、食品药品监督管理局对学校食堂、小卖部食品卫生和食品质量进行跟踪检查，防止过期变质食品流入学校。2003年，各中小学重视预防“非典”教育和人员流动管理，全县无一例“非典”发生。2004年，在天桥小学召开全县中小学安全卫生管理工作现场会，进一步加强学校卫生管理工作。2006年，各校积极开展健康教育，普及卫生防疫知识，中小学生防疫知识普及率有了较大提高，学校卫生管理基础进一步增强。

【经费管理】 1986年至2006年，教育经费管理包括收入、支出管理和财务内审。

经费收入 教育经费收入有财政拨款、教育附加费、勤工俭学、群众捐资等。1986年，财政拨款640.7万元。2005年，义务教育阶段学生免交学杂费、书费，实施住校补贴（简称“两免一补”），学校事业费用由财政预算拨款。2006年，财政拨款13594.4万元，是1986年的21.2倍。

蓬安教育经费收入表

（1986~2006）

单位：元

年度	财政拨款	比上年增长	税费收入	勤工俭学	捐资助学
1986	6407000	28.2%	456000	485000	2992000
1987	6956000	8.6%	716000	500000	—
1988	8014000	21.9%	1031000	560000	—
1989	9424000	15.2%	1215000	743000	—
1990	10869000	15.3%	1913000	820000	—
1991	11693000	7.6%	2808000	96000	286000
1992	13361000	14.3%	2682000	1100000	—
1993	14052000	5.2%	3623000	1300000	—
1994	17236000	22.7%	5044000	1490000	—
1995	26774000	55.3%	8096000	1660000	—
1996	27151000	1.4%	4690000	2015000	—
1997	29731000	9.5%	5164000	2330000	—
1998	29849000	0.4%	5286000	2500000	—
1999	32461000	8.7%	7983000	3000000	—
2000	39823000	22.7%	12180000	3360000	400000
2001	60758000	52.6%	5397000	3570000	180000
2002	71986000	18.5%	724000	3000000	2870000
2003	75418000	4.8%	468000	3250000	—

续表

年度	财政拨款	比上年增长	税费收入	勤工俭学	捐资助学
2004	97192000	28.9%	—	3180000	5300000
2005	104965000	8%	180000	3300000	200000
2006	135944000	29.5%	2733000	3320000	392388

经费支出　教育经费支出包括事业性经费支出和基建支出两大部分。事业性经费支出包括个人工资部分和公用部分，个人工资部分包括教职员工的基本工资、补助工资、津贴、福利费、社会保障费等，公用部分包括公务费、业务费、设备购置费、修缮费及其他费用等。1986年，教育经费支出699.3万元；2006年，增加到17088.6万元，是1986年的24.43倍。

蓬安教育经费支出表

(1986~2006)

单位：万元

年度	教育经费总支出	年度	教育经费总支出	年度	教育经费总支出
1986	699.3	1993	1609.2	2000	6342.9
1987	733.7	1994	2063.4	2001	9017.5
1988	894.5	1995	3475.7	2002	10424.2
1989	1018.2	1996	4748.2	2003	11172.9
1990	1135.9	1997	5554.3	2004	13835.8
1991	1254.6	1998	5865.2	2005	15353.3
1992	1492.3	1999	5985.0	2006	17088.6

财务内审　1988年，县文教局成立“三查”领导小组，对各中学、师范校、进修校、局直属单位和城区小学、幼儿园进行了财务大检查。1989年，县政府组织财务审计人员对兴旺、罗家、锦屏3区所属中小学财务管理、经费收支和各乡镇教育费附加收支情况进行了全面检查，对河舒、利溪、徐家、长梁、碧溪、柳滩、群乐、巨龙、南燕等9个乡镇的教育费附加的管理、收支情况进行检查，对挪用教育附加费的乡镇领导进行处理，追回资金。1991年，县政府组织审计人员专项审计全县教育费附加情况。1993年，县上出台《学校财务管理办法》和《预算外资金管理条例》，禁止挪用教育经费。1994年，教委制定《蓬安县中小学计财后勤管理条例》（简称《六十条》条），配合县审计局对全县学校预算内外资金管理和使用情况进行审计，处理违规行为。1997年，审计局、财政监督局、教育局联合对16所学校“普九”经费使用情况进行了专项审计。2004年，推行校务公开，严格学校建设工程和资金使用管理，执行校长离任审计制度。2006年，开展了中小学财务检查和部分学校财务审计工作。

PENG AN XIAN ZHI 蓬安县志

科技

1986年5月，蓬安县召开第四届科学技术进步奖励大会，奖励16个科技成果项目。1988年5月6日，县政府制定《蓬安县科学技术进步奖励细则》。1989年6月，全县完成工程、农业、卫生、教育、新闻出版、自然科学、法律、工艺美术、统计、会计、经济、图书档案、实验等系列的高、中、初级专业技术职务评聘工作。1991年，县委、县政府出台《关于选拔和管理有突出贡献的中青年拔尖人才的试行意见》。1992年，县委、县政府确立并实施“科教兴县”战略，作出推动科技进步、振兴蓬安经济的奖励政策。1996年，县政府制定《蓬安县科技发展纲要（1996—2010年）》和《蓬安县“九五”科技发展规划》，作出关于加速科学技术进步的决定。1998年，蓬安获省政府四川省科技工作先进县称号。2002年，出台鼓励科技人员为县域经济发展建功立业的若干规定。2006年底，全县共发展农村专业技术协会37个，会员4300人，带动农户15275户，逐步形成覆盖全县、乡镇、村三级科普网络服务组织。2006年，全县共颁发7次（第四届到第十届）科学技术进步奖。

机　构

1986年，蓬安县科技主管机构为蓬安县科学技术委员会（简称县科委）。1992年，在县科委增挂科协牌子，科协与科委合署办公；乡镇建立科技领导小组。2001年，县科委更名县科学技术局（简称科技局）。是年，建立县生产力促进中心，归科技局管理。2006年，县科技主管机构仍为科技局。

【蓬安县科技局】 1986年，蓬安县科技主管机构为县科学技术委员会。内设秘书、科技、科普3股。2001年，更名为蓬安县科学技术局。2006年6月，县科技局由政府行政部门改为政府直属事业局，内设秘书、科普、科技、知识产权4股。至2006年，陈绍轩、刘才安、谌计春、刘俊、范波、张卫相继任主任、局长。

【乡镇科技工作领导小组】 1992年12月，蓬安县各乡镇建立乡镇科技工作领导小组。领导小组下设乡镇科学技术委员会和乡镇科学技术协会。乡镇科委、科协实行一套人员、两块牌子，乡镇科协设秘书长一人，由乡镇教科文卫办公室主任兼任。

【蓬安县生产力促进中心】 2001年6月12日，成立蓬安县生产力促进中心，归县科委管理。

科普培训宣传

1986年至2006年，全县共办科普培训班7643期，培训233万人次。其中骨干培训1000期，培训17万人次；适用技术培训704期，培训20万人次；普及培训5943期，培训188万人次。开展了科普宣传月、宣传周、科教电影、科普大篷车等活动。

【科普培训】 1986年至1990年，县科委牵头，举办农业增产技术培训班26期，培训技术骨干1040人次。区、乡镇重点举办生猪“双推五改”、商品鸡鸭鹅兔养殖技术培训，蚕桑、锦橙100号栽培技术和田凼养鱼技术培训。举办乡镇工业、缫丝、TQG织布、食品加工、酿造、制鞋、建工建材、机械加工、包装印刷等技术培训班13期，培训技术骨干480人次。

1990年至1992年，县科技局、县科协采取“派出去、请进来”的方式，对杂交水稻系列、天府系列花生品种、成单系列玉米、“南薯”系列红苕、“三高两低”油菜、优质蔬菜、水果的无公害栽培技术、禽畜水产品的特种养殖、节水灌溉、配方施肥、旱育抛秧、土壤改良、化肥深施、机械化收割、信息化农业、工业计算机应用技术、专利、网络远程教育、WTO知识等科学技术项目进行了培训。1992年，全县共举办各种技术培训494期，培训169160人，印发各种资料

54360册（份），广播讲座200期。1994年，技术培训347期12.6万人次，编写10余万字实用技术培训教材6700册，普及推广先进实用技术20项，组织实施专利技术3项，收入921万元。1995年至2001年，开展了包括计算机应用、汽车驾驶、电车缝纫、家电维修、家政服务、厨师、电焊、电工等的实用技术就业培训，每年培训人数在1400人至2000人之间。

2002年至2006年，培训乡镇干部、农村党员干部和专业户、重点户，专业户、重点户培训达100%。金溪镇马家桥村邓伟通过葡萄、枇杷、大枣、核桃栽植技术培训后，20亩果园年产水果5万公斤，水果销售收入10万元，带动全村276户种植葡萄8公顷，枇杷10公顷，大枣4公顷。

蓬安县科技培训情况一览表

(1986~2006)

年度	科技培训期/人	重点培训期/次	普及培训期/人	适用技术培训期/人
1986	201/48690	—	201/48690	—
1987	567/87309	18/1360	549/85949	—
1988	475/62410	19/2410	456/60000	—
1989	547/239000	8/3200	539/235800	—
1990	842/73400	87/6400	755/67000	—
1991	1066/421867	244/96610	822/325257	—
1992	494/169160	82/6960	412/162200	—
1993	366/416354	78/6300	288/410054	—
1994	347/126000	—	347/126000	—
1995	652/292372	60/16318	—	592/276054
1996	35/12786	12/1306	23/11480	—
1997	62/62876	18/2660	44/60216	—
1998	88/54060	13/1060	75/53000	—
1999	138/77500	6/620	132/76880	—
2000	82/17842	6/842	76/17000	—
2001	244/16600	80/5600	164/11000	—
2002	188/46286	—	140/43000	48/3286
2003	376/27665	76/3265	280/21400	20/3000
2004	312/31945	52/7645	260/24300	—
2005	237/ 25200	65/7200	172/18000	—
2006	328/29120	76/3860	208/23000	44/2260
合计	7647/2338442	1000/173616	5943/1880226	704/284600

【科普宣传】 1986年到1992年，县科技局、科协及各学会、协会科技人员深入工厂、农村、街道、学校，开展以科技政策法规、推广先进适用技术、破除迷信等内容为主的科普宣传；放映科教电影48部、3748场，观众达164万多人次。 1993年起，蓬安每年3月为科普宣传月。2001年始，每年5月第三周为科技活动周，开展科普进校园、进社区的宣传活动；在农村开展科技扶贫、科技进村入户工程。2003年12月，建立《蓬安信息网站》，网站由主页及快讯、科技工作、名优特新、实用技术、行业之窗、蓬安旅游、乡镇实录、招商引资等9个栏目组成。2004年10月，县科协与县广播电视台签订科普大篷车节目播出合同，县科协负责片源衔接、制定播出计划，县电视台负责每周播出15分钟节目，23日，县电视台播出第一期节目。12月，发布锦橙100号供求信息，引来重庆、上海等地客商求购，有50万公斤锦橙100号销往10多个大中城市。2004年至2006年，县科协、县广电局连续三年被省委宣传部和省科协联合评为科普大篷车节目播出先进单位。3年共发布技术项目7个、产品供求信息125条、农业实用新技术84种、气象与农事信息25条。至

2006年，县科技情报所先后与19个省市、200余地县科技部门、170多所大专院校交换资料6267份。编印《蓬安科技》《科技参阅》《科技情报》等32期，1.6万余份。

科技队伍

1989年6月，蓬安县完成技术职称改革，全县有各类专业技术人员7939人。其中，高级专业技术职务119人、中级专业技术职务1832人、初级专业技术职务5468人。1990年后，蓬安围绕全县经济建设大局，不断发现和吸纳工业、农业方面科技人才。2006年，全县有科技人才25142人，其中，企业管理的科技人员748人，专业技术人员12158人，农村专业技术人才5369人。

【技术职称评定】 1986年3月，蓬安县成立职称领导小组和8个初级评审委员会，34个专业评审小组，在全县企事业单位开展技术职称评定工作。参加职改的有324个全民企事业单位和部分集体所有制单位，涉及18个专业技术职务系列的专业技术人员。1988年，全县事业单位职称评聘工作完成，共推荐评审高级职称120个、中级职称1380个、初级职称2413个。1989年3月，企业职改工作完成，推荐评审高级职务2个、中级职务190个、初级职务600多个。评聘的中、高级专业技术职务人员分布在自然科学、出版、新闻、公证、律师、图书档案、中等技术学校、工艺美术、中小学校、统计、艺术、工程系列、卫生、农业、会计、经济、实验等系列。6月，科技人员职称评定工作移交县人事局。2006年，科技人员职称按正常程序进行评聘。

【农村专业技术人员职称评定】 1990年9月，开始农村技术人员职称评定工作，10月，成立农村农经专业技术职称评定委员会、农村蚕业技术人员职称评定委员会、农村畜牧技术人员职称评定委员会。1995年，成立农村专业技术人员卫生专业初级职称评审委员会，制定"蓬安县农民卫生技术人员技术职称考评实施细则"。1998年，全县启动在妇女中评定农民技术职称工作。1999年，开始农村青年技术职称评定工作。至1999年，全县共评定农技师、水电技术初级、畜牧技术初级、能源技术初级、蚕业技术初级、农业技术初级、林业技术初级、水产系列技术初级、特种初级技术、中医师、医士、卫生员等12类农民技术职称4525人。2000年，农民技术职称评定工作移交县人事局职称评定领导小组办公室。至2006年，农林专业技术人员未评定职称。

蓬安县农村技术人员职称评定情况统计表

(1991~1999)

年份	职称名称及人数												
	农技师	水电技术初级	畜牧技术初级	能源技术初级	蚕业技术初级	农业技术初级	林业技术初级	水产技术初级	特种技术初级	中医师	医士	卫生员	合计
1991	55	570	160	141	470	663	257	—	—	—	—	—	2316
1993	—	55	—	—	416	1072	—	11	116	—	—	—	1670
1996	—	—	—	—	—	—	—	—	—	64	103	4	171
1998	—	—	—	—	—	—	—	—	—	—	—	—	278
1999	—	—	—	—	—	—	—	—	—	—	—	—	90
总计	55	625	160	141	886	1735	257	11	116	64	103	4	4525

【科技人员数量】 1989年职改后，全县有各级各类专业技术人员7939人，涉及18个专业技术职务系列。其中：评聘高级专业技术职务119人、中级专业技术职务1814人、初级专业技术职务人员4864人。在乡镇企业中评聘中级专业技术职称18人，初级专业技术职称604人。

科技成果与转化

1988年，县政府制定《蓬安县科学技术进步奖励细则》。规定了科技成果的应用与转化的奖励范围、条件、奖励等次、审批程序、经费来源和成立评审委员会等内容。按项目的学术水平、经济效益和社会效益，分别授予科学进步一、二、三等奖荣誉证和颁发奖金，其中一等奖现金500元、二等奖现金300元、三等奖现金100元。1988年，科学进步奖奖金调整提高。2001年，进一步修改科学进步贡献奖，设资金3万元，每五年评选一次。科学进步奖每3年评选一次；特等奖5000元，一等奖3000元，二等奖2000元，三等奖1000元。

1986年至2006年，全县共颁发7次科学技术进步奖。县政府对273项科技成果颁发了科学技术进步奖，其中：一等奖17项，二等奖78项，三等奖178项。按类别，工业项目66项，占获奖总数的24.2%；农业项目8项，占获奖总数的31.8；医卫项目96项，占获奖项目总数的35.2%；软科学项目24项，占获奖总数的8.8%。表彰科技工作先进集体263个，科技工作先进个人713人次。评审选送省、市项目104项，获得省（部）级科学技术进步奖23项，获市(厅）级科学技术进步奖81项；申报专利165项，获得国家专利36项。

【国家级奖励成果】 1992年，由农机厂工程师陈忠源主研的9FQ锤片式饲料粉碎机获机械电子工业部二等奖。1995年，蓬安锦橙100号获中国农业博览会金奖。2002年，柑橘高接换种项目获农业部一等奖。

【省级奖励成果】 1986年至2006年，全县教育系统有4项成果获省政府奖励，农业系统有冬水田半旱式连作小春、天府9号10号花生繁殖技术、水稻土肥力研究、日本柑橘简易修剪法、调整产品结构加速果树良种推广等23项成果，获省农业厅奖励。

【市级奖励成果】 1986年至2006年，蓬安10项成果获得市级科学技术奖励，其中农业1项，教育5项，经济4项。

1990年2月，柑橘快速投产规范化栽培技术，获得市科技成果一等奖。1992至1993年，县雪茄烟厂研制“万卷楼”牌香烟、蓬安金龙丝绸设备公司研制“CSS-Ⅰ型丝棉机”“CSC-Ⅱ型滞头机” 及县蚕业局新桑品种——塔桑推广应用分获南充市科技进步三等奖。1995年，县水利局四川省蓬安县农村初级电气化报告获南充市科技进步三等奖。2001年，师范附小主研的《“五会”教学模式实践研究》课题，金溪中学主研的《“农村”初中素质教育目标管理实践研究》课题分获南充市第一届普教教学成果二等、三等奖励。2005年，《小学生大学业校园学分评价研究》《农村中学研究性学习实践研究》《初中研究性学习实践与研究》《农村初中课堂教学创新研究与实践》《小学生养成教育的时间与研究》等教研成果，分别获得南充市普教成果二等、三等奖励。

【科技兴农】 1990年，县科委在石孔乡蹲点开展科技示范，从“耕作制度改革”“发展丘陵农业经济”进行科学探索，建设“双千田”（收入1000元，产粮1000元）5000亩，改造中低产田土1000亩；建设科学养猪、养禽示范村1个；开发魔芋种植基地1个；培育科学养蚕村2个；培养科技重点示范户403户，全乡农业产值达到617万元，比1989年增长10.8%，粮食总产量达到 590.5万公斤，比1989年增长9%。1991年至1995年，全县实施科技兴农项目158项，先后有2122名涉农科技人员人承包农业技术服务。引进发展农业新品种46个 ，推广农业新技术92项，发展示范片、区、基地共22个，累计新增粮食3787.7万公斤，新增产值3807万元，增加纯收入1035万元。

1996至2000年，实施星火计划“锦橙100号”高产示范项目，产量比1995年增长9倍。2000年后，启动“科技产业带”建设：龙蚕白玉，建设优质蚕桑、水果、鱼、藕、稻、玉米、水禽饲养产业示范带。2001年至2006年，实施“科技兴农”项目95项，引进南薯88、南玉3号、天府花生系列、玉米川单16号、郑单14号、成单18号、油菜蜀杂9号、水稻2优7号、K优047、B优827、宜香优3003、2308等新品种77个。推广地膜覆盖、配方施肥、玉米肥团、规范栽培、旱育抛秧、省力化养蚕等新技术27项。2002年，县科技局与水产站共同承担“休稻养鱼”项目，每公顷产鲜鱼5430公斤，产值3000余元，最高每公顷产值67500元。通过白玉产业示范带的带动，2006年，全县共建成农业科技示范园区、农畜产品特色基地18个，新增农业产值8464万元。至2006年，取得14项科研成果，分别获省（部）、市级奖励。

稻田半旱式免耕连作小春　1986年，在济渡乡小面积试点后逐年扩大推广面积，1996年，半旱式栽培达到0.4万公顷。2000年，全县推广。据重点调查，未推广前水稻每公顷产6390公斤，推广后为6810公斤，每公顷增产415.5公斤。连作小春作物油菜、小麦，变水田一熟为二熟，此项技术方法是：在栽秧前半月，浅水作成一尺的厢沟，留半沟水，厢前施足底肥，厢高八寸左右，在厢的两边插秧，水稻管理保持半沟水。水稻成熟后放干水凉厢备种。

旱地套作，扩大复种指数　1986年，蓬安推行旱地套种，扩大复种指数。小麦预留空行形式有：2.5尺+2.5尺；3尺+3尺；3.5尺+2.5尺；3尺+2尺；6尺+6尺。套作模式：小麦—玉米—红苕；小麦—玉米—大豆；小麦—蔬菜—大豆；小麦—蔬菜—玉米—蔬菜；小麦—蔬菜—大豆—蔬菜；小麦—蔬菜—烟叶；小麦—蔬菜—花生。变旱地两熟为三熟和四熟，六尺开厢的还可种5熟至7熟，作物互套，成熟一季套种一季。至2006年，全年播种面积由1986年的7.1万公顷扩大到8.5万公顷，增加1.4万公顷。耕地比1986年减少了1.0万公顷，复种指数比1986年提高121.45%。

水稻旱育抛秧技术　旱育秧将地整平、耙细，4尺开厢，施足底肥，催芽插秧，育分蘖壮秧。四叶左右带土抛秧或移栽，亩植2万株左右。1986年，在河舒镇竹林村4社杨顺材等6户农民示范栽培，比常规育秧增产10%。2003年，推广旱育秧1.0万公顷。

地膜玉米育苗及栽培　用肥团或方格薄膜覆盖育苗。3月上、中旬移栽于小麦预留行间。地膜育玉米苗，保水保肥，缩短生育期，玉米可提前20天成熟。每亩增收玉米30公斤至50公斤。1994年，示范种植133.3公顷，1995年，推广466.7公顷，1997年，推广面积7600公顷，此后全县推广种植至2006年。

地膜花生　小麦预留行内播种花生。花生播种后覆盖地膜，花生出苗时破膜引苗出膜盖好土。采用此技术每亩增产20多公斤。2000年，在两路、万和、龙云、锦屏、金溪等乡镇示范种植133.3公顷，2006年，推广种植面积2000公顷。

水果栽培更新　柑橘从幼树开始培育树形，适时抹芽摘心和撑拉吊枝，开张角度，培育早产丰产树形。成树修枝改过去“远看一把伞，近看光杆杆”的亮盘修剪法，推广简易修剪技术，生长季节抹芽放梢，去掉树顶端1至2枝影响光照的较大主侧枝，打开天窗，引光入内堂，提高座果率。2000年以后，全县柑橘园普遍推广此技术。同时果园空地套种蔬菜、大豆、花生等作物，或种三叶草、紫芸苜蓿、苏丹草等作为家畜饲料。

蔬菜大棚种植　1986年，试运用大棚冬季育反季菜苗20公顷，早春移栽。利用大棚种海椒、茄子蔬菜获成果，以后逐年有零星农户建大棚种菜，2006年，全县已建钢架大棚50个，占地1.7公顷，简易大棚5000个，约33.3公顷，已成局部规模种植。

蓬安县科技兴农项目一览表

（1986~2006）

单位：项

项目名称/项数/年份	部省级科技项目	市级科技项目	“星火计划”项目	科技成果转化“百亿工程”项目	科技兴工项目	科技兴农项目
1986	—	6	6	—	—	—
1987	—	5	8	—	—	—
1988	—	2	9	—	—	42
1989	—	2	8	—	—	42
1990	—	—	13	—	3	44
1991	4	—	13	—	5	45
1992	—	4	—	—	15	25
1993	4	3	—	—	13	35
1994	3	2	—	—	16	26
1995	1	2	—	62	15	27
1996	—	—	—	36	3	26
1997	—	—	—	30	10	23
1998	1	—	—	10	12	15
1999	3	—	—	20	8	28
2000	1	—	—	15	8	8
2001	2	3	—	—	10	21
2002	3	3	—	—	10	12
2003	1	2	—	—	11	15
2004	2	2	—	—	9	17
2005	4	5	—	—	9	16
2006	6	4	—	—	9	14

【科技兴工】 1986年至1990年，为蓬安科技兴工起步阶段。县政府制定《关于全县工业企业技术进步十条意见》，鼓励工业企业科技创新，走科技兴工的路子。1990年，下达科技兴工项目“9FQ32—20型锤片式饲料粉碎机”、“微型车边板一次成型模具设计和试制”和“桑葚鸡尾酒”，其中桑葚鸡尾酒项目被国家科委列为科技开发重要项目。

1991年至1995年，为技术开发运用阶段。实施国家级科技项目1项，省级科技项目10项，市级科技项目15项，县级科技项目38项。实施后达到国内领先水平的2项，国内先进水平5项，省内先进水平9项，市内领先水平11项，市内先进水平14项。增加产值2915万元，创利税724.6万元，开发新产品156个，投入规模生产22个，形成批量生产79个，产值达4061.7万元，利税646万元。完成各项技改37项，总投资7640万元，新增工业企业固定资产7056万元，增加财税收入4032万元。开展小改革、合理化建设技术攻关等项目58个，增资节收442.3万元。

1996年至2000年，为产品创新阶段。实施“科技兴工”项目41项，新增产值10717万元，新增利税2047万元。推广新工艺、新技术58项，开发新产品64个，形成批量生产的24个，新产品产值占工业总产值23%以上。全县工业企业完成技改项目34项，投资总额12640万元，形成固定资产10410万元，年新增生产能力2.3万元。嘉宝汽车公司5年开发出35个新产品，完成22项工艺改造，推广应用新工艺、新技术、新产品产值率由“八五”期末的18%提高到“九五”期末的45%，成为四川省工业企业科技综合实力和新产品开发能力200强企业之一。“9FQ30—5、40—20型粉碎机”项目，产品销售量占全国同类产品的15%。

2001年至2005年，为推出新产品阶段。实施科技兴工项目58项，累计新增产值 26968万元、新增利润1338万元、新增税金1475万元。引进推广新技术、新工艺76项，开发新产品178个，有156个新产品投入批量生产，年产值达4269万元，新产品产值占企业产值的95%以上。实施技术改造项目84项，总投资74968万元，形成固定资产67471万元，年新增生产能力59974万元。主要科研项目有“一步法生产微碳烙铁专利技术”“九一厂粉煤灰制砖技术”“开发YN5系列新产品”等。2006年，四川兴华药业有限责任公司研制含量“25%的硫酸双氰链霉素”国内首创，产品畅销全国。

SC1022BB13D（SC1020）货厢总成 2001年11月，四川嘉宝汽车有限责任公司与长安公司于签订技术协议书，联合开发新型货厢总成。其车身、底盘在原长安SC6350面包车的基础上，保留前驾驶室、前一排部分而开发设计的新型单排座微型载货卡车、货厢总成。从2002年至2004年8月，批量生产6万台，新增产值6228万元、税金510万元、利润310万元。

治疗畜禽感冒中暑注射液 四川兴华药业有限责任公司以15种中草药为原料，采用现代制药新工艺提炼而成的“治疗畜禽感冒中暑的注射液”（感康注射液），属中药制剂的中药第二类。1998年4月21日，申请发明专利，2001年，形成批量生产，2002年5月22日，获得授权，至2004年6月，累计新增产值263万元、利润39.5万元、税金14.5万元。

节能隧道轮窑 节能隧道窑是对烧制页岩砖窑进行改造的项目，集保立窑、隧道窑、普通轮窑等优点于一体，投资小、维修费用低、节能、高效，由九一实业总公司王登志发明，2001年1月20日，申请专利。2001年至2003年，比普通轮窑节约投资75万元，比隧道窑节约321万元；年均节约煤193.03万元，三年累计节煤增效514.41万元，累计实现利税984.15万元，2004年3月3日，获授权。

不积料粉碎机 不积料粉碎机是天府机器厂的科技创新项目。通过对锤片式粉碎机的进出料风道和机壳形腔结构上进行大胆改进和创新，彻底解决粉碎机积料技术难题，适用于9FQ系列锤片式粉碎机和其他带风机的粉碎机。2001年5月24日，申请实施新型专利，2002年3月27日，获得授权。至2004年，共生产销售约3万余台，销售收入达1400多万元，新创利税达360多万元。

川北牌汽车 1990年12月29日，蓬安县汽车配件厂研制出4辆具有自身特色的“川北牌”NQG1020型式货车。1991年5月，经国家工商总局正式登记注册，研究的“川北牌”NQG/1020轻型厢式货车，NQG5020、SXS型税务稽查车列入国家汽车目录。

无公害保鲜储粮技术研究 2001年，蓬安国家粮食储备库对无公害保鲜储粮技术进行研究，应用谷物冷却机，使冷气形成闭式循环冷却，待粮温平均降到15℃，仓温达到20℃时，停止冷却即可实现均温。该技术对人居环境无污染，能够减轻劳动强度，储藏的粮食品质好，色泽鲜，气潮味鲜，粮食制品对消费者身体没有任何损害。2003年，通过了省、市、县组织的科技成果验收。2005年，获市科技进步三等奖。

科技管理

1986年，蓬安科技管理开始从科技计划、科技人员、科技经费管理向发明专利、科技市场等方面拓展。1990年，开始向国家申报天然果饮料制备方法发明专利。1996年，县委、县政府出台科技兴农、兴工政策，强化科技管理部门职能，县科技局统筹、协调、指导、督促、考核全县科技工作和科技项目管理。2003年至2006年，专利申请量105件，发明专利19件，实用新型专利69件，外观设计专利17件，是前16年总量的2.6倍。

【科技计划管理】 1986年，编制完成《蓬安县“七五”星火计划》，根据科技发展现状及趋势，分年制定科技工作计划，加强科技工作宏观管理。1992年，编制完成《蓬安县科技发展十年规划》。1995年，编制完成《蓬安县科技发展纲要》《蓬安县“九五”科技发展规划》《蓬安县“九五”期间农村党员、干部实用技术和市场经济知识培训规划》。2001年，编制完成《蓬安县科技发展‘十五’计划2015年规划》，以上科技规划项目148项，规划系列12个。2004年，编制科技“十一五”计划，2006年，继续按计划加强科技宏观管理。

【科技政策】 1992年，蓬安县确立“科教兴县”战略。确立一把手抓第一生产力，成立科技工作领导小组和科技成果转化“百亿工程”领导小组，至1994年，先后出台《依靠科技进步、振兴蓬安经济的决定》《关于开展科技兴农技术承包的决定》《蓬安县科学技术奖励办法》《蓬安县关于促进民营科技机构发展的暂行办法》《蓬安县工业企业技术进步管理办法》《关于加速科学技术普及的决定》等文件。鼓励科技成果转让，对企事业单位技术转让及在此过程中与技术转让有关技术咨询、服务、培训所得，年净收入在30万元以下的，暂免征企业所得税；超过30万元部分依法征收所得税。科研机构、高等院校和企业可以从各级技术合同登记机构认定的技术转让或技术培训、咨询、服务、承包的收入中提取20%至30%，作为直接参加此项工作的科技人员的津贴、奖金，农业技术承包其奖金可以提到纯收入的30%至35%，企业研究开发新产品、新技术、新工艺所发生的各项费用逐年增长，增幅10%以上的企业，再按实际发生额的50%抵扣应税所得额。对农技推广站、植保站、水管站、林业站、畜牧兽医站、水产站、种子站、农机站、气象站以及农民专业技术协会、专业合作社及城镇其他各类事业单位，开展技术服务所提供的技术服务或劳务所得的收入，暂免企业所得税。1996年，又出台《关于加速科技进步的决定》《蓬安县科协工作考核办法》《关于加强科技管理工作意见》等文件，指导全县科技工作的开展。建立多渠道、多层次的科技投入体系，鼓励企业投资搞开发，向银行争取科技贷款，县财政安排“科技兴农”“科技兴工”“百亿工程”专项经费，建立科技开发专项基金，鼓励农民增大对新品种、新技术的推广及科技开发项目的投入。

【科技人员管理】 1988年，蓬安出台《关于鼓励科技人员、管理人员向集体和乡镇企业流动若干规定的通知》，当年组织科技人员185人，承包42个科技项目，实现经济效益581.18万元。1989年，出台《关于组织农业科技干部到农村开展技术承包的通知》，成立科技人员技术承包工作领导小组。科技人员承包项目采取“三上三下”的方式对每个项目进行全面分析论证，实行三级责任承包，出台政策鼓励，科技人员工作关系、工资福利、户口“三不变”，“六优先”即子女入学、就业、承包费、紧俏农用物质、晋级、评聘技术职称等在同等条件下优先，技术实行有偿服务，县政府人均悬奖200元，如完成各项技术按增产部分3%至5%技术指导费。技术人员每人每月预留行政奖金5元，作为技术承包责任制保证金，年底检查验收后，区别不同情况予以兑现。对没有履行相应技术职责或没有完成合同任务的人员，在下一年不予聘任或低聘。1990年，全县共组织农、林、水、牧、蚕、果、蔬菜等方面的科技人员172名，财政、金融、农资、供销等后勤服务人员53名，建立起粮油、畜禽、蚕桑、水果、水利水产、林业、瓜菜、科技开发等8大承包集团，围绕44个项目，50多项适用新技术进行承包。并从县财政农业资金中拿出10万元悬奖，县长任总团团长，各业务主管局或部门主要领导为分团团长，分团向总团承包，科技人员向分团承包，并向农户签订承包合同。是年，全县粮食比1989年增产964.1万公斤，增长13%，经济项目增加产值877.46万元，增加纯收入426.3万元。从1988年至1997年，全县参加农业技术承包的农业科技人员达2470人次，承包318个项目，签订承包合同491份，增产粮食3123万公斤，多种经营项目增加产值5625万元。

【科技经费管理】 1986年至2006年，县科技经费主要由财政预算拨款，其次是企业内部科研经费开支。县科技经费包括三项费用（新产品试制、中间试验、重要科学研究补助）和科技事业费支出。科技经费实行一次性或分期性拨款到科技研发单位，按项目或专题专用，县科技局、财政及财政监督局等部门对使用情况予监督，严禁挪用、挤占。1986年至1989年，县财政每年投入

3万元；1990年，投入4.6万元；1997年，投入32.1万元（科技三项费5.6万元，科技兴农8万元，科技兴农10万元，“科技百亿工程”5万元，科技事业费3.5万元）；2003年，投入23.64万元，以后逐年增加。国家“星火计划”投资实行有偿使用原则，按合同规定按期偿还所需资金，项目审批下达，实行招标制。地区项目委托县（市）代管，回收经费实行三七分成。县（市）收回资金实行专户储存，作为科技发展基金，滚动使用。2006年，争取到省科技厅“富民强县推进资金”5万元。

【发明专利管理】 1990年，蓬安县向国家申请发明专利有天然果饮料的制备方法、鸡尾酒的制备方法、高效消毒灭菌隔膜纸3项。1994年，向国家申报实用新型专利中草药保健过滤嘴、双圆弧弹压式超越差速器2项，2001年，向国家申请外观设计专利压缩式宽肩衣架1项。2003年至2006年，专利申请量达105件。其间，2004年，九一厂实施的“内吹式节能窑”专利技术，年产值达1139万元，创利税220万元，天府机器厂的“不积料粉碎机”年新增产值168万元，创利税45万元。2006年，兴华药业公司的“感康注射液”专利产品，全年新增产值77.5万元，新增利税19.5万元。四川兴华药业和蓬安九一厂被南充市列为首批专利试点企业，争取到省、市立项经费支持。

【技术市场管理】 1987年，蓬安县坚持科技工作同经济建设紧密结合，开发和培育技术市场。印制《蓬安科技》《科技参阅》《科技简报》，利用广播、电视、电影等宣传工具，宣传技术成果的商品属性及有关政策、法规。1990年1月，全县成立事业性科技推广服务组织9个、企业性科技推广服务组织3个、民办科技经营机构4个，从事农业产前、产中、产后服务的农业技术推广服务798人，参加技术经营服务1798人，占全县科技人员总数76%。

1989年10月和1994年7月，蓬安县先后制定促进民营科技机构发展的暂行办法，对全县科学技术市场工作内容、范围、鼓励政策、经济利益分配、处理、监督办法和技术机构成立条件、依法成立程序、应当办理的相关手续及违反规定的处罚作出规定。至1997年，共发展民营科技企业17家、国有经济服务实体57家、技术培训机构4家。取缔4个进行坑、蒙、拐、骗的假技术合同。

蓬安县科技交易活动，县外以技术交易为主，县内以民办科技机构小额交易为主。1987年至1997年，每年与国内大专院校、科研单位签订合作开发合同3份至5份，合同金额5万元至20万元，签订技术转让合同5份至8份，合同金额6万元至13万元，共转让成熟技术5项，获得技术转让费8万余元。2001年，县科技局从外地引进塑编技术及设备，解决40多人的就业岗位，年生产出口包装袋40多万条，产值达960万元，利税达80多万元。2002年，银汉镇吕广村与县水产技术指导站签订“休稻养鱼技术合同”达到约定指标每亩收技术服务费5元，250亩渔业收入达64.5万元，人均年收入3225元。2005年，全县建立科技中介机构1家，转让技术和项目12项，技术成交额32万元。

文化 体育 广电

1986年，蓬安县各乡镇均建有文化站、广播站。48个乡镇有电影放映队，县电影公司设5个放映队，另有40个私人放映队。各机关、企事业单位大多建有文化活动室、图书室和报刊栏。全县成立有音乐、文学、美术、书法、体育、游泳等6个文体协会，有篮球场82个、足球场1个、田径场1个、乒乓球台302张。30%的乡镇能听到县广播站的节目，电视仅能收看华蓥山电视转播台节目。1991年，蓬安充实了各乡镇文化站队伍，培训专（兼）职人员，贯彻“以文养文”“多业助文”方针。1993年，成立县广播电台和县电视台筹备组。各乡镇成立广播电视站。1997年，南充市政府授予蓬安“市级文化先进县”称号。1998年，县开通卫星加密电视，城区内能收看21套、农村能收看13套电视节目。1999年，农村合作基金会关闭清欠，部分文化站房舍被迫出售，乡镇文化站受到重创。2001年，蓬安举办首届河舒桃花艺术节，举行专场文艺演出，展出书法、美术、摄影等作品。2003年至2004年，成立司马相如研究会，并举办国际相如文化研讨会。2005年，国家体育总局授予相如街道办事处磨子东街社区“全国群众体育先进集体”。2006年，蓬安举办第六届河舒桃花艺术节、河舒豆腐节，徐家梨花节、沈家坝橙花节等，11月，蓬安相如故城和周子古镇被批准为省级历史文化名城。《婚嫁歌》列为省级非物质文化遗产。筹备庆祝相如县建县1500周年，策划创作大型历史歌舞剧《相如长歌》、编印《相如故里文化旅游丛书》。全县有39个文化宣传中心、广播站和网络传输公司，电视光纤联网330千米，覆盖全县各乡镇，有线电视传输频道增至37套。20%的行政村和100%的社区建有文化活动室、图书室。有各种文体协会12个，会员800多人。

机　构

1986年，蓬安文化体育工作分别由县文教局和县体育运动委员会（简称县体委）管理，广播事业设县广播事业管理局（后改广播电视局）管理。1990年，单设县文化局。1992年，文化体育广电合并组建文化体育广播电视局。1997年，广电局单设。2003年至2006年，设文化体育旅游局和广电局。

【蓬安县文化体育旅游局】 1986年至1990年，蓬安县文教局内设文化股。1990年12月，撤销县文教局，成立县文化局，内设文化艺术股、文化市场管理股、办公室。1992年11月，撤销县文化局、县体委和县广播事业管理局，合并为县文化体育广播电视局（简称文体广电局），内设文化、体育、广电、人秘4个股和文体广电稽查队。1997年11月，撤销县文体广电局，分别成立县文化体育局和县广播电视局，文化体育局内设人秘股、文化股、体育股、文化市场管理股。2003年2月，撤销县文化体育局、县旅游局，成立蓬安县文化体育旅游局（简称文体旅游局），为县政府直属事业单位，内设人秘、文化、体育、文化市场管理、旅游5个股。至2006年，杨应虎、唐继承、余志强、蒋晓莹、王俊英先后任局长。

【蓬安县体育运动委员会】 1986年，蓬安设县体育运动委员会。1992年11月，县体委并入文体广电局，1997年，设县文化体育局，2003年，设县文化体育旅游局。至2003年，刘学荣、郑全荣、张洪全先后任体委主任。

【蓬安县广播电视局】 1986年7月，蓬安县广播事业管理局更名为县广播电视局。1992年，撤并成立文体广电局，1993年，成立县广播电台和蓬安电视台筹备组。1997年10月，分出设置广播电视局。县广播电视局与县广播电台、县电视台实行合署办公，内设人秘股、事业股、宣传股。2003年，调整为人秘股、事业股、技术股、工程部、新闻部、专题部、财务部、广告部、总编室、稽查队。至2006年，李承郧、唐继承、余志强、姚勇、林克贵、魏定平先后任局长。

【蓬安县文化馆】 1986年，蓬安县文化馆与图书馆合署办公，负责组织指导全县乡镇、社区、机关、企事业单位、学校、厂矿开展群众文化活动和指导乡镇文化站工作，并负责文物管理工作。至2006年，杨和坤、周耿、陈兴伟、刘成明先后任馆长。

【蓬安县图书馆】 县图书馆前身是文化馆图书室。1989年1月，正式单设图书馆。内设办公室、采编室、综合阅览部、图书借阅部、少儿阅览部。1989年至2006年，黄淑明、戴晓霞先后任馆长。

【蓬安县文物管理所】 1989年6月，从文化馆划出单设县文物管理所，负责全县文物保护、征集和管理工作。至2006年，陈言昌、郑幼林、汤跃明先后任所长。

【乡镇文化站】 1986年，全县50个乡镇均建有文化站。1992年，全县24个乡镇文化站调整为文化（中心）站。1993年，对全县文化站考核。1994年，乡镇文化站调整为38个。1997年，调整为46个。2004年，全县考试录用25名文化专干，分配到乡镇。2006年，调整为39个乡镇文化宣传中心（站），配齐39个文化专干。省级先进文化站有徐家、河舒、相如3个；市级文化乡镇有诸家、金甲、柳滩3个，市级旅游特色文化乡镇有罗家、相如、长梁，市级书法之乡有杨家镇，市级魔术之乡有原万和乡，市级小康文化乡镇有罗家镇、原马回乡。

【蓬安县川剧团】 1986年后，蓬安县川剧爱好者逐渐减少，演出上座率逐年下降，演出场次减少，事业发展困难。川剧团成立小卖部，录像放映队、电影放映队、歌舞队、电子游戏、川剧队等，以各种收入维持剧团生存。1987年2月，县委、县政府力排众议，保留了川剧团，文教局为了激励剧团创新和演出，将财政拨款的40%留局考核后拨付。1990年，县财政正式将演职员工资福利全额拨款包干补助改为60%差额拨款，其余部分用川剧团演出收入、场租、铺面租赁收入补充。2006年，蓬安川剧团成为南充市内唯一保留下来的县级川剧团。至2006年，李和林、母鹏程、刘汉章先后任团长。

【蓬安县新华书店】 1986年至2002年，名蓬安新华书店。2003年改制后，更名为“新华文轩蓬安书店”和“蓬安教材发行公司”。至2006年，何家均、李德礼、刘季秋、章泽生、付俊先后任经理。

【蓬安县电影发行放映公司】 1986年至2005年11月，名蓬安电影放映发行公司（简称电影公司）。2005年12月，改制解体。至2005年，唐维大、李邦荣、章泽生、邓启忠先后任公司经理。

【文体协会】 1986年以来，蓬安先后成立音乐、美术、书法、作家、舞蹈、摄影、体育、游泳、门球、信鸽、裁判等10余个协会组织。2006年，各类会员有800多人。

蓬安县美术协会　1986年，蓬安美术协会成立。刘浩、陈兴伟、罗宁先后任理事会主席。

蓬安县书法协会　1986年，成立蓬安县书法协会，1986年至2006年，胡海凡担任书协主席。

蓬安县作家协会　1987年11月，成立蓬安县文学创作协会，有会员36人。2000年，重组文学创作协会，有会员60人。2006年，创作协会更名为县作家协会。至2006年，兰怀德、王昌志先后任作协主席。

蓬安县舞蹈协会　1989年12月，成立蓬安县舞蹈协会。1989年12月至2006年12月，共换届5次，陈定碧连续5届任理事会主席。

蓬安县摄影协会　1998年，成立蓬安县摄影协会，1998年至2006年，杨运福担任摄协主席。

蓬安县音乐协会　2000年4月，成立蓬安县音乐协会，至2006年，共换届3次，曾堃华、杜洪辉、宋孝志先后任理事会主席。

司马相如研究会　2003年9月成立，主要研究司马相如故里及相如文化。至2006年，赵正铭担任理事长。

蓬安县老年人体育协会　1986年，成立蓬安县老年人体育协会，下设有老年门球、冬泳、钓鱼、桥牌、健身舞蹈、拳剑分会。至2006年，胡子章、陈宗元先后任主席。

蓬安县游泳协会　1980年12月，成立蓬安县游泳协会。至2006年，袁海洲任协会主席。

蓬安县冬泳协会　1987年7月，成立县冬泳协会。冬泳协会和游泳协会为一个协会，挂两块牌子，又挂县老体协游泳协会牌子。至2006年，袁海洲、沈前俊、蒋崇德先后任协会主席（理事长）。

蓬安县门球协会　1995年1月，成立蓬安县门球协会。2005年5月，更名为蓬安县老年人体育协会门球分会。至2006年，邓光裕任理事长。

蓬安县信鸽协会　1983年11月，成立蓬安县信鸽协会。至2006年，赖德馨、刘应华、王明学、沈光儒、杨令臣、祝仁勋、沈剑勋、杨启明先后任协会主席。

蓬安县篮球裁判协会　1991年3月，成立蓬安县篮球裁判协会。至2006年，刘学荣任理事长。

蓬安县农民体育协会　2004年3月，成立蓬安县农民体育协会。至2006年，郑才明任协会主席。

文　化

1986年，蓬安县50个乡镇均建有文化站，各机关、企事业单位、学校、街道办事处及20%的行政村设有图书室和文化活动室。1990年，蓬安调查文物保护单位，划定保护范围，逐一竖立保护界桩。1995年，送文化下乡和农村放映电影已经普及。2000年，蓬安先后组建一批群众文艺团体。2001年后，连续举办6届河舒桃花艺术节，举办“蓬州之春”“蓬州之夏”“锦绣蓬安”等多场文艺演出。2003年，文艺创作新人不断涌现，一些作品被搬上影视。2005年，书法、美术、摄影有新的作品参加多种展赛获奖，一部分作者被吸纳为国家、省、市级协会会员。2006年，蓬安老县城定为“相如故城”，新县城有“周子古镇”历史文化街区，联合上报被评为省级历史文化名城。迎接建县1500周年筹排大型歌舞剧《相如长歌》。“婚嫁歌”列为省级非物质文化遗产，“船工号子”“蚌舞”“水龙舞”列为市级非物质文化遗产。全县有县级以上文物保护单位31处，馆藏文物515件，馆藏图书5.2万册。

【群众文化】　1986年，蓬安县各乡镇及企业、校园、社区都建有文化站、图书室、阅报栏等，配有专（兼）职文化人员。1987年，举办春节街头大型文艺表演巡游活动，以后每年坚持举办。1991年，宣传文化主管部门分别在美术、书法、摄影、写作、音乐、舞蹈、文物、图书管理、报刊发行、政治及文化管理等方面，培训各单位文化专兼职人员。在南充市文化专干五项技能比赛中，蓬安有蔡万明等5人获得高分，受到奖励。1996年4月，县文体广电局制定《文化干部、文化专干工作目标及职责》。2000年，蓬安群众文化活动向多元化发展，跳舞健身、歌咏、书法等在民间广泛开展。2004年，全市在蓬安举办“相如杯”合唱比赛。2006年，全县有39个文化宣传中心，大多有办公场地和活动场所。至2006年，组织各类文艺活动53次，举办文艺训练班及展览20次，送文化下乡66次。20个行政村和社区有文化活动室，80%的行政村有宣传栏和阅报栏。是年，政府拨专款为锦屏、罗家、长梁等乡镇修建文化站及图书室，对全县群众文化专业人才进行培训。

【文艺演出团体】　1986年，蓬安县文艺演出团体有蓬安县川剧团、蓬安县文化馆文艺演出队、蓬安县万和乡文艺宣传队和蓬安县徐家、兴旺、盘龙、金溪、罗家等5家农村业余川剧团，常在县内外巡回演出。演员杨波的《滚灯》在中国川剧艺术节上演出获二等奖，母鹏程的《八阵图》在四川中青年川剧“金座杯”电视大奖赛上获一等奖，邹艳清获银屏奖。邹艳清编入《中国戏剧家名人录》。李幼林“川剧变脸”，在深圳、香港演艺界获得好评。1990年前后，电影下乡，电视普及，加上经费筹措困难，演出团体受到影响，除县川剧团外，区乡演出团体相继解散。1995年后，演出团体在节日、庆典活动时组织排演节目，演出队伍人员不固定。2000年后，蓬安县先后组建群众性的演出团体，有唐文、蒋小茂组建的“红舞鞋艺术团”，杜淑君、杨庆碧组建的“文体舞蹈队”，余建华组建的“松叶舞蹈队”，权照玉组建的“燕子艺术团”，蒋晓鹤组建的“红舞鞋儿童艺术团”及老年武术队、腰鼓队、莲霄队等。2003年，县川剧团剧院拆除，剧团无固定演出场所，仅到农村、街道、工厂、学校为群众演出。剧目有现代川剧、歌剧、舞剧、曲艺等多种形式。2006年1月，蓬安县总工会工人文化宫组建职工军乐团，有成员34人。

【文学创作】 1986年，县文化馆编有内刊《蓬安文艺》，不定期印发。1987年11月，成立蓬安县文学创作协会。2000年，重组文学创作协会。在县文学创作协会和为《蓬安文艺》撰稿的有肖国盛、李荣普、刘星照、魏赤中、姚涌、雍星才、陈鹏泉、刘英、何太宁、蔡万民、林青平、梁本才、王昌志、蔡兴安、伍程鹏、陈海泉、晏小刚、周伦、唐建柏、胡建、李永谦等一批文学爱好者。2006年前后，蓬安文化发展涌现了一批有影响的创作作品。

小说 主要有朱锐的网络畅销长篇小说《铁血飞扬》《中国反恐部队》《杀日本鬼子去》《我当大哥的日子》，严明瑜反映红四方面军的长篇小说《水井湾》，黄子毅的长篇小说《司马相如》，王昌志的《一曲走了调的情歌》《江湖自由人》《原色》《轮回》《城市小景》《怪蛋》，伍程鹏的《迹一样的处女》《蓬州商号》，王小明的《秀姑》《起点》《妻有良师》等作品。

散文 主要有赵正铭编著的《相如故里故事集》，李荣普的《蓬州遗事》，王昌志的《一夜空洞》，魏赤中的《西安随想》《故城印象》《故城眷恋》《故城情思》《故城的风》，刘成东的《攀枝花看花》《五月的苏铁》《拾梦明珠海》《在那桃花盛开的地方》《玉树琼花格萨拉》，龙朝霞（网名素罗衣）的《老街呓语》《美在自然》《国学，你热了吗》《桃花如诉》《初识一瓣香》等，曹衷铭的《沧海桑田》。

诗赋 诗词主要有邓郁章主编的诗词注析作品《相如故里风光吟》，龙朝霞的《田园》《凄凉犯·相思》《眉妩·踏春》，魏赤中的《故城浅吟》，曹中铭的《水边屈原》，康华的《你的是你的》《秋雨》《情人》《相思》《心》，王昌志的《共产党员》，何建中的《诗意嘉陵江》，刘成东的《黑月亮》《体验》《高原》《阳光如水》；赋主要有何剑青的《相如故里赋》，魏明伦的《司马相如故里赋》，魏赤中的《相如故城赋》，刘成东的《攀枝花赋》《玉泉赋》，李荣普的《周子古镇赋》等。

戏剧 蓬安戏剧创作主要有兰怀德的《孟贵夫妻》《孝顺儿嫁妈》《梁山兄弟易装》《责任》《莫乱想》等30多个。其中《孟贵夫妻》获省“巴蜀艺术戏剧节”二等奖，中国首届艺术节成都分会场演出获纪念奖。专题片有《蓬安在前进》《众人获奖开大船》《马电之光》等，电视剧本有伍程鹏的《蓬州商号》等作品。

【艺术创作】 1986年后，蓬安的艺术创作涌现出了一批人才，出现了一批好作品。

音乐舞蹈曲艺主要有县文化馆编辑的《蓬安县民间音乐集成》《蓬安县创作歌曲选编》《蓬州之声》，宋孝志编辑的《蓬安曲艺知识》，陈定碧编辑整理的《蓬安县民族民间舞蹈集成卷》。2000年后，一些群众性的舞蹈团体积极培训青少年，引进外面的舞蹈艺术，发扬民间舞蹈传统。县舞协也与工人文化宫、文化馆、县团委、妇联分别举办过3届交谊舞培训班，1届青年集体舞培训班，1届模特培训班，2届中老年迪斯科舞培训班，1届国际标准交谊舞培训班，3期青少儿暑假舞蹈培训班，并多次举办各类舞蹈比赛。刘成明、陈文拉、杨运福、陈云中、蔡兴安、何太宁、唐恒发、叶明昌、叶紫等艺术人才为企业、厂矿组建的36支乐队和蓬安县职工军乐队，多次举办培训班，收徒传授钢琴、电子琴、小号、圆号、萨克斯、小提琴、二胡等乐器的演奏技艺，通过省上专门机构考核，大多达3级至7级标准，并在省、市音协举办的音乐比赛中多次获奖。何建中创作歌曲《嘉陵江之歌》《月儿溜溜弯》《蓬安之歌》（陶嘉舟曲）、《相如生在水一方》（陶嘉舟曲）、《桃花三月天》《嘉陵江上大舞台》等作品在县内外演出。

美术作品主要有陈兴伟的油画《环》《晌午》，先后在日本和香港展出。李树堂的《芥子园画谱》《马骀画宝》《中国当代著名书画家——李树堂父女书画集》《梅之魂》《荷塘月色》《铁骨铮铮》《搏击长空》《雄视》《群英会》《威震环宇》《松鹤长春》《春意盎然》《春江水暖鸭先知》《国魂》《春曲》等几百件作品参加全国和国际性书画展获奖，其作品分别收录在

《20世纪国际现代美术精品博览》《20世纪国际现代美术精品荟萃》《新千年中国名人书画鉴赏》《中国当代著名书画家珍品选》。李帅的《暗香浮动月黄错》《仙掌红云》《醉舞》《恋春》《亭亭玉立》《冬韵》《潇洒红梅似玉人》《拨高玉竹相为侣》《香迹益清》等作品多次获国内外大奖，主要收录在《中国青少年书画精典》《跨世纪中外书画精典》。李存光的《东方日出》《山欢水笑》《四时报喜》《辣妹杜鹃红似火　改革开放硕果新》《和谐富贵长青》《繁荣昌盛》等作品多次获国家级大奖，主要收录在《中国老年书画家大辞典》《中华世纪颂中国书画作品鉴赏》《中华翰墨名家博览》。罗红东的《和谐家园》《放飞希望》《家园夏》等作品参加四川省第三届美术作品展获优秀奖。段济舟的《奔》《童趣》、剪纸《郑板桥临终教子》等多部作品获国家级奖励并编入美术教材。聂波的《葡萄小子》《周子古镇》《相如风光》《自强不息》《嘉陵风光》等作品和余大春的《香远》《生命的礼赞》《奥运情》《新娘》《母与子》等作品及杨运福的国画《飞流直下三千尺》《双泉映翠》被收入《中国当代书画作品鉴赏》。

摄影获奖作品有邓友禄的《硕果累累》、杨利庆的《风雨同舟》、李永谦的《果树银花不夜城》、杨运福的《大红灯笼高高挂》、韩志的《广电局夜景》、李树生的《夜色斑斓》、李金峰的《明月礼花贺千喜》、沈红君《建设南路夜景》、王森林《政府街夜景》等。

书法作品，1988年，陈兴伟的书法作品参加四川省首届中青年书法展，是年参加第三次中日书法联合成都展并获奖。1990年，蓬安春节、“七一”、国庆举办大型书画展。“六一”儿童节举办儿童书法展览。1998年，蓬安30件书法作品参加南充市“建行杯”首届书法作品大赛。1999年9月，蓬安县书法协会与南充市书法协会在工人文化宫联合举办“敖朝军书法作品汇报展”。是年，杨运福获中国文学艺术联合会主办的“全国民间工艺美术书法大展”书法特别奖，书法入选“第三届海峡两岸硬笔书画展”获最佳作品奖。2001年，杨宏文的临帖书法参加“全国展览”获银奖、第二届全国“世纪精英”赛获金奖。首届蓬安河舒桃花艺术节，全县展出书法作品50件。2002年，蓬安县书法协会组织7名会员的30件作品参加“四川省第四届书法篆刻新人新作展”。刘金刚、吴大和、张凌3人作品入选。刘金刚、吴大和2人的作品获优秀奖，于次年1月18日，在四川省美术馆展出并被收藏。刘金刚、吴大和被吸纳为省书法协会会员。张岳东的毛笔书法获南充市“首届精英杯”金杯1件，“首届文苑杯”1件、“全国老年书法展”铜奖和“洞廷风光全国书法大展”，“第七届当代书画家作品邀展”，“纪念丁玲诞生100周年书法展”三个优秀奖。张文章的硬笔书法发表在《中国钢笔书法》杂志和《钢笔书法报》各1件。刘汉章的硬笔书法作品参加“南充市119杯硬笔书法赛”获三等奖，入选《四川硬笔书法精品集》。康正远的硬笔书法入选“南充硬笔书法展”1件。杨运福、聂波、刘汉章、张怀军4人的硬笔书法入选《四川硬笔书法集》各1件。杨运福被聘为“民盟成都社会大学书法美术教师”，被四川省硬笔书法协会吸收为会员，当选为南充市硬笔书法协会理事。聂波从事书法创作30余年，其硬笔书法、篆刻作品发表于全国、省级报刊上300余件，多次参加省市展览获奖，先后任国际书画学会会员、四川省书法家协会会员、四川省硬笔书法家协会会员、南充市硬笔书法协会副秘书长。

【民间文艺】 1986年，蓬安县民间文艺保存主要有腰鼓、车灯、莲霄、舞龙、舞狮、蚌舞、川剧坐唱、船工号子等。戴祯益的金钱板和梅质林的民间杂耍技艺一直在蓬安民间传承表演。2004年，民间艺人陈道远自编自演的金钱板《相如故里在蓬安》《古镇之变》《说唱四十八场》等在蓬安下河街等地多次演唱。2006年，《婚嫁歌》被评为省级非物质文化遗产；“船工号子”、“蚌舞”“水龙舞”列为市级非物质文化遗产；“火龙舞”“板凳龙”“百叶龙”“莲宵”“高跷”“狮舞”“车车灯”“采莲船”“抬社火”“薅秧歌”（南燕版、海田版）“薅草锣鼓”“船工号子”“四川金钱板”被定为县级非物质文化遗产。为庆祝建县1500周年，县委宣传部、文体旅游局、司马相如研究会策划编创的大型歌舞剧《相如长歌》成为蓬安新的民间文艺代表作。

腰鼓　1986年至2006年，县城和部分乡镇在喜庆日子，如商店开业、重大庆典等活动大多有腰鼓队巡游表演庆祝，增强喜庆气氛。2006年，蓬安有数十支腰鼓队，除自娱自乐外，亦受人雇请，给有喜庆的单位和个人表演。

车灯 车灯（又名车幺妹、车车灯、逗幺妹），在蓬安历来盛行。是群众最喜爱的活动之一。用五彩绸布扎成无底花轿，由2或4人抬着游走在 大街上。轿内一个浓妆艳抹、十分浪漫（化装成戏剧花旦模样）的女人（或用男扮女装），在轿内摇摇摆摆行走，做出许多滑稽动作，展示优美舞姿，引人观看，逗人发笑。观看的群众也可以“挑逗”幺妹，名“逗幺妹”。动作滑稽风趣，令人捧腹。近年春节街头大多有车灯表演，徐家、兴旺、罗家每逢节庆都表演车幺妹。中坝新村表演的车幺妹，被中央电视台录制成节目。

莲霄 莲霄又称“霸王鞭”，用一根约3尺至4尺长的小竹棍，每节开个孔，用铁丝串上铜钱，固定在孔中，拍打发出悦耳声音，历来为蓬安城乡人们所喜爱。随着时代变迁，铜钱成稀有之物，莲霄也随之销声匿迹。2000年前后，莲霄在蓬安再现，铜钱由金属环替代，每逢年节喜庆，在街头行进表演。 2006年，蓬安有3支莲霄队。县文体旅游局把这项活动列为全民健身体育活动和旅游文化之一。

舞龙 舞龙是蓬安十分盛行的一项传统活动，俗称要龙灯，逢年过节喜庆之日，多以舞龙庆贺。流行的有彩龙、火龙、水龙、草龙、板凳龙。1986年后，县委、县政府每年春节组织舞龙队参加街头文艺表演，后来，组织了10只舞龙队全体上街表演，甚为壮观。大型彩龙，由10数舞龙人各手持一节，跟随龙头跳、跃、翻、滚，远处看去，活灵活现的巨龙，在人海中飞腾，甚为壮观。水龙是近年恢复的老百姓喜闻乐见的传统项目，相如镇下河街社区的水龙，成为嘉陵第一桑梓旅游表演项目。新园、龙蚕乡一带舞水龙流传久远，每逢天旱，农民自发地舞水龙，以求老天下雨，解除旱情。

舞狮 舞狮是蓬安传统的文体活动之一，1986年后，蓬安每年春节、大型庆典活动都要组织街头舞狮表演。20世纪90年代，蓬安县委、县政府组织了5个舞狮队（10只彩狮）名曰“十龙十狮”。春节、元宵上街巡演，深受人们喜爱。

蚌舞 蚌舞是兴旺、罗家一带民间流行的舞蹈，制作一个形似蚌的外壳，壳内由一个女子扮成蚌仙，双手将两扇蚌壳一张一合跳着欢快的舞蹈。2006年，兴旺文化站编排的蚌舞在中央电视台“全国十大魅力乡村中坝村”播出后引起轰动。

川剧坐唱 1986年，蓬安川剧坐唱城乡发展都很好，后来逐渐较少，仅有一些较为讲究的人家因办丧事雇请川剧团人员3人至5人到家坐唱，由主人点唱川剧选段。1990年，兴旺、徐家两个农村川剧队解散后，城乡偶有县川剧老演员表演坐唱。2006年，县川剧团和下河街社区组建的“社区老年业余演唱队”经常为蓬安嘉陵第一桑梓、周子古镇等旅游景区开展川剧坐唱，在下河街周子茶楼、万寿宫和画江楼等景区为游客表演。

船工号子 嘉陵江船工号子源远流长，1986年前，嘉陵江上主要运输工具是木船。一艘大木船，上水要几个甚至几十个船工拉纤，为使船工用力一致，步调统一，由一人领唱众人合，久而久之，就产生了优美动听的嘉陵江船工号子。据《南充日报》刊载李永强采访下河街老船工陈道远的文章介绍：嘉陵江船工号子大体上分为上水号子、抛河号子、喽喽号子、倒板号子、浪浪号子、平水号子6种。上水号子又分抓抓号子和数板号子，抓抓号子是船至急流险滩时喊的号子，因为船遇的阻力特别大，需要船工脚蹬石头手扒沙，用尽全力才能拉动船只，所以号子短促而深沉有力。数板号子是船出滩平稳后喊的号子，此时船需要匀速前行，数板号子节奏分明。当船行至悬崖绝壁、纤夫无路可走，需划船到对岸，这时喊的号子是抛河号子，比较简单，是典型的“嘿呀左，嘿左”，因为抛河需众船工一起用力划桨，船才不至于被水冲向下游远处。喽喽号子是船工收纤绳吼的号子，当纤夫在河岸行走时，难免被荆棘阻挠，此时，喊喽喽号子提醒纤夫拉伸纤绳。船搁浅，需其他船只的船工支援，用两根纤绳拉动船只，这时就喊的倒板号子。当纤夫行至乱石丛中时，就喊浪浪号子。平水号子是最有趣的，主要用来解乏。陈道远是船工中不多见的知识分子，他编创的如“鹭鸶白鹤牛背站，乌龟团鱼爬沙滩，船到码头货卸完，夫妻今夜一枕眠”很受船工喜爱，影响颇大。嘉陵江船工号子内容丰富，语言诙谐、格调清新，形成嘉陵江独特文化。相如镇下河街社区组织过去行走嘉陵江上老船工陈道远、蒋定学、文庆云等收集整理的《嘉陵江船工号子》，参加联合国在成都举办的世界非物质文化遗产展演，好评如潮。

【相如文化活动】 1989年，蓬安学者提出蓬安建县之始即为相如县、司马相如故里在蓬安的观点，开始了相如文化在蓬安的研究和宣传。2000年，赵正铭、邓郁章主编的《相如故里在蓬安》一书由四川人民出版社正式出版。2003年，司马相如研究会在蓬安成立，吸引了大批省内外学者云集蓬安，先后4次召开司马相如学术研讨会取得丰富成果。2005年，大力开展宣扬相如文化为主体的蓬安文化旅游活动。2006年，县委、县政府为庆祝相如县建县1500年，开展了一系列以相如文化为主题的纪念活动。2007年，《相如故里文化丛书》（5册）正式出版发行；大型歌舞剧《相如长歌》上演后获成功，在省内外引起轰动。

【文艺演出】 1986年，蓬安举办了一系列专题文艺演出。1989年11月16日县委、县政府举办川东北第6次地方志学术研讨暨《蓬安县志稿》评审会文艺演出；徐家农民川剧团元旦展销会演出32场。1990年1月，在蓬安师范学校礼堂举行四川省中师电教工作研讨会文艺演出；5月在县大礼堂举行庆祝蓬安县人民医院建院50周年文艺演出。1992年，在县大礼堂举行纪念毛泽东《在延安文艺座谈会上的讲话》发表50周年文艺演出。1995年，“普九”专题文艺巡回演出。1999年，县委、县政府举办农业产业化文艺巡回演出。2002年12月，庆祝中共蓬安县第16次代表大会胜利召开文艺演出。2003年，在相如会堂举行四川省民政工作会议专场演出。2004年4月，为四川省救灾救济暨城市低保工作会议专场演出；9月，为四川核电厂选址评审会议举办联谊晚会；10月举办司马相如与巴蜀文化研讨会专场演出。2005年6月，为南充市丘陵地区经济发展现场会专场演出。2005年11月，为全省基层党建工作现场会在蓬安召开举办专题演出。2006年9月，为中央电视台录制“全国魅力乡村——蓬安县中坝村”举办专题文艺演出。蓬安还邀请国内明星参加举办3届《蓬州之秋》和6届《桃花艺术节》等数十场大型文艺演出。

【节庆文化活动】 1986年至2006年，县委、县政府连续20多年坚持举行春节街头文艺巡游表演，表演人数在1500人左右，数十个方队，载歌载舞，巡游县城主要街道，吸引城乡数万观众，成为影响很大的特色文化活动。国庆、元旦、“七一”建党节、“九九”重阳节以及桃花节、河舒豆腐节等节日都要举办各种文化活动。活动内容包括队伍游行、舞狮、舞龙、彩车、腰鼓、车灯、旱船、高脚、木偶、川剧坐唱、音乐曲艺、相声小品、书展画展、摄影艺术、棋牌竞赛、武术体操以及各种文艺演出等，其间，2001年至2006年，每年桃花艺术节，举行桃花仙子选拔赛等10多场文艺演出，举行书法、美术、摄影作品展览、诗朗诵等，出有诗歌专页，在县内外有一定影响。诗歌如魏赤中的《雨后桃花》、陈霞红的《映日桃花别样红》等作品在群众中印象颇深。

【文物】 1986年文物普查，蓬安县文物古迹有400多处，已公布为文物保护单位的有省级4处、市地级7处、县级20处。馆藏文物有515件，其中等级文物98件。2006年，已公布为省级文物保护单位4处，市级文物保护单位7处，县级文物保护单位20处。省级文物保护单位4处是：蓬安旧城古建筑群（文庙、武庙、城隍庙、龙神祠、玉环书院、相如故居旧址）和古民居、周子镇古民居建筑群、高庙乡吐佛寺正殿及河舒镇小乐山石刻造像。市级文物保护单位7处是：蓬安旧城，河舒镇小乐山摩崖造像、银汉镇的银山寺、罗家镇的崇庆寺、利溪镇的利溪廊桥和大夫弟、骑龙乡的字库塔。县级文物保护单位20处分别是：相如镇盐店街的红军标语、鲜店乡双柏树村的字库塔、鲜店乡武童村的红军标语、相如镇龙角山的红军树、茶亭乡蓬池坝村的蓬州古城遗址、罗家镇中峰村的千佛崖石刻造像、银汉镇来苏寨村的苏氏笔法碑、县文物管理所保存的鲁公石、高庙乡吐佛村的吐佛寺正殿、相如镇下河街社区的周子古镇古民居建筑群、河舒镇小学的河舒镇河祖寺、石孔乡大玉村的大玉皇庙、徐家镇方广村的方广庙、锦屏镇西街的潜庐（陈抱一旧居）、白云山林场的金天寺、睦坝乡福安村的乔家嘴遗址、锦屏镇河垭口村的梳毛凼遗址、新园乡三角岩村的新园桥亭子、相如镇中堂村7社的何家墓、河舒镇乐山村的小乐山摩崖造像等20处。11月，相如故城和周子古镇联合上报被批准为省级历史文化名城。蓬安境内不可移动文物有古遗址、古墓葬、古建筑、石刻，如乔家嘴遗址等25处。

历史文化名城　2006年11月，四川省人民政府批准蓬安县城为省级历史文化名城，历史文化名城范围包括相如故城和周子古镇。

相如故城　即今之锦屏镇，西汉大辞赋家司马相如故宅所在地。南北朝梁天监六年（507），梁武帝萧衍为纪念司马相如在相如故宅置相如县同置梓潼郡（后周时郡废县存）。元世祖十五年(1278)，蓬州州府迁入相如县城，相如故城又成为州、县同治之地。此时的蓬州与阆州（今阆中市）、果州（今南充市）三州并肩成为区域中心城市。民国2年（1913），袁世凯通令废府、州制，改蓬州为蓬安县。1957年12月，蓬安县政府迁周口镇（今相如镇）。相如故城作为一千多年的郡、州、县治所、司马相如故里，文化底蕴厚重，文物古迹颇多，有关司马相如的遗迹有司马相如故宅、洗笔池、弹琴台、相如坪、卓剑水、慕蔺山、长卿祠、相如里、文君里等。城墙、城门虽已被毁，但从西门到北门的墙基完好无损，蓬安监狱和蓬安中学在城墙腔基础上建了围墙。南门到东门还有部分城墙基础。4座城门旧址仍在，未建房占用。长达3000多米的12条古街巷以及研究认为重建的相如故宅清末划给天主教设教堂，固有人称天主堂和文庙、武庙、城隍庙、玉环书院、龙神祠等明清建筑群尚存，建筑面积达20000多平方米，仍保存着古城“骨架”总体面貌。

周子古镇　在相如故城以东，今蓬安县城主体街区以西，紧靠嘉陵江边，与相如故城隔江相望。水陆交通便利，舟楫往来，码头兴旺、商贾云集。既有唐代画圣吴道子奉唐王之命在此作画，又有宋代理学家周敦颐在此讲学，古迹有财神楼、古码头、濂溪祠、万寿宫、武圣宫、洞仙观以及上河街、下河街、顺河街、红军街等4条长达1000多米的古街，3000多套（间）民居，方圆面积达1平方千米。至今保存完好。2006年6月，四川省建设厅、文化厅的领导和专家们实地踏勘后，一致通过将相如故城、周子古镇一并被列为省级历史文化名城，11月，省政府正式批准命名颁发证书。

地面不可移动文物　蓬安境内地面不可移动文物有古遗址、古墓葬、古建筑、石刻等，相如故城众多保护较为完好的古建筑；还有乔家嘴遗址等25处。

乔家嘴遗址　春秋战国至汉代。位于县睦坝乡六村七、八社，嘉陵江右岸一级阶地上。长约750米左右，宽50米至100米，北接土地哨，南接华华寺山梁，西边缘有一冲沟，金河沟横穿将遗址分为两部分。地层堆积约1米左右，内含大板瓦、筒瓦、圜底罐、红陶口沿、带绳纹的平底器等。

梳毛凼遗址　汉代。位于蓬安锦屏镇四村一社，南北长700米，东西宽100米至300米，北隔一小冲沟，南接玉皇庙（距嘉陵江大桥100米），冲沟西北一东南向横穿该遗址西南部，地层堆积高1.7米，汉代堆积约1.3米，内含灰陶片等，地面散有大量几何纹砖、残瓦等。

鲜坝遗址　汉代。位于蓬安县睦坝乡鲜坝村，嘉陵江岸一级台地上，断面高8米，背靠龙达山，面临嘉陵江，长200米，宽100米。堆积层内含有大量汉代罐、盆、钵、砖、陶水管等。

瓦子坝遗址　汉代。位于蓬安县原马回乡邓家渡村南100米，嘉陵江岸二级台地上，面积约2万平方米。文化层厚0.8米，含有瓦片，素面砖，灰陶片等。

雁平坝窑址　汉代。位于蓬安周口镇（今相如镇）雁平坝村西150米。嘉陵江东岸二级台地上，高出江面约5米至40米。南北长2000米，东西宽500米，面积100万平方米。发现窑炉8座，平面呈漏斗形。文化层厚0.8米，采集有砖、瓦、红烧土等物。

龙角山崖墓群　汉代。该墓群位于周子古镇后龙角山西北面嘉陵江岸岩石体上，共8座。其形式基本相同。由墓门、甬道、墓室构成。墓室平面呈长方形。以高1.7米，宽1.9米。甬道长2.1

米。室长3.3米，宽2.4米，高2米。后壁龛高0.9米，宽0.7米，深0.2米。棺台长2.1米，宽1.1米，高0.9米。

何氏家族墓　清代，位于蓬安相如镇中堂村何家湾7社何太宁家院坝下面。墓地面积200平方米，5座。墓向西南，封土用条石围砌呈长方形，石墓碑重檐歇山顶四柱三间，两侧有抱鼓石。底层明间嵌碑。柱上刻联。楼部、枋上及抱鼓石上浮雕戏剧故事、禽兽、花卉。碑记年代为清道光年间。2006年4月，公布为县级文物保护单位。

吐佛寺正殿　明代，四川省文物保护单位，位于蓬安高庙乡吐佛村。建于明成化元年(1465)，现仅存正殿，保存基本完整。正殿坐东背向西南，木结构，面阔5间22米，进深9间9.7米，通高8.8米。歇山顶，抬梁式梁架，檐下施七踩斗拱7攒。脊檩上墨书“大明成化元年岁次……”等题记。其寺于清同治四年和清光绪八年的记事碑和功德碑记载，吐佛寺始建于宋代，原名为“普恩寺”。后毁。明成化元年重修后称吐佛寺。

骑龙字库塔　明代，南充市文物保护单位，位于蓬安骑龙乡补笆桥村。建于明万历四十二年(1614)。基本完好。六角三重檐石塔，塔身呈锥体，通高3.7米。坐北向南，基座六边形，边长1.17米，高1.7米。第一层正中设拱形门，其余各面雕刻佛像及花草；第二层正中为两扇石门.从右至左第1面刻“皇图巩固”，第2面刻“帝道遐昌”，第3面刻“大明万历甲寅本寺众沙门立”，第4面刻“佛日增辉”，第5面刻“法轮常转”。第三层正中刻3尊佛像。右第2刻“南无宝胜佛”第4面刻“惟怖□□”，第5面刻“甘露玉佛”。塔刹呈覆盆状。

司马相如故宅　始建年代不可考，后经多次重建，现今建筑为明代重建，省文物保护单位，位于锦屏镇内。据研究认为：司马相如的父辈秦末汉初徙蜀经此留居从事农耕，家富后建宅两处，此为其出生地。南梁皇帝置相如县兼置梓潼郡治所在此，明初为蓬州治所，民国初为蓬安县府，多次重建，现保留着明代重建的完整四合院一座，610平方米，为相如故宅的一部分。清光绪年间，州知事划给天主教作教堂，1958年，由南充教区作价卖给周姓居民。故有资料称天主堂，时称周家院子。

文庙　清代，四川省文物保护单位，位于蓬安锦屏镇内，文庙首建自元初，明中叶曾移建于城北隅，万历二十四年（1596）迁复故址，天启年间与崇祯八年两次重修，现今的建筑为清道光七年（1827）再次重修。文庙又称孔庙、学宫。现除右厢房有部分残缺外，其余均保存完好。由前院、前殿、正殿及左右厢房组成，南北距离为95米，东西距离为40米，整个建筑面积为3800平方米。

武庙　清代，四川省文物保护单位，位于蓬安锦屏镇内。武庙重建于清乾隆四年（1739），始建年代不可考，又称关帝庙，民国时称关岳庙、忠烈祠。现两进四合院均完整，由山门、正殿及左右厢房、后殿及左右厢房组成，南北距离为54米，东西距离为36米，建筑面积为1950平方米。

城隍庙　清代。四川省文物保护单位。位于蓬安锦屏镇内，现建筑为清康熙二十年（1681）重修，道光十五年（1835）再重修，始建年代不详，现存正殿和左右厢房，其余建国初撤除改建大礼堂（犹在）。南北距离为42米，东西距离为54米，建筑面积为2142平方米。

龙神祠　清代，四川省文物保护单位。位于蓬安锦屏镇内，为清道光二十七年（1847）安徽桐城文学家姚莹任蓬州知事时所创建，保存完好。祠后面的藏经楼于民国16年（1927）重建的两层木楼以及再后边的一栋清代四合院建筑均保存完整。由前殿、正殿及左右厢房、藏经楼、后院构成，南北距离75米，东西距离35米，建筑面积1984平方米。

玉环书院　清代，四川省文物保护单位。位于蓬安锦屏镇内，清道光二十七年（1847），安徽桐城文学家姚莹任蓬州知事时所创建。前有讲堂及相连的左右厢房均完整，后堂被蓬安监狱撤除建水池。南北距离为45米，东西距离为45米，建筑面积为2025平方米。

大夫第旧址　清代，南充市文物保护单位，位于蓬安利溪镇西南1千米，利溪小学内。建于清嘉庆、道光年间（1796—1850），基本完好。坐南朝北，由前殿、后殿、左右侧殿、左右厢房组成，占地面积2600平方米，木结构。前殿面阔5间21米，进深2间7米，通高5.8米，歇山顶，穿斗式梁架。后殿面阔3间13米，进深2间12米，悬山顶，穿斗式梁架。左右侧殿各面阔3间12米，进深2间7米。左右厢房各面阔3间12米，进深2间7米。

蓬州考棚　清代，南充市文物保护单位，位于蓬安县锦屏镇东500米。早为学宫，清时改为“考棚”。创建于宋淳祐年间，元至正中迁建，明万历三十四年（1606）重建，天启六年（1626）改建，清乾隆十七年（1752）再次重建，道光七年（1827）增修。原由前殿、正殿、左右厢房组成，占地面积约2000平方为主。木结构，正殿面阔5间23.5米，进深7米，通高7米，卷棚顶，穿斗式梁架。左右厢房各面阔6间33米，进深8.7米。悬山顶，穿斗式梁架。1995年拆除，改建为蓬安中学校内操场。

银山寺　清代，南充市文物保护单位，位于蓬安县银汉镇南500米。建于清道光八年（1828），保存较完好。坐南向北，由前殿、正殿、左右厢房组成，占地面积2146平方米，建筑面积894.8平方米，木结构，前殿面阔五间26米，进深5.5米，悬山顶，穿斗，抬梁混合式梁架。正殿面阔三间16.4米，进深一间17米，重檐歇山顶，穿斗，抬梁混合式梁架。左右厢房各面阔八间43米，进深2间5.5米，悬山顶，穿斗式梁架。寺内尚存清道光八年（1828）、，咸丰七年（1857）、光绪二十年（1894）碑三通，但字迹大部分剥蚀，难辨认。

崇庆寺　清代，南充市文物保护单位，位于蓬安县中华乡南500米崇庆村。始建于清乾隆三十五年（1770），咸丰年间（1851—1861）增修，保存较好。由山门、前殿、后殿及厢房组成，占地面积1127平方米，建筑面积1018.74平方米。木结构。山门面阔5间23米，进深7.2米，悬山顶，穿斗式梁架。前殿面阔7间23米，进深1间10.8米，悬山顶，穿斗式梁架。后殿面阔5间23米，进深1间9.5米，素面台基高0.6米，踏道3级，悬山顶，穿斗式梁架。左右厢房各在，面阔5间28.4米，进深1间6.8米。

利溪廊桥　清代，南充市文物保护单位，位于蓬安利溪镇场头。始建于清乾隆五十年（1785），民国3年（1914）维修，保存较完好。桥南北走向，跨象鼻嘴河，3孔石拱桥。长36米，宽6.2米。大孔高14米，跨度15米；小孔高14米，跨度5米。桥上建有木结构桥廊，面阔10间36米，进深1间6.2米，高3.2米，歇山顶，穿斗式梁架。

罗汉村摩崖造像　宋代，位于蓬安县罗家镇罗汉村。造像开凿在青灰砂岩壁上。坐东南向西北。共有5龛3尊，均系长方形龛口，宽4.75米，高6.2米。龛内刻佛像及力士、飞天造像，共有造像10余尊。

燕山寨东门石刻　南宋，位于蓬安县河舒镇燕山村燕山东南200米。该石刻为青灰石刻成。燕山寨之东门，高3.6米，宽2.3米。拱形门额，高0.65米，宽1.3米，其面积0.845平方米。正面楷书阴刻“天外一峰”四字，字径0.1米。落款为大清咸丰三年（1853）三月二十五日众首等立。北面刻工字花边，中有花瓶插菱花。在高4米，宽8.4米的岩面上刻有4则题刻：南宋宝祐甲寅(1254)秋八月题刻；清嘉庆四年（1799）正月十三日修立圣像以保平安；清嘉庆八年(1803)补修路碑，高1.5米，宽0.9米；清咸丰辛酉（1861）一月十九日修理东门傍崖路险的记事，高0.5米，宽1.8米。

苏轼笔法碑　刻于明成化二十三年（1487），位于蓬安县银汉镇来苏寨。该碑为青砂石刻成，置于四面陡绝的山野之中。坐东向西。长方形，高1.15米，宽0.6米，厚0.2米。碑额从右至左横向排列，楷书阴刻“苏轼笔法”四个大字。字径0.12米。正中竖排楷书阴刻“洗墨池”三字。右侧刻“万善天周四德备”，左刻“一元妙合八音纯”，字径0.10米。

龙滩子村银器窖藏址　南宋，位于蓬安县南燕乡龙滩子村西500米，1996年3月发现。坑距地表约0.8米，出土唐至南宋银器36件，共重3600克，内有完整器皿15件。窑中有唐代宝相花描金银盘和宋代银碗、盘、碟、瓶、盏等。

沙坝村钱币窖藏址　清代，位于蓬安县石梁乡东300米沙坝村，1988年2月发现。坑距地表0.75米深，坑呈长方形，长1米、宽0.7米。坑内堆置成串铜钱，总重106公斤，约1万枚。其中有唐“开元通宝”，宋“皇宋通宝”，清顺治至光绪年的“通宝”类铜钱，吴三桂时期铸行的“利用通宝”“昭武通宝”，越南钱“景兴通宝”“光中通宝”，日本钱“宽永通宝”等。

铜鼓寨红军战斗遗址　位于蓬安县鲜店乡铜鼓寨东500米。民国22年（1933）9月，红四方面军第九军某部在此与国民党军队及反动地方武装激战1昼夜，取得胜利。遗址四壁陡峭，乱石林立，方圆2000平方米，海拔615米，有2条小径直登寨上。寨门残垣现存。

馆藏文物　蓬安县文物管理所收集文物藏品515件，其中等级文物98件。

石斧　新石器时代。长方形，长10厘米，宽4厘米至6.1厘米，厚1.5厘米。斧身素面，色泽偏红，磨制痕迹明显。1984年，金甲乡6村9社白石岩出土。

陶母子鸡　东汉。高12.7厘米。夹砂红陶，火候较高，昂首怒目御敌状，伏卧于地，胸、腋腹部均藏躲小鸡，是一只孵小鸡的母鸡。1974年10月，睦坝乡崖墓出土。

灰陶狗　东汉。高22厘米，长30厘米。夹沙灰陶，质地较细，两耳竖立作聆听状，双目圆睁，颈系项带，尾卷入臀，形象逼真生动。1974年，睦坝乡崖墓出土。

陶俑　宋。高26厘米。俑立于椭圆形座上，头戴平顶帽，身着长衣，双手捧笏；面部饱满，头右偏，似在侧耳细听。1991年，凤石乡宋墓出土。

荷叶碎瓷碗　宋。口径11.2厘米，底径3.2厘米，高5.2厘米。口沿外翻呈荷叶状，胎体较薄，内底有凸龟形，通体透豆青釉，圈足底无釉，釉色清润，有冰裂纹。1964年4月，锦屏镇宋墓出土。

豆青瓷碗　宋。口径9厘米，底径3厘米，高4.5厘米。直口深腹，下急收于圈足。内外施豆青釉，釉色晶莹。圈足底沿无釉，外壁铸莲瓣纹，胎体较厚。

莲瓣纹影青瓷碗　宋。口径14.2厘米，底径6厘米，高8厘米。芒口，深腹，环状圈足。外壁饰莲瓣纹，内外满施影清满釉，制作精巧，釉色清润。1982年，茶亭乡偏岩村窖藏出土。

豆青瓷杯　宋。口径8.2厘米，底径2.5厘米，高5.5厘米，直口，直腹下内收。通体施豆青釉。内底饰凸体花朵，外底凸出成浅锥，圈足底沿无釉。1964年，锦屏镇宋墓出土。

芒口影青瓷碟　宋。口径14厘米，底径9.8厘米，高2.2厘米。芒口，斜壁，底心向上凸起。内壁有海藻双鱼纹。内外施影青釉。1982年，茶亭乡偏岩子村窖藏出土。

鎏金花银盘　宋。口径17.3厘米，重155克。盘圆唇，内底饰凸出的拆枝花一束，花分三支，叶片较圆，叶边带齿，其叶脉清楚，叶片卷曲多变，布满盘底。花呈片状，由七朵五瓣小花围成一圈，内满饰鱼甲纹，位于盘边，共三处。下衬小碎点纹地。盘外底腹部錾铭“凌李铺”。叶片上有墨书痕，字已不辩。纹饰凸出，鎏金，整器锤揲加工而成。1996年3月，南燕乡窑藏出土。

芙蓉花银器　宋。口径18.9厘米，重133克。盘略下弧。圆唇，口呈十二曲小葵口，每曲再分成小葵口，腹部用曲形分瓣线将其分成十二瓣，每瓣重叠，瓣片较小。底亦与器腹相同。整器饰芙蓉花，盘底中心凸鼓，饰面圆形花蕊，蕊上凸饰圆珠纹，蕊周边三花瓣相包，留出蕊部似一“人”字。腹与底连成一体，形成双层重瓣形，瓣上满饰叶脉纹。盘外沿壁錾刻“一副拱重五两七分足”字样，压铭“郑十五郎造”。1996年3月，南燕乡窑藏出土。

银锤揲芙蓉花盘　宋。口径20厘米，重140克。圆唇，口呈十二曲葵口，弧腹，典形分瓣线，其分成十二瓣，且每瓣重叠，底亦与器腹相同，瓣片较小，整器饰花为芙蓉花形。盘底中心凸鼓，饰成圆形花蕊，蕊上凸饰一小桃花，蕊周边花瓣相包、留出蕊部似一“人”字形。腹与底连成一体，形成双层重瓣形，瓣上满饰叶脉纹，瓣边沿部分錾一周弧线，瓣身上錾长线，与瓣外形曲线相对应。每片瓣上用小碎点纹饰。沿外壁錾“辛酉五口武卿置”字样。1996年3月，南燕乡窑藏出土。

菊花银盏　宋。口径11.1厘米，底径5.4厘米，高3.7厘米，重68克。该盏呈银白色，为菊花形，圆唇外侈，口呈多曲形，凸凹不平，共28曲。弧腹亦按口部曲成菊花瓣形，瓣外凸，底内凹，碗底高凸，以凸点纹饰圆形花蕊，蕊四周饰花瓣，整器锤揲加工成形，底与身分别而成，后连成一体，器物通体磨光。1996年3月，南燕乡窑藏出土。

银锤揲芙蓉花盏　宋。口径11.8厘米，高3.7厘米，重78克。银白色，圆唇，曲腹，口呈多曲形，凸凹不平，曲形分瓣线将基分成十瓣，且每瓣重叠。盏底部中心凸鼓，形成圆珙花蕊，蕊上饰圆珠玟，正中饰一小桃花，蕊周边花瓣相包，留出世部似一“人”字形。腹与底形成双重瓣形，瓣上錾划成叶脉纹。整器锤燃烧弹民形，通体磨光。1996年3月，南燕乡窑藏出土。

双凤纹银盖合　宋。口径9厘米，高5厘米，重52克。盒呈八面形，上下由子母口相连，口部直。上下两部分内收，下呈饼足。盖顶上饰一周似连珠纹，亦呈八曲形；内饰双凤对飞纹，凤头较大，花形冠，颈部羽毛飞扬，双翅较宽，尾为卷草形，较细，下衬小碎点纹地。盒口部和盖口部饰相同的菱形纹一周。外底部錾铭“果州卫家记铺”。整器锤揲加工成形。1996年3月，南燕乡窑藏出土。

银碗　宋。口径11厘米，底径4.1厘米，高4.5厘米，重56克。唇微内敛，曲腹壁、互面、喇叭口，足外撇。碗内底饰凸花一朵，花瓣分内外两层。通体磨光，锤揲加工成形。足与身分制而成，焊连处见可绿色焊药点。1996年3月，南燕乡窑藏出土。

银瓶　宋。口径3.6厘米，底径4.4厘米，高20.9厘米，重340克。梅瓶，翻唇、直劲，阔肩，斜曲腹壁，下收成小平底，底内凹。素面无纹饰。底正中刻铭“西京王家铺”，其现两分别刻铭两字，组成一组铭文“戊时即可”。颈与底分制而成。整器锤揲加工成形。1996年3月，南燕乡窑藏出土。

八卦铜镜　五代。径27.5厘米，重1800克。龟钮，背面正中有楷体铭文“乾、坤、震、艮、兑、巽、离、坎”八字组成的圆形图案，其外为八卦图案环绕，八卦图案外为十二生肖图案环绕；最外边为变形篆体铭文一周：“水银呈阴精百炼口，此镜八卦气象福，卫神永保命”二十字。1982年，茶亭乡偏岩子村出土。

三螭纹青玉璧　宋。外径10.3厘米，内径2.5厘米，正面浅浮雕有三螭纹图案，螭形态矫捷，生动活泼；背面满雕有星点水波纹饰。1964年，锦屏镇宋墓出土。

阔叶纹玉饰　宋。长3.4厘米，宽1.9厘米。玉色白中带绿，楼空雕阔叶图案，叶柄成“月”形。琢工精细，造型美观。1964年，锦屏宋墓出土。

文物征集　1986年以来，蓬安通过清理墓葬和窖藏、社会征集、接受捐赠等方式收藏文物。

1988年2月，石梁乡东300米沙坝村发现窖藏钱币，总重106公斤，约1万枚。其中有唐“开元通宝”，宋“皇宋通宝”，清顺治至光绪年“通宝”类铜钱，吴三桂时期铸行的“利用通宝”“昭武通宝”，越南钱“景兴通宝”“光中通宝”，日本钱“宽永通宝”等全部征集入馆。1996年3月，南燕乡龙滩子村发现南宋银器窖藏，经蓬安县文管所工作人员三次追收，共计征集完整器物15件。2006年4月，诸家乡出土古钱币十余公斤，从宋代至清代，数量达千余枚全部征集入馆。2007年3月，在相如镇青龙嘴村房屋建筑工地，发现宋至明代墓葬群，出土陶器11件全部征集入馆。

2006年，蓬安县有一级文物14件、二级文物16件、三级文物68件。总藏品515件。

文物保护　1989年6月，成立蓬安县文物管理所。1990年2月13日，南充地区行政公署召开全区文物工作会后，蓬安邀请地区派出有关人员联合组成工作组，对县内文物保护单位实地调查，划定保护范围，逐一竖立界桩。严禁在保护区内毁林开荒、狩猎放牧等破坏文物的活动。1995年7月24日，南充市公布第一批文物保护单位的保护范围。2004年10月13日，南充市公布第二批文物保护单位的保护范围。蓬安县人民政府对市上公布的文物进行相应保护落实工作，县文物管理所按照有关规定建立保护标志及说明牌、树立保护界标语、确定保护人员。机关团体或企、事业单位中有使用文物保护单位的，由使用单位在使用期间对文物进行安全保护和维修保养。没有使用单位的文物保护单位，聘请义务保护员，形成文物保护管理网，确保不可移动文物得到有效科学保护管理。1999年10月，县文管所承办“建国五十周年蓬安县文物成果展”，展出展板30余块，馆藏文物及文物法图片、照片90余幅，历时半月，参观者2万人次。2006年，蓬安利用地面不可移动文物发展蓬安旅游业，申报历史文化名城，创建嘉陵第一桑梓AAAA级文化旅游区。

文物维修　2005年，相如故城武庙内大榕树断裂倒塌，压毁武庙后殿，县政府拨款10万元，对其进行全面修复。是年，利溪镇古建筑大夫第因年久失修，部分建筑主体出现危情，严重威胁到文物安全，县政府拨款3万元，对大夫第进行排危修复。2006年，为配合“嘉陵第一桑梓”旅游景区打造，县政府出资近千万元，对周子镇古民居进行翻修和正立面的全面装修。

【电影】　1986年，蓬安县有电影放映队93个，1996年，降至46个，1997年，仅有5个，1998年后，电影公司组建电影放映队深入农村巡回放映，2006年，共放映2300多场。

影片发行　1986年至1989年，库存影片周转数量740部，均为16毫米拷贝。1990年至1999年，库存影片1100部，均是16毫米拷贝。1996年至2005年，影片发行机构改革，自购自销发行影片，库存量1000部。蓬安使用的35毫米影片属于国家电影总公司和省地公司供配制周转，县电影公司无权库存。

电影放映　1986年至1993年，全县有国营电影队5个，乡镇电影队48个，个体电影队40个。电影公司下属有县电影院、金溪电影院、锦屏电影院、巨龙电影管理站、河舒电影院、徐家电影院(与镇联办)。1993年后，乡镇因电影筹费不能解决，乡镇电影队和个体电影队经常停映。县电影公司组织农村电影放映队，直接下农村为农民放映。逐步撤回区乡电影院放映人员。1994年至1997年，全县放映队下降为46个，私人放映队全部停止。1997年至2002年，全县有放映队5个，乡镇放映队全部停映。只有县电影公司发行股组织放映队在全县流动放映，一年放映200多场。

电影公司改制　2002年8月22日，成立“电影公司改制工作指导小组”，文体局局长蒋晓莹任组长。12月15日，县文体局向县产权制度改革领导小组提出《关于蓬安县电影公司实行产权制度改革的报告》。因资产出售问题，职工安置无法得到落实。2005年12月，县政府决定将电影公司资产收归国有，由财政借资金240万元启动改制。2006年，39名退休职工移交给县机关事业保险局，每人每年补助3000元医疗费，补发改制前所欠退休人员生活费36.94万元，门诊医疗费0.5万元，偿还借款49.3万元；42名在职职工安置28人，其中交机保局托管2人，对26名职工发放安置费32.9万元；发放28名职工2005年11月至12月改制生活费1.1万元，办理26名职工解除劳动关系手续；安置遗属5人，一次性共计发放安置费9.1万元。

【图书】　1986年，蓬安县图书馆与蓬安县文化馆合一。全县各乡镇都有图书室，县城一些机关、企事业单位、学校、社区大多建有图书室。除几所重点中学图书室外，其余无专职管理人员，开放时间不固定。是年，全县图书销售额175万元。1989年，单独成立县图书馆。1990年，全县图书销售额502万元。1992年，撤乡并镇搬迁中图书流失损毁严重，一部分图书室基本处于瘫痪状态。1995年，全县图书销售额896万元。2000年，全县图书销售额1650万元。2006年，全县图书销售额1732万元。县图书馆有藏书52000册。其中领袖著作1300册，哲学1200册，社会科学500册，政治法律2000册，军事300册，经济800册，文化、教育、体育类3000册，语言类400册、文学类20886册，艺术类3000册，历史类4000册，自然科学类600册，数理化类200册，天文地理类50册，生物科学类30册，医药类500册，农业类800册，工业类600册，交通运输类30册，航天航空类20册，环境科学类50册，综合类150册，报纸合订本1000本，杂志10584册。藏书来源于购进、配送、单位和个人赠送。个人赠书量较大的有南充八中蓬安籍教师张向贤遗嘱将藏书3200册委托其弟张希贤捐赠给县图书馆，这些藏书中，有古籍线装书1887册，其中重点藏书有大型文化典籍《四库全书》（部分）和《钦定前后汉书》；县文体旅游局局长王俊英赠送200册。

图书管理及利用　1986年，蓬安县文化馆开展图书借阅活动。1989年，图书馆成立后，设有办公室、外借部、综合阅览室、采编室，对馆藏书、报刊进行标准化管理。1986年至1992年，接待读者315000人次，外借书336000次。1993年至2006年，接待读者168000人次，外借书182000册次。每年开展一次“知识工程和读书宣传周”活动。2000年至2006年，每年开展1次街头图书宣传科学知识咨询讲解。与市图书馆共同举办“农民读书演讲会”1次，开读者座谈会7次。2006年，县图书馆参加南充市文化资源共享工程领导小组、市文化局、市教育局举办的“电信杯”网上读书征文大赛，蓬安荣获组织奖1个、一等奖6名、二等奖8名、三等奖16名、优胜奖238名。

学校图书馆　1986年，蓬安中学、蓬安师范、周口中学、金溪中学、杨家中学、巨龙中学、徐家中学等有图书馆（室），藏书量较大、门类较多、有专人管理、定时开放，其余学校大多无图书馆（室）。1993年至1997年，普及九年义务教育达标过程中，全县所有中学及乡镇中心学校都建起图书馆（室）。一般学校图书室藏书量在几千至1万册左右。2006年，全县各类图书总量达70多万册。

教材发行　1986年至1988年，中小学教材（课本和教辅书）均由蓬安新华书店发行。年年春秋二季都保障教材课前到书。1989年，蓬安被四川新闻出版局评为“教材十年课前到书先进集体”。曾志华被重庆市新闻出版局评为“川东北片区教材发行十年课前到书先进个人”。2001年4月，各学校订购的课本和教辅资料，由以前按每科定数量，改为按实报每年级每班学生人数配给，放假前作好安排，开学前进入书店库房，逐步分发各校。开学后学生流动（转学、退学等）造成学校、班级课本余缺，由书店及时调剂，保证开学3天内，每个流转学生人手有书。2003年，书店改制后，教材由新华文轩蓬安书店教材发行公司发行。2006年，公司设在建设中路相如大道口右侧。

【新闻出版】　1986年，蓬安新闻出版由文教局文化股管理。1988年至2002年，先后由蓬安县文教局、蓬安县文化局、文体广播电视局文化股管理新闻出版工作。2003年，在县文化体育旅游局内增挂蓬安县新闻出版版权管理局牌子，在文化稽查大队内增挂新闻出版稽查大队牌子，实施管理。2006年，仍实行文体旅游局与新闻出版局两块牌子、一套人员管理。先后对县内出版的内刊、报纸、书籍进行审查上报管理。司马相如研究会成立后，为庆祝建县1500周年，编辑了《相如故里文化旅游丛书》。丛书由赵正铭、邓郁章主编，马识途题写书名，邹平撰写总述，四川人民出版社出版。全书共5册约97万字，分别是《司马相如故里在蓬安》《相如故里风光吟》《相如故里故事集》《司马相如与巴蜀文化研究论集》《司马相如作品注译》，书中收录谭继和、祁和晖、李大明、赵正铭、邓郁章、房锐、龙显昭、李诚、陈显泗、方铭、萧红涛、周子瑜、谷口洋、魏赤中、黄金明、汤洪、刘朝谦、徐才安、王俊英、康伟等众多专家、教授、学者及蓬安本地作者撰写的论文、传记、故事、诗赋、评注等作品100余篇，系研究弘扬相如文化、宣传蓬安名胜古迹，促进相如故里“嘉陵第一桑梓”建设的一部力作。

【文化市场管理】　1986年，蓬安县成立社会文化管理委员会，内设稽查大队，负责日常管理及稽查工作。2003年2月，县文体旅游局设文化市场管理股管理文化市场。2004年至2006年，每年对文化市场进行3次以上综合检查治理。

日常管理　1986年，文化市场管理由县文教局负责，对未办理文化经营许可证的从业单位进行查处。1988年11月，蓬安社会文化管理委员会批准成立文化稽查队，负责县域内文化市场管理工作。文化稽查队的职责是宣传文化市场法律法规；依法对县域文化市场开展日常和专项监督检查；对文化市场经营活动中违法违章行为调查取证，向主管部门提出处理意见和执行处罚决定；办理经营许可证照并按时核对、取缔、审验、更换有关证照；检查进入文化市场从事经营活动的业主，是否持有“文化市场经营许可证”“治安管理登记证”“营业执照”，否则视为无证经营，予以取缔。1990年4月，蓬安县文化管理委员会制定《蓬安县文化市场管理暂行条例》规范文化市场管理。1991年，收缴销毁违规销售的黄色年画3281张，非法出版书刊127册，画片144张；撤销违规录像放映点4个。1993年，收缴黄色、盗版光盘、录像带310个，非法出版物品种7个，处理无证经营录像放映室9家。当众销毁收缴的违规年历画8100张，明信片200张，录像带34个，录音带141个。1994年，全县文化经营单位227家，从业人员1000人。当年查处无证经营26家，审验、换证23家；收缴黄色录像带15盒，翻录带11盒，非法出版物61册，处罚违规行为罚款1030元，整改歌舞厅7家。1995年，出动稽人员1430人次，检查经营场所351个，处理传播淫秽物品案6件，处罚违法违规人员6人；整顿色情服务舞厅3家，处罚违规人员12人；查处无证经营18家，收缴黄色录像带41件，激光翻录带86盒，非法出版物1855册（张），拆除不规范歌舞厅的包厢96个，清除“三陪”人员57人，收缴赌博性电子游戏机123台。1996年4月，各乡镇建立文化市场管理领导小组，管理各乡镇的文化市场。1999年，出动检查人员822人次，检查文化经营户177家。收缴盗版、黄色光盘663张，非法出版物214册，苹果机2台。收缴销毁泄露国家军事秘密出版物8册。2002年，组织稽查人员参加南充市培训1次，文化市场经营从业人员培训18次。出动稽查人员900人次，关闭不合规定音像制品经营单位6家，查处违法经营单位8家，收缴非法音像制品1200件，非法出版物3210册。2003年，文体旅游局制定文化稽查人员行为规范“八不准”，聘请16名人大代表、政协委员、社会群众为文化市场义务监督员。出动稽查人员213次、车辆20台。扣缴违规经营的电子游戏机电路板22张，违法经营的电脑板16张，关闭赌博性游戏厅18家，非法经营录像厅3家，搬迁学校周围网吧14家，游戏厅2家，查获在非法定假日接纳未成年人进入网吧的22家，并处罚款共2万元。收缴非法音像制品2136盒（张），书刊1765册。责令整改和限期整改存在安全隐患的经营单位43家。2004年，出动检查人员1492人次，查出各类违法违规经营行为96起，纠正违规活动187次。取缔非法网吧34家录像厅4家，关闭带有赌博性的电子游戏室8家，通知整改、限期整改存在安全隐患的65家。收缴非法音像制品3750盒（张），书刊教辅资料5210册（张）。2005年，办理行政案件40件，无一复议案件。集中检查18次，出动检查人员4000人次，检查180次，检查180家文化经营户，处罚违规经营4家、停业整顿5家、取缔关闭违规经营16家（其中无证网吧12家），处罚款4万元。9月9日，与公安部门在相如广场召开销毁违法音像制品、书刊、黄毒赌禁物大会，当众销毁盗版光碟18113张，淫秽光碟2312张，非法出版物17071册，违禁游戏机67部。2006年，出动检查人员3600人次，检查经营场所160家，收缴盗版、非法音像制品17400张(盒)，收缴违规书刊、图片3500册（张），违规电脑软件151张，查处取缔锦屏，杨家，金溪无证网吧5家，扣缴电脑36台，纠正、警告违规行为150起，办理行政案件42件，无一复议案件。

专项治理　1989年，蓬安县成立“扫黄”领导小组，负责县内“扫黄”及文化市场管理整治工作，并成立压缩整顿音像单位办公室，与广电局、文化局、工商局、公安局、卫生防疫站，对全县各录像放映点全面整顿专项治理。停业整顿的有马回、锦屏、龙云、群乐、高庙、正源、两路、巨龙、平头、鲜店、石梁、杨家、碧溪等29个文化站、广播站、电影队的录像放映点。对严重违反国家音像制品管理的正源范某某私人放映点等6个录像放映点予以撤销。1990年6月，县委、县政府成立“扫黄”专项治理工作领导小组，共出动367人次，分7个组深入区、乡、进行为期10天专项整治。收缴反动、黄色书刊408册，非法出版物4376册，非法出版图片和明信片6779张，没收淫秽、禁映的录像带8盒、电视机2台；取缔图书销售点3个，录音磁带销售点7个、录像放映点2个；处理出租、传播淫秽物品人员，其中劳教1人，拘留1人，收审6人，交单位教育7人，罚款4人计3100元。1993年12月，对娱乐场所以色、赌、黄牟利进行专项整治。出动稽查人员70人，稽查车5辆，检查录像放映点33个，审查录像带130盒。收缴《特区爱奴》《青春恕潮》等黄色录像带8盒，处罚无证放映点4个，停业整顿蓬州娱乐城、夜巴黎歌舞厅、金利莱歌舞厅、银星歌舞厅。公开销毁期刊63本，明信片595张，年画8100张，图书814册，录音带34盒，录像带34盒。1994年11月，县委发出《关于开展“扫黄打非”专项斗争》通知，对全县文化娱乐场所色情及黄色音像制品、非法出版专项治理。重点清理整顿印刷行业、音像书报销售行业、电子游戏台球行业、歌舞厅及卡拉OK行业。检查了20家歌舞厅卡拉OK厅、21家电子游戏厅、9家台球室、13家影像放映厅、10家书店（摊）、1家桑拿浴室共74家经营单位，对其中的21家进行了处理。收缴有害书刊15册，非法出版书刊30册，查处无证经营书摊1个，扣留书刊160册；对歌舞厅卡拉OK厅出动车辆36辆、检查人员499人次，集中行动42次，撤除违规包厢232个，清除“三陪女”185人，查处卖淫女12人，嫖客125人，罚款22720元。1995年7月，开展查禁赌博机专项治理。封存4家电子游戏室的42台扑克翻牌机，8家电子游戏室的11台苹果拼盘机。对封存后擅自启封经营的进行罚款处理。1996年12月，禁止在中小学校门200米半径以内经营电子游戏机，不准在非节假日向中小学生开放营业性电子游戏厅（室）。蓬安县文体广播电视局，公安局、工商物价局联合打击、取缔有奖电子游戏机经营活动，吊销执照、取缔7家，罚款2万元。2002年8月，县政府办公室发出《关于在全县范围内开展“网吧”、“录像厅”、“电子游戏厅”专项清理整顿工作》通知，对全县网吧、录像厅、电子游戏进行检查。吊销5家不符合规定的网吧执照，对2个违规经营场所给予行政警告、停业整改2天的处罚，对4家违规设置的网吧实行停业整改、限期搬迁。2003年3月，文体旅游局对全县网吧和电子游戏经营场所进行专项治理。出动稽查车30台次，人员1128人次，扣缴电脑版67张，关闭非法游戏厅18家，关闭录像放映厅3家，收缴、销毁违规广告牌13张，收缴非法音像制品2136张，非法书刊1765册（张），搬迁中小学200米内网吧19家、游戏厅2家，查处接纳未成年人进入网吧15家（次），查处违规经营网吧110家（次），对43家存在安全隐患的文化经营单位发出限期整改通知书。2004年7月至8月，县文化体旅游局、工商行政管理局、公安局联合行动，取缔无证或证照不全的黑网吧；整治以电脑学校、劳动职业技术培训班、电子阅览室，计算机房等名义变相经营网吧的行为；严厉查处网吧违法接纳未成年人进入的行为；打击网上传播有害文化信息行为，净化和规范网络文化经营活动。2005年7月，县委宣传部、县“扫黄打非”工作领导小组、文化体育旅游局、新闻出版版权局、公安局、工商行政管理局联合发出《关于在全县开展严厉打击盗版音像制品专项行动》的通知，重点清查音像制品经营场所，电子电器市场，电脑软件市场，兼售音像制品的商店中，音像制品流动销售车和摊点。共收缴非法出版物1701册，盗版音像制品18113件(张)、淫秽光碟2312张、赌博机56台。9月9日上午，在相如广场召开现场会，当场销毁。11月，县政府发出《在全县范围内开展“网吧”专项整治的工作方案》，县上共出动检查人员3600人次，检查经营场所160家，收缴盗版非法、黄色音像制品17400盒（张），非法书刊，画片3500张，非法电脑软件151张，查处取缔锦屏、杨家、金溪镇黑网吧5家，扣缴电脑36台，纠正违规经营行为150起，办理行政处罚案件42件。集中对娱乐场所进行拉网式安全检查4次，对杨家奇彩网络城和宏鸟OK厅安全隐患实施停业整改。2006年后，继续开展上述专项治理。

体　育

1986年，全县体育事业以学校体育、群众体育为主，重点发展篮球、乒乓球运动。1988年4月，承办“蓬州杯全国4强队邀请赛”，县内外1.5万人观看比赛。1990年，200多名运动员参加“春节”职工中长跑赛。1997年，形意拳大师严振桃被聘任为国际形意拳总会常委，中国武术协会会员，蓬安形意拳研究会会长。2000年，唐诗雨参加全国少儿乒乓球比赛获单打冠军，2001年，参加东南亚少年乒乓球比赛获冠军。2003年，蓬安代表团参加四川武术精英赛获一等奖。2004年，唐诗雨参加南美洲乒乓球比赛独揽男单、男双、混双冠军。2005年，刘振宽参加全国“思友杯”乒乓球邀请赛获男单冠军。9月，国家体育总局授予磨子东街社区“全国群众体育先进集体”。2006年，全县有体育器械经营实体30多家，销售彩票609万元。兴旺、杨家、罗家、新园等乡镇建有体育活动场所。

【体育设施】 1986年，全县有篮球场82个、足球场1个、排球场4个、正规田径场1个、简易田径场2个、溜冰场1个、灯光篮球场1个。1995年，蓬安老广场一度自发形成50张左右乒乓球桌，夜晚打球的人特别集中。1996年，蓬安中学投资3万元在原县体育场旧址（外操场）建成19000平方米（占地25000平方米）体育场，设置400米长跑道8条及其他田径、体操设置。跑道及中心场面均为土质。1998年，老广场改造，乒乓球夜市撤销。2003年6月，蓬安人唐刚、邓志刚引进攀枝花业主联合投资50万元，在外贸局内建成长26.8米、宽20米、高6.8米、总面积528平方米的长安乒乓球馆。该馆有国家正规训练、比赛标准球台12张，国内最新发球器2台，备有部分座椅，每天参与锻炼超过100人以上。2005年，县上投资200多万元在周口中学建成“蓬安县青少年活动中心”。蓬中再投资1000万元，建成标准体育场。蓬安宾馆、蓬安自来水厂各投资30万元，分别建成游泳池1个，可容纳100人同时游泳。2006年，蓬安有篮球场206个，足球场1个，排球场3个，标准田径场2个，简易田径场11个，门球场5个，标准乒乓球场1个，乒乓球台600多张，有跆拳道训练场1个，游泳池2个。

【体育器材】 1986年至1999年，蓬安仅有几家小的经营体育器材的门市部。2002年，蓬安开展全民健身活动，群众购买体育用具、体育服装、健身器材日益增多，全县有30家私人经营体育产业商店。2000年，蓬安开始销售体育彩票，有两台售票机，由南充市体育彩票销售中心全面管理。2006年，蓬安有体育经营实体30家，从事营业性体育活动的有游泳池2个、溜冰场1个、跆拳道训练场1个、健身技术培训中心1个、室内乒乓球馆1个，经营项目单一、配套设施不足，市场化程度不高。

【全民健身】 1986年后，蓬安各乡镇、先后成立农民体育协会、老年体育协会、全民健身指导站，形成从县到乡镇、村的三级社会体育网络，开展群众体育、全民健身活动。1997年9月，市体委对蓬安“施行国家体育锻炼标准”全面检查，蓬安获优胜奖。1999年12月，蓬安推行《国家体育锻炼标准施行办法》获市二等奖。2002年5月27日至6月3日，蓬安举行2002年全民健身周宣传活动。2004年6月14日至20日，开展全民健身周活动。2005年1月1日，蓬安举行第6届元旦长跑活动，200名运动员参赛，76名运动员分别获得中年、青年男女组1名至6名。6月13日至19日，开展全民健身周活动，进行体育科普知识和《普通人群体育锻炼标准》宣传，举办老年运动会、职工运动会、学生运动会、社区运动会、农民运动会、单位运动会、家庭运动会共36场。9月，国家体育总局授予蓬安县相如街道办事处磨子东街社区“全国群众体育先进集体”荣誉称号。2006年6月至7月，开展为期一月的全民健身活动，举办健身球、保健操、太极拳、秧歌、长途游泳（金溪至周口）、信鸽放飞、武术表演、登山、钓鱼、球类比赛等多种活动，参与人数达7万人。是年，全县有社会体育指导员200人，共有33人次参加省市举办的健身气功、乒乓球裁判、田径教练、门球教练和裁判员业务培训。在县党校举办全县47名乡镇文化专干、49名体育教师、57名机关单位、社区、村社体育骨干参加的社会体育指导员训练班。

【职工篮球运动会】 1971年，蓬安县举办首届职工篮球运动会后，每年举办一次，后因经费紧张停办几年，至2003年，共举办27届。

1986年4月1日至7日，举行第13届职工篮球运动会，18个运动队（其中文教、织布厂两个女篮队）182名运动员参加比赛。

1989年9月25日至10月2日，举行第14届职工篮球运动会，有24个运动队（男篮19个、女篮5个）240名运动员，经过9天角逐，男队农机厂队夺得冠军、电力队夺得亚军、银鹰队第3名；女队银鹰队夺得冠军、织布厂队夺得第2名；果品厂队、检察院队、商业队获精神文明奖。

1990年9月25日至10月4日，举行第15届职工篮球运动会，有26个代表队（男队23个、女队3

个）、324个运动员参加，共比赛91场。评选出男子甲级队6个，乙级队8个，女子队3个。

1991年10月1日至6日，举行第16届职工篮球运动会，8个代表队80名运动员参赛。

1995年10月13日至20日，以“邮电杯”名义举行第20届职工篮球运动会，有法院、检察院、公安、蚕茧公司、保险、人事劳动局、宣传部、组织部、纪委监察局、民政、建设环保局、人行、工行、中行、建行、农行、商贸委、经委、“九一”、农机厂、织布厂（女队）22个运动队，运动员、裁判工作人员300人参加。

1996年9月20日至27日，以“万博杯”名义举行第21届职工篮球运动会，21个运动队，210名运动员参赛。

1998年9月26日至10月2日，以“马电杯”名义举行第22届职工篮球运动会，7个代表队84名运动员参赛。马回电力公司代表队夺得冠军，政法代表队获亚军，天府机械厂第3名。

1999年9月，以“工行杯”名义举行第23届职工篮球运动会，11个代表队，120名运动员参赛。

2000年9月22日至30日，县地方税务局赞助第24届职工篮球运动会，以“地税杯”名义举行，17个运动队，250名运动员和裁判、工作人员参赛。经过9天的拼搏，教委男篮摘取了A组桂冠，天府、地税、马电、工商、政法男篮代表队依次为A组2至6名；周口镇代表队夺得男篮B组冠军，兴旺、锦屏、罗家、徐家、河舒、巨龙男篮代表队依次获得2至7名；马电女篮代表队夺魁，教委女篮代表队为季军。为烘托国庆节日气氛，闭幕式后举行两小时文体节目表演。

2003年11月14日至20日，县信用联社独家赞助，以“信合杯”名义举行第27届职工篮球运动会，这是县文体旅游局成立第1年主办的篮球盛会，8个动运队，100名运动员参赛。14日下午，全体领队、教练员、裁判员、运动员、工作人员、管乐队、彩旗队、武术队、健美健身表演队、少儿舞蹈队、腰鼓队300人组成14个方队，经县城主要街道巡游表演，吸引了大批观众。比赛进行了25场，马电男篮代表队摘取了本次运动会桂冠，小灵通、新奥、党政、散打、信用联社男篮代表队依次获得第2至6名。此后，职工篮球运动会停办。

【农民体育】 1986年至1999年，农民自发开展如扳手劲、扭扁担、抓小鸡、拔河、踢毽子、下棋等体育活动。2004年3月，县委、县政府决定成立蓬安县农民体育协会，为蓬安县体育总会的团体会员，各区、各乡镇成立农民体育协会分会，4月，举办全县“信合杯”农民运动会，比赛项目有篮球、乒乓球、拔河、单人跳绳、花毽、太极拳6项。10月，蓬安县农民体育协会组织蓬安农民体育代表团参加南充市首届农民运动会获团体第4名。2005年，南充市举办首届乡镇老年人太极拳比赛，蓬安农民体育代表团200名农民运动员参赛，获团体一等奖。《蓬安县体育建设第十一个五年发展规划（2006年至2010年）》规划“农村体育以乡镇为龙头，村民委员会为基础，老年体协和农民体协为纽带，广泛开展太极拳等农民易学易练的体育活动”。很多乡镇每年举办一次农民运动会，探索太极拳特色体育发展新思路。是年，诸家乡农民体育分会举办各村社参赛的农民运动会，比赛项目有篮球、乒乓球、拔河、踢毽子、钓鱼、中国象棋、摩托车越野赛等。杨家镇农民体协分会和老体协开展农民体育活动，组织有舞龙队、舞狮队、秧歌队、腰鼓队、莲霄队、旱船队、车车灯队、篮球队、乒乓球队、柔力球队、健身球队、广场激情健身操队、棋牌组、钓鱼组、登山队15个队组，各组有专人负责，有场地，有活动规划，有比赛记录。体育设施有门球场、广场、鞍马训练器、臂力训练器、摸高器、骑马机、伸展器、平行梯等，价值10万元。新园乡农民体育活动场地及设施有乒乓台5张、桌球台2张、篮球场1个、千米跑道1条、百米踏道1条，比赛项目有篮球、乒乓球、中国象棋、拔河、登山、钓鱼等。2006年，兴旺镇群众集资4万元建起350平方米的体育场，成群结队的人早晚跳舞、锻炼。

【学校体育】 1986年10月1日至3日，举办蓬安县第5届中学生篮球运动会决赛。蓬安中学、周口中学、巨龙中学、杨家中学代表队分获男子组1、2、3、4名；周口中学、徐家中学、蓬安中学、杨家中学代表队分获女子组1、2、3、4名。此次运动会先以各区所在地中学为预赛场，各乡镇中学参赛，经两周的星期六和星期天比赛，预选的前3名到县参与决赛。2002年5月25日至27日，举办蓬安县2002年小学篮球运动会，全县8支男子篮球队和4支女子篮球队200名运动员参加，男子周口小学、实验小学、金溪片区代表队分获第1、2、3名，女子实验小学、周口小学、师范附小代表队分获1、2、3名。

【老年体育】 1986年11月15日至19日，举办首届老年人运动会。参赛项目有走（或跑）2180米、中国象棋、乒乓球、投弹（300克）、登山、克郎球、麻将、纸牌、书画、钓鱼、扑克升级11个。政府口、科技委、经委口、农贸口、文卫口、党群政法口、老干局30个代表队392名运动员参加。经过5天竞赛，乒乓球男子单打张智（蓬中）、唐元盛（县志办）、张仁（蓬中）、蒋先博（财政局）分获1名至4名。女子单打蓬中黄承芬获第1名。象棋毛修玉（邮电局）、蔡大仕（卫生局）、邓和民（组织部）、杨召寿（周口4段）分获1名至4名。麻将第1名曾和民（4段）。纸牌第1名王立忠（水电局）。书画第1名蒋洁清（周中中学）。钓鱼第1名颜永全（3段），克郎球第1名杨德华(老干局)。扑克升级第1名陈淑俊（工业局）。投弹第1名马俊林（3段）。登山男子甲组第1名雷光元（粮食局）、男子乙组第1名万汝（农行）、女子组第1名敖光英（5段）。赛跑男子甲组第1名雷光元（粮食局）、男子乙组第1名邓蜀民（县医院）、女子组第1名屈静安（县医院）。1988年8月，老干局、老龄委员会、老体协、县体委联合举办蓬安县老年迪斯科比赛。9月5日至7日，在体委乒乓球练习场举办城区老年职工乒乓球比赛。1989年9月8日至10日，县体委、县老体协举办蓬安县第二届老年人运动会，比赛项目有门球（运动员39人）、迪斯科（41人）、乒乓球（24人）、书画（28人）、象棋（32人）、钓鱼（50人）。1990年、1991年，重阳节分别举办敬老活动周体育比赛，内容包括象棋类、钓鱼、门球书画、老年迪斯科等。1997年4月27日至5月15日，举办蓬安县第三届老年人运动会。2000名观众观看了老年健身操比赛和秧歌表演。52个单位的70个运动队、352名运动员，经过19天119场竞赛，圆满结束。雷发荣、杨中荣获桥牌冠军，毛修玉、龚全、兰汝君、郭兵依次获中国象棋1名至4名、杜培伦、唐碧先、郑国栋依次为乒乓球比赛的冠、亚、季军；周口镇代表队、老干局代表队1队、农业银行代表队分获门球1名至3名。教师退协代表队、生命科学培训学校代表队、机关退协代表队夺得健身操比赛前3名。2000年，举办重阳节“敬老周”体育比赛。有麻将、钓鱼、象棋、门球、简化太极拳和体育健身舞蹈6个单项比赛，参赛运动队30个，运动员400人。健身舞蹈比赛教师退协代表队摘取桂冠、老干部队获亚军、社保代表队第3名；门球比赛社保代表队夺得冠军、老干部代表队获第2名、教师退协二队获第3名；麻将兰锡铜第1名；象棋雷政第1名；刘登福钓鱼第1名。2003年9月19日至25日，举行老年运动会，有门球、象棋、乒乓球、桥牌、钓鱼、游泳、麻将、第1套健身秧歌、24式太极拳9个单项比赛。教师退协代表队获健身秧歌比赛第一名，老体协拳剑分会一队获24式太极拳第一名。2005年10月23日至26日，在蓬安举办了南充市第一届乡镇老年运动会，蓬安老年代表队获太极拳比赛团体第一名。

【传统体育】 蓬安的传统体育项目有武术、游泳、龙船、毽球、门球、健身球、棋牌、信鸽、钓鱼、拔河、登山、秋千、跳绳等。

武术　蓬安民间流行习武之风。拳类有太极拳、八卦拳、长拳、南拳、形意拳、通臂拳等，器械套路有长器械、短器械、软器械、双器械4种类型，还有传统武术项目气功、硬功、搏击、技击、摔跤等。1997年，形意拳大师严振桃被聘任为国际形意拳总会常委，中国武术协会会员，蓬安形意拳研究会会长，1999年，入选《中国民间武术家名典》。严振桃创建的蓬安形意拳研究会收徒训练100多名武术爱好者。蓬安少儿业余体校的少年武术队和警风文武学校也开展了武术训练。民间艺人梅质林和他的徒弟们的硬气功，在南充各县、市（区）很有名气。2005年10月，南充市首届乡镇老年人太极拳比赛，蓬安队员杜勇获全市第一名、龙碧蓉获第二名。2006年，蓬安太极拳协会在全县推广太极拳活动。

龙船 龙船（又称龙舟）是蓬安的传统体育项目之一，端午节在嘉陵江上划船比赛。1986年后，蓬安很少举办此项活动，冬泳协会后来在端午节长游抢鸭子，增加节日游泳喜庆。

游泳 蓬安县冬泳队开始有队员6人，1986年，发展到206名，除坚持日常锻炼，每年正月初二横渡嘉陵江，风雨无阻。每年5月1日，组织长游日，百余名运动员从金溪下水，至周口上岸，或自周口下水至马回电站上岸。1985年、1986年，两次从江中打捞起国家财产大米108包，化肥80吨、配合中建二局打捞大型拖车和挖土机，被《中国体育报》和《四川工人日报》载文报导，誉为“江上英雄”。协会还派代表往各地进行冬泳表演，1987年1月，蓬安27人的冬泳代表队赴苏州参加全国冬泳赛。女队员闽权英夺得蛙泳200米冠军，100米亚军。1994年元旦，蓬安、顺庆两支冬泳队80名队员从高坪区龙门镇下水，经3个小时长游15千米至顺庆区嘉陵江大桥边安全上岸，沿江两岸上万名群众欢看。2006年，蓬安县游泳协会和冬泳协会有会员100余人，年参加比赛活动10余次。

毽球 毽球俗称踢毽子。1986年，这项运动在冬季农村女孩中开展较多。后来跳橡皮筋活动兴起，这种古老的活动逐渐减少。2006年前后，每逢冬季或正月，蓬安城乡仍有这项体育活动，商店里还有五彩羽毛做成的毽球出售。

中国象棋 1986年，蓬安县首届老年人运动会举行了中国象棋赛，节假日城乡常开展中国象棋比赛活动。1999年，南充市举行中国象棋赛，蓬安获团体第4名。2002年3月，在南充市第一届运动会上，蓬安代表队夺得中国象棋团体第4名。2004年，在南充市“新华物业杯”棋类大赛中，蓬安代表队获中国象棋团体第2名。运动员郎中获个人第2名、任建华获个人第4名。2005年至2006年，象棋大型比赛活动很少，但群众性的象棋活动从未间断。

门球 20世纪90年代，蓬安老年人开展门球运动。县政府投入30万元资金修建门球场3个。1995年1月23日，成立门球协会。2001年，南充市老年运动会上，蓬安老年门球代表队获第4名。2005年9月，蓬安门球代表队参加四川省职工门球赛获全省第5名。

台球 1995年前后，蓬安盛行台球，多为私人设置台球桌开展营业性活动，县城、乡镇都开展这项体育活动，参与者多为中青年人。2006年，参与台球活动者很少。

围棋 1986年，围棋活动在蓬安不甚普遍，机关单位、学校开展较多。1999年，在市围棋赛上蓬安获团体第7名。2002年3月，在南充市首届运动会上，蓬安体育代表队获围棋团体第2名。2005年4月，南充市第2届运动会上，蓬安代表队获围棋团体第5名。

桥牌 1986年，机关、学校有桥牌活动开展。2002年3月，南充市首届运动会上，蓬安代表队获桥牌第3名。2005年，由县人民医院12人组成桥牌队参加南充市第2届运动会，获团体第5名。

信鸽 1986年后，驯养信鸽的人增多，多次组织放飞信鸽。1997年，蓬安鸽协会员张维贵驯养的“中川95—267357号”雌性、灰色黄眼信鸽在四川省信鸽飞速比赛中，从银武至蓬安700千米空距，当天归巢，获全省综合冠军，四川省飞速冠军。其飞速在1275.47米/分，是四川省信鸽协会成立以来700千米空距首例当日归巢。2000年，西南片区信鸽邀请赛，蓬安鸽协会员张维贵驯养的“中川99-074700号”雄性、雨砂信鸽，从同心至蓬安700千米空距当日归巢，飞速为1155.63米/分。获全国亚军，西南片区亚军。2002年，辽宁千山国际公棚世界锦标赛516千米空距，蓬安鸽协会员梅同全驯养的“中川2002—1023691号”雄性、灰色砂眼信鸽获143名。2005年，全国第6届信鸽赛在甘肃兰州举行，600千米空距，蓬安鸽协选送参赛130羽，有效归巢35羽，归巢率27%。蓬安鸽协会员何建中驯养的信鸽获全国四川片区统排第6名，获蓬安冠军。南充市鸽协组织的1000千米竞翔，全市统排冠军、亚军分别由蓬安鸽协会员张顺、黄有德驯养的信鸽获得。吴旗站700千米有奖赛，蓬安鸽协组织1047羽信鸽参赛，有效期归巢485羽，归巢率为46.4%，市排冠亚军分别由蓬安鸽协会员邓怀文、周学光驯养的信鸽获得。陕西秦岭“齐祥杯”大奖赛，冠军、亚军分别由蓬安鸽协会员何建中、梅同全获得。2006年，蓬安鸽协组织竞翔活动8站次，参与会员300人次，选送参赛信鸽5000羽，是蓬安信鸽放飞规模最大的一年。

钓鱼　1986年后，蓬安兴起钓鱼比赛。1989年，蓬安县第二届老年人运动会，钓鱼代表队50人参赛。1990年，重阳敬老运动会上，钓鱼队100人参赛，前6名分别由罗贵龙、姚海南、雷光齐、严立德、蒋志高、邓志福获得。1998年，南充市钓鱼运动会在蓬安举行，蓬安钓鱼代表队获团体冠军，钓鱼总重量冠军由蓬安运动员苏正声获得，胡子章获单尾最重第4名。2002年至2006年，县老年体协成立钓鱼协会后，常组织钓鱼者到县内各河塘库钓鱼。

拔河　拔河是中小学生和农民冬季喜爱的运动。1986年后，在蓬安蓬勃发展。2004年，蓬安第一届农民运动会上，拔河赛最吸引观众。2006年后，不少学校、单位在冬季举办拔河赛。

登山　1986年11月，举办蓬安县老年人首届运动会，登山作为比赛项目之一，参赛运动员30名。男子甲组雷光远、男子乙组万汝贵、女子组敖光英分别获得第1名。1987年后，有组织的登山比赛活动较少。2006年，龙角山公园建成后，每天登龙角山的人络绎不绝，登笔架山者亦多。

【竞技体育】　1986年至2006年，蓬安竞技体育有田径、游泳、篮球、乒乓球、举重、武术等。

田径　田径是蓬安竞技体育的强项。1986年9月，在大竹举行的四川省第一届青少年运动会上，蓬安运动员陈琼（女）获全省100米栏第5名，4×100米跑第4名；李红（女）获1500米跑第7名，300米跑第8名。在自贡举行的四川省中学生田径运动会上，蓬安运动员李红梅获800米、1500米、3000米跑3项冠军。1987年，在内江举行四川中学生田径运动会，蓬安运动员陈琼（女）以17〞2的成绩破南充地区纪录，获全省第5名。5月，南充地区第4届中学生田径运动会，初中男子组跳高(1.65米）黄军德夺得金牌，初中女子组4×400米接力赛李英、晏飞燕、林小晏、唐丽4人以5′51〞01夺得铜牌，100米栏涂蓬夺得铜牌，刘振宇、罗忠、梁福文、谢波4人4×100米接力赛夺得铜牌，罗忠跳远夺金，涂蓬跳高夺银，7项全能谢波第1名。高中女子组100米短跑陈琼夺得银牌，200米跑唐明珠夺得金牌，100米栏陈琼夺得金牌，4×400米接力赛熊智慧、唐明珠、李小红、陈琼4人获得金牌，4×100接力赛沈忠、唐明珠、李小红、陈琼4人获金牌，陈琼铅球夺金，标枪李小红夺金，5项全能唐珠第1名。团体总分初中组第1名，高中组第6名。1988年8月，在南充地区首届青少年运动会上，蓬安运动员邓斌、刘先军、梁志刚、林红军4×400米接力赛以3′54″6的成绩夺金，运动员唐炎、林红军、邓斌、梁志刚4人以50″的成绩夺得4×100米接力赛铜牌，刘先军800米跑以2′12″9夺得金牌，400米跑以56″5夺得银牌。王伟民男子乙组中长跑（568分）夺得铜牌，胡玉华女子丙组全能第3名。在南充地区全运会上，蓬安田径运动员李小红一人夺得2金、3银、1铜。1990年5月，在南充地区第7届中学生运动会上，蓬安运动员刘先军获高中男子组800跑第2名，110米跨栏第1名，跳远第2名；刘可法获初中组跳远第1名，100米跨栏第3名。7月，在重庆举行四川省中学生田径运动会，蓬安运动员刘先军获高中组800米跑第1名，110米栏第3名，4×400米跑第3名，4×400米跑第1名。8月，四川省第2届青少年运动会在内江举行，蓬安运动员刘先军获男子乙组110米栏铜牌、300米栏银牌，4×400米跑银牌，刘可法男子丙组全能排全省第7名。1991年5月，在南充地区中学生田径运动会上，蓬安运动员刘可法跳远以6.13米成绩破地区5.59米的纪录，获得银牌，跳高以1.68米破地区1.67米纪录。1992年9月，南充地区第2届青少年运动会，蓬安运动员刘可法勇夺2金1银（以6.35米获跳远金牌，以1.72米获跳高金牌，以11.7″获100米短跑银牌）。女子乙组梅敏800米跑以2′35″6夺得金牌。2005年，蓬安运动员林诗卉获1500米跑铜牌、林雨石获田径全能铜牌。

游泳　1987年1月，在苏州举行的全国冬泳比赛中，蓬安运动员权闽英（女）获200米蛙泳金牌、100米蛙泳银牌。

乒乓球　2000年9月，蓬安唐诗雨参加全国少儿乒乓球比赛，获男子单打冠军。2001年5月，唐诗雨在日本大板参加东南亚少年乒乓球比赛获团体冠军、单打季军；5月，参加亚洲“希望杯”乒乓球比赛获团体冠军、单打季军；6月，参加全国“红双喜杯”少年乒乓球比赛，获单打冠军。

2002年4月，在南充市首届运动会上，蓬安代表队女子甲组汪玲、汤佳双打夺得银牌，男子乙组刘振宽、刘哲志双打夺得银牌，男子单打刘振宽夺得银牌，女子甲组团队汪玲等3人夺得银牌，男子甲组团队沈玉岚3人夺得银牌。9月，唐诗雨在匈牙利参加世界17岁以下青少年乒乓球挑战赛获团体冠军、双打亚军。2004年3月，唐诗雨在秘鲁参加南美洲乒乓球比赛，独揽男子单打、男子双打、男女混合双打3项金牌。2002年、2004年、2006年，二届川东北地区乒乓球邀请赛上，蓬安乒乓球代表队均夺得团体冠军。2005年4月至5月，在南充市第2届运动会上，男子乒乓球双打唐兴国、刘振宽夺得金牌。蓬安运动员谢露瑶（女）、郑疆龙（女）2人获双打亚军，女子甲组单打谢露瑶获银牌，女子甲组团体获银牌。7月，全国残疾人乒乓球锦标赛在南充举行，蓬安残疾人运动员母凯全获TT4组亚军。在成都举行的四川省青少年乒乓球新苗赛，蓬安运动员刘振宽获男子甲组单打金牌。在四川省特奥会上，蓬安残疾运动员杨长霖夺得乒乓球单打冠军。8月，蓬安刘振宽在南充市西山运动场日月馆参加四川省新苗杯乒乓球比赛，获男子甲组单打冠军，10月，在成都参加全国“思友杯”乒乓球邀请赛，获男子单打冠军，2006年，在南充市举行的青少年乒乓球锦标赛中获男子单打冠军。7月，杨长霖在全国残疾人乒乓球锦标赛上，获个人单打第6名。其间，在2002年至2006年，三届川东北乒乓球邀请赛上，蓬安乒乓球代表队夺得团体冠军。

篮球　2002年3月，南充市首届运动会上，蓬安体育代表队篮球队夺得男子篮球团体第3名（铜牌）；7月，四川省“电信、萌芽杯”在眉山举行，周口小学男子篮球队获全省第13名，实验小学女子篮球队获全省第5名。1971年至2003年，共举办27届蓬安县职工篮球运动会，是县内规格最高、规模最大、参与人数最多的竞技体育赛事。

举重　1986年9月，四川省第一届青少年运动会在大竹举行。蓬安运动员邓兵48公斤级抓举52.5公斤，罗忠60公斤级挺举90公斤和总成绩160公斤创南充地区新纪录，杨学林82.5公斤级抓举62.5公斤，挺举80公斤，总成绩142.5公斤破南充地区纪录，甘军67.5公斤级总成绩破南充地区纪录。团体举重项目获全省第7名。2005年，在南充市第二届运动会上，蓬安运动员曹银茹（女）夺得举重金牌1枚、吴飞、徐凤（女）、曹玲波（女）3人各获得银牌1枚。

武术　1997年至2001年，蓬安县形意拳大师严振桃先后6次获国际国内大奖。2002年4月，南充市首届运动会，蓬安运动员袁吉庆70公斤级散打获金牌1枚，曾传金80公斤级武术散打获银牌1枚，其他武术运动员获得5枚铜牌。2003年10月，蓬安队参加在北京举行的全国形意拳比赛，获三等奖。11月在四川省武术精英赛上获团体第1名。2005年4月至5月，在南充市第二届运动会上，蓬安武术运动员万四林、吕政龙各获金牌1枚，袁梓伟、张蓉（女）、栗小青（女）各获银牌1枚，陈名诗、姚小青（女）各获铜牌1枚。8月，在南充市中小学武术选拔赛中，蓬安获女子团体第2名，男子团体第3名。蓬安两名运动员被选拔参加四川省第10届运动会。

跆拳道　2005年开始在县内出现，并在工人文化宫2楼设训练班，尚无竞技纪录。

【运动会】　1986年至2006年，蓬安县组队35次参加国内各项运动会，获得金牌25枚、银牌23枚、铜牌26枚，蓬安县共举办16次中国象棋、乒乓球、篮球、长跑等运动会，承办10次篮球、门球、乒乓球、老年太极拳等运动会。

参加运动会　1986年9月，四川省第1届青少年运动会在大竹举行。蓬安受南充地区行署，地区体委委托，组建女篮、田径、举重3项运动队，代表南充地区参赛。由蓬安体委主任郑全荣任领队，刘学荣、李小鹏任教练。运动员邓兵、罗忠创地区新纪录。是年，蓬安组队代表南充地区参加四川省在自贡举办的省中学生田径运动会。1987年1月，蓬安县冬泳代表队27人，由体委主任张洪全带队前往苏州参加全国冬泳会。3月，蓬安运动员陈琼（女）参加在内江举办的四川省中学生田径运动会。陈琼以17″2破100米栏南充记录，获全省第五名。5月，蓬安组队参加南充地区第4届中学生田径运动会。7月，蓬安运动员刘先军代表南充地区参加在重庆举行的四川省中学生田径运动会，刘先军获2金2铜。1988年8月，蓬安组建代表团参加南充地区首届青少年运动会。12月，由体委主任张洪全带队，运动员5人组成蓬安县冬泳队赴青岛参加全国20个城市、46个冬泳队参赛的中华冬泳联谊赛。是年，蓬安老年门球一队、二队参加南充地区老年门球赛。1990年，蓬安老年门球队在营山参加片区门球赛。5月，蓬安代表队参加南充地区第7届中学生田径运动会。8月，蓬安派代表队参加在内江举行的四川省第2届青少年运动会。1992年9月，蓬安派队参加南充地区第二届青少年运动会，7月，参加在仪陇举行的南充地区第二届青年运动会，8月，参加在南充市举行的羽毛球比赛。1994年，蓬安组队参加南充市小学生乒乓球赛。2001年，蓬安老年运动员17人组队参加南充市老年运动会。2002年4月，蓬安县体育代表团150人（其中运动员132人）参加南充市首届运动会，获1金7银14铜。在蓬安举行的南充市第17届相如杯老年门球运动会，蓬安派代表队参加。6月，蓬安县残疾人体育代表团15名运动员参加南充市首届残疾人运动会，获2金3银5铜。7月，省体育局，省教育局在眉山市举办四川省“电信·萌芽杯”篮球赛，蓬安周口小学男子篮球队，实验小学女子篮球队参加比赛。2003年7月，南充市举办首届社区运动会，蓬安组队（运动员100名）参加。2004年，在南充市举行“新华物业杯”棋类大赛，蓬安组队参加。6月，蓬安组团参加南充市首届老年人运动会，10月，参加南充市首届农民运动会。是年，蓬安派队参加四川省武术锦标赛。2005年4月至5月，市政府在顺庆区举办南充市第2届运动会，蓬安组建体育代表团参赛。是年，举办的南充市第2届残疾人运动会蓬安代表队参加。9月，蓬安县老体协门球队代表南充市老体协参加四川省职工门球运动会。10月，蓬安200名农民组成的蓬安乡镇体育代表团参加南充市首届乡镇老年太极拳比赛。是年南充市中小学武术选拔赛，蓬安代表队参赛。2006年，蓬安派队参加在南充举行的南充市青少年乒乓球锦标赛。参加四川省第六届残疾人运动会，获6金5银2铜。

承办运动会　1989年3月，县委、县政府成立组委会，承办蓬州杯全国男篮4强邀请赛，拨专款将原灯光球场改建成标准篮球场。4月，湖北、广东、四川、北京全国4强男子篮球队在县灯光球场进行8场比赛，体育爱好者15000人观看比赛。5月，蓬安受南充地区委托，承办片区老年门球赛。营山、蓬安、仪陇、南部、阆中5个代表队100名运动员齐集蓬安参赛。1991年4月，蓬安承办南充地区首届财政系统职工篮球赛。1998年10月，蓬安县文体局和县老体协承办南充市98钓鱼运动会，全市10个代表队30名运动员参赛。1999年，蓬安承办南充市神州杯武术擂台赛。2002年2月，蓬安承办南充市第17届相如杯老年门球比赛，承办川东北地区乒乓球邀请赛。2004年至2006年，蓬安先后承办川东北乒乓球邀请赛，南充市第1届乡镇老年太极拳比赛，川东北地区乒乓球邀请赛。

广播　电视

1986年，蓬安广播站开通城区有线广播，农村有线广播由乡镇广播站转播中央、省、地广播电台节目为主。1988年，架设徐家、盘龙、金溪3个区的专线，全县50%的乡镇能收听县广播站节目。1993年，完成广播网改造，全县24个乡镇598个村4837个社都通广播。1995年，成立蓬安县人民广播电台。1997年后，各乡镇先后建立起电视差转台和安装有线电视。1998年，开展“村村通”工程，对乡村广播进行技术改造，电视实行县乡光纤联网。2006年，乡村光纤网通达355个村1227个社，全县有线电视用户为6.8万户。

【广播】　1986年，蓬安县广播主要转播中央、省、地广播电台节目。各乡均建有广播站。1988年，农村广播网技术改造，增强村广播室建设。1993年，蓬安成立县广播电台，增加设备，广播覆盖所有乡镇，广播电台设置《蓬安新闻》《农家之音》《乡间夜话》等8个栏目，有线广播停止。1997年，县广播电视局将广播电台和电视台合并，重点发展电视事业。1998年，已建成村广播室598个，占100%的村，大部分村广播室修了广播用房，有的还开办经济实体。2002年，乡镇建制再调整，全县建有宣传文化中心46个，管理乡镇、村广播。2005年，县委、县政府改革乡镇广播电视管理体制，将乡镇网络经营从乡镇宣传文化中心分离，成立“乡镇广播电视网络公司”，由县广达网络传输公司直接管理。2006年，广播节目全部停止，村广播室仍在运转。

有线广播　1986年，广播宣传主要以乡镇广播站为单位，全县49个乡镇都建有广播站，有广播工作人员108人，播送新闻性、教育性、知识性、服务性、乡土味浓的自办节目。县广播站有线广播安装喇叭200余只，每天3个时段广播。1988年，县政府拨款，先后架设从县城到徐家区、盘龙区、金溪区3条专线，全县有一半乡镇能收听县广播站节目，听众达30余万人。1993年，完成农村广播网乡站改革和技术改造，68%的乡镇建立录播室和网络标准化建设，全县共建成主线1196千米，支线23920千米，安装电杆34000余根，喇叭入户58%。全县乡镇598个村，4837个社都通广播。是年底，县上成立广播电台，有线广播停止。

广播电台　1986年至1992年，县广播站主要转播中央、省台节目，每天1小时自办节目。1993年，县政府成立蓬安县广播电台，同时购回100瓦调频发射机一台，四川省广播电视厅分给1台100瓦的调频发射机，配备播音台、调音台、话筒、调压器、收录机及其他配套设备，开始调频广播。调频发射机安装在县城龙角山电视差转台，调频广播信号覆盖所有乡镇，听众可达50余万人，广电局为每个记者配置采访机。1995年，成立蓬安县人民广播电台，向全县公开招聘编辑和播音员。1997年下半年，广播电台和电视台合并，重点发展电视事业，广播电台逐步取消自办节目，主要转播中央、省、市广播电台节目。2006年，县城广播被电视节目取代。

广播栏目设置　1986年至1992年，县广播站先后开辟《蓬安新闻》《简明新闻》《农家之音》《为您服务》几个主要节目。后又增办了服务性节目，设置《卫生知识》《生活顾问》《广告》《天气预报》《蓬安文艺》《银屏上的歌声》《唱片欣赏》《每周一歌》《音乐晚会》《听众点播》《配乐诗朗诵》等。1993年，蓬安人民广播电台开始播音后，广播电台设置《蓬安新闻》《农家之音》《法制园地》《经济与信息》《文明窗口》《为您服务》《乡间夜话》等八个栏目。县委、县政府先后发出《关于办好广播站自办节目的通知》。全县一大批乡镇广播站先后办起《本乡新闻》《科学知识》《为您服务》《学习节目》《文艺节目》。是年，蓬安县电视台在县城转送12套节目。各乡镇广播栏目逐渐减少。2006年，广播节目停止。

【电视】 1986年，蓬安先后在燕山寨、龙角山建立电视差转台，转播中央、省电视台节目。1990年4月，开始建立有线电视接收站。1996年，收转加密电视。2000年，全县各乡镇加快“村村通广播电视”工程建设。省广播电视厅配置30多套“村村通”设备，分别安装到边远乡镇的电视“盲村”，解决部分农民长期无法收看电视问题，是年，全县598个行政村实现村村通“广播电视”。2001年，启动自然村广播电视村村通工程。2002年5月，全县筹集资金近1000万元，全面启动乡镇有线光纤线路工程，历时100天完成46个乡镇的县乡镇光纤联网工程、数据平台架构建设工程、城区光纤网改造工程；完成杆路建设297.5千米，架设光纤330.3千米，有线电视传输频道增加到37套。2006年，全县有线电视传输频道增加到37套，39个乡镇都采用光纤传输，乡到村光纤达355个，有线电视通1227个，全县有线电视用户达6.8万户。

电视差转台　1986年后，县委、县政府先后在燕山寨、龙角山建立电视差转台，转播中央、省电视台节目。1988年，县委、县政府决定在龙角山修建地面卫星接收站，总投资40余万元。接收站9月17日正式开播，转播中央一套、四川一套、南充一套电视节目。1992年，徐家区委自筹资金3.5万元在徐家建立起全县第一个农村电视差转台。以后有巨龙、锦屏、群乐、睦坝、两路、金溪、平头、正源、长梁、万和、茶亭、诸家、龙蚕、利溪、碧溪、三坝、开元、杨家、银汉、新河、福德、罗家、中华、兴旺、海田等33个乡镇建起电视差转台。2006年，全县只有13个差转站在使用。

蓬安县有线电视台　1986年至1990年4月，蓬安收看电视节目主要依靠差转台转播。1990年5月，开始在县城安装有线电视网络。1992年，城区2000多户用户都收看到中央一套、中央二套、山东台、云南台、贵州台、浙江台、南充台等七套节目。1993年，县政府成立蓬安电视台筹备领导小组，重新安装300兆邻频传输系统，节目增加到12套。1995年，正式使用蓬安电视台呼号。1996年7月，县广播电视局与中央电视台签订转播加密电视合同，筹资新购1台接收亚洲一号卫星加密电视KW波段地面卫星天线和解码器，更换城区放大器，升级改造城区有线电视系统，将300兆改为550兆，开通体育频道、电影频道、文艺频道、电视剧频道等付费频道。城区21套节目进入百姓家庭。2006年，县电视台有工作人员27人，数字摄像机9台、编辑机3套、电视直播设备1套、字带机4台、硬盘播出机1台、服务器1台，采编、播设备基本实现数字化。

电视自办栏目　1986年，蓬安下暴雨，县城一些街道排水系统不畅，河水猛涨，蓬安师范一带街道被洪水淹没。县委、县政府安排电教馆杨华明拍摄当时抗洪救灾情况，把录像插入在燕山寨差转台播送，在群众中反响很大，开创蓬安县电视宣传先例。1987年10月，县广播局从北京购回一台M5摄像机，拍摄了马回电站开工建设等重要新闻、图像资料，不定期在龙角山差转台播出。1994年前，设备简陋，人员少，每周播出一次新闻。后来，县委县政府要求充分利用电视宣传，每周播出新闻增加到2次、3次，不定期播出配合中心工作专题节目。1995年，蓬安电视台成立后，电视从业人员从2人增加到27人（包括差转台人员），新闻节目每周5次，自办节目时间长达9小时。设置的栏目有《蓬安新闻》《蓬州方园》《天气预报》《法制节目》等。1998年后，增加《每周一歌》《荧屏点歌》等栏目。2001年后，增加《百姓生活》《动画城》《信息广场》等栏目。2002年起，提出强化宣传，提高质量，多出精品，对栏目进行调整，实现“小台内容、大台风范”目标。办了一批具有地方特色的重点宣传栏目，提高蓬安台收视率。6月，电视台与中医院联合举办第一届电视歌手大奖赛直播，全县群众影响空前。8月，蓬安接收三峡移民，电视台专门成立摄制组，对移民从故乡迁移全过程进行报道，拍摄制作大型纪录片《迁移》，播出后，反映很好，《迁移》送市台获一等奖、省节目创优三等奖。县委书记谢华国点题，广播电视局电视台摄制组第一次走出本土，到北京、成都、重庆等地摄制《天南地北蓬安人》系列节目。在全国各地乡友中反响很大。2003年，增加《相如影院》《龙角对话》《公益广告》《音乐无限》《天南地北蓬安人》《请您欣赏》《太阳雨》《金质之光》《新闻焦点》等栏目。2006年，电视自办节目增至20余个。

【广电企业】　1986年，县政府批准成立蓬安县广播电视服务公司。公司通过修理收音机、扩大机、电视机、喇叭、话筒等电器创收。后来，公司经销广播电视器材如话筒、高音喇叭、低音喇叭、扩大机、电唱机、电视机和各种广播电视器材配件；利用设备、技术优势开办服务部、录像室、营业室；开辟广告、录音、出租设备等业务。1990年，为逐步实现农村广播网络标准化，为网络建设提供材料，兴办起水泥电杆厂，生产电杆近3万根。1995年，公司在江苏无锡购回投影电视机在局会议室售票观看，在全县开办录像放映点12个，年创收10万元左右。2002年7月，县政府批准组建四川省蓬安县广达网络传输有限责任公司，各乡镇成立分公司。县公司统一管理全县广播电视业务，包括有线电视建设开发、设备维修、网络经营，数据平台及视频传输、节目制作、节目传输、网络租赁等，加强广播电视产业化管理。公司自负盈亏，独立核算，依法经营，设董事会、监视会、工程部、财务部、人秘部、宣教部、科技部、物资部。由广电局局长姚勇、林克贵、魏定平相继兼任董事长、总经理。2006年，广播电视服务公司和广达网络传输有限责任公司仍正常经营。

卫　生

1986年，蓬安有卫生管理机构4个、县级医疗机构2个、区级医疗机构6个、乡镇医疗机构50个、村卫生室598个、个体私人诊所20个，其中柳滩乡卫生院获卫生部全国卫生先进集体称号。1988年，乡镇卫生院下放给乡镇政府管理。1990年，县卫生局实施的农村医疗保健合同制被卫生部列为初级卫生保健的蓬安模式在全国推广，并获省政府科技进步三等奖。是年，经省市验收，蓬安成为无疟疾病县。1991年，蓬安县全面开展农村初级卫生保健工作。1994年，县卫生医药管理局获省政府授予医药监督管理先进集体称号。12月，县人民医院成立急救中心。1995年，县政府发文对拟婚男女进行婚前检查，由妇幼保健院统管和发放由全国统一印制的新生儿出生医学证明。1996年，县卫生局对全县医疗单位实行统一管理，换发“医疗机构执业许可证”。蓬安农村卫生保健初级达标验收合格。全县普遍销售加碘食盐。1997年，县妇幼保健院获卫生部爱婴医院称号。蓬安获市级卫生县城称号。1998年，县医院、县中医院分别评为国家二级甲等医院、国家二级乙等医院。2000年，经省市验收，蓬安成为无脊髓灰质炎病县。各乡镇卫生院实行院长聘任制。2001年，省卫生厅验收，蓬安为基本消灭麻风病达标县。乡镇卫生院收回县卫生局直管。2002年，蓬安县医药质量管理协会成立，协助药政监督部门做好药械监督工作。2003年，全县各中心卫生院、乡镇卫生院推行“四统一”管理模式及全员聘用制，受到卫生部好评，在全国推广。2004年，创建省级卫生县城获得成功。2006年，县政府将全县农民纳入新型农村合作医疗扩大试点对象，解决农民看病难问题。是年，县卫生管理机构4个，县城公立医院2个，县城民营医院4个，徐家镇民营医院1个，片区中心卫生院8个，乡镇卫生院39个，村级卫生室598个，个体诊所62个。

管理机构

1986年，卫生管理机构有蓬安县卫生局、蓬安县爱国卫生运动委员会办公室、县卫生防疫站、县妇幼保健站。1996年8月，县妇幼保健站改为妇幼保健院。2003年2月，县爱国卫生运动委员会办公室并入县卫生局。2005年4月，撤销蓬安县卫生防疫站，分设县卫生监督执法大队和县疾病预防控制中心。2006年，全县有卫生管理机构4个。

【蓬安县卫生局】 1986年，卫生局设人事股、计财股、业务股。1992年，县卫生局与县医药管理局合并，成立蓬安县卫生医药管理局。2001年12月，县政府决定将药政职能归入蓬安县食品药品监督管理局，恢复蓬安县卫生局，内设秘书股、人事股、计财股、业务股。至2006年，蔡大仕、祝炳荣、全长福、陆炳全、李久明、刘健忠先后任局长。

【县爱国卫生运动委员会】 1986年，蓬安县设县爱国卫生运动委员会及其办公室，负责全县爱国卫生工作。1992年，县爱卫会办公室并入县卫生局。1994年，县爱委会办公室从卫生局划出与县城管办合署办公。2003年2月，县爱卫会办公室再次划入县卫生局。

【蓬安县卫生防疫站】 1986年，蓬安县卫生防疫站（以下简称县防疫站）设卫生监督科、地方病科、流行病科、卫生科、宣教科、门诊部、办公室。2005年，撤销蓬安县卫生防疫站，成立县卫生监督执法大队和疾病防疫控制中心。至2005年，唐述荣、陈乃吉、马代敏先后任站长。

【蓬安县卫生监督执法大队】 2005年7月，成立蓬安县卫生监督执法大队（简称县卫生执法大队），内设综合股、卫生稽查股、卫生监督股。2006年，内设机构改为卫生监督一中队、卫生监督二中队、医卫执法股、卫生许可股、稽查股、综合办公室。

【蓬安县疾病预防控制中心】 2005年7月，成立蓬安县疾病预防控制中心（简称疾控中心），2006年，设综合办公室、疾病控制科、检验科、卫生监测科、结核防治门诊部。

【妇幼保健院】 1986年，蓬安县妇幼保健站行使全县妇女儿童保健及管理工作。1996年7月，蓬安县妇幼保健站更名蓬安县妇幼保健院。1997年4月，蓬安初级卫生保健和儿童孕产妇两个系统管理均达省标，8月，获世界卫生组织和卫生部颁发的爱婴医院牌。2006年，妇幼保健院有职工24人，其中卫生专业人员22人。

爱国卫生工作

1986年，蓬安县爱国卫生运动委员会及其办公室负责蓬安爱国卫生工作。1989年，全县开展第一个爱国卫生运动月活动，之后每年都开展爱国卫生运动月活动。1992年，由县卫生局负责爱卫日常工作。1994年，爱卫工作纳入城管工作一并开展。2003年2月至2006年，爱卫会办公室设县卫生局，由一名副局长负责爱卫会日常工作。

【健康教育】 1986年至1994年，蓬安健康教育主要由爱卫会会同防疫站宣教股负责，各级各类卫生单位实施。到党政机关单位、学校、工厂、社区举办健康讲座、发放卫生宣传资料，张贴卫生宣传标准、宣传画等。2003年，开展“防治非典型肺炎（简称非典）”宣传工作，绘制“非典”防治图片30幅，印发资料6种计20万份，出动宣传车100台次下乡宣传，培训宣教业务人员2次达200人，举办电视讲座300次，街头咨询10次，为2000余人解答疑难问题。2004年至2006年，创建省级卫生城市，投资2万余元在城区各主要街道建立健康教育专栏30个，各单位建立健康教育专栏200余个，印发卫生科普知识、介绍防病常识资料100多种，计100万份。

【城区卫生】 1986年至1987年，县城实行“门前三包”清洁卫生制，爱卫会同周口镇政府与户主签订卫生保洁目标责任书，定期不定期组织卫生大检查，检查评级后在其门上贴上标志，分最清洁、清洁、不清洁三种。1989年3月，全县开展第1个“爱国卫生运动月”活动，治理环境卫生，开展健康教育。1992年4月，开展第4个“爱国卫生运动月”活动，制定治理市容市貌开展爱国卫生运动计划。利用有线广播播送活动月内容32次，电视播放66次，放映卫生科教电影片25场，印发宣传资料2700份。清除卫生死角410处，清运集存垃圾198吨，弃土2150吨，疏通沟渠412条，计5969米，疏通县城木桥河2500米，植树419株，改变了县城卫生环境面貌。1995年，开展第7个“爱国卫生运动月”活动，爱卫办与272个单位，1750户居民签订“门前三包”合同2021份，落实专职卫生监督人员42人。县广播电台播放《农民健康教育行动》录像25次，受教育人数30万。群众12398人次，领导326人次参加爱国卫生义务劳动；出动清运车辆390台次，清运垃圾弃土2164吨，清除卫生死角398处；疏通阴沟398条，植树900余株。1998年4月，开展第10个“爱国卫生运动月”活动，县区乡各级领导490人次，群众3926人次参加义务劳动，改造公厕3个，改造水井886 个。1999年至2006年，在城区街道、公共场所设置垃圾箱，聘请街道清洁工，实行分段包干责任制。分段设置垃圾堆放点，定时运送处理。设置单位责任区清洁卫生大型公示牌，保持了城区清洁卫生。

【除“四害”】 1986年，爱卫会开展除“四害”宣传活动，发放宣传资料，播放消灭老鼠、蚊子、苍蝇、蟑螂的科教片，培训乡镇除“四害”技术人员600余次，编辑除“四害”技术资料手册3本，印发到村。1987年至1989年，开展全县性灭鼠工作，每个公民投灭鼠粮，乡镇收粮变卖后统一到县灭鼠办购药，干部居民出钱购药。全县城乡在规定时间内统一放药。然后进行鼠密度检查，评估效果。全县统一开展大型灭鼠活动两次，鼠密度大幅下降，蓬安被评为全省灭鼠先进单位。之后，农林灭鼠纳入农田灭鼠，由县农业部门负责组织，城镇灭鼠仍然由爱卫会办公室负责组织。2004年，爱卫会分春秋两季在城区进行灭鼠活动。2006年，除“四害”工作迎接省市达标验收合格。

【农村卫生】 1986年10月，三坝乡建成自控自来水塔124座，机井136口，平压井124口，全乡饮用安全卫生水人口达到79.96%。1999年，全县60万农民，饮用安全卫生水的39.69万人，占66.5%，其中饮用自来水的23.3万人，饮用机井水的6.64万人，饮用加盖栏卫生井水的9.74万人。是年底，农村12.87万户农户中，改厕实行人畜厕分离、沼气化粪池、格式化粪池0.65万户，占总数的1.98%。2006年，农村继续打卫生井、改厕、建沼气池、改卫生灶。

【创卫工作】 1986年，蓬安城区创建卫生单位，农村创建卫生村。1990年开始，对上年评出的卫生先进单位复查，不合格的取消先进称号。至1992年，县级单位获卫生先进者占50%左右，农村获卫生村的占3%左右。1993年，全县新创建省级卫生单位2个，市级卫生单位4个，县级卫生单位7个。1996年7月至1997年，启动创建县级卫生城工作，县政府成立创卫指挥部，与各相关单位签订《创卫目标责任书》。10月，全市卫生检查评比，蓬安县获全市第一名，县级卫生县城创建成功。2001年3月，启动创建市级卫生县城，12月底，验收合格。2003年，创建县级卫生集镇4个，省级卫生单位12个，市级最佳卫生单位8个，市级卫生单位10个，县级卫生单位15个，省级卫生村4个，市级卫生村2个，县级卫生村4个。2004年，蓬安启动创建省级卫生县城，12月，省爱卫会检查验收合格。2006年，省爱卫会复查，蓬安省级卫生县城各项指标合格。

防　疫

1986年，蓬安县卫生防疫站负责全县卫生防疫宣传、卫生监测、疾病防控工作。1987年4月，对全县258户公共场所卫生状况调查检测，对202户核发卫生许可证，对56户分别给予警告、罚款、停业整顿处罚。1990年，对全县50个乡镇食品经营单位2148户从业人员4268人进行职业体检。1992年，开展学生健康检查13次累计150万人次。1999年，印发5000份县政府《关于加强公共场所与食品卫生监督管理规定》，对全县食品行业进行6643户次检查。2002年《中华人民共和国职业病防治法》颁布后，对全县29家企业监督监测，监督企业对1848人接触职业危害因素的人采取防范措施。2003年3月，县委、县政府成立“非典”处置指挥部，组织指挥全县人民采取强有力措施，防止“非典”传入蓬安。2005年，蓬安县卫生监督执法大队和蓬安县疾病预防控制中心成立，加强职业卫生监督监测工作。2006年，蓬安县卫生监督执法大队对全县388个公共场所进行监督和食品卫生专项整治。

【卫生宣传】 1987年1月，蓬安县卫生防疫站在蓬安广场展示假冒伪劣食品30余种、1610公斤，展示后当众销毁。1990年1月，在蓬安广场庆祝《中华人民共和国传染病防治法》颁布实施，发放宣传资料6种计2000份，展出图片10幅，销毁价值人民币2万多元的变质啤酒、饮料20种1322公斤；1992年，展示处理变质食品30余种、1863公斤，价值人民币6万多元。1994年10月，在蓬安广场展示变质食品30余种，计2138公斤，价值人民币6万元，当众销毁。1995年11月3日，在蓬安广场展示《中华人民共和国食品卫生法》图片10幅，展示并销毁变质食品30余种，计1336公斤，价值人民币5万元。2001年7月，在县卫生防疫站门前庆祝《中华人民共和国食品卫生法》实施6周年，展示变质食品30余种，计1680公斤，价值人民币7万余元，在火车站附近销毁。至2002年，开办各种医疗机构专兼职宣教人员培训班11期，培训人员1000余人。各机关单位办健康教育专栏，农村结合中心工作，放映有关电影、幻灯，利用赶场期出动宣传车、散发传单、资料、卫生咨询、疑难解答；乡镇卫生院和村社卫生室办墙报、写标语贴图片。2003年，加强防治“非典”宣传。开办有关非典的症状、防治等内容培训班，在群众中大力宣讲“非典”的传播途径，提高对“非典”的认识和防治能力，阻断“非典”在境内的传播。至2006年，卫生宣传除卫生防疫单位开展外，药店、保健品店也常办健康讲座，发放健康宣传资料。

【卫生检测】 1986年至1993年，坚持开展微生物检验。霍乱性弧菌、绿脓杆菌检验，麻疹抗体测定、麻风杆菌涂片镜检，公共场所餐饮具消毒监测，乙肝两对半的酶联免疫法、狂犬和抗体的光染色法测定，疟原虫检验，霉菌和酵母汁发霉菌分类鉴定，医院消毒监测（化学指示剂法——压力蒸气灭菌效果监测），手和皮肤粘膜消毒效果监测，物品和环境表面消毒效果监测，空气消毒监测，医院污水消毒监测，结核菌培养及其痰涂片镜检，淋病奈瑟氏菌培养，碱性磷酸酶测定，胆红素代谢试验，甲型肝炎抗HAV-I8M酶联疫法测定，免疫微菌落实菌梁色快速诊断霍乱弧菌技术，艾滋病抗体测定，粪大肠菌群测定，霍乱和139胶体金快速诊断法，炭疽检验，脑膜炎奈瑟化菌培养，乙肝表面抗原，丙肝的胶体金快速测定法，椰毒酵米面黄杆菌检验，磷酸锌浊度试验，丙氨酸氨基转移醇试验。县防疫站检验设备和技术水平逐渐提高。1994年，调查儿童头发微量元素正常值，取得县科技进步奖。2000年，开展柠檬黄、日落黄、苋菜红、胭脂红、亮蓝色素极普检验，参加南充市防疫站检验质量考核获第3名。2001年，参加南充市防疫站检验质量考核取得第四名。2006年，开展灼烧残渣、干燥失重、挥发物蒸发、残渣脱色试验和水质中铝的含量检验。

【环境监测】 1987年4月，县防疫站根据卫生部《公共场所卫生管理条例》，对全县258户公共场所卫生现状调查检测，对其中的202户公共场所核发卫生许可证，对56户不合格者分别予以警告、罚款、停业整顿的行政处罚。1991年，组织全县442个公共场所从业人员集中进行《公共场所卫生管理条例》和卫生知识培训。全县监督检查面达100%，对公共场所的CO2浓度、空气有害细菌总数、场内照明率、噪声、干湿度、顾客用具的大肠菌群进行卫生监测，抽检276件样品，符合规定指数占86.59%。至2003年，对公共场所从业人员12435人次进行体检，健康合格率达90%以上。合格者发给“健康证”，查出“五病”（伤寒、病毒性肝炎、活动性肺结核、痢疾、化浓渗透性皮肤病）人员，调离从业岗位156人。2006年，县卫生监督执法大队对全县388个公共场所进行监督，持有“卫生许可证”的342户，正在申办的46户。从业778人，持有“健康证”的708人，有“五病”人员调离70人。全年处罚46户，其中警告5户、责令改进40户、罚款1户。

饮用水监测　1986年，县防疫站对县域供水单位及水质卫生进行监管，防止传染病发生。1997年，对全县18户集中供水单位进行全面卫生学调查。发现水源30米内有污染源的制水单位9个(占50%)，有安全卫生防护措施的3个（16.7%），未进行水质处理直接供水的14个（占77.8%），水质完全处理的1个（占5.6%）。此后扩大监测单位到33个，4个水源符合卫生标准，末梢水样品12个均不合格（大肠杆菌群超标）。县卫生防疫站对全县各供、用水单位及个人大力开展生活饮用水卫生宣传工作，先后出动宣传车20台/次，办专栏7期，采用广播稿9篇，印发宣传资料5000份，对制采水人员进行饮用水卫生知识培训600人次，以保障《四川省生活饮用水管理办法（试行)》的执行，保障水源卫生。对全县40个自来水厂依法进行日常性、预防性卫生监督，年监督覆盖率达100%，卫生许可证办证率达100%，制水人员体检率达100%，从业人员“五病”调离率达100%。还对县级两个水厂（县水厂、县园艺场水厂）的改、扩建工程设计、施工、验收进行监督，使之符合国家生活饮用水卫生标准。对县级两个水厂和乡镇水厂的水源水、出厂水、末梢水进行水质全分析。每月对各水厂的末梢水进行一次色度、浑浊度、细菌总数、大肠菌群、游离余氯分析监测。采样50件，末梢水五项指标监测20余件，余氯监测147点/次。县级两个水厂的水质合格率达100%，乡镇水厂的水质合格率达96.6%。对查出的不合格卫生指标进行技术指导、流程改进，保证水质符合卫生指标。1999年，对全县集中式供水单位和部分分散式供水单位的取水、制水现场进行常规卫生监督检查，对从业人员进行法规和业务技术培训。对万和、碧溪、九一等水厂整改制水过程中存在的技术问题帮助解决，对金溪、诸家、锦屏蚕种场水质卫生检验不合格的原因进行分析，对其改进工作进行技术指导，督促其使用饮水消毒剂，使上述水厂的水质达到国家规定卫生标准。在枯水期和丰水期分别对45个集中式供水单位和8个分散供水单位的水源和出厂水、末梢水进行水质检验。共采集样品65件（其中水源水8件、出厂水12件、末稍水45件），检验结果符合国家生活饮用水卫生指标的有水源水6件（合格率75%），出厂水11件（合格率91.6%），末梢水43件（合格率95.6%）。在南充地区霍乱病流行暴发期间（5月1日至10月30日），对周口城区的8个余氯监测点进行每旬一次的余氯监测，共监测216个点/次，合格209个点/次，合格率为96.7%。2006年，蓬安县卫生监督执法大队全面监督检测全县54个供水单位，有44户合格。水质抽样检测72件，合格率为80.6%。行政处罚12户，其中警告责令改正的11户，罚款1户，当年无供水传染病和水污染事故发生。

化妆品监测　1989年，县防疫站开始对化妆品市场依法实施监督管理。1997年，查处过期、失效、变质和假冒伪劣产品36种，重200公斤，进行集中公开销毁。2006年，县卫生执法大队监督检查县域48户化妆品经营业主，合格45户，因不合格而对其行政警告责令改进的3户。从业人员51人，持有健康证47人，抽验化妆品36种，合格率为100%，经营伪劣化妆品行为得到控制。

放射卫生监测　1997年，依照卫生部《放射工作人员健康管理规定》和省政府制定《放射防护预防性监督管理办法》，对全县医疗机构X光机及放射装置系统、工作场所、安全操作情况进行日常性卫生监测，1998年5月，制定《蓬安县卫生局关于加强放射卫生监督管理规定》，发至有放射装置的单位。县卫生防疫站对全县放射装置、剂量重新登记，组织专业人员对放射工作人员健康状况、放射装置进行检查；从事放射的工作人员进行放射卫生知识专业培训和放射资格认定，既保护放射工作人员的身体健康，又促进放射工作有序开展。2003年，全县监督监测232户次，监督覆盖率为100%，督促放射工作人员按期进行健康检查，体检率为100%，督促28个单位到上级业务主管部门进行“放射装置卫生许可证”更换、验证工作，换证2个、验证26个，指导并帮助医疗机构建立工作人员健康档案、仪器使用情况登记档案。对全县19台使用频率高、放射工作量大的射线装置的机身及环境防护情况进行监测，计248个点次，合格238个点次，并出具监测报告书。对10个不合格的单位提出了整改意见，事后监督改进。10个不合格单位经过整改很快达到标准。2006年，县卫生监督执法大队对全县从事医疗诊断活动的医疗机构16户、设备24台（其中CT机2台、X光机22台）、放射工作人员38人（其中影像执业医师15人，影像执助11人，其他12人）进行了全方位的监督监测，其中放射防护管理机构健全的11户，不合格的5户，放射工作人员持证率为94.7%，应体检38人，体检30人，个人剂量监测率为11.6%，监督检查合格率为68.8%，责令整改8户。

【食品卫生监测】　1986年，蓬安县卫生防疫站监督食品卫生法律法规执行，督促从事食品卫生的单位办理卫生许可证、卫生人员年年体检、举办食品卫生人员卫生知识培训班、督促“五病”人员调离食品工作岗位、对食品卫生实行抽样检测以及对食品中毒事件调查治疗等。1995年，《中华人民共和国食品卫生法》颁布实施后，县卫生防疫站聘任社会上17名食品卫生监督员，参与全县食品卫生监督。1999年8月，周口广场酒家发生75人食品中毒，县上责令当事人停业整顿。2006年，开展食品卫生专项整治工作，全县食品生产经营1996户，从业人员4011人，监督检查经营户5113次、体检从业人员3703人、“五病”调离人员179人。学校伙食团设置有食品样品“留验柜”，每天将每样食品提样贮存待验。全年抽样检验食品906件，合格789件，合格率为85.42%；处罚423户/次，其中警告、责令限期整改423户/次，责令公告收回已售食品2户52公斤，罚款63户计人民币4.77万元，没收销毁霉变伪劣食品52户/次，计1171.5公斤，取缔非法经营6户。从事食品卫生许可证办证率、从业人员年体检率、卫生知识培训合格率、“五病”人员调离率分别是90.2%、47%、92.3%、100%。

卫生执法监测　1987年至1989年，全县从事食品生产和餐饮业办卫生许可证率分别为95.4%、95.2%、96.85%；从事食品从业人员健康体检率分别达93.3%、96.4%、96.52%；“五病”人员调离率分别是70.03%、89.47%、93.30%；食品抽样价格合格率分别是94.12%、81.62%、74.15%。1990年，县防疫站对全县7个区50个乡镇食品经营单位2148户（个体1482户）的从业人员4268人进行职业体检，完成体检4038人，占94.6%；查出“五病”52人，责令调出食品经营单位52人。复审食品卫生许可证301户（国营66户，个体235户）。抽（送）样检验食品12类210件，合格166件，合格率为82.6%。巡回监督检查2290户次，查处违反食品卫生管理办法行为214起，其中处以停业整改的122户次，罚款28户次，累计罚金1346元。销毁霉变、不合格食品64户次，计774公斤。1997年4月，县政府统一组织，县人大教科文卫工作委员会、卫生局、防疫站共16人组成“蓬安县贯彻执行《中华人民共和国食品卫生法》，整顿保健食品市场工作组”，分4个工作小组对全县东、西、南、北4个片区进行7天检查整顿。检查食品生产、经营单位1364户，从业人员3351人。对存在严重问题的28个经营户进行行政处罚（警告并限期整改25户，销毁霉变食品1440公斤，罚款2户，罚金1300元）；持卫生许可证经营户100%。同时宣传《中华人民共和国食品卫生法》，对业主进行卫生知识、法律知识抽答。8月，全市食品卫生监督管理交叉检查，蓬安获得第三名。1999年，蓬安县政府印发《关于加强公共场所与食品卫生监督管理规定》。县防疫站与区乡防疫人员对全县食品行业进行全面监测，共检查6643户次，合格6491户次，合格率97.71%。写书面监测记录613份，审查记录1161份。新办卫生许可证543户，换发证618户，审验证982户。城区、乡镇全面推行使用“84”消毒液，强化餐具消毒灭菌工作。2000年，开展全民健康教育和县城创卫工作，培训区、乡防疫员食品从业人员4期，参训人员500人次。悬挂创卫宣传图片2期，印发宣传资料4000余份。展示霉变伪劣食品3次，电视宣传10次，检测24类食品536件，检验合格498件，合格率83.56%，餐饮业餐具推行“一洗、二清、三消毒”制度。是年，共查出食品违法案件116起，处理116起，销毁伪劣变质食品45起，共6235公斤。

食品中毒调查治疗　1995年9月，福德镇1村8社张永占家举办婚宴，98人发生腹痛、腹泻。防疫站抽调5名医师、2名检验师组建医疗救护队奔赴事故现场调查检测。病学调查结果：中午进食凉菜被致病菌感染而引起的细菌食物中毒，全部送往医院治疗。18日，1名11岁学生经县人民医院全力抢救无效死亡，其余97人于21日全部康复出院。1996年4月，徐家镇2村9社唐庆吉家举办婚宴，进餐176人，发病67人，以中青年居多。临床症状为消化道疾病症状。实验室检测为“鼠伤寒沙门氏菌”感染，食凉菜所致。经县人民医院、徐家片区中心医院全力抢救，67人全部康复。1997年7月23日，周口（相如）镇下河街李光明食店，雇工误将硝盐当食盐用，7人食用米粉中毒，经抢救全部脱险。县防疫站对该食店进行行政处理，停业整顿，通报全县，并规定严禁在食店和卤制店使用硝盐作增色剂。1999年8月26日中午，马电公司职工肖某和姜某在周口镇广场酒家分别举行婚宴和生日宴会。340人进餐，6小时后，75人出现呕吐、腹泻、腹痛等症状。住院治疗42人，门诊治疗33人，治疗及时，全部康复。据查，系未作消毒处理的凉拌毛肚引起的变形杆菌中毒，县防疫站责令当事人郑老板停业整顿，并处罚款2000元。2003年6月13日，巨龙镇政府反映，自来水源“七一”水库养鱼户强行投放含有“敌敌畏”的鱼康双效灵鱼药，县防疫站派员迅速前往调查，取水样急时送省防疫站水质检查和现场分析，结论是现水库的水不能饮用，未造成不良后果。事后，县政府派人到各乡镇自来水水源和供水处监测，规范供水，保护居民饮用水安全。7月12日下午，两路乡8村4社罗某某、罗某某两名农户在当地采集野生菌约1.5公斤。当晚7时许两家进食野生菌煮面条后，9人陆续出现头昏、恶心、呕吐、乏力、呼吸困难等症状，经抢救全部康复。2006年，发生家庭聚餐中毒事件2起，中毒15人，经治疗全部康复。

【学校卫生监测】　1986年，县卫生局、文教局联合制发《蓬安县学校卫生管理办法（试行）》。至1999年，开展学生健康检查13次，累计检查150万人次；调查中学生发育情况8次，写出调查报告8篇，印发学校，告知家长。加强学生近视、龋齿、肠道寄生虫病、碘缺乏的检测、防治；写出学生常见病分析材料，督促学校教育学生预防近视，龋齿等常见病。学校同时开展了以学生食品为重点的卫生监督。2000年，县防疫站重点检测蓬安中学、周口中学、河舒小学等12所中小学46间教室的采光度、通风、室内外清洁卫生和校园周边环境及噪音污染，督促学校及周边单位整改。在罗家小学、巨龙小学、兴旺小学、济渡中学等8所学校检查出蛔虫感染学生1000余名，配合教育部门对全县中小学生服用驱蛔虫药，得到有效治疗。2003年，全县中小学开展学校环境大整治，对生活用水、食堂及周边食店、副食店食品卫生、环境污染监督治理；消灭苍蝇、蚊子、老鼠；学校食堂设置食品留样柜，饭菜实行品尝制，进货登记制。检查发现两所学校食堂环境卫生差、有霉变食品存在，在全县通报批评。2006年，县卫生监督执法大队对全县87所中小学校（学生94705人）全年监督检查391所/次，监测学校卫生，合格率为70%。其中自备式供水合格率为86.21%，食品卫生合格率为63.22%，传染病管理合格率为86.21%。依法进行行政处罚26所/次，警告责令改正26所，罚款5所，计人民币29200元，行政强制执行2所。县政府每年高考前都采取措施或发文给相关单位，确保考生卫生安全，特别注重预防突发事件和应急处理，确保万无一失。

【职业病防治】 1986年，县防疫站对全县乡镇企业劳动卫生基本情况进行全面摸底调查，建立档案。对18个县属厂矿的4454名工人建立劳动卫生档案和健康卡片。对粉尘、噪音、苯等危害职工健康较为严重的县丝厂、织布厂、雪茄烟厂等10个厂进行监测，不合格的出具整改通知书。在工人中进行健康检查，凡发现有关职业病后，立即通知该厂矿企业采取措施防治。2002年，开展职业卫生监督工作。7月，县卫生防疫站在县工会、县劳动保障局的配合下组织卫生监督人员对全县各企业进行一次彻底的职业病危害情况摸底调查，对29家企业监督监测，登记职业危害场所29个，接触职业危害因素的有1848人（其中男1201人、女647人），主要危害因素有粉尘、噪声、高温、高湿、紫外线、有毒有害气体、射线。接触危害因素人数最多的是粉尘，占总人数的49.08%，其次是噪声（724人），占总人数的39.18%，较少的是X射线（35人），占总人数的1.89%。事后，县卫生防疫站对有职业危害因素的29家企业均进行职业危害项目申报，采取改进企业设备，加强劳动防护措施防治职业病。2005年7月1日以后，对职业卫生工作的监督监测工作，由蓬安县卫生监督执法大队专管。

【传染病防控】 1986年，县防疫站设疾病控制科，管理防治传染病工作。各医疗单位建立传染病报告、消毒隔离、管理制度，县卫生局成立突发公共卫生事件应急处理工作领导小组，县防疫站办《疫情报告》期刊，每年出12期；办有《疫情预测预报》刊物，每年出刊2期。1994年11月，蓬安县福德镇石柱坝村程某，首例由广东省韶关市中心血站连续三次从血液中检出艾滋病毒抗体阳性，当即予以强制性医学观察。1995年10月6日，蓬安县卫生防疫站会同南充市卫生防疫站跟踪追查到福德镇石柱坝村一社其家中，采血送市卫生防疫作进一步检查，证实HIV抗体阳性。1994年至2003年，开展脊髓灰质炎强化免疫。至2006年，均无脊髓灰质炎病例报告。

疫情报告　1986年后，县防疫站先后设置流行病科、疾病控制科，各医疗单位建立健全疫情监控报告制度，制发《疫情登记簿》，每天专人填写，收集《疫情报告卡》整理上报。2001年1月，设置县、乡、村三级疫情监控、报告网络，聘请26名有专业知识的卫生防疫人员充实乡镇防疫工作。安排专（兼）职人员负责疫情监控报告。规定传染病报告时限，发现甲类传染及疑似病例时应立即以最快方式逐级向卫生防疫站报告，城市不得超过6小时，农村不得超过12小时；发现乙类传染病及疑似病例，城市不得超过12小时，农村不得超过24小时。1986年至2005年，共报告乙、丙类传染病17种，1989例，其中死亡1例，报告发病率为290.36/10万。2006年，共报告乙、丙类传染病19种，计2040例，死亡12例。报告发病率为296.65/10万。全县共有62个疫情报告单位(实行网络直报的单位53个)。蓬安近40年未发现甲类（鼠疫、霍乱、天花）传染病。

计划免疫达标　1986年，县内徐家、罗家、兴旺、锦屏区等勾端螺旋体发病人数1056例，县防疫站购置20万份勾端螺旋体疫苗，对徐家、罗家、兴旺、锦屏四个地区的15.8万农民和15岁以上2万名学生进行普种。1987年，采用冷链预防接种免疫后，全县勾端螺旋体只发病10例，以后未再发生。1989年2月，世界儿童基金会、国家卫生部联合组织儿童计划免疫接种率考核，抽查3

个镇3个村，共调查适龄儿童21名，通过乡、村医生和家长现场调查，接种卡核对，“四苗”接种率分别为二卡介苗98.1%，脊灰98.57%，麻疹97.62%，百白破97.61%，“四苗”普种率92.70%。1991年1月，市卫生局组织考核组进行第二个85%验收检查，抽查15个乡镇、15个村。结果为“四苗”合格接种率均达85%以上。1995年11月，省、市联合组织考核组，进行第三个85%验收检验，抽查10个乡镇，10个村，建卡100%，脊灰100%，卡介苗95.71%，麻疹100%，三联97.14%，“四苗”全程92.86%。至2003年，共开展12次脊髓灰质炎强化免疫，1次脊髓灰质炎扫荡免疫，1次脊髓灰质炎疫苗补种，共服苗免疫44.33万人次。至2006年，均无脊髓灰质炎病例报告。

【常见传染病防治】 1986年，全县城乡尤其是三坝、中坝、马回等乡出现流行性出血热病。1990年，出现脑炎。1994年，出现性病。1998年，在巨龙、金溪两片区出现流行性腮腺炎，凤石中心小学出现流行性感冒，经医治均得到控制。2003年春季，全县开展防治非典型性肺炎工作。2006年，发生狂犬病65例，经救治无一人死亡。

传染性非典型肺炎防治 2002年12月，广东报告传染性非典型肺炎，县委、县政府成立蓬安县突发公共卫生事件应急指挥部和“非典”处置指挥部，制订应急预案加强防治，全县无“非典”疫情发生和病例报告。

病毒性肝炎（甲肝）防治 病毒性肝炎在蓬安传染病中发病率居首位。1987年6月至7月，三坝乡1村4社暴发甲肝，全社42户170人，发病7人，罹患率4.12%，10月，杨家中学暴发甲肝，教师发病1人，学生发病38人，罹患率分别达1.08%和4.44%。两例暴发原因均属与肝炎患者同桌进餐所致。1989年10月，杨家中学58名教师和88名高、初中学生HBSA6筛查，教师阳性1人，学生阳性40人，总阳性率为28.10%。2004年3月，两路小学发现甲肝病例1例，未及时上报疫情和及时隔离治疗，5月24日，全校有45名学生感染甲肝病毒。省、市、县防疫部门深入学校，采取隔离治疗，控制了疫情蔓延。2006年，全县无甲肝病例出现。

流行性脑脊髓膜炎防治 1987年开始，每2年至3年对1岁至15岁儿童进行A群流脑多彩体菌苗普种1次。2003年9月至12月，对2岁至15岁儿童进行A+C多价流脑菌普种，流脑发病率逐年呈下降趋势，无暴发疫情。至2006年，共发病217例，占传染病总数的0.7%，死亡8人。

乙型脑炎防治 流行性乙型脑炎（简称乙脑），多发于1岁至6岁儿童。发病高峰年份为1990年、1993年和1995年，病例分别为59例、77例、85例。1993年开始，每2年至3年对1岁至15岁儿童开展乙脑疫苗普种1次。1995年后，乙脑发病率呈逐年下降趋势。至2006年，共发病664例，占传染病总数的2.1%，死亡11例。

流行性出血热防治 流行性出血热（简称出血热），属自然疫源传染病，蓬安是南充的重要疫区之一。1986年以来，在全县城乡特别是三坝、马回、中坝等发病率较高的乡镇广泛开展了灭鼠活动，鼠密度下降，出血热发病率逐年下降。至2006年，共发病628例，占传染病总数的2.1%，死亡15例。

痢疾防治 蓬安以细菌性痢疾为主，阿米巴痢疾少见。至2006年，共发病3304例。占传染病总数的10.7%，死亡12例。

狂犬病防治 狂犬病又称恐水症，是一种烈性传染病，人一旦感染，难以治愈。1986年后，县政府成立狂犬病防治指挥部。犬类从放养逐步实行套养，给犬注疫苗，发放注射疫苗证。全县普遍采用注射人用狂犬疫苗和犬用疫苗等防治狂犬病。犬注射免疫率达92.35%，犬伤人后人用狂犬疫苗接种率达98.30%，1986年至1992年，共发病35例，全部死亡。1993年至2005年，连续13年无狂犬病例报告。2006年，发生6例，无死亡病例。

麻疹防治 1989年，鲜店乡发病27例，学生占85%。县防疫站加强控制，未大规模暴发流行。至2006年，全县发病1704例，占传染病例总数的4.9%，死亡2例。

流行性感冒防治 简称流感，1998年2月16日至2月25日，凤石乡中心小学流感暴发，全校教

职工42人、学生722人，发病386人，住院2人，其中教师发病26人，学生360人，罹患率50.5%，发病主要集中在2月20日至22日，学校附近村民和学校有散发病例。6月，正源13村小学流感暴发，该村小学共有学生243人，从6月12日至18日发病81人，罹患率33.33%，无死亡病例，发病主要集中在6月13日至15日，以9岁至13岁学生居多。2000年1月，蓬安开始使用流感疫苗。2003年3月22日至4月2日，龙蚕镇中心小学校流感暴发。全校共有学生900人，教师40人，发病73人，住院1人，罹患率为7.8%。2004年至2006年，全县未出现流行性感冒群发态势。至2006年，共报告流感病例813例，占传染病总数的2.6%，无死亡病例。

流行性腮腺炎防治　1995年，开始使用腮腺炎疫苗。1998年，在巨龙、金溪两片区2岁至7岁儿童中广泛接种腮腺炎疫苗。2003年3月28日至5月22日，石梁中心小学腮腺炎暴发，全校有学生1207人，教职工86人，发病239例，住院治疗5例，罹患率为19.80%，发病以7岁至10岁儿童为主，占71.90%；5月9日至6月23日，罗家中心小学腮腺炎暴发，全校共有学生998人，教职工76人，发病68例，无死亡和住院病例，罹患率为6.81%，以6至8岁儿童发病居多，占64.71%；10月26日至11月26日，南燕小学腮腺炎暴发，全校共有学生554人，教职工35人，发病23例，罹患率为4.15%，以6岁至8岁儿童为主，占发病总人数的78.26%。2003年11月28日至12月10日，金溪小学有学生1291人，教职工108人，发病42例，以6至8岁儿童发病最多，占90.48%。发病学生均未接种腮腺炎疫苗。2004年至2006年，全县未出现流行性腮腺炎。

性病防治　1986年至1988年，蓬安无病例报告。1989年，蓬安县始发生性病病例。1994年，蓬安每年开始对直接为顾客服务的食品、公共场所、化妆品从业人员和收容审查人员、部分驾驶员进行性病、艾滋病的预防性检查。1999年，全县共发生性传染疾病3种107例，发病率为15.3/10万。在经济较为发达的城镇发病率较高，男人7例，占6.5%；女人100例，占93.5%；年龄最小的16岁，最大的64岁；文盲1例，大专以上文化9例，中小学文化程度人员较多，为83例，占总数的77%。2000年至2006年，全县共检查18456人次，查出性病38人。

结核病防治　蓬安以肺结核病例为常见。1990年5至6月，按照《四川省结核病流行病学抽样调查计划和实施方案》的要求，在蓬安原大泥乡魏家坝村开展第三次结核病流行病学调查工作，调查点抽样人口应查人口数为1087人，实查1071人，受检率为98.80%。15岁以下儿童240人，查卡痕236人，阳性者166人，卡痕阳性率为70.34%，PPD试验233人，阳性16人，阳性率为6.87%。无接种史45人，PPD试验42人，阳性1人，自然感染率为2.38%。胸透异常36人，摄片诊断为肺结核13人，患病率为1210/10万。痰涂阳2人，涂阳患病率为38.46%。1995年6月，利用国债资金启动结核病控制项目，开展结核病控制日常工作。至2003年12月，全县共接诊可疑肺结核患者2855人次，胸透拍片1786例，其中初治涂阳病人542例，复治涂阳病人240例，随访病人查痰1564人次，治愈率为98.87%。2006年5月，县卫生局制定《蓬安县结核病防治规划2006—2010年实施计划》，继续防治结核病。

脊髓灰质炎防治　1986年，开展7岁儿童脊髓灰质炎丸普服工作。1990年度，完成以县、乡镇为单位的3个85%计划免疫接种率达标工作。2000年10月，经省、市考核组验收，蓬安实现无脊灰目标。1992年开始至2003年，连续开展11次强化免疫、1次扫荡免疫和1次查漏补缺，共计26轮服苗活动，各轮服苗率均在98%以上。每年对发现的15岁以下儿童患急性弛缓性麻痹症者按要求采样送检和随访观察。至2006年，无脊髓灰质炎病例发生。

【地方病防治】　1986年至2006年，蓬安地方病主要有寄生虫病和碘缺乏病两种。

寄生虫病防治　1989年8月至1990年4月，按照《全国人体寄生虫分布抽样调查实施方案》的要求，以分层整群随机抽样法抽取天城、巨龙、河舒、金马、周口5个乡镇分别代表东、西、南、北、中5个方位调查点。5个点共计2689人，实查2562人，证实有人体寄生虫12种，其中蛔虫卵检出率为77.08%，鞭虫卵检出率为3.4%，结肠肉阿米巴虫卵检出率为0.62%，兰氏贾递虫卵检出率

0.35%。2002年10月至2003年4月，在1989年第一次全县寄生虫病分布调查5个点的基础上，采用摸号法随机抽取河舒12村、周口二段、金马2村为本次抽样调查点，3个点总人数为3428人，应查1652人，实查1572人，爱检率为95.16%，阳性471人，感染率为30.98%。其中蛔虫感染率为21.18%，钩虫感染率为10.88%，蛲虫感染率为23.42%，鞭虫感染率为0.32%。2006年，全县没有寄生虫病例报告。

碘缺乏病防治　1991年，蓬安碘缺乏病普查结果显示：甲状腺肿大率为30.09%，患病率为8.66%。水中碘含量不足，属轻、中度病区。从1993年开始，开展中小学生和部分村民及碘缺乏高危人群普服碘盐工作。据统计，村民及高危人群普服84500人次，学生普服90850人次。1995年，县政府制订《蓬安县碘缺乏病防治规划》，成立地方病防治领导小组及办公室，负责日常防治工作。6月，蓬安被确定为四川省碘缺乏病监测点，每年按《监测方案》进行监测，1996年，全面供应加碘盐。1997年，已杜绝非碘盐上市。1999年，按要求随机抽取新园、开元、金溪、巨龙、周口5所小学，进行消除碘缺乏病阶段目标评估，学生尿碘中位数为138ug/L，均高于50ug/L，合格碘盐食用率为90.50%，8岁至10岁儿童甲状腺肿大率为12.36%。加上组织领导、盐业管理、健康教育逐项评分为85分，基本实现消除碘缺乏病阶段目标。2001年11月，对32个乡镇64个村640户居民食用盐进行含碘定性监测，采集盐样640份，均属细盐，现场定性检测含碘盐640份，含碘率为100%，其中碘酸钾盐样585份，碘化钾盐样55份。每年的5月5日是世界“防治碘缺乏病日”，县卫生防疫站在这一天深入宣传碘缺乏病防治知识。2002年至2006年，群众普遍食用碘盐后，蓬安无缺碘病例出现。

妇幼保健

1986年8月，县妇幼保健站启动“三分之一”县卫生项目投资建设。1987年6月，对区乡妇幼人员进行培训，48人学习新法接生，9月，培训计划生育手术人员200余人。1988年6月，首次对周口镇689名、河舒镇732名0岁至7岁儿童进行生长发育监测工作，开展妇幼卫生工作试点。1989年，对县城23个单位1188名妇女进行健康普查，患病率80%。1995年，启动婚前医学检查，使用全国统一印制的《出生医学证明》。2002年，县妇幼保健院新增外科手术，带动妇产科发展，住院病人由20人左右增至50人以上，全年参加妇保3156人，儿童保健3826人，临产住院212人。2003年5月，市保健院在县保健院对全县中心卫生院长、妇幼人员、检验人员25人进行新生儿疾病筛查培训。2005年，保健院设立“预防接种门诊”，药品实行网上采购，住院部开设新生儿恒温箱保暖，新生儿蓝光治疗恶性葡萄胎化疗业务。2006年8月，香港万志仁慈善基金会赠送保健院救护车1辆，新生儿恒温蓝光箱2台，心电监护仪1台，麻醉机、呼吸机各1台。

【妇女保健】　1986年至1993年，妇女保健工作重在宣传保健知识、增强妇女自我保护意识，检查治疗妇科疾病。1994年10月，蓬安县规定“凡拟婚男女必须具有婚前检查合格证”，才能办理结婚登记。市卫生局颁发“母婴保健技术服务执业许可证”，蓬安妇幼保健院是县内唯一获此执业许可证单位。2006年，加强妇女“五期”（经期、孕期、产褥期、哺乳期、更年期）保健工作。

婚前检查　1986年至1994年，婚前检查无法律规定，男女双方自愿检查。1995年，《母婴保健法》规定“男女双方在登记结婚时，应当持有婚前医学检查证明或者医学鉴定证明”。婚前检查成为办结婚证的必备手续之一，全县38个乡镇民政所凭婚前医学检查合格证办理结婚证。至1996年2月，全县共有886对拟婚男女接受婚前检查。检查出疾病78人，占总检人数的4.4%。县城、场镇附近拟婚男女婚检居多，边远山区乡镇较少，甚至多年无一人婚检，全县婚检率在20%至30%之间。2003年，《中华人民共和国婚姻法》出台后，婚前检查由男女自愿决定，全县婚检人数更少。2004年，结婚3800对，婚检8对。2005年，结婚4600对，婚检4对半。2006年，结婚4000对，婚检5对。

新法接生 1986年，新法接生率达到80%以上，住院分娩率为15%以上，婴儿死亡率在40‰以下，新生儿破伤风死亡率控制在3‰以下，孕产妇死亡率控制在150/10万。1990年，启动高危孕产妇筛选查、分级管理和提倡住院分娩，新法接生率达90%，住院分娩率上升到20%以上，婴儿死亡率降至30‰以下，新生儿破伤风死亡率降到2‰以下，孕产妇死亡率控制在120/10万。1995年，母婴保健法实施以来，全面推行住院分娩。保健院和县人民医院积极开展“爱婴医院”创建和达标工作，全县广泛宣传孕期保健和母乳喂养知识，开办孕妇学校，孕产妇系统管理（产前检查5次、产后访视3次）达60%，新法接生率上升到95%以上，住院分娩率上升到25%以上，新生儿破伤风死亡率降到1.5‰以下，孕产妇死亡率降至100/10万。1998年、2003年，妇幼保健院举办3期培训班对乡、村两级妇幼人员培训孕期保健、新法接生、难产处理和新生儿复苏技术。新法接生率提高到98%以上，住院分娩率提高到30%以上，新生儿破伤风发生率控制在1‰，新生儿死亡率控制在20‰，孕产妇死亡率控制在80/10万。2000年至2006年，全县产妇总数34785人，实行新法接生的34304人，新法接生率98.6%。

妇女“五期”保健 县妇幼保健院印发宣传单，利用有线广播、电视台对全县妇女进行“五期”保健知识宣传。1986年至1993年，全县机关企事业单位成立单位妇女保健组织，健全女工保健制度，建立女工健康、保健档案，设立女职工孕妇休息室及哺乳室。派专业人员到农村、企业讲授妇女“五期”防病治病、保健知识。1998年，对马电300余名女职工进行“五期”保健工作。2000年至2005年，全县各机关、企事业单位工会、妇联、加强妇女“五期”保健，到保健院保健人员增多。2006年，参加“五期”保健人员达4600人次。

【儿童保健】 1986年，县妇幼保健站设有儿童保健科，配备专业技术人员4名，负责全县儿童保健工作，各中心卫生院和乡镇卫生院成立儿保科（组），落实专人负责儿童保健工作。儿童保科与乡镇卫生院儿保组联动，深入幼儿园、小学一年级教室，对未保健儿童实行集体统一保健，按规定注射疫苗和预防接种。开展入园幼儿、小学一年级入学时建立个人健康档案，发现儿童病及时治疗。蓬安县儿童主要病有佝偻病、营养不良症、小儿贫血等常见病。到1988年，全县出生19266人，未参加新生儿保健。1989年，对城区儿童实施保健系统管理，当年入保193人，参保儿童逐渐辐射到农村。1993年，入保达538人，后在柳滩、新园、河舒、徐家等乡镇试点，以点带面推动儿童保健工作。1995年，入保率33.97%。1996年，全县抽查6个乡镇2140名0岁至7岁儿童病占19.8%，儿童患病呈下降趋势。2003年，全县儿童保健率达79.82%。2006年，相如镇2287人入保、参保率89.5%。儿童病发病率降至0.5%以下。

医 疗

1986年，蓬安医疗机构有县人民医院、县中医院、6个区卫生院、50个乡镇卫生院、598个村合作医疗站，20户个体诊所。1996年，县医院成立CT室，装备F820血细胞计数分析仪。县中医院妇幼保健院及各区中心卫生院都先后购进一批先进医疗设备。2001年后，蓬安先后成立了一批民营医院，个体诊所也不断涌现。2006年，全县医疗机构由公立医院、民营医院、个体诊所和村级卫生站组成。

【医院】 1986年，全县有人民医院、县中医院、6个区卫生院、50个乡镇卫生院、598个合作医疗站。1987年，成立河舒区医院。1992年，撤区并镇，区卫生院更名为片区中心卫生院。1998年，县人民医院、中医院分获“国家二级甲等医院”“国家二级乙等医院”称号。2006年，全县有49家公立医院、5家民营医院、62户个体诊所、584个村级卫生站。

蓬安县人民医院 1986年，蓬安县人民医院设有内科、外科、儿科、妇产科、五官科、检验科、口腔科、急诊科、护理科、中医等科室。当年开放床位228张，入院6378人，门诊173953人，年收入143.69万元。1989年，装备半自动生化仪、购置造影检查、超声功能检查仪器，制剂室迁入新楼，西药房设门诊、住院药房。1990年，获省“文明医院”称号。1992年，购置500毫安X光机电视，增强系统和遥控摇篮装置。1995年，住院部各病房安装床头传呼系统。骨科被定为市级重点专科。被川北医学院定为“教学实习医院”。当年，开放床位312张，入院7246人，门诊190508人，年收入888.57万元。12月，创建“国家二级乙等医院”验收合格。1996年至1997年，医院实行挂牌服务。购日本F820全自动血细胞计数仪一台，药库楼竣工使用，购华西牌救护车一辆，CT室建成并装备美国PK1200型全身CT机，功能科装备美国惠普新1000型彩色多普勒超声诊断仪，妇产科装备美国惠普胎儿监护仪。1998年，创建的“爱婴医院”经卫生部验收合格，创建“国家二级甲等医院”验收合格。2000年，医院获四川省委、省政府授予“文明单位”“卫生先进集体”等称号。同周口派出所共建“警民联防单位”，试行病人住院选择医生工作。《精神文明报》报导县医院22条承诺和领导班子带领职工跨越式发展的事迹。2001年，康复科工程竣工并迁科，外二病区高档病房竣工，停止大输液制剂生产。《四川经济日报》以《人民利益重于泰山》为题报导医院医风医德建设。是年，开放床位250张，住院7280人，门诊191584人，年收入2467.65万元。2002年，设立重症监护治疗病区。2003年，省卫生厅对县医院按新的“国家二级甲等医院”标准验收合格。2005年，评选首批医院拔尖人才12名、学术技术带头人18名；在黎家店村二社沈家沟修建传染病区。2006年6月，医院获蓬安县第十届科技进步奖20项。12月，省卫生厅专家组对医院新的“国家二级甲等医院”复评合格。是年，医院开放床位200张，入院病人7146人，门诊136825人，年收入2937.01万元。

蓬安县人民医院科室、人员统计表

（1986~2006）

单位：人

区分 数目 年度	科室设置数（个）	人员						职称			学历			
		职工总数	医护及医技人员			行政后勤人员		高级	中级	初级	大学	大专	中专	高中及以下
			医	护	技	行	后							
1987	32	285	86	96	43	13	47	1	20	221	10	26	152	97
1989	36	305	84	100	46	12	63	10	67	161	12	32	162	99
1991	37	321	87	110	54	12	60	15	67	172	15	38	169	99
1993	37	345	85	115	57	13	75	17	72	175	19	43	172	111
1995	37	361	85	118	63	13	82	17	87	191	21	45	179	116
1997	37	371	84	123	68	12	84	19	92	190	23	46	180	122
1999	38	372	84	128	54	10	74	21	92	198	33	48	172	119
2001	35	369	82	128	70	10	79	22	94	205	39	67	148	115
2003	35	360	79	125	69	10	77	22	98	185	45	111	112	92
2004	35	360	82	125	69	10	74	22	98	144	48	108	112	92
2005	45	289	77	94	59	10	49	22	85	109	58	121	76	34
2006	45	291	79	104	50	10	48	23	85	102	69	123	68	31

蓬安县人民医院业务统计表

（1986~2006）

单位：人、万元

年度	开放床位	入院人数	治愈出院人数	死亡人数	门诊人数	年收入
1986	228	6378	5573	116	173953	143.69
1987	228	6232	5474	129	178927	168.40
1988	260	6111	5349	130	185398	230.82
1989	260	6244	5622	114	191732	256.09
1990	265	6704	6131	117	234586	320.34
1991	236	6765	6219	112	253372	407.66
1992	309	7167	6489	102	244173	447.53
1993	293	7386	6658	102	230582	556.15
1994	298	7143	6510	88	190635	691.83
1995	312	7246	6644	98	190508	888.57
1996	312	7182	6530	106	188921	1299.26
1997	301	6842	6278	76	188771	1458.50
1998	260	6907	6331	69	185514	1656.56
1999	240	6856	6230	58	200729	1812.85
2000	240	7385	6744	61	206409	2271.30
2001	250	7280	6738	76	191584	2467.65
2002	250	6312	5824	72	16367	2513.61
2003	250	5679	5210	77	88939	2131.12
2004	230	6077	5599	84	99493	2550.75
2005	200	6496	6023	76	128115	2863.20
2006	200	7164	6689	91	136825	2937.01

蓬安县中医院　1986年，县中医院开设中医内科、外科、妇科、儿科、皮肤科、骨伤科、眼科、针灸按摩科、口腔科、妇产科、西医内科、检验科、超声波检测室、心电图室。医疗设备15台（件），固定资产170万元，职工95人。开放床位100张，入院病人1395人，门诊80744人，年收入270万元。1989年后，先后购进医疗设备23台，固定资产190万元，全院职工137人，开放床位100张，入院病人1679人，门诊94451人，年收入275万元。1998年，经验收县中医院达国家二级乙等医院标准。2001年至2003年，治理医院“私收费、私卖药、乱收费、乱行医”不良风气，被川北医学院、成都中医药大学列为定点帮扶医院，成为蓬安城镇职工医疗保险定点医院、交通事故鉴定定点医院。年收入500万元左右。2005年，医院业务人员纷纷流向民营医院，年业务收入降至358万元，拖欠职工工资3个月，欠药商等药费500余万元，医院负责人涉嫌经济犯罪被查处。2006年，调整医院领导班子，改革管理办法，中层干部竞聘上岗，绩效向一线人员倾斜，整顿医院不良行为，医院面貌一新。是年，全院有职工139人，固定资产530万元，开放病床100张，入院病人1358人，门诊37626人，年业务收入上升至432万元。

蓬安县中医院人员结构及设备一览表

(1986~2006)

单位：人、万元

年度	职工总数	高级职称	中级职务	初级职称	行管人员	后勤	万元以上设备（台）	固定资产
1986	95	—	3	74	1	17	15	170
1987	97	—	3	75	1	18	15	170
1988	99	3	11	65	1	19	15	170
1989	110	3	18	73	1	15	18	170
1990	113	2	18	78	1	14	18	170
1991	116	2	18	77	1	18	20	180
1992	123	2	18	82	1	20	20	190
1993	137	2	25	86	1	23	23	190
1994	139	3	26	73	1	36	24	190
1995	139	3	26	73	1	36	25	204
1996	138	3	26	72	1	36	25	204
1997	124	3	36	44	1	40	25	204
1998	124	3	36	44	1	40	26	244
1999	138	3	30	47	1	49	26	288
2000	138	3	36	47	1	49	37	294
2001	149	3	40	48	1	57	27	337
2002	149	3	40	48	1	57	28	269
2003	156	8	43	51	1	53	30	522
2004	156	8	43	51	1	53	30	528
2005	140	9	31	46	1	53	30	528
2006	139	8	31	46	1	53	32	530

蓬安县中医院主要业务统计表

(1986~2006)

单位：人、万元

年度	开放床位	入院人数	治愈出院人数	死亡人数	门诊人数	年收入
1986	100	1395	1319	19	80744	270
1987	107	1807	1731	16	90243	260
1988	119	2012	1923	17	84728	260
1989	119	1923	1928	30	103110	270
1990	119	1905	1711	22	121175	260
1991	119	1902	1838	20	121487	260
1992	100	1875	1802	21	128413	260
1993	100	1679	1545	20	94451	275

续表

年度	开放床位	入院人数	治愈好转出院	死亡人数	门诊人数	年收入
1994	100	1578	1421	19	9769	260
1995	100	1528	1427	19	105187	275
1996	100	1351	1261	8	100890	285
1997	100	1899	1498	8	121980	285
1998	100	1949	1843	13	108091	341
1999	100	1981	1778	10	111858	413
2000	100	1961	1792	23	104330	419
2001	100	2010	1794	15	122567	554
2002	100	1564	1408	21	118540	531
2003	100	1318	1181	17	94441	584
2004	100	1239	1109	20	63381	495
2005	100	910	837	19	34517	358
2006	100	1358	1203	13	37626	432

片区中心卫生院　1986年，全县设兴旺、罗家、徐家、金溪、锦屏、巨龙等6个区卫生院。1992年，区卫生院更名为片区中心卫生院。2006年，建立相如镇中心卫生院。全县片区中心卫生院增至8所，其中锦屏、金溪、罗家、河舒片区中心卫生院为一级甲等达标医院。片区中心医院设有内科、外科、中医科、妇产科、检验科、儿科、放射科、手术室、供应室等。主要设备有胃镜、B超、心电图、血液、大小便检测、X光机等。院内设片区卫办，负责所辖乡镇的卫生管理、计划免疫、传染病和地方病防治、妇幼保健和卫生监督检查、医政、药政管理工作。片区中心卫生院由县卫生局直接管理。

相如中心卫生院　2006年8月成立，开设中医内科、西医内科、外科、妇产科、牙科、儿科、皮肤科、骨科。开展常见病的诊治及相如镇城乡卫生防疫、妇幼保健、计划免疫、健康卫生知识教育等工作。有医护人员35人，病床31张。

河舒片区中心卫生院　1987年，建成河舒区卫生院。1992年，更名为河舒片区中心卫生院。2002年国家一级甲等医院验收合格。2006年底医院占地4500平方米，建筑面积3399平方米，医护人员43人。开设内科、普外科、骨科、妇产科。

金溪片区中心卫生院　1986年，名金溪区卫生院，设有中医内科、外科、儿科、妇产科、化验室。1992年，更名为金溪片区中心医院，是集医疗、卫生、防疫、妇幼保健等为一体的综合医院。2000年10月专家组评审验收合格定为“国家一级甲等医院”。有病床60张，职工48人。常设科室有内科、外科、妇产科、五官科、放射科、B超室、供应室等科室。

徐家片区中心卫生院　1986年，名徐家区人民医院。1992年与徐家乡卫生院合并为徐家中心卫生院。医院占地17.5亩，建筑面积7800平方米。开设科室有内科、外科、妇产科、骨科、中西结合科、五官科、皮肤科及理疗、预防保健、放射、检验、心电图、脑电图、B超、放射等科室。承担片区内健康教育、卫生宣传、防疫、妇幼保健、急救等工作。有病床40张，职工47人。

罗家片区中心卫生院　1986年，名罗家区医院。1992年，更名罗家片区中心卫生院。2002年创国家一级甲等医院验收合格，有职工21人。1995年至2000年，医院组织资金120万元，整体搬迁。2006年，有病床40张，收治住院病员1087人，治愈1079人，门诊诊治病人35075人。

兴旺片区中心卫生院　1986年，名兴旺区医院，医院占地7亩，建筑面积7142平方米，固定资产78.4万元。在岗职工28人，主要科室有外科、内科、妇产科、中医科。1992年，更名为兴旺片区中心卫生院。2006年，病床30张，住院病人620人，门诊病人1万人次。

锦屏片区中心卫生院 1986年，名锦屏区医院。1992年，更名为锦屏片区中心卫生院，设有内科、普外科、妇产科、中医科、骨伤理疗科、痔瘘科、烧伤科、传染科、放射科、检验科、B超室等科室。2000年11月，创国家一级甲等医院验收合格。2006年，医院建筑面积4978平方米，固定资产113万元，有病床35张，职工36人。是年，门诊25478人次，住院病人700人次。

巨龙片区中心卫生院 1986年，名巨龙区医院。1992年，更名巨龙片区中心卫生院。医院设有中医内科、妇产科、儿科、五官科、口腔科、急诊室、针灸室、照光室等。常用设备有超声机、半自动生化仪、200mA光机、心电图机、光电子胃镜、体外振波碎石机。2006年，医护人员20人，病床40张，收治住院病人200人次，门诊2万余人次。

乡镇卫生院 1986年，全县有乡镇卫生院50所，各乡镇卫生院均设有内科、外科、中医科。1988年，县政府将乡镇卫生院下放乡镇政府管理。乡镇卫生院一度处于分散从业、资产肢解、管理失控的状况。2001年，全县乡镇卫生院收归县卫生局统一管理，从人员、财经、业务、机构等方面作了重大改革调整，聘任39人充实乡镇卫生院领导。是年，乡镇卫生院有医生347人、护士64人、医技人员37人，占地面积12.2万平方米，固定资产3120万元，增设妇产科、儿科、B超室、照光室、化验室。妇产科，配合计划生育工作开展新法接生和计生服务。2006年，撤销周口镇、红旗乡、清溪乡、河舒镇、罗家镇、中华乡、兴旺镇、锦屏镇、马回乡、巨龙镇、金溪镇、大泥乡、万和乡、向东乡、徐家镇、黄坪乡、金马乡、白玉乡等18所卫生院。全县保留39所乡镇卫生院，固定资产1296.6万元。

村级卫生站 1986年至1995年称“合作医疗站（点）”，1996年，改称村卫生站（室）。2000年前，村卫生室处于瘫痪状态。2001年后，乡镇卫生院调整充实，改村卫生室建村卫生站。蓬安建设村卫生站坚持集体办站，实行分类指导，推行以村建卫生站的农村医疗保健制度。村卫生站建立由村民委员会申报，乡镇人民政府、卫生院审核报送县卫生局，县卫生局实地考察后登记注册，颁发“村卫生站许可证”，医务人员由村民推荐，乡镇卫生院业务考核合格后上报，县卫生局发给“乡村医生证”或“卫生员证”。2006年，全县建立584个村卫生站，从业医生、卫生员共计724人，村卫站覆盖率97.65%。584个村卫生站承担58.4万农村人口常见病诊治、预防保健、计划生育、卫生宣传、健康教育等工作。村级卫生站受县卫生局统一管理，业务上受乡镇卫生院指导，全县有11个乡卫生院对辖区内村卫生站统一配送药品。

私营医院 1986年，蓬安只有个体医生20个。2000年，经县卫生局批准个体医生（诊所）134个。2001年至2005年，先后建立起博爱、济民、德仁、盛泰、同济五家民营医院。2006年，民营医院开始取得医保资格。

蓬安博爱医院于2001年11月经县卫生行政主管部门批准成立。医院固定资产1000万元，主要设备有彩超、自动生化仪、全血细胞自动分析仪、尿液分析仪、电子胃镜、电子阴道镜、TC20型500毫安电视系统一体化X光机、电视腹腔镜、胎儿胎心监护仪、救护车等，设内科、外科（普外）、中医科、儿科、妇产科、五官科、康复科、功能科。至2006年，有病床50张，收治住院病人606人次，门诊病人51352人次。累计组织义诊1800人次，免费为社会群众治疗1300人次，为贫困人群减免医药费3.8万元。医院是职工医保、城乡特困户医保、保险公司定点医院。

蓬安县红十字医院于2002年4月在县城东风大道成立，初名为蓬安济民医院，2005年1月，迁至县城建设中路，10月，由南充市红十字会批准其为县红十字医院。医院总投资500万元，有职工48人。设中、西医内科、普外科、儿科、骨伤科、医学检验、放射科等科室。医院为城镇职工医保、城乡特困户医保、社区医疗中心和保险定点医院。2006年，共诊疗病人2.5万人次。

徐家红十字医院于2003年9月成立，初名为蓬安县徐家盛泰医院。2004年，获“民营经济先进单位”称号。2005年10月，南充市红十字会批准“蓬安县徐家盛泰医院”更名“徐家红十字医院”。医院占地3.6亩，建筑面积6000平方米，设备有500mAX光机、彩色B超、经颅多普勒、生化分析仪、救护车等，固定资产500万元。医院被定为城镇医保、城乡特困医保、社会医疗中心定点医院。有职工35人，开设急诊科、中医内科、普外科、骨科、功能科等科室。年门诊2.8万人次，住院病人0.56万人次。2006年，获得“农村卫生工作先进单位”“公民无偿献血先进单位”“民营经济先进单位”等称号。

蓬安德仁医院于2003年10月由周先太、周荣、周小蓉三家私人诊所合并成立，地址在相如镇铧厂村与县城相如大道交界处。医院设有中医科、骨外科、内科、妇产科、康复科等科室，设备有胸腔镜、BC3000型全自动血球计算仪、心电监护仪等检验检测设备。医院电针科名誉其外，周先太治疗疑难杂症，疗效显著。2005年7月，医院搬迁至县城磨子街198号。2004年至2006年，共收治住院病人2300人次，治愈出院2200余人次，门诊19000人次。医院是职工医保，城乡特困户医保、保险公司定点医院。

蓬安县同济医院于2004年7月成立。总投资1300万元，建筑面积24000平方米，有职工24人，设有内科、外科、康复科等临床科室。医院有原装进口全身CT机、菲利普彩超、日本奥林巴斯电子腹腔镜、日本进口ALK全身B超、全自动生化仪等设备。医院在执行国家药品和诊疗项目降低价格25%的基础上，再降9%。城乡特困户住院治疗出院时返医疗费的6%作为病人的营养补贴，救护车接送重症病人一律免费，2004年到2006年，医院共开展义诊108次，对特困户、低保人员减免医药费3.65万元，药品让利给患者30余万元。医院是职工医保、城乡特困户医保、保险公司定点医院。2006年，诊疗病人3.2万人次。

1986年，蓬安县有20所个体诊所。1997年、2003年两年，县卫生局对全县私人诊所、从业人员进行过两次清理整顿，取缔16家未取得“医疗机构执业许可证”的个人诊所和32个未取得“个体行医许可证”的行医人员。个体诊所开设有中医、西医科、外科、骨伤科。主要分布在边远地方及人口密集的场镇、县城。2006年，全县个体诊所62家。

厂校医院　1986年，蓬安县缫丝厂设有职工医院，马电、烟厂等企业设有医务室。蓬安中学、蓬安师范、周口中学、徐家中学、杨家中学、盘龙职中、巨龙职中、金溪中学、罗家中学等设有医务室。1992年，马回电站医务室撤销。2003年，丝厂、烟厂相继破产后，职工医院和医务室随之解体。2006年，蓬安中学、罗家中学等9所学校仍有医务室。

【治疗】　1986年，蓬安老百姓感冒和常见病治疗相信中医居多，农村居民日常病症多用当地中草药民间单方，看中医或到当地合作医疗治疗，大病到县区医院诊治。1990年，城乡药店渐渐增多，人们小病一般到药店买药治疗。2006年，县乡医院和各民营医院治疗条件改善，小诊所增加，人们选择中草药单方自己治疗的少了，看病普遍选择中西医治疗为主。

中医　1986年，蓬安仍流行中医诊病，特别是乡下个体医生用中医诊病居多。医院的中医除采用传统望、闻、问、切外，还运用现代仪器、检验、化验等方法诊病，对症下药，提高疗效。蓬安有如陈立先、章榜举、田光达、秦维义、刘淑泽、李士杰、蒋桂清等深受病员信任的老中医，医疗多有独到之处。副主任医师蒋桂清用中医治疗肝炎，副主任中医师李士杰（外号李大包）用大处方中草药治疗内科诸症，深受病家赞誉。县人民医院副主任中医师姚杰良和中医蒋昌文总结整理已故名中医陈方儒、陈立先父子“白芨疗肺丸”治疗肺结核的学术经验，被四川省中医药管理局在全省推广应用。《白芨疗肺丸治疗肺结核临床预试》作为1989年至1990年四川省重点科研项目。1996年至1997年，姚杰良与普内科副主任医师龚晓辉，中西医结合开展四川省中医药管理局重点科研课题《柴朴平喘合剂治疗激素依赖型哮喘的临床研究》，1999年，通过省中医药管理局专家鉴定，广泛推广应用。1986年至2006年，蓬安中医除内科诊断外，外科、理疗、针灸、痔瘘等在全县广泛应用。刘淑泽总结数十年治疗痔疮的经验，撰写的《治疗痔瘘312例总结报告》被多家医学刊物和治疗单位采用。中医外科医生唐香文父子3人利用祖传手法，结合现代科技治疗骨伤，远近闻名。

中药　1986年，蓬安医务人员尤其是农村医生主要用中药给病人治病。全县各医院都有中药房。蓬安所产中草药主要有：半夏、姜蚕、枳壳、生地、杜仲、荆芥、紫苏、冬桑叶、翻天印、生姜、红浮萍、竹绒、薄荷、芭茅根、女贞子、枇杷叶、鱼腥草、马蹄草、野菊花、马齿苋、牛耳朵大黄、地白菜、五皮草、泥鳅串、臭牡丹根、蒲公英、鸡冠花、陈芝、白茅根、葛根等。

1995年，县人民医院和县中医院建有制剂室，自制“白芨疗肺丸”“柴朴平喘合剂”“白芨疗肺散”“风湿药酒”等中草药合剂，用岩白菜等中草药制成“支气管合剂”，有外科用药“经参丹”“化腐生肌丹”“提脓丹”“止血散”“三黄膏”等数个品种。2006年，县内各医疗单位乃村医疗站都设有中药房（柜），用中药、中成药治疗疾病。

西医　1986年，县人民医院诊治病人以西医为主，区、乡医院及村合作医疗、个体医生都能用西医治疗伤病。西医主要科室有内科、外科、妇产科、小儿科、五官科、传染科、口腔科、皮肤科、急诊科、检验科、放射科等科室。2006年，县医院增加心脑血管内科、预防保健科、呼吸科、神经内科、神经外科、消化内科、血液内科、泌尿外科、麻醉科、预防保健科、医技科、病理科等。肺心病、肺结核、肿瘤、慢性心衰、充血性心力衰竭、冠心病、顽固性心绞痛、心肌梗塞、高血压肾病、急慢性心肌炎、顽固性大咯血、支气管哮喘、肾病、脑栓、胸梗塞、脑出血、癫痫病、胃肠疾病等内科诸疾，采用西医治愈。县医院、中医院及少数民营医院能成功施行胸、腹腔及癌细胞病变切除等高端手术。

西药　1986年，西药由县医药公司采购供应。1989年，县人民医院根据业务需要，自制大输液灭菌15个品种，普通内服制剂16个品种，五官科用制剂14个品种，外用制剂22个品种。2000年以后，西药由市卫生局招标采购，统一配送。西药存放，实行一药一卡，分区存放。医疗单位严格药品管理体制，杜绝使用过期、霉变药品。2006年底，全县西医临床用药达3095个品种。其中片剂766种，丸剂859种，针剂499种，粉剂369种，水剂477种，化学试剂108种，麻醉药品17种。是年，县医院能自制70多个品种。

【护理】　1986年，县内各医院护理工作主要是给病人注射、伤口换药以及预防接种等。1989年县中医院18名护士参加全省中医护理知识统考，获全省第八名。1992年，县中医院傅龙社获“全国优秀护士”称号。2000年后，已在各医院普遍开展照料病人、送药打针等常规护理；皮下注射、额封、静脉注射、输液、手术前常规消毒、备皮、配合手术、术后护理、输血、静脉切开、骨肠减压、漏斗洗胃、吸氧、脑外病人生命体征观察等专门护理；使用电动同步呼吸机、电动吸痰、腹膜透检护理、密封式输液、无菌技术操作、小儿静脉输液保留、冰冻脱水回输腹水治肝硬化等特殊护理。2003年至2006年，县护理工作管理形成护师、护士、护理员三级负责制。

【药品医疗器械】　1986年，蓬安县中、西药品购、销、调、存以及医疗器械购销主要是县中、西药公司负责。2001年，县卫生局下属医疗单位进药一律由市政府、省政府、卫生局、厅组织招标采购，村卫生站的药品由各中心卫生院统一进药配送，保证药品质量。2006年，县内药品生产企业蓬安康贝大药房宏济中药饮片加工厂，加工生产300余个品种，年销售金额300万元。药品批发经营企业4家，即南药（集团）蓬安县医药有限责任公司，年药品批发销售金额约550万元；四川科伦医贸公司蓬安分公司，年药品批发销售金额约1300万元；南充华康药品有限公司蓬安分公司，年药品批发销售金额800万元；四川本草堂药业有限公司蓬安分公司，年药品批发销售700万元。药品零售企业蓬州大药房，年销售药品金额80万元。药品批发企业零售连锁店216个，年药品零售金额约2300万元，年药品批零销售总额6500万元。

医学科教

1986年，全县卫生系统通过脱产学习、函授、自学考试等形式培训医务人员。1987年至1995年，各医疗防疫单位继续选送人员参加外地培训，县卫生局则组织全县乡镇卫生院医生到县卫生学校培训。1996年，县卫生局制定《1996年乡村医生培训计划》，培训全县690名乡村医生。至2004年，全县共培训专业人才400人，开展学术交流学术讲座100次，听众6000人次，举办各种培训班20班次，参训1500人次。2005年，县医院、县中医院、妇幼保健院、疾病控制中心和卫生执法大队以及各民营医院、乡镇卫生院分别选派人员到省市级医院进修。至2006年，全县医务人员1122人，有大学本科及以上文凭26人，大学专科257人，中专312人，高中147人，初中（含以下）344人，取得医务高级职称的61人，其中正高3人、中级227人、初级315人、医士182人。撰写医学论文275篇，其中获得省、市级奖的11篇，取得省、市卫生科研成果21项。

【蓬安卫生学校】 1986年，蓬安卫生学校，建立中医继续教育培训站，承担中医继续教育提高培训工作。学员培训毕业后，由学校发给毕业证，国家不承认学历。1992年至1999年，培养第三届学员，市教育局发给职业高中毕业证。其间，1996年至2001年，县卫生学校与中国人民解放军第三军医大学、成都军医大学联合办学，学生毕业后由第三军大颁发中专毕业证，国家承认学历。2001年5月，学校停止招生。

【在职进修】 1986年、1987年两年，全县卫生系统以脱产、函授、自考等形式取得大专学历37人，中专24人，尚在大专院校就读的23人，考取研究生3人。1988年至1995年，县医院、县中医院、县卫生防疫站等先后派出87人到省、市医疗单位培训进修，到省人民医院、地区医院进修B超、妇产科、儿科、麻醉科、妇保、儿保等专业培训并结业，2人到山东学习预防接种，2人到成都中医大学高护班进修。1996年，全县中医医务人员241人，68人到县卫生进修校接受学历培训。1998年，全县690名乡村医生分期到县卫生学校参加业务培训，有122人毕（结）业，48人获得中专文凭。2000年，外派5人到川北医学院、重庆医学院附一院进修皮肤科、B超结业。2001年外派4人去川北医学院、华西医大二院等进修妇产科、细胞脱落学检查。2002年，派50人到南充市中心卫生院、营山县医院等地进行医疗事故处理学习。2006年，全县卫生系统参加继续教育（含村卫生站）1713人，占总数的80.8%，其中学历已达标1504人，参加远程医学教育学习127人；外出进修、培训143人；在职学历教育202人。县卫生局组织各医疗单位进行法律、法规、专业知识、急救急诊、传染病防治培训5期。聘请华西医科大学、川北医学院教授来县专题讲课11次。县人民医院、中医院、疾控中心、卫生监督执法大队和8个片区中心卫生院医务人员继续教育建档建卡工作完成。

【医学科研】 1986年，蓬安以县医院和中医院人员为主开展医学科研活动。王涛《乌梅粉治愈脱肛》、章继才《从“诸湿肿满皆属于脾”谈起》，分别在《四川中医》和《吉林新秀》上刊出。1987年，刘淑泽《桂枝茯苓凡治愈子宫癌》在《四川中医》上刊出。1993年，陆炳全《急性髂骨骨髓炎的早期诊断与手术治疗》、张庭澍的《直肠后结肠拖出直肠结肠“乙”型吻合治疗长段型先天性巨结肠》，分别获四川省科委等四部门四等奖。2000年，唐洪勇、陆炳全、刘开全、陶建国、王锋五人《CT平扫观察腰神经通道内口改变腰腿痛发病关系》获四川省卫生厅三等奖，田光达《龙蛇二仙起痿汤治疗阳痿79例》刊在《川北医学院》学报，2001年，陆炳全、王锋、刘开全三人《CT平扫观察腰神经通道内口改变腰腿痛发病关系》获四川省政府三等奖。2004年，田光达《祛头痛方治疗偏头痛67例》发表在《川北医学院学报》2004年第10期。初步统计1986年至2006年，蓬安医护人员在全国各种医学刊物发表医学论文275篇，其中获省人民政府三等奖的1

篇，省卫生厅三等奖的1篇，四川省科委等四部委四等奖的2篇，获南充地区行署（市政府）奖的7篇。取得四川省卫生厅科研成果92项，市级科研成果12项，县级科研成果40项。

医政管理

1986年，县卫生局管理县、区、乡镇医疗卫生机构。医院实行院长负责制，乡村医生实行资格考试制，乡镇以上卫生院医生补员更新主要接纳大中专毕业生。1996年，对全县医疗单位（含私营单位）实行统一直管，换发“医疗机构执业许可证”。1998年，清理出8家不合格医疗机构。2003年，区、乡卫生院实行“四统一”管理模式。2006年，县卫生局实行医疗机构一体化管理。

【从业人员管理】 1986年后，推行院（站、校）长负责制，领导班子正职由卫生局推荐、职工民主选举，报上级组织人事部门批准任命。副职由正职提名，组织考察，卫生局审核报上级组织人事部门批准任命。科室实行科主任负责制，民主提名选举，院（站、校）长批准任命，报卫生局备案。干部实行聘任制，职工实行合同制。乡镇卫生院工作人员，由各片区卫办和中心医院根据需要统一调剂，报卫生局批准，备案录用。2003年，全县乡镇卫生院人事管理上划县卫生局管理，推行全员聘用制，按需设岗，按岗竞聘。2006年，全县公立医疗卫生机构从业人员1176人，具有专业技术职称的776人；有执业医师287人，执业助理医师81人，执业护士168人。村卫生站有乡村医生（取得“行医许可证”的）956人，有执业医师42人，执业助理医师6人。全县有114个人取得“个体行医许可证”的乡村医生。全县医疗卫生从业人员凭职业资格证书竞争上岗。县卫生局按“乡村医生从业管理条例”，对乡村医生统一培训、统一管理，每年对乡村医生进行资格审查，合格者进行注册，是年注册945人，发给“个体行医许可证”。对不合格者予以取缔。

【医疗体制改革】 1986年，全县医疗卫生单位实行多级管理模式，县卫生局直管县人民医院、中医院、卫生防疫站、妇幼保健院、区卫生院等单位；区卫生院管理乡镇卫生院、乡镇卫生院管理村合作医疗点和个体医生。1988年，县委、县政府根据上级要求将乡镇卫生院下放给乡镇政府管理，乡镇无财力支撑，卫生院各自为政，医生自谋生路，乡镇卫生院工作处于萧条时期。1990年蓬安县实施的农村医疗保健合同制、被卫生部认可，列为全国集资医疗先进的“蓬安模式”在全国农村推广。1996年，县卫生局对全县医疗机构（含民营医院）统一实施管理，换发“医疗机构执业许可证”。1998年，全面清理整顿医疗机构，全县8家存在问题的医疗机构责令限期整改，1家不合格医疗机构予以取缔。1999年，县政府坚持以公有制医疗机构为主体、社会力量和个体诊所为补充的卫生发展体制。2001年，县政府将全县乡镇卫生院收归县卫生局统一管理，并对其机构、人员、经费进行改革，实行药政分开。2003年，全县乡镇卫生院人事管理全面上划，由县卫生局管理，全部推行全员聘用制，按需设岗，按岗竞聘。2005年4月，县卫生防疫站撤销，组建蓬安县疾病预防控制中心和蓬安县卫生监督执法大队。通过卫生体制改革，形成县、乡、村三级卫生服务网络。2006年，县卫生局实行医疗机构一体化管理模式，把群众健康、保健制度、事业发展、职工利益实行四位一体管理。实行“三制”（合作医疗保健制、医务职工聘任制、职工工资补偿制）、“四管”（管医、管药、管预防保健、管财务）、“五统一”（财务收支、医疗文书、药品购进、工作制度、人事调配），受到卫生部肯定。

【人事制度改革】 1986年，医疗卫生人员工资按级、职评定。全民医疗卫生单位经费实行定额包干，结余留用，超支不补，乡镇卫生院按任务完成数补助。1987年6月，先在县人民医院进行职称改革试点，后在全县各医疗卫生单位全面展开职称改革。参加职称改革的全民医疗卫生单位14个，集体医疗卫生单位50个，涉及医疗、卫生、会计、统计、经济、文书档案各个专业技术人员603人。1988年前，获得专业技术职称的有：副主任医师1人，主治医师12人，药师、护师、技师111人，医、药、护、技士365人。1989年，评聘主任医师1人，副主任医师13人。主治医师230人，医、药、护、技师341人。为鼓励中青年医务人员上进，破格晋升8名优秀中青年医务人员为主治医师。1998年，医务人员实行聘用制，实行职务职称效益工资制。1999年，面向社会公开选聘平头、骑龙、万和、向东、柳滩、海田、龙蚕、金甲、群乐9所卫生院院长。医卫中专毕业生全部分配到乡镇卫生院工作，开始解决乡镇卫生院技术后继乏人状况。2003年，对乡镇卫生院院长实行公开竞争上岗，全县49所乡镇卫生院通过演讲答辩、民主测评、组织考核，共聘用院长副院长52名。乡镇卫生院实行全员聘任制。2006年，县委在县人民医院实行公推直选党委书记、中医院公推直选院长试点。全县各医疗卫生单位有高级（主任、副主任医师）职称35人，中级职称227人，初级职称497人。

蓬安县志

PENG AN XIAN ZHI

计划生育

1986年，蓬安县计划生育工作获国家计生委表彰。1988年，石孔乡计生工作获国家计生委表彰。1989年，县委、县政府与各区签订计划生育目标管理责任书；县政府批转计生委等10个单位联合建立家庭婚姻教育学校，各乡镇建分校，开展人口与计划生育基础知识教育。1990年，县政府召开中共中央计划生育《公开信》发表十周年纪念大会。1995年，县委、县政府成立计划生育“三结合”试点工作指导协调小组，在全县开展试点工作。1998年至2003年，县委、县政府每年召开大会，兑现年度计划生育管理目标奖。2004年，县计划生育局被评为全省计划生育工作先进集体。2006年，蓬安县育龄妇女初婚年龄稳定在23.57岁左右，已婚育龄妇女综合避孕率达85%，孕产妇死亡率从1990年的85.7/10万下降到50.2/10万，住院分娩率达到66.8%以上，5岁以下儿童死亡率从1991年的6.38‰降到5.07‰。全县有54367对夫妻办了独生子女证。

计生机构

1986年，蓬安县计划生育工作由县委计划生育领导小组领导，县政府设蓬安县计划生育委员会。2001年12月，更名为蓬安县计划生育局，2005年6月至2006年，为蓬安县人口和计划生育局。下设计划生育宣传技术指导站和区、乡镇计生办。

【蓬安县人口和计划生育领导小组】 1986年至1990年，蓬安县计划生育议事协调机构为县委计划生育领导小组，由县长蒲显福、陈香泉、陈尚君先后任组长。1991年8月至2006年，县计划生育领导小组更名为人口与计划生育领导小组，县委书记肖盛林、陈尚君、徐兴发、谢华国、刘中伯先后任组长。

【蓬安县人口和计划生育局】 1986年，蓬安县计划生育工作机构为蓬安县计划生育委员会(简称计生委)。1990年6月，县计生委内设人秘、宣技、计财、政策法规4个股。2001年12月，县计划生育委员会更名为蓬安县计划生育局（简称计生局)。2005年6月，县计划生育局更名为蓬安县人口和计划生育局（简称计生局)。至2006年，薛惠吉、李广政、徐尚永、沈前理、刘俊、谢勇先后任主任、局长。

【蓬安县计划生育宣传技术指导站】 1986年，蓬安县计划生育宣传技术指导站（简称计生指导站）为计生委下属事业单位，负责全县计划生育宣传、技术指导和服务。1992年至2006年，站内设办公室、宣教科、技术服务科、总务科、护士办公室、避孕药具发放部。至2006年，李阳春、杨兴荣先后任站长。

【蓬安县区、乡镇、单位、企业计生办】 1986年，全县7个区、49个乡镇均设有计划生育办公室(简称计生办)，配备5人主管该行政区划内的计划生育工作。厂矿、企事业100人以上的单位成立计划生育领导小组，下设办公室，配备兼职干部；100人以下单位由政工干部兼管。各村（居）委设置计生员，主管本村（居）委计划生育工作。1992年，撤区并乡扩镇，被撤的区乡计生办工作人员分别调入现有乡镇计生办工作。2006年，39个乡镇均设有计划生育办公室，配备3人至5人。

计生教育

1986年，县委、县政府组织全县计划生育管理干部学习宣传贯彻中央计划生育政策，各乡镇写标语、办专栏、电影队映前宣传等多种方式宣传计划生育。1996年，全县开展婚育新风进万家活动，在徐家九龙垭村试点后全县推广。2000年9月，开展计划生育公开信发表20周年宣传纪念活动。1998年到2006年，全县计生协会先后组织干部到省计生协会参加培训，组织乡镇开展“关爱女孩行动”“帮助贫困母亲”等活动。计划生育观念深入人心，人口出生率显著下降。

【宣传教育】 1986年，县委、县政府用以会代训的方式培训全县基层管理干部、宣传员。会后，全县48个乡镇电影队均在映前宣传《公开信》，写标语1000多幅，办专栏32个。1987年，县委要求认真做好春节前后计划生育宣传工作。1989年，县政府批转县计生委等10个单位建立婚姻家庭教育学校，开展人口与计划生育基础知识教育，乡镇建分校，宣传计划生育好人好事、科技知识等。1990年9月，县政府召开纪念中央计划生育《公开信》发表10周年大会。1992年，全县组织计生文艺节目到营山参加比赛，获得节目组织奖。至1993年，县计生委每周广播计生专题节目2次，开展街头宣传和“三优”（优生、优育、优质服务）咨询4次，举办培训班3期，与县川剧团合作编排计划生育文艺节目，每年下乡宣传演出4次，印制宣传资料小册子3万多份下发到村社。1996年，全县开展“婚育新风进万家”活动，在徐家九龙垭村试点后全县推开。1997年，县委、县政府把每年7月定为《四川省计划生育条例》宣传活动月，组织计划生育宣传队和专题文艺晚会，在县大礼堂和乡镇村社巡回宣传演出，较大型的演出有58场。至1999年，发放独生子女年画3万张。2000年9月，开展计划生育《公开信》发表20周年宣传纪念活动，到各乡镇、企事业单位放电影和文艺演出100余场次，书写悬挂大型宣传标语300余幅。2000年至2002年，县计生局每年组织2次至3次计生科技“三下乡”活动，每次发放宣传资料和避孕节育科普知识等资料3000余份。2003年，全县贴瓷砖宣传画2000平方米，在交通要道建大型宣传喷绘画6处；建新华街、下河街生育文化一条街；河舒镇桃花村、徐家镇九龙垭村、济渡乡马鞍山村、相如办事处藤茨沟村建起有特色的计生文化大院。至2006年，全县计生协会先后组织计生干部到省计生协会参加培训，先后在河舒镇、徐家镇、马回乡等8个乡镇试点，开展“关爱女孩行动”、“帮助贫困母亲”等活动，54367对夫妻办了独生子女证。

【人员培训】 1986年，全县有200多人的计划生育技术队伍。1987年，《四川省计划生育条例》颁布实施，县上从区卫生院增选技术骨干充实计划生育技术队伍。1990年至1992年，县计生委每年举办1期计划生育技术学习班，共培训技术人员110人。2000年至2006年，蓬安县开展计划生育干部培训，每年1次。培训时间一般3至5天。各村计生指导员培训由所在乡镇计生办负责，县上巡回检查培训情况。对培训走过场、流于形式的，县计生委（局）责成其重新组织培训，并进行督察。

计生服务

1986年，蓬安计划生育控制人口采取节育技术、发放药具等措施。1991年，加强对计划生育并发症的鉴定处理。1992年，在全县妇女中开展5期保健活动和生殖健康检查。2000年到2006年，全县进一步落实对独生子女家庭的奖励扶助。

【“五期”保健】 1992年，开展对妇女经期、孕期、产期、哺乳期、更年期保健教育，在龙蚕镇进行为期5天的“五期”教育试点，编写《五期教育读本》发送到育龄妇女手中，试点后全县推广。实行孕前型管理，落实节育措施，对育龄妇女建档立卡，实施妇女“五期”保健。1998年至2006年，开展“五期”教育127期。

【生殖健康指导】 1991年，蓬安成立县计划生育手术节育并发症一级鉴定小组，加强对计划生育并发症的鉴定处理。1992年，全县乡镇开始配备B超，对育龄妇女进行2次至3次的查环、查孕、查病“三普查”活动。至2006年年底，全县共普查妇女11万人次，其中县计生指导站下乡镇普查25148人次，对妊娠期和产褥期卫生保健进行指导和随访；全县育龄夫妇生殖保健知识参学率和接受率达86%以上；县计生指导站配合省生殖学院专家到乡镇、基层为育龄妇女免费普查乳腺疾病，共普查8000余人次，查出患有乳腺增生102人，乳腺小叶增生37人，疑似乳腺癌患者3人，给予“郁消安口服液”“乳癖消”“逍遥丸”治疗，经随访调查治愈率达83.8%，有效率达90%以上。

【发放药具】 1986年，蓬安县在推行计划生育中，免费向育龄夫妇发放避孕药具。1991年4月，县计生委颁发《关于下发蓬安县1991年避孕药具目标管理实施细则》，建立健全县、乡镇、村三级避孕药具服务网络及避孕药具管理发放制度，做到“区有药具室，乡镇有药具柜，统一配备村避孕药具包”。全年培训区、乡镇计生办主任和服务站站长共63人，编写印发《避孕药管理与使用方法》小手册800多本发放到区、乡镇、村发药员手中；评选出避孕药具管理发放工作先进集体10个、先进个人15人。1992年3月，成立避孕药具服务部，层层签订避孕药具管理目标责任书，培训乡（镇）村避孕药具发放员600余人，编写印发《避孕药发放管理使用知识手册》1000册，购置避孕药具知识宣传挂图59套。1996年，“三八”妇女节和“五一”劳动节，计生指导站职工上街开展优生优育避孕节育知识咨询活动，制作宣传展板推广新科技，向育龄夫妇和群众宣传。县计生指导站对城区20个医药店避孕药具情况作全面了解，推动“药具双轨制”正常运转，确保育龄者身体健康。1997年4月，县计生委发出《一九九七年避孕药具工作目标考核实施细则》，举办培训班，经考试50人合格，颁发上岗证，同时分片培训村药具发放员600余人，发放上岗证；编写并印发《药具知识手册》1800余册，各种宣传资料万余份，形成药具管理、宣传发放、培训使用一条龙服务体系，规范和完善了药具档案。达到制度规范“六个一”：即有一个管理的领导班子，有一支发放药具的队伍，有一套系统的药具专用档案，有一个药具发放阵地，有一份切合实施的目标责任书，有一至两个药具知识宣传栏。1999年至2002年，蓬安县获得南充市避孕药具工作目标考核一等奖。至2004年，开设药具工作人员和使用药具对象培训班28期，共培训18236人次。2006年，避孕药具管理发放形成县、乡镇、村三级服务网络。

【奖励扶助】 1992年，县计生协会在徐家镇试点，采取“四个一点”，即自己拿出一点，创收集资给一点，财政补一点，计划外生育费补贴一点的办法，为独生子女办“双全”保险和父母养老保险。1994年，全县各级计生协会帮扶的100户独生子女家庭都明显增粮、增收，一年脱贫、两年致富达小康水平。徐家镇胡玉成夫妇年纯收入达5万余元。1995年，县丝厂计生协会把退休和下岗会员组织起来创办劳动服务公司，解决本厂独生子女户再就业问题。至1996年，全县共投保63200余份，投保金额达156万余元。1997年，蓬安县计生协会响应“救助贫困母亲”号召，在全县宣传“幸福工程”，先后捐集资10万余元、推销义卖产品金额近10万元，全部上交省“幸福工程”组委会，帮助贫困母亲“三治”（治贫、治愚、治病）。2004年，按照国务院办公厅转发人口计生委、财政局《关于开展对农村部分计划生育家庭实行奖励扶助制度试点工作意见的通知》，蓬安县对年满60岁且只有一个子女或两个女孩的计划生育家庭夫妇实行奖励，每人每年600元，全县首次奖励1016人。9月13日，在相如广场举行农村部分计划生育家庭奖励首发式，县委、县政府领导为受奖对象颁发奖励扶助金，电视、广播作现场直播，计划生育干部与部分计划生育奖励扶助对象举行街头巡游宣传。至2006年，奖励扶助人数454人，累计奖励扶助2300人，奖励扶助总金额138万元。

计生管理

1986年，县委、县政府与各乡镇、部门（单位）签订“七五”计划生育目标管理责任书，每年都按照目标责任书对计划生育实施目标管理。1990年，县委、县政府在加强和完善计划生育目标管理体系的同时，严格财务管理和计生执法管理，加强计生执法工作。1991年，计划生育超生费实行乡收县管。1992年，纳入县财政专户储存。2003年，进一步完善计划生育目标管理，形成计生工作年度目标考核新办法，全县实行计生工作一票否决制。2006年，全县计划生育管理和执法工作形成规范化管理。

【人口规划】 蓬安县人口与计划生育规划分别按“七五”“八五”“九五”“十五”计划实施年度目标管理。1986年，出生人口比上年增长21.5‰。2006年，出生人口比上年计划增长1.57‰。

【计生目标管理】 1986年10月，县委、县政府与各乡镇签订“七五”计划期间计划生育目标管理责任书，实施计划生育目标管理。是年，蓬安县获全国“六五”计划期间计划生育先进集体称号。1988年，蓬安县执行计划生育目标管理获南充地区二等奖。1996年10月，县计生委被省军区计划生育领导小组、省计生委授予“未随军家属计划生育双轨管理先进单位”；蓬安县兴旺镇获四川省“八五”计划期间计划生育工作先进集体称号。1999年3月，县计生协会获“省先进集体”称号，9月，河舒镇计生服务站获省计生系统先进集体称号。2000年12月，蓬安县获南充市委、市政府人口与计划生育目标管理二等奖。2001年，徐家镇九龙垭村计划生育协会获得省人事厅、省计生委四川省“九五”计划期间计划生育系统先进集体和市委、市政府“九五”期间人口与计划生育工作先进集体二等奖。2003年，进一步完善三级目标管理体系，形成“四并”计生工作年度目标考核办法，实行计生一票否决制，强化各级领导和部门责任意识，县计生局获市委、市政府人口与计划生育工作一等奖。2004年，全县计生各项目标任务全面通过省、市人口计生领导小组考核验收，均达到省、市要求，出生人口下降率居全市第一，被评为全省计划生育工作先进集体。2005年，进一步健全党政为主线的目标管理体系，分解人口与计生工作任务，落实奖惩措施；凡干部入党、评先选优、公开选拔等均按照计生工作“一票否决”考核新办法；省计生委将此创新经验刊登在《人口参考》第3期供各地借鉴。2006年，全县计生工作继续实施目标管理，深化目标管理责任制。

【政策措施】 1986年至1989年，蓬安县计生工作由主要依靠县乡突击活动转变为主要实行“三为主”的原则，即：宣传教育与行政、经济手段相结合，以宣传教育为主；避孕与补救措施相结合，以避孕为主；突击性工作与经常性工作相结合，以经常性工作为主。全县选择周口、河舒、锦屏三镇试点，大力推广“以宣传教育为主，避孕为主，经常性工作为主”的工作方法，逐步把计划生育变为育龄夫妇的自觉行动，生了一个孩子自觉采取避孕措施。把“三代单传”“病残儿”照顾生育第二胎的政策落实到人头，主动服务上门，解除育龄夫妇后顾之忧。

1990年初到2000年，蓬安县计生工作全面贯彻落实“三为主”的工作方法，加快实现“两个转变”。其间，1998年8月，成立县计划生育“三为主”工作领导小组，县委印发《乡镇计划生育基本实现“三为主”的标准》，转发《四川省县级计划生育工作实现“三为主”考评办法》。这期间，全县开展创建计划生育“三为主”先进区、先进乡镇、“三为主”合格村和计划生育合格户活动，开展优质服务试点工作。群众生育观念发生转变，80%以上的群众认为“一个孩子好”“生男生女都一样”。

2001年至2006年，蓬安县计生工作开展综合改革试点，严格执行省《计划生育行政执法“十禁止”》，即禁止以收取社会抚养费为目的放任违法生育和以完成人口计划为由而不允许合法生育；禁止非法关押、殴打、侮辱违反计划生育法律法规的人员及其家属；禁止毁坏违反计划生育法律法规人员及其家族财产、庄稼、房屋；禁止因当事人违反计划生育法律法规而株连其亲友、邻居及其他群众；禁止对揭发举报的群众打击报复；禁止不经法定程序的违法生育人员的财物抵缴社会抚养费；禁止一切没有法律法规依据的行政收费和罚款；禁止随意增、减、免社会抚养费和征收社会抚养费时不出具专用票据；禁止在各种审批、鉴定和征收抚养费等公务活动中收受当事人的钱物以及接受可能影响公正执法的宴请；禁止组织对女青年进行孕检。此阶段蓬安县推进计划生育工作的工作举措，强化法制意识，推进人口和计划生育工作由行政管理向法制化管理转变；强化人本意识，推进人口和计划生育工作由政府要求向群众需求转变；强化发展意识，推进人口和计划生育工作由单一重视数量向全面解决人口质量问题转变；强化开放意识，推进人口和计划生育工作由部门管理向综合治理转变；实施计划生育村（居）民自治工程；创建计划生育优质服务先进县工程、生育文化建设工程、计划生育利益导向工程、计划生育信息化导向工程；开展“四项改革”：人口和计划生育工作机制、投入体制、用人机制、考核监督机制改革的“四四五四”工作方法。

【计生工作“三结合”】 1995年至1996年，蓬安开始实行计划生育工作与发展经济、帮助群众勤劳致富、建设文明幸福家庭有机结合的“三结合”工作，依靠科技进步，提供优质服务。蓬安成立计划生育工作三结合试点工作指导协调小组，县政府下发《关于在农村全面开展计划生育“三结合”工作决定》、《关于计划生育三结合工作考核验收的通知》。2000年，县委、县政府与各区工委、15个涉农部门签订目标责任书，明确提出把计生“三结合”工作纳入党政机关和工作部门政绩考核的重要内容；凡“三结合”帮扶工作没有达标的区乡镇和涉农部门，一票否决年度各项综合奖励。各涉农部门结合实施《国家八七扶贫攻坚计划》、“大商品生产基地、商品粮大县，科技兴农富县”等项工作，优先确定帮扶计划生育对象，突出帮扶重点，引导计划生育户少生快富。农业局等15个涉农部门帮扶达1500户，扶贫攻坚项目达2500余个/户。无偿提供帮扶资金20余万元，化肥18吨。为联系户、帮带户提供帮扶资金15万余元，帮扶化肥12吨，衣物100余件，棉被、蚊帐60余床。2001年，县级部门参与计生“三结合”帮扶任务扩大到非涉农部门，新增7个，联系户、帮扶户1650户，新建帮扶基地22个，帮扶对象人均纯收入较上年增加150元至200元。县级部门和各区乡镇计生“三结合”帮扶总计5万户，帮扶资金达100万元（含物质折款）。2003年，县级部门参与计生“三结合”达28个，完成帮扶户3114户，新增帮扶基地28个。全年为“三结合”户提供致富信息692条，印发宣传资料12期2000份。投入帮扶资金、物质和项目资金48.6万余元，计划生育“三结合”户人均收入比上年增加316元，增幅达26.3%，同时，95%的计划生育户被评为“三结合户”。2004年至2005年，全县落实“三结合”户达到3735户，较2003年，增加621户，增幅达19.9%，新建帮扶基地75个，新增资金投入53.8万元。2006年，全县计生“三结合”工作结合科教兴农、产业结构调整、退耕还林、改土改厕、生态工程建设、扶贫开发、农业综合开发等工作进行，做到项目、资金、培训“三落实”，宣传、技术、服务“三到位”，为4286户计生“三结合”户投放资金68.3万余元、肥料7150公斤、大米1000公斤，新建帮扶基地86个，新开发项目130余个，人均增收348元。

【流动人口计划生育管理】 1986年，成立蓬安县流动人口计划生育管理小组，加强流动人口计划生育管理。1998年，县计生委转发省计生委《关于认真贯彻执行〈流动人口计划生育管理办法〉的通知》，对全县各部门、乡镇执行情况作全面检查。2002年12月1日，蓬安县计划生育局根据国家计生委规定制定外省流动人口汇总表，由村级上报。2003年，流动人口计生管理纳入县级部门和乡镇目标管理，对流动人口办理婚育证明把关，遏制流出流入人员无计划生育的行为。2006年，跨省流入人口1273人，其中育龄妇女441人，已婚育龄妇女213人；流出总人口数45628人，其中育龄妇女35106人，已婚育龄妇女29860人；省内流动总人数为26067人，其中育龄妇女15816人，已婚育龄妇女10313人；对流入者，查验婚育证明2次，对已婚育龄建档53人，查在本省生育49人，其中政策内生育42人，查环查孕33例。流出省办理《婚育证明》36260人，办证率达80.1%。

【计划生育财务管理】 1986年，超生费由各乡镇收管。1991年，实行乡收县管。1992年纳入县财政专户储存。1996年，征收计划外生育费。2001年，征收社会抚养费。2006年，社会抚养费、计划生育转移支付经费均按规定管理，用于村、居委会计生指导员工资及工作经费等。

超生费管理 1986年至1990年，超生费由乡镇收取，上交区、县一部分，其余用于乡镇计划生育工作，部分村、乡镇存在着坐收坐支、收国库券转现等违反财政纪律现象。1991年5月，南充地区超生费“乡收县管”试点工作在蓬安徐家区进行，县委、县政府出台《关于超生费乡收县管的决定》，先紧急通知冻结全县超生费，财政、纪委、监察、银行、计生、审计6部门协调配合，派人蹲点清理账务，摸索“乡收县管”的具体方法。试点工作中摸索总结出管理职责，即计生委是管理超生费的职能部门，财政参与超生费管理，对超生费实行财务监督和业务指导，审计对超生费进行监督，严格使用范围和标准，监察对超生费“乡收县管”过程中挪用、贪污、坐支等违法违规行为进行处理；收管用的制度，即实行“乡收县管”，各乡镇必须按标准处理、收费；严格按县上规定使用专用的定额收费凭据收取超生费，必须在缴费三天之内存入银行，按比例拨付乡镇使用。试点工作结束时，市计生委在蓬安县徐家区召开全地区超生费“乡收县管”试点工作大会，部署全县推广徐家区试点经验。蓬安成立“乡收县管”领导小组。8月，县超生费管理办公室下发《蓬安县超生费管理办法》，县计生委出台《蓬安县超生子女费管理的规定》。1992年4月，计生委按规定将超生费纳入县财政专户储存。

计划外生育费管理 1994年8月，县政府将蓬安县超生费管理办公室更名为蓬安县计划外生育费管理办公室，开始征收计划外生育费。1995年6月，南充市计财工作会议在蓬安县召开，会议规定：计划外生育费支出管理的审批权限，2000元以上由县计生委审批，不经审批的叫乱支，收款必须使用南充市统一制定的定额面卷。1996年9月，县政府颁发《蓬安县计划外生育费征收管理办法》，规范计划外生育费的收支管理。1998年6月，制订《计划外生育费管理制度》，8月，县委、县政府成立蓬安县计划外生育费专项检查领导小组，对全县各乡镇计划外生育费进行为期3个月的检查，年终对违规人员进行严肃处理。1999年2月，县政府进一步规范了计划外生育费管理。

社会抚养费管理 2002年6月19日，为强化社会抚养费上缴，县财政局、计生局联合作出乡镇限期上缴历年坐支社会抚养费的决定。2006年，全县39个乡镇已婚育龄妇女121003人，落实各种手术4165人，已建服务站38个，计划生育事业费工资开支人员251人。计划外生育人数460人，其中2孩433人，多孩27人，符合政策生育率88.89%。财政补助专项资金1019.69万元，其中：中央、省、市财政补助481.37万元，县乡财政投入538.32万元，主要用于农村独生子女父母奖扶、奖励和手术减免费。社会抚养费仍然实行乡镇计生办征收、零户统管、全额缴县、计划拨款、收支两条线的管理体制，由乡镇计生办统一缴拨，统一做账。全年计划外生育人数460人，是年社会抚养费收440.8万元，主要用于计划生育宣传、独生子女奖励、服务站建设、设备购置奖励扶助经费等。

【计生执法】 1990年5月，县计生委增设“政策法规股”，负责计生执法工作。1991年3月，县政府成立计划生育“双清”领导小组，在利溪开展试点工作。1992年4月，县计生委下发《关于违反计划生育管理规定的暂行规定》，规范计生执法。1994年2月，县委、县政府召开全县计划生育工作会议，规范计生执法行为。9月，县计生委制定《蓬安县计划生育部门执法责任制实施细则》。12月，蓬安县成立“纠正行业不正之风”领导小组，开展计生执法整顿，重点纠正巨龙、罗家、徐家、金甲等乡镇计生工作执法偏差，对计生干部郑某、熊某、彭某进行严肃处理。1997年至1999年，县计生委再次下发《关于计生行政执法有关问题的通知》，在全县范围内开展计划生育执法清理活动，对清理中发现的12个突出问题，县政府及时进行了解决。2000年3月，县计生委制订计划生育行政执法规范，要求做到“七个不准”，即：不准非法关押、殴打、侮辱违反计划生育的人员及其家属；不准毁坏违反计划生育人员家属的财产、庄稼、房屋；不准不以法律程序将违反计划生育人员的财物抵缴计划外生育费；不准滥设收费项目，乱罚款；不准因当事人违反计划生育规定而株连其亲友、邻居及其他群众并对对揭发举报的群众打击报复；不准以完成人口计划为由而不允许合法的生育；不准组织对未婚女青年进行孕检。“七个不准”纳入各级计划生育年度目标考核，凡出现违反“七个不准”的人和事，要追究当事人责任，情节严重的移交司法部门追究刑事责任，并对该乡镇实行“一票否决”。

2003年，各乡镇行政执法由县计生委主任根据乡镇申请，委托乡镇法人代表组织实施。2005年，聘请县法院、县司法局等单位负责人，就计划生育行政执法的取证、处理、执行程序以及依法行政工作涉及的行政诉讼法、行政处罚法、行政复议法等相关法律法规进行系统培训，聘请常年法律顾问为计生工作人员提供咨询服务。提出规范执法新要求，即对全县计划生育执法文书统一编码，领取登记，严格管理，按执法程序完善好执法文书等软件资料，存档备查。各级政府及计划生育管理部门当年清理计划外生育1665例。2006年，全县未发生一例行政执法责任案件和一例行政诉讼。

民 俗

1986年，蓬安广大人民群众在改革开放中观念转变，民风民俗在保留传统中发生变化。农村年轻人纷纷外出打工，生活习俗影响加大，开始注重消费和时髦。1990年，受影视、互联网、新科技推广等影响，穿讲名牌，吃讲营养，住高楼，戴耳环，梳妆打扮渐成时尚。新老文化交融，传统的尊老爱幼、助人为乐、敬业奉献、学雷锋、见义勇为仍为社会推崇。建房看风水，搬家择吉日，丧葬讲究忌时忌事，婚嫁选择黄道吉日，依然流行。20世纪80年代后，早已绝迹的赌博、嫖娼卖淫死灰复燃。县委、县政府强调两个文明一起抓，推动精神文明建设。至2006年，蓬安县方言、民歌、民谣，社交礼仪，婚丧喜庆，语言词汇，宗族习俗，计划生育等都随时代在变化，融入很多流行元素。

生活　生产习俗

1986年，蓬安人民群众在基本解决温饱之后，生活、生产习俗发生变化。1990年至1997年，轻化工产品、服装、彩电冰箱等进入百姓家中。农村居住条件进一步改善。城市住房制度改革，农村外出务工农民增多，生活、生产习俗进一步改变，穿名牌，住高楼，交通便捷，信息畅通，社会生活秩序发生变化。1998年，城市住房制度进一步改革，房地产发展，入城居住的人增多，人们衣食住行进一步发生变化。2006年，蓬安农业产业化加快，城里企业改制基本完成，城乡人民生活习俗互相渗透，发生大的变化。

【生活】 1986年，蓬安人饮食以大米、面食为主，辅以红苕、豌豆、胡豆等杂粮，佐以各种时令蔬菜，素食为主，食肉以猪肉为主。穿土布衣服，住土墙坯瓦房或茅草房。外出靠步行或乘船，车辆较少。随着改革开放，生产力发展，社会生活发生很大变化，生活、生产习俗有了明显改变。至2006年，人们物质生活水平提高，出行乘车，饮食鸡鸭鱼肉多样化，穿高档服装，用名牌家具，住漂亮楼房已成为普通老百姓的时尚。

衣着　1986年后，人们穿衣多为棉布、化纤的确良、的纶、的棉混纺布料为主。逢年过节和平时到缝纫店量体裁衣做服装者多。1990年至1997年，城乡居民衣着款式、面料、色调讲究搭配，西服、夹克、休闲装、羽绒服等新款服装取代沿袭多年的中山装、军便装、长衫子和马夹。1998年后，保暖内衣裤、各种秋衣秋裤取代线衣粗布衫衣、机织羊毛衫代替手织毛衣。夏装，男士多穿T恤和各种衬衫；女士多穿连衣裙或短裙，款式多样，个别时尚女性，穿露肩背心和超短裙；婴儿服装多纯棉制作，款式多，花色鲜艳；青年学生多穿运动装、休闲装，款式新颖。2006年，人们衣着变化多样，许多人穿着讲究名牌，一套服装几百元、上千元甚至上万元。中老年着装也注重美观大方。

鞋帽　1986年，帽子有线帽、绒帽、皮帽、棉帽、太阳帽为主，戴帽者多是老年人。鞋的品种有真皮鞋、人造皮鞋、塑料和布鞋等。1990年至2000年，鞋帽款式品种日渐增多，城镇居民以穿皮鞋、旅游鞋、休闲鞋为主。学生则以穿运动鞋为主，城里女青年多穿高跟皮鞋、马靴、休闲鞋。农民下雨天干活穿雨靴，延续多年的草鞋（稻草、蓑草、旧布条编织）、钉鞋销声匿迹。老年人流行戴礼帽、鸭嘴帽；小孩流行戴线帽、绒帽；中年人戴帽的较少，外出旅游者，多戴旅游帽，颜色各异，形式多样。2006年，人们穿着鞋帽花色品种更加多样。

饮食　1986年，蓬安人民基本解决温饱，饮食向多样化发展。1992年，取消非农业人口粮油票证，肉食品满足供应。城乡居民饮食搭配讲究营养，菜品讲究色香味美，酒由老白干向低度瓶装酒、葡萄酒、啤酒转化。2000年后，城里人常购牛奶、饼干、糖果、糕点，早餐常进米粉馆，或以食鸡蛋、牛奶等方便食品为主。肉类品讲究高蛋白、低脂肪产品，喜欢菌类和各种蔬菜。城里人招待客人、亲朋好友聚会、逢年过节时有选择火锅、汤锅、干锅的，也有选择中餐的。宴请多有“无酒不成礼仪”的习俗，公务活动、商务洽谈，送旧迎新，亲朋相聚，互相敬酒劝酒，说勉励、恭维、劝告、祝福话，气氛热闹。县城和区乡场镇夏季流行夜啤酒，聚会饮酒、猜拳行令，通宵达旦。朋友相会、商务洽谈去茶房为数不少。县城出现冷饮店，盛夏消暑，冰糕、雪糕、果奶等青少年男女光顾者多。2006年，城乡饮食更加多样化。

行路 1986年，交通逐渐改善，自行车、私营车增多。1990年后，摩托车迅速发展，有自用，有作托运货物，有打摩的揽客。1991年，县城人力三轮车出现并迅速增多。1997年12月，达成铁路通车，蓬安人外出更为便捷。2000年，县城1、2路公交车开通和出租车公司成立，出行方便。私人开始购买小车。农村公路网络完善，百姓赶场交易、走亲访友多愿搭乘机动车。2006年，坐车已成习惯，人们外出步行者稀少。

居住 1986年，单位职工居住福利房，房源少，面积小。农村开始拆掉土墙坯、穿逗结构房屋，兴建砖混结构平房，有四排三空、五排四空或三合院式的房子，面积大都在100多平方米或200平方米以上。堂屋、卧室、厨房、猪牛圈舍、鸡鸭舍分设。1990年至2000年，农民住房进一步改善，有的兴建一楼一底、两楼一底的小洋楼，安装铝合金门窗，铺陶瓷地板砖或耐磨砖，购买时兴的厨卫设施。城里实施房改后住房居住面积放宽，开始实行装修。2006年，住房开始由简单装修转化为装修讲究舒适美观，选择居住环境好的商品房或小区购房。

家具家电 1986年，家用大型电器进入普通百姓家。电视最先普及，起初，11吋、12吋黑白电视机在部分家庭出现，视为珍品。收录机开始在农村和城镇部分家庭出现，普通百姓家安装有扬声器（有线简易喇叭），早中晚能听到乡广播站转播的节目，洗衣机开始进入普通百姓家。1990年后，黑白电视机逐渐退出历史舞台，19吋、21吋、25吋等彩色电视机、家庭影院、卡拉OK音响进入寻常百姓家。2000年后，纯平彩色电视机、超平彩色电视机向超薄液晶、数码彩色电视机过渡，冰箱洗衣机更快进入百姓家庭。日用小家电：电饭煲、电磁炉、电热水器、微波炉等渐渐成为家庭常备品。2006年，电脑成为人们茶余饭后学习、自娱自乐的重要工具。家具流行不断翻新，“双虎”“天子”“掌上明珠”等品牌家具选择者增多，1.8米宽床逐渐流行。

【生产】 1986年，农村实行家庭联产承包责任制，科学种田，推广良种、化肥和养猪催肥饲料，生产方式大改变。1990年，农村青年外出打工增多，农村剩下妇女、儿童、老人(有人戏称386199部队，即38代表妇女，61代表儿童，99代表老年人)。村民不误农时，换工互助，实行新的合作方式，几家人自发组织起来播种收割；劳动中，工具自带。大型劳动工具如耕牛、机械等，付费使用，专人操作；生活上，谁家做东，谁家负责。农忙时饮酒也开始出现畅饮啤酒。1995年，农民纷纷进城务工经商。2000年后，乡镇、村为解决农忙时劳动力缺乏，组织助耕队，帮助农民插秧、播种、收割，深受欢迎。遇庄稼病虫害蔓延，乡镇、村组织专业队伍，分片喷洒农药，统一进行病虫害防治。农业技术学习传播加快，农户接受政府推荐种子和自发引进新品种积极性增加。2006年，小型农机在农村增多，有农户单独或联户购买农业机械，组织播种收割。惠农政策促使农民种地积极性增加，政府推行退耕还林、农业产业化，打工的农户回乡创业开办水产、养殖、果蔬等特色生产增多。城里工商企业改制，生产、经营型企业多为私营老板，职工就业观念改变。

婚嫁　生育　丧葬习俗

1986年，推崇移风易俗，婚事新办，丧葬从简，实行计划生育。1996年，在全县全面推行火葬。婚嫁、生育、丧葬旧俗在民间仍有继续。2000年后，婚嫁、生育、丧葬习俗尊重旧俗传统合理部分，接受新的习俗。2006年，少生优生成为习俗，婚嫁大多接受现代习俗，丧葬基本接受火化。

【婚嫁】 1986年前后，农村大部分男女青年谈婚论嫁要经过媒人介绍，互相认识，如无意见，男女双方择定吉日互相邀请到家看人户，又称订婚。之后，男方备礼到女方家，开女方的出生年月日时（习称开庚），个别青年请算命先生测八字，如八字相合，双方就可以订婚。经过一段时间准备，双方选定良辰吉日举办婚礼。婚宴男方女方都要置办，恭请亲朋好友前来祝贺，送礼几元、几十元上百元、几百元、几千元不等。农村婚宴一般为三天，第一天称“待媒”（押轿）酒，第二天为正酒，第三天为回门酒。女方第一天酒宴的夜晚要坐歌堂，出嫁姑娘相邀亲戚邻居家姑娘、同学作陪唱歌，也有邻居大嬸大嫂前来坐歌堂。坐歌堂唱世代口传的《嫁女歌》《哭嫁歌》《骂媒歌》和时代流行歌曲。姑娘出嫁离开娘家前，要祭祖宗，拜辞父母。男方的迎亲队伍带乐队（锣鼓唢呐），到女方家迎亲。迎亲队伍到男方家时，要放鞭炮迎接新娘。部分家庭请礼仪先生组织司仪，拜天地、拜高堂、夫妻对拜后入洞房。男方邀请新郎同辈年轻人、同学闹洞房（民间有闹得好，发得好习惯说法），要求新郎新娘唱歌、讲述恋爱史、做“猪八戒背媳妇”、当众接吻等动作。正酒的第二天，男女双方家都要办回门酒。农村新娘在新郎家住7天后，由新娘家派人接回娘家耍7天，称“翻七”。城里青年大多按新俗办婚礼。1990年前后，城乡青年在外自由选择对象增多，双方感情相投，经过一段时间恋爱后，去登记领取结婚证，择定吉日举办婚礼。城里青年婚宴一般选在酒店、宾馆，有车队迎接新娘。农村大多仍按乡下习俗操办，也有车接送，也有酒店办的。2000年后，城乡青年旅游结婚逐渐增加。2006年，县城、乡镇婚庆公司增多，城里婚礼多由专业公司和专业主持人承办。结婚当晚有些城里青年邀请朋友上街玩闹，新郎扮小丑被同辈朋友恶作剧搞笑游行。也有上辈人变着花样开老人公（公爹）玩笑的。

【生育】 1986年，生育习俗主要有报喜，取名，洗三澡，打三朝，剃胎毛等。城乡实行计划生育。2006年，生育的传统习俗仍旧在城乡部分保持，新的生育习俗逐步形成，少生优生成为时尚。

报喜　1986年，蓬安农村还延续婴儿出生后，女婿提火炮、红鸡蛋到岳父母家报喜，燃放火炮，赠送红鸡蛋。女婿报喜回家时，岳父母回赠红鸡蛋。至2006年，报喜延用，方式变化，一般电话通知岳父岳母，并约定打三朝时间。

取名　小儿出生后取名，由父母或请名望高、长寿、有学识的长者取名，有的请算命先生取名。取名方式是姓加字辈再加名，有的父母直接按出生排行取名，是男的取老大老二，或大娃二娃的，如是女孩就取二妹三妹等，有的为使其生长顺利，干脆取名大狗、二狗、牛娃、狗娃的。读书时取学名（俗称大名），没有进学堂读书的，到结婚成家取大名（姓加字辈加名）。20世纪90年代后，取名有父母直接翻书取名，或请算命先生测字取名。2006年，很多找学易经的人或电脑取名。

洗三澡　婴儿出生后三天即洗澡俗称洗三澡。在农村采用艾叶、菖蒲、蒜杆等熬水，给婴儿洗澡。洗三澡多为婴儿的外婆或婆婆。洗三澡时在盆内要放锁、钱币之类物品，是男孩的放钱币寓意长大挣大钱，女孩放锁寓意长大管好家的习俗。20世纪90年代后，许多年轻夫妇为了母婴安全，在妇幼保健院或医院分娩，洗三澡由护士进行。

打三朝　婴儿出生后，外婆和亲邻都要去祝贺。在农村外婆接报喜后，筹备三朝礼物。通知娘亲姑表，送公鸡、蛋、面、糯米、红糖等月礼，外婆家筹好婴儿衣帽鞋等礼品，请婴儿的舅舅或其他亲戚（男性）担鸡、面、蛋、米（谷子）送往婴儿家，女性亲戚随同。富豪的外婆家打三朝要担七、八挑或十来挑礼品，婴儿家办三朝酒，远近亲戚送礼祝贺。吃三朝酒期间，祖母抱婴儿出来与亲戚见面，亲戚祝贺并给婴儿红包。1990年后，城乡打三朝，挑担送鸡、米、面的习俗逐渐少见了，流行送钱，少则几十元几百元，多则几千元不等。

剃胎毛　婴儿出生满40天后，抱婴儿去剃头。婴儿父母先给剃头师小礼。剃头时，父母亲要离开，另有他人抱婴儿剃头，剃头时连同眉毛一起剃光，剃下的头发胎毛，用红布包裹烧后埋掉，或悬挂于茂盛之树梢，其意为婴儿茁壮成长。

开荤　婴儿长至4月或6月，就要举行开荤仪式。男婴6个月开荤，女婴4个月，俗称4、6荤。开荤多遇附近办酒宴时，婴儿父母抱去请德高望重、才品兼优的人开荤，开荤先要给开荤人小礼

(红包)。开荤人用筷子蘸点酒菜喂婴儿吃，边喂边说：吃点酒，要活九十九；吃点鱼，年年有余；吃点肉（音如)，一辈子享清福；吃点饭，财源不断等吉利话。开荤毕，给婴儿赏钱以示祝贺。从此，婴儿可以喂饭菜。

拜保爷 小孩出生后多病或为了小孩好抚养，有的父母就给小孩拜保爷（也叫干爹)，拜保爷前先找好对象，再准备礼品（衣服)，通知保爷、保娘要为小孩准备好碗、调羹等礼物。选择吉日，父母带小孩到保爷家，保爷家置酒宴相待，赏小孩碗、调羹、衣服后，喊“保爷（干爹）保娘（干妈)”，保爷称小孩为“拜干（女）儿”。还有把孩子的上辈姑表、姨表亲属叫保保、保娘的，也有父母相好的让孩子称为干妈干爸或保保，彼此互称为干亲家，这一类在礼仪上就没什么讲究了。2006年，拜保爷的习俗在城乡仍存在。

【丧葬】 1986年，蓬安县域内丧葬习俗，在农村逐渐“复古”。临终前将死者抬至堂屋椅子上，儿女在身旁待后送终。断气立即放火炮（升天炮)，烧“倒头纸”，给死者净身（洗浴)、剃头(男性)、穿老衣（三套或七套，衣服多为青色棉布、绸缎缝制)，入殓，放灵柩于堂屋左侧，灵柩下点清油（菜油）灯，请阴阳先生写灵牌、置灵屋、花圈、备香案、摆供果。看风水宝地、择吉日安葬。灵柩在家停放，晚上请乐队闹夜、唱孝歌，孝歌内容一般有《设灵歌》《哭丧歌》等，如果死者是女性，增唱《十月怀胎》《坐血河》《割肝救母》《木莲度母》等。农村称请乐队唱孝歌为“夜锣锣”。停丧期间，亲友前来吊唁，孝子戴孝作陪。下葬前夜，唱孝歌通宵达旦。出葬时，阴阳先生作法事，孝子们向死者行叩首大礼。有的还要为死者著祭文。出殡时以灵位、引魂幡、遗像、灵屋、花圈、灵柩为送葬队伍的顺序。灵柩停歇时，孝子要转身面向灵柩下跪。土葬坑用火纸、芝麻秆（节节高之意）烧热，俗称烧坑。毕，灵柩入坑放好后，阴阳先生撒粮，孝子接粮。然后是孝子双手交叉向粮仓罐抓粮，将粮仓罐放置灵柩两侧后，掩埋灵柩。人死下葬后，要按阴阳先生推算死者的回煞日期，回煞之时在堂屋摆好酒席后全家人要回避。从死者之日算起，每七天到死者坟前烧纸一次，连续烧七次习称“烧七”。满百天烧百期，死后第一个新年叫烧新香（部分地方称烧新年，时间是正月初四)。满周年烧纸叫周年祭。在城镇，实行殡葬改革，推行火葬，人死后，遗体停放殡仪馆，发讣告，确定开追悼会日期。追悼会期间，亲朋好友前来向遗体告别。火葬后骨灰停放殡仪馆或葬入公墓。1996年后，殡葬全面推行火葬。2006年，丧葬前后习俗多数仍按照传统习惯，火葬普及。逢年过节、生辰忌日、清明、七月半均烧纸祭奠。

传统节日习俗

1986年，蓬安传统节日习俗仍以传统习俗为主。1987年开始，蓬安每年春节都要举行街头游行，由政府组织，各单位参与活动。1995年后，传统节日越来越为人们重视，互致祝贺，采取多种方式庆祝。2006年，传统节日更注重亲情和宗族观念，节日食品畅销，庆祝方式更多现代色彩，打电话、发短信祝福的逐渐增多。

【春节】 农历新年初一俗称春节，腊月三十日（月小二十九日）俗称过年或除夕。立冬以后，杀年猪，腌制腊肉。腊月二十三日送灶神后，家家户户开始打扫房子卫生（扫阳尘）和房前屋后的环境、清洁餐具、洗涤被盖、蚊帐和衣物。农家杀鸡杀鸭、下田捕鱼，置办自产年货，城镇居民到超市或集贸市场购置新鲜年货。农民工、在外工作学习的亲友也赶回家中，捎回外地年货。在农村、城镇、机关单位，贴对联、挂大红灯笼，插彩旗，增加新年喜庆气氛。煮团年饭，家里人谁厨艺最好，谁就主厨，为全家人备上一桌可口丰盛的团年饭。必备菜肴有：鸡。“鸡”即“吉”，意指来年全家大吉大利。鱼，即年年有余之意。这两道菜无论怎样烹饪，必须上桌。腊肉、猪耳、心舌应有尽有。年夜饭喝酒也讲究习俗，全家齐上桌时，由家里最长，辈分高的先提杯并呼唤大家齐饮，然后互敬酒祝福。吃菜要求样样菜都吃一点，并且每种菜肴不能吃完，表示有余有剩，风调雨顺。洗脚，年三十晚洗脚，裤卷到膝盖以上，膝盖必洗。有三十晚洗膝盖，来年运好的传说。守睡，即等发压岁钱，家里的晚辈（小孩）等长辈发压岁钱后才睡觉。1986年前后，发压岁钱几角、几元，后来逐渐增长至几十元、有的几百元或上千元。也有在外工作或务工的晚辈给长辈发压岁钱的。发毕压岁钱，洗好脚，全家围坐电视机旁，观看中央电视台的春节联欢晚会节目。“零点”辞旧岁，迎新年，燃放爆竹、烟花、礼炮。正月初一，庆新年。1986年至2006年，县委、县政府年年组织大型街头文艺表演，有狮舞、龙舞、彩车、各种民间舞蹈。人们穿着崭新漂亮的衣服，外出游玩，见面互贺“新年好！新年快乐！”或在家看电视聊天，也有亲朋好友相聚搓麻将、玩扑克牌的。正月初二开始互相拜新年，大多数新婚夫妇首先到媒人家拜年，再到岳父岳母家拜新年。县委、县政府每年春节举行团拜会、茶话会，向老同志、复员、退伍军人、转业军人拜年。党政领导借电视荧屏向老百姓拜年，恭祝新年吉祥。

【元宵节】 农历正月十五元宵节，民间挂大红灯笼、放烟花爆竹、搭台唱戏、舞龙耍狮。1986年至2006年，县委县政府组织庆祝活动，举行烟花晚会、文艺表演。百姓家吃元宵（汤圆），愿家人团团圆圆，一帆风顺。

【清明节】 清明节俗称祭奠日。从古到今，清明节城乡居民都要到过世的亲人坟前祭扫（培土、烧化冥钱，在亲人坟头挂上白纸，又称“挂坟”）。学校组织青少年到烈士陵园祭奠英灵，或在烈士墓前举行入团宣誓仪式。1986年后，部分同宗姓氏举办清明会，聚集同族人吃祭祖宴。2006年，清明祭祖更加盛行。

【端午节】 农历五月初五为端午节。门上挂菖蒲、艾叶，吃点心、粽子、喝雄黄酒。农村有在小孩的额上、头上、胸前点雄黄酒，以防虫害侵扰。部分年龄较高的老者用雄黄酒兑蒜水沿房四周喷洒，传说可防止蛇毒侵扰。1986年，农村过端午节，新婚夫妇有去岳父母家送节的习俗，赠送二老蒲扇，回赠礼品为二把雨伞（或二顶草帽）。旧称“取草帽”或“取伞”。是年以后，青年男女外出务工者甚众，送端午取草帽的习俗渐冷淡。县城和个别乡镇政府组织划龙舟、抢鸭子等传统文娱活动。1990年后，端午节市场上卖粽子、菖蒲、艾叶、草药很多。2006年，节庆活动更多。

【七夕节】 农历七月七日为七夕节，又称中国情人节。这天，青年男女互赠礼品，表达爱意，异地务工的青年男女，利用手机互发短信，表情达意。县城青年男女，相约酒宴相待，歌厅唱歌跳舞，或外出蹓街逛商店。这一天，玫瑰畅销，价格高出平常的几倍。

【月半节】 农历七月十五日为月半节俗称中元节，又称鬼节。人们传说七月半，鬼魂要回家与家人团聚，有“七月半，鬼乱窜，高粱地里一多半”的说法。各姓氏祖传祭奠时间不同，后人沿袭。农历七月十二日至十五日为迎接日。在堂屋中间摆设宴席，在堂屋神龛前烧化冥钱，恭请去世先人回家过节。再在堂屋门外烧化散乱冥钱，配酒水饭，送走孤魂野鬼，现在农村还流传“七月半抢水饭”的说法。农历七月十五至十七日为送鬼时间。现在祭奠方式比较简单，月半节来临，购买冥包冥钱，写上去世祖先名字，在野外烧化表达敬意。

【中秋节】 农历八月十五为中秋节，又称团圆节。全家聚集在一起，蒸糯米、打糍粑。晚上摆上糍粑馍馍、月饼，在宽敞明净地方赏月，单位、工厂也举行赏月活动。农村还保留中秋节送糍粑馍馍的习俗。1990年后，外出务工人员较多，中秋节之际，给亲人打电话祝福问候，亲朋好友有请吃团圆饭，送月饼的习惯，同事亲属之间互赠月饼以示庆祝。中秋节前后，城里市场卖糍粑、月饼的很多，买的人也很多。

【重阳节】 农历九月九日为重阳节，1986年，国家决定重阳节为“中国老年节”。此后，每年重阳节，各单位组织慰问老年人，给百岁以上老人发放生活津贴、赠送礼物、祝寿。共青团、学校等单位组织青少年到敬老院慰问，帮助老年人洗衣、挑水、打扫卫生、表演文艺节目。老干局、老龄委、老体协、教退协、机关退协等老年组织举办书法、绘画展览、座谈会、茶话会，开展老年门球、舞蹈、拳剑等文体活动。

【腊八节】 农历腊月初八俗称腊八节。佛教传入中国后，传说腊月初八是佛祖释迦牟尼得道成佛的祭日，佛寺和众信徒用香米及豆类煮粥供奉。此后民间腊月初八以食腊八粥为俗。腊八粥用大米、糯米、豆类、花生、核桃仁、腊肉颗颗混合熬煮成，兼配生姜、大蒜、大葱等佐料。

宗族习俗

1986年，蓬安宗族习俗逐渐浓厚，部分家族开始续修家谱，吃清明会。2001年，全县有少数民族23个共787人，2006年，全县有姓氏212个，独生子女家庭增多，家庭人口一般在3人至5人之间。

【姓氏】 蓬安姓氏有212个，按笔画排列：

丁、刁、万、卫、马、王、毛、牛、文、方、邓、孔、尹、甘、石、左、龙、帅、叶、卢、旦、申、田、史、冉、白、包、冯、兰、宁、皮、司、母、邢、权、成、师、吕、曲、乔、年、朱、伍、伏、任、华、向、刘、齐、江、汤、宁、安、关、羊、米、许、阳、孙、杜、杨、花、芹、苏、李、严、巫、肖、吴、何、余、谷、邹、辛、闵、况、汪、沈、宋、张、陆、陈、邵、奉、武、林、苛、荀、范、欧、卓、尚、明、罗、岳、金、周、庞、郑、官、屈、孟、项、柯、胡、南、荣、赵、钟、侯、段、俞、饶、施、洪、宪、姜、祝、费、姚、敖、秦、桂、都、袁、莫、聂、顾、夏、宴、钱、徐、殷、卿、郭、高、席、唐、凌、诸、谈、陶、梅、黄、曹、龚、盛、崔、盘、商、章、庹、康、冠、梁、屠、敬、韩、斯、彭、葛、董、蒋、粟、程、傅、焦、鲁、渣、温、游、曾、谢、强、赖、靳、蓝、蒲、雷、詹、雍、阙、满、蔡、蔚、鲜、廖、漆、谭、翟、熊、滕、攀、薛、燕、鞠、戴、瞿、魏、蹇、欧阳（复姓）。

【家庭】 1986年，家庭人口较多，均以“四世同堂”“三世同堂”为荣。长者为家长，主管家庭一切事务。如晚辈提出分家居住，长者召开家庭会，请同姓氏德高望重的老人来调解或分割家庭财产（住房、粮食、家具）等，即成新家。

是年后，落实计划生育政策，多子女家庭较少。独生子女家庭居多，人口数量在5人至6人。父子年龄差异在25岁左右，祖孙年龄差50岁左右。2000年后，由于生活习惯和观念的差别，独生子女成家后与父母分家独立，三口之家的户数较多。2006年，农村富余劳动力外出打工更多，农村中老人、儿童留守家庭愈来愈多。

【家族】 蓬安的主要姓氏有212个，居住在不同区域，形成不同地域家族。1986年后，部分姓氏推选族长，续修家谱，操办清明会。办会前，姓氏中推举专人组织，筹办宴席，通知族人，规定缴费标准。参加者最低交费50元，最高不封顶。吃宴席前，族人聚集，集体举行祭奠祖先仪式。宴会中，族人互相敬酒祝福，交流生产生活经验。同姓氏居住点不同，分年度轮流操办清明会。部分姓氏规定，隔年举办一次，部分姓氏年年都办清明会。

【族（家）谱】 家谱以姓氏撰写。主要内容以记载本姓氏起源、发展、宗派、分支、世系、字辈沿袭。搜集祠规、族训、家范、家训、名人风范、艺文著述等。修家谱的习俗在民间已久。“文化大革命”中家谱被当做“四旧”被销毁。20世纪90年代，外出务工人员同姓相见，字辈难分，出现尊长不明的尴尬场面，续修家谱的愿望更加强烈。姓氏中声誉较高的人遵照祖传家谱训导，产生续修家谱念头。走村串户，搜集资料，按古时修谱做法，享受者出钱，出版谱书，分发至本姓氏成员户。新修家谱中，去掉封建家族规定，不立族规家法，保留家训、劝学、勤俭节约、守法的传统美德。重点编修本姓氏字辈延续。同姓氏居住地不同，字辈有易，新修谱时，互相比对，互联家谱。蓬安各大姓氏，近年都分别续修家谱，计约100余家族。

【称谓】 蓬安的血亲、姻亲之间的称谓大致相同，部分姓氏称谓延续古称。社会人际关系称谓与市内其他县基本相同。

高祖父（母）：惯称起祖（先人）。

曾祖父（母）：惯称祖祖（男祖祖、女祖祖）。

祖父（母）：有称公（婆），爷爷（婆婆或奶奶），有称嗲嗲（音dia）。

父亲：称爸爸或爹，俗称老汉（儿）、老爸、老爷子。

母亲：称妈妈，妈、娘、奶奶（阴平）、媒（阴平）。

父亲的兄嫂、弟、弟媳：称大爸、二爸、幺爸、大妈、二妈、幺妈或×爹、×娘或×伯、×伯娘。

母亲的兄嫂、弟、弟媳：按排行称大舅（母）、二舅（母）等，舅父也有称保保的。

父亲的姐、姐夫、妹、妹夫：按排行称姑（姑爷）、二姑、幺姑、幺幺等，姑父也有称保保的。

母亲的姐、姐夫、妹、妹夫：称姨或姨妈（姨父），也有称幺幺等，姨夫也有称保保的。

妻子的父母亲：称岳父（母）、亲爷（娘）、干爷（娘）。现婚后随妻称爸、妈。

丈夫的父母亲：随丈夫称爸、妈。

丈夫：称男人、当家人、老公、先生、娃他爸、他爹。现直呼其名或老年时称老头儿。

妻子：称女人、婆娘、老婆、内人、内当家、娃他妈。老年称老太婆，也有学成都人称老妞。

兄弟姐妹：一般按排行称大哥、二哥等（三合乡有称哥为“冒壳子”的）。姐妹称大姐、二姐，或兄弟、二兄弟、三兄弟或二妹、三妹等。兄弟的妻子称大嫂、二嫂、三嫂等。

妻子的兄弟：统称舅子，或舅老倌，其妻称舅母子。现一般按排行称哥、嫂或兄弟、弟妹。

子女：称儿、女儿、或娃儿、姑娘、丫头，或直呼其名，现多数无论儿女都称儿子。

姑、舅、姨的儿女：统称表姊妹或表兄弟，或按排行称大哥、二哥、二姐等。

兄弟之子女：称侄儿、侄女，或直呼其名。

女婿：称干儿子，或直呼其名。

孙儿女：统称孙子、孙崽，或直呼其名。

女儿的子女：称外孙，现也统称孙子，或直呼其名。

除明确称谓以外的同姓长辈称“老辈子”，同辈或不明辈分的同姓人称“家门儿”。

女儿的公婆，儿媳的父母统称“亲家”。

父姓以外亲戚关系的同辈人称老表，或因交往密切联系到上一辈父姓以外的亲属或亲缘关系的人也称老表，与父母辈关系特好的也有称保保或干爹干妈的。

1990年后，社会上相识之人或单位同事年龄相差不太大的多以哥姐相称，例：张哥、李姐，不熟悉的人见面多相互尊称先生女士。

信仰习俗

蓬安人信仰佛教者多，2006年，建有龙角寺、龙云寺、南海寺等寺院。信仰道教、天主教、基督教者少，全县仅有道徒3000余人。

【佛教】 汉时佛教传入蓬安，唐朝已建有多处寺庙，在相如故城锦屏山古佛洞、佛尔崖等地雕刻佛像众多，后因历代战乱和朝代更迭损毁。明清和民国时期尚有多处寺庙，解放后一段时期破除迷信，寺庙无存。1992年，蓬安佛教事务由南充地区佛教协会代管。2006年，锦屏城西尚有观音阁残留部分，县内修复有龙角寺、龙云寺、南海寺等佛寺。

龙角寺位于龙角山，原建有古庙一座，又分三义殿：“天王殿”，塑有玉皇大帝之像；“龙王殿”，塑有四海龙王之像；“雷公殿”，塑有雷公电母之像。庙殿为砖木结构，门、窗、柱、梁都刻制精美的花草、鸟兽和完美的菩萨像，山川、楼台、亭阁栩栩如生，活灵活现。据县志考，寺庙初建于唐末，三殿陆续建于明朝。庙内有数十块石碑，排立有序，为记事碑、功德碑、庙规碑、僧戒碑，还有文人墨客游来此庙的题词诗文等。用楷、篆、行、草、隶书刻而成。寺内常年香火缭绕，钟鼓齐鸣。僧尼不断，平时多者4人至5人，少者1人至2人。本地朝拜寺庙的人以初一、十五和节日为多。每年六月二十四的雷祖会，更是热闹非凡。1957年，雷公殿被拆毁，材料用作修建周口新市场。1998年，经省、市、县宗教局批准，恢复重建龙角山雷公庙，更名龙角寺。1999年4月，县宗教局组建庙筹备组。2000年3月，观音殿建成开放。12月，建成龙角寺大雄宝殿。2001年，成立龙角寺管委会。2006年，春节庙会期间，烧香拜佛者约5万人次，每年阴历2月19日、6月19日和9月19日，观音会烧香拜佛者络绎不绝。

龙云寺始建于唐贞观九年。位于县城西北南渠公路蓬安——南部段15千米处左侧冈峦，地属龙云镇四村。解放后，原道教会长王理明及僧众（因解放前此地为僧道共处场所）尽皆还俗。1958年，拆去寺庙的左右横殿。1972年，拆去余下的正殿，龙云寺荡然无存。1993年春，龙云镇政府报请上级批准恢复龙云寺。1999年，龙云寺管理委员会成立。2006年，龙云寺建筑面积近2000平方米，有大雄宝殿、三圣殿、玉皇殿、天王殿、韦驮殿。朝山敬香络绎不绝。春节庙会，阴历二月十九、六月十九和九月十九，信众甚多，最多时达3万余人。

南海寺位于凤石乡大深南海旁，占地面积10余亩。2002年10月，县民族宗教局批准成立蓬安县南海寺佛教活动场所筹备组。2003年12月，观音殿竣工，建筑面积418平方米，大殿中塑有南海观音、龙女、善财，左边塑有普贤菩萨、普眼、大势至、圆觉、金刚藏、辨音、贤善，右边塑有文殊菩萨、文殊、弥勒、普贤、清净慧、普觉以及彩绘壁画。2004年4月22日，开光使用。2006年，修建了天王殿，建筑面积155平方米。

【道教】 东汉顺帝汉安元年（142），张道陵天师在蜀中创立道教，设二十四治（化），蓬安属地有传教点。2006年，全县境内有道教信徒37人，未设道观。

【天主教】 天主教于清末传入蓬安，教民分布在原县城（蓬州故城陵江镇，即锦屏镇）和银汉乡等地，建有陵江教堂，先归成都教区，后改南充教区辖管。19世纪70年代，南燕、福德设分堂会所，民国12年（1923）以前，由营山教堂管辖，后改为广安倒石桥教堂管辖。1949年，改为营山天主教堂管辖。解放后，破除迷信，教民大多停止活动。1981年，利溪镇乡民4人到南充参加教规教理教仪培训。1984年，利溪镇、马回乡、新园乡等地先后100余人入教，后扩大到三坝、碧溪、河舒、三元、周口等乡镇。2001年8月，在教友倡导下，向县民族宗教局递交关于成立蓬安县天主教建堂筹备的请示。2002年4月，县国土资源局同意蓬安天主教在河舒镇15村2社征地6亩建教堂。2003年6月，动工兴建，总建筑面积706平方米，2004年3月，竣工投入使用。2006年，天主教信徒增至1382人。

【基督教】 民国15年（1926），基督复临安息会传入蓬安，租金溪场（金溪镇）下河街唐逢寿店作教堂。民国17年（1928），建教堂一座，教堂名为“基复临安息日会福音堂”，信徒约30人，多为本地人。教堂内办有“三育小学”。民国21年（1932），中华圣公会在蓬安周口镇木桥湾建立支堂，信徒30余人。民国36年（1947），南充福音堂致书蓬安教会，发起“三自革新运动”，姚家沟的信徒积极响应。

1988年，有新信徒到南充市大东街福音堂参加聚会。1992年，蓬安基督教信徒发展到500多人。分布于蓬安县周口、福德、新河、中华、杨家、河舒等乡镇。1997年9月，县政府批准在蓬安县周口镇开放基督教活动场所，并成立基督教活动点筹备组，筹建基督教活动场所。选址于蓬安县环城路中段（周口镇铧厂村4社），并于1998年12月6日正式建成开放。教堂占地1.3亩，建筑面积766平方米（含附属设施）。此间，信徒捐款23.5万元。是年，蓬安正式成立基督教三自爱国运动委员会，当年信徒统计人数为1050人。2002年，信徒约1200多人。2004年，信徒约1500人。2006年，信徒约1600多人。

禁忌习俗

蓬安农村、城镇都存在禁忌习俗。禁忌习俗分忌时和忌事两种。

【忌时】 正月初一忌吃荤，忌倒水，忌扫垃圾。正月和腊月忌说不吉利的话和不吉利话的谐音，忌别人在自己面前哭泣。农历二月初二：忌雀儿。每逢这一天，农民不下地耕作，粮食成熟后，免遭鸟雀蚕食。农历三月三日：忌蚂蚁。山坡上生长一种野草叫蚂蚁草，三月三日，采挖蚂蚁草置家灶台、桌上，以后蚂蚁就不会再出没。农历四月八日，嫁毛虫，农村老人延旧习，当天将“佛祖四月八，毛虫今日嫁；嫁入青山里，永世不回家”这四句话，每两句写一红纸条，四句两条。交叉（X型）贴在家的墙壁上，按需可贴几幅。从此以后，毛虫就不进家门了。农历五月二十三日，龙会，忌下雨，传说五月二十三日龙升天聚会，民间流传“天干不天干，就看五月二十三，大落大干，小落小干”。七月十四、七月十五日为月半节又叫鬼节，忌夜出。

【忌事】 婚嫁中，忌再婚者送亲，忌寡妇、孕妇进新房、坐床；忌打破杯碗碟盘等。丧葬中，死在外地人忌停尸于堂屋；儿童青少年夭亡，忌埋在向阳之处；挖墓坑忌换地方。建房忌大门对正北方；忌房前有大坑陡坎；建房忌说“无人”等话语。早晨、节日或家有人出远门时，忌说不吉利话，忌有人哭，忌打烂东西。出门开车忌端汤碗菜盘倒。婚丧办酒席上菜忌盘子重叠。农历初七忌出门，初八忌回家（农谚称七不出门，八不归家）。女儿过年回娘屋忌扫地，以防把娘家财务扫走。忌喂倒漩猪、五爪猪；忌母鸡打鸣，公鸡上房；平常忌跑猪和猫来；忌妇女坐门槛、扁担，忌经期踩男人影子等。随着科学文化知识普及，大部分禁忌消失。部分人还有禁忌的思想，农村较多一些。

美德新风

1986年至2006年，蓬安在改革开放中吸收新的习俗，仍承续了中华传统美德。邻里和睦团结，文明诚信，扶弱济贫，尊老爱幼，互相帮助，新风传扬。有关爱孤寡老人的姚敏、奉崇权，有精心照顾卧病在床公婆、婆姨的女教师王子月，有医德高尚的医生程均，有舍己救人而光荣牺牲的李天国，有临危不惧的吕凤鸣，有助人为乐的退休干部段景芳和关爱留守儿童的范琼花等。

【孝敬老人】 孝敬老人为蓬安之美德。城东路小学教师王子月，丈夫在西藏服役，公公是退休残疾军人，还有两个年幼的妹妹和一个患重病的弟弟。1994年，公公突患脑血栓，全身瘫痪卧病在床，婆婆也患糖尿病。王子月坚持照顾两位生病老人10余年，白天上课，晚上洗一家的衣服，收拾屋子，给婆婆端汤药，给公公按摩、擦洗身子，直到公公、婆婆相继去世。从1983年起，还照顾孤身姨婆。2006年，老人已90高龄，双目失明，王子月尽心服侍，让老人心情舒畅，生活愉快。王子月的先进事迹感动身边人群，被评选为全县敬老爱老模范。

【敬业奉献】 1979年，姚敏调入天成乡敬老院任职。他爱岗敬业，视老人为亲生父母，一干20多年，赢得敬老院全体老人的拥戴。多次获全国、省市表彰。兴旺镇敬老院长奉崇权在敬老院工作11年，先后服侍25位孤寡老人走过了人生旅途，被县政府推荐为“全国敬老模范”。蓬安县人民医院眼耳鼻喉科主任、副主任医师，外科党支部书记程均，1997年6月，他正准备为一位严重的眼鼻综合外伤患者实施手术时，突然接到母亲肺心病突发、病危电话，面对母亲病危和错失手术良机可能失明、破相的患者，毅然决定照常手术。当手术成功做完回到家时，母亲却因未及时抢救离开了人世，让他心痛不已。程均在抢救伤员时，一连五六个小时坚持在手术台，饿得头昏眼花，常常晚上手术到天明，白天照常上班为病人开处方下医嘱，每年诊治病人5000例以上，做手术200多台次。他医德高尚，诊病、手术拒绝红包，从不乱开药、开高价药。十多年间参加各种义诊服务达300余次。

【学雷锋志愿者活动】 1986年至2006年，全县学雷锋活动继续进行，后来变成“一助一”结队帮扶和青年志愿者活动。活动以青年为主，党员、民兵、干部、群众都有参加，渐成社会风尚。

【见义勇为】 1986年至2006年，蓬安见义勇为者不断涌现。1990年7月10日，清溪乡罐子坝村小学生李天国舍己救人。2002年，蓬安县两路乡人、重庆光彩职业技术学院机电班学生吕凤鸣见义勇为，均成为典型代表。

【助人为乐】 1998年开始，徐家镇方广村党支部书记范琼花，关心群众，先后为本村外出务工的27名农民工代养36个孩子，成为全国典型，被选为中共十六大代表。福德镇退休干部段景芳，年逾古稀，长期坚持帮助困难群众，在外打工的段平安母亲病危，他主动帮助四处筹款，请车送医院抢救。由于段平安母亲病重，当晚死亡，他把尸体运回家，还捐赠300元安葬死者。在外打工的段百生60多岁的母亲在家劳动时，不慎摔伤，瘫痪在床，段景芳每天坚持到老人家中喂药送水，照顾老人两个多月，还无偿提供自家两间房给贫困户段景立居住。从2004年起，经常为敬老院五保老人提供蔬菜、副食品改善生活，将自己补发工资3400元捐助给当地的4名贫困学生。当地村民称段景芳为“一方大好人”。

方 言

蓬安境内方言，主要有周口话、永州话和沅州话。

周口话属北方方言西南次方言，为蓬安代表方言，分布在周口镇、锦屏镇、巨龙镇、金溪镇，以及徐家、河舒、罗家、兴旺等镇的部分乡村，人口约45万人，占全县人口的72%。

永州话为蓬安第二大方言。说永州话的为清初湖广永州府祁阳县和零陵县迁蓬的移民后裔。永州话与老湘语仍有许多相似之处，它有较完整的一套全浊声母。分布在福德、南燕、银汉、诸家、徐家、茶亭、石孔、海田等乡镇，以及天成、兴旺、凤石、罗家、杨家、开元、徐家、鲜店等乡镇的部分村社，人口约15万人，占全县人口26.2%。说沅州话的主要为清初从湖南沅州府属县迁蓬的移民后裔。沅州话的阴平调是曲折调（213），去声调是平调（55），这种调型在四川方言和湘方言中均少见。与古沅州府紧邻的新晃，从古至今都是侗族聚居之地，蓬安县沅州话的底层方言早先当是受侗语影响的湘方言。其分布区域有龙蚕、天成、兴旺、凤石四乡镇的部分村社，人口约1万，占全县人口1.8%。

此外，清代福建迁蓬移民后裔，其方言特点已基本消失，仅有长梁乡林蔡二姓在某些亲属称谓上，与周口话、永州话、沅州话有所不同。

方言中的语音语法及部分方言词汇1994年版《蓬安县志》已有较详细的记载。

【语音】 语音分周口话、永州话、沅州话等，其发声和读音有很多区别，蓬安人说话、发音以周口话居多，但是也有后两种音混合，1994年版《蓬安县志》已有记载。

【词汇】 蓬安境内的周口话、永州话、沅州话，在词汇方面区别较小，与普通话比较，有小部分声、韵、调不同，有个别词语亦有差异，1994年版《蓬安县志》也有记载。

【语法】 蓬安境内的周口话、永州话、沅州话中部分形容词可加一些固定的前缀或后缀，表示程度加深，如光和圆，加上前缀就叫溜光和溜圆等；加后缀的如形容肥胖，叫肥滚滚，形容新，叫新崭崭，形容惨，叫惨兮兮等。1994年版《蓬安县志》亦有记载。

新流行词语　谚语　歇后语

1986年至2006年，蓬安的流行词语、谚语、歇后语，出现了一些现代新生的，也有老词富新意，这些词语常在生活中引用，喻事、喻理形象生动，言简意赅。

【流行词语】　蓬安的流行词语受普通话和外来词语的影响，也有本地口语和习惯说法，如：

海选：在选举领导人或代表时，不提侯选人的选举方法，以最后得选票最多的当选或从中选择候选人再正式选举。

搞定（敲定）：办成。

歪货：假货。

打顶（跟）张：玩麻将牌的习惯用语，上家打什么牌，下家跟着打什么牌，引申为对着干。

铁哥们：患难生死的兄弟。

出血：掏钱、出钱，有鼎力相助之意。

臂（bèi）膀子厚：指有钱有势的人做后台。

头上长包（也有说脑壳上有乒乓）：头脑不开窍，显笨像。

灰色收入：不正当收入。

交学费：做生意亏本、办事未成而先付出代价，或上当受骗赔了钱。

踩红线：做傍政策边沿的事。

高压线：引申为政策性极强，一点也不能超越。

打擦边球：球技术语，刚好在规定的有效线内，引申为钻政策的空子。

白色污染：废弃塑料对环境的污染。

按揭：现指购房或购车资金不足，采用银行贷款、分期付账的消费方式。

充电：继续参加培训、学习、提高知识水平和业务能力。

扫黄打非：扫除卖淫嫖娼行为，打击非法盗版物和黄色书刊、音像制品。

埋单：替别人消费买单付账。

超市：大型购物市场。

上网：利用计算机在互联网上查录、搜索学习资料、开展游戏活动或亲朋好友聊天交流。

网吧：供人们利用计算机上网的经营场所。

水吧：备有供人们休闲饮用茶水（热茶、冷饮）的经营场地。

吧台：原指酒馆喝酒设的台子，旁边有座位，现多指经营场所结算收银处。

打假：打击出售、制造假冒伪劣商品的行为。

假打：没有诚意的行为，多指待人虚伪。

打拐：运用法律手段打击拐卖妇女、儿童的违法犯罪行为。

打的：乘坐出租车。

下课：原指学校下课，引申为受处分（免职、撤职）或终止某一项正在进行的事，多为贬义。

第二职业：兼做正式工作以外的职业。

冒皮皮、冲（去声）壳子：说不切实际的大话、假话、迷惑人。

打黑除恶：打击具有黑社会性质的犯罪团伙，扫除社会恶霸势力。

内退：不到国家规定的退休年龄，在单位内部办理工作交接手续，享受单位退休职工待遇。

炒鱿鱼：指被老板解雇（聘）；也有戏称员工跳槽为炒老板的鱿鱼。

跳槽：辞掉原工作，到新单位就业。

焗油：俗称染发。理发时头发焗油上色，使其美丽年轻，有焗彩色的、黑色的。

农家乐：离城市较近的农家餐饮、娱乐场所，供人休闲玩乐，享受田园风光。

观光农业：供休闲旅游参观的农业模式，游人参与农耕、观赏、瓜果品尝、饲养、垂钓等活动。

“公司”+“农户”：农民生产农产品与公司加工、生产、销售原材料直接挂钩或合作经营。

刷卡消费：购物、经济往来中，直接用银行卡（信用卡）刷卡支付，减少消费中现金往来。

豆腐渣工程：修路、修桥、建房等大型建筑工程中质量极差的工程。

农保：农民参加养老保险、医疗保险的简称。

“两免一补”：2005年，国家实行义务教育阶段学生免交杂费、课本费、住校补助的惠民政策简称。

下海：本指渔民下海捕鱼捉虾。引申为国家机关、事业单位工作人员辞去工作，经商办企业。

研究研究：研究研究谐称烟酒烟酒。官腔话，某件事还要研究才能定夺。引申为送烟送酒。

水公司：又称“地下钱庄”，专门从事放高利贷，获取高额利息的非法组织。

二百五：做事想问题傻里傻气。

【俗语】 蓬安的俗语多加前缀或后缀，前面已有记述，表达上也还有一些独特之处，如：

黑，说“黢（qu）黑”。

白，说“讯白”。

甜，说“抿甜”。

苦，说“焦苦、昂苦”。

重，说“榔重”。

轻，说“捞轻”。

软，说“溜粑”。

硬，说“榔硬”。

酸，说“溜酸”。

湿，说“焦湿”。

淡，说“寡淡、憨淡”。

烦，说“毛焦火辣”。

烂，说“稀烂，稀趴烂”。

冷，说“冰冷、冰灸”。

暖和，说“飞热和”。

咸，说“青含、丁韩”。

香，说“喷香”。

臭，说“滂（pāng）臭”。

痛，说“青痛”。

耳光，说“耳使”。

上面，说“高上、上头、高头”。

下面，说“下头、底下”。

故意，说“了（阳）子”。

蠢，说“莽（阴平）”。

一会儿，说“哈哈儿”。

没有，说“莫得”。

头，说“脑壳”，骂人说“砍脑壳的，杀人叫砍脑壳”。

懂礼数、懂规矩，说“落教”。

膝盖，说“克膝板儿”。
脖子，说“颈项（hāng）”。
胳膊肘，说“倒拐子”。
小腿骨，说“连儿杆”。
脸，说“脸呗儿”。
手指，说“手指姆儿”。
腰，说“腰杆”。
拳头，说“砣子”“锭子”。
踢，说“爪（阴平）”。
尾椎骨，说“屁趴骨”。
青蛙，说“克螟儿”。
肉，说“嘎嘎（多针对小孩的说法）”。
黎明，说“麻麻亮”。
用钱太多称用钱的“兜兜”。
闯祸太多称闯祸的“兜兜”。
表示吃惊时说“嗨啰外”。
骂人不懂说“球筋不懂”。
称某个地方“这个塔塔哦”。
骂人或牲畜叫“瘟丧”或“死瘟丧”。
理发，说“剪脑壳、剃脑壳”。
便宜，说“相因、抹货”。
吝啬叫“苟”。
扔了、摔了，说“尔了”。
孩子调皮捣蛋说“惹是生非”、说“千烦”。
走亲戚，说“走人户”。
办事出差错叫“戳拐”。
出现问题，叫“扯拐”。
小偷叫“摸哥儿”。
豌豆尖说“豌豆癫癫”。
肚皮叫“肚囊皮”。
两餐之间的加餐叫“打幺台”。
能干有本事叫“蒿实（读hao shi）”或叫“行（hang）实”。
打架叫“打捶”。
很失望很懊悔说“哦祸”。
故意刁难叫“弯酸”。
使劲努力叫“展劲”。
神经兮兮叫“神戳戳”。
发怒产生正面冲突叫“毛起”。
做事没规矩没算计叫“莫得哈数”。
做事不动脑筋叫“瓜娃子”。
走霉运叫“背时”。
小偷叫“贼娃子”。

不理睬叫“不来视、不张视”。
骂人叫“决人”。
蚯蚓说“曲蟮儿”。
蜻蜓叫“洋丁丁、丁丁猫儿”。
蟋蟀叫“灶鸡子”。
爱吵闹叫“精炸炸（精爪爪）、肝经火旺”。
声音大叫“精叫唤”。
落魄凄惨，叫“造孽”。
聊天，叫“摆龙门阵”。
强迫，叫“估到”。
很少，叫“丁点儿”。
以后叫“二天”。
会说不会做叫“白嘴儿”。
吹牛叫“冲（chǒng）壳子”。
不穿上衣叫“打光膀子、光坝坝”。
怎样叫“朗凯”。
麻烦叫“过场多，不麻烦叫撇脱”。
傻，叫“哈（ha去声）”。
鞋子，叫“还（hai）子”。
什么，叫“爪（zhuǎ）子、啥子”。
会骗人、会巴结人，叫“会豁人”。
笨和憨厚，叫“莽戳戳的”。
角落，叫“卡卡（ka ka）”。
挪动，叫“展”。
怕老婆，叫“耙（平声）耳朵”。
做表面功夫，叫“扯幌子、做人面前活”。
脱不了干系，叫“麻不脱”。
行为怪异，叫“怪眉（mi）怪眼的”。
捉迷藏，叫“躲猫猫”。
故弄玄虚迷惑人，叫“装疯迷窍”。
不知道如何下手处理，叫“莫得抓拿”。
急于摄取，叫“饿劳饿虾”。
被子，叫“铺盖”。
撒谎，叫“扯把子”。
屁股，叫“沟子、萝蔸”。
得痢疾，叫“打摆子”。
什么都没有了，叫“洗白了”。

【谚语】 蓬安的谚语很多与普通话相近，更多的属四川话，还有老百姓平时顺口成章，习惯成自然形成的语言。如：

国有国法，家有家规。
只有千年的衙门，没有千年的官。
三个公章，不如一个老乡。

资格老，不如运气好。
群众是杆秤，斤两自分明。
有理说实话，无理讲蛮话。
打架亲兄弟，上阵父子兵。
连二杆（小腿）犟不过大腿。
寒门生贵子，富贵出浪子。
黄荆棍棍出好人。
吃不穷，穿不穷，不会划算一辈子穷。
穷不丢猪，富不丢书。
不怕不识货，就怕货比货。
死马当做活马医。
天外有天，山外有山。
善有善报，恶有恶报，不是不报，时候未到。
跑马观花头昏眼花，走马观花误差较大，下马观花能解疙瘩。
好记性不如烂笔头。
鸭蛋无缝不生蛆。
看菜吃饭，量体裁衣。
煮酒熬糖，充不得老行。
难者不会，会者不难。
人争一口气，佛争一炉香。
要想人不知，除非己莫为。
过了立夏，见到亲家不说话。
早风雨，夜风晴，中午吹风跑不赢。
麦到立夏死，谷到立秋黄。
勤喂猪，懒养蚕，二十八天挣现钱。
人情（请）大如债，没钱揭锅卖。
军师多了打烂船。
医生好学，方道难开。
便宜莫捡，烂账莫赊。
便宜无好货，好货不便宜。
上梁不正下梁歪，中梁不正垮下来。
惊蛰不冻，冷起芒种。
清明后，摸胡豆。
清明断雪，谷雨断霜。
过了谷雨节，豌豆胡豆硬如铁。
芒种忙忙栽，夏至谷怀胎。
夏至栽苕，一窝一瓢。
高粱出胎拜夏至。
立秋十天遍沟黄（稻谷成熟）。
七月犁田一碗油，八月犁田半碗油，九月犁田光骨头。
白露下雨，路白又下（雨）。
寒露霜降，豌豆麦子点在坡上。

立冬晴，养穷人。

云跑东，一场空；云跑西，披蓑衣；云跑北，好晒麦；云跑南，地成田。

早上发霞，等水烧茶；傍晚发霞，干死青蛙。

鸭子走前头喝清水。

大路不平旁人铲。

远亲不如近邻。

爹有娘有不如自己有。

人不出门身不贵，火不烧山地不肥。

猪吵卖，人吵败。

家中一老，胜如一宝。

人在人情在，人走茶就凉。

【歇后语】 蓬安的歇后语很多与四川其他地方相同，与普通话的歇后语有一些差别，更多四川化的幽默，如：

半空中吊口袋——装风（疯）

虾子过河——牵须（谦虚）

沙地里的萝卜——一带就来

擀面杖吹火——一窍不通

猪八戒照镜子——里外不是人

老虎吃天——无从下口

大姑娘上轿——头一回

高射炮打蚊子——大材小用

狗屎做鞭——闻（文）也闻（文）不得，舞（武）也舞（武）不得

篾条串豆腐——提不得

乌龟有肉——在肚里

月亮坝里耍刀——明砍（侃）

老和尚打瞌睡——莫经念（验）

老虎的屁股——摸不得

蚊子咬菩萨——认错了人

两个山字重起——请出

泥菩萨过河——自身难保

猴子掰包谷——掰一个落一个

一挑砂罐滚下岩——没有一个好的

猫儿扳甑子——给狗搞一火（给狗帮忙）

哑巴吃汤圆——心中有数

懒婆娘的裹脚——又臭又长

城墙上的麻雀——吓大了胆

火烧眉毛——顾眼前

矮子过河——淹（四川话读安）了心

猫抓糍粑——脱不倒爪爪

肉包子打狗——有去无回

罗汉请观音——客少主人多

鸭子的脚板——连起的

两爷子打架——胡斗（豆）
两个鸡公打架——争一颗米（差一点点）
哑巴吃黄连——有苦说不出
菜刀打豆腐——两面光（两面讨好）
耗子钻风箱——两头受气
半晚上起来摘桃子——拣粑的捏（欺负软的）
顶起碓窝耍狮子——费力不讨好
狗咬耗子——多管闲事
穿钉鞋拄拐棍——把稳着实
茅坑里的石头——又臭又硬
木匠带枷——自作自受
电灯点火——其实不然（燃）
墙上的牛——犁（离）不得
乌龟遭牛踩一脚——痛在心上

民歌　民谣

【民歌】 蓬安的民歌民谣农村流传居多，解放前流传下来的歌谣只有很少的老年人能唱了，解放后新民歌大多与现在的民歌、流行歌曲结合。民谣多数与谚语相混合，口口相传。

哪里黑来哪里歇

太阳落坡就要黑，情妹问我哪里歇？
我是天上麻鹞子，哪里黑来哪里歇。

注：麻鹞子即老鹰。

天上不晴伞下晴（情）

大雨哗哗象倾盆，妹莫斗篷挨雨淋；
情哥见了忙送伞，天上不晴伞下晴（情）。

贤妹生得短波波

贤妹生得短波波，一笑一对酒窝窝；
那天见她喝壶酒，睡了三天三夜多。

贤妹爱的能干人

藤缠树，锁缠门，麻雀喜欢刺笆林；
豇豆缠的玉米秆，贤妹爱的能干人。

离了情妹睡不着

清早起来去过河，钥匙落在回水沱；
离了钥匙难开锁，离了情妹睡不着。

别人有郎我没郎

太阳落坡遍地黄，情妹还在收衣裳。
衣裳挞到肩膀上，趴到竹林哭一场。
问声情妹哭啥子，别人有郎我没郎。

明月如画照梭罗

明月如画照梭罗，梭罗下面叶子多，叶子多，
情郎好比梭罗树，郎来唱歌我来合，我来合。
情妹住在对门坡，我和情妹隔条河，隔条河，
能工巧匠造座桥，我和情妹都来过，都来过。
月到十五圆又圆，情哥为何不开言，不开言，
你的心思我知道，天上人间皆一般，皆一般。
情妹说话不思量，你心我心都一样，都一样，
七月七日好良辰，你的意见怎么样，怎么样？

别情郎

情郎同情妹，吃了分别饭，一对鸳鸯两分散，
雨伞与行李，情妹已收起，还拿东西送与你。
一送郎荷包，情歌你莫笑，粗针大线不成套，
二送一把伞，晴雨两方便，莫叫情郎晒黑脸。
三送一双鞋，粗针大线排，情郎穿上当草鞋，
四送些银钱，情郎买茶饭，还送馍馍郎打点。
收拾交与郎，好像刀割肠，两眼泪流好悲伤，
情郎接在手，实在无心走，恩情难舍难分割。
情郎起了身，情妹送一程，郎在前来妹后跟，
送到大河口，情郎上了船，情妹两眼泪流干。
艄公开了船，恩爱两分散，妹儿回家好孤单，
结下恩和爱，怎么能丢开？盼郎早早回家转。

赌棍歌

败家子，咋下台，又掷骰子又打牌，
房子卖了住石岩（音ai），半夜半夜不回来。

鸡一叫，狗一咬，开门开门只见吵，
身上钱，输光了，败家子跑起回来了。

数九歌

一九二九，缩脚缩手，
三九四九，冻死猪狗，
五九六九，沿河插柳，
七九六十三，行人把衣担，
九九八十一，庄稼老汉把田犁。

【儿歌】 蓬安的传统儿歌很多是老百姓随口编创哄哄娃娃所为，后来逐渐流传。儿童在学校自行流传的儿歌、童谣内容多与现实生活相关，充满童趣和调侃。

折飞机

小乖乖儿笑嘻嘻，跟着妈妈折飞机，
飞机折起乖乖开，一飞飞到天上去，
飞到天上摘颗星，拿回家去当电灯。

爸爸干活在山垭

爸爸干活在山垭，累得汗水滴滴答，
我给爸爸送饭去，爸爸叫我乖乖娃，
爸爸歇晌在田边，汗水落地连成串。
我给爸爸来打扇，爸爸说我真能干。

南瓜花儿像喇叭

南瓜花儿像喇叭，吹起喇叭嘀嘀嗒，
嘀嘀嗒，嘀嘀嗒，看谁吹得声音大。
南瓜花儿像喇叭，吹起喇叭嘀嘀嗒，
嘀嘀嗒，嘀嘀嗒，看谁吹得瓜儿大。

天上七颗星

天上七颗星，河里七颗金，
乌云盖了星，水中看不清。
树上七只鹰，梁上七颗钉，
举枪打了鹰，用力拔了钉。
桌上七盏灯，灯里七个芯，
煽煽熄了灯，屋内黑沉沉。

一口数二十四颗星

天上星，亮晶晶，
点上灯，数星星，
一口气数二十四颗星：
一颗星、二颗星、三颗星、
四颗星、五颗星、六颗星……

客来了

狗在叫，客来了。
哪一个，张大哥。
怎么不到屋里坐？
衣服穿得破，哪门（儿）不缝几件？
娃娃老老（老年人）多，
哪门不送几个（娃娃），
留到冬天挤热火。

坐排排

坐排排，吃果果，
你一个，我一个，
妹妹睡了留一个。

大月亮

大月亮，小月亮，
哥哥起来学木匠，
嫂嫂起来纳鞋底，
婆婆起来蒸糯米，
娃儿闻到糯米香，
捏个砣砣放在枕头旁。
猫儿衔到仓底下，
狗儿衔到地坝边，
雀儿衔到树尖尖，
狗儿找它要，
雀儿撒泼尿，猫儿狗儿哈哈笑。

张打铁 李打铁

张打铁，李打铁，

打把剪刀送姐姐，
姐姐留我歇（住下），
我不歇，我要回去打毛铁（斧头），
毛铁打了二斤半，
大人碎娃（小孩）都来看，
都夸我能干。

鸦鹊鹊，板板梭

鸦鹊鹊，板板梭，
一梭梭到竹林窝，
竹林窝，买馍馍，
馍馍甜，馍馍香，
买生姜，生姜辣，
买黄蜡，黄蜡苦，
买鸡母，鸡母恶，
买牛角，牛角尖，
飞上天，天又高，
买把刀，刀又快，
好切菜，菜又甜，
好过年，年又走，
好杀狗，一刀斩断狗尾巴，
拿给大嫂哄娃娃。

【婚嫁歌】 女方在出嫁前一天晚上置办宴席（俗称迎轿酒），亲朋好友、左邻右舍前来祝贺。吃罢酒席，堂屋中间摆好几张八仙桌、凳子设置歌堂，支客师（主持）请出姑娘父母上坐，随后叫出姑娘。姑娘唱“月亮出来亮汪汪，闺女今天喜洋洋，感谢父母养育恩，闺女现在拜爹娘”，行叩首礼。仪式结束后，亲朋好友围桌而坐，开始坐歌堂唱歌。坐歌堂分两部分，哭嫁歌，姑娘坐在蚊帐内，用一种声调，似哭似唱（旧称哭嫁，姑娘哭到谁，谁就要给礼钱）。从父母开始哭到叔伯兄弟，现此习俗少有。唱歌是坐歌堂中形式最普遍的，可独唱、合唱、重唱、齐唱。坐歌堂主人家要摆糖果、瓜子、花生、豌豆、胡豆等茶食、茶水。歌堂快结束时，支客师答谢客人唱歌，发礼钱，1986年时，一角、两角、伍角不等，到后来逐渐增多，凡到场人人有份。蓬安民间流传坐歌堂，歌词内容固定、曲调固定，形式分起头歌、哭嫁歌、骂媒歌、扫堂歌（结束）等，选录记载部分唱段：

起头歌

一筛一杯一根线，二筛二杯团团转；
三筛三杯起歌头，四筛四杯四姐妹；
起起歌头哪方接，起起歌头四方接；
四方接起好闹热，今晚闹热娘嫁女；
明天闹热喊新姐，喊声新姐不打紧，
娘嫁女儿好伤心。

哭妈

黑漆茶盘八朵花，永远都是妈当家；
别人妈当家很好耍，我妈当家操心大；
昨年操心娶媳妇，今年操心打发女；
永远都是妈操心。

哪个女儿不念娘

一个鸡蛋一个黄，哥哥骑马送姑娘；
一送送到山梁上，打烂鸡蛋流了黄；
打烂鸡蛋流了黄，哪个女儿不念娘。

哭爸

芦竹开花嫩泱泱，照得我爸赶上场；
走到半路鸡没叫，走到街上天不明；
喊声店主开店门，店主问爸什么人；
我爸答应打货人，打过铜盆七寸口；
打个镜子九层花，打个罗裙花对花；
打个裙子沙对沙。走到上街点檐灯；
走到下街关店门，走到路上受了黑，
年青兄弟没来接。

骂媒歌

葡萄开花颗颗青，这回做媒沾了亲；
二回做媒要小心，心想骂得你好听；
又怕得罪二双亲，喊声坐席跑前头；
喊声请酒杯杯干，喊声请菜连二三；
喊声请饭直接添，媒人哽得翻白眼；
喊声谢媒喜喜欢。

结束歌

天上打雷响叮当，地上姐妹拆歌堂；
你拆歌堂我不忙，你要陪我大天亮；
你不陪我大天亮，你要陪我到五更；
蜡儿熄了有月亮，月亮落土大天亮；
众位姐妹陪我耍，姐妹陪我进秀房；
往回秀房个人走，今晚姐妹陪我走。

社会陋习

20世纪80年代前，赌博、吸毒、嫖娼卖淫等社会陋习已绝迹，后死灰复燃。政府多次组织打击各种违法犯罪行为，维护社会治安秩序。

【迷信】 蓬安迷信活动主要有看风水、算命、看相、请神等。

看风水 20世纪50年代至70年代，看风水视为迷信，逐渐减少，操此业者以隐蔽方式从事活动。20世纪80年代后，看风水渐渐兴起，工程开工、建房择地、居民乔迁、安灶、商店、酒店开业等请风水先生选定吉日良辰。风水先生多是私传技艺，市场也有风水学方面的书籍、易经、罗盘等出售，爱好者购书研究或拜师学艺从业亦有。择地基、选墓地费用在300元至600元之间，房产老板、酒店、商店开业择吉日，阔绰大方的老板付费上千元或几千元。

算命看相 1986年后，在县城建设路、磨子街、老广场的人行道旁和大礼堂阶檐下，在乡镇场镇场头场尾或小巷内常见算命、看相、抽签的摊点。前去算命看相者多为妇女、老人，也有个别青少年学生高考、中考前去算命的。个别外出务工者临行前，请算命先生算一算出发时间、方位。还有一些男女算命合婚、择良辰吉日结婚。政坛上也出现官员迷信的邪风，不信科学信“大师”，听说哪里的大师“高明神算”，便不辞辛苦虔诚谒拜，对“大师”的指点奉为圣旨。有的接“大师”“神仙”到家中或单位，名烟名酒，高档宴席款待，指点仕途迷境。算命先生劳酬少则几元、几十元，多则几百元上千元。从事算命看相者，年老者和残疾人居多。市面上还出现有电脑算命。

【赌博】 20世纪80年代后，赌博成为社会公害之一。民间流行的赌具主要有麻将、扑克、纸牌、老虎机（赌博机）等。麻将玩法有“倒地和”“计番和”“血战”，在玩麻将过程中有“加漂”“买码”“核漂”增大赌资。每盘赌注大的上百元、千元甚至几千元、上万元的输赢。最小每盘赌注0.1元，多为老年人打休闲麻将；扑克流行玩法有“诈金花”“斗地主”“三簸一”“打硬百”“双扣”等，纸牌（川牌）以“千佛”“点儿红”等赌法；乡村流行骨牌，主要玩法是“摇金”。公安机关一直将赌博作为社会治安综合治理的重要内容。1986年，公安局查赌场180个。1995年，查赌20余家，涉赌60余人。1998年，捣毁赌博窝点19个，抓获涉赌人员276人。2004年，突击没收销毁老虎机88台。

【嫖娼卖淫】 20世纪80年代后，嫖娼卖淫最初出现在包厢、歌厅、舞厅、私人小旅馆内。随之出现在美容美发厅、桑纳、洗浴中心、按摩店。店老板为招揽客人，谋取暴利，留容嫖客卖淫女，为之拉皮条。嫖娼卖淫起初在县城，后蔓延至乡镇场镇。公安机关一直把嫖娼卖淫作为社会“毒瘤”专项整治，1986年，在县城捣毁卖淫窝点12个。1993年，抓获嫖娼卖淫人员6人；1995年，查获14人；1998年，查获16人。公安打击后，嫖娼卖淫转为“地下”活动，出现电话应召女郎。

【小广告】 1986年，在县城大街小巷的墙壁上、电杆上，以及公共设施的垃圾箱、配电箱上、住宅小区的楼梯间张贴有小广告，又称“牛皮癣”。1990年，这些小广告更多，内容更加广泛，有专治胃病、癫痫、淋病、湿疣，有房屋买卖租赁、门面转让，有招收季节工、临时工、技工，死者讣告、寻人启事、富婆求子，有办证贷款（假证、高利贷）、开锁王、家电维修、通下水道、出售枪支迷药等。先为手写体，后用电脑打印，甚者制成雕版在墙上、地上印制。“牛皮癣”成为城镇环境污染的一大顽症。

人 物

人物传

【秦维义】 （1908—1987），蓬安县人，8岁入私塾，17岁因家庭困难辍学。21岁时不顾父母及亲友反对，去龙董寺出家，皈依佛门。民国20年（1931），寺内派他去成都佛学院（文殊院）进修佛学，正式剃度为僧。他在佛教普度众生的启示下，萌发习医济世之志，在佛学院学医。民国23年（1934），他回到龙董寺后，去南充县罗家、御史等乡，拜名中医为师，研习医籍。历经五载，终于业就。民国28年（1939），他升任青衣寺住持，常去南充县的擦耳、罗家、会龙等地行医济世。民国34年至民国37年（1945—1948），他曾兼任南充成达中学校医（中医），其间，治愈了许多疑难重症，医声大振。1951年，他与医界同仁组建利溪乡卫生工作者协会（简称卫协会），以其医术与名望被选任主任。1956年4月，秦出席省中医代表大会。1979年，秦维义调入蓬安县中医院任中医师，曾当选蓬安县第八届人民代表，连任第一、二届县政协委员。1979年春，他献出自己钻研多年治疗支气管炎验方，制成中草药支气管炎合剂，经临床运用推广，疗效显著，解除了不少陈年病者病痛之苦，受到群众一致赞誉，6月13日《四川日报》第2版，以《老中医学雷锋》为题报道了秦维义的先进事迹。秦维义行医50年，对张仲景所著《伤寒论》《金匮》钻研尤深，长治常见病、多发病，尤擅治内科、妇科杂病。他行医严谨，注重医德修养，言行仪态，必合规矩，所带徒弟，必先规以清范，然后才传习医技。1975年，县卫生局组织编写《中医学讲义》一书，秦维义编撰的教材，深受读者赞誉。1987年，秦维义去世。

【沈昆明】 （1965—1987），蓬安县鲜店乡人。1984年10月，加入中国共产主义青年团。1985年1月入伍，35145部队二连二班战士。1987年4月30日凌晨1时20分，浓雾笼罩，担任八里河东山战区咽喉要道白岩大桥一号哨位警戒的二班战士沈昆明，突然发现3名越军特工向大桥摸来，企图趁我军不备炸毁大桥，中断八里河东山战区的交通。当特工离我军一号哨位约30米处，沈昆明和他的战友已做好了战斗准备，利用屯兵洞注意观察敌人动向。越军特工没有发现异常动向，继续向我军一号哨位逼进时，二班的战士立刻开火，迫敌不能向前逼进。沈昆明连续向敌投两颗手榴弹后，又跑到屯兵洞左侧观察敌动向，给战友指示射击目标。经过近半小时的激战，打退了越军特工的偷袭，保卫了白石岩大桥的安全。在激战中，沈昆明和他的5位战友被越军特工手榴弹炸伤，沈昆明腹部、颈部受伤三十多处，流血过多，经抢救无效于30日凌晨1时50分光荣牺牲，年仅23岁。1987年5月，追认为中共党员。

【吕沉薰】 （1917—1987），南充县人。民国22年（1933）8月，参加青年党。民国33年（1944）9月，进入重庆“军委政治部党义研究班”学习，10月，加入中国国民党。1945年2月结业后，任宝鸡特种兵联合分校政治教官。民国34年（1945）9月后，先在国立社会教育学院附属师范任教，后到国立青木关中学任教。民国36年（1947）10月，在芦溪乡参加“乾元宫仁字袍哥”组织，他被举为“大爷”。遂回南充县教育局做事，并参加课报组，管理材料。民国38年（1949）春，参加“戡乱救国”宣传组，任督导员。1949年12月南充解放，留南充县教育局工作。12月，调川北革大文工团从事文艺工作。1950年2月，到“革大”学习。5月，调至仪陇县立山区文教助理员，后转入南充县文化馆工作。1951年2月，调南充龙门中学任教。1952年秋，调蓬安中学任教。在“交心运动”中遭冲击，受降薪处分，调杨家中学任教。1980年,再调蓬安师范任教，3月，经蓬安县委复查，予以落实政策，撤销降薪处分的决定，恢复原工资“中教五级”级别。1982年，被评为文科讲师。1985年4月，被评为县“先进工作者”，出席县文教先代会。9月，被评为四川省劳动模范，12月退休。1987年2月病逝。

吕沉薰解放后在教育工作中历任教研组长、班主任。他长期担任语文教学，在课堂上，注重教学生掌握规律，善于从语言文字入手，把握文章的内涵；善于接受别人的经验，敢于打破传统的教学方法，注意组织课外活动，培养学生的独立思考能力，指导学生自编小报、办黑板报、剪贴报、大型壁报。在蓬安师范工作期间，他每天坚持到班辅导，从未迟到早退和请假。他带领学生实习，从备课、试讲到上课，指导既循循善诱又严格要求。吕沉薰对于教育部颁发的中师统编教材的编排特点、体系、方法、学生能力培养、小学语文教材教法等课题，都进行了探讨。他有论文《探索师范教学特点，改革中师语文教学，培养学生的戏谑能力》和专著《小学古诗浅析》刊发于省《语文教学界》，受到专家肯定。他讲课注重学生听、说、读、写、思、教的全面训练，课堂教学活跃。学生反映说："吕老师讲课深入浅出，循序渐进，生动感人、易懂易学。"1984年，地区师范工作会议与会者听完他讲的课后，对他所取得的教改成绩给予充分肯定。

【曹学道】 （1926—1989），蓬安县人。1951年，参加工作，1984年，加入中国共产党。1977年，任农业技术推广站副站长。1980年，担任农业技术推广站站长，县政协一、二届委员，县人大三、四、五、八届人民代表，第八届县人大常委会委员，县农学会副理事长。1988年12月，聘为高级农艺师。

曹学道长期在村、社和河舒农场蹲点，虽然只有中学文化，但在工作中获得了大量的实践经验。20世纪70年代，在原大泥乡二大队蹲点搞样板田，与农民同吃同住同劳动达三年之久，深受社员的敬重，县委、县政府常在该大队召开农业生产现场会，学习和推广他们的经验，为全县农业生产起到了示范推动作用，该大队还获得当时地委、行署的通报表扬。他经常被邀请参加县委、县政府研究农业生产的会议和参与起草农业生产文件，其间提出许多建设性的意见被采纳。1964年，大旱时，他提出抗旱栽苕采用大厢双行，垄厢以及旱栽长藤平插适当深栽，栽后灌足水的办法，在全县广泛推广，获得高产。1977年，提出小麦小窝密植，在秋季农业生产动员大会上给全体乡、村干部上了一堂技术课，通过讲解技术措施和现场示范，当年得到大面积推广。他在河舒、碧溪等乡镇蹲点进行示范推广水稻温室育秧，从做简易温室发展到钢架固定型温室，到1986年全县杂交水稻育秧已全部采用温室两段育秧技术，促进了杂交水稻普遍推广和高产，他因此获得省政府水稻温室育秧特等奖。他在推广甘薯良种徐薯18上由点到面进行多点示范推广，该品种在全县普及，使甘薯产量增产20%以上，他获得农业部科技进步一等奖。他先后被评为全国科普先进工作者，获得厅、地级科技进步一、二、三等奖20多项，县级科技成果奖10多项，在省级农业刊物上发表论文10多篇。

1986年，他到了退休年龄，上级领导考虑全县农业生产需要，动员其继续留用。1989年病逝。

【郑培亮】 （1926—1990），蓬安县人。航运公司职工，曾任江轮木船社驾长。1963年8月13日，郑培亮从广元装载75吨食盐沿嘉陵江向蓬安进发，船到白水滩时，舵叶被激流打坏，他被舵把打倒，其子郑毛娃被舵把打入浪中，被洪水卷走。郑培亮为了保护国家财产不受损失，毅然不顾儿子的安危，仍稳把船舵与洪锋搏斗，终于保住了国家财产。1964年2月1日，《人民日报》第六版头条刊登了郑培亮舍子救船的报道文章《激浪丹心》和评论文章《险滩下的抉择》。2月17日，交通部、四川省交通厅分别通报表彰了郑培亮的高尚风格，号召全体交通职工向他学习，省交通厅奖给他刻有"在维护国家利益的紧急关头，舍己为公"16个字的金质奖杯一座。11月，他当选为第三届全国人民代表大会代表，赴北京参加会议。1966年2月，列席四川省三届人民代表大会，3月9日，赴北京参加全国交通工作会。1978年，获交通部、省交通厅"安全优质百日赛"金质奖章一枚。1979年1月19日，赴成都参加中共四川省第三次党代表大会。

郑培亮的先进事迹在《人民日报》《工人日报》等报刊登出后，引起了强烈反响。后经陈尚堪、刘浩等将报告文学改成歌剧《激浪丹心》在蓬安县公开演出，其中"舍子救船"一场被四川人民广播电台选播。《激浪丹心》后又改成川剧在蓬安县川剧团演出，经四川省川剧团工作室略加修改，由省实验剧团排练赴北京演出，得到了周恩来、朱德、彭真等党和国家领导人的高度赞扬。“舍子救船”郑培亮的先进事迹广为流传，成为全国人民学习的好榜样。1990年2月18日，郑培亮病逝。

【沈前明】 (1921—1990)，蓬安县人。全国闻名的除“四害”英雄、灭鼠能手，中国医学科学研究院特约研究员，北京市防疫站顾问，中国动物学会四川省分会理事，四川医学科学防治院特邀研究员，四川省防疫站顾问，粮食部四川贮藏研究所特邀研究员，南充地区科技顾问团成员，蓬安县、南充地区科协成员，蓬安县科协副主席，南充地区科技顾问团成员。蓬安县三至六届人民代表大会代表，中共蓬安县委第三届候补委员、第四届委员，政协蓬安县第一、二届委员。

1950年2月，进蓬安县卫生院（今蓬安县医院）当清洁工。1958年10月，加入中国共产党。1960年，调入蓬安县卫生防疫组（今卫生防疫站）。1962年，被评为四川省劳动模范。1966年，任蓬安县卫生防疫站副站长。

沈前明自幼恨鼠，到县卫生院后，常利用闲余时间灭鼠。1952年，中共中央号召除害灭病，他灭鼠更加积极，初以鼠板、木盆等工具灭鼠，但量小，于是常琢磨灭鼠方法。他在实践中总结出堵出洞口、挖进洞口的挖洞灭鼠方法，行之有效。他还养猫，研究猫捕鼠的动作和声音。经过刻苦练习，他也能发出酷似猫叫的“唬”声。在挖鼠洞灭鼠时，他学猫叫，老鼠立即被捉。他利用节假日，去机关、学校、工厂、农村，上房梁、下厕所，观察老鼠的出没踪迹，研究老鼠的活动规律，创造了一些新的灭鼠方法，灭鼠量大增。1952年至1958年，共灭鼠13万余只。1958年，他被选为县、地、省除害灭病先进代表大会代表，获得奖旗、奖状、奖章及各种物质奖励，被授予“除四害英雄”称号。是年4月，应中国医学科学院流行病微生物研究所之邀，赴北京交流灭鼠经验，作现场表演，受到专家肯定。12月出席全国农业社会主义建设先进单位代表会议。他运用这些办法灭鼠，帮助群众和商业部门破除了40 多桩由鼠害引起的疑案，被人们戏称“包龙图”。1959年，蓬安县盘龙公社（巨龙镇）某生产队买种花生30公斤，存放队会计家，半天时间即少10公斤，部分社员疑为会计偷食。沈前明到“出事”地点捕鼠20只，从洞口挖出了丢失的花生。1960年5月，出席全国文教卫生群英会。6月，他在群英会期间，乘车从宾馆去人民大会堂，行至一商店外突然叫停车，说：“这商店里面有老鼠！”同车的人说：“北京是‘无四害’市，怎么会有老鼠呢？”他打开车门，走进店里，10分钟后提着一只老鼠。6月5日下午7时，受周恩来邀请，出席总理私人宴会。1961年，他在南充县供销社捕捉褐家鼠30多只，从鼠洞内挖出饼子500多个、核桃600余个、挂面1.5公斤、猪蹄筋0.25公斤，还有猪板油、香皂、肥皂、袜子等数十件。在盘龙供销社保管室消灭褐家鼠70多只，从鼠洞中挖出花生60多公斤。1968年，蓬安县盘龙公社（巨龙镇）某夫妻二人赶场把刚满40天的儿子放在摇篮里，回家时见儿子满脸血污，鼻眼全无，已经断气，死因不明。沈前明闻讯，知是被鼠咬致死，他赶赴其家，采用挖洞法，捕鼠72只，最大的一只约0.5公斤。1974年，他被邀参加全国食道癌病因考查队，在四川、河北、河南、山西等省进行考查，历经4个月，亲手捕捉、解剖活鼠5500余只，为研究鼠患食道癌和人患食道癌关系的调查做了贡献。沈前明在灭鼠活动中，不断总结，逐步掌握了蓬安地区常见的褐家鼠、黄胸鼠、长尾鼷鼠、黑线姬鼠、浒尖麝鼠等多种老鼠的形态、搭窝栖息的场所、活动场所、嗜食物品、活动规律、产仔期限等各方面的特点。1975年9月，他参加中国科学院北京动物研究所在昆明召开的《中国动物志》第二次编写会议，他的《谈谈我对褐家鼠的几点粗浅认识》的发言，受到与会者的重视。他根据鼠类的各种特点，先后提出了“关、扣、夹、挖、灌、熏、毒、捉”一整套灭鼠方法。1978年至1979年，先后参加地、省、全国科学大会，获“人工捕鼠科研奖”，被誉为灭鼠专家。

30多年来，沈前明灭鼠上百万只，还应邀为省内外200多个部门举办的灭鼠训练班授课，为国外友人作过灭鼠表演，由他口述、别人整理的灭鼠知识30多篇，灭鼠手册3本，配合中国科学院生物研究所、中国农村电影制片厂、珠江电影制片厂拍摄《灭鼠》《消灭老鼠》《地震与老鼠》科教片3部。1980年后，配合沈阳自动控制研究所等5个单位研究电子灭鼠器、自动捕鼠装置灭鼠工具2种，中央和四川广播电台、《人民日报》《光明日报》《工人日报》《四川日报》等刊物多次介绍过他的灭鼠事迹和经验。1985年，沈前明退休后，仍在南充、蓬安灭鼠近万只，又去永川和西昌讲课，参加《农田鼠》和《罕世大盗》等科教片的拍摄。1988年，南充地区授予他“老有所为精英奖”。1990年5月4日，在工作间配制毒鼠药时突患脑溢血，于5日去世。

【吕宗林】 (1871—1990)，号小乐居士，蓬安县碧溪乡吕家山村一组人。

他年轻时信奉道教，经常到外面拜师，练就一身好武功，八卦掌练得娴熟，终生用气功为人治病，是蓬安大众气功协会、养生法研究会顾问。结婚后以做苦力为生，30多岁时，到小乐山寺大佛殿居住，修身养性。早上按时给佛上香、扫尘，在山上开荒种地，自给自足。勤于做好事，常用空闲时间修桥补路。69岁时，利用化缘募集的钱物，在大佛殿和观音阁之间修建了4间瓦屋。“大跃进”和“文化大革命”中，大佛殿、观音阁等被拆毁，部分佛像亦被破坏。1983年以后，修补佛像，重建大佛殿、观音阁。1994年12月，南充市人民政府公布小乐山摩崖造像为市级文物保护单位。

他在小乐山上收有2名女徒，学练气功，延年益寿，分别活了94岁、100岁，均无疾而终。吕宗林于1990年5月26日坐化。

【李天国】 (1977—1990)，蓬安县清溪乡人。因救落水儿童牺牲，被省、市团委授予“优秀少先队员”称号。

李天国从小学雷锋、赖宁、黄继光、董存瑞，立誓：“我长大了，要当解放军!”他热爱祖国、崇敬五星红旗，主动承担了早上升国旗，下午降国旗的任务。他热爱集体，敢与落后势力作斗争，有社员损坏了集体晒坝，他理直气壮地制止，请来村长平息纠纷。他关心别人，大雨天上学，把雨伞借给别的同学，他却淋成了“落汤鸡”。清溪河涨水，小弟弟、小妹妹上学过不去，他也只是一个十二三岁的小孩子，却主动背这些娃娃过河，从不叫苦，也从未间断。他勤奋学习，一次因作业写得不工整被班主任发回“重做”，他以童第周“一定要争气”的精神为榜样，把自己关在家里天天练字，走路练、吃饭练、睡在床上也用手指在肚皮上练笔画，终于练成了一手清秀、工整的好字。

1990年7月10日下午课后，同学们都到清溪河畔玩，社主任叫他去买包烟，转来后，同学杨映东坐在河边沙坎上向他打招呼，准备起来陪他玩，不料屁股下的沙土突然垮塌，身不由己地掉进了河里。李天国一见，扯下衬衣，跳入水中去救杨映东。被河水呛昏了头的杨映东便一把抓住李天国，两人抱成一团，在水里沉浮。会凫水的李天国把杨映东顶上来他又沉下去，顶上来再沉下去。李天国如果推开他不管，就可以死里逃生，可他没有这样做，他使尽最后一点力，终于把杨映东推上岸，自己却因体力不支，再也没有起来！他以十三岁年轻的生命，实现了六天前“需要我献出生命的时候，我也要像雷锋、赖宁一样，为了别人，牺牲自己”的誓言。清溪河两畔600多名老乡为李天国送行。

1990年，共青团蓬安县委发出《向李天国学习》的号召；共青团南充市委授予李天国“优秀少先队员”的称号。《四川电视台》《教育导报》《南充日报》对李天国的英雄事迹作了报道，省团委授予李天国“优秀少先队员”的荣誉称号并在蓬安县召开命名大会。重庆出版社出版《优秀少先队员李天国》一书向全国发行。

【韩　波】 (1960—1990)，河南省内乡县人。1978年12月入伍，1983年1月，加入中国共产党，大专文化。中国人民解放军某部分队政治指导员，上尉军衔。

1990年11月17日17时，因江水猛涨1.4米，马回电站建设指挥部请求前来支援建设的某部分队采取紧急避险措施，暂时撤除浮桥。17时40分，部队开始紧急分解浮桥。22时30分，将浮桥基本分解完毕。因水大浪急，夜色昏暗，用于固定浮桥的铁锚未起。18日8时50分，韩波带领一排长章勇、汽艇班长王树清、副驾驶李加虎和五班长张仕平、战士唐波、赵洪星等6名同志到江边执行起锚任务。韩波对大家进行分工并提出作业具体要求后，7人乘上汽艇开始作业。水大浪高，汽艇被一股急流掀翻，战士李加虎、赵洪星被抛入江中（李加虎被冲到回水处后爬上岸，赵洪星被连队的冲锋舟救起），韩波等其余5人被扣在汽艇下面。韩波挣扎着爬出汽艇底部后，发现了从汽艇的下游方向冒出水面的五班长张仕平，赶忙伸手把他拉上艇底。随后爬上艇底的章勇把从艇的上游钻出水面的战士唐波也拉了上来。这时，韩波见江面没有战士王树清的踪影，便急促地呼喊着他的名字，并冒着滑入急流的危险，迅速扑到汽艇底部边沿，将露出水面的汽艇驾驶舱一角的帆布使劲扯开，寻找小王。在漆黑的汽艇舱中，已连续呛了几口汽油和水的王树清，见到一丝光亮用力往外钻时，韩波眼疾手快，一把抓住小王的手臂，奋力将他拉出来。此时，艇中空气外泄，江水迅速涌进舱内，汽艇急剧下沉。韩波见状不好，高喊："快往岸边游！"话音刚落，汽艇就沉没水中，韩波等5人再度落水被急流冲散。这时，从汽艇舱中浮出一块长1.3米、宽0.2米的木板冲到韩波身边。在这生死关头，已在刺骨的江水中搏斗得精疲力竭的韩波，毫不犹豫地把木板推给了在急流中挣扎的王树清，把生的希望留给了战友。一排长章勇和战士唐波被急流冲到岸边回水处后，相继爬上岸。韩波、张仕平、王树清则被急流冲入主河道，王树清在前，韩波在中，张仕平居后，分别相距20余米。张仕平被从上游方向追上的部队冲锋舟救起，王树清被从下游方向划着打鱼小船迎上来的蓬安县马回乡农民周年光救起。战友脱险了，韩波却被卷入急流之中，献出了年仅30岁的宝贵生命。

1990年12月，中国人民解放军某部批准韩波为革命烈士；1991年3月，中国人民解放军某部表彰韩波烈士为学雷锋先进个人；1991年11月，成都军区授予韩波"模范政治指导员"荣誉称号，并在泸州市召开了隆重的命名大会；2002年，中国人民解放军某部将韩波烈士的突出事迹载入团史；2006年6月，中国人民解放军某部将韩波烈士事迹制成展板永久保存在团史馆，供后人参观学习。

【唐科忠】 （1933—1991），蓬安县人。1951年，加入共产主义青年团，1952年，参加工作，1957年，加入中国共产党。县第二、三、四、五、六届党代表。

幼时先后在在卿家祠堂、段家院子、卿家坝、刘家沟读私学。民国35年（1946）8月至民国38年（1949）6月，在福德小学读书。民国38年（1949）8月至1952年6月，在蓬安中学读书。1952年9月，在罗家小学教书。1954年1月，任三合小学教导主任。1956年1月至1956年8月，在四川省教育行政学院读书。1956年9月，任两路小学校长（其间：被抽调到县肃反办公室搞外调工作）。1957年9月至1959年8月，任锦屏区陵江小学校长（其间：被抽调到县审干办搞外调工作）。1959年9月任徐家小学校长。1960年11月，任县委办公室干事。1965年1月至1965年12月，在南充县青居区搞社教。1966年1月至1966年12月，在岳池县搞社教。1967年1月至1970年10月，在"文化大革命"中接受审查。1970年11月至1972年12月，在大巴山修襄渝铁路，任民兵团政治处主任。1973年，任县革委办事组副组长。1975年，任中共蓬安县委办公室副主任。1981年4月，任中共蓬安县委委员、中共蓬安县委办公室主任。1987年8月，任中共蓬安县委常委、县委办公室主任。1990年3月至1991年3月，任县人大常委会副主任、党组成员。1991年3月，唐科忠病故。

【鲍克文】 （1944—1991），蓬安县人。1971年，加入中国共产党，1978年11月，参加工作。蓬安县第2、3、4、5、6、7次党代会代表，第2、3、4、7届县委委员，第4届县委常委。1952年9月至1956年7月，在吕家沟小学读书。1956年9月至1958年7月，在柳树小学读书；1960年至1961年，任生产队会计。1961年2月至1966年12月，任生产队长。1967年至1973年9月，任3大队（吕家沟村）大队长、柳树公社党委委员。1973年10月至1978年11月，任中共蓬安县委副书记（不脱产）、县贫协副主席。1978年11月至1980年9月，任中共蓬安县委副书记，兼任柳树公社党委书记、柳树公社革命委员会主任。1980年9月至1983年2月，任中共蓬安县委副书记，兼任柳滩乡党委书记。1983年3月至1983年10月，任中共蓬安县委副书记，兼任柳滩乡党委书记，代理河舒区委书记。1983年10月至1984年1月，任柳滩乡党委书记，代理河舒区委书记。1984年1月至1990年10月，任河舒区委书记。1990年11月至1991年3月，任县农委主任。1991年3月至1991年12月，任蓬安县人大常委会副主任。1991年12月25日，鲍克文病逝。

【魏时珍】 （1896—1992），名嗣銮，蓬安县人。5岁开始识字读书，由其祖父魏鼎（晚清举人）亲自在家教导，接受国学和西方启蒙思想。12岁考入成都高等学堂附设中学，两年后，该校并入成都府中学，他与周太玄、蒙文通、郭沫若等人同班。民国2年（1913），他考入同济大学(时称德文医学堂）德文科，曾与宗白华、郑寿龄等人同班。民国7年（1918）夏，李大钊、王光祈等人酝酿发起组织“少年中国学会”，创办《少年中国》杂志，提倡以科学、民主救国。王光祈曾介绍毛泽东和赵世炎入会，魏时珍经王光祈介绍最早入会并参加活动，魏时珍又举荐过张闻天、介绍宗白华等人入会。魏时珍和宗白华是《少年中国》月刊的主要撰写人，在入会一年多时间里，魏时珍写成并发表了《人类进化的各面观》《科学之宗旨》等论文。魏时珍由于德文成绩优异，德文科毕业后直接进入工科，主修电机专业，并被学校聘为德文助教。民国9年（1920）4月1日，魏时珍与王光祈一道从上海远渡德国求学。魏时珍报考当时有“数理王国”之誉的德国哥根廷大学，成为该校第一个中国留学生，并任德国哥根廷中国留学生会会长。他和王光祈、宗白华等人发起组织了“中德文化研究会”，促进中西文化交流。民国12年（1923）5月，朱德和同盟会老会员孙炳文赴德国哥根廷考察学习军事，魏时珍特意为他组织了一个欢迎仪式并致欢迎词。魏时珍还担任了朱德的德文老师，当时选用的教材是布哈林的《共产主义ABC》和《共产党宣言》。30年后的1952年，朱德到成都视察，百忙之中仍邀请魏时珍共进午餐，观赏戏曲，畅叙当年往事，魏时珍每忆及此，莫不感慨。他曾诗云：“相见一声好，双泪落胸前。未意数日师，不忘三十年。”在中国革命历史博物馆，至今还保存着一本德文版的《共产党宣言》，这本《共产党宣言》就是魏时珍在德国任朱德的德文辅导老师时使用的教材。

魏时珍广泛阅读了各种有关相对论的德语文献，在学习中，他深感《相对论》在数理及基础科学领域的重要性，一心想把它的基础知识介绍给国内学界。于是，他以哥廷根大学学生的身份给德国科学院院士、《相对论》作者爱因斯坦写了一封信，请求他允许其将《相对论》的基础知识介绍到中国。很快，他就收到这位大师热情洋溢的亲笔复信。在得到爱因斯坦的首肯后，魏时珍于民国12年（1923）在《少年中国》月刊的《相对论专号》上发表了两篇文章，连同爱因斯坦的复信一起发表。这些文章极大地促进了相对论在中国的传播，也使得魏时珍成为历史上向中国介绍爱因斯坦相对论的第一人。民国13年（1924），他写出了《在平均负荷下四边固定的矩形平板所呈现的现象》。这篇论文，以数学方法解决了弹性力学领域内的某些疑难问题，对建筑学的贡献甚大，受到了权威学者们的赞扬，被哥廷根大学授予数学、物理学博士学位。这是当时世界数理学科最高的学位，也是中国人在哥根廷大学获得的最高荣誉。而魏时珍则成了四川乃至中国西南第一位获得博士学位的数学家，比中国最早获得博士学位的数学家胡明复只晚7年。

民国15年（1926），魏时珍回到母校同济大学任教授，被京沪数理界专家视为后起之秀，名重一时。民国16年（1927），中华文化教育基金董事会特聘魏时珍为成都大学客座教授兼理学院院长。在此期间他为给学生们提供一本规范的数学讲义，特撰写了《偏微分方程》一书。该书由商务印书馆出版，这是中国第一本关于偏微分方程的大学教材，对中国现代数学研究的发展有着重要的贡献。

民国29年（1940），抗战进入中期，广大朝野人士呼吁加强后方建设，培养高级建设人才以壮大抗战实力，成立了川康农工学院，张群任董事长，魏时珍任院长，经费由军委会兵工署拨付。民国36年（1947），魏时珍改任国立成都理学院院长。1949年该学院结束，学生合并入四川大学。1951年8月，在周恩来及张澜的亲自关心下，魏时珍得以受聘四川大学数学系教授。随着时间的推移，魏时珍在数理学与哲学方面的研究，又重新得到了人们的理解和敬重。

魏时珍由于早年参加过“青年党”，在“文化大革命”中受到了冲击。然而，他始终保持了一个学者的风范，他有一句名言：“凡是真实的不必都要说，而你所说的却必须都是真实的。”动乱结束后，魏时珍又重新回到了川大任教。

魏时珍女儿家的客厅里，悬挂着四川省原省长杨超在魏时珍90岁生日时为他写的一副对联：“格在梅之上，品在竹之间”，完美地概括了魏时珍的人品风范。

1984年6月，德国哥根廷大学向60年前获得该校博士学位的中国学者魏时珍颁发了一份“金禧特别纪念证书”，并对他在数学领域和中、德两国学术文化交流中的卓越贡献，给予了极高的评价。这种殊荣，不仅在国内绝无仅有，而且在全球也极其罕见。1992年6月，魏时珍病逝于成都。

【何泽民】 （1928—1992），西充县人。1949年，加入中国共产党。民国38年（1949）7月至1949年12月，川北大学文学院读书，参加中国共产党的外围组织“西山学术研究社”，并担任该社文宣股长，通过办墙报，写散文、诗歌和画漫画等揭露国民党的黑暗统治，获得解放大西南纪念章一枚。1949年12月至1952年5月，任中共西充县委宣传部干事。1952年5月至1953年2月，任西充县占山区副区长。1953年2月至1955年5月，历任中共西充县晋新区委副书记、书记（1954年8月至1955年2月，在中共四川省委党校学习）。1955年5月至1960年7月，历任中共西充县委办公室副主任、主任。1960年7月至1965年9月，任西充县人民委员会副县长。1965年9月至1969年2月，任中共蓬安县委常委、县人民委员会副县长。1969年2月至1973年3月，任蓬安县生产指挥组组长。1973年3月至1981年3月，任中共蓬安县委常委、县革委会副主任、县农工部部长，亲自到兴隆公社蹲点搞沼气工作，此期间，蓬安沼气工作一直名列南充地区第一，他出席了全国、省、地区推广沼气工作先代会。1981年3月至1987年3月，任蓬安县人大常委会副主任。1988年2月退休。1992年9月5日，何泽民病逝。

【刘淑泽】 （1912—1992），蓬安县人。民国19年（1930），进入“蓬安县金溪国医讲习所”学习中医内、妇、儿、骨科，4年结业后，民国25年（1936），考入“成都国医学院”学习4年。毕业后回蓬安个体行医。1952年，加入周口联合诊所（1966年改成蓬安县中医院）。1986年，晋升为副主任中医师，1983年，被四川省卫生厅评为“省卫生先进工作者”，1988年，获“四川省名老中医”荣誉称号。蓬安县政协第1届、第2届、第3届政协委员。1989年，退休后仍行医不辍。

刘淑泽一生从医62年，他经验之作《益气治瘘汤治疗瘘症》获四川省中医药管理局“成果奖”。《桂枝参丸治疗子宫癌》论文在四川省学术研究会上交流，被多家医院采用。1.胃溃疡及十二指肠溃疡。处方：乌贼骨120克，五灵脂60克，红叩、澄茄、姜黄各30克，吴茱萸、黄连各15克，花椒3克（炒）。共研细末，早晚各15克，温开水送服。2.破伤风处方。人牙齿5颗、蜈蚣3条，金虫15克。将人牙齿煅后，共研细末，开水送服。药量根据患者年龄体质酌用。3.癫痫。韭菜地里蚯蚓30条，炖肉或猪内脏，食汤和肉。一周一剂，连服4次至8次。1992年，刘淑泽病逝。

【任尊俊】 （1933—1993），南部县人。1950年6月参加工作，1952年8月，加入中国共产党。1950年6月至1950年12月，任尊俊在南充地委党校学习并参加蓬安工作团。1951年1月至1951年4月，参加岳池县石垭区土改工作团。1951年5月至1952年9月，任岳池县石垭区团委书记。1952年10月至1954年10月，共青团岳池县委宣传部部长。1954年11月至1958年6月，任岳池县城郊区委副书记、区长。1958年7月至1962年7月，任南充地区溪口水泥厂总支书记、副厂长。1962年8月至12月，岳池县户县区委书记。1963年1月至1964年6月，岳池县城郊区委书记。1964年7月至1971年8月，任尊俊任中共蓬安县委副书记、县长。1971年9月至1977年11月，任尊俊任蓬安县委副书记、县革委会副主任。1977年12月至1980年1月，任中共西充县委副书记、县革委会副主任。1980年1月至1986年1月，任西充县委书记。1986年2月至1987年5月，任尊俊任南充地区经委副主任。1987年6月至1991年7月，任地区建委主任、党组书记。1991年8月至1992年12月，任地区建委调研员。1991年5月起，任南充地区政协工委委员。1993年1月14日，任南充地区政协工委副主任。1993年1月23日，任尊俊病逝。

【张世荃】 （1920—1995），山东省博山县人。1949年12月至1951年2月，在遂宁医院从医。1951年2月至1951年9月，在成都川西卫生学校工作。1951年10月至1956年5月，在南充专区医院工作。1956年6月至1959年6月，在成都中医学院中医研究班学习。1959年6月至1962年5月，在南充专区医院工作。1962年6月至1990年2月，调蓬安县人民医院工作，任副院长。1979年，获南充地区科技一等奖。1982年，被评聘为副主任医师。1981年3月至1990年2月，任蓬安县政协第一、二、三届副主席。1987年，被评聘为主任医师。1989年3月，加入中国民主同盟，任蓬安县第六届人大代表。1990年12月退休。1995年3月5日，张世荃病逝。

【王以能】 （1930—1995），蓬安县人。1951年9月，加入中国共产党。1950年7月至9月，参加中共南充地委干部培训班。1950年9月至1951年9月，任中共南充地委工作团干事。1951年10月至1952年4月，任中共南充地委纪委干事。1952年5月至1953年9月，任中共南充地委组织部干事。1953年9月至1954年8月，参加中共中央西南局党校宣传干部训练班学习。1954年10月至1962年月，任中共武胜县委宣传部副部长。1962年2月至1970年12月，任南充农校副校长。1970年12月至1973年5月，参加南充地委整党办公室工作。1973年5月至1980年10月，任中共南充地委群工部、统战部副科长、科长。1980年10月至1991年3月，任中共南充地委统战部副部长、部长。1987年3月至1989年11月，任中共南充地委统战部部长，兼任省政协南充地区联络处副主任。1989年11月至1990年11月，任政协南充地区联络委员会副主任。1990年11月至1993年12月，任省政协南充地区工作委员会副主任。1995年6月，王以能病逝。

【王宝贵】 （1920—1995），曾用名王保贵，山西省方山县人。民国28年（1939）12月，王宝贵任山西省离石县政府通讯员、县长警卫员。民国29年（1940）至民国32年（1943），任离石县民政科科员、警卫连司务长、武委会干事、南阳沟村村长。民国32年（1943）至民国38年（1949）8月，先后任静乐县征粮工作组工作员、县财政科科员、县税务局主任、左云县邮电局局长、永和县税务局主任、蒲县克城税卡卡长、山西省九专署财政科科员。1949年底随军南下入川。1950年2月至1951年10月，任川北区南充分区营山县人民政府税务局局长。1951年10月至1952年7月，任中共南充专区统战部秘书。1952年7月至12月，任西充县公安局局长。1952年12月至1953年4月，任西充县人民政府副县长兼县公安局长。1953年4月至1956年5月，任蓬安县县长。1956年5月至1960年3月，任岳池县县长。1960年3月至1962年6月，任南充专区轻工业局副局长。1962年6月至1969年2月，任南充专区税务局副局长，主持全面工作。“文化大革命”中，王宝贵受到冲击，仍坚持参加税务局抓革命促生产领导小组、生产办公室的工作。1969年2月至1973年9月，先后任南充地区税务局、财税局革命领导小组副组长。1973年9月至1974年9月，任南充地区税务局局长。1974年9月至1983年1月，任南充地区税务局局长、党组书记。1983年1月离职休养。1983年8月，享受地专级待遇。1995年11月7日，王宝贵病逝。

【王以恂】 （1932—1999），蓬安县人。1951年2月参加工作，1952年，加入中国共产党。

1951年2月至1975年10月，王以恂历任农村小学教员、区财粮干事、宣传干事、区委宣传委员，南充地区农科所干事，南充地区农业局副局长兼南充市火花公社党委书记。1975年10月后，历任中共岳池县委副书记，仪陇县委书记，中共四川省委第四届、五届党代会代表，南充地区农贸办公室副主任，南充地区商贸委主任、党组书记兼政治部主任，四川省人大常委会南充地区工作委员会副主任、党组书记，南充市第一届人大代表，南充市第一届人大常委会党组成员。1999

年8月15日，王以恂病逝。

【陈香泉】 （1944—1999），蓬安县人。1968年12月参加工作，1975年9月，加入中国共产党。1968年12月至1970年11月，在蓬安县河舒农场锻炼；1970年12月至1977年8月，任蓬安马回电站工程指挥部副组长；1977年9月至1983年12月，任蓬安县委办公室干事、秘书；1984年8月至1987年3月，任蓬安县农贸办主任、蓬安县委副书记；1987年3月至1989年8月，任蓬安县人民政府县长；1989年9月至1993年10月，任南充地区畜牧局局长、农业局局长；1993年12月至1997年12月，任南充市人民政府副市长；1997年12月至1999年9月，任中共南充市委常委、市委副书记。1999年9月，陈香泉病故。

【唐嘉弘】 （1927—2000），蓬安县人。河南大学教授、博士生导师、河南大学历史系主任，河南大学先秦文化研究中心主任，中国先秦史学会常务副理事长兼秘书长，中国孙子与齐文化研究会副会长，中国铜鼓研究学会顾问，中国民族学研究会理事，河南省历史学会副会长兼秘书长，河南省炎黄文化研究会副会长，政协河南省常务委员。唐嘉弘1949年毕业于四川大学历史系，1953年，毕业于四川大学文科研究所。他师从著名历史学家徐中舒教授，先后在四川大学历史系、河南大学先秦文化研究中心工作，长期致力于先秦史、民族史的教学和研究工作以及学术文化史等的研究，在诸多学术领域，独辟蹊径，著述甚丰，成就颇多。他出版的专著有《中国古代民族研究》《先秦史新探》，主编《中国古代典章制度大辞典》。从20世纪50年代撰写第一篇论文《周代的家长制公社和农村公社》，一生共在省级以上刊物发表论文100余篇。他将历史学、文献学、考古学、古文字学、民族学等多学科材料相结合，参互验证的科学的治学方法和言必求据，穷源究委，实事求是的学术思想是一笔珍贵的精神财富。2000年，唐嘉弘病逝。

【唐青山】 （1912—2000），原名唐贞扬，小名松柏，蓬安县人。民国21年（1932），唐青山参加了红军游击队。一个月后，离开蓬安，随红军主力撤退到营山。民国23年（1934），加入中国共产党。土地革命时期，任红9军第27师第79团特务连炊事员，他坚决要求到战斗班，便调他到27师79团9连1排，任班长、排长。民国24年（1935），唐青山3次过草地，4次过夹金山，4次负伤。他第一次腿部负伤，伤愈后升任连长；不久他再次负伤，伤在右臂，在第二次过草地时奇迹般痊愈；第三次头部负伤，弹片一直留在头皮里；第四次是腹部负伤，便留在师卫生部当政治委员。他参加了西征，西路军失败，被马家军关了半年。回到延安后，民国26年（1937）冬，进入延安“抗大”，成为第三期插班生，第二年接着参加了第四期的学习。“抗大”毕业后，分配到八路军第115师，历任东进抗日挺进纵队第六支队七团三营教导员，沂蒙游击大队政委，115师343旅686团1营教导员，滨海军区海陵独立团副政委兼政治处主任、团政委，686团团长。民国30年（1941）5月30日，在攻打小官庄日军的战斗中，他第五次受伤，子弹穿过右肺，从左腰钻出，昏迷了3天，幸亏一位房东朱大爷全家四口人对他一个月的精心护理、照顾，才转危为安。

民国34年（1945），唐青山所部奉命挺进东北，出关后，他先后担任人民自治军1师1团团长、团政委。民国35年（1946）9月，唐青山所在部队改称为东北民主联军一纵队一师一团，他率领该团在纵队的统一指挥下，曾三下江南，战斗的足迹遍布吉黑大地的松花江畔。民国36年（1947）1月，张麻子沟伏击战中，唐青山带着一名通信员和一名警卫员，追击逃敌，同国民党“王牌”军“王牌”团长面对面遭遇，双方几乎是同时相互开枪对射，幸好他的警卫员先敌一步开火，将敌新1军38师113团团长王东篱击毙。这一仗，敌人无一漏网，被全部歼灭。在是年夏季攻势里，唐青山率领他的第一团，担任四平攻坚战正面突破任务，经过一夜激战，被敌人吹嘘为“固若金汤”的四平大门被撬开了，全团从四平西南角的屠宰场方向撕开一条口子，一举突破敌人苦心经营一年多的防御阵地，经过3天的反复争夺较量，一步步向纵深渗透和发展。民国36年（1947）8月，唐青山升任东北民主联军第1纵队第1师副师长。民国36年（1947）4月，调任2师副师长。同年秋，他参加了著名的辽沈战役。11月，部队改编，唐青山任东北野战军第38军113师副师长，并奉命先遣入关，参加了平津战役，作为主攻师，113师总攻时最先打开突破口。唐青山参加了渡江战役，打过长江后，为追歼逃敌，剿灭残匪，又转战湘西，直捣广西。次年3月，唐青山升任113师师长，并被选为军党委委员。

1950年，唐青山被调往武汉学习文化，年底，入南京军事学院基本系学习。1954年8月毕业后，任陆军第39军第一副军长兼参谋长。1955年9月，唐青山被中央军委授予少将军衔，荣获二级八一勋章、二级独立自由勋章、二级解放勋章。1961年，被任命为沈阳军区装甲兵副司令员。1980年1月，任沈阳军区司令部顾问；8月，经组织上批准离职休养。1988年7月，唐青山被中央军委授予中国人民解放军一级红星功勋荣誉章。在战争年代他先后6次受伤，是二等乙级残废；在和平时期，唐青山始终没有忘记长征路上牺牲的战友，他的7个子女全部参了军。2000年10月3日，唐青山因病逝世。

【魏　磊】　(1961—2000)，营山县人。1978年9月，参加工作，1990年6月，加入中国共产党。1978年9月至1984年8月，营山县小桥民中教师。1984年9月至1986年8月，广安师范学校读书。1986年9月至1988年8月，营山县回龙中学教书。1988年9月至1990年7月，自贡教育学院读书。1990年8月至1991年9月，南充地区信息中心工作。1991年10月至1993年10月，南充地区计委科员、经研科副科长。1991年11月至1994年2月，地区计委第三产业办公室主任。1994年3月至1996年11月，南充市政府办公厅秘书二处副处长、系统团委书记。1996年12月至1997年12月，蓬安县政府副县长。1997年12月至2000年11月，中共蓬安县委常委、县人民政府副县长。2000年11月，魏磊病逝。

【蒋洁清】　(1920—2000)，蓬安县人。1949年毕业于四川大学法律系、中文系。1949年12月至1977年8月，在蓬安中学任教，担任教导主任二十余年。1977年9月，参加创办蓬安县周口中学。1978年9月至1983年，出任周口中学副校长。1981年3月至1984年3月，任政协蓬安县第一届委员会副主席。1984年4月至1987年3月，任蓬安县第九届人大常务委员会副主任。1987年3月至1990年3月，任蓬安县第十届人大常务委员会副主任。1990年1月，加入中国民主同盟。1990年12月退休。2000年2月28日，蒋洁清病逝。

【唐孝意】　(1932—2001)，营山县人。1950年，参加工作。1952年，加入中国共产党。1950年9月至1951年5月，在川北革大学习。1951年6月，在川北土地改革工作团第五分团工作，到南充县、营山县搞土地改革。1952年5月，任河舒区团委副书记。1953年4月，唐孝意在任利溪区副区长时，因犯官僚主义和不关心群众疾苦，利溪街上一位小孩被冻饿死，受记大过处分。6月，任利溪区副区长、区委副书记。1954年1月，取消处分。1955年9月，任南燕区委书记。1956年7月，任中共蓬安县委农工部副部长。1959年12月至1962年7月，任中共蓬安县委副书记。1962年8月，唐孝意犯作风错误，被撤销中共蓬安县委副书记、县委委员职务，任县商业局党支部书记。1963年11月至1971年3月，在县财贸办公室工作。1971年4月，在县丝厂工作，历任厂革委会副主任、主任、党总支书记。1974年9月，任县日杂公司经理、书记。1979年4月，任县供销社书记、副主任。1982年1月，任县供销社书记、主任。1987年11月至1990年2月，任县人大财经工作委员会主任。1990年3月，任县人大常委会副主任、党组成员。2001年6月，唐孝意病逝。

【李世德】　(1925—2001)，陕西省神木县人。民国28年（1939），参加革命工作，民国34年（1945）8月，加入中国共产党。民国29年（1940）10月至民国34年（1945）6月，被组织选送到晋绥师范学校、晋绥分局党校培训，先后任山西省右玉县区助理员、武工队长、区长。解放战争中，先后担任燕北地委组那时、晋绥分局党校干事。1949年12月，随军南下。1950年2月至1951年10月，担任南充地委组织部干部科副科长。1951年11月至1952年9月，任中共蓬安县委组织部部长。1952年10月至1953年5月，任中共蓬安县委副书记兼县委组织部部长。1953年6月至1960年2月，任中共蓬安县委书记。1960年3月至1964年7月，任中共西充县委书记。1964年8月至1966年

5月，任中共南充地委秘书长。1966年6月至年底，任中共南充地委副书记，是年年底至1970年3月，“文化大革命”中靠边站。1970年4月至1971年年底，任襄渝铁路西段会战民兵师副师长。1971年年底至1972年年底，任南充地革委副主任。1973年年初至1983年3月，任中共南充地委副书记。1983年9月至1989年12月，任南充地委顾问。1989年2月离休。2001年8月31日，李世德病逝。

【戴荣卿】 (1940—2001)，蓬安县人。1958年9月参加工作。1974年12月，加入中国共产党。1953年9月至1958年7月，蓬安中学读书。1958年9月至1962年9月，先后在北川县治成中学任教、北川县城关小学校长。1962年9月至1963年12月，在家务农。1964年1月至1970年6月，任金溪区水利员。1970年7月至1972年12月，金溪供销社工作。1973年1月至1976年12月，任鲜店乡党委副书记，负责修建鲜店水库。1971年1月至1981年6月，任广兴公社党委书记。1981年6月至1982年7月，任巨龙区委副书记。1982年7月至1985年12月，任金溪区委书记。1986年1月至1987年9月，任蓬安县城乡建设环境保护局局长，兼马回电站副指挥长。1987年10月至1989年11月，任蓬安县纪律检查委员会书记。1989年11月至1995年11月，任蓬安县人民政府副县长。1995年12月至2001年10月，为县政府正县级调研员。2001年10月29日，戴荣卿病逝。

【吕凤鸣】 (1986—2002)，蓬安县人，重庆光彩职业技术学院机电一班学生。2002年2月18日下午5时许，吕凤鸣坐在家门口的筲箕梁山包上看书，突然听到一阵呼救声。本村一贯横行霸道的吕鹏手提砍刀追杀吕功能。吕功能不慎摔倒，吕鹏持刀冲上去，眼看一场悲剧即将发生。这时，吕凤鸣急忙放下书本，毫不犹豫地冲上去，将吕功能掩到自己身后。他拦住吕鹏大声呵斥：“你干什么，把刀放下！”他伸出右手挡住即将砍在吕功能头上的砍刀，他的3根手指被齐刷刷砍掉。吕凤鸣死死抱住杀人狂徒不放，并喊：“吕功能快跑！”吕鹏提起砍刀朝吕凤鸣额头上一刀一刀砍下去，最终，吕凤鸣因头颅严重损伤经抢救无效死亡。

2002年3月15日，澳门行政长官何厚铧拿出一笔何厚铧教育奖励基金，作为该校见义勇为的学生吕凤鸣的抚恤金。2003年10月25日，吕凤鸣入选第八次全国30名见义勇为先进个人，四川省仅其一人。吕凤鸣被追认为“蓬安县见义勇为公民”“南充市见义勇为勇士”“四川省革命烈士”。

【何宗泽】 (1935—2004)，重庆市忠县人。1951年5月，参加工作。1954年9月，加入中国共产党。蓬安县第五次、六次党代会代表。1951年5月至1951年10月，考入重庆市新华书店干训班学习。1951年10月至1958年2月，任蓬安先新华书店任经理。1958年2月至1962年8月，任中共蓬安县委工业交通部干事。1962年8月至1972年3月，任县委农工部干事，曾参加修大巴山铁路。1972年3月至1981年4月，任县革委工交部干事、秘书。1981年4月至1990年3月，任蓬安县政府办公室副主任、主任。1990年3月至1993年2月，任县政协副主席。1993年2月至1995年9月，任县人民政府助理调研员。1995年10月退休。2004年2月，何宗泽病逝。

【张远飞】 (1952—2004)，蓬安县人，四川省优秀教师，南充市十大优秀园丁。1959年9月至1969年3月，在平头乡中心小学校读小学、初中；1969年9月至1975年5月，在三二八七部队服役；1975年8月至1994年8月，平头乡十里村民办教师；1994年8月，任平头乡中心小学校副校长兼工会主席；2003年8月，任平头乡中心小学校工会主席。1975年，他参加教学工作后，一边教书一边学习。他常常把备好的教案请老教师修改，主动讲课请老教师们提出宝贵意见。1980年，参加中师函授学习后，从未间断每一次集中辅导学习机会，晚上在油灯下收听教学广播，做好学习笔记。张远飞20年在平头乡最偏僻的十里村小工作，为重建村小，他带领学生到5里外的山下去挑河沙、背卵石。为保证施工质量，他吃住在学校，一边上课，一边在工地监督质量，经过三个月的努力，修好了一座250平方米的石木结构校舍。为了绿化美化校园，他在青石板地面上栽上了7棵黄桷树，并做了6个花坛。张远飞的家离学校仅有500多米，他吃住在学校，并把离校远、家中无人照顾的孩子接在学校住宿。学生们至今回忆说：“张老师心中只有学生，唯独没有他自己。”1991年5月，张远飞患急性胃炎，吃不下饭，睡不好觉，疼痛异常，有一天竟在课堂上大口大口地吐鲜血，同学们惊慌了，很多家长带上礼品去看望他，领导和同事们都劝他去住院治疗，他坚持把学生送毕业才去医治。当年他所教的毕业班在全县统考中，名列全县第五名，全区第一名，年巩固率达98%，升学率达100%。2004年3月，张远飞病逝。

【陈　福】（1950—2004），四川省广安县人，1968年12月，加入中国共产党，省委党校党政专业（大专）毕业。1968年3月至1980年2月，先后在部队服役、岳池县师范读书、岳池县阳和小学任教、阳和乡任党委副书记、岳池县委组织部工作。1980年3月至1983年9月，历任中共岳池县天宝乡党委书记、中和区委副书记、书记。1983年10月至1989年12月，历任中共岳池县委副书记，中共华蓥市委副书记、常务副市长（其间：1987年2月毕业于北京人文函授学院法律专业）。1990年1月至1992年9月，历任中共蓬安县委常委、副县长、县委副书记。1991年3月至1992年9月，任中共蓬安县委副书记、蓬安县人大常委会主任。1992年10月至1997年2月，任中共营山县委书记、南充市第一届人大代表、中共南充市第一届委员会委员。1997年2月至1999年1月，任南充市人民政府副市长。1999年1月至2004年3月，任中国人民政治协商会议第二届南充市委员会副主席。2004年3月至2004年8月，任中国人民政治协商会议第三届南充市委员会副主席、党组副书记。2004年8月，陈福病逝。

【沈　琼】（1911—2005），蓬安县人，著名病理学家、中国食管癌防治研究的开拓者和食管细胞学的创始人。民国34年（1945），毕业于中央大学医学院医学系。民国35年（1946），沈琼在武汉大学医学院工作，先后任住院医师、主治医师、病理学讲师。20世纪50年代中期，为支援河南的医药卫生及教育事业，由卫生部调到原河南医学院工作，历任河南医学院讲师、病理学教授、病理学教研室主任、河南医科大学学位委员会副主任、癌前期研究室主任。兼任卫生部医学科学委员会肿瘤专题委员会委员、中国抗癌学会临床细胞学专业委员会顾问、中国癌症研究基金会专家委员会委员、中华医学会肿瘤学会委员、中国抗癌协会河南分会名誉副理事长、中国癌症研究基金会河南分会名誉副主席、中华医学会河南分会常务理事、中华医学会河南分会病理学会主任委员、河南省科学技术学会委员、中国医科院肿瘤研究所科学顾问、北京海淀中发生物工程研究所顾问、河南省卫生厅咨询组顾问、河南医科院学术评审委员会顾问、河南省肿瘤医院名誉顾问、鹤壁市人民政府技术顾问、中国研究癌症基金会鹤壁分会荣誉主席。《中华病理学杂志》编委、《中国临床细胞学杂志》副主编、《河南肿瘤学杂志》编委会顾问、《家庭医学》编委会顾问。

1959年，沈琼响应国家号召，到艰苦的太行山区林县（林州市）等食管癌高发区现场，几十年如一日从事食管癌的早期诊断和综合防治研究。他不畏当时的科研和生活条件的艰难困苦，勤奋努力，勇于探索，研制出“食管细胞采取器”，创立了食管临床细胞学。同时培训了大批细胞学工作者和基层技术人员，在各高发区现场进行了十几万居民的食管细胞学普查。查出早期食管癌1200余例，早期诊断率达80%以上，准确率达90%。使众多的患者得以根治，5年生存率达90%，挽救了这些“不治之症”患者的生命，被国内外学者称为“奇迹”。目前食管细胞学诊断已成为我国城乡医院食管癌早期诊断的常规检查方法。食管细胞学的建立和食管癌早期诊断的实现有效地促进了我国食管癌流行病学、病因学、病理学、发病学及诊断、治疗等相关学科的发展，使我国的食管癌研究居于世界前列。为了进一步达到降低食管癌发病率和死亡率的目的，沈琼从20世纪70年代末又开始从事食管癌的预防研究，使用食管细胞学方法筛选出食管癌前病变患者进行干预治疗，并使用食管细胞学分级方法评价治疗效果，为食管癌的预防展现了颇有希望的前景。他指导博士研究生从事食管癌分子病理学的研究，使我国关于食管癌HPV的研究又一次走在了世界前列。

沈琼先后荣获全国科学大会奖、全国医药卫生科技大会奖、河南省自然科学优秀论文一等奖和自然科学一等奖、河南省医药卫生科研成果三等奖。沈琼为第四、五、六届全国人大代表，四、五届河南省人大常委会委员。1979年，国务院授予“全国劳动模范”称号。1988年，河南医科大学授予“优秀教师”称号。1989年，河南省人民政府授予“优秀侨眷知识分子”称号。1990年，国家教委为表彰沈琼从事高校科研工作40年所取得的成立，特向他颁发了“荣誉证书”。1991年，国务院为表彰他为我国高等教育事业作出的突出贡献，授予他政府特别津贴。沈琼先后被收入《中国普通高等学校教授名人录》《中国科技工作者名录》《中华群英录》《中国当代名人录》《河南当代科技名人》等书籍中。《人民日报》《光明日报》《河南日报》等报刊曾先后报导过沈琼的事迹和科研成就。沈琼是国务院首批授予的博士研究生导师，从1979年开始招收研究生。1991年，劳动人事部批准在沈琼的博士点建立河南医科大学基础医学病理学博士后流动站。2005年3月，沈琼逝世。

【刘　荣】　(1962—2006)，蓬安县人，二级警督警衔，副科级侦查员。1980年12月参军服役，1984年退伍，1998年1月，加入中国共产党。1988年2月，刘荣调入公安机关，长期战斗在公安刑侦工作第一线，既当驾驶员，又当侦察员，不分白日昼夜地战斗在公安工作第一线，与同志们一道侦破各类刑事案件300余件，抓获违法犯罪人员300余人，为群众挽回经济损失130余万元。1995年，刘荣身患癌症，他珍惜工作的分秒机会，在工作中追求人生的最大值，在患癌的10多年里，以自己的带病之躯完成了一个正常人15年的工作量。2002年8月30日，中共蓬安县委授予他“优秀共产党员”称号，县人民政府授予他“优秀国家公务员”称号并记三等功。2003年1月3日，刘荣又被中共四川省委、四川省人民政府评为2001年、2002年度四川省政法战线先进干警。2003年7月，刘荣被公安部授予“全国优秀人民警察”称号，同时被省公安厅荣记个人二等功。2006年2月3日，刘荣逝世。

【范新友】　(1921—2006)，蓬安县人。民国22年（1933）7月，参加中国工农红军。曾担任宣传员，干事，连政治指导员，营政治教导员，团政治处主任，团副政治委员，政治委员，师政治部主任，中国人民解放军云南省军区司令部队列处处长，中国人民解放军昆明军区司令部军务处处长，师政治委员，中国人民解放军云南省保山军分区政治委员，中国人民解放军昆明军区炮兵政治部副主任，中国人民解放军陆军第14军副政治委员。1978年11月6日至1979年1月，任中国人民解放军陆军第14军政治委员。1979年1月，任中国人民解放军昆明军区纪律检查委员会副书记。范新友参加了川陕革命根据地反六路围攻和红四方面军长征。1955年9月，被授予上校军衔，1964年，晋升为大校军衔。1988年7月，荣获二级红星功勋荣誉章。2006年10月6日，范新友病逝。

【苟华君】　(1941—2006)，蓬安县人。中共贵州省委第七届、八届委员，贵州省人大第九届、十届代表。贵州省工资学会会长。1958年10月至1964年2月，先后在四川省地质局、南充地质队、华蓥山地质队、208地质队任技术员、政治处干事。1964年2月至1973年6月，任208地质队团委副书记、贵州省116地质队党委秘书。1973年6月至1974年9月，任贵州省地质局农场副指导员。1974年9月至1978年8月，任贵州省地质局党组成员、团委书记。1978年8月至1985年8月，任共青团贵州省委副书记。1985年8月，任贵州省委组织部副部长。1993年4月，任贵州省委组织部副部长、省人事厅厅长、党组书记、省编委办主任。1997年10月，任贵州省委组织部副部长、省人事厅厅长、党组书记、省编委办主任、贵州行政学院副院长。1998年4月，任贵州省人事厅厅长、党组书记、省编委办主任、贵州省行政学院副院长。2000年8月至2001年1月，任贵州省人事厅巡视员。2001年1月，任贵州省人事厅巡视员、省人大常委会委员。2001年4月至2006年，任贵州省人大常委会委员、省人大选举任免联络委员会主任委员。2006年，苟华君病逝。

【程夏雷】　(1911—2006)，重庆市人。民国18年（1929）底，毕业于国民军第22军军事政治学校，在国民党军队历任见习中尉副官、上尉参谋、连长、营长、副团长、团长、副师长（抗战期间参加中国远征军打通滇缅公路作战）。民国38年（1949）1月10日，淮海战役中被俘，送济南解放军军官训练团学习。7月，被选送考入解放军华东军区军事政治大学。1950年12月至1958年1月任南京军事学院军事教员。1958年1月至1964年3月，任解放军装甲兵学院军事教员。1964年4月至1965年，转业到蓬安县林业局任副局长，“文化大革命”期间被定为“反革命分子”，下放劳动。1972年5月，平反后回原单位工作。1979年，恢复副局长职务。1981年3月至1990年2月，任蓬安县政协第一、二、三届副主席，蓬安县人大第六、八、九、十届人大代表，四川省政协第四、五届委员。1990年2月退休。2006年3月，程夏雷逝世。

【章榜举】 （1935—2006），蓬安县人。1949年，章榜举拜邓自修、唐宝成学习中医学。1952年至1956年，先后任大泥乡联合诊所所长，周口卫生工作者协会理事，金溪区中心诊所所长。1953年，被保送到南充川北行署“中医进修校”学习一年。1957年至1958年9月，在“重庆中医学校”学习1年。1958年10月至1962年，在蓬安县人民医院工作。1963年2月至1977年12月，在蓬安县中医院工作。1978年1月至1984年10月，在蓬安县人民医院担任中医科科长。1984年11月至2003年，先后任蓬安县中医院副院长、院长、党支部副书记、书记、工会主席等。1958年起，兼任蓬安卫校教师、西医学习中医班教师。1984年，兼任成都中医学院（现成都中医药大学）函授部蓬安函授站副站长、副教授。先后当选为蓬安县第九、十、十一届人民代表大会代表，中华医学会南充分会理事，中华医务会蓬安分会常务理事，中华医学会蓬安分会副会长，蓬安县卫生系统专业技术职称评审委员会初、中级评委，中医药专业组组长，南充市医疗事故评审委员会专家库成员。1960年，章榜举作为中医院创始人之一，积极出经费，捐桌椅，与同行一起，在一无所有的情况下办起了中医院，并服从组织安排，三进三出中医院。1984年，回到中医院，把一个百废待兴的中医院建成了初具规模、学科齐全、医技上乘、百姓欢迎的中医医院。

章榜举对中医内、妇、儿科常见病、多发病的治疗积累了丰富的临床经验，对慢性支气管炎、支气管哮喘、肺心病，食道炎、胃炎、胃溃疡、十二指肠溃疡、病毒性肝炎（甲肝、乙肝）、肝硬化、慢性肠炎、非特异性溃疡性结肠炎、美尼尔综合症、高血压、冠心病、急慢性肾炎、风湿性关节炎、类风湿、甲亢、骨质增生、原发性血小板减少性紫癜等疾病的治疗用方独特，选药考究，疗效显著。1974年，参与了南充地区卫生局编写的《南充地区中草药》一书。1976年，参加了县卫生局编写的乡村医生培训教材《中医学讲义》。主持、设计、参加了四川省中医药管理局下达的《紫牛黄精汤治疗原发性血小板减少性紫癜》科研课题。1998年，获县政府科技进步二等奖。先后撰写了40余篇论文。2006年1月，章榜举逝世。

【翟向东】 （1940—2006），曾用名翟昌辅、翟海清，蓬安县人。1984年，任蓬安县政协常委。1987年，参加“文明杯”全国钢笔、圆珠笔书写大赛获纪念奖。1988年评为高级讲师，中国农民书画研究会会员，中国书画家协会庐山书画院院士，南充市书法协会会员，蓬安县书协副主席。是年，参加“龙年”全国钢笔书法大赛获优胜奖。1996年，被神州当代卓越书画篆刻家评选委员会评为中国当代银奖书画家，收入《神州当代卓越书画篆刻家大辞典》。1997年7月，盼香港庆回归作品在中国历史博物馆举办的“孙膑杯”国际书画大展中，评为书法铜奖，被中国历史博物馆收藏。2003年10月，成为世界教科文卫组织专家成员。

1953年8月至1959年7月，在蓬安中学读书。1959年8月至1963年8月，在四川师范学院读书。1963年9月至1975年7月，在营山县老林中学教书。1975年9月至1977年7月，在营山县小桥中学教书。1977年9月至1982年7月，在营山县星火中学教书。1982年至1990年1月，在蓬安师范学校教书。1990年1月至1993年1月，任蓬安师范学校副校长。1993年3月至1998年2月，任蓬安县人大常委会副主任。2001年3月退休。2006年5月，翟向东病故。

【陈立先】 （1927—2006），1927年10月生，蓬安县人，名老中医，县政协一、二、三届委员、常委。出生于中医世家，祖父陈画一，清朝岁贡，先儒后医，是蓬安县早年有名的老中医之一，父陈方儒，幼承家技，在蓬安中医界享有盛誉。陈立先读私塾7年，14岁已熟读了《医学三字经》《医学五则》《医性赋》等医学启蒙书籍。16岁诵读《内经知要》《伤寒论》《金匮要略》《温病条辨》等经典著作。民国36年（1947）12月，考入“四川国医学院”。民国38年（1949）7月，肄业回家坐堂行医。解放后，他被保送到“南充专区中医进修班”学习，继后又到“成都中医进修学校”和“重庆市中医进修学校”师资班进修《内经》。1952年，在城区中西医联合诊所工作。1959年，在县人民医院工作。20世纪50年代至60年代初，他先后担任了蓬安县中医进修班的兼职教学工作，主讲过《内经》《金匮要略》《内科》《温病》等。他撰写了《脱疽病》（西医名血栓闭塞性脉管炎)、《治扁桃体验案》《治面瘫方》《咳血一得》《金匮要略》《温病条辨》《浅谈伤寒论对白术的运用》《肩臂痹痛治愈一例》《瘰核治验一例》《湿热痹治验》《时病论论治六十法歌诀》等文章，有的文章被收入《南充卫生中医专辑》。1978年，陈立先晋升为中医师。1981年，晋升为主治中医师。1987年，评为副主任中医师。1983年，获四川省卫生工作先进工作者称号。1986年，被南充地区卫生局命名为名老中医。1988年，他获四川省中医药管理局特发“四川省名老中医学术思想临床论治经验总结研究课题中总结的《白芨疗肺丸治肺痨病213例临床体会专题》”荣誉证书。“白芨疗肺丸”治疗肺痨病是他父亲陈方儒创造的经验方，全方是由白芨、淮山药等7味药物组成，炼蜜为丸，早晚各服1丸，1月为1疗程。自1952年以来，陈立先以“白芨疗肺丸”治疗肺痨病200余例，疗效显著。2006年4月18日，陈立先逝世。

人物简介

【江牧岳】 原名蒋慕岳，民国4年（1915）2月生，蓬安县人。中国近代著名新闻学家、著名记者、编辑，徐学研究创始人、中国徐霞客研究会首任执行会长，中国旅游文化学会会长。中国记协书记处书记，第五届全国人大代表。

民国25年（1936），参加革命，曾任成都救国会常委、成都民族解放先锋队队部领导成员、成都救亡组织星芒社负责人。民国26年（1937），在成都主办了《星芒》通讯、《星芒》周刊、《星芒报》，任社长。民国26年（1937）冬，加入中国共产党。民国29年（1940），任《新华日报》华北版通讯联络科长，中国青年新闻记者学会战地服务队华北一支队（简称“青记一支队”）队长、“青记”北方办事处党组书记。民国32年（1943）至民国35年（1946），任《新华日报》太行版副总编辑。民国36年（1947）起，历任新华社冀南分社社长、《冀南日报》社副社长、《桐柏日报》社社长、新华社桐柏分社社长。建国后，历任中南《工人日报》社社长、中华全国总工会宣传部部长、《浙江日报》社社长、杭州大学副校长兼任新闻系主任。1962年11月20日，任浙江师范学院党委书记。1963年至1979年，任外文出版发行事业局副局长、人民日报社副社长。1979年至1981年，参加筹备中国日报（英文）。1981年至1986年，任中国日报社社长。1983年，当选为中国记者协会书记处书记。1986年离休。

【蓝祥辉】 字剑秋，又名汝钧，民国4年（1915）12月生，蓬安县人。蓝祥辉在蓬安锦屏读完初中，在成都天府中学校高中毕业，肄业于四川大学。民国28年（1939），从成都赴陕北延安参加革命，就读延安陕北公学。民国30年（1941），任中共中央革命军事委员会总后勤部南泥湾农场副场长。民国32年（1943），任中共中央机关事务管理局经济建设处第一科科长，主管机关农业生产。民国34年（1945），任热河粮食公司经理。民国35年（1946），任东北行政委员会商业部（东北商业部）经营处处长。1949年，南下广东，任中共中央华南分局财经委员会计划局副局长。1952年，任广东省统计局局长。1954年，任广东省粮食厅厅长。1958年，任肇庆地区专员、地委书记。1961年，任广东省财贸委员会副主任。1972年，任广东省湛江地区革命委员会副主任。1979年，任广东省人民政府副秘书长。1983年离休，享受副省级待遇。

1987年，蓝祥辉成为广东省老年书画研究会会员、顾问，他的数法作品曾多次参加省和全国老年书画展，入编《中国当代老年书画家大辞典》。1997年，获民政部、劳动部、全国总工会、共青团中央、全国妇联、中国老龄协会"全国老有所为奖"。1999年，获文化部中国文化艺术城、中国老年书画研究会"世纪名家创作奖"。2005年，北京中华文化学院、北京师白艺术研究会"大中华翰墨丹青艺术家"，其作品入选《中华名家翰墨精品集》，并获金奖。

【何德林】 曾用名何德体，民国7年（1918）3月生，蓬安县人。民国22年（1933）10月，参加中国工农红军。上地革命战争时期，在红四方面军第9军、第31军、第4军历任战士、护士、看护长，参加了川陕革命根据地反六路围攻和红四方面军长征。抗日战争时期，任八路军第129师385旅769团班长，参加了著名的奇袭阳明堡、响堂铺伏击战。历任军委供给部会计、副科长，军委办公厅供给处科长，军事博物馆管理处副处长、处长。1955年，荣获三级八一勋章、三级独立自由勋章、三级解放勋章。1988年，获二级红星功勋荣誉章。

【解登峰】 民国9年（1920）10月出生，山西省交口县人。民国26年（1937）2月，参加革命，民国27年（1938）4月，加入中国共产党。先后后参加过牺盟会、国民军官教导团、抗日决死队等组织的抗日救亡活动，曾任政治保卫队队员、青年联合会科长、青联组织部部长、青联主席、区委书记、县民联主任、小学校长、洪赵地委干部等职。1949年南下入川。1950年1月至1952年3月，先后任中共武胜县委书记、县纪委书记，中共南充地委统战部部长、南充地委副秘书长。1952年4月至1953年5月，任中共蓬安县委书记。1953年5月至1954年8月，任南充地委委员，中共岳池县委书记等职。1954年8月，先后在兰州炼油厂、大连石油七厂、鞍钢大连石灰石矿工作，任党委副书记、副厂长、党委书记。1970年至1972年，下放到大连市复县驼山公社工作队工作。1972年，回鞍钢大连石灰石矿任党委副书记。1976年，调回大连石油七厂任副厂长、顾问。

【杨　泰】 民国13年（1924）6月出生，山西省朔县人。民国31年（1942），任张家山行政村书记、文书。民国34年（1945），下水头兵站、粮站工作。民国35年（1946），任朔县财政科科员。民国37年（1948），任朔县县政府秘书。1949年随军南下。1950年，任蓬安县政府秘书。1951年，任蓬安县粮食局局长。1955年，任蓬安县财贸部部长、县委常委。1958年，任蓬安县委副书记、县长。1961年，任蓬安县县长。1966年，任南充地区粮食局局长、党委书记。1976年，任南充地区财贸部副部长。1983年，退居二线。1985年离休，享受正厅级待遇。

【康　成】 民国13年（1924）11月生，四川省武胜人。1950年秋，在西南革大川北分校学习，留该校担任理论教员和队长。1952年3月，调蓬安中学任政治教师。9月13日，加入中国共产党。10月，任该校副校长，兼任团总支书记。1958年9月，调蓬安师范任副校长、党支部书记。1966年6月，"文化大革命"中领导权被夺，遭批斗。1972年3月，调罗家筹办中学，负责该校全面工作。1973年3月，蓬中任革委会主任。1977年10月、11月，当选为出席县、地文教先代会代表。1978年9月至1984年6月，蓬中任校长、党支部书记。1980年2月至1987年9月，相继当选为中共蓬安县第四、五、六届党代会代表，第四届中共蓬安县委委员。1984年9月至1989年4月，任中共蓬安县委巡视员。1989年4月，定为副县级，正式退休。康成是南充书法家协会、东方书法艺术家协会会员、北京华夏诗联书画院研究员、中国国画院院士、北京京华兰亭书画院名誉院长，被沈阳艺海拍卖代理中心评为一级书法家。作品入选四川老年文化艺术周书法展、三峡"光明杯"全国书法大展、"龙脉杯"全国书画大展、全国群众书画摄影大展、首届兰亭书画名家作品展、"大红鹰杯"全国中老年书画大展、中国近现代书画展、纪念孔子诞辰2550年书画大展、"中华魂"全国书画艺术大展、第四届加拿大中华诗书画大展等。其作品、传略入编《晚霞风采》

《当代书法》《华夏诗联书画》《情系夕阳·中国老年书画名家作品集》《当代书画收藏精品荐览》《中国书法家选集》《百年经典——中国书法全集》《世界华人书画作品选集》《世界艺术大系·中国艺术》《国际现代书法篆刻名家作品艺术全集》《跨世纪全球华人书画大赛获奖作品珍藏集》《二十世纪中日书画名匠集》《精彩中国·书画艺术卷》《光辉历程·爱国精英风采卷》《中国当代实用书法大观》《中国历代书画名家精品选集》《国庆60周年献礼——中国精神书画名家精品集》《新中国大阅兵题贺艺术大典》《中华世博题赠艺术大典》《中国书法全集》和《中国非物质文化遗产传承人档案》（书画卷）等大型典籍。

【刘大明】 民国15年（1926）2月生，蓬安县人，教授级高级工程师，中共党员，硕士生导师，享受国务院政府特殊津贴。民国37年（1948），毕业于武汉大学工学院土木系，留校任助教。是年年底，参加地方群众水利工作。1949年，任湖北省水利局沔阳区分局秘书、副局长。1950年至1953年，任长江委中游局荆州区长江修防处副处长，主持荆江大堤修防业务。1955年，被选派赴前苏联学习，在莫斯科水利工程学院做研究生，攻读水能利用及水电站建设理论。1959年，获副博士学位。回国后分配任长江科学院水工研究室副主任，后为长江科学院副总工程师。其间曾赴柬埔寨援外工作一年、赴巴基斯坦考察大坝建设、赴西德进行国际学术交流等活动。1993年，离休后仍被聘为《长江科学院院报》主编，至2004年年底才完全退下来。刘大明主编、出版《水工建筑物水力学原型观测》和《长江志科学研究篇》等书，在国内外刊物上发表《混合式水电站模拟》及阐述有关工程科研关键技术的论文20多篇。

【段景芳】 民国16年（1927）生，蓬安县人，福德镇小学教师。1992年退休，先后资助当地段龙、李梦霞、朱浪等8名贫困学生完成初中、高中学业、走进了大学校园。收留特困留守学生唐雪、唐端在自己家中生活达7年之久，每天辅导他们学习、教电子琴、拉二胡。60多岁的村民张永秀卧病在床，段景芳凭着在部队当过卫生员的经验，连续两个多月每天两次义务到老人家中打针送药。每年，他都要给福德敬老院的五保老人买新衣服、送零花钱，隔三差五还给老人们送去猪肉、副食品等。他自费2000多元购买了电子琴、音响、功放、影碟机等设备，在福德镇组织起20多人的文娱宣传队伍，常年开展义务演出。至2006年，他用于资助贫困学生、残疾青年、五保老人等弱势群体的费用达37000余元，但他一家三代至今还挤住在40多平方米的两间房内，用着几十年前他结婚时妻子陪嫁的箱子、衣柜和架子床。

【费德政】 民国17年（1928）1月生，蓬安县人。1949年底，参加工作。1951年4月，加入中国共产党。1950年6月，到中共南充地委党校学习，毕业后分配到中共南充地委征粮减租退押工作团，先后任蓬安县龙云乡四村、正源乡十村工作组长。1950年11月至1952年8月，历任蓬安县财政经济委员会秘书、中共蓬安县委秘书兼任县委机要秘书、县委办公室研究员、县土地改革工作团政策组组长（其间：1952年3月到中共川北区党校四期学习）。1952年8月至1959年6月，历任中共南充地委组织部干部科干事、副科长、科长、地委审干办公室主任（其间：1954年3月在中共四川省委党校学习政治经济理论和社会主义建设理论）。1957年冬至1958年春，费德政主持整修南充莲池工程，他本人获得模范称号、领导的工作集体获得先进集体。1958年，大办钢铁时任南充地区煤炭指挥部总指挥长，先后兼任中共南充地委南部县、阆中县工作检查团团长。1959年6月至1970年9月，历任中共仪陇县委书记、常务副书记兼任中共仪陇县委纪律检查委员会书记，其间：1965年秋至1967年2月，负责主持仪陇县全县工作，“文化大革命”中接受批斗，停止工作、参加劳动。1970年9月，任南充地区棉纺织厂党委书记、厂长。1980年1月至11月，任南充地区经委主任、党组书记。1980年11月至1982年9月，任四川省纺织工业厅副厅长。1982年9月至1989年4月，任四川省纺织工业厅厅长、党组书记，兼任四川省纺织工程学会、经济学会、劳动学会、会计学会理事长，四川省机管会副理事长，中国纺织规划研究会、经济学会常务理事、顾问等职。期间，曾任中共南充地区党代会、中共四川省党代会代表。1998年退休，享受特殊贡献待遇。1965年秋，领导全县人民实行科学植棉，使棉花单产从1965年的亩产皮棉不到20公斤提高到1967年的亩产皮棉63.5公斤，创造出四川棉花单产的最新水平。1971年，在南充棉纺厂主持工作，南棉厂一投产，产值、效益就节节上升，从1974年起，年年超额完成国家计划，年均利润增长24.9%，开发出了3030府绸，填补了西南地区生产纯棉府绸的空白。1978年，又开发出4040的纯府绸，产品质量居全国第二、产品总量居全国第一，出口创汇居四川之首。1977年，南棉成为全国纺织工业学大庆先进典型，4月，轻工业部纺织局在南棉召开全国棉纺企业学大庆、上水平、推广优质、高产、低消耗先进经验汇报会，会议以南棉为现场。费德政在大会交流了经验；南棉1978年被纺织工业部授予“大庆式企业标兵”称号和银奖，他1979年被国务院授予“全国劳动模范”称号，并获金质奖章1枚。费德政撰写论文34篇被全国和省部级报纸杂志、大型丛书文献刊出，获得优秀论文奖36个、优秀论文特殊贡献奖1个、金奖7个、特等奖20个、一等奖83个、二等奖31个、三等奖15个，入选、入编大型文献书籍33部，个人业绩入选书籍11部。

【宋金伯】 民国18年（1929）4月生，蓬安县人。1949年4月，参加工作。1949年9月，加入中国共产党。1949年4月至1978年7月，在中国人民解放军第二军十二团服役，先后任通讯员、警卫员、排长、指导员、协理员、陆军十二医院政治部主任、人武部副政委等职。1978年8月至1981年2月，转业到蓬安任县革命委员会副主任。1981年3月至1984年3月，任政协蓬安县委员会副主席。1981年3月至1990年3月，任县人大常委会副主任。1990年4月离休，享受正县级待遇。

【陈玉昇】 民国18年（1929）12月生，山东省微山县人。1949年加入中国共产党。民国36年（1947）12月，在河南省漯河县入伍，成为4纵10旅机炮连战士。1949年10月至1951年8月，历任13军37师110团班长、副排长、排长。1951年8月至1953年7月，在云南军区速成中学一大队学习。1953年7月至1958年3月，历任13军37师110团参谋、副股长、副营长。1958年3月至1970年2月，历任13军37师参谋、38师科长。1970年2月至4月，任13军38师113团参谋长。1970年4月至1981年12月，任13军38师113团副团长。其间：1968年冬，参加支左工作。1969年2月至1970年8月，以军代表的身份任蓬安县革命委员会主任。任职蓬安期间，启动了马回小电站和蓬安自来水厂建设，争取了丝厂、农机厂项目，开启了蓬安现代工业发展和城市现代生活的基础。1982年1月，转业到南充师范学院工作，任中共南充师范学院纪委副书记。1990年离休，享受副厅级待遇。陈玉昇先后参加过淮海战役、渡江战役、大西南剿匪、解放云南等战役7次，立大功1次、三等功2次。

【胡子章】 民国19年（1930）9月生，陕西省汉阴县人，1949年参加工作，1952年9月，加入中国共产党。1949年参加解放军，在42军125师373团一机连先后任班长、副排长、排长、连长。1951年在朝鲜战场上作战勇敢，两次荣立三等功。1955年12月至1956年8月，在长春军事师范学校学习，1956年9月至1957年3月，在42军转建大队学习。1957年3月至1958年11月，从部队专业到蓬安县粮食局工作，任干事。1958年11月至1959年11月，任蓬安县周口粮站书记。1959年11月至1969年3月，任县粮食局书记、局长。1969年11月至1981年3月，任中共蓬安县委常委、县革委会副主任。1981年3月至1984年3月，任县人民政府副县长。1984年3月至1990年12月，任县政府正县级顾问。1990年12月退休。

【韩黎明】 民国19年（1930）12月生，河北省任丘县人。民国37年（1948）3月，在本村小学加入中国共产党。民国37年（1948）4月，加入中国人民解放军华北兵团，之后调入第二野战军，历任宣传员、文化干事、政治干事、助理员、连指导员。参加了太原、渡江、重庆、成都等战役，先后立功两次。1957年11月，随部队进藏参加平息叛乱和民主改革工作，任武工队队长。1958年夏，应地方党政要求转业地方工作，先后在甘孜藏族自治州稻城县任建设科长、法院院长、监委书记、县委常委。1964年，调甘孜藏族自治州色达县任纪委书记、宣传部部长、县委常委。“文化大革命”期间遭受政治迫害，身体遭受摧残。1976年12月，平反恢复工作，内调蓬安县任宣传部部长。1980年，任蓬安县委常委、县革委副主任兼公安局局长、政法委书记。1984年，任县人大常委会常务副主任。1990年离休，享受正县级待遇。

【刘金城】 民国20年（1931）1月生，重庆合川市人。1949年底，参加中国人民解放军。1951年3月，随部队进军西藏拉萨。1952年至1959年3月，历任通讯员、警卫员、班长、排长、连长。1955年5月，加入中国共产党。1959年5月至1961年11月，参与西藏平叛后被派往拉萨市达孜县平措林区任土改工作队队长。1962年1月至1978年8月，转业调西藏拉萨市堆龙德庆县先后任区委书记、区革委会主任、县革委会委员、县政工组组长、县委常委等职。1972年1月，调任拉萨市墨竹工卡县革委副主任、县委常委。1978年9月，内调四川蓬安任县革委副主任、县委常委。1981年3月至1990年2月，任政协蓬安县委员会副主席、中共政协蓬安县委员会党组副书记(其间：1980年2月至1984年8月，任县委委员)。1990年3月至1992年3月，任县政协调研员。1992年3月退休。

【陈　浩】 民国20年（1931）7月生，蓬安县人。1950年，参加工作。1952年，加入中国共产党。历任剑阁县财政科长、广元地委工矿办公室副主任、绵阳地委监委办公室主任、绵阳地区社队企业局副局长、局长、绵阳地委纪委副书记。1983年，任绵阳地委委员、地纪委书记，绵阳市委常委、市纪委书记。1987年5月，任绵阳市第一届人大常委会副主任兼秘书长。1990年4月，任绵阳市第二届人大常委会常务副主任、党组副书记、四川省第八届人大代表。1995年9月退休。

【陈永高】 民国20年（1931）8月生，南部县人。1950年，参加革命工作。1954年，加入中国共产党。1950年1月1日，在南部县政工干部训练班学习七天后，分配到南部县思依区（后划归阆中）桥楼乡任征粮工作组组长，当年被评为南部县甲等劳动模范。至1954年9月，历任思依区民兵大队长（后改为区武装部）、王家乡减租退押工作组组长、思依区土改临时法庭庭长、南部县公安局预审股副股长、中共南部县委办公室驻南隆乡重点工作组组长、试办李开珍农业合作社负责人。把李开珍社办成全省著名的农业合作社，省委书记李井泉亲自听取他的汇报，《西南日报》发表《互助合作道路上一面旗帜》的文章对办社经验详细报道，社长李开珍评上全国劳模。1954年10月至1957年8月，历任中共南充地委办公室农业组组长、南充专员公署农林水利科副科长（后改为局)。1956年，批准将蓬安县白云寨等400公顷荒山办成林场。1957年9月，调蓬安县工作，任农工部副部长主持工作。1980年2月至1990年3月，历任蓬安县革委会副主任、县人民政府副县长、常务副县长、县人大常委会主任。1981年，被省委省政府评为抗洪先进工作者。1987年，协助马回电站指挥部解决逆流坝安全事故和指挥部同施工方的矛盾。地委、县委任命陈永高为工作组负责人，代表地委、县委全权处理问题，经过3年驻站指挥，1989年年底，完成竣工发电任务。1990年3月至1992年，任南充地区水电局正县级调研员，参与领导建设南充最大水电工程——东西关水电站。1992年退休，至1996年，东西关电站建成发电后，离岗休息。

【周应储】 民国21年（1932）2月生，蓬安县人。中华医学会淮阴市（淮安市，下同）分会副会长、中华医学会淮安分会内科学会主任委员，淮阴市心血管病学会主任委员，江苏省心血管病学会委员。兼任《淮阴医学杂志》（后改名为《淮安临床医学杂志》）副主编（后任主编）。农工民主党员，江苏省政协委员，享受国务院政府特殊津贴专家。周应储幼年时在南充“福音堂”上学，在蓬安周口读了3年小学，后在宜宾、重庆继续读完小学。民国33年（1944)，考入重庆南开中学（抗日战争时期，天津南开中学迁至重庆，改名为重庆南开中学）。1950年，考入北京医学院医学系本科(今北京大学医学部)。1956年，分配到江苏省淮阴市第一人民医院工作。1963年，为内科主治医师。1979年，为内科副主任医师。1987年，为心血管内科主任医师。1958年，加入中国农工民主党。1986年至2001年，任农工民主党淮阴市委员会主任委员。1986年至1996年，任江苏省农工民主党省委会常委。1991年至2002年，任淮阴市政协副主席。1991年至2006年，任江苏省政协委员。1993年，享受国务院政府特殊津贴。

【康本丰】 民国21年（1932）9月出生，蓬安县人。1950年参加革命工作，在柏杨乡土改工作队工作。1951年9月至1956年2月，在柏杨乡政府工作（1951年9月，任乡文书。1953年1月，任乡长，5月，加入中国共产党。12月，任乡党总支书记）。1956年3月至5月，在周口区团委工作，6月，在蓬安县委办公室工作。1957年11月，被地区八化指挥部评为“八化”先进工作者。1961年10月，任河舒区委副书记。1962年7月，评为省档案管理先进工作者。1963年1月，任县委办秘书。1964年12月，任锦屏区委书记。1972年10月，任县农业局副局长。1973年6月，任县委党校常务副校长，党委书记。1980年12月，评为省委党校先进工作者。1982年1月至次年10月，兼任巨龙区委书记。1985年10月，评为地委党校先进工作者。1987年8月，评聘为讲师。1988年5月，任县委统战部部长、党支部书记。1990年3月，任县政协副主席。1992年2月，评为地委统战先进工作者。1994年5月退休后，在县政府外经办工作。1996年9月，在龙角山公园指挥部工作。2000年后，在县关心下一代工作委员会工作，任常务副主任，执行主任。2004年1月，省关工委评为全省关心下一代先进工作者。2005年3月，市关工委评为全市关心下一代先进工作者；6月，国家关工委、中国文明办评为全国关心下一代先进工作者。

【张永帆】 民国21年（1932）9月生，四川省岳池县人。1951年5月参加工作，1953年3月，加入中国共产党。1951年5月至1951年12月，岳池县罗渡区公所文书。1952年1月至12月，岳池县苟角区公所文书。1953年1月至1954年3月，中共岳池县苟角区委宣传干事、宣传委员。1954年4月至1955年4月，岳池县苟角区委副书记，主持区委全面工作。1955年5月至1958年9月，中共岳池县苟角区委书记（其间：1956年岳池县第一届第一次党代会被选为县委候补委员）。1958年10月至1959年1月，岳池县苟角区委书记、岳池县大办钢铁指挥部办公室主任、岳池县华云山矿区党委副书记。1959年2月至7月，岳池县委农村工作办公室主任。1959年8月至1965年7月，中共岳池县委副书记。1965年8月至1969年8月，“文化大革命”关牛棚，接受群众批斗。1969年9月至1971年4月，岳池县革委会副主任，核心小组成员。1971年5月至1974年4月，中共蓬安县委副书记、县革委会副主任，协助县委书记（军代表）主持县委日常工作。1974年5月至1975年6月，中共蓬安县委书记、县革委会主任。1975年7月至1983年3月，中共蓬安县委书记、县武装部第一政委、党委第一书记。1983年4月至9月，任南充地区建委副主任、党组副书记。1983年10月至1986年7月，任南充地区计委副主任、党组副书记，主持全面工作。1986年8月至1989年3月，南充地区计委主任、党组书记。1989年4月至1993年6月，南充地区行署调研员（1991年1月至1993年7月，华能东西关电站建设管理局党委书记）。1993年7月至1998年12月，广安地区政协工委主任、党组书记（1993年8月至1995年12月，华能东西关电站建设管理局党委书记）。1998年12月退休。

【刘安顺】 民国22年（1933）1月生，四川省盐亭县人。1950年8月，在蓬安征粮、清退工作团工作。1951年1月，在岳池县土改工作团工作，5月，在蓬安县土改工作团工作，10月，任蓬安县金溪派出所代理所长。1952年4月，任蓬安县公安局政保股侦察员。1956年，任蓬安县公安局政保股副股长、股长。1959年，任蓬安县公安局副局长。1960年4月，任中共蓬安县金溪区委副书记。1962年4月，任蓬安县公安局副教导员。1972年9月，任蓬安县公安局副局长。1982年2月，任蓬安县公安局局长。1987年10月，任中共蓬安县委常委、县公安局局长、局党委书记。1993年退休。

【鲁荣祥】 民国22年（1933）2月生，蓬安县人。1950年6月，参加工作。1952年，加入中国共产党。1950年6月至1953年12月，在盘龙区、广兴、中心、正源等乡搞减租退押、土改、征粮、合作化等工作，历任盘龙区文书、宣传委员、组织委员、生产助理员等职。1954年1月至5月，任周口区宣传委员，6月至1956年，任县纪委秘书。1957年，在省委初级党校纪检训练班学习。1958年至1960年12月，先后任蓬安县红旗机械厂厂长、县“八化”指挥部房屋小型集中化工作组组长，金溪区委副书记兼超英公社（今平头、石梁乡）党委书记、徐家区委书记等职。1961年1

月至7月，任县工业局副局长；1961年8月至1977年8月，先后任兴隆区委书记、罗家区委书记。1977年9月至1983年11月，任中共蓬安县委副书记。1979年，曾参加省委党校学习。1980年至1981年，曾在西南农学院学习。1981年3月至1993年1月，任县政协主席、党组书记。1993年退休。

【刘赓廷】 民国22年（1933）2月出生，营山县人，中共党员，志愿军战斗英雄，蓬安县医药公司政工干部。1950年，参军。1951年，入朝参加抗美援朝战斗。1953年7月，为了打败美国夏季攻势、赢得谈判主动权，刘赓廷所在部队经过5天5夜急行军，参加了白岩山战斗。在这次战斗中，他荣立一等功，被志愿军60军授予战斗英雄、人民功臣称号，朝鲜民主主义共和国授予国际勋章，立功受奖证书上写道："该同志在白岩山战斗中，一个人歼敌九十余名，对战斗的胜利起到了显著作用"，提升为副排长。回国后，南京军区司令员许世友亲自宴请，把他的英雄画像画得比真人还要大，做宣传。1959年，任副指导员，选送到南京步校政治学员营学习，并被评为五好学员，7月步校毕业后，8月进藏参加平叛剿匪，至1963年，任驻西藏阿里地区7903部队骑兵连指导员。1964年，任团政治处宣传干事。1968年，任团卫生队教导员。1969年12月，从西藏转业。1970年1月至1973年1月，任营山双河区医院院长。1973年3月至1993年3月，任蓬安县医药公司政工股长。抗美援朝50周年纪念，报纸登载了刘赓廷事迹，北京景山学校海口分校闻讯后，2001年，将其聘为少年军校国防教育辅导员，至2006年。

【孙德麟】 民国22年（1933）3月生，山东省荣成市人，中共党员。民国37年（1948）参加中国人民解放军，在101师先后任战士、通讯员、副班长、班长。1949年加入中国共产党。1952年1月至1954年4月，空军陆战师任过文卫、缮写员，司令部收发。1954年5月至1957年8月，齐齐哈尔军校工作。1957年8月至1960年4月，昌都勤备区任排长，副政治指导员。1960年5月至1970年5月，西藏军区步校学员队副指导员。1970年6月至1981年11月，蓬安县人武部科长、副政委、副部长。1981年12月，蓬安县计委副主任、党组书记。1987年1月至1993年，蓬安县人大常委会副主任、调研员。1994年离休。

【李凤鸣】 民国22年（1933）4月生，四川省武胜县人。1951年2月至11月，武胜县公安队战士，同年8月加入共青团。1951年12月至1952年4月，任中共武胜县委干事。1952年5月至9月，参加川北党校团干班学习。1952年9月至1954年3月，任街子区团委副书记。1952年12月，加入中国共产党。1954年4月至1955年9月，任走马区组织委员、副书记。1955年10月至1958年4月，任中共烈面区委副书记。1958年5月至1960年1月，任武胜县沿口公社党委第一书记。1960年2月至1965年9月，任中共武胜县委农村工作部副部长。1965年10月至1978年9月，任武胜县人民政府县长、县委副书记、县革委副主任。1978年10月至1983年8月，任中共蓬安县委副书记、县革委主任、县长。1983年9月至1987年7月，任中共蓬安县委书记，中共第四、六次省党代会代表，第五届省人代会代表。1987年8月至1992年12月，任南充地区农贸办、农工委副主任、农贸系统党委书记。1993年1月至11月，任省政协南充地区工作委员会副主任。1993年12月至1997年2月，任南充市政协第一届委员会副主席。1999年2月退休。

【赵无畏】 民国22年（1933）生，蓬安县人。中国美术家协会会员，重庆国画院特邀画师，重庆市文史研究馆馆员，重庆师范学院副教授。他擅长工笔人物及工笔花鸟，作品曾连续入选第六、七、八、九届全国美展、建党六十周年全国美展、工笔画第二届全国美展、第五届中国各民族美术作品展、全国画院双年展、首届中国画展及国外的一些展览。《小生命》入选第六届全国美展后被日本福山博物馆收藏。《乡里人》参加四川省国画大展，获金龙奖第一名，并入选中华人民共和国第七届全国美展和全国文史研究馆书画精品展。《乌江妹子》入选第九届全国美展，并入选全国画院双年展。《同心图》（合作）在《民族百花》奖第五届中国各民族美术作品展览中获金牌奖。

【张能德】 民国22年（1933）7月生，蓬安县人，中共党员。1951年参加工作，在金溪乡参加土改。1951年10月至1952年，任蓬安县供销社办事员。1953年至1954年，任蓬安县兴旺区供销社主任。1955年至1957年，任蓬安县供销社组导股、人事股股长。1957年8月至1959年11月，先后任蓬安县供销社、商业局副主任、副局长、总支副书记。1959年12月至1960年1月，任中共罗家区委副书记。1960年2月至1963年3月，任中共蓬安县委财贸政治部部长（其中1960年3月至1961年兼任河舒区委书记）。1963年至1966年，任中共蓬安县委组织部部长（其间1965年兼任金溪区委书记）；1966年下年至1972年，"文化大革命"期间被停职。1972年至1973年，任县政工组组长。1974年至1989年，任中共蓬安县委常委、组织部部长（其间1976年5月至1979年5月，兼任蓬安县参与修建升钟水库指挥长、临时党委书记）。

【唐逢泳】 民国22年（1933）12月生，蓬安县人。1951年3月参加工作，1952年11月，加入中国共产党。1940年2月至1944年12月，邓家庙小学、蓬安城关小学读书。1945年2月至1947年12月，蓬安县兴华中学读书。1948年2月至1949年10月，蓬安县中学（高中班）读书。1949年11月至1951年2月，在家务农，任村农会干部。1951年3月至12月，在蓬安县干部训练班学习后参加县土改工作团搞土改、征粮等。1952年1月至1953年3月，蓬安县盘龙区供销社主任。1953年3月至1953年7月，川北区行政干部学校学习。1954年1月至7月，蓬安县供销社股长。1954年8月至1955年11月，蓬安县正源区、周口区供销社主任。1955年12月至1956年4月，南充地区供销合作办事处工作。1956年5月至12月，南充地区手工业合作办事处副股长。1957年1月至1958年4月，南充地区工业交通局人秘科副科长。1958年5月至1959年2月，南充地委工交部干部科干事。1959年3月至1962年10月，南充地委交通部干部科副科长。1962年11月至1964年3月，南充地委组织部干部科副科长。1964年4月至1965年11月，南充地委工交政治部干部科副科长。1965年12月至1969年12月，中共蓬安县委常委、县人委副县长。1970年1月至1972年12月，蓬安县革委会生产指挥组副组长、襄渝铁路民兵团副团长。1973年1月至1980年7月，蓬安县委常委、县革委会副主任。1980年8月至1985年4月，蓬安县委副书记、县人大常委会主任、县委政法委书记。1985年5月，南充地区物价局副局长。1995年退休。

【陈凤泉】 民国23年（1934）2月生，蓬安县人。1950年参加工作。1951年加入中国共产党，省劳动模范。先后担任广兴（睦坝）公社、白杨（白玉，后划入相如镇）公社、会龙公社（现龙蚕镇）、兴隆（现兴旺镇）公社党委书记，蓬安县蚕业局局长、党组书记，全国蚕学会会员，四川省蚕学会理事，南充地区蚕学会理事，南充地区科技顾问团成员。1964年至1979年，在会龙公社、兴隆公社任党委书记期间，大力提倡农村栽桑养蚕。1979年，会龙公社获国务院嘉奖。1980年，被评为四川省劳动模范，中央人民广播电台、省广播电台、省电视台、四川日报等多家媒体报道过他的创业精神和先进事迹。

【邓章德】 民国23年（1934）10月生，蓬安县人。1951年，参加中国人民志愿军。1953年，加入中国共产党，上甘岭战役特等功臣、二级战斗英雄。1952年10月，邓章德赴朝作战，任志愿军第15军第45师第135团第1营3连通信员。在上甘岭战役中，邓章德和战友坚持战斗45天，他在敌人炮火下来往送信，每次都完成任务。首长表扬他："小鬼送信比电话快。"在这次战役最激烈的时候，因战斗员紧缺，邓章德坚决要求下班战斗，连长派他到二排五班参加战斗。首长交给他们班的任务是坚守537高地，狙击敌人24小时。敌人一个团的兵力反复向五班阵地发动20多次反扑，在炮火掩护下，该班全歼守敌1个连。班长牺牲后，敌人又反扑上来，他主动指挥全班与敌搏斗，歼敌百余人。最后，只剩下他一个人，仍坚守阵地数小时，直到后续部队上来。上甘岭战役结束后，部队给五班记集体一等功，邓章德立特等功，获二级战斗英雄称号，朝鲜授予他朝鲜民主主义人民共和国国旗一级勋章。1953年，蓬安县人民政府给他家赠送一面锦旗：英雄之家。1954年，邓章德回国后，到河南省洛阳第八步兵学校学习。1957年，到河南省军区内卫1团5

连任排长。1958年至1980年，先后在青海、新疆部队服役，历任排长、连长、副营长、副团长、武警青海总队一支队副支队长。1980年退休。

【邓郁章】 民国25年（1936）9月生，蓬安县人。1953年10月参加中国人民解放军，1957年转业，考入四川师范学院中文系，1961年，分配到蓬安县师范学校任教。曾任蓬安师范副教导主任、语文教研组长。他先后编写了《记叙文常识》《外国文学教学参考》《鲁迅作品教学参考》《现代文学作品及分析》《历代爱国诗歌选译注》等教学参考书，先后发表了指导写作和介绍爱国诗歌的文章30余篇，为蓬安创编了《科普园》《语文学习》等刊物，在学校组织学生创办了名闻县内外的“清溪文学社”。1984年，他借调至县志办，任《蓬安县志》主编，先后到南充、成都、重庆查阅大量的资料，精心编拟纲目，指导分志编修、参与撰写，反复修改。先后在《四川地方志》《巴蜀史志》《史志文萃》《方志研究》《广西地方志》《河南史志》《重庆地方志》《文史杂志》等刊物上发表了30多篇论文。他提出的人口志观点赢得了修志界同仁的认可，编写《方志写作》，出版了《蓬安史地漫画》等。1994年，《蓬安县志》正式出版，参加地方志评比先后获得南充市一等奖、四川省一等奖、全国二等奖，奖励五千元，省政府授予其先进个人称号。司马相如故里原本在蓬安，但因司马迁的“司马相如，成都人也”一语，长期不被人承认。邓郁章从1989年提出这一问题，克服种种困难和误解，阅读了大量的文献资料，从浩瀚的史籍中寻找历代关于相如县的记载，关于司马相如故里在蓬安的记载，运用大量史料，撰写的《司马相如故里在蓬安》（《巴蜀史志》改名为《司马相如与蓬安》）刊发。1996年退休后，他全力以赴研究“司马相如故里在蓬安”。2000年，由他执笔（王明元等六人参与讨论），撰写了《王培荀司马相如是今之蓬州人说考论》发表于四川师范大学学报。其后，他搜集资料与赵正铭合作编撰《相如故里在蓬安》一书，由四川人民出版社出版。为全面了解南充古代的历史背景，他先后查阅南充12县市及嘉陵江沿岸县市的全部志书，编写了《南充市县以上行政区建置沿革表解》《相如古县新蓬安》，选注了南充风光诗系列（已出版、完成的有仪陇、南部、蓬安、营山、南充三区）。2003年，蓬安县成立了司马相如研究会，邓郁章被推选为司马相如研究会的常务副理事长。

【朱绍荣】 民国25年（1936）10月生，蓬安县人。1951年，考入蓬安中学。1956年，考入成都电讯工程学院（今电子科技大学）。1961年毕业。其间1960年在北京航空学院（今北京航空航天大学）进修。1961年，大学毕业后分配到国营锦江电机厂工作，从事雷达研制工作。1981年，国务院科学技术干部局授予工程师职位。1988年，被四川省职称改革领导小组任命为高级工程师。1987年，参与研制的某雷达获国家第一届科技进步奖。1969年10月到1970年5月，随总参通讯兵部代表团去阿尔巴尼亚考察和工作。1984年5月到1985年1月，去中东某国工作。回国后主持中国第一部机场监视一次雷达研制工作。1987年，研制成功，获1987年度四川省科技进步一等奖。1991年，获国家科技进步三等奖。1988年，该雷达系统获成都市1991年新技术应用优秀项目一等奖。1994年，参与研制并任副总设计师的空管Ⅱ号系统在杭州笕桥机场使用成功并获国务院奖励。

【刘永梅】 女，民国26年（1937）1月生，重庆市万州人。1962年8月至1969年12月，西南农学院毕业后分配在蓬安县农业局植保站工作。1970年至1971年，任马回电站机电组组长。1972年至1974年，回农业局植保站工作。1975年至1978年，先后在大泥、红旗、罗家等乡镇驻队蹲点。1978年至1990年，在农业局植保站工作，在此期间曾获农业部“金猫奖”、化防二等奖，省农业厅科技二、三等奖。1986年11月，加入中国民主同盟，任民盟蓬安县第五届总支委员。1990年，任蓬安县民盟总支主任委员。1990年3月至1993年1月，任县人大常委会副主任。1993年2月至1998年1月，任蓬安县政协第五届副主席。1999年退休。

【蒲祖燮】 民国26年（1937）7月生，四川省广安县人。1961年8月，毕业于华西医科大学，分配在蓬安县人民医院工作。1976年，在重庆医科大学一院神经内科进修一年。1978年9月，晋升为主治医师、任大内科主任。1987年9月，晋升为副主任医师。1992年，任县人民医院副院长。1997年4月，晋升为主任医师。历任南充市第一届政协委员，蓬安县政协第二届、三届常务委员，第四、五届政协副主席。先后在国际、国家及省级刊物上发表学术及科研论文11篇。1988年、1993年、1995年，均获县科技成果三等奖。

【陈显泗】 民国26年（1937）9月生，蓬安县人。1959年，参加工作。1990年，加入中国共产党。东南亚及港澳台问题研究所所长，中国东南亚研究会副会长，中国国际关系史研究会理事，江苏省东南亚研究会会长，江苏省郑和研究会副理事长，江苏省世界史学会顾问。著名柬埔寨史专家，享受国务院政府特殊津贴，解放军南京政治学院教授，正军级待遇。

1955年，考入四川大学历史系。1959年9月，郑州大学历史系任教，曾任教研室主任。1981年，评为副教授。1984年，参与筹建郑州大学历史研究所，任第一副所长，指导硕士研究生。1985年，晋升为教授。1981年，获世界地区史（东南亚地区）、国别史（柬埔寨）硕士授予权。1987年，经解放军总政治部批准，特招至解放军南京政治学院历史系任教。1992年，获国务院批准的政府特殊津贴。出版著作28余本（部），在国家级报刊、杂志上发表论文、文章120多篇，1000余万字，特别是《吴哥文化》出版后，陈显泗将吴哥古迹定名为吴哥文化，使柬埔寨的吴哥遗址成了世界旅游胜地。1990年，《柬埔寨两千年史》出版，《解放军报》、《中国教育报》、《南京教育报》、《新华日报》、《江苏教育报》、中国国际广播电台、海峡之声广播电台等报纸电台均作重要新闻报道。1990年，柬埔寨驻中国大使江裕朗，给陈显泗写来亲笔信，“请允许我以柬埔寨民族政府和人民的名义向尊敬的教授非凡的著作表示深切的谢意。这部著作的价值是无可比拟的。它将使柬埔寨人民了解自己光辉的历史。”大使还把书分赠给西哈努克、乔森潘等柬埔寨领导人。西哈努克国王看到这部书时激动得流下了热泪，连声称赞。柬埔寨西哈努克研究院副院长邀请陈教授赴柬埔寨会面交流。中国东南亚研究会首任会长侯方岳年近九旬，仍亲自著文在《中国东南亚研究通讯》上（1990年第四期）推荐该书，评价陈显泗在东南亚国别史研究方面“树立了一块较大的里程碑”。许多专家学者认为，该书是一部应写入亚洲史学史的著作。陈显泗的名字和事迹分别编入了《中国社会科学家大词典》《中国当代历史学者词典》。入选了我国第一部以年鉴形式介绍各界知名人士的大型工具书《1995年中国人物年鉴》。《中国人才》《东方之子》栏目以《为柬埔寨修史的中国军人》为题，对他进行了报道。

【陈广兴】 民国26年（1937）生，蓬安县人，南充市群众艺术馆副馆长，副研究员，中国书法家协会会员，四川省书法家协会理事，南充市书协主席。他师范毕业后，先后在蓬安县文化馆、县委宣传部、南充地委宣传部工作。1984年，任南充地区群众艺术馆副馆长。南充成立书法协会，被推选为常务副主席。由于幼时手臂脱臼，没有完全接好，让他的书法形成了全国独一无二的“撮笔”。蓬安重建下河街财神楼，陈广兴手书何剑青所写楹联两幅：“问三百里嘉陵何处堪留画圣，查五千年浩史几人不爱财神”；“水润三圣情思，楼争一壶丽气”。2006年，陈广兴任南充书协主席。

【刘德一】 民国26年（1937）生，蓬安县人，副编审，中共党员，中国作家协会宁夏分会、四川分会会员。刘德一毕业于四川大学，曾长期在宁夏回族自治区工作，先后任过公社秘书、县委常委、区党委宣传部文艺处长、成都杜甫草堂博物馆馆长、成都市文联副主席、成都出版社负责人。在从事文艺宣传和组织工作期间，着力于文艺方针政策、文艺理论和文艺现状的研究，先后在省级以上报刊发表文艺评论、杂感和专题研究文章30多篇。1990年，任成都市地方志编纂委员会常务副主任，兼《成都市志》总编。

【王明月】 笔名王灭，民国27年（1938）2月生，蓬安县人。一级美术师，中国美协会员，中国版协常务理事，省文史馆研究员，省画院特聘画师，省翰林书画学院副院长，省巴蜀诗书画研究会副会长。1959年，毕业于重庆师范学院。1988年至1998年，任四川省美协副秘书长、兼任四川美术馆暨神州版画博物馆副馆长。多年从事版画、国画创作。作品《秋》《晨》《黄金时代》《集市》《火海》等10余件参加中国美协和中国版协主办的展览，30余件作品到美国、英国、法国、日本、德国、加拿大、澳大利亚等国展出，多次在国内外举办联展及个展，100余件版画、国画于省以上报刊及出版社发表、出版，出版《五灭画集》，10余件获省及全国美展等奖，为省以上美术馆、博物馆收藏，发表美术评论文章百余篇。1996年，获鲁迅版画奖。传略辑入《中国美术年鉴》《中国美术家辞典》《中国文艺家传集》《中国现代美术全集》《中国美术辞林》等。

【岳定松】 民国27年（1938）8月生，四川省巴中县人。1957年，毕业于巴中县中学。1961年，毕业于西南农业大学园艺系，分配到蓬安县农业局从事果树技术推广工作，曾获得省科技进步奖。1981年3月，任蓬安县政府副县长，为蓬安县历史上第一任女副县长，先后分管农村多种经营、商贸、城市建设、乡镇企业、工商、物价、林业、蚕桑等工作。1989年3月，获全国三八红旗手称号。1993年退休，享受正县级待遇。

【肖盛林】 民国27年（1938）8月生，仪陇县人。1959年7月至1961年8月，任共青团仪陇县中学校团委书记。1960年8月加入中国共产党。1961年8月至1970年5月，任中共仪陇县委办公室干事。1970年6月至1973年3月，参加修建襄渝铁路，任仪陇县民兵团政治处副主任，团临时党委委员。1973年3月至1979年4月，任中共仪陇县永乐区委副书记、区革命委员会副主任。1979年5月至1983年11月，先后任中共仪陇县委办公室副主任、主任。1983年11月至1987年3月，任中共仪陇县委副书记。1987年3月至1990年9月，任中共蓬安县委副书记。1990年2月至1991年2月，兼任县人大常委会主任。1990年10月至1993年10月，任中共蓬安县委书记。1993年11月至1997年1月，任中共南充市委政法委员会专职副书记、市综治委副主任。1997年2月至2004年4月，任南充市人大常委会第一届、二届副主任。2004年5月退休。

【王有超】 民国27年（1938）8月生，蓬安县人。1956年，加入共青团。1979年11月，加入中国共产党。全国农业高校成人教育研究会理事长，全国自然辨证法学会理事，四川省成教协会理事，重庆市成人高教学会常务理事，重庆市高校高新科技学会副会长，重庆市职业教育学会副会长，农业部部属高校函授、夜大教育检查评估工作专家，全国第二届高等农业院校教学指导委员会成员，重庆市陶研会副会长。重庆市北碚区第九、十、十一、十二、十三、十四届人大代表，第十四届人大常委会委员；重庆市第二届人大代表、第二届人大常委会农委委员。

1950年至1951年7月，杨家小学读书。1951年9月至1957年7月，蓬安中学读书。1957年9月至1961年7月，西南农学院农学专业学习。1961年，毕业留校工作，任哲学教师。1961年1月至6月，北碚区西山坪公社搞社教。1979年，评为讲师。1977年至1979年，任共青团西南农学院机关党群支部书记。1982年4月至1984年8月，兼任西南农学院教务科副科长。1984年9月至1987年11月，任西南农业大学校务处处长、总务党支部书记、机关三总支书记。1987年评为副教授，9月任西南农大党委委员，11月至1990年4月，任西南农大成人教育处处长。1988年12月至1994年2月，任中共西南农大机关第二总支书记。1990年5月至1992年2月，任西南农业大学成人教育学院院长。1992年，享受国务院政府特殊津贴待遇。1993年，评为教授。1992年2月至1994年2月，任西南农业大学副校长。1994年2月至1996年6月，任职业技术学院院务委员会主任、院长。1996年6月至1999年5月，任西南农业大学党委副书记、纪委书记兼成人教育学院院长、职业技术学院院长。1999年5月1日退休，享受正校级（正厅）待遇。

【尹在勤】 民国27年（1938）生，蓬安县人，全国著名诗歌评论家、著名作家。1962年，毕业于四川大学中文系，历任四川大学助教、讲师、副教授、教授。四川省作家协会理事、评论委员会副主任、全国委员会委员，四川省记者文学艺术研究会副会长。1960年，开始发表作品。1980年，加入中国作家协会。著有《何其芳评传》《新月派评说》《高考作文导航》《中国百家现代诗选》《论贺敬之的诗歌创作》《新诗漫谈》等。文学理论集《新诗漫谈》获1980年陕西省优秀图书奖，《诗人心理构架》获全国第三届金钥匙奖，《论贺敬之的诗歌创作》获1984年四川省政府社科奖、中国首届当代文学研究表彰奖。

【蔡守宪】 民国28年（1939）6月生，蓬安县人。1961年9月，参加工作。1965年2月，加入中国共产党。1961年9月至1966年9月，武汉测绘学院学习；1966年9月至1970年5月，国家测绘总局地形四队测绘组小组长；1970年6月至l981年2月，历任蓬安水电局勘设股长、副局长，马回水电站党委委员、工程副组长；1981年3月至1984年2月，历任蓬安县副县长、中共蓬安县委副书记；1984年3月至1988年2月，历任中共蓬安县委副书记，蓬安县人大常委会主任、党组书记，蓬安县纪委书记；1988年3月至1992年12月，县委副书记、马回大电站党委书记；1993年l月至1998年2月，南充市人大常委会委员，蓬安县人大常委会主任、党组书记，达成铁路蓬安段建设指挥长；1998年3月至2000年11月，中共蓬安县委调研员、蓬安县嘉陵江大桥建设指挥部顾问。2000年11月退休。

【陈宗元】 民国28年（1939）6月生，蓬安县人。1956年3月，参加工作，任鲜店乡会计辅导员，同年4月加入中国共产党。1958年10月至1959年8月，任鲜店乡人民公社党委组织委员、人民公社副社长；因财会工作搞得较好，在县上交流了经验，被县委、县人民委员会评为公社模范会计辅导员，并登《蓬安火箭报》全县表扬，同年7月《南充报》刊登了《蓬安县鲜店乡模范会计辅导员陈宗元同志的先进事迹》。1959年9月至1963年2月，任鲜店乡党委副书记、人民公社社长。1963年2月至1971年2月，调县委组织部工作。1971年3月至1972年8月，调鲜店乡任党委书记。1972年9月至1977年12月，任县委组织部秘书。1978年1月至1992年2月，任县委组织部副部长，其间：1978年3月至1992年2月，兼中共蓬安县机关党委书记。1982年11月，因落实党的干部政策，被省委组织部评为先进个人。1992年3月至1998年2月，任县人大党组副书记、常务副主任。1998年3月至2002年2月，任中共蓬安县委助理调研员。2002年3月至2006年，退休后任县老年体协主席，荣获省、市先进个人。

【谢正顺】 民国28年（1939）7月24日生，南部县人。1956年5月，参加工作。1959年8月，加入中国共产党。1956年5月至1959年11月，定水区公所通讯员。1959年12月至1966年5月，定水区公所干部。1966年6月至1977年6月，历任南部县回龙乡（现龙庙乡）、东坝镇党委书记、革委会主任（1973年9月至10月，参加地委党校青干班学习，11月至1974年6月，参加省委党校四期青干班学习）。1977年至1982年2月，历任南部县农业局局长、党组书记，定水区委代理书记，县委农工部副部长。1982年3月至1986年9月，历任南部县委副书记、副县长。1986年1月至7月，主持县政府工作（1982年3月至7月，参加国家林业部林干校学习，10月至12月，参加四川省委农业领导干部培训班学习。1983年3月至1985年12月，兼任升钟水库南部县指挥部党委副书记、书记）。1986年10月至1987年5月，任中共蓬安县委副书记。1987年6月至1990年9月，任中共蓬安县委书记。1990年10月至1993年11月，任南充地区达成铁路建设领导小组副组长兼任铁办主任。1993年12月至1997年1月，任南充市人民政府副市长，兼任达成铁路南充段建设指挥部指挥长。1997年2月至2003年2月，任南充市人大常委副主任、党组副书记。1998年11月至2004年5月，任青居电站建设领导小组副组长。2004年5月退休，享受正地级待遇。

【沈前余】 民国28年（1939）8月生，蓬安县人，中共党员，解放军少将。1957年6月，参加中国人民解放军，任炮兵侦察员。1958年6月，赴青海省果洛地区执行平叛作战任务，12月，调入兰州军区司令部测绘队任测绘员。1959年5月，赴青海省玉树地区，执行平叛测图任务。1960年9月，兰州军区司令部作战部工作。1961年，任测绘队技术员。1962年，担任所测地图的清绘出版工作。1963年，担任《兰州军区兵要地志》编辑出版工作。1964年5月，随中央军委工作组赴黄河源头勘察。1965年5月，任兰州军区司令部作战部参谋。1967年7月，任作战部二科作战参谋。1970年3月，调入总参作战部，任北方作战局参谋。1985年3月，任作战局副局长。1988年8月，任总参作战部大军区作战局局长。1990年6月，任云南省军区参谋长。1993年7月，授予少将军衔。1994年3月，任云南省军区副司令员。

【唐富贵】 民国28年（1939）12月生，蓬安县人。1960年，在成都建校语文教研组任教。1961年，调省建六公司教育科任干事。1962年，在建工部一局一公司德阳子弟校任教员、副校长。1969年，在建工部长江工程指挥部二团革委会政工组宣传组任干事。1971年，在国家建委一O三工程指挥部党委办公室秘书科任秘书。1972年，在国家建委一O三工程指挥部组织处任干事。1973年，商调到蓬安县委组织部任干事、秘书。1984年，任蓬安县纪委副书记。1989年，任蓬安县纪委书记。1995年，任蓬安县委调研员。1999年退休。

【李克莉】 女，民国29年（1940）生，营山县人。1957年，调到城关小学后，任小学一年级班主任，全班有44名学生。她初次从事教学工作，没有教学经验，她对自己备课、讲课、要求十分严格，做到堂堂课有教案，节节有准备，作业精批细改；对差生经常作家访，配合家长补课；对“垮班娃儿”她从学习上、生活上给予关心，给贫困学生送衣服、补鞋袜，给差等生单独补课，从不歧视。在全县语文、算术统考中，语文平均成绩93.5分，算术平均成绩94.5分，被评为全县先进班。1959年11月，李克莉光荣地加入中国共产党。1960年6月，赴北京出席全国文教卫生群英会。1960年12月，被评为南充地区先进工作者。

【沈前贵】 民国29年（1940）1月生，蓬安县人，中共党员，一级警司，省政协委员，四川省监狱学会会长。1953年至1959年，南部中学读书。1956年6月，加入中国共产主义青年团。1959年至1963年，四川财经学院（今西南财经大学）读书。1960年11月，加入中国共产党。1963年至1964年，四川省计划委员会综合处工作。1964年至1982年，四川省公安厅劳改工作局生产处工作，历任副科长、副处长。1982年至1983年，四川省第一监狱工作，任党委副书记、副监狱长。1983年起，在四川省监狱管理局工作，历任党委委员、副局长、党委副书记、书记、局长（正厅级）。

【诸定耕】 民国29年（1940）4月生，蓬安县人，当代著名文字学专家。曾任《汉语大字典》编辑室主任、中国文学语言研究会副会长，现任四川辞书出版社编审、审读室主任，中国辞书学会辞书理论与辞书史专业委员会委员、理事。1963年，毕业于四川师范学院中文系，曾从事教育工作多年。1976年以来，一直致力于国家文化建设重点项目《汉语大字典》的编写、审稿和编辑工作。全书八卷，计1600万字；本书系集体著作，荣获首届国家图书奖，中国图书奖及国家教委颁发的“语言学奖”“金钥匙”奖、四川最佳优秀图书荣誉奖等多项大奖，被语言学家誉之为“中国文化史上的一座文字丰碑”。他编辑出版了《中国神话大辞典》《引用语辞典》《中国倡廉反贪史鉴事典》等多部重点辞书；复审、终审了《甲金篆隶大字典》《史记导读》《中华小百科全书》《中国新诗鉴赏辞典》《黄河文化百科全书》等一批重点书稿，荣获省级以上多种奖励。主编或合编的著作有《中国名人胜迹文碑联鉴赏辞典》《中国宗教胜迹诗文碑联鉴赏辞典》、大型丛书《社会科学千万个为什么》《中国文学语言艺术大辞典》。

【李幼林】 民国29年（1940）5月生，蓬安县人。中国戏剧家协会四川分会会员，国家二级导演，曾任南充地区艺校教师，演出队长，艺委会副主任等职。1953年，到蓬安县川剧团工作。1957年，毕业于南充地区川剧演员训练班，主攻武生。1959年，参加四川省川剧联合团，为新中国成立十周年献礼、接待外宾演出。1984年，参加文化部、四川省文化厅举办的戏剧编导进修班学习。1988年至1991年，借调四川省川剧院工作，曾参加中国首届戏剧节、亚运会艺术节、上海国际舞台美术艺术节、上海戏剧节。1992年至1994年，应聘为南充地区川剧团专职导演，参加了上海举办的“白玉兰”戏剧奖赛活动、四川省第五届“振兴川剧”调演。1994年，应上海邀请，演出“川剧变脸”。1995年，应达川地区川剧团聘请为专职导演，参加了四川省第六届“振兴川剧”调演。李幼林在“振兴川剧”和戏剧改革中导排的“八阵图”“呆哥背妹”“盗仙草”“童堰”“血河泪”等剧，多次荣获省、地、市一、二、三等奖，荣获优秀教师奖，他的学生母鹏程等均已活跃在国内外川剧表演舞台，成为有名演员。李幼林特别长于川剧变脸绝活，曾参加1999年国际奥林匹克艺术节、2002年中国戏剧绝活展演、2004年新加坡交流演出、2005年韩国文化交流演出，是广东电视台、南方电视台特约表演嘉宾，广州电视台“新闻面对面”专题报道了他的变脸绝活。

【兰坤发】 民国29年（1940）8月生，蓬安县人。1964年1月，加入中国共产党。1958年1月，参加中国人民解放军；1959年2月至1973年1月，在中国人民解放军陆军54军134师政治部当电影放映员、电影放映队队长；1973年2月至1976年3月，在54军134师任独立工兵营副政委；1976年3月至1978年3月，转业安排在蓬安县电影公司任党支部书记；1978年4月至1980年9月，任河舒区副书记；1980年10月至1984年3月，任徐家区委书记；1984年4月至1992年1月，任蓬安县农贸办副主任、主任；1992年2月至1998年1月，任政协蓬安县委员会副主席；1998年1月至1998年2月，任政协蓬安县委员会副主席；1998年2月至2000年9月，任县人民政府助理调研员；2000年10月退休。

【陈立荣】 民国29年（1940）9月生，蓬安县人，中共党员，大校军衔。1954年9月至1960年7月，蓬安中学读书。1960年7月至1961年9月，南部县武装部学员。1961年9月至1970年5月，在54军401团（后整编为482团）历任战士、班长、排长、副指导员、组织干事、组织股副股长。1970年5月至1973年10月，任54军161师政治部组织科副科长。1973年10月至1975年8月，任161师政治部副主任。1975年8月至1982年9月，任161师政治部主任。1982年9月至1984年9月，在解放军政治学院学习。1984年10月至1985年10月，任43军129师政治委员。1985年10月至1995年10月，任南阳军分区政治委员。1988年，被授予大校军衔。1995年10月退休。

【杨应虎】 民国29年（1940）9月生，蓬安县人，中共党员。1953年至1959年，蓬安中学读中学。1959年，考入四川师范学院中文系。1963年8月，达县地区平昌县教师进修校教研室工作。1966年，随县委工作组进驻金山中学。1967年，到县支左办公室工作，后任县生产指挥部副指挥长，分管文卫。1969年至1970年，回单位参加“平昌县中学、师范、进修校斗批改领导小组”，为成员。1970年，参加修建襄渝铁路任平昌县民兵团三营副营长。1976年10月，在平昌县教师进修校入党。1977年10月，调回蓬安县农工部工作。1984年1月，任县委宣传部副部长，8月任县委委员。1987年9月，任县纪委委员，县精神文明办主任。1991年至1992年，任蓬安县文化局局长。1993年1月，任县人大常委会副主任。1998年，任县政府助理调研员。2000年退休。

【唐益才】 民国29年（1940）10月生，蓬安县人。1959年1月参军。1960年8月，加入中国共产党。1959年1月至1986年12月，历任副班长、班长、排长、团司令部参谋、连长、军司令部参谋、团作训股长、团副参谋长、团参谋长、军司令部副处长、军司令部处长、副师长等职。1986年12月至1993年9月，历任南充地区民政局副局长、党组副书记，南充地区劳动人事局局长、党组书记，南充地区人事局局长、党组书记，中共南充地委委员、地委纪委书记（1991年5月至1991年12月，兼任中共南充地委组织部副部长）。1993年9月至2003年12月，历任广安地委副书记兼政法委书记、党校校长，广安地区人大工委主任、党组书记，广安市人大常委会主任、党组书记。

【何玉林】 民国29年（1940）12月生，蓬安县人。1956年6月以前，在徐家小学读书，9月至1959年6月，在蓬安中学读书。1959年9月至1961年7月，在成都邮电学校读书。1960年，加入中国共产党。1961年8月至1969年10月，四川省机要通信局干部。1969年10月至1985年1月，四川省邮电管理局干部处干部。1985年1月至1990年12月，四川省机要通信局副局长。1990年12月至2001年1月，四川省机要通信局局长。2001年1月退休。

【刘　杰】 民国29年（1940）生，蓬安县人，教授，中共党员，自贡市语言学会会长，自贡市写作协会会长，四川省大中专德育研究会常务理事，四川省党建学会理事。1963年，毕业于四川师范大学汉语言文学系，历任中学教员，西南师范大学兼职教师，省重点中学教导主任、校长，市教育局副局长，自贡师范高等专科学校党委书记。2003年4月，自贡师范高等专科学校并入四川理工学院后，任四川理工学院督学。1999年，获曾宪梓教育基金会教师奖（三等奖），获中共自贡市委1997年至1999年度优秀党务工作者，中共四川省委组织部、宣传部、省教委颁发的1997年至1999年度优秀党务工作者称号。参编或主编教材5部，在省市报刊上发表论著40余篇。

【张兴吉】 民国29年（1940）生，蓬安县人，中共党员，雷锋班第一任班长，唯一给雷锋当过班长的人。历任排长、连长、助理员等职，多次立功受奖，曾当选全国人大代表。1959年1月，参军到沈阳军区当汽车兵，年底当上了运输连四班班长。1960年3月，结束新兵训练的雷锋分到张兴吉的班上，他们朝夕相处，直到雷锋当上四班班长，张兴吉被调到三班当班长。8月15日，年仅22岁的雷锋不幸牺牲后，组织上经过全面衡量，认为张兴吉无论是工作能力、思想觉悟，还是了解雷锋方面，都是最合适的人选。这样，张兴吉成了第一任雷锋班班长，也是唯一一个由连队直接任命的雷锋班班长。1963年1月，国防部授予四班雷锋班称号。在沈阳军区八一礼堂隆重举行的命名大会上，他作为雷锋班第一任班长与副班长周数明一起，代表全班9名战士从陈锡联司令员手中接过了绣有“雷锋班”的金字锦旗，荣幸地见过毛泽东、周恩来、刘少奇、朱德、邓小平等老一辈革命家，并同他们合影留念。1972年，张兴吉转业至南充土产果品公司当汽车司机，是单位和同事们公认的“老黄牛”。回到家乡工作了17年都没人知道他和雷锋的渊源，直到1989年全国召开学雷锋座谈会前夕，沈阳军区派人四处寻找，最终在南充找到他。1988年8月，他停薪留职成为汽车运输专业户。张兴吉买断工龄时，一个亲戚买了一辆旧大客车请他经营，他就定下规矩，凡是老弱病残的人坐他的车不收钱。“一事之前想雷锋，一事之中做雷锋，一事之后比雷锋，一生一世学雷锋”，这是张兴吉的座右铭。张兴吉以传播雷锋精神为己任，搜集各种版本的雷锋图片1200张，文字资料200多万字。他深入部队、学校、机关和企事业单位讲雷锋事迹，足迹遍布大江南北，成为宣讲雷锋精神的名人。成都市泡桐树小学聘请他为校外辅导员、驻南充某部红一连聘请他为编外指导员。

【陈道富】 民国30年（1941）1月生，蓬安县人。1955年9月，参加正源粮站工作。1958年1月至4月，任志愿军54军134师400团新兵连班长，4月至1960年11月，任陆军54军134师400团通信连守机员、文书（1958年8月参加青海省果洛、玉树地区平息西藏叛乱，1959年3月，又入藏参加平息叛乱）。1960年11月加入中国共产党，荣立三等功一次。11月至1964年7月，任134师政治部干部科文书、工作员、见习干事、干事。1963年5月，授予少尉军衔。1964年8月至1970年4月，任成都军区政治部干部科副科长。1979年4月至1981年2月，任四川省南充军分区政治部主任、军分区党委常委、纪委副书记。1988年9月授予大校军衔。1990年3月至1992年12月，任四川省南充军分区政治委员、党委书记。1992年12月至1998年10月，任四川省司法厅政治部主任、厅党组（党委）成员。1998年10月至2000年12月，任四川省司法厅巡视员至退休。

【唐声夫】 民国30年（1941）2月生，蓬安县人。1957年9月，参加工作。1971年1月，加入中国共产党。1954年9月至1957年8月，蓬安中学读书。1957年9月至1959年4月，在万和联小、农中、完小任代课教师。1959年5月至1973年8月，到青海省人事局干部训练班学习后，分配到青海省化隆县从事教育工作。1973年9月至1976年12月，化隆县文教科工作。1977年1月至1981年6月，化隆县委党校工作。1981年7月至1985年10月，化隆县委办公室工作，先后任秘书、办公室副主任、主任。1985年11月至1993年6月，中共海东地委办公室工作，先后任副主任、主任、秘书长。1993年7月至1995年1月，任中共海东地委委员、秘书长。1995年2月至1999年11月，任中共海东地委委员、地区行政公署常务副专员。1999年12月至2001年4月，任海东行署正厅级调研员。

2001年5月退休。

【赵正豫】 民国30年（1941）10月生，蓬安县人。1955年11月，加入共产主义青年团。1960年5月，加入中国共产党。1951年2月，进入杨家小学读书。1956年9月，被保送入蓬安第一初级中学（现杨家中学）读书，其间，曾担任学生会主席、团总支副书记。1959年9月，被选入中国人民解放军空军第二航空预备学校学习。1962年3月，转入空军雷达学院学习，其间，连年被评为五好学员。1966年6月毕业，留学院任教。1970年1月，赵正豫调入武汉军区空军政治部工作，历任军区首长秘书、秘书科长、联络科长等职，被评为机关优秀党员，获提前晋级奖励。1979年对越南自卫反击战期间，为军区空军前线指挥所工作人员。1981年5月，调回空军雷达学院工作，历任营团指挥班学员队队长、学院大队大队长、指挥系系主任、系党委书记等职。曾多次率领学员到广西前线、福建前线实习，获优秀教学成果奖、优秀教学论文奖，所领导的单位连续被评为先进单位。1984年，武汉军区空军党委、1987年，广州空军党委分别为他记三等功一次。1990年9月，赵正豫转业到中共中央台湾工作办公室、国务院台湾事务办公室工作，先后任秘书处长、党委办公室主任兼人事处长、综合局副局长、交往局副局长、海峡两岸关系协会副秘书长（正局级）、经济小组组长等职。1997年，领导创办海峡两岸关系协会会刊《两岸关系》杂志，兼任副社长、总编辑。2002年9月，退休。

【刘才安】 民国31年（1942）2月生，仪陇县人。1960年8月，参加工作。1975年2月，加入中国共产党。1960年8月至1964年12月，在蓬安县农业局工作。1965年1月至1975年1月，在县农业局任农技站站长。1975年1月至1979年9月，任蓬安县杨家镇党委书记。1979年10月至1987年1月，任蓬安县科协副主席。1987年2月至1990年2月，任蓬安县农贸办副主任。1990年3月至1992年12月，任蓬安县科委主任。1993年1月至1998年2月，任县政协副主席。1998年3月至2001年12月，任中共蓬安县委助理调研员。2002年1月退休，享受正县级待遇。

【唐国权】 民国31年（1942）2月生，蓬安县人，中共党员。1956年9月至1957年1月，考入徐家中学读书。1957年3月至1963年年7月，在蓬安中学读初中、高中，加入共青团，任过团支委。1964年8月，在南充地委党校学习。1964年11月至1965年9月，在原南充县青居公社、永安公社、河西公社搞“四清运动”。1965年10月至1966年6月，先后在岳池县红星公社、万寿公社搞社教育运动并加入中国共产党。1966年10月，在原阆中县思依公社社教工作先遣队办公室工作。1967年3月至1968年4月，先后在徐家法庭工作。1967年9月至1969年1月，先后在徐家茧站工作。1969年3月至1971年3月，在徐家附设初中班任教。1971年4月在徐家区茶亭公社一大队、十二大队搞村级党支部的整党建党工作，任工作组组长。1971年10月，在盘龙、两路公社任工作队长。1971年12月至1973年7月，任金甲公社党委副书记、革委会副主任。1973年8月至1974年8月，任金城公社任党委副书记、革委会副主任。1974年9月至1983年12月，任中共徐家区委副书记、区公所副区长。1984年1月至1989年2月，任中共徐家区委书记。1989年3月至1992年12月，任蓬安县监察局首任局长、机关支部书记。1993年1月至2001年12月，任蓬安县人民代表大会第十二届、十三届人大常委会副主任。2001年12月退休，享受正县级待遇。2002年2月，从事蓬安县关心下一代工作，任常务副主任至2006年。

【李树堂】 别署石鸿、益民，号咸安墨痴、巴山半桥，民国31年（1942）3月生，蓬安县人。1961年，毕业于西北艺术学院国画系，现为蓬安锦屏中学一级教师，世界书画家协会会员，国家人事部中国人才研究会艺术家学部委员，中外书画名人研究院中国画名誉教授，新加坡共和国新神州艺术学院高级荣誉顾问。被中央文史研究馆书画院、中华辞赋学会、国际汉语诗歌协会、中央电视台、人民文学、中国美术家协会、中国书法家协会等十余家单位评委会授予“中国改革开放文艺终身成就奖”荣誉称号。李树堂自幼在祖父的指点下，心追手摹《芥子园画谱》《马骀画宝》和历代名人大家作品，少时入西北艺术学院国画系，师从著名国画家钟一琼、李延年专攻中国花鸟、山水、人物，中年后又入天津神州书画院学山水、花鸟、人物，深得著名书画大师费超杰指教。他从艺笔耕墨坛50余载，专长写意花鸟，兼及山水人物，尤以水墨梅竹享誉海内外。他多次参加全国和国际书画大展赛，获金、银、铜和特别奖及一、二、三等奖70余次；160多件作品在国家级、省级和专业美术画刊上发表；70多件作品和艺术传略入编《世界名人录》、《世界人物辞海》《中国当代名人录》等70多部艺术典籍；80多件作品赴美、日、韩等国家和中国港、澳、台地区巡展并被收藏。

【余世顺】 民国31年（1942）3月生，蓬安县人，中共党员，河南省濮阳市中原油田钻井二公司4527队机械工长和大班司钻，第七届、八届全国人大代表，河南省濮阳市第一至三届人大代表，全国劳动模范，河南省劳动模范，连续10年获得中原油田的劳模称号。20世纪80年代初，为了开采一口油井，有关部门特意从加拿大请来一支钻井队，没有成功，外国专家预言“世界上最先进的技术也钻不成”。余世顺组织石油工人开“诸葛亮会”，想“土法子”，经过几个月的奋战，当原油终于喷射而出的时候，余世顺累倒在帐篷里。1987年，获河南省五一劳动奖章。1988年春节，余世顺在油田工作18年来第一次在除夕夜，离开井场回家与老伴过团圆年，记者赵奕松闻讯赶到现场，拍摄了余世顺深情向妻子敬酒，他的妻子感动得落泪的情景，《一杯酒两行泪》多次在新闻摄影比赛中获奖。是年9月，获得河南省劳动模范荣誉称号。1989年9月，获得全国劳动模范荣誉称号。

【唐丽华】 民国31年（1942）5月生，营山县人，蓬安县第一个小学高高级教师，先后任四川省、海南省数学教研会会员，南充地区小学数学研究会理事、进修校教研组副组长、小学高级教师职务评委、3县教研组组长，蓬安县小学数学研究会理事长、小学高级教师评委、县科协委员，海口市数学研究会常务理事。1955年9月，在营山中学读初中。1958年9月，考入蓬安师范读书。1961年7月至1991年8月，在蓬安县周口小学任教。1983年至1985年，其教学方法与论文《改革课堂教学结构，提高教学质量》《以应用题为突破口，大面积提高教学质量》《注意思维品质的培养，提高解应用题的能力》《充分发挥电教优势，培养学生观察、思维、分析能力》《帮助差生提高成绩的体会》等先后在县、地区和三县联合教研会等10余次发言介绍经验并获奖。1986年7月，参加国家教委在广西梧州召开的“全国小学数学实验教材研讨会”。1987年11月，被聘为蓬安县小学教师高级职务评委会委员，当选为县第十届人大主席团成员、人大常委会委员。1988年，获评地、县先进个人和全县唯一的小学高高级教师。1987年至1991年，其论文和经验介绍《如何做好班主任、少先队辅导员的工作》《电化教学是培养学生能力的有效方法》《采取措施，培养非智力因素》《景山教材实验报告》《甘把生命化春风，催得天下桃李开》《针对学科特点，对学生渗透德育教育》《怎样做好教研组长》《目标管理——班主任工作的主旋律》等先后在县、地、省、国家级会议20余次交流，获表彰奖励。1990年，参加国家教委、全国珠算协会在北京召开的“全国小学数学三算结合教材研讨会”。1991年9月，在教师进修校任教。1992年10月，参加四川省教委在永川召开的“统编教材研讨会”。1993年4月，参加了国家教委在西安召开的“新大纲学习会”等。1992年至1996年，聘为南充地区小学高级教师职务评审委员会委员，其专题讲座、培训经验交流论文多次参加全国和省地经验交流会并12次获奖。1996年1月5日，全国《教师报》以“蓬安县示范教学结硕果”为题，在头版顶格位置报道了唐丽华等老师的教学经验。1997年，入选《中国专家大辞典》。是年退休，学校留用一年。1998年至2006年，应聘在海南省北京景山学校海口分校任教。

【蒲显福】 民国31年（1942）7月生，巴中县人。1965年11月，加入中国共产党。1968年12月，参加工作。1951年9月至1962年7月，在本村小学和巴中县中学读书。1962年9月至1968年12月，西南师范学院中文系读书。1969年1月至于1971年10月，蓬安中学教书。1971年11月至1977年6月，中共蓬安县委宣传部干事。1977年7月至1979年9月，中共蓬安县委办公室干事。1979年

10月至1981年4月，中共蓬安县委办公室秘书。1981年5月至1983年11月，中共蓬安县委办公室副主任。1983年11月至1986年7月，中共蓬安县委副书记、县人民政府县长。1986年7月至1991年12月，中共南部县委书记。1991年12月至1993年10月，中共南充地委委员、地委秘书长。1993年10月至1999年1月，中共南充市委副书记。1999年1月至2004年3月，南充市政协主席、党组书记(其间：1997年12月，任省政协委员)。

【刘运忠】 民国31年（1942）11月生，蓬安县人，中共党员，大校军衔。1960年7月至1962年7月，第七军医大学学员。1962年8月至1970年2月，任第七军医大学训练部教材处见习助理员、助理员。1970年2月至1983年2月，任第七（三）军医大学训练部政治处正营职干事、副团职干事。1983年3月至1989年9月，保卫处副处长、处长。1989年9月，任三军医大医学院检验系政治委员。1994年9月，任三军医大学纪律检查委员会专职副书记。1998年5月退休。

【杨昌泗】 民国32年（1943）1月生，南充县人。1965年9月，参加工作，无党派人士。1965年9月至1990年4月，先后在广安、南充等县参加社教工作，在蓬安县金溪中学、蓬安中学任教，被聘为蓬安中学物理高级教师，曾任蓬安中学副校长。1981年3月至1984年3月，任县政协常委。1984年4月至1998年1月，任政协蓬安县委员会副主席。1998年1月至2001年8月，任县政协调研员(正县级)。2001年9月退休。

【钟声琴】 民国32年（1943）3月生，蓬安县人。1964年6月，加入中国共产党，研究生学历，九届全国人大代表，十一届全国政协委员，解放军中将。1961年8月入伍，在54集团军161师炮兵团当战士，先后参加过20世纪60年代全军大练兵、大生产、地方“四清”运动。1964年，任排长。1969年任副连长。1970年任连长。1971年任副营长。1973年任副团长。1975年8月，任炮兵团团长。1979年2月，率团参加了西南边境自卫反击战。1979年年底，调任162师副师长。1982年8月，率162师及54军工兵、舟桥部队参加黄河长垣段抗洪抢险，历时一个月。1985年至1988年8月，入国防大学学习。1988年9月，任127师副师长兼参谋长，年底任127师师长，被授予大校军衔。1989年6月，率领全师奉命赴京执行特殊任务，率先到达天安门广场，圆满完成任务。1990年5月，调任54集团军参谋长。1992年，被授予少将军衔。1993年5月，任54集团军副军长。1994年2月，调任26集团军军长。 2000年12月，调任济南军区参谋长。2002年，晋升为中将军衔。2004年，任济南军区副司令员。2006年8月，退休离岗。

【胡恩泽】 民国32年（1943）5月生，蓬安县人，中共党员，副研究员。1962年9月，考入成都工学院。1965年12月，加入中国共产党。1968年8月，四川大学高分子化学工程系毕业，分入部队服役，9月至1972年8月，任团政治处干事、军分区政治部干事。1972年8月至1983年9月，任军分区司令部参谋、代科长。1983年9月至1986年11月，先后任仪陇县、广安县人民武装部部长。1986年12月至1988年11月，任川北医学院党委组织部副部长。1988年11月至2002年6月，任川北医学员附属医院党委书记，兼任全国省级综合性医院政研会常务理事，四川卫生系统一至四届政研会理事，一至四届四川医学伦理专委会委员等职。胡恩泽撰写研究论文10余篇，5篇获省以上优秀论文奖和川北医学院社科研究二等奖，被评为全国卫生系统思想政治工作优秀党委书记、全国省级综合性医院优秀党委书记2次、全国省级综合性医院优秀思想政治工作者、全国省级综合性医院思想政治工作创新奖、省高等学校党的建设和思想政治工作先进工作者5次、四川卫生系统优秀思想政治工作者3次。被载入《中国人才辞典》《中国专家名人辞典》《中国世纪专家》。

【沈前光】 民国32年（1943）5月生，蓬安县人。1965年5月，加入中国共产党。1964年12月至1976年3月，在四川绵阳骑兵二团当战士、干部科干事。1976年4月至1979年4月，任营教导员、党委书记。1979年5月至1981年6月，任四川巴塘独立营教导员。1981年7月至1984年3月，任团政治部主任、党委书记。1983年4月至1986年11月，任四川巴塘县人武部政委、党委书记。1986年11月，转业到蓬安县工作，12月至1988年10月，任县物资局局长。1988年10月至1997年12月，任县经委主任、党组书记。1998年2月至2003年1月，任县人大常委会副主任、党组成员。2006年4月，经中共南充市委组织部批准享受副厅级待遇。

【刘长文】 民国33年（1944）1月生，蓬安县人。1965年3月，参加解放军任战士。1968年3月至1969年9月，任班长。1969年10月至1970年3月，任保密员。1970年4月至1973年1月，任排长。1973年2月至1976年，任新疆兵团政治处组织股副股长、股长。1976年至1981年4月，任政治处副主任、主任。1980年至1981年6月，先后任团党委委员、常委，团政治处总支书记。1984年4月，任乌鲁木齐吉木乃边防站政治委员。1984年6月至1987年12月，任乌鲁木齐吉木乃边境会务站政委。1988年1月至1992年12月，任中共蓬安县委组织部副部长。1992年12月，任中共南充地委组织部驻蓬安副县级组织员。2006年4月，经中共南充市委组织部批准享受副厅级待遇。

【王坤题】 民国33年（1944）9月生，营山县人。1957年至1963年，在营山中学读书。1963年，考入四川师范学院读书。1974年5月，加入中国共产党。1966年7月至1967年7月，待分配。1967年9月至1981年9月，先后在营山县星火中学、回龙中学当教员（1975年8月，任营山县星火中学副校长）。1981年10月至1983年11月，任营山星火区委副书记。1983年12月至1987年1月，任营山县委副书记兼县纪委书记。1987年2月至1992年5月，任营山县委副书记。1992年6月至1993年2月，任蓬安县政协调研员，党组副书记。1993年2月至2002年2月，任蓬安县政协主席、党组书记。2002年3月，机构改革退休享受副厅级待遇。

【伏泯全】 民国33年（1944）10月生，仪陇县人。1971年，加入中国共产党。1967年7月至1971年10月，在徐家小学任教，曾任副校长。1971年10月至1974年7月，在县政工组作青年工作。1974年8月至1975年7月，在团县委工作。1975年7月至1983年12月，任诸家乡党委副书记、乡长。1984年1月至1991年12月，任徐家区区长、区委副书记、区委书记。1992年1月至12月，任县人事局局长、党组书记、组织部副部长。1997年8月至1999年8月，任县人事局局长、党组书记、编办主任、组织部副部长。1999年月至2001年12月，任县政协副主席、党组成员、县委统战部部长、党组书记、宗教局局长。2002年1月至12月，任政协副主席、党组成员。2003年1月，任县政协助理调研员。

【但启书】 民国33年（1944）11月生，蓬溪县人。1967年9月，参加工作。1975年，加入中国共产党。1967年9月至1984年1月，在蓬安中学任教。1984年2月至1987年3月，任县委组织部副部长。1987年4月至1989年2月，任蓬安县人事劳动局局长。1989年3月至1991年11月，任县人事局局长、党组书记。1991年12月至1992年12月，任县委统战部部长、党组书记。1993年1月至1998年1月，任县政协副主席、党组成员兼任县委统战部部长、党组书记。1998年2月至2002年2月，任县政协副主席、政协党组成员。2002年2月，享受正县级待遇提前退休。

【陈尚君】 民国33年（1944）12月生，蓬安县人。1972年10月，加入中国共产党。1975年3月，参加工作。1961年2月至1975年2月，在农村任基层干部（1970年至1972年，在陕西修建襄渝铁路，任上士、文书、代理司务长）。1975年3月至6月，任锦屏公社农技员，7月至1978年7月，任红旗公社党委副书记。1978年8月至1980年8月，任柏杨（白玉）公社党委书记、革委会主任，县委候补委员。1980年9月至1982年5月，任中共锦屏区委书记。1982年6月至1987年2月，任蓬安县人民政府副县长（1983年3月至1986年12月，离职在西南农业大学和省委党校学习）。1987年3月至1989年8月，任县政府常务副县长、党组副书记、县委委员。1989年9月至1990年2月，任中共蓬安县委常委、副书记、代理县长。1990年3月至1993年9月，任中共蓬安县委副书记、县长，四川省八届人大代表。1993年10月至1994年1月，任中共蓬安县委书记兼县长、县人武部第一书记，中共南充市委委员、南充市第一届人大代表、四川省八届人大代表。1994年2月至1997年1月，任中共蓬安县委书记、县人武部第一书记，中共南充市委委员、南充市第一届人大代表、四川省第八届人大代表。1997年2月至2004年3月，任南充市人民政府副市长、中共南充市委委员，其间，曾进入四川行政学院高级研修班、英国曼彻斯特大学学习。2004年4月至2006年，任南充市重点建设领导小组副组长、南充市核电站筹建领导小组顾问（原副组长）、南充市兰渝铁路项目前期工作领导小组顾问（原组长）。2005年1月至2006年7月，任中共南充市委保先教育活动督导组组长。

【章明贤】 字川江，号西蜀山人，民国33年（1944）生，蓬安县人，武汉黄鹤楼书画院院长、武昌书画家协会常务主席、湖北书画艺术研究院院士。章明贤长期在文化部门工作，师从著名国画大师端木梦锡，以写梅和篆书见长，兼善治印。其作品曾多次参加全国、省、市大展，被美国、英国、法国、日本和中国台湾、香港地区等地文化部门和专家友人收藏。1995年，在武汉市“文化济世之光”书画作品公开拍卖活动中成绩突出，被武汉市政府授予“优秀慈善家”称号，湖北电视台对他的书画艺术作了专题报道。其传略被收入《二十一世纪人才库》等大典，书画作品常被政府和涉外部门作为礼品馈赠给外宾。

【梁广双】 民国34年（1945）1月生，蓬安县人，中共党员。1964年12月，参军，先后任炮兵战士、班长、排长。1969年7月，任54军478团政治处干事。1971年5月，任54军160师政治部干事。1973年10月，任54军478团政治处副主任。1974年5月，任54军478团副政治委员。1976年6月，任54军480团政治委员。1979年2月，参加对越自卫反击战。1979年9月，在解放军政治学院学习。1980年9月，任54军478团政治委员。1982年1月，任54军160师副政治委员。1983年4月，任54军160师政治委员。1984年11月，任54军161师政治委员。1985年10月，任54集团军162师政治委员。1988年10月，任54集团军政治部副主任，授予大校军衔。1989年9月，任河南省三门峡军分区政治委员、中共三门峡市委常委。1997年3月，任河南省濮阳军分区政治委员、中共濮阳市委常委。2005年后，退休。

【吴大和】 民国34年（1945）2月生，四川省广安市人。1963年11月，入伍在中国人民公安部队，在四川省甘孜支队乡城县队任战士。1965年5月，在泸定县中队任文书。1968年11月，在炉霍县县中队任文书。1969年3月，在炉霍县中队任司务长。1970年2月，在炉霍县人民武装部任新闻干事。1979年10月，在炉霍县人武部任副营职秘书。1981年12月，在炉霍县人武部任政工科科长。1983年10月，在炉霍县人武部任副部长。1985年10月，在苍溪县人武部任副部长。1986年5月，任蓬安县人武部政治委员。1996年4月退休，享受军队干部待遇。2006年5月，任蓬安县书法协会主席。

【刘成东】 民国34年（1945）3月生，蓬安县人，中国作家协会会员、攀枝花市作家协会主席。1987年6月，毕业于四川师范大学汉语言文学专业。当过工人、高中语文教师和文学杂志编辑。20世纪70年代初，开始发表诗作，也写散文、小说和文学评论，作品见诸人民日报等116家报刊，部分作品收入《星星抒情诗精选》《建国50周年四川文学作品选》等26种文学选本。出版诗集《黑月亮》《体验》《高原》和散文集《夜雨心窗》，编有一部自选文学评论集《资料》，散文《五月的苏铁》《攀枝花看花》《拾梦明珠海》拍为风光电视片，诗集《体验》获第三届（1988—1998）四川省文学奖。

【曾建国】 民国34年（1945）9月生，蓬安县人，全国人大代表，解放军少将。1969年，参加工作。1970年，加入中国共产党。1958年，考入蓬安中学，完成初中、高中学业。1964年，考入重庆建筑工程学院建筑学专业。1969年8月，毕业分配到解放军南充某部服役，历任助理员、师战勤科副科长、科长、师后勤部副部长、部长等职。1978年，底随部队赴滇参加对越自卫还击战，战争结束后，在北京后勤学院学习两年。1985年，任某集团军后勤部部长。1994年，任成都军区后勤部副部长。1996年，被授予少将军衔。其间，先后入国防大学与国防科技大学深造。2001年12月，担任成都军区联勤部部长、党委书记、军区党委委员、常委。2002年，当选为第十届全国人民代表大会代表。曾建国在成都军区联勤部岗位上，连续三年受上级嘉奖。2005年12月底退休。

【林良元】 民国35年（1946）1月生，蓬安县人，中共党员，四川中核环境保护与发展有限责任公司总经理。1965年，考入北京工业学院化学工程系。1970年，毕业分配至核工业部821厂，参加了工厂的建设、设备安装、冷热投料试车及生产运行、工艺技术革新和科研攻关等工作，历任科研组组长、车间副主任、生产技术科副科长、分厂副厂长、厂长、总厂副厂长兼厂科技委主任等职。曾获部级科技进步二等奖3项、三等奖3项，发表论文2篇。林良元被核工业部评为“有突出贡献的中青年专家”，享受政府特殊津贴。

【徐兴发】 民国35年（1946）9月生，南部县人。1969年5月，参加工作。1972年8月，加入中国共产党。第二届中共南充市委委员，南充市第一、二届人大代表。1965年9月至1969年4月，四川外语学院英语系读书。1969年5月至1970年8月，在中国人民解放军三三二部队任保管员。1970年9月至1978年7月，蓬安县全溪中学教师，团委书记。1978年7月至1983年11月，巨龙中学教导主任、副校长、工会主席。1983年12月至1986年12月，县委常委、县文教局局长。1986年1月至1990年7月，县委常委、宣传部部长。1990年8月至1993年12月，县委副书记兼县政法委书记。1994年1月至1997年1月，县委副书记，县政府县长。1997年2月至1997年11月，县委书记。1997年12月至2001年8月，南充市教委党委书记，市教委主任。2001年9月至2002年3月，南充市人大教科文卫委副主任。2002年4月至2004年3月，中共南充市人大党组成员，人大常委会机关党委书记、市人大常委会秘书长。

【邓才元】 民国35年（1946）11月生，蓬安县人。1969年6月，参加工作。1984年6月，加入中国共产党。1969年6月，成都工学院毕业后，至1971年7月，在中国人民解放军某部任司务长。1971年8月至1973年3月，任南充制盐化工生产组组长。1973年4月至1975年4月，在南充县工业交通局工作。1975年5月至1980年5月，任南充县氮肥厂生技科副科长。1980年6月至1981年12月，任南充县白糖厂基建组长、助理工程师。1982年，任南充县工业局副局长。1987年6月至1998年1月，任县政府副县长。1998年3月，任县政府正县级调研员。2003年离职。

【孙明钧】 民国36年（1947）1月生，米易县人，中共党员。1965年8月至1970年8月，上海同济大学数学物理系学习。1970年8月至1978年1月，蓬安县水电局、马回小电站工程建设指挥部工作。1978年1月至1984年1月，蓬安县水电局副股长、副局长。1984年1月至1985年1月，蓬安县计划委员会副主任。1985年1月至1991年1月，县政府副县长。1991年1月至1994年1月，县委常委、县政府常务副县长（1991年8月兼任马回水电厂厂长、党委书记）。1994年1月至1997年12月，县委副书记、兼任四川马回电力股份有限公司董事长。1997年12月至1998年1月，县委副书记、代县长、兼任四川马回电力股份有限公司董事长。1998年1月至2001年3月，县委副书记、县长。2001年，县委调研员至2006年。

【吴德琼】 女，民国36年（1947）3月生，蓬安县人，中共党员。1969年3月至1970年5月，在蓬安县中坝乡当知青。1970年6月至1971年11月，任大巴山铁宣队队员。1971年11月至1975年7月，在蓬安县毛泽东思想文艺宣传队从事创作。1975年7月至1977年7月，在蓬安县清溪小学任教。1977年7月至1987年7月，蓬安县周口小学任教，任工会主席。1987年7月至1990年2月，蓬安县实验小学副校长兼工会主席。1990年2月至1990年10月，县委宣传部副部长。1990年10月至1993年2月，县委宣传部部长（1991年4月至7月，在省委党校宣传部长班培训学习，1992年2月至7月，在省委党校女干部培训班学习）。1993年2月至2001年10月，任县委常委、宣传部部长。2002年12月退休，享受正县级待遇。

【李乃荣】 民国36年（1947）9月生，蓬安县人，中共党员，副研究员，国家人事部专家服务中心专家顾问委员、中国农业科研院党建和思想政治工作研究会副会长、中国管理科学研究院四川分院特约研究员、四川省人才工作领导小组专家顾问委员。1965年6月，蓬安中学高中毕业。

1965年至1970年，在重庆交通学院学习。1970年至1971年，在部队农场劳动锻炼。1971年至1979年，在成都军区司令部任政治干事。1979年后，在四川省农业科学院工作。从1985年开始，先后在该院任党委办公室主任、分析测试中心、实验场、作物研究所任党委书记。1995年后，任省农业科学院党委副书记（副厅级）。

【王明普】 民国36年（1947）11月生，蓬安县人，中共党员，四川省政协委员。1965年8月至1969年10月，任核工业部二〇九队十一队工人、干事。1969年11月至1982年12月参军，历任基建工程兵第203师622团政治处书记、团组织股干部，基建工程兵第27支队干事，53支队干事，28支队干部科科长。1970年12月，加入中国共产党。1982年12月至1985年9月，历任四川省财政厅人事处干事、副科长。1985年10月至1994年8月，历任四川省税务局人事处干事、副处长、处长。1994年9月至1995年7月，任省国家税务局处长。1995年8月至2004年11月，任省国家税务局党组成员、副局长。2004年11月至2006年7月，任四川省国家税务局党组副书记、副局长。2006年1月，当选为四川省政协委员。2006年7月，任四川省国家税务局巡视员。

【陈乃能】 民国36年（1947）11月生，蓬安县人，中共党员。1969年3月至1971年5月，在清溪公社当知青。1971年6月至1977年1月，在建筑公司当工人。1977年2月至1980年2月，在重庆建筑工程学院读书。1980年2月至1985年11月，在县建设局工作，任建工股长兼县建筑设计室主任。1985年12月至1989年11月，任县建设局党组成员、副局长。1989年12月至1997年10月，任建设环保土地管理局副局长、党组成员。1997年11月至1999年8月，任县国土局党组书记、局长。1999年9月至2001年12月，任县建委党委书记、主任。2002年2月，当选县人大常委会副主任。2003年2月至2006年，任县人民政府助理调研员。

【马敬国】 民国36年（1947）12月生，蓬安县人。1971年3月，参加工作。1972年8月，加入中国共产党。1971年3月至1971年12月，任蓬安县盘龙公社蚕桑员。1971年12月至1973年8月，在蓬安县革委生产领导小组工作。1973年9月至1974年2月，在蓬安县金溪粮站工作。1974年3月至1978年10月，任蓬安县平头公社党委副书记。1978年11月至1981年2月，任蓬安县金溪区委宣传干事。1981年3月至1983年12月，任蓬安县金溪区委副书记。1984年1月至1987年5月，任蓬安县锦屏区公所区长（1984年9月至1986年7月在省委第二党校经济管理专业学习）。1987年6月至1990年3月，任蓬安县锦屏区委书记。1990年4月至1992年4月，任营山县委常委、组织部部长。1992年5月至1993年10月，任营山县委副书记。1993年11月至1997年2月，任营山县委副书记、县政府县长。1997年3月至1999年4月，任营山县委书记。1999年5月至2002年4月，任南充市人民政府秘书长、办公厅（室）党组书记。2002年5月，任南充市人大常委会副主任。

【晏　勇】 民国36年（1947）生，蓬安县人，中共党员，重庆医科大学附属第一医院（临床医学员）神经内科教授、主任医师，博士生导师，享受国务院特殊津贴专家。1959年至1965年，在蓬安中学读书。1965年，考入重庆医学院。1970年，毕业留校在重庆医学院附属第一医院神经内科工作。1989年，任重庆医科大学附属第一医院门诊部主任。1992年至1999年，任附属第一医院业务副院长、医学一系副主任、院党委委员。曾兼任中华医学会重庆分会理事、中华医学会重庆市神经科专委会委员、连续3届副主任委员、重庆市神经科学委员会神经内科专委会副主任委员，中华中西医结合学会神经科委员会委员、中华医学会四川省神经科专委会委员、副秘书长。现兼任中国抗癫痫协会理事、重庆市抗癫痫协会秘书长、重庆市癫痫防治中心专家，中华医学会神经病学委员会痴呆与认知障碍学组委员、重庆市老年学学会副会长、常务理事，重庆市老年痴呆防治协会会长、重庆市痴呆防治中心主任，中国老年保健协会老年痴呆与相关专业委员会（ADC）理事、中国药理学抗衰老及老年痴呆专业委员会理事、国际神经修复学会会员。兼任《中华神经科杂志》《中国临床神经科学》《临床神经电生理学杂志》《卒中与神经疾病》《中华老年心脑血管病杂志》《中国实用内科杂志》《重庆医学》等14本杂志的编委和常务编委。1995

年，享受国务院政府特殊津贴。2001年，在我国西部地区首建痴呆门诊，对轻度认知功能障碍和老年性痴呆、血管性痴呆等进行系统防治和研究。2005年7月，获重庆市政府批准建立了全国首家省级痴呆防治中心，联合神经科、精神科、老年科、内分泌科、药学院、基础学院的分子生物学教研室、体视学研究室、病理学教研室等，进行痴呆的基础与临床系统研究。晏勇获得省部级各种奖励8项，其中：一等奖2项、二等奖3项、三等奖2项、四等奖1项。发表论文168篇，主编、参编科技专著16部。独立指导毕业硕士研究生26名，在研硕士、博士生15名。

【赵正铭】 民国37年（1948）7月生，蓬安县人。1970年3月，参加工作。1978年5月，加入中国共产党。1970年3月至1972年2月，杨家小学任教。1972年3月，南充师范学院中文系学习，任系团总支宣传委员。1975年1月至1983年11月，蓬安师范任教，历任民兵营营长、语文教研组组长，3项教改成果获得省、地奖励，合编《外国文学（教学参考）》，印发云、贵、川、陕各师范学校。1983年11月至1993年12月，任蓬安县副县长。1993年12月至1998年1月，任中共蓬安县委常委、县委副书记、政法委书记，组织完成“四五”普法、完成编修1994年版新县志、普及小学教育、普及实验教学和九年制义务教育等，事迹两次载入全省先进人物事迹汇编，被省委省政府评为先进个人。1998年1月至2003年1月，任蓬安县人大常委会主任、党组书记，四川省第九届人大代表。其间考入中国政法大学法学院在职硕士研究生就读，两年后毕业，获“优秀学员”称号。筹备成立司马相如研究会任筹备组长。2003年1月后，任蓬安县委调研员，主持举办全县首届舞蹈大赛和太极拳大赛，组建司马相如研究会，任一、二届理事长。2004年，筹备主办了“司马相如与巴蜀文化研讨会”，整合司马相如故里和嘉陵江自然资源，成功申报“嘉陵第一桑梓”旅游区开发建设，并任领导小组副组长、旅发办常务副主任。2006年后，主编《相如故里文化旅游丛书》（5册），联合省市县六家单位举办“纪念相如县建县1500周年暨国际相如文化研讨会”。

【彭家理】 民国37年（1948）7月生，蓬安县人，中共党员，内江师范学院党委书记，教授，西华师范大学马克思主义理论与思想政治教育硕士点导师，四川省高校思想政治教育学科高级职称评审组成员，四川省高校党建、思想政治教育研究会事务理事，政协南充市第一届委员、南充市文联副主席。 1969年7月，蓬中高中毕业。1969年12月至1975年4月，陆军39军115师343团服役。1975年8月至1978年2月，先后在蓬安县沼气办、推广腐质酸肥料办公室工作。1978年3月至1981年12月，南充师院历史系读书，获学士学位。1982年1月，留校任历史系团总支书记。1984年9月至1990年3月，任师院德育教研室副主任。1987年9月至1991年8月，任师院宣传统战部副部长、部长。1988年，晋升副教授。1991年9月至1993年8月，在涪陵师专挂职锻炼，任党委副书记。1994年1月至1995年4月，兼任四川师院地理系主任、书记。1996年，晋升教授，被四川省委组织部、宣传部、教育厅评为优秀党务工作者。1997年11月，任四川师院党委副书记。2000年7月，任内江师范学院党委书记。主编有《形势与政策》两部、《教师伦理学》《法律基础教程》《高校党课教程新编》《当代大国政治制度纵论》，独著《新中国经济发展概论》，任《成才修养》《理论热点思考》《法律基础》副主编，发表论文30余篇。2001年，获省教育厅社科三等奖。2003年，获四川省第十次社科优秀成果奖。

【苏树学】 民国37年（1948）10月生，四川省乐至县人。1968年3月，应征入伍。1969年2月，加入中国共产党。1968年3月至1970年10月，在绵阳军分区独立团服役。1970年10月年至1981年3月，历任四川省军区独立营排长、副连长、连长、党支部副书记。1981年3月至1983年9月，任营山县人武部军事科长、机关党支部副书记。1983年9月至1986年1月，任仪陇县人武部副部长、部长、党委副书记，县人大常委会委员、南充军分区党委委员。1986年2月至1998年8月，任蓬安县人武部部长、党委副书记、书记、县委常委、蓬安县抗洪救灾指挥部副指挥长、蓬安县防火指挥部副指挥长（军队建制时任军分区党委委员、上校军衔）。1998年8月至2002年2月，任县委常委、县委政法委书记、南充市第二届党代会代表。2002年2月至2006年10月，任政协蓬安县委员会主席、党组书记、第十届县委委员；南充市第二、三届政协委员。在军队和地方工作期间，先后被地、市省军地领导机关评为经济、国防、普法、“双拥”先进个人、优秀共产党员。1998年，被省军区评为“优秀人武干部”。参与组织领导仪华路、南渠路改造和嘉陵江大桥建设。1996年，获市政府“交通建设先进个人”。爱好诗词，著有诗作《蓬安风韵》。先后被选为中共蓬安县第五届、六届、七届、八届、九届、十届、十一届党代会代表。

【奉崇权】 民国37年（1948）10月生，蓬安县人，兴旺镇敬老院院长，中共党员。奉崇权二十一年如一日，视孤寡老人为父母。敬老院里百岁老人郑杨氏一生坎坷，无儿无女。奉崇权在获悉老人尚有一位远房外孙女后，为实现老人见一面的心愿，背着老人从早上6点到晚上8点，徒步30千米山路寻亲。他为一个常年瘫痪在床的老人端屎端尿18年，老人没生过一次褥疮，用儿女般的亲情送别了9个含笑离世的长者。在他的精心护理下，敬老院老人平均年龄在85岁以上。在敬老院工作期间，他两个亲生儿子先后逝世，为照料孤寡老人，又动员妻子来帮忙，全家都奉献给敬老事业。1999年，他带领职工把敬老院周围的荒山开垦出稻田麦地、菜地果园，开挖了鱼塘。现有柑橘2000余株，柚子500余株，雪梨300株，枇杷近200株，鱼塘2个，农产品加工设备6台套，全院年出栏生猪100余头，小家禽1000余羽，存栏能繁母猪8头，年产鲜鱼2000公斤，满足老人们吃穿，每年还有6万多元的“余钱”。2006年以后，奉崇权获得南充市敬老好儿女金榜奖、全国首届道德模范提名奖、四川省首届道德模范、南充市道德模范、蓬安县首届道德模范、感动南充十大人物。

【田光达】 民国37年（1948）生，蓬安县人。先后任蓬安县中医院医务科长、副院长、院长，蓬安县政协第四、五届委员，第六届常委；南充青年中医学会理事、中医医院管理学会理事、中医医院分级管理评审委员会评委，中华医学会蓬安分会副会长。1965年，自学医术。1970年，拜蓬安县名医章榜举为师。1979年，通过全国中医药人才选拔考试，成为县中医院中医师。1981年，单位选送至成都中医药大学“中医师理论提高班”进修。1980年年初，被卫生局指定为“名老中医学术思想及临床经验整理继承小组”副组长。1984年，被评为南充地区自学成才青年。1994年，晋升副主任中医师。在省中医药管理局下达的《紫牛黄精汤治疗ITP》课题中担任主研人员，负责课题设计、临床实施，该科研成果获蓬安县1998年科技进步二等奖。2000年，南充市人事局、卫生局授予“南充市名中医”称号。2005年晋升为中医主任医师。田光达参加了第二至六届全国中医男性病学术会议，并进行了大会交流。

【李天社】 民国37年（1948）生，蓬安县人，著名探险摄影家。1965年，应征入伍。1977年，就读于中国人民解放军石家庄铁道兵工程学院军事交通系。1979年，奉命前往对越自卫还击作战区执行任务。1988年，从成都军区后勤部军事运输部转业至四川省文化厅。1994年6月，由四川省高评委专业技术职务任职资格评定为艺术类高职，四川省第五、六届少数民族艺术节摄影类高级评委，中国摄影家协会会员，中国艺术摄影学会会员，四川省艺术摄影协会秘书长，四川省科学探险协会常务理事，世界禅佛书画家协会禅佛摄影研究会研究员等。摄影40年，存照数万张，《西藏阿里地热奇观》《草原赛马》《祥云化雨》等千余幅作品在国内外影展影赛中入选、获奖。在第五届中国艺术节中获得巴蜀文化摄影贡献大奖，全国第八届“群星奖”摄影类评选中获优秀奖，《山岩“戈巴”——原始父系部落探秘》荣获四川省“第七届宣传四川好新闻奖”报刊类二等奖。举办省、国家级个人影展6次。入编《世界华人文学艺术界名人录》《科学中国人丛书·中国专家人才库》《中国摄影家全集》。

【刘伦莉】 女，民国37年（1948）出生，重庆市人。1968年7月，毕业于四川省财政学校财会专业。1968年7月至1986年6月，先后在蓬安县金溪、罗家、徐家粮站工作，历任营业员、司秤员、统计员、会计员、副站长。1986年6月至1990年7月，任蓬安县饲料公司副经理，1990年7月至1992年12月，任蓬安县监察局副局长。1992年12月至1998年1月，任蓬安县财政局副局长、国资办主任、国有资产经营公司经理。1998年1月至2006年，任蓬安县人大常委会副主任。

【唐一科】 民国38年（1949）2月生，蓬安县人，中共党员，硕士，教授，博士生导师，全国工程教育专业认证监督与仲裁委员会委员、教育部普通高等学校教学评估专家委员会委员、教育部高等学校机械学科教学指导委员会委员、全国机械设计制造及其自动化专业教学指导委员会副主任、教育部高等学校文化素质教育指导委员会委员、中国振动工程学会常务理事、全国机械动力学学会理事长、全国高校实验室工作研究会副理事长、重庆市高等教育学会副会长、重庆市高校实验室工作研究会理事长。享受国务院政府特殊津贴专家。1956年9月至1960年8月，蓬安县金溪镇白庙小学念初小。1960年9月至1962年8月，蓬安县金溪镇小学念高小。1962年9月至1965年8月，蓬安县锦屏中学读初中。1965年9月至1968年7月，蓬安中学读高中。1969年8月至1973年8月，蓬安县石门公社（今石梁乡）务农（1970年11月至1972年参加蓬安民兵团赴大巴山修建襄渝铁路，任16连统计员）。1973年8月，任石门公社五大队民兵连长兼团支部书记，9月至1976年11月，西安交通大学读书，攻修机械制造专业。1976年12月，大学毕业后，留校任教。1979年9月至1982年3月，重庆大学机械工程系读研究生。1982年3月，获硕士学位，留重庆大学工作，历任助教、讲师、副教授、教授、博士生导师。先后赴美国、英国、法国、德国、日本、韩国、比利时、瑞士、澳大利亚等国家进修学习和考察。1983年至1996年，历任重庆大学机械工程系主任助理、副系主任、重庆大学测试中心副主任、人事处副处长、图书馆馆长、校长助理。1996年起，享受国务院政府特殊津贴。1996年至2004年5月，任重庆大学党委常委、副校长。2004年5月，任重庆科技学院院长、重庆垃圾焚烧发电技术研究院院长。唐一科完成旋转机械动平衡新方法研究、计算机辅助动平衡测试系统研究、大型旋转机械现场检测与故障诊断、飞行器薄壳内含体减振机理及模型实验研究等科学研究项目16个，其中，获国家实用新型专利2项，国家级教学成果二等奖2项，省（直辖市）级教学成果一等奖4项，省（直辖市）级教学成果二等奖3项，省（直辖市）级科技进步三等奖3项。发表专著《机床主轴部件的动态优化设计方法》《机床结构振动灵敏度的矩阵摄动分析法》《软支承动平衡机的CAB技术研究》《一类迟滞非线性振动系统建模新方法》4部，主编《振动分析及其应用》和《机床动力学基础》教材2部，在国内外学术刊物及国际学术会议上正式发表研究论文100余篇。主持国家自然科学基金项目“氢敏光学膜层的性能及其氢敏机理的研究”、全国“十五”教育科研项目“研究型大学本科人才培养模式研究”、国家教改项目“高等学校工程实践教学内容体系改革的研究与实践”。

【田先志】 民国38年（1949）7月生，蓬安县人，大校军衔。1957年至1962年，就读于正源小学。1962年至1968年，就读于蓬安中学。1969年入伍。1986年，授大校军衔，任副师长。1991年到广东，任中建七局三公司党委书记。

【唐俊文】 1950年10月生，蓬安县人。中共党员，眼科教授，研究员。1969年至1973年，在部队服役。1973年至1977年，在华西医科大学临床医学院读书。1977年至1981年，在华西医科大学附属第一医院眼科任住院医师、主治医师。1982年至1991年，任华西医科大学校长办公室秘书、副主任。1991年至2000年，任华西医科大学党委组织部副部长、部长。2000年至今，任四川大学党校常务副校长。1996年，晋升为副教授。2001年，晋升为研究员。在眼科临床工作中积累了大量本专业的实践经验，特别在眼科的常见病、多发病等方面有较高的诊治水平，对眼科其他一些疾病也有一定的研究，撰写发表了20余篇论文，出版合著2本。

【余茂德】 1950年生，蓬安县人，西南大学生物技术学院蚕丝生物科学系专业负责人，教授、博士生导师。1996年，被国务院评为享受政府特殊津贴专家。1997年，被中共四川省委和省人民政府评为有突出贡献的优秀专家。2001年，被中共重庆市委组织部和市人事局评为重庆市首届学术带头人。余茂德主研桑树种质资源与育种、桑树生理生态及栽培、桑树多倍体育种、桑树组织培养与分子生物学及桑树植物化学。1993年，获重庆市科技进步三等奖。1995年，获四川省科技进步一等奖。1996年，获国家科技进步二等奖。1999年，获浙江省科技进步二等奖。2000年，获教育部科技进步三等奖。2006年，获云南省昭通市科技进步一等奖。2006年，获重庆市科技进步二等奖。在国家级学报发表论文50余篇。

【王桂珍】 女，1950年出生，蓬安县人，中共党员，省劳动模范，四川省第八届、九届人代会代表，蓬安县第十届至第十三届人代会代表，第十二届人大常委会委员。她从15岁开始给生产队养蚕，年年季季不间断，逐步掌握了饲养技术，积累了实践经验。1982年，实行联产承包责任制后，她将自家承包的8亩耕地全部栽成桑园。1986年，全年养蚕达到20张，平均单产38公斤，比全县平均单产21.9公斤高出16.1公斤，当年收入 4000多元，实现了脱贫致富。1988年，年养蚕28张，产1070公斤，实现了年产吨茧的目标。1989年，蓬安县委、县政府根据王桂珍的经验，提出了《关于发展吨茧户的意见》。她从事栽桑养蚕30多年，不管市场如何变化、茧价起伏不定，从未放弃。1999年，王桂珍参加省人代会，向省长张中伟汇报家乡行路难，张省长当即批示支持，交通厅解决20万元，县交通局协助为其家乡修建了一座通往县乡公路二十多米跨径的中桥，为家乡人民所称道。至2006年，她家仍保持年养蚕在20张以上。1987年，获南充地区农村妇女“科技致富能手”称号；1988年，四川省丝绸公司授予她“蚕桑重点专业户”称号；1991年，县政府评其为蓬安县第五届科技进步大会先进个人；1994年，全国妇联授予她“三八绿色奖章”；1995年，获“四川省劳动模范”称号。

【卢祥林】 1951年6月生，四川省岳池县人。1970年12月至1976年3月，在中国人民解放军总参直属第七团特务连任战士、班长。1976年4月，任南充地区木材公司政工科干事。1978年10，任南充地区林业局政工科干事。1982年1月，任南充地区军转办干事。1982年11月至1992年10月，任南充地委审干办公室干事、副主任干事、主任助理。1992年11月，任中共蓬安县委常委、组织部部长。1993年12月28日，获四川省委组织部、四川省民政厅“在复查第二次国内革命战争时期川陕苏区肃反错案中辛勤工作，特此表彰”证书。1996年8月，获南充市委、南充市人民政府“南充市‘八五’计划期间计划生育工作先进个人”表彰证书。1996年12月，获四川省纪委、四川省委组织部、四川省委宣传部“在四川省党纪、政纪条规知识竞赛个人纪念奖”。1998年11月，获中央纪委、监察部、人事部、司法部《中华人民共和国行政监察法》知识竞赛个人纪念奖。1997年12月至2006年12月，任南充市委组织部副部长、老干部局局长。

【吕功孝】 1951年12月生，蓬安县人。1972年11月，加入中国共产党。1969年2月，参加工作，四川大学经济系毕业。1969年2月至1975年3月，解放军8310部队服役。1978年8月至1985年8月，县委党校教师。1985年8月至1990年2月，中共蓬安县纪委纪检员、检查室主任、纪委常委。1990年2月至1995年10月，中共蓬安县纪委副书记（1993年5月至1995年3月下派到四川南充汽车改装厂兼任党总支副书记、副厂长）。1995年10月至2001年9 月，县委常委、纪委书记。2001年9月至2002年10月，县委副书记、县纪委书记。2002年10月至2003年1月，县委副书记。2003年1月至2006年10月，蓬安县人大常委会党组书记、副主任。2006年11月，任蓬安县人大常委会党组副书记、副主任。

【张守域】 1952年9月生，蓬安县人。1971年，参加工作。1971年4月至1980年12月，先后在蓬安县兴旺区供销合作社、县供销社工作，历任副股长、股长。1988年6月至1991年7月，任蓬安县工商业联合会主任。1991年7月至1992年12月，任蓬安县商业局副局长。1992年12月至1997年5月，任蓬安县商贸委副主任。1997年5月至1998年1月，任蓬安县工商联合会会长。1998年1月至2006年，任县政协副主席兼县工商联会长，第九届省政协委员。

【李海平】 1952年生，蓬安县人，蓬安县皮肤病防治医院医生。1968年，李海平从蓬安卫校毕业到向东卫生院工作。一年后，积极响应国家号召回到老家，成了金溪公社六大队的一名赤脚医生，他让每个社员每年投一块钱，社员治病吃药基本能免费，解决群众看病难。他先在自己的生产队做试点，大家反映不错，又在巡诊区内普遍开展，这个举措让他在全县一夜成名、家喻户晓，受到县里嘉奖。1970年，被评为全县优秀医务工作者，并代表全县参加当年的四川省卫生工作大会。1972年10月，李海平听朋友讲“没有人去麻风病院当医生”，便背上药箱到凤石乡凤凰山上的麻风病康复医院。刚一到，几十个麻风病人就围了上来，他们有的缺腿，有的缺手指头，有的歪嘴，有的身上溃烂处流着黄水……吓了他一大跳，但是李海平坚持了下来。到医院后的第3年，李海平谢绝了县卫生防疫站调他回城工作的机会。1973年春节，他在老家买了一个背篼，33年来，一直坚持为医院背药品、为山里的居民捎带油盐酱醋，背烂了33个背篼。凤凰山27户人家平时难得下山，无论大病、小病，都找李海平。李海平成了麻风病院方圆20千米妇孺皆知的人物，麻风病院通往各个村庄、村民家的每一条羊肠小道，都被老百姓称为“希望之路”。33年来，李海平先后治愈了60余名麻风病患者，累计行程5万多千米。2000年，在李海平等努力下，蓬安实现了基本消灭麻风病目标，医院原40多名麻风病人，现在只有2名巩固期病人，李海平仍然背着背篼坚持在这里工作。

【廖定杰】 1952年生，四川省开江县人。1972年11月，参加工作。1975年12月加入中国共产党。1972年11月至1985年12月，在海军航空兵第一师服役，历任无线电员、排职引导员、副连设备师、正连职雷达助理。1986年1月至1999年8月，在蓬安县公安局工作，历任干警、副科长、科长、大队长、局长助理、副局长（期间，1989年，四川师范学院中文系大专毕业）。1999年9月至2003年1月，在蓬安县人民法院工作，历任副院长、党组副书记、代理院长、党组书记、院长。2003年1月至2006年，任蓬安县人大常委会副主任、党组成员。

【邓玉帛】 1953年3月生，蓬安县人，中共党员，高级工程师，大校军衔。1969年2月至1974年8月，第二炮兵战士。1974年9月至1977年6月，第二炮兵分站长。1977年7月至1979年7月，第二炮兵工程学院学员。1979年8月至1991年11月，第二炮兵211厂、902厂军事代表室军事代表(1985年荣立三等功1次)。1991年12月至1999年1月，第二炮兵驻中国工程物理研究院军事代表室副总军事代表（1991年被评为全军质量先进个人，1993年12月，评认为高级工程师）。1999年2月至2000年3月，第二炮兵驻材研所军事代表室副总军事代表、高级工程师。2000年4月至2006年，第二炮兵驻中国工程物理研究院军事代表室军事代表、高级工程师。

【唐建碧】 女，1953年5月生，营山县人。1971年11月，招进蓬安丝绸厂当缫丝工，进厂后勤学苦练缫丝技术，生产成绩优异，政治思想表现突出。1979年12月，加入中国共产党，曾多次被南充市（行署）和县政府评为先进生产者。1989年5月1日，被四川省人民政府授予“四川省职工劳动模范”称号。1993年，当选为南充市第一届人民代表大会代表。1998年，调县清管所上班。2004年退休。

【王明忠】 1953年5月生，蓬安县人。1975年5月，参加工作。1978年1月，加入中国共产党。1975年5月至1978年8月，在蓬安县群乐公社当知青。1978年8月至1984年1月，在蓬安雪茄烟厂工作，任副股长、股长。1984年1月至1990年9月，任蓬安县烟厂副厂长、党委委员、工程师。1990年10月至1994年2月，任烟厂党委副书记、厂长。1994年3月至2002年12月，任烟厂厂长、党委书记。1997年7月，任政协蓬安县委员会副主席、政协党组成员。2003年1月调离。

【伍敬肃】 1953年5月生，蓬安县人，工程师。1970年，参加工作。1986年12月，加入中国共产党。1970年，四川省彭水县大同公社知青。1972年，四川省重庆市渝中区工人(1979年至1982年，进入四川省广播电视大学电子专业学习)。1984年，四川省重庆市统计局综合处、电脑应用管理处干部。1988年3月，评为工程师。1992年，任四川省重庆市统计局计算中心副主任。1996年，担任重庆市统计局计算中心主任。1998年，担任重庆市统计局计算应用管理处处长兼计算中心主任。2004年，任重庆市统计局总工程师、局党组成员。

【段济舟】 1953年7月生，蓬安县人，中共党员。1986年，毕业于西南师大教育系。1990年，被授予“四川省职业技术教育先进工作者”。1991年，被国家教委、国家计委、劳动部、人事部、财政部联合授予“全国职业技术教育先进工作者”称号。2003年，毕业于西华师大美术学院。曾在蓬安巨龙职中、蓬安师范任教，现为蓬安二中美术高级教师，艺体教研组组长；蓬安县美术协会副主席、舞蹈协会副主席、老年体协健身舞蹈分会秘书长，南充市美术家协会会员、舞蹈家协会理事，四川省社会舞蹈研究协会会员、四川省中小学教师技能等级检测简笔画三级检测员。美术作品扎染《奔》在庆祝“中国总工会成立70周年”全国书画摄影艺术作品大赛上获一等奖，剪纸《郑板桥临终教子》在四川省中学美术教师作品展上获一等奖，中国工笔画《童趣》在四川省中学美术教师绘画作品比赛中获二等奖。《绘画教学中整体美观念的培养》等三篇论文在南充市中小学艺术教育科学论文评比中获一等奖。他指导学生的美术作品及编排的舞蹈曾多次在四川省、全国艺术作品展上获奖，多次获得“金秋全国青少年书画大赛”优秀指导教师奖。辅导的高中艺体生，专业成绩90%以上都上了四川省联招本科线。他多次参加蓬安重大的文艺表演活动，长于表演民族舞蹈，反串花旦、青衣，被誉为“蓬安的梅兰芳”，自创了幽默“肚皮舞”。2003年，蓬安电视台“百姓生活”、2005年，南充电视台“锦绣南充”等栏目均对他作了专辑采访。2005年，四川省电视台公共频道对他曾多次采访播报。

【吴宗祥】 1954年5月生，蓬安县人，高级经济师，四川省优秀青年企业家。1974年11月，参加工作，先后任蓬安县五金厂工人、秘书。1982年1月，任县五金厂副厂长。1983年4月至1990年12月，历任蓬安县汽车配件厂（原五金厂）副厂长、厂长、书记。1986年9月，加入中国共产党。1990年1月至1993年12月，兼任蓬安县二轻局副局长。1991年1月至3月，任四川川北汽车厂厂长、党支部书记。1991年3月至12月，任四川南充汽车改装厂厂长、党支部书记。1993年2月至1998年1月，任县委常委。1993年12月至1995年12月，任四川嘉宝汽车公司总经理、党委书记。1995年12月至1998年3月，任四川嘉宝汽车有限责任公司董事长、党委书记。1998年3月至2006年8月，任县政府副县长。2006年9月，任蓬安县人大常委会副主任。

【陈自立】 1954年6月生，蓬安县人。1975年10月，参加工作。1980年6月，加入中国共产党。1975年10月至1977年12月，蓬安县鲜店公社蚕桑员。1978年1月至1979年1月，蓬安县平头信用社会计。1979年1月至1980年12月，蓬安县向东信用社主任。1980年12月至1982年6月，蓬安县农业银行信贷员。1982年6月至1984年1月，蓬安县农业银行信贷股副股长。1984年1月至1990年12月，蓬安县农业银行行长、党组书记（1989年3月至1990年6月，中南财经大学财金系金融专业学习）。1990年12月至1995年5月，县政府副县长。1995年5月至1996年10月，县委常委、县政府副县长。1996年10月至1998年12月，南充市粮食局局长、党委书记（1996年3月至1997年8月，省社科院工业经济与企业管理专业研究生班学习）。1998年12月至2002年6月，南充市公安局局长、党委书记。2002年1月副厅级。2002年6月至2006年，南充市人民政府秘书长、党组成员。

【方茂林】 1954年6月生，蓬安县人，中共党员，大校军衔。西藏自治区第七届人大代表，成都军区第八、九次党代会代表。1972年12月，应征入伍。1973年1月至1976年10月，分别在西藏山南军分区边防团二连、团后勤处任战士。1976年11月至1977年4月，任西藏军区边防第二团司令部管理排长。1977年5月至1981年2月，任西藏军区边防第二团司令部军务参谋。1981年3月至1983年12月，任西藏军区边防第二团司令部军务股长。1984年1月至1986年10月，任西藏军区山南军分区司令部军务科副科长。1986年11月至1993年1月，任西藏军区山南军分区司令部军务科长。1993年2月至1998年10月，任西藏军区司令部军务装备处处长。1998年11月至2001年8月，任西藏军区昌都军分区副司令员。2002年9月至今，任西藏军区驻川办事处副主任。

【吴来生】 1954年8月生，蓬安县人。1976年9月，参加工作。1976年9月至1978年3月，在蓬安县新园公社民办中学任教。1978年3月至1981年1月，在南充高师班学习。1981年1月至1994年8月，在蓬安县周口中学任教，曾任教务处副主任。1994年8月至2000年12月，任蓬安县教委副主任（其间：历任民盟蓬安总支第三届、四届副主任委员）。2001年12月至2003年1月，任蓬安县教育局副局长、南充市第三届政协常委、蓬安县第六届政协常委。2003年1月至2005年7月，任县政协副主席、教育局副局长（2004年11月，当选为民盟蓬安总支第五届副主委）。2005年7月至2006年，任县政协副主席。

【鞠云军】 1954年10月生，蓬安县人，中共党员。1972年9月至1974年7月，在蓬安中学读高中。1974年12月入伍。1976年3月，任新疆军区陆军第四师步兵第十团通信连班长，4月加入中国共产党，同年随部队参加原子弹实弹爆炸试验性演习，通过爆心，接受了原子弹实弹对人体的试验，荣立三等功。1979年3月提干，借调至团司令部任参谋。1980年3月，任团司令部参谋。1982年5月，晋升为副连职参谋。1983年11月，调任特务连指导员。1985年8月，代表新疆军区通信部到军区临时组建的第八侦察大队指挥组任副营职参谋，负责全大队对越自卫反击作战的通信工作，荣立三等功。1986年10月，任新疆军区司令部通信处正营职参谋。1988年9月，被授予少校军衔。1989年12月，晋升为新疆军区司令部通信处副团职参谋。1991年4月，任军区直属队第四通信总站总工程师、站党委常委。1992年9月，晋升为中校，12月，套改为中级技术职称，任第四通信总站总工程师兼九级（副团）工程师、党委常委。1993年12月，从技术九级调为八级（正团）。1996年9月，晋升为上校。1997年12月，晋升为专业技术七级（副师）。1999年4月，因任总站党委常委满两届（八年），免去总工程师和常委职务。2004年4月，晋升为专业技术六级(正师)，批准退休。其与战友李金成共同研制出FJC-97发信机集中监控系统，获全军科技进步三等奖。2004年5月至2006年1月，任新疆维吾尔自治区四川企业联合会秘书长。

【唐道城】 1954年11月生，蓬安县人。1976年，参加工作，民盟盟员，青海大学农牧学院农林系教授，博士研究生导师，享受国务院津贴专家。民盟青海省第九届、第十届委员会委员、常委，九届、十届省政协委员，青海大学农牧学院园艺教研室主任，青海大学高原花卉研究中心主任。先后主持和参加科研项目35项，发表研究论文56篇，获省级成果12项、各类科技成果奖9项。2001年，获青海省教学成果二等奖、北京市科技进步三等奖。2005年，被评为全国农业科技先进工作者。2006年，被评为青海省“十五”先进科技工作者、国家星火科技先进工作者。出版专著、译著等3部。

【蒋葛夫】 1954年12月生，蓬安县人，工学博士，交通运输规划及管理专业博士生导师，全国高等教育学会常务理事、中国交通运输学会常务理事、全国高校产学研研究会常务理事、四川省高等职业技术学院人才培养工作水平评估专家组组长，享受政府特殊津贴专家。1974年，蓬安中学高中毕业。1982年1月，毕业于西南交通大学应用数学系，并留校任教。1989年，西南交通大学基础数学专业硕士研究生毕业，获理学硕士学位。1999年，西南交通大学交通运输规划及管理专业博士研究生毕业，获工学博士学位。历任西南交通大学助教、讲师、副教授、教授，校职改办副主任、人事处处长、峨眉分校校长兼党委副书记、校长助理兼教务处处长等职务。1997年12月，任西南交通大学副校长。2005年，提出了建立个性化实验室的构想和思路，并主持研讨与实施。发表科研论文近30篇，出版专著（合著）1部；主持国家级、省部级科研项目和其他重大项目10余项；先后培养博士生、硕士生40余名；荣获国家级和省级教学成果一等奖各1项，四川省第二届和第三届优秀教学成果二等奖各1项。2001年，被评为享受政府特殊津贴专家。

【罗建新】 1954年12月生，岳池县人，中共党员。1974年4月至1978年3月，蓬安县徐家公社当知青。1978年3月至1980年1月，仪陇师范学校读书。1980年1月至1984年3月，蓬安县教育局工作。1984年3月至1991年3月，中共蓬安县委办公室工作，历任秘书、科长、副主任。1991年3月至1992年11月，任中共蓬安县委政研室主任。1992年12月至1996年5月，任蓬安县体改委党组书记、主任。1996年5月至1998年1月，任县财政局党组书记（其间在省社科院研究生部“工业经济与企业管理，专业函授学习毕业）。1998年1月至7月，任县委办公室主任，7月至2002年11月，任县委常委、县委办公室主任。2002年11月至2006年10月，任县委副书记。2006年10月，任政协蓬安县委员会主席、党组书记。

【刘光福】 1954年12月生，蓬安县人，中共党员。1974年至1975年，在银汉镇石马村农机站。1975年9月至1977年6月，银汉电影队发电员、放映员。1977年7月，历任银汉乡（镇）党委半脱产副书记，中华乡青年干事，罗家区团委副书记，银汉乡(镇）管委会主任、党委副书记、乡长、党委书记。1983年至1985年，在南充地委党校政治专业学习，毕业后，历任中共蓬安县河舒区委副书记、徐家区副书记、区长、区委书记、徐家镇党委书记。1991年12月至1997年12月，任县政府副县长、县委常委、常务副县长。1997年12月，任中共仪陇县委副书记。1999年1月，任仪陇县委书记。2002年12月，任南充市委委员、南充水利局党组书记、局长。2006年，转任市水利局调研员。

【李梦华】 女，1955年1月生，南充市人，高级农艺师。1973年7月，蓬安县巨龙中学高中毕业。1975年9月至1985年7月，在蓬安县中兴（高庙）小学任教。1985年8月至1992年1月，在蓬安县巨龙中学任教。1992年2月，任蓬安县农业广播电视学校副校长，主持工作。1994年4月，加入民盟。1998年12月，任蓬安县农业局副局长。2003年1月至2005年9月，任蓬安县人大常委会副主任。2002年3月至2006年12月，任四川省、南充市人大代表。2005年10月至2006年12月，任民盟南充市委副主任委员。其间2006年2月至12月，兼任市政协常委、提案委副主任。

【杨凤林】 1955年3月生，蓬安县人，中共党员。四川省第十届、南充市第三届人大代表。1976年3月至1978年3月，蓬安县徐家镇民办中学任教。1978年4月至1980年1月，广安师范学校英语专业班学习。1980年2月至1984年8月，蓬安中学任英语教师。1984年9月至1986年8月，四川教育学院英语本科班学习。1986年9月至1989年8月，蓬安中学任教。1989年9月至2003年4月，南充教育学院任教，历任英语系副主任、主任、副院长、党委副书记（主持工作）、院长。2003年4月，任南充职业技术学院党委书记、院长。

【马道蓉】 女，回族，1955年4月生，成都市人。1985年12月，加入中国共产党。1971年7月至1974年10月，峨眉山市高桥乡知青。1974年10月至1977年7月，西南农业大学蚕桑系学生。1977年7月至1983年12月，乐山市蚕种场技术员、助理农艺师。1983年12月至1986年10月，南充市蚕桑站干部。1986年10月至1990年3月，南充市农办科教站站长、农广校副校长、农艺师。1990年3月至1991年5月，南充市农办主任助理。1991年5月至1992年 5月，南充市农办副主任。1992年5月至1993年11月，南充市（1993年9月后为顺庆区）人事局副局长。1993年11月至1995年2月，南充市顺庆区蚕桑局局长。1995年2月至1997年2月，南充市委办公厅科长。1997年2月至2001年3月，南充市高坪区委副书记（1996年9月至1997年12月省社科院经管专业研究生班学习。1998年4月至7月，省委党校县委书记班学习）。2001年3月至2002年10月，蓬安县委副书记、县长。2002年10月至2003年1月，南充市顺庆区委书记。2003年1月至2004年2月，南充市顺庆区委书记、区人大常委会主任，（2003年1月华南科技干部管理学院经管专业毕业，四川大学工商管理学院经济管理专业研究生班学习）。2004年2月至2006年4月，中共南充市委常委、顺庆区委书记、区人大常委会主任。2006年4月，南充市委常委，南充市委宣传部部长。

【谢华国】 1955年5月生，南充县人。1975年4月，加入中国共产党。1977年1月至1978年12月，南充师范学校学生。1978年12月至1982年10月，南充县新民一小教师。1982年10月至1984年1月，南充县新民区委组织干事（1979年9月至1983年7月，南充教育学院函授汉文专业学习）。1984年1月至1985年11月，南充县新民区委副书记。1985年11月至1992年10月，南充县新民区委书记（1989年9月至1992年6月，西南师范大学函授教育管理专业学习）。1992年10月至1993年11月，中共南充县委常委、龙门镇党委书记。1993年11月至1997年1月，南充市高坪区委常委、区人民政府副区长。1997年1月至11月，蓬安县委副书记、县政府县长（1996年3月至1997年8月，省社科院经管专业研究生班学习)。1997年11月至2002年10月,蓬安县委书记(2000年9月至2002年6月,省委党校经管专业研究生班学习毕业)。2002年3月至7月,中央党校学习。2002年10月至2003年1月,南部县委书记。2003年1月至2004年11月,南部县委书记、县人大常委会主任。2004年11月至2006年,南充市人民政府副市长、党组成员。省第八次党代会代表。

【梁中凡】 1955年5月生,蓬安县人。1974年3月至1977年3月,在蓬安县清溪乡当知青。1977年3月至1979年9月,在南充地区水电校读中专。1979年10月至1981年6月,任蓬安县水电局技术员。1981年7月至1988年3月,任蓬安县政府办副科长。1985年4月,加入中国共产党。1988年3月至1990年3月,任蓬安县体改委副主任。1990年3月至1991年8月,任蓬安县政府办副主任。1991年8月至1998年1月,任蓬安县政府办主任。1998年2月至2006年,任政协蓬安县委员会副主席、政协党组副书记。

【吴　刚】 1955年8月生,蓬安县人,中共党员。1970年9月至1974年4月,在蓬安中学读初中、高中。1974年7月至1975年12月,在蓬安县原方广公社一大队当知青。1975年12月至1980年12月,在中国人民解放军59350、56241部服役,历任战士、副班长、班长、代理排长。1980年12月至1988年5月,在蓬安县供销社工作(1983年9月至1986年7月在南充电大脱产读书3年)。1988年5月至2002年1月,在蓬安县人大常委会办公室工作,历任秘书、副主任、主任、联络工委主任。2002年1月至2006年,任蓬安县人大常委会副主任、党组成员。

【伏文超】 1955年10月生,阆中市人。1979年1月加入中国共产党。1980年3月,参加工作。1983年12月,任共青团阆中县委书记。1984年12月,任中共阆中县委组织部副部长。1987年2月,任中共阆中县柏垭区委书记。1987年10月,任中共阆中县委常委兼中共柏垭区委书记。1990年4月,任阆中县委常委、组织部部长。1990年7月任中共蓬安县委常委、组织部部长。1992年10月,任中共蓬安县委副书记、蓬安县委党校校长。1995年5月,任中共南部县委副书记、代县长。1996年1月,任南部县政府县长。1997年1月,任中共南部县委书记。1999年1月,任中共南充市委常委、南部县委书记。2001年3月,任中共南充市委常委、市委秘书长。2002年6月,任中共南充市委常委、南充市政府常务副市长。2004年2月,任中共南充市委常务副书记、市政府常务副市长。2004年4月至2006年6月,任中共南充市委常务副书记,兼任市委党校校长。曾任南充市一、二、三届人代会代表;中共南充市第一次、二次、三次代表大会代表;中共四川省第七次代表大会代表;四川省第十届人代会代表。

【邓光联】 1955年生,蓬安县人,中共党员。1976年,参加中共蓬安县委基本路线教育工作团,9月,在天成小学任民办教师。1978年,考入西南农业大学农学系。1982年,毕业获农学学士学位,分配到农牧渔业部全国农业技术推广总站工作,后又到农业部全国农业技术推广服务中心、中国农业科学院沼气科学研究所工作,先后任三处副处长、种子检验处处长、办公室主任、农业部优质农产品开发服务中心副主任(副司级)、中国农业科学院沼气科学研究所所长兼党委书记、全国农技推广中心副主任、中国种子贸易协会副理事长,农业部抗旱保春耕专家指导组组长。发表论文20余篇,其中2篇论文在国际上获奖。

【苟茂碧】 女,1955年生,蓬安县人。1976年5月,参加工作,6月,加入中国共产党。1976年5月至1978年2月,在蓬安县三坝乡工作。1978年2月至9月,在蓬安县河舒区、罗家区参加基本路线教育,9月至1988年8月,在蓬安县锦屏镇工作,历任党委委员、团委书记、妇联主任。1988年8月至1992年9月,任蓬安县锦屏区副区长、区委委员。1992年9月至1996年10月,任蓬安县锦屏镇副镇长、党委委员。1996年10月至2002年12月,任蓬安县妇联主席、党组书记、九届县委委员。2003年1月至2006年,任政协蓬安县委员会副主席、党组成员。

【张行忠】 1956年2月生,蓬安县人,中共党员。1983年至1991年,先后担任蓬安县锦屏区副区长、区长、区委书记。1992年至1995年,担任蓬安县周口镇党委书记。1995年10月至2006年

12月，先后担任蓬安县副县长、县委副书记，嘉陵区常务副区长、区委副书记。

【黄成立】 1956年4月生，丹棱县人，中共党员。1975年8月，参加工作，云南大学党政专业大专毕业。1976年12月至1978年10月，云南省军区边防9团服役。1978年10月至1987年1月，11军32师95团排长、团宣传干事、连指导员、党支部书记。1987年1月至1988年1月，14集团军93团组织股长。1988年1月至1990年3月，14集团军31师宣传干事、师炮团火箭炮营教导员、营党委书记。1990年3月至1996年4月，93团政治处副主任、纪委副书记，党委常委、政治处主任、纪委书记、副政委。1996年4月至1998年11月，蓬安县人武部政委、党委书记。1998年11月至2001年8 月，中共蓬安县委常委，蓬安县人武部政委、党委书记。在部队工作期间，两次参加对越作战，两次荣立三等功。2001年8月至2006年9月，任中共蓬安县委常委、总工会主席、政法委书记。2006年10月，任蓬安县人大常委会党组书记、常务副主任。

【张绪跃】 1956年4月生，蓬安县人，高级工程师。1975年8月，参加工作。1987年11月，加入中国共产党，省劳动模范，佛山市人大代表。广东顺德糖厂有限公司董事长、总经理，中共顺德糖厂有限公司党委书记；顺德区工商联副会长，顺德区中小企业信用互助协会会长，广东省四川商会会长，广东省制糖学会副理事长。1976年8月至1981年12月，在华南理工大学读大学。1982年1月至1985年8月，在云南轻工研究所工作，其间：所主持的“甘蔗渗出法”项目获云南省科技进步二等奖、轻工部科技进步三等奖。1985年，获云南省轻工系统劳动模范。1985年9月至1990年12月，在广东国营顺德糖厂工作，任制炼车间技术员、顺德糖厂厂长助理，期间：主持的“糖厂节能4.5工程蒸发系统改造”项目获广东省科技进步三等奖、轻工部科技进步三等奖，主持的“原糖糖浆亚硫酸磷酸双浮法澄清新工艺”项目获国家科技进步三等奖，发表了相关的论文五篇。1991年1月至1993年10月，在顺德德胜电厂指挥部工作，任副总指挥。1993年11月至今，在广东顺德糖厂有限公司工作，任董事长、总经理、公司党委书记。1993年年初，广东国营顺德糖厂面临破产，张绪跃同另外三人整体赎买了糖厂，成为顺德第一家转制企业的董事长、总经理。2005年，公司固定资产从转制前的3000万元发展到20亿元。

【吴志国】 1956年7月生，高坪区人，中共党员。1976年，参加工作。1976年10月至1976年11月，在东方红机械厂工作。1976年11月至1988年8月，在步兵562团服役。1997年5月至2002年10月，任中共南充市嘉陵区委常委、区委办公室主任。2002年10月至2006年8月，任中共蓬安县委副书记。2006年8月，任市重点办主任。

【王培荣】 1956年9月生，西充县人，中共党员。1980年8月，参加工作。1976年1月至1978年8月，在西充县观音乡任民办教师。1978年9月至1980年7月，在南充财贸校读书。1980年8月至1988年11月，在蓬安县巨龙区供销社工作，历任会计、主办会计、党支部书记、主任。1988年12月至1995年12月，任蓬安县审计局党组成员、副局长（1989年9月至1992年7月，在中共蓬安县委党校读函授大专）。1996年1月至1997年12月，任财政局党组成员、收费局局长。1997年11月至1999年7月，兼任财政局副局长。1999年8月至2003年2月，任财政局党组书记、局长。2003年1月至2006年，任蓬安县人大常委会党组成员、副主任。

【唐季蓉】 女，1956年10月生，营山县人。1974年7月加入中国共产党。1977年7月参加工作。1984年7月至1998年11月，任营山县纪委委员。1988年12月至1993年1月，任纪委常委。1993年2月至1994年7月，任纪委副书记。1994年8月至1995年8月，任营山县审计局党组书记、局长。1995年8月至2002年10月，任中共营山县委常委、宣传部部长。2002年5月至2000年10月，兼任县总工会主席。2002年10月至2005年11月，任中共蓬安县委副书记、县纪委书记。2005年11月，调营山任职。

【吴元尧】 1956年生，蓬安县人，中共党员。1976年2月，参加工作。1976年2月至1979年10月，在西藏山南洛扎县中队服役，任副班长、班长、给养员。1979年10月至1980年10月，任西藏山南洛扎县中队司务长（其间参加省公安厅民警处教导队学习）。1980年11月至1985年12月，调任西藏自治区武警总队后勤部财务处工作，任正排、副连、正连职、副营职助理员。1986年1月至1989年10月，任西藏自治区武警总队后勤部财务处副处长（其间被武警总部评定为会计师）。1989年11月至1996年8月，在西藏自治区武警队驻青海省格尔木市办事处工作，历任办事处副主任、主任、政委。1996年8月至1997年12月，转业到蓬安，任县委副书记。1998年1月至2006年，任县人大常委会副主任。

【姚　敏】 1957年4月生，蓬安县人，中共党员，天成乡敬老院院长，南充市第二届人大代表。1979年，调天成敬老院，从早到晚忙着给老人叠被、扫地、倒便盆、清除鼻涕口痰、喂饭、喂药、换洗衣服，把疯癫老人找回敬老院。还把在兴旺小学代课快转正的妻子曾玉华也动员到敬老院作专职护理，一干就是十年。老人罗桂华夜出未归，姚敏冒着倾盆大雨，把他背回来。朝鲜战场下来的黄仕百，患有痴呆症，大小便失禁，姚敏待他如亲生父亲。老人杨炳珍70岁淋了大雨感冒，送医院途中休克，姚敏和妻子轮换对他进行人口呼吸。唐元璋半身瘫痪，床、衣、裤天天都沾满屎尿，亲外甥不愿入门，姚敏和妻子为他擦身、换衣。93岁的郑义蓉患上肾炎，姚敏坚持送她上医院，直到97岁才离开人世。90岁的郭法珍，得了重感冒，想召集亲人吩咐后事，姚敏安慰她并天天喂药，老人健康如初。卢开通老人去世，次日，姚敏母亲也去世，他忍着丧母之痛，办完卢开通老人的丧事后，母亲早已被埋葬，他未见到母亲最后一面。家庭联产承包责任制尚未普及，姚敏就承包了敬老院的土地，提出“以院养院”发展敬老院经济的新路子，全年总收入达16000多元，按合同规定，应得9600元，他一分未要，全部用来敬老院养鱼、养猪、养鸡鸭、种果树。敬老院年收入一直保持在8.5万元左右，位居南充市所有敬老院经济排行榜第一名。20世纪80年代，他的先进事迹先后被《中国农民报》、《四川农民报》、四川人民广播电台、《四川信息报》、《南充日报》等报刊、电台刊播，被誉为“买父母养老的共产党员”。1987年，先后出席省五保工作先代会、南充地区优抚工作先代会。1988年9月，全国老龄委员会授予他“敬老好儿女金榜奖”荣誉称号，是南充市唯一一个受到国家表彰的民政工作先进个人。1992年，共青团南充地区委员会，授予他“杰出青年”称号。1996年、1997年，姚敏连续两年被评为南充市十佳敬老院院长。1998年，被省老龄委授予四川省十佳敬老好儿女称号。1999年，被中共四川省委评为四川省优秀共产党员。

【梁治强】 1957年11月生，蓬安县人，见义勇为先进个人。1998年1月的一个深夜，高庙乡八村肖合山下的余某某一伙盗贼进入巨龙镇十六村五组行盗，先偷走了一家的腊肉一背、皮箱一口，内有五个银元和老衣。接着偷梁治强家，梁听到响声，发现有贼，穿着单衣内裤立即追赶，追至公路一电杆边，欲将歹徒捉住，两人搏斗起来。余某某拿出匕首，将梁治强颈部、耳边各戳一刀，将其右眼一刀戳瞎。梁治强满身鲜血，疼痛难忍，仍坚持与歹徒顽强拼搏。村民梁治明闻声赶到现场，用扁担击打余某某，被余某某将其大腿戳伤，梁志强与梁志明合力捉住余某某。村上将余某某扭送派出所，其余盗贼逃跑，也被公安部门捉拿归案。梁治强经巨龙中心卫生院、南充川北医院抢救治愈，用去医药费用1万多元，留下了多处伤痕和残疾。十六村村民和巨龙镇各单位、各村踊跃给予捐助。1998年，县政府表彰梁治强为见义勇为先进个人，民政部门给梁治强办了残疾证书，每月发给伤残补助50元，镇、村将其落实为低保户。

【刘　忠】 1957年11月生，蓬安县人，中共党员，大校军衔。1975年8月至1976年12月，蓬安县济渡小学任教。1976年2月至1978年12月，任沈阳军区守备9团文书；1978年12月至1980年9月，任沈阳军区守备18团政治处书记。1980年9月至1982年7月，西安政治学院学员。1982年7月至1983年5月，任沈阳军区守备18团二炮连副指导员。1983年5月至1983年6月，任沈阳军区守备18团宣传股长。1983年6月至1984年11月，任沈阳军区守备6师干部科干事。1984年1月至1986年2月，任沈阳军区白城守备区干部处干事。1986年2月至1996年4月，任四川省蓬安县人武部军事科科长。1996年4月至1998年8月，任四川省南充军分区宣保科科长。1998年8月至2003年2月，任阆中市人武部部长。2003年2月至2006年，任广安军分区政治部主任、参谋长。

【刘吉峰】 1957年12月生，蓬安县人，大校军衔。1970年12月入伍。1976年5月，加入中国共产党。1970年12月，二炮工程建筑179团战士。1971年10月至1974年4月，出国老挝任援老筑路指挥部719大队战士参加援老抗美战斗。1974年4月，昆明军区机要局机训队学员。1975年11月，二炮55基地179团副班长，参加云南沙甸平叛战斗。1976年5月，基建工程兵36支队机要科机要员。1978年2月，基建工程兵36支队机要科见习参谋。1981年6月，基建工程兵机要处参谋。1983年8月，基建工程兵指挥部办公室秘书，其间：1985年9月至1987年9月，北京大学学习哲学。1987年6月，总政治部直工部白石桥干管处秘书。1991年7月，总政治部直工部老干部局干事。1994年1月至1999年8月，总政治部直工部编研室干事，其间：1997年9月至2000年7月，解放军西安政治学院学习法律。1999年8月，总政治部直工部黄寺干管处副政委。2003年2月，海军快艇26支队副政委，其间：2004年9月至2007年7月，中央党校学习国际政治。2005年9月，解放军出版社政治部主任。三次荣立三等功。

【梁怀泽】 1957年出生，蓬安县人，中共党员。1978年，参加工作。1978年3月至1983年8月，在金溪镇任水利员。1983年8月至1992年6月，在鲜店乡工作（1987年4月任副乡长，1989年4月任乡长）；1992年6月至1992年9月，任河舒镇党委书记。1992年9月至1994年8月，任河舒镇党委副书记、镇长；1994年9月至1998年10月，任河舒镇党委书记（其间1997年9月至1999年7月，在四川省委党校函授学院法律专业学习）；1998年11月至1999年8月，任县政府县长助理；1999年8月至2002年10月，任县政府副县长；2002年10月至2004年6月，任县委常委、县政府常务副县长。2004年6月，调南充任市航道管理处处长。

【蔡宝成】 1958年4月生，蓬安县人。1981年1月，毕业于南充农学院果树专业。1984年6月，加入中国共产党。2000年6月，西南师范大学函授研究生毕业，高级农艺师，南充市级拔尖人才和学术技术带头人，四川省委、省政府有突出贡献的优秀专家，享受省政府津贴，四川省第五次、六次党代会代表，四川省第九、十、十一届人大代表。历任蓬安县果树站果技员、副站长、站长，蓬安县农业局副局长、柑橘办主任，南充市果树站站长，南充市农业局党组副书记、副局长。2006年7月，任南充市农业局党组书记、局长。1977年7月，蔡宝成高中毕业到农村当“知青”。1977年12月，考入南充农学院果树专业大专班。1981年，到蓬安县农业局果树站工作，主编了《蓬安县果树资源调查及区划》。蔡宝成请示成立无核锦橙100号攻关小组，对锦橙100号生态条件、生物学特性进行充分研究，运用测土配方、营养诊断、修剪枝条等技术，形成了无核锦橙100号，果大，细嫩，甘甜，色泽红艳。1985年，蔡宝成带果树站的人扛三筐锦橙100号去南昌参加国评，获得部优称号。蔡宝成先后参加了“中日柑橘技术交流”研修班和四川省农牧厅出国英语、日语培训班学习。1986年3月，他作为中方赴日研修生代表团团长，率团赴日本广岛农业大学专攻果树栽培知识。他用日语撰写的《柑橘茎针孔病的诊断及防治对策》一文，被收入《日中友好的步伐》一书。1994年，蔡宝成找张文才教授为锦橙100号命名时，张教授欣然同意，称蓬安县“中国锦橙第一县”，称“三坝中国锦橙第一乡”。7月，他又被国家农业部派往美国夏威夷州农业研修1个月。1997年，蔡宝成调离蓬安，历任南充市农业局副局长、高坪区副区长、南充市农业局长。出版了《中国名优柑橘》《锦橙100号丰产栽培技术》《日本柑橘整形修剪技术》《南充葡萄栽培与经销》，翻译出版了《柑橘病毒之研究》等共5部专著，在国内外重要刊物上发表学术论文20余篇。

【毛正伟】 1958年5月生，蓬安县人，中共党员，大校军衔。1965年至1974年，正源小学读书。1974年至1977年，盘龙中学（今巨龙职中）读书。1978年至1981年，沈阳军区士兵、班长。1984年，解放军后勤工程学院毕业后分配到中国人民解放军总后勤部基建营房部工作，从事军队后勤基本建设及房地产管理。现任中国人民解放军总后勤部基建营房部综合局局长。先后受到各级嘉奖20余次，荣立三等功2次。

【陈鹏泉】 1958年7月生，蓬安县人，中共党员。1977年8月参加工作。1977年8月至1984年4月，蓬安县兴旺镇工作。1984年4月至1987年7月，蓬安县广播局工作。1987年8月至1991年3月，蓬安县委报道组工作。1991年4月至1994年8月，县委办公室工作，历任秘书科科长、调研科科长、副主任科员。1994年9月至2001年11月，任县政府办公室副主任。1998年1月，任政府办公室主任。2001年12月至2002年5月，任县委宣传部部长。2002年5月至10月，任县委常委、宣传部长。2002年11月至2006年4月，任蓬安县委常委、县委办公室主任。2006年4月，任县委常委，10月，任县委常委、县政府副县长。

【何俊明】 1958年8月生，蓬安县人，中共党员，高级经济师，高级工程师。全国工商联执委、中国光彩事业促进会理事、中国工商理事会常务理事、中国民营经济研究会理事、四川省政协常务委员、四川省政协农业委员会副主任、四川省人大常委会法制工作委员会法律咨询中心立法调研员、四川省法人代表权益保护中心副理事长、四川省工商业联合会副主席、四川省光彩事业促进会副会长、西南财经大学客座教授、四川科创药业集团董事长、党委书记。何俊明在“文化大革命”期间断断续续地读完了小学、初中和高中，放过牛、种过地、当过泥水匠。1978年夏，进入成都第一工业机械学校读书。1982年7月至1986年1月，在四川内燃机厂工作。1986年2月至1990年9月，在内江市物资局企业管理科工作。1990年6月，获四川大学经济学士学位。1990年9月，任内江市轻工物资总公司总经理。1992年10月，任内江市计委副主任。1995年6月，任内江市机械局局长、党组书记。1996年8月，任四川省环联实业总公司党组成员、副总经理、党委书记。1998年7月，在四川联合大学管理学院获研究生结业证。1997年11月，任四川省机械设计院院长、党委副书记。1998年3月，被评为高级工程师。1999年，任四川东华机械厂党委书记。2000年3月，任四川省科技创业公司总经理、党委书记。2001年3月至2003年12月，任四川省科技投资公司总经理、党委书记（2000年10月至2002年7月，任四川陆军预备役步兵师修理营技术室高炮助工，技术中校军衔）。2003年，何俊明创建了“四川科创集团”，任董事长、党委书记。2004年，四川科技投资公司和科创公司合并改制，他买断工龄，从事民营经济工作，把太平洋房地产集团和科创医药集团进行整合，发展旅游、酒店和投资担保，净资产突破30亿元，拥有全资公司60余家，参股公司30余家，员工人数突破7000人，每年为国家创税收1亿多元。2005年4月，参加四川省非公有制经济代表人士中央党校培训班学习。2006年3月，参加省委党校四川省非公有制经济代表人士培训班学习。7月获西南财经大学工商学院高级工商管理硕士学位。何俊明投资1000万元创建四川科创培训学院，多次出资主办“四川风险投资研讨会”“企业融资报告会”“企业融投资论坛”。1997年开始，资助失学儿童、贫困大学生50万元；向“希望工程”、巴中光彩扶贫、巴中青木镇的老区人民、朱德家乡仪陇县度门镇葛家嘴、蓬安县巨龙镇道路建设、西南财经大学、简阳、四川大学、阿坝州大骨节病患者等共计捐款165万元，捐物900万元。先后被评为四川省参政议政先进个人、省优秀中国特色社会主义事业建设者及中国改革人物、优秀民营企业家等。

【祝启程】 1958年生，蓬安县人，中共党员。全国十大中学明星校长，中国教育学会初中专委会副理事长，全国民办教育家联谊会副理事长，四川师范大学特聘教授，四川省陶研会讲师团专家组成员，四川省优秀校长，四川省特级教师。四川省教师专业发展委员会副理事长，绵阳生命关爱协会会长，绵阳市家庭教育讲师团常务副团长。绵阳市涪城区文体局党委委员，绵阳市政协委员。1978年至1981年，在蓬安师范学校读书。1981年至1984年，在蓬安巨龙中学任高中语文教学、教研组长、班主任工作。1984年至1990年，担任蓬安县巨龙中学副校长主持行政工作（西南师范大学教育行政管理专业在职学习，1989年，获本科学历）。1990年至1993年，任四川蓬安县实验中学校长、党支部书记。1993年至2000年，应聘担任绵阳市实验中学校长、党支部书记（1998年西南师范大学教学论研究生课程班结业），五年办成全国名校。1998年，在该校召开了全国初中教育综合改革现场会。1999年，《人民教育》第5期用3万多字作了长篇报道。2000年后，应聘担任绵阳东辰国际学校校长、党支部书记（其间：北京师范大学在职博士毕业），办学6年，学生人数增长了10倍，达到8300余人。绵阳东辰学校先后评为“影响中国西部的十大中小学品牌学校、全国民办教育百强学校、全国优质品牌学校”。中考连续5年获市一等奖、摘取市状元，全市5万名考生中前10名和特优生东辰占近一半，升学率100%。首届高考98%升本科，80%升重本，考取清华北大人数跃居四川省前三强。媒体称为东辰模式，专家称为“东辰现象”。先后在《教育研究》《中国教育学刊》等刊物发表论文100余篇，出版专著4本，开发校本教材近100本，成果获全国特等奖、一等奖2次、省政府二、三等奖。在全国率先创立“学生节、理财节”。

【宋　俊】 1958年12月生，南部县人。1975年，参加工作，曾任过乡农技员、生产队团小组长、公社宣传队长。1978年3月至1982年1月，就读四川农业大学果树专业。1982年1月至1989年12月，南充地区农业局专业技术干部、中级农艺师、曾任南充地区果树站副站长。1990年1月至1993年12月，任南充地区农业局办公室主任。1993年12月至1999年5月，任南充市农业局党组成员、副局长。1999年5月至12月，任蓬安县政府副县长。1999年12月至2002年11月，任中共蓬安县委常委、县政府常务副县长。2002年11月至2006年10月，任中共阆中市委常委、政法委书记。2006年10月，任中共阆中市委常委、宣传部部长。先后参与编著《南充名特产》，撰写和发表《南充地区土壤志》果品专篇、《南充地区农业志》（主编）。编著并出版发行专著《苍溪雪梨栽培技术》《南方葡萄栽培及经销》。省级以上刊物发表近三十篇，如：《浅谈南充柑橘发展战略》《试论农业信息的性质、地位和作用》《五种不同柑橘树的改良》《叙谈中国春节源头在阆中》《擎起风水文化旗帜，建设中国西部最具吸引力的旅游城市》《新形势下加强宣传思想和意识形态建设的思考》等。

【张建勤】 1959年1月生，蓬安县人，大校军衔。1964年9月至1976年7月，先后就读于钟离村民办小学、银汉小学、罗家中学（其间因“文化大革命”运动休学1年）。1977年1月至1979年2月，海军部队战士。1979年3月，海军教导队艇长班学员，6月加入中国共产党，10月学习结业，11月至1980年5月，海军副艇长（副连职）。1980年6月至1981年8月，海军某部队司令部作训科参谋。1981年9月至1983年7月，海军指挥学院合成指挥员班学员。1983年8月至1991年6月，海军东海舰队司令部干部训练科参谋。1991年7月至2002年4月，总参谋部作战部海军局参谋(1999年12月，晋升为副师职参谋，2002年12月，授予大校军衔)。2002年5月至2003年12月，总参谋部作战部办公室副主任。2004年1月至2006年4月，总参谋部作战部综合局副局长。2006年5月，总参谋部作战部综合局局长、党委书记。后任中央军委联合作战指挥中心副主任、党委副书记。张建勤先后参加了军队重大建设规划的研究拟制、重大军事演习和训练活动的组织筹划、部队进驻香港和占驻南沙岛礁以及地方抢险救灾等活动的组织指挥，荣立三等功3次，多次受到嘉奖和表彰。

【沈华伦】 1959年1月生，蓬安县人，中共党员。1978年7月，参加工作。1973年9月，蓬安中学读书。1976年10月，到蓬安县锦屏公社十三大队当知青。1978年7月，在燕山寨微波站工作。1981年，调入四川省微波站工作。1983年，任省高级法院秘书科长。1990年，任省政法委处长。2000年，任德阳市检察院检察长。2001年2月至2006年，任省司法厅政治部主任、党组成员。

【张绪进】 1959年4月生，蓬安县人，中共党员。重庆交通大学西南水运工程科学研究所所长，全国注册咨询工程师、注册结构工程师，重庆交通大学水利类专业硕士生导师，重庆大学兼职博士生导师，重庆市港口、海岸及近海工程学术带头人后备人选。兼任中国水力发电工程学会水工水力学专业委员会委员、水文泥沙专业委员会委员，国际泥沙研究学会委员。1978年9月至1982年6月，在成都科技大学（现四川大学）水利系水利水电工程建筑专业读本科。1982年7月至

1985年8月，在水电部第十工程局从事水电站施工技术工作，任助理工程师。1985年9月至1988年6月，在成都科技大学水利系水力学及河流动力学专业读硕士研究生。1988年6月至今，在重庆交通大学西南水运工程科学研究所工作。张绪进先后主持了有关三峡工程及长江中上游特大型水利工程的科研项目及西南山区河流水利与水运工程科研项目共60余项，其中：国家级及部省市级科研项目20余项，地方科研项目40余项。在南充青居电航工程模型试验中节约投资约2000万元，在南部红岩子船闸工程及滨江路工程中节约投资约4500万元，先后获国务院三峡建设委员会办公室和中国长江三峡开发总公司先进科技工作者称号，重庆市科技进步二等奖。

【杨明君】 1959年7月生，蓬安县人。1981年8月，参加工作，中共党员。1967年9月至1981年8月，先后在蓬安县会龙小学、济渡中学、蓬安师范读小学、初中、高中、师范。1981年8月至1983年8月，蓬安县河舒小学任教兼任团总支书记。1983年9月至1984年8月，蓬安县开元乡小学任教导主任、主持学校全面工作。1984年9月至1985年8月，蓬安县柳滩乡小学任校长。1985年9月至1987年7月，蓬安中学任教，任校团委书记、办公室主任。1987年8月至1990年3月，共青团蓬安县委副书记、书记。1990年4月至1992年11月，县委办公室主任、县委保密委主任（1985年9月至1990年7月四川师院政治经济系学习本科毕业。1992年9月至11月，市委党校中青班学习）。1992年12月至1997年11月，县委常委、县委办公室主任（1993年9月，市委党校县干班学习。1996年3月至1997年8月，省社科院工业经济与企业管理研究生班学习毕业）。1997年12月至2002年9月，县委副书记（2001年3月至5月清华大学经济管理学院学习。2002年9月至11月，省委党校县书班学习）。2002年10月至2006年，南充市粮食局党委书记、局长（2006年9月，省委党校公共管理专业学习研究生班学习）。

【刘兆东】 1959年7月生，仪陇县人。1977年8月，参加工作。1984年12月，加入中国共产党。1977年8月至1978年2月，蓬安县知青。1978年3月1982年1月，南充师范学院（现西华师大）中文系读书。1982年2月至1992年11月，蓬安师范学校教师、教导处副主任、副校长。1992年12月至1993年12月，中共蓬安县教育委员会党委书记、县教育工会主席。1994年1月至2000年2月，县政府副县长。2000年3月至2006年7月，南充市委宣传部副部长、市宣传文卫机关党委书记（其间，2001年12月，正县级宣传员)。2006年7月，中共南充市委党校常务副校长。

【王应龙】 1961年7月生，蓬安县人。1980年9月至1984年7月，在四川师范学院中文系学习。1984年8月至1985年2月，蓬安中学教师。1986年7月，加入中国共产党。1985年3月至1988年2月，蓬安党校教师。1988年3月至1990年2月，任蓬安县监察局监察股长。1990年3月至1992年9月，任县政府办公室调研科长、秘书科长。1992年10月至1999年8月，先后任周口镇副镇长、镇长、党委书记（1996年3月至1997年8月，在四川省社会科学院“工业经济与企业管理研究生班”学习）。1999年9月至2001年3月，任县政府县长助理。2001年4月至2005年7月，任县政府副县长。2005年7月，调南充工作。

【贺国庆】 1961年12月生，河南省正阳县人。1978年，参加工作。1980年7月，加入中国共产党。1978年12月至1981年11月，任南京军区一军二师高炮营三连战士。1981年12月至1982年7月，任南京陆军学校后勤大队九队学员。1982年8月至1986年11月，任南京军区一军三师高炮营三连正排职司务长（1984年9月至1986年7月，在浙江师范大学中文系语言文学专业函授大专）。1986年12月至1987年1月，任南京军区一军三师高炮营三连副连长。1987年2月至6月，任南昌陆军学校政工队副连职学员。1987年7月至1990年5月，任南京军区第一集团军三师高炮营一连指导员。1990年6月至1991年11月，任南京军区第一集团军三师侦察连指导员。1991年12月至1994年11月，任南京军区第一集团军三师直工科副营职干事。1994年12月至1996年4月，任南京军区第一集团军三师直工科正营职干事。1996年5月至1997年3月，任四川省南充军分区干休所副政治委员，正科级。1997年4月至2001年3月，任四川省南充军分区干休所副政治委员。2001年4月至

2006年6月，任四川省蓬安县人武部政治委员（2002年2月至2004年7月，在山东师范大学经济管理研究生班结业）。2005年7月至2006年6月，任中共蓬安县委常委、县人武部政治委员。2006年7月调离。

【汪俊波】 1962年5月生，仪陇县人，中共党员。1984年3月至1987年10月，仪陇县果山乡政府工作。1987年10月至1991年11月，仪陇县银山乡政府工作。1991年11月至1992年9月，仪陇县环山乡党委书记。1992年9月至1994年11月，仪陇县双胜乡副乡长（副科级）。1994年11月至1997年7月，仪陇县新政镇镇长（1995年9月至1997年7月，南充职工大学函授汉文专业）。1997年7月至2001年7月，仪陇县土门区委书记、区工委主任。2001年7月至2003年1月，仪陇县委办公室副主任。2003年1月至2006年9月，仪陇县政府副县长。2006年9月至2006年11月，中共蓬安县委常委。2006年11月至12月，县委常委、县总工会主席。

【鞠会明】 1962年5月生，蓬安县人。1978年12月入党，大校军衔，荣立三等功7次。1967年9月至1974年8月，蓬安县利溪小学读小学、初中。1974年9月至1976年7月，蓬安县中学读高中。1977年1月至1980年11月，中国人民解放军五六一〇六部队战士（1978年12月至1979年5月，参加中越自卫反击战）。1980年12月至1982年8月，正排职报务员。1982年9月至1984年8月，中国人民解放军武汉通信指挥学院学员。1984年9月至1985年9月，任参谋。1985年10月至1988年4月，任连长（1985年8月至1986年6月，参加“两山”防御作战）。1988年5月至1990年4月，任副营长。1990年5月至1992年1月，任营长。1992年12月至1994年10月，任技术处处长(正营职)。1994年11月至1995年2月，任参谋长（副团职）。1995年3月至1996年5月，中国人民解放军电子工程学院学习。1996年6月至1998年2月，任副部队长。1998年3月至1999年4月，任中国人民解放军昆明陆军学院士官训练大队大队长。1999年5月至2000年8月，任部队长（正团职）。2000年9月至2003年9月，中国人民解放军电子工程学院研究生学习。2003年10月至2005年4月，任部队长（正团职）。2005年5月至2006年2月，任副部队长（副师职）。2006年3月至12月，任空军航空兵某师副部队长(代职)。

【赵从容】 1962年7月生，西充县人。1985年4月14日，加入中国共产党。1969年9月至1975年8月，西充县仁和完小读小学。1975年9月至1979年8月 ，西充县仁和中学读初中、高中。1979年9月至1981年8月，在南充地区师范校读书。1981年9月至1983年8月，在西充县金华中学任教。1983年9月至1985年8月，在南充师范学院历史系读书。1985年8月至1989年8月，在南充地委宣传部工作，任副主任干事。1989年8月至1993年12月，在南充地区行署办公室工作，任科长。1993年12月至1994年9月，在南充市委办公室工作，任科长。1994年9月至1997年5月，任高坪区政府副区长，兼任南充十里工业街经济技术开发区管委会副主任，主持日常工作。1996年4月至7月，在中共四川省委第二党校县长培训班学习。1996年9月至1998年8月，参加省委党校经济管理专业本科函授学习。1996年10月至1998年9月，参加四川省社科院工业经济与企业管理研究生班学习。1997年5月至12月，任中共高坪区委常委、宣传部部长，兼任南充十里工业街经济技术开发区管委会副主任，主持日常工作。1997年12月至1999年4月，任中共高坪区委副书记。1999年3月7日至7月8日，在中共四川省委党校第六期中青年干部培训班学习。1999年4月至2001年5月，任中共蓬安县委副书记。1999年9月至2001年8月，参加中共四川省委党校经济学研究生班学习。2001年5月，任蓬安县委办公室、县国土局主任科员。2002年6月至2006年，借调到南充市政府办公室基建办工作。

【唐建明】 1962年12月生，蓬安县人。1983年11月，加入中国共产党。1979年11月参军，上校军衔。1979年11月至1982年4月，在二炮80302部队通信站任战士、班长。1982年5月至1983年3月，在二炮后勤部干部训练队学习。1983年4月至1986年11月，在二炮80302部队通信站任司务长。1986年12月至1990年10月，在二炮80302部队后勤部物资处任副、正连职助理员。1990年11

月至1992年1月，在四川省遂宁军分区后勤部任副营职助理员。1992年2月至2000年3月，在四川省南充军分区任正营、副团职参谋。2000年4月，任蓬安县人武部部长。2001年8月至2005年6月，任中共蓬安县委常委、县人武部部长。2005年6月，任顺庆区人武部部长。

【刘中伯】 1962年12月生，仪陇县人。1980年8月，参加工作。1983年1月，加入中国共产党。1980年8月至1984年3月，在仪陇县大华乡政府工作。1984年4月至1985年10月，任仪陇县大华乡财政所所长兼乡团委书记。1985年11月至1989年10月，任仪陇县回春镇党委副书记。1989年11月至1992年8月，任仪陇县来苏乡党委书记。1992年9月至1995年9月，任仪陇县回春镇党委书记兼镇长。1995年10月至1997年3月，任仪陇县政府副县长。1997年4月至2001年9月，任中共仪陇县委常委、县政府常务副县长。2001年10月至2002年9月，任南充市水利局党组书记、局长。2002年10月至2006年10月，任中共蓬安县委书记、县人大常委会主任。2006年被评为全国优秀党务工作者、全省优秀县委书记；是年10月，任中共四川省委组织部副部长。

【李光辉】 1962年12月生，蓬安县人。1987年3月，加入中国共产党。1984年4月，参加工作。1984年4月至1987年5月，在河舒镇政府工作。1987年3月，加入中国共产党。1987年5月至1989年1月，任蓬安县碧溪乡副乡长。1989年7月至1992年1月，任蓬安县开元乡党委副书记、乡长、党委书记。1993年，任杨家镇镇长。1994年，任开元乡党委书记。1997年，柳滩乡党委书记。2001年，任罗家区委副书记。2003年1月，任县政协副主席。

【周春明】 1962年12月生，蓬安县人，中共党员，大校军衔。1980年11月，应征入伍，历任战士、学员、分队长、副连长、作训参谋、连长（副营职）、副营长（正营职）、旅后勤部副部长、发射营长（副团职）、旅参谋长、南京军区某师副师长等职，现任第二炮兵装备部订货部副部长。先后5次进初、中、高级军事院校学习，在军区以上学术刊物上发表论文60余篇，参加过2次抗洪救灾和10余次实战实兵演习，荣立三等功3次。

【罗　宇】 1963年2月生，蓬安县人，中共党员，武警重庆市总队医院神经内科主任，主任医师，技术5级（副军），文职3级。1981年7月，毕业于蓬安县周口中学。1986年7月，毕业于第三军医大学军医系。1997年7月，毕业于第四军医大学，硕士学历。发表学术论文60余篇，编写医学专著2部，以第一完成人荣获全军医疗成果三等奖1项，武警部队科技进步三等奖4项，医疗成果三等奖2项。享受武警部队优秀技术干部岗位津贴。先后担任中华医学会高压氧专委会委员，重庆市医学会内科学专委会委员、神经内科专委会委员、高压氧专委会副主任委员，武警部队神经内科专委会委员、心理学专委会委员等学术职务。兼任《中国临床康复》《神经疾病与精神卫生》《武警医学》等杂志编委特邀编委。

【邹艳钦】 女，1963年2月生，二级演员，中国戏剧家协会四川分会会员。1977年4月，蓬安县川剧团工作。1984年至1988年，任蓬安县川剧团副团长，南充市第二届人民代表大会代表，蓬安县第二、三、四届政协委员，第五届政协常委。曾参加营、蓬、仪三县川剧青年演员训练班和南充市首届青年演员唱腔讲习班学习。1984年，在四川省振兴川剧第一届会演中，担纲主演《燕儿窝之夜》剧中主角邓倩倩，先后在成都和省电视台直播演出并获得表演奖。1988年，在四川省中青年演员《金鹰杯》电视大奖赛上获荧屏奖。1989年，赴上海参加国际艺术节演出，在灯戏《幺妹嫁给谁》《灵牌迷》中饰演主角，获得高度评价。1990年，收录入中国戏剧家名人录。1991年，在南充地区川剧折子戏调演中获得一等奖。

【夏建平】 1963年3月生，蓬安县人。1982年8月，参加工作。1989年12月，加入中国共产党。先后任茶亭小学教导主任、县教研室主任、县教委副主任、南充市外侨办（旅游局）副主任(副局长)、南充市旅游局副局长等职。主编的《初中化学指导》《序列循环训练·化学篇》《爱国主义教育读本（小学五年级)》《单元目标教学和管理·初二政治》《嘉陵江旅游要览》等著作出版发行；主研的《“一标四环”教学实验研究》课题获四川省政府首届教学科研成果二等奖，设计并主研的“教师教学工作业绩考核评价”科研课题评为省教委普教科研资助金课题（省级科研课题）；撰写教育、旅游方面的《论正态分布在教育评价中的应用》《论整体性原理与学校领导班子配备》《嘉陵江流域（四川段）旅游开发对策研究》等20余篇论文在国家及省市刊物上发表。

【周京国】 1963年3月生，蓬安县人，川北医学院内科学教授，博士生导师。中华医学会四川分会内科学专委会副主任委员，中华医学会四川分会内科学血液专业委员会副主任委员，血液学专委会副主任委员，四川省医学会副会长，四川省卫生厅医院分级管理专家评审委员会委员，南充市医学会副会长，四川省医师协会副会长，四川省卫生厅学术技术带头人。1988年7月，毕业于重庆医科大学临床医学专业，获医学硕士学位。1992年6月至1994年10月，川北医学院附属医院检查科主任。1994年10月至2000年7月，川北医学院附属医院副院长兼川北医学院临床医学系副主任、川北医学院附属医院检验科主任。2000年7月至2001年3月，川北医学院医学检验学系主任、附属医院副院长。2001年3月至12月，川北医学院院长助理兼学院医学检验学系主任、附属医院副院长（其间：2001年1月，作为高级访问学者受医院委派赴日本圣玛莉安娜大学研修免疫、风湿和基因研究，8月学成返院工作）。2001年12月至2004年8月，川北医学院院长助理兼学院医学检验学系主任、附属医院常务副院长。2004年8月至2005年7月，川北医学院副院长兼学院医学检验学系主任、附属医院常务副院长。2005年7月，川北医学院副院长、附属医院院长、附属医院护士学校校长。周京国在国外、国家级和省级学术刊物公开发表学术论文百余篇，参与编写专著1部。先后荣获四川省科技进步一等奖2项、省科技进步三等奖2项、省医学科技奖三等奖1项，南充市科技进步二等奖3项、市科技进步三等奖2项，获国家专利1项。

【邹　平】 1963年4月生，重庆江津人，中共党员。1982年9月至1986年7月，四川师范学院中文系读大学，文学学士。1986年7月至1989年10月，中共南充地委党校任教。1989年10月至1992年1月，南充地委组织部工作，任干事。1992年1月至1994年2月，南充地委组织部副主任干事。1994年2月至1996年12月，南充地委组织部研究室主任。1996年12月至2001年3月，中共阆中市委常委、组织部部长。2001年3月至9月，中共阆中市委副书记、组织部部长。2001年9月至2002年10月，中共阆中市委常委、副市长。2002年10月至2003年1月，中共蓬安县委副书记、代理县长。2003年1月至2006年11月，中共蓬安县委副书记、县政府县长。2006年12月，任中共蓬安县委书记。

【王晓钧】 1963年5月生，南充市嘉陵区人。1984年7月，参加工作。1985年5月，加入中国共产党。1980年9月至1984年7月，西南农业大学（现西南大学）蚕桑专业读书，获学士学位。1984年7月至1987年9月，蓬安县龙蚕乡工作。1987年9月至1994年8月，蓬安县政府办公室科员、股长、副主任。1994年8月至1996年4月，中共蓬安县委办公室副主任。1996年4月至1997年12月，中共蓬安县委组织部副部长、县直机关工委书记。1997年12月至2001年12月，中共蓬安县委常委、组织部部长。2001年12月至2002年10月，中共蓬安县委副书记、组织部部长。2002年10月至2006年，中共阆中市委副书记。

【侯　健】 1963年5月生，阆中市人，中共党员。1979年9月至1981年6月，在南充农学院农学系作物栽培专业学习。1981年7月至1984年2月，先后在原阆中县彭城乡、双龙区工作，担任乡、区团委书记。1984年3月至2001年2月，在南充地区、南充市团委工作，先后任团地（市）委组织部部长、副书记、书记，南充市青年联合会主席，全国团的十七大代表。2001年3月至2002年10月，任中共蓬安县委副书记（正县），兼县委党校校长。2002年11月，任中共高坪区委副书记（正县），兼区委党校校长。其中：2003年3月至7月，在省委党校第10期中青班学习。2006年3月至10月，参加中组部、统战部、国家民委等三部委组织的挂职锻炼，任中共上海市静安区委办副主任，四川干部上海挂职联络组组长。

【彭德全】 1963年6月生，蓬安县人。1987年7月，毕业于四川农业大学，农学学士，高级农艺师，中共党员。1987年7月至1988年7月，在蓬安县农业局农技站工作，任技术员。1988年8月至1992年3月，任蓬安县农技站副站长。1992年4月至1992年11月，任蓬安县农业技术推广中心主任、农技站副站长。1992年12月至1994年7月，任蓬安县农技开发服务公司经理、党支部书记，兼农业局土肥站、植保站、农技站站长、农村推广中心主任。1994年8月至1998年2月，任蓬安县农业局副局长，其间：1995年8月至1998年2月，兼任蓬安县种子公司经理、党支部书记。1998年3月至1999年9月，任蓬安县周口镇党委副书记、镇长。1999年9月至2001年11月，任蓬安县农业局党委书记、局长。2001年12月至2006年6月，任县政府副县长，7月后离职。

【侯卿平】 1963年9月生，阆中市人。1984年9月至1988年7月，兰州大学读本科。1988年7月至1993年11月，南充地区档案局工作。1992年11月，加入中国共产党。1993年12月至2002年11月，在南充市委办公室工作（1989年12月至1990年12月，下派蓬安徐家区工作。1998年12月至1999年12月，下派南部县流马镇工作）。2002年12月至2004年7月，西充县人民政府副县长。2004年8月至2006年9月，中共西充县委常委、县总工会主席。2006年10月至12月，任中共蓬安县委常委、县政法委书记。

【邓红谷】 1963年10月生，蓬安县人。1985年，毕业于四川大学数学系，7月，任重庆钢铁专科学校助教（现重庆科技学院）。1993年，调入中国工商银行重庆市分行工作。1994年，获国家电子工业部高级程序员认证。1999年，被中国工商银行聘为高级工程师。历任工商银行重庆市分行银行卡部电脑科科长、银行卡业务部总经理助理、副总经理。2007年，调入浦发银行重庆分行，任信息科技部总经理。1993年，牵头开发完善了牡丹卡业务管理系统，使工行重庆卡部成为工行牡丹卡系统中首家使用电话银行系统的单位。其后，他不断完善电话银行功能，使重庆市分行成为全国第一家使牡丹卡特约商户摈弃手工查支付名单的单位；第一家可在电话银行系统上提供对储蓄卡服务的单位；第一家可通过电话银行传人工坐席的单位；第一家可在电话银行系统上为全国发卡银行及本地特约商户提供完整实时授权的单位。重庆电话银行系统被工行总行确定为全国卡部的标准模式。1996年，作为项目技术小组负责人，他牵头完成重庆工、农、中、建、交5家银行共用POS系统（商户银行卡受理终端系统）的开发，实现了全国闻名的“重庆模式”：在使用银行卡的各商场的每台POS机中，存放5组电话号码，POS机自动识别各家银行的卡，分别拨号到各家银行主机作联机交易。POS系统重庆模式经过中国人民银行等国家部门鉴定，在国内不少大中城市推广使用。邓红谷的研究成果，引起了国际同行的关注。1999年，全球最大的金融末端设备制造商美国惠普公司向他颁发了“亚洲及太平洋地区最杰出工程师”证书，这在国内是独一无二的。同年，他被工行重庆市分行确认为有特殊贡献的技术人员，成为该分行首届“争光奖”的获得者，得到了提职加薪的奖励。2003年，他率先将高密磁条卡（又称高矫顽力磁卡）技术引入中国大陆。为了解决普通磁条卡容易消磁这个困扰银行卡同行的问题，他对国外最新的高密磁条卡技术进行了周密的测试和系统的论证，率先在工行重庆分行大规模发行高密磁条卡并获得成功，极大地降低了磁条卡片意外消磁的概率，提高了磁条卡的使用寿命。之后，高密磁条卡迅速在工商银行全辖区推广，并被国内银行同业效仿、广泛采用。

【朱仕友】 1963年12月生，南部县人。1989年5月，加入中国共产党。1979年9月至1982年6月，南部师范学校学习。1982年7月至1988年8月，在南部县碾盘乡、盘龙镇等学校任教。1988年8月1991年10月，在南部县文教局工作（1988年9月至1990年7月，离职在南充教育学院中文系大专班学习）。1991年10月至1996年3月，在中共南部县委组织部工作，历任副科长、科长、县委组织员（1993年9月至1996年7月，参加四川师范学院经济系经济管理本科函授学习）。1996年3月，至1997年3月，任南部县大王镇党委书记、人大主席。1997年3月至2001年11月，任南部县定水区委书记、区工委（督导办）主任、人大常委会主任。2001年12月至2002年10月，任南部县劳动和社会保障局局长。2002年10月至2006年1月任中共蓬安县委常委、县委组织部部长。2006年1月，调西充县任职。

【傅　毅】 1963年12月生，蓬安县人。1984年7月，参加工作并加入中国共产党。1980年9月至1984年7月，西北工业大学航空发动机专业学习。1984年7月至1986年9月，六二四所八室技术员。1986年9月至1989年3月，西北工业大学振动专业学习，获硕士学位。1989年3月至1998年2月，六一一所技术员、所办副主任，人事处副处长。1998年2月至1999年7月，六一一所人事处处长。1999年7月至2000年6月，六一一所党委副书记（副厅级）。2000年6月至10月，六一一所党委副书记、副所长。2000年10月至2001年6月，成都经济开发区管委会副主任、党组成员（正局级）。2001年6月至2002年12月，成都经济开发区管委会副主任、党组副书记(2001年5月至2002年11月，挂职任国家信息产业部科技司副司长)。2002年12月至2003年12月，成都市龙泉驿区委副书记、成都经济开发区党工委副书记、成都经济开发区管委会副主任。2003年12月至2005年5月，中共金堂县委书记。2005年5至2006年，中共崇州市委书记。

【冯泽林】 1963年12月生，四川省苍溪县人。1982年9月至1984年8月，四川统计学校学生。1984年8月至1994年2月，南充地区统计局干部、副主任科员。1990年10月，加入中国共产党。1994年2月至1994年10月，南充市委组织部研究室副主任干事。1994年10月至1997年4月，南充市委组织部研究室主任干事。1997年4月至1999年11月，任南充市委组织部主任干事、研究室副主任（1995年9月至1997年12月，省委委党史校函授经管专业学习。1998年11月至2000年11月，下派嘉陵区移山乡任党委副书记）。1999年11月至2002年8月，南充市委组织部研究室主任。2002年8月至2004年11月，南充市委党建办副主任、组织部研究室主任。2004年11月至2005年12月，南充市委党建办副主任。2005年12月至2006年9月，南充市委党建办副主任，中共仪陇县委副书记(下派)，市纪委委员。2006年9月，中共蓬安县委常委、县纪委书记，县第十一次党代会代表，市纪委委员，市第四次党代会代表。

【母鹏程】 1963年生，中共党员，四川省戏剧家协会会员、四川省南充市戏剧家协会理事。广州市戏剧家协会会员。1977年，考入蓬安县川剧团。1978年，进入南充市营、蓬、仪三县川剧学校学习。先后拜蓬安川剧团李幼林、中国著名京剧表演艺术家施子健为师，主攻武生。曾担任四川省蓬安县川剧团团长，党支部书记。1988年，中央电视台，四川电视台联合举办四川省中青年川剧演员泸州老窖（金鹰杯）电视大奖赛，演出川剧《八阵图》，获南充赛区一等奖、四川省表演二等奖、中国艺术节川剧调演一等奖，中央电视台黄金时间转播、四川电视台现场直播。1991年，参加中国艺术节振兴川剧调演，演出川剧《长坂坡》获二等奖。2001年，庆祝建党八十周年南充市小戏、小品比赛获一等奖。2002年，赴广东，推广宣传表演民族传统艺术《川剧变脸》，并注册文化传播策划公司。受到广东、广州、香港亚洲电视台、《广州日报》、《香港文汇报》、《浙江日报》等新闻媒体报道。多次代表政府出访国外，港、澳及国内各大城市和地区文化交流演出。2003年8月亚洲电视台拍摄专题片《大王驾到》。2004年7月，被邀东莞市委宣传部、广电局举办的文化周末《探索神秘变脸——走进川剧》示范讲解专场演出。2005年4月，广州电视台拍摄专题片《独爱脸谱的青红皂白》；6月，参加世界旅游小姐总决赛颁奖演出，参加广州电视台拍摄专题片《夫妻双双把脸变》；10月，参加国际超级模特大赛总决赛颁奖晚会演出；11月，赴北京参加越南公安部访华接待演出。2006年6月，参加欢送《哥德堡号》瑞典国王晚会演出；8月，参加三亚国际高尔夫总决赛演出；9月，参加广东省社区文化直通车大型文艺晚会；12月，参加乔石委员长赴广州庆祝元旦的演出。

【郑小江】 1963年生，蓬安县人，蓬安县检察院党组成员、反贪局局长，全国检察机关先进个人，四川省劳动模范。29次被四川省委、南充市委、蓬安县委和省、市人民检察院表彰奖励、记功。1991年，郑小江从事反贪工作以来，办理的案件，凡移送起诉的，90%以上不经退查就提起公诉，所办案件无一件错案。2001年以来，郑小江先后六次被抽调到上级检察院作为骨干主办案件，每次都不辱使命。主办了震惊全省乃至全国的南充“大都会”窝案；主办了四川省委挂牌督办、四川省检察院检察长陈文清亲自交办的广元市交警支队长何朝道等人贪污、受贿窝案……在15年的反贪生涯中，他领办、主办的贪污、受贿等职务犯罪案件共计129件137人，为国家挽回直接经济损失1500余万元。郑小江被纳入四川省反贪人才库，荣立两次二等功、一次三等功，被四川省委、省人民政府评为“政法战线先进个人”，南充市委、市政府评为“查办大要案先进个人”“人民满意政法干警”和“南充市十大优秀青年”，被蓬安县委、县政府评为“十佳破案能手”。2006年，郑小江积劳成疾，经确诊为肠淋巴癌，县委、县政府为他拨付专项治疗经费。他坚持工作，又先后主办、参办贪污、贿赂案件50件59人，其中大案35件44人、要案6件6人，为国家挽回经济损失740余万元。《检察日报》《四川日报》等多家媒体对其宣传报道。

【田华东】 1964年2月生，蓬安县人，中共党员，全国优秀人民警察、四川省政法战线先进干警。1984年4月，参加工作。1993年，加入公安队伍，历任徐家派出所治安民警、副所长、教导员、所长。2000年，调县公安局，先后担任刑警大队教导员、经侦大队教导员，二级警督警衔。1995年3月，在徐家派出所作民警时，为侦破一起拐骗婴儿案而置自己病危的孩子于不顾，被拐骗婴儿案破获了，而自己的孩子因失去抢救最佳时机而夭折。当年《人民公安报》以《田华东：忠诚献人民》、《中国青年报》以《蓬安传颂田华东》为题相继报道。1993年至2006年，主办协办各类刑事案件300多件，为国家集体追回赃款一百余万元，被南充市委、市政府评为优秀公务员并荣记个人二等功一次，省、市公安机关荣记个人三等功二次。

【曾　颖】 1964年2月生，南充市嘉陵区人。1982年7月至1985年2月，南充县定平小学、中学老师、团支书记。1984年2月，加入中国共产党。1985年2月至1991年8月，南充县师范教师(教工团支部书记)。1991年8月至1993年3月，南充县教育局干部。1993年3月至1997年2月，中共嘉陵区委组织部干部股副股长、部工会主席、组织股股长、区委副科级组织员。1997年2月至1999年9月，中共嘉陵区移山乡委员会书记。1999年9月至2002年12月，嘉陵区计生委主任、党组书记。2002年12月至2003年2月，嘉陵区建设局副局长、党组书记主持工作。2003年2月至2004年10月，嘉陵区建设局局长、常组书记。2004年10月至2006年8月，中共嘉陵区火花镇党委书记。2006年8月至2006年9月，中共嘉陵区火花街道党工委书记、人大工委主任。2006年9月，任蓬安县政府副县长、党组成员。2006年9月，市交管处副处长。

【任润生】 1964年9月生，南充市嘉陵区人。1984年8月，参加工作。1991年10月加入中国共产党。1982年9月至1984年8月，南充财贸学校会计专业学习。1984年8月至1993年8月，南充县物价局工作。1993年8月至1994年5月，嘉陵区计经局办公室主任。1994年5月至1996年9月，嘉陵区扶贫办工作（1994年8月至1996年7月，省委党校经济学专业研究生学习）。1996年9月至1997年4月，嘉陵区委办公室工作。1997年4月至2002年10月，南充市委宣传部工作，先后任办公室副主任、理论科科长。2002年10月至2006年1月，南部县委常委、宣传部部长。2006年1月，中共蓬安县委常委、组织部部长。

【杜朝君】 1964年1月生，南充市嘉陵区人，中共党员。1983年6月至1984年3月，南充县天星乡教师、林业技术员。1984年3月至1985年11月，南充县天星乡、龙池乡团委书记。1985年11月至1990年5月，南充县大通区团委书记、团县委常委。1990年5月至1992年9月，中共南充县新庙乡党委书记。1992年9月至1996年9月，南充县嘉陵区大通镇副书记、镇人民政府镇长、镇党委书记兼镇长（1995年3月至6月在德阳绵竹市挂职锻炼，任绵竹市清道镇党委副书记）。1996年6月至1998年11月，中共南充市嘉陵区大通工作委员会书记、嘉陵区大通工作委员会主任。1998年11月至2000年8月，嘉陵区建设委员会党组副书记、副主任、区环保局局长。2000年8月2002年11月，中共嘉陵区水利电力局、水利局党组书记，水利电力局、水利局局长，兼任嘉陵区防洪堤建设工程局局长（2002年4月至7月在浙江省杭州市萧山区挂职锻炼，任萧山区计划发展局局长助理）。2002年11月至2006年任蓬安县政府副县长。

【范琼花】 女，1964年7月生，蓬安县人，中共党员，党的十六大代表、徐家镇党委副书记、方广村党支部书记。1996年，担任村党支部书记，把没有条件住校的孩子接到家里，当了他们的“临时妈妈”。她所照顾的27户36个孩子中，有17人升入初中、12人考入高中，4人上了大学。她带头捐资1000元，建成一所500平方米的学校，打井57眼，建集中供水站5处，新修村道公路6千米，修便民路12千米，架便民桥8处。方广村连续多年被县、乡评为“红旗村党支部”、精神文明建设示范村，范琼花多次获市、县、乡“优秀共产党员”称号。2002年，被评为全国“三八”红旗手、四川省十大创业之星。2005年1月，当选为“2004年度四川省十大杰出青年”，是唯一来自农村基层的代表，也是南充唯一获选的青年。2006年，范琼花出席了党的第十六次代表大会。南充市委组织部、宣传部，蓬安县委联合出版了《范琼花》一书，配合上级电视台拍摄了《山村的故事》电视节目，撰写了《突围穷困的日子》的专篇通讯，省委宣传部编印的《共产党员风采录》全文收集。

【卿足平】 1964年9月生，蓬安县人，中共党员，农业技术推广研究员，第二届四川省专家评议（审）委员会委员。全国渔政系统先进工作者，四川省水利系统“九五”先进工作者，四川省农业科技先进工作者，四川省有突出贡献的优秀专家，四川省水产局局长兼四川省珍稀鱼类国家级自然保护区管理局局长。2006年，享受国务院政府特殊津贴。卿足平主编出版了《鲇鱼鲈鱼养殖实用技术》《养牛蛙》《规模化养殖新技术》《鱼病看图防治》等著作共50万字以上，发表论文和专题文章40余篇。主持推广的《四川省规范化稻田养鱼高产技术推广》《水库施肥养鱼技术推广》《池塘主养鲫鱼健康养殖技术推广》项目分获农业部农牧渔业丰收奖一等奖、二等奖，主持研究的《四川省规范化稻田养鱼高产技术推广》《四川省特种水产养殖现状及发展对策研究》获四川省人民政府科技进步二等奖、三等奖。

【胡景寿】 1964年10月生，蓬安县人，四川省第十、十一届人大代表，广元市第三、四届政协委员，广元市第五届政协委员、常委，高级农艺师、高级咨询师。1980年9月至1983年7月，南充农业学校农学专业学习。1983年7月1997年1月，苍溪县农业局工作。1983年7月至1990年8月，派驻岐坪、东青两区和高坡乡工作。1990年8月至1996年12月，先后任农业局土肥站副站长、站长、县项目办副主任、县生态农业领导小组办公室副主任（1989年9月至1992年7月，西南农大函授学院植保专业大专班学习）。1997年1月至1998年3月，苍溪县农业局副局长。1998年3月2002年4月，苍溪县政协副主席、县农业局副局长（1995年8月至1997年12月，省委党校函授学院经济管理专业本科班学习）。1999年，在浙江省海宁市挂职，任市长助理。2002年5月至2006年，任广元市工商业联合会主席、商会会长，广元市光彩事业促进会副会长、顾问。

【王　云】 1964年生，蓬安县人，上海明泉企业（集团）有限公司董事长，第四届上海市“慈善之星”。1972年至1980年，就读于正源小学。1980年至1982年，就读于盘龙中学（今巨龙职业中学），后因穷困辍学。1982年，到南充做小生意，其间，自学大学课程。1986年，毕业于西南财经大学。1988年，任职于上海明泉集团。1989年至1992年，任深圳蛇口经济发展总公司经理。1992年后，任上海明泉房地产开发有限公司董事长，公司涉及房地产开发、资产经营、实业投资、文化艺术教育等多个领域，净资产发展到规模逾20亿元的企业集团，入围上海房地产50强，中国房地产200强。2000年9月至2002年6月，参加上海大学MBA深造进修。近年来，王云及其公司累计捐赠近2000万元。先后向蓬安教育事业捐款500余万元，其中：捐资220万元建成蓬安县第一所以个人名字命名的希望小学——王云小学，出资120万元在蓬安县设立了“王云助学基金”；向华东师范大学贫困新生捐助125万元助学金，在上海捐赠200万元成立上海阳光明泉青少年发展基金，向上海市慈善基金会捐赠“王云慈善基金”300万元，拿出80万元用于闵行区的老年事业等。

【蒋秀琼】 女，1965年1月生，蓬安县人。1983年7月，毕业于四川省水产学校，分配到蓬安水电局工作。1990年，任河舒区副区长。1993年，任县水利局副局长。1996年，任蓬安县政府县长助理。1998年1月至2001年12月，任蓬安县政府副县长。2002年至2006年，任南充市水务局副局长。2005年，作为主研人员，获农牧渔业部丰收二等奖。2006年，获人事厅、水产厅“十五”计划期间先进个人、省水利厅规划计划先进个人。

【刘志惠】 女，1965年2月生，蓬安县人。1981年9月，招为蓬安丝绸厂缫丝工，她进厂后刻苦学、苦练缫丝技术本领，生产成绩优异，操作技术领先，曾多次被评为省、市缫丝技术操作能手。1991年1月，荣获中国丝绸工业总公司“操作能手”称号，4月，荣获中华全国总工会授予的“全国优秀业务能手”称号和“五一劳动奖章”。

【黄　春】 1965年2月生，广安市人，无党派人士，多次获省、市、县科技成果及市、县先进个人称号，蓬安县“十大杰出青年”。1983年9月至1987年7月，在西南农业大学学习。1987年7月至1994年10月，在蓬安县农业局工作。1994年11月至1998年5月，任蓬安县农工委菜办副主任。1994年6月至2000年3月，任蓬安县经济体制改革委员会副主任。2000年3月至2001年12月，任蓬安县经济贸易委员会副主任（2001年7月至10月在浙江温州挂职锻炼）。2001年12月至2002年12月，任蓬安县对外经济贸易合作局局长、蓬安县人民政府县长助理。2002年12月至2006年8月，任蓬安县政府副县长。2006年8月，任高坪区副区长。

【向　潇】 1965年3月生，重庆云阳县人。1981年7月，毕业于重庆云阳县中学高中部。1981年9月至1984年7月，就读于中国人民解放军汽车管理学院汽车指挥专业获大专学历。1985年4月，加入中国共产党，大学文化，上校军衔。1986年、1990年，先后被坦克第十一师政治部和后勤第三十八分部记三等功一次。1993年9月至1994年7月，就读于四川大学成人教育学院经济管理专业“专升本班”，取得大学本科学历。2002年5月至2004年10月，参加西南师范大学业政治经济学专业法律研究方向研究生课程班学习毕业。1984年7月至2004年6月，期间历任原武汉军区政治部汽车队排长，济南军区坦克第十一师政治部干部科干事，成都军区成都车材仓库业务处助理员、政治处干事，后勤第三十八分部教导队政治教导员，联勤第三十八分部政治部干部科副科长，成都军区联勤部成都军需物资采购供应站政治处主任、政治协理员。2005年3月，任蓬安县人武部部长（2005年9月至11月，在四川省委党校第十九期县长进修班学习毕业）。

【刘　彬】 1965年7月生，仪陇县人，中共党员。1981年9月至1984年8月，在南部师范学校读书。1984年8月至1989年11月，任仪陇县南图小学、中学教师（1986年9月至1989年7月，在南充教育学院数学专业学习）。1990年6月，加入中国共产党。1989年11月至1994年5月，任仪陇县人大常委会办公室秘书股长、办公室副主任。1994年5月至1997年7月，任南充市人大常委会办公厅秘书处长。1997年7月至2002年6月，任南充市人大常委会办公厅副主任、党支部书记（1995年9月至1997年12月，在四川省委党校经济管理专业学习）。2002年6月至2004年3月，任南充市人大常委会办公室主任。2004年3月至2005年12月，任南充市人大常委会秘书长、常委会党组成员（2002年9月至2005年9月，在中央党校在职研究生经济学专业学习）。2005年12月至2006年6月，任南充市人大常委会秘书长、常委会党组成员，中共蓬安县委副书记。是南充市第三次党代会代表、市三届人大代表。

【唐　荣】 1965年8月出生，蓬安县人。南充市第一届人大代表，蓬安县第十二届人大代表，蓬安县第七届政协委员、常委。蓬安县十佳卫士、南充市劳动模范、四川省政法战线先进干警、全国优秀法官、全国模范法官。历任蓬安县法院书记员、助审员、审判员、罗家法庭副庭长（主持法庭工作）、立案庭副庭长、执行局副局长、监察室主任、审判委员会专职委员。1985年6月，参加工作。1994年11月，考调到蓬安县法院。唐荣曾在被群众称为“三无”（无审判场所、无办公场所、无生活用房）法庭的罗家人民法庭工作8年。2000年12月，被川北医学院确诊为“直肠癌”，身经四次手术，仍工作在第一线，臀下垫的卫生纸把下胯磨出了血，仍数年如一日地坚守在法院最艰苦的执行工作岗位上。先后完成法律专业的专科和本科阶段的自学考试，并积极参加全国司法考试。2003年3月12日，中共蓬安县委作出关于开展向“模范法官”唐荣同志学习活动的决定，中央电视台、《四川法制日报》等大小媒体先后进行了报道。

【杨 州】 1965年10月生，蓬安县人，中共党员。1972年2月至1977年7月，在西充县占山乡小学读书。1977年9月至1978年2月，在西充县占山乡读初中。1978年2月至1980年7月，在蓬安中学读高中。1982年9月至1986年7月，在重庆大学读书。1986年7月至1999年4月，在望江机器厂历任总厂工程师、分厂副厂长、总厂副处长、处长、副总工程师。1999年4月，至今历任重庆力帆集团副总工程师、技术中心主任、总工程师、常务副总裁、总裁、副董事长。

【邹利鹏】 1965年11月生，蓬安县人，大校军衔，中国酒泉卫星发射中心高级工程师，航天科技尖兵。1988年6月，加入中国共产党，7月，毕业于国防科技大学，在戈壁滩上，历任特燃供应站助理工程师、工程师、化验室副主任、副总工程师、总工程师、特燃部部长、中国人民解放军某部队装备部副部长、部长、高级工程师。1992年，被评为全军“四会教练员”。1993年，被原国防科工委评为“学雷锋双贡献先进个人”。1995年，获“中国航天基金奖”。1997年，被原国防科工委评为“建功成才青年标兵”“学雷锋先进个人”。1998年，获第六届“中国青年科技奖”。1999年，被评为全军“刻苦钻研科技知识青年标兵”，获“甘肃省五四青年奖章”、“求是杰出青年实用工程奖”、载人航天工程第一次飞行试验突出贡献奖。2000年，获“中国青年五四奖章”。2001年，被评为总装备部优秀共产党员和全军优秀共产党员，荣立一等功1次、二等功1次、三等功2次。1999年9月18日，作为全国青年科技工作者的唯一代表，出席了中共中央、国务院、中央军委表彰为研制“两弹一星”作出突出贡献科技专家的大会。2003年10月15日，中国首次载人神舟宇宙飞船发射成功，邹利鹏主要承担了飞船的发射塔架、整个航天地面设备保障任务。邹利鹏攻克了国内外专家几十年没有解决的液体推进剂领域两大技术难题，先后获国家科技进步二等奖1项、部委级科技进步一等奖1项、二等奖2项、三等奖3项，军队科技进步二等奖1项、三等奖3项、四等奖1项，3项发明获国家专利。20多篇论文在军内外发表，出版专著2部、手册1部，主编的3项液体推进剂国家军用标准已颁布实施多年，产生了良好的军事效益、经济效益和社会效益。

【青泽政】 1965年出生，嘉陵区人。1983年10月，参加工作。1990年1月，加入中国共产党，大学学历，上校军衔。1983年10月至1985年9月，解放军十四军警卫连战士。1985年9月至1989年9月，解放军农牧大学畜牧系学习。1989年9月至1990年8月，成都军区后勤部驻昆办教导队副连职教员。1990年8月至1999年5月，成都军区后勤部曲靖军需库政治处干事、勤务连指导员、政治教导员。1999年5月至2000年3月，雅安市名山县人武部政工科长。2000年3月至2001年4月，西充县人武部政工科长。2001年4月至2004年11月，南充市军分区政治部组织干部科科长。2004年11月至2005年3月，南充市顺庆区人武部副部长。2005年3月至2006年4月，阆中市人武部政委。2006年4月，中共蓬安县委常委、县人武部政委。

【黎 萍】 女，1966年2月生，广安区人。1989年7月，参加工作。2005年7月22日，加入致公党，助理会计师，市二届、三届政协委员，市三届政协常委。1986年9月至1989年7月，西昌农学院经济管理专业学生。1989年8月至1995年10月，南充县财政局农财股副股长。1995年11月至1997年7月，高坪区小龙镇副镇长（1995年12月至1997年12月，西南师范大学经济哲学与现代管理专业研究生课程班学习；1997年3月至1997年4月，高坪区委党校女副书记、乡镇长培训学习）。1997年8月至1998年10月，高坪区统计局副局长（1998年5月至1998年7月，四川省社会主义学院县局级党外干部班培训学习）。1998年11月至2002年1月，高坪区政府办副主任(1999年3月至1999年6月，市委党校党外中青年干部培训学习)。2002年2月至2003年2月高坪区妇联主席（2002年7月至2005年6月，西华师大自考法律本科毕业；2003年3月至2005年1月，西南科技大学农学专业毕业）。2003年3月至2006年9月，高坪区扶贫办主任（2003年3月至2003年6月，省委党校第三期科级女干部班培训学习；2005年12月，中央党校法律本科毕业）。2005年9月至2006年9月，上挂市扶贫办主任助理。2006年10月，任蓬安县政府副县长。

【刘亚雄】 1966年6月生，蓬安县人，广能集团绿水洞煤业公司急倾斜综合机械化综采一队队长。1999年，荣获全国“五一劳动奖章”。2000年，获全国劳动模范称号。在工作中刘亚雄处处以身作则，样样抢着干，被干部职工们誉为“井下小老虎”；提出的19项小改革和合理化建议被队、公司采纳，创价值80余万元；近5年义务献工达257天，其中带病上班有20余次，有6次累倒在生产现场。2008年，成为奥运火炬传递活动四川首站——广安奥运火炬传递火炬手。

【赵小轻】 1966年6月生，南充市嘉陵区人。1984年8月至1990年12月，南充县辉景小学任教。1990年12月至1994年11月，南充县委办、高坪区委办工作、任股长。1993年7月，加入中国共产党。1994年11月至1997年10月，高坪区委办副主任。1997年6月，兼任高坪区保密局局长。1997年，毕业于四川师范学院经济管理专业。1997年10月至2001年12月，南充市委办工作，先后任农经科、综合科、城市经济科科长。2001年12月至2003年4月，南充市委办副主任。2003年4月至2004年8月，南充市委副秘书长，兼任南充市委办副主任。2004年8月至2006年，任中共蓬安县委常委、县政府常务副县长。

【罗清泉】 1967年3月生，蓬安县人。国家高技术产业化先进工作者。1991年7月，参加工作。1995年12月，加入中国共产党。2003年3月，任重庆市涪陵区副区长、区政府党组成员。2006年12月，任重庆市发展和改革委员会副主任。

【段再青】 1967年5月生，蓬安县人。1986年9月至1989年7月，万县师专中文系汉语言文学专业学习。1989年1月，加入中国共产党，7月，参加工作，至1991年7月，任南充地区蓬安技工校团委书记。1991年7月至1993年9月，任蓬安县委组织部主办干事。1993年9月至1994年12月，任蓬安县锦屏镇委员会副书记。1994年12月，任广安地委组织部副主任科员，其间：1995年9月至1997年12月，在四川省委二党校经济管理专业本科函授毕业。1996年12月，任广安地委组织部正科级组织员、调配科副科长，其间：1997年6月至1999年6月，在西南师范大学马克思主义理论与思想政治教育专业经济哲学与现代企业管理研究方向研究生班学习。1999年8月，任广安市委组织部干部调配科科长。2000年10月，任岳池县委常委、组织部部长。2002年5月，岳池县委副书记、组织部部长、政法委书记、县委党校校长，其间：2002年2月至2002年7月，在省委党校第9期中青年干部培训班学习。2002年11月，任广安经济技术开发区党委副书记、管委会副主任。2003年1月至2003年3月，任广安经济技术开发区党委副书记、管委会副主任（主持工作）。2003年3月，任广安市城市规划建设管理委员会办公室常务副主任（正县级）、广安经济技术开发区管委会主任、党委书记。2003年6月，任广安市委副秘书长、驻蓉办主任。2004年1月，任广安市建设局党组书记、局长、市城市资产经营中心主任。2005年4月，任广安市规划和建设局党组书记、局长。2006年2月，任武胜县委书记。2006年3月至2006年6月，任武胜县委书记、县人大常委会主任。2006年6月，任广安市人民政府副市长，省九届党代表。

【袁　菱】 女，1967年10月生，南充市顺庆区人。1984年8月至1988年7月，西南师范大学学习。1986年5月，加入中国共产党。1988年7月至1995年3月，西南石油大学任教。1995年3月至1998年6月，西南石油大学团委干事，其间：1996年9月至1999年7月在西南师范大学攻读硕士学位。1998年6月至2000年3月，西南石油大学团委副书记。2000年3月至2001年7月，西南石油大学团委书记。2001年7月至2002年10月，西充县副县长。2002年6月为正处级。2002年10月至2006年9月，中共西充县委副书记、纪委书记，其间：2003年7月至12月挂任上海市普陀区真如镇党委副书记。2004年5月至2004年6月，清华大学参加现代公共管理高级研修班培训。2006年9月，任中共蓬安县委副书记。

【陈泽斌】 1968年6月生，四川省渠县人。1989年11月，加入中国共产党。1986年9月至1990年7月，在四川师范学院中文系读书。1990年8月至1993年8月，在川北医学院学生处任辅导员兼团总支书记（1992年8月至1992年12月，在南部县建兴镇参加社教）。1993年9月至1995年8月，在西南师范大学政治思想政治教育专业二学位班读书。1995年9月至1997年8月，任川北医学院党委办秘书。1997年9月至1999年8月，任川北医学院总务处副处长主持全面工作。1999年9月至2001年2月，任川北医学院学工部副部长。2001年，在西南师范大学经济哲学与现代管理研究班毕业。2001年3月至2001年7月，在省委党校参加（省委组织部从大专院校、科研院、所、大型企业选拔的第一期年轻干部）培训班学习。2001年7月至2002年11月，任蓬安县政府副县长。2002年11月至2006年4月，任中共蓬安县委常委、县委宣传部部长。2006年3月，任中共蓬安县委常委、县纪委书记。2006年10月，调南充工作。

【邓秀珍】 女，1968年7月生，营山县人。1993年6月，加入中国共产党。1985年9月至1988年7月，在营山师范学校读书。1988年8月至1990年5月，在营山县绿水镇中心小学任教。1990年6月至1990年12月，在营山县民政局工作。1991年1月至1999年9月，任营山县残联副主任干事。1999年10月至2002年10月，在营山县妇联工作，其间2000年8月至2001年11月，任妇联副主席。2001年12月至2002年10月，任妇联主席。2002年11月至2006年8月，任蓬安县政府副县长。2006年8月，市妇联副主任。

【汪晓明】 1968年12月生，蓬安县人，高级工程师。国家重点工程某系统总设计师、国家某系统总体组成员、四川九洲电器集团有限责任公司（国营第七八三厂）总工程师、绵阳市第五届人民代表大会常务委员会委员、绵阳市科学技术协会副主席。国务院、中央军委军工产品定型委员会专家咨询委员会委员，四川省有突出贡献的优秀专家，四川省电子学会人才库专家，国家级企业技术中心主任。是享受国务院政府特殊津贴专家、四川省有突出贡献的优秀专家、四川省电子学会人才库专家、绵阳市第六届十大杰出青年企业家、绵阳市“551”计划首批优秀青年科技人才。1988年7月，毕业于西北工业大学航空电子工程系电子工程专业，9月参加工作，29岁成为总工程师，是九洲集团有史以来最年轻的总工程师。在他的努力下，九洲为×系统（国家新时期的某重点工程）获得了近2亿元的专项技术改造经费，他担任专项技改小组负责人，组织制定技术改造方案和实施方案。组建了国家级企业技术中心和博士后科研工作站。主研的某体制二次雷达先后荣获四川省科技进步三等奖、绵阳市科技进步一等奖，取得16项国家专利，并且成功打入国际市场，创造产值近4亿元。作为技术负责人，主持圆满完成的某系统科研开发任务和技术改造任务，累计创造产值数十亿元。2001年，荣获国家科技进步二等奖。主研了国家重点工程——军航某机工程。2002年，荣获中国人民解放军总参谋部科学技术进步一等奖，取得6项国家专利，创造产值近10亿元。2005年，荣获信息产业部军工电子建设项目管理工作先进个人。2006年，获绵阳市科学技术杰出贡献奖。

【邓　伟】 1968年生，蓬安县人，中共党员，村党支部书记，四川省劳动模范。20世纪90年代初，在县农广校学习农业生产技术，毕业后回到家乡潜心果树栽培技术研究与开发，历经十年，成了“科技致富能手”。他无偿为村民提供葡萄、枇杷种苗上万株，每年义务为本村及周边果农讲授3次至4次技术课，把自己从实践中得来的水果种植、管理技术编印成册《优质枇杷、葡萄、核桃高产栽培及管理技术》，免费赠送给果农，使本村及周边300多名果农学到了水果种植技术，影响带动了本村及周边村社300多户村民走上了水果种植致富之路。2003年，马家桥村被县科协评为果业示范基地。2005年，邓伟被省政府授予“四川省劳动模范”光荣称号。2006年，被省科协评为“农村实用技术拔尖人才”。

【张邦刚】 1969年1月生，仪陇县人。1989年7月至1991年7月，仪陇县柳垭职业中学任教。1991年5月，加入中国共产党，7月至1998年11月，仪陇县医药局，任四川南充制药二厂办公室主任、副厂长、厂长。1998年11月至2000年8月，仪陇县观紫镇副镇长。2000年8月至2001年5月，仪陇县药监局副局长。2001年5月至2003年4月，中共仪陇县委宣传部副部长。2003年4月至2005年6月，中共仪陇县委办公室副主任、党史办主任、县直机关工委书记。2005年6月至2006年10月，仪陇县教育局党组书记、局长。2006年10月，任蓬安县副县长。

【郑和平】 1970年1月生，蓬安县人。1986年9月至1990年7月，四川大学化学工程系学习。1999年6月，加入中国共产党，7月至1992年1月，四川大学任教。1992年1月至1994年12月，四川省化工厅工作。1994年12月至1999年4月，《中国化工报》四川记者站副站长(1994年9月至1997年7月，在四川联合大学化工学院学习，获硕士学位)。1999年4月至2000年10 月，四川化工机械厂副厂长，《中国化工报》四川记者站副站长。2000年10月至2001年3月，四川化工机械厂副厂长，四川化工控股（集团）公司办公室负责人，《中国化工报》四川记者站副站长。2001年3月至2002年12月，四川化工控股（集团）公司董事会秘书（正处级）兼办公室副主任（主持工作），中国化工报四川记者站副站长（2002年1月至12月，挂职四川省大英县副县长）。2002年12月至2003年12月，四川省遂宁市计委主任、党组书记(2001年6月至2003年6月，在四川大学经济学专业学习获博士学位)。2003年12月至2004年4月，大英县委副书记（2003年11月至2004年3月，在美国波士顿大学和明尼苏达大学学习)。2004年4月至2006年4月，四川省大英县委副书记、政府县长（2003年9月至2005年3月，西南财经大学博士后流动站泸天化工作站博士后；2005年9月至2005年11月，在四川省委党校中青年干部培训班学习)。2006年4月至10月，大英县委书记、县人大常委会主任 。2006年10月，任四川省成都市政府副秘书长（正局级)、办公厅党组成员，市投资促进委员会常务副主任。

【敖朝军】 1970年生，蓬安县人，广西艺术学院桂林中国画学院书法专业教师，书法硕士研究生，中国书法家协会会员，全国第九届书法篆刻作品展览获奖提名作者。2000年，南充市书法家协会主办“敖朝军书法成果汇报展”，蓬安电视台、《南充日报》《青少年书法报》等作专题报道，作品入展中国文联主办“希望杯”全国书画邀请展。2003年，作品入展中国书法家协会主办“全国第二届行草书大展”。2005年，书法作品、书学论文参加“全国书法专业研究生书学学术周”系列活动，并收入相应作品集、文集。2006年，参与编写书法专业本科系列教材之《行书教程》。

【陈海泉】 1971年2月生，蓬安县人，《成都商报》副总编。陈海泉读高一时开始写作，曾在《南充日报》、电台、全国一些报纸杂志发表诗歌、小说、散文。1989年，高考落榜，贷款800元摆烟摊，继续写作。1992年，陈海泉到深圳打工，从小工、统计员、资料员，干到部门经理。1993年6月，他背着一大堆书回到四川，卖木材、贩猪油、办写作公司、编内部刊物。1995年6月29日，到《成都商报》社应聘，仅试用一个月，就破格转正，是《成都商报》唯一一个没有大学文凭的人。不满半年，任社会新闻部副主任。2002年春节前，他成功策划了“扶贫济困。爱心总动员——让东郊6500户特困家庭过个欢乐祥和年”活动，赶在节前为这些困难家庭送上了丰盛的年货；是年，他被派往兰州创办《西部商报》，任该报执行总编、总经理。仅一年时间，《西部商报》发行量便由当初的不足5万份上升至15万份，成为当地发行量最大的报纸。两年后，报纸实现全赢利。2004年，陈海泉任《成都商报》编委，创设了“汽车工作部”，报社汽车广告增幅达40.8%；组建起“时尚工作室”，成功举办了“2005化妆品传媒大奖”，报社在时尚品广告经营领先全国。2005年4月，陈海泉分管报社经营工作，《成都商报》广告经营额进入全国单一报纸前5强，收入突破7亿元，首次进入全国单一报纸广告收入前三甲；年底，又策划了“心灵工程特别行动，一个也不能少——让成都低保家庭孩子每天吃上一个鸡蛋”活动，短短1个月，募集到善款230余万元，解决了成都18000余名低保家庭孩子困难。

【邓　波】 1972年9月生，蓬安县人。1996年，加入中国共产党。1992年7月，邓波被分配到石渠县从事税收工作。在石渠县学会了骑马、说藏语、喝酥油茶、用牛粪取暖等本领，适应了艰苦的工作条件。每年参加行程达1500多千米的巡回征收，十多年在风雪高原跋涉5万多千米，为国家征税数百万元。多年来，父母、孩子远在千里之外难以照料，妻子临产也因工作未能守护。妻子患上严重的“肝包囊虫”病，他在妻子手术后第五天就返回高原。2005年，被授予四川省劳动模范。2006年，被授予四川省优秀共产党员、全国税务系统先进工作者、全国五一劳动奖章。《人民日报》、新华社、《光明日报》、《经济日报》、中央人民广播电台、中央电视台均报道了邓波的先进事迹。

【王　超】 1972年10月生，阆中市人。1997年，加入中国共产党。1994年8月至2002年12月，南充市档案局工作。1998年12月至2000年7月，南充市档案局办公室副主任、业务科副科长。2000年8月至2002年1月，南充市档案局办公室主任。2002年2月至12月，任市委督查室副主任。2003年1月至2006年9月，中共南充市委办公室工作（其中：2003年2月至2004年9月，任人事科副科长、机关工会主席。2004年10月至2005年9月，任秘书科科长。2005年8月至10月，南充市委党校中青年干部培训班学习，10月至12月，任中共南充市党群系统机关党委书记、市委办秘书科长。2006年1月至9月，任中共南充市党群系统机关党委书记）。2006年9月，任中共蓬安县委常委、县委宣传部部长。

【宋　弘】 1973年1月生，眉山市人，中共党员。1991年7月至1995年7月，在四川省轻化工学院电子工程系学习。1995年7月至2001年12月，任四川轻化工学院电子与信息工程系教师（1999年9月至2000年12月，在西南交通大学研究生函授学习）。2001年12月至2002年9月，任四川轻化工学院电子与信息工程系副主任。2002年9月，任县政府副县长。2004年调离。

【沈　燕】 盲女，1974年生，蓬安县人。因为江湖游医误诊，沈燕3岁双目完全失明，6岁开始从收音机里学习文学和音乐知识。14岁时，请村里的一位老师代笔，寄出了自己的诗歌《第一次登上舞台》，参加河南经济电台举办的征文比赛。诗歌很快播出并获得了二等奖，随后她的作品又陆续在四川、南充等多家电台播出，于是，很多人主动打电话到电台索要地址，写信与沈燕交流。河南小伙子周好庭，信件往来特别频繁，除给予沈燕鼓励外，还向她索取新写的诗歌，并对其加以评点。1996年10月，在蓬安县残联的资助下，沈燕到南充市盲人按摩保健学校学习按摩。1997年12月，周好庭辞去福州的工作，奔赴四川寻找沈燕。1998年元旦，不顾双方父母和亲朋好友的反对，沈燕和周好庭有情人终成眷属。婚后第八天，沈燕盲人按摩诊所在蓬安县城开张营业，并免费带了4个徒弟。2001年10月，中央电视台节目主持人张越专程从北京两次赶往蓬安，对沈燕自强不息的事迹和感人的爱情故事进行专访，并在《半边天》栏目播出。2003年9月，在北京音乐学院周教授和蒋教授推荐下，沈燕应邀参加了由共青团中央、北京音乐台、北京新泉文化公司举办的“推出新人新歌大赛”。在比赛现场，由儿子伴舞，沈燕深情演唱的《爱人·家园》赢得了在场评委的高度评价，著名词作家李幼容当场就称赞她的歌：处处渗透着爱的力量，洋溢出爱的气息。10月17日，在由《同一首歌》著名主持人亚宁、管彤担纲主持的“锦绣蓬安”大型文艺晚会上，沈燕又和著名歌唱家郁钧剑、宋祖英同台演出，与四川著名歌手王可梅女士合作演唱了《爱人·家园》。曾经到蓬安演出的著名歌手刘斌、朱晓琳、李琼等，以及著名作曲家陶嘉舟都十分感叹沈燕和周好庭的忠贞爱情，并对沈燕的音乐作品给予了高度评价。2004年11月，蓬安电视台拍摄专题片《燕子的音乐世界》，并在南充电视台《生活空间》栏目播出。2005年8月22日，沈燕一家应邀到江苏卫视《欢乐伊甸园》录制节目。2006年，沈燕被推选为蓬安县政协委员。

【罗沼添】 曾用名罗渝泷，1977年生，蓬安县人。第三届全国烹饪大赛双料金牌得主、国家特一级厨师、国家中式烹调技师、国家二级评委、浙江烹饪大师、中国烹饪大师、中国烹饪文化研究会理事，成都市工商联荷花池商会副会长、四川省青年民营企业家协会常委、四川省温州商会副会长，温州市饭店与餐饮协会副会长、温州市青联委员、温州市鹿城区工商联执委、浙江省饭店与餐饮协会常务理事、中国饭店与餐饮协会常务理事、温州十大外来杰出青年、中国“AAA.111”工程人。四川省人大代表，南充市政协委员。12岁进温州华侨中学烹饪班学习，常用河里水草和面粉团、橡皮泥等来练习刀功，用沙子练习翻锅。两年后被破格晋升为特三级厨师。1996年，第三届全国烹饪大赛中，投入12万元的参赛原料及装饰成本，冷菜作品“锦绣中华”、热菜作品“艺海龙腾”，拿回了双料金牌。1999年，“东南西北中”、“精品佳肴”获全国第四届烹饪大赛双料金牌。2003年11月，他参加了由国际饭店与餐馆协会和中国饭店协会合办的世界厨艺大师赛，再次夺取金牌。并被载入《中国个人菜奖作品集》和《浙江名菜谱》。他先后获国家特一级厨师、国家中式烹调技师、国家二级评委、浙江烹饪大师等桂冠，事迹被编入《中国民间名人录》。他带队参加了全国第三届美食节“中国名宴、名点、名菜”评选活动，共获6项金牌，其中“东南西北中”被评为“中国名宴”，“荷花争艳”被评为“中国名点”，“精品佳肴”被评为“中国名菜”，他成为全国最年轻的“中国烹饪大师”。罗沼添掌勺制作瓯菜，先后参与接待了江泽民、李鹏、乔石等党和国家领导人，向江泽民同志详细介绍了“七星鱼丸”菜肴的制作过程。先后担任过温州各大酒店行政总厨、餐饮总监、技术顾问等要职，培养了一批大酒店厨师长。2002年，他创办“多味坊美食城”。2003年，在成都开业第一家分店。他先后收购了金港湾酒店2层至3层6000平方米商务楼、金珠大厦3层至7层10000平方米商务楼。在崇州、邛崃和重庆投资修建了6座专业市场。

【郑　凡】 1987年3月生，蓬安县人。2005年，因参加《梦想中国》获银蝶奖成名。1998年，考入四川省舞蹈学校。2002年，参加IT形象大赛，获得优胜奖。2003年，“桃李杯”舞蹈大赛中，参赛的“岁月如歌”获得一等奖；《爱人》《星探》杂志长期担任平面模特；为《中国美容时尚报》担任面部平面模特。2004年，考入中北英皇培训表演、唱歌、现代舞，同年参加英皇公司电影《大话西游》续集、《情颠大圣》拍摄。2005年，参加央视“非常6+1”获得最佳才艺奖；参加环球唱片《超级偶像》比赛获得亚军；4月签约北京华娱点将国际文化有限公司；7月，拍摄杨坤最新单曲MV女主角；8月，最新单曲签售；9月，CCTV《梦想中国》山东赛区冠军，受邀担任依Q服饰形象代言人；10月CCTV《梦想中国》全国总决赛获银蝶奖，接受CCTV-2《今晚》和CCTV-10《当代教育》及CCTV-12《心在旅途》专访；以嘉宾身份做客新浪、网易、雅虎、TOM网及腾讯QQ与歌迷进行线上互动；接受《风尚杂志》、《知音》及北京电视周刊、中国电视报封面和专访；《卫视周刊》专访；辽宁卫视《七星大擂台》专访；11月，重庆卫视《龙门阵》专题访谈；同月重庆歌友会、南充歌友会并受邀参演三宝首部音乐剧《金沙》女角，受邀与李宇春共同参演《芙蓉花开》；12月，参加长春歌友会、太原歌友会、南京歌友会、CCTV-2《梦想中国》新疆演唱会、CCTV-2《梦想中国》义乌演唱会。2006年7月，主演电影《我不是女生》；12月，获得亚太音乐榜“内地年度DJ推荐新人奖”，曾主持山东卫视《阳光快车道》和旅游卫视《第一时尚》节目。

【唐宇诗】 1990年3月生，蓬安县人，蓬安县文体局输送到四川省乒乓球队的运动员。2000年9月，参加全国少儿乒乓球比赛，获男子单打冠军。2001年5月，在日本大阪参加东南亚少年乒乓球比赛，获团体冠军，单打季军；6月，参加全国“红双喜”杯少年乒乓球比赛，获单打冠军。同年，参加亚洲“希望杯”乒乓球比赛，获团体冠军、单打季军。2002年9月，在匈牙利参加世界17岁以下青少年乒乓球比赛，获团体冠军、双打亚军。

【唐远驹】 蓬安县人，国家烟草专卖局（中国烟草总公司）第一、二、三、四、五届科学技术委员会委员，中国烟草学会第一、二、三届农业专业委员会委员、副主任委员，国家烟草专卖局（公司）农业高级职称评审委员会委员，贵州省烟草专卖局（公司）科学技术委员会副主任委员，贵州省烟草学会副理事长。享受国务院政府特殊津贴专家，全国烟草系统有突出贡献专家，贵州省人大代表。1962年，毕业于贵州农学院，分配到贵州省烟草科学研究所工作，主要从事烟草栽培、生态和烟叶品质研究。1983年，任贵州省烟草科学研究所所长，获贵州省“先进工作者”称号，被选为贵州省人大代表；获国家民委、劳动人事部、国家科协“少数民族地区先进科技工作者”称号。1984年，赴日本考察学习烟草生产技术。1992年，获得国务院政府特殊津贴和全国烟草系统有突出贡献专家称号。1997年，赴巴西进行烤烟生产及烘烤考察。1998年，任贵州省烟草科学研究所所长、党委书记。1999年，成为贵州省首批省管专家。2001年赴法国考察。2002年，被评为贵州省“先进科技工作者”。2003年，任中国烟草西南农业试验站站长，被西南农业大学聘为博士生导师。唐远驹发表论文50余篇，主持和参与科技项目35项，取得科技成果29项，获得省部级科技奖励8项（其中：1978年，获得贵州省科学大会奖。1986年，获全国烟草种植区划研究获农业部科技进步三等奖、贵州省政府科技进步四等奖。1993年，获贵州省政府科技进步三等奖。1996年，获国家烟草专卖局科技进步二等奖。1998年，获国家烟草专卖局科技进步三等奖）。

入传人物补遗

【司马相如】 司马相如（前179—前117），字长卿，蓬安县人。汉赋杰出代表，后人称他为“辞宗”、“赋圣”。

司马相如小时候喜欢读书、击剑，父母疼爱，给他取名“犬子”。就学之后，他仰慕蔺相如的为人，改名相如。后来凭着家财当了“郎”官，在汉景帝身边，作“武骑常侍”，陪汉景帝打猎。相如特别喜欢辞赋，而景帝不喜欢辞赋，因此他对这个差事并不满意。适逢景帝的弟弟梁孝王刘武进京朝觐，身边跟了一批喜欢辞赋的人，相如与他们一见面就十分投合，于是借口有病辞了他的“郎”官职务，到了梁国。梁孝王让他与邹阳等同住梁园。当时梁国的都城睢阳（今河南商丘南）是全国的文学中心，相如在这里生活了好几年，写下了著名的《子虚赋》。

梁孝王死后，相如返回家中。此时已“家贫，无以自业”。相如与临邛县令王吉是好友，到了临邛，住在客馆里。王吉对他特别恭敬，每天都去客馆看他，想以此抬高他的地位。日子一久，相如便称病，让随从辞谢王吉，王吉更加恭谨有礼。临邛县卓王孙家有僮800人，郑程家也有僮数百人。他们商量说：“县令有贵客，我们得备办酒宴请他！”于是他们邀请了相如，并邀请了王吉。设宴这天，县令王吉到时，卓王孙邀请去的宾客已多达数百人。但时间已至中午，唯独不见相如去。卓王孙派人去请，相如推谢说身体不舒服不去。王吉亲自去请，相如不得已去了。酒过数巡，大家酒意正浓时，王吉捧着琴走上前，说：“我听说你很喜欢弹琴，请你弹一曲，高兴高兴。”相如谦让了一番，弹了两曲。卓王孙才貌双全的女儿文君刚死丈夫，才十七岁，爱好音乐，相如到临邛后也听闻。因此相如看似与县令谦让，实是想用琴声打动文君。相如到临邛车马随行，举止雍容大方，一表人才，潇洒漂亮，文君也已有闻知。及至相如在卓家饮酒、弄琴，言行举动，她全看在眼里，顿生爱恋，只恨自己不能与他匹配。弹琴结束，相如派人通过卓文君的侍者向文君表白爱慕之情，两情相悦。夜里，文君勇敢地从家中出走，到了司马相如的住处。他们一道连夜赶着车马到了成都。相如此时“家居徒四壁立”，空荡荡的，什么也没有。卓王孙知道女儿出走以后十分恼怒，他说：“女儿不成器，杀了她我又不忍心，但我不会给他一分钱！”有人劝卓王孙依了女儿，可他不听，硬是没有给文君一分钱。因为没有经济来源，相如与文君生计艰难。日子久了，文君也不免忧心忡忡，她对相如说：“长卿，我们暂且到临邛，去向叔伯弟兄借些钱财以营生，不应该自己苦苦受熬煎。”于是相如、文君回到临邛，把车马等值钱的东西卖掉，买了一爿小酒店，文君在炉前卖酒，相如穿上“犊鼻裈”与杂工一起跑堂打杂，洗涤酒器。卓王孙知道后，认为这是卓家的奇耻大辱，闭门不出。文君的长辈、弟兄劝卓王孙说："你只有一个儿子，两个女儿，你所缺的又不是钱。现在文君已经是司马长卿的妻子。长卿多年'宦游'，虽然很穷，但他有才华，文君是可以托付终身的。况且他还是县令的贵客，你为何这样对待他？"卓王孙这才给文君分了"僮百人，钱百万，及其嫁时衣被财物"。文君相如回到成都，买了田地房屋，成了富裕人家。这便是中国古代历史上一段才子佳人冲破世俗观念、追求自由婚姻的爱情佳话。

汉景帝死后，汉武帝即位，蜀人杨得意在皇上身边主管猎犬。一天皇上读了《子虚赋》，连声叫好，感叹说："为什么我偏偏不与这个人同生一个时代啊！"杨得意当即告诉他说："我的同乡司马相如讲，这是他写的赋。"皇上大吃一惊，于是召见相如询问此事。相如说："这篇赋是我写的，不过，它写的是诸侯的事情，还不够壮观。请允许我再写一篇天子上林苑游猎之赋，献给皇上。"皇上立即命尚书给了相如纸笔等物。《上林赋》以无是公（没有）其人，阐明做天子的道理。与《子虚赋》连成一体，推想天子和诸侯的苑囿，最后归结到节俭。它既写出了大汉的时代精神，对当时的"侈靡"之风，又明显有讽喻意义。赋献给天子，天子十分高兴。《子虚赋》与《天子游猎赋》（上林赋）内容丰富，气势磅礴，文辞华丽，是汉代散体大赋的杰作，是后来辞赋家模仿的样板。司马相如的赋对汉赋的发展影响至深，奠定了司马相如作为汉赋四大家第一的地位。

汉武帝读了司马相如的《天子游猎赋》以后，当即召命司马相如为"郎"官。相如为"郎"几年后，遇上唐蒙奉命收取开通夜郎西僰中。唐蒙征调巴蜀各郡的官吏士卒达千人，郡县官吏又增派一万多人从陆路、水路给他转运粮食。唐蒙还援用军兴法（即实行军法制）杀了一些违抗命令的首领，弄得巴蜀地方的老百姓十分惊恐、害怕，人心不稳。皇上知道后，于元朔元年（前128）派相如作"信使"前去问责唐蒙，抚慰民众。相如接旨以后，便写了《喻巴蜀檄》，告知巴蜀各地的民众，指出唐蒙的做法不是皇帝的旨意；另一方面又希望巴蜀人民"急国家之难"，"尽人臣之道"，支持打通西南夷道这件大事，从而解除了巴蜀地方的民众因唐蒙而引起的不安。

相如出使回京，向朝廷报告。当时唐蒙已经打通了到夜郎的"夷"道，又想趁此打通西南"夷"道。于是征调巴、蜀、广汉三郡的士卒，做工的人多达数万。修路两年未成，士卒死得太多，经费开支以万万计。因而巴蜀民众和朝廷"用事者"都说这件事不能办。而此时邛、筰的君长，听说'南夷'与汉通好，得的赏赐很多，多数都表示愿做汉朝臣仆。他们请求朝廷在邛、筰地方设置官吏，按照对待"南夷"的待遇对待他们。天子询问相如，相如说："邛、筰、冉这些地方靠近蜀郡，道路容易打通，秦朝时曾经设置过郡县管辖，直到汉朝建立才废止。今天再设置郡县管辖，比"南夷"地方还要容易些。"天子认为司马相如的意见是对的，于是"拜相如为中郎将"，驻节往使。汉武帝元朔二年（前127），相如与副使王然于、壶充国、吕越人等乘着四匹马拉的传车前往成都，通过巴蜀二郡的官吏用钱物去沟通"西夷"的首领。他们到蜀郡时，蜀郡太守以下的官员都到郊界上去迎接，县令背着弓箭在前引路。蜀郡的百姓都以相如做了中郎将的高官而感到光荣。卓王孙和临邛的长者都通过相如门下的宾客向他赠送牛、酒等物以讨其喜欢。此时的卓王孙感叹不已，后悔让女儿嫁给相如晚了，立即又分给了女儿一份数量不少的财产，让女儿得的与儿子得的一样多。相如通好"西夷"一路顺风，邛、筰、冉、斯榆的首领都归附了朝廷，请求做汉朝的臣民。撤了原有的边关，在西边的沫水（今大渡河）、若水（今雅砻江）和南面的牂柯（今贵州的中部）设置新的边关，打通了灵关道（今四川峨边以南），在孙水（今安宁河）上架起桥梁，开通了通往邛都的道路。相如回京奏报皇上，皇上十分高兴。相如出使的当初，蜀地的"长老"都说通"西南夷"没有什么好处，有些大臣也持有这种看法。他针对此种情况还写了一篇《难巴蜀父老》，其用意是要让皇帝、大臣知道情况，同时也让老百姓知道皇帝这样做的本意是什么。在中国历史上，司马相如"通西南夷"开创了民族和睦、共同发展的先例。

但司马相如出使“西南夷”之后，有人上疏皇上，诬告他在出使期间接受了别人的贿赂，使他丢了官。丢了官的相如闲居在家，一年多时间才再次被召命为“郎”。

相如有“口吃”的毛病，但很会写文章。他患有糖尿病，与卓文君结婚，家资富有。但遭诬告之后，他心灰意冷，不贪求高官爵位；虽然还是个“郎”官，却很少参与公卿国家之事，常常称病闲居在家。他随从天子去长杨宫一带打猎，针对天子热衷“自击熊彘，驰逐野兽”，写了《谏猎疏》以劝诫，受到了皇帝的称赞。返回路上，在过宜春宫时，司马相如又献上《哀秦二世赋》，哀叹秦二世“持身不谨兮，亡国失执，信谗不寤兮，宗庙灭绝”，对天子具有明显讽喻、警示意义。

司马相如晚年拜孝文园令，这是一个让他休息的闲职。他有感于天子“好仙道”，又写了一篇《大人赋》呈献汉武帝。后来司马相如请求免去了一切官职，住在茂陵家中养病。喜欢辞赋的汉武帝，一天对身边的人说：“司马相如病已很重，可派人去把他的书都取回来，不然以后就散失了。”便派了一个叫所忠的人前去司马相如家，所忠到时，司马相如已经去世，家中已无书。所忠问他的妻子文君，文君说：“长卿原本没有书了，他常常写书，但写好一篇，就被人要去一篇，家里早已没剩别的了。只有长卿在去世前，支撑着病体写下了一卷。他告诉我，天子派人来取书时，就献给他。”司马相如留下的这一卷，就是《封禅文》，文君当即呈送给所忠。所忠进献给天子。天子认为是奇书。从《封禅文》可以看出，相如不仅是一位写赋的大家，而且还是一位造诣很深的儒学大师。

司马相如一生，在文化领域、政治领域都有重要成就。但他的主要成就还是在文化领域，特别是他的辞赋。鲁迅先生说：“武帝时赋莫如司马相如，文莫如司马迁。”称司马相如的辞赋是“不师故辙，自摅妙才，广博宏丽，卓绝汉代。”据《汉书·艺文志》记载，相如有赋二十九篇，可惜现在能见到的仅只有六篇，即《子虚赋》《天子游猎赋》《哀秦二世赋》《大人赋》和《美人赋》《长门赋》。另外尚有小学（文字学）著作《凡将篇》，其他则已散佚了。

【姚　莹】　(1785—1853）字石甫，号明叔，晚年又号晚和，别署幸翁。清乾隆四十九年(1784）11月8日生，安徽省桐城县人。姚莹6岁读书，21岁那年，叔祖姚鼐资助姚莹赴安庆参加府学考试，以第一名的优异成绩，补为府学附生，成了秀才。嘉庆十二年（1807）秋，姚莹去南京应“丁卯科”江南乡试，考中第十八名，成为举人。清嘉庆十三年（1808）春天，到北京参加“戊辰科”会试，考中第三十二名，成为贡士。继经殿试，考中三甲第十名，成为进士。清嘉庆二十一年（1816）春，姚莹被授任福建平和县知县。次年冬，调为漳州府的首县龙溪县知县。清嘉庆二十三年（1819）春，出任台湾县知县，旋加海防同知衔。清道光元年（1821）春，姚莹调任噶玛兰厅，摄(暂代）该厅通判。因在龙溪县的所谓审案错误被追究责任，撤职查办。清道光十一年（1831)，代理武进知县。清道光十三年（1833）冬，代理元和县知县。次年，提升为高邮知州(文从五品)。未去上任，便被调署淮南盐掣同知（文正五品)。是年底，调任护理两淮盐运使。清道光十七年（1837）10月，升署福建台湾道台，照例赏加按察使衔。清道光二十年(1840)，鸦片战争爆发。姚莹一面奉令在台积极查禁鸦片，一面主动下令水师及各地守口各省和厅、县严密巡防、查勘、修整炮台，以防“粤东夷船窜入台洋”。英军对台湾的进犯，先后计有5次，姚莹率众两击走，一潜遁，两破其舟，擒其众而斩之。共获俘虏187名，捞获“夷”炮十门、枪数支、刀数把，搜获英军书图册多件。当时，粤，闽，浙沿海连失重地，败报频传，独台湾打了胜仗，皇帝格外惊喜，谓为“可称一快”，褒奖有加。姚莹著赏加二品顶戴，著交部优叙。清道光二十三年（1843)，鸦片战争失败后，以林则徐为代表的“主战派”纷纷被贬。是年末，奉旨：“姚莹著以同知知州，发四川补用。”因“冒功”而降为文正五品，以前听赏二品顶戴等皆黜罢。清道光二十四年（1844）8月，姚莹抵成都，题补蓬州知州。清道光二十六年（1846）6月，赴任蓬州（即今蓬安县)。姚莹素来崇尚程朱理学，“忱于性理、兼怀济世”，“负经济之学、尤长与论兵"，为官清廉，注重时务。他到蓬州做的第一件事就是到"蓬山书院"视学。见书院破败不堪，怎么留得住前来就学的师生呢！于是他立即召集蓬州士绅，了解情况。在修建新书院问题上，姚莹力排众议，当即批驳了所谓的"风水"学说，并果断决定：就在蓬安士绅早先选定的地方新建书院。不久，他便设立机构，筹措经费，积极为试院的事忙碌开来。清道光二十七年（1847）春，书院开工奠基。次年2月，一座"栋宇坚壮，规模宏整"的书院即告落成，由于它背依玉环山，前绕玉环溪，故取名"玉环书院"。书院建成后，在姚莹"重教兴学，韬武培文"精神的影响下，历任学长都是思想开明，主张以学致用的新派人物。每当"新学萌动"之时，他们便率先在书院进行教学改革，使得玉环书院的名声越来越大，以致邻近州、县的士子学人纷纷前来求学。在玉环书院的风气熏染下，蓬安从清末至民国的一段时间里，涌现出一大批在四川乃至中国具有影响力的杰出人物。有著名的红岩烈士、诗人、报人王白与，数学、物理和哲学家魏时珍，国学大师、墨学泰斗伍非伯，汉藏语言大师张怡荪、祝维翰，土壤学家蓝梦九，民国著名将领萧毅肃等。清道光二十八年（1848），姚莹卸任，即将离开蓬州东去之时，蓬州的士绅民众纷纷遮道苦留，欲与他同住十日，以报德泽。姚莹面对百姓们的哀请，也忍不住难舍之情，便写诗道："莫向春风唱柳枝，春风三月苦将离，嘉陵江水无穷恨，暮雨流莺是别时。"清咸丰三年（1853），姚莹病逝于湖南按察使任上，终年68岁。姚莹去世后，安徽桐城人的后任蓬州知州、四川提学使方旭对他十分景仰，在玉环书院的门柱上写下了"蓬山此去无多路，姚公美政谁与俦"的楹联。

【李敬穆】 又名李之熙，（1903—1937），蓬州人。李敬穆小时候在本地读私塾，初中和高中在顺庆（今南充顺庆区）就读，毕业于北京朝阳大学政治经济系。李敬穆曾任孙中山创办的《国民日报》总编辑，后任四川三军联合会咨议、成都巴县警察局局长、邓锡侯的私人秘书等职，与19路军、21路军高层领导有着密切联系，经常有书信往来。李敬穆曾同邓小平一起共事。李敬穆忧国忧民，写下了《贫穷论》《先秦法家概论》《合作论》《国都论》等著作。参与创办《新青年》《春秋日报》《社会导报》等，在成都创办了警监专门学校，主要招收贫困家庭子女入学，不收任何费用。李敬穆在重庆宽仁医院住院期间，蒋介石前往探视。民国26年（1937）5月，李敬穆在医院猝死，翁少鹤为他在重庆主持了隆重的追悼会。

【黄天友】 （1866—1955），蓬安县人。黄天友苦力出身，靠担运推销别厂的铁铧谋生，由于铁铧质量差，常常不易脱手，生活艰辛。于是他将儿子黄开来送去营山铧厂，拜高师学艺。三年学成后，父子俩修高炉，制风箱，自建铧厂，造出铧模10余具，多次进行试生产后，掌握了一套生产好铧的技术。黄天友为人忠厚，在生产铁铧中注重质量，偶有次品出现，立即销毁。渐渐声名远播，远近农民都到黄家铧厂买铧。不到几年，铧厂规模发展扩大，由原来10余个铧模，增加到80余个铧模，年产量近一万件铁铧，基本满足了河舒、兴隆（今兴旺）、周口等地农民耕地的需要。黄天友的铧厂开办以后生意一直兴隆，直到1956年公私合营，建立河舒铁厂。1955年，黄天友去世，终年89岁。

【杨仲徒】 （1902—1961），蓬安县人。民国3年（1914），跟随父亲杨人俊习医，民国5年（1916）6月，拜名医李树森为师习医。民国11年（1922），出师后即悬壶乡间。是年7月，到南充县城，受聘于同济医馆任义诊医师，继在川军21军任参事，行军医业务。民国16年(1927) 8月回南充，先后在禹王后街、大北街、内小北街自开"来苏药房"行医。民国31年（1942），迁下河街，开设仲徒诊所。民国32年（1943）6月，他联络冯视祥、庞泽孚等20余人，发起成立南充县国医支馆，担任馆长。解放后，先后就职于南充市第一中医联合诊所、南充市公费医疗中医门诊部、南充市中医院，南充地区医院。历任南充市卫生工作者协会主任委员、南充市卫生委员会委员、南充市中医学会副主任委员、南充市中医门诊部主任、南充市中医院院长、南充地区医院副院长。先后当选为第二、三两届市人民代表大会代表和市人民委员会委员、第二、三两届市政协委员、南充市第三届各界人民代表会议代表。1956年12月，加入中国民主同盟。1961年9月病逝。20世纪20年代，他热情颂扬祖国医学“学术昌明”，“经验宏富，成效优良，数千年民族生命，均倚为健康保障”，“不独具有保存价值，且足以在世界医药史上占一位置”。1943年，发起成立南充县国医支馆，担任馆长。要求当局“筹拨巨款”“统一医药行政”“改进医药业务”“推行公医制度”。力图通过国医支馆团结中医界，消除门户之见，整理和研究中医学术，发扬祖国医学。1946年，国医支馆终因县政府拒拨款项和房屋，自行消失。杨氏并未因国医支馆被扼杀而对发扬祖国医学丧失信心，1947年，他创办中医班，招收学生，后因病卧床，不得不停办。1956年4月，他在四川省中医代表会议上，热情提议大力发展中医机构；举办中医讲习所、进修班，提高现有中医质量；整理中医学术经验，编写中医教材。应聘南充医士学校（现川北医学院），讲授中医课程。1957年，他不顾年老多病，应聘为南充市中医班讲授《内经》课。杨氏悉心钻研祖国医学，从20年代就开始撰写论著，先后著有《伤寒精义随录》（14卷）、《伤寒实证》《伤寒杂记》《伤寒之研究》《医学之研究》《温病之研究》《医学法科》《外感科指南》《寒温指南》《药性》《方剂》等书，均未付梓出版，手稿现由其子嗣及学生陆续整理出版。

【陈月舫】（1886—1968），蓬安县人。日本早稻田大学毕业。任过内江县、新都县知事。任过四川省政府顾问、四川省盐务史署署长。成都“春熙路”路名由其取名。他是民国著名书法家，杜甫草堂的诗意画，由其书法。1953年，入四川省文史馆。1968年去世。

【周 黎】（1917—1980），蓬安县人。民国22年（1933）8月，参加工农红军，民国24年（1935）4月，转入中国共产党。1949年，任第四野战军第42军126师参谋长。1950年，任志愿军第42军126师参谋长。1951年，任西南空军工程部副部长，空军第3预科学校校长，空军第10航空学校校长。1955年9月，被授予空军大校。荣获中华人民共和国三级八一勋章、二级独立自由勋章、二级解放勋章。1980年，因病逝世。

【赵文华】（1917—?），山西省洪洞县人。民国26年（1937）10月至民国28年（1939）12月，在临汾汾西一带参加山西政卫队，先后任战士、文书、副官。民国29年（1940）初至3月，在武郎县入决死队干校学习，3月至9月，在太行山抗大总校学习。11月至次年2月，在晋绥八分区参加反扫荡。民国30年（1941）2月至9月，在山西交城第一区任区长，9月至民国38年（1949）8月，先后任山西交城第七区任区长、山西交城县政府民教科长、山西清源城关区区长、山西隰县九地委组织科长。1949年11月。在山西临汾晋绥党校从事审干工作。1949年底至1951年11月，任中共蓬安县委书记。1951年11月至1952年6月，川北党校任部主任。1952年6月至9月川北区人事厅担任干部科长，9月至1954年10月，任中共阆中县委书记。1954年10月至1956年10月，任中共南充地委工业部副部长。1956年10月至1959年5月，四川省委工业部地质处任处长。1959年5月至1961年6月，成都石油修理厂兼副厂长。1961年6月至1982年，成都石油修理厂、四川石油管理局供应处任第一副厂长、副处长。1982年8月离休，后病逝于成都。

1986年至2006年蓬安县高级专业技术人才名录

中学高级教师

孙正权 张 仁 陈兴达 杨建华 林坤乾 张 智 黄鹏程 李秋田 杨昌泗
杨昭武 沈光风 张远来 李志培 邱松年 兰尔谦 毛熙绩 杨家长 陈 木
刘克俊 青全山 岳朝文 刘荣辉 林民宗 蒋树立 喻元秀 李正聪 唐永远
马洪钊 曾道荣 何代吉 郭爱友 李成扬 刘万荣 唐 于 谭清凡 黄文均
董绍园 母荣富 邓怀光 代乐亭 杨开基 胡明珠 蒲永良 陈靖华 郑遐阳
沈前凡 张映书 梁治超 贾 正 尹身立 苟在琼 李沧波 杨桂芳 蒋有琼
王光灿 王光泽 马圣贤 李永仲 邓治国 胡海藩 沈仲先 赖永生 李荣华
罗玉莲 杨云珍 刘桂芳 唐文虎 刘明一 付隆辉 熊进之 蒋亨杰 祝隆君
付隆科 陈可治 刘 超 蔡良炯 吴崇薇 李道武 陈景富 唐虞华 成 启
兰海泉 阎玉明 沈仁民 彭洪芬 祝继隆 龙北平 杜洪辉 李正伟 伍 冲
刘忠泽 谭家阶 黄世书 梁 钢 周天伦 沈前裕 郑兴富 林克武 王道先
陈光厚 沈茂林 母道兴 陈志强 母法顺 任德荣 杨卫东 兰 梁 蒋明斌
彭春林 王正宏 曾贤杰 魏兴民 姚炳辉 彭书林 张晓宇 徐 斌 刘 杰
陈柏青 苏继春 漆明勇 刘延生 秦 明 王祥云 魏仁友 潘顺联 祝愈君
刘飞廉 向 前 肖一国 王淑华 周玉泉 卢思斌 唐治民 胡华全 王方明
文仕贵 陈景轩 陈联科 郑宝成 杨德文 林丕茂 费大明 陈方云 范德贵
陈佑忠 何长苏 陈显胜 李 琴 曾道东 陶继荣 陈登晗 王道君 苏仕亮
刘开选 唐及民 陈福明 陈和民 张仁华 刘 平 周玉艾 章瑶琼 祝青云
胡志明 刘长孝 杨思华 何明华 张能康 母玉花 雷远发 胡景福 陈富利
彭建平 杨泽民 胡和生 白小宁 肖 红 范芯菱 周 超 沈大春 周世明
祝定高 汪长富 张才杨 李安全 刘长江 余虎泉 沈树森 陈科武 唐中银
肖又喜 罗 琳 刘兴林 沈人龙 吕和平 李春华 周建平 贾详明 陈长清
晏跃雄 段继承 蒲亨玉 李 赟 刘志文 马爱国 李光泰 刘劲夫 周 辉
余鉴宗 祝建国 唐治平 邓 浩 唐益获 林 波 蔡嘉禄 张晓勤 段平权
邓权阳 范泽荣 刘斗钦 杨友江 彭祥波 张天春 吕功军 唐丹卿 何素碧
陈永明 任东平 李正军 杨顺模 吴国强 张文毅 雷建国 段济舟 唐和卿
冯向阳 陈孟生 曹文政 胡必华 兰 丽 姚金明 刘小平 韩友平 刘英明
吕茂学 刘 浩

高级讲师

周世科 罗 坚 邓春和 杨顺友 邓有录 邓郁章 张文伯 唐先志 宋开昆
徐 渊 邓国民 王以南 沈文录 张季伟 江朝英 邓永柏 唐敬东 翟向东
胡继伯 罗朝玉 金三明 章继广 宋景铣 罗仲书 唐国远 朱克勤 沈遂初
梅俊民 唐昌凡 尹卫东 唐柯长 冯光伟 唐善春 李朝元

小学中高级教师 唐丽华

主任医师 张世荃 晏其栋 蒲祖夔 陆炳全 张庭澍 田光达 刘成报

副主任医师

田永淮 秦大川 龙毓伦 蹇启科 苟凤堂 罗林书 马永明 张忠良 郭 静

章继才　刘绍国　蒲含河　刘福文　刘朝强　华　伟　耿贵龙　张心海　李成家
陈　静　刘惠清　唐道敏　龚晓辉　沈前进　邹建洪　肖向华　卢福元　罗　蓬
程　均　蒲玉琼　王　峰　李建阳　谢淑荣　万春生　刘开全　沈俊元　郑建梅
邓欣帛　陈立先　李世杰　章榜举　宁志国　刘淑泽　李殿君　曹习诠　陈让俊
李陈泉　张汇泉　姚杰良　蒋桂钦　肖祥成

高级农艺师

冯宗英　刘永梅　刘庆义　康生义　宋荣仲　李廷科　谢会松　谭昌伦　赵玉龙
曹学道　程正卫　郭　滨　杨顺金　蔡宝成　何旭东　何承敏　何建明　侯　宇
徐忆民　黎德富　彭德全　刘和平　李茂华　唐宗君　黄积华　李学超　蒋维汉
蒋智羚　罗凤鸣　章俊文　邓卫东

高级工程师

蒋智元　杨继纯　曹学亮　成能友　李忠义　杨顺高　吴祯庆　王昌青　滕明贵
张怀宇　杨剑波　杨涵清　李发德　陈　斌　刘庆平　唐阳春　王香梅　金　明

高级会计师　肖正义　黄仲赋

高级经济师　吴宗祥　邓国源　刘少康　刘晓雄　周洪卫

高级兽医师　林智生

高级统计师　姚欣民

高级畜牧师　伍定光　成　涛

高级畜牧兽医师　张成淦

先进个人名录
（1986~2006）

姓名	工作单位	获奖名称	授奖单位	获奖时间
龚仓兆	畜牧局	青贮饲料推广奖	农业部	1986
陈凤泉	蚕业局	农业技术推广先进个人	农牧渔业部	1986
于修碧	罗家镇	全国计划生育先进个人铜牌	国家计生委	1986
汪大学	新河乡	推广表贮饲料先进工作者	农牧渔业部畜牧局、全国畜牧兽医总站	1986
岳定松	县政府	全国改灶节能先进工作者	国家计委、农业部	1987
唐建斌	城建环保局	全国改灶节能先进工作者	国家计委、农业部	1987
谢本贤	城建环保局	全国改灶节能先进工作者	国家计委、农业部	1987
王双全	城建环保局	全国改灶节能先进工作者	国家计委、农业部	1987
雷光茗	城建环保局	全国改灶节能先进工作者	国家计委、农业部	1987
费德明	金溪镇	防治民间纠纷激化工作三等奖	司法部	1988
姚　敏	天成乡敬老院	全国敬老好儿女金榜奖	国家老龄委	1988
谢栋材	交通局	1987 年度内河交通安全先进个人	省政府	1988
谢汉林	粮食局	省劳模	省政府	1988
李克莉	周口小学	全国优秀教师	国家教委、人事部、全国教育工会	1989
林绍良	师范附小	全国优秀教师	国家教委、人事部、全国教育工会	1989
刘兴智	龙云小学	全国优秀教师	国家教委、人事部、全国教育工会	1989
董绍元	杨家中学	全国优秀教师	国家教委、人事部、全国教育工会	1989
蒋洪波	县教研室	全国优秀教师	国家教委、人事部、全国教育工会	1989
沈文孝	红旗小学	全国优秀教师	国家教委、人事部、全国教育工会	1989
张年永	凤石小学	全国优秀教育工作者	国家教委、人事部、全国教育工会	1989
岳定松	县政府	全国“三八”红旗手	全国妇联	1989
盘文蓉	计生局	优秀调查指导员	国家计生委	1989
李春秀	计生局	抽样调查先进个人	国家计生委	1989
李帮成	计生局	优秀调查指导员	国家计生委	1989
邓觉明	诸家小学	省优秀教师	省政府	1989
雷润民	县农行	全国金融系统劳动模范	农总行	1989

续表

姓名	工作单位	获奖名称	授奖单位	获奖时间
唐建碧	丝绸厂	四川省职工劳动模范	省政府	1989
李久明	卫生医药管理局	农村初级卫生保健先进个人	省政府	1989
吕德生	中医院	人口普查先进个人	国务院人口普查领导小组	1990
钟丽文	丝绸厂	全国丝绸行业业务操作种子选手	中国丝绸工业公司	1990
彭宗林	经济局	第四次人口普查被评选为国家级先进个人	国务院第四次人口普查领导小组	1990
康　强	人事局	第四次全国人口普查先进个人	国务院第四次人口普查小组	1990
黄　丽	县农行	优秀会计员	农总行	1990
邓维琼	红旗信用社	优秀会计员	农总行	1990
李秀琼	县工行	优质服务先进出纳员	中国工商银行总行	1990
陈凤泉	蚕业局	1989 年科技进步三等奖	省政府	1990
李学超	蚕业局	1989 年科技进步三等奖	省政府	1990
唐忠毫	河舒镇	在第四次全国人口普查工作中被列为国家级先进个人	国务院第四次全国人口普查领导小组	1990
刘延生	蓬安中学	全国优秀教师	国家教育委员会、人事部	1991
段济舟	巨龙职中	全国职业技术教育先进工作者	国家教委、国家计委、劳动部、人事部、财政部	1991
唐吉利	公安局	先进工作者	公安部	1991
刘志惠	丝绸厂	五一劳动奖章	全国总工会	1991
刘志惠	丝绸厂	操作能手	中国丝绸工业总公司	1991
祝启生	县人行	先进个人	人总行	1991
付隆社	中医院	全国优秀护理工作者	国家中医药管理局	1991
朱雪清	县妇联	第二届“巾帼扫盲奖”先进个人	全国妇联、国家教委	1992
祝玉清	丝绸厂	全国操作能手	中国丝绸工业总公司	1992
邓郁章	县志办	四川省地方志编纂先进工作者	省政府	1993
吴来生	周口中学	全国优秀教师并授予“全国优秀教师”奖章	国家教委、人事部	1993
刘忠泽	蓬安中学	全国教育系统劳模	国家教委、人事部	1993
唐述荣	卫生防疫站	全国卫生工作先进个人	卫生部、铁道部、解放军总后勤部	1993
陈忠源	蓬安天府机器厂	锤片式饲料粉碎新系列产品二等奖	机械工业部	1993
谢　强	水电局	长江抗洪抢险先进个人	省政府	1993

续表

姓名	工作单位	获奖名称	授奖单位	获奖时间
潘世龙	农业局	农经宣传先进工作者	农业部	1994
杨兴余	卫生防疫站	计划免疫先进个人	卫生部	1994
王桂珍	金溪镇	“三八”绿色奖章	全国妇联、林业部	1994
何怀金	县人武部	民兵军事训练优秀“四会”教练员	省军区	1994
彭书林	周口中学	全国优秀教师	国家教委、人事部	1995
李秀琼	县工行	“一九九四年度出纳技术能手测试验收”三级能手	中国工商银行总行	1995
敬红玲	县工行	“一九九四年度出纳技术能手测试验收”三级能手	中国工商银行总行	1995
李　俊	县工行	“1994 年度出纳技术能手测试”三级能手	中国工商银行总行	1995
郑川营	县工行	“1994 年度出纳技术能手测试”三级能手	中国工商银行总行	1995
李起行	县工行	“1994 年度出纳技术能手测试”三级能手	中国工商银行总行	1995
田光明	县纪委	四川省社会治安综合治理先进工作者	省委	1995
王桂珍	金溪镇	省劳模	省政府	1995
唐万琼	丝绸厂	省劳模	省政府	1995
唐富贵	县纪委	全国纪检监察系统先进个人	中央纪委、监察部、人事部	1996
赵正铭	县委	先进个人	省政府	1996
祝正序	水务局	全国第二批农村电气化建设先进个人	国家计委、水利部	1996
田华东	公安局	全国优秀人民警察先进个人	公安部	1996
李书林	茶亭乡	全国敬老好儿女金榜奖	民政部、劳动部、全国总工会、团中央、全国妇联	1997
曹　轩	财政局	“粮食管理”先进个人	财政部	1997
唐其东	马电徐家供电所	全国优秀工会小组劳动保护检查员	中华全国总工会	1997
王贤木	卫生医药管理局	科技进步奖	省政府	1997
何旭东	蚕业局	1996 年科技进步三等奖	省政府	1997
陈景富	蓬安中学	中学语文特级教师	省政府	1997
章俊文	蚕业局	1996 年科技进步三等奖	省政府	1997
母华东	徐家派出所	省政法战线先进民警	省委、省政府	1997
邓　博	邮政局	全国百佳乡镇投递员	国家邮政局	1998
肖九林	县人大	全国第一次农普先进个人	全国农普办	1998

续表

姓名	工作单位	获奖名称	授奖单位	获奖时间
赵红光	人寿公司	总公司二级金奖	中保人寿总公司	1998
田光明	县纪委	1997—1998 年省政法战线先进干警	省委	1998
苏树学	武装部	优秀人武干部	省军区	1998
董绍元	实验中学	中学特级教师	省政府	1998
魏德宪	襄樊武警支队	抗洪抢险先进个人	中国人民武装警察部队政治部	1998
夏建平	县教研室	四川省首届教学科研成果三等奖	省政府	1998
陈联科	蓬安中学	全国教育系统劳动模范、全国模范教师	教育部、人事部	1998
何黎明	公安局	全国优秀人民警察	公安部	1999
李书林	茶亭乡敬老院	全国敬老好儿女金榜奖	国家老龄委	1999
母茂荣	县教育局	省扫除文盲先进工作者	省政府	1999
于修碧	罗家镇	全国计划生育工作者荣誉证章	国家计生委	1999
马玉瑛	气象局	全国质量优秀测报员	中国气象局	1999
方　闽	计生局	全国计划生育工作者荣誉证书	国家计生委	2000
唐宗君	农业局果树站	四川省第四届劳动模范	省政府	2000
龙世琼	罗家镇	全国计划生育工作者荣誉证章	国家计生委	2000
唐琼莲	杨家镇	计划生育奖章	国家计生委	2000
王香梅	水务局	规范化稻田养鱼技术推广一等奖	农业部	2000
唐上游	嘉宝公司	省第四届劳动模范	省政府	2000
赵正铭	县委	1996 年—2000 年全省法制宣传教育先进个人	省委、省政府	2001
赵正铭	县委	四川省普及九年制义务教育先进个人	省委、省政府	2001
方　闽	计生局	全国婚育新风进万家活动先进个人	中宣部、国家计划生育委员会	2001
陈凤泉	蚕业局	2001 年全国农牧渔业丰收奖一等奖	农业部	2001
刘和平	蚕业局	全国蚕茧收烘工作先进个人	中国丝绸进出口总公司	2001
袁用文	人事局	全国蚕茧收烘工作先进个人	中国丝绸进出口总公司	2001
周金泉	县纪委	全省模范专业干部	省委、省政府	2001
陈琼华	妇　联	“实施九十年代妇女儿童发展纲要”先进个人	省政府	2001
陆炳全等 3 人	县医院	CT 平扫观察腰神经通道内口改变腰腿痛发病关系	省政府	2001

续表

姓名	工作单位	获奖名称	授奖单位	获奖时间
王桂珍	金溪镇	农村妇女科技致富带头人	四川省	2001
刘少康	马回电力公司	农网先进个人	国家发展计划委员会	2002
王香梅	水务局	获得田凼养鱼科学技术推广三等奖	农业部	2002
范琼花	徐家镇	全国“三八”红旗手	全国妇联	2002
冯明云	气象局	全国质量优秀测报员	中国气象局	2002
陈运江	农业局	星火计划先进个人	科技部、农业部	2003
陈　斌	水务局	全国水土保持先进个人	水利部	2003
肖九林	县人大	第二次全国基本单位普查先进个人	第二次全国基本单位普查领导小组	2003
戴乐敬	经济局	第二次全国工业普查工作地级先进工作者	国务院全国工业普查领导小组办公室	2003
吕凤鸣	两路乡	革命烈士	省政府	2003
胡　平	相如一小	省特级教师	省政府	2003
严　琼	农业局	全国农牧渔业丰收奖二等奖	农业部	2004
唐道金	群乐乡敬老院	全国敬老之星先进个人	民政部	2004
王文俊	周口二幼儿园	爱国教育最佳园丁	中华爱国工程联合会	2004
蒲丽芸	周口二幼儿园	爱国教育最佳园丁	中华爱国工程联合会	2004
肖庆兰	周口二幼儿园	爱国教育最佳园丁	中华爱国工程联合会	2004
唐　荣	县法院	四川省政法战线先进干警	省委、省政府	2004
王文俊	相如幼儿园	省小学特级教师	省政府	2004
张文毅	城东路小学	全国首届小学百名优秀明星校长	教育部	2005
尹代文	农业局	全国农业植物有害生物疫情普查先进个人	农业部	2005
王剑英	马回电力公司	省第五届劳动模范	省政府	2005
唐　荣	县法院	全国“优秀法官”	最高人民法院	2006
冯明云	气象局	全国质量优秀测报员	中国气象局	2006
肖九林	县人大	全国 1%人口抽样调查先进个人	全国 1%人口抽样调查办公室	2006
邓治宇	水务局	长江中上游水土保持重点防治先进个人	长江中上游水土保持局	2006
龚仓兆	农业局	省 2006 年抗旱减灾先进个人	省政府	2006
张文毅	城东路小学	小学特级教师	省政府	2006
蒲丽芸	相如幼儿园	省小学特级教师	省政府	2006

附 录

纪念相如县建县1500周年暨国际相如文化研讨会文选

在纪念相如县建县1500周年暨国际相如文化研讨会上致辞

司马相如研究会理事长　赵正铭

我们可以设想出：1500年前，在嘉陵江畔的龙角山与慕蔺山下的司马相如故宅前，首任相如县令兼梓潼郡太守萧木宣布梁武帝置相如县诏书，人们敲锣打鼓放鞭炮，欢欣鼓舞庆贺相如县诞生的激动人心的场面。1500年后的今天，司马相如故里又张灯结彩，迎来“纪念相如建县1500周年暨国际相如文化研讨会”的胜利召开。来自韩国、法国、俄罗斯、泰国的海外专家学者（日本学者谷口洋本来要出席，但因急事未成行，专门提交论文和贺词并要求大会代为宣读），来自我们中国首都及10余省市58个大学、学会、研究会和党政部门的200余名会议代表，来自相如故里蓬安的各级领导干部、各方代表及我们相如故里研究会的全体会员欢聚一堂，纪念相如县建县1500周年，共同深入研究讨论司马相如文化，这种隆重场面与1500年前的隆重场面有着惊人的相似！为此，我感到万分激动，请允许我代表司马相如研究会的全体同仁，向来自五湖四海的各位领导、各位专家、学者、作家、各媒体的同志们表示最热烈的欢迎和崇高的敬意！

蓬安因为2186年前，司马相如的诞生而成为相如故里；在公元507年，梁武帝萧衍为此在这里专设了相如县，又因此今年被批准为省级历史文化名城。一个“僻左”小县，有了如此三大张文化名片，这不可谓历史资源不丰厚。三张名片说明蓬安人民很热爱自己的“乡贤”——誉为“赋圣”“辞宗”的司马相如，并以相如故里为骄傲和自豪，像大型歌舞剧《相如长歌》那样，相如故里人写相如，相如故里人演相如，歌颂相如，热情之高是空前的。尽管有个别学者，打着“最学术”“最权威”的幌子跳上中央电视台去否定甚至攻击漫骂司马相如，但相如故里人绝不因此而动摇。因为他的谬论是违背历史真实，背离科学的历史观、道德观的东西。我们司马相如研究会成立以来，在市县党政的支持下，做了大量的工作，为“三张名片”的形成做出了贡献。我们研究会首先受到了以四川省作协主席马识途同志为首的文学界的支持和关心，受到了以省历史学会会长谭继和研究员，川师大文学院李大明、李诚教授，西华师大龙显昭、周子瑜教授等一批学界主力军的支持和关心，还受到了海内外学者广泛的支持和关心。如果，离开了你们的关心和支持，司马相如研究工作断难展开，蓬安三张名片的形成就很困难。为此，我再次向所有关心支持我们司马相如研究工作的领导、专家、学者、作家和新闻界的朋友们表示最衷心的感谢！

本次相如文化研讨会，正好在相如建县1500周年举办，既有纪念500年一遇的大庆之年的意义和内容，更有更加深入更加全面研究相如文化的内容。这次研讨会，有国外学者参加或提交论文，从规格上讲，属于国际性的会议，同时是省市县联合主协办的高规格研讨会；从规模上讲，会议正式代表达200余人，列席人员达500余人，大会收到论文、专著、贺信、贺函共46篇，远远超过上次研讨会。这样一次规格高、规模大的相如文化研讨会，在司马相如故里蓬安召开，是蓬安文化历史上开天辟地的第一次。我们会尽快将会议收到的论文结集出版。这次会议必将推动蓬安文化、蓬安旅游更好更快的发展，也必将推动蓬安经济社会更好更快的发展。从而，助推蓬安近期建成“丘区经济强县、历史文化名城”的宏伟目标的实现。通过这次会议，相如故里、相如县、历史文化名城三张名片的知名度、含金量和美誉度也必将为此而大大增强。所以，这次会议是一次里程碑式的会议。

为此，我预祝大会圆满成功！祝各位与会代表身体健康，万事胜意！

在纪念相如县建县1500周年暨国际相如文化研讨会上致辞

四川省社科院副院长　李明泉

各位领导、各位专家，女士们、先生们，大家好！

今天，我们在蓬安隆重举行纪念相如县建县1500周年暨国际相如文化研讨会，作为主办方之一，我代表四川省社会科学院，代表院长侯士平先生，向光临这次会议的各位专家、各位领导、各位学者表示热烈的欢迎！向为国际相如文化研讨会付出辛勤劳动的各位专家和工作人员表示衷心的感谢，向国际相如文化研讨会表示热烈的祝贺！国际相如文化研讨会在蓬安召开，作为相如古县建县1500周年的活动之一，充分展示了蓬安县悠久的历史文化形象，充分反映了蓬安人民对司马相如的历史承传和文化尊重，充分表达了全体同仁对“辞宗”“赋圣”的高度认同和无限的敬仰。这次国际相如文化研讨会是纪念司马相如、弘扬相如文化的一次盛会。它必将对研究巴蜀文化、光大文化传统、建设文化强省产生深远而广泛的影响。蓬安作为司马相如故里，是蓬安人民的骄傲和光荣。在这里，我就如何弘扬相如文化谈谈我的认识。司马相如在中国文学史，尤其是在辞赋史学上，享有崇高的地位，它对后世产生广泛的影响，至今还鲜活地存在于当代辞赋创作之中，光明日报开辟了百家著，其中有不少作品深受司马相如的影响，这就是最好的证明。

司马相如的《子虚赋》《上林赋》《长门赋》《美人赋》《大人赋》，在文学史上是难以替代的精典范文。《子虚赋》写云梦之大、之盛，其中云梦三处是东南描写，让人如痴如醉。难怪读了《子虚赋》就有隐居安陆县，向往云梦之美景。它的魅力是四川老乡扬雄《羽猎赋》，也是模仿相如的《上林赋》《长门赋》《长杨赋》。可见司马相如他的笔触的华美和力量是后人难以超越的，他的作品已经成为辞赋的一种标杆，一种美学原则。

我们在弘扬优秀文化传统的过程中，应该充分挖掘司马相如难得的文化资源。我想在蓬安建设以司马相如为代表的中国辞赋文化年，从最早之前的宋玉、贾谊、枚乘，后代的扬雄、王褒、刘向、蔡邕、赵壹等，将他们的辞赋作品汇集一处，充分展现汉代文化的文学艺术、风土人情、建筑风格、蜀土工艺、民间艺术、竞技娱乐、工商贸易等汉代文化中的传承，再创造性地再现和审美性体验，形成具有汉代景象的文化旅游景点，怎么具体做，怎么策划，请专业人士来运作。司马相如诞生在嘉陵江流域。在蓬安，成为中国的辞宗赋圣绝不是偶然的。一方水土养一方人，是人杰地灵还是地灵人杰，这几年我一直在思考一个问题，为什么嘉陵江这条江，在中国它不是由西向东，而是由北向南的内陆大河；一千多千米，为什么涌现那么多的历史伟人。从广元到南充、广安，这一路下来都出现了很多很多的伟人。这些伟人构成了中国嘉陵江文化独有的中国文化性质。我觉得我们要研究以司马相如为代表的嘉陵江文化，研究嘉陵江文化它孕育伟人生长的基因和原因，来了解一条江一条河对历史对伟人名人所产生的浪漫的灵气、才华，这种文化态势和气势，我们要结合文人的作品、经历加以探索。如果能够成立一个嘉陵江流域文化研究的课题，我们社会科学院愿意作出自己的努力。

去年省委召开第七次代表大会的“四个跨越”，其中最重要的文化强省跨越和旅游经济强省跨越这个目标，这对于我们挖掘和整合地理文化资源，向文化资源转变为文化资本有重要的意义。

刚刚召开的党的十七大对推进社会主义文化大发展、大繁荣，社会主义经济文化建设新高潮作了战略部署。我们在研究和传承相如文化过程中，要自觉地把相如文化纳入社会主义文化强省的战略目标。通过弘扬相如文化，提高人民群众的素质和审美情操；通过弘扬相如文化，发展壮大旅游产业；通过弘扬相如文化、实现内容和形式的创新、文化生活的创新、文化理论的创新、文化发展的创新。把这次国际学术研讨会的专家学者的最新学术思想、智慧和成果转化为人民群众可以接受和传承的文化内容、文化思想和文化产品。

最后，我祝愿大家一道充分分享各位专家学者智慧，祝愿国际相如文化研讨会取得圆满成功！

（根据录音整理）

在纪念相如县建县1500周年暨国际相如文化研讨会上致辞

四川省社科院研究员　四川省历史学会会长　谭继和

今年，正当相如县建县1500周年，老县城又被批准为省级历史文化名城，这是四川文化界的盛事，也是包括南充、蓬安在内的海内外学者多年来对相如故里问题的研究和探索结出的硕果。“相如故里朝圣地，游子金秋雨润滋。”今天，这里举办国际研讨会，群贤云集，让我们再一次怀着朝圣的心情，感受到相如故里的文化力和亲和力，这是蓬安县人民的再一次创举。我受大会委托，谨冒昧地代表中国屈原学会、中国赋学会、邛崃市文君研究会、四川省李白学会、四川杜甫学会、四川苏轼学会、遂宁市张问陶研究会、四川郭沫若研究会、四川中华文化学会、四川省历史学会、成都市历史学会、成都市李贽学会，对此次国际研讨会的成功召开，表示热烈的祝贺！对海内外学者和各界人士表示诚挚的敬意！对大会主办各方，特别是蓬安县委、县政府、川师大文学院以及司马相如研究会表示深切的谢意！

相如故里和相如文化研究是一篇大文章，学者的得出相如生于蓬安长于成都的结论，解开了千年相如县谜，为这篇大文章开了一个好头。并对现实已经发生了重要的影响。尤其是对蓬安的政治建设、经济建设和社会主义文化建设，已经发挥了重要的作用。

今天，学者们看到蓬安县生机蓬勃发展的现实，以相如文化为底蕴，以相如精神为传统，在统筹城乡发展上做出的成绩，城乡面貌的巨变就是有力的证明。

第一，对学术研究的影响。它是巴蜀文化研究的一大显学，成为可持续研究的新课题。它同时正在带动文君文化研究的兴起。也同时推动了天下第一才子在蜀的才子文化、蜀里自古多才多艺文化的研究，推动文宗在蜀、仙源在蜀、菩萨（音）在蜀、易学在蜀等等有着蜀学深刻内涵的研究，推动蜀学先于东土蜀学特色的研究；推动相如文化传承和创新，正在发挥重要的作用。那种否定相如、否定相如文化、标榜创新实则贩卖旧礼教的观点，肯定不是历史唯物主义的观点，肯定是违背时代精神的观点。

第二，对社会建设的影响。相如是汉代政治时代精神的赞想。大气、豪放、和谐、浪漫、条条有理、游天地之间的这种时代精神，正是我们今天构建和谐社会、和谐城乡的养料。现在看到的蓬安，与三年前见到的面貌大变。就在这个广场上的相如饭店与文君酒店，以及到处都感受到相如文化的环境氛围，使人特别的感动。

第三，对旅游产业的影响。现在已经把第一故乡蓬安、第二故乡成都写进了省政府旅游文化事业发展报告中。最近，在省社科院落成的蜀学墙上，也已正式写进了司马相如生于蓬安长于成都这一研究成果，天府广场的路线图上也已标明。

第四，对文化产业的影响。相如长歌是很好的开头，它为创意产业的发展，以相如文化为创意的文化创意产业的发展开了好头。

我们相信，随着相如文化研究的深入，必将对建设和发展和谐蓬安、落实科学发展观，取得更多的成果。同时，在学术研究上也必将有更加广阔的前景。

预祝国际研讨会圆满成功！预祝相如县更名的工作紧锣密鼓地取得新进展，这也是我们共同的愿望和应尽的责任。

（根据录音整理）

纪念相如县建县1500周年暨国际相如文化研讨会贺词

日本奈良女子大学教授 [日本] 谷口洋

今天，在“司马相如故里”四川蓬安，“国际相如文化研讨会”隆重开幕。值此盛事，谨表衷心祝贺！

司马相如是代表西汉一代的辞赋作家，其文学史上的地位是不待赘言的。早在20世纪50年代，日本汉学大师吉川幸次郎教授写出《关于司马相如》一文，指出司马相如创造出了“纯粹的以美感为目标的语言”。他认为“中国文学史的正式开幕应该说在司马相如身上”，“总之，这就是一个新价值的确立”。

虽然如此，20世纪60年代到70年代，学术界对司马相如的评价并不高。在中国大陆，汉赋被视为“服务统治阶级的御用文学”，相如赋也不例外。在港、台，相如研究虽未受到政治思想的影响，也有一些成果，但总的来说，不能说是活跃的。著名辞赋研究专家马积高教授曾指出：“港、台辞赋研究在指导思想上与大陆不同，然其发展却有相似的轨迹，也是在70年代后期专著和论文才多起来”，“当时海峡两岸的学术交流虽少，研究问题的观点亦不同，但对某些文学现象的评价，在实质上却殊途同归”。日本的情况也是大同小异的，除了中岛千秋《赋之成立与展开》一书之中有关章节之外，详论相如的文章却寥寥无几。可是，即使在这样困难的时期，西方仍有专门研究司马相如的著作。法国汉学家吴德明（YVeS Hervouet）所著的《汉廷一诗人：司马相如》一书，是一部近500页的洋洋大著。

以上的情况在70年代末以后发生了大变化。赋学研究的热潮，在各个地区勃然而起，关于司马相如的论文也涌现而出。现中国赋学会会长龚克昌教授，在1983年发表的《汉赋的奠基者司马相如》一文中指出：“‘文学的自觉时代’的发动，当始于以司马相如为代表的西汉赋家。经过东汉的进一步发展，及至曹魏时期才臻于成熟”，其所说与吉川教授所论暗合。这表示国际汉学界对司马相如的文学恢复了应有的重视和关注，也表示司马相如在文学史上的地位得到了国际汉学界的认同。1990年，在济南召开了首届国际辞赋学学术研讨会，今年在兰州召开了第七届会议。在这些会议上，司马相如一直是最重要的论题之一。

司马相如的历史地位，不仅缘于其文学成就。《西京杂记》等后代的笔记小说收录有关司马相如的很多传说，足以窥见人们对他的向往。司马相如的时代是西汉最兴旺的时期，著名人物不胜枚举，但司马相如在他们之中还是别具一格的。汉武帝的雄才大略，李陵、苏武的高风亮节，司马迁的不屈不挠，都是令人感动的英雄精神，但也是一般人民所不可企及的。东方朔滑稽多智，具有令人和谐的幽默精神，但他的滑稽是普通人不敢仿效的。只有司马相如，既有独一无二的辞赋天才，又与老百姓一样谈恋爱、洗盘碟。他这种令人亲近的性格，使他的形象更为生动、使人们的向往更为强烈。梁天监六年，也就是公元507年。朝廷置“相如县”，这不是反映出人们对司马相如的向往得到了执政者的认同吗？

今年2007年，正值“相如县”建县1500周年。值此之际，在原“相如县”的四川蓬安召开“相如文化研讨会”。是非常有意义的。本人身在东瀛，牵于世事，未能与会同庆此举。但我相信，这次会议对有关司马相如的研究工作及普及工作，都会起到巨大的作用。

祝“纪念相如县建县1500周年暨相如文化研讨会”圆满成功！

关于“司马相如故里”的探讨

四川师范大学文学院教授、博士生导师　李大明

司马相如乃古代文化名人，其文学成就尤其是辞赋创作，成就斐然，被史家誉为“辞宗”，亦为巴蜀文化的杰出代表。

《史记·司马相如列传》云：“司马相如者，蜀郡成都人也。”《汉书·司马相如传》同。历来论著、辞书、教材等均沿袭此说，未有怀疑。但是，近些年来，四川省（主要是南充市、篷安县）的专家学者根据六朝以来的一些史料，尤其是梁天监六年（507）置相如县的史实，对《史记》《汉书》的记载提出了质疑，指出，司马相如故里在汉巴郡安汉县，即后之蓬州、今之南充市蓬安县。有关这方面的讨论文章，由蓬安司马相如研究会会长赵正铭、副会长邓郁章汇编为《相如故里在蓬安》一书，四川人民出版社2001年12月出版。2004年10月，在由教育部省属高校人文社科重点研究基地——四川师范大学巴蜀文化研究中心、司马相如研究会主办，中共蓬安县委、蓬安县人民政府承办的“司马相如与巴蜀文化研讨会”上，与会省内外专家学者又结合探讨司马相如生平事迹及其文学成就等，对这一问题展开了进一步的讨论和交流。这对司马相如及巴蜀文化，乃至中国古代文学史的研究，提供了新的成果，值得学术界重视。

今见有关相如故里的较早记载，是北周时所修《周地图记》。《太平御览》卷百六十七《州郡部》一三《果州》引《周地图记》云：“相如县有相如坪、相如故宅，因以名县（郡）。”此书《隋书·经籍志》著录为一百九卷，后两《唐志》亦有著录。宋以后书亡，但宋时该书仍多被引用。又，唐中期的李吉甫所撰《元和郡县志》记云：“相如县，周闵帝省县。”“相如故宅在县南二十五里，居滨嘉陵水，有台名相如琴台，水北有相如坪。”至五代后晋刘昫所撰《旧唐书·地理志》记云：“相如，汉安汉县地。粱置梓潼郡，周省郡，立相如县。以县城南二十里有相如故宅二，相如坪，有琴台。”《宋史·地理志》“蓬州”下亦有“相如县”，记云：“望以南有司马相如故宅而名。”这是正史的记载，值得重视。宋元以降的方志舆书，亦有关于相如县的记载。如北宋初乐史《太平寰宇记》记云：“相如县，亦巴西县地，梁天监六年置相如县，兼立梓潼郡于此。至后周郡废县存。即汉司马相如所居之地，因以名县，其宅今为县治。”又云：“司马相如故宅在县南二十里。《周地图记》：其地有相如坪，相传相如别业在此。宅右西滨汉水，丛薄郁然。其台名相如琴台，高六尺，周四十四步。”此记“梁天监六年置相如县”，时公元507年。到明初相如县省人蓬州，存在了近900年。岁月悠悠，相如县置，迄今已1500年矣。又云：“鸡卸神祠。《益州记》云：鸡卸神在相如县，以神桐在鸡卸溪侧，故为名。”（检《初学记》卷八《剑南道第八》［事对］“昆井邮溪”云：“《益州记》曰：南充县西南六十里有昆井、盐井。又曰：鸡邮神在相如县东，次北下步有鸡邮溪，因此而为之名。已上果州。”“卸溪”“邮溪”未知孰是）南宋时人工象之《舆地纪胜》亦云：“相如故宅在县南二十里。《周地图记》：水北有相如坪，相传云相如别业在此。又有琴台。《通典》‘朗池’下注云：有汉司马相如琴台。”明人曹学佳《蜀中名胜记》也有这方面的记载。清人王培荀的《听雨楼随笔》也云：“人皆以相如为成都人，实今之蓬州人。”

这方面的古诗文也多。如梁简文帝萧纲《琴台诗》云：“芜阶践昔径，复想鸣琴游。音容万春罢，高名千载留。弱枝生古树，旧石染新流。由来递相叹，逝川终不收。”此诗见于《艺文类聚》《初学记》等，本集诗题作《登琴台诗》，曾收入民国时《新修南充县志》。唐初相如县令陈子良的《祭司马相如文》云：“维大唐贞观元年，岁次丁亥，五月壬子朔，十六日丁卯，相如县令陈子良谨遣主簿谯悦赍桂醑兰肴之奠，敬祭故文园令司马公之灵。”唐人李商隐和宋人郑芳廷、于方回以及明清时好几位文人，也有诗作。李商隐的诗是《梓潼望长卿山至巴西复怀谯秀》，云：

"梓潼不见马相如，更欲南行问酒垆。行到巴西觅谯秀，巴西惟是有寒芜。"本诗载《全唐诗》，而《舆地纪胜》所引，诗题作《至巴西怀谯秀》，意似不明。又，明人卢雍有《谒长卿祠》，云："蜀中人物称豪杰，汉室文章擅大家。此地卜居犹故迹，当时名县岂虚夸。琴台积雨苍苔润，祠屋滨江草树嘉。莫问少年亲涤器，高风千载重词华。"卢雍是江苏吴县人，曾任四川学政。

如上所述，关于相如故里在蓬安的记载，应该说文献上的依据是比较多的。但是，《史记》《汉书》所谓相如乃"蜀郡成都人"的记载，又确乎言之凿凿，迄今相信《史记》《汉书》的学者亦为多数。然而我注意到，古代学者亦有人对此提出过疑问。据刘知几的《史通》，司马相如有《自叙》之作，而司马迁作《司马相如列传》，即本于相如《自叙》。也就是说，司马相如自记为"蜀郡成都人"，而司马迁照抄而已。对此，刘知几就提出了批评。《史通·序传》有云："司马相如始以自叙为传，然其所叙者，但记自少及长，立身行事而已，逮于祖先所出，则蔑尔无闻。至马迁，又……放文园之近作，模楷…，勒成一卷。"刘氏是对照司马迁《自叙》、扬雄《自叙》都记载了"祖先所出"而对相如《自叙》提出批评的。从刘氏之语可以看出，《史记·司马相如列传》正是依据相如《自叙》而成，因《自叙》"但记自少及长，立身行事而已，逮于祖先所出，则蔑尔无闻"，《史记·司马相如列传》对此当然也只得"蔑尔无闻"了。

刘知几的这段话十分重要。因为《史记》《汉书》以下直到梁天监六年以"相如"名县，目前还未见有关相如故里的新资料。而到唐前期刘知几（生活在高宗至玄宗朝）的议论当然是有感而发，不排除他见到了关于相如故里的一些新资料（例如梁立相如县），故对相如《自叙》中"祖先所出""蔑尔无闻"提出了批评。而相如《自叙》之确定，不但有《隋书·儒林传·刘炫传》的记载，而且刘知几所读到的《司马相如集》中确有其《自叙》，故《史通·杂说上》有云："马卿为自叙传，具在其集中。子长因录斯篇，即为列传。班氏仍旧，曾未改夺。寻固于马、扬传末皆云迁、雄之《自叙》如此，至于相如篇下，独无此言。盖止凭太史之书，未见文园之集，故使言无画一，其例不纯。"这一段话也十分重要，是对前引《史通·序传》一段的有力补充。《隋书·经籍志》著录有"汉文园令司马相如集一卷"（两《唐志》著录为二卷），刘氏所读，盖此本也。

综上所论，再结合相如《自叙》和《史记》《汉书》的记载，可以认为，司马相如的先世曾居古相如县（西汉时属安汉县），相如少时亦居于此。后居成都，而《自叙》所记自此始，即刘知几所谓的"但记自少及长，立身行事而已"，故自言"蜀郡成都人"，而"祖先所出，则蔑尔无闻"了。依刘氏所议，相如不记其"祖先所出"，是不对的。司马迁、班固对此未作补充，似乎也不对。

当然，要论定坐实司马相如故里在蓬安而不在成都，还需要我们下工夫发掘更多的文献资料，尤其是更早一些的资料。或者说，需要我们扩大研究的领域和调整研究的角度。例如，四川师范大学文学院教授王启涛在《司马相如辞赋与四川方言》一文中揭示，相如辞赋中有不少川东方言词汇。这就为我们研究相如故里问题，提供了语言学方面的宝贵资料。

注：该文2004年12月31日在《光明日报》发表时使用的标题为《司马相如生于蓬安》，并有删节。本志采用的是李大明先生提供的原稿。

关于司马相如故里问题的再探讨

四川师范大学文学院副教授、文学博士后　房锐
司马相如研究会常务副理事长　邓郁章

司马相如在中国辞赋学史上拥有很高的地位，对后世文学的影响也十分深远。关于司马相如的籍贯，《史记》卷一一七《司马相如列传》明确记载："司马相如者，蜀郡成都人也。"[1](第2999页)《汉书》卷五七上《司马相如传》的记载与此相同[2](第252页)。我们认为，司马相如的故里当在今四

川省南充市蓬安县，成都为相如最后落籍之地。关于这一问题，十多年来，四川省（主要是南充市、蓬安县）的专家学者进行了比较深入的探索，有关论文及资料亦汇编为《相如故里在蓬安》一书[3]，在学术界产生了较大的影响。近几年来，更多的专家学者参与了这一问题的讨论。2004年10月，在由教育部省属高校人文社会科学重点研究基地——四川师范大学巴蜀文化研究中心、司马相如研究会主办，中共蓬安县委、蓬安县人民政府承办的“司马相如与巴蜀文化研讨会”上，不少与会专家学者又对司马相如故里问题提出了一些新观点、新材料。本文拟结合这些观点和材料，对相如故里问题进一步加以探讨，不妥之处，敬请专家同行批评指正。

一

从地理沿革来看，司马相如故里所在地的名称几经变迁。汉时，相如故里属巴郡安汉县。南朝梁武帝天监六年（507年），划安汉县地（今蓬安县绝大部分及南充市高坪区东北一角、仪陇县新政一带、营山县西部、岳池县北部部分地域），设置新县，以“相如”作为县名。县治在今蓬安县锦屏镇[4](第1页)。明太祖洪武年间（1368年至1398年），省相如县，直属蓬州。1913年，蓬州改名，取“蓬州”“安汉”之首字，定名蓬安县。在历史上，“相如”作为县名存在了近900年。

梁朝统治者设置相如县的官方文献早已荡然无存①。据目前所知，北周（557—581）地理文献《周地图记》最早记载了设置相如县的缘由。李昉等撰《太平御览》卷一六七《州郡部十三·果州》引《周地图记》云：“相如县有司马相如故宅，因以名县郡。”[5](第816页)乐史《太平寰宇记》卷八六《剑南东道五·果州》云：“司马相如故宅在县南二十里。《周地图记》：其地有相如坪，相传相如别业在此。宅右西滨汉水，蘩薄郁然，其台名相如琴台，高六尺，周四十四步。”[6](第4页)，据此，设置相如县的缘由是因其境内保存有与司马相如有关的历史遗存。关于《周地图记》，《隋书》卷三三《经籍二》著录为一〇九卷[7](第986页)。由于此书宋时尚存，故《太平御览》、《太平寰宇记》等书得以征引。这为我们了解梁朝设置相如县的缘由提供了不可多得的史料，非常珍贵。

在封建时代，郡县的设置是朝廷的一件大事。而按照正常的申报程序来讲，相如县的设置，当是经过地方官吏层层上报，最后由最高决策者梁武帝萧衍审查设置理由和命名依据后方才批准[8](第4页)。同时，相如县的设置，与梁代统治者对司马相如的热爱似也有很大的关系。武帝学识渊博，文学造诣极深，能重用文士。《梁书》卷三《武帝纪下》载：武帝“天情睿敏，下笔成章，千赋百诗，直疏便就，皆文质彬彬，超迈今古”[9](第96页)。同书卷四九《文学上》载：“高祖聪明文思，光宅区宇，旁求儒雅，诏采异人，文章之盛，焕乎俱集。每所御幸，辄命群臣赋诗，其文善者，赐以金帛，诣阙庭而献赋颂者，或引见焉。其在位者，则沈约、江淹、任昉，并以文采，妙绝当时。至若彭城到沆、吴兴丘迟、东海王僧孺、吴郡张率等，或入直文德，通宴寿光，皆后来之选也。”[9](第685~686页)对于汉代“辞宗”司马相如，武帝当是充满景仰之情的。他析安汉地，以“相如”名县的做法，除了有充分的历史依据外，还当与他对相如的追慕有很大的关系②。

古代一些正史、地理书记载了相如县与司马相如之间的关系。如《旧唐书》卷四一《地理四》云：“相如，汉安汉县地，梁置梓潼郡。周省郡，立相如县，以县城南二十里，有相如故宅二。相如坪，有琴台。”[10](第1674页)，《宋史》卷八九《地理五》“相如”注：“以南有司马相如故宅而名。”[11](第2224页)在地理书方面，中唐李吉甫《元和郡县志·阙卷》逸文卷一据《纪胜·顺庆府》记云：“相如县，周闵帝省县。”[12](第1067页)又据《纪胜·果州》记云：“相如故宅，在县南二十五里，居滨嘉陵水，有台名相如琴台，水北有相如坪。”[12](第1067页)其后，王象之《舆地纪胜》卷一五六《潼川府路·顺庆府》“司马相如”注：“《元和郡县志》：在相如县南三十五里，居滨嘉陵水，有台名相如琴台，水北有相如坪。……《十道志》云：相如有别业于此。”[13](第4237~

4238页)，“弹琴台”注：“《十道志》云：左滨西汉水，丛薄蔚然，名相如琴台。”[13](第4234页)，“洗笔池、卓剑水、舞剑台”注：“皆司马长卿故迹。按县令韩振《记》云：世传琴台镇乃长卿之别业也，光圣寺乃长卿之故宅也。”[13](第4234页)欧阳忞《舆地广记》卷三一《梓州路》云：“上相如县，汉安汉县地。梁置梓潼郡。西魏废郡，置相如县。县南二十里有司马相如故宅，因以名焉。隋属巴西郡。唐武德四年来属。有琴台镇、龙角山、嘉陵江。”[14](第908页)《太平寰宇记》卷八六《剑南东道五·果州》云：“梁天监六年置相如县，兼立梓潼郡于此。至后周郡废县存。即汉司马相如所居之地，因以名县，其宅今为县治。”[6](第4页)以上材料均有力地证明了相如县的设置与司马相如有关，其史料价值不容低估。

从不少文人的作品中可看出，在明代之前，古相如县为司马相如故里的观念已深入人心。如《全唐文》卷一三四载唐初相如县令陈子良《祭司马相如文》云：“维大唐贞观元年，岁次丁亥，五月壬子朔，十六日丁卯，相如县令陈子良谨遣主簿谯悦赍桂醑兰殽之奠，敬祭故文园令司马公之灵：惟君夙敏，雅调雍容。含章挺生，慕蔺斯在。题桥去蜀，杖策入关。终倦梁园之游，还悦临邛之客。杨意为之延誉，王孙以之开筵。弹琴而感文君，诵赋而惊汉主。金门待制，深嗟武骑之轻；长门赐金，方验雕龙之重。及乎茂陵谢病，游岱无归，空留封禅之书，遂感宸衷之悼。是知声名籍甚，绝后光前，厥迹犹存，余芳无泯。予忝宰兹邑，似觌遗尘，抚事怀贤，实劳寤寐。夫游九原者，慕随会而增悲；望魏都者，伫侯嬴而顾步。仰惟往彦，差拟其伦，缅彼风猷，载深长想。至于蘋蘩可荐，黍稷非馨，庶降明灵，幸垂嘉佑。神其如在，希能飨之！”[15](第1354页)陈子良（565—632），吴人，著名学者、诗人。隋时为杨素记室，入唐后官右卫率府长史，任太子李建成学士，后徙相如县。贞观六年，卒于相如县令任上。《舆地纪胜》卷一五六《潼川府路·顺庆府》“唐相如县石龛佛像记”注：“在县治，县令陈子良撰。”[13](第4241页)《全唐文》卷一三四收录有陈子良六篇文章。其中，《平城县正陈子幹诔并序》写于相如县，乃陈子良于贞观六年二月十日夜梦见亡弟后所作[15](第1352~1354页)。《祭司马相如文》作于贞观元年（627）五月，距梁天监六年设置相如县仅120年。从“厥迹犹存，余芳无泯。……似觌遗尘，抚事怀贤”等语，可知司马相如故宅直到唐初时依然存在。陈子良是隋唐之际颇有影响的文学家，他以相如县令的身份亲自撰文祭奠乡贤司马相如，这一行为本身便很能说明问题。

曹学佺《蜀中广记》卷二八《名胜记第二十八·川北道》“蓬州”条载：“今州有相如祠，宋王俦以旧本长卿像图于祠壁，祠成，为《记》略云：‘伏念长卿杰出于西京文章极盛之际，至今薄海内外，人无贤愚，皆知有长卿。言语之妙，若揭日月。俦尝过县之琴台，乃《图经》所谓长卿故宅者，一时遗迹，彷佛尚在。’又谓：‘县虽僻左，而江山风物可乐也。从其人游，皆好学，能文章，亦有所自来矣。’”[16](第354页)王俦，《宋史》卷四五三有传。《四川通志》卷七上《名宦》“王俦”注云：“字尚友，平阳人。乾道中知乐至，廉洁谦恭，宽民严吏，民立生祠祀之”[17](第314页)。据《蜀中广记》所录王俦《相如祠记》，宋时，相如县建有相如祠堂，相如故宅遗迹直到南宋孝宗乾道年间（1165—1173），仍未完全湮灭。相如故里人士好学、能文，而其源又在于司马相如的影响，这也说明了相如县与司马相如的特殊关系。

事实上，明代之前，在司马相如为“蜀郡成都人”之说盛行的同时，人们亦普遍接受古安汉县为司马相如故里的说法。如《全唐诗》卷五三九载李商隐《梓潼望长卿山至巴西复怀谯秀》诗云：“梓潼不见马相如，更欲南行间酒垆。行到巴西觅谯秀，巴西惟是有寒芜。”[18](第6174页)据《太平寰宇记》卷八四《剑南东道三·剑州》记载：“长卿山在县南五里，旧名神山。按《图经》云：唐玄宗幸蜀，遥见山上有窟，近臣奏此汉司马相如读书之窟，敕改为长卿山。”[6](第6页)谯秀，字符彦，巴西西充（今四川省阆中县西南）人，谯周之孙，以志向高洁著称于世。李商隐此诗为我们透露出这样一条重要的信息，即他是把司马相如当作原梓潼郡所属相如县之乡贤看待的。又，《全唐诗》卷五三九载李商隐《杜工部蜀中离席》诗云：“美酒成都堪送老，当垆仍是卓文君。”[18](第6161页) 卷五四〇《寄蜀客》诗云：“君到临邛问酒垆，近来还有长卿无。”[18](第6199页) 从两诗所用典故可看出，李商隐又受到《史记》所载相如事迹的影响。推而广之，在明代之前的文人看来，相如县为相如故里的说法与相如为“蜀郡成都人”的说法是同时并存、并不矛盾的。

值得一提的是，相如县被废除之后，一些文人仍能明了司马相如与蓬州的渊源。如清道光年间所编《蓬州志略》卷九收录有明人卢雍、清人洪运开等人的诗作，卢雍《谒长卿祠》诗云：“蜀中人物称豪杰，汉室文章擅大家。此地卜居犹故迹，当时名县岂虚夸。琴台积雨苍苔润，祠屋滨江草树斜。莫问少年亲涤器，高风千载重词华。”[19](第123页)《琴台夜月》诗云：“县废名犹在，琴亡台未荒。临邛卖酒处，千载共清光。”[19](第124页) 同名诗云：“相如一去已年年，县废台空名自悬。莫道当垆花影尽，至今皓魄尚娟娟。”[19](第124页) 洪运开《琴台夜月》诗云：“汉相班班挺壮猷，长卿才调也风流。梁园客至联今雨，巴国人传此旧游。古佛一龛泉响激，暮山千叠月轮秋。清光应照闺中妇，尚恐婵娟感白头。”[19](第125~126页) 据此，明清时，相如祠依然存在，相如琴台也未荒芜，相如对蓬州人仍有着较大的影响。又，清人方旭所编《蓬州志》卷下收又录有清人姚莹所作《蓬州诗》，诗末云：“司马昔有城，平原实治所。仰依名贤迹，开卷聊对语。”[20](第127页) 民国时所修《蓬安县志稿》卷一二《文征》收录有清人伍联芳《蓬州城感怀》诗，诗末云：“长卿去后唯陈迹，文雅何年复古风。”[21](第129页)

应该指出，上引诸诗的作者均与蓬州有着密切的关系。如卢雍曾担任四川学政，到过蓬州，洪运开、姚莹担任过蓬州知州，伍联芳则为蓬州本地人，故他们了解相如县的来历，了解相如与蓬州的特殊关系。但从总体上来说，随着古相如县名的消失，人们对相如县的来历、司马相如与蓬州的关系等，已逐渐遗忘，或知之甚少。如在清以后编撰的南充、蓬安志书中，“流寓”、“侨寓”等字眼充斥其中，这明显是受《史记》说法影响所致。民国年间所编《蓬安县志稿》中，“流寓”、“故里”等字眼同时出现。可见，有关编撰人员心中是有疑惑、矛盾的[22](第7页)。

据目前所知，明人曹学俭是相如县被废除后首次明确提出相如县为司马相如故里的学者。他在《蜀中广记》卷五四《蜀郡县古今通释第四·川北道属·蓬州》中指出：“梁天监中置。相如县，长卿桑梓也。”[16](第734页) 曹学佺曾担任四川右参政，迁按察使，《蜀中广记》当作于他在蜀中任职之时。《四库全书总目》卷七〇《史部地理类三》称其书“搜采宏富，颇不愧广记之名。……谈蜀中掌故者，终以《全蜀艺文志》及是书为取材之渊薮也”[23](第627页)。又，清人王培荀在《听雨楼随笔》卷七《相如故迹》中指出：“人皆以相如为成都人，实今之蓬州人，后迁成都，又居临邛，三处皆有琴台。蓬州，隋之相如县，以相如所居之地而名。明初，乃省人蓬州。其故宅在州南，琴台在宅右，傍嘉陵江。”[24](第471页) 王培荀为清代饱学之士，他在四川为官十四年，踪迹所至，遍及巴蜀。蔡振武《序》称其书“凡蜀人士及游宦于蜀者，嘉言懿行，志乘所缺，无不摭拾而存之，以至异物、殊俗、轶事、隽词悉识焉”[24](第1页)。他们的说法是建立在较为可靠的史实以及自己亲身闻见的基础上的，决非向壁虚构，并给后人以较大的启发。

实际上，在明代之前，所谓司马相如的故里问题，是不成其为“问题”的。而自从明代废除相如县之后，人们普遍拘泥于司马相如为“蜀郡成都人”之说，对相如与蓬州之间的关系已不甚了解。正是在这种情况下，相如故里问题，才被曹学佺等人当作一个“问题”，郑重地提出来，以期澄清历史真相。

二

为了更清楚地认识司马相如的故里问题，我们有必要在此对《史记》的说法进行一番研讨。

司马迁在《司马相如列传》中称“采其尤著公卿者”，“余采其语可论者著于篇”[1](第3073页)。《隋书》卷七十五《刘炫传》云：刘炫“乃自为赞曰：通人司马相如、扬子云、马季长、郑康成等，皆自叙风徽，传芳来叶。”[7](第1722页)刘知几《史通》卷九《序传》云：“盖作者自叙，其流出于中古乎？按屈原《离骚经》，其首章上陈氏族，下列祖考，先述厥生，次显名字。自叙发迹，实基於此。降及司马相如，始以自叙为传。然其所叙者，但记自少及长立身行事而已。逮于祖先所出，则蔑尔无闻。至马迁又征三闾之故事，放文园之近作，模楷二家，勒成一卷。于是扬雄遵其旧辙，班固酌其余波。自叙之篇，实烦于代。虽属辞有异，而兹体无易。”[25](第256~257页)同书卷一六《杂说上》云：“马卿为《自叙传》，具在其集中。子长因录斯篇，即为列传。班氏仍旧，更无改夺。固于马、扬《传》末皆云：迁、雄之《自叙》如此。至于《相如》篇下，独无此言。盖止凭太史之书，未见文园之集，故使言无画一，其例不纯。”[25](第470页)据此，司马相如“始以自叙为传”，有开创之功。其《自叙》“但记自少及长立身行事而已。逮于祖先所出，则蔑尔无闻”。也就是说，《自叙》并未涉及到相如家族来源、祖籍、出身等一系列重要的问题，存在着先天的不足。而司马迁“因录斯篇，即为列传”，对此未作补充说明。班固沿袭《司马相如列传》，亦未作任何改动。

在刘知几生活的时代，司马相如《自叙》仍保存完好，因此刘知几能够把它与《司马相如列传》进行比较，他得出的结论应是比较可靠的。在刘知几之后，也有不少学者认为司马相如曾自叙为传，司马迁以此为蓝本，撰成《司马相如列传》③。而了解司马相如《自叙》以及它与《司马相如列传》之间的关系，对于我们探讨相如故里不无裨益④。

事实上，司马相如的祖先当来自中原，而非巴蜀土著(7页)。《史记》卷一三〇《太史公自序》详细记述了司马氏的起源：“昔在颛顼，命南正重以司天，北正黎以司地。唐虞之际，绍重黎之后，使复典之，至于夏商，故重黎氏世序天地。其在周，程伯林甫其后也。当周宣王时，失其守而为司马氏。司马氏世典周史。惠襄之间，司马氏去周适晋。晋中军随会奔秦，而司马氏入少梁。自司马氏去周适晋，分散，或在卫，或在赵，或在秦。其在卫者，相中山。在赵者，以传剑论显，蒯聩其后也。在秦者名错，与张仪争论，于是惠王使错将伐蜀，遂拔，因而守之。错孙靳，事武安君白起。而少梁更名曰夏阳。靳与武安君坑赵长平军，还而与之俱赐死杜邮，葬于华池。靳孙昌，昌为秦主铁官，当始皇之时。蒯聩玄孙卬为武信君将而徇朝歌。诸侯之相王，王卬于殷。汉之伐楚，卬归汉，以其地为河内郡。昌生无泽，无泽为汉市长。无泽生喜，喜为五大夫，卒，皆葬高门。喜生谈，谈为太史公。”[1](第3285~3286页)司马迁在序中道出了司马氏先世原居中原的历史事实，这对于我们理解相如“祖先所出”，当有一定的启发作用。

由于史载阙如，我们无法窥知司马相如先世入蜀的具体行程。幸运的是，《汉书》卷八七上《扬雄传》较为详细地记载了扬雄祖先从中原迁徙人蜀的过程：“扬雄字子云，蜀郡成都人也。其先出自有周伯侨者，以支庶初食采于晋之扬，因氏焉，不知伯侨周何别也。扬在河、汾之间，周衰而扬氏或称侯，号曰扬侯。会晋六卿争权、韩、魏、赵兴而范中行、知伯弊。当是时，逼扬侯，扬侯逃于楚巫山，因家焉。楚汉之兴也，扬氏溯江上，处巴、江州。而扬季官至庐江太守。汉元鼎间避仇复溯江上，处岷山之阳曰郫，有田一廛，有宅一区，世世以农桑为业。”[2](第3513页)据前引材料，《扬雄传》乃以扬雄《自叙》为蓝本，具有较高的信实度。而此条材料对于我们理解司马相如先世由中原迁居蜀中的历程不无好处。结合《太史公自序》，我们似乎可以做出如下推测：司马相如先世由中原迁移蜀中时，可能曾定居安汉县，成都乃相如最后落籍之地。李大明先生指出：“司马相如的先世曾居古相如县（西汉时属安汉县），相如少时亦居于此。后居成都，而《自叙》所记自此始，即刘知几所谓的‘但记自少及长立身行事而已’，故自言‘蜀郡成都人’，而‘祖先所出，则蔑尔无闻’了。”[26]这一说法是很有道理的。在探讨司马相如故里问题时，应当认识到相如《自叙》是有所侧重、有所取舍的。我们似不能因为《史记》阙载，就断然否定司马相如与古安汉县的关系。

值得一提的是，虽然司马相如《自叙》并未提及他与安汉县的关系，但其传世之作却为我们探讨其故里问题提供了一些帮助。如四川师范大学王启涛先生在考察相如赋的用词情况后发现，相如作品中使用了不少四川方言词，其中一些为川东方言。这些语言迹象为探讨司马相如与古安汉县的关系提供了十分可贵的线索[27]。

我们认为，在新的历史时期，司马相如故里问题的提出是有着深刻的历史原因的，对相如故里问题的探讨与认识也与一般“利用历史留下的蛛丝马迹和地名的演变为本地增添名胜的事例”⑤有着本质的不同。相如故里问题是在钩稽史实的基础上提出的，是一种尊重历史、尊重古人的表现。同时，这一问题的提出与探讨，对于当今辞赋学研究，尤其是司马相如研究有着较高的价值。此问题决非仅仅局限于单纯的故里之争，它所涉及的领域是较为宽广的。研究这一问题，既有助于弥补司马相如生平事迹研究中存在的不足，还可推动相关的研究，对于我们认识司马相如产生之巴蜀文化背景，中原文化、荆楚文化对巴蜀文化的影响，汉代巴蜀文人的成长历程等均不无裨益。

【参考文献】

[1] 司马迁·史记：《史记》，北京：中华书局，1959年。

[2] 班固·汉书：《汉书》，北京：中华书局，1962年。

[3] 赵正铭、邓郁章：《相如故里在蓬安》，成都：四川人民出版社，2001年。

[4] 邓郁章：《相如县治始终在今锦屏镇》（司马相如与巴蜀文化研讨会论文，2004年）

[5] 李昉等：《太平御览》，北京：中华书局，1960年。

[6] 乐史：《太平寰宇记》，金陵书局刊本，清光绪八年（1882）。

[7] 魏徵等：《隋书》，北京：中华书局，1973年。

[8] 龙显昭：《〈史记·司马相如列传〉三题》（司马相如与巴蜀文化研讨会论文），2004年。

[9] 姚思廉：《梁书》，北京：中华书局，1973年。

[10] 刘昫：《旧唐书》，北京：中华书局，1975年。

[11] 脱脱：《宋史》，北京：中华书局，1975年。

[12] 李吉甫：《元和郡县志》，北京：中华书局，1983年。

[13] 王象之：《舆地纪胜》，北京：中华书局，1992年。

[14] 欧阳忞：《舆地广记》，李勇先、王小红校注，成都：四川大学出版社，2003年。

[15] 董诰等：《全唐文》，北京：中华书局，1983年。

[16] 曹学佺：《蜀中广记》，《四库全书》，台北：商务印书馆，1986年。

[17] 《四川通志》，成都：巴蜀书社，1984年。

[18] 彭定求等：《全唐诗》，北京：中华书局，1960年。

[19] 洪运开：《蓬州志略》，清道光间修，转引自《相如故里在蓬安》，成都：四川人民出版社，2001年。

[20] 方旭：《蓬州志》，清光绪间修，转引自《相如故里在蓬安》，成都：四川人民出版社，2001年

[21] 《蓬安县志稿》，民国时修，转引自《相如故里在蓬安》，成都：四川人民出版社，2001年。

[22] 邓郁章：《关于“司马相如故里在蓬安”的探讨》（司马相如与巴蜀文化研讨会论文），2004年。

[23] 永瑢等：《四库全书总目》，北京：中华书局，1965年。

[24] 王培荀：《听雨楼随笔》，周昌富、李大营校点，济南：山东大学出版社，1992年。

[25] 刘知几：《史通》，浦起龙释，上海：上海古籍出版社，1978年。

[26] 李大明：《司马相如生于蓬安》，《光明日报：文化周刊》2004年12月31日（6）。

[27] 王启涛：《司马相如赋与四川方言》，《四川师范大学学报·社会科学版》2005年第2期。

注释：

①《隋书》卷四九《牛弘传》载："及侯景渡江，破灭梁室，秘省经籍，虽从兵火，其文德殿内书史，宛然犹存。萧绎据有江陵，遣将破平侯景，收文德之书，及公私典籍，重本七万余卷，悉送荆州。故江表图书，因斯尽萃于绎矣。及周师入郢，绎悉焚之于外城，所收十才一二。"《资治通鉴》卷一六五《梁纪二十一》元帝承圣三年云："帝入东阁竹殿，命舍人高善宝焚古今图书十四万卷。"江陵一炬，使大量珍贵的典籍毁于一旦，一些记载有司马相如故里情况的典籍(尤其是梁代官修地理文献）很可能亦随之烟消云散。

②后武帝子萧统招聚文学之士，编集《文选》三十卷。张溥《汉魏六朝百三家集》卷二《汉司马相如集题词》云："梁昭明太子《文选》，登采绝严，独于司马长卿取其三赋、四文，其生平壮篇略具，殆心笃好之，沉涵终日而不能舍也。"徐坚《初学记》卷二四《居处部》录武帝子简文帝萧纲《琴台诗》云："芜阶践昔径，复想鸣琴游。音容万春罢，高名千载留。弱枝生古树，旧石染新流。由来递相叹，逝川终不收。"武帝对司马相如的热爱当对其子产生了不小的影响。

③张溥《汉魏六朝百三家集》卷二《汉司马相如集·自叙传》附言云："余谓此传果马卿自作，安得有相如已死，天子遣所忠索书？又安知没后数岁，上始祭后土及礼中岳事乎？然则自叙传应至相如既病免家居茂陵为止，此后别有结束，惜今不传。而'天子曰'以下，还是太史公补足之。近世学士谓相如集中传乃校集者取子长所作附之，非其自笔。然《史通》序传一章，详言作者自叙基于骚经，降及相如始以自叙为传。《史通》之意直以后人序传皆作祖于相如，断非影响，而俗儒多以亡奔涤器等事，胡不少讳，以此为非马卿笔。不知马卿正自述慢世一段光景，委曲周至，他人不能代之写照阿堵中也。又按：《南史》云：古之名人相如、孟坚、子长皆自叙风流，传芳末世。则言此文之出相如手，非一人矣。"何焯《义门读书记》卷一八《前汉书》云："传中终言相如卒后之事，则非止录自叙也。"针对《司马相如列传》末尾所写相如卒后之事，刘咸炘《汉书知意》解释道："要卒后之言，自是马之所加，不害其余文之本自序也。"（《推十书》第二册，成都古籍书店影印，1996年，第1320页）这一解释是比较合理的。

④在2002年10月召开的"巴蜀文化学术研讨会"上，李大明在探讨相如故里问题时提到了《史记》的记载与司马相如《自叙》之间的关系。他在提交的论文《相如辞赋与楚辞》后所录《附记》中对此问题亦作了阐述（参见《巴蜀文化研究》第一期，巴蜀书社2004年版，第107页)。受其启发，一些学者在探讨相如故里问题时，多能注意到《史》传与相如《自叙》之间的关系。

⑤蔡东洲在《严颜三墓考论》中认为："利用历史留下的蛛丝马迹和地名的演变为本地增添名胜的事例在地方志中屡见不鲜。……司马相如为成都人，明载于《史记》，而蓬安因曾叫相如县和有琴台、故宅等'遗迹'，坚持认为'实今之蓬州人'。"见《巴蜀文化研究》（第一期)，巴蜀书社2004年版，第67页。

注：该文在2005年《四川师范大学学报·社会科学版》第2期发表后，2005年《新华文摘》第5期选目，中国人民大学《报刊复印资料》第4期全文复印。

相如故里在蓬安补议

四川省地方志编纂委员会副编审　马国栋

近几年，关于司马相如故里在今蓬安县的研究，已有不少论述。对此，笔者再补充几点看法以及相关资料。

一、明代不但曹学佺《蜀中广记》明确肯定"相如县，长卿桑梓也"，而且当时的蓬州还将司马相如列为"乡贤"奉祀。

明正德《蓬州志·学校》所载蓬州学正徐泰《景贤堂记》云：

正德乙亥秋，蓬州太守陇西阎公允中大修庙学，乃即戟门之右，为堂三间，以祀郡之名宦乡贤，仍故址也。堂既成，适我大宗主梅国刘先生檄查名宦乡贤事实，且戒不得徇私滥祀，以伤公论。泰承命参考，名宦，原得七人，今增四人；乡贤，原得八人，今增二人，既具申报，可公，乃新木主，设于堂之中，南面。左名宦，右乡贤。各以世代为序，……今列于祀者，……乡贤若司马相如，以其为西京文章大家，若贾嵩、若黄焘、若何造、若郑修、若张先、若毋思义、若李铎、若张郁、若毋恩，或以其学行，或以其高洁，或以其居官有声，诸贤于所谓道德名节事功，或得其一，或有其全，其无忝于贤者之称与否，我未敢知，然各以其所长，而能起后人之景慕于不已，则列主斯堂，血食百世宜矣。或曰：相如亦失节人也。曰：然《子虚》、《大人》等赋，后学宗之，前辈尝称其文章足以覆过，矧故县以相如而名，土人慕之已非一世，则岂得与偷生卖国者同科？且旧与真卿、王旦俱各有专祠，故乡邦之所不废也。

从如上记述可知：景贤堂为知州主持所建；入祀景贤堂者，甄选甚严，须经申报审查允准方可。乡贤十人，以司马相如为首。从“原得八人，今增二人”，“土人慕之已非一世”等语，可推知当地早已将司马相如视为“乡贤”，其地则为司马相如之“乡邦”。

此外，正德《蓬州志·乡镇》还记有“琴台乡，在州南五十里”。与宋《元丰九域志》载相如县所设八镇之一的琴台镇，一脉相承。

如果说曹学佺《蜀中广记》反映的是学者个人观点的话，那么将司马相如以“乡贤”入祀景贤堂，以“琴台”为乡镇名，则是政府行为，代表了当时官方对蓬州为长卿桑梓的认可。

二、宋代。当地政要不但肯定相如县为司马相如故里，而且有人对《史记》、《汉书》所载司马相如为“蜀郡成都人”提出质疑。

正德《蓬州志·祠庙》所录宋相如县尉王俦绍兴二十三年（1153）十一月之《司马长卿祠堂记》开篇即称：“县以长卿得名古矣。闻之长卿尝居此地不疑，理当祠事。……州以司户参军潼川邓侯良摄县事，邓侯慨然语俦等曰：‘昔秦宓善长卿之化，谓宜立祠堂。吾侪蜀人，诗书而儒自长卿始，诚如宓云，况此地又异他所，今祠虽在，不治且废。吾幸为令此，令，职也，其可已乎！’俦等亟赞，鸠工市材，甓瓦为屋，仍故基，颇更其制，得旧本长卿像，图之壁。……邓侯独以自任不辞，其为政知所先务，可嘉也。”

这段文字，一是肯定“长卿尝居此地不疑”，“此地又异他所”，理当立祠，实即指相如县为长卿故里；二是肯定邓良修治祠堂的善举，认为是县令职责所在，赞赏其知为政之先务。文中提到的秦宓“谓宜立祠堂”，出自《三国志·蜀志》卷三十八《许糜孙简伊秦传》所引秦宓致王商书：“仆亦善长卿之化，宜立祠堂，速定其铭。”虽然秦宓认为宜立祠堂，但成都及他处均未建司马长卿祠，而仅于相如县一地有祠，此地确“异他所”，说明此地较他处与司马相如有更为密切的关系。

正德《蓬州志·宫室》所录关于琴台的诗，有一首《乾道庚寅府判眉山朱留题》：

晓日开晴雾，行舟过石门。
梵王前古寺，司马旧家村。
往事书难信，遗名县独存。
望迷搜句眼，滩月下黄昏。

“梵王前古寺，司马旧家村”，当指《舆地纪胜·人物》所记：“县有光圣寺，旧传为司马长卿故宅”。“往事书难信，遗名县独存”，则是质疑《史记》、《汉书》关于司马相如“蜀郡成都人也”的记载，明言两书所记难以征信。乾道庚寅为公元1170年，此诗说明早在800多年前已有人对《史》《汉》关于司马相如籍贯的记载，表示异议了。这是迄今所见资料中，最早直接对《史》《汉》关于司马相如籍贯记载的质疑。

三、唐代已有人明确指出相如县是司马相如青少年时代生活的地方。

唐贞观元年（627），相如县令陈子良《祭司马长卿文》（见《全唐文》及清《蓬州志》）有句云："惟君夙敏，雅调雍容，含章挺生，慕蔺斯在，题桥去蜀。杖策入关"。其"慕蔺斯在"，亦即"慕蔺在斯"，"慕蔺"在此，在古安汉，即当时的相如县。陈子良通过"慕蔺斯在"一语，一是说明改名相如是在其家乡，是在离家游历之前的事；二是说明司马相如的青少年时代是在古安汉度过的；正因为如此。在今蓬安县留下了反映司马相如青少年时期活动历史文化信息的诸多地名，如慕蔺山、洗笔池、舞剑台、卓剑水、相如坪、相如琴台等等。而古成都地域范围内，仅有司马相如成名后在成都生活过的一处遗迹，即"相如宅，府城西南五里。《蜀记》云：在市桥西。即文君当垆涤器处，旧有琴台。"（明天启《成都府志·古迹》）

正德《蓬州志·祠庙》还录有一首明成化乙未（1475）秋八月题于匾上，称为"草窗诗"的绝句：

摛葩绘藻少年时，千年蓬山尚有祠。

惆怅词人招不起，月明霜冷叫螽斯。

"摛葩绘藻少年时"，也是说古安汉是司马相如早年学习、生活的地方。这首诗表明，有此观点者，并非陈子良一人。

四、《史记.司马相如列传》所记"文君夜亡奔相如"，"驰归成都"之家，当为司马相如临时居所。

《史记.司马相如列传》云："会梁孝王卒，相如归，而家贫，无以自业。素与临邛令王吉相善，吉曰：'长卿久宦游不遂，而来过我。'于是相如往。舍都亭。"梁孝王卒后，相如所归之家，当为成都之家，而非安汉之家。成都、临邛相距不远，声息相通，王吉始得及时了解司马相如近况而相邀。《司马相如列传》又记："文君夜亡奔相如，相如乃与驰归成都。家居徒四壁立"前仅言"家贫"，此则具体描述其家贫之状况程度，"徒四壁立"，家什皆无。既无家财，更无家人，此种状况之家，显非世居老宅气象。因此，无论司马相如在成都是购房而居，还是赁屋而居，其成都之家都不过是他欲在政治、经济、文化中心的成都谋出路、求发展而暂栖身之临时居所。

与此相对照的是，在安汉却"有相如故宅二"（《旧唐书·地理志》），其早年还凭家财"以赀为郎"。如果司马相如为"蜀郡成都人"，何苦远赴荒僻的安汉置业。这些，只能说明安汉是司马相如生长之地。

总之，古之巴郡安汉县，后之相如县、蓬州，今之蓬安县，为司马相如故里，为其生长之地，无可置疑。成都，仅司马相如为求发展而托籍、寄籍之地，成名后在此生活过一段时间。

促进司马相如研究　推动中国学术发展

首都师范大学文学院教授　踪训国

各位女士，各位先生。早上好！我今天主要想谈谈四川省社科院、四川省社科联、四川师范大学文学院和中共蓬安县委、县政府、司马相如研究会为促进相如研究、推动学术发展所作的贡献。我们不妨回忆一下现当代司马相如研究的状况。1920年到1989年这70年间，学术界没有出现一部真正研究司马相如的专著。1990年到1999年的10年间，共出版了4部专著：费振刚、仇仲谦先生的《司马相如文选译》（巴蜀书社1991），金国永先生的《司马相如集校注》（上海古籍出版社1993），朱一清、孙以昭先生的《司马相如集校注》（人民文学出版社1996），龚克昌、苏瑞隆先生的《司马相如》（春风文艺出版社1999）。2000年到2006年的7年时间共出现了5部：李孝中先生的《司马相如集校注》（巴蜀书社2000），赵正铭、邓郁章先生主编的《司马相如故里在蓬安》（四川人民出版社2001），张连科先生的《司马相如集编年笺注》（辽海出版社2003），万光治先生的《蜀中汉赋三大家》（巴蜀书社2004），李天道先生的《司马相如赋的美学思想与地域文化心态》（中国社会科学出版社2004）。2007年是司马相如研究大丰收的一年。截止到今天（10月29日）为止，今年已经出现了6部著作，实在令人震惊！这6部著作中，除了刘南平、班秀萍先生的《司马相如考释》（天津古籍出版社）之外，其余5部都是蓬安县委、县政府、司马相如研究会组织撰写并联系出版，它们是：李孝中、侯柯芳先生撰写的《司马相如作品注译》，邓郁章先生主编的《司马相如与巴蜀文化研究论集》，邓郁章、赵正铭先生主编的《司马相如故里在蓬安》（修订本），赵正铭先生主编的《相如故里故事集》和邓郁章先生编注的《相如故里风光吟》（以上各书均由四川人民出版社出版）。这些书既有很高的学术参考价值，又饱含着蓬安人民热爱司马相如、热爱家乡的深厚情感，让我们深为感动，也深受教育。这是司马相如研究领域的一件大事，不仅能有效宣传相如故事和相如故里的风光民情，也能促进相如研究的深入开展。

再看看司马相如研究论文的发表状况。1920年到1980年的60年间，学术界仅发表相如研究论文21篇，平均每3年1篇，研究状况极为萧条。1982年以后，研究司马相如的论文逐渐增加，研究的深度和广度也逐渐彰显。我们看近几年的情况：2001年发表相如论文4篇，2002年8篇，2003年9篇，2004年多达11篇，2005年又创新高，竟然多达21篇。相当于1920年至1980年的60年研究成果的总和！司马相如的研究已经达到了巅峰，2006年发表16篇，2007年上半年8篇，又进入了平稳状态。这一繁荣局面的出现绝非偶然。2003年，蓬安县成立了司马相如研究会，邀请许多专家共襄盛事；2004年10月，蓬安县委、县政府、司马相如研究会与四川师范大学文学院即组织了“司马相如与巴蜀文化国际学术研讨会”，海内外专家、学者、各界人士120多人与会，收到学术论文26篇，而这26篇论文，有大约10篇即在2005年正式发表，这正是2005年相如研究论文创历史新高的重要原因！今天，数家单位又组织了“纪念相如县建县1500周年暨国际相如文化研讨会”，规模更大，与会人员更多，收到学术论文、专著、贺词多达44篇，研究的问题更为深入，细致。可以预期，明年将有数量更多、质量更高的论文发表。我们不能不感谢蓬安县委、县政府、司马相如研究会与四川师范大学文学院为举办这次会议所做的工作，我们不能不感谢他们为推动相如研究、促进学术发展所做的贡献！

《司马相如故里在蓬安》序言

四川省历史学会会长　谭继和

在古代文献中，《周地图记》最早提出古相如县因“相如坪相如垫宅”而得名的命题，以后历代论述不绝如缕，清人王培荀进一步肯定相如籍贯“实今之蓬州人”。这个被人们一直忽视的问题，在上世纪90年代初由邓郁章等南充、蓬安学者加以揭橥，并组织和联系省内外学者，成立司马相如研究会，展开缜密的研究和精心的考证，结合蓬安有关相如的地名和实迹加以论证，现在得出了“司马相如出生于蓬安，生长于成都”的结论，这是令人信服的。我向来持《史记》《汉书》司马相如为成都人的观点，但并未深究。蒙相如研究会邀请，我到蓬安实地考察并拜读了研究会诸位学博的论述，又检视了一遍有关史料，我信服司马相如故里在蓬安的结论。王仲荦先生的《北周地理志》是历时40年才写成的翔实、缜密、搜罗宏富、拾遗外阙、科学性很强的杰作。他在“相如县”一条中，特别指明相如故县“为今之蓬安县利溪场”，并引周地图记、寰宇记等地理著述，阐述相如县的渊源流变，认为相如县因相如坪、相如琴台、相如故宅、相如别业而得名。这是科学的态度。相如县名存在近九百年，其得名缘由必有因有据。经过一番考察，我服膺马（识途）老所说：相如出生于蓬安，生长于成都。我更要补充一句：蓬安是相如的第一故乡，成都是相如的第二故乡。现在该研究会已由相如故里的研究而扩展为相如文化的研究及其应用，这是更大的收获。我认为，因司马相如故里问题而引出司马相如与巴蜀文化的关系，这是一篇大文章，是巴蜀文化研究逐步成为“显学”潮流的一大硕果。这个硕果发蒂于蓬安·南充，现在把它结集，这是值得庆贺的。

从相如故里到相如文化，这篇大文章，经过李大明、龙显昭、周子瑜、万光治、李诚、房锐、邓郁章等先生及海内外学者的辛勤耕耘，已经开始出现成为显学的趋势，具有重要的学术价值和现实价值。李大明先生说：相如故里问题的探讨“将为巴蜀文化的研究增添新的内容”，是“一项成功的学术文化工程”，是“继承优秀传统与当代先进文化建设相结合的一次非常成功的实践”。我很同意这些看法，有关相如故里及其文化的研究，是巴蜀学者智慧集合的产物，应该在将来的巴蜀文化研究史上抹下浓墨重彩的一笔，有多重意义和价值需要提一提。作为汉代赋圣，司马相如是汉代学术精英的代表，他的文化个性代表着汉代文人的集体文化性格（或用新名词说，叫做“集体无意识”）。通过故里问题的研究，大大拓展了我们对相如文化性格如何形成的认识。以往的研究，我们局限于笼统的巴蜀文化对司马相如的影响。现在，我们则可以分解出巴文化的刚同蜀文化的柔这两方面刚柔相济、亲缘相近的不同特征的文化对相如文化个性的形成有分别不同的影响。相如的大赋，既有气势磅礴、铺张扬厉的“刚”与“质”的一面，又有闳博丽雅、侈衍排比的“柔”与“文”的一面，这便是刚柔文质两种性格的巴文化与蜀文化分别不同影响和熏陶的有力例证。当然，汉大赋不只是巴蜀文化的影响和熏陶问题，但我们从司马相如身上可以领会故乡的巴文化与蜀文化确是相如文化性格形成的主要来源。用这样的研究方法，研究汉赋时代的群体作家，定可找出不同的地域文化对他们文化性格的形成的不同影响和渊源来。这是从相如故里研究开始的一个新问题。今蓬安在内的古巴阆文化区对相如的影响，可用学者们关于相如赋多用巴地方言的研究来作例证。如：《哀二世赋》：“岩岩深山之碹碹兮”一句中的“碹碹一词”，《史记索隐》引萧该云：“碹，或作‘罐’，长大免也。”《汉书》颜师古注：“碹碹，深通貌。”（砬碹，音读“笼”，至今巴地方言还称深通之处为“碹砬”，即谎谎）。如果从字源上看，它还渊源于巴蜀巢居——干栏文化。“铿”即笼，是深崖窟居的代表。羌人的石碉在古羌语里称为“邛笼”，属于巴蜀巢居文化的石碉系统。四川人有“窟笼”一词。“窟”指山岩穴居，“笼”指巢居、树上居、干栏，“窟笼”是穴居文化与巢居文化混融以后出现的词汇。因此，相如要选用“往往”一词来形容崖居，这是最恰当不过的语词了。如果没有掌握巴地方言，他是绝不可能找出这个形容词的。其他如“泛滥溢溢”的“溢”音，“屯车而万乘”的“屯”音，均为至今还在使用的巴方言。再说到蜀方言对相如赋及其文学著作的影响则更多了。《几将篇》的“黄润纤美宜制禅”的黄润布，《凡将篇》中的中药草名、乐器名也多与蜀有关。这里不再赘举。但这是相如故里研究带来的新收获，是可持续性研究的一个新课题，故在这里多说几句。这是相如故里研究新价值的第一点。

汉大赋奠基之作《子虚上林赋》与巴山蜀水对司马相如的孕育与熏陶有关，甚至在这里可以斗胆提出相如赋的第一孕育地和奠基地就是巴蜀，这是相如故里问题研究带来的又一收获。作为汉代文化巨人，司马相如是汉朝时代精神与汉文化结晶的产物。他融汇七经与诸子百家，承诗继骚，兼汇小学、书法等艺林百家而成就为赋圣文宗。他与中华民族文化整个体系与渊源有着复杂而深刻的关系。但他的故乡是巴地（蓬安）与蜀地（成都），生于斯，长于斯，受教于斯，寄情于斯，就不能不注意研究他与巴蜀文化的特殊关系。“乔木展归国之思，行云有故山之恋”，故乡的山山水水，乔木行云和人文教化会给相如的创作与文韬武略刻上深深的烙印，形成特殊情结永系其一生，在其作品中或隐或显地流露出故乡所赋予的特殊文化解读，从逻辑思维、阐释方式到语言语势流布着本乡本土的特殊韵味，这是必然的文化学发展规律。不管您是否少小离家，这种乡土情是扭不断的。不管您的题材是否直接涉及，这种乡土味是无法舍弃的。这就形成文人学士与乡土文化之间复杂的情感理念关系和对应融合关系。从这个意义上说，相如赋是巴山蜀水的自然环境的影响，是一点也不过分的。我们看《大人赋》，它仿屈原《远游》，是直接传承楚辞的。但它把仙人四方游仙的顺序由东南西北，改为南西北东。以南为首的观念，恰恰是巴蜀人作品《山海经》的观念，也得到三星堆两个祭祀坑祭祀物品多堆积于西南方向的事实证明。这就是巴蜀的特殊方位文化对司马相如影响的一例，这是第一层面。

还有更深刻的第二层面。初唐王勃称巴山蜀水为“宇宙之绝观”“优游之天府”。西汉盛世正是“天府之国”的桂冠由关中转移到巴蜀头上的转型时期。由此不难理解，相如汉大赋所描摹的“宇宙之绝观”与宏博优游的气势，不正是作为天下第一流神品的巴山蜀水自然景观扩而大之的写照吗？再对比晋人左思的《蜀都赋》，我们不是更可以直接找出相如赋作为源头而影响于《蜀都赋》的流变历程吗？如果潜心研究，我相信《子虚赋》是涵容着巴蜀山水绝观的原型的。换句话说，巴蜀宇宙之绝观，应该是相如赋孕育和奠基的起始之地，这恐怕还不是妄腾之说，这是相如故里问题的研究带来的新价值的第二点。

其三，相如故里的研究，加深和扩展了我们对“文宗自古出西蜀”的新认识。赋圣司马相如开其端，“乡党慕循其迹”，后来者有被桓谭誉为“西道孔子”兼“东道孔子”的汉代儒圣扬雄，文学革新前驱陈子昂，唐代诗仙李白、诗圣杜甫，宋代文化巨人苏轼与陆游，明代文坛著述第一人杨升庵，清代性灵诗宗张问陶、函海大家李调元，直到现代文化巨人郭沫若和巴金，这些“天下第一秀才”均出生于蜀或虽不是蜀人但却是因巴蜀熏陶而成就为文化巨人。他们不仅是文坛宗主，而且是各科会通的百科全书型大家。龙显昭先生认为司马相如融会诸经而撰《封禅文》，是通儒。相如是辞赋家、文学家，还是著《季候四时书》的书法家，同时是通七经的经学家和有文韬武略、立下通西南夷巨大功劳的战略家。他以融合百科的学识对“蜀学比于齐鲁”作出了特殊的贡献。百科全书型这是巴蜀儒的特征，也是上举诸位文宗共同的特征。明人潘耒认为经学家有“通儒之学”和“俗儒之学”两种。巴蜀文宗均为激于时事而以经世为务，盛称经济而以考据精详为末务的“通儒”。这一“通儒”传统是由司马相如开其端的。他开启了巴蜀文人重文学、重今文经学的传统，特别是“文法原于字类”，文学植根于学术功底的传统，成为上举后代文宗师法的楷模。历代文宗从扬雄到郭沫若无不“比肩相如”，以相如为学习的榜样，“蜀地经师，长卿为鼻祖”，这是巴蜀文化的又一显著特征。

其四，巴蜀文化囊有好梦幻迷离好想象，“飘飘有凌云之气”的浪漫主义的文化思维特征。巴文化重鬼，蜀文化重仙，从蚕丛鱼凫得仙道起始的古蜀仙道的传统不仅开启了巴蜀道教，而且浸润于巴蜀文人思维，成为巴蜀文人以仙游为特征的浪漫型发散性思维定势。司马相如所倡导的仙游文化是其开端。有关相如故里的研究，加深了我们对相如的赋论与巴蜀文学特质的关系的新认识。

司马相如的赋论最独到之处是分为“赋家之心”与“赋家之迹”。“赋家之心”指的是“文心”，是性灵，是赋家的本性、心灵与眼界、境界。他认为赋家之心“包括宇宙，总览人物”，“控引天地，错综古今”，这是何等开阔的世界眼光。他把这种眼光与胸襟赋予《大人赋》中的仙人，“下峥嵘而无地兮，上寥廓而无天”，“悲世俗之迫隘兮，竭轻举而远游”，这首赋淋漓尽致地表现出羽化登仙、凌霄步虚的仙游气概，这正是汉代雄阔、豪放、浪漫、企慕长生不死，羽化登仙的时代精神的体现，难怪汉武帝读了这篇赋即感觉“飘飘有凌云之气，似游天地之间意”。所以，以仙化为特征，以浪漫型发散型为特质的艺术思维定势是由司马相如开蜀人之端而形成巴蜀的“文心”的。这种“文心”是“斯乃得之于内，不可得而传”，可意会不可言传，可捉摸而不易形诸文字，犹如佛祖拈花迦叶含笑一样，靠内在心灵的开悟与精神的流动。这就是巴蜀人的“文心”，巴蜀人的特质。

相如讲的“赋家之迹”则是指的创作的路径和方法，指的对“文心”的“雕龙”手法。“合纂组以成文”是指谋篇布局、编织文章的方法，有如织机一经一纬的编织工夫，编织出华彩丽文。“列锦绣而为质”则是指文学创作的路径，是以学术为文学之根本，以“小学文字功夫为经艺之本”，犹如以汉代蜀锦绣缎为质地而雕出列锦龙纹一样，善于别出心裁，“不思故辙，自摅妙才”，雕出文心之体，善于选择创新的途径。赋家之心与赋家之迹，构成相如浪漫主义文学的根基，开启了巴蜀文学浪漫主义的传统，对今天巴蜀文学的现代化亦有着重要的启迪作用。

对相如故里及其文化的研究，引出不少学者对相如创作思想与方法的探讨，这对有着巴蜀文学特质渊源流变的研究，无疑有开拓性的意义。司马相如的赋与赋论是值得我们深入探讨的巴蜀文艺理论的源头与巴蜀艺术美的源头。相如的赋论及其赋的实践，“不似从人间来”，不仅卓绝汉代，而且直面历代，开启无数后来者文心，高度重视对相如赋论及其赋作实践的研究，采用新的视野与新的角度，用现代化眼光加以审视，总结相如开启的巴蜀赋论遗产，这是对相如故里研究又一新的收获。

作为本论文集第一读者我谨以上述有感于心的新的体味，勉贡芜辞，是为序。当然，我们从本论文集中还可发现更多新的价值，这就有待于读者诸君的玩味了。

2007年5月17日　深夜

相如故里赋

何剑青

美哉蓬安！

赋圣司马之故里，画圣藻绘之画图。果州羽翼，嘉陵明珠。水绿剑外江南，道牵蓉渝秦楚。造化钟灵，山川形胜，江曲巴字，山留仙踪。大深南海，俨然佛国普陀；白云重峦，浑疑飘渺庐山。运山雄矗，溢千古民族豪气，石门中开，添巴蜀文才风流。桂花村酒尽穷白泪，桃花村笑说桃花源。十里荷花，周敦颐醉说爱莲；千层橘柚，颜鲁公怡心养节。纵横百里，风轻云淡，卅八乡镇，珠璨玉盘。

赋写汉家气象，情生邦国枯荣。芬芳文明传承，故里代有才俊。各领风骚，于今尤盛。虎帐杏坛，传嘉言懿行；沧海大漠，闻蓬州乡音。魏时珍首介爱因斯坦，伍非佰深识墨家精神。藏汉词典，张逸荪蒙誉周恩来总理；著柬国史，陈教授谊感诺罗敦国君。芷江受降，萧将军气夺倭寇；大义薄天，王白与血铸蜀魂。苏维埃旗卷西风，红军树叶茂枝荣。中华崛起，蓬安奋进，裁山秀水，彩笔绘春。截江成湖，化洪流为电流；倚坝建站，释核能为电能。光驱万代暗影，热凝千邦祥和。湖波漾日月双洲，芊芊尽忘忧之草；春潮涨第一桑梓，艳艳皆长乐之花。刻意求变，锦橙拥王者之风范；纤手弄巧，豆腐成华筵之佳珍。故城风韵依旧，新楼靓姿入时。老码头诉历史风雨，无字碑铭时代里程。

灿烂文化，古今同慨；烁烁文星，中外共爱。赋圣而兼情圣，人格香溢百代。南朝北朝，名县而输诚敬；唐人宋人，崇祠以奉至爱。元明清诗文如飘叶，临盛世远客万里来。润情故宅，畅意琴台。《子虚赋》碧眼儿高颂，相如坪东瀛女徘徊。洗墨池边，教授漫斟文君酒；长卿池畔，志士梳理济世怀。当日李义山，倚马怅云天，羁旅难亲相如宅，诗心常绕慕蔺山。于是马识途，肝胆付文坛，闻道赋魂归故里，一纸深情出锦官。

相如广场，华灯吐瑞。琴声悠悠，舞影翩翩，传求凰之远韵，展时代之风姿。赋越千年而知音日众，情经风雨而同调倍增。宇宙物质不灭，人间善美长存。存善存美之地，如诗如画之乡。蓬安美哉！

司马相如故里赋

魏明伦

司马相如：华丽之赋圣，浪漫之文豪也！蓬州古郡：赋圣之故里，文豪之摇篮也！

故里悠深，储华丽之灵气；摇篮温暖，存浪漫之基因。锦绣开屏，情天朗朗；嘉陵环抱，爱河滔滔。讴歌鸟比翼，传说凤还巢。琴台夜月，绿绮再弹求凰曲；故宅良宵，红袖应和咏鸠诗。遥对临邛，蓬安也有文君井；遍询川陕，此城独建长卿祠。问西南丝绸路，可在墨池筹划？探本土蚕桑业，想是卓女栽培。童年犬子，起步锦屏镇；晚年游子，魂归慕蔺山。生前以蔺丞相为师，殁后有太史公作传。司马乎！相如乎！文章并驾两司马，经略交辉双相如。乡贤出色，桑梓增光。古邑人文丰厚，江城风水吉祥。游客慕名，墨客迁客纷纷云集；赋圣流芳，画圣书圣续续光临。吴道子沿河百里，颜真卿扎根两年。鲁公石如人，书圣立笏朝天阙；财神楼临水，画圣粉本绘川江。诗仙太白，题赠蓬池隐者；醉翁欧阳，礼赞小县狂生。开元寺畔，元稹三过；来苏山上，苏轼一游。周子留行踪，舟口命名周子镇；濂溪传学派，老街早建濂溪祠。历朝俊杰浪淘不尽，当代宾朋鱼贯而来。山水森林，远瞻八处美景；渔耕桑麻，近赏三组铜雕。峰峦蜿蜒，古称五马排空；鸥鹭飞翔，今看百牛渡江。龙角峥嵘，天风浩浩；白云缥缈，林海茫茫。马回景区，千里嘉陵第一坝；漫滩湿地，四面芦苇上万丛。金轮出水，日岛月岛乾坤象；玉带绕城，阴鱼阳鱼太极图。醉游蓬安县，幻想蓬莱仙境；笑登情侣楼，品评情圣传奇。

凤求凰之佳话，乃千秋信史也！凤骗凰之酷评，乃一派流言也！古有封建卫道士，现有商业炒作家。后者拾前者之牙慧，武断借垄断之平台。搬出颜氏家训，夸大腐儒偏见；回避李贽藏书，隐瞒群贤公评。以现代商人之心，度汉代才子之腹。诬相如近于西门庆，变文君类似李瓶儿。既丑化此司马之列传，又贬低彼司马之史记。粉丝无知，轻信骗局；吾辈有责，还原爱情。为佳话澄清皂白，代故里反驳雌黄。归凤恋新寡，冲击封建罗网；引凰奔私宅，跨越礼教雷池。伴妻当垆，叛逆之挑战；临街涤器，书生之佯狂。婚姻自主，古代范本；个性解放，早期萌芽。墙头马上，受其陶冶；萧寺西厢，步其后尘。还魂牡丹亭，沥血桃花扇。银河牛郎织女，断桥白蛇许仙。

宝黛红楼缱绻，梁祝彩蝶翩跹。皆凤求凰之遗响，凰恋凤之续篇。然而，张生有厌旧之瑕，裴郎有休妻之错，许仙有薄幸之误，宝玉有多恋之癖。男性中心之通病，雌雄不平之痼疾也！王朝体制，三妻四妾；宗族法规，十子百孙。无后为不孝之首，纳妾乃求子之方。文君长期无珠孕，相如闪念纳小星。可贵者：刚读白头吟，茂陵即止；回报青鸟函，鸳梦重温。对比樱桃樊素，杨柳小蛮。香山连纳二佳丽，东坡岂止一朝云。李白几度鸿鸾禧？唐寅多少如夫人？唯相如个案，与文君偕老。宁可膝下荒凉，也无婚外风流。同遵山海誓，不负凤凰盟。文君泪写长卿诔，相如鬼恋卓氏魂。佳话乎？骗局乎？成双到底之美眷，从一而终之情痴！促蓬安设论坛，邀百家聚琴台。评学术而比文采，辩哲理而求真知。川人恭候，名嘴敢来否？琴台不朽，蜀水长流哉。

己丑年盛夏苦吟成骈

相如故城赋

司马相如研究会副理事长　魏赤中

蜀江水碧，蜀山峰青，嘉陵江畔，相如故城。地因相如而设县置郡，城因治所而远近闻名。

千里嘉陵通秦塞，万里中原连巴蜀，泱泱神州，济济群星，灿若河汉，炎黄文明。至周王无奈，惹群雄纷争，三家分晋，六国归秦，华夏才俊，一统豪情，中原司马氏，落蜀地生根；犬子立大志，慕蔺丞相，卓尔不群，欲做非常事，展抱负，赴西京。有汉武雄才，抚九州安宁，四海一统，天下归心，文治武功，慧眼识骏，蜀郡马相如，其鹏翅得伸；长卿显神功，书作大赋，瑰意奇行，才倾长安城，惊汉主，辅明君。风流倜傥，非常之人，绿绮之琴凤求凰，传绝世佳音；聪慧多情，惊世才女，两颊芙蓉许芳心，留千古美名。西南夷，巴蜀联襟，除忧患，欲平定，非君莫行；乘驷马，持节出征，睦边疆，慰父老，盖世功勋。缘起嘉陵碧水，缘成芙蓉古城，临邛涤器，安汉留名，后世艳羡，诸多宏论。太史公马迁娓娓道来，梁武帝萧衍为之情倾，析分原安汉县以东北，设相如县兼置梓潼郡，其故宅以为治所，傍水依山，屹立千载，即今之相如故城。

山不在高，城不在深，日月阴阳，琴瑟和鸣。左依凤凰，右傍五马，前有绿野坪驰骋，嘉陵江如带如玦，婉约绕城，后有锦屏山拱卫，玉溪水如弦如琴，太极两分。玲珑奇巧，八卦五行，鬼斧神工，浑然天成。芳草萋萋，白鹭揽云，繁花灼灼，绿树成荫。红墙黄瓦，钟鼓齐鸣，看香火鼎盛之处，寺庙林林；悉甃以垩，幽洁街面，可闲情安步当车，繁华宁馨。潜庐楼宇贯城中，百廛鳞次，皆居货之所辐辏也；环城三面皆临江，镶珠嵌玉，造物主铸就美景夫！青云塔雄踞城外，临江水之奇绝幻境，钟鼓楼高耸城中，助玉环之巍峨凌云。晨观日出龙角山，朝霞映红大小蓬莱，为故城增光添锦；夕望月照滩涂地，银辉抹亮东门河坝，令太极愈加入神。广慈晓钟，伴随古城沧桑凝练，琴台夜月，方衬相如文君风韵。五马排空，双蓬叠翠，嘉陵晚渡，石壁晴云。古佛洞、佛尔岩、观音阁前买闲亭，十二花神栩栩如生；文庙昌、武庙盛、城隍庙里城隍会，十八罗汉咄咄逼人。天上宫、禹王宫、真武宫、南华宫，五宫八庙，神话千古流传市井；紫气门、文明门、涌金门、真武门，四门三里，城墙逶迤连绵至今。周天柱重塑城门，冀古城长治久安，姚知州觅得仙景，遣心中报国郁闷。志士仁人，芸芸众生，冥冥之中，相依相存。赖自然之神功，仰先人之文明，神也，人也，莫不为古城浓墨重彩，千秋钟情。杜子美诗咏琴台，苍绿台犹在，李义山追寻梓潼，郡废县犹存；相如县令陈子良凭吊长卿，长卿祠留痕，明朝学者曹学佺力拨正史，正史亦有情！相如故城，慕相如之名，相如故城，存千年之魂，相如故城，抒今日之情。桑梓情怀，浪漫家园，千亩湿地，自然人文，承百世古风，展一代新韵。

壮哉，开疆英豪；雄哉，辞宗赋圣；奇哉，旷世琴缘；美哉，文君知音；神哉，相如故城!!

（此文曾先后刊载于《中华辞赋》《南充文学》）

“国际相如文化研讨会”综述

四川师范大学社会科学学报编辑部　唐普

2007年10月28—30日，由四川省社会科学界联合会、四川省社会科学院、四川师范大学文学院、中共蓬安县委、蓬安县人民政府、司马相如研究会联合主办的“国际相如文化研讨会”在司马相如故里四川省蓬安县举行。来自海内外30余家高校、科研单位和学术出版机构的100余名学者，全国各级十多家新闻媒体，四川省南充市有关领导，主办单位负责人，蓬安县四大班子及相关部门，司马相如研究会、文君文化研究会共200余人参加了会议。

公元507年，梁中央政府在司马相如故里置相如县（今蓬安县），迄今1500周年。由此在四川省蓬安县召开“纪念相如县建县1500周年暨国际相如文化研讨会”。四川省社科联规划评奖部副主任黄兵，四川省社会科学院副院长李明泉，四川师范大学文学院院长李诚，司马相如研究会理事长赵正铭，日本奈良女子大学教授谷口洋（代），四川大学文学与新闻学院教授项楚，四川省社会科学院研究员、四川省历史学会会长谭继和先后致辞，对会议的举行表示祝贺。随后。四川师范大学学报（社科版）主编、四川师范大学文学院教授李大明主持了大会学术发言。四川大学文学与新闻学院博士生熊伟业、韩国大邱Catholic大学中文科教授金周淳、南京大学中文系教授许结、四川师范大学文学院教授房锐、首都师范大学文学院副教授踪训国、西南民族大学教授吴贤哲、四川省地方志编纂委员会研究员马国栋、西华大学教授郑家治、西华师范大学教授龙显昭、司马相如研究会常务副理事长邓郁章作了学术发言。在小组讨论会上发言的还有浙江大学教授林家骊、王德华，四川大学教授张志烈、谢谦，西南民族大学教授祁和晖等。

大会共收到海内外专家学者论文43篇。主要从司马相如生平事迹、司马相如思想与作品、司马相如影响与评价等方面作了广泛而深入的探讨，取得了一批重要研究成果。

一、司马相如生平事迹研究

研究司马相如的生平、相如故里是近年来学界研究的焦点。《史记》《汉书》相如本传皆据相如《自叙》谓其“蜀郡成都人”，但近年不少学者钩沉稽古，考证得出了“相如故里在蓬安”的论断。这在2004年举行的“司马相如与巴蜀文化研讨会”上已基本达成共识，许多学者则在这次会议上作了进一步的补充。熊伟业《梁代设立相如县的历史文化意义》一文全面搜罗了有关司马相如遗迹、“相如县”相关史料，认为：《史记》《汉书》《华阳国志》等未曾提到司马相如与“巴郡安汉县”的关系是因为材料、体例的关系；南朝梁代始设相如县有着特定的历史文化原因，根本在于南北军事对峙、文化争衡导致相如县设置以及命名，具有巩固边境、夸耀文章诗赋、激励地方人士等多种意义。房锐《关于司马相如故里问题的思考》则认为，要使司马相如故里问题探讨不断深入，需要有关学者长期不懈的努力，在研究工作中从以下方面人手：其一，多方搜集相关文献资料；其二，进一步拓宽视野，深入挖掘梁武帝设置相如县的深层原因及其文化意义；其三，坚持实事求是的态度。马国栋《相如故里在蓬安补议》则补充了一些相如故里蓬安说的相关资料。

有相当多的学者对司马相如生平事迹作了深入研究.如：四川省社科院文学所助理研究员、四川大学文学与新闻学院博士生李昊《司马相如年谱》，熊伟业《司马相如生平新订（上部）》，吴贤哲《关于司马相如生年的再思考》，金周淳《司马相如小考》，房锐《司马相如受学说辨析》，四川师范大学文学院教授吴明贤《论司马相如在开发西南夷中的贡献》，西华师范大学历史文化学院副教授赵炳清《司马相如与通“西南夷”》等。

二、司马相如思想与作品研究

部分学者对司马相如作品表现的思想主题进行了研究。四川师范大学文学院教授李凯《司马相如与儒学》，通过分析司马相如时期四川地区的文化、教育及儒学接受情况，汉武帝时期儒学情况及其与赋创作的关系，司马相如作品中表现的儒学思想等方面认为，作为处于汉代崇重儒学和辞赋创作最兴盛的大赋作家，司马相如身上自然会出现儒学的印记。许结《诵赋而惊汉主——司马相如与汉宫廷赋考述》一文认为，司马相如是中国历史上最早的一位宫廷文学侍从，其辞赋创作三次“惊”动汉武帝。既成就了他与武帝一生的文缘，也奠定了他在赋史上的“赋圣”地位；他的创作既是汉帝国文化制度统一进程的产物，又引领了汉赋由蕞尔小邦而蔚然大国的新时代；但由于汉代赋家的生存地位与创作处境，相如始终只是皇帝身边的弄臣。其赋作的内在矛盾，同样体现了历史的必然性。其他如四川师范大学文学院研究生周桃红《试论〈大人赋〉的主题》、南充市高坪区经济局张维刚《〈大人赋〉探旨》等也探讨了司马相如作品表现的思想主题。

从文献整理的角度对司马相如作品进行研究，对于还原司马相如作品的本来面貌具有重要意义。这方面的主要论文有：四川师范大学文学院教授王启涛《司马相如文疑难词语小考》、李大明〈琴歌〉校补》、熊伟业《司马相如〈喻巴蜀檄〉校读》、四川师范大学学报（社科版）副编审唐普《〈文选〉李善注引司马相如文舛误举例》、四川师范大学文学院研究生李英《〈全汉赋·司马相如赋〉字误举例》，等等。

三、司马相如影响与评价研究

作为一代“辞宗”，司马相如给后人留下了宝贵的文学文化遗产，对后世文学创作产生了深远的影响。郑家治《司马相如的辞赋、诗学及其对巴蜀文学的影响》认为，司马相如作为巴蜀第一个文学大家。他的辞赋为后世巴蜀文人创作树立了典范，其诗论标举的“作赋之迹”“赋家之心”蕴含十分丰富，尤其是在思想内蕴、本质论、美学论及创作论等方面卓有建树，为后世巴蜀文人的诗学及诗文创作奠定了基础。四川师范大学文学院研究生唐好、邓岳利《试论司马相如对扬雄辞赋创作的影响》，从司马相如以文章显于世的经历、爱好辞赋的心性、卓越的文学才能等方面分析其对扬雄人生理想与文学创作的影响。四川师范大学文学院副教授李丹、研究生何易展《初唐“四杰”新文体赋与司马长卿散体赋的差异》，分析了两代盛世之不同世俗人情和作家个性特点所形成的赋风差异。

也有不少作者从文化的角度探讨司马相如及其作品的影响。四川师范大学文学院教授万光治《文君、相如故事的文化解读》，认为《史记·司马相如列传》记载相如“琴挑”文君与文君“夜奔”的故事，历代学者都有不同的解读，这些解读折射出不同的价值取向而成为了一种历史文化现象。许结《弹琴而感文君——司马相如“琴挑文君”说解》，进一步探讨了司马相如“琴挑文君”的文化内涵与西汉初年的婚俗背景。四川师范大学文学院副教授汤君《宋元以来小说戏文之相如、文君故事叙略》，详细地罗列了宋元以降至近代的司马相如与卓文君故事演绎的48种文献题录。房锐《〈听雨楼随笔〉与相如、文君文化研究》认为《听雨楼随笔》从一个侧面反映了清代后期蜀人及部分入蜀文人对相如、文君的认识与评价，不仅具有重要的学术价值，而且具有较高的史料价值。同时，还有不少学者拓展了研究角度，把目光投向了相如文化更加广泛的领域，如四川师范大学文学院研究生李薇《论〈白头吟〉及其文学现象演变》，四川师范大学文学院博士生汤洪《〈白头吟〉考辨》，西华师范大学文学院教授蔡东洲《王培荀其人其书》，邓郁章《佚而复现的明正德（蓬州志）的史料价值》等。

对司马相如的评价，主要分为对其创作的评价和对其人格的评价。在对司马相如创作及作品的评价方面的研究论文主要有：四川师范大学文学院副教授赵俊波《唐人评司马相如》，通过钩稽唐人文集、史书及笔记等文献中的有关记载，认为唐人对司马相如文学才能和创作的评价虽然没有超出前人，但持肯定、赞颂态度的占绝对多数.因此司马相如在唐代的地位很高.其主要原因是对相如赋遇天子的艳羡、润色鸿业的需要、科举试赋以及推崇壮丽的文风等。四川师范大学文学院研究生陈勇《刘勰称司马相如为“辞宗”探源》，通过梳理汉魏两晋赋论，认为刘勰称相如为“辞宗”，实际上是对汉魏以来关于司马相如赋论传统的继承和总结。四川师范大学文学院教授赵晓兰《〈成都文类〉》中的司马相如》，通过《成都文类》收录的司马相如著作及相关诗文分析，由汉至宋历代有关司马相如评述——多就其文采风流抒写，罕有言其政治建树者。成都大学图书馆助理研究馆员杨曦《历代诗话中的相如评论》，则搜集了历代诗话中对司马相如及其作品的记载与评论。四川师范大学文学院副教授王红霞、张骏翚《论宋诗话中的司马相如》，则对宋诗话中有关司马相如的材料进行梳理，勾勒了宋人对司马相如的认识和接受。四川师范大学文学院研究生周进《对司马相如〈大人赋〉评价的解读》从文本出发，结合历代《大人赋》的有代表性的评论者思想、社会状况对其评论进行解读。

关于司马相如人格或人品。历代皆有评论。四川师范大学文学院副教授张海《异代知音，人生偶像——浅论唐代文人的相如情结》，对唐代文人的相如情结作了论述，认为司马相如在唐代文人中的地位极高。针对近年来有学者重提对司马相如“劫色”“劫财”的道德批判，与会学者则提出了有力的反驳。房锐《关于司马相如研究与评价的几个问题——驳王立群教授》，针对王立群提出的有关司马相如的评价进行驳斥。罗列王先生误读古代典籍、误解司马相如与卓文君婚恋之例，认为其并未客观公允地描述前人对相如与文君私奔的评价。踪训国《司马相如人格论（之一）——从“劫财”“劫色”说谈起》认为，司马相如既没有“劫财”“劫色”，也没有“窃赀”“窃妻”，而是巧设计谋获得了财富和爱情；相如“纳妾”的根本原因可能是他和卓文君没有子嗣，这在当时是合理、合法的要求。其放弃纳妾之念正反映了他对文君感情的真挚和专一。龙显昭《相如赋琳琅，责难抑何伤》，着重对历代对司马相如责难的焦点——“窃妻”“窃赀”

“窃官”之说进行商析。认为历代对相如的评价虽褒贬不一，但在今天应该客观公正地评论司马相如。

文　存

四川省人民政府《关于将蓬安县城命名为省级历史文化名城的批复》

（川府函〔2007〕62号）

南充市人民政府：

你市《转报蓬安县人民政府关于将蓬安县城列为四川省历史文化名城的请示》（南府〔2006〕187号）收悉。经研究，现批复如下。

一、蓬安县历史悠久、建制古远，文化底蕴深厚。县城及近郊文物古迹众多且保存基本完好，古城格局、传统街区今有遗存，民俗民间文化源远流长，在川北嘉陵江流域地区具有一定的代表性。同意将蓬安县城命名为省级历史文化名城。

二、请你市按照“保护为主，抢救第一、合理利用、加强管理”的原则管理好历史文化名城，并以此为契机转化资源优势，促进蓬安县经济社会又好又快发展。

三、请按照《城市规划法》、《文物保护法》等相关法律、法规组织编制和报批蓬安历史文化名城保护规划并进行公布和组织实施。省建设、文物主管部门要加强对蓬安县规划、建设的指导、监督和检查。

发布部门：四川省人民政府
发布日期：2007年04月03日
实施日期：2007年04月03日

名城终于定格——关于蓬安省级历史文化名城申报情况介绍

司马相如研究会理事长　赵正铭

根据国务院关于加强文化遗产保护的战略决策，我县进一步加强了物质文化遗产和非物质文化遗产的保护，其中申报省级历史文化名城就是一项重要措施，申名成功则是蓬安人民的一件大喜事，值得宣传，值得庆祝。

一、我县古城发展及保存情况

（一）关于相如故城

蓬安建县前属安汉县境域。南朝梁天监六年（公元507），梁武帝萧衍钦准析安汉县东南置相如县，兼置梓潼郡，以西汉大辞赋家司马相如故宅作县、郡的治所。司马相如的故宅在安汉县有两处，其中一处就在今天的锦屏镇。当时，只是司马相如家的大宅院，可能周边也有一些民居，但还不是场镇。建县后，除了用司马家故宅作为县、郡治所外，陆续修建了一些官吏衙门、住宅和书院、寺庙、祠堂、会馆、戏台等公共建筑；老百姓陆续搬到县城经商居住，街道、民居就逐渐形成了；政府为了安全，陆续修建了城墙、城门。这样，一个郡县同治的古城就逐渐建设起来了，后来梓潼郡被撤销，仅作相如县县城。据县志记载，锦屏这里的相如县城经过近900年的建设，还是相当繁荣的。

南宋末年，北方蒙古军队打入四川，四川制置使余玠在运山（燕山寨）上筑城抗蒙，将当时在今茶亭的蓬州州府、蓬池县县府和在今锦屏镇的相如县县府，在今营山的朗池县县府一起迁上运山，共同组织军民抗蒙。时间长达15年（1243—1258）。以后抗蒙失败，元朝建立，于元世祖至元十五年（公元1278），朝廷将蓬州迁入相如县城，此时，相如古城又为州县同治之地，蓬州领营山、仪陇、相如三县，因而，相如故城便成为三县的政治、经济、文化中心城市，与果州、阆州三州并列。约100年以后，朱元璋调整建制，将与蓬州同治的相如县撤并入州直辖，过了一段时间又将营山、仪陇撤销，使蓬州城成为直接管辖川东北大片区域的大州城。可以想象，地域太宽实难管理，于是过了三年，将营山、仪陇两县恢复，可是相如县就一直没有恢复了。明初至清朝康熙七年间（1368—1398至1668）300年里，由于宋末、元末、明末的战争，古城多次被破坏，人口数次减少。后经政绩显著的州官数次筑城建房，才得以恢复。明朝孝宗弘治中（1488—1505），知州田铎续筑城墙，建四门，东门叫蓬莱，南门叫凤山，北门叫龙溪，西门叫五马，后来东门改为紫气门，北门改为真武门，南门改为文明门，西门改为湧金门。此时，城内许多房舍也进行了改建或重建，其中包括司马相如故宅，依原貌重建后亦作官衙。清康熙四年（1665）起，连续重建州城、州署；此后200多年至清末民国时，古城基本上未被破坏，一直保存下来，只有少数年久失修的寺庙建筑作过改建或重建。

作为州、郡、县治，这里是十分秀丽的。古城坐落在美轮美奂的嘉陵江中游，后枕玉环山，嘉陵江如飘飘玉带，环绕其左、前、右三面。四座名山如四幅锦屏，北有马鞍山，东有龙角山，南有凤凰山，西有慕蔺山。城与江之间和城西南江面上有三幅共6000余亩的原生态漫滩湿地。从相如故里大量的诗文和今天留存的遗迹，均可见到历史上文化发展的成绩和建筑艺术的辉煌。原蓬州八景，有五景在古城中或周围，即“广慈晓钟”“琴台夜月”“五马奔江”“嘉陵晚渡”“马鞍樵唱”。清代爱国思想家、著名的桐城派文学家姚莹被贬至蓬州任知州，在离蓬东归时，依依不舍，作诗云：“四围送翠侵书席，几树名花照酒杯。底事杜鹃催客去，不教常住此蓬莱。”的确，那时，蓬州城四围叠翠，名花满城，高大榕树、银杏、楠木郁郁葱葱，还有司马相如亲手种植的“相如柏”，苍劲古老。虽不是蓬莱，却胜似蓬莱仙居之地。解放后，由于县政府东迁入周口镇，蓬安监狱迁建于原相如故宅，旧郡、州、县衙门区，蓬安中学、锦屏小学、锦屏粮站、医院等大量拆改，相当部分民居在原址拆改，导致古城面貌大变。但尽管如此，仍然保存了古城的总体面貌。

综上所述，相如故城——锦屏镇目前有以下三个特点：其一，历史底蕴厚重。这里建城早，区位优。公元507年，至今1500周年，在1500年中，有近500年是区域中心城市，为辖县的梓潼郡和蓬州，另1000年里，虽仅是县城，但水路畅通，北通利州（广元）南至渝州（重庆），陆路近果州（或顺庆府）区域中心城市，故一直是经济文化繁荣和交通枢纽之城。更重要的这里是司马相如的出生地，地理、风水甚佳，是一座秀丽的山水古城。古城内和近郊有司马相如故宅、洗笔池、弹琴台、练剑台、相如坪、慕蔺山、卓剑水、相如里、文君里、长卿祠等十处关于司马相如与卓文君的历史遗存，既有实物遗存也有典籍记载，也有口述内容。对研究司马相如的籍贯、研究司马相如文化都有着重要的历史、科学价值。至于河南有个大学教师叫王立群，在百家讲坛上“恶搞”历史人物，创下从历史到现代诽谤司马相如最高纪录，以哗众取宠，兜售其讲课资料书的问题，是不值一驳的。这一特点则符合历史文化名城条件之一，即“古代区域性政治经济或文化中心，建城历史在明代或明代以前，目前仍保存着丰富的地上、地下历史文化遗迹或者实物遗存，口述及其他非物质文化遗产丰富，具有重要的历史、艺术、科学价值”。其二，古城“骨架”尚存。明清至民国，古城四周皆有城墙、城门、城楼，还有炮台。清时桐城廪生张开枚等步量，城周1566步，计783丈，城墙城门虽今已拆，但其残垣、其原址大部仍在。原有7条街巷，主街北门至西门长714步，合1180米，现依存。其中老东街和湧金街两个街区犹存，街两侧古民居仍保留完好。符合省级历史文化名城的条件之二，即“城乡传统风貌与格局具有特色，并具有代表古城风貌的历史街区，历史街区必须有一定的规模，且连成一片，至少要有一条以上的古街，其两侧古建筑仍为原物”。其三，保存了大体量的建筑群。锦屏镇由于蓬安监狱和蓬安中学执行了文物保护法，保护留存了司马相如故居（一部分）、文庙、武庙、城隍庙、玉环书院、龙神祠、藏书楼等构成的古建筑群，总建筑面积达12510平方米，这一古建筑群最早重建于明代，最晚也是清道光二十七年（1847)。对这一建筑群我们打捆申报为省级文保单位。省上的规划专家、古建专家以及文物专家看后都感到很震惊。他们说，从来没想到，在川东北一个小县里还有这么大体量的、布局合理的，功能齐全的古建筑群。这一古建筑群足以说明这里是一个历史悠久的区域中心城市。这一点又符合历史文化名城的第三个条件，即“文物古迹特别丰富，在市区或者近郊区的各级文物保护单位必须有十处以上，其中必须有省级以上文物保护单位四处以上，且文物古迹的保护与合理利用对城市的性质、布局、发展具有重要影响”。

（二）关于周子古镇

随着嘉陵江西岸的相如故宅作治所建郡县，水路的乡间码头和通向川东、川北的陆路交通自然逐渐繁荣起来。因此，“舟口镇”就应运而生，应运而发展。相传唐代画圣吴道子曾奉唐玄宗旨意，于公元752年，游览嘉陵江，观江构思作巨幅风光画，曾登财神楼，留其“粉本在兹”。说明，自建县开始，舟口镇就已逐渐兴起，财神楼也已建立。又过了约300年，宋明理学的鼻祖周敦颐又来“舟口镇”莲池畔讲授他的理学，且传在此作下脍炙人口的《爱莲说》。这又说明到宋代，这里的“舟口”已成重镇。后来人们为纪念这位大师，遂改“舟口镇”为“周子镇”，并建“濂溪祠”以祭祀于他。两个大师与周子古镇结缘，使这个码头古镇也有了丰富的文化底蕴。时至今日，周子古镇保留下来顺河街、下河街、上河街、盐店街四条古街，古街总长上1000米，两侧九成以上是明清穿逗木结构的古民居，达3000多间（套），方圆1平方千米。这样的山街（坡型古街）加古码头，在全国已不可多见。且财神楼、万寿宫、武圣宫、濂溪祠遗址古墙俱在，文化的载体尚存。尤其是大体量的古民居，连成一片，浑然一体，古朴恬静，虽不及锦屏的相如故城的恢弘，但也颇具特色，巴蜀少有。专家说，这里完全符合历史文化街区的条件，与锦屏的相如故城整合就更厚重了。

二、我县省级历史文化名城申评情况

去年我县5月、6月两次邀请省建设厅、文化厅领导和专家前来两个古镇实地踏勘，我向他们详细介绍了蓬安的历史文化及历史人物，包括有争议的问题的研究及其成果，详细介绍全县的文物保护情况，使专家们全面了解了蓬安的历史和现状。然后就申请评定为历史文化街区、历史文化名镇或是申报历史文化名城问题咨询了专家们。专家们通过讨论，达成共识，认为蓬安重视古城保护，资源特别丰富，历史文化积淀深厚，尤其是相如文化很有特色，周围生态环境好，很融洽。应该整合资源，两镇合一，申报省级历史文化名城。于是，县委、县政府委托省城乡建设规划设计院制作《历史文化名城保护规划》和申报全套材料，及时报送省主管部门，2006年11月，省建设厅组织专家评审一致通过，后又经省政府组织专家审议，也一致通过，最近发出了《四省人民致府关于对蓬安县城命名为省级历史文化名城》的批复，颁发了证书。

2007年5月

南充市人民政府
《关于同意〈蓬安县志〉（1986—2006）出版的批复》

蓬安县人民政府：

你县《关于批准〈蓬安县志〉（1986—2006）出版的请示》（蓬安府【2012】53号）收悉。经南充市县（市区）志审查验收小组终审验收，《蓬安县志》政治观点正确，体例完备，资料翔实，内容丰富，具有时代特点和地域特色，志稿质量基本达到出版要求，同意出版。

特此批复。

南充市人民政府

2013年8月6日

考 辨

相如县治始终在今锦屏镇

司马相如研究会常务副理事长 邓郁章

一

梁天监六年（507）为纪念中国汉代著名的辞赋作家司马相如，特分安汉县地以“相如”为名，“以其宅为县治”，设置相如县，即后之蓬州，今之蓬安县。“以其宅为县治”的县治在何处？《太平寰宇记》记载最详：县治在（顺庆府）东“八十五里”，“相如故宅在县南二十里”，“龙角山在相如县东，从蓬州朗池县界西来”。“嘉陵江在县东二百”。之前《元和郡县图志》记载：“龙角山，在相如县东二百步”。之后《舆地纪胜》记载：“凤凰山，在相如县，远望如凤形”；“玉环山，在相如县，有玉环泉。”上述地名龙角山，在今锦屏镇、原县城东嘉陵江对岸、今蓬安县周口镇；凤凰山，在今锦屏镇、原县城南嘉陵江对岸；玉环山，在今锦屏镇、原县城后，玉环泉，今名玉环水，在玉环山前。这些地名古今如一，始终未变。这就肯定了“以其宅为县治”的县治在今锦屏镇，肯定了1957年以前的蓬安县治即为相如县治。

1958年，蓬安县人民政府组织编写的《蓬安县志略》则说：相如县治所“约在今蓬安利溪与鸡宿山（又名量金斗）之间，到公元697年（笔者按：即唐武则天万岁通天二年），相如县治所才迁到今蓬安老县城（笔者按：即今锦屏镇）”。再后，据说因为两河塘有较多瓦砾发现，则被具体为两河塘的黄家坝。我编著的《蓬安史地漫话》，我主编的《蓬安县志》和我编写的《南充旅游文化丛书》之一的《相如古县新蓬安》及我与赵正铭主编的《相如故里在蓬安》也都采用了这一说法。一些发行全国的工具书也基本如是说。

二

《蓬安县志略》的记叙，查其根据，来源于清光绪二十三年（1897）方旭主修的《蓬州志》。该书的《建置篇·第一》有如此记载："其在肖梁，分安汉北境，初置相如之县，为有司马相如故居，兼置梓潼郡治焉。相如属境，南有今南充之北陲，东南有岳池之半，东有营山之废朗池，西北有南部之废新政（笔者按：今已划归仪陇）。其理所，在嘉陵江之东（笔者按："东"，不知所据），距今府治八十五里，距相如宅二十里，宅宜在南充之吊马坝；琴台者，在其北山之麓，今可考。而县之故墟无由详，疑近利溪场与鸡宿山隔溪相望，《益州记》谓神祠在东，次北下步者水次为步也。唐析东境置朗池，析西北境置新政，析东南境置岳池，而相如县亦移于今州治处嘉陵两涯。《元和志》谓龙角山在东二百步，是其据也。"这段话对相如县成立的时间、命名的依据、开初的境域、治所的位置、唐代境域及治所的变迁，作了记述。它大约就是1957年编写的《蓬安县志略》的依据，因为其他所有志书均未有相关的材料。就这段话而论，有两点值得注意：第一，治所距府治"八十五里"，距相如宅"二十里"（笔者按："宅"，应指相如"故宅"），这里只提宋人记县治锦屏镇距府治和故宅的里程，而不提唐宋人记县治与龙角山、嘉陵江的距离，并由此弄出一个"宅"宜在"南充吊马坝"，而"县之故墟"又"无由详""疑近利溪场与鸡宿山隔溪相望"处，这是自己制造的一个问题。就"八十五里"和"二十里"的里程而说，本身有不确定性，各书记载不一致，就故宅而言，就有"二十里""三十五里""四十里"说。就府治而言，有"八十五里""一百零五里""一百四十里"说。第二，迁治时间，也是据"唐析东境""析东南境"置岳池县而推测的。而置朗池县、"析西北境"置新政县、《蓬安县志略》又具体肯定为"公元697年相如县迁治所今蓬安老县城"。实际上，分相如县置朗池、新政、岳池时间并非同年，朗池、新政置于唐武德四年（621），岳池置于万岁通天二年（697），《蓬安县志略》所说的"697年"亦是推测之说。

三

为解决这一问题，2004年5月在蓬安县政府的支持下，由蓬安县文体旅游局和司马相如研究会，邀请了西华师大历史文化学院和文学院的老教授龙显昭、王明元、徐才安、周子瑜等和南充市有关的专家一行7人对蓬安的古城遗址所在的河舒燕山寨、茶亭蓬池坝、锦屏镇以及利溪的两河塘进行了全面考察。燕山寨作为一州四县的临时治所，当年的城墙尚在，《移治碑》《宝祐纪功碑》亦尚存；今锦屏镇原相如县城（后之蓬州城、蓬安县城），古城的轮廓未变，不少建筑尚在；茶亭作为蓬池县城和蓬州城也留下当年蓬州州署门前的石狮残形和鲁公祠前羼颓碑座等文物。就地形来看，除燕山寨是宋代抗蒙据点八大支柱之一，建在呈桌状形的燕山山顶外，其他二处都位于山环水抱的开阔的坝地上，坐北朝南，都明显具有作县治的条件。而利溪两河塘的黄家坝无任何文物，只远处郑家坝有古代的残砖、瓦砾；且东南为较高的山岭，绵延往西直至嘉陵江岸，北面为清溪河，地势狭窄。专家们一致认为此地不具备作县城的条件。

四

从典籍记载看，我们查检了蓬安、南充市现有的旧志书，查了唐《元和郡县图志》《旧唐书·地理志》《宋·太平寰宇记》《舆地纪胜》《宋史·地理志》《元史·地理志》《明史·地理志》等书，均未查到任何有关相如县迁治两河塘的记载，也未查到存在了近900年的相如县有任何迁移治所的记载。

相反，相如县周边的县治迁移的记载都十分明确。建于梁天监元年（502）的大寅县后改名蓬池县，唐武德初年（618—626）由今仪陇县大寅山迁治今蓬安县茶亭乡蓬池坝。建于梁天监元年（502）的仪陇县，原治仪陇金城山顶，唐开元二十一年（733）移治平溪（包）。伏虞县，开元末年，由山上移治山下消水侧，朗池县，原在古朗池旁边，“贞元元年（785）移于营山歇马馆”。“岳池县原在思岳池，开元二十年（732）移治岳池县西边”。凡此等等，相如周边的县，凡有治所改变者，史志舆书均有记载，相如县既从利溪移至锦屏，为何无一字记载？由此，可以肯定相如县在历史上根本没有迁治一事发生，其治所一直就在锦屏镇。

1958年编的《蓬安县志略》和我编写、主编的书中沿用相如县“始建相如县县的治所在利溪的两河塘，武则天万岁通天二年（697）再迁治今锦屏镇”的说法都是错误的。

（原载《司马相如研刊》第2期，2003年9月司马相如与巴蜀文化研讨会论文）

蓬池县治考辨

司马相如研究会常务副理事长 邓郁章

蓬池县原名大寅县，建于梁天监元年（502），唐广德元年（763）改称蓬池县，元至元二十年（1283）撤销建制。关于蓬池县治的所在，蒲孝荣的《四川政区沿革与治地今释》认为蓬池县治一直在今仪陇县东南大云公社（旧名二龙场），因为蓬州从唐开元二十九年（741）由安固迁大寅后一直州县同治，《新辞海地理》亦说：蓬州“治所在安固……唐开元中徙大寅（后迁蓬池，今仪陇县南）”。其实，蓬池县治不仅在它改名蓬池县之后，县治在今蓬安茶亭乡的蓬池坝，而且在它未改名蓬池县前的唐初，即已迁至今蓬安县茶亭乡的蓬池坝了。

一、两宋蓬池县治在蓬池坝，有喜祐岩的石刻为证

蓬池坝，其名始于明代以前，位于蓬安县茶亭乡与营山县三兴乡的界河流江河的西南岸，俗称街子坝（尚有古井数口、旧城遗址基石和蓬州州衙前的石狮残形），三面环江，与江东北岸的开元寺坝（今属营山）一水相连，地势开阔。开元寺后有山，俗称鸡公梁，据唐、宋地理书和蓬安旧志记载，古称乐龙山，又名龙章山；山之阳有岩，古称东岩，又叫刘备寨；宋代名叫嘉祐岩；因岩色白，今俗称白石岩。其岩有洞，洞中有石刻诗文十余幅。其诗文蓬安旧志亦均有载录。它们是标明宋代蓬池县治之所在的铁证。唯恐文字记载有误，笔者近年曾前往嘉祐岩查考，石刻诗文保存完好。现将有关诗文的句子摘录如下，以正谬误。一是嘉定八年（1215）眉山程德隆撰书的《嘉祐岩记》说：“环蓬皆山也，穷隆杰伟磅礴于东者曰龙章，龙章之阳逾峭，陟险半里许，有岩焉，延百步，深十之一，可容千人，曰刘备寨。有泉焉，落乎十仞……”二是嘉定八年程德隆等人的唱和诗，其中有“出郭二三里，胜境曰东岩，泉自山檐出，云从岭岫缄”，“旧说刘公寨，夸观傅说岩”，“直上龙章岭，来寻嘉祐岩”等诗句。另有《乙亥人日张自题诗》说：“矗立龙章紫翠间，春风吹我上层巅。”（旧志载，张某，未详其名，以高魁居显秩，兼持兵权，耄老栖此，为归隐计，自称开山道人。宋宁宗敕令岩顶篆书“御敕慈勇道场”六字）上述诗文的有关句子，清楚地表明了今蓬池坝即蓬池县治之所在，事实无可辩驳。因此，龚煦春撰《四川郡县志》卷八《两宋疆域沿革考》中，即明确指出：莲池县“治今蓬安县东北九十里蓬池坝”。

二、唐代宗广德元年以后蓬池县治在蓬池坝，有《元和志》的记载为据

《四川通志》（影印本，第一册、卷十三，舆地十二，山川四）在“乐龙山”条下，引唐《元和志》说：乐龙山在“莲池县南三里，即龙章山，四时花发不绝。山有东岩，俯瞰大溪，前眺歌阳、安固诸山，极登眺之胜”。这段话除“蓬池县南三里”的“南”应为东南外，讲蓬池县治的位置是十分准确的。“县南三里”与前面“出郭二三里”之句相吻合。它表明大寅县在广德元年改名蓬池县之后，县治在蓬安县的蓬池坝，无疑。

三、唐代初年到广德元年的大寅县治在蓬池坝，有大量的旁证可以肯定

《旧唐书地理志》载：大寅县治“旧治斗子山，后移斗坛口”。尽管现在没有资料说明斗坛口就是蓬池坝，但大寅——蓬池县治在宋末宝庆以前，只有从斗子山移往斗坛口一次；而广德改名蓬池后的县治在蓬池坝十分明确，地址完全可以坐实，因此可以肯定斗坛口即蓬池坝，大寅县治何时从斗子山迁往蓬池坝？有大量的旁证可以肯定大寅县治在蓬州迁治大寅县前的唐代初年，即已迁往蓬池坝。第一，有盛唐以前时期蓬池相邻之县的迁治作旁证。如：宕渠县原治长乐山，武周长安三年（703）移治罗护水；曾口县原治戴公山，唐神龙元年（705）移治曾溪；仪陇县旧治金城山上，唐开元二十六年（738）移治山下；伏虞县开元末年，百姓请移险就平，移于县西南消水侧。唐王朝政权巩固以后，由于经济的发展繁荣，当时的州、县治所，从交通不便的山上移于交通方便的平坝，是普遍现象。在大多数州县均移险就平的时候，蓬州断没有把州治从流江岸边大官山之安固县城移往斗子山上的大寅县之理。第二，《唐会要》卷四十八：“天授元年（690）十月二十九日，两京及天下诸州，各置大云寺一所。至开元二十六年（738）六月一日更名为开元寺。”此处言州置大云寺——开元寺，而蓬池坝有开元寺，一直保留到20世纪60年代，附近其他唐代未设州的县，则没有开元寺。这说明唐武则天时蓬州已经从安固迁到大寅县了。因此，可以断定，从开元二十九年（741）蓬州迁治大寅时（蓬州从开元二十九年的说法是出自《太平寰宇记》），大寅县治就早已迁往蓬池坝了。大寅县治何时迁往篷池坝，《四川通志》的《顺庆府沿革表》中明确写定蓬池“武德（618—626）初移治，后为州治”，据情推论是完全可信的。

（原载《巴蜀史志》1993年第5期、2001年12月版《相如故里在蓬安》）

蓬安历代修志简述

蓬安县地方志办公室原主任　蒋明善

蓬安，自南朝梁武帝天监六年（公元507年）置相如县、北周天和四年（公元569年）置蓬州，到民国2年（公元1913年）更为今名以来，距今已有1478年的历史。修志则从宋始，先后有八部之多。其中，仅有史料记载而无存书者五部。现将各部志书编修、存佚情况简介如下，供我县编史修志者参考。

一、《蓬州图经》（宋佚）

四川省图书馆《四川地方志纂修源流》“府县志类”记载；《舆地纪胜》引《蓬州图经》的有州沿革、风俗、形胜、景物、古迹、仙释等14条；《大明一统志》引《蓬州图经》中的形胜、风俗各一条，《蜀中广记》引《蓬州图经》的形胜，仙释等五条。

二、《咸安志》宋李畔纂（宋佚）

《四川地方志纂修源流》记载；《舆地纪胜》引《咸安志》中蓬州碑记，官吏郑修、颜真卿、风俗、形胜、山崇峻出兰惠花等六条；嘉靖《四川总志》七引《咸安志》蓬州、1连巴引梓等二条。

三、《蓬州志五卷》（宋佚）

宋罗畸纂，罗畸字畴老，沙县人。熙宁进士，绍圣间历兵部郎中，秘书少监，以右文殿修撰出知庐州、福州。《蜀中广记》第69条载：《蓬州志五卷》，秘书少监剑门罗畸畴老撰，凡十五门，崇宁四年序。

四、《蓬州志十卷》

明正德十三年（公元1518年）吴德器，徐泰纂修。蓬州旧治即今蓬安县，明时领营山，仪陇二县。徐序，蓬在唐有《咸安郡志》，宋元以来修志否，皆莫可考。入国朝百五十年，天下郡邑志修屡矣，而蓬犹缺焉。这是现存最早的蓬州志，卷首正德十三年王充栋序已佚，存卷一至卷十，卷末徐泰后序。

对此书的记载，去年以前县内尚存的光绪方旭志和民国伍玉雯志，都说曾有“蓬州志五卷”，但已佚，前不久在省图复印回县的道光洪运开志也说“五卷”已佚。可是本人1984年9—12月，在省志培训班学习期间，跑遍省城几十家大小书店，终于在一本题名《天一阁藏明代地方志考录》的旧书中，偶然发现了这一失传466年之久的明代珍本，真是“书海捞针，不枉苦心人!”

五、《蓬州志略十卷》

道光九年（公元1829年）知州洪运开深感：“县之有志，犹国之有史，家之有谱。然蓬州自国初以来，无志书。所欠然者志书耳。”便组织分修，编次、校对，督梓人员编修，自任总纂。其中有进士、举人，监生、廪生、附生等九人，于当年岁次己丑仲冬，未迎月而居然成书；全书十卷约八万多字，附有县城和八景图。此刻本，原书县内无存，仅泸州、重庆和美国国会图书馆各藏一部。1984年年底，采用四川省图书馆1961年传抄本，复印两套回县，每套分上、中、下三册。

六、《蓬州志十五篇》

青州牧桐城方旭撰，全书分建置、纪山、纪川、邑聚，学校、职役、民献、孝友、忠义、列瑞异、艺文等十五篇，近十万字。这部志书，系光绪二十三年（公元1897年）刻本，原附有州廪生伍联珠创绘的州志旧图，但县内存书并无此图。民国16年（公元1927年）在县教育局内设修志局后，由黄忠源测绘全县行政区划图，督学黄坤及测绘县城图、教育科长黄虎勋写序，于民国24年重印四百部，遍发士绅，封面题名《蓬安县志》，分上、中、下三册。

1984年，本人在省地方志培训班学习时，查阅了省社科院、成都市、四川省和四川大学等图书馆的方志资料，终于在川大图书馆发现了伍联珠创绘的州志旧图，复制回县附于此书。

七、《民国蓬安县志稿》伍玉雯撰修

从民国10年（公元1921年）四月起，到民国15年、16年，四川督理、省长、省通志局均多次会函电令各县修志。然而，到民国23年止，从历史档案得知，这13年中我县确无修志记载。

民国期间，我县第一次修志是民国24年，这年三月成立了蓬安县续修县志局，由黄虎勋任局长，李劲权任总编，采访12人。但这次并没有修志，只是将光绪《蓬州志》重印四百部而已。民国26年成立了县文献委员会，抓修志工作。

民国二次修志是民国31年，经四川省第十一行政督察专员公署审批，指令批准县党部县政府的呈报，四月成立续修县志局，伍玉雯，陈朴安任正副局长，总编纂沈星北，编纂伍非百、伍剑禅，由县政府指导员督学等六人担任采访，另设会计、庶务、书记、绘图、顾员、工役等，共计十八人。由于所聘总纂、编纂等皆受聘而不到局，屡催无效，编纂班子组织不起来，不久，伍玉雯辞去局长职务。后，伍玉雯自费组织人员编纂，自任主编，于民国36年写成，全书二十二卷十二册，约三十万字。送县参议会审查，议速印制一千部，县政府呈文上报，印刷费六千万元。后来不知何故，未有付印。今仅存工笔手稿本十一册，其中第一册于20世纪60年代初遗失。这部志书，是我县历史上较为完整、字数最多、内容丰富、史料价值较高的著述，现已翻印一百部，供各修志单位借鉴。

八、《蓬安县志略》

1959年由县人委办公室主编，全书分六节，约1.3万字。20世纪60年代初，县上又组织力量，由苏眉生老先生补写民国伍氏《蓬安县志稿》所遗失的第一册一、二卷。约四万字的补写稿刚成，就遭受“文化大革命”冲击，续书不知去向。1984年成立了县志编纂委员会，新县志正在编纂中。

红军在蓬安

1932年，中国工农红军第四方面军在徐向前等人的指挥下，翻秦岭，越巴山，于12月17日进入四川，迅速解放通（江）南（江）巴（中）。1933年2月7日，在通江召开中共川陕省第一次代表大会，建立中共川陕省委。2月中旬，在通江县城，召开川陕省第一次工农兵代表大会，成立川陕省苏维埃政府，建立川陕革命根据地。

1933年6月，红四方面军在南江木门镇召开重要军事会议，总结经验，扩编军队，进行整训。6月23日，中共川陕省委在通江召开第二次党代表大会，作出“加强党、加强红军和地方武装建设以及深入和扩大土地革命的决议”，有力地促进了根据地的巩固和发展，红军开始向南进军。红九军在取得“仪（陇）南（部）战役”的胜利后，又与红三十军冒雨向营（山）渠（县）进军，解放了渠县、营山大部分地区及营山县城。

初抵蓬安　深受欢迎　1933年10月5日，红九军带领游击队分五路向蓬安进军。红九军二十七师八十团三营八连从营山丰窭铺直抵周口、清溪乡，占领周口镇，与固守县城陵江镇的杨森二十军六混成旅十六、十七团隔江对峙；红九军八十八、八十四团的部分兵力，路经丰窭铺直插塘坊，占领鹞子寨、沈家梁一带，以作后盾；红九军八十、八十四、八十八团的部分兵力，加上新扩充的红军，时称“新编八十团”，路经丰窭铺，迂回向南，深入柏杨（今白玉）、石孔、三元（今开元）、河舒一带活动，其前哨设于燕山寨，以钳制蓬安南路驻扎于顺庆（今南充）之敌；红九军八十一团二营五连和独立营独立连从营山绿水、回龙方向而入，占领县北徐家、诸家、茶亭三乡，其前哨直抵金溪，与固守万和的罗泽州所部隔江对对垒；红九军三百六十八团从营山回龙出发，向西南进军，深入骑龙、金甲、金城一带活动，其前哨设于大泥，扼守其江。在红九军进军蓬安之同时，红三十军九十一师二百七十一团二营五连和独立团独立营分别从南部的新政和仪陇的三元深入蓬安的鲜店、平头、石门一带活动。

红军所到之处，纪律严明，住古庙，宿街头，不住百姓家，对待劳动人民秋毫无犯，深受劳苦大众的拥护和欢迎。红军到徐家、茶亭、诸家时，广大穷苦百姓手执三角红旗，敲锣打鼓，燃放鞭炮，欢迎红军，其热闹像过春节一般。西阳群众罗彩笔等书写“红军万年”之巨幅红色标语，高举标语牌，和当地群众一道，抬上刮得雪白的大肥猪，慰劳红军。在短短的几天内，红军在蓬安胜利地占领了嘉陵江以东大部分地区，使这些地方的穷苦百姓从黑暗中看到了光明和希望。

组织群众　建立政权　红军到达蓬安后，组织集会，书写、张贴标语，广泛宣传红军三大任务：“打到帝国主义，铲除封建势力，实行土地革命”。鼓舞群众“安居乐业”。同时还于醒目的墙壁、岩石及石板上书写、镌刻红军标语，广泛宣传“红军总司令朱德同志是仪陇人”“欢迎李伟如部下的士兵托枪来投红军，一同去打帝国主义”“反对国民党拉夫、抓丁、派款子、吊打穷人，穷人不缴款子，不完粮”等。

红军所到地区，在广泛宣传的基础上，迅速组织游击队、童子团、妇女队（有的地方又称“花花队”），开展革命活动，并于占领地区相继建立8个区苏维埃，38个乡（镇）苏维埃，156个村苏维埃。当时蓬安尚未建立县苏维埃，分别由营山、仪陇、阆南三县苏维埃管辖。

属营山县苏维埃管辖的有周口、徐家、金溪3个区苏维埃。

周口区苏维埃设于周口木桥沟黄家大院，主席文大元。下辖1镇6乡苏维埃。周口镇苏维埃设于磨子街魏东甫店，主席姚才海；周口乡苏维埃设于木桥沟杨家大院，主席文大元、姜兆兴；蒿子坝乡苏维埃初设马家庙，次迁林丰廷家，再迁帽盒沟黎纯古住宅，主席高思友；清溪乡苏维埃设于清溪回龙沟田家大院，主席杨南山；河舒乡苏维埃设于河舒乡蓝晴初家，主席刘锡礼；柏杨乡苏维埃设于蒋家沟康善芝宅，主席母仲平；石孔乡苏维埃设于石孔场文昌宫，主席翟昌伟。

徐家区苏维埃设于徐家东街满屏州家，主席陶应海。下辖8个乡苏维埃。徐家乡苏维埃设于徐家场南街伍开诗店，主席雷应孝；方广乡苏维埃设于方广庙，主席邓明玉；茶亭乡苏维埃设于茶亭场武庙，主席蒋绍银；诸家乡苏维埃设于诸家场诸前一店，主席张世万、张仲阳；骑龙乡苏维埃设于骑龙场贺碧丰酒厂，主席母高斗；金甲乡苏维埃设于金甲场赵文玉店，主席李和轩；高梁乡苏维埃设于高梁寺武庙（现属营山县），主席肖岳山；三兴乡苏维埃设于三兴场马孝弟店(现属营山县)，主席李昌荣。

金溪区苏维埃设于金溪场禹王宫，主席刘正益。下辖2个乡苏维埃。金溪乡苏维埃设于金溪场郊沈仁安住宅，主席何正体；西阳乡苏维埃设于西阳（今向东）唐家大院，主席刘善知。

属仪陇县苏维埃管辖的有赛金、双河、复兴3个区苏维埃。

赛金区苏维埃设于赛金场张显成店，主席纪洪贵。下辖3个乡苏维埃。赛金乡苏维埃设于赛金场张显成圆门大店，主席许寿伯；岐山乡苏维埃设于岐山坝庙内，主席彭克驾；陈家沟乡苏维埃设于岐山乡陈家沟，主席张径和。

双河区苏维埃设于双河场关帝庙，主席章屏举。下辖4个乡苏维埃。街乡苏维埃设于双河场正街徐海凡店，主席胡达山；荒草坝乡苏维埃设于火光村杨树德住房，主席不详；李家沟乡苏维埃设于李家沟何廷朴住宅，主席王廷发；红庙子乡苏维埃设于红庙子坎下姚家大院，主席龚兴隆。

复兴区苏维埃设于复兴场中街陈银州店，主席廖俊卿。下辖5个乡苏维埃。蜂子岩乡苏维埃设于蜂子岩周仕俊大院，主席周玉润；高家湾乡苏维埃初设邓楚南家，后迁邓弟忠宅，主席杨秀维；龙岗河乡苏维埃设于永兴村蔡家院，主席周正元；南阳店乡苏维埃设于下杨家沟刘天礼家，主席吴显均，副主席陈安国、易华生；二道场乡苏维埃设于二道场罗洪玉店，主席胡隆忠。

属阆南县苏维埃管辖的有鲜店、平头2个区苏维埃。

鲜店区苏维埃原设于鲜店罗家老房子，后迁文昌宫，主席田斌武、罗大辉。下辖4个乡苏维埃。一乡苏维埃设于鲜店乡今9村罗家大院，主席罗有璇，副主席苟乐安；二乡苏维埃设于鲜店乡今13村董家坪，主席杨君贵；三乡苏维埃设于鲜店乡今2村静室庵，主席周洪明；四乡苏维埃设于今仪陇环山乡田氏祠，主席不详。

平头区苏维埃设于平头骡子观唐国详家，主席董云清。下辖6个乡苏维埃。戴家沟乡苏维埃设于今平头乡一村小学内，主席魏正江；周家坝乡苏维埃设于周家坝花房子，主席余昌茂；平头坝乡苏维埃初设平头乡公所，后迁上元观，主席何福安；中元观乡苏维埃设于石门坝中元观，主席祝弹匠（真名不详）；王家坝乡苏维埃、岩湾乡苏维埃均设于今仪陇县环山乡境，其任职人员不详。

上述区、乡、村苏维埃一般设置有主席、副主席、游击队长、宣传、文书、土地、劳工、财务（又称“内务”）、治安（又称“裁判”）、农代会代表等职。通过群众大会，民主选举苦大仇深、且为群众信赖的人员担任。有史以来，劳动人民有了自己的政权机构，保证了自己的政治权益和要求，广大劳苦群众无不欢欣鼓舞。

土地革命　发展生产　各级苏维埃政权建立后，红军和苏维埃负责人带领游击队，经常分头走村串户，深入宣传党的政策，启发群众阶级觉悟，充分发动群众，狠狠打击土豪劣绅，保卫新生的革命政权。组织穷苦弟兄到土豪劣绅家牵猪、开仓放粮。有的运往苏维埃，支援工农红军；有的就地分给老百姓，救济穷苦百姓。解放了的蓬安山乡，到处呈现出一派天翻地覆、喜气洋洋的新气象。茶亭乡苏维埃组织游击队担乡绅唐宗泽家的粮，牵唐家的猪，还勒令唐将10余匹白布拿出来给红军做衣服。唐宗泽顽固狡赖，游击队员将唐抓去戴高帽游斗后，并处以极刑，民心大快。柏杨杨家沟村苏维埃主席母仲平、副主席母金喜带领游击队到康善芝、杨清元、黄俊清等豪绅家担粮4万多斤，牵猪百余头。黄坪青杠山人民在村苏维埃主席陈廷坤的带领下，没收地主家的粮食达万余斤，肥猪20余头。组织起来的群众狠狠打击豪绅势力，大长了穷苦百姓的志气，不少土豪劣绅望风而逃。金溪、鲜店一带的魏福堂、唐博安、张维珍，骑龙的母怀安，石孔的姚绪余、姚丙轩，柏杨的康善芝，河舒的蓝晴初等豪绅携家带口，四处潜逃，穷苦百姓无不拍手称快。

各级苏维埃在发动农民起来打土豪的同时，且插签分田，进行土地革命。把军事斗争和土地革命密切地结合起来，组织群众将豪绅霸占的田土没收，插签平均分配给没有土地和缺少土地的农民耕种。据调查，当时土地革命的政策是：中农的田土不动，富农分坏田，地主不分田。贫苦农民人平分田为五挑左右。祖祖辈辈没有土地和缺少土地的农民，分得土地后，积极性空前高涨。

1933年，毛泽东在《必须注意经济工作》一文中明确指出："只有开展经济战线方面的工作，发展红色区域的经济，才能使革命战争得到相当的物资基础。"红军每到一个地方十分关注群众的生产和生活。首先是要求红军战士以"秋毫无犯"铁的纪律感化群众，并用铁的事实教育群众，粉碎敌人的欺骗宣传，安抚民心。鼓舞群众"回家安居乐业，搞好生产，种好庄稼。"红军到达茶亭乡后，看到茶亭山区还有部分水稻在田中因连绵秋雨没有抢收回家，就立即组织红军和群众一道冒雨抢收成熟的稻谷，群众非常感激。农民分得土地后，各级苏维埃政府坚决响应川陕省委和苏维埃政府"不荒一寸土地"的号召，组织农民抓紧时间抛粮下种，力争来年获得较好的收成。同时，还组织"代耕队"，一是为缺乏劳力的军属和农户耕种，二是耕种公田。帮助农民解决劳力、种子和农具等具体问题，保证耕种工作的顺利进行。

苏维埃的建立，满足了农民的政治要求；实行土地革命，满足了农民的土地要求。因此，各地人民齐声欢唱："工农红军来，穷人发了财，打到土豪分田地，人人拥护苏维埃！"

人民信赖红军，拥护红军，积极报名参军。父送子，兄送弟，妻送夫，甚至弟兄两两，夫妻双双都踊跃报名参加红军。如塘坊、七里半的蒋旭生、蒋阳生弟兄二人和熊绍平、熊一忠、熊永州等三对夫妇都自愿报名参军。仅塘坊梁子（今红旗乡一个大队）统计，参加红军者达30人之多。据建国后不完全统计，当年红军转移时，踊跃参加红军游击队者多达2400余人，有名在册被追认为烈士者达560人，在各级部门工作者16人。由此，充分说明：土地革命是进行武装斗争和巩固根据地的力量源泉。正如毛泽东同志所说："中国的苏维埃和红军，是从土地革命中生长起来的。"

发展工业　保障作战　随着苏维埃政权的建立，土地革命的逐步深入，红军和游击队伍迅速得到充实和扩大，为了解决武器弹药和其他军需物资的供求矛盾，红军通过各级苏维埃政府大力发展红军工业生产。积极组织会制造武器、弹药和船只的工匠赶造武器、弹药和船只。周口镇苏维埃集中会制造刀、矛、枪支的工匠如滕跃延等，日夜赶制刀、矛、枪支。他打的刀矛不仅尖利，还有倒须，既可刺杀又可做攀登之用，深受红军和游击队的欢迎。时因杨森的二十军逃窜到县城陵江场后，为抵御红军渡江西进，则采取"破釜沉舟"之法，将所有船只扣留于县城南门口河段，全部装上卵石沉入嘉陵江河底。陵江、周口两镇虽然隔河相望，却苦于无船，无法渡江。红军为解决渡江问题，即在周口磨子街建立造船厂，集中以梁跛子（真名不详）为首的木匠夜以继日地赶造船只，积极为红军渡江西进歼灭杨森所部做准备。红军又在与周口镇相距四华里的护州寨上，利用原川军的火药库房，组织群众日夜制造火药，以保证土枪、土炮及土炸药弹的用药需要。诸家、鲜店一带还建立为红军游击队缝制被服、弹袋、干粮袋的缝纫铺和编斗笠、打草鞋的手工作坊。这些厂、坊及店铺主要由各地苏维埃经管，组织地方分散的手工业者参加生产，以保证军需民用。

保护商业　恢复贸易　红军每到一个场镇，积极鼓舞经商人员"安居乐业，不要乱跑，该经营什么业务的，照常经营"。保护工商业者，鼓励私人经营。宣布旧的税收机关"赋商事务所"一律不准收税。由于认真贯彻保护工商业的政策，各场镇的集市贸易迅速得到恢复，民间通商往来比较活跃。于周口经营小食业的方显富，经常挑烧饼、锅盔、凉粉等食品和红军一道前往河舒场、燕山寨、小乐山等红军驻扎的前哨战地贩卖。

为了保障军民的健康，又组织群众开设药铺，鼓励私人行医。茶亭的康俊武是个私人行医的医生，红军来后，安排他专开药铺，为军民治病。每次给红军看病、治伤后，都给他二至三升米的报酬，鼓励他积极行医。

为了粉碎敌人的经济封锁，还鼓励群众在服从根据地经济发展要求的原则下，和“白区”(即敌占区)进行贸易。红军占领周口后，敌人实行经济封锁，苏区食盐一度紧缺。苏维埃政府即组织群众到白区购运盐巴，运到红军住地后，二两盐给一升米的代价调换。塘坊村苏维埃组织妇女给苏区运盐，红军都是以米为报酬，以鼓励群众积极贩运，保证城乡军民生活之需。

文化教育　鼓舞群众　随着经济建设的开展，在文化教育事业上，贯彻毛泽东提出的以“共产主义精神教育广大的劳苦大众”“文化为革命战争和阶级斗争服务”“教育与劳动结合起来”的方针；贯彻“为工农子弟开门”的阶级路线。红军所到之处，积极组织少年儿童免费人识字班，学习识字。当时，没有正规的课本，就写在石头上，黑板上或以口头授课的形式进行教学。学习的主要内容是：“打倒蒋介石，打倒田颂尧，打倒刘湘，打倒杨森，打倒罗泽州”“打倒土豪，分田地”“人人拥护苏维埃”等。

时因印刷条件差，工具简陋，一些文件和标语主要靠油印。蓬安石门、鲜店一带还保存下来有油印的红军标语。各级苏维埃政府为了宣传、教育群众，还组织“钻花队”专门在石壁或石碑上镌刻标语。西阳的罗彩笔、罗彩余等都是钻花队的成员。在金溪、鲜店、周口、石孔等地所镌刻的标语一直保存至今。

为了革命战争的需要，红军在村子里组织男女群众练武，唱歌，学军事，学文化。村村寨寨都可以听到这样的歌声：“在家中受压迫，才来当红军。红军红军，天下多得很，打一仗胜一仗，人人有名。努力、努力、努力向前进！向前进，杀敌人，才把土地分。一二一，一二一，一二三四!”据采访获悉：蓬安红旗乡的康定元、刘光珍，黄坪乡的罗正芳，茶亭乡的敖建安，鲜店乡的王德贞等六七十岁的老人，至今还能熟唱“红军歌曲”十余首。

一定的文化是一定的政治和经济在观念上的反映，同时又服务于一定的政治和经济。当时的文化、教育、宣传活动，为“鼓舞人民，教育人民，团结人民，打击敌人”起到了很好的促进作用。

歼灭土匪　保卫政权　随着各级苏维埃政权纷纷建立，革命队伍逐渐壮大，土地革命逐步深入，红军的政治影响越来越大。封建军阀、官僚绅士和地方恶霸势力十分恐慌，他们互相勾结，疯狂反抗和破坏是毫无疑问的。

1933年10月中旬，以鲜店大恶霸魏福堂为首的地主武装，纠集燕子窝的土豪唐博安，徐家的劣绅杨华清，周口的匪首沈尚清（广兴人，在周口发展匪徒)，组织“扇子匪”（又名白兵）近千人，盘踞在蓬安西北部的铜鼓寨上，求神化水，操戈练武。他们妄图依仗驻扎在万和的罗泽州所部和蓬安县城的杨森二十军为后盾，向活动于徐家、金溪、鲜店一带的红军进犯。铜鼓寨，位于县西北鲜店境，是蓬安徐家通往南部新镇的一座主要大山，海拔648米。东南地处黄坪，东北面临诸家，西北和西面属鲜店所管，西南与西阳山一脉相连，延伸到金溪场。主峰面积约6平方华里。四面悬崖峭壁，东、西、南、北四道寨门有羊肠小道上山。该山人户稀少，乱石林立，地势险要，古为兵家常争之地。10月19日，各路扇匪齐向铜鼓寨聚集，反革命气焰十分嚣张。当天晚上，扇匪头目唐博安带领一伙匪徒偷袭驻金溪场禹王宫的红军和游击队，杀害哨兵，抓走红军和游击队员10人。20日晨，扇子匪将抓去的10名红军游击队员在金溪场西嘉陵江河坝杀害。21日，又在元包寨杀死运送枪支弹药的红军战士两名。10月22日，盘踞在铜鼓寨上的扇匪分成两股兵力：一股由唐博安领队镇守山寨，另一股由杨华清领队下山攻打驻扎在徐家场的红军。红军和游击队英勇还击，在徐家场西北观音桥沟里打死匪徒9名，缴获长短枪2支，扇匪小头目胡毛娃当场被击毙，扇匪见势不妙，龟缩回寨。

10月23日，唐博安一面派人到周口，串通匪首沈尚清，带领匪徒到铜鼓寨助战；又一面纠集杨华清带领匪徒继续进犯驻扎在徐家场的红军。红军和游击队又在观音桥一带打死扇匪10余人。红军游击队乘胜追击，追至黄坪盘龙桥时，遭受到事先埋伏在黄龙桥周围的匪徒伏击，红军和游击队员战死10余人，有8名游击队员被俘，战斗失利。当天晚上，驻扎在徐家场的红军暂时撤退到营山回龙场。为了把扇子匪的反革命气焰打下去，保证红军和苏维埃革命工作的顺利开展，保证苏区人民的正常生产，于10月24日在营山县苏维埃的领导下，调动驻营山、回龙、徐家、茶亭以及仪陇新屋沟一带的红军和游击队，配合阆南县新镇、三元、鲜店、石门、平头一带的红军和游击队，分兵四路浩浩荡荡向铜鼓寨进发。从营山、回龙、徐家出击的红军带领游击队近千人，分两路进军。一路打早进入到观音桥两山之间埋伏起来，准备从鸡公梁攻寨；另一路从窝窝店向黄坪的黄林垭进军。驻鲜店、平头、石门、南部新镇、三元的红军带领游击队500余人，直插铜鼓寨西北山地。驻茶亭、诸家以及仪陇新屋沟的红军带领游击队员300余人，直插铜鼓寨北部山地。从东、南、北和西北四面将铜鼓寨团团围住，构成一个包围圈。当天，匪首沈尚清接受魏福堂的命令，在周口领匪徒200余人，持长枪4支，其余手持刀、矛，星夜赶到铜鼓寨。魏福堂为首的扇匪也过千人，妄图与红军决一死战。匪首沈尚清带领匪徒200余人，从小铜鼓寨下山，直向徐家扑来。刚走到观音桥时，伏兵四起，枪声大作，将沈尚清所部全歼于观音桥一带。尾随其后的以杨华清为首的一伙扇匪见势不妙，回头就往铜鼓寨上望风而逃。英勇的红军战士和游击队员，趁势攻山，各路一齐进军，杀声震天。扇匪见来势凶猛，凭借在铜鼓寨东门口架起的一门铜炮和八门土炮，顽固抵抗。可是铜炮筑药过多，炮筒爆炸，匪炮手罗大鼎、陈洪鸣当场被炸死，苟昌友被炸得遍体鳞伤。号称“打不进，杀不钻”的扇匪营内顿时大乱。在红军、游击队的猛烈攻击下，扇匪头目张维珍之子张继勋当场被击毙。余匪惊慌失措，溃不成军，向铜鼓寨西面的元包寨、永兴寨、西阳山一带逃窜。不到一个时辰，扇匪盘踞的铜鼓寨被红军攻克。除徐家、鲜店的红军带领游击队镇守山寨外，其余红军和游击队凯旋回到原镇守的地方。

10月25日至26日，留守铜鼓寨的红军组织力量，深入到观音桥、陈家沟、何家沟、胡家沟、燕子窝、范家坪一带继续清剿残匪，安抚百姓，鼓舞他们安心生产。

鲜店大恶霸魏福堂苦心经营的扇子匪，在铜鼓寨遭到沉重打击后，节节溃退，路经元包寨、永兴寨、西阳山，一直逃窜到石门坝西与嘉陵江相邻的地藏寺。地藏寺，除东面山尾有一条人行小道通往山顶古庙外，其西、南、北山崖好似刀削斧劈的悬崖绝壁，地势险要。匪徒们妄图在这个易守难攻的地藏寺苟延残喘。

11月初，贼心不死的魏福堂又纠集唐博安、唐家银、余昌映等匪首于四处网罗，招兵买马，又组织上千名的扇子匪，妄图借助嘉陵江西岸军阀罗泽州的兵力，伺机反扑。

为了全歼扇匪，进驻鲜店、平头、石门一带的红军营长吴宗佑，领兵多次深入地藏寺前线侦查，与游击队长唐玉廷等人一起，周密研究制订歼敌计划，积极组织各地游击队员进行战前整训。

11月10日，正当徐家、金溪红军组织游击队员，集中于骑龙场整训的时候，盘踞在地藏寺寨上的扇子匪，纠集骑龙扇匪头目沈直猷为首的一伙匪徒，前往骑龙场进行骚扰。于骑龙场整训的红军立即抓住战机，带领游击队员奋勇杀敌。当日下午，在骑龙场西南马头坎（又名牛头寨）一带，打死匪炮手9名，缴获土大炮9门。扇匪溃退到金城磨盘寨，红军乘胜追击，在磨盘寨一仗，歼匪50余人。号称“刀枪不入”的残匪抱头鼠窜而逃，路经金溪红花铺，败回地藏寺。

11月11日，细雨绵绵。当天上午，驻南部新镇，蓬安鲜店、金溪和徐家的红军，带领游击队继续向地藏寺进军。驻新镇、鲜店、平头、石门的红军和游击队由北向南朝徒岩子进发。驻骑龙的八十团三营五连的红军和游击队由南向北朝白庙子进发，形成南北夹击之势。驻金溪的红军带领游击队埋伏在地藏寺两侧的山腰上，钳制扇匪逃亡。驻徐家八十一团的主力红军带领游击队埋伏在火烧梁一带，担任主攻。是日深夜的时候，战斗开始。红军侦察兵摸掉敌哨所后，主力部队紧紧跟上，塔成人梯，攀登入寨。扇匪在红军、游击队的突然袭击下，慌乱一团。此时，红军吹响进军号，各路伏兵大举进攻，扇匪无力抵抗，慌忙向西溃逃。此时，驻扎在嘉陵江西岸的罗泽州部队误认为是红军渡江西进，旋即用迫击炮轰击，炮弹正落在西逃的扇子匪群中，一个个被炸得落花流水。魏福堂重新纠结的1000多名扇子匪徒逃的逃，亡的亡，不到天亮，全部被歼灭。

从铜鼓寨到地藏寺战斗的彻底胜利，与当时人民群众的大力支援和配合是分不开的。为了配合红军歼灭扇匪，营（山）蓬（安）仪（陇）南（部）的广大游击队员，在苏维埃的领导下，积极参加战斗，做好各项后勤工作。苏区人民为红军游击队筹集了足够的粮食，组织运输队、担架队，为红军和游击队运粮草，送弹药，抬伤员和其他支前工作。当铜鼓寨战斗打响的时候，黄坪青杠山苏维埃主席陈廷坤，带领游击队员到胡家沟广泛宣传“打扇匪，是为了保护我们穷人安居乐业，我们要大力支援红军，消灭扇匪”。还发动群众到黄坪附近的土豪蒋维周、蒋怀心、唐志勉、陈廷山、伍洪瑞、陈炳奎、陈鹏等家牵猪、担粮，共牵肥猪20多头，担粮一万余斤，为红军歼灭扇匪准备了足够的粮食。组织群众不仅将猪肉和粮食运送到铜鼓寨的战地前线，还送到徐家、营山回龙和新店场一带去慰劳红军。地藏寺战斗打响后，金溪区童子团负责人向全银，带领群众为红军送信到徐家。诸家苏维埃被服厂女工李秀康，带领妇女通宵达旦地赶制被服，支援前线。鲜店乡民庞泽顺不怕山高路远，给红军送竹编斗笠。鲜店、平头人民组织担架队，深入前线运送伤员。地藏寺战斗胜利结束后，鲜店群众立即抬着大肥猪，慰劳红军。

红军带领游击队广泛发动群众、紧紧依靠群众，在铜鼓寨、地藏寺一带打退了扇子匪的猖狂进攻，大灭了土豪劣绅的嚣张气焰，大长了工农红军和人民群众的志气，保卫了根据地新生的苏维埃政权，保护了苏区人民的胜利果实，及大地鼓舞了广大人民群众的革命积极性，影响极其深远。

11月中旬，驻扎在燕山寨的红军游击队，在周口区苏维埃领导下，深入到河舒以南的杜家、新民吴家大垭口和河舒以东的柳树、杨家及罗家与福德交界的凉风垭一带，张贴标语，组织集会，宣传战果，宣传红军的任务和主张。进一步扩大了红军的政治影响，推动了革命形势的发展。

阻击“围剿” 战略转移 1933年冬，当国民党反动派纠集50多万大军，向中央苏区发动第五次反革命大“围剿”时，军阀刘湘接受蒋介石任命，就职四川“剿匪”总司令，纠集四川军阀，分兵六路向川陕根据地发动“围剿”。驻广安、岳池、渠县、蓬安之敌杨森所部二十军十八个团，担负第四路围攻，进军路线由蓬安向顶山场、通江方向进攻。杨森担任该路总指挥，罗泽州副之。

当时驻蓬安县城的杨森二十军第六混成旅十六、十七团和精练营、民练营两股地方反动武装，他们在政治上、竭力进行恐怖和欺骗宣传；在经济上对苏区实行封锁；在军事上，于嘉陵江西岸沿江修凿战壕，抢筑工事，断绝水上交通。同时，伪县团练局派教练到苏区前沿地方杨家、柳树、杜家、新民、利溪一带大办民团，培植地方武装。杜家显扬寺刘刚修组织的民团达40人，伪团练局派教练罗有山前往训练，给以正规武器装备，为向红军反扑作准备。

进攻前，杨森驻蓬安县城的两个团，绕道从马回下面的竹林溪（金竹庵）过河，驻扎在利溪、会龙、河舒量金斗一带。敌前线指挥部设在南充县会龙场。11月18日，纠集县南兴隆大成之豪绅母坤荣为首的精炼营、河舒豪绅蓝锦为首的民练营，向驻扎在燕山寨上的红军游击队发起进攻。

燕山寨，海拔588米，山顶约5平方华里。四面悬崖绝壁，只有羊肠小道从东、西两道寨门登山。离周口仅9千米，是南充通往营、蓬、仪的必经之道，也是历代兵家常争之地。当时驻守燕山寨的红军是红九军新编八十团，实际只有一个排的兵力。11月18日，匪首母坤荣带领精练营从他的老窠——大成出发，进入杜家三青庙地界时，与红军的前哨10余人接触，红军居高临下，利用有利地形痛击敌人。众匪徒见红军人少，不甘心失利，继续朝上山奋力反扑，红军一青年号手就地阵亡。在敌强我弱的情况下，红军战士边打边撤，路经瓦店子、韩家大垭口，退回到燕山寨上，匪军占领了燕山寨南小罗山。

为了配合燕山寨的红军完成阻击任务，掩护蓬安苏区红军部队有计划地转移，18日晚和19日，营山新民、蓬安石孔、柏杨、周口一带的游击队员500余人，在苏维埃负责人的带领下，从燕山寨东门陆续登山，与红军战士一道，固守山寨。

19日，各路反动武装齐向河舒进发，进攻燕山寨。军阀杨森所部，由南面的会龙直插河舒；蓝锦的民练营，配合张维珍的扇子匪及其地主武装——“梭镖大队”从利溪过河，直插九林岗、枣儿垭一带，向燕山寨西门逼近；母坤荣的精练营，配合杜家刘刚修的民团和柳树唐浩清、柏杨康善芝的地主武装，聚集在小罗山、瓦店子一带，向燕山寨东门逼进。各路反动武装从燕山寨的东南、南面和西南三路聚集兵力2000多人，摆开进攻阵势，形势十分紧迫。

11月20日早晨，敌兵分三路向燕山寨进攻。杨森所部从河舒火烧桥康家沟向燕山寨南面攻山；蓝锦的民练营配合地主武装，从枣儿垭登山，向燕山寨西门进攻；母坤荣的精练营配合地主武装，从瓦店子登山，向燕山寨东门进攻。

镇守燕山寨的红军主力只一个排，加上游击队员五百余人。游击队员使用的武器大多数只有长矛、马刀，有的甚至使用的是竹镖（将斑竹削尖，经淬火而成的一种武器）。虽然装备差，弹药缺，但红军战士多为老骨干，士气很旺，接连打退敌人四次冲锋，为红军大部队的转移争得了时间。

为了避免在不利条件下的决战，保存红军有生力量，红军总指挥部决定：采取“收紧阵地，诱敌深入”的方针，以求在收紧阵地，实施“运动防御”的过程中，大量消耗、疲劳敌人，创造反攻破敌条件。中午时分，红军仅留下几名战士，带领部分游击队员，坚守山寨，牵制敌军外，其余红军带领游击队员，背护着伤员，从北寨悬崖上踏着柏杨老百姓搭的长楼梯下山，兵分三路转移。一路经柏杨，向营山转移；一路经龙岗寨，向石孔方向转移；一路经帽盒沟、蒿子坝，向塘坊、营山丰窦方向转移，以分散追兵，疲劳敌人。

正当红军和游击队撤下山寨之时，蒋介石调派的敌机也骤然出现在燕山寨上空，盘旋低飞，助长敌威，山下匪军趁势又发起疯狂进攻。留守山寨的红军战士和游击队队员奋力抵抗，子弹打完后，便用乱石打击敌人。由于敌强我弱，山寨被攻破。英勇的游击队员在留守红军的带领下，以长矛、马刀、竹镖与敌短兵相接，奋力鏖战。大部分游击队员就地阵亡。有两名受伤红军战士带领18名游击队员，从东门突围，撤到韩家梁时，两名受伤红军战士被俘，壮烈牺牲。18名游击队员在肖家坟与母坤荣的精练营匪军展开白刃战，在肖家坟一带全部阵亡。

从11月18日战斗开始，到20日结束，驻扎在燕山寨的红军战士与广大游击队员坚守山寨三天两夜，给敌人的反革命围剿以迎头痛击，掩护了红军主力部队的安全转移。

11月20日下午，周口、清溪、柏杨、石孔的最后一批红军和游击队向塘坊、营山封窦方向转移。于转移过程中在塘坊歼敌30多名。当晚在营山封窦歼敌50多名，缴敌机枪一挺，长短枪20余支。红军迅速向营山转移，与红军大部队会合。

20日晚和21日，大泥、金溪、骑龙、金甲、徐家、诸家一带的红军，带领游击队员分两路转移：一部分向营山回龙转移；另一部分向茶亭、仪陇魏家山转移。红军撤至茶亭灯盏窝时，回头将扇匪组织的“敢死队”打死20多名，“敢死队”的范大队长被当场被击毙。红军转移到麻柳河岩子沱河坝时，歼灭地主武装和扇匪300余人。当晚，红军全部撤离茶亭，转移到仪陇县魏家山杨家庙，终于与驻扎在魏家山的红军大部队胜利会合。22日清晨，杨森匪军及其茶亭一带的地主武装追至杨家庙时，被红军、游击队伏击，惨遭击毙80余人。追击匪军元气大伤，自动龟缩于蓬安茶亭场。

11月22日至23日，驻平头、石门、鲜店的红三十军九十一师二百七十一团和独立团独立营的红军陆续向南部新镇方向转移，与红军主力部队会合。红军撤离蓬安在实施运动防御过程中，总计歼敌五百余人，大量消耗、疲劳了敌人，锻炼了革命队伍。

在狙击敌人围攻，掩护红军安全转移的过程中，各级苏维埃政府和广大人民群众做了大量工作。

11月19日，正当反动派从三路向燕山寨大举进攻的时候，柏杨、柳树韩家沟一带的老百姓在苏维埃负责人刘志平、母仲平、母金喜等人的带领下，给坚守燕山寨的红军游击队送粮、送菜、送柴草。母仲平、母金喜二人在燕山寨脚下，被柏杨康善芝为首的地主武装抓走，押至河舒火烧桥，被杨森部杀害。

11月20日，燕山寨战斗打响后，为了保护红军安全转移，柏杨老百姓积极支援楼梯，接红军下山。营山新民、蓬安柏杨和石孔一带的人民在乡、村苏维埃负责人的带领下，积极组织担架队，护送伤员到营山县城抢救。

11月21日晚，茶亭被匪军占领后，于四处开展清乡，追查红军和游击队员，村苏维埃主席敖忠孝与唐洪安、唐洪亮、周学生等人，将一名姓王的红军隐藏下来，深夜护送到魏家山杨家庙，安全回到红军部队。红军为人民，人民爱红军的佳话，至今在蓬安山乡到处流传。

红军撤离蓬安后，腥风血雨又降临蓬安。民练营配合地主武装，四下开展“清乡”，整顿保甲，清户编排，10家人为一排，实行“连坐法”，即：“倘有一人通共谋反，10家该诛”。他们对苏维埃干部和游击队员实施惨无人道的酷刑。对苏区人民大肆反攻倒算，血腥屠杀。

经过红军教育和革命锻炼的蓬安人民，没有被反动派及其地主恶霸的反革命气焰所吓倒，革命烈士表现了无比忠贞的革命意志，临刑不惧，临死不屈，广大群众更加坚信“只有走红军的道路，才是解放自己的唯一道路。”红军走后，茅店子村苏维埃文书沈光表，为保护本村参加红军、游击队的花名册，被还乡团杀害。金溪人民怀念红军，用稀泥将红军的石刻标语覆盖，保存至今。茶亭白庙子村苏维埃游击队队长周学生带领被关押群众，打破监狱窗户，夜投红军；村苏维埃主席敖忠孝逃出虎口后，还腰系村苏维埃大印，带着13岁的儿子敖建安前往仪陇立山一带寻找红军。

处在水深火热中的蓬安人民怀念红军，盼望红军，直到1949年12月13日解放，方重见光明。

注：作者杨家玥，时为县文化馆美术摄影干部，1979年，与县文化馆文物管理干部陈言昌、县委党校干部吕功孝、大泥回乡知青沈前年参加红军史料调查，完成此文。

县志分纂人员名单

总述	魏赤中	大事记	魏赤中
政区	郑其兆　魏赤中	自然环境	伍茂林
人口	蒋　蓉	中共蓬安县地方组织	费尚全
人大	陈忠源	政府	费尚全
政协	陈忠源	纪检监察	费尚全
民盟蓬安县地方组织	陈忠源	军事	费尚全
工商联	陈忠源	人民团体	陈忠源
审判检察	费尚全	民政	伍茂林
发展计划　统计	魏兴民	公安司法行政	费尚全
人事劳动	费尚全	经济体制改革	唐国权　魏赤中
财政　税务	陈龙光	经济概貌	唐国权　魏赤中
市场监督与管理	陈忠源	电力	魏赤中
工业	陈忠源	商贸	周　刚
农业	陈龙光	交通	费尚全　魏赤中
城建	陈龙光	金融	陈忠源　魏赤中
邮政　通信	费尚全	教育	伍茂林　魏兴民
旅游	伍茂林　魏赤中	文化　体育　广电	陈龙光
科技	伍茂林　魏赤中	卫生	伍茂林
司马相如故里	邓郁章　魏兴民	民俗	伍茂林
计划生育	蒋　蓉		
人物	郑其兆　蒋　蓉 周　刚		

县志总纂人员名单

总纂统稿：魏赤中

总纂人员：费尚全　郑其兆　蒋　蓉　周　刚　魏兴民

各单位修志人员名单

单位	修志人员	单位	修志人员
水利局	康　刚	政法委	蒋　涛
宣传部	张和平	地税局	张文均
移动公司	崔　靖	交通局	伍国权
气象局	李　晓	粮食局	龚铕民
林业局	龙　平	邮政局	沈仲子
开发区	曾斌奎	审计局	章新民
卫生局	何太宁	安监局	敖奉君
司法局	吴德才	扶贫办	何红萍
工商联	徐　伦	蚕业局	杨嘉清
总工会	李　波	发改局	周海波
物价局	杨森林	组织部	林　洁
畜牧局	罗朝阳	统战部	雷廷锡
法院	欧春芳	县委办	唐仁沛
广电局	何夏季	检察院	黎炳荣
人事局	张爱民	城管局	唐春生
党校	陈明华	县政府	费尚全
武警中队	何　琪	妇联	唐淑贞
残联	王小明	民政局	伍程鹏
国税局	张怀军	农机局	梁春华
信访局	殷顺林	药监局	曹兰平
老干局	傅宪隆	国土局	郑建国
教育局	杨家玥	人行	沈前程
文体旅游局	何太宁	经济局	张和平
计生局	陈恩溥	档案局	黄　平
建设局	陈恩溥	消防大队	沈仲子
民盟	康　伟	农业局	邓　亨
政协	唐建超	人大办	杜白华
科技局	杨安民	人武部	唐洋倩
联通公司	翟　燕	统计局	饶　智
农工办	杨明辉	石油公司	周显平
劳动局	唐伶俐	工商局	刘国平
质监局	宋小舟	团县委	陈秀兰
供销社	罗　文	公安局	陈恩溥
商务局	吕茂开	马电公司	谢　岚
电信公司	沈仲子	盐业公司	范　斌
县纪委	孟坤场	财政局	陈恩溥
民宗局	王昌志	环保局	何顺刚

编后记

2003年9月，县委、县政府决定续修《蓬安县志》，印发了《蓬安县志编纂方案》。2004年，蓬安县成立续修蓬安县志编纂委员会。2008年10月，县委、县政府印发《关于加快推进〈蓬安县志〉续修工作的意见》，要求各单位、各乡镇加快资料搜集工作进度，并调整充实蓬安县志编纂委员会。2009年4月，县政府主持召开《蓬安县志（1986—2006）》续修动员会，常务副县长赵小轻作动员报告，并与各单位、各乡镇签订《目标责任书》。6月，县志办召开各部门、各乡镇修志人员业务培训会，有力推进了修志工作进度。

这次修志正值蓬安改革开放时期，人与事、机制和体制变化甚多，资料缺失也甚多。从决定续修县志以来，几年间，人员组成几经变换，编修工作断断续续，2009年才真正启动，时间紧迫，任务繁重，我们只有背水一战，知难而上。是年12月，蓬安县志编纂委员会再度调整《蓬安县志（1986—2006）》总编室组成人员，组织实施《蓬安县志（1986—2006）》编纂工作；同时成立《蓬安县志（1986—2006）》编辑部，魏赤中任主任，具体负责总纂工作。2010年6月，完成了分纂，年底完成总纂。2011年6月，完成志稿复审评议，2011年12月，《蓬安县志（1986—2006）》通过了市政府终审验收。

志书编纂过程中，小轻副县长多次听取汇报，全力解决编修中的具体困难和问题。编纂者们对许多资料和数据进行重新核实，尽量兼顾陈述，避其繁琐。撰写志稿，统稿修改，终日盯着电脑多次反复凝练，极尽难熬之事。2009年12月，总纂稿行将完成之际，县委召开常委会，专门对志书编纂中人物入志、文献收集、图片收集等作出了原则性决定意见，为志稿总纂铺平了道路。县志办主任刘青积极协调，多次召开各单位会议，多次听取魏赤中编纂工作汇报，时时把握编纂工作进度和编纂质量。市志办主任夏建平、副调研员于明多次到县指导修志工作，解决编纂工作中的难题。功夫不负苦心人，2010年12月，完成了总纂。按照市志办和县政府要求，分送各单位、各乡镇和县历届四大机构主要领导初审。很多领导都提出了详尽而又十分宝贵的意见。2011年12月，县志通过了市政府终审验收。2013年，市政府批准《蓬安县志（1986—2006）》公开出版发行。编修工作中，赵正铭、邓郁章两位老师一直悉心关注、支持和指导编修工作。邓郁章老师提出了《蓬安县志（1986—2006）》志稿编纂的很多具体指导意见，还亲自撰写了司马相如故里这一部分稿件。后期修改中，赵正铭还亲自参与，在内容、语法和文字上反复修改推敲。林林总总，在此一并表示谢意！

由于时间和资料有限，难免有挂一漏万之嫌，望有识之士指正。

编　者

2014年6月

索 引

A

B

C

D

E

F

G

H

J

K

L

M

N

P

Q

R

S

T

W

X

Y

Y

Z

格拉装饰材料有限公司
ela decoration material Co.,LTD
：新都工业区
：028-83026236
：028-83026238
电话：028-83069351
传真：028-93026107
：www.anglla.com